세계 속의 미국
America in the World

미국 외교와 대외정책의 역사
A History of U.S. Diplomacy and Foreign Policy

로버트 B. 죌릭 지음 · 홍기훈 옮김

Robert B. Zoellick

세계 속의 미국

미국 외교와 대외정책의 역사

로버트 B. 죌릭 지음 홍기훈 옮김

AMERICA IN THE **WORLD**

A History of U.S. Diplomacy and Foreign Policy

북앤피플

쉐리에게

한국어판 저자 서문

한국 독자들께

저의 삶은 대한민국의 국위 상승과 같이해왔습니다. 그러므로 저의 책 '세계 속의 미국: 미국 외교와 대외정책의 역사(America in the World: A History of U.S. Diplomacy and Foreign Policy)'의 한국어판을 '북앤피플'이 출판하기로 결정한 것에 특히 감사드립니다.

저는 1953년 7월에 태어났습니다. 전쟁 당사국들이 한국에서의 전투를 중지하고 휴전합의서에 서명할 무렵이었습니다. 미국육군은 제2차 세계대전 참전 용사인 부친을 1950년에 재소환했습니다. 저는 아버지의 오래된 제복들과 기억들 사이에서 자랐습니다.

저는 대통령 조지 H. W. 부시(George H.W. Bush) 행정부(역자주: 1989~1993)에서 국무부 차관으로 근무할 때 한국을 방문했습니다. 당시에 한국은 민주주의를 수용하고 있었습니다. 서울이 아시아태평양 경제협력체(APEC) 제3차 각료회의(역자주: 1991년 11월)를 주최할 때 한국 관리들과 함께 일을 했습니다. 우리는 베이징과 공식 관계가 없었던 한국 동료들을 지원해 중화인민공화국, 타이완, 홍콩을 APEC에 가입하도록 도왔습니다. 이 접촉들은 중국과 한국이 1992년 공식적인 외교관계를 수립하는데 기여했습니다.

1990년대에 미국 정부를 떠난 후, 1989~90년 독일 통일을 교섭한 저의 경험에 관해 한국전문가들과 비공식적으로 여러 번 토론을 했습니다. 비록 한국의 분할은 여러 면에서 독일과는 다르지만, 유럽 사례에서 통찰력을 찾으려 했습니다. 한국의 경제발달, 미국과의 관계, 세계경제로의 통합, 가능한 통일에 대한 경제적 맥락을 조사하는 저의 절친 사공 일 박사와 피터슨 국제경제연구소(Peterson Institute for International Economics)가 주최한 일련의 회의에서 많은 것을 알게 되었습니다. 독일 사례에 비추어, 우리는 한반도를 위한 어떠한 이니셔티브도 지역적인 지지를 받을 수 있다면 성공할 가능성이 더 높다고 보았습니다. 1990년대 말에 한국이 금융, 경제, 인도적인 측면에서 큰 위기에 처했을 때, 저는 한국인의 놀라운 결의와 인내에 대해 경탄했습니다. 한국인들은 그 시련을 딛고 더 강력하게 떠 올라섰습니다.

한국을 여러 차례 방문해, 비무장지대(DMZ)의 흉터를 보았고 인근에 북한이 파놓은 터널에 들어가 보았습니다. 지하 바위 통로는 북에서 오는 상존하는 위험을 상기시켜 주는 물리적인 상징물입니다

대통령 조지 W. 부시[George W. Bush(역자주: 2001~2009)]의 무역대표부 대표로 2001년 미국 정부에 복귀했을 때, 저는 일련의 자유무역합의를 진수했고, 용감하고 열정적인 교섭본부장 김현종이 이끈 한국과는 새로운 길을 트는 FTA 합의를 이루었습니다. 트럼프 행정부가 FTA에서 철수하려고 위협할 때에(역자주: 2017년 9월), 나는 우리 두 나라의 경제 및 법적인 이 유대를 지키려 싸웠습니다.

제가 2007년에 세계은행(World Bank) 총재가 되었을 때, 다자간 맥락에서 한국과 일할 기회를 가졌습니다. 우리는 세계 금융위기를 함께 극복했습니다. 저는 한국이 2010년 G-20 정상회의를 개최해, 세계 경제 회복 방안을 제시할 때에, 대통령 이명박과 사공 일 박사를 포함한 그의 보좌관들을 지원한 점에 대해 특별한 보람을 느낍니다. 저는 오래전에 한국과 나란히 여정을 시작해 1953년에는 아무도 상상하지도 못한 시기까지 지속할 수 있

다는 사실을 기쁘게 여깁니다!

미-한 외교 역사는, 물론, 저의 개인적 경험보다는 훨씬 앞섰습니다. 1860년대 후반에, 국무장관 윌리엄 수어드(William Seward)는, 제4장[에이브러햄 링컨(Abraham Lincoln)과 윌리엄 수어드: 실용적 연방주의자들]에서 그의 전략적 비전을 소개한, 미국 무역과 태평양에서의 영향력 행사를 위한 자신의 전략적 비전을 소개한 지도에 조선 '숨어있는 왕국(Hermit Kingdom)'을 포함했습니다. 미해군 원정대는, 1850년에 일본을 연 매튜 페리(Matthew Perry) 제독의 뒤를 이어 조선을 열기를 희망해, 조선에 두 번이나 들어왔으나 성공하지 못했습니다. 마침내 1882년에 와서 미국은, 청국의 중개로, 조선에 들어와 무역과 외교관계를 수립하는 제물포조약[朝美修好通商條約(역자주: 1882년 5월 22일)]을 체결했습니다. 그 첫날부터 미국 외교단은, 조선인들 사이에 파벌을 조성하는, 서울에 대한 계획을 가진 외국인들을 만났습니다. 그럼에도 불구하고 미국인들은 국무장관 프레드릭 프레링후선(Fredrick Frelinghuysen)의 연설로 '조선은 독립적인 주권국가(Corea is an independent, sovereign power)'라고 주장했습니다.

'세계 속의 미국'은 왜 한국이 만주와 함께 20세기 초에 중국, 일본, 러시아 사이의 지역 경쟁에서 하나의 주요 무대인가를 설명합니다. 제5장[존 헤이(John Hay): 개방정책]은 오래된 청국(淸國)이 허물어져 내리고, 유럽인들, 러시아인들, 일본인들이 당시 청국을 갈라 먹으려던 와중에, 1899~1900년 미국은 청국의 영토를 온전히 보존하고 상업적 문호를 열었던 사실을 설명합니다. 국무장관 존 헤이는 강대국들 사이에 공통의 장을 발견하기 위해 미약한 외교력(weak diplomatic hand)을 기민하게 동원해 개방정책을 선포했고 이에 기반해 국제 협력의 미약한 중력으로 외교 패키지를 한데 묶었습니다. 그리함으로써, 헤이는 북동 아시아와 워싱턴 양쪽에서 외교정책 지형을 새로이 구축했습니다.

제6장[시어도어 루스벨트(Theodore Roosevelt): 세력균형]은 대통령 루스벨트의 1904~1905년 러-일전쟁의 중재를 다룹니다. 1894~1895년의 청-일전쟁과 청국의 철수로, 조선은 러시아와 일본 사이에 외교적으로나 글자 그대로 지역 지배를 향한 전장(戰場)이 되었습니다. 1905년, 미국은 북동 아시아에서 이익을 두고 싸우고 싶지 않았으나, 루스벨트는 안보평형을 복원하고 아시아와 유럽 국경들에서 끓어오르는 강대국들 사이의 경쟁의 위험을-세계 전체가 불바다로 빠질 수 있는-완화시키려 노력했습니다. 이 세력균형 외교의 부분으로, 1908년 국무장관 엘리후 루트[Elihu Root(제9장 미국의 국제법 전통의 주제)]는 일본의 조선에 대한 영향력을 인정해주고 대신에 일본이 필리핀에 대한 미국 통제에 도전하지 않는 효과를 내는, 태평양에서의 '존재하는 현상 유지(existing status quo)'를 존중하기로 일본 대사 타카히라 고고로(Takahira Kogoro)와 합의했습니다. 많은 한국인들은 미국 외교의 이 조치에 대해 경악할지 모르지만, 한국인들은 그 당시의 지정학적 계산의 맥락을 알 필요가 있을 것입니다.

우드로 윌슨[Woodrow Wilson(제7장, 해외로 나간 정치학자)]에 관한 장은 1914~17년 미국을 제1차 세계대전으로 끌고 간 대통령 윌슨의 결정을 다룹니다. 대통령이 자신의 국가가 무시무시한 충돌로 들어가야 한다는 지적 타당성에 도달하기에 엄청난 고심을 했던 점을 설명합니다. 에레즈 마넬라(Erez Manela)가 자신의 국제 역사에서 밝히듯이, 대통령의 연설과 자기결정권에 대한 요청을 의미하는 소위 '윌슨 순간(The Wilsonian Moment)'은(역자주: 1918년 1월 대통령 윌슨이 제1차 세계대전을 종식하기 위한 평화회담에 제시한 14개 원칙 중 다섯 번째 원칙에서 피식민지민도 식민지민과 동등한 자기 결정권을 제공하자고 주장함. 이 주장으로, 이집트, 중국, 조선에서 정치적 독립운동이 활발했던 1918~20년 기간을 말함) 33인의 저명한 조선인들을 흔들어 이들이 1919년 3월 1일에 '독립선언서'를 작성하고 서명하도록 촉발했습니다. 3·1 운동은, 1백만 명 이상 동원된, 현대한국 국수주의의 출현의 분기점이 되었습니다.

제8장[찰스 에반스 휴즈(Charles Evans Hughes): 군비통제와 워싱턴 회의]은 아시아 태평양의 세력관계의 주제로 되돌아옵니다. 한국 독자는 1921~22년 사건들이 현재의 외교에 통찰력을 제시해주는데 놀랄지도 모릅니다. 저의 워싱턴 회의에 대한 해석은 국무장관 휴즈와 동료들이 해군 무기 통제와 보완적인 지역 안보체제를 통합하려고 노력한 점을 강조합니다. 저는 정책입안자들이 무기 통제 교섭을 단순히 기술적인 업무로 다루지 말고, 대신에 더 큰 정치와 안보 청사진을 건설할 수 있는 여러 수단들의 하나로 다루기를 강력히 요청합니다. 무기 통제는 한 과정이지 하나의 일회성 행사가 아닙니다. 저는 2019년에 북동 아시아에서 지역 안보와 무기통제에 대한 한 계획을 제시하는 기고문을 작성하면서 이러한 통찰력을 끌어냈습니다(월스트리트 저널 2019년 2월 24일 자 "How to Negotiate with Kim Jong Un" 저자 기고문 참조).

제10장[코델 헐(Cordell Hull): 호혜무역]에서, 미국 무역 정책을 훑었고, 특히, 1934년 의회 결정이 대통령에게 무역합의를 개시할 권한을 준 점을 다루었습니다. 미국 무역 정책 형성은, 자유무역주의자와 보호무역주의자 사이의 긴장을 포함해, 한국에 매우 중요합니다.

제2차 세계대전 후 기념비적인 미국 외교 사건들을 회상하는 여러 장들은 미국이 창설한 동맹체제의 중요성을 강조합니다. 제11장(미국 동맹 체제의 구축자들)은 워싱턴이 어떻게, 유럽에서의 사건들에 대응해, 트루먼 독트린(Truman Doctrine)을 발표해 그리스와 터키를 지원하고, 마샬 플랜(Marshall Plan)을 발명하고, 새로운 독일연방공화국(Federal Republic of Germany) 수립을 후원하고, 새로운 북대서양동맹(North Atlantic Alliance)과 나토(NATO)를 통한 경제와 정치적 조치들의 통합을 확보하는 방법을 기술했습니다. 한국전쟁(Korean War)은 아시아 태평양에서 하나의 보완적인 안보체제를 개시했습니다. 동아시아에서 미국 동맹은, 그러나, 다른 '중추와 부챗살(hub and spokes)'

유형을 통해서 출현했습니다. 빅터 차(Victor Cha)가 자신의 저서 '파워플레이(Powerplay)'에서 설명하듯이, 미국의 아시아 동맹은 파트너들에게 제약을 가하면서 동시에 우호적인 국가를 보호합니다.

냉전(Cold War) 초기 수십 년 동안, 미국은 '봉쇄(containment)' 개념을 실질적으로 적용해야 했습니다. 베를린과 독일, 한국, 베트남의 분단된 국가들은 재앙적 확전 가능성이 있는 치명적인 문제를 제기했습니다. 제13장[존 F. 케네디(John F. Kennedy): 위기 관리자]에서, 대통령 케네디가 베를린과 쿠바 대결에서 어떻게 배우고 교섭했는지를 살펴보았습니다. 제14장[린든 존슨(Lyndon Johnson): 패배로부터 얻은 교훈]은 어떻게 그리고 왜 대통령 존슨이 1964년 말과 1965년 초에 대규모 지상군을 투입해 그 전쟁을 미국화했는지를 이해하려고 시도했습니다. 그리함으로써, 어려운 결정에 직면한 외교관들에게 '최근 역사의 힘'을 주목하도록 요청합니다. 미국인들이 한국의 역사 줄기에 영향을 주어 왔듯이, 한국인들은 미국의 전망을 또한 형성합니다. 주요 미국 지도자들은 1950년대 초기 한국에서의 미국의 경험에 주목했으나, 그들은 '교훈들'을 다르게, 심지어는 모순되게 적용했습니다.

대통령 닉슨(Nixon)과 국무장관 헨리 키신저[Henry Kissinger(제15장: 미국식 현실정치)]는 베트남에서의 미국의 패배에 대응하기 위해 대담하게 행동했습니다. 그들의 중국에 대한 개방은 아시아 세력 정치의 체스판에서 교묘히 움직였고, 한국에 장기적인 결과를 가져왔습니다.

대통령 로널드 레이건[Ronald Reagan(16장: 복고주의자)]과 조지 H. W. 부시[George H.W. Bush(17장, 동맹의 지도자)]는 개념, 경제, 기술력, 동맹을 총동원해 유럽에서의 냉전을 평화롭게 종식했습니다. 그러나 한반도에서의 얼어붙은 갈등은 쓰라린 분할위험의 한 증거로 남아있습니다.

저는 '세계 속의 미국'을 미국 외교의 5대 전통의 요약으로 마무리합니다. 이 중 4개가 미-한 관계에 영향을 미쳐 왔습니다. 첫째, 미국인들은 무역, 초국가주의, 그리고 기술이 세계와 자신들의 유대를 형성한다고 보고 있습니다. 무역은 한국인들에게 미국과의 최초 접촉을 제공했고, 국가경제 현대화를 위한 수출주도 성장을 제공했고, 미-한 안보 동맹에 부합하는 경제 및 민주적 동반자 관계를 뒷받침했습니다. 한국의 미국과의 풍성한 초국경적 연대는-교회, 이민, 대학, 스포츠, 그리고 음악 등-개인적 네트워크를 깊게 했습니다. 그리고 한국 기업들은 기술을 빠르게 채택했고, 최근에는 세계적 수준의 혁신가들이 되었습니다.

둘째, 한국은 하나의 주요 동맹국이고, 때로는, 지역 및 세계 질서를 위한 미국 설계에 대한 기여자로 행동해 왔습니다. 군사 관계의 성질은 약 70년 동안에 걸쳐 상당히 변해왔습니다. 양국은 새로 등장하는 위험과 전통적인 위험 둘 다에 직면해 상호 유대를 지속적으로 조정할 필요가 있을 것입니다. 양국은 한반도 억제 이외에도 지역 안보를 위해 군사적 전략 하나만이 아닌 정치적 전략이 필요합니다.

셋째, 미-한 관계는 일반적으로 경제적 원인으로 인한 긴장에도 불구하고, 국민 및 의회의 결정적인 지원을 유지해 올 수 있었습니다. 양국의 초국가적인 네트워크는 갈등을 완화시키는 데 도움이 됩니다. 트럼프 행정부가 한국과의 FTA에서 철수하려고 위협하자, 일부 미국인들이 일어나 반대해 기민한 한국 교섭자들을 도와 트럼프의 즉흥적인 움직임을 막았습니다. 2019년 시카고 국제문제협의회(Chicago Council of Global Affairs)의 여론 소사에 의하면, 미국인의 70%는 한국과의 동맹이 미국 안보를 강화한다고 믿고, 58%는(1990년의 44%에서 올라가) 북한의 침입은 미군의 저항을 정당화한다고 생각합니다. 그럼에도 불구하고, 양국에서 국민들의 입장과 감수성은 사건에 따라 변합니다. 서울과 워싱턴은 자신들의 유대의 정치적 기반에 세심한 주의를 기울여야 합니다.

마지막으로, 초기부터, 미국 외교는 더 큰 목적의식에 의해 추진되었습니다. 지난 75년간의 공화정체의 대한민국(Republic of Korea)의 이야기는 미국인들에게 번창하고 역동적인 목적 달성의 모범을 틀림없이 제공합니다. 제2차 세계대전의 잿더미와 한국전쟁의 불바다에서 태어나서, 한국은 국가 재탄생, 경제 발달, 민주적 문화, 연성세력(soft power), 그리고 탄력적인 우정의 성공 사례로 빛나고 있습니다.

나는, 그러므로 한국 독자들이 미국의 외교와 외교정책을 더 잘 이해하기 위해, 세계 속의 미국에 대한 저의 이야기를 읽어 보시기를 원합니다.

로버트 B. 죌릭

2021년 1월

차례

4부 미국 동맹의 새로운 질서

A New Order of American Alliances

5부 마지막 그리고 시작

An End and a Beginning

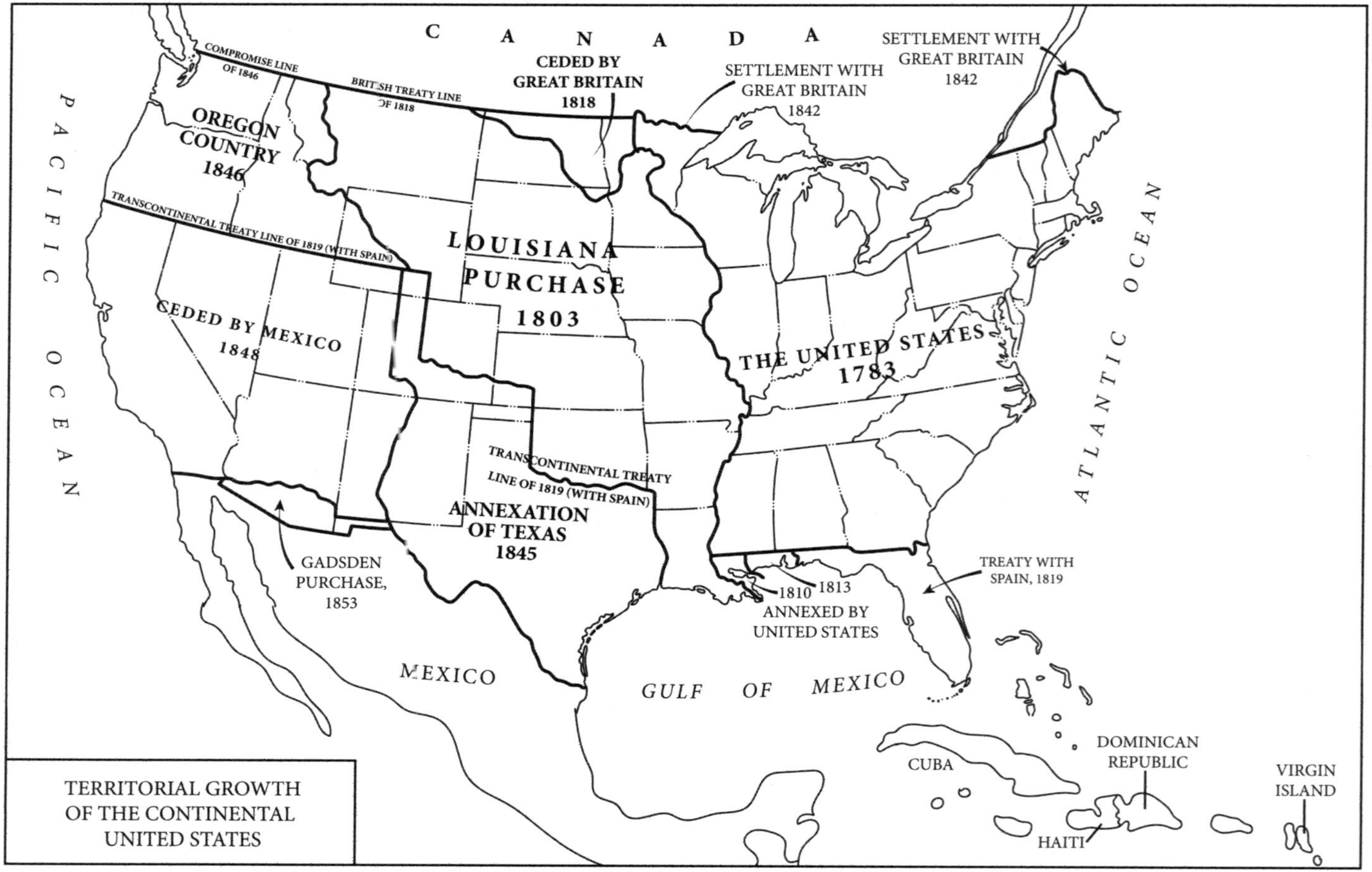

TERRITORIAL GROWTH OF THE CONTINENTAL UNITED STATES

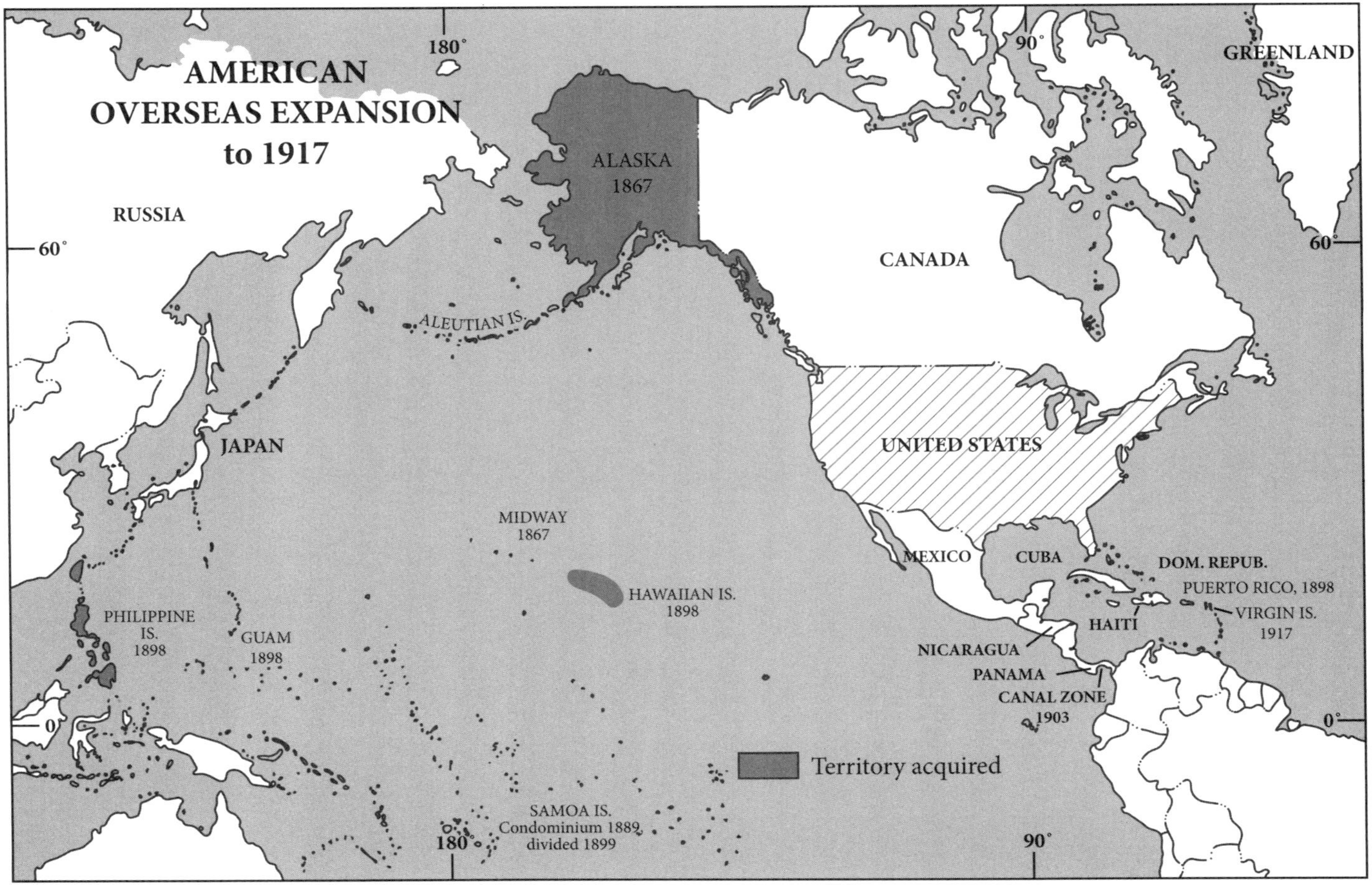
AMERICAN
OVERSEAS EXPANSION
to 1917
180°
90°
60°
0°
GREENLAND
ALASKA
1867
RUSSIA
CANADA
ALEUTIAN IS.
UNITED STATES
JAPAN
MIDWAY
1867
MEXICO
CUBA
DOM. REPUB.
HAWAIIAN IS.
1898
PUERTO RICO, 1898
VIRGIN IS.
1917
HAITI
PHILIPPINE
IS.
1898
GUAM
1898
NICARAGUA
PANAMA
CANAL ZONE
1903
Territory acquired
SAMOA IS.
Condominium 1889
divided 1899

서문(Introduction)

미국 최초의 외교관

America's First Diplomat

미국외교 발명하기

1778년 2월 6일 저녁 벤 프랭클린(Ben Franklin)은 프랑스 외무장관 버게네스 백작(Le Comte de Vergennes)의 파리(Paris) 소재 사무소에 도착해서 군사동맹 협정과 무역 협정 두 개의 조약에 서명했다. 신망 있고 강력한 프랑스 왕국이 공화정 체제를 가진 신생 미국을 인정했다는 사실은 군사와 상업에 대한 약속만큼이나 중요했다.

대표들이 모이자 프랭클린의 동료 위원 중 한 명인 실라스 딘(Silas Deane)은 프랭클린이 입은 낡은 청색 맨체스터 벨벳(Manchester velvet) 코트에 호기심을 표했다. 이 기억할만한 행사에서의 복장에 관해 질문을 받았을 때, 프랭클린은 그리 입은 이유는 "영국에 하나의 작은 복수를 하기 위함이다"라고 답했다.[1)]

4년 전인 1774년에 프랭클린은 웨스트민스터(Westminster)에서 열린 추밀원(Privy Council)의 한 청문회에서 영국왕실(British Crown) 법무차관 알렉산더 웨더번(Alexander Wedderburn)에 의해 굴욕을 당했다. 헨리 8세(Henry VIII) 시절 한 오락장소로 사용된 콕핏(Cockpit)으로 알려진 그 방에는 비난이 지배하고 있었다. 한 시간 동안 프랭클린은 36명의 현역 위원들 앞에서 움직이지 않고 바로 서 있었고 웨더번은 메사추세츠(Massachusetts)의 주지사와 부지사를 당황하게 만든 서신을 발표한 행위에 대해 68세의 필라델피아인(Philadelphian)을 경멸적으로 공격했다. 이 모임의 표면적인 이유는 왕실간부들을 제거해달라는 베이 식민지(Bay Colony)의 청원을 듣기 위한 것이었으나 웨더번은 프랭클린을 신랄하게 질책했다.

추밀원은 그 쇼를 즐겼다. 왕의 자문관들은 웃었고, 박수를 쳤고, 조롱했다. 프랭클린은 침묵을 지켰고 아무 표현도 하지 않았다. 1774년의 영국 지배층은 선택된 클럽이었다. 앉아 있는 사람들은 서로를 잘 알았다. 체면을 잃는 것은 존경과 권력을 뺏기는 것을 의미했다. 휘그(Whig)파 정치 철학자이고 노련한 의회 의원인 에드먼드 버크(Edmund Burke)는, 웨더번의 과도한 비판(diatribe)을 목격하고 나서 그 힐책은 "모든 경계와 조치를 넘어서는" 잔소리(scolding)라고 묘사했다. 1783년에 미국 독립 조약을 인준하는 불편한 업무를 수행하게 된 셀번 경(Lord Shelburne)은 전임 수상 윌리엄 피트(William Pitt)에게 법무차관의 행동은 "천박한 욕설"이었다고 적은 서신을 보냈다. 프랭클린은 그것은 "황소 곯리기(bull baiting)"와 같았다고 회상했다. 개인적 경험은 외교관에게 영향을 준다, 그리고 이것은 프랭클린에게 하나의 전환점이 되었다. 웨드번의 조롱은 영국에 충실한 친구를 결연한 적군으로 변신시켰다.[2)]

그리하여, 1778년 2월 어느 날 밤에 웨더번이 그를 구두로 처형한 지 4년 후에, 프랭클린은 그날 콕핏(Cockpit)에서 입었던 그 복장을 프랑스와의 조약 체결식에 입고 나타났다고 딘(Deane)에게 말했다. 외교는 원수를 갚아주는 것을 포함한다.

외교는 기만성을 또한 포함한다. 프랭클린의 개인 비서인 에드워드 밴크로프트(Edward Bancroft)는 영국 간첩이었다. 1788년 그 조약들에 서명하자마자 밴크로프트는 사본을 떠서 런던으로 48시간 이내에 보냈다. 밴크로프트는 서명하기 전에 런던 소재 파트너에게 프랑스-미국 동맹 소식을 전해

주식을 공매도(空賣渡, short)하여 상당한 이익을 챙겼다. 외교는 시장을 움직이고 날도둑들을 불러모은다.[3)]

프랭클린은 "미국의 최초의 외교관"이다. 그가 사절로 일한 것은 실제로는 펜실베이니아 의회가 유명한 인쇄업자(printer), 정치평론가, 과학자, 지역사회 조직자로 이익을 런던에서 대변할 정치인인 그를 파견하던 1757년부터였다. 지난 17년간, 조지아(Georgia), 매사추세츠(Massachusetts), 뉴저지(New Jersey) 식민지들도 그를 사절로 고용했다.

프랭클린은 영국을 사랑했다. 식민지 개척자들과 런던 사이에 긴장이 증가하자, 이 필라델피아인은 자신이 충성을 바치는 영국인의 제국을 보존하고 확장하기 위해 선견지명이 들어간 계획(visionary plan)과 실제적인 제안들 둘 다를 제공했다. 프랭클린은 영국에게 1763년 7년 전쟁 말기에 캐나다의 통제권을 보유하라고 요청했다. 미국을 대륙적 시각에서 놓고 생각하는 그의 많은 노력 중 하나였다. 나중에는 미국 식민지들이 영국의회에서 대표권을 받도록 제안하기도 했다. 식민지들에 대한 의회의 지배권을 갖는다는 아이디어를 버리고, 프랭클린은 영국 왕관의 주권에 복속되는 별개의 하나의 국가연합을, 나중의 영국 자치령과 유사한, 것을 제안했다.

프랭클린의 외교는 특정한 해법들까지 확장되었다. 1774년 12월 말, 콕핏에서 호되게 당한 후에도, 그는 왕의 각료가 비공식적으로 파견한 특사들에게 런던과 최초의 대륙의회(Continental Congress) 사이의 위기를 해결하는 17개 항목을 "힌트"로 주기도 했다.[4)] 그러나 둘 사이는 대신에 군비, 의지, 국제외교의 경쟁으로 치달았다.

프랭클린이 신생 미국을 대표하기 위해 1776년 12월 프랑스에 도착했을 때에는, 그는 런던에서 겪은 경험보다 더욱 더 큰 도전에 직면했다. 파리(Paris)는 프랭클린의 국가를 인정하지 않았고 또 다른 나라의 수도에서도 그리하지 않았다. 미국(United States)은 실제로 구 식민지들의 느슨한 하나의 연합체였고, 약 10년 전에 이 영국 식민지들은 모국과 동맹해 프랑스와 전쟁을 벌였다. 프랭클린의 신생 정부, 하나의 시험적인 공화국은, 검증되지 않았고, 육군과 소규모 해군을 창설해 전쟁을 시작하고 재정 수익을 일으키려 노력하고 있으나, 다양한 의견들이 시끄럽게 터져 나오고 있었다. 그는 정치적인 승인(political recognition)뿐만 아니라 돈, 무기, 보급품을 찾아 나섰다. 나중에는 프랑스 군대의 직접적인 파병과 프랑스 함대의 지원을 요청했다. 그리고 프랑스 왕에게 지지를 호소하는 한편, 프랭클린과 그의 동포들(compatriots)은 네덜란드에서 돈을 빌리고 스페인과의 동맹도 이끌어내기 위해 유럽 전역에서 신뢰를 확보하는 게 필요했다.

프랭클린은 구식 외교에 하나의 새로운 유형의 대여론 외교를 통합했다. 미국은 알려져 있지 않았으나, 프랭클린은 유명했다. 그는 자신의 스타일 감각을 살린 개인적인 행동을 통해 프랑스 여론에 맞추는 방식으로 미국을 대표했다. 데이비드 마틴(David Martin)이 그린 1776년 프랭클린의 초상화는 신사 학자로서 돋보기를 끼고 책을 들고 공부하고 아이작 뉴턴(Isaac Newton)이 내려 보는 모습으로 그려졌다. 프랑스에서는, 미술가들이 프랭클린을 (캐나다 산) 담비 모피 모자를 쓰고, 가발을 쓰지 않고, 장난기 가득한 파리 여성들로부터 사랑을 받는 첨단 철학자로 그렸다. 프랭클린 형상(likeliness)은 메달, 인쇄물, 코담배 갑(snuffboxes), 반지, 프랭클린을 열성적으로 지지하는 자들에게 루이 14세가 내린 요강(chamber pot)에 까지도 장식했다. 파리 지식인 사회의 호기심을 유발하기 위해, 프랭클린은 미국의 대의명분(America's cause)의 뛰어난 특성을 강조했다. 그는 연방규약(Articles of Confederation), 주 헌법들, 기타 다른 공화정체의 주들의 문서들을 출판하도록 주선했다. 이 나이 먹은 출판인은 작자 미상의 원고, 풍자 패러디를 출판해 소문, 재미, 흉내내기에 먹이를 공급했다. 프랭클린의 외교는 아이디어, 문화, 문명의 고결함에 대한 존경과 유럽의 역사적인 강대국 국민으로 프랑스 사람 특유의 세속성(worldliness), 위트, 자존심 등 프랑스의 자아에 호소했다.

한편 프랭클린은 외교적 사실들을 경계했다. 4백 년 이상이나 프랑스와 영국은 적대적이었다. 프랑스는 1756~63의 7년 전쟁(Seven Year's War)에서 영국에 져서 미국 식민지를 빼앗긴 것을 복수하기를 갈망하고 있었다. 이제 조지 3세(George III)는 자신의 것을 잃을 차례였다. 또 부유한 농장들이 가득한 카리브(Caribbean)해의 섬들이 파리에 넘어올지도 모를 일이었다. 프랑스-미국 동맹의 승리는 유럽 제국들 사이의 균형을 복구해 줄 수 있다. 프랑스는 스페인과 네덜란드를 유인하여 영국에 대항하도록 만들어 유럽 내에서 지도력을 발휘할 수 있을 것이다. 프랑스는 상업이든 세력이든 장래 번영을 미국으로부터 얻을 수 있을지도 모른다. 신생 미국의 영토는 현재의 영국, 프랑스, 독일의 영토를 모두 합한 정도의 크기이고, 13개 주에는 3백만보다 작은 인구가 살고 있어서 발전의 여지가 많았다.

프랭클린의 외교는 공식적인 창구와 함께 사적인 창구를 통해 운영되었다. 실제로 1778년 루이 16세(Louis XVI)가 미국을 인정하기 전에 이미 간접적으로 운영했다. 프랭클린은 프랑스 군장교, 물자, 사적 기부금을 징발했다. 그는 프랑스 정부가 어느 편도 들지 않도록 만들면서 프랑스에 구애하고 있었다. 프랭클린의 친구들-그 중에서도 드 라파예트 후작(Marquis de Lafayette)-은 끊임없는 대출, 물자, 직접적인 군사 개입을 요청하는 작업을 지원했다.

프랭클린은 파리에 돈을 꾸러 7년간 머물렀다. 독립을 쟁취한 후에도, 프랭클린, 토머스 제퍼슨(Thomas Jefferson)과 그 외 다른 해외 거주 미국인들은 재정관리 부실이 신생국가의 국제적 명망을 손상시킨다는 점을 주목했다. 몇 년 안에, 프랑스의 미국참전은 루이 왕에게는 과도한 부담으로 드러났다. 1787년에 가면, 프랑스 왕국은 예산의 절반을 전쟁 빚의 이자로 내는 데 사용했고 그 금액은 지속될 수 없었다. 175년 역사상 처음으로 프랑스 왕은 삼부회(Estates General)에 도움을 요청했고 이는 왕권이 약화되고 있다는 신호를 보낸 셈이 되어 프랑스 왕국이 치명적으로 해체되는 길을 열었다.[5)]

미국 최초의 외교관도, 나중의 후임자들과 마찬가지로, 다른 기질, 편견, 동기를 가진 동료들과 일을 함께 추진해야 했다. 존 제이(John Jay)의 기술들은 프랭클린의 약점들을 기민하게 보완했다. 질투심 많고 논쟁을 즐기는 존 애덤스(John Adams)에 대한 프랭클린의 평가는 1783년 매사추세츠 기록문에서 잘 나와있다. 그는 "조국에 대해 충심이고, 항상 정직한 사람이고 자주 현명하지만, 때로는 특정한 사안에 대해서는 절대적으로 그의 감각을 벗어났다."[6)]

프랭클린은 노련한 외교는 지상에서의 이벤트(event)로 보완되어야 한다는 점을 이해했다. 최상의 외교사절은 때를 정확히 파악해 자신에게 유리한 때를 선택하는 명민한 감각을 가진다-언제 행동하고 언제 물러설지-그리고 이벤트를 지렛대로 삼아 최대한의 효과를 얻도록 사용한다. 프랭클린을 신랄하게 몰아세우는 동료 아서 리(Arthur Lee)는 1777년 패배를 프랑스에 대한 최후통첩으로 바꾸도록 요구했다. 프랭클린은 반대했고 1777년 10월 사라토가(Saratoga)에서의 미국의 승리 소식을 가지고 영국과 프랑스가 서로 싸우게 작업했다. 간첩들은 어디에나 있다는 점을 인식하고, 프랭클린은 영국사절이 미국과 화의를 추구하러 파리에 오고 있다는 뉴스를 흘렸다. 동시에, 프랭클린은 런던은 미국이 파리와 조약을 체결할 것으로 예상한다는 점을 알았다. 뻔한 영미 화해를 피하기 위해, 프랑스는 군사적 동맹에 합의했다. 버게네스(Vergennes) 공사에게 중요한 업무는 미국은 프랑스의 동의 없이 평화를 추구하지 않는다는 한 조문이었다.

1781년 요크타운(Yorktown)에서의 미국-프랑스 연합군이 이긴 후, 프랭클린은 새로운 영국 정부와 협상할 기회를 가졌다. 런던에서의 치열한 경쟁과 영국 의회의 지원에 대한 변덕은 개회식이 얼마나 오래 걸릴지에 대한 불확실성을 만들어 냈다. 프랭클린은 비공식 연락책을 동원하여, 프랑스에게 들키지 않은 채, 차기 수상이 될 셸번 경(Lord Shelburne)에게 좋은 감정을 가지고 있다는 신호를 보냈다. 프랭클린은 역사적 거래를 성사시키면서도 미국의 전략적 이익들에 관해 긴 안목을 취하고 있었다. 프랭클린은 영국과는 형제 간의 연대를 복원하기 위해 관대한 조건들을 제공해야 한다고 주장하면서 평화(peace)와 화해(reconciliation)를 구분했다. 프랭클린은 캐나다에게 새로운 국가 지위를 양도하도록 런던에게 주장하기까지 했다. 왜냐하면 북아메리카 대륙에서 영국이 계속 주둔하면 미국은 프랑스와 더 강하게 연대할 필요성이 생길 것이기 때문이라고 설명했다. 프랑스에 대해서는, 미국은 독자적으로 평화를 추구하지 않을 것이라고 재확인해 주었다. 이런 자세는 동맹 간에 서로 싸우게 만들려는 영국의 움직임을 또한 봉쇄했다. 더욱이, 프랭클린은 미국의 도전은 종전 후에도 연속될 것으로 알고 있었다. 그는 프랑스와 우호적으로 남기를 원했다. 사업가인 프랭클린은 돈에 밝은 눈을 가지고 있었다. 파산에 처한 미국정부의 재정상태에서, 전쟁이 재개되거나 대륙 육군을 해고하기 위해서는 미국은 더 많은 프랑스의 지원이 필요할 것이다. 프랑스는 존경을 받을 만했다. 프랭클린은 미국 재정감독관 로버트 모리스(Robert Morris)에게 보낸 서신을 통해, 탁월한 역사가 스테이시 쉬프(Stacy Schiff)는 그가 "국가들은 감정을 또한 가지고 있다"는 점을 인식하고 있었다고 프랭클린의 프랑스에서의 업적을 그린 "위대한 즉흥곡(Great Improvisation)"에서 말했다.[7]

미국 주재 프랑스 사절들은 대륙의회가 자국 교섭자들에게 파리의 동의를 반드시 얻으라고 지시하라고 건의(심지어는 돈을 주기도)했다. 프랭클린의 새로운 동료, 존 제이(John Jay)와 존 애덤스(John Adams)는 프랑스의 동기를 의심했고 프랑스와 조율하지 않고 영국과 교섭할 것을 주장했다. 애팔래치아(Appalachian) 산맥을 경계로 미국을 한정시키고 캐나다와 뉴펀들랜드

(Newfoundland) 인근의 어장에 대한 미국인의 접근을 배제하려는 프랑스의 의도를 파악하였기에 프랭클린은 그들의 논리를 받아들였다. 그의 동료들과는 달리, 프랭클린은 프랑스 측의 악의를 가정하지는 않았다. 프랭클린은 (프랑스) 외무장관을 공정하게 대우했고, 결코 그를 실망시키지 않았다. 프랭클린의 외교는 고마움 또한 포함했다. 그는 프랑스와는 조화를 유지한 채 영국과는 평화를 원했다.

1782년 11월 30일에 미국은 영국과 전쟁을 끝내기 위한 임시 조약을 체결했다. 프랭클린은 버게네스(Vergennes)에게 왜 미국 관리들이 의회의 지시를 거부하고 프랑스에 대한 의무를 저버렸는지에 대한 이유를 해명하는 어려운 임무에 직면했다. 더욱이, 프랭클린은 또 한 차례 돈을 프랑스에서 꾸어야 했다.

버게네스의 차가운 항의에 대한 프랭클린의 대응은 교묘한 외교의 한 모형이었다. 프랭클린은 비굴하게 굽실거리지 않고 또 큰 실수를 인정하지 않은 채 하나의 "부적절한 조치(impropriety)"를 우아하게 사과했다. 체면을 살려 주기 위해, 영국과의 조약은 프랑스와 영국이 합의할 때까지는 발효되지 않을 것이라는 점을 확인해 주었다. '우리 모두가 사랑하고 존경하는' 왕으로부터 양해를 얻어내기 위해서, 프랭클린은 "하나의 무분별한 행동"이 왕의 위대한 치적을 손상시키지 않을 것을 희망했다. 이와는 정반대로 프랭클린은 미국 합의문에서 아무것도 프랑스의 이익에 반하는 게 없다고 (거짓으로) 주장했다. 마지막으로, 프랑스의 세력 계산에 호소하여, 프랭클린은 모든 공개된 논쟁은 오직 공동의 적인 영국만을 이롭게 할 뿐이라고 밀어붙였다. 이리하여, 프랭클린은 초기 미국의 이중성을 신생국 특유의 천진난만함, 우호적 감정, 그리고 차가운 계산으로 덮어 나갔다. 위엄 있는 현실주의자 버게네스는 "현재 눈앞에 지나가고 있는 것으로부터 미래를 판단한다면, 우리가 미국에 해 준 것과 미국의 존재 자체를 안전하게 해 준 것에 대한 대가는 거의 받아 내지 못했다"라는 평가를 내렸다. 만약 프랑스가 미국 관리들에게 공식적인 항의를 제기할 것인지를 미의회가 문의하자, 프랑스 영사관의 비서는 "대국은 항의를 결코 제기하지 않는다. 다만 *느끼고 기억한다*"라고 답했다.[8)]

미국의 평화에 대한 목표들은 프랑스와 스페인의 것들과는 또한 달랐다. 리처드 모리스(Richard Morris)는 독립을 위한 미국의 전쟁에서의 강대국 외교(great power diplomacy)를 설명한 고전적인 저서 말미에, 프랭클린과 그의 동료들은 신생국가와 정부가 혁명적인 시대에 지속적인 평화를 추구했고, 반면에 프랑스와 스페인은 초기 왕국들 간의 경쟁(monarchial contests)에서 잃어버린 영향력과 자산을 되찾기 위해 뒤를 돌아보고 있었다고 분석했다.[9)]

미국 최초의 외교관은 "이론보다는 실천을 앞에 두었다(put practice before theory)". 그는 '거창한 가설보다는 겸손한 경험을 선호했고(favored modest experience over grandiose hypotheses)' 또 '교리보다 대화를 더 선호했다(preferred dialogue to dogma).'[10)] 그의 정치력은 이성, 미국적 장점, 힘을 혼합하여 사용하기를 즐기는 데서 나왔다. 프랭클린은 일차 목표에 집중하고 주의를 딴 데로 돌리거나 사소한 차이들을 피하는 핵심적인 품성을 가졌다. 그러나 그는 필요한 세부 사항에 주의를 기울였다. 프랭클린은 로버트 모리스에게 "큰 일들과 위대한 인물은 작은 일들에 의해 때로는 영향을 받는다는 점을 경험으로 발견한다"고 언급했다.[11)]

프랭클린은 평화 구축에 관한 국내 정치는 좌절적이라는 점을 인식했다. 동료 평화 중재 위원 헨리 로렌스(Henry Laurens)가 국가 차원의 고마움을 예측하자, 프랭클린은 "나는 양측에 많은 대중적 불만, 아우성, 불신임을 불러일으키지 않은 평화가 이루어진 것을 아직까지 보지 못했다"고 답했다. "중재자들에 대해 약속된 축복은 다음 세계로 연관된다"라고 프랭클린은 결론 내렸다.[12)]

비록 미국의 최초의 평화 조약은 하나의 외교적 승리로 유럽 전체가 여겼으나, 대륙 의회는 오류를 어쨌든 찾아냈다. 쉬프(Schiff)는 "외교관들은 둔한 영웅을 만든다"고 결론을 내렸다. 프랭클린의 경험은 미국인들은 스스로 독립을 획득하지 않았다는 점을 상기시켜 준다. 프랭클린의 솜씨와 책략이 너무 쉽게 잊혀 왔다.[13]

이 책이 말하는 것(What this book is about)

이것은 미국외교사에 관한 하나의 이야기책이다. 이 책에 대한 나의 생각은 내가 헨리 키신저(Henry Kissinger)가 역사를 끌어내어 외교의 전략과 기술을 조명한 그의 권위있는 저서 *외교(Diplomacy)*를 읽었을 당시 20년 전으로 거슬러 올라간다. 그러나 키신저의 관점이 아무리 넓고 통찰력이 풍부하다 해도 유럽의 역사에 뿌리를 두고 있었다. 비록 키신저는 미국 치세의 상황판단이 빠른 집행자였지만, 그의 숨겨진 의식은 미국의 외교경험은, 오토 폰 비스마르크(Otto von Bismarck)가 (증거 없이) 단정한 "신은 항상 바보들과 미국을 돌봐 주신다"는 점을 반영한다는 믿음이었다. 키신저에 따르면, 19세기 "미국의 외교 정책은 하나의 외교 정책을 가지지 않는 것이었다." 그는 20세기 미국 외교의 대부분을 또 비난했다.[14] 하나의 다른 관점에서 나는 미국 외교 경험은 가치 있는 통찰력과 아이디어를 제공한다고 믿는다.

키신저는 미국인들은 세상을 보고 싶은 것으로 보고, 실제 세상을 있는 그대로 보지 않기 때문에 미국 외교 정책은 대개 지나치게 나아갔고 또 철수함으로써 과잉 반응해 왔다고 말한다. 학자들은 키신저를 미국의 정치적 신념을–아마도 덕목들을–다른 땅에 가져다 놓으려는 "이상주의자(idealist)" 대신 한 "현실주의자(realist)"로 여긴다. 나는 언젠가 키신저가 "미국은 '현실주의자'로 불리는 것이 비난으로 여겨지는 유일한 국가이다"라고 냉소적으로 내뱉는 말을 들은 적이 있다.

실제 키신저는 엄청난 추종자들을 유지하고 있다. 1951년 조지 케넌(George Kennan)은, 냉전(Cold War) 초기에 '봉쇄(containment)'의 저자인 자신이 미국 외교 정책이 유감스러운 상태(sorry state)라고 여기는 것에 대해 시카고 대학에서 일련의 강의를 시행했다. 그는 이 강의록을 *'미국외교 1900~1950(American Diplomacy, 1900-1950)'*라는 제목으로 출판했고 현실주의자(realist) 전통의 하나의 기초 교과서가 되었다. 케넌은 세계 사건들에 대해 "법률적-도덕적 접근(legalistic-moralistic approach)"을 미국시민들의 여론에 떠밀린 "감성주의(emotionalism)"와 "변덕스럽고 주관적인 성격(erratic and subjective nature)"으로 매도했다. 그는 외교의 실제 작업을 "국익의 어색한 갈등을 다루고 그 가치에 따라 국제생활의 안정에 가장 덜 불안한 해법을 찾기 위해 처리하는 것으로 보았다".[15] 21세기에 들어와서, 월터 맥두걸(Walter McDougall)은 그의 저서 *약속의 땅, 십자군 국가(Promised Land, Crusader State)*에서 "현실주의"의 조심스러운 지혜를 반복했다. 맥두걸은 우드로 윌슨(Woodrow Wilson)의 "이상주의"와 미국의 "세계 개선주의(global meliorism)"의 되풀이 출현의 위험을 경고했다.[16]

미국 외교는 다른 방향에서 기를 죽이는 비난으로 또 고통을 당했다. 위스콘신 대학교(University of Wisconsin)의 윌리엄 애플먼 윌리엄스(William Appleman Williams)는 그의 저서 *미국 외교의 참사(The Tragedy of American Diplomacy)*에서 "수정론자(revisionist)" 학파를 창시했다. 케넌과 키신저가 미국 외교를 십자군식 이상주의와 수단과 목표들을 대응시키지 못한 무능이라고 잘못 판단한 데 반해, 윌리엄스는 경제적 확장을 통해 외골수 미국식 "제국주의(imperialism)"를 추구한다고 느꼈다.[17] "신 좌익(New Left)" 수정론자들은 미국의 성취를 칭송해온 이전의 "국수주의자(nationalist)" 혹은 "보수적인(conservative)" 외교사가들의 "전통적인(orthodox)" 관점에 도전했다. 냉전

(Cold War) 초기의 두려운 핵무기 (교섭) 교착상태와 당시 베트남 전쟁 와중에서 상기 책을 저술하면서, 수정론자들은 미국인들에게 공격적인 과거와 자기 잇속만 챙기는 동기들을 인정하라고 요구했다. 냉전에 관한 최고 전문가인 존 루이스 개디스(John Lewis Gaddis)는 전통론자와 수정론자들이 경제력에 과도하게 좁은 시각을 집중하고 있다고 둘 다 비판했다. 개디스는 냉전을 이해하기 위해서는 "국내 정치, 관료적 관성, 인간성격의 변이성, [그리고] 정확하든 부정확하든 소련(Soviet)의 의도에 대한 인식"을 포함할 필요가 있다고 말했다. 실제로, 개디스는 "경제적 수단들은 정치적 목적을 위해 사용되어왔고, 레닌주의적(Leninist) 제국주의 모형에서 내포하는 바와는 정반대"이라고 말했다.[18]

냉전 이후로, 학자들은 미국 외교 정책의 원동력을 분류하기 위해 다른 체제들을 시험해 왔다. 월터 러셀 미드(Walter Russell Mead)는 *특수한 섭리: 미국 외교 정책과 어떻게 미국이 세계를 바꾸었나(Special Providence: American Foreign Policy and How It Changed the World)*란 저서에서 미국 외교 정책을 관통하는 4개 학파 간의 경쟁을 찾아냈고, 각각은 미국의 특성의 다른 원소를 강조한다는 사실과 이 모두를 적응적으로 통합한 혼합물을 생산했다.[19] 데이비드 밀느(David Milne)의 *세상 만들기(World Making)*는 하나의 새로운 이분법 '기술 대 과학(art versus science)'을 제시했다. 즉 "기술자들(artists)"은 역사적 경험에 근거한 조심스러운 평가에 근거하여 세상을 만들어나가고, '과학자들(scientists)'은 이론에 근거하여 세상을 만들어나가는 부류이다.[20] 이 사상사(intellectual history)들은 해석을 촉발시키고 창의적인 토론을 제공해 준다. 그러나 사상사들은 너저분한 사실들과 복잡한 원인들을 이론적 구조에 맞추어 밀어 넣는 위험을 초래한다. 과도하게 단순화해서 실제로 무엇이 일어났는지를 대개 설명하지 못한다.

이 도서는 하나의 다른 접근법을 취한다. 내가 경험하고 공부한 외교는, 때로는 국내 정치적 시각에서 때로는 미래에 대한 관점에서, 문제들을 해결하기 위한 실질적인 노력에 관한 것이다. 미국 외교의 실용주의(pragmatism)는 특정 사안들에서 결과를 달성하는 데 초점을 두었지 이론을 적용하는 데에 있지 않았다.

실용주의의 개념은 윌리엄 제임스(William James)와 존 듀이(John Dewey)의 독특한 미국 철학에서 출발했다. 제임스와 듀이는 인위적인 지적 관습(artificial intellectual convention), 추상적 개념(abstractions), 신조(dogma)를 거부했고 미국 외교에서도 그러했다. '시간을 초월하는 보편적인 진리를 찾는' 대신, 실용적인 철학자들은 "만일 한 명제가 의미하는 실제적인 결과들이 경험과 일치한다면 그 명제는 진실임을 강조"한다. 실용주의적 철학자들과 외교관들은 모두 문제에서 시작해서 경험을 조사하고 목표에 맞는 수단을 찾아 "상황을 처리"하는 "도구주의자들(instrumentalists)"이다. 실용주의자들은 우연과 만일의 사태의 강력한 역할을 인식하고, 과정이 실제적인 선택을 형성하는 방법을 인정했다. 그들은 세상의 역동성과 다원적인 관점을 감안했다. 실용적인 미국 철학자들과 정치인들은 진보를 낙관적으로 믿었다.[21)]

나는 실용주의가 성공을 위한 간단한 공식을 제공한다고 제시하지 않는다. 대신에 나는 대부분의 미국 관리들이 외교 문제에 접근한 방법의 실제를 묘사하려 한다. 2백여 년간, 미국외교는 현역 외교관들이 무엇을 성취할 수 있을지를 발견하는 중에 발을 헛디딜지라도 무엇이 작동하는 것을 찾아내왔다. 프랭클린, 제이(Jay), 애덤스(Adams)는 새로운 유형의 국가의 독립과 광대한 영토를 담보해주는 기회를 포착해 합의(opportunistic deal)를 성사시켰다. 조지 워싱턴(George Washington)은 외국과의 관계를 조심스럽게 진행하였고, 미국이 뿌리를 내릴 기회를 제공한 인기 없는 제이의 1795년 영국과의 두 번째 조약을 체결했고, 알렉산더 해밀턴(Alexander Hamilton)의 경제 설계도에 의거 힘을 누적했고, 서부 변경을 수중에 넣었다. 토머스 제퍼슨은 헌법을 유연하게 해석해 루이지애나 구매(Louisiana Purchase)를 적절한 시기에 완성했다. 존 퀸시 애덤스(John Quincy Adams)는 유럽혁명과 동맹에 들어가기보다는 미국의 에너지를 대륙 내에서의 영토 확장에 집중하고 유럽인들을 아메리카 대륙에서 몰아냈다. 에이브러햄 링컨(Abraham Lincoln)과 윌리엄 수어드(William Seward)는 창의적인 법적 추론을 개발해 영국과 프랑스가 미국 내전에 개입하는 것을 피했고, 그들의 "한 번에 하나의 전쟁을 싸운다"는 전략은 현명했다.

20세기로 들어오면서, 윌리엄 맥킨리(William McKinley)는 하와이(Hawaii) 병합에 대한 상원의 2/3 합의를 설득하지 못하자 양원의 합동 결의(다만 다수결이 요구되는)로 해결했다. 대공황(Great Depression) 이후 프랭클린 D. 루스벨트(Franklin D. Roosevelt)는 조심스럽게 하나의 전쟁을 위해 대중 지원을 동원했다. 일본이 진주만(Pearl Harbor)을 공격한 지 얼마 지나지 않은 1941년에도 반대는 강력했다. FDR은 선발 징병법(Selective Service Act) 초안의 확장을 한 표 차이로 통과시켰다. 드와이트 아이젠하워(Dwight Eisenhower)는 초기 냉전의 극도의 흥분을 가라앉히고 장기전을 준비해 나갔다. 존 F. 케네디(John F. Kennedy)는 위기를 실용적으로 처리하는 방법을 배웠다. 로널드 레이건(Ronald Reagan)은 어마어마한 목표들을 세웠으나 기꺼이 교섭에 나섰고 단계적으로 결과를 수용했다. 조지 H. 부시(George H. Bush)는 과감한 조치와 신중한 억제력을 통합하고 지속적인 외교적 확장을 통해 냉전을 평화적으로 종료했고, 전례 없는 동맹을 구성하여 걸프 전쟁(Gulf War)에서 이라크(Iraq)의 공세를 역전시켰다.

미국외교에서 특히 지도자들이 실제적인 외교 정책에 대한 안목을 잃었을 때에는 비참한 실패를 기록했다. 우드로 윌슨(Woodrow Wilson)은 집단 안보에 대한 자신의 디자인이 해외의 세력 실체와 국내 정치적 지원 요건을 무시했기에 걸려 넘어졌다. 린든 존슨(Lyndon Johnson)은 국내 정치에 매몰되어 미국이 베트남에서 성취할 것과 미국 대중의 지지를 끌어낼 것의 실체를 규명하지 못했다.

성공적인 실용주의자들은 결과들을 달성하기 위해 모든 가용한 수단들을 고려한다. 그들은 현장에서의 실체-세력, 경제, 군사적 역량, 기술, 타자들의 태도와 입장, 혹은 투표 등-에 세심히 주의한다. 실용주의자들은 제도들이 작동하고 과정들이 기능하는 방법을 알 필요가 있다. 또 타 주체들의 관점과 이익을 이해하려 노력한다. 행동할 시점을 아는 것은-타이밍 감각-생명유지에 필수적이다.

실용적 지도자들은 지적인 언쟁을 즐길 수도 있으나, 그들은 추상적 개념과 문제가 주의를 요구하는 때에 이론에 관한 긴 토론을 견디지 못한다. 실용적 외교는 수사의 힘을 인정하지만-특히 효과적인 주장에서-실질적인 효과도 없는 자세에는 회의적이다.

실용주의자들은 결코 완벽하지 않은 세상(a far-from-perfect world)에서 교섭의 필요성과 불완전한 결과의 편익을 인정한다. 그들은 문제들을 해결할 수 있다는 낙관적인 정신으로 계속 시도할 뿐이다. 그들에게는 역사는 더 낫게 하는 방법에 대한 통찰력을 제공하지 영원한 장애물을 수용하는 근거가 아니다.

실용주의는 원대한 예지력(vision)을 포함할 수 있다. 미국 외교 정책 입안자들은 고귀하고 흥미로운 아이디어조차도 추구해 왔지만, 그들은 대체로 그것들을 적용하는 데 유연했고 실제적이었다. 지도자들은 국가를 자신들의 비전에 더 가깝게 이동시키는 목표들을 달성하기를 원한다. 일부 관리들은 이념에 끌리지만, 대개는 완고하지 않다. 미국 정책들은 실험과 경쟁하는 아이디어들의 전통으로부터 만들어졌다. 많은 개념들이 후속 시기에 다른 형태로 다시 나타났다.

실용적 지도자들은 국내적이고 외국적인 복수의 사안들을 대개 곡예처럼 다루어 나왔다. 관리들은 시기와 정치적 자산 및 인적 자산을 할당하는 데 균형을 맞추어야 한다. 그리하기 위해서는, 대부분의 지도자들은 입장과 점진적 조치의 일련의 순서로 구성된 포트폴리오(일람표)의 한 부분이 되는 실제적 "해결책"에 끌려 들어간다.

논객들은 거의 8년 동안 나의 상관이었던 국무장관과 재무장관을 역임한 제임스 베이커(James Baker)를 '실용주의자"라고 이른다. 베이커는 힘을 이해했고 자신의 정치적인 체제 내에서 또 세계에서 능수능란하게 사용했다. 부드러운 비로도 장갑을 낀 철권(an iron fist in a velvet glove, 외유내강) 같은 그의 외교적 속성들은 그에 대한 존경을 의미한다. 외국 및 미국 지도자들은 베이커가 그의 친구가 되길 원했고, 또 그들은 확실히 그의 적이 되기를 원하지 않았다. 한편, 그는 개인적 여유를 유지한 채로 좋은 유머를 보이고 좋은 이야기를 해 동료들을 재미있게 해 주었다. 그의 초점은 일을 매듭짓고 문제를 해결하는 행동에 있었다.

"역사는 국가의 기억이다(History is the Memory of States)"

역사가들은 그 시대의 논쟁을 반영한다. 우리의 경험은 이전 시대의 사람들을 보는 방법을 색칠한다. 예를 들면 냉전 동안, 현실주의 제안자들은 테디 루스벨트(Teddy Roosevelt)나 알렉산더 해밀턴의 시각조차도 20세기 중반 과제들의 프리즘을 통한 힘의 정치(power politics)의 인정으로 보았다.[22]

우리 시대는 미국 외교의 방향에서도 또 세계 질서도 변하고 있기 때문에 불안정하다. 도널드 트럼프(Donald Trump) 대통령은 과거와 분명한 단절을 약속했다. 그는 이전의 정책은 실패했다고 선언했다. 앞으로 무슨 일이 일어날지 파악하려고 애쓰는 독자들은 왜 그들은 과거에 관한 책을 보지 않는지 합리적으로 질의할 것이다. 이에 대한 키신저의 훌륭한 답변은 "역사는 국가들의 기억이다."[23]

30년 전에, 존경받는 미국 외교 정책사가인 어니스트 메이(Ernest May)와 대통령에 관한 훌륭한 학자인 리처드 누스타트(Richard Neustadt)는 정책입안자들을 위해 역사를 이용하는 방법에 관한 도서를 저술했다. 그러나 메이와 누스타트는 역사적 유사점을 이용해 장래를 예측하는 위험을 경고했다. "예상을 할 수 있다 해도 인간의 경험은 갑작스러운, 날카로운, 예측 불가능한 불연속성이 포함되어 있다"고 말했다.[24] 결정적인 그리고 분열적인 순간들이 미국 역사를 건설했다. 그 과정에 대한 이해는 독자들이 이전 시대를 더 잘 파악할 뿐만 아니라 21세기를 이해하는 데에도 도움이 될 것이다.

나는 이 도서가 학문 분야로서 외교사의 분명한 후퇴에 대한 해결책이 되기를 희망한다. 후기수정주의 역사 운동은 인종, 성별, 종교, 이념 등 이전에는 인정받지 못한 주체들, 근원들, 주제들, 외교 정책 관점들을 필요 이상으로 포함했다. 외국 자료들에 더 크게 의존해 국제적 관점을 추가했다. 초국경주의(transnationalism)는 외교 지평에 인도주의자들, 철도기술자들, 선교사들, 환경론자들, 기업인들, 교육자들, 그리고 이주자 집단들을 포함하도록 확장했다. 그러나 새로운 역사들은 파편적인 해석을 낳았고 이들 조각들을 합하여 국제적 사건들과 정책들을 논리 정연한 설명으로 묶어내지 못했다. 외교사는 인간의 노력들, 실제적 문제 해결하기, 정치적 통찰력으로 가득하다. 학자 프레드릭 로즈볼(Fredrik Logevall)이 얼마 전에 "왜 우리는 정치적 역사를 가르치기를 중단했나?"라는 의문을 제기했다.[25] 나는 18세기 후반부터 19세기, 그리고 21세기 전반에 걸친 아이디어, 관행, 전통을 회상하고 싶다. 이 시대의 외교 관계의 유동성에 비추어, 우리는 미국의 초기 150년 동안 얻은 아이디어와 실제적 경험에서 교훈을 얻을 지도 모른다.

실용적 미국 외교사에 관한 이야기는 그 경험에서 오류를 인정할 필요가 있다. 실용주의자들도 배경에 깔린 현실에서의 중요한 변화를 인식하지 못하거나 감지하는 데 오래 걸렸을 수 있다. 키신저는 일부 문제들은 "해결될" 수 없고 다만 관리될 수밖에 없다고 적절히 지적했고 그 통찰력을 실제 문제 해결자가 놓쳤을 수 있다.

실제적 문제 해결 방식은 키신저가 경고한 대로 전략적 허무주의에 취약할 수 있다. 미국은 외교 정책을 하나의 전반적인 디자인의 일환이 아닌 일련의 분리된 과제들을 각각의 진가에 따라 처리하는 방안을 구상할 위험이 있다.

5대 전통(Five Traditions)

미국의 외교 경험은 전통을 누적했다. 이 도서는 미국의 비전(선경지명)과 실용주의를 인도해온 5대 외교 전통을 이끌어 낸다. 5대 전통 모두는 프랭클린의 일화에 이미 실체를 드러냈다. 이들 전통들은 다른 국가들의 외교 정책에도 포함되어 있으나, 미국 외교는 이들 아이디어를 미국 특유의 취향으로 적용하였다.

첫째, 미국은 출발지인 북아메리카 대륙에 집중했고, 그 대륙은 하나의 공화국으로 안보, 경제와 국가의 지리, 크기, 국경, 인구, 자연, 이웃과의 관계를 결정한다. 일부 유럽과 아시아 국가들은 자신들의 지역을 지배하려고 노력했으나, 유일하게 미국이 자신의 대륙을 석권하는 데 성공했다. 미국인들은 국경, 안보, 사람, 상업, 정보의 초국경적 흐름과 환경에 다시 관심을 가진다. 21세기에 북아메리카는 미국이 세계로, 특히 대서양과 태평양을 건너, 뻗어 나가는 세력의 기반이 될 것이다.

때로는 미국 지도자들은 미주대륙 내 공화국들과 특별한 연대를 가지는 비전으로 자신들의 대륙적 관점을 확장했다. 신세계(New World)의 국가들이 구세계(Old World)의 방식들을 바꾸기를 희망했다. 미국은 서반구 파트너십의 약속을 계속 추구해 나갈 것이다.

둘째, 미국의 초국경적인 무역과 기술적 관계는 나머지 세계 국가의 경제 이외의 정치 및 안보적 관계를 규정해 왔다. 미국은 영국제국의 자유와 교역에 대한 세금 침해에 항거하여 일어났다. 건국 초기부터, 미국은 경제적 자유와 정치적 자유 사이의 연계를 주목하고 사적 당사자(private party)가 상업의 주체(agent)가 되어야 한다는 개념을 받아들였다. 오랫동안 미국은 교역에서 "개방정책(open doors)"을 요구했다. 21세기에, 미국 관리들은 교역, 재정, 건강한 경제, 정치와 안보 사이의 연계성을 인정했다. 미국은 연방 재정으로 대학과 사적 부문이 지원받아 과학기술적 진보를 이루는 하나의 모형을 창조했고, 미국 기업가정신은 미국의 초국경주의와 서로 손을 잡고 일했다. 21세기에서, 미국의 교역, 기술, 재정의 연계는 장래 질서와 동업자 관계(파트너십)의 초석을 제공할 것이다.

셋째, 미국외교는 동맹과 국가 사이에 연계를 요청하는 방법에 대해 변화하는 미국인의 자세를 반영해왔다. 초기 150년간, 미국은 유럽 세력들과의 동맹에 관한 워싱턴(Washington)과 제퍼슨(Jefferson)의 경고를 경청했다. 대안을 찾아서, 미국인들은 국가의 독립을 안전한 국제 체제 내에서 보존하는 여러 방법들을 실험했다. 공화정체의 주(republican state)들 사이의 연맹의 경험-특히 내전 동안의 유니언(the Union)의 보존-은 국가 명령(state order)에 관해 수십 년 동안 그리고 오늘까지도 미국인의 사고에 영향을 미친다. 미국인들은 교역 배열, 국제법, 군비 통제, 지역 세력 균형을 위한 중재를 추구했다.

제2차 세계대전 후, 미국은 국제적 분열과 소련의 패권(hegemony)을 염려해 유례없는 동맹 네트워크를 구축했다. 미국 동맹은 정치-안보 체제의 신유형으로 상호적인 정치 및 경제 편익을 위한 골조(framework)를 제공했다. 대부분의 미국 동맹국들은 자유공화국들이거나 혹은 나중에 민주국가로 변했다. 냉전 후 25년 동안, 미국은 새로운 디자인에 적합한 확대된 동맹 네트워크를 채택했다.

오늘날 대통령 트럼프와 다른 사람들이 미국 동맹의 비용과 유용성에 의문을 제기한다. 비록 나는 미국의 이익과 가치를 진전시키기 위해 동맹국들과 일해왔지만, 미국은 아마도 동맹 체제의 범위, 약속, 공유 책임들을 재평가할 것이다. 미국인들은 여러 국가들과 사람들 사이의 협력과 경쟁을 위한 동맹을 보완하기 위해 공공 및 사적 대안들을 심의할지 모른다. 그렇다면, 미국인들은 미국이 왜 시초에 특정한 동맹들에 합의했고 어떻게 미국이 동맹을 유효하게 사용했는지 조사하기를 원할 것이다.

넷째, 미국 외교의 추진은 국민 입장을 지도하고 반영하는 방법을 이해해야 한다. 민주공화국에서의 외교정책을 빚어내고, 의회의 권력을 인정하는 방식은 조지 캐넌(George Kennan)을 포함한 예외적인 외교 사상가들을 당혹하게 했다. 노련한 미국 정치인들은 의회 내에 주요 우군을 구축했다. 미국 외교의 성공적인 지도자들은 미국 외교정책의 기초를 축조한 정치적 요소들과 일할 필요를 인정했다.

마지막으로, 미국 외교는 미국 자체가 국내에서나 외국과의 관계에서 더 큰 목적에 봉사해야 하는 예외적이고 지속적인 실험이라는 믿음을 반영한다. 미국의 건국 세대들은 당시의 세계 질서에 주의를 집중하는 학생들이었다. 그들은 자신들의 공하정 실험이 민악 성공하면 기존의 제국주의질서를 변화시켜 토머스 페인(Thomas Pain)의 말을 빌리면 "세상을 새로 시작"시킬 역량을 가지고 있을 것이라고 느꼈다.

1782년 당시 의회 장관인 찰스 톰슨(Charles Thomson)은 미국의 국새(Great Seal, 國璽) 디자인의 도상(圖像, iconography)을 소개했고 그 인준을 요청했다. (국새는 편리하게도 1달러 지폐의 뒷면에 새겨져 있다). 하늘(Providence)에서 미완의 13층 피라미드가 [초기 13개 주(state)를 상징하는] 내려다보고 있고 아래에 라틴어로

Novus Ordo Seclorum 즉 세기의 신 질서(New Order of Ages)라고 각인되어 있다. (역자주: 또 하나의 모토는 Annuit coeptis Providence has favored our undertakings, 하나님은 우리의 역사를 인준하시었다) 톰슨은 1776년은 "새로운 미국 시대의 시작"을 의미한다고 설명했다. 외교사 과목의 나의 최초의 교수는 "미국 역사의 대부분은 '미국의(American)'란 형용사가 지리적으로 제한적인지 혹은 폭넓게 서술적인지의 여부에 관한 질문에 함축되어 있다"라고 설명했다.

독립선언서(Declaration of Independence)를 통해 정치적으로 적시된 깨우침(계몽주의, Enlightenment)의 개념들은 그 범위가 국제주의자에 속한다. 지난 이백 년 동안, 미국 외교는 세계 질서에 도전하고, 극복하고, 새로 만들어나갔다. 미국의 목적에 대한 개념들은 시간에 따라 진화되어야 하고 또 그러했을 것이다. 국력이 가장 강했을 때조차도, 미국 외교는 세계 질서의 현상태(status quo)를 수용하지 않아 왔다. 미국인들은 변화를 추구하고, 더 나은 세상을 추구한다고 대체로 믿는다.

미국인들은 이제 다시 국내적 실험을 국제적 목적과 일치시킬 것인가 또 어떻게 그리 할 것인가에 관해 논쟁을 하고 있다. 미국의 국가주의와 국제주의는 동일한 동전의 양면으로 존재해 왔다. 미국은 "세기의 새로운 질서"를 만들지 또 어떻게 시행할지에 관한 질문에 다시 직면해 있다.[26)]

여기에 등장하는 이야기들은 많은 역사학자들의 연구 결과를 반영하고 있다. 내가 미주에서 설명하듯이 또 수 많은 학자들의 학술적 업적에 의존하고 있다. 나는 외교 현장의 현역으로 얻은 경험에 근거하여 나의 해석을 추가하고 있다. 귀하는 외교 행위와 정책 설계에 관한 나의 의견을 보게 될 것이다. 5대 전통은 사건들 해석에서 출현하고, 이 도서 후반부에 최근 역사를 고려할 때 나는 이 전통들에 대해 다시 논의할 것이다. 귀하가 세상에서 미국의 장래를 생각한다면, 귀하가 이야기들, 인물들, 아이디어들을 즐기기를 희망한다.

1부

새로운 미국 시대

A New American Era

대륙영토, 금융력, 중립적 독립,

그리고 하나의 공화주의 연합

Continental Territory, Financial Power, Neutral Independence,

and a Republican Union

제1장

◆

알렉산더 해밀턴

Alexander Hamilton

미 국력의 설계자(Architect of American Power)

미국 최초의 재무장관 선임

1789년 새로이 대통령으로 선출된 조지 워싱턴(George Washington)은 뉴욕시에서 거행되는 취임식에 가는 길에 필라델피아에 도착했다. 워싱턴은 그의 오랜 친구 로버트 모리스(Robert Morris)를 찾았다. 그는 미국 혁명 정부의 재정감독관으로 일했다. 당시 가장 세력이 큰 무역 금융인 모리스는 대륙군대(Continental Army)의 가장 어두운 시기에 워싱턴에게 지속적으로 자금을 전달했다. 그는 벤 프랭클린(Ben Franklin)의 동지였다. 모리스는 심지어 자신의 사적 신용으로 군대, 사나포선[私拿捕船, privateer(민간 소유이나 적선을 공격하고 나포할 권리를 인정받은 배)]에 자금을 지원했고, 무기를 구입하고, 정보원을 조달했다.

세월이 지나 워싱턴의 양손자가 기록한 사실에 의하면, 대통령 당선자는 모리스에게 신생 미국 정부의 재무장관을 맡아 달라고 요청했다. 모리스는 그 제안을 거절했다, 아마도 그는 자신의 재정 문제에 집중할 필요가 있었다고 본다, 그는 결국에는 파산했다. 그러나 모리스는 "나는 나보다 훨씬 더 현명한 사람을 귀하의 재무장관으로 추천할 수 있다. 바로 귀하의 전 부관(aide-de-camp) 해밀턴 대령(Colonel Hamilton)이다." 놀란 워싱턴은 해밀턴 대령은 "재정에 관해 무슨 지식을 가졌는지" 알려져 있지 않다고 답했다.[1)]

해밀턴이 1777년 워싱턴 장군의 부관이 되었을 때가 겨우 22세였다. 워싱턴의 본부에는 8년간 약 32명의 부관이 근무했고, 해밀턴은 그의 엘리트 장교 중에서도 뛰어났다. 1789년에 해밀턴은 겨우 30대 초반이었다. 이 뉴욕인은 새로운 헌법을 만들고 각 주로부터 비준을 받는 업무에서 정치적인 동지였으나 그 둘은 가까운 친구는 아니었다. 모리스는 해밀턴을 추천한 사실을 해밀턴 본인에게 말하지 않았다.[2]

젊은 전략가(A Young Strategist)

모리스는 해밀턴의 성품과 업무에 대한 엄청난 열정을 알았다. 1781년 의회가 모리스를 재무감독관으로 임명한 직후에 해밀턴은 자신보다 나이가 더 많고 많은 것을 경험한 사람에게 청하지 않은 서신을 보냈다. 그 편지는 31쪽에 달했다. 해밀턴은 워싱턴의 보좌관직을 막 사임했었고 외조부 필립 슈일러(Philip Schuyler)의 도서관에서 미국의 대의 명분(America's cause)을 곰곰이 생각하고 있었다. 그는 재정, 국가의 힘, 전쟁에 대해 읽고 자신의 방법으로 새로이 종합해 나갔다. 모리스에 보낸 해밀턴의 서신은 실제로는 이전 1780년에 하원의원 제임스 듀안(James Duane)에게 보냈고 1779년에도 아마도 슈일러에게 보낸 것으로 추정되는 2편의 서신을 세련 시키고 확장한 것이었다. 이 둘과 합해 3편의 서신은 전쟁의 문제만을 다룬 게 아니고 신생 미국 정부의 재정 체제를 구축하고 경제력을 키우는 하나의 계획을 구상하고 있었다.[3]

해밀턴은 군대의 시련-더 중요하게는 신생 국가의-은 자금 부족에서 온다는 점을 목격했다, 군인들은 급여, 의복, 심지어는 식량도 없이 전장에 나갔다. 그들은 무기와 탄약도 부족했다. 베네딕트 아놀드(Benedict Arnold) 같은 전장에서의 용기의 사나이들은, 돈 때문에 반역자들이 되었다. 해밀턴은 군대가 폭력단으로 변해 간다고 듀안에게 말했다. 1780년 그는 가까운 친구 존 로렌스(John Laurens)에게, 그도 이전에 워싱턴의 보좌관을 지냈다, 보낸 서신에서 좌절한 해밀턴은 군대, 주정부, 의회가 "한 무리의 바보들과 부정직한 자들"의 손아귀에 놓여있다고 실토했다. 자금 부족은, 군대를 해산하게 하거나 작전능력을 약화시켜서 대중들이 평화를 찾아 아우성치게 만든다고 해밀턴은 다른 편지에서 말했다.[4)]

해밀턴이 모리스에게 보낸 서한은, 그러나 전장과 야영장 너머를 보고 있었다. 해밀턴은 미국 국가의 강점과 약점을 적국의 것들과 비교해 전략적 도약을 구상했다. 해밀턴은 영국과 미국은 소모전을 하고 있다고 인식했다. 그는 영국의 정치 경제(political economy) 체제를 분석했다. 그 대령은 승리의 관건은 미국 자원을 동원하는 데에 달려 있기는 하지만, 런던의 신용과 의지를 약화시키는 것이라고 결론을 내렸다.[5)]

해밀턴의 유명한 전기작가 론 체르노(Ron Chernow)는 해밀턴 대령에게는 "혁명은 경제 이론과 정치적 이론의 실제적 작업장"이었다고 기술했다.[6)] 해밀턴은 국가가 장기적인 전쟁을 성공적으로 수행하기 위해서는 신용이 좋아야 한다는 점을 통찰했다. 국가는 그 계산서들을 지불할 필요가 있었다. "수입(revenue) 없는 권력은 거품"이라고 해밀턴은 결론 내렸다.

해밀턴은 1781년에 새로운 재무감독관 직이나 의회에 봉사하는 모리스를 보좌하는 직을 거절했다. 그 대령은 대륙육군에서의 지휘체계(a line of command)를 선호했다. 그는 나중에 요크타운(Yorktown) 소재 두 주요 영국군 요새 중 하나를 포획하여 전쟁의 마지막 주 공세에서 승리를 굳히는 한 뉴욕부대를 지휘할 예정이었다. 해밀턴은 영광, 명예, 그리고 명성을 추구했다. 그러나 다른 군인들과는 달리 국가의 힘과 회복력에서 재정과 경제 역학의 중요성을 인식하고 있었다.

해밀턴은 전략적, 정치적, 재정적 통찰력으로 새로운 국가의 헌법(Constitution)

제정에 몰두했다. 해밀턴은 헌법의 비준을 위해 일련의 *페더럴리스트(Federlist, 연방주의자)* 기고문에서 재정, 정치제도, 그리고 국가 안보 사이의 관계에 대해 설명했다. 더욱이, 해밀턴의 재정 및 정치 설계도는 미국의 외교 정책에 함축되어 있고 심지어는 외교 정책의 집행에 영향을 주었다. 페더럴리스트는 연방규약(Articles of Confederation) 하에서는 미국은 잡종 똥개 국가가 된다고 분명하게 지적했다. 위험한 세상에서 성공하기 위해서는, 새로운 공화국은 외국과의 교역, 건전한 돈, 정부 수익, 평시 상설군대가 필요하였다. 해상교역 국민으로, 미국은 해군 또한 필요했다.7)

해밀턴의 경제 전략(Hamilton's Economic Strategy)

프랭클린의 유산인 파리조약(Treaty of Paris)은 신생 미 공화국에 거대한 영토를 주었다. 제퍼슨(Jefferson)이 이끈 버지니아인들은 땅이 부의 원천이고 자작농제를 통해 자유의 근원이고 안보의 공간이란 개념에 이끌렸다. 반면에, 해밀턴은 미국은 국가의 천혜(natural bounty, 자연자원)를 개발하기 위해서 재력(financial strength), 유동 자본(liquid capital), 경제 기관(economic institutions)들이 필요하다는 점을 이해했다.

미국의 최초 재무장관은 영국의 윌리엄 피트 부자(William Pitt the Elder and William Pit the Younger)이 프로그램을 찬양했고 런던이 개발해 놓은 금융기관들을 존경했다. 포레스트 맥도날드(Forrest McDonald) 교수는 나중에 해밀턴은 영국 사례를 따서 미국에는 다르게 적용했다고 회상했다. 영국은 정부를 위해 돈을 걷는 체제-정치, 사회, 경제는 부산물로 부수적인-를 설계했으나, 해밀턴의 체제는 금융수단들을 정치적, 경제적, 사회적 목적을 달성하기 위해 사용했다. 해밀턴은 비틀거리는 재정 문제를 해결하려고 노력하고 있었다. 동시에, 새 재무장관은 미국의 힘을 새로이 축조해 올렸다.8)

1798년 독립기념일에, 해밀턴은 그의 이전 친구이고 전우였던 나다니엘 그린(Nathaniel Green) 장군의 추도사에서 앞에 놓여있는 과제를 시사했다. 그 임무는 "미국의 위대성의 상부구조를 [육성]하는 것"이라고 설명했다.[9)]

젊은 남자로서, 해밀턴은 한때는 데모스테네스(Demosthenes)의 다음 연설 구절을 베꼈다. "[지도자들은] 사건(event)을 기다려서는 아니 되고, 무슨 조치를 취할 것인지를 알아야 한다. 그리고 일단 취한 조치들은 사건을 반드시 생산해야 한다."[10)] 해밀턴은 결정을 강제했고 그의 의제를 빚어낼 '미결서류함(inbox)'이나 회의를 기다리지 않았을 것이다. 더구나, 해밀턴의 여러 행동들은 설계도 내에 맞아 들어갔다. 경영자로서, 해밀턴은 신망이 높은 프랑스의 루이 16세 하의 재무장관 자크 네커(Jacques Necker)의 3권의 회고록을 참고했다. 네커는 위대한 장관은 "시스템 전체를 감지하는 동시에 각 부문들이 서로 어떻게 연계되는지를 이해하고 있어야 한다"고 서술했다.[11)]

다른 이들은 해밀턴의 신용거래(credit), 국립은행, 제조업에 대한 구상의 역사를 연계하기도 한다. 나는 해밀턴 구상의 성분들과 그것들이 서로 어떻게 맞아 들어가는지에 주목하기를 원한다. 해밀턴의 상환제도는 연방정부의 부채가 하나의 훌륭하고 믿을 만한 신용이라는 점을 수립했다. 연방부채를 구성하는 증권(securities)은, 이번에는, 신생 국가의 화폐의 기반을 확장해 주고 투자용 유동자금(liquid fund)을 생성시켜 주었다. 새로운 뱅크 오브 유나이티드 스테이츠(Bank of United States)는 연방 재정을 작동시키고, 사적 신용(private credit) 제도를 확장하고 투자를 지원했다. 연방부채를 상환함으로써, 금융 및 상업계가 새정부의 성공지분을 획득하게 되었다. 연방정부가 주 정부의 부채를 인수함으로써 지지와 신용기반이 더 확장되었다. 새로운 수익체제, 특히 "적당한' 관세와 이자지급에 대한 세금은 주효했다. "감채 기금(Sinking Fund)"은 연방정부부채에 대해 투자자들에게 추가적인 안도감을 제공했다. 해밀턴의 새로운 관세청, 해안 경비대(Coast Guard), 정보

체제 설치는 새로운 정치 경제를 위한 구상들을 창안한 그의 경영자적 능력과 보유한 기술에 걸맞았다. 총체적으로, 그 제도들은 해밀턴이 상환부채에 대한 이자율을 낮추고 외국으로부터 더 많은 융자를 받을 수 있게 만들어 주었다. 더욱이, "한 국가의 부채는, 과도하지 않으면, 국가적 축복이 될 것이다. 그것은 우리 미국의 하나의 강력한 시멘트일 것이다"라고 해밀턴은 모리스에게 말했다.[12)]

맥도널드 교수는 흔히 간과하는 해밀턴 구상의 다른 한 측면을 지적했다. 즉 훌륭한 신용은 사실 이외에도 신뢰에 기반한 시장 심리에 의존한다는 점을 고려한 점이다. 해밀턴은 신정부에 의한 신속한 조치가 공공 채권자들(public creditors)의 선의를 확보하는 데 중요하다고 믿었다.[13)] 그리고 해밀턴은 미국외교는 그가 새로이 창조해 낸 정치경제 체제의 신뢰도를 높이는 데-그리고 실제로 성공한-소중한 기여가 될 것이라고 믿었다.

외교전략을 경제계획에 맞추다

(The Diplomatic Strategy Matches the Economic Plan)

재무장관은 최초의 국무장관 토머스 제퍼슨이 취임하기도 전에 하나의 외교적 역할을 맡았다. 나중에 국무부 권리의 수호자들은 해밀턴의 외교가 자신의 업무 범위를 넘어선 것이라고 보았다.[14)] 실세로 해밀턴은 처음에는 필요에 의해 그리고 나중에는 기회와 선택으로 미국의 외교 정책에 애초부터 경제적 관점과 이익들을 포함시켰다.

미국은 해밀턴의 관점에서는 대륙과 해상 세력 둘 다에 해당되었다. 미국의 고립주의를 지향하는 어떤 꿈도 미국은 넓은 의미의 대서양 세상이나, 유럽 세력들이 양 대륙을 걸쳐 이익을 추구하고 있었기 때문에, 어리석었다. 헌법제정회의(Constitutional Convention)에서 해밀턴은 "대서양이 미국을 향후 갈등에서 지켜줄 것이라는 환상"을 논박하기 위해 하나의 강력한 국가 정부가 필요하다고 주장했다.[15]

해밀턴은 세력 정치 균형의 기본을 인식했다. 유럽의 패권(hegemon)은 미국에 이익이 되지 않았다. 미국은 미시시피 계곡(Mississippi Valley)을 먹기 위해 야합하는 대륙세력들에 대항해 이를 지켜야 하고 미국에 아직 충성을 다하지 않는 새로운 서부 영토와 주들(states)에 정착민들을 유인해야 했다.

1790년대에 북아메리카의 미시시피 계곡은 여전히 다투는 완충 지역이었다. 해밀턴은 스페인을 북아메리카에서 밀어내기를 원했다. 재무장관은 프랑스식 정체-왕국, 혁명정부 혹은 후기 제국이든-를 경계했다. 그리고 해밀턴은 최고의 해상 세력인 영국이 북아메리카 내에 미국을 가두어 두기 위한 파리(Paris)와 마드리드(Madrid)의 움직임을 저지하는 데 도움이 될 것으로 한때 가설을 세우기도 했다. 시간이 주어지면, 미국은 하나의 큰 세력으로 성장할 것으로 해밀턴은 믿었다. 그 중간에는, 미국은 대서양 연대를 양육하고, 내부 화합을 보존하고, 서부 토지들에 정착하고, 미시시피 계곡을 장악하고, 홀란드(Holland)와 런던(London)의 은행가들의 신뢰를 유지하는 게 필요했다.[16]

해밀턴의 경제 및 외교 정책들은 힘을 축적하기 위해 국내적 평화와 안정을 지원하는 것이 필요했다. 해밀턴은 또한 당면 실제적 목표들-미국 원주민과의 전투를 중지하고 또 유럽인들이 이 갈등을 부추기는 행위를 중지시키고, 미국 서부 요새들을 여전히 점령하고 있는 영국이 떠나가도록 만드는 것, 새로운 신용제도에 힘을 실어주기 위해 수입에서 세금을 올리기-을 가지고 있었다. 1794년에, 무역 세금은 연방 세원의 약 90%를 차지했다. 영국이 총수입 중 거의 3/4을 차지했고, 미국 수출의 절반을 차지했다.[17] 미국은 영국으로부터 또한 융자금을 받아야 했었다.

영국과의 전략적 대화?(A Strategic Dialogue with Britain?)

1789년 10월, 취임 직후, 해밀턴은 영국 육군 소령이고 영국의 북아메리카(British North America) 총독 도르체스터 경(Lord Dorchester)의 보좌관인 조지 벡위드(George Beckwith)에게 자신의 외교 정책전략을 소개했다. 벡위드는 비공식 사절로 와서 새로운 의회의 관세가 영국을 차별하고, 그 관세 부과는 영국의 보복을 촉발할 것이라는 점을 전달했다. 그러나 해밀턴은 벡위드와 양국의 더 넓은 관심사에 관해 의견을 나누었다.

오늘날, 해밀턴의 외교적 접근에는 "전략적 대화"라는 꼬리표가 붙어있다. 재무장관은 국내 및 국제적 맥락에서 자신의 관점을 제공했다. 그는 무슨 관계들이 될 것이고 실제로 되어야 하는지에 관한 예단을 스케치해 주었다. 해밀턴은 공통의 입장을 지적했고, 정치적 제약을 고려해 각 당사자가 취할 방향을 제시했다. 해밀턴은 현존하는 영국군 요새들과 원주민 완충 지역의 무산 등 교섭불가한 점들을 특정했고, 반면에 전후에 영국군에 남은 노예의 귀환 같은 다른 요구는 포기했다. 그는 비난을 피하고 의향을 설명하고 상호 이익을 탐색했다.

해밀턴은 미국은 농업국가로 미국 경제는 영국의 제조역량과 잘 들어맞는다는 점을 주목했다. 미국의 구매력(purchasing power)은 이미 상당하지만 성장할 것이다. 영국은 미국의 영향력이 확대될 것으로 예상할 수 있다. 그러므로 런던은 상업적 연계 이외에도 정치적인 예속도 추구해야 할 것이다. 그러나 해밀턴은 하나의 이익공동체를 구축하기 위해서는 영국은 미국을 존중해야 한다고 강조했다. 이전 식민지들은 영국 정책들 때문에 할 수 없이 프랑스와 동맹을 맺게 되었지만, 미국인들은 영국과의 유대를 선호한다. 비록 해밀턴은 수려한 불어를 구사했지만 벡위드에게 "우리는 영어로 생각한다"라고 설명했다. 미국의 제안을 영국이 일축하면 미국은 프랑스와

동맹을 맺고 영국의 부유한 서인도제도들을 위협할 것이라고 경고했다.[18]

8년간의 격렬한 전쟁 후에, 이전 적에 대한 해밀턴의 서곡은 깜짝 놀라게 변하고 있었다. 제퍼슨(Jefferson)과 매디슨(Madison)은, 반면에, 영국에 적대적이었다. 그들은 거만하고 부패한 "영국"을 거역하고 프랑스-미국 연대 의사를 밝혔다. 얼마 지나지 않아, 외교 채널은 어느 국가가 먼저 평화조약을 위반했고 그러므로 일련의 목록의 문제들에 책임이 있다고 비난하는 논쟁으로 퇴화되었다. 해밀턴은 제퍼슨의 세계관이 전문지식이 없고(naïve) 그의 외교적 접근방식은 비현실적이라고 보았다.

실제로, 해밀턴은 영국의 글로벌 무역 체제 내에서 작동하기를 제안하고 있었고, 만약 영국이 북아메리카에서 미국을 위협하기를 중단하고, 심지어는 미국을 통상조약을 통해 경제적으로 안아주면, 유럽의 세력 다툼에서 미국은 런던에 기댈 것이라고 말했다. 해밀턴은 미국은, 주니어 파트너로 강대국으로 성장할 것이고 영국과의 밀접한 관계는 상호 이익이 될 수 있다고 믿었다.

1782~83년에 독립된 미국과 화평에 합의한 수상 셸번(Shelburne) 경은 이와 비슷하게 멀리 내다보고 영-미 협력의 초안을 진전시켰다. 그러나 영국인의 미국인에 대한 적대감은 너무 가혹해서, 셸번의 정부는 무너졌다. 마찬가지로 해밀턴의 영국과의 범대서양적(transatlantic) "특수 관계(special relationship)"는 한 세기가 지날 때까지 미국 대중들의 지지를 받을 수 없었다.[19] 그때까지는, 해밀턴이 예상했듯이, 미국은 일어서는 대세(great power)이었고 영국은 미국의 요구를 수용하기 위해 동분서주했다.

중립 정책(A Policy of Neutrality)

영국에 대한 해밀턴의 서곡은 성공적이지 않았고, 프랑스혁명의 소용돌이는 유럽의 안전과 미국의 안정 둘 다를 위협했다. 그러므로, 재무장관은 중립(neutrality)이란 외교 정책 원칙을 진전시켰고 중립은 1백 년 이상 미국 외교를 규정했다. 중립 정책에 대한 가장 큰 도전은 그 적용에서 드러났다. 제퍼슨과 해밀턴은 위반들에 대응할 때 친 프랑스 혹은 친 영국 "편향"을 놓고 다투었다. 미국이 내전(Civil War)과 1914년에 알게 되었듯이, 중립은 큰 지분을 놓고 싸우는 국가들을 실망시킬 수 있다. 냉전(Cold War) 동안, 미국은 때로는 중립을 주장하는 국가들을 거부했다.

영국의 강탈에 직면하여, 해밀턴은 워싱턴 대통령에게 "국가적 명예에 합당한 모든 비용을 들여서 평화를 보존"하기를 강력히 건의했다. 해밀턴은 전쟁이 "신용을 뿌리부터 잘라버리고" 수출을 손상시키고, 수입과 세수를 막고, 부채 무효화로 이어질 것을 두려워했다. 반면에 평화로 "상황들의 힘은 우리가 무역에서 충분히 빠르게 성공할 수 있게 만들어 줄 것이다"라고 보았다.[20]

해밀턴의 중립은 의심할 것 없이 친영 편향이다. 왜냐하면 미국은 영국의 지배 하에 있는 통상 세계 내에서 운영할 필요가 있었기 때문이다. 파리의 혁명적 불꽃은 미국의 내부 응집력을 위협했다. 프랑스 경제는 미국의 수요를 공급할 수 없었고 해밀턴은 과거 프랑스와의 조약이란 "감옥"에서 도망치기를 원했다. 그의 해법은 "통상 이외의 것들에서는 가능한 한 외국과의 관계를 반드시 피하는 것"이었다.[21]

1790년대 후반에, 프랑스가 미국 선박을 공격했을 때, 해밀턴은 또한 워싱턴에게 평화를 유지하라고 강력하게 건의했다. 그는 소문, 사소한 좌절감, 프랑스에 대한 "조바심(pins and needles)"에 대응하지 말도록 경고했다. 체르노(Chernow)는 해밀턴의 접근법을 "간절한 실용주의"라고 요약했다.[22]

세월이 흘러가면서 미국의 힘이 자라자, 해밀턴의 상호 보강하는 국력 체제에 대한 의지는 그의 외교에 영향을 주었다. 존 애덤스(John Adams) 대통령이 1798~99년에 프랑스와의 유사 해전 때문에 고투를 벌이고 있을 때, 해밀턴은 더 강한 해군을 구축하기를 원했고 평화는 전쟁을 준비함으로써 가장 잘 보존된다고 믿었다. 해밀턴은 워싱턴의 총괄적 지휘하에 대규모 정규 육군을 움직였다. 해밀턴은 영국과 왕실해군과 합동으로 스페인을 압박하여 플로리다와 루이지애나가 프랑스 손에 넘어가기 전에 스페인이 미국에 양도하도록 만들 생각도 했었다.[23]

워싱턴의 고별사와 반-동맹 훈계

(Washington's Farewell Address and the Admonition Against Alliance)

해밀턴의 외교 유산의 최고의 표현은 조지 워싱턴의 1796년 고별사(Farewell Address)이다. 워싱턴과 해밀턴은 이 문건을 함께 작성했다. 체르노가 주목했듯이, 그 연설문은 당시의 외교 정책들과 국내 갈등을 포함하여 논쟁적인 사안들에 관해 워싱턴의 접근법을 포괄하고 있었다. 그 고별사는 미국 외교의 "성서(Holy Writ)"의 제1장이 되었다.[24]

근본적으로, 워싱턴의 연설문은 유니언(Union)을 보존해 달라고 호소하는 것이었다. 대통령은 위협들을 밝혔고 하나의 역동적인 정부를 방어했다. 해밀턴은 세금 수익에 의해 지원되는 공적자금(public credit)과 국가의 "힘과 안보(strength and security)" 사이의 연계성에 관한 한 구절을 넣기 위해 노력했다.

워싱턴의 경험과 비전을 표시한 외교 정책은 타국들에 대해 "습관적인 증오"나 "습관적인 총애" 둘 다를 드러내지 않는 해밀턴의 중립 원칙을 반영했다. 과거 수년에 걸쳐 반향을 일으킨 한 구절에서, 워싱턴은 "영구한 동맹들(permanent alliances)"을 반드시 피해야 한다고 경고했다. "얽어매는 동맹들"에 대해 제퍼슨은 반대했고 이를 이 훈계에 추가했다. 동맹에 대한 미국의 적대적 전통은 아주 강력해 150년 이상 유지되었고, 미국 외교 정책의 집사들(stewards)은 국제질서를 위한 다른 조직 개념을 찾아 나섰다.

해밀턴의 외교적 방법(Hamilton's Diplomatic Method)

해밀턴은 조리 정연하게, 존경하면서도 확고하지만 적대적이지 않은 방법으로 외교조치들을 집행했다. 그는 국가들은 자기이익에 의거 행동한다는 점을 예상했으나 국가사무를 집행하는 개인들은 감정을 가지고 있고 합리적으로 행동하지 않을 수도 있다는 점을 알고 있었다. 감정은 관리들에게 이익을 잘못 계산하도록 유도할 수 있다. 해밀턴은 "태도에서는 온순하고 사물에서는 확고함(mildness in the manner, firmness in the thing)"을 더 좋아했다. 나중에 해밀턴의 칭송자가 된 테디 루스벨트(Teddy Roosevelt)는 이와 유사한 방법을 "부드럽게 말을 하지만 큰 몽둥이를 들고 다닌다(speak softly and carry a big stake)"는 문장으로 요약했다. 25)

해밀턴은 그의 계산된 외교를 런던에 대해서만 유일하게 집행하지는 않았다. 나중에 프랑스의 침입을 다룰 때, 해밀턴은 과민반응을 경고하고 "으스대기는 아무 것에도 좋지 않다"고 주목하고 "진정한 단단함"을 주문했다. "에너지와 절제를 통합하라"고 해밀턴은 자문했다.26)

해밀턴은 프랭클린과 마찬가지로 "작은 상황들, 아주 미약한 것들이 호기를 주기도 혹은 악재가 되기도 한다"는 점에 주목했다. 개인들과 마찬가지로 국가들은 때로는 국가 사이에 통과하는 실제 사안보다는 태도 때문에 옥신각신한다"는 점에 착안했다. 해밀턴의 전기작가 중 한 명은 해밀턴 외교는 "솔직, 선의, 분별(candor, good will, and good sense)"로 요약된다고 적절히 지적했다.27) 제임스 베이커(James Baker) 국무장관은 "기회를 잡으라(Pick your shots)"고 이와 비슷한 외교적 자문을 제공했다.

탈레랑과 해밀턴의 현실주의(Talleyrand and Hamilton's Realism)

헨리 키신저(Henry Kissinger)가 자신의 유럽외교연구에서 다룬 한 주요한 인사인 샤를 드 탈레랑(Charles de Talleyrand)은 해밀턴과 그의 미국 외교를 평가를 계량하는 잣대를 제공한다. 1794년 초기 무국적 망명객 탈레랑은 혁명 프랑스의 공포 정치를 피해 미국으로 2년간 도망갔다. 재치와 지성을 겸비한 프랑스 남자 악당은 미국 재무장관을 크게 흠모했다. 그는 "나폴레옹(Napoleon), [영국의 찰스] 폭스(Charles Fox), 그리고 해밀턴은 우리 당대의 최고 3인이다… 나는 주저 없이 해밀턴을 첫 자리에 앉히겠다"라고 적어 내려갔다. 탈레랑은 해밀턴이 "유럽을 간파(divined Europe)"하고 있다고 결론 내렸다. 즉 그 미국인은 대륙의 정치와 세력을 형성하는 힘들을 사정했다는 의미이다.[28]

탈레랑은 프랑스가 아닌 영국이 미국이 성장하는 데 소요되는 장기 신용과 공산품을 제공할 수 있다는 해밀턴의 말에 동의했다. 미국이 이전의 적국과 동맹을 맺는 것의 어려움에 대해, 탈레랑은 "억울함은 귀하가 이겼을 때에는 존속되지 않는다. 만족한 자존심은 복수에 대한 욕구를 따로 남겨두지 않는다"는 점을 인식했다.[29] 해밀턴이나 탈레랑은 거들먹거리는 영국과 풀어야 할 앙금이 여전히 남아 있다는 제퍼슨, 메디슨과 그 외의 버지니아 지도자들을 완전히 이해하지 못했다.

비록 해밀턴과 탈레랑은 상대방의 지성을 존중하고 현실적이고 감상적이 아닌 대외 정책의 평가에 대한 전념을 공유했으나, 두 사람은 근본적으로 달랐다. 1795년 겨울, 탈레랑은 한 만찬 모임에 가기 위해 차가운 뉴욕시 거리를 걷고 있었다. 이 교활한 천재는 월스트리트 소재 법률사무소에서 촛불을 켜고 일을 하는 해밀턴을 염탐했다. 얼마 전에 해밀턴은 재무장관직에서 물러났다. "나는 국가의 재산을 만든 사람이 자신의 가족의 생계를 위해 밤늦게까지 일을 하는 모습을 보고 있다"고 프랑스인은 당황했다. 그 직후에, 탈레랑이 프랑스로 돌아가서 외무장관이 되었고, "나는 그것으로 엄청난 돈을 벌어야 한다"고 그의 친구에게 편지를 보냈다. 그리고 그러했다. 반면에, 해밀턴의 권력욕구는 공화주의 미덕의 강한 감각과 연계되어 있었다.30)

해밀턴이 남긴 경제 치국책(治國策, Economic Statecraft)

알렉산더 해밀턴은 권력체제(systems of power)를 이해하는 드문 능력을 보유했다. 전략가로서 그는 비전과 실제적 조치들을 합하여 미국을 그의 장기적 목표들로 향해 움직였다.

해밀턴 체제의 기초는 튼튼한 경제 및 재정이었다. 그는 국가신용이 미국인에게도 그리고 소모전 비용을 대야 하는 런던 소재의 적국 정부에도 중요한 역할을 함을 인식했다. 재무장관으로, 해밀턴은 유동 자본체제를 구축하고 미국 달러와 금융시장이 세계에서 탁월하도록 시장 심리도 설계했기 때문에 미국은 현재의 우월한 지위를 누리고 있다. 해밀턴은 미국의 무역할 자유가 대내 및 대외적인 국가 경제 전략에 없어서는 안 될 매우 큰 요소임을 또한 충분히 이해하고 있었다. 부분적으로는 해밀턴의 선견지명의 경이로운 성공 덕분에 후세 미국인들은 그의 성과를 당연한 것으로 흔히 취급하곤 해왔다. 그렇게 당연시할 때에는, 미국은 자신의 힘의 궁극적인 원천을 위험에 빠트렸다.

해밀턴의 체제는 또한 연방헌법, 하나의 효과적인 국가 정부, 그리고 상설 해군과 육군을 포함했다. 그는 경제력, 재정, 군사력, 정치제도의 상호연관성이 어떻게 국가의 안보와 국제적 영향력을 창조하는지를 파악하고 있었다. 그는 또한 기술과 혁신이 경제력과 군사력에 어떻게 기여하는지의 여부 조차도 알아보고 있었다.

미국 최초의 재무장관은 자신의 체계적인 통찰력과 지정학적 분석력을 통합했다. 그는 미국에게 대서양 세계와 미시시피 계곡을 지배할 경제 및 안보 전략이 필요하다는 점을 알고 있었다. 미국은 현실적으로 유럽의 세력을 무시하는 척 가장할 수 없고, 특히 미국이 세력을 키우는 초기 수십 년 동안은 그들 사이를 조심스럽게 움직여 나가야 했다. 해밀턴은 영국과의 제휴의 잠재적인 편익들을 인식했으나, 비록 영국이 훨씬 더 강하지만 정치와 명예에서는 상호 존중하는 관계를 요구했다. 적어도 또 한 세기가 흐를 때까지는 런던이나 미국에서 아무도 해밀턴의 외교 디자인을 지지하지 않았던 것으로 드러났다.

미국 국정운영기술(statecraft)의 설계자는, 마지막 인물은 아니지만, 대중적 지지를 동원하는 데에 실패했다. 영국과의 제휴 없이, 해밀턴은 중립 원칙으로 주의를 돌렸다. 중립은 한 세기를 넘어서까지 미국 외교의 길잡이 별이었다. 중립은 그러나 이탈을 의미하지 않았다. 이와는 반대로, 미국의 중립정책은 당시 미국 지도자들이 당면한 실제적인 문제들을 해결하는 기민한 전략으로 필요했다. 제7장에서 연계하듯이, 대통령 우드로 윌슨(Woodrow Wilson)이 제1차 세계대전 동안 이전의 중립 정책으로부터 떠나려 할 때, 하나의 새로운 유형의 집단 안보를 재규정하기 위해 그리했다.

제2장

◆

토머스 제퍼슨

Thomas Jefferson

***미래파**(The Futurist)*

확장되는 공화국(Expending the Republic)

파리조약(Treaty of Paris)은 미국의 영토를 두 배로 늘려주었다. 연합의회(Confederation Congress)는 당시에 이 방대한 서부 토지를 지배할 방법을 결정해야 했다.

18세기와 19세기 동안, 확보되고, 정착되고 관리된 새로운 지역들은 영토 통치에 대해 국내 및 국제적 정책 둘 다의 문제로 보였다. 식민지들은 당시 유럽인들의 사고를 지배해온 구 제국 중상주의 질서(old imperial-mercantilist order)의 한 부분이었다. 제정 러시아(Czarist Russia)는 한편 중앙집중적 독재적 군사통치 국가(a centralized, autocratic military-administrative state)를 동쪽으로는 태평양까지 확장했고 또 태평양을 넘어 북아메리카까지 확장했다. 의회정체의 영국조차도 오스트레일리아, 캐나다, 뉴질랜드의 "백인(white)" 자치령에 대한 지배를 1800년대를 넘어 20세기 초기까지도 유지하길 원했다.

토머스 제퍼슨(Thomas Jefferson)은 다른 생각을 가졌다. 1783~84년 겨울에 애나폴리스(Annapolis)에서 열린 예비 제헌의회(pre-Constitutional Congress)는 주들의 정족수를 모으는 데 시간이 걸렸다. 기다리는 동안, 제퍼슨은 신생 공화국에 대한 계획들로 생기가 충만하여 4개월 동안에 31개의 보고서를 작성했다. 그중에 포함된 화폐주조에 관한 1개 논문은 나중에 달러(dollar)와 십진법제(decimal system)를 채택하는 근거가 되었다.[1)]

1784년 3월 1일에, 제퍼슨은 범 애팔래치아 영토(trans-Appalachian territories) 통치에 관한 한 위원회의 계획을 제시했다. 제퍼슨은 이 땅들은 인접 유럽의 식민지들에 대항하는 "심층방어(defense in depth)"를 제공하기 때문에 미국 안보에 필수적이라고 여겼다. 제퍼슨은 버지니아 군 출정을 조직하고 지원하여 일리노이국(Illinois country)을 점령했고, 주지사로서 방대한 부동산을 연합국(Confederation)의 서부 보류지(Western Reserve)로 양도했다. 그러나 안보는 주민 정착을 필요로 했다.[2)]

제퍼슨은 위원회 보고서에서 새로이 얻은 땅들은 원래의 13개 주와 대등한 주가 되어야 한다는 원칙을 세웠다. 실제로, 거의 같은 크기의 주들을 추구해서 제퍼슨은 초기 13개 혁명 주들의 숫자를 넘는 14개의 신규 주들을 설치하고 연방규약(Articles of Confederation)에 의거 갓 합류한 주들에 이전 주들보다 더 많은 투표권을 주었다.[3)]

이 강력한 공화정 원칙을 제퍼슨이 1776년 버지니아를 위한 헌법 초안에 최초로 넣기는 했으나 그 혼자만의 생각은 아니었다. 그의 계획은, 그러나 하나의 민주적 반전(twist) 아이디어를 제공했다. 아메리칸 인디언들로부터 토지를 구입하게 되면, 제퍼슨은 그 영토들은 인구 비례로 점차적으로 주로 승격하는 조치를 취해 나갈 것이라고 예견했다. 그 영토들은 중앙정부(national government)에 의한 간섭이 거의 없이 각 단계별로 보편적인 백인 남성 참정권(universal white, male suffrage)에 근거하여 자치 정부에 의해 지배될 것으로 정했다. 당시에 펜실베이니아 헌법이 유일하게 그러한 민주적 유권자(electorate)를 인정했다. 속령들(territories)은 연합국(Confederation)의 부채와 공통 방위에 대한 책임을 공유할 것이었다.[4)] 제퍼슨은 미국의 확장이 이류(second-class) 식민지들을 창설한 영국제국의 실수를 반복하지 않기를 원했다.

제퍼슨은 새로운 속령주들의 이름을 아메리칸 원주민의 말이나, 고전적이고 영예로운 것들의 혼합물로 짓기를 원했다. 다행히도 그중에서 채로니서스(Chernonesus), 아세니스피아(Assenispia), 폴리포타미아(Polypotamia)는 역사의 쓰레기통으로 떨어졌다. 그러나 제퍼슨의 보고서에서 나온 일리노이(Illinois), 미시간(Michigan), 그리고 워싱턴(Washington)이란 주 이름은 받아들여졌다. 제퍼슨은 주 경계선을 설정할 때 기하학적 디자인에 집중하고 지리적 특성들을 무시했다. 주 경계선들은 19세기 후반에 들어와서야 서부 주들이 모두 연방에 들어온 후에 혁신적으로 확정되었다.

제퍼슨의 보고서는 또 하나의 아주 놀라운 개념을 포함하고 있었다. 노예제도(slavery)와 계약 노예(indentured servitude)는 새로운 남과 북의 서부 속령들(western territories)에서 모두 불법이 될 것이라고 주장했다. 제퍼슨의 제안은 초기 13개 주 중 7개 주의 승인을 필요로 했다. 반-노예제 조항을 4월 19일에 표결에 부쳤을 때 6개 주만 찬성을 했다. 뉴저지(New Jersey)주 대표는 아파서 투표에 참가하지 못했다. 남부에서는 오직 1표만 제퍼슨의 제안에 동의했다.

2년 후에 제퍼슨은 노예제도에 반대하는 운동에 관하여 한 프랑스 역사가에 다음과 같은 서신을 보냈다. "분열된 그 주의 한 개인의 목소리 혹은 그 제안에 반대한 사람들 중의 한 명이 이 끔찍한 빔앵이 새 국가로 저절로 퍼져 나가게 하는 것을 방지했을 수 있었다. 그리하여 우리는 태어나지 않은 수백만 명의 운명이 한 사람의 혀에 달려 있음을 목격하고 있고, 하늘은 그 끔찍한 순간에 침묵했다! 그러나 하늘은 반드시 침묵을 깰 것이고 인간 본성의 권리의 친구들은 끝에 가서는 이길 것이다." 그 표를 잃고 나서는 제퍼슨은 노예제도에 반대하는 대담한 행동을 다시는 하지 않았다.[5]

제퍼슨의 계획의 대부분은 연합의회(Confederation Congress)에서 1784

년의 법령(Ordinance)으로 채택되었으나 집행은 새로운 연방헌법이 제정될 때까지는 비틀거렸다. 1787년에 의회는 그의 계획을 북서법령(Northwest Ordinance)으로 대체했다. 그 기념비적인 법률의 제정은 새로 편입된 주들을 위해 제퍼슨의 공화주의 원칙에 근거하여 수립되었다. 북서법령은 노예제도를 금지하는 게 포함되었으나 오하이오강(Ohio River) 이북에 한정하였다.

워싱턴(Washington)은 선주민(First Americans)이 땅에 대한 소유권을 가진다고 주장하고 이들에게서 땅을 뺏는 행위는 "국가의 특성을 더럽힐 것이다"고 주장했으나, 정착민들(settlers)은 아메리카 원주민(Native American)들을 옆으로 밀쳐냈다. 신생 미국에서 완전한 시민권-아메리카 원주민, 아프리카계 미국인, 이민자들, 여자, 그리고 다른 이들에 대한-은 물리적으로나 이념적으로 하나의 전장터가 되었음이 그의 생애를 통해 입증되었다.[6]

파리조약과 1784년과 1787년의 법령(Ordinances)을 합해 미국의 향후 힘을 위한 하나의 기초를 놓았다. 그것들은 향후의 공화정체의 주들 사이의 관계에 관한 개념에 씨를 또한 심었다. 19세기 미국인들에게는 유니언(Union, 연방)이란 개념은 매우 강력하고 심지어는 신비롭기까지 했다. 특히 1861~65년간의 내전을 통해 유니언을 보전한 후, 공화정체의 주들(republican states) 사이의 "평화 협정(peace pact)"을 확대한 연방에 대한 경험은 구식 왕국과 군사적인 유럽국제 질서에 대한 미국인의 짐작에 영향을 미쳤다.[7]

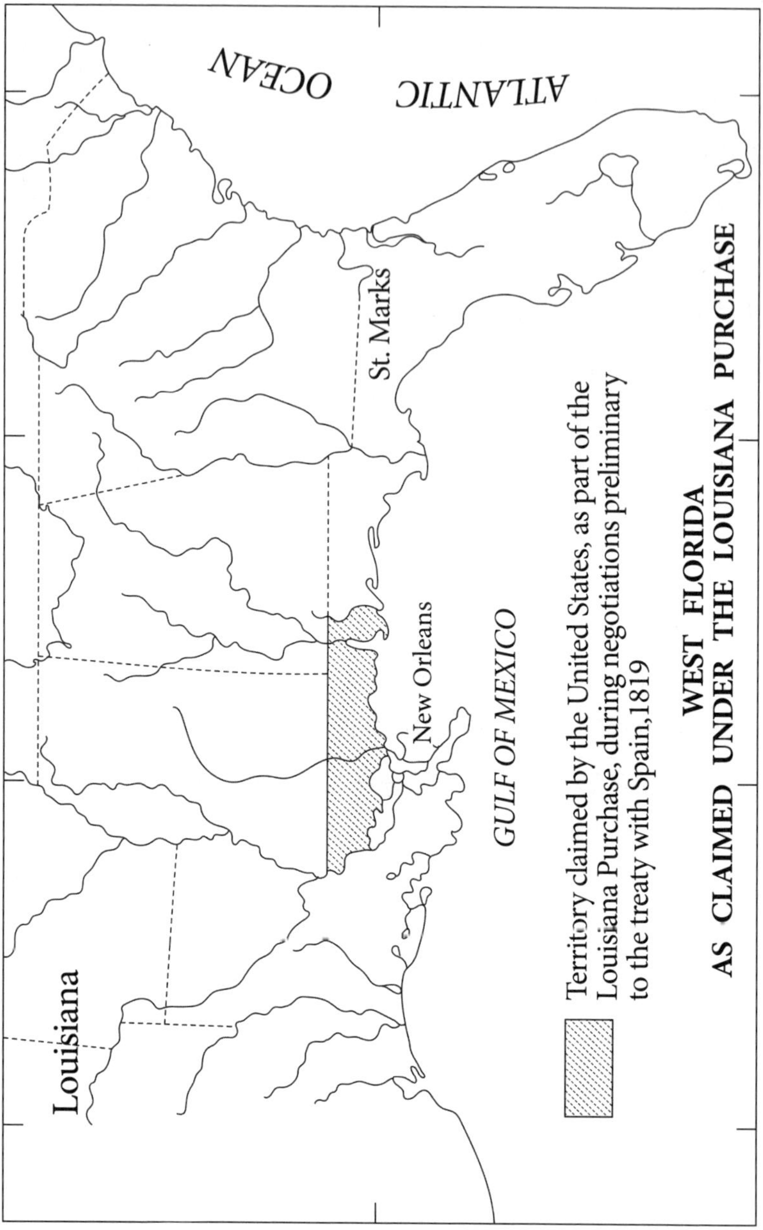
WEST FLORIDA
AS CLAIMED UNDER THE LOUISIANA PURCHASE
Territory claimed by the United States, as part of the Louisiana Purchase, during negotiations preliminary to the treaty with Spain,1819
ATLANTIC
OCEAN
St. Marks
New Orleans
GULF OF MEXICO
Louisiana

루이지애나와 미시시피 계곡(Louisiana and the Mississippi Valley)

토머스 제퍼슨(Thomas Jefferson)은 "가슴속 깊이 서부인(westerner)"이었다.[8] 오늘날 몬티셀로(Monticello) 소재 그의 집을 방문하는 누구라도 알 수 있다. 그가 1801년 3월 제3대 미국 대통령이 되었을 때, 제퍼슨은 서부로의 팽창이란 그의 전략적 애호와 프랑스와의 우정 사이에 생긴 갈등에 당면하게 되었다.

제퍼슨의 취임연설은 미국의 중립을 수용했다. 그는 "항구적인 동맹(permanent alliances)" 반대에 관한 워싱턴의 경고를 모든 "얽히는 동맹(entangling alliances)"을 포함하지 않는 것으로 확장했다. 그 순간은 역동적이고 성장하는 미국이 구유럽(Old Europe)의 불화와 전쟁에 스스로 관여하지 않을 적기였다. 이임하는 대통령 존 애덤스는 1800년 9월 30일에 프랑스와의 준-해전(Quasi-Naval War)을 해결했다. 또 제퍼슨에게 시의적절한 일은, 애덤스(Adams)의 외교는 연방당(Federalist Party)을 심하게 갈라놓았기에 신임 대통령이 국내에서 정치적 기반을 강화하기에 좋았다.

미국인들이 모르는 사이에, 그러나 프랑스는 미국과 평화 조약을 체결한 다음 날, 비밀리에 스페인과 또 하나의 조약을 체결했다. 11월 전에 프랑스의 초대 집정관(consul)이 된 나폴레옹은 제퍼슨과 미국에 대해 불길한 함의를 가진 계획들을 가지고 있었다. 1761~62년에, 프랑스의 부르봉 군주(Bourbon Monarchy)는 북아메리카의 광대한 서부 식민지인 루이지애나를 스페인의 동종 브루봉 왕족들에게 양도했다. 그 양도는 7년 전쟁(Seven Years' War)의 정리에 대한 보상의 일부였다. 그러나 1800년에, 나폴레옹은 루이지애나를 되찾기를 원했다. 그의 비밀 일데퐁소 조약(Treaty of Ildefonso)은 프랑스를 북아메리카에 하나의 제국세력으로 재등장시켰다. 1801년 3월 21일에 프랑스와 스페인은 조약을 맺어 미국 서부에 있는 광대한 식민지를

나폴레옹이 되찾는 교환조건으로 스페인 여왕의 질녀(와 사위)에게 이탈리아 소재 한 왕국을 주었다.[9]

나폴레옹은 영국과 유럽 내의 자신의 적국들과 최근 평화조약을 맺었으니, 이제는 유럽 바깥으로 프랑스 제국을 훨씬 더 멀리 확장할 기회가 왔다고 생각했다. 한 방안은 이집트(Egypt)로 돌아가서 동쪽으로 나가는 것이었다. 다른 방안은 멕시코만(Gulf of Mexico)을 하나의 프랑스 연못으로 만들고 카리브해의 부유한 섬들과 미시시피강에 의해 배수되는 광대한 분수계를 통합하는 것이었다. 나폴레옹의 외무장관, 탈레랑(Talleyrand)이, 미국 유배에서 파리로 돌아온, 하나의 서부 제국의 꿈을 복원하려는 제안자였다. 그는 파리 소재 학술원인 학사원(Institute National)에, 프랑스가 카리브해의 농장들의 "화이트 골드(white gold)"로 이익을 보기 위해, 서인도 제도의 설탕 섬들에 루이지애나의 농산물을 제공하는 상업적 편익에 관한 제안서를 제출했다. 그 제안서에서 서인도제도(West Indies)의 설탕재배 섬들에 루이지애나의 농작물을 공급하면 상업적 이익을 얻을 것이라고 주장했다. 즉 프랑스는 카리브해의 농장들이 생산하는 "설탕(white gold)"에서 이익을 보기를 원했다. 미국에 체류한 후에, 탈레랑은 미국인들은 공격적이고 팽창주의적 사람들이고 뉴올리언스(New Orleans)와 루이지애나의 명목상의 스페인 지배자들은 영토확장열에 들뜬 양키(Yankees)들에 대해 저항할 수 없을 것이라고 판단했다. 그러나 프랑스는 스페인이 할 수 없는 것을 할 수 있다고 생각했다.[10]

제퍼슨의 프랑스에 대한 애정은 1790년 후반 유럽의 공화정 실험이 나폴레옹의 사실상의 독재체제로 돌아간 다음에는 식어갔다. 1790년대 후반을 통해, 미국인들은 프랑스가 루이지애나를 뺏으려 한다는 소문을 들었다. 1801년 3월 제퍼슨의 의심은 이미 흔들리고 있었으나 정부 관리들은 그 진실을 이해하는 데 느려 시간이 많이 걸렸다. 루이지애나에 대한 프랑스의 위협을 밖으로 드러내는 데 실패한 후, 제퍼슨의 국무장관 제임스 메디슨(James Madison)은 마침내 스파이 행위라는 음지 기술을 이용해 하나의 작은 자유재량 자금을 설치하여 외국의 대사관들을 대상으로 정보제공자들에게 그 대가를 지급했다.[11]

제퍼슨은 산재된 여러 보고서에서 우려할 만한 하나의 그림을 맞추어 나갔다. 마드리드(Madrid)에 파견된 미국 공사 데이비드 험프리(David Humphreys)는 1800년 8월 파리의 한 신문에서 마드리드 주재 프랑스 사절단이 마드리드와 루이지애나를 논의한다는 하나의 짧은 뉴스를 보았다. 홀랜드(Holland) 주재 미국 공사 윌리엄스 밴 머리(Williams Van Murray)는 1801년 3월 프랑스가 루이지애나와 플로리다를 접수했다는 소문에 대해 보고했다. 런던 주재 공사 루퍼스 킹(Rufus King)은 5월에 제퍼슨에게 동일한 믿을 만한 풍문(hearsay)을 전달했다. 1801년 11월 킹은 비밀 조약의 사본을 입수했다. 마침내, 스페인 외교부에 심은 유급 정보원이 파리와 마드리드가 영토 이전에 관한 조약에 실제로 서명했다는 소식을 전했다.[12]

1801년에는 미시시피 강(Mississippi River)은 사실상 미국의 두 번째 해안이었다. 뉴올리언스의 부두는 들어오고 나가는 모든 통과행위의 병목이었다. 나폴레옹과 탈레랑은 미국인들은 프랑스의 서부 원정에 반대할 것이라는 점을 잘 알고 있었다. 뉴올리언스와 미시시피에 대한 스페인의 통제는 미국 상업을 방해한 경우들이 있었으나, 스페인은 약해서 모든 대결에서 미국에게 우위를 빼앗겼다. 강력한 프랑스는 완전히 다른 위협이 되었다. 1801년에, 나폴레옹은 선전포고를 하기도 전에 목표물을 장악하기를 원했다. 초대 집정관은 움직이기 전에 선박과 군대를 준비해야 했다. 그 사이에 그는 스페인 관리들을 현지에 유지시켜 미국인들이 경계하지 않도록 작전을 폈다.[13]

역사가들은 1801년의 1년 동안 3천 명이 넘는 미국 해군병사들과 무역업자들이 뉴올리언스(New Orleans)를 통과했다고 추정한다. 항구에 들어오는 선박의 절반 이상이 미국 깃발을 달았다. 스페인 선적의 많은 다른 선박들은 미국인이 소유하고 있었다. 루이지애나 상업의 대부분은 미국인의 것이었다. 제퍼슨이 주목했듯이, 5개 미국 주들의 생산물과 수출은 미시시피 수로들에 의존하고 있었다. 대통령은 "세상에서 하나의 단일 지점이 있는데 그 소유자가 우리의 자연적인 그리고 상습적인 적국이다. 그게 바로 뉴올리언스"이라고 파리 주재 미 대사 로버트 리빙스턴(Robert Livingston)에게 서신을 보냈다.14)

루이지애나 위기에서의 미국 외교는 유럽의 엄청난 불확실성의 영향을 저울질하지 않으면 안 되었다. 미국은 유럽의 강대국들 사이에서 그들의 전쟁에 끌려 들어가기를 피한 상태에서 운영해야 했었다.

세인트 도미니크와 카리브해 통로
(Sainte Dominique and the Caribbean Passage)

제퍼슨에게 외교적 기회의 문을 열어준 열쇠는 프랑스 혁명기에 농장주인들을 엎어버린 해방된 노예들이 장악한 세인트 도미니크[Sainte Dominique, 1801년에 아이티(Haiti)로 국명 변경]를 프랑스가 재탈환하는 데 실패한 사건이었다. 서인도 제도의 농장 섬들은 루이지애나보다 훨씬 더 부유했다. 나폴레옹과 탈레랑의 계획은 그 섬들, 뉴올리언스 항구, 미탐사된 토지인 루이지애나를 하나의 조합으로 고려했다. 그 섬들은 엄청난 설탕의 부를 생산하고 있고, 대서양-카리브해 수로를 보호하고 있었다. 뉴올리언스는 내륙 제국을 해상 영역으로 연계하고 그리하여 유럽에 연결이 되는 항구였다. 루이지애나의 유망한 농업 생산과 광물 자원으로 도서 각지의 농장들에게 필요한 물자를 공급하고 프랑스의 대도시를 부유하게 할 수 있었다.

세인트 도미니크는 재능이 출중하고 엄격한 과거 노예 신분이었던 투생 루베르튀르(Toussaint L'Ouverture)에 의해 통치되고 있었다. 50만 명 이상의 이전 노예, 수천 명의 물라토(mullatoes) 혼혈인, 도망가지 못한 백인을 통치하던 투생은 권력을 쉽게 내놓지 않았다. 1801년 후반에, 초대 집정관은 투생과 그 섬을 진압하기 위해 2만 명의 군대를 파견하고 규모가 큰 프랑스 함대를 보냈다. 프랑스 지휘관 샤를 르클레르(Charles Leclerc)는 유능한 장군이었고 또한 나폴레옹의 처남이었다. 나폴레옹은 그 섬들에 대한 통제를 회복한 후에 세인트 도미니크를 루이지애나 정복과 자메이카(Jamaica)와 영국의 카리브해 도서들(British Caribbean islands)을 위협하는 프랑스의 작전 기지로 사용하기로 계획했다.[15)]

그러나 그의 계획과는 달리 프랑스의 침공은 재앙으로 드러났다. 프랑스의 이중성은 프랑스 제국 내의 지역적 통치의 배열을 통해 이전 노예들을 이길 모든 희망을 파괴했다. 투생은 속았고 체포되어 1년 내에 프랑스 감옥에서 죽었다. 투생의 군대는 산으로 후퇴를 했다, 그러나 프랑스군은 황열병과 말라리아로 완전히 파괴되었다. 1년여에 걸쳐서, 르클레르는 2만4천 명의 군인을 잃었다. 처음에, 제퍼슨은 반란을 일으킨 과거노예 신분이었던 사람들을 진압하는 프랑스의 노력에 동정적이었다. 미국의 노예 소유자들은 아프리카인들의 성공을 두려워했다. 그러나 파리가 프랑스의 루이지애나에 대한 계획을 질의한 대통령에게 답을 하지 않자, 미국 정부는 상인들이 아이티 국민을 돕도록 허용했다.[16)]

1802년 내내, 심지어는 세인트 도미니크에서 고전을 하는 와중에도, 나폴레옹은 루이지애나에 눈독을 들였다. 4월에 나폴레옹은 해군 장관 드니스 데크레(Denis Decrés) 제독에게 세인트 도미니크 정벌 계획으로 포장한 군사 및 행정 병력을 루이지애나로 보내도록 비밀리에 조직하라고 명령했다. 초대 집정관의 얼굴을 새긴 메달을 주조해 미국에 대항할 잠재적인 동맹세력인 북아메리카 추장들에게 선물로 주려고 준비했었다.[17)]

제퍼슨의 첫 외교 조치들(Jefferson's First Diplomatic Moves)

나폴레옹의 루이지애나에 대한 의도로 흔들린 제퍼슨은 1802년 봄에 이 중대한 사안에 대해 강력한 선언문을 공포했다. 4월 18일 파리 주재 리빙스턴에게 보낸 제퍼슨의 서신은 나폴레옹에게 대통령의 위협을 분명히 전달하였다. 대통령은 루이지애나의 프랑스 이관은 "미국과의 모든 정치적 관계를 완전히 뒤바꾼다"고 적시했다. 비록 프랑스와 미국은 하나의 이익공동체이지만, 프랑스가 "[뉴올리언스] 입구에 발을 들여놓은 날, 우리에게 대한 공개적인 도전으로 간주한다." 미국과 프랑스는 "항구적인 갈등"에 직면할 것이다. 미국인들은 어쩔 수 없이 영국해군과 영국과 결혼할 수밖에 없다. 그리고 미국은 "해군력을 구축하는 데 국력을 돌리는 수밖에 없다." 영-미 동맹은 "프랑스가 미국 대륙에서의 정착지들을 보강하는 조치를 불가능하게 할 것이다." 영국과 미국은 아메리카 대륙 전체를 지배할 것이고 이로 인해 유럽의 세력균형을 변화시킬 것이다. 리빙스턴은 나폴레옹이 협박보다는 논리에 의해 더 잘 설득될 것이라고 아마도 생각하고, 그 메시지를 순화시켰지만, 의심의 여지없이, 나폴레옹은 여러 채널을 통해 프랑스는 루이지애나 모험에 대한 지정학적 비용을 지불해야 할 것이라고 듣고 있었다.[18]

로버트 리빙스턴(Robert Livingston)은 뉴욕 상류 지주계층 출신으로 버지니아인들에 의해 완전히 받아들여지기나 존경을 결코 받지 못했다. 그러나 리빙스턴은 자신의 비상한 외교 스타일을 통해 루이지애나 문제를 해결하는 데 기여했을 수 있었다. 리빙스턴은 나폴레옹, 탈레랑, 프랑수아 마르봐(Francois Marbois) 재무장관에게 프랑스의 이익에 봉사하는 자문을 제공함으로써 그들과의 연결 통로를 구축하려고 노력했다. 리빙스턴은 1800년의 프랑스에서는 혁명, 테러, 반혁명, 나폴레옹의 초대 집정관 등극의 혼란 직후이어서 아이디어들의 경합은 좀 더 안정적인 시기보다는 훨씬 더 공개적이 되었다. 만약 리빙스턴이 나폴레옹을 자문하는 소규모 서클의 동정을 살필 수 있었다면 아마도 나폴레옹의 생각을 형성시킬 수 있었을 것이다.

리빙스턴은 초대 집정관에게 파리의 식민정책을 프랑스 자체의 경제적 이익에 근거하여 재심의하라고 요청하는 12쪽의 문서를 준비했다. 식민지는 인구가 과잉이고 고급 상품을 생산할 수 없는 국가들에게 유용하기 때문에, 미국의 이익 때문이 아니고, 식민지들은 프랑스에게 아무 의미가 없다고 리빙스턴은 주장했다. 프랑스는 그 국민을 유럽에서 필요로 했다. 프랑스 와인과 공예술은 우호적인 미국을 포함하여 여러 국가들에게 수출을 함으로써 엄청난 이윤을 얻을 기회를 제공한다. 더욱이, 식민지 관리에는 비용이 아주 많이 든다는 것은 이미 증명되었다고 리빙스턴은 다투었다. 탈레랑과 마르봐는 그 문서를 읽었고 나폴레옹에게 추천했다. 그는 이 문서에 흥미를 느꼈다. 초대 집정관은 프랑스를 평화적인 수출세력으로 키우기 위해 전쟁을 추진할 준비는 되어 있지 않았지만, 식민지의 과다한 비용부담 경제학을 무시할 수도 없었다.[19]

나폴레옹은 이 뉴욕인과 전통적인 역할에서 벗어나 때로는 불완전하지만 창의적인 아이디어를 기꺼이 받아들이는 미국인의 자발적인 의지를 좋게 보기도 했다. 리빙스턴은 도움이 될지도 모르는 상자의 바깥에서 생각함으로써 호스트의 흥미를 돋우었다고 현세 사람들은 말할 수 있다. 어떤 이유에서나, 대체로 성급한 나폴레옹은 리빙스턴이 잘 듣지 못한다는 사실을 알고서 자기보다 더 나이 많은 이 신사에게 그의 말을 더욱 분명하게 발음해 주었다.[20]

제퍼슨은 워싱턴 주재 젊은 프랑스 임시 대사 루이-앙드레 피숑(Louis-André Pinchon)을 통해 미국은 "종국에는 루이지애나를 힘으로 가질 것"이라는 자신의 메시지를 파리로 보냈다. 프랑스의 공격은 미국이 영국과 동맹을 맺도록 유도할 것이고 프랑스는 뉴올리언스와 미국의 친선을 잃게 될

것이었다.[21]

매디슨(Madison)은 29세의 젊은 피숑을 지적 상대로 삼고 그에게 아부를 하면서 상당한 시간을 보냈다. 장관의 넓은 범위의 대화는 깊숙한 프랑스-미국의 연대를 제시했으나, 메디슨은 관계의 중대한 위험에 집중했다. 매디슨은 루이지애나에 대한 프랑스의 지배의 어떠한 연장도 늦추기를 원했고 거래를 권장했다. 국무장관은 프랑스가 친영 연방주의자들(pro-British Federalists) 손에 놀아나고 있다고 경고했다.

1982년 여름, 화가 난 매디슨은 한 단계 더 나갔다. 그는 피숑에게 프랑스의 배신과 위선에 대해 가르쳤다. 매디슨은 프랑스는 미국의 팽창주의에 반대해 일어서야 한다고 주장하는 프랑스 신문(La Gazette de France)의 한 기사를 읽었다. 프랑스가 미시시피를 장악해 서부 주들을 분할하려는 의도에 대응하기 위해, 매디슨은 프랑스의 영토 보유는 "미국인들을 통합할 것이고, 그리고… 프랑스는 미국의 의지에 반하여 루이지애나를 오랫동안 붙잡고 있을 수 없을 것"이라고 선언했다. 메디슨은 미시시피에 대한 미국의 권리에 대한 질의에 프랑스가 답을 하지 않고 있음을 주목하고 "분명히, 귀하에 대하여 사람들이 그리 행동한다면, 귀하는 그 침묵을 일종의 전쟁 선포로 여길 것이다"라고 날카롭게 결론을 내렸다.[22]

제퍼슨의 외교는 사적 채널로도 확대되었다. 뒤 퐁(du Pont) 가족의 구성원들은 사상가들, 기업인들, 투자자들로서 프랑스와 미국의 양국에서 활동했다.[23] 제퍼슨은 피에르 뒤 퐁(Pierre du Pont)이 파리로 간다는 소식을 들었을 때, 미시시피에서 공격준비를 하는 미국 민병대원들의 숫자를 과장되게 부풀려 겁을 주었다. 피에르와 두 시간 동안 만나면서 대통령은 자신의 전쟁혐오증을 결단력 부족으로 나폴레옹이 해석하지 않아야 한다고 경고했다. 회동 후 서신에서 제퍼슨은 상황이 더 이상 연기를 허용하지 않는다고 주장했다. "해상에서 전멸되고 미국과 영국 두 나라의 전제주의(despotism) 하에

들어가게 될 전쟁의 처참한 결과에 직면하게 될 것"이라고 경고했다.[24]

피에르 뒤 퐁은 대통령들이 들어야 하지만 대게는 그러하지 않는 내용을 직설적으로 정직하게 반응했다. "그 도시를 포기해라 그리하지 않으면 귀하에게서 그것을 빼앗을 것이다"라고 말하는 것은 털끝만큼도 설득력이 없습니다." "그러면 무슨 수단으로 (그 땅을) 획득하고 프랑스가 그 영토를 원만하게 양도하도록 설득하는 수단을 무엇입니까? 아아, 대통령님, 돈으로 내는 것입니다. 프랑스와 스페인을 상대로 한 가장 성공적인 전쟁을 생각해 보십시오. 부분 계약-절반이라도 해 봅시다"[25]

대통령은 뒤 퐁에게 그의 답신을 소각하라고 요청했다. 따라서 미국이 원하는 것을 사들인다는 그 제안에 대한 프랑스의 반응을 우리는 모른다. 그러나 제퍼슨은 구입이란 개념을 버리지 않았다. 그리고 뒤 퐁에게 미국의 움직임을 계속 알려주었다.

뒤 퐁은 프랑스의 돈 부족과 나폴레옹의 신경질을 검토하고 있었다. 이 노신사는 보나파르트의 주목을 받았고 단순하게 흥정을 제시했다. 뒤 퐁이 아마도 나폴레옹에게 금전적 거래라는 개념을 심어준 사람이었을 것이다. 정직한 중개상의 정신으로, 뒤 퐁은 양 당사자들과 같은 견해를 공유했다. 이것은 실제로는 상당히 귀한 부동산에 적정한 가격으로 도달하려는 사안이 아닌가? 이 시점에서, 뒤 퐁은 미래의 뉴올리언스와 미시시피강을 건널 항구적인 미국의 권리를 인정하는 합의에 수 백만 달러를 제시하고 있었다. 한편으로 나폴레옹은 프랑스의 움직임에 대한 제퍼슨의 불같은 반응을 또한 듣고 있었다. 비록 미국이 자신의 무모한 주장을 뒷받침하는 군사적 수단들을 아직 보유하고 있지 못할지라도, 대통령의 위협은 위험한 것으로 드러날 수 있다. 나폴레옹이 위험과 기회를 계산하는 중에 그는 새로운 방안을 찾았다: 그 벤처(venture) 전부를 팔고 그 수익금으로 유럽을 석권하는 육상 전투를 벌이는 것이었다.[26]

스페인이 위기를 촉발하다(The Spanish Spark a Crisis)

1802년 가을, 예상하지 못한 사건이 루이지애나 문제를 모든 의제보다 더 높게 쏘아 올렸다. 10월 18일에 뉴올리언스 주재 스페인 지도급 관리가 뉴올리언스에 재화를 저장하는 미국인의 권리를 중지했다. 이 조치는 미국인에게 자유 항행 권리(right of free navigation)를 부정하지는 않았으나 환적(transshipment)에 큰 피해를 입혔다. 그 소식은 워싱턴에 11월에 도달했고, 미국인은 격노했다. 그리고 그들은 누구를 비난할 지를 안다고 생각했다. 나폴레옹과 프랑스인이었다.

실제로 파리는 스페인 관리의 조치에 경악했다. 비록 나폴레옹과 탈레랑은 처음에는 항의하지 않았지만 스페인 왕은 뉴올리언스에 주재하는 신료에게 비밀 지령을 내렸다. 왕은 미국인들의 밀수를 막기로 결심하고 프랑스와 제휴할 기회를 기꺼이 맞이했다. 스페인은 루이지애나에 대해 또 플로리다에 대한 프랑스의 요구들로 나폴레옹에게 협박당하고 있다고 느꼈다.[27)]

서부 전역의 주 입법기관들은 스페인의 조치를 맹렬히 비난했다. 미국 연방주의자들(American Federalists)-북동부에서 가장 세력이 큰 정당-은 신속하게 서부인들의 명분을 수용했다. 프랑스와 스페인 둘 다를 상대로 전쟁을 벌여야 한다는 요구의 목소리는 전국으로 퍼져 나갔다. 매디슨 장관은 미시시피는 "허드슨 강(the Hudson), 델라웨어 강(the Delaware), 포토맥 강(the Potomac), 그리고 기타 모든 대서양 주들의 항행 가능한 하천들과 하나의 줄기를 구성"하는 강임을 마드리드 주재 공사 찰스 핑크니(Charles Pinckney)에게 알렸다. 매디슨은 스페인에게 그 중지 조치를 즉각 철회하라고 요구했다.[28)]

매디슨은 또한 뉴올리언스에서 일어난 그 사건은 폭발적이어서 대통령이 제어할 수 없다는 점을 프랑스가 이해하도록 전하라고 리빙스턴에게 지시했다. "현재 혹은 2년 이내에 최소 20만 명의 민병대가 미시시피 수면에

뜰 것이다. 순간적인 명령에 따라 민병대 개개인과, 그 하천의 자유로운 이용이 자연권에 속하고 무효로 할 수 없는 권리인 점을 믿는 누구나 그리고 언제든지 효과를 줄 수 있는 물리력을 의식하는 누구든지, 바다 쪽 배출구를 막는 장애물을 제거하기 위해 행군할 것이다."[29]

제퍼슨은 의회가 워싱턴으로 돌아오는 1802년 12월 딜레마에 직면했다. 지연하면 서부와 남부의 자신의 가장 강력한 지원자들에게 소외감을 줄 것이고, 조치하면 전쟁을 촉발할 것이기 때문이었다. 제퍼슨은 뉴올리언스 주재 스페인 관리가 독자적으로 조치했다는 입장을 고수했고, 마드리드에 이를 취소하라고 요구했다. 서부 지지자들을 만족시키기 위해, 대통령은 스페인 국경 위에서 멀리 떨어지지 않은 미시시피 하안 소재 애덤스 요새(Fort Adams)에 7개 중대를 집합시켰다. 미시시피 속령의 윌리엄 클레이본(William Claiborne) 주지사는 프랑스군이 도착하기 전에 뉴올리언스를 점령할 준비가 완료된 2천 명의 민병대를 보유하고 있다고 전문을 보냈다. 제퍼슨과 매디슨은 프랑스는 이 갈등을 해결하기 위해 일부 매각을 고려할 것이라고 생각했다.[30]

먼로의 임무(Monroe's Mission)

1월 10일에 제퍼슨은 정치적 전략과 교섭력 강화를 위해 또 하나의 조치를 취했다. 그는 제임스 먼로(James Monroe)를 파리와 마드리드에 특사로 파견했다. 먼로는 서부에서 인기가 높았고 제퍼슨과 매디슨의 신임을 받았고 프랑스어를 잘 했고, 프랑스를 잘 알고 있었다. 거기에서 1790년대에 공사도 역임했다(비록 의심스러운 기록이기는 해도).[31] 제퍼슨은 먼로에 대한 서부인들의 "믿음이 안정을 가져올 것"이라고 자신의 사위에게 말했다. 뉴올리언스는 반드시 점령하거나 혹은 매입하는 것을 기정사실로 가정 하에 의회의

한 위원회는 뉴올리언스와 플로리다를 매입하기 위해 2백만 달러를 책정하기로 제안했다.[32]

제퍼슨은 교섭 방안을 찾으면서 시간을 벌고 있다는 점을 이해했다. 그는 또한 프랑스에 대항할 더 큰 지렛대를 찾아 나섰고 나폴레옹이 교섭에 응하지 않을 경우에 대비해 추가적인 방안을 강구했다. 대통령은 워싱턴 주재 영국 참사관의 건의에 따라 먼로의 임무에 런던과의 협의를 포함시켰다. 제퍼슨은 파리는 만일의 루이지애나 점령에 대한 영-미 합의의 위험을 인정하기를 희망했다. 제퍼슨은 1월에 내각을 소집해 영국과의 동맹 가능성을 토의하였다. 이는 대통령의 오랜 영국에 대한 적대감에 비추어 하나의 놀라운 조치였다. 4월 후반 또 다른 회의에서, 제퍼슨 내각은 실제로 "영국 정부와의 협의에 들어가기로" 3대2로 표결했다. 또한 만약 프랑스가 매도하지 않을 경우에, 비록 동맹의 원칙 중 미국의 조건들은 파리에 대한 협박을 알리는 신호를 위주로 구성했지만, "동맹의 원칙들을 설정했다."[33]

제퍼슨은 과학과 자연적인 세계에 대한 자신의 관심에 끼어 맞춘 또 하나의 모험을 감행했다. 대통령은 미시시피 서부의 미지의 토지에 관한 정보를 필요로 했다. 1월 18일 의회가 먼로의 임무에 동의해 준 직후, 대통령은 의회에 북부 루이지애나(Upper Louisiana)에 탐사단을 파견할 것을 요청했다. 비공개회의 후에 의회는 루이스와 클라크 원정대(Lewis and Clark expedition)로 알려진 것을 승인했다. 과학적 발견과 원주민과의 교역 모색을 목적으로 명시한 제퍼슨의 일차적인 업무는 프랑스와 스페인의 영토 내에서 "매입하거나… 정복할" 가능성 여부를 정찰하는 것이었다.[34]

그러나 당분간은 먼로의 임무가 핵심적이었다. 미국은 프랑스가 루이지애나 외에도 플로리다를 취득했다고 잘못 생각하였다. 그러므로 먼로와 리빙스턴은 "뉴올리언스와 서 및 동 플로리다를 미국에 할양하거나, 실제 소유주가 할양에 따라 최대한 지배할 수 있는 조치"를 찾는 데 주력했다. 그들의 마지막 대비책은 뉴올리언스에서 (재화) 저장 권리를 확대하고 멕시코만으로 흘러드는 하천들의 입구에서도 이와 유사한 권리를 확대하는 것이었다. 먼로는 자신의 흥정에 힘을 싣기 위해 미국민들은 가질 자격이 있고 다른 방법으로 획득할 수 없는 것은 점령할 것이라는, 즉 전쟁의 무한정한 위협을 의미하는 경고를 날릴 수 있었다.35)

제퍼슨은 먼로가 떠나기 전에 자신의 후배(protégé)에게 최고의 확신을 심어주었다. 대통령은 미시시피 항행권과 플로리다의 상당 부분을 할양받는 조건으로 9백만 달러보다 좀 더 많은 5천만 프랑까지 올릴 의사가 있다고 말했다. 그는 애초에 의회가 훨씬 더 제한된 맥락에서 논의한 2백만 달러보다 4배 더 키웠다. 참고로 1801년 당시 연방정부의 경비는 940만 달러였다.36)

파리, 워싱턴, 마드리드, 그리고 런던에서의 전개 국면들

(Developments in Paris, Washington, Madrid, and London)

1803년 초기 대서양 전반에 걸쳐 일어난 사건들은 나폴레옹의 옆구리를 쿡 찔러 그의 계획들을 다시 계산하도록 만들었다. 그의 처남 르클레르(Leclerc) 장군은 엄청난 대군을 잃던 중인 11월에 황열병(yellow fever)으로 쓰러졌다. 프랑스 원정대는 네덜란드에서 루이지애나로 출항하기로 예정되어 있었으나 역병으로 연기되었고 또 겨울 폭풍으로 미루어졌다. 스페인은 루이지애나를 프랑스로 양도하는 조치를 공식적으로 지연시킨 후에 플로리다를 프랑스에 내주기를 또한 거부했다. 세인트 도미니크와 북아메리카에서 걸프(Gulf) 해안의 통제 없이는 나폴레옹의 계획들은 흔들려 보였다. "망할 설탕, 망할 코피, 망할 식민지들"이라고 1803년 초기에 나폴레옹이 불평했다고 기록되어 있다.37)

프랑스는 신생 미국의 잠재력을 계산하기 어려웠다. 제퍼슨과 매디슨은 서부 지역에서의 엄청난 인구 증가를 가리켰다. 아마도 시의적절하게 과장하였겠으나 예비군들이 뉴올리언스로 행군할 준비가 되었다고 시사했다. "인구는 세력"이라고 제퍼슨은 말했다. 피숑(Pinchon)은 250만 명이 증가한 1800년의 미국인구 통계의 요약본을 전송했다. 이 증가율은 미국 인구가 급격하게 두 배로 늘어날 것이라는 점을 시사했다. 피숑은 "이런 국면들은 상상도 못할 지경"이라는 전문을 탈레랑에게 보냈다.[38]

피숑(Pinchon)의 보고서는 나폴레옹에게 불안감을 불러일으켰다. 피숑은 루이지애나의 안보는 미국의 선의에 달려 있다고 믿었다. 당시 외국의 외교관으로서는 드물게, 그는 의회에 주의를 기울였다. 연방주의자 당(Federalist Party)은 전쟁을 요구했다. 피숑은 만약 프랑스가 제퍼슨의 서곡을 거부하면 파리는 전쟁을 예상해야 한다고 경고했다.[39]

2월에 펜실베이니아 상원의원이고 연방주의자인 제임스 로스(James Ross)는 뉴올리언스를 점거하기 위해 5만 명의 민병대를 소집하는 경비 5백만 달러를 승인하는 일련의 결의안을 제안했다. 상원은 그 결의안들을 15 대 11로 기각했다. 대신에 켄터키의 공화당 상원의원 존 브레켄리지(John Breckenridge)가 낸 의안, 즉, 대통령에게 8천 명까지의 민병대를 소집할 수 있는 권한을 부여하고 시기는 대통령에게 일임하는 결의안을 통과시켰다. 나폴레옹은 로스의 공격적인 결의안을 런던의 *타임즈(Times)*에 보고된 기사를 통해 알게 되었다. 미국 헌법의 권력 분립의 구분은 프랑스의 만능의 지도자에게는 아마도 유실되었을 것이다. 그러나 그는 미국과의 관계는 이제 임계점에 도달했다는 점을 정확하게 인식했다. 먼로는 답을 받아야 했다.[40]

먼로가 유럽을 향해 출발할 때에도 제퍼슨의 외교는 스페인과는 성과를 내고 있었다. 마드리드는 미국 내의 여론은 대통령이 피하기를 원하는 군사적 행동으로 대통령을 몰아넣을 수 있다는 점을 깨달았다. 스페인 국민들은 유럽에 모여드는 전쟁의 구름을 이미 보고 있었고, 스페인이 좌우간 에 프랑스에 넘겨주게 되어 있던 식민지를 두고 미국과 갈등을 일으키는 데에 스페인은 아무 관심도 없었다. 1803년 3월 1일에, 스페인 군주는 뉴 올리언스에서의 미국의 저장 권리의 복원을 명령했고 속달 우편선을 파견해 화해적인 메시지를 워싱턴에 보냈다.[41]

런던에서 온 소식도 제퍼슨에게 유리하게 작용했다. 영국은 나폴레옹의 대서양 정찰 행위는 자신들의 카리브해의 상품들과 루이지애나를 통해 북으로 캐나다 쪽으로 이동 가능한 통로를 위협하는 것으로 보았다. 영국해군은 루이지애나로 파견할 선단을 나폴레옹이 모으고 있는지를 감시하기 위해 네덜란드 해안에 대한 순찰 항해를 실시했다. 런던은 프랑스군이 대신 영국에 상륙할 것을 우려했다. 1803년 3월 2일 조지 3세 국왕은 프랑스군의 준비 작업에 대응해 "안보를 위한… 추가적인 예방 조치"의 필요성을 제기하고 있다고 의회에 알렸다. 나폴레옹은 적대적으로 반응했다. 2주 후 나폴레옹은 파리 주재 영국 대사에게 "그래서 귀하는 전쟁을 하기로 결심하였다"라고 분명하게 말했다.[42]

한 프랑스 역사가는 수 주 후인 4월 초 미국 의회가 전쟁을 향해 움직이고 있음을 읽은 후, 나폴레옹은 한 각료에게, 아마도 탈레랑에게, 그 게임은 끝났다고 말했다. "나는 내 손에서 안전하지 않고 미국인들에 휘말리게 하거나 나를 그들과 함께 차가운 상태에 둘 하나의 소지품을 보관하지 않을 것"이라고 나폴레옹은 결심했다. 그후 리빙스턴과 타인들로부터 들은 논리에 기반하여, 나폴레옹은 추가했다. "반대로, [미국인들이] 나에게 복속되고, 영국인들과 차이가 나게 만들어 나는 [미국이] 그것이 나에게 봉사하도록 만들겠다. 그리고 만약 우리가 스스로 복수하는 데 성공하지 못하면, 미국인들에게 영국이란 적을 만들어 주겠다. 그 영국은 어느 날 우리에게 복수할 것이다." 그리고, 피에르 뒤 퐁의 개념에 착안하여, 나폴레옹은 "나는 미국에게 내가 영국제국에 투시하고 있는 특수한 군수물자의 비용에 해당하는 총액을 [미국에] 요구"한다고 설명했다.43)

교섭(The Negotiation)

프랑스의 신호 체계(semaphore system)가 4월 8일 먼로의 프랑스 도착을 알린 후에 외교 걸음은 빨라졌다. 나폴레옹은 드크레(Decres) 제독과 마르봐(Marbois) 재무장관을 셍 끌루드(St. Cloud) 소재 그의 집무실로 오게 해 탈레랑과의 대화를 전하고 그들의 자문을 청구했다. 루이지애나는 식민지 관련 업무였기에 공식적으로는 해군의 소관이었다. 나폴레옹이 교섭하기로 작정하면 탈레랑 대신으로 마르봐를 보낼 예정이었다. 마르봐는 1779년에서 1785년 동안 미국에서 근무했고 필라델피아의 한 부유한 여인과 혼인했고 충성심과 정직성으로 부패한 군수품 계약자들을 청소했다.

나폴레옹은 전쟁이 재개되면 영국이 루이지애나를 점령할 것으로 예상한다고 말했다. 미국인들은 뉴올리언스만을 요구하고 있다. 그러나 식민지 전부를 넘겨주는 게 자신의 전략에는 더 유용하다고 나폴레옹은 추가했다. 그러나 프랑스는 실제로 그 장소를 소유하고 있지 않았기에 파리는 빈 명의만 넘길 수 있었다. 드크레 제독은 항의했다. 마르봐는 루이지애나를 영국이나 미국에 뺏기기 전에 신속한 조치를 원했다. 나폴레옹과 마르봐는 리빙스턴의 이전 문서에 나열한 점을 반복했다. 나폴레옹은 자신의 결론을 드러내지 않았다.44)

4월 11일 나폴레옹은 새벽에 마르봐를 호출했다. 마르봐의 나중 회고록을 보면, 나폴레옹은 "좌고우면이나 숙의는 더 이상 제철이 아니다. 나는 루이지애나를 포기한다. 내가 양도하려는 토지는 뉴올리언스 이외에도 전체 식민지이다… 나는 귀하에게… 미국 대표들과 교섭하라고 지시한다. 먼로

씨의 도착을 기다리지도 마라. 리빙스턴과 협의하라. 그러나 나는 이 전쟁에 많은 돈이 필요하다."

마르봐는 나폴레옹은 *1억 프랑*(2천만 달러가 조금 못 되는)과 프랑스에 대한 유사해전에서 미국이 전쟁 배상으로 압수한 물품을 더한 금액을 판매액으로 제시하는 조약 초안을 스케치했다고 회고했다. 마르봐는 미국인들이 그러한 거금을 마련할 수 없을 것이라고 답했다. 나폴레옹은 최소한 5억 프랑은 가져야 한다. 왜냐하면 "나는 영국과의 전쟁을 위해 진짜 돈이 필요"하다고 대꾸했다.[45]

나폴레옹은 재무장관 마르봐가 매도를 선호하고, 미국인들을 잘 알고, 정직하기 때문에 아마도 그에게 의지했을 것이다. 전쟁이 혹시라도 일어나서 가격이 내려가기 전에 최고의 가치를 확보하기 위해 신속한 조치는 중요했다. 영국이나 미국이 먼저 침공할 수 있었고, 마드리드가 실제로는 루이지애나를 점유하고 있기 때문에 스페인이 또 방해할 수 있었다. 그리고, 1802년에 프랑스는 불행하게도 "그 식민지를 매도하거나 양도하지" 않는다고 스페인에게 약속해 주었다.[46]

탈레랑은 기회의 한복판에서 자신의 위치를 정하지 않을 수 없었다. 같은 날 나폴레옹은 마르봐에게 매도를 하라고 말했고, 탈레랑은 리빙스턴에게 미국인들이 루이지애나 전체를 가지기를 원하는지를 물었다. 리빙스턴은 매디슨에게 다음날 질의했고 매디슨은 "아니오, 우리의 희망은 뉴올리언스와 플로리다에 국한됩니다"라고 대답했다. 그 해답은 정확했고 또 흥정에서 현명했다. 그러나 탈레랑은 식민지 전부를 매도하기 위해 압박했다. 리빙스턴은 약 2천만 프랑(4백만 달러보다 적은)을 상정했다. 탈레랑은 그 액수는 너무 작다고 말하고 리빙스턴에게 그 개념을 반영하라고 요청했다. 당시 탈레랑은 나폴레옹의 노여움에서 자신을 보호할 요량으로 위임을 받아서 말하고 있지 않다고 말했다.[47]

리빙스턴은 그날 파리에 도착하는 먼로와 함께 일해야 한다는 점을 알고 있었다. 그러나 이 뉴욕인(New Yorker)은 그에게 역사에 남을 충격적인 자리를-그리고 아마도 미국의 정치적 장래-제공하는 운명의 순간에 밀려나는 것에 실망했다.

먼로는 리빙스턴을 극진히 대우했으나, 대통령과 국무장관과의 관계의 상대성 때문에, 이제는 그 책임은 주로 버지니아인(Virginian) 먼로에게 떨어졌다. 마르봐는 4월 13일에 루이지애나를 1억 프랑에 내놓는 교섭을 시작했다. 미국인들은 워싱턴에서 훈령을 받기 위해 몇 달을 기다릴지 혹은 재빨리 움직일지, 그리한다면, 얼마를 대안으로 제시해야 하는지를 결정할 필요가 있었다. 그들은 실제로 무엇이 최종적으로 매도되는지도 규명해야 했다.

미국인의 주된 관심은, 뉴올리언스 이외에 플로리다였다-이스트와 웨스트-미시시피의 동부 하안(河岸)에서 시작하여 미국 남부의 맨 끝 경계선을 규정했다.[48] 리빙스턴이 나중에 루이지애나 영토의 동쪽 경계가 플로리다의 일부를 포함하고 있는지를 파악하기 위해 탈레랑에 문의했고, 외무장관 탈레랑은 "귀하는 우리가 받은 대로 받아야" 한다고 수수께끼같이 대답했다. 리빙스턴은 논리적으로 "그러나 스페인에서 받은 것이란 무슨 의미입니까?"라고 질의했다. "나는 모릅니다"라고 대답했다. "우리 방식으로 해석해도 된다는 의미입니까?" 리빙스턴이 반문하자 탈레랑은 "나는 아무 방향을 제시할 수 없습니다"라고 말했다. "귀하는 스스로 숭고한 흥정을 했다. 나는 귀하가 최대한 뽑아낼 것으로 믿는다." 마르봐가 나폴레옹에게 그 경계면이 모호하다고 말하자, 나폴레옹은 "하나의 모호함이 이미 존재하지 않는다면, 그걸 거기에 넣는 것도 아마도 좋은 하나의 정책일 것이다"라고 답했을 것이다. 실제로, 프랑스는 팔 만큼 많이 팔고, 미국은 최대한으로 주장하고, 그리고 스페인은 절망해 항의했을 것이다.[49]

먼로의 숙명적인 결정(Monroe's Fateful Decision)

먼로는 대통령과 의회가 실제로 미국의 영토를 두 배로 늘리기를 원하는지를 결정해야 했다. 미공화국(American Republic)은 유럽 전체보다 더 커질 것이다. 대중들과 의회는 미시시피강에 집중했다. 먼로가 장래 세대를 위해 지금 막 구입하려는 공간과 토지의 분량의 실체를 그들은 감을 거의 잡지를 못했다. 이 국토 팽창은 이제 막 시작하고 있는 세기에서 미국 정치 의제의 대부분을 차지하는 통치(governance), 정착(settlement), 이주(migration), 경제개발(economic development), 안보(security), 노예제도(slavery)의 확대 등 여러 사안들에 의문을 던지게 될 것이다. 더욱이, 헌법(Constitution)은 대통령이 영토를 매입하는 권리를 명시적으로 부여하지 않았다. 의회(Congress)는 엄청난 액수의 금액을 할당해야 하고 상당 부분은 외국 은행에서 빌려야 할 것이다.

먼로는 그 결정의 권한은 대통령에게 있다는 추론에서 대통령 제퍼슨(Jefferson)이 무엇을 원하는지를 사정하는 데 골몰했다. 한때 먼로는 마르봐에게 자신이 워싱턴의 훈령을 받아야 할 필요가 있다고 말해야 한다고 생각했다. 그게 안전한 길이기는 했다. 그러나 프랑스의 유일한 세력인 나폴레옹이 마음을 바꿀 수도 있기 때문에 지연의 위험이 존재함을 인지했다. 프랑스가 영국에 대해 다시 전쟁을 벌이면 우선순위와 관심을 갑자기 바꿀 수 있었다. 프랑스인들이 세인트 도미니크(Sainte Dominique)에서 승리했다는 소식을 들을 수도 있었다. 나폴레옹은 다른 데서 급한 현금을 찾을 수도 있다. 서방의 제국(western empire)을 꿈꾸는 탈레랑, 드크레, 그 외 나폴레옹의 형제들은 마음을 바꿀 수 있다. 스페인이 개입할 수 있다. 먼로는 결국 전권공사(a minister with "plenipotentiary power)"란 자신의 역할을 인정해 제퍼슨이 무엇을 할지를 추측하지 않았고 대신에 자신의 판단을, 자신의 능력의 최선을 다해서, 하기로 했다. 그것은 하나의 용감한 결정이었다. 만약 제퍼슨이나 의회가 동의하지 않으면, 먼로의 경력은 수모로 끝이 날 것이다.[50]

먼로는 루이지애나 매입은 해야 할 옳은 일이라고 판단했고 이제 행동하려고 결심했다. 그는 여전히 거래를 성사시킬 가격을 찾아내야 했다. 제퍼슨은 뉴올리언스와 플로리다 영토를 가급적 많이 확보하는 대가로 900만에서 1천만 달러(5천만 프랑)를 인가해 주었다. 미국인들은 그 액수를 제시했으나, 마르봐는 나폴레옹의 차가운 반응이 그간의 모든 노력을 위험에 빠뜨렸다고 맞대응을 해 왔다. (마르봐는 나폴레옹과 협의 없이 스스로 처리해 왔을 수도 있었다) 프랑스인은 미국인들이 미시시피와 광대한 토지 이외에도 "다툴 이웃이 없는, 두려워할 전쟁도 없는" 안보를 또한 매입하는 것이라는 점을 고려하라고 촉구했다. 마르봐는 먼로와 리빙스턴 사이를 여러 차례 방문했고, 마침내 루이지애나를 양도하고 이전의 미국 선박과 화물의 나포에 대한 프랑스 배상금을 탕감하는 조건으로 1,500만 달러(8천만 프랑)에 합의했다. 프랑스에 대한 미국 배상금은 약 375만 달러(2천만 프랑)이었으므로, 그 거래로 나폴레옹의 군자금에 1,125만 달러(6천만 프랑)가 실제로 추가되었다. 마르봐는 그 액수는 집정관이 요구한 최소액을 넘어섰지만 그의 야심에는 미치지 못함을 발견했다. 마르봐의 조언에 따라, 그 조약은 "루이지애나의 식민지 혹은 지방은 스페인에 속해 있을 당시와 같은 범위이고, 그리고 프랑스가 소유했을 때의 것이고, 조약이 스페인과 다른 국가들 간에 효력을 발휘한 후에도 그러하다"고 조약문을 작성했다. 미국인들은 궁극적으로 827,000에서 875,000평방마일을 금융비용 포함 에이커[acre (역자주: 1에이커는 약 4,047평방 미터)]당 4센트로 매입했다. 프랑스와 미국은 1803년 5월 2일에 정식으로 조약을 체결했다. 역사상 가장 큰 부동산 거래에 비해 빠른 업무 추진이었다.[51]

제퍼슨과 매디슨은 서명하다(Jefferson and Madison Sign on)

조약 문서는 1803년 7월 3일에 백악관에 도달했던 것으로 보인다. 처음에, 제퍼슨은 매우 기뻤다. 그리고 그는 영토를 매입하는 대통령 자신의 헌법적 권한을 조사하기 시작했다. 워싱턴 정부에서 해밀턴과의 논쟁에서, 제퍼슨은 연방정부는 헌법에 열거한 권력만을 가져야 한다고 주장했다. 그는 "묵시적 권한(implied powers)"에 의존하는 국가 정부는 자유를 위협한다고 두려워했다. 10일 간 제퍼슨은 그 난제와 씨름을 했다. 연방정부가 영토를 획득하는 권리를 부여하는 헌법 수정안을 제안하기를 검토했다. 제퍼슨보다 더 실제적인 매디슨이 등장했다. 먼로와 리빙스턴은 그 조약에 대한 상원의 인준과 하원의 자금 조달 승인을 조속히 받아줄 조치를 요청하고 있었다. 그들은 나폴레옹이 마음을 바꿀지 모른다고 경고했다. "헌법 수정은 모든 결과를 파괴할 것이다"라고 매디슨은 경고했다. 제퍼슨은 하나의 대륙 미국을 선택했다.

대통령은 10월 17일 의회 소집을 요청했다. 비록 일부 연방주의자들은 불평했으나, 미국 대중의 분위기는 애국적 환희로 가득했다. 사상 처음으로 미국인은 하나의 대륙적 운명을 상상하기 시작했고 그것을 수용하였다.[52) 헌법의 언어 초안을 만든 고버누어 모리스(Gouverneur Morris)에게 기초자들이 그 공화국의 방대한 팽창을 누가 선호했는지를 문의하자, 그는 그런 기억이 없다고 말했다. 그러나 예리한 독설가인 모리스는 "모든 북아메리카는 우리에게 마침내 합병되어야 한다는 점을 나는 지금도 아는 바와 같이 그 당시에도 알고 있었다. 행복하다. 진정으로 만약 대륙 지배에 대한 욕망이 여기서 끝난다 해도."[53)

상원은 그 조약을 24대7로 10월 20일에 비준했다. 하원은 재정 조문을 마찬가지로 압도적인 다수인 89대23으로 통과시켰다.[54)

지정학과 재정(Geopolitics and Finance)

영국은 나폴레옹의 프랑스와 5월 18일에 전쟁을 재개했다. 루이지애나 매입은 나폴레옹에게 그의 작전의 주력 무대인 유럽 대륙에서의 진군에 불을 밝혀주는 귀중한 자금을 제공했다. 10여 년에 걸쳐서 여러 연합을 상대로 한 전쟁으로 나폴레옹은 범 대서양세계를 지배했다. 역사를 유리하게 본다면, 신생 북아메리카 제국에 대한 나폴레옹의 탐색은 부차적인 일로 보였다. 아마도 그는 결코 성공하지 못했을 것이다. 그러나 제퍼슨은 1801년의 전략적 지형을 상대해야 했다. 나폴레옹은 강력한 군사적 역량을 가진 가공할 적이었고 또 경천동지의 전환을 이끌어낼 예지력(비전, vision)을 가지고 있었다. 미국의 서부 국경에 있던 프랑스 제국은 역사를 바꿔버릴 수 있었다. 프랑스는 미시시피강을 경계로 북아메리카를 분할할 수 있었고, 영국은 그것을 점령하고 미국의 팽창을 막았을 수 있었다.

나폴레옹은 미래를 보듯이 미국에 대해 다음과 같이 예상했다. "우리는 미국(Union)의 심장부에서 대립을 예상해야 한다. 연합(Confederation)은 체약 당사자 중 하나가 깨뜨릴 이익을 발견할 때까지 항구적이다." 실제로 미국(American Union)은 1861년에 미국 자체의 생존에 대한 한 시험에 직면했다. 나폴레옹은 영국에 대해서는 "나는 영국을 해상 경쟁자로 인정해 주었지만, 영국은 조만간 무릎을 꿇을 것"이라고 예상했다.[55]

아이러니하게도, 해밀턴의 재무체제는-그리고 영국은행들-제퍼슨의 위대한 성공을 가능하게 해주었다. 미국은 나폴레옹에게 지급할 현금을 가지고 있지 않았고, 미국인들은 신용할 수 있는 이자율이 6%인 미국 채권(U.S. bonds)으로 양도했다. 나폴레옹은 그것을 런던의 바링 브라더즈(Baring Brothers)와 암스테르담의 홉 엔드 컴퍼니(Hope and Company)에게 돌려서 미국 채권을 금화로 바꾸었다(은행들이 상당한 부분을 제하고 나서). 전쟁 재개에도

불구하고, 영국 재무부는 바링이 금화(specie)를 런던에서 파리로 선적하는 것을 허용했다.56)

제퍼슨 "미래파"(Jefferson "the Futurist")

제퍼슨의 외교는 그의 통치 방법과 마찬가지로 매우 색달랐다. 아이디어들에 대한 그의 관심과 역사적 움직임을 미리 보는 능력은 그를 "미래파"로 만들었다. 몬티첼로(Monticello) 소재 그의 묘비는 제퍼슨의 가장 중요한 기여품목인 버지니아 권리장전(Virginia Declaration of Rights), 미국 독립선언서(American Declaration of Independence), 버지니아 대학교(University of Virginia)를 기록하고 있다. 각각의 유산은 자유의 안정을 얻은 개인들의 잠재력이 하나의 새로운 그리고 더욱 유망한 주(state), 국가(country), 그리고 세계(world)를 만든다는 점을 강조하고 있다. 주지사와 대통령이란 경영자로서 제퍼슨의 기록은 엇갈린다. 그러나 다른 미래를 상상할 수 있는 드문 역량을 가지고 있었고 사람들을 해방시키기 위해 노력하고 후손이 번영을 달성하도록 그것을 강제했다.

1784년 제퍼슨의 법령(Jefferson's Ordinance)은 자유인 인구로 구성된 동등한 자격을 갖춘 공화정체의 주들의 확장을 (미국으로) 상상했다. 1803년에, 제퍼슨은 미국(United States)의 확장으로 북아메리카에 걸쳐 자유 제국(an empire of liberty)을 창설할 것이라는 점을 가정했다. 미국인의 자유(freedoms)에 이끌리고 강화되는 인구의 증가는 막을 수 없는 세력으로 입증될 것이다.

제퍼슨식 외교(Jeffersonian Diplomacy)

그럼에도 정치인 제퍼슨은 시대의 제약들 내에서 일해야 했었다. 그는 유럽의 다툼들을 피하기 위해 노력했다. 그는 유럽의 세력들 사이를 움직여야 했고, 특히 북아메리카에서 권리를 주장하는 유럽세력들에 주의했다. 제퍼슨은 유럽의 무장정치(armed politics)를 혐오하고 상설미군(standing U.S. army) 창설을 피하기를 원했다. 그래서 다른 하나의 접근을 실험했다. 신생 미국 외교는 분쟁의 평화적인 해결을 위해 압박해 나갔고 군대의 위협보다는 통상의 연대를 더 선호했다. 그러나 제퍼슨은 유럽인들에게 미국의 힘을 중대하게 받아들일 필요가 있다고 경고했다. 특히 미국에 긴요한 것들이 다수의 의지로 표현될 때에는 더욱 그러하다고 경고했다.

대통령은 힘의 과시를 이용하고 상비군의 후원 없는 위협을 행사하는 방법에 대한 자신감을 가지고 있었다. 대통령의 외교는 프랑스는 미국의 서부 이주를 막을 수 없고 떠오르는 미 해상력을 소외시키기를 원하지 않을 것이라고 단순하게 가정했다. 제퍼슨은 꼭 필요하면 미국의 잠재력은 민병대 동원을 통해 신속하게 표현될 수 있다고 굳게 믿고 있었다. 1812년 전쟁(War of 1982)에서 민병대의 갑작스러운 대붕괴와 민병대의 장거리 이동을 지원하는 병참의 어려움은 정규군의 중요성을 분명히 보여주었다. 하여간 피숑(Pinchon)과 궁극적으로 나폴레옹은 아메리카대륙에서 미국의 의지에 반하는 위험을 계산했다. 19세기와 20세기를 통하여, 다른 국가들도 이 교훈을 잘 수용했다.

제퍼슨의 외교는 운이 좋았나 아니면 훌륭했나? 아마도 둘 다일 것이다. 성공적인 교섭자들은 목표물에 대한 분명한 감을 가지고 있을 필요가 있고, 제퍼슨은 가지고 있었다. 그의 외교는 목표에 날카로운 눈을 유지하면서 상당한 민첩성과 여러 전술을 동원했다. 그는 채널은 열어 두고-프랑스, 영국, 스페인, 그리고 의회-유럽에서의 변하는 사건들을 연구하고, 특히 카리브해 제도들의 상황을 조사했다. 그는 프랑스에게는 미국 우방으로서 편익을-혹은 반대했을 경우의 영국과의 동맹에 대치해야 하는 무게를 제공했다. 대통령은 비공식적인 사적 우인인 뒤 퐁(du Ponts)을 포함해 복수의 채널을 이용해 정보를 얻고 메시지를 보냈다. 제퍼슨은 흥정에 열린 마음을 가지고 있었고 특히 전쟁을 피하기 위해 매수(buyouts)도 할 수 있었다. 그는 모든 당사자들과 계속 논의하는 한편 자신이 원하는 결과에 대한 메시지를 강력하게 전달했다. 한 역사가는 제퍼슨의 정책을 "위협과 지연(threat and procrastination)"이라고 규정했다.[57]

대통령은 시기에 대한 훌륭한 감각을 또한 가졌다. 제퍼슨의 인내는 성급하게 행동하거나 혹은 수동적으로 아무 조치를 하지 않는 무위(無爲, inaction) 대신에 전략적인 지연을 허용했다.[58] 그는 시간은 프랑스 계획에 반대로 작용할 것이라는 점을 느꼈다. 그는 사건들이-세인트 도미니크, 유럽, 그리고 북아메리카에서-프랑스를 대결하고, 스페인을 누르고, 영국의 환심을 사려는 자신에게 힘을 줄 수 있는 이치를 느꼈다.

제퍼슨은, 미국 최초의 위대한 정당인(party politician)으로 국내 정치를 이해했고 성공적으로 그의 외교에 사용했다. 뉴올리언스와 미시시피강 주변에 대한 외국인의 조정(intercession)에 대한 국민들의 분노는 그와 타인들이 계산해야 할 진정한 세력이었다. 제퍼슨은 연방주의자(Federalist)들의 열정(fervor)을 프랑스를 위협하는 데 사용하면서 그들의 전쟁 요청을 지연시켰다. 그는 기민하게 먼로를 프랑스로 보내 서부 주들 내에서의 정치를 통제하고 파리에서 정치적 결단을 압박했다. 제퍼슨은 해밀턴의 재정 시스템과 헌법에 함유된 권한들에 관한 해밀턴 재무장관의 추론을 좋아하지 않았을 수 있지만, 이 버지니아인은 미국의 목표들을 달성하기 위해서 필요한 때에는 이 둘 다를 사용했다.

때로는, 제퍼슨의 예지적 개념과 행동할 실제적인 수요 사이의 긴장은 스스로를 당혹하게 할 수 있었다. 미래파들은 여전히 현시점에서 일을 처리할 수밖에 없었다. 제퍼슨은 운 좋게도 자신을 보완해줄 친구들과 동료들을 두었다. 매디슨은 그 추측을 끝냈고 헌법 수정 추진 시도를 지연시켰다. 먼로는 결정을 내릴 수 있는 온전한 인사였고 파리 현지에서는 제퍼슨보다 더 나은 사절이었다.

대통령 임기 후기에 와서는 유럽의 전쟁을 피하려는 제퍼슨의 "신외교"의 추구는 그리 성공적이 아니었다. 1807년 전쟁하는 국가들에 대한 미국 통상금지령(embargo)은 외교적인 성공 없이 미국 경제를 심각하게 해쳤다. 미국의 수출은 1835년이 되기 전에는 1807년의 수출 분량을 회복하지 못했다.[59] 모든 미래에 대한 예지력이 실제적인 것으로 드러나지 않았다. 루이지애나에 대한 성공은, 그러나, 제퍼슨의 모든 실책을 아주 작게 보이게 만들어 버렸다. 그 매입으로 미국은 북아메리카 대륙의 지배적인 세력으로 변모했다. 19세기의 역사가이고 두 명의 대통령의 후손인 헨리 애덤스(Henry Adams)는 루이지애나 사건을 "미국 역사상 최대의 외교적 승리"라고 불렀다. 그는 그 성과를 "독립선언서(Declaration of Independence)와 헌법(Constitution)의 채택 그 다음에" 매겼다.[60]

1803년 후에, 미국 외교 정책은 가능한 경쟁자들을 밀어내거나 적어도 안전하게 먼 거리에 두기를 통해 하나의 대륙국가가 되는 데 집중했다. 최대의 과제는 주들의 유니언(Union of states)을 보존하고 대륙 전체에 미치는 하나의 공화국이 살아남고 또 번영하는 것이었다. 1784년 제퍼슨에게 고통을 안겨준 "끔찍한 범죄(abominable crime)"인 노예제도는 그 유니언(Union)에 하나의 사활적인 도전이 되었다.

제3장

◆

존 퀸시 애덤스와 헨리 클레이

John Quincy Adams and Henry Clay

미국적 현실주의와 미국체제

(American Realism and the American System)

캐닝(Canning)의 초대

1823년 8월 16일 주영 미국 공사 리처드 러쉬(Richard Rush)는 세계 최고 세력의 외무부로 사용되고 있는 오래된 벽돌건물의 층계를 올라갔다. 43세인 러쉬는 미국의 검찰총장(attorney general)을 3년간 역임한 후에 최고의 외교 보직인 런던에 1817년에 부임했다. 그는 삼면이 태피스트리(tapestry)로 우아하게 장식되고 세인트 제임스 공원(St. James' Park)을 내려다보는 위용 있는 외무 장관 조지 캐닝(George Canning)의 사무실로 향했다.[1)]

캐닝은 특이한 시점에 러쉬에게 만나자고 요청했다. 의회는 방금 휴회에 들어갔다. 캐닝은 하원(House of Commons)의 지도자로 봉직하고 있었기 때문에, 그는 시골 자택으로 떠날 것으로 예상되었으나, 대신에 영국이 프랑스와 20년에 걸친 전쟁을 치르는 동안 런던에 많은 골칫거리를 안겨준 신생국가의 대표를 면담하기를 원했다. 해상권(maritime rights)에 관한 영-미 분쟁은 제대로 준비되지 않은 미국이 영국을 상대로 1812년에 전쟁을 선포하는 사태로 이어졌다. 미국은 연속적으로 패배했고 한때 신생 수도 워싱턴이 불에 타기까지 했다. 그럼에도 불구하고, 소규모 미해군은 해상과 내륙 수상에서 두드러지게 작전을 해 미국은 마침내 교착상태를 달성했다. 벨기에의 겐트(Ghent)에서 1824년 크리스마스 날 전쟁 당사자들은 현상태(status quo)로 회복하는 평화협정에 서명했다. 영국의 사자 발톱에서 다시 한번 살아남았고, 1815년 뉴올리언스에 대한 침공을 앤드류 제임스(Andrew Jackson)의 영광스러운 격퇴로 마감해, 미국인들은 실망스러운 충돌을 "제2차 독립전쟁(Second War of Independence)"이라는 이름으로 떠받들며 장식했다.

그러나 영어를 말하는 두 국가가 서로 평화롭게 서로 고통받는 법을 배웠다는 신호는 있었다. 겐트에서 미국 대표였던 존 퀸시 애덤스(John Quincy Adams)는 1815~1817년 동안 주영 미 공사로 근무했고, 거기서 그는 먼로(Monroe) 대통령과 러쉬[Rush(당시 장관 대행)]가 찰스 바고 경(Sir Charles Bagot)과 오대호(Great Lakes) 내의 해군 군비를 제한하고 미국-캐나다 국경을 비무장지대로 만드는 조약을 체결하는 기초를 놓았다. 러쉬-바고 조약(Rush-Bagot Treaty)은 군축(arms control)에 관한 미국 최초의 실험이고, 현대 역사에서 최초의 상호 해군 군비 축소였다.2) 그로 인해 세계에서 가장 긴 평화적인 국경선이 되었다.

캐닝이 러쉬를 보자고 한 이유는 북반구가 아닌 남반구에 속한 일 때문이었다. 스페인의 아메리카대륙 식민지들은 독립을 선언하고 영국과 미국과의 통상을 개시했다. 1823년에 스페인에서는 혁명군이 페르디난드 7세 왕(King Ferdinand VII)을 체포하고 입헌군주제(a constitutional monarchy)를 선포했다. 라틴 아메리카인들은 마드리드(Madrid)와의 단절을 거의 마무리하고 있는 듯했다. 그러나 먹구름은 모여들고 있었다.

프랑스의 급진적인 혁명과 나폴레옹의 대륙지도 재변경조치 이후에 소위 러시아(Russia), 오스트리아(Austria), 프러시아(Prussia)와 복고군주 프랑스의 신성동맹(Holly Alliance)은 유럽의 안정을 재수립하기를 원했다. 신성동맹 국가들은 캐닝의 전임자 캐슬레이 경(Lord Castlereagh)을 만나서 일련의 회의를 통해 유럽의 평화를 구축하려고 했다. 신성동맹은 헌법주의자들을 부수고 "합법적인(legitimate)" 반동 군주국(reactionary monarchy)들을 유럽 전역에 설치하기를 원했다. 키신저 박사의 학위논문과 그의 첫 저서 *"회복된 세계(A World Restored)"*는 유럽의 새로운 하나의 세계 질서의 등장을 이끈 정치력을 재점검한 것이다.[3]

1823년에 러시아, 오스트리아, 프러시아는 프랑스에게 군대를 스페인에 파견해 페르디난드(Ferdinand)를 구출하라고 종용하고 있었다. 오스트리아는 최근 나폴리(Naples)와 피에몬트(Piedmont)에서의 공화파 운동을 뿌리 뽑았다. 만약 프랑스가 스페인에 페르디난드의 권위를 복원시키면 신성동맹은 스페인 왕당파(royalist)를 지원해 라틴 아메리카(Latin America)의 신생 공화국들을 부술 예정이었다.

이런 상황들이 캐닝이 러쉬에게 아주 비범한 제안을 하도록 만들었다. 외교장관 캐닝은 미국이 영국과 하나의 공동선언문을 발표하거나 스페인과 신성동맹이 아메리카대륙 소재 마드리드의 이전 식민지들을 재정복하려는 모든 움직임에 반대한다는 성명을 적어도 동시에 발표해 줄 것을 요청했다.[4]

영-미 제휴를 위한 이 제안은 놀랍고 또 미국을 으쓱하게 해주었다. 당시 미국 해군은 영국해군(Royal Navy)이 가진 대포의 2%보다 적은 분량을 보유했고 미국의 상선 총톤수는 영국의 절반에 지나지 않았다.[5] 그럼에도 캐닝은 마치 미국이 은혜를 받았던 것처럼 행동했다. 비록 미국인들은 자신들이 예외적이고 심지어는 강력하다고 믿었으나, 유럽인들은 미국을 스칸디나비아 국가들이나 스위스 정도에 해당하는 등급으로 간주했다.[6] 더욱이, 미국은 하나의 믿을 수 없는 난폭한 입헌 공화국(constitutional republic)이고, 하나의 이전의 식민지에 불과하고 유럽의 웅장한 체스판으로부터 멀리 떨어져 있었다. 그럼에도 불구하고, 미국은 나폴레옹의 마지막 패배 이후 중심 무대의 한 세력이 되었고 상대가 없는 해군을 가지고 있는 영국이 미국에게 유럽 내에 한 자리를 주고, 또 세계 무대에서 한 자리를 내어 주고 있었다.

러쉬는 망설였다. 그는 라틴 아메리카에서 영국과의 공통 이익을 이해했다. 그러나 "걸려듦(entanglement)"을 피하라는 미국 금언(dictum)-오랫동안 런던의 교만을 혐오해온 미국민들-에 비추어 러쉬는 "유럽의 연맹체제에 포함될지도 모르는" 어떠한 조치에 "자신의 정부를 저당 잡히는 위험"을 보았다.7)

대신, 러쉬는 캐닝의 계획과 제안들을 면밀히 검토했다. 미국이 이미 인정한 것과 마찬가지로, 런던은 새로운 공화국들을 독립적인 국가들로 인정할 의향이 있는가? 캐닝은 얼버무렸다. 사실, 비공식 성격의 외무장관의 제안은 제한된 범위에서 움직인다는 점을 반영하고 있었다. 캐닝의 강력한 내각 동료인 웰링턴 공작(Duke of Wellington)은 워털루(Waterloo) 전투에서 승자이고 국제적 사안에 대해 영향력이 여전했다. 공작은 조지 4세 국왕(King George IV)과 가까워서 그의 견해는 여전히 중요했다. 웰링턴은 영국이 대륙 왕국들과 작동하는 동맹을 유지하기를 원했다.

사실 캐닝은 동료들에게 미국의 통상확대와 영토적 확장을 물리치기 위해 영국은 신생 라틴 공화국들을 인정하고 그들과 우의를 증진할 필요가 있다고 제안함으로써 런던에서 "미국 카드"를 사용하기를 원했다. 캐닝의 귀는 영국의 상업적 이익과-남아메리카를 포함한-신성동맹을 의심의 눈으로 보는 의회와 지식대중의 의견을 향해 돌려져 있었다. 유럽식 의회와 질서 체제에 관심을 가진 캐슬레이(Castlereagh)와는 달리, 캐닝은 런던의 세계적 해양 및 무역 이익을 강조하면서, 대륙 세력들의 해외 조정자로 영국을 재위치시키기를 원했다.8) 만약 캐닝이 동료 각료들에게 영-미 공동 선언서를 제시할 수 있으면, 그는 공세적인 미국을 제약하는 동시에 캐슬레이파들의 정책을 바꿀 작정이었다.

러쉬의 전문은 워싱턴에 10월 9일에 도착했다. 라틴 아메리카에 대한 강대국 회의가 임박할 가능성을 경고하면서 5개 항 합동 선언문을 제안하는 캐닝의 서신을 포함했다. 캐닝은 미국에게 답을 하라고 재촉하고 있었다. 먼로의 내각은 대통령이 버지니아 농장으로 한 달간 휴가를 떠나기 전인 10월 11일에 첫 번째 논의를 시작했다.[9]

1823년 미국 외교 정책: 과제들과 원칙들

(U.S. Foreign Policy in 1823: Problems and Principles)

두 달 후 먼로의 선언을 이끌어낸-먼로 주의(Monroe Doctrine)라고 알려진-토론은 하나의 문제를 해결하기 위한 필요에서 나왔다. 캐닝은 하나의 특정한 상황에 관해 하나의 제안을 제출했다. 미국은 하나의 해답을 결정해야 한다. 먼로나 국무장관 존 퀸시 애덤스(John Quincy Adams) 아무도 하나의 지속하는 외교 정책 독트린(doctrine)을 선포하려고 계획을 하지 않았다.

그 문제에 관한 먼로의 반응은-애덤스의 지도 아래-수 많은 심의들을 반영했다. 대통령은 그 의제에 관한 북아메리카의 북서 해안에 대한 러시아의 주권 주장을 포함해 다른 타국의 외교 정책들을 사정했다. 유명한 미국인들은 오토만 터키(Ottoman Turks)에 맞서 자유와 기독교를 위해 싸우는 그리스 혁명군(Greek revolutionaries)을 지원하기를 원했다. 먼로는 다가오는 1824년 대통령 선거에서 애덤스(Adams)를 포함한 세 명의 각료와의 경쟁을 포함한 국내 및 정치적 사안들을 저울질해야 했다. 마지막으로, 미국은 내각, 의회, 대중 토론을 형성할 전통들을 이미 개발하고 있었다. 이 유산은 대통령 고별사(Farewell Address)의 중립원칙(neutrality principle), 외세에 얽혀들지 않도록 하기 위한 전임 대통령의 경고, 통상의 자유와 항해의 자유(freedom of the seas), 군주들의 세계에서 동료 공화국들에 대한 친밀감, 그리고 강한 반식민주의 정신 등이었다.

러시아 문제는 아메리카 대륙에서의 외세 간섭을 또한 포함했다. 2년 전 1821년 9월에 차르 알렉산더 1세(Czar Alexander I)는 위도 55도 평행선[현재 캘거리(Calgary)에 해당하는 위도, 미국-캐나다 국경에서 북쪽으로 160마일]까지 러시아의 주권을 주장하는 하나의 칙령을 발표했다. 워싱턴에게 더욱 중요하게는 해안에서 110마일 이내에는 외국 선박을 금지한다는 차르의 칙령이었다. 캘리포니아의 보데가 베이(Bodega Bay)까지 활동하는 러-미 무역회사(Russian-American Trading Company)는 태평양 해안을 따라 운영하는 미국인 경쟁사들을 반대했다.

1812~14년에 러시아는 나폴레옹의 대군(Grand Armée)을 격파하고 유럽을 거쳐 파리로 진격해 세력의 범위를 과시했다. 1823년에 러시아의 인구는 미국의 네다섯 배였고 영국의 두 배로 신성동맹에서 주도적인 제국이었다.10)

애덤스는 나폴레옹전쟁(Napoleonic Wars) 중에 주러시아 주재 공사로서 개인적으로 차르를 알고 있었다. 그 절대 군주(absolutist monarchy)는 미국 공화국에 기이한 애정을 가지고 있었다고 그는 회상했다. 미국과 영국이 진심으로 러시아의 태평양에 대한 권리 주장을 거부한 후에, 알렉산더는 자신의 칙령 집행을 중지했고, 1822년 후반 차르는 그 갈등을 해결하러 새로이 튜일 반 세루스커르겐 공작(Baron de Tuyll van Serooskerken)을 신임 공사로 워싱턴에 파견하였다. 러쉬의 보고서가 런던에서 도착할 무렵에 서로 마음이 통하는 공작과 애덤스는 그 문제를 논의하고 있었다. 비록 대통령 먼로는 55도 평행선 이북의 러시아의 영토 주장을 수용할 태세였으나, 애덤스는 대륙에 어떠한 러시아의 지분도 남기지 말라고 반대했다. 실제로 애덤스는 아메리카대륙에 새로운 식민지는 절대로 없어야 된다는 새로운 개념을 강력하게 주지시켰다.11)

그리스는 먼로 행정부에 또 다른 문제를 제기했다. 1822년 초기에, 한 그리스 저항운동권은 제퍼슨의 선언문을 본따서 오토만 터키로부터 독립을 선언했다. 그리스는, 민주주의의 고대 본향인, 하나의 공화국 정부를 채택하고 유럽 각국 수도들과 워싱턴의 인정을 간청했다. 그리스인들의 용기와 터키인들의 잔혹행위는 미국 대중을 움직였다. 기독교도들(Christians)과 이교도들(infidels)과의 충돌을 결합한 공화정 수사는 하나의 강력한 정치적 알코올을 빚어냈다. 먼로가 1822년 12월에 의회에 보낸 연례 보고서에는-애덤스에 의해 부드러워진 후-그리스인들이 독립을 쟁취하기를 희망한다고 표현했다. 그러나 캐닝의 보고서는 그리스를 언급하지 않았다.[12)]

먼로의 원칙들(Monroe's Principles)

대통령 먼로는 그의 두 번째 임기의 마지막 해에 이들 문제에 직면했다. 루이지애나 매입 후 그의 직무 평가는 올라가기도 하고 내려가기도 했기에 먼로는 조심스러웠다. 1823년 65세에 든 먼로의 주된 관심은 "그의 내각, 당, 조국과 자신이 평화를 유지"하는 것으로 자신의 명성을 보호하는 것이었다. 1823년 길잡이 별은 대담한 모험이 아니고 예양(禮讓, comity)이었다.[13)]

수십 년 간, 먼로는 미국의 국정운영(statecraft)에 관한 핵심 집행원칙들을 구축해 왔다. 첫째, 혁명세대의 모든 지도자들과 같이, 먼로는 신생 공화국이 부서지기 쉽다는 인식을 하고 있었다. 미국은 당시 노예제도, 집단 간 차이, 경제적 이익, 혹은 외세 등에 의해 촉발되는 내분에 취약했다. 그러므로, 먼로의 대외 정책은 국내적 차이들을 완화하기 위해 추진되었다. 둘째, 먼로는 미국은 스스로를 방어하기 위해 유럽식 정치 게임을-한 세력을 다른 세력에 맞서게 하는-벌여야 한다고 믿었다. 그는 유럽의 정치적 움직임을 피하라는 이임하는 워싱턴 대통령의 고별사의 자문에 동의하지 않았다. 먼로가 제퍼슨에게 설명했듯이, "우리가 어떤 세력과 잘 지내는 것은 중요하다." 처음에는 동일한 혁명 공화국으로 프랑스에 이끌렸고, 이제는 상황이 변했기 때문에, 먼로는 영국과의 연계를 기꺼이 고려하였다. 세력 균형 정치의 비-도덕성에 항의를 한 미국인들은 그것을 비판하면서도 그러한 외교를 기꺼이 집행하고 있었다. 그리고 셋째, 매디슨(Madison)은 쓰라린 경험을 통해 국력을 건설할 필요가 있다는 점을 배웠다. 먼로는 "한편으로는 두려워하고 또 환심을 사고 싶어 하는 하나의 중요한 국가(a nation of consequence)로서 미국을 보도록 유럽인들을 움직이기를 원했다. 혁명 기간 동안 젊은 장교로 봉직했던 경험을 살려, 워싱턴을 포기해 불타게 버리고 도망간 창피한 패배 이후, 전쟁장관(a secretary of war)으로 매디슨을 승진시킨 먼로는 군사적 대비의 중요함을 믿었다. 해밀턴의 유령이 아마도 미소를 지었을 것이다.[14)]

존 퀸시 애덤스: 야망과 의도(John Quincy Adams: Ambitions and Agenda)

국무장관 존 퀸시 애덤스(John Quincy Adams)는 캐닝(Canning)의 제안에 대응하는 업무에서 먼로의 주요 보좌관이었다. 그는 비상한 학습을 통해 지적으로는 호전적이었다. 애덤스의 아무 감정이 없는 성격은 성실성에 대한 칭송과 함께 으스대는 듯한 행동 때문에 타인들에게 절망감을 촉발할 수 있었다. 애덤스는 "나는 내성적이고(reserved), 차갑고(cold), 금욕적이고(austere), (타인을) 어렵게 하는(forbidding) 매너의 남자"라고 자신의 일기장에 인정하고 있었다.[15)]

애덤스는 미국 역사상 가장 비범한 국제적 경험을-국내적 경험은 아닐지라도-가지고 국무장관으로 취임했다. 미국 혁명기(American Revolution) 동안에 부친을 따라 파리에 체류한 후, 아들 애덤스는 14세 된 해인 1791년에 러시아의 예카테리나 2세(Catherine the Great)의 러시아 주재 미국 대표의 개인 비서(겸 프랑스어 통역관) 자격의 수습 외교관으로 공직을 시작했다. 그는 후에 파리, 네덜란드, 런던에서 부친의 개인비서로 봉직했다. 미국으로 돌아온 후 하버드에서 9년간 공부한 후에 잠시 법률 실무를 했고, 워싱턴은 그 젊은 영재를 네덜란드 공사로 임명했다. 다음에는 프러시아, 러시아, 영국, 그리고 1814년 평화를 교섭하던 겐트(Ghent)에서는 대표단의 단장을 맡았다. 1817년 봄에, 먼로는 세상 경험이 많은 그 외교관을 국무장관으로 임명했다. 부친 존 애덤스는 직설적인 애덤스 가족의 전형으로 아들에게 "너는 이제 50세의 나이에 들어간다. 내 의견으로는 너는 [조국으로] 귀국하거나 혹은 영구히 국적을 버려야 한다"라는 서신을 보냈다.[16)]

국무장관 애덤스는 영국을 포함해 유럽에 관해서는 매우 잘 알고 있었지만, 구세계의 사회들과 주제넘음에 대해서는 아주 비판적이었다. 1790년대에 미국 공사로 헤이그(Hague)에서 일하는 동안 애덤스는 네덜란드 공화국(Dutch republic)의 도당들(factions)이 외국 세력들에 말려 들어가는 사실을 목격했다. 애덤스는 네덜란드 사람들(Hollanders)은 한때는 7대양(Seven Seas)을 주름잡던 해상 세력이었으나 현재는 자신들의 독립을 방어할 의지를 잃어버렸다고 믿었다. 그 결과, 네덜란드(Netherlands)는 프랑스 침공에 굴복했다. 스웨덴(Sweden), 폴란드(Poland), 제네바(Geneva)도 같은 운명에 시달렸다. 애덤스는 교훈을 얻었다. 1795년 12월에 애덤스는 프랑스에 정치적으로 기대고 영국에 상업적으로 기대는 행동은 미국의 자유를 위험하게 한다고 동생 찰스(Charles)에게 말했다. 미국은 국력을 건설할 시간을 벌기 위해 조심스러운 외교를 추진할 필요가 있었다. "10년만 더 지나면 미국은 지상에서 가장 강력하고 부유한 국가들 사이에 들어간다"고 그는 예언했다. 그렇지 않으면, 비관적인 애덤스는 미국은 "영구적으로 서로 싸우고 유럽세력들에 의해 조정이나 당하는 찌질한 부족들의 하나의 꾸러미"로 미끄러져

처박힐 것이다"라고 결론을 내렸다.[17]

국무장관으로 애덤스가 보낸 7년 동안, 끊임없이 미국은 영토를 넓히고, 미국의 위신을 높이고, 신중하지 못한 모험을 억제했다. 그는 미국은 북아메리카를 지배하는 하나의 특별한 운명을 가지고 있다고 가정했다. 1819년 11월에, 애덤스는 동료 내각에게 세상은 "북아메리카 대륙은 미국의 정당한 영토라고 생각하는 개념에 익숙해져야"한다고 말했다.[18] 컬럼비아 강(Columbia River) 지역의 지배권을 두고 1821년 1월에 영국 외교장관 스트래트포드 캐닝(Stratford Canning)[19]과의 격렬한 의견교환 중 런던은 캐나다 지방들(provinces)을 가질 수 있으나, "그 나머지 대륙은 우리에게 넘겨라"라고 불쑥 던졌다.[20]

따라서, 애덤스의 첫 임무는 플로리다(Florida)의 인수, 서부에서 미국의 국경선 긋기를 포함한 루이지애나 매입(Louisiana Purchase)의 미완성 비즈니스를 완결하는 것이었다. 애덤스는 스페인이 미국 영토를 위협하는 "야만적인 인디언들(savage Indians)", "달아난 흑인들(runaway negroes)", 해적, 반역자들을 무법천지 플로리다에서 통제하지 못하면 앤드류 잭슨(Andrew Jackson) 장군이 국경을 넘어가서 화려하게 보복한 바와 같이 보복할 것이라고 스페인에게 경고했다. 애덤스는 스페인에게 미국 시민들이 주장한 5백만 달러의 배상금 대신에 플로리다를 팔라고 요구했다. 그러하지 않으면 미국이 그 땅을 점령할 위험에 처할 것이라고 경고했다. 스페인이 머뭇대자, 애덤스는 미국은 스페인에서 독립을 선언한 라 플라타 연합[United Provinces of La Plata 현재의 아르헨티나(Argentina)]도 인정할 수 있다는 점을 암시했다.[21]

애덤스는 더 원했다. 대륙을 가로질러 태평양에 닿는 서부 경계를 미국의 국경으로 스페인이 수용해야 한다고 그는 주장했다. 42도 위도가 하나의 지리적 자리표식(placeholder)으로 그 이남은 스페인 영토이고, 그 이북의 오리건(Oregon) 국에서는 미국과 영국이 영토권을 서로 다투는 경계선이었다. 스페인과 최종적으로 체결한 1819년 대륙횡단 조약(Transcontinental Treaty)은 애덤스의 야망의 범위를 말해준다. 그는 2월 22일 서명일 그리고 워싱턴의 생일날(Washington's birthday) 저녁에 "남해(South Sea, 태평양)로 향하는 분명한 경계선을 인정한 것은 우리 역사에서 하나의 커다란 시대를 열었다. 그 교섭에서 처음 내놓은 제안서는 나의 것이었고 그것은 폐지할 수 없는 상태로 이제 확보되었다"고 자신의 일기장에 적었다. 스페인은 그 결과에 실망해서 그 조약을 비준하는 데 거의 2년이나 걸렸다. 애덤스는 그 사안을 압박하기 위해 군대를 기꺼이 사용하기를 원했으나, 먼로의 인내가 이를 말렸다.[22]

애덤스는 무역의 중요성을 강조해 건국 아버지(Founding Fathers)들의 발자국들을 따라갔다. 그는 영국과 프랑스에 대해 관세를 더 내리려고 노력했고 외국인이 시민들과 정확하게 동일한 선상에서 거래하도록 허용하는 "좀 더 포괄적인 관대함(a still more expansive liberality)"을 요청했다.[23] 이것은 애덤 스미스(Adam Smith)의 자유무역의 개념이었다.

개인적 자유에 대한 미국인의 헌신은 정부에 의해 명령 되는 과거 중상주의(mercantilism)와는 매우 다른 세상을 예상했다. 애덤스가 설명하듯이, "당국의 간섭에 의해 막히지 않으면, 상업의 본성은 그 스스로 길을 찾고 그 자신의 길을 만든다. 스스로 최선으로 규제하니 그것을 우리[정부]가 규제하려 나서지 말자"[24] 그러므로, 경제적 및 정치적 핵심적인 과제들은 애덤스가 식민주의에 적대하도록 했다. 비록 애덤스의 국가운영은 대륙적 야심에 집중했으나, 그는 미국의 국가적 위대성이 번창할 수 있는 국제질서를 고취하기를 원했다.[25]

미국 외교 거장은 그러나 국내에서는 하나의 결점을 가지고 있었다. 1803년에서 1808년까지, 애덤스가 두 차례 국내에 돌아온 동안, 매사추세츠(Massachusetts) 입법기관(legislature)은 전 대통령의 아들을 상원(the Senate)에 보냈다. 그러나 애덤스는 연방주의자 당(Federalist Party)을 탈퇴해 루이지애나 매입과 제퍼슨의 금수조치를 지지했다. 연방주의자 당(Federalist)이 공화당(Republican)으로 바뀌자, 그는 자연적인 정치적 동지들을 양쪽에서 거의 가지지 못했다.[26] 그는 가장 성공적인 정치인들이 소유한 개성, 매력, 그리고 사회적 성향을 분명히 가지지 못했다. 그러나 애덤스는 국무장관 직이 대통령이 되는 디딤돌이라는 점을 알고 있었다.

어니스트 메이(Earnest May) 교수는 자신의 저서 *먼로 주의의 개발(The Making of the Monroe Doctrine)*에서 1823년 행정부의 캐닝(Canning)의 서곡에 대한 해답은 국내 정치, 특히 애덤스가 1824년 대통령 선거에서 이기기 위한 노련한 조치의 일환으로 추진되었다고 설득력 있게 서술하고 있다. 애덤스의 가장 최근의 전기작가들은 이와는 정중하게 달리한다. 그러나 최소한, 메이의 연구는 외교정책을 공들여 만드는 자들은 국가적 이익과 도덕적 목적만을 단순하게 논의하지는 않는다는 점을 상기시켜준다. 그들은 여러 관점과 야망을 테이블에 올리면서도 관료적으로 그리고 개인적으로 계산하고 흥정한다. 특히 미국에서 여론은 정책 입안자들이 문제와 가능한 해결책을 감지하는 방식을 형성하고 또 그 방식에 영향을 준다. 미국 외교정책은 외교의 기술과 국내 정치를 통해 구현되는 정치적 과정의 산물이다.[27]

애덤스에게는, 정치적 아이러니는 대중들은 그가 뉴 잉글랜드(New England) 출신이고, 연방주의자였고, 거만한 매너를 가졌기 때문에 그를 미국의 천벌(nemesis)을 받을 대상인 영국에 대해 동정적이라고 여기고 있었다는 점이다. 실제로, 애덤스는 "미국과 영국 간에는 우정이 존재할 수 없다"고 1790년대에 그의 아버지에게 서신을 보냈다. 나폴레옹 전쟁들 후에, 애덤스는 유럽과 특히 영국은 미국의 공화정 실험이 실패하는 걸 보고 싶어한다고 믿었다.[28]

애덤스의 "거대 전략"(Adams's "Grand Strategy")

1809년부터 애덤스는 미국을 위한 "거대 전략(grand strategy)"을 솔직하게 노트에 기술하고 있었다. "이 국가의 이익과 의무에 가장 잘 맞는 정책을 형성하는 두 개의 정치적 원칙이 있다. 하나는 내부 사항인 유니언(UNION)에 관한 것이 하나이고, 다른 하나는 외국들과의 교류에 관해 독립(INDEPENDENCE)이다. 이들 원칙들은 나의 정치적 욕심에 대한 열쇠이다" 29)

1821년 7월 4일, 애덤스는 워싱턴 소재 국회 의사당(the Capitol)에서 연례 연설을 통해 자신의 외교 정책들을 발표했다. 애덤스는 대통령직에 대한 경쟁자들 중의 한 명인 헨리 클레이(Henry Clay)가 켄터키주 렉싱턴(Lexington, Kentucky)에서 행한 연설에서 제공한 미국 외교 정책의 비전에 의지했다. 클레이는 라틴 아메리카의 공화국들의 승인을 초기에 옹호했고, 신성동맹에 대한 일종의 균형추 즉, 신성동맹에 대항하는 하나의 공화정 동맹체(Republican Alliance)로 남미 공화국들과 연합할 것을 제안했다. 미국이 더 많은 남자 백인에게 참정권을 부여하고 선거 민주주의로 가고 있었기 때문에, 클레이는 혁명적 자유 신조(creed of liberty)에 근거한 새로운 "미국 체제(American System)"의 외피로 자신을 둘러쌌다.

애덤스는 7월 4일이란 날짜에 잘 들어맞고, 자신이 친영주의자(Anglophilia)라는 고발에 대한 편리한 해독제로 영국에 대한 통렬한 비판으로 연설을 시작했다. 다음에는 왜 사람들의 가정과 지역사회에 대한 연대의식이 지역민을 통제하려는 멀리 떨어진 군주의 노력을 망하게 하는지의 이유를 설명하면서, 식민주의를 통렬하게 공격했다. 원하지 않는 미국의 개입을 초래할 수 있는 "동족에 대한 애정을 표현"하지 않고, 클레이의 주장과 라틴 아메리카의 명분을 함께 능숙하게 배열했다.

그 다음에 애덤스는 독립선언서(Declaration of Independence)를 불러들여

"미국이 인류에게 무엇을 기여했나?'라는 영국 언론의 최근 저격에 답하였다. 애덤스는 "말살할 수 없는 인간 본성의 권리(inextinguishable rights of human nature)를 인류에게 선포했고, 그 권리가 정부의 유일한 합법적 기초' 라는 제퍼슨의 문구에 합류했다. 그 선포문은 세상의 신호등이 되었다. 그것은 "정복으로 수립된 모든 정부의 합법성을 한 방에 무너뜨렸다." 미국 사례의 횃불은, 제퍼슨의 선언문과 독립 혁명가(Revolutionary)와 공화정 명분은 인류에 대한 미국의 위대한 공헌이었다고 이어갔다.

미국적 원칙의 고지를 점령한 다음에, 애덤스는 외국의 간섭들에 대항하여 다음과 같이 경고를 하면서 연설을 마쳤다. "[미국은] 괴물들을 찾아서 파괴하러 해외로 나가지 않는다. 모든 이의 자유와 독립을 기원하는 국가이다. 미국은 그 자신의 옹호자일 뿐이다." 애덤스는 외국의 전쟁에 개입하는 행위는 "국가 정책의 근본적 금언들을" "자유에서 무력으로" 바꿀 것이라고 경고했다. "미국은 세계의 독재국가가 될 것이고, 미국은 더 이상 자신의 영혼의 통치자가 되지 않을 것이다(She might become the dictatress of the world; she would no longer be the ruler of her own spirit.)" 애덤스에 대한 우수한 전기를 최근 저술한 제임스 트라웁(James Traub)은 이 문장은 애덤스가 행한 연설 중 가장 유명한 문구라고 주장했다.30)

헨리 클레이와 "미국체제"(Henry Clay and the "American System")

애덤스의 대통령직 경쟁자이고 먼로 행정부의 외교 정책에 대한 격렬한 비판자인 헨리 클레이는 라틴 아메리카의 공화국들을 지지하는 미국의 최고의 챔피언이었다. 수년 전 1817년 12월에 클레이는 라틴 아메리카의 독립 선언을 인정하지 않는 먼로에게 날카롭게 도전했다. 클레이는 미국 자체의 혁명(Revolutionary) 명분을 직접적인 참조로 끌어냈다. 즉 1778~79

년에 미국이 유럽을 몰래 숨어다니면서 "한 번 친절하게 보아주기(one kind look)"와 "합법성(legitimacy)"을 부여해 주는, 그리고 "하나의 위대한 그리고 너그러운 동맹(one great and magnanimous ally)"을 간청할 때, 프랑스가 앞으로 나서서 "우리를 인정해" 주었다. 그러나 미국도 기타 다른 나라도 라틴 아메리카의 자유의 친구들에게 지원을 제공하지 않았다.[31)]

클레이는 켄터키 태생(Kentuckian)으로 1823년에 46세였다. 그는 명랑하고, 거침없이 말하고, 위험을 감수하는 마력의 화신이었다. 클레이는 상원에서 잠시 일한 후 하원의원에 1810년에 선출되었다. 그의 새로운 의회 동료들은 즉시 그를 의장(Speaker)으로 선출했다. 그는 의장직에서 1812년 영국과의 전쟁을 밀어붙였다. 대통령 매디슨이 1814년 평화를 교섭할 대표단을 구성할 때 대통령은 주전론 자(War Hawk, 매파) 클레이에게 애덤스를 포함한 타인들과 함께 일하라고 요청했다.

클레이와 애덤스는 비교 연구 거리였다. 클레이는 겐트(Ghent)에서 밤늦게 동트기 전까지 놀고 카드 게임을 했고 동트는 시각에 애덤스는 일어나서 성경을 읽은 후에 업무를 시작했다. 애덤스의 아내, 루이자(Louisa)는 클레이를 예민하게 묘사했다. "귀하가 그의 성격을 예의 주시한다면, 귀하는 거의 순간적으로 그의 가슴은 관대하고 훌륭하고, 그의 처음 생각은 자애롭고 마음이 넓다는 점을 발견한다. 그러나 소홀히 된 교육, 악성의 습관, 나쁜 친구와의 사교는 우쭐대는 야망과 결합해 더 나은 부분을 행동하기 부끄럽게 만들었다."[32)]

클레이가 워싱턴으로 돌아오자, 하원의 동료들은 그를 의장으로 다시 선출했다. 클레이는 워싱턴에서 두 번째로 힘이 있는 자리를 이용해 회유하고, 또 입법적 타협을 교섭해 대통령직으로 움직여 갔다. 클레이는 먼로가 애덤스를 국무장관으로 선택하자 질투가 났다. 1824년 선거를 겨냥한 클레이의 정치적 전략은 행정부의 외교 정책을 나무라고, 영국에 대한 반감

에 기름을 붓고, 라틴 아메리카 공화국들을 최선의 친구로 돋보이게 하는 것이었다.[33]

모든 그의 실제적인 정치적인 기술로 클레이는 또한 앞을 보는 비전의 사나이였고, 미국 외교 정책에 중요한 개념들을 대표했다. 1820년 5월 10일 하원에서 행한 한 연설에서, 클레이는 그의 노력의 뒤에 있는 사상을 발표했다. 사상 최초로, 클레이는 "미국체제(American System)"란 표현으로 그의 정책들의 목적을 설명했다. 수년 후에, 클레이와 휘그당[Whig Party(역자주: 1834~1856, "1828년 이후 앤드류 잭슨 대통령 정책(Jacksonian Democracy)에 반대해 결집한 정당)] 내 지지자들은 미국체제의 의미를 채워 나갈 것이었다. 그들의 목표는 모든 집단의 이익을 통합시킨 하나의 국가적 시장(a national market)을 개발하는 것이었다. 휘그당은 내부의 사회간접자본 시설을 개선하고, 하나의 국립은행을 통해 융자하고, 관세로 제조업을 부양하여 국가를 결속하기를 원했다. 시작부터, 클레이의 미국체제는 미국은 하나의 범 반구를 아우르는 통상 네트워크의 중심이고 그것은 "구세계(Old World)의 독재적 폭정(despotism)에 맞서 인간의 자유를 결집하는 계기를 구축"하는 것이었다.[34]

1821년 클레이의 렉싱턴(Lexington) 연설에 화답해, 애덤스는 7월 4일 연설로 미국체제를 위한 클레이의 계획을 확장했다. 클레이는 무역 확대와 도덕적 의무의 원칙에 근거하여 라틴 공화국들을 인정하자고 다시 주장했다. 클레이는 그리스인들에세도 감동을 받았다. 마지막으로, 클레이는 "국가의 독립(National Independence)과 자유(Liberty)를 위해 모범 사례와 도덕적 영향력으로 작동하는 두 아메리카대륙에서 신성동맹에 대항하는 일종의 균형추를 형성해야 한다"고 결론을 내렸다. 클레이의 공화정체는 신성동맹의 군주제, 신비주의(mysticism)와 압제에 대한 국제적인 대안을 제공했다.[35]

클레이는 애덤스가 미국인들(American public)의 열망과 적의를 고취시킨 것보다 아마도 훨씬 더 나은 감을 가지고 있었음에 틀림없다.[36] 클레이는 매사를, 특히 미국의 경제 및 안보 이익들에 동조되는 사안들을 자유의 명분들과 연계시키려는 지속적인 미국인의 충동을 토닥거려 주었다. 20세기에, 우드로 윌슨(Woodrow Wilson)은 "민주주의에 안전한" 세상을 만들기를 원했다. 제2차 세계대전 중, FDR은 "4가지 자유(Four Freedoms)"가 세상 질서의 근거가 되어야 한다고 지적했다. 냉전(Cold War) 동안, 미국은 "자유 세상의 지도자(Leader of the Free World)"가 되었다. 1990년대에, 빌 클린턴(Bill Clinton)은 아메리카대륙은 아메리카 자유무역지역(Free Trade Area of the Americas)을 통해서 번영하는 최초의 "민주적 반구(Democratic Hemisphere)"가 되어야 한다고 말했다. 가장 최근에는, 21세기 벽두에, 그 이상은 민주주의 동맹(Alliance of Democracies)의 형태를 띠었다.

먼로와 애덤스는 라틴 아메리카에 대한 클레이의 희망을 공유했으나 조심스럽게 나아갔다. 그들은 영토 이양을 받아내려고 스페인을 압박하고 있었다. 미국은 (인정을) 연기하는 경우에 한해 그 인정을 (스페인에 대한) 위협용 지렛대로 사용할 수 있었다. 먼로는 1821년 대륙횡단조약(Transcontinental Treaty)의 최종 비준 후 스페인에게 체면을 살릴 수개 월의 기간을 주었다. 1822년 3월 미국은 라틴 아메리카의 공화국들을 인정한 최초의 국가가 되었다. 클레이의 덕이었다.

먼로의 메시지 만들기(The Making of Monroe's Message)

먼로가 10월 11일 처음으로 내각을 구성해 영국 외무장관 캐닝의 제안서를 검토할 때, 그 사안은 국제적이고, 이념적이고, 정치적이고, 지리적이고, 역사적이었고 개인적인 맥락이 그 배경을 또한 구성했다. 그 내각은 11월 7일 먼로가 워싱턴으로 돌아온 2일 후에 다시 만났다. 1개월 만에, 먼로와 애덤스는 미국의 대응을 창안하고 그 새로운 정책을 3가지 문서-의회에 보낸 먼로의 연례 메시지에 담긴 역사적 문장들, 캐닝에 보낼 러시의 답신 작성을 위한 지시들, 러시아 공사 드 튜일(de Tuyll)에 보낸 노트-로 소통했다.

먼로가 워싱턴을 10월에 떠나기 전에, 그는 제퍼슨(Jefferson)과 매디슨(Madison)에게 자문을 요청했다. 대통령은 서두에서 캐닝의 제안은 유럽의 정치와 전쟁에 미국이 말려들 위험을 포함하고 있으나, "영국 정부의 제안에 응할" 생각이 있음을 설명했다. 비록 제퍼슨은 "비-연루(nonentanglement)" 원칙의 입안자였고, 매디슨은 영국과 좌절적인 전쟁을 치른지 10년도 채 지나지 않았으나, 둘 다 캐닝의 제안을 수용하라고 자문했다.[37]

애덤스는 먼로가 10월에 멀리 간 사이에 드 튜일(de Tuyll) 공작을 만났다. 그 러시아 공사는 차르는 혁명적인 라틴 아메리카에서 온 어느 대표라도 만나지 않을 것이고 공화정체 정부들의 합법성을 인정하기를 거부한다는 공식적인 노트를 전달했다. 러시아는 미국의 입장에는 반대하지 않는다고 차르는 추가했다. 그는 다만 워싱턴이 중립을 지켜줄 것을 희망했다. 애덤스는 유럽인들이 중립으로 있는 한 미국은 중립으로 남을 것이라고 공작에게 말했다. 그 대화는 유럽이 중립을 유지하면 미국도 그러하겠다는 말을 공작에게 한 애덤스에게 한 아이디어를 심어준 것으로 보인다. 아마도 장관 애덤스는 러시아와 영국에 대한 답변을 확대하여 하나의 좀 더 포괄적인 정책 선언문으로 만들려고 심의하기 시작했을 것이다.[38]

내각은 11월 7일에 초안의 성향을 드러냈다. 역사가들은 내부 토론에 대한 그의 일기에 기록한 훌륭한 주석에 의존했으나 정책 입안자들이 각자의 입장에서 선명하게 의견을 개진한 점을 인정했다. 먼로는 제퍼슨과 매디슨의 자문을 먼저 논의하지 않았다. 그는 전쟁장관 존 칼훈(John Calhoun)에게 먼저 말하라고 요청했다. 아마도 칼훈이 영국의 제안을 수용하는 데 동정적인 점을 알고 그리했을 것이다. 실제로, 칼훈은 신성동맹이 남아메리카로 공격해 오는 것을 진정으로 우려하였기에 제퍼슨과 매디슨의 의견에 공명을 했다.

애덤스는 기민하게 반격했다. 그는 캐닝의 제안이 스페인 제국의 영토를 뺏지 않기로 한 약속이 포함되어 있음을 상기시키고, 만약 텍사스와 쿠바가 나중에 "우리와 연합을 요청"한다면, 칼훈은 그 지역들을 기꺼이 포기할 것"이라고 지적했다. 애덤스는 또한 유럽세력 정치의 게임에서 하나의 노리개가 될 염려를 이용했다. 캐닝은 신생 독립국들을 기꺼이 인정하지 않았으므로, 영국은 유럽에서의 몇 가지 자국의 이점을 달성한 후에는 라틴 공화국들과 미국을 버릴지 모른다는 위험이 제기되었다. 애덤스는 영국은 어떠한 공동선언문에 대해서도 공을 차지해 미국의 이웃 국가들에 대한 통상 이익을 확보할 것이라고 주장했다.

그 다음에 애덤스는 러시아인들과의 논의 내용을 이용해 테이블에 올라온 그 문제를 재구성했다. 애덤스는 "신성동맹에 대항하는 우리의 태도를 확고히 하고 동시에 영국의 서곡을 기각하는" 기회를 가졌다고 말했다. "우리의 원칙들을 명시적으로 러시아와 프랑스에게 공언하는 것이 영국 군함(British man-of-war)의 뒤를 작은 배(cock-boat)로 쫓아가는 것보다 더 위엄이 있고 더 자연스러울 것이다." 캐닝의 제안에 대한 토론을 미국의 원칙에 관한 사안으로 전환시키는 데 추가해, 애덤스는 미국인의 자부심의 고지대를 점거했다.

애덤스는 회의 후에 남아서 먼로에게 러시아인들과의 논의 결과를 검토하도록 요청하고 캐닝에게는 "정책의 통합체제의 부분으로 서로 맞추어" 답을 보내라고 건의했다. 메이 교수가 지적하듯이, 애덤스는 영국과의 공동선언문은 자신의 대통령 꿈을 반대하는 영국혐오 반대자들에게 일련의 치명적인 공격 재료를 준다는 점도 인식했음에 틀림이 없다.[39)]

그 다음 주에, 먼로는 프랑스 군대가 카디즈(Cadiz) 소재 마지막 공화파(republican) 보루를 점령했다는 소식을 들었다. 왕당파들(monarchists)이 스페인 전역을 이제 장악했다. 대통령은 한 프랑스 함대가 스페인 군대를 아메리카대륙으로 수송할 준비를 하고 있다는 소문을 들었다. 먼로는 경계에 들어갔다. 내각이 다시 11월 15일, 18일, 그리고 21일에 모였을 때, 애덤스는 수세에 몰렸다. 칼훈은 신성동맹이 움직인다는 보고에 "완전히 미쳤다(perfectly moon-struck)"고 애덤스는 회상했다. 애덤스는 라틴 아메리카인들은 거의 무기력하지 않았고, 독립을 이미 얻었다고 말하면서 반격했다. 더구나, 만약 유럽인들이 새로운 정부들을 칼훈이 의심한 대로 그렇게 쉽게 부수어 버릴 수 있다면, 미국은 "생명과 자산을 그 쥐들이 이미 버렸다고 선언한 선박"에 투입하지 않아야 한다고 주장했다.

애덤스는 두 건의 새로운 보고서를 자신에게 유리하게 제시했다. 러쉬가 11월 16일에 보낸 메시지는 캐닝이 하나의 공동선언문에 대한 생각을 이미 식힌 것으로 적시하여, 애덤스가 경고하였듯이 영국의 이간질(mischief)일 가능성을 높였다. 이에 추가해서 11월 17일 드 튜일 공작은 러시아 외무장관 카를 네셀로데(Karl Nesselrode)가 스페인 혁명군들을 퇴치한 프랑스를 축하하는 회람문을 전했다. 러시아인들은 실제로, 생각이 틀린 이론들이나 범죄적 목표들에 의해 위협받던 합법적인 체제를 보호해 줄 신(God)의 편에 서 있는 군주제를 나의 "새로운 정치 체제(new political system)"라고 널리 알렸다. 애덤스는 러시아의 의기양양한 주장은 미국의 대응을 정당하한다는 점을 강조했다.40)

애덤스는 또 하나의 관료적 이점을 가지고 있었다. 그는 외국 세력들에게 보내는 "그 펜(the pen)"을 통제하고 있었다. 대통령의 지시를 받아, 애덤스는 러쉬가 캐닝에게 보낼 훈령을 작성했다. 훈령은 외무장관의 5개 포인트에 부합하였으나, 그것은 조건부이고 도덕화하라는 지시를 포함했다. 애덤스의 훈령 초안은, 만약 두 정부가 애덤스가 열거한 포인트들에 대한 이해에 도달할 수 있다면, 독립적인 선언문을 발표할 가능성을 검토하라는 것으로 끝을 맺었다. 러쉬는 공동선언문을 워싱턴에 조회해야만 했을 것이다.[41] 애덤스는 시간을 벌고 있었다.

애덤스는 또한 대통령에게 그리고 동료 각료들에게 그가 차르의 단언들을 반박하고, 미국 원칙들을 요약하고, 미국 원칙들을 유럽에 강제하는 모든 노력을 부인하는 대신에 유럽인들에게 아메리카대륙에 대해서도 동일한 조치를 하라고 요구하는 공문을 준비 중이라고 설명했다. 애덤스는 러시아에 대한 회신을 이용하여 미국 정책을 기념하기 위한 계획을 하고 있는 듯이 보였다.[42]

11월 21일 각료회의에서, 먼로는 11일 후에 의회에 전달할 연두 교서(annual message)에 대한 자신의 초안을 공유했다. 먼로는 미국 국민들에게 그리고 전 세계인들에게 워싱턴(Washington) 대통령의 고별사(Farewell Address)의 조심스럽고 방어적인 태도를 넘어서는 하나의 국제적 접근법을 설명하기를 원했다.

먼로는 아메리카의 북서 해안에 관해 러시아와의 우호적인 교섭들의 성과를 인정하도록 요청한 애덤스의 말을 포함했지만, 아메리카대륙에 대한 더 이상의 유럽의 식민지화는 없어야 된다는 원칙을 또한 명시했다. 추가적으로 먼로는 프랑스의 스페인 침공을 꾸짖고, 그리스 독립을 확인해 주었고, 공사를 그리스에 파견하도록 건의하기를 제안했다.

애덤스는 억세게 반발했다. 그는 먼로의 표현은 "벼락치는 소리(a clap of thunder)"가 될 것이라고 경고했다. "그 메시지는 전쟁의 초대장이다–유럽 전체에 대한 전쟁, 그리고 배타적인 유럽내 사안들이다." 그는 스페인, 프랑스, 러시아가 (미국과의) 관계를 단절할 것이라고 예측했다. 다음날 애덤스는 사적으로 먼로에게 자신의 논지를 강하게 개진했다. 그는 모든 미국의 최고 경영자들의 시금석(touchstone) 특히 임기 말에 처한 시점에서, 대통령의 유산을 들먹였다. "이 공화국의 황금기"는 평화로 끝이 나야 되지 전쟁의 위기로 종료되면 안 된다고 애덤스는 간청했다. 그러한 실수는 대통령 먼로의 모든 성취를 흐릴 수 있었다. 대신에 애덤스는 자신의 공식을 압박해 들어갔다. 즉 미국은 배타적으로 유럽적인 사안들에 대해 간섭하지 않을 것이다. 대신에 유럽은 남아메리카를 평화롭게 놓아두어라. 스페인과 그리스를 동정적으로 언급하는 것은 좋다고 애덤스는 제안했으나, 신성동맹이 적대적으로 읽지 않는 방법으로 언급해야 한다. 대통령은 의회가 그리스의 명분에 대해 말하게 하고, 그 자신은 우아하게 뒤로 물러서는 방안을 제시했다. 그 이후 수년간, 다른 영악한 최고경영자들은 이러한 헌법의 권력 분립을 이용해 외교적 이점으로 사용하기도 했다. 이틀 후에 먼로는 애덤스에게 그의 수정 문서를 읽어 주었다. 장관은 "매우 만족"했다.[43]

그러나 먼로의 메시지에 대한 논쟁은 아직 완전히 종료되지 않았다. 11월 25일, 이전 논의에서 참석하지 않았거나 침묵을 지켰던 검찰총장 윌리엄 워트(William Wirt)는 대통령이 제안하는 메시지가 남아메리카의 독립을 미국의 안보로 연계하는지의 여부를 문의했다. 그는 미국 국민이 "남아메리카의 독립을 위해 전쟁을 하려는 정부를 지원"할 것이라는 가정을 의심했다. "만약 유럽인들이 서반구에 개입하면 미국은 어떻게 대응할 것인가? 아무도 워트에게 하나의 좋은 답을 해 주지 못했다.[44]

먼로의 메시지(Monroe's Message)

1823년 12월 2일 오후 2시 정각에 배달부들이 대통령의 연례 메시지를 하원과 상원의 서기들에게 전달했다. 제퍼슨 시대 이후로, 대통령들은 그들의 "연두교서(State-of-the Union)"를 서면으로 제출해왔다. 우드로 윌슨이 의회에서 연설을 하는 현대적 전통을 도입했다. 그러한 연례 메시지의 범위 때문에, 연두교서는 주요 활동을 망라하는 긴 목록(a laundry list)이 되었다. 먼로의 1823년 문서는, 예를 들면, 6,397자였고 외교 정책 외에도 우체국(Post Office), 컴버랜드 국도(Cumberland Road), 재정을 포함했다.

먼로주의(Monroe Doctrine)로 알려진 3개의 비-순차적인 문단들은 1천 자보다 적었다. 그것들의 맥락을 정리하기 위해서는 먼로의 서두와 마지막 문단들을 회상할 필요가 있다. 먼로는 "우리의 혁명 성취 이후에 애국심과 통합에 대한 더 큰 필요성이 (지금처럼) 존재한 적은 결코 없었다"라고 서두를 열었다. 미국은 1820년에 국가의 팽창에 맞추어 자유주(free state)와 노예주(slave state)들 사이의 균형을 유지하는 "미주리 타협(Missouri Compromise)"을 최근에 겨우 성안했다. 먼로는 내부 다툼이 국가 안보에 가장 큰 위협을 제기한다고 강조하고 있었다. 먼로의 최종 문단은 19세기와 20세기 동안 쌍둥이 교리-유니언(Union)과 확장(expansion)-를 미국 외교 정책으로 찬양했다. 먼로의 표현에는 "인구 확장과 우리 유니언에 대한 새로운 주들의 가맹"은 "우리의 자원을 증가시키고 힘을 추가해 하나의 세력으로서 힘과 책임을 더 해 줄 것이다."

그 중간에, 먼로는 미국 안보와 국가 목적을 초기 30년 동안보다는 범위를 더 넓혀 규정하는 3개 개념을 발표했다. 첫째, 러시아와의 논의에서 나온 것으로, 먼로는 "아메리카대륙은, 지금까지 가정되고 유지되어 온 자유롭고 독립적인 조건으로, 향후 어떠한 유럽 세력에 의해서도 식민화의 대상으로 고려되어서는 안 된다." 미국은 서반구(Western Hemisphere)에서 유럽인들이 미국의 안보에 위협을 제기할 대상으로 인지하고 있었기 때문에, 미국은 구세계(Old World)의 팽창을 중지시키기를-그리고 심지어는 축소시키기를-원했다. 미국은 또한 식민주의라는 그 개념 자체를 비판하고 있었다. 애덤스는 정치적으로 지배하고 상업적으로 독점하는 구 유럽체제를 반대했다. 현저하게, 워싱턴은 이제 이 반식민주의 주장을 모든 신세계(New World)를 대신해 단호하게 선포하고 있었다.

둘째, 먼로는 미국이 과거 역사적으로도 그리고 현재에도 유럽의 구세계(Old World of Europe)와 연결되어 있음을 인정했다. 미국인들은 "유대감을 소중히 여기고… 대서양 저편에 있는 동료인들의 자유와 행복을 위하여…" 그리고 "걱정하고 관심이 있는 구경꾼들이지만" 그러나 "유럽 세력들 간의 전쟁"에 가까이 가지 않을 것이다. 미국은 "모든 유럽 세력들의 내부 사안에 개입하지 않을" 것이다. 미국(United States)은 자신이 대서양 세계에서 서부에 있는 별이고, 확실히 하나의 교역의 대상이고, 동쪽 해안에 있는 사람들에게 아마도 희망의 빛일 것이나, 미국인들은 유럽의 오래된 정치, 경쟁과 다툼을 피하기를 원했다.

셋째, 서반구는 달랐다. 신성동맹이 자신들의 정치적 체제를 아메리카대륙에 확장하려는 어떠한 노력도 "우리의 평화와 안전에 위험할" 것이다. 아메리카대륙의 독립적인 정부들을 탄압하거나 통제하려는 모든 시도는 미국에 대한 하나의 비우호적인 처사임을 [드러내는]"게 될 것이다. 미국은 남아메리카인들이 자신들의 정부를 결정할 권리를 존중한다. 그러므로 유럽도 그리해야 한다. 신성동맹은 전제주의(absolutism)가 지배적인 이념이 되어야 한다고 단언했고, 미국은 이를 공화주의(republicanism)에 대한 도전으로 간주하여-적어도 말로는-맞섰다. 그렇지만 미국은 국제관계를 인도할 하나의 새로운 상호주의(reciprocity)를 제안하고 있었다. 신생국의 패기로, 미국은 만약 유럽인들이 아메리카인들의 뜻을 존중한다면, 미국은 유럽에 개입하지 않겠다고 제안했다.

먼로의 메시지는 기존의 국제질서에 또 다른 방법으로 도전했다. 먼로는 "공개외교(open diplomacy)"를 시행했다. 그의 대중 메시지는 여론의 힘에 호소하고, 귀족적 의회들, 응접실이나 비밀 암호문들(secret codicils)의 전통적인 국정운영 기술에 의지하지 않았다.[45]

먼로는 애덤스의 러시아에 대한 답신과 캐닝에게 답할 러시아에 보낼 훈령을 승인했다. 대통령은 애덤스의 더 공격적인 표현을 삭제하거나 순화시켰으나 결과는 엇갈린 결과를 낳았다. 여전히 어떤 행동을 유럽인들이 라틴 아메리카에 취할지 불확실하였기에, 먼로는 영국에 대해 선택을 유보하길 원했다. 제퍼슨에게 보낸 서신에서, 먼로는, 만약 캐닝이 여전히 관심이 있다면, 하나의 가능한 동맹의 형태를 구상하는 자신의 정책을 설명했다.[46]

반응들(Reactions)

캐닝은 흥미를 잃었다. 9월과 10월에, 웰링턴(Wellington)은 프랑스는 대서양 횡단 침공군을 투입할 의향이 없다고 주장했다. 10월에, 캐닝은 프랑스 대사 프랭스 폴리냑(Prince Polignac)에게 영국은 스페인령 아메리카에 대한 유럽의 간섭을 허용하지 않을 것이라고 말했다. 위기의 정당화 없이, 캐닝은 영국 내각이 미국과 하나의 합동 선언문을 발행하라고 권유하는 데 어려움을 느꼈고, 라틴 아메리카 정부들을 인정하는 미국의 조건들을 충족하기에는 더욱 힘들었을 것이다.

먼로의 메시지는 캐닝을 한 발 뒤처지게 만들었기에 그에게 곤란을 초래했다. 영국 내 휘그(Whig)당의 반대파들은 유럽의 반동세력에 약하게 맞서고 미국인들에게 지도력을 넘겨주었다는 비난을 정부에 퍼부었다. 먼로의 대중 외교(public diplomacy)는 또한 하나의 영미인들의(Anglo-American) 여론의 등장을 드러냈다. 워싱턴에 드물게 우호적인 *런던의 타임즈(Times)*지는 먼로의 선언을 "아주 영국적인 정책(a policy so directly British)"이라고 칭찬했다. *이코노미스트(Economist)*지는 "먼로주의(Monroe Doctrine)는 아주 공평하게 캐닝주의(Canning Doctrine)라고 부를 만하다"는 입장을 유지했다. 캐닝은 자신의 이전의 경고를 담은 각서(memorandum)를 프랑스 대사에게 보내어 세력을 회복했다. 1825년 초기에, 영국은 라틴 아메리카 정부들을 인정했고 통상적 유대를 개발해 미국보다 훨씬 앞섰다. 캐닝은 나중에 자신이 신세계를 존재하게 해 구세계의 균형을 만회했다고 자랑했을 것이다.[47)]

대부분의 유럽 대륙인들은 먼로의 선언의 기원에 대해 아무것도 몰랐고 그의 대담한 추정에 놀랐고 불쾌감을 느꼈다. 오스트리아의 클레멘스 폰 메테르니히(Klemens von Metternich) 백작은 "적절치 못한 선언… 유럽의 기관들에 비난을 퍼붓고 경멸하였다." "세력 대 세력, 그러나… 제단 대 제단"에 흠집을 내고, "만약 죄악적 주의와 치명적인 사례들의 이 홍수가 아메리카 대륙 전체로 퍼져 나가면, 우리의 종교 및 정치적인 기관들, 우리 정부의 도덕적 힘, 유럽을 완전한 분해에서 구해낸 보수적 체제는 어떻게 될까?"라고 말했다.[48)] 메테르니히는 옳게도 공화주의를 두려워했다. 1848년 자유혁명은 유럽에서 실패했으나, 메테르니히도 혁명과 함께 실각되었다.

차르 알렉산더(Czar Alexander)는 미국의 태도를 "가장 극심한 무례에 해당한다"고 판단했다. 다른 유럽인들과 마찬가지로, 그것을 무시하기로 판단했다. 일부 유럽인들은 먼로의 선언은 단지 공화정적 외교 정책의 하나의 유감스러운 측면인 미국 정치를 반영할 뿐이라고 마음속에서 결정했다. 대등하게 끔찍하게도 미국인들은 "물질주의(materialism)"의 범죄인이다" 그들은 제대로 된 군대를 가지지 못했다. 그들은 다만 돈을 벌기를 원한다고 판단했다.[49)]

헨리 클레이(Henry Clay)는, 반면에, 애덤스에게 외교정책 문단들이 "그 메시지 중에서 최상의 부분"이라고 말했다. 클레이는 유럽과의 분리를 환영했고 "압제를 피해 나온 모든 도망자들에게 이 국가가 망명을 제공한다는 하나의 결의를 제공할" 것을 심의하기도 했다.[50)]

선언에서 주의로(From Declaration to Doctrine)

시간이 흐르면서, 먼로의 선언은 먼로주의로 되어 갔다. 후임 대통령들은 1823년 선언에 바뀐 상황들에 맞는 의미를 부여했고, 그러한 경험들은 미국 외교 정책에서 잠재적인 그리고 함정들도 있는 "서반구 개념"을 규정하는 데 도움이 되었다.

최소한으로, 먼로의 선언은 미국의 시민들이나 영토에 직접적으로 닿지 않는 "하나의 국제적인 논쟁거리에 대한 최초의 미국의 입장"이었다. 먼로주의의 역사학자들의 학장인 덱스터 퍼킨스(Dexter Perkins)는 먼로주의가 "넓은 측면에서, 미국과 신세계의 세력에 대해 유럽의 영향력 확대를 금지했다'고 기술했다. 퍼킨스가 글을 쓸 당시 1941년은, 미국이 제2차 세계대전에 들어가는 문제에 직면해 있었다. 퍼킨스는 많은 이들이 그 선언을 "신세계를 구세계로부터 구분하는 원칙… 아무 데도 얽히지 않은 동맹과 어느 유럽세력과도 구속하는 연대를 가지지 않는 원칙을 돋보이게 하는 찬사"와 연결시켰다. 퍼킨스는 후속 저서에서 냉전(Cold War)을 19세기의 구세계와 신세계를 빗대어 세상을 공산주의국가들과 자유국가들로 구분하였다.[51)]

좀 더 넓게, 21세기 초기에, 제임스 트라웁(James Traub)은 먼로의 메시지를 "미국 외교 정책의 활발한 정신이 된, 하나의 벌거벗은 권력행사와 세계적 목적이란 선교적 감의 독특한 조합"으로 묘사했다.[52)] 당시에, 미국 지도자들은, 그리고 대다수 국민들은, 먼로의 선언을 아메리카대륙에서의 미국의 "영향권(sphere of influence)"을 선포하는 것으로 취급했다.[53)]

나는 엘리후 루트(Elihu Root)와 찰스 에반스 휴즈(Charles Evans Hughes)의, 21세기 초기의 두 국무장관의-8장과 9장에 등장할-평가를 인용한다. 둘 다 존경받는 국제 변호사들이었다. 둘 다 먼로주의는 자기방어 권리에 근거한 미국 안보를 위협할 행위들에 관한 하나의 선언이었다고 평가했다.

그들은 이른바 더 약한 아메리카대륙 소재 국가들에 개입할 권리, 통제, 보호국, 혹은 국제법 하에서 주장된 권리를 삼갔다. 먼로주의는 범아메리카 협력이나 다른 지역과의 연대를 방해하지 않았다고 그 두 사람이 결론 내렸다. 그들은 먼로의 표현은 고립이 아닌 독립을 지지했다고 강조했다.[54] 실제로 헨리 아몬(Henry Ammon)이란 먼로의 전기작가는 대통령 먼로의 선언을 하나의 "독립의 외교적 선언"이라고 일컬었다.[55] 애덤스에게는, 그 선언은 미국이 자체의 우선 순위에-북아메리카-집중하고 유럽인들의 주의를 딴 데로 돌리게 만들고, 반식민주의 원칙 천명을 가능하게 해 주었다. 먼로는 유럽세력들이 무엇을 하지 *않아야* 되는가를 선언했지, 미국이 무엇을 할 것인가를 말하지 않았다.[56] 그것은 2년 후 애덤스와 클레이 둘에게 닥친 문제였다.

대통령 애덤스와 국무장관 클레이(President Adams and Secretary Clay)

존 퀸시 애덤스(John Quincy Adams)는 1824년 치열한 선거전 후에 미국의 6대 대통령이 되었다. 앤드류 잭슨(Andrew Jackson) 장군은 선거인단 투표(electoral vote)에서 약간의 우세를 보였으나, 일반투표(popular vote)에서의 최다 득표수(plurality) 뿐만 아니라, 요구되는 선거인단 과반(majority)표를 얻지 못했다. 헌법에 의기, 하원의원들은 각주가 1표를 가지는 조건으로 대통령을 선출했다. 첫 투표에서, 헨리 클레이의 지원으로, 애덤스는 13개 주를, 잭슨은 7개 주, 병 중인 윌리엄 크로포드(William Crawford)는 4개 주를 얻었다. 애덤스는 클레이에게 국무장관직을 제안했고, 클레이는 수락해, 잭슨파들이 민의(popular will)를 막은 하나의 "부패 거래(corrupt bargain)"라고 고발하는 근거가 되었다.

애덤스와 클레이는 미국 영토를 북아메리카에서 확장하고 전 세계 각국들과 교역을 증진하는데 의견을 공유했다. 클레이는 먼로의 방어적 메시지를 보완하기 위해 남과 북아메리카 대륙에 대한 하나의 긍정적인 미국 프로그램을 설계하기를 원했다.

반구적 방어에서 주도권으로: 클레이의 "선린(善隣, good neighbor)"정책
(From Hemispheric Defense to Initiative: Caly's "Good Neighbor" Policy)

일찍이 1821년부터 안데스의 공화국들의 군사적 해방자(liberator)인 시몬 볼리바르(Simon Bolivar)는 라틴 아메리카의 신생 국가들에게 "유니언[연합(union) 제휴(association)], 그리고 항구적인 연방화(federation)"를 심의하기 위해 회의를 하자고 제의했다. 볼리바르는 워싱턴을 경계했으나 1825년 멕시코(Mexico), 컬럼비아(Columbia), 중앙 아메리카 연합(United Provinces of Central America)은, 반구적 협력에 대한 클레이의 호의를 알고서, 파나마(Panama)에서 개최될 한 총회(a Congress)에 북아메리카 공화국을 포함하기를 간청했다. 당시 파나마는 대컬럼비아(Gran Columbia)의 한 지방이었다. 클레이는 더 신중한 애덤스를 설득하여 1825년 12월 의회에서 미국은 파나마 총회(Panama Congress)에 대한 참가 초청을 수락한다고 공표했다.57)

대표단들에 대한 클레이의 훈령은 전 아메리카대륙을 위해 환상적인 비전을 제공했다. 클레이는 이 국가문서가, 약 18,000자에 달하는, 그의 생애에서 가장 중요한 것 중의 하나라고 믿었다.58)

클레이의 중심이 되는 개념은 "선린(good neighborhood)"정책이었고, 한 세기 후의 FDR의 선린정책(Good Neighbor Policy)을 예견했다. 클레이는 아메리카인들은 낡은 편견과 더 이상 쓸모없는 관행들을 뒤로하고 "평화, 안보, 행복을 증진시킬" 새로운 아메리카적인 원칙들을 수립할 기회를 가졌다고 믿었다. 클레이는 통상, 항해, 해사법, 중립 권리와 교전권리에 관한 원칙들을 수립하는 데에 특히 관심이 있었다. 그는 하나의 외국 세력에 (영국을 지칭함) 유리한 양보를 하지 않는 자유무역을 강조했다. 해상 재산권은 육상 재산권과 동일한 보호를 받아야 한다는 것은 다년간의 미국의 관심사였다. 클레이는 귀화와 이민권의 자유화를 선호했다. 클레이는 미국의 영향력과 기관들의 관행이 신생 공화국들을 지도해 줄 수 있기를 희망했다. 만약 미국적 원칙들이 반구적(半球的) 원칙들이 될 수 있다면, 그것들은 궁극적으로 더 널리 퍼져 나갈 것이다.

클레이는 미국의 중립정책은-유럽의 낡은 얽힌 동맹에 반해-유럽 세력들이 미국 주들의 독립을 인정하도록 설득했다고 믿었다. 그의 분석은 의심스러웠으나 편리했다. 따라서 아메리카 세력들은 당시에는 "공격과 방어 동맹"이 필요하지 않았다. 그 반구에 대한 클레이의 희망은 독립, 경제적 영향력, 중립이란 미국의 경험에 뿌리를 내리고 서로 결속해 유니언(union)을 통해 하나의 세력을 창출하는 것이었다. 당연하게, 미국 내에서 "내부적 개선"의 옹호자인 클레이는 하나의 지협 횡단 운하 건설에 공식적인 관심을 보낸 최초의 미국인이 되었다.[59]

클레이의 서반구(Western Hemisphere)협력에 대한 계획은 국내 정치의 바위에 부서졌다. 잭슨파들은 애덤스와 클레이가 중립과 독립의 원칙들을 버리고 미국을 라틴 갈등에 얽히게 하고 혁명과 인종 전쟁을 고취시킨다고 비난했다. 라틴 아메리카의 인종과 종교문제는 일부 사람들에게는 너무 높은 장애물이었다. 1826년 초, 행정부는 파나마 총회에 파견할 미국 대표단의 인준과 참가 여비 할당을 위해 의회 회기 하나를 통째로 소모했다.[60]

파나마 파견 클레이의 대표단은 불운했다. 한 사람은 열대 열병으로 가는 중에 사망했다. 다른 한 명은 파나마 총회가 끝났을 때 겨우 멕시코 시티(Mexico City)까지 갔다. 총회는 멕시코의 타쿠바야(Tacubaya)에서 재소집 될 예정이었으나 결코 그렇게 되지 않았다. 미국은 그 배를 놓쳤고 그 사업을 영국 대표들에게 넘겼고, 영국인들은 미국 대표단의 뚜렷한 부재를 미국의 무관심의 상징이라고 기꺼이 지적했다.[61] 이 외교적 대실패는 미국과 라틴 아메리카와의 제휴의 주기적 좌절의 예보였고 오늘까지지도 거리를 두고 실망을 반복하고 있다.

유산(Legacies)

어니스트 메이(Ernest May) 교수는 1823년 영국의 제안은 미국 외교에 대한 근본적인 질문-미국은 유럽이란 은하계 내의 하나의 정치적 행성이 될 것인지, 아니면 워싱턴은 하나의 분리된 아메리카 시스템의 중심에 있는 태양이 될 것인가?-을 던졌다고 말했다.

존 퀸시 애덤스와 제임스 먼로는 미국은 유럽 세력들이 지배하는 대서양 세계 안에서 작동되고 있다는 점을 인식했다. 둘 다 유럽에서 사절로 일한 경험을 가지고 있다. 그들은 미국의 공화정체의 실험에 대한 유럽 국가들의 적대감을 알고 있었다. 먼로는 루이지애나 매입 당시에 자신이 추진했던 것과 같이 미국이 유럽의 분할을 조작할 방법을 기꺼이 심의하고 있었다.

애덤스는 유럽의 외교로부터 더 먼 거리를 두기를 좋아했다. 그도 유럽 세력들 사이를 움직여 나가려 노력했다. 그러나 그는 통상적 연대 이외 다른 사안에는 얽혀들지 않기를 원했다. 얽혀들면 유럽인들이 잠식해 들어와 미국 내의 파당들을 조정할 것을 우려했다. 미국 중립과 독립은 공화주의(republicanism)로 입증된 신생 국가를 보존하는 데 도움이 될 것으로 생각했다.

애덤스의 범대륙주의(transcontinentalism)는 미국의 독립과 함께 진행되었다. 애덤스는 미국이 본거지 대륙을 지배하기를 원했다. 영토 확장은 안보를 더 튼튼하게 해주었고 경제 및 인구 증가는 미국의 힘을 더 크게 키워주었다. 애덤스는 대통령이 된 후에, 국력을 건설하기 위해 사회간접자본시설, 교육, 통상, 과학에 대한 국가적 프로그램을 추진하였으나 큰 성공은 거두지 못했다.

신생 라틴 아메리카 공화국들에 대한 신성동맹의 도전은 애덤스에게 자신의 지정학적 논리에 자유(liberty)와 공화주의(republicanism)의 이념을 결합하는 기회를 제공했다. 그는 식민세력들이 서반구에서 미국의 공화주의에 항복하기를 원했다. 대신에 그는 자신만만하게 유럽 정치로부터 멀찌감치 비켜나겠다고 제안했다.

제임스 트라웁(James Traub)은 조지 캐넌(George Kennan) 같은 후세의 현실주의(realism) 외교정책 제안자들은 애덤스의 1821년 7월 4일의 연설을–"분쇄할 괴물들을 찾아 나서는" 광범위한 무모한 장난을 경고한–"일종의 기초문서"로 삼았다. 키신저의 저서 *외교(Diplomacy)*에서는 애덤스의 말을 미국 외교정책을 도덕적 기준들에 의해 세우려는 우드로 윌슨(Woodrow Wilson)의 이상주의적 노력에 현명하게 반대한 것으로 인용하고 있다. 이들 현실주의자(realist)들은 미국의 이익과 미국의 보편적 열망 사이의 애덤스의 구분을 존중한다. 그들은 최선의 의도로 해외에서 선을 행할지라도, 애덤스의 미국의 역량에 대한 회의론(skepticism, 제한성)을 공유했다.

애덤스가 한 명의 외교 정책의 현실주의자라면, 그는-트라웁(Traub)이 지적해듯이-미국적 현실주의(American Realism)의 한 유형을 대표한다. 애덤스는 국익과 도덕적 우수성에 대한 강렬한 믿음과 미국의 공화정체제의 목적과 수단을 맞추는 데 집중했다. 애덤스는 존 F. 케네디(John F. Kennedy), 로널드 레이건(Ronald Reagan), 혹은 조지 W. 부시(George W. Bush)처럼 자유에 관해 열정적으로 말할 수 있었다. 그러나 1820년대에는, 자신의 경험에 의거, 애덤스는 라틴 아메리카인들이-혹은, 그 점에 대해서는 유럽인들이-공화정 민주주의를 건설하고 보존하는 어려운 일을 지탱해 나갈 정치적인 문화, 의지할 사고력, 기관들을 가지고 있는지에 대해 의심하였다. 시간이 지나면서, 애덤스는 옳았기도-그리고 틀리기도 하였다.

애덤스의 미국적 현실주의(American Realism)가 미국 외교에 전해준 귀중한 탁월함은 자치(self-government)에 대한 모든 사람들의 *권리*(right)는 한 사회가 스스로 민주적으로 통치하는 *능력*(capacity)과는 같지 않다는 점이다. 애덤스는 자유(freedom)는 대등한 사람들끼리 상호 약속에 근거를 두어야 하고 외부 세력에 의해 승인되거나 증여될 수 없다고 나중에 설명했다. 벤 프랭클린(Ben Franklin)은, 좀 더 쉬운 말로 그 도전을 다음과 같이 설명했다. 필라델피아에서 헌법제정회의(Constitutional Convention)가 만든 정부는 무슨 형태인가라고 질문을 한다면, 미국의 최초 외교관은 "하나의 공화국, 만약 귀하가 그것을 유지할 수 있다면"이라고 대답했을 것이다.[62]

외국 영토에서 민주주의를 촉진하려고 노력한 후세대 미국인들은 애덤스의 경고가 의미를 가지고 있음을 알게 되었다. 그럼에도 불구하고, 애덤스는 공화주의와 자유가 건강하고, 번영하는, 그리고 자유로운 사회를 만드는 초석들임을 믿었다. 그의 권력 추구는 자신의 원칙들에 봉사했다. 실제로, 대통령직에서 퇴임한 후에, 애덤스는 미국의 노예제도는 공화정 정부를 타락시켰다고 인정했고, 그는 노예제도를 제거하기 위해 유니언(Union)을 위험에 처하게 할 의사도 있었다고 말했다.

헨리 클레이(Henry Clay)는 애덤스의 지정학적 공화주의를 한 걸음 더 내어갔다. 클레이는 공화주의 반구(a republican hemisphere)를 마음속에 그렸다. 아메리카대륙 전체 북과 남을 통해 공화국들이 국내적으로나 *그리고* 국제적으로 통치의 새로운 모형을 만들어 낼 것이라고 생각했다. 그는 애덤스의 방어적인 선언들을 하나의 정책으로 밀고 나가기를 원했다.

애덤스와 클레이 둘 다 극심한 실망감에 시달렸다. 그러나 그들의 아이디어는 수년에 걸쳐서 메아리쳤다. 그들의 대륙적 국가주의는 승리했다. 미국의 경제력, 무역, 국가의 세력은 상상을 넘어서는 비율로 확장되었다. 공화주의는 세계 도처에서 성공했다, 비록 지속적인 후퇴와 위협에 직면했지만. 최우선 과제는, 그러나, 애덤스와 클레이 둘 다 인식한, 공화정 유니언(union)의 생존이었다. 1861년에는 그 유니언은 한계점에 도달했다.[63]

제4장

◆

에이브러햄 링컨과 윌리엄 수어드

Abraham Lincoln and William Seward

실용적 연방주의자들(*Pragmatic Unionists*)

"한 번에 하나의 전쟁"("One War at a Time")

에이브러햄 링컨(Abraham Lincoln)이 대통령에 취임한 지 한 달이 못 지난 1861년 4월 1일, 국무장관 윌리엄 수어드(William Seward)는 "외국전쟁 만병통치약(foreign war panacea)"으로 알려진 것을 제안하는 "구상(Thoughts)"서를 링컨에게 보냈다. 국무장관은 한 달이 지나가는 데 이 정부는 국내나 외교 정책이 없다고 성급하게 언급하면서 자신의 구상을 열었다. 6개 주가 분리 독립했지만, 찰스턴 하버(Charleston Harbor)에서의 섬터 요새(Fort Sumter)는 유니언(Union)에 남아 있었다. 수어드는 산토 도밍고(Santo Domingo)가, 아이티국(Haiti, 1821년에 독립을 선언한)과 절반을 나눈 동쪽 절반, 경제적으로 고생하고 있고 민심이 동요되고 있었음을 알고 있었다. 도미니카(Dominica) 대통령의 요청으로, 스페인은 이전 식민지를 점령하려고 군대를 파견했다. 수어드는 이 원정을 이용해 노예제도에 대한 국민 논쟁을 유니언의 대의명분으로 전환하기를 원했다. 그는 스페인과 프랑스(아마도 아이티 때문에)에게 스스로 설명하라고 요청했고, 그리하지 않으면 전쟁을 당할 것이라고 통보했다. 수어드는 덤으로 영국과 러시아에게도 불특정한 요구를 던졌다. 사우스 케롤라이나(South Carolina)에서 대결(showdown)을 피하기 위해, 그는 링컨에게 섬터 요새를 포기하라고 자문했다. 국무장관의 실제 목표는 링컨의 주의를 잡아서 국가 분리 위기 동안 하나의 분명한 정책 방향을 설정하는 데에 있었다.

질병에 시달리는 링컨은 정중하지만 퉁명스러운 답장을 같은 날 작성했다. 대통령은 다른 하나의 싸움을 택하라는 수어드의 제안을 무시했고 행정부를 장악하려는 수어드의 움직임을 분명하게 거절했다. 만약 하나의 정책이 지시되어야 한다면, 링컨은 "내가 그것을 해야 한다(I must do it)"고 결론을 지었다.

수어드의 특이한 제안은 당시 국가 존립의 위기에 대한 강도 높은 불안한 심리 상태를 반영했다. 1861년 4월에는, 링컨의 지도력은 아직 알려지지 않았고, 링컨은 아직 국가 경영 역량을 보여주지 않았다. 수어드는 분리에 대한 하나의 해결책을 잡고 있었고 이를 자신의 출세를 위해 압박해 나가고 있었다. 링컨은 기꺼이 그 사건을 뒤로 두는 위대한 자기 통제력을 보였다. 링컨의 정책적 판단 또한 아주 탁월했다.[1]

머지않아, 이전 식민지를 병합하려는 스페인 원정대의 침공은 도미니카의 반란을 초래했다. 수어드는 링컨에게 미국이 도미니카인들을 지원해야 하는지를 문의했다. 그러한 지원은 현 행정부는, 유럽인들이 남부연합(Confederacy)를 지원하는 것을 방지하기를 원하는 이 시점에, 스페인과의 긴장을 악화시킬 것이었다. 한편으로는 도미니카인들을 돕지 않는 것은 이(아메리카) 반구에서 유럽제국들의 재등장을 용인하는 것으로 보일 수 있었다.

링컨은 수어드에게 두 개의 길-"지옥으로 직행하는 길(straight to hell)"과 "빌어먹을 권리(right to damnation)"로 가는 길-에 맞닥뜨린 한 성도에게 경고한 목사의 설교로 답을 해 주었다. 그 불쌍한 사람은 그 경우에는 "나는 숲으로 들어 가겠다"고 말했다. 링컨은 이 시기는 "새로운 난제나 책임을 가정할' 때가 아니라고 대답했다. 그러므로 우리는 "숲으로 들어가서… 하나의 정직하고 엄격한 중립"을 유지하자"[2]라고 말했다.

내전(Civil War) 도서관의 서가들은 전장, 장군들, 더 최근에는 사회적 결과들에 관한 책들로 가라앉아 있다. 그러나 미국의 운명-에이브러햄 링컨과 윌리엄 수어드가 반란을 일으킨 남부 연합(Confederacy)을 구제했을지도 모르는 외세의 개입을 무산시킨 방법[3]-을 결정한 이야기에 관한 저서들은 아주 적다.

4년간에 걸쳐서, 링컨의 실용적인 외교 정책 원칙은 "한 번에 하나의 전쟁"이었다. 이 원칙의 적용은 위협과 자제의 뛰어난 조합을 요구했다.[4]

1861년의 세상(The World in 1861)

1861년 4월, 내전의 대포가 최초로 터졌을 때, 국제질서는 유동적이었다. 유럽의 후기-네폴레옹 연주회(Napoleonic Concert)와 신성동맹(Holly Alliance)은 확실히 무너져 내리고 있었다. 1848년 자유 혁명과 국가적 염원들의 부흥은 군주제의 안정성을 흔들었다. 당시는 영국과 프랑스는 제국 러시아와 크리미아(Crimea)에서 승리를 가늠하기 어려운 피투성이의 전쟁을 막 벌인 때였다. 1859년에 프랑스의 나폴레옹 3세(Napoleon III)는 이탈리아(Italy)의 해방을 위해 오스트리아(Austria)와 전쟁을 벌였으나 모든 당사자들은 실망하여 떠났다. 상호 의심이 영국과 프랑스의 어색한 동맹에 유행병처럼 스며들었다. 이제 국가적 통일을 향한 프러시아(Prussia)의 움직임은 "독일 문제(German Question)"를 새롭고 강력한 형태로 다시 등장시켰다.

유럽 세력 균형의 변동은-그리고 국경선까지도-힘과 진보의 원천에 관한 아이디어들을 불안정하게 했다. 유럽은 전통적인 세력의 성분들-영토, 자원, 국민(people)-간에 새로운 경쟁을 목격했다. 새로운 전략가들은 자본, 은행체제, 시장, 그리고 기술을 잠재적인 세력의 성분으로 인식하고 있었고 이는 거의 백 년 전 해밀턴의 관찰과 궤를 같이하는 것이었다. 과학의 선구자들은 하나의 자연적 평형과 균형보다는 역동의 시대(age of dynamism)에 대한 기대를 높였다. 찰스 다윈(Charles Darwin)의 업적은-허버트 스펜서(Herbert Spencer)가 사회에 적용한-국가 경쟁에 대한 관점을 변형시켰다. 철도와 증기선은 수송 혁명을 가져왔고 시간과 공간에 대한 개념을 바꾸었다. 이 시기는 문해 인구(文解, literate population) 증가, 출판물의 폭발적 성장, 멀리 도달하는 전보와 해저 케이블의 등장으로 또 하나의 새로운 정보의 시대이기도 했다.

그 분출은 세계 곳곳에서 일어났다. 영국은 인도에서 일어난 1857년 "반란(Mutiny)"으로 충격에 빠졌다. 1850년대 태평천국의 반란(Taiping Rebellion)은 만주인 청조(Qing dynasty)의 중국을 거의 압도했고 4천만 명이 죽었다. 매튜 페리 준장(Commodore Matthew Perry)이 1850년 일본을 "열어" 놓은 후에, 도쿠가와(Tokugawa) 막부체제는 무너져 내리고, 일본 개화파들에 의한 놀라운 개혁들이 일어나는 무대가 마련되었고, 최초의 아세아 세력 시대의 등장을 가능하게 했다.[5)]

1861년경에 "아메리카를 잡으려고 서로 다투기"는 완전히 종료되지 않았으나, 그 결과의 방향은 분명히 드러나고 있었다. 구시렁거리는 유럽인들은 미국에게 결정권을 미룰 수밖에 없었다. 서반구에서 미국의 가장 강력한 경쟁자인 영국의 수상 팔머르스톤 경(Lord Palmerston)은 "이 양키들은… 현장에 나타나고, 강하고, 사안을 쉽게 이해하고, 완전히 염치없고, 부정직하고, 어떤 방법이든지 간에 자신들의 목표를 달성하는 데 결연하다"고 인정했다. 더구나, 미국과 영국의 경제적 연대는 경제적 상호의존성이 국제관계에서 하나의 힘이 되고 있다는 점을 강조해 주었다. 섬유산업은 영국 경제의 주엔진 중의 하나였다. 면화 교역은 연간 약 6억 달러에 해당하고 5백만 개 일자리를 마련해 주었다. 미국은 영국의 면화 수요의 75~80퍼센트를 공급했고 1860년 풍작에는 85퍼센트를 공급했다. 1846년 곡물법률

(Corn Laws)을 폐지한 후에, 미국의 밀, 가루, 옥수수는 영국의 수요의 25%를 차지했고 1861년에는 41%로 올라갔다. 대신에 영국은 미국에 운하, 철도, 기업들에 엄청난 규모의 투자를 해 4억 달러어치의 미국 증권(U.S. securities)을 보유했다.(비교 목적으로 보면, 1860년대의 미국연방정부 총지출액은 6,310만 달러였다.)

그러나 북아메리카 대륙에서는 여전히 미국과 유럽 관계를 파탄에 빠뜨릴 불씨가 될 분쟁지대들이 존재했었다. 카리브해 제도들은 특히 경쟁자들을 불러들이기 쉬웠다. 멕시코 정부는 1846~48년 미국과의 전쟁에서 그 영토의 1/3을 잃은 후에도 안정되지 않고 있었다. 스페인은 여전히 쿠바(Cuba)와 푸에르토리코(Puerto Rico)를 잡고 있었으나 이 섬들은 국지적 알력과 외세들이 낚아챌 위험에 취약하였다.

남부인들의 기대(Southern Expectations)

남부 분리주의자들은 "조속한 인정이나 법률적 중재"에 나설 것으로 기대했다.[7] 남부연합(Confederates)은 유럽인들이 북아메리카를 약화시키고, 양키의 통상 경쟁력을 혼란에 빠뜨리고, 유럽과 유사한 국가들 간에 경쟁하는 북아메리카 체제를 만드는 것을 환영할 것으로 믿었다. 남부연합은 "킹 코튼[King Cotton"(역자주: 내전 전에 분리주의자들이 분리의 타당성을 주장한 이론-면화 수출이 분리주들을 경제적으로 번영하게 해 주고 New England의 섬유산업에 타격을 주고 남부 주들의 면화를 공급받는 영국과 프랑스는 어쩔 수 없이 자신들을 군사적으로 지지할 것이라고 만든 슬로건)]에 대한 유럽의 의존성을 이용하여, 유니언(Union)의 봉쇄령이 발효되기 전에, 유럽국가들의 인정을 받기 위해, 남부 지도자들은 잠정적으로 1861년에 면화수출금지를 인준했다. 반역자들은 유럽의 귀족들(aristocrats)이 북부의 자본주의와 급격한 민주주의에 저항하는 남부의 핍박을 당하는 기사들(underdog cavaliers)에 이끌릴 것이라고 또한 믿었다. 남부인들이 전쟁 전에 강렬하게 전개했던 노예제도에 대한 이념적 방어는 적대적인 유럽인들의 자세에 대해 눈을 감도록 만들었다.[8] 영국인들은 1852년에 출간된 해리엇 비처 스토(Harriet Beecher Stowe)의 가슴 아픈 소설 엉클 톰의 캐빈(Uncle Tom's Cabin)을 1백만 부나 구입했다. 한편 미국에서는 3십만 부가 팔렸다. 이 책은 영국에서 반-노예제도 클럽들을 부활시킨 원동력이 되었다. 팔머르스톤(Palmersto) 수상은 지난 30년 간 한 권의 소설도 읽지 않았다고 주장했으나 스토우 부인의 소설은 3번이나 읽었다고 말했다.[9]

국무장관 수어드(Secretary of State Seward)

도리스 커언즈 굿윈(Doris Kearns Goodwin)이 *경쟁자들의 팀(Team of Rivals)*을 출판하기 전에는, 링컨은 국무장관 수어드를 포함한 민간 동료들을 압도했다고 알려져 있다.[10] 북부 뉴욕인 수어드는 국무장관이 되었을 때 채 60이 되지 않았다. 수어드를 초기에 만나본 런던의 *타임즈(Times)*지의 윌리엄 러셀(William Russell)은 신임 장관이 "작고 여윈 중키의 남자이고, 허약한 체격으로, 구부정하고. 주로 앉아있는 습관에서 생긴 듯. 잘 생긴 큰 머리가… 따지기 좋아하는 듯 가슴 위로 쑥 나와 있고… 예리한 눈들은 적대적인 사람을 찾고 있고… 눈동자는 비밀스러우나 파고드는 그리고 유머로 살아 있었다'라고 묘사했다. 수어드의 눈은 가장 현저한 부분이었음에 틀림이 없다. 크게 선 콧날 위로 내려다보고, 회색 털이 많은 눈썹은 긴장한 새가 떠들든가 혹은 공격할 것 같은 모양새를 만들어 냈을 것이다.[11]

수어드는 "지각이 없고, 충동적이고, 신경질적일" 수 있었고 외교관의 중대한 자질 기준에 합당하지는 않았다.[12] 그러나 그는 또한 "기민한고, 부지런하고, 우회하고, [집요하였]"고 따뜻하고 매력이 있어 모두가 만점에 가까웠다. 분명히, 결코 둔하지 않았다. 링컨은 수어드의 일부 고압적인 기질들을 조정해 주었음에 틀림이 없다. 그리고 그 둘은 강한 파트너십을 형성했고 우정을 나누기까지 했다. 그들은 둘 다 유머와 우화를 즐겼다. 그들은 인류의 빈틈없는 재판관들이었다. 19세기 중반 미국의 소란스러운 민주 정치에서 살아남았고 또 번영했고, 주류 민주당의 영역 바깥에서 선거 사다리를 올라가면서, 그들은 새로운 연립정부를 건설하면서 문서를 작성하고, 말하고, 정교하게 움직이는 법을 배웠다. 둘 다 국 내외적으로 더 열린 민주적 시대의 새로운 대중 외교에 대한 감을 잡고 있었다. 비록 그들의 유머 애호는 아마도 고루한 유럽 상대자들을 혼란에 빠뜨렸을 것이지만 수어드는 하나의 새로운 국무부의 관행으로, 오늘날에도 지속되는, 매년 외교 파견 개요를 출판했다. 가장 중요하게는, 수어드는 자신을 이긴 대통령을 점차 존경하게 되었고, 그들은 통찰력, 참사, 상호 충성, 그리고 유니언(Union)에 대한 굴복하지 않는 헌신을 공유했다.

수어드의 지력은 정치적 생애의 법석을 훨씬 넘어서 확장되어 있었다. 그는 현재적 상황 발달에 역사를 접목하려고 노력했다. 그는 유럽과 중동을 1833년과 1859년에 장기간 여행하고 돌아왔다. 수어드는 상업, 세계정세, 기술 경향을 평가해 향후 수십 년에 걸친 하나의 지리적 전망을 예측했다. 수어드는 대통령직에서 은퇴한 존 퀸시 애덤스(John Quincy Adams)를 후에 방문해 그의 대한 뛰어난 전기를 저술했다. 일부 학자들은 수어드를 애덤스의 '논리적 후계자'라고 여기기도 하였다.[13] 애덤스와 수어드는 만약 유니언(the Union)이 보존될 수 있다면, 미국의 에너지, 역동성, 기업가 정신은 유럽의 구질서를 능가하는 하나의 새로운 체제를 만들어 낼 것이라고 믿었다. 그러나 우선 미국은 살아남아야 했다.

수어드의 제안들(Seward;s Propositions)

수어드는 떠나는 제임스 뷰캐넌(James Buchanan) 행정부가 분리를 격렬하게 반대하지 못한 것을 염려했다. 일부 링컨 동조자들은 미국 대사들이 외국에서 분리는 이미 완성된 사실이라고 말하고 다닌다고 경고했다. 이러한 표류를 막기 위해, 수어드는 신임 주영국 및 주프랑스 공사들에게 대담하고 분명한 제안을 발령했다. 첫째, 그 다툼은 단연코 두 주들 간의 경쟁이 아니고, 하나의 내부 반란으로 미국 정부를 주저앉힐 수 있다. 둘째, 정부는 노예제도를 제거하기 위해 하나의 도덕적 전투를 벌이고 있지 않다. 셋째, 가장 중요하게, 미국(United States)은 반역자들을 인정하려는 어떠한 움직임도 비우호적인 조치로 간주할 것이다.[14)]

내전(Civil War) 내내, 런던, 파리, 그리고 다른 유럽 각 수도들은 북부가 남부에 대한 통치력을 재확보하기 어려울 것으로 보고 있었다. 유럽인들은 워싱턴이 현실을 마주할 수밖에 없을 것이고 이는 다만 시간문제일 것으로 믿었다. 영국은 콘월리스 경(Lord Cornwallis)이 미국(독립)혁명기에 남부 전역을 진격해 들어갔으나 그 광대한 공간을 제어하는 데 실패한 사실을 상기했다. 북부가 9백만 남부인들의 항복을 받아낼 수 있다고는 상상할 수조차 없었다. 남의 불행에 대해 갖는 쾌감(schadenfreude)으로 우쭐대면서 런던의 *타임즈(Times)*지는 북부에게 "우리가 80년 전에 했던 바와 같이 그 상황을 수용하라"고 권고했다. 유럽인들은 현대적이고 복수의 장소에서 전장을 운영하는 북부(North)의 물질 역량의 급속한 성장을 또한 거의 이해하지 못했다. 따라서 수어드는 얼마나 오래 걸리든 그 비용이 얼마나 들든 북부(정부)와 그리고 그 국민은 불굴의 정신으로 반란을 제압할 것이라는 말을 반복적으로 주장해야 했다. 미국이 위기에 처한 현재에 미국(United States)에 도전하는 어떤 국가든지 엄청난 대가를 치르게 될 것이라고 계속 경고했다. 수

어드는 벼랑 끝 전술(brinkmanship)을 사용했으나 도발 선을 넘어서지 않도록 주의했다.[15)]

봉쇄와 교전(Blockade and Belligerency)

링컨과 수어드는 남부군이 섬터 요새를 4월 12일에 폭격한 후 최초의 국제적인 조치를 발표하는 훌륭한 균형을 취했다. 나이 들어가는 윈필드 스콧(Winfield Scott) 장군은 반란 남부군의 목을 졸라 항복을 받는 "아나콘다 작전(Anaconda Plan)"을 건의했다. 그 전략은 미국 해군이 남부군의 공급선을 막아버리는 걸 요구했다. 그러나 해군은 겨우 42척의 선박을 보유했고 해군 장관 기드온 웰즈(Gideon Welles)는 겨우 12척의 함정이 3천 마일의 대서양과 걸프(Gulf) 해안을 따라 작전에 투입할 수 있다고 링컨에게 보고했다.

하나의 방안은, 웰스(Welles)에 의해 선호된, 국내법에 의거 남부 항구들을 봉쇄하는 명령을 내리는 것이었다. 그러면 미국해군(U. S.Navy)은 영해를 순찰하면서 남부 항구에 접근하는 선박들을 가로막아-반군이든 중립이든- 관세를 걷거나 벌금을 부과할 것이었다.

워싱턴 주재 영국 공사인 리처드 리옹 경(Lord Richard Lyons)은 다른 방안을 제시했다. 리옹은 영국 선박의 나포는 런던이 무력으로 항구를 열도록 엄청난 압력을 가하게 될 것이라고 경고했다. 대안으로, 국제법은 교전국들 사이에서 봉쇄는 하나의 합법적인 조치로 인정한다. 봉쇄의 규칙들은 일반적으로 알려져 있고 특히 해상세력에 의존하고 스스로 봉쇄를 해본 영국인들은 잘 알고 있다. 중립국들은 면화 같은 비교역금지품목의 교역을 지속할 수 있다. 실제로, 봉쇄는 전쟁물자 공급과 남부의 해상수송을 막을 수 있고, 제한적이기는 하지만 무역을 중지시키지는 않는다. 국제법은 미약하게 강제된 "종이 봉쇄"에 대해 눈살을 찌푸리나, 영국해군(British Admiralty)은,

미국인들이 나폴레옹 전쟁 동안에 불행하게 배웠던, 봉쇄의 유용성을 보강하는 데 관심이 있었다.

4월 15일에 링컨은 각료들에게 "우리는 두 개의 전쟁을 한 번에 우리 손으로 감당할 수 없다"고 설명했다. 4월 16일에, 대통령은 수어드가 간청한 대로 봉쇄령을 선포했다. 링컨은 그의 집행권(executive powers)을 이용해 1865년까지 세계 최대 규모의 해군을 건설했다.16)

남부 항구들의 입구를 부분적으로 봉쇄함으로써, 링컨은 남부연합(Confederacy)에 국제적인 지위를 인정하는 문을 열어주게 되었다. 비록 북부는 반군들이 반란사태를 일으켰다고 확고하게 보고 있었고, 국가를 만든 것은 아니고, 전쟁에 관한 국제법 하의 봉쇄는 교전국들 사이에 해당하는 조치였다.

5월 13일에, 런던은 그 문을 빙 돌려 열었다. 빅토리아 여왕은 아메리카에서 전쟁 상태 발생을 인정하고 남부연합국에 교전국이라는 지위를 부여하는 중립 선언문을 발행했다. 영국 도착 즉시 그 직을 개시한 영국 주재 신임 미국 공사 찰스 프랜시스 애덤스(Charles Francis Adams)는-존 퀸시 애덤스의 아들-그 소식을 리버풀에서 런던으로 가는 기차 안에서 읽었다. 오래지 않아, 프랑스, 스페인, 네덜란드, 브라질이 영국의 뒤를 이었다.

영국은 남부연합의 독립을 인정하지 않았다. 실제로 런던은 북-남 다툼에서 적어도 현장에서 상황이 분명해질 때까지는 편을 들기를 피하려 했다. 영국인들은 어느 편에도 육군이나 해군에 가입하지 말고, 무기나 장비를 대지 말고, 합법적인 봉쇄를 위반하지 말고, 또 군사용품이나 다른 밀수품을 운반하지 말도록 하는 명령을 받았다. 위반자들은 영국의 보호를 받을 수 없을 것이다. 다른 한편으로, 남부연합 선박들은 비군수물자를 받을 수 있고 영국 항구를 사용할 수 있었다. 남부는 돈을 모을 수 있었고 무기를 구입할 수 있었다. 그에 못지않게, 그 선포는 남부연합(Confederacy)이 전장에서 위세를 떨치기만 하면 독립 인정의 조짐이 보인다는 희망을 반란군에게 심어주었다.

"망할 놈들, 내가 그들에게 지옥을 주겠다"라고 수어드는 그 소식을 듣고 소리쳤다. 북부의 분함은 수년 간 부글부글 끓었다. 비록 런던은 그 선언에 대해 조리 정연하게 이유를 설명할 수 있었으나 그 조치는 가파르게 보였다. 주요 전투는 아직 붙지 않았다. 상황이 더 꼬이게 영국 외무 장관 존 러셀(John Russell) 경은 비공식적으로 3명의 반군 사절을 방금 만났다. 영국은 신임 미국 공사에게서 듣기 위해 기다리지도 않았다. 긴장을 풀기 위해, 러셀은 애덤스에게 그의 신용장을 신속히 제출하도록 배열하고 그를 5월 18일에 만났다. 외무장관은 여왕 폐하의 정부는 남부연합을 인정할 계획을 현재 가지고 있지 않다고 설명했으나, 장래에 대해서는 장담을 할 수 없다고 말했다.[17)]

러셀 경이 남부연합대표단을 만날 계획을 하고 있다는 것을 알고 난 후에, 수어드는 애덤스가 외무장관 러셀 경에게 전달할 날카로운 전문 초안을 작성하기 시작했다. 수어드의 분노에 추가적으로 불을 지핀 일이 생겼다. 영국 의회 의원 한 명이 남부연합을 인정하는 공식적인 동의안을 제출했다. 수어드는 영국 정책의 방향에 관해 씩씩거렸다. 따라서, 그의 서신은 분리주의자들의 독립을 영국이 인정하면 전쟁밖에 없음을 주지시켰다. 링컨은 그 메시지를 조금 부드럽게 만들었다. 그는 영국을 "적국(enemies)"으로 지칭하는 대신에 영국의 조치는 "부당한(wrongful)" 것이 아니고 "해로운(hurtful)" 것이라고 고쳤다. 그리고 미국(United States)이 영국의 조치들을 참아내지 않을 것이라고 선언하는 대신에 런던의 조치들은 "의심받지 않고 통과되지 않을 것"이라고 고쳤다. 중요하게도, 링컨은 전문이 애덤스가 러셀과의 대면 회담에서 사용할 지침용이니 그 전문을 러셀에게 제출하지 말도록 지시했다.

링컨은 외교적 자제력을 행사했다. 그는 런던의 조치에 대해 엄청난 불만을 전달하기를 원했고, 동시에 런던이 자신의 행동이 수반하는 엄중한 결과의 위험을 계산해 보기를 권장했다. 대통령은 그 메시지를 진행 중인 과정의 한 부분으로 보고, 교섭에 여지를 남기는 방향으로 지시하기를 원했다. 한 세기 이후에 대통령 케네디는 쿠바의 핵미사일 위기 때 이와 유사한 자제력을 사용했다.

수어드는 5월 21일에 개정된 전문을 보냈다. (그러나 원본은 그의 분노를 비난할 모든 가능성에 대비하기 위해 서랍에 보관해 두었다.) 애덤스는 미국이 "유럽의 모든 세력에 대해 전쟁을 선포할 준비가 거의 다 되었다"는 신호로 받아들이게 되는 표현에 놀라서 더 부드러운 어조로 구성했다. 애덤스는 6월 12일 러셀을 만났을 때에는 더 부드러운 어조로 전달했고, 러셀은 그럼에도 불구하고 그 메시지의 참뜻을, 남부연합 사절들을 추가적으로 접촉하는 행위는 엄중한 위험을 초래할 것이라는 점을 이해했다. 그는 남부 사절단과 비공식 면담을 그 다음 해가 될 때까지 하지 않았다.

수어드는 방망이(sticks)와 함께 워싱턴에서는 작동하는 자금 살포 당근(carrots)을, 또한 제시했다. 그는 외국과의 전쟁을 피하기를 원한다고 기록했다. 그럼에도 불구하고, 수어드의 호전성과 평판은 한 발 잘못 디디면 낭떠러지로 떨어지게 될 수 있고, 그 결과는 예측 불가능하지만 분명한 것은 완전히 파괴되는 결과를 면하지 못한다는 인상을 런던과 파리에 심어주기에 의심할 나위 없이 충분했다. 수어드는 유럽국가들을 대상으로 남부연합에 대해 국가 자격의 승인 여부 동향을 조사하였다.[18]

미국은 사활을 걸고 움직이고 있었다. 이보다 관심이 적은 다른 국가들은 나름대로 계산할 필요가 있었다. 이제야, 유럽인들은 치우치지 않고 조심하게 되었다. (비록 만일의 사태에 대비하여, 런던은 캐나다 주둔군을 보강하기 시작은 했지만) 지상에서 유니언(Union)과 반란세력(rebel) 군대 간의 전투가 워싱턴이 사용해야 할 카드들을 결정하게 될 것이다.

트렌트호 사건(*The Trent* Affair)

1861년 11월 8일 오전 무렵, 무시무시한 포탄이 *트렌트호*(HMS Trent) 뱃머리를 가로질러서 발사되었다. *트렌트호*는 영국 우편선으로 쿠바 해안에서 250마일 떨어진 바하마 수로(Bahamas Channel)를 항해하고 있었다. *트렌트호*가 항로를 따라 계속 나아가자, 피벗 대포(pivot gun)에서 탄환이 더 가깝게 드러났다. 그 영국 선박은 천천히 멈추었다.

*트렌트호*는 미국 함정 *샌 자신토호(USS San Jacinto)*-찰스 윌크스 함장(Captain Charles Wilkes)이 지휘하는 스크루 추진 범선-에 의해 쫓기고 있었다. 남극 탐험가이기도 한 62세의 윌크스는 현역 복무의 끝에 와 있었다. 그의 상관들은 윌크스의 판단과 반항적인 경향을 의심하고 있었다. 실제로 윌크스는 *샌 자신토호*를 아프리카 해안에서 필라델피아로 이동하도록 지시를 받았다. 그러나 이 함장은 카리브해로 향했고 남부 봉쇄를 피한 밀수업자들을 포획해 자신의 긴 경력에 빛을 더하기를 희망했다. 쿠바에 체류할 때, 윌크스는 남부연합의 사절 제임스 메이슨(James Mason)과 존 슬라이델(John Slidell)이 유럽으로 가기 위해 *트렌트호*를 타고 스페인령 하바나(Spanish Havana)에서 덴마크령 센트 토마스(Danish St. Thomas)로 항해 중이라는 소식을 알게 되었다. 윌크스 함장은 쿠바와 얕은 그레이트 바하마 뱅크(Great Bahamas Bank) 사이의 유일한 대 수심 수로를 따라 올가미를 설치했다.

윌크스의 선임참모 페어팩스 중위(D.M. Fairfax)는 *트렌트호*를 나포하는 것은 국제법 위반이라고 경고했다. 그럼에도 불구하고, 윌크스 함장은 페어팩스에게 사절을 죄수로 체포하고 그 선박을 포획물로 잡는 승선팀을 지휘하라고 명령했다. 페어팩스는 그의 임무를 확실하게 그러나 정중하게 시행했다. 그는 메이슨과 슬라이델과 그의 두 비서들을 체포했으나, 윌크스를 설득해 *트렌트*호를 포획물로 취하지는 않았다. 그런 다음에 그 영국 배는 센트 토마스(St. Thomas)로 항해를 재개할 수 있었다.[19]

페어팩스 중위는 영국 선장이 허가를 거부하자 남부연합 사절단들을 찾기 위해 *트렌트*호의 수색을 강압적으로 시행하지 않았다.[20] 윌크스는 메이슨과 슬라이델 자체가 "파견의 구현(the embodiment of dispatches)"으로 일종의 금지품이라고 여겼다.

남부연합 사절단 체포에 관한 소식은 전보 선에 불을 붙였다. 북부 군대는 7개월에 걸쳐 후퇴를 해온 터라, 미국 전역의 신문들은 윌크스를 영웅으로 칭송했다. 영국에 대한 뒤집기는-공해상에서의 외국선박에 대한 조사, 포획, 징발은 1812년 전쟁(War of 1812)의 원인이 되었다-이 사건을 미화시켰다. 링컨과 그의 각료들은 굉장한 기쁨을 공유한 것으로 보이나, 대통령은 중립국 권리의 위반이란 점을 인식했다는 보고가 있었다. 그는 방문객에게 "그 반역자들은 무용지물(white elephants)이 되어 버렸다"라고 말했다. 의회가 2월에 속개되었을 때, 하원은 공격적인 함장을 칭송하는 안건을 통과시켰다. 그러나 시초부터, 신문과 논객들은 대담한 함장의 업적의 적절성을 토론하는 소위 국제법 전문가들로 가득 찬 거리와 호텔들을 관찰하고 있었다.[21]

링컨은 한때 여론이 "이 국가에서는 전부다"라고 말한 적이 있었다. 대통령은 여론을 확실히 읽을 수 있었으나, 그는 움직일 여지를 보존해 나갔다. 링컨은 영국과는 다투기를 원하지 않고, 캐나다로 진격해 가기를 원하지 않는다고 캐나다 주재 영국 관리에게 말했다. 그는 그 문제가 지나갈 것으로 예상했다. 미국은 런던이 무슨 말을 하는지 조용하게 지켜볼 심산이었다.

*트렌트*호 위기는 국제법 하에서 정당성과 부당성의 문제보다는 더 컸

다. 미국이 *트렌트호*를 가로챌 무렵에, 영국 사자(lion)는 포효할 최상의 여건이었다. 11월 초에, 런던은 미국 전함 한 척이 메이슨과 슬라이델을 체포할 수 있다는 루머로 덮여 있었다. 외무부는 급하게 법률 자문을 구했다. 수상 팔머르스톤(Palmerston)은 전문가들과 면담하였고, 11월 12일에 애덤스를 불러서 영국은 미국이 영국선박에서 사절들을 제거하면 그로 인해 크게 기분이 상할 것이라고 경고했다. 애덤스는 *트렌트호*에 남부연합의 사절의 탑승 소식을 듣지 못했다. 그러므로 애덤스 공사는 남부연합 선박들을 가로채라는 명령만을 알고 있다고 대답했다. 팔머르스톤이 당시 여왕에게 보낸 서한과 *타임즈지*에 보낸 노트에서 그는 적국 사절을 싣고 있는 선박은 적대국 항구에서 포획심판소(prize court)에 끌려갈 수 있다는 점을 인식하고 있었다. 그러나 애덤스에 대한 수상의 경고는 법률적 세부사항을 빠뜨렸다.

메이슨과 슬라이델의 체포 소식은 영국에 11월 25일에 도착했다. 영국 언론은 폭발했다. 런던 주재 한 미국인은 사람들은 '분노로 제정신이 아니고, 여론조사를 하면 1,000명 중 999명은 즉각적으로 전쟁을 선포하기를 원한다'라고 보고했다. 수어드가 1859년 영국 방문 기간에 행한 연설문을 포함해 호전적이라는 평판은 수어드 자신에게 유령으로 되돌아왔다. 그 분위기는 소문-전혀 거짓인-페어팩스 중위가 선박을 거칠게 공세적으로 수색했고, 슬라이델의 방어할 수 없는 딸에게 겁을 주었다-에 불을 더 붙였다.22)(정책입안자들은 사건들의 시초 전언들은 대게 정확하기 않다는 점을 명심해야 한다.)

팔머르스톤은 차가운 계산으로 유명하다. 그의 유명한 표현들 중의 하나는 "우리에게 영원한 동맹은 없고, 우리에게 영원한 적도 없다. 우리의 이익은 영원하고 항구적이다. 그리고 그 이익들이 우리가 충실하게 따라야 할 의무이다." 이 노인은 도덕적 임무를 추구할 수 있었다-예를 들면, 노예무역에 반대하는 운동-그 명분은 영국의 이익에 또한 부합하였다. 이성적인 이익 계산은 자신에게 영국은 미국인들의 다툼에 빨려 들어가지 않아야 한

다고 말해 주었다.[23]

그러나 77세 나이의 팔머르스톤은 자신의 성질에 잡혔다. 실용주의자 정치인까지도 자신의 편견에 말려들 수 있다. 팔머르스톤은 미국을 좋아하지 않았다. 그는 민주주의를 믿지 않았고 미국인들의 무례함을 싫어했다. 미국 내전(Civil War) 초기에 팔머르스톤은 건방진 이전 식민지가 "북아메리카의 분리된 국가들(Disunited States of North America)"로 해체되어가는 것을 보고 즐거웠다. 내전 초기에 미국의 새로운 공화당 의회가 관세를 올려 영국의 수출이 피해를 보게 되어 그는 기분이 좋지 않았다.[24]

팔머르스톤은 수어드가 전쟁을 갈망한다고 믿었다. 11월 12일, 팔머르스톤은 "미국 정책은 우리를 모욕하는 데 목적이 있다. 그리고 우리의 북아메리카의 프로빈스들(Provinces)이 무방비 상태라고 상상해 그들은 기꺼이 그리한다"라고 기록했다. 양키들이 영국인의 영예를 모독했고, 이것은 우연이 아니라고 팔머르스톤은 생각했다. 애덤스는 나중에 그 수상은 미국인들에 의하여 협박당하는 것으로 보이는 것을 참을 수가 없었다고 기록했다. 미국과의 잠재적 충돌의 긴장은 팔머르스톤이 자신의 정부에 대한 국민들의 지지를 모으는 역할도 했을 것이다. 팔머르스톤의 근육질 애국심은 미국인들에게 하나의 교훈을 주기로 그를 촉발시켰다. 그는 1만1천 명을 시작으로 더 많은 숫자의 군인들을 캐나다에 보냈다. 만약 필요하면, 영국 해군(Royal Navy)이 미국 비다를 깨끗하게 청소하고 남부연합의 항구들을 열 수 있었다. 대서양 양쪽의 강한 감정들이 중재자들의 입지를 좁혔다.[25]

영국내각은 11월 29일과 30일에 소집되었다. 법률전문관리들은 윌크스의 메이슨과 슬라이델을 영국 선박에서 제거한 행위는 불법이라고 결정하라고 내각에 조언했다. 팔머르스톤은 미국이 두 사람을 풀어주고 사과하기를 원했다. 러셀 경은 노트 2개를 작성해 내각이 검토하도록 요청했다. 하나는 팔머르스톤의 요구를 포함했고, 두 번째 것은 리옹(Lyons)에게 7일 안에 미국이 만족할 만하게 대응해 오지 않으면 외교 관계를 단절하라고 지시했다. 윌크스의 조치는 허가받지 않은 것이라는 미국 측 보고서는 팔머스톤의 대결 열정을 식히지 못했다. 수상은 화약과 초석[saltpeter(역자주: 질산(나트륨,칼륨))]-항상 도움을 주는 뒤 퐁(du Ponts)이 막대한 결핍을 채워 주고 있었다-의 북부정부에 대한 수출을 중지시켰다. 팔머스톤은 영국의 요구는 링컨에게 "천둥소리"(雷聲)로 다가갈 것이라고 예상했다.[26]

앨버트 공이 개입하다(Prince Albert Intervenes)

11월 30일 저녁에, 팔머스톤은 내각은 "엄청난 분노가 폭발했고 또 국제법 위반 사건이 저질러졌으므로, 폐하가 배상과 시정을 요구하도록 건의한다'는 노트와 함께 두 제안문을 여왕에게 보냈다. 그러자 죽어가는 한 남자가 개입했다. 앨버트 공(Prince Albert)으로 여왕의 배우자이고 장티푸스로 약해져서 두 주 내로 죽을 몸이나 냉기와 싸워가면서 수상에게 외교적 공간을 만들어 내라고 강력히 요청하는 왕명(royal note)의 초안을 잡았다. 앨버트는 윌크스는 명령을 받고 행동한 것이 아니거나 명령을 오해했기를 희망한다고 여왕은 자신의 정부가 표현하기를 원한다고 적었다. 영국은 미국이 자신의 고통을 더욱 깊게 만들 조치인 영국을 모독하기를 원했다고는 믿지 않는다는 점을 추가적으로 제시하도록 요청했다. 이에 따라, 미국인들은 당연히 영국이 추구하는 시정 조치를 해올 것이라고 앨버트 공은 시사했다. 앨버트는 그 요구를 바꾸지 않았다. 그는 거만한 명령 대신에 체면을 살리는 해석을 통해 영국이 자국의 목표를 달성하는 길을 다만 순탄하게 해주었다. 팔머스톤은 동의했다. 그 전문은 배편으로 12월 1일 저녁에 출발했다. 가련한 앨버트는 그가 제3차 영미 전쟁을 피하게 도왔다는 사실을 알기도 전에 영면했다. 러셀 경은 사적인 노트로 세 번째 메시지에서 리옹(Lyons)이 7일 기한 원칙을 적용하기 전에 미국인들에 비공식적인 제안을 하도록 제시했다.

영국정부는 이 사건에 대한 미국의 반응에 관한 뉴스를 보지도 않고 행동했다. 영국은 기세등등한 미국 여론이 모든 행정적 양보를 방해할 것으로 인해 더욱 실망했다. 리옹은 용서할 수 없게도 수어드가 *트렌트호* 나포를 명령했다고 전해들은 거짓 정보를 전달했다. 수어드의 친구이고 정치적인 파트너인 설로 위드(Thurlow Weed)는 런던에서 수어드 장관에게 식민지 장관인 뉴캐슬 공작(Duke of Newcastle)이 1860년에 [웨일즈 공(Prince of Wales)과 함께] 캐나다와 미국을 방문할 당시에 수어드 이야기를 공유했다고 적시한 서신을 보냈다. 수어드는 미국은 영국과 싸운다고 말했다고 (근거 없이) 알려졌다.[27] 영국인들은 수어드는 전쟁을 준비하고 있었다고 결론을 내렸다. 캐나다 주둔 군대는 미군의 침공을 봉쇄하기 위해 포틀랜드(Portland)와 메인(Main)을 점거할 계획을 세웠다. 해군은 북동 미국 도시들의 봉쇄를 준비했다.[28]

경제적 불안(Economic Anxieties)

범대서양 경제도 한 표를 가지고 있었다. 미국 증권들의 가치가 크게 추락했고, 투기꾼들은 금과 화약을 사러 몰려들었다. 영국의 주식 거래는 급격히 줄어들었다, 해외 기관들은 양곡 상인들에게 전쟁 중에 나포될 수 있으니 미국 선박에 싣지 말도록 경고했다. 재무장관 새먼 체이스(Salmon Chase)는 외국 차관을 확보하는 데 고생해 왔으나 이제는 10센트 동전 하나도 빌릴 수 없게 되었다. 불확실성은 미국인들이 금과 은을 비축하도록 유도해 정금(正金, specie)으로 부채를 갚아 나가는 국고의 능력을 긴장시켰다. 바링스(Barings)와 로스차일드(Rothchilds)의 뉴욕 사무소들은 문을 닫았다. 그 다음 해에, 부분적으로는 재무부의 충격적인 경험 때문에, 링컨과 체이스는 하나의 새로운 국가 지폐 발행 허가를 의회에 요청했다. 그 새로운 연방 "지폐(greenbacks)"는 유니언(Union)이 청구서를 갚아 나갈 수 있도록 보장할 것이다. 해밀턴이 수년 전에 갈파했듯이, 전쟁을 치르는 것은 돈과 신용을 요구한다.[29]

12월 13일에 *뉴욕 타임즈(New York Times)*지는 영국의 분노 정황에 관한 기사를 게재했고, 그 다음 날 런던의 한 신문이 그 위험을 강조하는 기사를 실었다. 12월 15일에, 서신을 통해서 수어드는 영국의 요구를 알게 되었던 것으로 보인다. 그리고 그는 링컨에게 알렸다.[30]

수어드의 창의적 법 실무(Seward's Creative Lawyering)

리옹 공사는 러셀 경으로부터 서신을 12월 18일에 받고 그 다음 날 죄수들의 즉각적인 석방과 적절한 사과를 요구하는 교섭을 하러 수어드를 방문했다. 리옹은 아슬아슬한 줄타기를 해야 했다. 그는 확고부동함과 런던의 분노를 전달하되 워싱턴을 항복하기 더 어렵게 만들 수 있는 호전성을 보이지 않아야 했다. 어느 오산도 전쟁을 촉발할 수 있었다. 수어드는 답변 기일을 정했는지를 물었다. 그는 비밀유지 조건으로 공식적인 접수 후 7일이라고 답했다. 수어드는 그 전문의 비공식 사본을 요구했고 리옹은 그리했다. 수어드는 리옹에게 이제는 영면한 앨버트 공의 제안을 반영한 정중한 어조를 높이 평가한다고 말했다. 리옹은 수일이 지난 12월 23일에 수어드에게 공식적으로 그 전문을 전달했고 만약 죄수들이 풀려나지 않으면 관계를 단절할 것이라고 설명했다.

링컨은 "국가 위신을 잃지 않고 이 고생에서 용케 빠져나올 방안"을 고민하느라 며칠 잠을 자지 못했다. 미국에 우호적인 진보적 영국의 하원의원 존 브라이트(John Bright)는 외교위원회(Foreign Relations Committee)의 의장이고 수어드의 경쟁자인 상원의원 윌리엄 섬너(William Sumner)에게 국제 중재 재판(international arbitration)을 제시하는 서신을 보냈다. 그러나 이 선의의 아이디어는 위험을 생성시켰다. 중재 재판은 대개 국경선 분쟁이나 금전적 주장을 다투는 수단이지 국가 명예를 포함하는 다툼을 해결하는 수단은 아니었다. 영국 정부는, 소송을 일삼는 미국인들에 참을 수 없어, 즉각적인 하나의 분명한 대답을 원했다.31)

수어드는, 런던에서의 그의 평판과는 달리, 미국은 매이슨과 슬라이델을 석방해야 한다는 점을 인정하고 있었다. 그의 친구 설로 위드(Thurlow Weed)는 그 반역자들을 넘겨주지 않는다는 조치는 "전쟁을 의미"한다고 런던에서 서신을 보냈다. 32)

크리스마스 날 각료회의에서 수어드는 동료들 앞에서 답신 초안을 읽어 내려갔다. 링컨이 초대한 섬너 상원의원은 런던에게 전쟁의 타당성을 주지 말고 "귀하의 국가를 깨트리지" 말도록 간청하는 미국에 우호적인 영국인 존 브라이트(John Bright)와 리처드 콥덴(Richard Cobden)의 서신을 읽었다. 열띤 논쟁이 진행되는 4시간 동안에, 프랑스 공사관은 나머지 유럽 각국도 영국의 입장을 지지하고 죄수들의 석방을 요청한다는 자국 외무장관의 경고 서한을 전달했다. 링컨은 그날 결정을 하지 않아도 된다고 결론을 내리고 26일에 한 번 더 회의를 하자고 요청했다. 여러 기록에 따르면 대통령은 정중하게 중재재판을 제시하는 대안을 검토하고 있었다고 한다.33)

수어드가 제안한 26쪽의 답신 초안은 창의적인 법률적용의 하나의 훌륭한 사례이다. 그는 중립국 선박이 밀수품을 검색하는 권리를 방어했고, 그 사절들을 금수품(contraband)이라고 (잘못) 주장했다. 문제는, 수어드는 국제법은 윌크스가 *트렌트호*를 항구로 끌고 와 포획심판소(a prize court)에 회부할 것을 요구했다고 관찰했다. 국제법은 선장이 자신의 행위를 판단하는 것을 허용하지 않았다. 그리고 수어드는 총명하게 1804년 국무장관 제임스 매디슨(James Madison)이 당시 주영 공사 먼로(Monroe)에게 보낸 서신을 인용했다. 매디슨은 해상에서 중립국들의 권리에 관한 미국 원칙들을 제시했다. 수어드는 영국의 입장은, 타국을 화나게 하는, 자국의 강제 징발의 관행을 이제 와서 부인하고 있다고 안성맞춤으로 추론했다. 대신에, 영국은 재판소에서의 적절한 법률적 과정 없이 전함이 중립국 선박에서 사람을 체포할 수 없다는 매디슨에 의해 분명히 표현된 전통적인 미국의 관점을 수용하고 있다고 결론을 내렸다. "항상 모든 국가가 우리에게 하도록 주장한 바를 우리가 영국에게 하도록 요청을 받고 있다"고 수어드는 논증했다. 수어드에 따르면, 미국은 그 원칙을 지켜야 하고, 특히 영국이 미국의 법률적 입장을 수용하였기에, 지금은 특히 그러하다. 수어드는 하나의 전술적 후퇴를 미국 원칙의 위대한 성공으로 바꾸어 버렸다.[34]

12월 26일에 다시 모인 링컨의 내각은 수어드의 원안을 조금 수정한 후에 마지못해 채택했다. 링컨은 분명히 자신의 대안을 작성하기 시작했으나 완성하지는 않았다. 수어드가 링컨에게 다른 대안을 문의했을 때, 링컨은 "나는 내 마음에 드는 주장을 만들어 낼 수 없었고, 귀하의 토대가 정확한 것으로 내게는 드러났다"고 답변했다고 전해진다. 링컨은 런던이 애매한 응신을 수용하지 않을 위험을 아마도 인식하고 있었을 것이다. 수어드의 아들 프레드릭(Frederick)은 나중에 대통령들과 왕들은 자신의 주장에 흠을 보이지 않으려 하는 경향이 있지만, 링컨은 운 좋게도 "사심이 없는 마음과 논리적 지성을 겸비"했다고 관찰하였다. 아마도, 링컨은 그 응신의 저자로서 인기를 잃을 수 있다는 점을 또한 확인했을 것이다. 수어드는 그 점을 인정하고 여론에서 자신의 주장이 이겨야 한다고 생각했다. 12월 27일에, 그는 언론사에 그 사건에 관련된 5개의 외교 문서를 보냈다. 그 중 리옹(Lyons)에게 보낸 서신은 윌크스를 칭찬하고 제퍼슨과 매디슨을 인용해 영국 수신

자들보다는 미국인을 위해 작성한 것으로 보였다.35)

1월 1일에 미국(United States)은 매이슨과 슬라이델 그리고 두 명의 비서들을 영국 전함으로 이송했다. 이들은 증기선으로 갈아탄 후 런던에 1월 29일에 도착했다. 그때에는 그들은 이미 옛 뉴스가 되었다. 런던은 수어드의 서신을 리옹이 1월 9일에 보낸 전문과 함께 받았다. 러셀 경은 그 서신과 죄수 석방이 "배상(reparation)"에 해당한다고 결론을 내렸다. 당연히 영국 관리들은 수어드의 법률 논리를 비판했으나 이제는 그 불일치를 법률가들에게 남겨졌다. 영국의 정부와 국민은 안도했고 특히 12월 14일 앨버트의 죽음으로 침울해 있었기에 더 그러했다. 미국 언론과 대중들도 링컨과 수어드의 설명을 들은 편집장들의 노력으로 또한 물러나고 있었다.

남부연합인들만 그 결과를 한탄했다. 북부 광신도들은 수긍하지 않을 것으로 남부인들은 스스로 믿었다. 로버트 리 장군(General Robert E. Lee)은 그러하지 않을 것이라고 의심한 소수 중 하나였다. 그는 그의 아내에게 크리스마스 날 다음과 같이 서신을 보냈다. "미국 지도자들이 완전히 미친 게 아니다. 그들은 영국이 진심 어리다고 판단한다면, 전쟁 혹은 포로의 반환이 결과가 될 수밖에 없다. 그들은 후자를 택할 것이다. 우리는 우리의 전쟁을 벌일 마음의 준비를 해야 하고 우리의 독립을 혼자서 얻어내야 한다. 아무도 우리를 돕지 않을 것이다."36)

링컨의 회상(Lincoln's Recollection)

링컨의 마지막 말은 들을 만하다. 1865년에 율리시스 그랜트(Ulysses Grant) 장군과의 담화에서 *트렌트(Trent)*호 사건을 회상했다. 그랜트 장군의 참모 중 한 명인 호레이스 포터(Horace Porter)는 링컨의 말을 1897년에 연계했다. "그것은 삼키기에는 아주 쓴 알약이었다. 그러나 나는 그 사안에서 영국의 승리는 짧고, 우리의 전쟁을 성공적으로 마친 후에 우리는 아주 강해, 영국이 우리에게 입힌 피해를 우리는 영국에게 창피하게 여기게 요구할 수 있을 것이다."

포터에 의하면, 링컨은 그의 적수들과 평화를 맺을 시간이 다가옴을 인식하는 죽어가는 사람의 이야기를 다시 말해주었다. 병든 이는 그의 최대의 적수인 브라운(Brown)이라는 남자를 보기를 요청했다. 모세(Moses)와 같이 온순한 목소리로, 병든 이는 "그는 모든 동료 생물들과 평화를 맺고서 죽기를 원한다"라고 말했다. 그리고 그와 브라운은 이제 악수를 하고 모든 적대감을 묻어버릴 수 있기를 희망했다. 브라운은 "정규 용서의 축제(a regular love-feast of forgiveness)"로 적의를 허물었고 화해했다. 그러나 브라운이 돌아서 방을 나서려 하자, 그 죽어가는 이는 몸을 일으켜 "그러나 여기를 보라, 브라운. 만약 내가 나아지면, 이전 원한이 살아난다는 점을 명심해라"고 링컨은 설명했다. 링컨은 그 점을 국내로 돌렸다. "만약 미국이 나아지면 영국에 대한 이전 원한을 세우기를 원할지도 모른다." 실용적인 링컨은 "한 번에 하나의 전쟁"을 싸우기를 원했다.[37)]

1861년 12월 미국의 외교는 내전에서 북부를 잃게 할 수 있었다. 워싱턴과 런던은 끝에서 물러섰다. 영국은 수어드를 다르게 보기 시작했다. 그의 유니언에 대한 요지부동의 방어 의지와 런던과의 갈등을 기꺼이 피하려는 의지를 구분했다. 수어드는, 부분적으로는 친구 설로 위드가 준 직설적인 메시지를 통해, 호전적인 그의 평판은 재앙을 부를 수 있음을 깨달았다. 영국 정부는 아마도 세차게 몰아치는 양키들에게 엄중한 메시지를 주어야 하지만 런던은 그 싸움을 조심스럽게 선택해야 한다고 아마도 결론을 내렸을 것이다.

외국의 여론과 외교(Foreign Public Opinion and Diplomacy)

트렌트호 사건을 통해, 링컨과 수어드는 외국의 여론 특히 영국의 여론의 중요성을 더 알게 되었다. 프랑스와 다른 유럽 국가들은 영국의 선두를 따라갈 것이다. 비록 러시아의 차르 알렉산더 2세는, 최근에 영-불 연합군과 하나의 전쟁을 하였기에, 혁명과 독립운동을 싫어해서 링컨과 유니언(Union)에 동정적이었다. 영국 귀족들은 통일되어 있지 않으나 미국 공화국과 미국의 투박한 정치인들을 폄하했다. 남부연합군의 전장에서의 용맹은 귀족들의 동정을 샀다. 영국의 중산층-종교적이고 반-노예 제도를 신봉하는 그리고 공화정 주의자들-은 남부 노예주인들을 받아주기를 꺼린 채로 남아 있었다. 그러나 1861년에 북부는 노예제도 종료가 아닌 유니언(Union)을 위해 전쟁을 선포했다.

비록 미국헌법은 1807년 이후 노예 수입을 금지했으나, 그 전쟁 이전의 미국은 노예무역의 국제적인 금지를 강제한 기록은 불량했다. 러셀 경이 1862년 3월에 노예 무역선을 막기 위해 상호 수색을 허용하는 조약을 제안했을 때, 수어드는 리옹 공사와 함께 작업을 했다. 쿠바로 수송된 노예의 숫자는 1860년의 3만 명 이상에서 1865년에는 200명 이하로 줄었다. 유럽에서의 긍정적인 반응은 아마도 전쟁 목표 하나로 노예제도 종류를 수립하는 것에 관한 링컨의 생각에 기여했을 것이다. 미국은 또한 이전 노예들에 의해 통치되는 국가들에 대한 접근방식을 바꾸었고 마침내 아이티(Haiti)와 리베리아(Liberia)에 대해 1862년 6월에 국가 자격을 인정했다.[38]

1862년 초에 리(Lee) 장군의 반격으로 유니언이 패배하자 1862년 가을에 새로운 외교 위기로 이어졌다. 런던과 파리는 대량 학살을 막기 위해 "인도주의적 개입"을 위한 제안서를 심의하고 있었다.

"인도주의적 개입?"("Humanitarian Intervention?")

면화 부족은 영국 공장을 닫게 했고 섬유 도시를 무너트렸다. 5월에 영국 하원(House of Commons)은 빈곤과 부족한 지원을 드러낸 빈민구제법 위원회(Poor Law Board)의 한 보고서를 받았다. 1862년 12월에 약 2백만 명의 영국인은 면화 무역에서의 손실로 곤궁에 빠졌다. 다른 영국의 산업들과 도시들은 전쟁 때문에 호황을 맞이하고 있었고, 면화의 대안 공급은 1863년에는 부족분을 해소시켜 줄 것이었지만, 1862년에 정치인들은 불안의 위기를 염려했다. 7월에, 하원은 중재를 제공하는 한 동의안을 토론하고 있었다. 정부는 그 동의안을 물리쳤으나 팔머르스톤과 러셀 둘 다 남부에 대한 동정심이 일어나고 있음을 인지했다. 북부에는 운이 좋게도, 그해 여름 프랑스 외무장관은 영국과의 합동 작전의 아이디어를 탐색하는 데 주저했다. 그해 후반부에 가서, 나폴레옹은, 신임 외무장관과 함께 런던에 합동 개입을 제안했다. 그러나 그때에는 영국은 흥미를 잃은 뒤였다. 러시아인들은 그 모험에 퇴짜를 놓았다. 그 다음 해에, 비록 수어드는 "멋지고 용감한" 폴란드인들에 동정적이었으나, 러시아의 지배에 항거하는 폴란드 반군을 중재하려는 프랑스의 움직임에 동참하기를 거부함으로써 상트페테르부르크(St. Petersburg)에 그 호의를 갚았다.[39]

팔머르스톤과 러셀은 보존과 승리를 향한 링컨과 유니언(Union)의 의지를 결코 완전히 이해하지 못했다. 영국 지도자들은 다툼에 끌려 들어가는 것을 피하기를 원했으나, 미국을 분할할 방법들을 찾고 있었다. 한 방법은 일시적인 휴전(armistice)이었다. 혹은 유럽인들이 중재를 제공할 수 있다. 다른 가능성들, 남부를 인정하든가, 봉쇄를 풀기 위한 조치는 전쟁 종식 없이 북부를 격노하게 할 뿐이었다. 핵심적으로는, 팔머르스톤의 묵인하에 러셀은 비용이 들지 않는 평화를, 아마도 북부가 패배자들의 현실에 직면하고 나기를 기다려, 찾아 나서는 방안을 모색했다. 1862년에 수어드의 결연하고 분명한 메시지는 크게 등장했다. 일말의 가능성을 가지기 위해서는, 유럽의 중재 계획은 무력으로 지원해야 될 일이었다. 팔머르스톤은 멈추어 1862년 여름 리 장군의 북부 공세의 결과를 기다렸다. 9월 17일 전투에서 (북부의) 포토맥 군(Army of the Potomac)은 앤티텀(Antietam)에서 전세를 역전시켰다.[40)]

9월 22일 링컨은 노예해방령(Emancipation Proclamation)을 1863년 초에 선포할 의향을 천명했다. 대통령은 그의 메시지를 미국 청중에게 주로 전달했으나 링컨은 유니언에 대한 유럽의 동정을 증가시키기를 희망했다.

링컨은 영국의 지도자들과 언론이 초기에 (유니언에) 적대적으로 반응하는 데에 놀랐다. 비록 지배층은 노예제도를 반대했으나, 그 선언문이 분리 독립파 주들에게만 적용되자, 이를 "비굴한 반란(servile insurrection)"이라고 불렀다. 최근 인도 폭동(Indian Mutiny)으로, 영국 제국은 원주민의 봉기라면 몸서리쳤다. 추가적으로, 남부에서의 흑인 봉기는 유럽으로 들어오는 소량의 면화 공급을 더 쥐어짤 것이다. 영국 지도자들에게는, 노예해방령은 "냉혹하고, 보복적이고, 완전히 정치적인" 것으로 보였다. 팔머르스톤은 "쓰레기"라고 불렀다.[41)]

러셀 경은 유혈사태를 종료할 시기라고 생각했다. 그는 무기 금수(arms embargo) 조치를 취하기를 원했고, "우호적이고 회유적인" 중재를 추천했다. 오늘날의 관점에서 보면, 러셀 경은 재앙을 초래하는 내전으로 고생하는 사람들을 보호하기 위한 "인도적 개입"이라고 주장했을 것이다.[42)]

1862년 10월 7일, 재무장관(Chancellor of the Exchequer) 윌리엄 글래드스톤(William Gladstone)은 남부는 독립을 성취할 것이라고 선언하는 연설을 했다. 글래드스톤은 미국 민주주의에 적대적이 아니었으나, 지역의 자결(self-determination) 원칙을 지지했다. 그는 유니언은 너무 커서 살아남을 수 없다고 믿었다. 남부는 육군과 해군을 창설했다고 글래드스톤은 주장했고, 이제 하나의 국가를 창건하고 있다고 보았다.[43]

유니언에게는 운이 좋게도, 수상의 내각 각료들은 글래드스톤의 원칙, 러셀의 설익은 아이디어와 팔머르스톤의 편향적 의견을 밀어냈다. 글래드스톤의 경쟁자인 전쟁 장관 조지 콘월 루이스 경(Sir George Cornwall Lewis)은 국제법 원칙 상 남부는 독립을 아직 수립하지 못했다고 단정했다. 그는 북부는 중재를 거부할 것이다. 그러므로 신중하게 심의되지 않은 중재는 미국(United States)과의 전쟁을 불러올 것이라고 주장했다.

팔머르스톤은 반대 정당인 보수당(the Conservative)의 지도자 더비 경(Lord Derby)을 찾아가기로 결정했다. 더비(Derby), 벤자민 디즈랠리(Benjamin Disraeli), 그 외 고위 보수당원들은 중재나 국가 승인 모두를 반대한다고 대답했다. 그러한 조치들은 "북부를 단지 화나게 할 뿐 남부의 명분을 진전시키지도 또 목화 한 꾸러미를 살 수도 없게" 만들 것이다. 보수당은, 확장된 선거권으로 "보수 민주주의(Tory Democracy)"를 바라보고 있던, 북부에 호의적인 중산층을 배반하기를 원하지 않았다.

팔머르스톤 내각은 10월과 11월 회기 동안에 그 사안을 폐기했다. 정부는 당분간 결정하지 않기로 결정했다. 그러나 남부연합(Confederate)의 승리들은 그 사안을 되살릴 수 있었을 것이다.[44]

도덕성과 현실정치(Morality and Realpolitik)

1862년 말에, 노예해방령(Emancipation Proclamation)에 대해 유럽의 여론은 달라지기 시작했다. 내전(Civil War)은 도덕적 명분(moral cause)을 건 싸움이 되었다. 남부 연합(Confederacy)은 노예제도의 기치를 들고 다니고 유니언(Union)은 인간의 굴레(human bondage)에 대항해 싸웠다. 미국(United States)은 결의안을 기초하는 데 도왔고 회합을 재정적으로 지원하는 비밀 자금을 대기도 했다.

의회가 1863년 2월에 재소집 되었을 때, 링컨은 영국에 있는 그룹들에게 공개서한을 작성함으로써 새로운 여론 외교력을 휘둘렀다. 맨체스터 근로자들에 대한 대통령의 서신은 그들의 "숭고한 기독교 영웅주의"에 감사했다. "자기 보존(self-preservation)의 의무는 전적으로 미국인들에게 있지만, [외국인] 국가들의 관용을" 간청했다. 링컨은 근로자들의 회합들은 "내재하는 진실의 힘, 최종적이고 보편적인 정의의 승리, 인간성, 그리고 자유에 대한 활기찬 고무적인 확신"을 제공해 주었다고 인정하는 방법으로 자신의 고귀한 명분을 영국인들에게 호소했다.[45] 외교와 민주주의는 혼합되어 대서양을 연결하는 하나의 새로운 여론을 흔들었다.

역사가들은 노예해방령 선포가 외국의 개입에 미친 최종적인 영향을 토론하고 있다. 링컨은 지상에서의 군사적 사실이 결정적이라고 알고 있었다. 사람들은 자기이익(self-interest)에 따라 행동한다는 점을 그는 감상적이 아니게 알고 있었고, 따라서 남부연합을 인정하는 대가는 매우 높을 것이라는 점을 분명하게 인식시켜주었다. 한편으로 링컨은 유니언은 국민에 의한 정부이고 노예제도를 반대하는 정부의 모범 사례로 더 높은 명분을 옹호한다고 또한 믿었다. 링컨은 그의 명분들을 외교 무기에 실었다. 34년 후에, 글래드스톤은, 도덕성 자원을 영국 외교 정책에 추가한 자유당 지도자(Liberal leader), 그의 1862년 연설은 엄청난 실수였다고 인정했다.[46]

후세 전문가들은 왜 영국은 당시에 미국에서의 패권(hegemony)에 대한 경쟁자의 분할을 지지하는 현실정치를 추진하지 않았는지에 관해 의문을 제기하고 있다. 팔머르스톤 정부가 그 아이디어를 언제 심각하게 고려했을 것 같지는 않다. 분할된 아메리카는 위험을 제공한다고 보았다. 런던은 북부는 캐나다를 위협할 것이고, 남부는 남쪽으로 확장해 나갈 것으로 생각했다. 런던은 그 전쟁은 그리 길게 가지 않을 것으로 보았고 그래서 어느 편도 멀리하지 않기로 선택했다. 대법관(Lord Chancellor) 웨스트베리 경(Lord Westbury)은 "그들을 갈가리 찢자"[47]라고 건의했다. 더구나, 유럽에서의 불확실성은 미국 전쟁에 끌려 들어가는 것을 반대하도록 도왔다. 이탈리아의 통일 지도자가 된 주세페 가리발디(Giuseppe Garibaldi)는 이제 막 로마를 "해방"시키러 행군해 들어갔다. 독일 통일 전쟁이 막 시작되고 있었다. 이 당시에, 팔머르스톤과 그의 동료들은 더 이상 젊은 나이가 아니었고 새로운 모험을 추구하려 하지 않았고 다만 매일의 사안들을 처리해 나갔다.

남부 상선 습격대들…그리고 국제 중재재판
(Confederate Raiders…and International Arbitration)

내전 외교의 다툼에서 또 하나는 미국과 영국에 대한 영향 때문에 언급할 가치가 있는 게 있다. 남부연합은 영국에서 몇 척의 "상업적 습격선(commerce raiders)"을 건조하기로 계약을 맺었다. 그중 가장 유명한 것이 *앨라배마(Alabama)*호이다. *앨라배마*호는 1862년 7월 진수 이후 1864년 프랑스 쉘부르(Cherbourg) 앞 바다에서 미해군함 *키어사지(USS Kearsarge)*호에 의해 침몰될 시점까지의 22개월 동안 해상 화물을 65회 빼앗아 갔다. 무장 약탈자들은 미국기를 단 상선들을 거의 제거했고 미국 선주들은 이에 대응해 외국 국적선으로 전환했다. 미국 상선단의 세력은 제1차 세계대전까지 회복하지 못했고 해상운송무역에서 지배력을 다시는 결코 얻지 못했다.[48]

남부연합을 위해 습격선을 건조해 준 런던의 "가짜 중립성"은 영국에 대한 적의를 엄청나게 크고 오래 지속되게 만들었다. 1872년에 런던과 워싱턴은 마침내 *앨라배마*호와 다른 분쟁으로 인한 모든 손실 배상을 제네바의 중재재판소에 회부하기로 동의했다. 프랑스-프러시아 전쟁(Franco-Prussian

War) 후 유럽에 새로운 긴장이 일어나서, 해양 위주 영국은 중립 항구 들에서 상선 습격선들의 건조를 허가해준 자신의 선례 때문에 불편하게 되었다. 중재재판소는 *앨라배마*호와 자매선 *플로리다*(Florida)호가 끼친 손해에 대해 1천5백만 달러를 배상하라고 판결했다. 영국은 반발했으나, 즉시 지급했다. 이 사건은 교섭과 중재재판을 통해서 차이를 기꺼이 해소하는 두 자존심 높은 국가들의 사례를 대표한다. 이 외교는 또한 영국이 승리한 미국을 수용하고 또 나쁜 감정을 극복하려는 런던의 이해를 반영했다.[49]

프랑스, 멕시코, 그리고 북아메리카의 미래

(France, Mexico, and the Future of North America)

링컨과 수어드는 내전 중에 하나의 특별한 프랑스 문제를 해결해야 했다. 1861년에, 멕시코 대통령 베니토 후아레스(Benito Juarez)의 공화정체제는 이전 정부에 의해 발생한 빚에 대한 이자 지급을 중지했다. 그해 후반에, 프랑스는 영국과 스페인과 합동으로 베라 크루즈(Vera Cruise)로 원정을 떠나 갚지 않은 빚을 받아냈다. 1862년 초에, 나폴레옹 3세는 원정대를 확대해 멕시코 시티로 진격해 들어가서 "지불 보증을 받아내려" 했다. 영국과 스페인은 철수했다.

나폴레옹은 하나의 가톨릭 라틴 군주제국(Catholic Latin monarchial empire)을 멕시코에 세워서 북쪽의 호전적인 앵글로-색슨(Anglo-Saxons)인들을 가두려는 꿈을 가졌다. 실제로, 나폴레옹의 미국 내전의 중재 안 중 하나는 북아메리카를 4개국으로 분할-북부, 남부, 멕시코, 그리고 북부 멕시코와 현 미국의 남서부를 포함하는 하나의 새로운 서부 지방-하는 방안이 들어있었다.

프랑스군은 1863년 멕시코 시티(Mexico City)에 진격했다. 임시 정부는 합스부르크(Hapsburg)의 한 왕자, 페르디난드 막시밀리안(Ferdinand Maximilian)

에게 황제의 관을 제공했다. 나폴레옹은 멕시코에 하나의 적절한 군주를 확보해 두고, 오스트리아(Austria)인들이 베니스(Venice)를 이탈리아(Italy)에 항복하도록 권유하고, 이탈리아의 통일에 제한을 가하고, 오스트리아를 프러시아(Prussia)로부터 보호하려 했다. 이런 기이한 책략은 미국이 북아메리카에서 축출하기를 원했던 군주 교환(monarchial exchange)제도의 유형을 정확히 전형적으로 보여주었다.

수어드는 나폴레옹의 진격을 항복없이 받아쳤다. 미국은 공화주의(republicanism)와 자결(self-determination)을 아메리카 반구 내에서 지속적으로 지원할 예정이었다. 그러므로, 미 행정부는 임시정부를 인정하지 않을 것이고 대신에 공사를 소환할 예정이었다. 그러나 수어드는 프랑스가 다만 국제법 하에서 빚진 돈을 회수하려고 하지 영토를 정복하지 않는다는 허구를 또한 수용했다. 미국은 불확실성으로 프랑스를 묶어 두고 "아무것도 타협하지 않고, 아무것도 항복하지 않았다." 링컨은 후아레스(Juarez)의 워싱턴 주재 대표 마티아스 로메로(Matias Romero)에게 "멕시코의 현재 어려움의 해결은 남부연합(Confederacy)을 무찌를 유니언(Union)에 달려있다"고 말해주었다.

의회 내의 매파들(Hawks)은 프랑스를 대적하기를 원했다. 특히 막시밀리안과 그의 황비 샤로테(Charlotte)가 1864년에 멕시코에 도착하는 시기에 맞추어. 수어드는 유니언 군대를 남부연합에 집중하는 정책에 주효했다. "자신의 생존을 위해 고생하는 우리가 왜 멕시코에 가서 허풍을 떨어야 하는가?"라고 수어드는 물었다.

1865년 초에, 프랑스 여론은 멕시코 모험에 반대로 돌아섰다. 링컨 대통령은 재선되었고, 유니언군대(Union Army)는 승리를 맛보았다. 2월에, 나폴레옹은 멕시코에서 빠져나가고 싶다고 파리 주재 미국 공사에게 말했다. 4월에 링컨이 암살된 후, 수어드는 프랑스에 보복하고 멕시코에서 반군의 재건설을 막기를 원하는 분개하는 장군들을 제지해야 했다. 그랜트(Grant)

장군은 필 쉐리던(Phil Sheridan) 장군을 리오 그란데(Rio Grande)로 파견해 힘을 과시하라고 명령했다. 그랜트는 "프랑스와 영국식 세계에서의 중립"을 집행할 것이라고 말했다.

수어드는 프랑스 후원 군주국은 멕시코에서 "빠르게 소멸할" 것으로 의심했다. 그는 멕시코에서의 미국 간섭은 막시밀리안의 체류를 연장하고 원하지 않는 곳에 미군을 끼워 넣을 위험이 있다고 믿었다. 수어드는 20년 전의 미국의 침공에 대한 멕시코 인들의 민감성에 주의했다. 그는 어떻게 미국인들이 탈출할지를 고민했다. 요즈음 말로 하면, 수어드는 "출구 계획(exit plan)"을 원했다. 그랜트 장군은 존 스코필드(John Schofield) 장군에게 "휴가"를 주어 멕시코로 보내어 후아레스의 저항군대(Juarista army)를 위한 지원군을 모집하게 할 것을 제안했다. 수어드는 그 대신에 스코필드를 파리 대사관에 파견하도록 대통령 앤드류 존슨(Andrew Johnson)을 설득했다. 나폴레옹은 스코필드를 결코 만나지 않았다. 그러나 수어드의 작전은 통했다.

1865년 10월, 나폴레옹은 멕시코에서 모든 프랑스군을 철수하고 대신에 미국이 막시밀리안 정부를 인정해 줄 것을 제안했다. 수어드는 거부했다. 그는 그랜트 장군의 위협을 이용해 프랑스를 더 압박했다. 1866년 4월에 나폴레옹은 프랑스군의 철수를 명령했고, 막시밀리안은 남았다. 후아레스의 군대는 무력한 합스부르크 황제를 체포했고 1867년 6월 19일에 총살형 집행대는 막시밀리안을 처형했다. 후아레스는 멕시코 공화국을 복원했다. 새로이 캐나다 연합(Confederation of Canada)의 탄생으로, 민주적인 북아메리카는 가능해 보였다.[50]

수어드의 전략적 비전(Seward's Strategic Vison)

유니언(Union)의 보존은 하나의 강력한 국가로서 미국(United States)을 지탱하는 것 이상으로 21세기 세계를 형성했다. 경외심을 갖게 하는 링컨의 어록들은 민주적 정부의 실행 가능성 자체를 확인해 주었다. 수어드와 후기 미국 정치인들에게, 공화정 연합의 성공은 제국과 우위를 다투는 경쟁 국가들로 이루어진 구유럽식 질서와 경쟁하는 하나의 새로운 국제 체제를 제시했다.[51)]

수어드는-해밀턴, 제퍼슨, 존 퀸시 애덤스, 클레이와 같이-유니언(Union)은 중앙 집중적인 제국들과 갈등의 세계에서 창을 서로 들이대는 경쟁국가들 둘 다에 대한 하나의 대안을 제공한다고 믿었다. 이들 초기 미국 지도자들은 국가들 사이에 행동과 법 원칙에 기초해 협력적 관계의 틀을 구상했고 그 체제 안에서 더 자유로운 무역이 부를 극대화할 수 있는 세계를 상상했다. 연방(federation)이나 연맹(confederation)은 중첩되는 주민들의 발달을 격려할 것이다. 국가들 사이의 이 새 형태의 연합(union)은 다양한 국적들을 존중하면서도 자유를 보호할 것이다.

이미 1853년과 1854년부터 수어드는 하나의 미국 연방 공화국(American federal republic)이 "열대"에서 "북극권"까지 확장되고 '양쪽 대양에 멀리 떨어진 도서들에"까지 확장된다는 꿈을 예언했다. 더구나, 지평선이 넓어지면서, 수어드는 "이 대륙의 제어는… 세계 이익을 제어하는 것이 된다." 수어드는 북아메리카 연합은 정복이나 강압이 아닌 자유로운 선택을 통해서 달성되기를 원했다. 그는 1846년에 멕시코와의 전쟁을 반대했다. 수어드는 밀접한 연대는 "불법적 공격"을 통한 병합이 아닌 자치국가들 간에 "평화스러운 교섭"을 통해서 달성될 수 있다고 예상했다. 그의 시대에 훨씬 앞서서 "인종들의 혼합은 과거에도 항상 문명의 주된 요소였고 미래에도 항상 그러할 것"이라고 관찰했다.

수어드는 무역 확대가 미국 영향력을 신장시켜줄 것이라고 설명했다. 유럽 제국들처럼 영토를 황급히 점령하기보다는, 진정한 상금은 "세계의 교역이고, 그게 세계의 제국"이라고 생각했다. 최대 생산 및 무역국이 "지구상에서 가장 위대한 세력"일 것이다. 상업은 새로운 "경계들의 신(神)"이다. 수어드의 기대는 지구적이었다. 1852년 초에 이미 그는 동아시아와의 미국의 교역은 언젠가는 유럽과의 교역만큼이나 중요하게 된다고 예상했다.[52]

데이비드 헨드릭슨(David Hendrickson) 교수는 수어드의 국가적 위대성, 상업 제국… '상업이 국가적 영향력의 원을 넓혀 줌에 따라' 인력의 힘(power of attraction)은 증가한다. 수어드의 전기작가인 어니스트 파올리노(Earnest Paolino)는 이 개념을 수어드의 "제국 중력의 법칙(Law of Imperial Gravity)"이라고 불렀다.

노예제도에 대한 긴장은, 개국 세대들이 피하고 싶어 했던 갈등을 도입해 유니언(Union)의 실험을 하나의 팽팽한 세력 균형으로 전환시켰다. 궁극적으로, 노예제도는 자유와 함께 공존할 수 없었다. 수어드에게, 내전에서의 유니언(Union)의 승리로 확장을 통한 미국식 실험의 잠재력을 수행할 하나의 새로운 기회가 마련되었다.

평화적인 팽창주의자(The Peaceful Expansionist)

수어드의 경제개발, 무역, 이민에 대한 이념은 유니언(Union)의 영토적 범위에 관한 그의 생각을 형성해 주었다. 그는 평화적인 팽창주의자로 미국 경제의 자력(磁力)과 연방 유니언의 매력은 합병이나 제휴 혹은 새로운 형태의 동맹을 통해서 다른 주들(states)을 더 가깝게 끌어당긴다고 예측했다. 이 새로운 네트워크를 강화하기 위해, 장관은 미국이 상업, 항구, 해군 기지를 지원해줄 토지를 획득하기를 원했다.[53]

1867년 3월 30일, 수어드는 알래스카(Alaska)를 720만 달러에 매입하기로 러시아의 드 스토클(de Stoeckl) 공작과 거래를 타결했다. 수어드의 관심은 알래스카의 포경 산업 잠재성이었다. 장관은 그것을 미 해군 기지를 지원하고 또 알래스카의 자원과 교역 창고로 활용할 전망을 감안했다. 수어드는 알래스카의 전략적 지리를 또한 인정했다. 수어드는 해군과 마찬가지로 알래스카와 알류샨 열도의 소유권은 미국이 "우호적인 손을 내미는데" 도움이 될 것으로 보았다. 상원은 한 달 내에 수어드의 조약을 비준했다. 부분적으로는 내전 동안 러시아가 충실한 우정을 지켜준 것이 부분적으로 영향을 주었다. 하원은 그 다음 해에 가서야 실제로 돈을 지급했다.[54]

알래스카의 매입으로 미국(United States)은 브리티시 컬럼비아(British Columbia)를 3면에서 둘러싸게 되었고, 매입을 옹호하는 신문들은 이 지리적 이점을 지적했다. 1867년 브리티시 컬럼비아는 고립된 영국의 식민지로 약 1만 명이 살고 있었고 많은 이들은 미국에 가입하기를 원했다. 빅토리아(Victoria)에서 발간되는 신문은 "열 명 중 아홉 명은-현재의 실정에 진절머리가 나서-우리 식민지의 미국 합병을 유일한 희망으로 본다"고 주장했다. 수어드는 앨라배마호의 배상금을 "우리의 북서 영토로 퉁 치는" 계획을 입안했다.

수어드는 영국 의회가 영령 북아메리카법(British North America Act)을 1867년에 통과시켜 캐나다 연맹(Canadian Confederation)을 4개 동부 지방으로 탄생시켰기 때문에 그 건을 성사시키지 못했다. 런던은 남쪽의 승승장구하고 또 분개하는 거대한 것에 대항해 자신들의 도미니언(Dominion, 캐나다 자치령)의 안보를 강화하기를 원했다. 새로운 연맹은 수어드의 계획보다 더 나은 값을 제시해 수어드의 시도를 꺾었다. 즉, 캐나다는 브리티시 컬럼비아의 빚을 탕감해주고 캐나다의 프로빈스들(provinces)을 모두 묶어 주는 대륙 횡단 철도를 건설해 준다고 약속했다. 캐나다는 시간이 지나면 영국보다는 미국과 더 가까워질 것이라는 믿음이 수어드를 위로해 주었다.[55]

수어드는 태평양을 "극서(Far West)"라고 불렀다. 1867년에 당시 상원의원 수어드가 1850년대에 준비한 법률에 의거, 미국은 브룩스섬(Brooks

Island)을 소유로 했고 나중에 미드웨이섬(Midway Island)으로 이름을 바꾸었다. 1868년에 미 해군은 의회에 미드웨이섬은 가치가 있고, "특히 외국과의 전쟁에서" 귀중하다고 이미 증언했다. 그 보고서는 1942년 6월 일본 제국의 해상 맹습을 뭉개 버린 장대한 미드웨이 전투(Battle of Midway)를 미리 내다본 일이었다.

수어드는 하와이(Hawaii)라고 알려진 샌드위치 제도(Sandwich Islands)를 합병하기를 원했다. 그러나 통상상호주의에 관한 조약(a treaty of trade reciprocity)으로 정리되었고, 상원은 1875년에 마침내 비준했다. 미국은 하와이를 1898년에 합병했고, 1959년에 하원은 하와이를 50번째 주로 추가했다.

최근 깊은 통찰력으로 폭넓게 아시아 태평양에서의 미국의 "*대전략(Grand Strategy)*"이란 역사서를 저술한 마이클 그린(Michael Green)은 미국이 태평양 세력으로 등장한 기원을 수어드의 "군사력, 무역, 공화정체의 가치"라는 다차원 비전에서 그 뿌리를 찾는다. 국무장관은 일본과 중국은 잠재적인 독립적 세력들로 인정했고, 조선과 통상적 연대를 추구하는 동시에 조선을 향한 유럽 식민지 세력들을 저지하려고 노력했다. 1868년 벌링게임 조약[Burlingame Treaty(역자주: 1858년 천진조약의 개정)]은 중국 최초의 서양 세력과의 "대등한" 조약이었다.[56)]

산토 도밍고(Santo Domingo), *트렌트호* 위기, 멕시코와의 경험을 가진 수어드가 카리브해를 전략적으로 관찰한 사실은 놀랄 일이 아니다. 그는 1866년 해군 증기선을 타고서 카리브해를 방문했는데 이는 국무장관으로 미국 바깥으로 나간 최초의 출장이었다. 수어드는 해군을 위해 하나의 항구를 물색하고 있었다. 1867년에, 그는 미국이 덴마크가 소유한 세인트 토마스(St. Thomas)와 세인트 존(St. John) 도서를 750만 달러에 매입하도록 배열했다. 하원은 수어드의 연속적인 영토 매입에 지치고 대통령 앤드류 존슨(Andrew

Johnson)에 대한 탄핵에 휘말려 들어, 매입안을 반대했다. 1868년 후반에도 포기할 줄 모르는 수어드는 산토 도밍고(Santo Domingo)를 획득하려고 노력했으나 성공하지 못했다. 산토 도밍고는 현재는 도미니카 공화국이고 1861년에 미국과 전쟁을 할 뻔했다. 미국은 결국에는 1917년에 덴마크 소유 도서들을 2천5백만 달러에 매입했다. 왜냐하면 1917년 당시 카리브해에 대한 독일 해군의 침략에 대한 우려는 수어드의 계획을 부활시켰다.[57]

수어드는 대서양 접근을 보호하기 위해 그린란드(Greenland)와 아이슬란드(Iceland)를 덴마크(Denmark)로부터 매입하려고 노력하는 대통령 트럼프(Trump)를 예상하기조차 했다. 1866년 그는 파나마에서 운하를 측량하기 위해 컬럼비아(Columbia)와 조약을 체결했다. 수어드가 파나마에 관한 컬럼비아와의 거래에 실패하고 나서 수십 년 후, 테디 루스벨트(Teddy Roosevelt)는 하나의 독립국으로 파나마(Panama) 건국을 지원하는 수어드의 전략을 부활시켰고 파나마 운하(Panama Canal)를 건설했다.[58]

대단히 파괴적이고 엄청난 비용이 들어간 내전 직후에 펼친 수어드의 활동적이고 팽창주의적인 미국의 외교 정책은 기이하기 조차했다. 그는 이제 노예제도란 내부 갈등에서 해방된 유니언(Union)은 마침내 그 잠재력을 국내외에서 자유로이 달성하게 되었다고 믿었다. 재건을 둘러싼 첨예한 정치적 분열 중에도 수어드는 후세대들이 발견하고 성장시킬 외교적 씨앗들을 심었다.

링컨의 전략적 나침반(Lincoln's Strategic Compass)

링컨이 내전 후 세계를 형성할 기회는 비극적으로 짧게 끊겨 나가 버렸다. 유럽 지배층은 그의 개념의 힘을 결코 이해하지 못했고, 또 그의 의지의 강함을 그가 살아 있는 동안에는 이해하지 못했다. 그러나 그의 전략적 나침반은 전쟁을 통해서나 150년이 지난 이후에도 진실을 향하고 있다. 내전의 배경의 "중심 개념은 민주정부는 하나의 우스꽝스러운 일이 아니라는 것"을 세상에 입증하려는 것이었다.[59]

이미 1837년에, 링컨은 개국 아버지들은 "기껏해야 문제가 되는 것보다 더 나을 게 없다고 생각되었던 명제-즉, 국민들이 스스로 통치하는 능력-의 진실을 세상 앞에서 실제적으로 시연해 보이기를 염원했다"고 주장했다. 1842년에, 그는 "사람이 스스로 통치하는 능력은-심어진 세균이고-여전히 보편적 인류의 자유를 향해 성장하고 확장된다"고 말했다.[60]

1864년 선거일에 링컨은 수많은 전투에 패배했음에도 불구하고 공화정 정부가 죽을 고비를 넘겼기 때문에 "우리는 아직도 얼마나 견실하고 강한지 놀랍다"고 즉흥적으로 표현했다. 국가의 진정한 부는 금도 총도 아니고 애국적인 자유민이라고 그는 생각했다. 그의 짧은 두 번째 취임연설에서, 링컨은 "공정하고 지속적인 평화"를 위해, 서로 전쟁을 벌인 사이가 아니라, "우리 자신들과 모든 국가 사이에서" 화해와 하나님의 정의를 받아들이기 위해 승리주의를 삼갔다.[61]

20세기 중반 상원 외교위원장 윌리엄 풀브라이트(J. William Fulbright)는 미국 외교 정책 전통은 "두 개의 뚜렷한 미국인의 특성으로 표현된다. 둘 다 일종의 도덕주의의적 특성을 가지지만, 하나는 인간의 불완전성에 대한 지식으로 누그러진 예의 바른 본능에서 나오는 도덕성이고, 다른 하나는 운동권적 정신에 의거 촉발된 완벽한 자기 확신적 도덕성"이라고 관찰했다.[62] 에이브러햄 링컨의 실용적 외교는 전자의 완벽한 본보기이다.

2부

미국과 세계질서

The United States and The Global Order

Qing Empire, ca. 1890
Major treaty ports with dates of opening
Main area of Boxer Rebellion, 1900–1901
RUSSIA
Amur R.
OUTER MONGOLIA
MANCHURIA
INNER MONGOLIA
XINJIANG
Beijing
Niuzhuang (Br. 1858)
KOREA (to Japan 1895)
Tianjin (Br. 1860)
Weihaiwei (Br. 1895)
Huang Ho (Yellow R.)
TIBET
Shantung Peninsula
Qingdao (Ger. 1898)
JAPAN
Yangtze R.
Nanjing (Fr. 1858)
Suzhou (Japan 1895)
Shanghai (Br. 1842)
Shashi (Japan 1895)
Chongqing (Br. 1890)
NEPAL (tributary 1791-1908)
Xiamen (Amoy) (Br. 1842)
Fuzhou (Br. 1842)
Guangzhou (Canton) (Br. 1842)
Longzhou (Fr. 1886)
BRITISH INDIA
Taiwan (to Japan 1895)
PACIFIC OCEAN
Macao (Port. 1555)
Hong Kong (Br. 1841)
0 600 MILES
Qiongzhou (Br. 1858)
BURMA (Br.)
FRENCH INDOCHINA
0 600 KILOMETERS
PHILIPPINES (U.S.)

제5장

◆

존 헤이

John hay

개방정책(The Open Door)

제1차 개방정책 문서(The First Open Door Note)

1899년 9월 6일, 국무장관 존 헤이(John Hay)는 중국에 관한 회람문을 영국, 프랑스, 독일, 이탈리아, 일본, 그리고 러시아에 보냈다. 중국은 수신자 명단에 들어있지 않았다.

헤이의 최초의 개방 문서(Open Door note)로 알려진 그 문서는 3가지 점을 제시했다. 첫째, 세력들은 상대방의 조약 항구, 임차 영토, 기타 중국 내에서의 "소위 관심 영역(sphere of interest)"에 대한 모든 기득권(vested interest)을 인정할 것이다. 둘째, 중국관세는 모든 이에게 대등하게 적용하고 중국 관리에 의해 징수될 것이다. 셋째, 어떤 세력도 자국민에 대해 항만 사용료와 철도 사용료에 관해 우대할 수 없다. 헤이는 각국 정부는 이 개념을 지지해주고 그것을 다른 세력들에게 홍보해 달라고 요청했다. 그의 문건은 "개방(open door)"이란 용어를 결코 사용하지 않았다. 헤이는 (중국) 영토보전에 관한 골치 아픈 사안은 피했다. 범위는 작으나, 그 문건은 넓은 범위에 걸쳐, 심지어 예견할 수 없는 결과를 가져왔다.[1)]

일본과 이탈리아는 곧 동의했다. 영국은 군항은 "임차된 영토(조차지, 租借地)"가 아니라는 점을 분명히 한 후에 수용했다. 프랑스는 철도(railroad) 사용료에 대해서는 얼버무렸으나 같이 갔다. 독일은, 유럽 정치에 더 집중하였고 다른 세력들이 모두 그리한다면 따를 것이라고 말했다. 러시아는 자국의 동방에 대한 야망을 억제하는 음모로 인식하고 저항했다. 나중에 국무부는 러시아 공사에게 더 지연하면 "미국인들은 오해하고 양국의 우호적인 관계를 매우 해롭게 할" 것이라고 경고했다. 러시아는 계속적으로 반대하면 미국을 멀리하게 되거나 다른 국가들로부터 고립될 것이라고 결정했다. 아무튼, 상트페테르부르크(St. Petersburg)는 미국의 제안점들은 가변적이고 강제성이 없다고 결론을 내렸다. 1990년 1월 4일, 헤이는 모든 국가들로부터 동의를 받아 "중국 제국 내에서 상업과 공업의 무제한적인 개발의 최종적이고 확정적인 증거"라는 비공식적 약속을 선언함으로써 새로운 세기를 열 수 있었다. 중국인들은 헤이의 문서로 다른 세력들이 중국에서 문을 닫으려 하면, 미국이 이를 밀어낼 것이라는 실용적인 결론을 끌어내렸다.

대부분의 여론은 자랑스럽게 여겼다. 언론의 헤드라인들은 19세기 먼로주의를 보완하는 20세기를 예견하는 하나의 위대한 외교적 승리로 이 사건을 전달했다. 반-제국주의(anti-imperialist) 신문인 *뉴욕포스트(New York Post)*지는, 헤이와 미국의 외교적 혁신을 인정했다. "조약 체결 없이, 동맹 체결 없이, 한 세력을 다른 세력에 대항하게 수를 부리지 않고, 단지 공식문건의 교환으로 그들 모두를 하나의 공통적인 정책에 조용히 포함시켰다"고 칭송했다. 런던의 *타임즈*지는, 미국은 "형식적인 서류상 보장을 받으러 고생을 하고 각 세력들이 단지 서류상의 보장에만 미무르도록 허용하는 세상의 마지막 세력이다. 미국은 그 약속들이 준수될 것으로 여긴다"고 앞날을 전망했다. 헤이는 하나의 아이디어를 진수했다. 그 아이디어는 아주 곧바로, 그리고 다가올 한 세기 동안 시험을 받는다.[2)]

1900년의 세계(The World of 1900)

19세기 말에, 미국은 세계 무대에서 하나의 떠오르는 세력이었다. 미국 인구는 7천만에 달하고, 대서양에서 태평양으로 확장되고 있었다. 1898년에 미국은 쿠바를 두고 스페인과의 단기 전쟁에서 이겼다. 그러함으로써, 미국 해군은 필리핀 마닐라 만(Manila Bay)에서 스페인 함대를 침몰시켰고, 향후 스페인의 태평양 식민지들의 운명에 의문을 제기했다. 7월 말 당시 주영 미국 대사인 존 헤이는, 그보다 훨씬 어린 쿠바에서 전장 영웅이 된 시어도어 루스벨트(Theodore Roosevelt) 대령에게 축하 메시지를 보냈다. 그 축하 메시지는 루스벨트의 정치적인 상승 요구를 더욱 높게 그리고 더 빠르게 높여 주었다. 헤이는 "하나의 멋진 작은 전쟁이었다. 최고의 동기를 가지고 시작했고… 운이 따랐고… 미국인의 남다른 특질… 그 훌륭하고 선한 성질로 마무리되기를 희망한다"고 편지를 보냈다.[3] 존 헤이는 3개월 내로 윌리엄 맥킨리(William McKinley) 대통령의 국무장관이 되어, 변하는 세계질서에서 미국 정책을 인도하는 임무를 수행할 예정이었다.

미국의 국제적 역할은, "큰 사업(big business)"과 신뢰의 지배와 함께, 국내 토론을 규정했다. 미국 국민들은 높아진 위상을 환영했으나, 국가의 힘을 사용하는 방법에 대해서는 잘 알지 못했다. 풍자 작가이고 예리한 위트가 번뜩이는 작가 핀들리 피터 둔(Findley Peter Dunne)은 세상사를 잘 아는 바텐더이자 비평가를 등장시켜' 당시의 대중적 분위기를 잘 잡아냈다. 일리노이주 시카고의 아치 로드 9009번지의 사투리로 "두울리(Dooly) 씨"는 "우린 위-대한 사람들이다"라고 말했다. "우리는 그렇다, 그리고 최고이고, 우리는 그러-하다는 걸 안다"[4] 둘리 씨는 외국인들을-특히 미국의 힘을 이기적이고 수상쩍은 목적으로 사용하려는 교육 많이 받은 영국인(Englishmen)-경계했다.

국제 세력 관계는 빠르게 변했다. 걸출한 가문의 자손인 브룩스 애덤스

(Books Adams)는 그의 저서 *미국의 경제적 패권*(*American Economic Supremacy*)에서 당시 혼란을 설명하고 있다. 한 세기 동안 패권국이었던 영국은 내려가고 있었고, 러시아는 그 불균형에서 이익을 취하고 있는 듯했다. 보어전쟁(Boer War)에서의 고전으로 영국이 약해졌다는 징조가 드러났다. 독일은, 1871년 프랑스에 대패한 후 마침내 통일을 이루어 하나의 직접적인 위협이 되고 있었지만, 애덤스는 제정 러시아가-유럽에서 아시아 전역에 걸쳐-주된 위험을 대표한다고 경고했다. 애덤스는 러시아가 부서져 내리는 중국 제국의 북부로 침공해 남하하니 미국은 영국이 이전에 해온 균형 잡아 주기 역할을 영국으로부터 승계해야 한다고 믿었다.[5)]

미국의 지리적 위치, 상업적 및 해양 유산, 태평양의 광대성에 비추어 보면, 한 해군 장교가 새로운 시대의 최초의 전략적 비전을 제공할 수 있었음을 이해할 것이다. 알프레드 타이어 마한(Alfred Thayer Mahan)의 1890년의 저서 *해군력이 역사에 미치는 영향*(*The Influence of Sea Power Upon History*)은 하나의 고전이 되었다. 마한은 미국이 지구적 관점을 가진 해상세력이 되기를 원했다. 수어드(Seward)와 마찬가지로, 마한은 출발점이 미국 해군의 카리브해 지배였다고 인정했다. 서부 해안의 안보와 안전에 대한 미국의 관심은 미국을 태평양으로 또한 잡아당겼다. 마한은 다른 해안 즉 아시아에서의 세력 경쟁은 "토의되고 또 논쟁이 가능한" 상태로 남을 것이라고 보았다. 마한은 미국이 카리브해처럼 태평양을 지배하지는 않을 것이나 태평양에서 당당하게 항해하기를 원했다.

마한의 전략적 비전은 다른 외교적 요소들을 포함했다. 그는 수출과 수입을 포함한 무역을 진흥하기를 원했다. 마한은 1890년에 관세는 "방어에는 유리하나 공격에는 약하고 열악한 엔진과 총을 장착한 무거운 무장 현대판 철갑"과 같다고 적었다. 무역자유화는 미국의 영향력을 확장할 것이다. 그는 수어드가 하와이와의 무역상호조약으로 그 섬들을 미국의 궤도

안으로 끌어당겼던 방법을 관찰했다. 마한은 추가적으로 미국의 "도덕적 영향력"과 그 가치들이 점진적으로 정치적 해방과 자생적 공화정체 제도와 기관들을 고무하여 국제 질서를 좀 더 안전하게 만드는 데 기여할 것으로 믿었다.[6)]

1900년에, 마한은 일련의 연재물을 *아시아 문제 지(The Problem of Asia)*에 출판했다. 마한은 러시아의 팽창 때문에 두려움이 더욱 커진 세계적 경쟁자들, 미국, 영국, 일본, 그리고 아마도 독일 같은 해상세력들은 러시아 세력의 팽창에 두려움으로 촉발된 갈등을 반영했다고 적시하고 있었다.[7)] 러시아와 미국, 그 외 다른 대륙국가들은 자국들의 자연적 영토의 가장자리에 도착해 국경에서 서로 불꽃 튀는 경쟁을 벌였다.

유럽과 아시아 동맹들은 서로 엇갈리어 긴장의 서클은 더욱 팽팽하게 조여들었다. 프랑스는, 독일을 두려워해, 아직도 복수를 꿈꾸며 러시아와 손을 잡았다. 일본은, 러시아에 대항하여, 영국과 1902년에 방어 동맹을 맺었다. 그리고 영국과 프랑스는, 독일을 염려해 완벽한 하나의 동맹은 아니나 수 세기 간의 갈등을 넘어서는 협력을 의미하는 1904년 평화협정(Entente Cordiale)을 맺었다. 아직 영국-프랑스 사이의 전통적인 불신을 넘어서지는 못했으나.[8)] 이 새로운 시대의 각국의 국정운영 주체들은 자랑스럽고, 경쟁적이고 또 공격적인 국가에 대한 국민들의 충성심이 높아지고 있음을 인정해야 했다. 둘러 씨는 다른 국기를 든 같은 생각을 가진 애국자들을 세상에서 만날 수 있었다. 독일과 이탈리아의 통일은 한때 약하고 조정 당하던 독일과 이탈리아 주들이 새로운 세력으로 변모해 이웃 국가들에게 도전할 수 있었다. 일본은 아시아인들도 또한 빠르게 현대적 강력한 국가들을 건설할 수 있음을 보여주었다. 국수주의자(nationalist)들의 열기는 큰 국가들에게만 한정되지 않았다. 중앙 및 동유럽에서, 발칸인들을 포함하여, 애국적 모임들은 피가 낭자에게 흘렀을지라도 영광스러웠던 과거를 회상하고 빛나는

(그리고 여전히 유혈이 낭자한) 미래를 꿈꾸었다.[9]

중국 서로 먹기(The Scramble for China)

존 헤이는 당시의 미국의 커다란 외교적 도전들 중의 하나를 우리에게 잘 표현해 주었다고 보고되고 있다. "세계의 폭풍의 중심은 중국으로 점차 이동했다"고 헤이는 말했고, "대제국을 이해하는 사람은 누구라도 다음 5세기 동안의 세계 정치의 열쇠를 가지게 된다"라고 설명했다.[10]

비록 헤이는 유럽은 잘 알고 있었으나, 그의 이름은 동아시아에서의 미국 외교로 생긴 문제들에 영원히 각인되어 있을 것이다. 중국대륙에서 마지막 왕조가 허물어지고 외국 세력들이 중국을 "권리 양도"와 식민지로 잠식해 가고 있을 때에 헤이는 국무장관에 취임했다. 그는 그것을 "대약탈 게임(the great game of spoliation)"이라고 불렀다.[11] 유럽 세력들은 1천만 평방마일이 넘는 토지와 1억1천만 아프리카인들을 30개의 신식민지들과 보호령으로 나눈 "아프리카 서로 먹기 다툼(scramble for Africa)"을 이제 막 종료했다.[12] 대세력들은 다음으로 중국의 조각을 집으려 나섰다.

중국을 갈라 먹기 위한 첫발의 총성은 서부 유럽인들이 아닌 일본과 러시아에 의해 울려 퍼졌다. 1894~95년의 청-일 전쟁(Sino-Japanese War) 동안 급속하게 국제무대에서 부상하고 현대화되어가는 일본은 한반도에 대한 분쟁에서 중국의 함대와 군대를 쉽게 압도했다. '갈등'을 전공한 역사가는 최근에 전통적인 세력균형에서 이 지진 충격 같은 역전은 유교(Confucian) 세계 내에서의 조화를 부러뜨렸고 오래가는 영토적이나 정치적인 단층들이 여진으로 남았다고 설명했다.[13] 일본은 포모사(Formosa, 타이완)섬과 인근 페스카도르 군도[Pescadores Islands, 펑후(澎湖)군도]를 점령하고, 조선(Korea)에 대한 영향권을 선포했다. 만주(Manchuria)에 거점 하나를 확보한 러시아는 황해

(Yellow Sea)에 면한 부동항을 확보하고 일부 이익을 얻으려 일본을 압박했고, 10년 후에 러-일 전쟁(Russo-Japanese War)으로 이어질 마찰을 일으켰다.[14]

중국의 항구와 특전을 잡기 위한 경주는 단거리 경주였다. 독일은 칭타오(Tsingtao, 靑島)와 광산과 철도 권리를 확보했다. 영국은 포트 아서(Port Arthur, 뤼순, 旅順)에 대한 러시아의 통제를 막기 위해 발해만 건너편에 한 기지를 잡고, 홍콩(Hong Kong) 항구의 육지 쪽 카오룽(Kowloon, 九龍) 반도에 대한 장기간 임차를 요구했다. 프랑스는 자국의 신식민지 인도차이나(Indochina)의 북쪽 땅에 대한 조차를 강력하게 요구했다.

중국의 취약성은 19세기 중반부터 50년 동안 계속 증가했다. 인구는 1700년의 1억5천만 명에서 1850년에는 약 4억3천만 명으로 늘어났으나, 청조(Qing dynasty, 淸朝)는 인구 증가에 따른 사회간접자본시설을 늘리지 못해 식량을 충분히 생산하지 못했다. 빈곤, 굶주림, 노상강도들은 사회를 붕괴시키고 민중 봉기를 촉발시켰다. 이중 태평천국의 난(Taiping Rebellion)은 1850~64년에 걸쳐서 일어났고 청국을 완전히 거덜 냈다(역자주: 제1차 세계대전 동안 사망자 수 약 1천8백만 명 보다 더 많은 2천만~7천만 명이 사망했다.). 이 반란은 미국 내전[U.S. Civil War(역자주: 1861~1865년, 사망자 약 60만 명 사망)]과 시기적으로 일부 중복되었다. 런던은 홍콩을 1839~42년의 제1차 아편전쟁[Opium War(역자주: 사망자 수는 영국은 69, 중국은 약 2만 명)] 후에 하나의 식민지로 삼았고, 그 후 영국과 프랑스는 1860년 중국과의 제2차 다툼 이후에 그들의 거점을 확장했다. 1898~99년 무렵에는, 천조(天朝, Celestial Dynasty)는 비틀거리며 마지막 장으로 진입했다(역자주: 1912년에 망하고 중화민국 임시정부로 승계됨). 중국인들은 좌절했고 점점 더 절망적이 되어갔다. 외세들은 자신들의 동아시아 경쟁을 중국 지도상에서 벌이고 있었다.[15]

워싱턴 포스트(*Washington Post*)지의 한 헤드라인은 "멱살 잡힌 중국(China Taken by the Throat)"이라고 등장하는 위기를 요약했다. 베이징 주재 한 유럽

인은 *뉴욕타임즈*지 기자에게 "중국을 국제적으로 통제할 순간이 이제 왔다"고 말했다.16)

오늘날 미국인들은 이런 중국의 참사들을 회상하거나 심지어는 알지도 못하지만, 중국인들은 그것들을 공부하고 암송한다. 19세기의 이 수십 년의 기간은 중국인이 말하는 "굴욕의 세기(century of humiliation)"의 전반부에 해당한다. 현재의 베이징 지도자들은 21세기의 중국의 국제화는 자신들의 통제 하에 확고하게 머물러 있을 것이라고 주장할 것이다.

중국에 대한 미국의 경험(The American Experience with China)

미국인의 중국에 대한 경험은 유럽인들, 러시아인들, 일본인들과는 다르다. 미국인들은 중국의 상업적 잠재력에 대한 꿈을 오랫동안 키워왔다. 1784년에 로버트 모리스(Robert Morris)란 재력가는, 해밀턴을 워싱턴에게 재무장관으로 추천했던, *중국여왕(Empress of China)*이란 이름의 선박을 건조해 애팔래치아(Appalachia)에서 인삼 40톤을 싣고 칸톤[Canton, 廣東, 현재의 광저우(广州)]으로 갔다. 그 항해는 모리스에게 400퍼센트의 이윤을 벌어주었다. 흉내자들은 몰려들었다. 1790년에는 미국에서 28척의 선박이 칸톤으로 항해했다. 나폴레옹 전쟁 초기에는, 중국에서 미국 선박의 척수는 영국 다음의 2위였다 시장 접근을 위해, 양키들(Yankees)은 청조 관리들의 환심을 사거나, 영국 해군과 영국 상인들의 항적을 따라갔다. 1844년에 미국 사절 칼렙 쿠싱(Caleb Cushing)은 타국의 "최혜국(most favored nation)" 대우와 대등한 통상권리를 주는 하나의 조약을 미국에게도 달라고 청조에게 교섭했다. 영국 동인도회사(British East India Company)는 이를 "먹이를 열망하지만 죽이는 데는 결코 가담하지 않는 자칼 외교(Jackal Diplomacy)"라고 경멸했다.17)

큰 중국 시장에 대한 빛나는 꿈은 수평선 저 멀리서 늘 아주 매력적으로 보였다. 1895년에 중국은 미국 무역의 1%에 미치지 못하였다. 그러나 지난 10년 동안, 미국의 아시아에 대한 수출은 2천6백만 달러에서 7천3백만 달러로 거의 세 배 증가했다. 1980년대에는 중국은 미국 면화 수출의 절반을 사갔다. 기업들은 등유, 밀, 밀가루, 철, 강, 섬유 부문에서 이윤을 보았다. 1898년 중국 남부의 입구인 영령 홍콩과의 교역은 2배로 늘어났다.[18]

미국인들은 부와 동시에 영혼도 구제하기를 원했다. 1천명 이상의 선교사들이 1898년까지 중국에서 기독교인들을 증가시키고 보살폈다. 이 용감한 남녀 개종전문가들은 성경과 함께 현대성(modernity)을 전파했다. 선교사들은 학교와 병원들을 지었다. 그들은 중국인의 사후의 생(afterlife)과 함께 현재의 생활방식을 바꾸기를 원했다. 20세기 전반을 통해서, 선교사들과 그들의 자녀들은 미국 내 작은 마을의 주일학교(Sunday school)에서나 대학, 외교관 집단, 저서들, 정기 간행물, 심지어는 영화에서, 다른 미국인들에게 중국의 통역사가 되었다.[19]

1899년경 대통령 윌리엄 맥킨리(William McKinley)와 국무장관 존 헤이(John Hay)는 통상과 기독교를 덧붙이기 위해 중국에 새로운 관심을 가졌다. 스페인-미국 전쟁 중에 또 그 후에, 미국은 중국으로 가는 디딤돌들을 획득했다. 하와이(Hawaii), 사모아(Samoa)의 파고파고(Pago Pago)섬, 웨이크(Wake)섬, 그리고 마리아나 제도(Marianas)의 괌(Guam)과 동시에 필리핀(Philippines)이 그 디딤돌이었다. 미국 외교는 새로운 지리적 차원들을-북아메리카와 모든 아메리카 대륙을 넘어서-포함해야 했었다. 미국은 유럽과의 얽힘을 피하기를 원하는 한편, 아시아인들과는 얽히고 있었고 태평양에서 유럽인들과 부딪히고 있었다.[20]

존 헤이(John Hay)

존 헤이(John Hay)는 달변가였다. 그는 내전 동안 에이브러햄 링컨(Abraham Lincoln)의 두 명의 사적 비서 중 한 명으로 보좌했고 특별한 임무 이외에도 수많은 서신으로 그를 도왔다. 헤이는 시, 기행문, 소설, 신문 사설, 링컨의 10권짜리 전기[그의 백악관(White House) 동료였던 존 니콜레이(John Nicolay)와 함께], 그리고 문예 친구들인 마크 트웨인(Mark Twain), 헨리 제임스(Henry James), 헨리 애덤스(Henry Adams) 등과 나눈 유쾌한 서신들을 작성했다. 헤이는 유명한 웅변가이고 이야기꾼이었다. 그는 그의 예술을 그가 존경한 순직한 대통령과 나누었다. 그의 문장들은 미국-중국 정책에 깊이 각인되어 있다.

존 헤이는 중국에 대한 지속적인 정책을 입안할 가능성이 큰 비범한 인물이었다. 그는 태평양을 본 적도 없었고, 옐로우 스톤 파크(Yellowstone Park)는 그가 본 서쪽 끝이었다. 1865년 링컨 암살 후, 국무장관 수어드(Seward)는 헤이를 워싱턴에서 파리 주재 공관으로 나가도록 도와주었다. 헤이는 나중에 마드리드와 비엔나 공관에서 근무했으나, 전략적 통찰력보다는 문예적 관찰이 더 돋보이는 업무를 수행했다. 헤이는 1874년에 부유한 산업가의 딸 클라라 스톤(Clara Stone)과 혼인했고 그 혼인이 헤이를 행운아로 재도약시키는 계기가 되었다.

오하이오 공화당 서클 내에서 활동하면서, 헤이는 하원의원을 지내고 주지사를 역임한 떠오르는 인재인 윌리엄 맥킨리(William McKinley)를 만나서 재정적으로 중요한 순간마다 그에게 도움을 주었다. 맥킨리가 1896년에 대통령에 선출되자, 그는 헤이를 주영 대사로 임명했고 헤이는 탁월한 선택임을 증명했다.[21]

영-미간 경쟁과 때로는 다투던 지나간 긴 세월은 지나서 이제 영-미는 상호 수용과 심지어는 협력으로 기울어지고 있었다. 헤이는 미국 사촌들이 북아메리카와 카리브해에서 자존심을 내세울 때 영국인들의 자부심을 돋보이게 하는 능력을 발휘했다. 여왕 빅토리아(Queen Victoria)는 긴 재임기간 동안 수많은 외교 사절들을 상대했으나, 워싱턴 주재 영국 공사에게 헤이는 "내가 만나본 대사들 중에서 가장 흥미로운 인사"라고 말했다.[22)]

헤이의 전기 작가 중의 한 사람은 "조정자, 문제 해결사, 공명 판(sounding board)"으로서의 헤이의 재능을 인정했다.[23)] 헤이의 매력, 위트, 이야기꾼적 기술 덕분에, 그는 그저 좋은 친구였고, 역사와 참혹한 사건의 감을 생생하게 전달해 주는 노정객이었다.

스페인-미국 전쟁 후유증으로, 맥킨리는 카리브해, 유럽 세력, 아시아·태평양 등 빠르게 넓어지는 사안들에 관해 자신에게 자문을 해 줄 국무장관이 필요했다. 그는 헤이를 런던에서 불러올렸고 1898년 9월 30일에 그는 국무장관이 되었다. 외교관을 지냈고 그 시대를 공부하던 한 사람은 "헤이와 맥킨리는 죽이 잘 맞았다. 그 둘은 친했고, 남들에게 관대했고, 정치에서 실용적"이었다고 평가했다. [24)]

헤이의 국무부에는 사무원을 포함해 거의 90명의 직원이 워싱턴에서 근무했고 약 1,200명이 전세계에 산재하는 대사관, 공사관, 그리고 영사관들에 근무했다. 링컨과 수어드 시절에 대통령들은 전화와 전등을 백악관에 새로 추가했다. 헤이의 사무실은 백악관 인접 17번가 NW(17th Street NW)에 소재한 거대한 프랑스 제국풍의 국무, 전쟁, 해군(State, War, and Navy)부 건물 안에 있었다 [그리고 이 건물은 오늘날에도 아이젠하워 대통령 청사(Eisenhower Executive Office Building)로 사용된다.][25)]

헤이는 도움이 필요했다. 그는 35세의 학자-외교관-모험가인 윌리엄 우드빌 로크힐(William Woodville Rockhill)을 발탁했고 그는 가장 유명한 미국의 "중국통(China hands)" 중의 한 명이 되었다.[26)] 헤이는 1898년 로크힐을 그리스 방문에서 만났는데 로크힐은 거기에 체류하고 있었고 "심심해서 죽을 지경"이었다. 로크힐을 워싱턴으로 불러오기 위해, 헤이는 그를 미주 기구(Organization of American States)의 전신인 아메리카 공화국국(Bureau of American Republics)의 국장으로 임명했다. 그 거래는 정력적인 로크힐이 동아시아 사안들에 대해 헤이를 보좌할 시간을 발견할 것이라는 기대에서 나왔다.[27]

로크힐은 중국인들에 대해 특별한 애착이 없었다. 또한 그는 천자의 나라(Heavenly Kingdom)에서 미국 비즈니스를 일으킬 특별한 흥미도 없었다. 철도 부설자 해리만(E.H. Harriman)과 그의 수행원들이 자금성(Forbidden City)을 방문할 수 있도록 청 정부에게 청을 넣어 달라는 부탁을 거절함으로써 해리만과 그는 적이 되었다. 로크힐의 전략적 관심은 중국의 영토적 완전성을 보호하는 것이었다. 그는 장기적으로 동아시아와 미국이 개방관계를 확보하는 데는 이 점이 관건이라고 보았다.[28]

중국 정책의 씨앗들(Seeds of a China Policy)

헤이가 영국에서 근무하는 동안 중국에 관한 영국인 전문가 두 명이 헤이의 호기심과 즐거움을 더해 주었다. 한 사람은 아치볼드 콜쿠훈(Archibald Colquhoun)으로 1899년에 *변모하는 중국(China in Transformation)*이란 저서를 출판했고 헤이는 큰 관심을 가지고 읽었다. 콜쿠훈은 "모든 이를 위한 공간(room-for-all)"이란 원칙을 주장했다. 또 다른 영국 친구 찰스 베레스포드(Charles Beresford)는 영국 해군 제독과 하원의원을 지냈고 *중국 분열(The Break-Up of China)*이란 책을 저술했다. 베레스포드는 미국을 방문해서 중국을 살리자는 계획을 홍보했다. 여전히 중국에 체류하는 동안에, 베래스포드는 헤이에게 "개방(open door)정책이 유지되어야 하는 게 영국과 미국의 이익에 필수적"이라는 서신을 보냈다. 미국에서 비즈니스 그룹들과 만나면서, 베레스포드는 "개방 혹은 모든 이에게 대등한 기회(The Open Door or Equal Opportunity for All)"를 제안했다. 이 영국인들은 자국 정부는 너무 느리게 행동하니, 중국 내에 식민지나 개발권을 가지지 않은 미국이 중국의 붕괴를 막을 최선의 입장에 있다고 믿었다.

헤이는 영국이 미국을 움직여 러시아의 남진을 막고 영국의 상업적 이익을 보호하려 한다고 의심했다. [1823년 존 퀸시 애덤스(John Quincy Adams)도 영국의 제휴 제안에 대해 같은 의심을 했음을 주목하라.] 그는 미국은 중국의 분할을 반대하고 미국 여론은 "약탈"하려 잡아채려는 정책을 지지하지 않을 것이나, 현재로서는 최선의 정책은 공식적인 동맹 없이 우리의 상업적 이익을 보호하도록 바짝 경계하는 것"이라는 내용의 서신을 한 친구에게 보냈다. 아일랜드(Ireland)와 독일(Germany)로부터 최근에 온 이민자들이나 외교정책 전통론자들도 영국제국(British Empire)을 위해 런던과의 동맹을 맺는다는 아이디어를 좋아하지 않았다.[29]

1899년 여름 청국 항만 세관의 감독관 임무에서 휴가를 얻은 영국인 알프레드 히피슬리(Alfred Hippisley)는 그의 오랜 친구 로크힐과 헤이를 방문했다. 히피슬리는 하나의 실제적인 조치를 제시한 로크힐에 보낸 서신의 성과를 추적했다. 외국 세력들은 자국의 영향권 내에서 청국의 관세를 걷고 있었다 히피슬리는 미국이 모든 외국 세력들에게 청국 관세를 대등하게 적용하는 데 합의하도록 압력을 가하라고 요청했다. 그 계획은 기존의 외국 세력을 수용하면서도 차별 금지 조치를 증진하는 것이었다.[30] 8월에, 코넬대학(Cornell University)의 존경받는 총장이며 반-제국주의자인 제이콥 슈르만(Jacob Schurman)은 청국은 통째로 집어 삼켜질 순간에 처해 있다고 관찰했다. 그는 청국의 미래는 미국 외교정책에서 "하나의 그늘을 드리우는 문제"이고, 중국은 반드시 그 독립을 유지하고 "그 문을 늘 열어 두어야" 한다고 말했다.[31]

헤이와 로크힐은 행동하기로 작정했다. 로크힐은 히피슬리에게 외국 세력들이 동의할 수 있는 항목들을 제시하는 제안서를 준비하라고 지시했다. 로크힐은 히피슬리에게 청국의 영토보전과 독립을 거론하기를 요청했으나, 그 영국인은 "더 이상 줄일 수 없는 최소 수준"을 대신 주문했다. 헤이는 공통 항목을 찾고, 그것에 기초하여 아주 조금씩 쌓아 올려 국제협력이란 약한 중력으로 전체를 묶어 두는 히피슬리의 접근을 좋아했다. 장관은 로크힐에게 히피슬리의 메모와 다른 사안들을 넣어 이를 증류해서 하나의 새로운 문서로 만들라고 지시했다. 이 두 미국인은 그들의 족보가 어찌되었든지 중국에 대한 미국 정책의 저자들이 되어야 할 필요가 있다는 점을 인식했다. 일주일 후에, 로크힐은 최초의 개방(Open Door)에 관한 문건을 생산했고 헤이는 9월 초에 이를 전송했다.[32]

중국에서의 하나의 반란(A Rebellion in China)

그로부터 수개 월 이내에, 중국은 자국 내의 외국인에 대한 정책을 결정하기로 작정했다. 황제 미망인 서태후 시시(Cixi, 西太后)는 자신의 조카이자 개혁 황제 캉슈(Kuang Hsu, 光緖帝)를 1898년에 쫓아냈다. 벼락출세한 일본에 의해 최근 망신을 당한 전통주의자(traditionalist) 정부와 군대는 뻔뻔한 외국인들을 대적할 입장이 아니었다. 이전 왕조들에게 불행한 징조로 입증된 조건인 일련의 반란 사건들이 천조(Celestial Empire)의 위엄에 도전했다. 1899년 중국 북부 전역에서 가뭄이 일어나 굶주림이 휩쓸어 이미 자포자기 상태에 빠진 국민들에게 또 하나의 불만을 추가했다.

중국 북부의 산둥 지방(Shantung Province)에서 시작한 의화권(義和拳)들(Fists of Righteous Harmony)-외국인들은 그들의 무술의식에서 따서 권비들(Boxers)이라고 비하했다-이 급격히 일어나서 "외국 귀신들(foreign devils)"을 폭력적으로 공격했고, 중국 내의 모든 잘못은 외국인 때문이라고 비난했다. 권비들은 의화단을 조직해 도시 소재 외국인들과 중국 시골 전역에 퍼져 있던 외국인 선교사를 학살했다(역자주: 약 250명으로 추정). 또한 반란군들은 거의 1백만 명에 달하는 "모식 신자(謀食信者, Rice Christians)"를 광란적으로 살해했다. 반란군들은 현대성의 징후라는 것들을-외국과 연계된다고 생각하는 철도, 전신시설, 교회들을-모두 파괴했다. 광포한 서태후는, 그녀의 공식 주장과는 달리, 반란군을 안아 들이고 청제국 군대(Qing army)를 의화단에 합류하라고 명령했다.

폭력적 행동은 단시일내에 갑자기 높아져 외국 사절들은 그 위험을 알아채지도 못했다. 1900년 6월 5일에 의화단은 항구도시 티안진(Tianjin, 天津)에서 베이징(Beijing, 北京)으로 가는 철도를 절단했다. 청국 군대가 의화단 반군에 합류해 반란 군대의 숫자가 급격히 불어났다. 6월 15일 미국 공사 에드윈 콘저(Edwin Conger)는 "우리는 베이징에 포위되었다"라고 보고했다. 그리고 전신은 끊어졌다. 그 이후 45일 동안 435명의 군인들과 3명의 외국인들과 중국인 기독교인들은 자금성(Forbidden City) 옆의 외교 구역에 갇혔다. [이 역사적인 장소는, 오늘날 티안먼 광장(Tiananmen, 天安門 Square)의 동쪽에 있었고, 나중에 완전히 파괴되었다.]

한 줄기 희망이 중국 남부에서 왔다. 광저우(Gunagzhou, 廣州, Canton)와 양자강 이남의 지방 소재 관리(mandarin)들은 외국인을 공격하라는 청(Qing) 정부의 명령을 무시했다. 미국 관리들은 남부 관리들과 비밀리에 교섭하여 평화를 확보하고 중국인과 외국인의 생명을 구했다. 7월 3일에, 남부의 관리들은 단지 미국만이 전면전을 피할 수 있었다고 헤이에게 말했다. 이는 미국의 새로운 입장을 인정한 주목할 만한 사례이다.

두 번째 개방정책에 관한 문건(The Second Open Door Note)

한 각료 회의를 주재한 후(당시 대통령의 부재로), 같은 날 헤이는 미국은 중국과 전쟁을 고려하지 않는다고 선언했다. 그는 두 번째 개방(Open Door) 문건이라고 알려진 하나의 포고령을 또한 선포했다.

그는 외교적 외줄타기를 하고 있었다. 그는 분쟁을 억누름과 동시에 베이징과 중국 전역에 소재한 미국인을 구조할 필요가 있었다. 그는 중국의 약점을 약탈해온 제국 세력들의 불타는 복수심에 합류하는 모양새를 피하기를 원했다. 군사적 구조대를 지원하는 한편, 헤이는 외국 세력들은 의화단원들을 진압하고 시민들을 구하기를 원할 뿐이라는 신호를 중국 관리들에게 보내는 소통망을 유지했다. 확전은 중국에 재앙이 될 게 틀림없었다.

권비 반란(Boxer Rebellion)과 반란군들의 베이징과 다른 도시들의 포위로 중국 영토가 분할되는 하나의 새로운 흉측한 문이 열릴 수도 있었다. 미국은 영토나 중국 정부를 전복하기를 원하지 않았다. “내가 원하는 것은 고난이 지나갔을 때 중국과의 친선”이라고 헤이는 한 친구에게 말했다. 국내적으로는 헤이는 미국 선교사들의 생명을 구해야 했고 한편으로는 대통령 맥킨리(McKinley)의 가을 재선을 위해 반-제국주의자들(anti-imperialist)을 자극할 장기적인 개입은 피해야 했다.

헤이의 두 번째 개방 문건은 7월 3일에 외국 세력들에게 회람되었다. 그 메시지는 비상하고, 위험하고, 불확실한 상황에 처한 중국을 향한 미국의 정책을 설명했다. 비록 수신자들은 외국 세력들이었으나, 헤이는 중국 독자들을 향해 서두를 열었다. 미국은 미국 시민들을 해롭게 한 자는 누구든지 “최대한으로 책임”을 묻겠다고 선언했다. 그리고 청 정부에게 체면을 살리는 허구를 제공했다. 청 정부 당국이 반군들과 공공연하게 공모하지 않고 “자신들의 권력을 외국인 생명과 번영을 보호하는 데 사용”한다면, 미국은

"그들을 중국인을 대표하는 주체로 보고 평화와 우의를 유지할 것"이라고 선포했다.

그리고 헤이는 미국 정책의 당장의 목적은 "다른 세력들과 연합하여, 첫째로 베이징과 소통을 개시하고 위험에 처한 정부관리, 선교사들, 기타 미국인을 구조하고, 둘째로, 중국 전체에 걸친 미국인의 생명과 재산을 가능한 한 보호하는 것"이라고 설명했다.

마지막으로, 헤이는 장래를 보았다. 이 기회를 이용하여 로크힐(Rockhill)이 첫 번째 개방 문건에서 포함하기를 원했던 근본적인 점을 주장했다. 반란의 결과가 어떻든간에 또 심지어는 공사관의 운명이 어떻게 되든지 간에, 미국은 "중국의 영토와 행정 기관들을 보존하고, 조약과 국제법에 의거한 선의적 세력들에게 보장된 모든 권리를 보호하고, 전세계를 위해 중국 제국 전체와의 대등하고 공정한 무역의 원칙을 보호"한다고 천명했다.

헤이는 이 문건에 대한 응답을 요구하지 않았다. 그의 외교는 청국과 조약 세력들에게 적절한 단기 및 장기적 결과를 시사하고 제시했다.

외국 공사관 구조(The Relief of the Foreign Legations)

이제 행동이 말보다 더 중요했다. 7월 5일 *뉴욕타임즈*지는 "베이징 거주 외국인은 모두 죽었다"라고 보고했다. 실제는 그러하지 않았다. 헤이는 베이징 소재 미국인들과 다른 외국인들과의 접촉을 재개하려고 열망했다. 위기 전반을 통해 헤이는 워싱턴 주재 중국 공사 우 팅팡(Wu Tingfang, 伍廷芳)과 존경스러운 관계를 유지했다. 포위를 반대한 한 만주 장군을 통해 우 공사는 바리케이드를 친 공사관 구역 내에 있는 콘저(Conger) 공사에게 미국이 암호화된 메시지를 보내도록 배열했다. 콘저는 끔찍한 상황을 묘사하면서 빨리 구원해 달라고 응답했다. 콘저는 그의 응신이 진짜임을 확인해주기 위해, 그의 누이 동생 "알타(Alta)"의 이름으로 보내도록 지시를 받았다. 헤이는 7월 20일 "알타" 편으로 좋은 소식을 접수했다.

미국은 어떤 군대를 구출 작전에 동원할 것인지를 결정해야 했다. 뉴워크 함선(USS Newark)에서 파견된 해병대 50명은 이미 베이징 소재 공사관을 지키고 있었다. 당시 총 435명의 외국군이 공사관 구역을 지키고 있었다. 맥킨리 정부는 조약 세력들과 하나의 공식적 동맹을 맺는 것을 피하도록 제약을 받고 있었으나, 선박과 군대는 보내야 했다. 맥킨리는 2,500명의 군인과 해병대를 필리핀에서 파견했다. 동아시아에 전진 배치한 주둔군대(forward-stationed forces)의 편익을 세기 초에 시범한 셈이었다.

약 2만 명의 다국적 군대가 톈진(Tianjin, 天津) 소재 외국인들을 구원했고 여기에는 광산 기술자 허버트 후버(Herbert Hoover)와 그의 아내도 포함되어 있었다. 한 번 실패한 후 8개국 원정대는 베이징으로 공격해 나갔다. 미국이 중국과 전쟁을 한다는 인상을 피하기 위해, 미국인들은 그 작전을 "중국 구원 임무(China Relief Mission)"라고 작명했다.

다국적 군대는 8월 14~15일에 베이징의 외곽 성벽을 통과했고, 각 분견대는 반란군들의 맹렬한 저항을 개별적으로 뚫고 공사관 구역으로 들어갔다 권비들(拳匪, Boxers)은 포위된 생존자들에게 마지막 수일 간 맹렬한 공격을 퍼부었으나, 구조대에 의해 자신들의 방어벽이 뚫린 후에는 시골로 녹아 들어갔다. 단호한 방어자들 65명이 사망했고 150명이 부상했다. 7명의 해병대원이 쓰러졌다. 그 다음 다국적 군대는 복수에 불타 무고한 중국인들에 대해 약탈, 파괴, 살해를 자행하기 시작했다. 로크힐은 그 위기 동안 중국을 떠나 있었기에 후속 교섭에 참가하였다. 로크힐은 "훈련된 유럽의 군대가 몽골군이 13세기에나 했을 법한 행동을 곳곳에서 자행하고 있다"고 자신의 역겨움을 토로했다.[33]

화해 조건들(Peace Terms)

미국은 중국이 영토와 주권을 온전하게 유지하기를 원했다. *뉴욕 타임즈(New York Times)*지에 의하면, 맥킨리는 "과거에 대한 배상과 미래에 대한 안전"을 목표로 했다. 8월 28일 가장 긴 각료회의 후 맥킨리는 헤이의 중국에 대한 원칙을 반복하는 하나의 선언문을 발표했다. 대통령은 군대를 바로 철수하기를 원했으나 헤이는 미국 군대의 주둔을 좀 더 연장해 다른 외국 세력들에게 중요한 신호를 보내야 한다고 맥킨리를 설득했다. 헤이는 양자강 하구의 바로 남쪽에 있는 저우산 군도(Zhoushan Islands)를 하나의 기지로 사용하기 위해 점령하려는 해군의 의도를 봉쇄해야 했다. 수년 후에, 미국 관리들은 헤이의 신중함을 무시하고 미국의 태평양의 외벽을 아시아 본토로 확장해 엄청난 대가를 지불했다.

10월 19일, 중국 사절들은 중국이 국제법을 위반했음을 인정하고 배상금과 외국인의 안전을 약속하는 조건을 제시했다. 미국은 그 제안을 즉시 받아들여 교섭의 기초로 삼았다.

거의 일년 후인 1901년 9월 7일에, 청 정부와 외국 세력들은 "박서 의정서(Boxer Protocol, 辛丑條約 北京議定書)"에 서명했다. 권비 반군(Boxers)은 중국 주재 독일 공사를 죽였기에 베를린(Berlin)은 복수를 원했다. 반군을 지원한 모든 청국 관리들을 사형시켜야 한다고 요구한 독일의 주장을 로크힐과 콘저는 막았다. 단지 4명의 중급 관리가 그 대가를 치렀다. 미국인들은 자금성(紫禁城, Forbidden City) 옆에 국제군 요새를 건설하려는 계획도 봉쇄했다. 그 의정서는 외국 세력들이 군대를 중국 북부에 주둔시키는 조치를 허용했다. 톈진 주둔 미국 육군 15보병연대(Fifteenth Infantry Regiment)는 20세기 초에 활약하는 조지 마셜(George Marshall), 조지프 스틸웰(Joseph Stilwell), 매튜 리지웨이(Mathew Ridgeway)를 포함한 미군 장성들의 훈련장이 되었다. 이들은 각각 역사적 의무를 위해 아시아로 돌아왔다. 마지막으로, 미국 외교관들은 배상금을 3억3천5백만 금 달러로, 현재 금액으로, 70억 달러에 해당, 낮추라고 주장했다.

미국은 그 배상금 중 가장 작은 비율 7.5퍼센트를, 약 2천5백만 달러, 취했다. 1908년 미국에서 교육을 받은 주미 중국 공사가 요청해 의회는 1천4백만 달러를 장학금과 칭화대학(Tsinghua University, 清华大学)을 건설하는 방식으로 돌려주기로 결정했다. 칭화대학은 오늘날 중국의 최고 학습 센터 중의 하나이다. 1909년에 제1차 중국 학생 50명이 미국에 왔다. 이들은 박서 배상금 장학프로그램(Boxer Indemnity Scholarship Program) 대상자 총 3만 명의 남녀 학생들의 선봉대였다. 이는 풀브라이트 장학금(Fulbright Fellowship)의 전신으로 독립 중국의 현대화에 기여한 미국의 큰 업적이 되었다.[34]

로크힐은 경제 개혁을 또한 강력히 요청했다. 그는 청국이 미국 투자에 문을 열고, 하나의 안정적인 화폐를 설치하고 미국 상표 보호-오늘날에도 양국 간에 여전히 논쟁을 하고 있는-를 비롯한 모든 사안들을 이행하기를 원했다. 1903년에, 청국과 미국은 하나의 통상 조약에 서명했다. 불행하게도, 미국 내의 중국인 노동자들을 추방하고, 금지하고, 혹은 "황인종재앙(yellow peril)"을 살해하는 등 미국이 중국에 등을 돌려 이 조약의 전망을 흐렸다. 하원은 청국과의 조약을 위반하여 1904년에 중국인 축출 법(Chinese Exclusion Act)을 통과시켰다. 상하이(Shanghai)는 미국 상품을 보이콧하기 시작했다. 주 지앙(Zhu Jiang, 珠江, Pearl River)의 사공들은 미국 화물의 운반을 거부했다. 인력거들은 양키 고객을 무시했다. 미국은 최초의 세계 도처에서 중국인의 정치 결사 행동을 촉발했다. 1905년에, 루스벨트 대통령은 반-중국인 물결을 막기 위해 "우리가 중국에게 정의를 집행하지 않는 한 중국이 우리에게 정의를 집행할 것이라고 기대할 수 없다"고 설득했다. 그러나 그 피해는 이미 생겼다.[35] [역자주: Yellow Peril은 황색 인종이 백색 인종을 압도한다는 황화

(黃禍) 공포증으로 러시아 사회학자 자크 노비코프(Jacques Novikow)가 1897년에 처음 소개함. 청-일 전쟁 직후 1895년 4월 17일에 청-일간 화해 조약인 시모노세키 조약을 맺은 직후 일본의 팽창을 우려한 러시아, 독일, 프랑스가 4월 23일 삼국간섭(Triple Intervention)을 결성하여 일본의 이권을 박탈하려 시도했고, 일본이 이에 굴복함. 이 삼국간섭이 후일의 러-일 전쟁의 원인이 되었음. 러-일 전쟁(1904~1905)에서 일본이 이기자 독일 빌헬름 2세 황제(Kaiser Wilhelm II)는 아시아가 서부 유럽을 위협한다고 선동하여 독일과 러시아에서는 인종전쟁을 도모하고, 미국에서는 합법적 중국 이민자들이 백인들의 일자리를 위협한다고 선동해 1871년에는 중국인을 사적으로 처형하였음. 1899.8~1901.9의 의화단원들이 중국 내에서 서양인들을 대량 살해하자 아시아인 혐오증(Yellow Peril, Yellow Terror, Yellow Spector)이 서양에서 더 확산됨.]

헤이의 개방 외교의 의미(The Significance of Hay's Open Door Diplomacy)

학자들과 정책입안자들은 헤이의 개방 외교의 중요성을 오랫동안 토론해 왔다. 당시에, 헤이는 약한 패로 일을 한다고 인식했다. "우리는 우리 스스로 중국을 털기를 원하지 않는다. 우리 여론은 다른 국가들이 중국을 터는 것을 군사력으로 막도록 개입하는 것을 허용하지 않는다… "세상을 좌우할 권위를 부여한 우리의 걸출한 도덕적 지위"에 관한 문서들의 말은 단순한 허튼소리에 지나지 않는다고 그는 인식했다.36)

그러나 외교는 대개는 우월한 군사력을 휘두르지 않고 외교정책 경관(landscape)을 형성-국내와 국제적으로 지지자들의 눈에는-하는 것을 포함한다. 국가들은 중의(重義)적인(ambiguous)상황들에 직면한다. 편의주의적 해법들은, 확정적이지는 아닐지라도, 상황을 긍정적으로 살살 밀어줄 수 있다(nudge). 의도와 방향 선언문들은 시간이 지나면 향후 평가와 결정들에 영향을 주는 원칙(doctrine)이 될 수 있다.

미국 여론 지도자들과 대중들은 중국은 세계에서 중요했고 앞으로도 그러할 것으로 느꼈다. 그들의 생각은 옳은 것으로 드러났다. 전쟁 장관(그리고 나중에 헤이의 뒤를 이어 국무장관이 되는) 엘리후 루트(Elihu Root)는 중국의 해체는 "로마 제국 붕괴 후 인류 전체에 영향을 미치는 최대 사건이 될 것이다"라고 그의 아내에게 말했다.[37)]

마이클 그린(Michael Green)은 미국은 중국 자체와 태평양 경쟁자들을 선동할지도 모르는 중국 내의 강대국들 간의 경쟁을 누그러뜨리는 데 주력했다고 관찰했다. 마한(Mahan) 제독은 수 년이 지난 후에 개방정책은 "이익 충돌, [중국]에 관한, 다른 국가들 특히 유럽의 국가들, 미국, 일본"에 달려있었다고 보았다. 이들 국가들의 상대적 국력은 시간에 따라 변할 것이라는 점을 알았고 실제로 그러했다. 미국 입장에 지속적으로 무게를 실어준 것은, 놀랍지 않게도, "해군력"이었다고 마한은 결론지었다.[38)]

테디 루스벨트(Teddy Roosevelt)는 그의 후임자 윌리엄 하워드 태프트(William Howard Taft) 대통령에게 헤이의 창조물로 전략적 조건의 틀을 짜라고 서신을 보냈다. "중국 내에서 개방(Open Door)정책은 탁월한 것이었다. 현재까지 일반외교협정(general diplomatic agreement)으로 유지될 수 있기 때문에 그것이 미래에도 하나의 좋은 일이기를 희망한다. 그러나, 만주에서의 전체 역사를 통해서 입증되었듯이, 러시아나 일본의 지배 하에서는 그 '개방'정책은 강대국이 '개방'정책을 버리고 전쟁을 일으킬 위험을 기꺼이 감수하기로 작정하는 순간에 완전히 사라진다"고 루스벨트는 말했다.[39)]

다음 장에서 상세히 다루게 되지만, 이 난제에 대한 테디 루스벨트(TR)의 외교적 해법 중 하나는 일본과 러시아 세력 간의 균형을 잡아 주는 것이었다. 영국은 일본과 1902년에 하나의 해군 동맹을 구축하는 다른 길을 선택했다. 제1차 세계대전 후 1920년대에, 미국은 미국의 이익을 보호하는 데 필요한 해군력을 동원하기를 꺼렸기 때문에, 조약들과 해군 군축 회담(naval arms control)을 혼합해 세력균형을 유지하려 노력했다. 개방정책들은 헤이가 처음 선언한 후 20여 년이 지나 찰스 에반스 휴즈(Charles Evans Hughes)가 교섭해 국제 조약으로 발전되었다.[40]

후기의 외교적 노력의 실패는 1950년대에 조지 캐넌(George Kennan)이 개방정책을 미국 외교정책에서 잘못된 현실성을 결여한 하나의 대표적인 사례라고 지적하도록 만들었다. "대중을 향해 진실을 믿는 자는 일어서라고 말하고 있는 것과 같았다. 거짓말쟁이들은 어쩔 수 없이 맨 처음에 일어난다." 또한 미국은 자신의 말을 행동으로 지지하려 하지도 않았다고 캐넌은 지적했다. "우리 미국인들이 어떤 결연한 방법으로 충분히 지원하려고 준비하지 않거나 혹은 시행하는 경우 어떠한 특정한 책임을 수용할 준비가 되어있지 않은 것은 하나의 정책이 아니"라고 캐넌은 말했다.[41]

윌리엄 애플먼 윌리웜즈(William Appleman Williams)는 개방정책에서 다른 각도의 오류를 발견했다. 그의 저서 *미국 외교의 참사(The Tragedy of American Diplomacy)*에서 개방정책은 "비-식민주의적 제국의 팽창으로… 압도적으로 우세한 경제력의 미국식 체제를 전통적인 식민주의(colonialism)의 곤란한 상황과 비효율 없이 세계로 확장하는 근거를…" 구성했다고 주장했다.[42] 윌리엄스의 신-마르크스주의(neo-Marxist) 경제 결정론(economic determination)은 아무 근거가 없다. 일부 미국 자본가들은 중국 시장의 유망성에 대해 오랫동안 기대했으나, 1890년에 중국에 대한 수출은 총수출 중 0.3퍼센트로 거대한 미국 경제에 비해 아주 작았다.[43] 더구나, 모든 교역과 외국인 투자를 "제국주의"라고 낙인을 찍으면, 그 용어는 의미를 잃는다. 20세기 후반부를 통해, 많은 개수의 선진 및 개도국 경제들은 모두 교역과 외국인 투자에 의지하여 성장, 생활수준, 기술확산, 그리고 여러 다른 사안들에 대해 협력을 촉진했다. 1930년대 국제 교역과 투자에서의 미국의 철수는 확실히 중국의 번영 전망을 부양시키지 않았고 또 그 점에서는 유럽도 마찬가지였다. 실제로 여러 시대의 자유주의자들은 "미국 체제"의 연장으로 민주적이고 좋은 통치(良好統治)와 함께, 인간, 종교, 여성의 권리들을 포함했다.

이들 비평가들과는 대조되게, 경제사가 애덤 투즈(Adam Tooze)는 개방정책은 "하나의 믿을 수 없게 단순하지만 지대한 영향을 가져올 원칙"을 반영한다고 믿었다. 구식민 세력들이나 1900년대의 떠오르는 국가들과는 완전히 다른 미국의 전략적 세계관이었다. 투즈가 설명한 대로, 미국은 세계를 분할하는 걸 반대했고, 대신에 미국의 경제와 이념의 연성 권력(soft power)은 개방정책으로 확장되었다.[44]

개방정책은 실제로 다양한 이익들을 반영했다.-즉 경제는 확실히 포함했고 미국 안보, 중국의 영토보전과 현대화, 다른 외국 세력들의 공세 억제, 영혼과 삶을 구원하려는 선교사들의 희망을 또한 포함했다.

1900년의 세계에서 헤이의 말과 행동은 미국이 강대국의 반열에 올랐다는 점을 보여주었다. 그러나 당시 국제체제는 가장 파괴적인 세기의 벼랑으로 치달을 태세였다.

제6장

◆

시어도어 루스벨트

Theodore Roosevelt

세력균형(Balance of Power)

북동 아시아에서의 전쟁(War in Northeast Asia)

1904년 2월 8~9일에 일본의 어뢰정(torpedo boat) 수 척은 아서항(Port Arthur, Lüshun, 旅順) 정박지에 있던 러시아 극동함대를 기습했다. 일본은 2월 10일에 전쟁을 공식적으로 선포했다. 다음 수 주일 동안에, 일본은 대부분의 러시아 함대를 손상시켰고 나머지를 포위했다. 아서항 공격일 하루 전에, 일본함대의 한 사단은 러시아 함포선을 무시하고 서울 근처 조선 해안에 일본 제1육군단(Japanese First Army)을 상륙시켰다. 4만 명의 부대가 북으로 압록강(Yalu River)으로 이동했고, 거기서 최초의 육상 전투에서 러시아군을 압도했다. 만주(Manchuria)로 가는 길이 도쿄(Tokyo)의 군단들에게 열렸다.[1)]

그 다음 세기의 역정을 통해서, 이들 아시아 명칭들은 그리고 기습적인 일본의 해군 공격에 대한 경험은 미국인들에 더욱 익숙하게 변하였다. 1904~05년의 러·일 전쟁은 북동 아시아 안보의 조정실-중국, 러시아, 일본, 그리고 대한제국(역자주: 1897~1910년)의 역사적 교차로-에서 벌어졌다. 현재 우리가 북한(North Korea)의 핵 외교(nuclear diplomacy)를 통해 오늘날 다시 배우고 있듯이. 1982년 일본의 국영 텔레비전 방송국 NHK는 *포츠머스의 깃발*(Flags over Portsmouth)이란 제목으로 1904~05년 전쟁을 8시간 기록 드라마물로 시청자들에게 상기시켜 주고 있었다. 제목이 분명히 말해 주듯

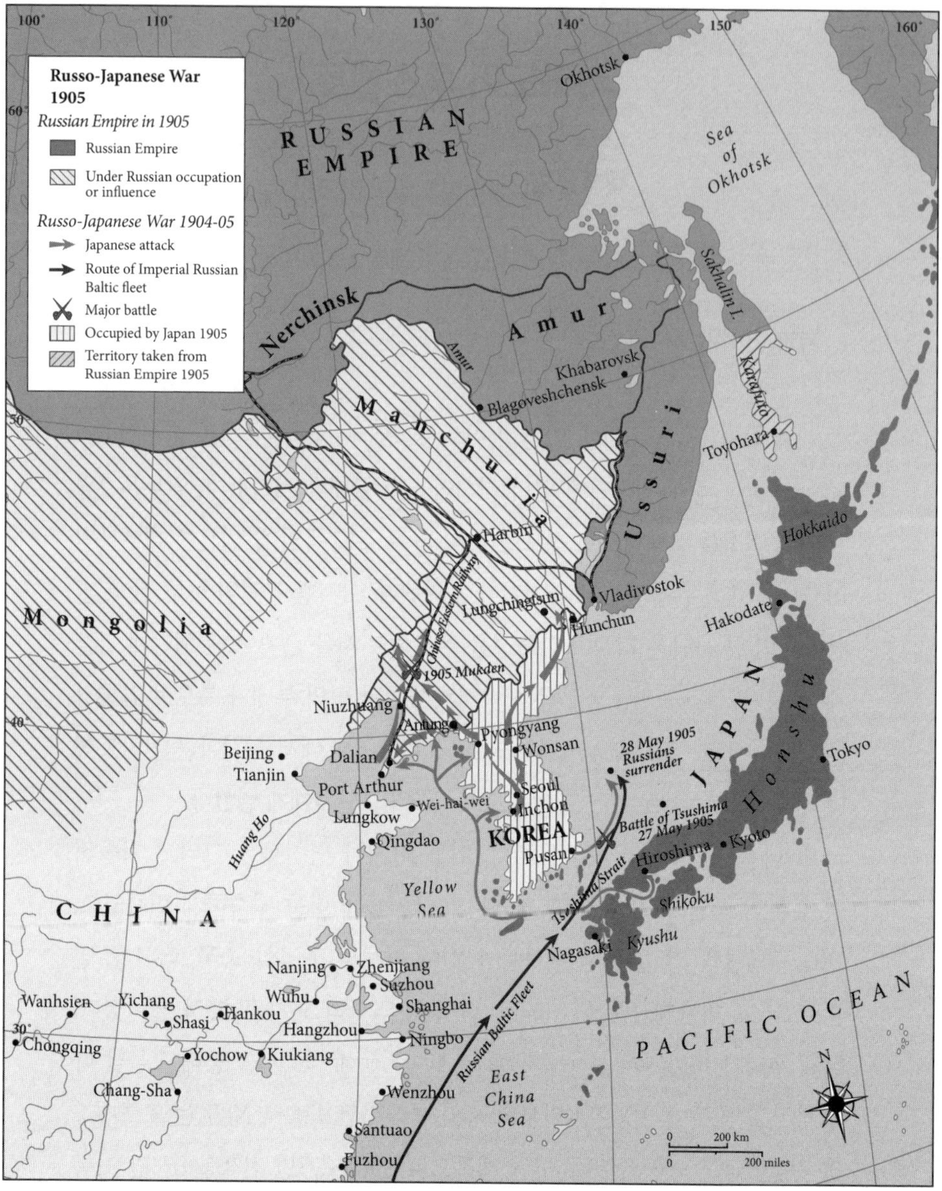
Russo-Japanese War
1905
Russian Empire in 1905
Russian Empire
Under Russian occupation or influence
Russo-Japanese War 1904-05
Japanese attack
Route of Imperial Russian Baltic fleet
Major battle
Occupied by Japan 1905
Territory taken from Russian Empire 1905
RUSSIAN EMPIRE
Okhotsk
Sea of Okhotsk
Nerchinsk
Amur
Sakhalin I.
Karafuto
Khabarovsk
Blagoveshchensk
Manchuria
Ussuri
Toyohara
Hokkaido
Harbin
Chinese Eastern Railway
Vladivostok
Lungchingtsun
Hunchun
Hakodate
Mongolia
1905 Mukden
Niuzhuang
Antung
Pyongyang
Wonsan
28 May 1905 Russians surrender
JAPAN
Honshu
Tokyo
Beijing
Tianjin
Dalian
Port Arthur
Seoul
Inchon
Wei-hai-wei
Lungkow
KOREA
Battle of Tsushima 27 May 1905
Qingdao
Huang Ho
Pusan
Hiroshima
Kyoto
Tsushima Strait
Yellow Sea
Shikoku
CHINA
Nagasaki
Kyushu
Nanjing
Zhenjiang
Suzhou
Wuhu
Shanghai
Wanhsien
Yichang
Shasi
Hankou
Hangzhou
Ningbo
Chongqing
Yochow
Kiukiang
Russian Baltic Fleet
PACIFIC OCEAN
Chang-Sha
East China Sea
Wenzhou
Santuao
Fuzhou
200 km
200 miles

이, 그 이야기의 주 장면은 지구 반 바퀴 떨어진 뉴햄프셔의 작은 마을 포츠머스에서 일어난다-테디 루스벨트(Teddy Roosevelt) 때문에.[2)]

일본과 러시아의 다툼은 러시아와 유럽 세력들이 일본을 압박하여 1894~95년의 청-일 전쟁에서 얻은 중국 내의 도쿄(Tokyo)의 영토적 이익들을 포기하게 강제한 때부터 상당 기간 부글부글 끓어오르고 있었다. 그 피해를 모욕하듯이, 의화단 반란 기간 동안에, 상트페테르부르크(St. Petersburg)는 5만 명의 군대를 만주로 진입시켜 일본이 러시아 압력에 의해 철수한 조차지(concessions)를 점령해 버렸다. 그 다음 수년 간 러시아는 중국의 동북 3성에 뿌리를 공고히 하고 조선(Korea)과 베이징을 향해 국경을 설치했다. 러시아는 시베리아 횡단철도(Trans-Siberian Railway)를 만주로 확장하고 아서항에 해군기지를 짓기 위해 25년간의 임차를 확보했다. 아서항은 주 선로에서 다른 지선으로 연결했다.[3)]

도쿄는 상트페테르부르크의 움직임을 평화적으로 막으려 노력했다. 1902년에 영국은 만약 도쿄가 대한제국과 청에 대한 다툼에서 하나 이상의 적을 만나면 일본에 도움을 주기로 약속하는 조약을 일본과 체결했다. 1903년에 일본은 러시아와 포괄적인 교섭을 추구했으나, 러시아는 청의 영토보전과 만주의 통제에 합의하지 않았다. 도쿄는 러시아가 대한제국 북부에 "중립지대(neutral zone)"를 설치하고, 실제로는 그것을 통제할 것이라고 러시아를 의심했다. 일본은 전쟁을 하더라도, 러시아를 만주로부터 몰아내야 한다고 결심했다.[4)]

루스벨트와 그의 국무장관 존 헤이는 아서항에 대한 일본의 침공에 놀랐다. 그러나 그들은 북동아시아에서 커지는 긴장을 잘 알고 있었다. 루스벨트는, 역사적인 감각으로, 과거 미국 독립혁명기와 내전 기간 동안의 러시아의 우호적 조치와 알래스카 매입의 선린을 존중했다. "러시아, 유럽세력 중에서 러시아가 유일하게 과거에 우리를 한결같이 지원"했다고 루스벨트는 1898년에 기록했다. 그러나 대통령이 되고 난 후에, 루스벨트는 러시아가 헤이의 개방 문건에 따라 당연히 개방해야 할 만주의 항구를 개방하지 않았을 때 분노했다. 대통령은 러시아 절대군주제의 오만한 행동에 대해 개인적인 혐오감을 키우고 있었다. 그는 1903년 러시아 유태인들에 대한 폭력의 파도를 공개적으로 비난했다.[5] (역자주: 1904~5년의 러시아의 반유대주의자 운동으로 1904년 유대인 49명 살해와 1,500개 주택 훼손을 시작으로 600여 차례 유태인을 집단적으로 학살함)

같은 해에, 루스벨트는 헤이에게 만주에서의 러시아의 행동은 저지되어야 하고, 미국 여론은 "그 사안에서 극단적 선택으로 가는" 경우에도 자신을 지지할 것을 믿는다고 말했다. 그러나 테디 루스벨트는 헤이의 실용적 평가는 옳다는 것을 인정했다. "나는 우리가 만주에 대해 전쟁을 하지 않을 것이라는 점을 우리가 아는 만큼 러시아가 안다고 당연히 가정했다." 헤이는 대통령에게 "우리가 할 수 없다는 단순한 이유로" 하원은 전쟁을 지원하지 않을 것이라는 편지를 보냈다. 그럼에도 불구하고, 러시아의 행동은 헤이의 마음을 괴롭혔다. 루스벨트와 헤이는 러시아는 "보기 드문 거짓 행동(extraordinary mendacity)"에 책임이 있다고 보았다. 그들은 냉혹하고 교활한 워싱턴 주재 러시아 공사 아르투로 카시니[Count Arturo Cassini, 의상 디자이너 올레그(Oleg)의 조부]의 행동에 특히 좌절했다. 헤이는 일본에 "폭력적 수단을 사용하도록 윙크"를 보내자는 아이디어로 루스벨트를 흔들었다. 상트페테르부르크는 항구 사용 권리를 반납하고 만주에서 군대를 철수하겠다고 다시 약속을 하면서 워싱턴을 달랬다. 러시아의 진정한 이익의 충돌은 일본과의 것이었다.[6]

우리는 루스벨트-헤이의 러시아에 대한 적대감이 일본을 움직이도록 부추겼는지 알 수는 없다. 일본이 치고 나가자, 루스벨트는 그의 아들에게 "나는 일본의 승리에 아주 매우 기쁘다. 왜냐하면 일본이 우리 게임을 대신해 주기 때문이다." 테디 루스벨트(TR)는 극동에서 일본을 러시아 팽창을 막아 주는 세력균형 추로 효과적으로 잡아 둘 수 있다고 인정했다. 전쟁이 일어난 첫 달에, 루스벨트는 가까운 그의 영국인 친구[테디 루스벨트(TR)의 두 번째 혼인식의 신랑 들러리를 섰]이고 상트페테르부르크의 주영 대사관에서 근무 중인 세실 스프링-라이스(Cecil Spring-Rice)에게 일본의 놀라운 승리는 "동아시아에 하나의 강대한 새로운 세력"을 창출했다는 내용의 서신을 보냈다. 아마도 둘 다 지칠 때까지 싸울 것이고, "하나의 황화(a yellow peril)"나 "하나의 슬라브화(a Slav peril)"도 아닌 평화의 기반을 만들어 낼 것"이라고 루스벨트는 생각했다.[7]

루스벨트와 국제 세력균형(Roosevelt and the Global Balance of Power)

루스벨트는 1904년의 세상이 "문명국가들(civilized nations)"과 "후진(後進)주민들(backward peoples)"로 구성되어 있다고 보았다. 그는 때로는 후자를 인종(racial)혹은 민족(ethnic)이란 단어로 설명했으나 그들의 "야만성(barbarism)"은 유전이 아닌 사회 발달의 한 단계로 인지했다. 예를 들면, 그는 일본의 현대화와 하나의 문명세력으로의 역할을 존중했다. 문명세력들은 아직 스스로 통치할 능력을 달성하지 못한 곤란에 처한 지역들의 주민들을 "감시(police)"하거나 "정신적으로 부추길(lift up)" 필요가 있어 보이지만, 루스벨트는 이 후진인들도 종국에는 문명화될 수 있다고 가정했다. 이 관점은 카리브해에서 후진 주민들의 약점을 이용하려고 위협하는 외국 세력들이 미국에도 위험을 초래한다고 생각한 테디 루스벨트(TR)의 카리브해 개입을 인도했다.

대통령의 주된 관심은 대형 문명국가들 사이의 경쟁이었다. 루스벨트는 힘이 세상사에서 가장 중요한 인자라고 생각했다. 그는 발흥하는 국수주의(nationalism)의 징조들을 읽었다. 그는 그것들을 과거 2천 년 간의 사람들의 이동과 사람, 기술, 그리고 사회적 진전의 맥락에서 파악했다. 실제로, 테디 루스벨트(TR)는 국수주의가 산업경제에서 생긴 "퇴행성 물질주의(degenerative materialism)"에 대한 하나의 "치료제(cure)"가 될 수 있다고 생각했다. 동시에, 루스벨트는 국가 세력의 현대적 기구들은 제퍼슨 시대의 잠재력을 훨씬 능가했고 심지어는 해밀턴이 수립하려고 염원했던 체계적 세력을 더 넘어섰다고 판단했다. 루스벨트 학자 존 블럼(John Blum)은 테디 루스벨트의 전면적인 추측을 "각 부분들이 연결되어 전체적으로는 분열된 것보다는 더 안락한 하나의 폭넓은 지적인 집(home)"으로 묘사했다.[8)]

폭풍이 몰아치는 당시 국제 질서에서 대통령은 그와 미국은 강대국들 사이의 평화를 증진할 책임이 있다고 믿었다. 스프링-라이스(Spring-Rice)에 대한 또 하나의 서신에서, 루스벨트는 국가 이익이 옳거나 그르다는 판단을 피했다. 비록 미국이 동의하지 않거나 대적할지라도, 타국이 왜 그 이익을 추구하는지를 이해할 수 있었다. "국가들은, 충돌하는 이익을 가질 수도 그리고 자주 가져왔고, 현시대에는 애국심(patriotism)이 세계주의(cosmopolitanism)보다 한참 앞서 있다."[9)] 그러나 루스벨트는 주요 세력들 간의 전쟁은 하나의 재앙을 낳을 것이라고 믿었다. 그러므로 그는 평화적인 세력균형을 통해 국제적인 경쟁자들을 억제하는 방향으로 이끌었다. 테디 루스벨트는 미국이 군림할 필요는 없고, 대신에 그들의 발호를 막고 평화적 협력을 다시 수립하도록 국제 질서의 변화와 위협에 대비하여 늘 깨어 있는 게 필요하다고 생각했다.

1905~06년 동안, 루스벨트는 두 개의 강대국 간 다툼을-하나는 북동아시아에서 그리고 다른 하나는 모로코(Morocco)에서-조정했다. 그의 노력은 평화를 확보했고 강대국의 국제 정치를 균형 잡히게 하는 미국의 외교적 기술을 과시했다.

테디 루스벨트는 러시아와 일본 사이의 중재를 검토하다

(TR Considers Mediation Between Russia and Japan)

러-일전쟁은 중국의 온전함과 미국의 개방정책을 위협했다. 전쟁이 일어나기 3주 전에, 루스벨트는 양측에서 전쟁을 하는 경우에 각 당사국은 중국의 중립(neutrality)을 존중한다는 비공식 보장을 받았다.[10)]

루스벨트는 전면적인 일본의 승리가 도쿄가 중국을 향하여-심지어는 태평양에서 미국의 이익을-공격하려는 자기확신에 기름을 부을 수 있다고 판단했다. 테디 루스벨트(TR)는 일본은 동아시아라는 단 한 가지 목표를 가지고 있으나 미국과 다른 국가들은 복수의 이익을 돌보아야 한다고 1904년 초에 스프링-라이스(Spring-Rice)에게 서신을 보냈다. 대통령은 일본의 군부의 대담함과 힘을, 특히 해군력을 주목했다.[11)]

1904년 내내 루스벨트는 일본과 러시아 사이를 중재할 가능성을 검토했다. 첫 총알이 발사되기 직전에 그는 도쿄 주재 미국 공사와 루스벨트의 또 한 명의 벗인 파리 소재 주미국 공사 장 쥬르 쥐스랑(Jean Jules Jusserand)을 통해 그 전망을 타진했다. 그러나 대통령은 다른 우선적인 일을 해야 했다. 그는 전쟁이 일어나던 해에 재선을 맞이했다. 그는 스스로의 힘으로 대통령에 당선되기를 원했다. 그리되면 그는 행동할 더 큰 자유를 가지게 될 것이었다.

그럼에도 불구하고, 쉬지 않는 루스벨트는 1904년 내내 생각을 하고 있었다. 6월에, 오이스터 베이(Oyster Bay) 소재 그의 집 사가모어 힐(Sagamore Hill)에서 긴 오찬을 하면서 주미 일본공사 다카히라 고고로(Takahira Kogoro)와 루스벨트의 하버드 동기이고 현재는 주미 특사로 온 가네코 겐타로(Kanko Kentaro) 공작과 국제 정세의 앞날을 논의했다. 대통령은 일본의 위대한 미래를 예측했다. 대통령은 일본의 황해에서의 이익을 미국의 카리브해의 것과 비교했다. 그러나 그는 일본은 초기 전쟁 목적을 넘어서거나 청을 분할하지 말도록 자문했다. 오만과 침략은 역화(backfire)를 일으킬 것이다.[12]

루스벨트는 도쿄는1895년 일본을 굴복시킨 것과 같은 하나의 "회합[congress"(역자주 삼국간섭, Triple Intervention, 청일 전쟁의 배상으로 청이 일본에 넘기기로 한 요동지방을 러시아, 독일, 프랑스 3국이 반대해 일본이 차지하지 못함)]은 반대할 것으로 인식했다. 대통령은 그러한 회합은 모든 세력들에게 청을 배분하도록 초청하게 될 가능성을 또한 우려했다. 일본은 러시아와 직접 교섭하기를 원했으나, 러시아를 믿을 수 없었다.[13]

루스벨트는 최근 1899년 헤이그 조약(Hague Convention)에서 인정되었고 여러 미국의 조약에서 인정된 "중재(good offices)"로 교전 상대자들을 이끌어낼 방도를 심의했다.[14] 1904년 11월에 재선이 된 후에, 테디 루스벨트는 조지 폰 렌게르케 마이어(George von Lengerke Meyer)를 로마에서 상트페테르부르크 공관으로 전보해 자신의 심복을 차르에게 심었다.[15]

1904년 내내 독일의 빌헬름 황제(Kaiser Wilhelm)는 차르에게 계속 싸우라고 재촉했다. 베를린은 프랑스의 동맹인 러시아를 흡수해 동방 전쟁에서 이익을 보았다. 황제는 상트페테르부르크 소재 그의 독재적 사촌에 유대감을 또한 느꼈고, 러시아를 하나의 새로운 제국적 파트너로 유지할 가능성을 가늠하고 있었다. 테디 루스벨트(TR)는 황제의 의견을 존중했고, 베를린에게 자기 생각을 주지시키고, 빌헬름의 우성을 사려고 했다. 적당한 때가 오면, 황제는 니콜라스 2세 차르(Czar Nicholas II)를 대응하는 루스벨트에 도움이 될지도 모를 일이었다.[16]

1905년 1월 1일 아서항 소재 러시아 요새는 항복했다. 일본은 거의 2만 5천 명의 러시아 군인들을 붙잡았다. 상트페테르부르크는 하나의 주요 태평양 항구를 잃었고 또 하나의 강력한 상징물을 잃었다. 러시아 내에서 혁명은 확 타올랐고, 차르에게 호소하기 위해 상트페테르부르크 소재 겨울

궁전(Winter Palace)으로 쳐들어오는 행진은 "피의 일요일(Bloody Sunday)"이라고 나중에 알려진 하나의 끔찍한 학살로 이어졌다. 외국 자본들은 러시아가 일본에 평화를 청구할 것으로 기대했으나, 불행을 역전시키려는 차르의 결심은 더욱 확고해 갔다. 독일 황제(kaiser)는 이제는 정전을 하거나 심지어는 평화합의를 할 시점인 것으로 고민하기 시작했다.[17]

루스벨트는 런던과 그 외 유럽 각지 수도에 파견된 일본 사절들과 화평조건들을 타진했다. 대통령은 일본은 아서항을 요구하고 대한제국을 자국의 영향권 내에 두기를 요구한다고 느꼈고, 실제로 대통령은 도쿄가 러시아를 억제하기 위해 그리해 주기를 원했다. 일본 외무장관 고무라 주타로(Komura Jutaro)는 만주는 중국 통제로 복원되기를 원했다. 러시아는 금전적인 배상을 해야 할 필요가 있다고 일본은 또한 암시했다. 일본은 만주에서 차르에게 남아있는 태평양 주요 항구인 블라디보스톡으로 가는 시베리아 횡단 철도에도 눈을 주었다. 일본은 모든 외세의 중재를 원하지 않았으나, 도쿄는 평화에 대한 어떠한 제안도 약함을 보이는 신호가 될 것을 두려워했다. 러시아는 전쟁을 끝낼 시점이라는 테디 루스벨트의 조언을 비공식 채널을 통해 거부했다.[18]

교착(Stalemate)

지상에서의 사실들은 자체적으로 복잡한 외교 논리를 생성시킨다. 1905년 3월 10일 그 당시까지의 현대사에서 최대의 전투로 알려진 대규모 군대들끼리 2주간에 걸친 충돌 후, 일본은 만주 남부 소재 묵덴[Mukden(여진어, 오늘날 쉔양瀋陽)]을 함락했다. 질서를 잃은 러시아 군인들은 북으로 도망쳤다. 지친 일본군은 적들을 둘러싸거나 추적할 수 없었다. 여기에 경제력이 향후 행보를 좌우했다. 일본은 전쟁 재원을 다 소진했고 재정적 압박에 직

면했다. 양측은 만주 내의 육상 전투에서 전략적 교착에 빠졌다.[19]

일본이 묵덴으로 진격하기 직전에, 일본 전쟁 장관은 도쿄 주재 미국 공사에게 싸움을 중지할 시점이라고 말했다. 군부는 사실 외무장관 고무라보다 앞서 있었다. 고무라는 러시아가 먼저 움직여야 한다고 믿었다. 상트페테르부르크는 멀리 아시아까지 온 발틱 함대가 승리를 건질 수 있는지 먼저 알아볼 필요가 있었다고 고무라는 올바르게 예측했다.[20]

3월 30일과 4월 2일에, 루스벨트는 일본, 러시아, 프랑스, 독일 사절들과 평화를 교섭했으나 아무도 움직일 준비가 되어있지 않다고 병든 헤이에게 알렸다. 루스벨트는 워싱턴 주재 러시아 공사 카시니(Cassini)에게 일본은 아직 러시아 영토를 조금이라도 취하지 않았음을 인정하라고 재촉했다. 일단 도쿄가 그리하고 나면, 러시아는 전쟁을 종료하기 위해 더 많이 양보해야 할 것이라고 말했다. 낭패감에 빠진 테디 루스벨트는 "차르는 1억5천만 인구를 가진 절대 독재자로서 가당치 않는 한 작은 인물이다. 그는 전쟁을 일으키지도 못했고 이제는 화해를 만들지도 못한다"라고 결론 지었다.[21]

첫 단계들(First Steps)

루스벨트는 6주간의 사냥여행을 떠났다. 상트페테르부르크에서 러시아 곰을 몰지를 못한다면, 서부 광야에서라도 진짜 곰을 쏠 작정이었다. 그의 부재 중 업무를 위해 전쟁 장관 윌리엄 하워드 태프트(William Howard Taft)에게 지시를 남겼다. 그러나 외교적 부분들은 하나의 새로운 형태로 조합되고 있었다. 러시아는 파리에서 새로 대출을 받지 못해 프랑스에 화해 교섭을 도와 달라고 요청했다. 다만 상트페테르부르크는 최소 한도의 양보를 암시했다. 그러나 프랑스는 모로코에서 독일과 충돌 위기에 직면해 있었고, 세계적으로 갈등은 확대되는 조짐을 보였다. (오래전부터, 테디 루스벨트의 상대자들은 조용하게 모로코를 지원하는 것과 유럽 세력균형에 관해서도 그에게 접촉해오고 있었다.)

프랑스의 중재 탐색은 일본내각이, 4월 8일과 17일 회의 후에, 루스벨트가 그의 "중재(good offices)"에 두 교전국을 불러올 수 있을지를 평가해 보기로 하는 결정을 촉발했다. 그러나 고무라의 4월 18일자 메시지는 아직은 직설적으로 요청하지는 않았다. 서부로부터 온 대통령의 답변은 직접적인 교섭이 필요하다고 동의했으나 개방정책, 청 그리고 도와달라는 특정한 요구에 대한 일본의 입장을 이끌어 내기를 추구했다. 대통령은 자신의 목표를 가지고 있었고 유용하게 사용하기 위해서는 지렛대와 의무감이 필요했다. 그때 일본은 테디 루스벨트의 도움을 요청하는 분명한 요청을 비공식적으로 전달했다. 그러나 테디 루스벨트는 시간이 아직 성숙되지 않았다고 판단했다. 상트페테르부르크에서 온 소식에 의하면 전쟁 지속에 대한 차르의 결심은 확고했다. 일본은 금전적 배상과 러시아 영토 일부를 할양해 달라고 요구했고 이는 또한 대통령을 괴롭혔다. 그 요구들은 비현실적이고 일본에게 별 편익이 없다고 대통령은 생각했다. 추가적으로, 루스벨트는 도쿄에게 러시아 발틱 함대가 긴 여정을 마친 후에 일본 해역에 곧 들어선다고 지적해 주었다. 러시아인들은 하나의 서곡을 하나의 공포의 신호로 읽을 것이다.[22)]

양국의 대함대가 5월 27~28일에 쓰시마(Tsushima)섬 인근의 대한해협(Korean Strait)에서 충돌했다. 토고 제독의 함대는 러시아 함선들의 정렬선 "T를 가로 질러(crossed the T)" 통과했고, 일본군의 포는 4척의 러시아 전함을 가라앉혔다. 그날 밤 일본 어뢰선들은 차르의 나머지 함대를 산산조각 내버렸다. 도쿄는 한 척의 주요 선박도 잃지 않았다. 루스벨트는 "전투가 아니고 하나의 궤멸과 대량학살이 될 줄 아무도 예상하지 못했다"고 상원의원 헨리 카보트 로지(Henry Cabot Lodge)에게 서신을 보냈다. 이 장대한 전투는 일본 전사 신화(warrior myth)의 정신적 고지를 더 올려 주었다. 1941년 12월, 펄 하버(Pearl Harbor)를 공격한 일본 함대는 선두 항공모함의 마스트에1905년 러일전쟁 당시의 지휘 깃발을 날렸다.[23]

루스벨트의 외교적 공세(Roosevelt's Diplomatic Offensive)

차르를 하나의 외교적 공세에 몰아넣은 루스벨트는 이제 움직이기 시작했다. 워싱턴 주재 독일 공사로 대통령의 가까운 친구인 스펙 폰 스턴버그(Speck von Sternberg)는 러시아 동료 카시니(Cassini)에게 현실을 직면하라고 압박했다. 독일 황제 카이저도 테디 루스벨트(TR) 편에 달려 들어왔다. 빌헬름은 "러시아인들이 차르를 죽이려 한다"고 말하고, 그리되면 모든 군주들이 위험에 처하게 될까 우려했다. 루스벨트는 카이저가 니콜라스를 설득하는 것을 환영했으나, 대통령은 미국이 일본을 쥐어짤 수 있다는 독일의 기대를 부추기지 않도록 주의했다. 테디 루스벨트(TR)는 프랑스의 협조를 희망했으나, 파리는 모로코를 염려해 러시아와는 아무 외교적 대가를 치르고 싶어하지 않았다.[24]

루스벨트는 카시니를 6월 2일에 만나 화해 회담을 수용하라는 그의 요구를 차르에게 전달하도록 요청했다. 테디 루스벨트는 분명하게 러시아의 절망적인 입장을 말했다. 그 다음에 어느 국가도 먼저 나서지 않으면 양국이 직접 만나도록 초청을 하겠다고 말했다. 대통령은 이미 일본의 합의 의향을 주머니에 넣고 있었으나 일본이 합의하도록 설득할 수 있다고 생각한다고 말했다. 카시니가 온전하게 직접적으로 메시지를 전달할 용기를 가지지 못한 것으로 의심하여, 루스벨트는 새로 부임한 마이어(Meyer) 공사에게 그 제안서를 차르에게 몸소 제시하도록 지시했다. 테디 루스벨트는 "중개인 없이(without intermediaries)" 직접 대화를 촉구했다. 당사자들이 만난 후, 필요하면 제3자들의 "제안들(suggestions)"을 심의할 "충분한 시간(time enough)"이 있을 것으로 생각했다. 대통령은 만주의 하얼빈(Harbin)과 묵덴(Mikden)사이의 한 지점에서 회담을 열 것을 제안했다. 그 이유는 "아무도 대통령이 워싱턴을 회담 장소로 선택하기를 희망한다고 믿지 않도록" 하기 위해 그리했다고 그의 친구인 프랑스 공사에게 설명했다. 테디 루스벨트(TR)는 당사자들이 만나기를 약속하고 자신들이 입장을 선언하도록 조치했다. 그는 도쿄와 상트페테르부르크가 어려운 결정을 회피하고 타인들이 자신들의 문제를 해결해 주기를 바라는 것을 허용하기를 원하지 않았다. 그러나 워싱턴 회담에 대한 복안은, 거기서 그가 한 역할을 할 수 있다는 생각이, 위험하기는 해도, 대통령의 마음에 있었다.[25]

차르와 그의 보좌관들 사이에 논쟁적인 회의가 있었던 날 다음 날 6월 7일 마이어는 차르 니콜라스 2세를 한 시간 동안 만났다. 경계심 많은 차르는 일본이 러시아 영토의 일부라도 점령하기 전에 화해 가능성을 탐색해야 한다고 결정했다. 차르는 카이저로부터 방금 같은 말을 들었다. 니콜라스는 차르의 양보를 "절대적으로 비밀"로 지켜줄 루스벨트를 신뢰하는 수밖에 없었다. 의견 교환의 말기에, 마이어는 니콜라스가 안도하는 것으로 느꼈다. 차르는 양국이 우의 관계를 연장할 수 있다는 니콜라스의 희망을 대통령에게 전달하도록 마이어에게 요청했다. 테디 루스벨트는 차르의 신임을 얻었다고 마이어는 전달했다.[26]

아직 루스벨트는 고상한 감정과 대화로 외교적 입장을 떠나고 있지 않았다. 마이어가 차르를 만나기 바로 전날에, 카시니는 루스벨트의 서곡에 대하여 이전의 공식적이고 부정적인 러시아의 답신을 전달했다. 감명받지 않은 대통령은 카네코(Kaneko) 공작에게 일본은 러시아의 사할린에 즉각 쳐들어가 이를 점령하고 러시아에게 전쟁을 계속하는 대가를 날카롭게 상기시키라고 건의했다. 마이어는 차르가 동의했다는 좋은 소식을 타전했고, 루스벨트는 즉각 타카히라(Takahira) 공사를 불러 그 보고서를 공유했다. 루스벨트는 일본인들과도 인적 자본을 쌓고 있었다. 나중에 꺼내 쓸 필요가 있을 것이라고 그는 알고 있었다.[27]

포츠머스에서의 하나의 회담(A Meeting in Portsmouth)

6월 8일, 대통령은 일본과 러시아에 공식 초청장을 보냈다. 그는 시간과 장소를 배열하기를 지원한다고 제안했다. 양 당사자들은 2차적 사항들에 대해 옥신각신하기 시작했고 각자의 이점을 돋보이게 하려고 교묘히 움직였고, 심지어는 기존 약속에서 물러나기까지 했다. 그러한 여진들은 국가들이 어려운 결정들을 한 후에는 흔히 있는 일이었다. 가장 평온한 시간에도 안달을 하는 테디 루스벨트에게는 망설이는 건 기질적으로 맞지 않았다. 러시아의 경우에, 문제의 일부는 테디가 직접 차르에게 가서 결심을 받아야 한다는 점이었다. 러시아의 사절들은 잘 모르거나 전쟁과 차르의 결정에 관한 심기가 나쁘거나 혹은 자신들을 보호만 하고 있었다. 대통령은 로지(Lodge)에게 "러시아는 아주 부패했고, 아주 기만적이고 구린 데가 많고, 아주 무능하다. 그래서 나는 러시아가 화해를 할지, 교섭을 언제든지 깨어 버릴지 전혀 말할 수 없다"고 말했다. 늘 직설적인 루스벨트는 "그가 거짓말하고 있다는 것을 귀하가 알고 있다고 그가 완전히 알고 있을 때에도 [러시아 방식] 여전히 거짓말을 하므로" 특히 싫어했다. (외교업무에서의 도전 중의 하나는 의도적인 움직임을-좋든 나쁘든-필연적인 실수, 의사 불통, 지연과 구분하는 것이다. 다른 하나는 거짓말쟁이를 알아채는 것이다.)[28]

여러 회담 장소들을 바꾼 후에, 도쿄와 상트페테르부르크는 그들의 두 번째 선택인 워싱턴에 합의했다. 워싱턴의 여름 열기와 습기 와중에 교섭을 하는 고통을 인정해(에어컨이 나오기 전), 루스벨트는 당사자들이 뉴 햄프셔

(New Hampshire), 포츠머스(Portsmouth) 인근의 포츠머스 해군 공창 내에서 만날 것을 제안했다. 시설은 실제로는 메인(Maine)주의 키터리(Kittery)지방인 섬에 있었다. 대표단들은 포츠머스에서 숙식하고 삼엄한 경비가 제공되고 국제 통신 시설이 완비된 해군 공창(Navy Yard)에서 회담을 할 수 있었다.29)

여행 거리를 보면, 그 회담은 8월 초까지는 열릴 수 없었다. 러시아는 휴전을 원했고 일본은 거부했다. 테디 루즈벨트는 도쿄의 이유를 이해했다. 일본은 사실 일본 본토 북쪽에 있고 러시아 해안 바깥에 있는 사할린(Sakhalin)섬을 공격할 채비를 마쳤다. 1875년에, 러시아가 사할린을 획득하는 대신에 일본이 쿠릴열도(Kuril Islands) 중 남쪽의 작은 섬들을 갖는 것으로 일본은 러시아와 합의했다. 일본은 7월 초에 공격을 시작하여 상트페테르부르크에게 교착의 대가를 상기시키고 러시아가 언젠가는 일본 근처에서 해군 작전을 재개하기 위해 사용할지도 모르는 태평양 해안을 더 축소하려 했다. [제2차 세계대전 후 소련(USSR)은 사할린과 쿠릴 제도 모두를 차지했다. 냉전 종료 후에 일본은 작은 섬들을 되찾으려 했으나, 아직까지 소득이 없다.]

외무장관 고무라와 주미 공사 타카히라가 일본 대표단을 이끌었다. 일본은 육상과 해상에서 상대를 박살내는 대승을 했기 때문에 어느 화해 조건도 일본 국민을 만족시킬 수 없다는 점을 인식하고 있었다. 4월에, 일본 내각과 고위 지도자들은 사할린 점유와 금전적 배상금을 러시아가 부담하도록 압박하는 것이 필수적인 목표는 아니라고 결정했다. 그러나 고무라는 둘 다를 간절히 원했다. 루스벨트는 고무라의 조건들, 특히 금전적 요구를 마땅치 않게 여겼다.30)

위테가 무대로 들어오다(Witte Steps onto the Stage)

니콜라스는 러시아 대표단을 구성하는데 더 큰 어려움을 겪었다. 그는 세르게이 위테(Sergei Witte)를 피하려고 했다. 그는 이전에는 강력한 재무장관이었고, 러시아 경제의 현대화 추진자이고, 차르의 부친인 알렉산더 3세(Alexander III)에게 충실한 자문관이었다. 걸걸하고 직설적인 위테는 6피트 6인치의 거구로 젊은 차르의 눈 밖에 났다. 위테는 동부에서 러시아 철도를 설계할 때 일본과의 다툼을 피하도록 노력했다. 차르는 다른 이들이 그 임무를 거절한 후에 위테를 할 수 없이 불렀다. 니콜라스는 평화를 원하지만 "코펙(kopeck) 동전 한 개도 일인치의 러시아 영토도 내줄 수 없다"라고 선언했다. 위테는 "하수관이 청소되어야 하면, 그들은 위테를 보낸다"고 후임으로 온 재무장관에게 말했다. 위테는 자신의 임무는 교섭자이기보다는 희생양 역할로 끝이 날 가능성이 크다고 의심했음에 틀림이 없다.[31]

위테가 회담을 준비하고 있을 때에도, 러시의 상황은 약해지고 있었다. 1905년 여름, 여러 여러 도시에서 파업이 일어났고 절반이상의 지방에서 농민 봉기가 일어났다. 오데사(Odessa)항구에 정박 중인 *포템킨(Potemkin)* 전함에서 선원들이 반란을 일으켜 총으로 차르 군을 공격했고 루마니아(Romania)의 한 항구로 도망갔다. 러시아는 평화가 필요했으나, 차르는 국내에서나 극동(Far East)에서 약함을 감히 보일 수 없다고 느꼈다. 러시아는 외국인의 침공을 잘 막아냈고, 심지어는 모스크바를 점령한 나폴레옹에게도 승리했다는 사실을 국민들에게 상기시켰다. 일본인들은 모스크바(Moscow)로부터 멀리 떨어져 있고 시베리아(Siberia)의 중심에서도 멀리 있었다. 아마도 러시아는 일본군의 지나친 확장이 끝날 때까지 기다릴 작정인 듯했다. 루스벨트는 문제를 느꼈다. "일본에게는 좋은 거래를 할 권리가 있다. 그리고 나는 일본의 요구가 과다하다고 생각하지 않는다. 그러나 러시아는 우매함에 잠겨 있고 정부는 형태가 없어서 도대체 자신들이 무엇을 원하는지도 진짜로 모른다."[32]

한 세기도 더 지나서, 나는 러시아 재무부 소속 젊은 현대화 담당 관리에게 위테의 명성을 물어보았다. 그들은 1917년 공산혁명 이전에는 인상적이었으나 결국에는 없었던 일로 되어 버린 그의 노력을 존경했다. 실제로 21세기 러시아 재무 전문가들은 그 위대한 인물의 족적을 밟아 나가는 것을 자랑스럽게 여겼다. 그러나 러시아 역사는 러-일 전쟁을 종료하는 데서 위테의 역할에 관해 양면적이라는 점을 경고했다. 훌륭한 교섭자라도 지는 편에 서면 그림자 속으로 사라지는 운명을 맞는다.[33)]

루스벨트의 준비(Roosevelt's Preparations)

루스벨트는 양 당사자들의 명분을, 특히 도쿄가 무엇을 원하는지를, 추론하면서 8월 회담을 준비하고 있었다. 전쟁의 확대에는 너무 비용이 많이 들고, 러시아 영토를 얻어도 일본에게는 소용이 없을 것이다. 러시아가 그 섬들을 수복하려고 공격 기회를 노릴 것이므로, 도쿄는 그 섬들을 방어해야 할 것이라고 루스벨트는 생각했다. 테디 루스벨트는 아시아 지역에서의 일본의 우세는 아시아-태평양에서 미국의 이익을 위협할 것이라는 점을 또한 생각했다.

일본의 전쟁 비용, 부채, 줄어든 신용은 도쿄를 파산 직전으로 몰고 가고 있다는 점을 루스벨트는-아마도 해밀턴은 알았을-완전히 파악하지 못했다. 일본 정부는 나중의 두 차례의 세계대전에서 한 것 같은 장기간 전쟁에 자체적으로 돈을 조달하는 기법을 아직 배우지 못했다.

대통령은 영국의 동맹인 일본이 요구를 줄여주도록 영국에게 일본을 압박하라고 요청했으나, 소용이 없었다. 중앙아시아와 남아시아에서 러시아와 "그레이트 게임(Great Game)"을 오랫동안 벌여온 영국은 그에 매몰되어 동아시에서 안보 균형을 새로 수립함에 따른 편익을 보지 못했다. 런던은 또한 루스벨트의 중재 성공률을 낮게 보고 있었다. 고무라(Komura)와 타카히라(Takihira)는 회담 직전에 사가모어 힐(Sagamore Hill) 소재 루스벨트 자택을 방문해 우선순위를 정하지 않은 그들의 요구사항을 열거했다. 대통령은 블라디보스톡의 무장해제나 중립항에서의 러시아전함의 항복 등 2차적인 사안들을 삭제하자고 일본대표단에 건의했다. 테디 루스벨트(TR)는 배상금에 관한 고무라의 요구에 집중했다. 그는 러시아가 강력히 저항할 것이라고 경고했다. 여러 차례에 걸쳐, 루스벨트는 "배상금(indemnity)"이란 단어를 사용하기를 피하고 대신에 변제[reimbursements(러시아 전쟁포로 숙식비 등)]에 대한 지급을 연계하고 총액을 크게 삭감했다. 그는 성사를 위해 유연성을 필요로 했다.

루스벨트와 위테의 회담은 얼어붙었다. 오래된 유럽식 경의를 표하는 매너를 기대하면서 성장한 위테는 대통령의 비공식적인 태도에 호감을 느끼지 못했다. 더욱 중요한 점은 테디 루스벨트(TR)는 러시아의 입장에서 양보할 의사가 없음을 느꼈다- 왜냐하면 위테는 합리적일 수 있는 여지를 가지지 못했기 때문이다. 낙담한 루스벨트는 러시아인들은 자신들이 처한 위험에 무지하고 또 화해에 뜻이 없다고 생각했다. 그는 테프트에게 화해에 대한 기회는 하나의 "동전던지기(tossup)"처럼 반반이라고 말했다.34)

실제로, 위테는 화해를 원했다. 파리를 경유하던 중, 프랑스는 배상금을 위해 융자를 해 줄 수는 있을지 모르지만, 더 이상 전쟁 자금을 빌려줄 수 없다는 점을 못박았다. 위테는 체스판이 부분들의 배열을 바꿀 새로운 배열를 찾아 움직일 여지를 만들려고 노력했다. 파리에서 그는 러시아, 프랑스, 독일과의 새로운 조합을 제시했다. 런던에서는 새로운 일본과 러시아간의 연대에 대한 가능성을 타진했다. 위테는 이런 방안들을 떠나기 전에 차르에게 보고했다.

미국으로 이동하는 동안, 웨테는 하나의 계획을 세웠다. 그는 도착 즉시 "민주적 단순성과 우월감의 그늘을 벗어버리고" 미국 언론과 대중들에게 호소하려고 작정했다. 그는 뉴욕주식거래소(New York Stock Exchange), 태머니 홀(Tammany Hall)을 방문했고 또 러시아 이민자 사회를 방문하여 러시아계 유태인들에게 연설까지 했다. 대표단 전원은 뉴욕 시(New York City) 소재 러시아정교회(Russian Orthodox Church)를 방문했다. 그는 화해를 원했으나 대가는 지불하지 않는다는 점을 분명히 말했다. 위테의 명예와 장기간의 전쟁을 감내할 준비가 되어있다는 주장은, 루스벨트를 아주 분노하게 했지만, 차르가 위테에게 협상 타결을 위해 감내하도록 허용한 작은 희생이었다.[35]

교섭 시작되다(The Negotiations Begin)

1905년 8월 5일 오이스터 베이(Oyster Bay)에 정박한 대통령 전용 요트 *메이플라워(Mayflower)*호에 탑승한 대표단들을 대통령은 세련되게 서로에게 소개했다. 테디 루스벨트(TR)는 좌석 배치에서 올 마찰을 피하기 위해 기립 오찬을 주관했다. 그는 양국의 군주들과 국민들을 위해 한 번의 건배를 행해 어느 쪽도 우선적으로 대우하지 않았다. 젊어 보이는 대통령은 친척 아저씨 같은 정신으로 긴장을 풀려 노력했다.

이제 포츠머스(Portsmouth)로 이동해온 대표단들의 차례였다. 웨테는 J. P. 모건(J. P. Morgan)이 제공한 특별기차를 타고 오는 길에 보스턴과 하버드를 방문했다. 위테가 기차에서 내릴 때, 그는 기관사와 악수를 했다. 기자 한 명은 거구의 러시아인이 기관사에게 키스를 했다고 주장했다. 그 기사는 아마도 진실이 아닐 것이지만 위테의 인기를 높여주었다. 그럼에도 불구하고, 대부분의 미국 여론은 그 후에도 친일적이었다.[36]

대통령은 뒤로 물러나서 두 대표단들이 절차와 초기 설전을 하도록 두었으나, 진행을 예의 주시하였다. 일본은 대한제국에 대한 통제, 만주에서 상호 철수, 청 주권의 복귀, 아서항에 대한 러시아 임차권과 부수된 철도의 일본으로의 양도, 사할린섬 양도, 러시아 만주횡단 철도의 비무장화, 중립 항구들에서의 러시아 전함의 항복, 그 지역에서의 러시아 해군력의 제한, 어업권과 루스벨트가 요청한 대로 "전쟁 배상금"이란 단어를 피한 "전쟁에 소요된 실제 경비(actual expenses of war)"의 변제를 요구했다.[37]

위테는 조심스러운 양보, 기만(indirection), 그리고 비상한 주장을 하는 전략으로 대응했다. 세계에서 가장 강력한 제국의 대표로서, 일시적인 후퇴에 대응하고 있는, 위테는 하나의 차분한, 계산된 그러나 승리나 패배 둘 다를 인정하지 않는 명령조의 태도를 견지했다. 그는 아서항과 만주에서의 현실은 인정했으나 청과 대한제국의 주권을 인정하라고 압력을 가하는 하나의 작은 외교 공세를 시작했다. 그는 부차적인 사안들을 뒤로 미루어 그것들을 고집하는 일본에게 부담을 더 주었다. 위테는 러시아와 일본이 동맹을 맺어 다른 도전자들에 대항하자는 "장기적인 관점(long view)"을 제안하기까지 했다. 일본은 그 관점을 1905년에는 무시했으나, 그 다음 수년 동안에는 두 나라는 그러한 정책을 향해 같이 움직였다. 더욱이, 위테는 교섭을 비밀에 붙이기로 합의했으나, 러시아인들은 비공식적으로 언론에 흘렸다. 위테는 파국의 경우에 일본을 고립시키기 위해, 자신이 대중들에게 합리적이고 긍정적으로 보이기를 원했다.[38]

위테는 자제된 평정을 유지하기 위해 내부적으로 투쟁하고 있었다. 많은 협상자들과 마찬가지로, 그는 동시에 차르로부터 온 개인적인 지시에 대한 대응을 포함하여, 합의된 양보를 철회하려는 본국 정부와 전쟁을 하고 있었다. 더구나, 위테의 차석 대표와, 로망 로센, 차르의 새로운 주미 공사, 그 외 대표들은 아마도 전쟁을 계속하기를 더 원했던 것으로 보였다. 위테는 이들을 성공적으로 밀어냈다. 그는 상트페테르부르크가 사할린섬에 대해 유연한 자세를 준비하도록 노력했다. 위테는 어떤 형태의 배상금이나 현금

지급 요구도 그가 넘어갈 수 없는 금지선(red line)이었다. 일본이 위테에게 프랑스-프러시아 전쟁(Franco-Prussian War) 후에 프랑스가 배상금을 지불한 사례를 상기시키자, 위테는 독일과는 달리, 일본은 적(러시아)의 수도로부터 여전히 수천 마일 떨어져 있다고 반박했다. 러시아는 의기양양한 침공자들을 이전에도 여러 번 흡수했고 끝에 가서는 패배를 안겨주었다고 말하면서 버티었다.

핵심 사안들(The Critical Issues)

8월 17일에, 핵심사안들은 사할린섬과 배상금으로 좁혀졌다. 위테는 월요일인 8월 21일이 마지막 회기가 되어야 한다고 주장했다. 즉 해산을 암시했다. 이 시점에서, 복수의 참가자들이 포함되는 긴장한 회담에서는 으레 그러하듯이, 복수의 노력들과 소통들로 상황이 혼란스러웠다. 카네코 공작은 테디 루스벨트(TR)에게 달려가 이제는 대통령이 나설 차례라고 주장했다. 루스벨트는 기꺼이 차르, 카이저, 그리고 프랑스 대통령을 접촉할 것이나 먼저 위테나 러시아 공사 로센을 만나는 게 필요하다고 답했다. 대통령은 또한 일본에게 다시 한번 금전적 요구를 축소하라고 요청했다.

한편, 8월 18일에 위테는 그의 상대 고무라 장관을 사적으로 만나기를 요청했다. 일본이 이미 사할린 전체를 점령하였음을 인지한 위테는 그 섬을 나누자고 제안했다. 고무라는 북부 절반을 수복하려면 (큰)돈을 내야 한다고 대응했다. 위테는 가능한 타협안을 상트페테르부르크에 전달했으나 그 섬 전체를 양도하는 안은 제외했다. 그는 일본이 다만 돈을 받기 위해 전쟁을 지속하도록 몰아넣기를 원했다.

루스벨트가 8월 19일 사가모어 힐에서 러시아 공사 로센(Rosen)을 만났을 때, 미국인들은 위테와 고무라가 18일에 의견 교환을 했다는 사실을 모르고 있었다. 로센은 가능한 타협안을 대통령에게 보고하지 않았다. 아마도 그는 차르가 그 제안을 거부할 것으로 예상했을 것이다. 루스벨트는 사할린을 양보하고 금전 지급에 대해서는 비구속적 중재(nonbinding arbitration)를 나중에 추구하기로 제안했다. 중재가 완료될 무렵에, 일본은 전쟁 지속을 원하지 않고 러시아는 어떤 지급도 회피할 것이라고 테디 루스벨트(TR)는 추론했다. 루스벨트는 자신의 제안을 미국 대통령이 아닌 한 사인으로부터 온 것이라고 생각해 달라고 요청했다.

8월 21일 월요일에, 위테는 보좌관들의 부추김을 받은 차르가 사할린의 절반을 돈을 주고 찾아온다는 생각을 거부했다는 소식을 들었다. 러시아는 나폴레옹에게도 배상금을 지급한 적이 없다! 차르의 보좌관들은 그 섬 자체에 대해 인식이 서로 달랐다. 외무장관은 위테에게 상트페테르부르크는 회담 종료를 위해 다음 날 최종 훈령을 보낼 것이라고 통보했다.

루스벨트는 시간을 벌고 러시아를 압박하다

(Roosevelt Buys Time and Pushes Russia)

지칠 줄 모르는 위테는 이제는 "개입하는" 루스벨트를 이용해 시간을 벌고 있었다. 위테는 상트페테르부르크에게 일본과의 교섭을 마무리하기 전에 루스벨트의 의견을 고려하라고 간청했다. 같은 날 8월 21일에 대통령은 다시 시도했다. 사할린 영토 반환에 대해 "원칙적으로" 금전을 지급하고, 그 액수는 협상을 통해 정한다는 마지막으로 차르에게 보낼 호소문을 대통령은 기초했다(위테에게도 사본을 보냈다). 대통령은 마이어(Meyer) 공사에게 그 제안문을 차르에게 개인적으로 직접 전달하라고 지시했다. 루스벨트는 그가 도쿄가 아무리 적은 금액일지라도 평화에 합의하라고 설득할 것이라고 설명하면서 베를린, 파리, 런던의 지원을 요청했다. 카이저와 프랑스의 모리스 루비에르(Maurice Rouvier) 수상은 지원한다는 메시지를 보냈으나, 런던은 경계하여 또 테디 루스벨트(TR)의 활동을 질투해 침묵을 지켰다.

마이어는 차르를 8월 23일까지 만나지 못했다. 22일에, 위테는 회담을 깨라는 차르의 훈령을 받았다. 차르는 루스벨트의 8월 19일자 첫번째 제안-"일 개인(a private person)"으로 한-을 또한 거부했다. 러시아 외무장관은 위테에게 차기 회담을 잡지 말라고 통보했다. 왜냐하면 그러한 조치는 러시아에게 의무를 발생시킬 수 있고 루스벨트가 개입할 또 하나의 기회가 생길 수 있기 때문이었다. 위테는 권력을 사용해본 적이 있는 자신감 있는 사람만 할 수 있는 하나의 조치를 취했다. 그는 대통령의 두 번째 메시지를 이용해 교섭을 종료하지 않을 타당성을 발견했다. 위테는 루스벨트의 행동은 "유럽 에티켓에 전혀 부합하지 않는다"고 상트페테르부르크의 입장을 인정해주면서도 러시아 귀족들이 대통령의 견해를 심의해 줄 것을 촉구했다. 응신을 하지 않고 회담을 깨는 조치는 대통령을 공격하게 되어 여론이 일본에 동정적이 될 수 있다고 위테는 주장했다.

마지막 설득은 이제 미국 공사 마이어의 손에 있었다. 그는 8월 23일 오후 4:00시에 차르를 만나 루스벨트의 방안을 전달했다. 니콜라스는 위테를 통해 앞서 대통령의 제안문을 받고 미국의 견해에 즉각 반발했다. 마이어는 사할린은 러시아 본토와는 다르다고 창의적으로 대응했다. 왜냐하면 그 땅은 바다에 존재하고 상트페테르부르크는 아주 최근인 1875년에 그 섬의 주권에 대해 일본과 교섭했기 때문이다. 차르는 처음으로 조금 굽혀서 만약 일본이 사할린 북부로부터 철수한다면 남부를 할애할 수 있다고 말했다. 그는 돈 지급에 대해서는 굽히지 않았으나, 마이어에 의하면, 대통령의 노력으로 동기가 부여된 정신을 진정으로 인정하는 것으로 보였다. 위테는 이제 계속할 출구를 가졌다, 루스벨트의 집요함과 마이어의 옹호는 그 교섭을 살려 두었고 하나의 양보로 점령한 섬의 절반은 확보를 했다.

마지막 주(The Final Week)

그 다음 그리고 마지막 주는 재앙으로 흘러갔다. 차르의 양보 의사를 듣기도 전에, 위테는 고무라를 움직여 일본은 러시아 사할린 전부를 양도해주어도 배상금을 요구한다는 선언을 하도록 공작했다. 위테는 이제 와서 대여론 외교(public diplomacy)를 실패로 만들고 있었다. 루스벨트는 차르를 다시 압박했으나, 소용이 없었다. 미국은 멕시코와 스페인을 굴복시켰지만 그들에게 돈을 주었다고 대통령은 일본에게 설명했다. 도쿄가 블라디보스톡(Vladivostok), 하얼빈(Harbin), 그리고 러시아의 연해주(Maritime Province) 모두를 점령한다 해도 러시아에게 돈을 내라고 할 수 없을 것이라고 주장했다. 대통령은 압력과 공치사를 겸했다. 일본의 성공과 입지에 비추어, 문명세계는 일본이 더 고귀한 평화의 윤리적 목적을 위해 행동할 것을 기대하고 있다고 대통령은 주장했다. 이때에 와서는 러시아와 일본은 둘 다 루스벨트의 조르기에 관해 불평을 하고 있었다.

8월 26일 서기들을 내보낸 후 위테는 사할린의 절반을 양도한다는 차르의 의사를 고무라에게 사적 비공식 회담에서 통보했다. 무슨 이유에서 인지, 도쿄는 그 말을 듣지 못했다. 고무라는 그 방안에 집중하지 못했다. 아마도 그가 더 야심 찬 거래를 추구하는 데 매몰되어 있었기 때문으로 보인다. 같은 날, 그는 회담을 깰 의향을 도쿄에 통보하는 전문을 보냈다. 상트페테르부르크와의 잦은 의견교환은 고통스러웠을 것이나 위테는 자신의 주인의 마음을 읽었다. 고무라는 자신의 상관과의 접촉을 잃어버렸다. 외무장관의 회담 실패 소식은 도쿄에 하나의 충격으로 전달되었다.

그 다음 이틀에 걸쳐서, 수상 카츠라 타로(Katsura Taro), 전쟁 내각, 그리고 고위 정치인들은 고무라를 경질하기로 결정했다. 그들의 원래 훈령은 사할린이나 배상금을 끝까지 주장하지는 않는 것이었다. 그러나 시간은 얼마

남지 않았다. 8월 28일 월요일 늦게 차르의 훈령이 위테에게 도착했다. "무슨 일이 있어도 내일 회담을 종료하라는 명령을 전달하라. 나는 일본 측에 상당한 양보를 해주기를 기다리기보다는 전쟁을 계속하겠다." 위테와 로센(Rosen)은 그 훈령의 의미 해석에는 서로 일치를 했다. 그러나 그들은 무엇을 할지에 대해서는 의견을 달리했다. 위테는 다음날 만나서 사할린의 절반을 넘기고 평화를 얻는 제안을 반복하기를 원했다. 그는 러시아는 평화를 위해 손을 뻗었다는 입장을 분명히 각인하고 싶었다. 위테는 상트페테르부르크에 그의 계획을 알렸다. 러시아인들은 짐을 싸고 호텔 숙박비를 계산했다.

일본인들도 또한 월요일에 호텔 요금을 지불했다. 그날 오후에 고무라는 평화를 달성하기 위해 필요하면 사할린과 돈 모두를 양보하라는 충격적인 훈령을 받았다. 그 다음에, 도쿄는 사할린 절반을 양도한다는 차르의 의사를 거의 우연하게 알게 되었고, 고무라는 남부 사할린을 고수하라는 아주 흥미로운 개정문을 받았다. [도쿄 주재 영국공사 클로드 맥도널드(Sir Claude MacDonald)는 상트페테르부르크 주재 그의 동료가 미국 공사 마이어와의 대화 중에 얻은 정보를 보낸 보고서에서 차르의 할양의사를 알았다. 일본인들은 그 정보를 시의적절하게 전달하라는 맥도날드의 요청을 거의 묵살할 뻔했다.]

화요일, 8월 29일, 위테와 고무라는 교섭을 타결했다. 그들은 6쪽의 포츠머스 조약(Portsmouth Treaty)에 9월 5일에 서명했다. 차르는 충격에 빠졌고 불만족스러웠다. 상트페테르부르크의 지배층은 러시아는 계속 싸워야 한다고 생각했으나 다른 곳의 러시아인들은 기뻐했고 안도했다. 차르는 나중에 가서 위테에게 백작 작위로 포상했으나, 러시아인들은 그 비참한 사업 전체를 잊기를 원했다. 위테의 비판자들은 그를 반쪽짜리 사할린 백작(Count Half-Sakhalin)이라고 조롱했다. 일본 대중은 망연자실했고, 신문은 비판으로 폭발했다. 마지막은 아니지만, 언론은 전장에서의 하나의 군사적 "승리가 회의실에서 패배로 바뀌었다"고 대서특필했다.[39]

세계 각지의 정부들은 그 평화조약을 열광적으로 환영했다. 루스벨트 대통령은 가장 높은 칭송을 받았다. 1906년에 그는 미국인으로 처음으로 노벨 평화상을-백악관의 웨스트 윙(West Wing)소재 루스벨트실에 루스벨트 대령이 자신만만하게 말을 몰고 있는 초상화 아래에 전시되고 있는-수상했다. 대통령은 그 포상을 고마워했으나 여전히 수행해야 할 업무를 생각하고 있었다.

모로코 소재 하나의 유럽 위기(A European Crisis in Morocco)

평화를 위협하는 다른 것들에 대한 루스벨트의 감은 예리했다. 대통령이 러-일 전쟁을 마무리하기 위해 갖은 노력을 동원하고 있는 중에도 다른 위기가 유럽에서 끓어오르고 있었다. 이번에는 프랑스와 독일이 자신들의 통제를 벗어나 돌고 있는 위기를 잉태하는 하나의 다툼을 해결할 경로를 찾아 달라고 대통령에게 달려왔다.

1880년 마드리드 회담(Madrid Conference)에서, 독일을 제외한 유럽세력들은 지역 소재 샤리프 제국(Sharifian Empire)을 희생하고 모로코(Morocco)에 대한 프랑스의 지배를 축복했다. 1904년에, 영국은 프랑스의 모로코에 대한 "평화적 침투" 계획을 런던이 이집트(Egypt)를 지배하는 조건으로 수용했다. 1905년에, 군사 및 금융 개혁을 모로코에서 추진하는 자국의 새로운 "문명화" 미션(civilizing mission)을 시작해 파리는 인접국 북아프리카에 대한 광범위한 지배를 도모했다.

1905년 3월 31에, 빌헬름 황제(Kaiser Wilhelm)는 지중해 항해 중 탕헤르(Tangiers)항에 예상치 못하게 들어섰다. 자문관들의 성화로, 빌헬름 자신은 주저했음에도 불구하고, 열정적인 연설로 파리를 집중 공격(a gauntlet)했다. 독일은 모로코를 "개방(Open Door)"하라고 요청하고 모로코의 주권을 존중하라고 프랑스에 요구했다. 한번의 게르만식 후려치기(Teutonic swipe)로, 베를린은 3가지 목표를–프랑스를 약화시키고, 런던이 프랑스를 지지할 의지를 시험해 프랑스와 영국의 최근에 맺은 화친협정(Entente Cordiale)에 도전하고, 상트페테르부르크가 일본과 자국의 여러 내부 봉기로 시달리는 현시점에서 프랑스–러시아 동맹 기반을 약화시키기–달성하려 했다.

베를린의 충동으로, 술탄 물레이 아브드 알 아지즈(Sultan Mouolay Abd al Aziz)는 하나의 국제 회담 개최를 제안했다. 프랑스는 그 회담은 "유럽 법원(the tribunal of Europe)"에서 인정하지 않을 것이라고 불평하면서 회담 요청에 반대했다. 루스벨트의 초기 반응은 "이 사안에서… 편을 들지 않는" 것이었다. 왜냐하면 미국은 모로코에 대해서 "아무 관심이 없었고", 대통령은 "달리 더 중요한 일이 있었다(other fish to fry)".40) 오래지 않아, 그러나, 테디 루스벨트(TR)는 이 분쟁은 유럽 안보에 관한 것이지, 북아프리카 주권에 관한 것은 아니라고 인식했다.

테디 루스벨트(TR)는 조용히 움직이다(TR Maneuvers Quietly)

테디 루스벨트(TR)는 장막 뒤에서 조용하게 주인공들을 함께 모으기 위해 움직이기 시작했다. 그는 빌헬름의 자존심을 어루만져주면서 프랑스의 자부심, 모로코에 대한 파리의 입장, 그보다 더 큰 안보 이익들을 보호할 필요가 있었다. 역사가들은 대통령의 시도가 당사국들을 소집하는 데 결정적이었는지를 논의하지만, 테디 루스벨트(TR)는 제2막에서 관련 주체들을 흔들어 놓은 자신의 위치를 확실하게 굳혔음은 의심할 바 없다.

당시 루스벨트는 베를린이 차르를 돕도록 촉구하고 있었기에 카이저는 루스벨트에게 이끌렸다. 빌헬름은 독일은 "개방(open door)"과 공정한 접근권을 옹호하고 있으므로 테디 루스벨트(TR)가 모로코 분쟁에서 건설적인 파트너가 될 수 있다고 가정했다. 만약 미국이 베를린 편에 서지 않는다면, 적어도 대통령은 또 하나의 조정 역할을 할 수 있을 것으로 기대했다. 루스벨트는 우호적이고 심지어는 아첨까지도 동원해 열정적으로 반응했다. 그러나 테디 루스벨트(TR)는 카이저의 "비이성적인 지그 재그(zig zag)"와 "갑작스러운 변덕"을 익히 알고 있었다.[41] 루스벨트는 상대방의 인성과 괴팍함에서 흘러나올지도 모를 행동을 파악하는 외교적 기술을 가졌다. 1905년 6월, 대통령은 모로코 분쟁으로 "곧 전쟁이 진짜로 터질 것으로" 결론을 내렸다. 현재 진행 중인 러-일 전쟁과 함께, 루스벨트는 사건들이 겹쳐서 "세계적 큰불"이 날 것이라고 추측했다.

6월 초에, 프랑스 수상 모리스 루비에르(Maurice Rouvier)는 독일에 대해 적대적인 정책을 펴는 그의 외무장관을 사임하도록 압박했다. 프랑스 외교관들은 적절하게 구조를 갖춘 국제회의를 빌헬름 트랩을 "빠져나올 문(gate of escape)"으로 이용할 수 있다는 개념을 데우기 시작했다. 한편, 베를린은 되어가는 대로 대담해지고 있었다. 워싱턴 주재 파리 출신이고 테디 루스벨트의 친구인 장 쥬르 쥐스랑(Jean Jules Jusserand) 대사는 수상 루비에르(Rouvier)에게 미국 대통령은 아마도 이상적인 중재자일 것이라고 제시했다. 루스벨트는 프랑스에 대해 우호적(well-disposed)이었다. 쥐스랑과 카이저와 잘 통하는 워싱턴 주재 독일 공사 스펙 폰 스턴버그(Speck von Sternberg)를 대통령은 신뢰하고 효과적인 관계를 가지고 있었다. 테디 루스벨트(TR)는 파리는 "간섭(meddling)"을 반대할 수 있다고 인식했으나, 쥐스랑에게 솔직히 프랑스는 독일과의 대결에서 패배할 수밖에 없다고 말했다.

테디 루스벨트(TR)의 퍼즐 조각들은 산산조각으로 떨어져 나갔다. 6월 11일에, 파리가 (술탄 초청) 국제회의에 참가하도록 파리를 설득해 달라고 스턴버그는 루스벨트에게 요청했다. 베를린은 런던은 그 회의를 방해할 것이므로, 루스벨트가 영국과 프랑스를 움직일 수 있다고 계산했다. 6월 23일, 루비에르 수상은 그 회의에 참석하기로 합의한 후 대통령에게 지원을 요청했다. 쥐스랑 면전에서, 루스벨트는 즉각 카이저의 "승리"를 칭찬하는 메시지를 보내고 동시에 실제로 회의를 소집하는 데 걸림돌이 되는 "사소한 세부사항들"에 대해서는 유연해질 것을 촉구했다. 그리고 7월 1일, 쥐스랑은, 만약 제안된 회의가 교착상태에 빠지면, 베를린은 "어느 경우에도, [대통령이] 가장 실제적이고 공정하다고 여기는 결정에 따를 것"이라고 스턴버그는 루스벨트에게 알렸다는 놀라운 사실을 파리에 전했다. 실제로는, 카이저와 대통령의 밀월을 스턴버그가 아마도 과도하게 반영했거나 혹은 그 훈령을 과도하게 해석했을 것이다. 어쨌든 테디 루스벨트(TR)는 즉시 접수했고-베를린이 허용하든지 아니하든지 간에, 독일의 양보를 나중에 구현했다.

알헤시라스 회의(The Conference in Algeciras)

그 회의는 1906년 1월 16일 스페인 알헤시라스(Algeciras)에서 열렸다. 포츠머스 성공의 영광을 안은 루스벨트는 자신의 커진 외교자본(diplomatic capital)을 조심스럽게 또 조용하게 사용했다. 루스벨트의 외교 참모 중 한 사람인 헨리 화이트(Henry White)와 국무장관 엘리후 루트(Elihu Root)가 대표단 업무를 지도했다. 루스벨트는 모든 당사자들과 좋은 관계를 유지하기를 원했고 유럽 사안에 미국의 어떠한 개입에도 걱정하는 상원의원들을 누그러뜨리기 위해 저자세를 취할 필요가 있었다. 주된 미국의 목표는 "독일과 프랑스 사이의 파열을 방지하는 것"이라고 테디 루스벨트(TR)는 화이트에게 지시했다. 협상에서는 흔히 일어나지만, 이익의 주요 차이점들은 복잡하고 심지어는 기술적인 배열에 관한 다툼의 형태를 띈다. 알헤시라스에서,

토론은 무역에 개방할 모로코의 8개 항의 구성이 발목을 잡았다. 2월 19일, 미국은 상세한 타협안을 제시했고, 독일은 감사히 받았으나 수정을 원했다. 회의는 멎었다. 3월 7일, 독일은 경찰력의 구성을 빌미로 휴회를 위협했다. 국회에서 과반수 지지를 잃은 프랑스 수상 루비에르는 사임을 했다.[(역자 주: 프랑스는 1851년 루이 나폴레옹 보나파르트가 제2공화국 대통령으로 선출된 직후 친위쿠데타로 1852년 황제에 취임해 왕국(나폴레옹 3세)으로 돌아갔고, 1870년 Franco-Prussian War 패배로 없어졌음. 그 후 프랑스 제3공화국(1870-1940)이 들어섰고, 제20대 수상으로 1905. 1.24~1906. 3.12 동안 재임함)] 유럽은 위기에 직면했다.

루스벨트는 과감하게 나섰다. 그는 독일 제안은 중요하게 검토되었다고 빌헬름을 치켜세운 후, 대통령은 카이저가 교착상태에 빠질 경우 대통령 자신의 판단을 수용하겠다고 카이저가 (과도하게) 약속했다는 점을 상기시켰다. 5일 이내에, 독일은 오스트리아(Austria)의 제안서를 들고 나왔다. 루스벨트는 오스트리아 계획은 영향권과 분할을 옹호하기 때문에 "터무니없는" 것으로 생각한다고 스턴버그에게 말했다. 두 차례 독일 대사와 더 면담한 후, 대통령은 베를린의 방해 공작은 프랑스의 무릎을 꿇릴 심산이라고 지적했다. 만약 회의가 파국을 맞으면, 대통령은 베를린과의 "모든 대화 내용을 공개"해 미국이 행한 역할을 분명히 드러내는 수밖에 없을 것이라고 경고했다. 3월 19일, 베를린은 한발 물러섰고, 2월의 미국 제안에 동의했다. 루스벨트는 베를린의 승리와 카이저의 사심 없는 정책을 칭송해 카이저의 체면을 살려주었다.

테디 루스벨트의 수고는 아직 끝이 나지 않았다. 낭패스럽게도, 프랑스가 이전에 분명하게 정리하지 못한 문제들로 인해 미국의 제안에 불만을 가지고 있다는 점을 알게 되었다. 당황한 쥐스랑은 파리에서 그의 상관들에게 혼이 났다. 어쨌든, 미국은, 이탈리아와 함께, 그 차이를 완화시켰고, 당사자들은 4월 17일 서명했다. 프랑스는 모로코에 대한 우위를 계속 유지하게-나중에 연장될-되었다.

위기는 확산되고 해결은 안 되었다(The Crisis Defused, Not Saved)

세계적 중요성에 비추어, 베를린은 파리를 으르는 데 실패했고, 영국과의 우호조약(entente)은 유지되었고, 유럽은 20세기 초에 주기적으로 등장하는 강대국들 사이의 대결들 중 하나를 회피하게 되어 안도의 한숨을 돌렸다. 프랑스와 독일은 둘 다 대통령에게 감사를 표했다. 루스벨트는, "프랑스나 독일의 외교는 대단하지 않은 것으로 여기며" 떠났다.42)

루스벨트는 "제1차 모로코 위기"로 알려진 것은 잠재적으로 폭력적인 소란이 난무한 계절 중에 잠시 지나가는 한차례 소나기일 뿐이라고 인식했다. 1871년 독일 통일 직후 유럽이 전면전이 일어날 전망에 직면한 것은 아니었다. 전쟁사가(military historian) 테일러(A.J.P. Taylor)는 그 사건은 "오래된 비스마르크식 평화를 산산조각" 냈다고 주장했다. 일부 독일인들은 베를린의 군사적 이점을 이용하지 않고 또 전쟁을 감행하지 않은 것을 후회했다. 독일 외교는 강경 라인을 취할 예정이었다. 반면에 영국과 프랑스는 군사협력을 더 깊게 하고 독일의 침공에 대비해 전술적인 대응 계획을 세우기도 했다. 십 년 이내에, 거센 외교 날씨는 홍수를 축적해 나갔을 것이다. 그 무렵에는, 유감스럽게도 테디 루스벨트(TR)는 미국 집행부에 존재하지도, 균형을 잡거나 중재할 위치에 존재하지도 않았다.43)

테디 루스벨트의 외교 업적 평가(Assessing TR's Diplomacy)

선거 직후인 1905~06년은 루스벨트 대통령 외교의 결정적인 기간을 대표한다. 러-일전쟁과 모로코 위기의 중재에 더하여, 루스벨트는 분란이 일어난 산토 도밍고[Santo Domingo(먼로 독트린을 '해석'해)]를 감찰했고 그의 최대 업적인 파나마 운하를 파는 공사를 조직했다. 대통령은 북아메리카와 카리브해 본거지를 무질서의 위협에서 보호했고, 아시아-태평양 무대에서 하나의 위험한 갈등을 종료했고, 유럽-대서양 지역에서의 하나의 다툼을 날려버렸고, 대서양과 태평양을 연결하여 지구의 해운 지도를 바꾸었다.[44)]

테디 루스벨트(TR)는 중재는 짜증 나는 일이라는 것을 발견했다. 그는 미국의 힘을 단도직입적으로 행사하기보다는 간접적으로 다른 국가들의 힘의 균형을 맞추어야 했다. 그러나 대통령은 그의 외교적 기술을 과시해 전략적 목적을 달성하는 실제적 결과를 도출했다. 그의 계획은 다투는 당사자들을 모이게 했다. 그는 필요한 적대자들을 그들 자체의 이익 관점에서 협력적 해결에 이르도록 설득했다. 그 다음에 가능한 타협적 시각에서 중재안 개발을 도왔고-또 그들을 압박했다. 피할 수 없는 마찰이 심의를 갈아서 정지시키려 위협할 때에 대통령은 대표 교섭자들과 그들의 본국 정부 당국자들과의 접촉을 유지해 당사자들을 회의 테이블에 계속 올려놓았다.

루스벨트는 정력적으로 다른 국가들의 힘을 조합하여 그의 중재를 지원했다.[45)] 그는 개인적인 관여, 매력, 개방성, 다른 이들을 끌어들이는 추론의 힘으로 외국 사절들을 포함하여-프랑스, 독일, 영국 친구들-쥐스랑, 스턴버그, 스프링 라이스-모두를 자기편으로 만들어 이들이 자국 정부를 위해 일한 만큼이나 루스벨트를 위해 일하도록 유도했다. 그들은 단지 우정에서 그리한 것이 아니고, 루스벨트의 주장들을 존중했고 그들에게 더 큰 사건들을 건설적으로 형성할 기회를 대통령이 제공하고 있다는 점을 인식했기 때문이다. 일단 미국이 제2차 세계대전 후 동맹의 역할에 발을 넣는 순간, 대부분의 유능한 미국 외교관들은 다른 국가들을 그리고 개인들이 워싱턴과 동반자들로서 일하도록 이끌어내는 미국의 힘을 확장하는 기술을 잘 인지했다.

루스벨트의 외교에 비판적인 인사들은 그의 중재는 북동아시아나 모로코 위기를 촉발한 기본적인 다툼을 해결하지 못했다고 도전할지도 모른다. 외교적 점수 장부 기입자들은 자신들 자체의 기준을 자유로이 가질 수 있지만, 만약 정치인들이 항구적인 평화를 달성해야 한다면, 많은 긍정적인 결과들은 아무런 인정을 받지 못할 것이다. 외교정책은 그날의 문제를 다루면서 미래의 긍정적인 행동을 창조해 낸다.

1908년, 루트 장관과 타카히라(Takihira) 대사는 일본이 대한제국을 지배하고 필리핀에서의 미국의 지위를 통해서 동아시아에서의 현상태(status quo)를 유지하기로 서로 합의했다. 나중에 가서는, 일본 국내에서 군국주의(militarism)의 등장, 다루기 힘들지만 잠재적으로 부유한 만주에서의 무승부(draw), 중국대륙에서의 신생 공화국체제(중화민국)의 행동 [(역자주: 1911년 청조에 대한 무장봉기(Wuchang Uprising, 武昌起義)로 시작한 신해혁명(辛亥革命, 1911.10.10~1912.2.12)으로 청국을 무너뜨리고 1912.1.1에 중화민국을 선포함. "China"(*Zhōngguo*, 中國으로 스스로를 약칭함)], 그리고 대공황으로 인한 경제 및 정치적 와해 등의 사건들로 도쿄와 워싱턴 세력은 서로 결정적인 대결 상태로 발전했다. 수십 년 후에, 중화인민공화국(China)은 동아시아에서 발을 대고 스스로 하나의 대륙세력으로 자신을 재수립했다. 북동아시아는 오늘까지도 하나의 분쟁 지대(hot spot)로 남아있다.

유럽에 대해, 루스벨트는 전쟁은 1905년 6월에 "임박"했다고 믿었다. 결국, 십 년 이내에 유럽 가장자리에 위치한 작은 한 국가가 강대 세력경쟁자들을 벼랑으로 밀어낸 위기의 무대가 되었다. 만약 전쟁이 일어난다면, 테디 루스벨트(TR)는 "세계의 상당한 부분으로 아마 확장될 것"이라고 믿었다. 대통령은 유럽 세력들이 궁극적으로 세계질서에서 유럽의 우세를 결국은 파괴할 재앙을 피하도록 유럽을 위해 시간을 벌어 주었다.[46]

루스벨트는 외교와 중재만으로 세계 안보와 미국의 이익을 달성하지 못한다는 점을 빈틈없이 인식하고 있었다. 1908년, 대통령의 임기 종료 직전에, 그는 자신의 외교정책 경험을 반영하여 해군대학에서 행한 연설에서 "외교는 상당한 잠재적 힘의 기반 위에서나 가능하다"라고 설명했다.[47)]

전형적인 데디 루스벨트의 스타일 대로, 그는 자신의 6개의 가장 중요한 성과를 나열함으로써 그의 대통령직의 성과에 대한 역사가들의 분석을 "도와"주었다. 그는 다음의 순서로 자신의 업적을 나열했다. 미해군의 규모를 두 배로 늘리고 "대 백색 함대(Great White Fleet)"로 전세계 해양을 누빈 점, 파나마 운하에 대한 접촉권을 획득하고 건설을 시작한 점, 러-일 전쟁 종료와 모로코 위기 진정을 지원하고 중재한 점, 자연 자원보전을 시작한 점, 하나의 강하고 활동적인 외교정책을 집행한 점, 그리고 대기업을 규제하는 입법활동을 추진한 점.[48)] 루스벨트는 대통령의 권한으로 1898년 11척의 전함을 1913년에는 36척으로 늘려 영국과 독일의 뒤를 추격했다.[49)]

루스벨트는 그의 "큰 방망이(big stick)"를 여러 목표를 위해 휘둘렀다. 테디 루스벨트는 그의 함대(armada)를 일 년 좀 넘는 기간에 걸쳐 전세계를 일주해, 외국 수도들을 놀라게 하고 해군의 선박조정술(seamanship)을 다듬었다. 그는 퇴임 후에 "나의 주된 목표는 미국인들 감동시키는 것이었고, 그 목표는 완전히 달성되었다"고 소회를 밝혔다.[50)] 루스벨트는 활동적인 미국 외교정책은 강한 군사력과 세계적 역할을 감당하려는 미국인의 자부심이란 두 개의 기반 위에 축조되어야 한다고 이해했다.

제7장

◆

우드로 윌슨

Woodrow Wilson

해외로 나간 정치학자*(The Political Scientist Abroad)*

민주주의를 위해 안전한 세계를 만들기 위한 하나의 전쟁

(A War to Make the World Safe for Democracy)

1917년 4월 2일, 오후 8시 20분에, 대통령 우드로 윌슨은 백악관(White House)을 떠나 가까운 국회의사당(the Capitol)으로 가기 위해 자동차에 올랐다. 약한 봄비는 펜실베이니아 에비뉴(Pennsylvania Avenue)에 도열한 군중들의 열기를 식히지 못했다. 대통령의 자동차가 접근하자, 투사 조명등이 국회 의사당 위를 펄럭이는 거대한 미국 국기를 비추어 어둡고 장엄한 장면을 연출하고 있었다.

대통령은 개인 사무실로 걸어가서 그의 일생에서 가장 중요한 연설을 하기 전에 잠시 생각을 모았다. 늘 그러하듯이, 윌슨은 두 번째 부인 에디스 갈트 윌슨(Edith Galt Wilson)의 조력을 제외하고는 혼자서 연설을 준비했다. 이틀 전에, 윌슨은 개요를 잡았고, 속기로 초안을 작성하고 해먼드(Hammond) 타자기로 쳤다.

윌슨이 알아채지 못하는 사이에 월간 *애틀랜틱(Atlantic Monthly)*의 편집장 엘러리 세지윅(Ellery Sedgwick)은 큰 거울에 비친 엄숙한 지도자가 커다란 벽난로로 걸어가는 모습을 엿보았다. 윌슨은 턱을 움직여 상기된 얼굴을 스스로 들여다보았다. 대통령은 팔꿈치를 벽난로 선반에 기대어 자세가 가다

듬어질 때까지, 감정은 아닐지라도, 거울을 응시했다. 제28대 미국 대통령 우드로 윌슨은 그의 조국을 가장 잔인한 현대 전쟁에 몰아넣으려 작정하고 있었다.

오후 8시 32분, 하원의장(Speaker of the House)은 대통령이 역사적인 회의실을 가득 메운 1,500명 청중에게 연설을 한다고 발표했다. 상원의원들, 하원의원들, 대법원 재판관, 각료들 이외에 하원은 외교단을 사상 처음으로 특별 내빈에 추가해 초청했다. 법관들로 시작해서, 청중은 윌슨이 입장할 때, 대통령에게 2분 동안 울려 퍼지는 박수를 쳤다. 그리고 모든 사람들은 자리에 앉았고 조용히 기다렸다. 윌슨은 나중에 옆 사람의 숨소리를 들을 수 있었다고 말했다.

달변이 존중되고 심지어는 기대되는 정치적 기술로 여겨지던 당대의 위대한 웅변가들 중의 한 사람인 대통령은 떨리는 낮은 목소리로 시작했다. 대통령은 독일의 잔혹행위를 조용한 회의실에 열거해 나갔다. 그 다음에 목소리를 높여 "통상을 위협하는 현재의 독일 잠수함 전투는 모든 국가에 대한 전쟁이다." 이 다툼은 단지 미국인의 생명과 재산에 대한 공격이 아니고, "모든 인류에 대한 도전"이라고 중요성을 키웠다.

독일에 대한 공세를 이끌기보다는, 윌슨은 각 국가는 이 위협을 대결하는 방법을 각자 결정해야 한다고 설명했다. 미국의 동기는 "물리적 힘을 동원한 복수나 승리는 아니고, 다만 권리의, 인권의 옹호만이 우리가 원하는 승리가 될 것"이고, 미국은 "항복의 경로를 선택하지 않을 것"이라고 연설을 이어 갔다. 큰 중절모자를 떨어뜨린 대법원장(Chief Justice) 에드워드 화이트(Edward White)가 머리 위로 두 손을 올려 박수를 치는 것을 선두로 회의장은 폭발했다.

대통령은 청중의 반응에 자신감을 되찾은 듯했다. 그는 다음 단계는 "엄숙하고 비참"할 수 있다는 점을 미국인들이 알기를 원했다. 그는 하원에게 독일 제국에 대해 전쟁을 선포해 달라고 요청했다. 화이트 대법원관은 벌떡 일어나 더 큰 갈채를 유도했다.

윌슨은 이제 자신감에 찬 어조로 연설을 이어 비상한 전쟁 선포에 대해 자세히 설명했다. 대통령은 "조직된 힘에 의존하는 독재 정부"가 평화와 자유를 위협하는 경우에는 국가 중립은 더 이상 가능하지 않고, 바람직하지도 않다고 추론했다. 미국은 독일인과는 언쟁을 하지 않았지만, 미국은 "원한 없이(without rancor)" 그리고 "격노 없이(without passion)" 전쟁을 벌일 것이다.

독일 지도자들에 대한 응전으로 윌슨은 민주국가들에 연계되는 "명예의 연맹"이고 "의견의 제휴"여야 한다고 주장했다. 그는 러시아는 최근에 국민들이 전제 군주를 제거해 "파트너에 적합"하다고 환영했다. 윌슨은 전쟁 비용은 부담해야 한다고 충실하게 경고했다. 필요하게 되면, 독일의 허세와 군사력을 극복하기 위해서는 미국은 "국가의 전력을 투입"해야 할 것이다. 미국은 "세계의 궁극적인 평화를 위해" 그리고 독일인들을 포함해, "모든 국민들의 해방을 위해" "크고 작은 국가들의 권리와 어디에서나 사람들이 자신들의 삶의 방식과 신앙을 선택할 특권을 위해" 싸울 것이라고 선포했다.

대통령은 전쟁에 대한 단순하지만 강력한 타당성을 추가했다. "세계는 민주주의를 위해 안전하게 만들어져야 한다(The world must be made safe for democracy)". 처음에는 청중은 조용했다. 그러나 남부 반군으로 참전하다 실로의 전투(Battle of Shiloh)에서 사망한 아버지를 둔 나이 많은 미시시피(Mississippi) 상원의원 존 샤프 윌리엄스(John Sharp Williams)는, 윌슨의 연설의 의미를 파악했고 그는 박수를 치기 시작했다. 박수갈채는 파도처럼 올라왔고, 작은 비단 국기를 받은 상원의원들은 열렬하게 국기를 흔들었다.

윌슨의 8자로 된 설명(The world must be made safe for democracy)은 다음 한 세기 동안 미국 외교에 반향을 일으켰고, 나는 더 길게 갈 것으로 예상한다.

그러나 반향음은 약간 다르게 들릴 수 있다. 윌슨의 전기 작가 존 밀턴 쿠퍼(John Milton Cooper)는 대통령은 "백악관에 앉은 이 중에 가장 꼼꼼한 스타일"의 소유자가 호소력 있는 문장을 수동적인 목소리로 표현하기를 선택했다고 관찰했다. 윌슨은 다른 국가들에게 민주주의를 강제해야, 특히 군사력을 동원해서, 한다고 자국민에게 요청하지 않았다. 대통령은 민주주의가 존재하는 곳에서는 민주주의를 방어하기를 원했다. 만약 미국이 다른 국가들이 민주주의로 바뀌는 데 도움을 줄 수 있다면, 세상은 더 안전해지고 인권을 더욱 지지하게 될 것이라고 생각했다. 미국은 "스스로에게 어떠한 정복을, 군림을, … 배상을 받을 의사를 가지지 않으며 아무런 물질적 보상을 원하지 않는다." 세계 평화는 "정치적 자유가 시험을 거친 토대 위에서" 성장할 것이라고 말했다.

30분 후에, 대통령은 마무리에 들어섰다. 그는 전 세계에 위험한 불확실성이 우리 앞에 놓여 있고 전쟁의 영향으로 미국에도 위험한 불확실성을 준다고 상기시키고, 또 미국은 그 운명을 피할 수 없다고 설명했다. "이 위대한 평화적인 국민들을 전쟁으로, 가장 끔찍하고 재앙적인 전쟁으로 끌고 가는 조치는 두려운 일이고, 문명 자체의 앞날을 알 수 없다. 그러나 권리들은 평화보다 더 귀하다." 이 새로운 명분에 미국인들을 결집시키기 위해, 윌슨은 역사를 거슬러 올라갔다. "미국을 도운 하나님, 미국은 다른 일을 할 수 없습니다." 구전에 따르면, 1512년 마틴 루터는 자신에게 씌워진 이단 죄목에 대항하는 방어를 마치면서 "여기에 내가 서 있다. 나는 다른 것을 할 수 없다. 하나님 나를 도와주소서, 아멘"이라고 선포했다. 루터의 양심은 무시할 수 없는 선택을 하도록 그를 인도했다. 기성질서인 교황과 신성로마제국에 직접적으로 도전하여 하나의 위대한 종교개혁(Reformation)을 진수했다. 윌슨은 또 하나의 역사적 개혁을 요청하고 있었다. 대통령은 루터의 투지의 세계를 또한 상기시켰다. 만약 구질서와 단절을 해야 한다면, 루터와 윌슨은 우리는 '과감하게 죄를 지어야 한다'고 주장했다.

윌슨의 메시지는 위대한 결과를 얻는다면 간담이 써늘한 전쟁 비용을 미국이 감당하는 게 타당하다고 주장했다. 윌슨의 전쟁은 비용은 들 것이나 고귀한 사업이 될 것이었다.

상원의원 헨리 카보 로지(Henry Cabot Lodge)는 대통령이 동맹국들에 합류해야 한다고 오랫동안 요구해 왔고, 따라서 윌슨의 메시지를 이해했다. 대통령이 떠나려 하자, 로지는 그의 정적을 붙잡고 팔을 내밀며 "대통령님, 귀하는 미국인의 감정을 가장 고귀한 방법으로 표현하셨습니다"라고 말했다,

백악관의 웨스트 윙(West Wing)에 돌아온 대통령은 비서이고 정치 보좌관인 조셉 투물티(Joseph Tumulty)와 단둘이 각료 회의실에 수 분간 앉아 있었다. "그들이 무엇을 칭송했는지를 생각해 보라. 우리 젊은이들에게 죽음을 요구하는 메시지. 그것을 칭찬하다니 얼마나 이상한가" 윌슨은 중얼거렸다. 미국은 중립으로 남을 수 없음을 알았지만, "유럽의 소동으로부터 비켜나 있는 우리의 전통을" 존중할 필요가 있었다고 윌슨은 말했다. 아무도 노력과 감정적 여정에 동정적이 아니었다고 윌슨은 말했다, 그는 공감하는 신문 사설을 크게 읽기 시작했다. 대통령의 눈알은 솟아났다. 투물티는 회상하기를, 윌슨은 그의 머리를 각료 회의 탁자에 붙이고는 "마치 아이였던 적에 그리했던 것처럼" 흐느껴 울었다.[1]

출정 결정(The Decision to Go to War)

윌슨은 내전 이후 대통령에 선출된 최초의 남부인(Southerner)이었다. 1916년 초에, 미국은 멕시코와 전쟁을 할 뻔했다. 대통령은 투물티(Tumulty)에게 충돌을 방지하기 위해 그가 할 수 있는 모든 일을 다할 것이라고 설명했다. "나는 남부에서 왔고 전쟁이 무엇인지 안다. 왜냐하면 나는 전쟁의 잔

해와 끔찍한 폐허를 보고 있었기 때문이다." 베르사유(Versailles)에서 중재하는 중에, 대통령은 자신은 "정복된 그리고 완전히 파괴된 국가"에서 성장했다고 영국 수상 데이비드 로이드 조지(David Lloyd George)에게 상기시켜 주었다.[2)]

그 당시 우드로 윌슨과 미국은 어떻게 가장 심각한 외교적 결정에-참전을 할 판단-도달했는가? 투물티에게 한 윌슨의 설명은 한 밤 내내 돌격으로 보내 감정적으로 기진한 최선을 다했으나 운명적인 판결을 피할 수 없는 한 슬픈 지도자를 합리화하는 것과 같았다.

근 3년 전인 1914년 8월에 대포는 처음 작렬했다. 1917년에는 제1차 세계대전이 인간성을 파괴하고, 기계적이고, 심지어는 화학적 살육이라는 데에 아무도 의의를 달지 않았다. 유럽 전장들은 냉혹한 그리고 원시적인 파멸의 현장이었지 영광이 아니었다. 중동(Middle East)과 동아시아에서, 모든 강대국들은, 미국을 제외하고, 싸움에 합류했다. 미국만이 유일하게 20세기 대전쟁 아마겟돈(Armageddon)을 끝내고 그 재앙으로부터 하나의 새로운 질서를 재건할 지도역량을 보유했다. 윌슨은 출정으로 진보적 국내 개혁들이-자신의 업적이 되기를 희망했던-중지되거나 거꾸로 갈 수 있다는 점도 또한 인정하고 있었다.

윌슨이 투물티에게 4월 2일 밤에 말했듯이, 미국 외교 책략의 가장 깊은 전통 2가지는 중립과 유럽 내의 다툼에서 떨어져 있는 것이었고 워싱턴과 해밀턴으로 거슬러 올라가는 이 전통은 워싱턴, 제퍼슨, 특히 존 퀸시 애덤스를 상기하게 했다. 제1차 세계대전의 공포는 구세계의 군사적 방식에 대한 건국아버지들(Founding Fathers)의 거부 이유를 분명히 확인해 주었다. 4월 1일까지도, 미국인 대부분은 아마도 평화를 선호했을 것이다. 1915년에 미국 인구 *100백만* 명 중 약 1/3은 1세대 이민자로 대부분 유럽에서의 전쟁, 징집, 빈곤을 피해 미국으로 건너왔다.[3)]

미국 군대도 1917년에는 전쟁에 대한 준비가 되어있지 않았다. 미육군(U.S. Army)은 포르투갈 육군보다 작았다. 미국은 약 2만4천 명을 유럽에 보내고, 탄약은 하루 반 정도 전투에서 견딜 수 있었을 뿐이었다.[4)]

윌슨이 마침내 전쟁으로의 중대한 조치를 취하기로 결정했을 때, 그는 다른 국가들과 함께 전진하기를 여전히 망설였다. 미국은 하나의 "준(Associated)"동맹국으로 영국과 프랑스와의 온전한 동맹국(full-fledged ally)은 아니었다. 워싱턴은 12월 7일까지는 오스트리아-헝가리(Austria-Hungary) 제국에 전쟁을 선포하지 않았고, 미국인들은 오토만 제국(Ottoman Empire)과 불가리아(Bulgaria)와의 전쟁의 문턱은 결코 넘어가지 않았다. 대통령은 미국이 독일 제국(Imperial Germany)을 물리치는 것을 돕고 동시에 동맹국들을 억제할 수 있다고 믿었다. 전투가 개시될 무렵에도, 윌슨은 전쟁을 끝낼 토대를 마련할 방법을 심의했고 승리 없이 평화를 이루는 방법을 고안했다. 처음에는, 윌슨은 동맹국들과 고위급 회동을 피했다. 물론 그 입장을 유지할 수는 없었다. 윌슨의 전쟁 방법은 영국의 왕 조지 5세(George V)가 "우리는 공동 전쟁 참가국을 가지고 있나 아니면 심판을 가지고 있나?"라고 질문하게 했다.[5)]

1914년에서 1917년 사이에 윌슨과 미국이 전쟁으로 들어가는 여정에 관한 이야기는 한 지적인 대통령이 자국이 유럽의 전투원들에게 강제하는 위험한 문제들에 대해 실제적 선택을 하는 경과를 보여준다. 그는 대응하고 있었다.[6)] 그리함으로써, 윌슨은 육상과 해상에서 잔혹한 현장들에 충격을 받고 있는 대중의 심경을 고려해야 했으나, 동시에 행동의 결과에 직면하기를 꺼렸다. 윌슨은 이 이중성을 국민의 "이중 소원"이라고 칭했다. 윌슨은 또한 자신의 민주당(Democratic Party)내의 외교사안들에 관한 지도력을-북아메리카와 카리브해 바깥에서는 행동하기를 꺼리던 오랜 전통에서 벗어나기 위해 필요한-다시 세워야 했다. 윌슨은 또한 1916년에 어려운 재선거를 맞이하게 되었다. 1912년 공화당(Republican Party)의 분열은 민주당이 42퍼센트의 투표로 대통령직을 탈환하는 기회를 만들어 주었으나, 윌슨은 새로운 선거 연합 우군을 확보하고 확장해야 했다. 이러한 공적인 드라마 와중에 윌슨은 아내의 죽음에 직면했고 또 새로운 연인에게 구애(백악관에서 대중의 눈에는) 활동을 했고, 1915년에 결혼했다.

정치학자로서 윌슨은 그의 실제적인 조치들을 설명해야 했고, 그러한 결정들이 어떻게 아귀가 맞아 돌아가는지를 분명히 표현해야 했지만, 정치인 윌슨은 지적 추측의 한계를 깨닫고 있었다. 그는 대드라마를 이해하기를 원했고 또 그 가능한 결말을 예측하려고 노력했다. 놀랄 것 없이, 윌슨은 국민 교육이 하나의 주된 대통령의 책임이라고 생각했다. 그러나 그는 문제들이 무르익을 때 대면하기를 선호했다. 1915년에, 그는 "나는 "만약"과 추측사례에 어떠한 인내도 결코 가져본 적이 없다. "나의 머리는 무엇인가가 실제로 일어날 때까지 기다리고 일이 일어난 후에 이루어져야 하는 것을 논의하라고 우긴다"고 에디스 갈트(Edith Galt)에게 편지를 보냈다.7)

1916년에, 대통령은 아이다 타르벨(Ida Tarbell) 기자에게 "포괄적인 조건으로 나의 시간을 낭비하는 사람을 참아내지 못한다. 내가 알고 싶은 것은 그것이 되어야 하는 방법이다. 나는 그 점에 도달하기 전까지는 아무 흥미가 없다… 실제적 방법이 제시되기 전까지는 흥미가 없다. 즉, 정부 내에서 나는 실용주의자(pragmatist)이다. 일차적으로, 그게 작동할까?"라는 의문이 나의 첫 생각이라고 말했다.8)

전쟁 후에 국제 연맹을 살리기 위해 타협을 할 수 없었던 경직된 대통령이라는 이미지와는 반대로, 윌슨은 국내 기록을 보면 유연할 수 있었다는 게 확인이 되었다. 윌슨은 실패한 이상주의자도 아니고 조종하는 데 능한 기회주의자도 아니었다. 그는 실제적이라고 생각하는 조치들을 취하는 사람이었다. 그는 설명하고, 정당화하고, 심지어는 고무하는 단어들을 전개했다. 국민 정서가 변하자, 전쟁이란 무서운 세상에서, 진화하는 주제를 파악할 수 있는 윌슨은 사태에 적응했다. 민주적 지도자로, 윌슨은 국민감정을 인식해야 하고 그들에게 말을 해야 했다. 그의 최대 약점은 운영적인데 있었다. 그러나 그의 주요 동료들도 계획을 결과로 통역하는 데에는 정교하지 못했다.[9]

한 명의 국내 대통령(A Domestic President)

1912년 윌슨이 선거에서 이긴 직후, 그는 교수 친구에게 "만약 나의 행정부가 주로 외교 문제를 다루어야 한다면 운명의 아이러니일 것이다. 왜냐하면 모든 준비는 국내 사안들에 맞추어 있었다"라고 말했다. 1913년 3월 그의 취임 연설은 외국 사안들에 대하여 한 마디도 포함하지 않았다.[10]

윌슨은 놀라운 국내 성과를 생산했고, 대부분은 1차 임기 동안에 이루었다. 그는 진보시대(Progressive Era) 정치의 뒷바람 덕을 보았으나, 대담하고 신속하게 움직여 나갔다. 의회는 (하나의 중앙은행을 설립하는) 연방준비은행법(Federal Reserve Act)을 1913년에 통과시켰고 (비윤리적 기업관행, 가격 독점, 노동권 등을 규정하는) 클레이튼 반독점법(Clayton Antitrust Act)을 1914년에 의결했다. 이로써 공정한 경쟁을 담보하는 연방거래위원회(Federal Trade Commission)를 새로이 설립했다. 윌슨은 40년 만에 처음으로 관세를 내렸다. 최초로 농업인에게 연방자금을 지원했고, 최소의 항구적이고 점진적인 소득세와 연방정부 상속세를 처음으로 부과했다. 또 (철도 근로자들에게) 8시간 노동을 연방정부 차원에서 강제했다. 의회는 아동 노동을 금지했다. 1916년에, 재선에 직면하여, 대통령은 대법원에 루이스 브랜다이스(Louis Brandeis)를 대법관으로 의회가 인준하도록 성공적으로 지원했다. 브랜다이스는 진보주의 운동가(Progressive)여서 많은 적을 가지고 있었다. 윌슨은 그를 첫 번째 유대인 법관으로 만들기를 결코 주저하지 않았다. 대통령은 여성 투표권에 대해서는 좀 더 신중하게 움직였으나, 결국 1920년에 헌법에 대한 수정 제19조(Nineteenth Amendment to the Constitution)를 승인해 여성에게 투표할 권리를 부여했다.[11)]

월슨의 의회에 대한 지도력은 의회민주주의 체제에서의 정당 지도력에 대한 자신의 공부에서 나왔다. 1913년 초에, 대통령은 의회에 직접 출석하여 관세를 내리라는 주장을 했다. 이는 1800년 존 애덤스 이후에 대통령이 직접 의회에 출석하여 연설한 첫 사례였다. 윌슨은 다른 대통령보다 더 자주 의회에 나갔다. 그는 실제로 권력 분립을 극복하려고 노력했다. 국제 정치에서 그가 나중에 "세력 균형"을 대체하려고 애쓴 것은 국내 정치에 관한 자신의 견해와 일치한다. 그의 방법은-과반수 이상의 민주당 의석을 보태어-윌슨을 FDR과 LBJ보다 더 앞서간 유능한 입법 선구자로 만들었다.[12)]

혁명, 전쟁 그리고 중립(Revolution, War, and Neutrality)

윌슨은 임기 초기에 실망스러운 선택에 직면했다. 1910년 멕시코 혁명은 정부의 승계, 암살, 미국 기업들에 대한 봉기, 모욕, 베라크루스(Veracruz)에 대한 군사 개입으로 이어졌다. 멕시코에서의 국수주의자들의 반발은 북아메리카 이웃 국가들을 1914년 봄에는 전쟁 발발의 위기로 몰아넣었다. 라틴 아메리카 중재자들의 재촉으로, 멕시코는 임시정부를 수립했고 미국은 무모한 장난을 모면했다. 윌슨은 외국 개입에 관한 교훈을, 특히 "하나의 심오한 혁명(a profound revolution)"에 대해서, 얻었다.[13)]

1914년에 미국은 유럽에서 군대를 앞에 내세운 하나의 다른 유형의 혁명에 직면했다. 독일은 러시아와 8월 1일에, 프랑스에 대해서는 8월 3일에 전쟁을 선포했고, 같은 날 카이저의 군대는 벨기에(Belgium)를 습격했다. 영국은 8월 4일에 가담했다. 영국과의 조약에 묶인 일본은 아시아 소재 독일 전초기지를 낚아챘다. 모두가 갑작스러운 전쟁에 놀랐다.

8월 4일, 우드로 윌슨은 그의 아내 엘런(Ellen)의 침대 옆에 앉아서 한 손은 죽어가는 배우자의 손을 잡고, 다른 한 손으로는 유럽 지도자들에게 "유럽 평화를 위해 조치할 것을" 약속하는 서신을 작성했다. 엘런은 8월 6일에 사망했다. 윌슨은 그 다음 날 "하나님은 내가 견딜 수 있는 범위를 거의 넘어서기까지 나를 후려치셨다"고 친구에게 말했다. 가을빛이 저물어 가자, 그의 정신도 그리 되었다.[14]

대통령은 8월 4일 중립을 선포했다. 외국의 전쟁에 거리를 둔다는 하나의 전통적인 미국의 선언이었다. 8월 18일에 대통령은 중립 선포를 자국민에게 설명하는 보도문을 공개했다. 이민자의 나라인 미국은, "적대적 의견을 가진 무리들로 나누어져… 서로 싸워서"는 안 된다. 윌슨은 과거에 유니언(Union)에 대한 최대 위험은 내부 다툼에서 생겼음을 상기시켰다. 미국인들은 "명실상부하게 중립적이어야 하고… 생각과 행동에서도 치우치지 않아야 되고, 감정과 모든 조치에서 한 쪽을 다른 쪽보다 우선적으로 처리하지 않도록 억제해야 한다."[15]

대통령의 처남은 전쟁 첫 달 만에 윌슨은 제국들의 충돌이 국제 관계를 변형시킬 것이라고 예견했다고 나중에 회고했다. 평화를 달성하기 위해서는, 윌슨은 더 이상 정복, 더 이상 군수품의 사적 제조업자들이 없어야 하고, 모든 국가들은 대등해야 하고, 모든 국가들의 연합은 각각의 그리고 전체적으로 온전함을 보호해야 한다고 생각했다.[16]

8월 말에, 윌슨은 그의 보좌관이고 아이디어 자문역이고, 때로는 친구이기도 한 에드워드 하우스(Edward House) 대령과 이틀간 폭넓은 대화를 하기 위해 뉴햄프셔(New Hampshire) 코니시(Cornish) 소재 자신의 사유지로 떠났다. 하우스는 방금 유럽 일정을 마치고 돌아왔다. 윌슨은 유럽 정치의 세부

사정을 간절히 알고 싶어 했다. 그에게는 테디 루스벨트처럼 개인적인 연고나 정부 내의 쓸 만한 정보 네트워크가 없었다. 윌슨은 다만 광범위한 지정학적 변화를 추측했고 독일의 승리가 미국을 "하나의 군사 국가(a military nation)"로 바꾸게 강제할 것을 염려했다.[17)]

처음에는, 전임 대통령 루스벨트는 "어느 쪽이든 간에 편을 들지 않는다"고 선언했다. 그는 군사적 대응의 필요성, 벨기에의 운명이 충분하게 설명해 주듯이, 국제법의 취약성에 집중했다. 힘의 균형을 존중하여, 테디 루스벨트는 초기에는 어느 쪽이든 이기기를 원하지 않았다. 비록 그는 영국이 벨기에를 방어해 주는 조치를 칭송했으나, 전임 대통령은 러시아와 일본이란 다른 두 동맹이 이익을 얻을 가능성을 좋아하지 않았다. 머지않아, 그러나, 루스벨트의 백악관에 들어있는 "교수 대통령"에 대한 본능적인 혐오와 독일군이 벨기에서 저지르는 끔찍한 만행은 테디 루스벨트(TR)를 "전투적 이상주의(military idealism)"로 몰아갔다.[18)]

전쟁은 또한 하나의 경제적 사건이었다. 다툼의 충격은 무역을 교란시켰다. 유럽인들은 미국 채권(U.S. bonds)을 팔고 현금을 확보했고, 이는 달러 환율을 낮추고 금값을 올렸다. 뉴욕주식시장(New York Stock Exchange)은 4개월 이상 닫혔다. 그러나 연말에 이르자, 운은 바뀌어 외국인들이 미국 농산물과 군수품으로 사용할 물건을 사려 몰려들었고, 이는 미국을 불경기에서 끌어내어 장기간 호황을 만들어 주었다.[19)]

공해상에서의 중립국의 권리(Neutral Rights on the High Seas)

불행하게도, 유럽에서의 전쟁은 해왕성(Neptune)의 해적(sea dogs)의 유령을 되살렸다. 교전국들의 봉쇄에 곧 이어서 독일 잠수함들은 미국의 유럽 공급선을 위협했다. 미국의 상선대는 내전(Civil War) 동안 *앨라배마(Alabama)*

호의 파손과 상선 습격대들의 준동에서 결코 완전히 회복되지 못했기 때문에, 유럽행 미국의 물자와 여객 수송은 주로 외국 선박에 의존했다. 전쟁 조치에 대한 의회의 논쟁 초기 징조로, 한 상원의원의 의사진행 방해(filibuster)로, 윌슨의 선박 구입 제안을 두 해나 중지시켰다. 그것은 윌슨이 처음 겪은 패배였고 하나의 불길한 징조였다.[20]

영국의 봉쇄는 독일 잠수함 유-보트(U-boat)가 긴장을 일으키기 전에도 오랫동안 미국의 통상 이익을 잠식하고 있었다. 윌슨은 그 역사를 알고 있었고 실제로 그에 관해 논문을 작성했다. 학자 대통령은 하우스 대령에게 해상 사건들에 대한 대중의 분노가 대통령 메디슨(Madison)이 1812년 전쟁에 들어가게 한 이유를 기술한 자신의 저서 *미국인의 역사(History of the American People)*를 읽어 주었다. 대통령은 추가했다. "메디슨과 나는 프린스턴 출신으로 대통령이 된 두 명이다. 1812년 전쟁의 상황과 현재는 평행선으로 달린다." 윌슨은 "공해상에서 무엇인가가 일어나서 전쟁으로부터 벗어나 있는 걸 불가능하게 할까 우려한다"고 그의 처남에게 말했다.[21]

그 자신의 저서에서 적절하게 경고한 대로, 윌슨은 미국의 중립적 권리 해석을 위반한 행동들에 대해 항의했으나, 기술적으로 그리했지 보복을 하겠다고 위협하지는 않았다. 대통령은 동맹국들(Allies)에 기울어져 있었으나, 분쟁 기간 동안에 무역 이익은 소규모 개입에 비해서는 훨씬 더 크다는 점을 지적했다. 영국은 약삭빠르게 19세기 방식을 조정했다. 우선, 런던은 밀수품목에서 목화를 삭제했고, 다음에는 독일을 시장에서 몰아내고 미국 농업인들을 끌어들이기 위해 목화 뭉치와 다른 상품을 사들였다. 중요하게는, 영국이 취한 조치들은 미국인의 생명을 앗아가지는 않았다.[22]

동맹국들은 미국 물건을 사기 위해서 돈이 필요했다. 초기에, 영국과 프랑스 정부는 J. P. 모건(J. P. Morgan)에게 1억 달러를 빌렸다. 모건은 국무부에 접근했다. 국무장관 윌리엄 제닝스 브라이언[William Jennings Bryan(1896년에 인류가 금의 십자가(cross of gold) 형벌을 받는 것을 개탄한 대중영합주의자]는 다음과 같이 윌슨에게 선언했다. "돈은 가장 나쁜 밀수품이다. 왜냐하면 그것은 모든 것을 부릴 수 있기 때문이다." 돈줄을 자르면 전쟁을 줄일 수 있다고 브라이언을 추론했고 윌슨은 단기간 동안 교전국 정부에 대부를 금하자는 브라이언을 말을 수용했다. 브라이언은 미국 상품을 살 수 있도록 단기 상업차관(commercial credit)을 허용했다. 1915년 초에는 은행가들은 전쟁 당사국들에게 상당한 자금을 대부하여 하나의 영향력 망을 형성했고 향후 수년 간의 평화 정책들을 얽어매었다. 비록 대서양을 가로질러 이동되는 돈의 흐름은 18세기와는 정반대이지만, 이 사건들은 차관, 전쟁, 그리고 차용 등 재정 능력에 관한 해밀턴의 통찰력이 옳았음을 입증했다. 윌슨과 그의 후계자들은 금융 파워를 성공적으로 사용하는 방법을 배우느라 고심했을 것이다.[23]

윌슨은 전쟁을 미국으로부터 멀리 떨어져 있도록 이리저리 꿰맸다. 그는 대중들의 정서를 읽었다. *리터러리 다이제스트(Literary Digest)*는 대체로 동맹국들에 동정적이고 독일 제국에는 부정적이나 진정으로 분쟁을 피하려는 현실과는 "괴리된 관찰자(detached observer)"로 그를 묘사했다. 1914년 11월 중순 선거에서(상원의원들의 직접선거가 처음으로 요구된), 윌슨 민주당은 상원에서 의석을 확보했고 비록 근소한 과반수로나마 하원을 장악했다. 그러나 주지사 선거와 중서부와 북동부의 여러 주에서의 패배는 1916년 윌슨의 재선 가능성에 의문을 제기했다. 12월 연두교서 연설(State of Union address)에서 윌슨은 군비 증강을 요구하는 공화당에 저항했다. 이것은 "우리와는 아무 관계가 없는 전쟁"이다. 그 "원인들은 우리를 건드릴 수 없다"고 말했다. 그는 여론을 식히기 위해 "침착(self-possession)"해 달라고 요청했고 동시에 국가 간의 관계에 개인적 행동 표준이라는 하나의 통상적인 외교 관행을 적용했다. 민주당은 그의 편을 열렬하게 밀었으나, 공화당은 분열되어 있었다. 그러나 윌슨은 계속 가라앉고 있었다.[24]

윌슨은 중재를 고려하다(Wilson Considers Mediation)

1914년 12월 초, 브라이언 장관은 "이들 기독교 국가들" 사이의 중재를 제공하도록 요청하는 비망록을 윌슨에게 제출했다. 그 노트는 실제적인 통찰력보다는 선한 의지에 중점이 있었다. 브라이언이나 윌슨은 테디 루스벨트의 중재자의 자질을 갖지 못했다. 하우스 대령은 독일의 영토적 이점과 확고한 군사적 사기에 비추어, 동맹국들은 중재 제안을 "하나의 비우호적인 조치"로 여길 것이라고 경고했다.[25]

브라이언의 비망록은 윌슨의 사고를 흔들어 버린 것으로 보였다. 12월 중순 한 기자와의 비공개 인터뷰에서 윌슨은 현재의 이 전쟁의 교착상태는 전쟁을 조속히 종료할 기회를 제공할 수 있다고 추측했다. 그는 이 교착상태를 환영했다. 독일만 유일하게 비난을 받을 수 없었다. 비록 윌슨은 동맹국의 승리에는 덜 고민스럽기는 할 것이지만, 어느 한쪽의 승리는 복수와 더 많은 전쟁의 악순환을 이끌 것이다. 윌슨은 이 아이디어의 씨앗들을 2년 후인 1917년 1월 "승리 없는 평화(peace without victory)"라는 연설에 담았다.[26]

대통령은 유럽 지도자들이 실제로 무슨 생각을 하고 있는지에 관해 더 나은 정보가 필요했다. 1915년 초에, 하우스 대령을 "중립국이고 객관적인 우호국 입장에서 우리의 기회들을 알아내라"고 유럽으로 다시 파견했다. 그러나 대통령의 "사적인 친구이고 공식 직함이나 권한 없는 대변인" 자격으로 보냈다. 이런 유형의 외교 업무는 혼란을 가져올 가능성이 있었다. 왜냐하면 하우스의는 친동맹국 입장으로 보면 윌슨보다는 루스벨트에 더 가까웠고, 그 차이를 하우스는 대통령 윌슨에게 분명하게 말하지 않았다. 1915년 1월 31일에, 하우스는 호화선박-곧 오명에 휩싸일-커나드(Cunard) 선사의 여객선 *루시타니아(Lusitania)*호에 탑승했다.[27]

유-보트가 공격하다(U-Boat Attacks)

같은 달에, 독일군은 영국으로 밀을 싣고 가던 미국적 선박 *윌리엄 프라이*(*William P. Frye*)호를 파괴했다. 지구의 반대편에서는, 일본은 중국 내의 독일 점령지로 진격하면서 중국 북부의 대부분 지역에 대한 통제권을 요구해 지정학적 격변(geopolitical upheaval)에 관한 윌슨의 두려움을 입증해 주었다.

1915년 2월 4일, 독일 해군은 2주 이내에 영국 근처 전쟁 수역 내에 들어오는 중립국적이나 교전국적을 가리지 않고 모든 선박을 유-보트(U-boat)가 공격할 것이라고 선포했다. 이 해역을 여행하는 민간인들은 스스로 위험을 책임져야 한다고 베를린은 경고했다. 그러나 당시 1915년 초에는 독일은 느리게 움직이는 잠수함을 30척-한 번에 약 1/3만 전개할 수 있는-밖에 보유하지 않았다. 영국의 봉쇄가 조여들어 독일은 좌절하고 있었고, 비용이 많이 드는 수상 함대는 북해에 갇혀 있었기 때문에, 독일에서 이런 선포가 나온 것으로 보였다. 베를린은 미국 선박들은 피하라고 비밀리에 해군에 명령을 내렸다.[28)]

3월 말에, 한 유-보트가 영국적의 여객선 *팔라바*(*Falaba*)호를 가라앉혔고, 미국인 1인이 사망했다. 4월에는 미국적 증기선 *쿠싱*(*Cushing*)호를 공격했고, 5월 1일에는 유-보트가 미국적 유조선 *걸프라이트*(*Gulfligt*)를 가라앉혔다.

미국인 사망 사건은 대통령과 브라이언 사이에 다툼을 촉발했다. 3월 초에, 윌슨은 "자제(self-control)", "인내(patience)" 그리고 "차분하게(without excitement)" 행동하자고 여전히 전도를 하고 있었다. 그러나 윌슨은 (독일) 전투요원들에게 미국인 생명을 위험에 빠뜨리지 말라고 요구할 필요가 있다고 생각했다. 반면, 브라이언은 어느 미국인이든 "불필요한 위험"과 "미국을 국제간의 분규에 밀어 넣을 가능성"을 가정하고서 "사적 사업을 자국 이익보다 위에" 둘 수 있는가에 의문을 제기했다. 윌슨은 잠수함은 중립국 국민들과 비전투원들의 안전을 보장하는 국제 관습을 준수해야 한다고 제시하는 한 문서의 아이디어로 응수했다. 그는 한 사람의 생명보다는 "인류 전체의 이익"에 토대를 두고 주장을 펼쳤다. 브라이언은 왜 국가가 한 사람의 생명의 손실로 전쟁 위험을 안아야 되는지에 의문을 가지면서 중재를 제안하면서 반격했다. 대통령은 베를린에 아무 노트도 보내지 않기로 작정했다.[29]

"미국 우선(America First)"

대신에, 윌슨은 유럽에서 오는 위협에 직면하여 "자제(self-control)와 극기(self-mastery)"를 행사해 줄 것을 요청하는 일련의 연설을 4월에 했다. 내가 우리의 온전한 의무라고 말할 때, 이기적인 생각에서 말하는 게 아니고, 현재로서는 "미국 우선(America first)"이란 모토로 요약될 수 있다. 이 슬로건이 나중에 사용되는 점에 비추어 보면, 윌슨의 사심 없는 메시지는 두 가지 의미를 가졌다. 첫째, 미국인들은 유니온(Union)을 분열시킬 구국가들이나 구종족과의 연대를 허용하는 대신에 자국을 위해 단결해야 한다. 둘째, 미국은 중립을 유지해야 "나중에 친선의 시대가 오면 시험에 들지 않고 유럽의 친구가 될 수 있다." 미국은, 세계가 과거의 군사적 질서를 극복하도록 돕기 위해서, 국내적으로 화합해 더 높은 평화적 목적을 위해 버티어야 한다.[30]

3월, 이 드라마 와중에, 58세의 대통령은 42세 과부 에디스 갈트(Edith Galt)를 만났다. 에디스는 자신만만하고, 유능하고 활기 넘치는 여자 기업인으로 고인이 된 그녀의 남편의 보석 사업에 통달했다. 그녀는 워싱턴에서 자신의 자동차를 운전한 최초의 여자였다. 5월 3일, 윌슨은 에디스에 사랑을 고백하고 청혼을 했다.[31]

루시타니아호의 침몰(The Sinking of *the Lusitania*)

며칠 후, 5월 7일 금요일, 대통령은 골프 한판을 치러 백악관을 나서다가 유-보트가 커나드(Cunard)해운의 가장 빠르고 큰 여객선 *루시타니아(Lusitania)*호를 가라앉힌 소식을 접했다.[32] 그 운명은 정확히 3년 전 빙산에 의해 침몰한 *타이태닉(Titanic)*호를 떠 올리게 했다. 그러나 독일 어뢰를 맞은 *루시타니아*호는 18분 만에 바닥으로 가라앉아 1,198명이 사망했고 이 중 128명의 미국인이 포함되어 있었다. 이 사건은 그냥 또 하나의 유럽대륙에서의 전투의 하나로 보이던 전쟁을 미국에게 매우 실제적이고, 위험하고, 또 혼란스럽게 하는 참사로 바꾸어 버렸다.

테디 루스벨트는 그 침몰은 "하나의 해적행위"라고 표호했다. 그는 "우리가 정의보다 평화를 높이는 국가들을 따른다면 우리나라는 측정할 수 없이 경멸당하고 무시되는 국가로 전락하고 있다"고 단언했다. 런던 주재 하우스 대령은 미국은 "이 사건은 다시 일어나지 않아야 된다"는 점을 요구하고 전쟁으로 나갈 걸 고려해야 한다고 전문을 보냈다.[33]

브라이언은 동의하지 않았다. 독일은 커나드해운 운항 일정표 밑에 위험을 알리는 공고문을 신문에 개시했다. 수년 후에 *루시타니아*호는 여객 이외에 탄약을 싣고 있었다고 알려졌다. 국무장관은 미국 행정부가 미국 시민들이 교전국들로 배를 타고 여행하지 말라고 경고하기를 원했다.[34]

미국인들은 분노했으나 앞날이 불확실했다. 그들은 서부전선(Western Front)에서의 학살 광경과 독가스의 불쌍한 희생자들을 사진으로 보고 있었다. 뉴욕 소재 신문들은 편집자들에게 미국의 대응 방법에 관한 설문을 전국에 보냈다. 1천 건의 답신 중에서 6개만이 전쟁을 요구했다.[35]

전쟁의 기술은 전통적인 믿음과 전쟁의 원칙들을 알아볼 수 없을 만큼 완전히 바꾸어 버렸다. 잠수함들은 자신들의 생존의 위험을 걸고 선박들을 정지시키거나 수색할 수 있었다. 전장은 나무 없는 달 표면 같은 지형에 깊게 파놓은 참호가 되어 유럽 전역에 퍼져 있었고, 강력한 살상 기계들은 한 세대의 젊은이들을 전부 집단적으로 학살해 버렸다. *루시타니아*호의 침몰 한 달 후에, 윌슨은 대중들의 긴장감을 브라이언에게 예리하게 "나는 우리 국민이 독일에게 요구한 전선을 확고히 지키고 동시에 전쟁에 말려들 어떤 가능성도 일으킬 일을 하지 않을 이중 소망을 달성할 방법을 온 가슴으로 알고 싶다"고 브라이언에게 요약해 주었다.[36]

사건들은 윌슨을 흔들었다. 그는 아마도 미국의 주된 이익과 목표들에 대해 심사숙고하기 위해 한 걸음 물러났을 수 있다. 예를 들면, 만약 전쟁의 대가를 지급하지 않기로 결정하면-아마도 적당한 때에 미국의 힘을, 금융적 지렛대를 포함해, 사용해 전쟁을 중지시키거나 혹은 전후 미래를 지시하는 방식으로-그는 브라이언의 논리를 따라갔을 수도 있었다. 다른 대안으로, 윌슨은 동맹국들에 합류하여 조속한 승리를 추구하고 전후 질서를 만들 수 있었을 것이다.

대신에, 윌슨은 미루었다. 그는 닳아빠진 중립 원칙들을 가지고 작업하려고 노력했다. 그는 미국은 세계 전쟁의 폭포 효과(cascading effect)로부터 분리되어 있을 수 없을 것으로 알았다. 그러나 그는 그의 조국은 전쟁으로부터 벗어나 있기를 원했다. 그리하기 위해, 그는 여론의 진동에 손가락을 얹어 두고 있었다.

브라이언과의 결별(The Break with Bryan)

윌슨은 독일에게 사과, 배상금, 중립국과 비전투원들에 대한 공격을 더 이상 하지 않기 위한 조치를 즉각적으로 취해줄 것을 요구하는 문서 초안을 작성했다. 브라이언은 완강하게 저항했다. 그는 미국이 동맹국들의 국제법 위반을 규탄하기를 원했고 중재를 간청했다. 윌슨은 독일 대사 요한-하인리히 폰 베른스톨프(Johann-Heinrich von Bernstorff)를 만나 평화적 해결에 대한 그의 희망을 강조하는 것으로 그의 초안을 분명히 보완해 보냈을 것이다. 전쟁 전 상태로 회귀하고 "해양을 중립화(neutralization of the sea)"하는 "해양의 자유(freedom of the seas)"를 포함한 화해 조건에 관한 윌슨의 생각을 베른스톨프는 보고했다. 윌슨은 백악관은 평화적인 결말을 희망한다고 제시하는 뉴스 기사들을 또한 심었다.37)

노트와 원칙을 주고받는 대통령과 국무장관 브라이언과의 전투는 다음 11개월 동안에 계속되었고, 그 동안에도 수병들은 바다에서 전쟁을 벌였다. 베를린은 윌슨에게 5월 말에 응답을 했다. 독일은 중립 국민들의 사망에 대해 깊은 유감을 표명했으나, 미국에게 *루시타니아*호를 이용해 무기를 운반한 영국의 배신행위를 조사하라고 요청했다. 독일은 중립국 선박들을 공격하는 것을 피하겠다는 약속을 재차 했다. 베를린은 비밀 쪽지를 선장들에게 보내 대형 여객선들을 살려 두라는 명령을 전달했다

윌슨은 두 번째 노트를 기초했다. 그는 *루시타니아*호에 관한 독일의 단정에 의문을 표시했고 인간성 원칙들(principles of humanity)은 경고 없이 여객선을 침몰하는 것을 배제한다고 반복했다. 대통령은 영국의 행동에 항의하고, 미국인들이 탄약을 운반하는 선박에 탑승하는 것을 금하고, 회해를 제공하라는 브라이언의 간청을 거절했다. 윌슨의 두 번째 노트는 독일에게 "잠수함 작전을 중단하기를 거부하는 것 말고는 아무것도 할" 여지를 주지 않는다고 지적했다. 브라이언은 그 노트에 서명하지 않았고, 1915년 6월 8일에 사임했다.38)

대통령은 "보통사람(Old Commoner)"을 잃기를 원하지 않았다. 그의 사임은 국내에서의 분열의 신호였고 윌슨 자신의 정당 내에서 반란이 일어난 사건을 의미했다. 브라이언이 사임하기 직전에, 두 명의 상원과 하원의 민

주당 의장은 브라이언에게 상원이나 하원은 전쟁을 선포하기를 원하지 않는다고 경고했다. 이제 대통령은 자신의 지도력에 대한 외부 도전을 혼자서 맞이하게 되었다.[39]

윌슨은 6월 9일, 브라이언이 떠난 날에 독일에 두 번째 쪽지를 보냈다. 대통령은 브라이언이나 다른 누구들이 적대적으로 기운다고 공격할 모든 조치들을 조심스럽게 회피했다. 윌슨은 로버트 랜싱(Robert Lansing)을 브라이언 후임 국무장관으로 지명했다. 윌슨은 하우스 대령을 고려한 듯하나 하우스의 건강이 불확실하고 또 비공식적인 자문역으로의 그의 역량을 더 존중했던 것으로 보인다. 랜싱은 당시에 국무부에서 2인자로 국무부의 여러 업무 분야를 유능하게 감독하고 있었다. 그는 국제법과 외교 절차 전문가였고 미국 국제법학회(American Society of International Law) 창립을 돕고 있었다. 윌슨은 랜싱의 관점은 루스벨트와 하우스에 더 가깝다는 점을 알지 못한 듯했다. 랜싱은 독일의 승리는 미국 안보를 위협할 것으로 믿었다. 처음에는 윌슨은 랜싱이 그 자리에 맞을 만큼 “큰 인물”이라고는 생각하지 않았다. 윌슨은 자신이 스스로 국무장관직을 수행하기로 작정했을 것으로 보인다. 그는 랜싱을 서기로 취급했고, 서로 화학적으로 맞지 않는 데다가 랜싱의 성향은 대통령을 더욱 궁지로 몰아넣었다. 윌슨은 외교정책위원회와 고위 외교 관리들을 줄였고 이후 수년 간 불행한 결과를 초래했다. 6월 29일에 윌슨의 청혼을 받아들인 에디스 갈트가 점점 더 유일한 자문역(sounding board)이 되어갔다.[40]

독일은 7월 중순에 윌슨의 두 번째 노트에 대한 답신을 보냈다. 잠수함전에서 특정한 상황–미국 선박과 중립 선박에 탑승한 미국인들, 그리고 그 선박들이 밀수품을 싣고 있지 않는 한–을 구분하는 베를린의 조치들은 실제로는 미국의 요구를 회피하는 듯했다. 윌슨은 해상에서 기습 공격을 중단해 달라는 제3의 노트를 준비하기 시작했다. 그러나 대통령은 아직 베를린에 최후통첩을 선포하려 하지 않았다.

"준비"와 "*아라빅호* 서약"("Preparedness" and the "*Arabic* Pledge")

대통령은 군사력으로 외교를 뒷받침할 때라고 결정했다. 1915년 7월 말 전쟁부와 해군부의 장관들에게 육군과 해군을 확대할 방안을 제공하라고 지시했다. 윌슨은 그들의 안을 10월에 승인했다. 전쟁 준비에 반대하던 초기 입장을 바꾼 윌슨은 가장 큰 정치적인 싸움에 들어갔다. 윌슨에게는 자신의 민주당이 최대 장애물로 드러났다. 그리고 윌슨에게 1년 내에 닥칠 재선 전망은 흐렸다.[41]

8월 19일에 한 척의 유보트가 영국 여객선 *아라빅*(Arabic)호를 격침해 44명이 죽었고 이 중 2명은 미국인이었다. 윌슨의 코치를 받아 미국 신문들은 "정부 내 소식통(speculation in Government circles)"이라면서 독일과의 관계 단절에 관한 기사를 내보냈다. 독일은 한발 물러났고 국제법 상의 "순양함전(cruiser warfare)"의 전통적인 수칙을 따를 것이라고 약속했다. 이 "*아라빅*호 서약"은 애매하기는 하지만, 윌슨에게서 즉각적인 칭찬의 물결을 받아냈다. 말하자면, 대통령은 군사적 수단이 아닌 노련한 외교력으로 독일이 항복하도록 압력을 가했다. 그러나 윌슨은 독일의 서약을 의심했고, 또 그리한 것은 현명했다.[42]

1915년 12월 18일 평화를 만드는 대통령과 갈트(Galt) 부인은 사적 예식을 통해 결혼했다. 그 직후에, 하우스는 윌슨을 대신해 또 다른 임무 수행차 유럽으로 떠났다. 베른스토프(Bernstorff) 대사는 위기관리를 이용해 하우스와 윌슨에게 독일은 항해의 자유(freedom of the seas) 같은 더 큰 원칙에는 관심이 있다고 전했다. 하우스는 미국은 의제를 바꾸어 신경을 건드리는 선박 사건들에서 빠져나올 수 있을지도 모른다고 추론했다. 그는 포괄적 군비축소 합의로 독일의 군국주의(militarism)와 영국이 해국주의(navalism) 둘 다를 종료할 수 있다고 믿었다.

1915년 말에, 독일은 두 척의 선박 격침(擊沈)을 사과했다. 랜싱은 베를린이 *루시타니아*호에 대한 잘못을 인정하기를 원했다. 고위 민주당 소속 하원의원들이 공개적으로 반대하였으나 그는 국교 단절을 다시 꺼내 들었다. 1916년 2월 중순에, 독일은 *루시타니아*호의 격침에 부분적으로 책임이 있음을 인정했으나, 배상문제는 전쟁이 종료된 후로 미루기로 당사자들은 이해했다. 이 해법은 *루시타니아*호의 문제를 결론 지우는 것으로 보였으나, 근본적인 문제를 다루지도 않았다.

한편, 브라이언은 미국인들은 교전국 선박을 타지 말라고 단순히 요구해 민주당 의원들을 달래고 있었다. 윌슨의 정치보좌역 튜물티(Tumulty)는 적국에 대항해 군사적 준비를 하라고 대통령에게 경고했다.

윌슨은 대중을 준비하다(Wilson Prepares the Public)

1916년 2월 동안에 대통령은 미드 웨스트(Midwest)지역에서 15차례 연설을 했다. 윌슨은 세상이 변하고 있어서 자신의 입장을 바꿀 수 있었다고 설명했다. 그는 세계적으로 불이 나고 있고 불쏘시개는 곳곳에 존재한다고 경고했다. 그는 미국은 전쟁을 준비하는 게 아니고, 대신에 "적당한 국가 방위"를 건설한다고 말했다. 대통령으로서, 그는 "평화와 명예(peace and honor)"를 옹호할 것이다. 그럼에도 불구하고, 윌슨은 타국의 행동을 통제할 수 없다고 주의를 주었다. 위험은 "경계가 없고 상존"한다고 윌슨은 경고했다.

아직 윌슨은 방어에 만족하지 않았다. 그는 세계에서의 미국의 역할에 대한 그의 비전을 공유하기를 원했다. 그는 밀워키 소재 독일계 미국인들에게 "미국의 운명과 의무가 이상적이 아니라면 미국은 존재할 이유가 없다"

라고 말했다. 전쟁 대비에 대한 윌슨의 주장은 미국의 명분을 국가 안보에서 "국가 존엄성(national dignity)"과 국가 목적의 더 높은 차원으로 확대했다.

윌슨은 대중을 교육시키는 걸 즐겼다. 연습을 통해 그는 더 멋진 대사들(punchier lines)을 사용했다. 이 여행은 개혁을 압박하던 그의 뉴저지 주지사 시절과 1912년 선거운동 경험을 불러왔다. 대통령 선거 해의 초기부터 윌슨은 그의 대중동원 기술을 또한 연마하고 있었다.43)

윌슨은 당을 주도하다(Wilson Takes Command of His Party)

대통령은 국가를 위해 전념하는 중에도 의회에서 브라이언 파의 반란을 진압해야 했다. 윌슨의 동의를 받아, 랜싱(Lansing)은 영국이 상선(merchant ship)을 무장하지 않는 대신에 독일은 기습적인 잠수함 공격을 포기하도록 만드는 계획을 탐색하고 있었다. 양쪽 다 합의하지 않았다. 그러나 의회 민주당원들은 행정부가 원래의 계획을 버렸다고 의심했다. 일부 민주당원들은 윌슨의 준비에 대한 유세는 "루스벨트의 것과 거의 같다"고 생각했다. 전통적 사상의 유력한 민주당원들은 미국 시민들이 무장상선이나 교전국 선박에 탑승하기를 금지하는 의안을 제출했다. 의안은 열기를 더했다. 윌슨은 자신은 전쟁을 막으려 모든 가능한 것들을 하고 있다고 그 의안을 강하게 뒤로 밀어붙였다. 그러나 비문명적인 잠수함전에 대항할 전선을 고수할 필요가 있었다. 그는 중립국 권리와 미국 독립의 아이디어를 연계했다. 대통령은 사전투표를 요구해 판을 더 키웠다. 불확실한 민주당원들은 연기(불만족스러운 선택에 면할 때 의회가 선호하는 방안)를 주장했다 대통령은 물러서지 않았고 대신에 투표로 "행정부의 현재의 당혹스러운 상황"을 극복해야 한다고 주장했다. 윌슨은 상원과 하원에서 압도적인 차이로 승리했다. 브라이언이 아닌 대통령이 이제는 경쟁자 없는 당의 지도자가 되었다.46)

1916년 봄에 윌슨은 주요 해군과 육군 의안을 성공적으로 통과시켰다. 해군 의안은 비교적 순탄하게 추진되었으나, 새로운 주력함대(fleet of capital ships) 건설은 1920년 초에 가서야 시행되었다. 육군 의안은 타협을 해야 했고 5월에 가서야 통과되었다. 결과적으로는 대륙 방어에 집중하고 전문화를 높이지만 원정대를 건설하는 것은 아니었다. 윌슨은 대규모 군대와 해외로 원정대를 파견하는 데 반대하던 민주당의 수십 년 간 관행을 거꾸로 바꾸기 시작했다. 한편 제1차 세계대전은 미국이 전쟁을 준비하기도 전에 이미 거의 2년째로 접어들고 있었다.[45]

하우스 대령의 외교(Colonel House's Diplomacy)

윌슨이 국내 지지 기반을 다지고 있는 동안에, 하우스는 윌슨의 외교 노선을 추진하고 있었다. 미국인들은 여전히 영토와 배상금 등 전통적인 유럽인들의 전쟁의 목적에 얽혀드는 것을 피하기를 원했다. 백악관은 "미래 세계의 평화"에 관한 구상을 탐색하기를 선호했다. 윌슨은 육군과 해군 군비축소와 "침략에서 각 국가를 보호하고 항해의 완전한 자유를 유지하는 국가들의 연맹(국제연맹, a league of nations)"을 결성하는 하나의 새로운 접근 방법을 촉진하기를 원했다. 이 이니셔티브(initiative)는 10년 전에 실제적 중재를 하던 루스벨트의 모형과는 완전히 다른 것이었다.

하우스는 런던과 베를린 양쪽에서 회의적인 반응을 만났다. 그는 베를린은 "공격적인 수중 정책(an aggressive undersea policy)"을 통해 승리를 이끌어 대담한 전쟁 목적을 달성할 것이라고 보았다. 하우스는 미국에 오는 위험을 감지했고, 미국은 동맹국들을 지지하는 방향으로 움직여야 한다고 스스로 작정했다. 그는 영국의 외무장관 에드워드 그레이 경(Sir Edward Gray)과 하나의 방안에 관한 각서(memorandum)를 기초했다. 그 방안은 적절한 시기에-즉 만약 동맹국들이 후퇴하거나 그보다 더 상황이 나빠지면-미국은 평화 회담을 요청할 것이라는 것이었다. 만약 독일이 거부하면, 미국은 아마도 불가피하게 연합국(allies)들에 합류할 수밖에 없을 것이다. 하우스는 영국과 프랑스에게 만약 독일이 회담에 응하면, 미국은 동맹국들에게 유리한 조건을 주장할 것이라고 말했다. 만약 독일이 거부하면, 미국은 회담을 떠나 동맹국들 편에 설 것이라고 말했다. 런던과 파리의 지지를 얻기 위해, 하우스는 윌슨이 피하라고 주문한 영토 조건을 특정했다. 대령은 "항해의 자유"를 삭제하고 군축을 제기하지 않고, "국제 연맹"의 개념을 그레이와 간단하게 논의했다. 하우스는 윌슨의 훈령을 형체를 알아볼 수 없을 정도로 확장해 하나의 완전히 다른 목표를 추구하게 되었다. 더구나 연합국들(Allies)에 대한 하우스의 대표성과 윌슨에 대한 하우스의 보고는 서로 갈라지고 있었다.

하우스는 하우스-그레이 각서(House-Grey Memorandum)를 윌슨에게 3월 6일에 전달했다. 윌슨은 하우스의 노력을 인정하는 듯했으나, 전쟁에 대한 어떠한 미국의 약속 앞에 "아마도"란 말을 삽입해 그 계획 전체를 바꾸었다. 거의 틀림없이, 윌슨은 평화(peace conference)에 대해서는 좋아했으나 유연성을 유지하기를 기대했을 것이다. 하우스의 연합국들에 대한 동정적인 문장들은 아마도 윌슨의 성향을 반영했을 것이나 윌슨의 결정은 아니었다.

더욱이, 런던은 미국 선신을 염탐하고 미국 외교 암호를 해독했다. 영국은 아마도 하우스가 대통령을 대신해 말을 하고 있지 않다는 점을 알았을 것이다. 그레이가 그 각서를 전쟁 각료급 위원회에 회부하자 각료들은 거부했다. 그들은 독일이 육상에서 이익을 보게 될, 교착상태에 빠질 수 있는 평화 회담의 위험을 감수하고 싶지 않았다. 윌슨도 그 각서를 추진할 것으로 보이지 않았다. 어쨌든, 새로운 위기가 대통령의 주의를 즉각 요구했다.[46]

서섹스호와 독일과의 한 차례 전쟁

(The *Sussex* and a Brush with War with Germany)

3월 24일 한 척의 유-보트는 어뢰를 발사해 해협연락선 *서섹스*(Sussex)호를 가라앉히지는 못했으나 80명이 죽거나 부상했고, 4명의 미국인이 다쳤다. *서섹스*호는 무장을 한 적이 없었고, 이 정기 노선은 군대와 군수품을 수송하는 연합국들의 노선을 피하고 있었다. 사람들은 독일의 야만성에 놀랐다. *서섹스*호는 작은 규모의 *루시타니아*호였다.

윌슨은 그를 균형 잡게 해줄 브라이언을 더 이상 가지고 있지 않았다. 반대로, 랜싱, 하우스, 그리고 이제는 에디스 윌슨까지도 국교를 단절하는 최후통첩을 하거나 혹은 독일의 잠수함이 상선에 대한 공격을 중지하지 않으면 국교를 단절할 것이라고 위협하기를 원했다. 랜싱은 베른스토프가 화해를 암시하는 메시지를 보내왔다는 사실을 대통령에게 굳이 말하지 않았다

의회는 심하게 분열되어 있었다. 대통령은 자기편에 입법자(의원)들을 유지할 필요가 있었다. 그는 4월 18일에 독일에게 쪽지를 보내고 19일 아침 일찍 의회지도자들을 만나서 그의 접근방안을 설명했고, 정오에는 의회 합동회의에 나가서 연설을 했다. 대통령은 의회에서 독일이 여객선과 상선에 대한 공격을 중단한다고 당장 선언을 하지 않으면 유감스럽게도 독일과의 관계를 단절한다고 위협해 왔다고 말했다.

수상 테오볼트 폰 베트만-홀웨그(Theobold von Bethmann-Hollweg)는 사임하겠다고 위협했다. 해군 제독들은 황제에게 독일 해군은 아직 잠수함 기습 작전의 성공에는 다다르지 못했다고 인정했다. 독일은 물러섰다.

대통령은 우선은 대단한 결과를 얻은 듯했다. 그러나 그의 외교는 미래의 위험을 드러내고 있었다. 해외 주재 미국 외교관들이나 하우스의 비공식 노력은 베를린 내에서 일어나고 있던 논쟁, 잠수함 작전 가능성 평가에

대한 독일의 수정, 혹은 카이저 내각에서의 실세들 간의 알력들을 알아내지 못했다. 1905~06년의 루스벨트와는 달리, 윌슨은 워싱턴 주재 유능한 독일 대사에게서 정보를 얻거나 함께 작업하지 못했다.47)

윌슨에게는, 베를린의 양보 시점은 극히 우발적이었다. 4월에, 아일랜드 독립주의자들(nationalists)이 더블린(Dublin)에서 "부활절 봉기(Easter Rising)"를 기습적으로 일으켰고, 이후 6년간의 충돌을 거쳐 아일랜드의 독립으로 이어졌다. 잔인한 영국의 진압과 즉결처형(summary execution)은 아일랜드계 미국인들을 격노하게 했고 오랫동안 부글부글 끓어온 영국 혐오증(Anglophobia)에 불을 붙였다. 연합국의 도덕적 우월성에 대한 주장은 악화되었다.

윌슨의 연맹: "해체하는 연합국들"(Wilson's League: A "Disentangling Alliance")

윌슨은 중립이 전쟁 중에는 피난처(safe haven)를 제공해 주지 않는다는 점을 파악했다. 윌슨은 "올해는 미친 해이다… 미국의 의무는 세상을 바로잡는 것"이라고 한 방문객에게 말했다. 그의 쉬지 않는 지성은 평화를 증진하기 위한 방안을 탐색했다.48)

대통령은 5월 17일 평화구축연맹[League to Enforce Peace(LEP)] 연례 만찬에 나가 그의 생각을 설파했다. 선임 대통령 태프트가 LEP를 조직했고 1915년 6월에 의장이 되었다. 사실, LEP는 미국에서 "국제주의(internationalism)"를 주장하는 주된 그룹이 되었다. 회원들은 일종의 "국제적 집행"을 둘러싸고 수렴되는 여러 주제들에 대해 폭넓게 논의했다. 대체로, LEP 지도자들은 연합국들이 하나의 새로운 연맹을 만들기 위해서는 전쟁을 이겨야 할 것이라고 믿었다.

대통령은 LEP 포럼을 이용해 세상에서의 변형들을 논의하고 그 변형들을 주도하는 데 적용할 미국의 원칙들을 제시했다. 윌슨은 전쟁의 원인과 목표들을 대체로 넘겼으나, 그는 무력 사용을 불사하는 연합국체제로 세상을 비튼 "비밀 위원회(secret council)"를 반대했다.

윌슨은 하나의 새롭고 더 나은 세계질서를 위해 3가지 기본을 강조했다. "모든 국민은 자신들이 복종할 통치권(sovereignty)을 선택할 권리를 가진다(Every people has a right to choose the sovereignty under which they shall live). 모든 국가들은, 작거나 크거나, 주권(sovereign right)을 가지고 영토 보전을 누린다. 그리고 세계는 침략에서 자유로워야 한다." 당연하게도, 미국이 해양에서 겪는 시련에 비추어, 윌슨은 "어길 수 없는 해로(海路, highways of the seas) 보안"을 또한 요구했다.

이들 원칙들을 가지고, 미국은, 다른 "강대국들"과 연합해, 어느 국가나 일군의 국가들이 이 기본적인 사안들을 파괴하려고 추구할 경우에, 공동으로 행동할 어떤 타당한 방법"이 필요하다고 윌슨은 추론했다. 윌슨은 통상적인 언어를 사용했으나, 자국의 한 세기 동안의 외교 관행이 "얽힘"을 삼가해 온 바, 그는 실로 하나의 대담한 조치를 취했다. 실제 사흘 후 알링턴 국립묘지(Arlington National Ceremony)에서 거행된 현충일[Decoration Day(현재는 Memorial Day)] 기념식에서의 행한 연설에서, 대통령은 새로운 방식으로 과거를 현재와 연결했다. "나는 결코 얽히는 연합국(entangling alliance)에 가담하는 걸 동의한 적이 없습니다. 그러나 국가들이 각각 독립적으로 자국만의 이익을 추구하는 조합에서, 세계 국민들을 해방시키고, 공통의 권리와 정의에 기반해 세계 평화를 보전하도록, 세계의 국민들을 묶어주는 연합, 즉, 분리 동맹(a disentangle alliance)에 나는 기꺼이 찬성합니다."

윌슨은 LEP의 중재와 재판소 설치를 위한 법적 설계는 수용하지 않았다. 그는 강대국들의 이익을 대변하는 것은 아니지만 하나의 정치적인 기구를 선호한 듯하다. 대통령의 메시지는 1918년 1월의 유명한 14개 항목

(Fourteen Points)을 미리 선보였다. 그는 나중에 국제 연맹 규약 제10조가 될 내용을 적시했다. 대통령에게도 당장 중요하여, 1916년 민주당 전당대회는 그의 문장을 당의 새로운 정치적 증거로 채택했다.[49]

재선: "평화, 전쟁 대비, 진보주의"

(Reelection: "Peace, Preparedness, and Progressivism")

자신의 아이디어를 추구하기 위해, 윌슨은 우선 재선에서 이겨야 했다. 그의 공화당 적수는 찰스 에반스 휴즈(Charles Evans Hughes)였다. 그는 뉴욕에서 주지사를 2번 역임했고 대법원의 부법관을 지냈다(그리고 8장에서 다룬다). 휴즈는 윌슨과 마찬가지로 사교적인 정치인은 아니었다. 그러나, 뉴요커의 빠른 화술, 능동적인 표현, 뚜렷한 수염은 유명한 별명 "생기나는 먼지떨이(Animated Rather Duster)"를 그에게 붙여 주었다. 휴즈는 조심스러운 태도를 지녔으나, 건조하고 예리한 재치를 가졌다. 후보자의 가두연설 스타일은 선거 유세 동안 개선되어, 윌슨에 대한 그의 공격은 강한 타격으로 내려앉았다. 한 노스다코타(North Dakota) 농업인은 "아이쿠, 그는 결코 그리 인간미가 없지는 않다"고 말했다고 보고되었다.

실망한 테디 루스벨트(TR)는, 1912년 진보적 배신 후에 공화당 충성파의 신뢰를 아직 회복하지 못한, 휴즈를 "구렛나루 윌슨"이라고 불렀다. 그러나 휴즈의 진짜 문제는 공화당 내의 진보파(Progressive)와 정규파(Regular)의 분리 후의 내분과 전쟁과 유-보트를 다루는 방법을 둘러싼 당 방침의 불확실성이었다. 공화당원들은 윌슨이 외교정책을 잘못 다루었다는 데에는 동의할 수 있었으나, 전쟁으로 달려가자는 데에는 테디 루스벨트(TR)와 소수인들을 제외하고는 동의하지 않았다. 윌슨은 전쟁 대비로 방향을 틀었고, *서섹스호* 위기 이후 독일의 후퇴는 대통령의 전략이 작동하고 있다는 희망을

주었다.[50]

실제로 1916년 여름에 가서는, 영국에 대한 미국인들의 좌절감은 독일에 대한 불만을 대체할 정도였다. 미국은 독일과 연계가 되었을지도 모르는 미국인들의 우편물을 가로채고 열어보는 영국의 관행에 대해 항의했다. 런던은 그 항의를 무시했다. 7월, 영국은 이중 거래하는 양키들과의 비즈니스를 금지할 목적으로 독일과 거래하는 것으로 의심되는 미국기업들 명단(blacklist)을 공개했다. 윌슨은 하우스에게 "영국과 연합국들에 대한 인내의 끝에 거의 다와 있다"라고 말했다. 미국의 증가하는 경제적 지렛대를 염두에 두고, 그는 대부와 교역을 봉쇄할 권한을 찾아볼 생각도 했었다.[51]

독일 잠수함 부대의 자제와 연합국들의 약탈을 억제하면서, 윌슨은 1916년 말에는 중립국의 챔피언으로 우뚝 서 있었다. "평화, 전쟁 준비, 진보주의(Peace, preparedness, and progressivism)"는 국민을 열광케 하는 선거 메시지였다. 그리고, 공화당과는 달리, 윌슨은 자신의 지지하는 통합된 정당이 있었다.[52]

11월 7일에 윌슨은 앤드류 잭슨(Andrew Jackson) 이후에 두 번째 연임에 성공한 최초의 민주당원이 되었다. 그는 일반투표(popular vote)에서 49.26퍼센트를 얻었고 선거인단 투표(electoral vote)에서 휴즈의 254표를 크게 앞지른 277표를 얻었다. 윌슨은 약 1백만 표 중 겨우 3,806 표차로 캘리포니아(California, Golden State)에서 이겼으나, 선거인단(Electoral College)에서 승리의 표 차이를 주었다. 윌슨의 성공은 의심할 나위 없이 전당대회에서 내건 모토 "그가 전쟁을 막아준다(He kept us out of war)" 덕분이었다. 그러나 윌슨은 그 결정을 통제하지 못했다는 점을 알고는 있었다.[53]

윌슨의 평화 이니셔티브(Wilson's Peace Initiative)

재선 이후 사무실로 출근한 첫날에 윌슨은 일정을 취소하고 글들을 모으고, 하우스 대령을 불렀다. 선거일 며칠 전에, 윌슨은 "선거 유세가 끝나는 순간… 나는 아직 준비를 하지 않은 가장 중요한 문서들을 작성해야 할 의무가 있다"고 한 친구에게 서신을 보냈다. 하우스가 도착하자, 윌슨은 그에게 "전쟁 종료를 요구하는" 쪽지를 교전국들에게 보낼 계획을 말해주었다. "우리가 지금 이것을 하지 않으면, 우리는 필경에는 잠수함 건으로 독일과의 전쟁에 떠밀려 들어갈 것이다."[54]

다음 두 달 동안, 대통령은 협의 평화(negotiated peace)를 향해 당사국들을 밀어 보려고 노력했다. 역사가들은 1916년 말은 전쟁의 임계점이라고 파악하고 있다. 베르둔(Verdun)에서 독일의 소모 작전으로 양측은 기진맥진했다. 영국, 프랑스, 이탈리아의 1916년 공세는 비참하게 실패했다. 일부 프랑스 측 연대는 다음 해에 싸우기를 거부했다. 독일과 오스트리아는 동편에서 성공했으나, 확실한 승리의 기미는 보이지 않았다. 비록 역사가들 사이의 논쟁거리이나, 독일 정치지도자들은 미국에게 베를린은 합의를 환영할 것이라는 신호를 보냈던 것으로 보인다. 한편 독일 군수뇌부는 최종적이고 결정적인 공세의 일환으로 무제한의 잠수함전을 벌이도록 압박하고 있었다.

1917~18년의 사건들은 구 유럽 질서의 기둥들을 부숴버렸고, 20세기 내에 어떠한 진화적 정치적 변화 가능성도 파괴해 버렸다. 제정 러시아는 혁명으로 붕괴되었다. 오스트리아-헝가리(Austro-Hungarian) 제국과 오토만(Ottoman) 제국은 녹아버렸고, 유럽 전역과 중동 전체에 걸쳐 새로운 단층선들을 열었다. 독일은 위험한 분열로 깨어져 나갔고 그 결과로 혼란은 독일 안보에 관한 일련의 새로운 의문들을 제기했고 20세기 대부분의 교전으로

이어졌다. 영국과 프랑스는 피를 다 흘리고, 자신감과 재정은 무너지고, 유럽의 세계 지배는 그 종말을 예고하고 있었다.

많은 학자들은 1916년 11월부터 1917년 1월까지의 윌슨의 평화공세를 하나의 허망하고 무모한 장난(a forlorn escapade)으로 취급한다.[55] 그들은 역사의 확정을 자신들 편에 둔다. 그럼에도 불구하고, 필립 제리코프(Philip Zelikov)는 최근 기록을 다시 살펴보고 나서 윌슨은 이 유리한 순간에 성공했을 수도 있었다고 주장한다.[56]

루스벨트는 10년 전에 유능하게 미국의 역량을 과시하여 중재를 했다. 물론 이 세계 전쟁은 훨씬 더 어려운 문제임에 틀림없었다. 그러나 윌슨은 교착상태가 교전국들의 승리보다는 제한된 목표를 수용할 "이해의 평화(peace of understanding)"를 발견할 기회를 제공한다고 보았다.[57]

베트만-홀웨그(Bethmann-Hollweg) 수상은, 유능한 대사 베른스토프의 도움을 받아 카이저를 포함한 독일 내의 복잡한 권력 엘리트들을 움직여 1916년 8월 비밀리에 조건 없이 윌슨의 중재를 요청했다. 그러나 윌슨은 선거에 사로잡혀 있었다. 수상은 가을에 1905년 루스벨트의 모형을 사용할 의향이 베를린에 있다는 신호를 베를린 주재 미국 대사관을 통해 많이 보냈다. 황제는 윌슨에게 바로 움직여 달라는 사적인 서신을 보냈다.[58]

베트만-홀웨그는 일단 윌슨이 평화회담을 소집하면 전쟁을 정부가 재개하는 걸 독일 여론은 용납하지 않을 것으로 기대했다. 그러나 수상은 목표를 공개하는 것을 피할 필요가 있었다. 극대적인 목표들은 그 노력을 무산시킬 것이고 극소적인 목표들은 국내 소동을 유발할 수 있기 때문이었다. 그럼에도 불구하고, 수상은 벨기에의 주권과 중립성을 복원해 줄 것을 시사했다. 베른스토프는, 훈령을 넘어서, 독일 군대를 프랑스에서 비운다고 말했다. 베를린 주재 미국 대사관은 프랑스에 알자스-로렌(Alsace-Lorraine) 일부를 보상해 주고, 독립적인 폴란드(Poland)를 창건해 러시아와의 하나의 완충지대를 만들고, 만약 베를린이 발칸반도에서 영향력을 확보하면 독일 식민지들을 영국에게 넘긴다는 등의 개념들을 보고했다. 1916년 12월 초, 베트만-홀웨그는 카이저가 유-보트가, 워싱턴과의 접촉을 방해할, 어떤 행동도 하지 않도록 명령을 내려 주도록 설득했다. 그러나 수상은 윌슨이 움직여 주기를 간청하는 하나의 좁은 활동 범위 밖에 가지지 못했다. 독일군 수뇌부(German High Command)는 새로운 공세를 원했다. 군부는 이제는 유-보트 역량이 무제한적으로 전쟁을 할 수 있도록 확장되어 영국이 5개월 내에, 미국이 연합국들을 도우려 오기 전에, 평화를 구걸하도록 만들 수 있다고 믿었다.59)

런던의 복잡한 기류는 출구를 열었을 수 있었다. 1916년 영국 정부의 주요 진보당(Liberal) 지도자들은, 특히 솜므(Somme)강 전투에서의 대 패배 이후에, 평화를 타협할 아이디어에 흥미를 가진 듯했다. 그러나 1916년 12월에 수상으로 취임할 진보당(Liberal) 데이비드 로이드 조지(David Lloyd George)의 입장은 읽기가 더 어려웠다. 그는 엄청난 전쟁 비용과 미래 세계에서의 영국의 지위를 살폈다. 로이드 조지는 또한 영국의 장군들에 대해 가차 없는 비판자였다. 비록 그는 보수당(Conservative)의 지원으로 수상이 되었고 전쟁을 이길 수 있는 지도자로 자신을 자리매김했으나, 거의 일 년 전에 하우스 대령에게 미국의 중재만이 유일하게 전쟁을 끝낼 수 있고 미국이 평화 조건을 받아쓰게 할 수 있을 것이라고 말했다. 당시 (1916년 초), 로이드 조지는 새로운 공세가 진행 중이기 때문에 중재할 시간은 아직 성숙되지 않았다고 조심했다. 그 웨일즈인은 1916년 9월이 아마도 적기(適期, right moment)일 것으로 추측했다.

1916년 9월에, 그러나, 로이드 조지는 타협적 평화(compromise peace)라는 개념을 거부하는 인터뷰를 했다. 특히 로이드 조지처럼 열정적이고 쉬지 않고 강력한 인물인 경우에는 흥미로운 정치 및 외교적 가능성이 보인다는 여러 증거들에 남아있다. 교활한 웨일즈인은, 영국이 만족할 조건으로 전쟁을 종료할 방법을 비공식적으로는 교환하면서도, 밖으로는 자신은 "끝까지 싸우는(Fight to the Finish)" 영국의 사나이로 각인되도록 노력했다.[60)]

부족한 중재자(A Poor Mediator)

젤리코(Zelikow) 논객의 주된 분석 주제는 대통령이 외롭게 혼자서 평화 공세를 고안하고 집행할 때 윌슨의 보좌관들이 얼마나 부족하게 대통령을 보좌했는지에 집중되어 있다. 하우스와 랜싱은 능동적으로 대통령을 반대했다. 그들은 런던과 베를린에서의 가능성에 관한 유용한 정보를 제공하기 못했고, 하우스는 실제로 독일에 대해 대통령을 오도했다. 독일이나 영국 정부는 여론을 반영하지 못했다. 윌슨은 중재자들에게 힘을 실어주는 방법에 대한 안내를 필요로 했다. "윌슨이 그러한 [평화] 조치나 중재를 연출하는 방법에 대한 방안들을 아무도 분석하지 않았다." 젤리코가 주지하듯이, "외교의 주된 목적은 다른 정부의 이익을 분명히 밝히거나 시험하는 것"이다. 아무도 각 당사국에 필요한 최소한의 수요를 규명하려 노력하지 않았다. 더 나쁜 것은, 윌슨이 자신의 이니셔티브를 고안하고 있을 때, 랜싱과 하우스는 대통령을 약화시키는 발언을 공적이나 사적인 기회에 했다. 하우스와 랜싱에 대해 최선으로 말할 수 있는 점은 그들은 미국이 연합국들에게 합류하기를 원했고 또 런던과 파리에게 불리한 어떤 징조라도 두려워했다.[61)]

윌슨의 팀은 미국이 금융 및 정치적 지렛대를 얼마나 중대하게 사용할지를 또한 심의하지 못했다. 1916년 말에는, 영국의 재정은 거의 바닥이 났다. 런던은 대출을 위해 담보를 더 이상 제공할 수 없게 되었다. 재무부에 근무하던 존 메이너드 케인스(John Maynard Keynes)는 "수 개월 내로" 워싱턴은 영국 정책을 조정할 수 있을 것이라고 관찰했다. 연합국들에게 무담보 대출을 하려는 J. P. 모건(J.P. Morgan)의 요청에 대해, 1916년 11월 말경에 새로운 연방준비제도 이사회(Federal Reserve Board)는 규제당국은 그러한 대출에 반대해 경고해야 한다고 대통령에게 건의했다. 윌슨은 단순한 주의가 아닌, 더 강력한 경고를 발령했다.[62]

윌슨은 자신의 평화 구상문서에 11월 내내 집중했으나 랜싱(Lansing)과 하우스(House)는 그의 노력을 중지시키려 하거나 적어도 그의 주의를 다른 데로 돌리려 노력했다. 아무도 런던에 손을 뻗지 않았다. 12월 두 번째 주에 들어서서는 베를린은 윌슨의 중재 가능성에 희망을 접고 있었다. 루마니아(Romania)를 굴복시킨 독일은 약해 보이지 않으면서 평화를 추진할 수 있었다. 독일은 평화를 논의할 준비가 되어 있다고 공개 선언했다. 연합국들은 독일의 평화 논의 접근을 거부하면서 독일에게 제안서를 보여 달라고 요구했다.

12월 18일에 윌슨은 그의 평화 노트를 각각의 수도들에 보냈고 그 원문을 언론에 이틀 후에 공개했다. 대통령은 교전국들에게 공개적으로 자신들이 원하는 평화 조건들을 선언하라고 요청했다. 이는 윌리엄 제닝스 브라이언(William Jennings Bryan)이 오래 전에 처음 제기한 개념을 부활시킨 것이다. 그 조치 하나로 필요한 사적 외교를 방해했다. 아무 쪽에서도 자신들이 나중에 어쩔 수 없이 수용하게 될지도 모를 조건을 공개적으로 제시하지 않았다.

그 노트의 나머지는 대통령의 실제적인 평화에 대한 헌신을 전달하는 데 실패했다. 하우스와 랜싱의 제안을 받아서, 윌슨은 회담 제의를 삭제했다. 조심에 조심을 더하여, 그 노트는 "대통령은 화해를 제안하고 있지 않고, 심지어는 중재를 제공하지도 않고 있다"고 적고 있었다. 윌슨의 위대한 움직임은 쿵 하고 나가떨어졌다. 그 다음에 랜싱은 외교적 조치가 "우리는 스스로 전쟁에 더욱 가깝게 끌려가는 중"임을 보여준다고 언론에 설명함으로써 추가적으로 윌슨의 메시지를 묻어버렸다. 화가 난 윌슨은 랜싱을 거의 해고할 생각이었으나, 랜싱의 두 번째 선언으로 첫 번째 것을 부인하는 방안으로 수용했다.63)

윌슨은 단념하지 않았다. 그는 마침내 평화 조건의 매개변수들을 하우스를 통해 사적으로 탐색하기 시작했다. 하우스는 윌슨이 미래를 위한 전후 안전 보장(postwar security guarantees)에 관심이 있으나 영토 조정에는 관심이 없다고 다시 베른스토프를 오도했다. 독일 대사는 베를린의 "온건한 조건"은 "벨기에의 어느 부분이라도 포함하지 않는다"는 답변을 어쨌든 해왔다. 하우스는 여전히 런던의 조건을 탐색하지 않았으나, 로이드 조지는 친영 미국 대사 월터 하인스 페이지(Walter Hines Page)에게 먼저 제안을 했다. 로이드 조지는 페이지(Page)를 통해 대통령과 사적이고 비공개적인 대화를 하기를 권했다. "만약 대통령이 허락한다면, 나는 귀하를 통해 그의 마음을 알기를 원하고, 나도 귀하를 통해 나의 마음을 그에게 열 것"이라고 로이드 조지는 말했다. 대통령이 쪽지를 보내기 전에 그는 이해하기를 환영했을 것이다. 어쨌든, 로이드 조지는 윌슨만이 양쪽을 눌러서 전쟁을 종식시킬 수 있다고 말했다. 그는 동료들이 그의 진짜 수요(needs)를 누설할지 모르기 때문에 이들과 떨어져서 상당한 분량의 서신을 교환했다. 윌슨과 하우스는 로이드 조지에게 답장조차 하지 않았다. 그들은 런던 주재 자신의 대사에 대한 신뢰를 잃었고, 페이지가 자신을 위한 하나의 중심적인 역할을 하려고 도모한다고 아마도 결론을 냈던 것으로 보인다.64)

"승리 없는 평화(Peace Without Victory)"

외교 경로를 통한 업무 집행에 실패한 대통령은 가장 자신이 있는 방법으로 전환했다. 그는 "승리 없는 평화(Peace Without Victory)"로 나중에 알려지게 되는 연설문을 기초했다. 윌슨은 1월 22일 상원에서 연설하는 시점에 맞추어 그 연설문을 외국 수도들에 전달하도록 (1시간 전에) 일주일 전에 국무부에 지시했다.

대통령의 강력한 연설은 관리들이나 공문서 보관청이 아닌 "세계 도처의 무언의 인류 대중"들을 향했다. 그는 협의 평화(negotiated peace)의 근거를, 즉 "승리 없는 평화(peace without victory)"를 제시했다. 그는 "대등한 국가 사이에만 평화가 유지될 수 있다"고 주장했다. 목표는 "세력균형이 아니고, 권력 공동체(community of power)이고, 조직화된 경쟁국들(organized rivalries)이 아니고, 조직화된 공동 평화(organized common peace)"이어야 한다고 말했다. 윌슨은 영속적인 평화는 국가들 간에 권리들의 균등, 자유로이 선택한 정부, 해양의 자유, 군비축소를 포함한 원칙들에 반드시 근거해야 한다고 설명했다. 그는 미국은 "[그러한] 평화의 영구성을 보장"할 것을 약속했다.

대통령은 또한 미국인들과 선출된 의원들에게 말하고 있었다. 윌슨은 설명하기를 그의 생각은 먼로주의를 "세상의 독트린으로" 제안할 예정이었다고 말했다. 음모와 경쟁국들은 얽어매는 이기적인 동맹을 미국을 위해서가 아니고 세계를 위해서 거부했다. "군력의 음악회에는 얽히는 동맹이 없다. 이것들은 미국의 원칙들이고 미국의 정책"이라고 선언했다.

전인 대통령 데프드(Taft)와 선임 국무장관 브라이언은 고무적인 연설을 수용했다. 전임 대통령 테디 루스벨트(TR)는 직설적으로 대체적 관점을 자신의 역사관에 의지하여 주장했다. "승리 없는 평화는 싸우기에는 너무 자랑스러운 사람의 자연적인 이상이다… 1776년의 토리(Tories)당은 승리 없는 평화를 요구했다. [친-남부(Confederate)] 코퍼해드(Copperheads)는 1864년 승리 없는 평화를 요구했었다. 이 사람들은 윌슨의 정신적인 조상들"이라고 논평했다.

실제적 외교 수단으로는 그 연설은 목표를 빗나갔다. 영국 정부는 그 연설은 "거의 공식적인 주목을 요구하지 않았다"고 판단했다. 독일은 이미 자신들의 일정대로 행동을 결정했다.[65]

무제한적인 잠수함전(Unrestricted Submarine Warfare)

1월 9일, 카이저의 제국위원회는 실레지아(Silesia)의 성에서 개최되었다. 독일해군은 이제 충분한 숫자의 유-보트와 선원을 보유해 대서양 통로를 봉쇄할 수 있다고 주장했다. 영국의 봉쇄조치가 결국에 가서는 독일을 굶주림에 몰아넣을 것이므로, 군 지도부는 해군 공세를 시작하기를 원했다. 황제는 미국이 전쟁을 선포하는 것을 예상하면서 무제한적인 잠수함전 명령지에 서명했다.

베트만-홀웨그는 끝까지 저항했으나 그의 평화 노력은 성과를 거두지 못했다. 그는 윌슨의 의도를 의심했다. 베를스토프 대사는 윌슨의 평화 이니셔티브에 대한 하우스의 불확실한 해석에 의존했다. 독일 주재 미국 대사는 대통령의 평화 구상이 무엇인지 자신은 아무 생각이 없다고 수상에게 인정했다. 베트만-홀웨그는 "나는 군 최고지휘부(Supreme High Command of the Army)의 윌슨 대통령에 대한 깊은 불신을 해소하는 데 완전히 무기력했다"고 나중에 증언했다. 1월 31일에 베른스토프는 랜싱에게 하나의 전환책을 제시했다. 2월 1일자로 "모든 해상 교통은 모든 가용한 무기로 정지될 것이고, 그리고 추가적인 통보 없이는… 영국, 프랑스, 이탈리아 인근 해역과 동부 지중해에서…."[66]

대통령은 여전히 전쟁으로 가기를 주저했다. 2월 2일, 고뇌에 찬 윌슨은 그의 내각과 함께 유럽에서 살육전에 들어가는 게 "황인종이 '백인들 세력의 고갈'을 이용하고 백인들을 평정할 시도"를 가능하게 할 것인지에 관해 숙의를 거듭했다. 2월 3일에 대통령은 의회 합동위원회에서 자신에게는, 비록 그는 다른 조치들을 준비하기 전에 "명시적인 행동(overt acts)"을 기다릴 것이기는 하지만. 독일과의 외교 관계를 단절하는 외에는 "다른 방안은 없다"고 말했다, 독일은 상선에 대한 공격을 늘리고 2년 만에 처음으로 미국 선박을 표적으로 삼았다.67)

치머만 전보(The Zimmermann Telegram)

수 주일이 지나, 간첩행위의 꼬인 이야기는 기존 상처에 모욕을 추가했다. 1월 16일, 독일 외무장관 아르투어 치머만(Arthur Zimmermann)은 멕시코 시티(Mexico City) 소재 독일 대사관에 놀랄 만한 제안을 담은 전문을 보냈다. 베를린은 미국에 대해 "함께 전쟁을" 벌이기 위해 멕시코와의 동맹을 제안했다. 독일은 멕시코에게 일본을 새로운 배열에 끌어들이도록 또한 재촉했다. 대신에 "멕시코는 텍사스(Texas), 뉴 멕시코(New Mexico)와 애리조나(Arizona)에서 잃었던 영토를 탈환할 것"이라고 말했다. (그들은 캘리포니아는 잊은 듯하지만, 아마도 다른 계획을 가졌을 것이다!)

놀랍게도, 독일은 암호화된 메시지를 미국의 대서양 횡단 해저 케이블을 통해 보냈다. 그 케이블은 이전에 워싱턴(Washington)에 의해 우의로 제공되었다. 아이러니하게도, 영국은 미국 케이블을 감청하였고 독일 암호를 해독했다. 그러나 런던은 영국이 그것을 입수한 경로는 밝히지 않고 그 가로챈 것을 넘겨주는 방법을 찾아내야 했다. 천재적인 스파이 대장들이 멕시코 주재 독일 대사관에서 해독된 치머만의 노트 사본을 훔치는 데 성공했다. 2월 24일에 영국 외무장관은 그의 포획물 사본을 미국 대사 페이지(Page)와 공유했고 페이지는 그 전문을 즉시 대통령에게 전송했다.

수일 후 행정부는 그 경악할 소식을 언론에 공개했다. 미국 전역의 신문들은 모욕으로 폭발했다. 일부 독일계 미국인 지도자들은 그 전문은 가짜이고 영국의 속임수라고 반론을 제기했다. 그러나 3월 3일에 치머만은 그가 실제로 멕시코에 그런 제안을 했다고 인정했다.[68]

하원은 즉각 그리고 압도적으로 미국 상선들을 무장하는 법안을 의결했다. 그러나 전쟁에 대한 저항은 아주 깊었다. 11명의 상원의원-6명의 공화당원과 5명의 민주당원-들은 3월 4일 회기 마지막까지 의사진행방해(filibuster)를 감행했다. 그 결과로 윌슨은 그의 두 번째 임기 서약식을 미루어 일요일에 사적으로 거행했다.[69]

전쟁(War)

윌슨의 두 번째 취임연설은 1913년 첫 번째 취임식에서 국제 맥락에 대한 한마디 말도 없이 신속하게 국내적 조치들을 요청한 것과는 크게 대조되었다. 운명의 끌림을 저항하느라 대통령의 말들은 단지 시간을 표시했다. 그는 고전했다. 참담한 사건들이 미국인들을 "세계의 시민들(citizens of the world)"로 만들었다. 미국은 어두움의 드라마에서 하나의 위대한 역할을 맡게 되었다. 그러나 대통령은 그 역할이 무엇일지를 알지 못했다.

3월 내내, 세계 곳곳에서 폭동이 연속되었다. 러시아의 혁명은 로마노프(Romanov) 제국을 휩쓸어버렸다. 유-보트는 엄청난 숫자의 선박을 바다 밑으로 가라앉혔다. 대통령은 주방위군(National Guard)을 연방화했고, 정규 육군의 규모를 늘렸고, 해군이 잠수함에 대항해 방어하도록 지시했고 영국 해군과의 협력할 길을 열었다. 연방준비이사회(Federal Reserve)는 조용하게 연합국들에 대한 무담보 대출을 경고에서 지원으로 바꾸었다. 윌슨은 취임식 이후 일주일 이상 아파서 누웠다. 여전히 그는 전쟁에 가는 걸 망설였다. 대통령은 한 편집장에게 "명령된 평화, 승리적인 평화"는 잘못이고 "평화시의 문명을 전쟁 표준으로 재구성할까" 두렵다고 사적으로 털어놓았다. 전쟁이 "우리의 자연적인 삶의 한 올 한 올"에 대해 무엇을 할 것인지에 대한 생각으로 몸을 떨었다. 그는 대안을 찾기 위해 몸을 혹사했다.[70]

역사가들은 윌슨이 전쟁하기로 언제 결정한 지를 알 수 없다. 3월 21일, 그는 의회를 4월 2일에 소집한다고 공표했다. 그 이후 얼마 지나지 않아, 대통령은 서재로 들어가서 의회에게 전쟁 선포를 요청하는 연설문을 작성했다.

중립: 이전과 지금(Neutrality: Old and New)

미국 정책이 미국 편을 들지 않는 중립국들을 자주 경멸했던 70년을 포함하여 100년이 넘는 거리를 감안하면 오늘날 미국인들은 "중립국의 권리(rights of neutrals)"의 "불변의 원칙(immutable principles)"을 미국이 옹호했다는 점을 이해하기 어려울 것이다. 윌슨, 브라이언, 그리고 여러 인사들이 바뀌는 상황과 기술의 와중에서, 국가 이익, 목표, 수단에 대해 논의하는 대신에, 이들 원칙들을 적용하려고 그들의 주의를 집중한 것을 이상하게 생각할 것이다. 그러나 1915년 미국인들은 "중립국의 권리"를 하나의 핵심적인 국가 이익으로 여겼다. 그들은 주기적으로 전쟁을 하는 국가들에 대항하기 위한 인도적인 국제질서의 방어 기제로 중립국 권리를 인식하고 있었다.

데이비드 핸드릭슨(David Hendrickson)은 윌슨은 미국의 중립국 전통을 유지하면서도 "새로운 유형의 중립"이 필요하다는 점을 인식했다.[71] "구(old)" 및 "신(new)"중립성들은 하나의 국가들의 사회를 상정했다. 구중립성은 전쟁을 필연적이라고 인정하지만 전쟁의 결과를 교전국들에 한정하기 위해 권리와 의무를 부과했다. 중립성은 전세계가 분쟁으로 미끄러져 내리지 않도록 방지하는 일종의 규제였다.

윌슨은 중립성에 대한 구규제가 부서져 내리는 걸 볼 수 있었다. 그러나 미국과 다른 나라들을 위해 중립성을 보존하기를 원했다. 그는 전쟁이 세계적 분쟁으로 확대되는 것을 막기 위해 분투했다.

정치학자 윌슨은 새로운 형태의 안보 체제 개념을 탐색했다. 그가 공부해온 국가정부체제와 마찬가지로 국제체제는 일차적으로 정치적일 것이라고 생각했다. 비록 버크(Burke)식 진화 유형으로 시간이 지나면 법률을 개발할지는 모르지만. 그 체제는 기본 원칙을 고수하는 게 요구되었다. 그것은 "공개 외교(open diplomacy)"를 통해 작동할 것이다. 그 질서의 집단안보(collective security)는 국가들의 중립성, 국민과 국가들의 주권, 영토, 해양의 자유의 보호장치(safeguard)가 될 것이다.

미국이 전쟁에 개입한 이후에도, 윌슨은 새로운 국제체제가 필요하고 새로운 중립성이 필요하다는 믿음을 포기하지 않았다. 교전국들은 도덕적으로 대등하고 그들의 전쟁의 원인은 내부적인 동력 대신에 구조적인 요인들로 발생한다는 구질서의 가정에 도전했다. 윌슨은 국가들의 내부 질서-민주주의에 기반한-가 평화의 국제적 구조에 기여해야 한다고 제시했다. 그는 외부자들이 민주주의를 강제할 수 있다고는 믿지 않았으나 그는 민주주의에 좋은 체제를 만들기를 원했고 그 체제를 다른 국민들에게 확대하기를 원했다.[72]

전쟁은 열전이거나 냉전이거나 간에 더욱 이념적이고 넓어지고 있어서, 미국인들은 중립성의 관념에서 인도적이고 국가들을 위한 안정화 조치는 "바른(right) (미국)"쪽을 선택하는 것이라고 믿게 되었다. 미국은 여전히 인권을 포함한 바른 일들(rights)을 옹호하지만, 중립국들의 권리는 더 이상 그리 높게 여기지 않는다. 1914~17년은, 윌슨의 말과 행동은, 초기 중립성의 미국 외교전통에서 국제 지도자란 하나의 새로운 전통으로 넘어가는 과도기의 시작이었다.

“윌슨주의(Wilsonianism)”

학자들은 교수가 대통령으로 변신한 우드로 윌슨에 매료된다. 많은 이들이 또한 그러하다. 지그문트 프로이트(Sigmund Freud)는 윌슨에 대한 자서전을 공저했다.[73]

제28대 대통령의 외교정책 아이디어는 “윌슨주의(Wilsonianism)”라는 개인적인 서술 용어를 가질 정도로 중요했다. 토니 스미스(Tony Smith)는 “미국의 국가 이익은 민주주의를 전세계에서 증진함으로 최선으로 추구될 수 있다는 신념”으로 그 개념을 규정했다.[74] 만약 그러하다면, 제1차 세계대전에 개입하기로 한 대통령의 결정은 1914년부터 1917년까지 윌슨은 “윌슨주의”을 향해 단지 움직이기 시작했을 뿐이다.

윌슨의 말과 행동은 한 세기 동안 외교정책에 관한 미국인의 사고에 지대한 영향을 미쳤다. 현실주의 대 이상주의의 논쟁에서 윌슨은 후자의 표준 전달자로 이용된다. 그러나 우리는 그의 시대의 맥락에서 윌슨을 평가해야 한다. 존 밀턴 쿠퍼(John Milton Cooper)가 지적하듯이, 루스벨트와 윌슨 시대의 거의 모든 미국 정치 지도자들은 “완고한 현상 유지론자와 기계적인 유형을 제외하고” 이상주의자였다.[75]

역설적이게도 윌슨의 업무를 많은 학자들은 그들의 반대자들이 선호하는 별명을 끌어들였다. 아서 링크(Arthur Link)는 윌슨은 “더 높은 현실주의(higher realism)”를 실현했다. 어니스트 메이는 윌슨의 “극단적인 현실주의(sublime realism)”를 지적했다. 프랭크 개빈은 윌슨은 “메타 현실주의(meta-realism)”로 일했다고 결론지었다. 그리고 데이비드 핼버스탐(David Halberstam)은 윌슨은 “초-현실주의”를 대표한다고 결정했다.[76]

이들 언어적 표지들은 약간씩 다른 의미를 전달한다. 그들의 일반적인 취지는 윌슨은 하나의 실제적이고 고지식한 방법으로 진보적 목표들에 접근했다는 것이다. 이들 학자들은 지적하기를 윌슨은 세계가 위기에 직면하고 미국이 하나의 새로운 세력 수준을 달성한 순간에 유럽세력들의 현실, 불시의 사건들, 여론, 의회, 그리고 세계에서의 미국의 역할에 관해 물려받은 전통들에 직면하여 끔찍한 문제들을 해결해 나가야 했다. 문제들을 해결하기 위해 노력하는 중 윌슨은 새로운 유형의 국제체제를 충분히 생각했다. 그는 더 높은 목적들을 고취하여 그의 노력을 지지하도록 국내와 해외에서 여론을 설득하려 노력했다. 윌슨은 교육자였다. 학자로서 그의 명성은 호소력 있는 독창적인 연구나 생각보다는 종합과 설명하는 능력이었다. 대통령으로, 윌슨은 정치학자의 방법론과 결론을 극단으로 달리는 세상에 적용했다.

트리그베 트론트베이트(Trygve Throntveit)는 대통령의 인도주의적 경험에 의존하여 시대에 떨어진 정치적 아이디어들에 도전한 것을 강조하여 윌슨을 진보적 실용주의자 전통 내에 넣는다. 트론트베이트의 윌슨은 이론보다는 역사를 보고 결정론보다 우발을 믿었다. 트론트베이트는 윌슨의 실용주의는 점진주의자(incrementalist)였고 정책 경험에 대한 그의 평가에 기반했다고 주장한다.[77] 1914~1917년 동안의 대통령의 업무는 의심할 나위 없이 점진적(incremental)이고, 실험적(experimental)이고, 또 순응적(adaptive)이었다.

심지어는 진정한 현실주의자들도, 키신저(Kissinger)가 그의 저서 *외교(Diplomacy)*에서 언급했듯이, 윌슨에게 응당한 평가를 할 수밖에 없는 듯하다. 조지 케넌(George Kennan)은 그의 말년에 감동해서 다음과 같이 말했다. "나는 이제 윌슨을 본다… 넓은 비전과 예리한 감성을 가진 여러 많은 다른 사람처럼, 그의 시대보다 앞서 있었고, 그의 수 많은 아이디어들의 위대성과 광범위한 연관성이 무엇인지를 알만큼 오래 살지 못했다… 이런 맥락에서, 나는 정정하고 혹은 수정해야 한다. 내가 이전에 가졌던 그에 관한 수많은 인상들을"[78] 월터 맥두걸(Walter McDougall)은 더 불만스러웠으나 여전히 "윌슨주의"의 방편(instrumentality)을 인정했다. "세계질서에 대한 하나의 청사진으로, 늘 불가능한 희망 키메라(chimera)였으나, "도처의 임의적 세력"들에 대항하는 하나의 이념적 무기로, 그것은 참으로 강력한 것으로 입증되었다."79)

로이드 암브로시우스(Lloyd Ambrosius)는 대통령의 실용성, 그리고 심지어는 기민성을 그의 유럽과 그곳의 분쟁에 대한 사실성의 부족을 구분했다. 앰브루시우스에 의하면, 윌슨의 자유적 국제주의는, 특히 집단안보에 관한 그의 실험은 "상호 의존적이고 다원주의(pluralism)적인 현대세계"에 대응하는 데 실패했다. 윌슨은 그의 이상적이고 보편적인 목표들, 수단, 그리고 대통령이 현실적으로 적용할 방법들 사이의 분리 때문에 고전했다."80)

마틴 워커(Martin Walker)는, 미국 외교정책 옵서버, 아마도 윌슨의 유산에 대한 미국 실무자들 대부분의 견해를 적어도 최근까지는 가장 잘 파악했다. "미국이 다른 국가와 관계를 맺는 데에 있어서 하나의 매우 유용한 화신으로, 또 정의롭고 더 공정한 세상을 추구하는 미국의 지속적인 하나의 상징으로 윌슨을 거의 보편적으로 보고 있다."81)

외교 운용기술(The Operational Art of Diplomacy)

나의 이야기는 윌슨 외교의 하나의 나쁜 자원을 드러낸다. 한 사람의 정치인이고 권력의 추구자로, 윌슨은 마스터 기술자일 수 있다. 교수와 지도자로, 윌슨은 고취하고, 설명하고, 숭고한 목표들을 향해 가리킬 수 있었다. 외교의 지휘자로서, 그러나 윌슨은 운용기술을 이해하지 못했다. 그는 관찰 결과, 평가, 목표들과 전술들을 통합하여 성공적인 산출물로 만들 가능성을 증가시키는 방법을 알지 못했다.82)

20세기 초에, 미국은 하나의 세계적인 세력 자격으로 행동할 국가안보

조직(national security machinery)을 가지지 못했다.[83] 루스벨트는 유능한 동료들, 광범위한 사적 네트워크, 외교의 실제적 운용을 위한 감으로 보완을 받았다. 테디 루스벨트(TR)는 신뢰와 존경을 획득했고 심지어 외국 상대방은 그들 두려워하기까지 했다. 베이커(Baker) 장관이 자주 언급하듯이 "성공은 성공을 낳는다."

윌슨의 외교팀은 약했다. 더욱이, 그 팀은 의식적으로 그리고 무의식적으로 그의 노력을 잠식했다. 대통령은 런던, 베를린, 그리고 파리에서의 경쟁하는 의견들에 관해 불량한 정보로 고생했다. 그는 외국의 두려움이나 목표물에 관한 그리고 변화하는 관점들에 대하여 손가락 끝 감각을 가지지 못했다. 그는 구상들을 사적으로 시험해 보는 방법을 알지 못했다. 그러므로, 윌슨은 리스크와 보상에 관한 외국의 계산을 다룰 준비를 하지 못했고, 그들이 불편한 현실을 인정하도록 돕지 못했고, 어려운 조치들에 대한 해석을 고안하는 걸 지원하지 못했다. 또한 윌슨은 미국의 증가하는 금융 세력 같은 지렛대를 효과적으로 사용하는 무장을 하지도 못했다.

대통령은 한 사람의 활동 범위를 넘어서는 과정을 안내하고, 다른 재사들을 동원하고, 여러 주자들의 네트워크를 작동시키거나 지도자 대신에 그리해 줄 다른 이들을 임명해야 하는 경영자의 책임을 간과했다. 매번 다시, 윌슨은 문제를 인식했으나, 그때마다 쪽지나 연설문을 작성하러 서재로 들어갔다. 쪽지와 연설은 핵심적인 도구들이었다. 역사가들은 그것들은 분류하는 데 신이 난다. 그러나 교수이자 외교실무자인 필립 제리코에게는, 역사가들은 실제로 행해지지 않은 것들을 규명하고 연구하는 데 어려움을 겪고 있다고 보았다. 윌슨은 무시했거나 혹은, 외교의 실제적인 업무를 아마도 이해하지 못했을 가능성이 더 컸다.[84]

윌슨의 실패: 외교의 실제정치

(Wilson's Failure: The Practical Politics of Diplomacy)

1916년 말 윌슨의 평화공세를 한번 살펴보자. 우리는 확실하게는 결코 알 수 없지만, 윌슨은 베를린이 벨기에에서 철수한다는 사적 이해를 근거로 그리고 아마도 더 넓은 합의의 일부로 프랑스를 포함하는 하나의 평화회담을 소집할 가능성을 보였다고 본다. 케인즈가 전후에 관찰했듯이, 당시의 워싱턴의 금융 신용 보유로 미국은 참전하지 않고도 연합국의 탄약과 식량의 흐름을-유-보트 공세의 직접적인 공격 목표물인-쥐어짤 수 있었다.[85)]

런던과의 조용한 미국의 대화는 독일이 타국 영토에서 철수한다는 것과 연합국들은 지상에서 현 상태에 교착되지 않아도 된다는 점을 연합국들에게 보장을 해줄 수 있었다. 독일은 동방에서 독립적인 폴란드를 포함해 완충지대를 가졌을 것이었다. 러-일 전쟁과 제1차 모로코 위기를 중재한 테디 루스벨트(TR)의 작업은 그 어려움을 입증해 주었다. 그러나 윌슨은 그(중재) 가능성을 보지 못했고, 사용할 채널을 알지 못했고, 해결해야 할 영토 타협 문제로부터 이상하게도 분리되어 있었다. 그의 연설들은 국제적인 대중 여론을 동원하기 위해 노력했으나, 그의 외교는 각국 수도(정부)들의 동료 지도자들에게 영향을 발휘하지 못했다.

한 사람의 국제 정치인으로 대통령 윌슨은 주요 활동가들을 빈틈없이 조종하여 그의 목적을 달성하는 방법을 알고 있었다. 그는 대중 여론을 형성하고 의회에서 핵심적인 투표를 획득하기 위해 국내에서 순방 연설을 이용했다. 윌슨은 잠수함 위기를 전술적으로 충분히 잘 대응했으나 그 사건을 넘어서는 상황을 보지 않았다. 즉 곧 닥칠 참사를 피하지도 전쟁의 결과와 전후의 질서 형성을 준비하기 위해 전쟁에 들어가지도 않았다. 윌슨은 참전한 후에 외교정책을 형성하고 집행하는 데 운용상 계속해 비틀거렸다.

파리 평화회의(Paris Peace Conference)는 미국 외교를 혼자서 시행하기 위한 노력이 얼마나 위험한지를 입증했다. 끝에 가서, 대통령의 해외에서의 외로운 투쟁과-공화당 반대자들을 포용하거나 그들의 불만의 일부를 해소하기를 꺼리는-그의 행동은 그의 웅대한 디자인을 지탱할 투표를 확보할 능력을 약화시켰다. 대단히 중요한 투표 확보는 실제적인 민주 정치인이 통과해야 할 기본적인 시험이다.[86] 패배에 직면하여, 윌슨은 마지막으로 대중지지를 회복하려고 노력했으나 돌이킬 수 없는 결과를 맞이했다.

역사가들은 미국이 제1차 세계대전으로 끌려 들어가지 않을 수 없었다고 합리적으로 주장할 수 있다. 그들은 윌슨은 20세기 초기 수십 년 당시의 세계 정치를 재구성할 미국의 능력을 과대평가했다고 결론을 낼 수도 있을 것이지만 여전히 윌슨의 염원을 칭송한다. 한 실용주의자는 궁극적으로 외교의 정치적 실무 작업에서 대통령 윌슨은 실패했다고 결론을 내릴 것이다. 그 결과로, 미국 외교는, 특히 미국의 더 큰 국제적 역할을 막 수용하기 시작한 세대에서, 깊은 국민적 환멸의 부담을 지게 되었다.

3부

양 대전 사이의 국제주의자들

Interwar Internationalists

제8장

찰스 에반스 휴즈

Charles Evans Hughes

군비통제와 워싱턴 회의

(Arms Control and the Washington Conference)

모든 해군 제독들보다 전함을 더 많이 가라앉힌 연설

(The Speech That Sank More Battleships Than All the Admirals)

냉랭한 한기가 몰아치는 1921년 11월 12일 토요일 아침에 8개국 대표들은 워싱턴 D.C.의 몰(Mall) 바로 옆에 위치한 최근에 완공된 미국 독립 혁명의 딸들(Daughters of the American Revolution, DAR) 건물 내의 헌정관(Constitution Hall)에 모였고, 거기에는 일천 명이 넘는 손님들이 객석에서 이들을 지켜보았다. 최초로, 워싱턴은 세계 무대에서 중대한 회의를 주최하고 있었다.

그 전날 1914~1918년의 큰 전쟁(Great War)이 종료한 휴전일(armistice) 3주기에 대통령 워런 하딩(Warren Harding)은 알링턴 국립묘지(Arlington Cemetery) 소재 미국 무명용사 묘지 봉헌식에 손님들을 초청했다. 대통령의 정중한 말들은 격변적 최근 과거사를 회고하고 미래를 향한 메시지를 담았다. "그게 다시 한번이어서는 안됩니다." 아무도 같은 세기 후반에 두 번 더 전쟁을 해 숨진 무명용사들의 명예를 기리기 위해 그 묘지를 더 넓히고 그 몰(Mall)이 더 많은 수의 전사한 미국인들을 위한 수 많은 기념물들을 봉헌하는 신성한 부지가 될 줄을 몰랐다.[1]

워싱턴 회의(Washington Conference)는 "태평양과 극동 문제들에… 연계하여…" 군비확장을 제한하는 것을 논의하기 위해 소집되었다. 강대국들의 군비축소에 관한 두 차례의 이전 회의는 헤이그(The Hague)에서 각각 1899년과 1907년에 열렸으나 거의 아무것도 생산하지 못했다. 이러한 모임에 대한 기대는 낮았다. 세계는 워싱턴이 베르사유 조약(Treaty of Versailles)과 우드로 윌슨의 국제연맹(League of Nations) 계획을 거부한 데 최근 실망하고 있었다. 미숙한 미국은 7월에 초청장을 발급한 이래로 공개적으로는 그 회의의 목표들에 관해 거의 말을 하지 않았다.

건물 안의 회의 배열은 색달랐다. 영국 외교장관 커존(Curzon) 경의 제안을 기초로 하여, 미국은 특별히 만든 대문자 U(block U) 같은 모양의 호두나무 탁자의 바깥으로 5대 군축대표들을 국가명의 알파벳 순서로 좌석을 배치했다. 주빈인 미국 국무장관 찰스 에반스 휴즈(Charles Evans Hughes)는 각 국가에게 4명의 대표단만 보내도록 요청했다. 취재 기자 웰즈(H.G. Wells)의 말에 의하면 각국 4명의 대표단 규모는 "친밀감을 가지기에 너무 크지 않고, 충분한 숫자의 모임이기에는 너무 작지 않은" 팀의 구성이 목적이었다.[2]

대표단들이 자리를 잡고 나자, 동요가 회의실을 흔들었다. 의장 휴즈를 U자의 바닥 중앙에 앉게 되었고 그의 단원 3명은 그의 오른쪽에 앉게 되는 순서로 자리를 배정했다. 전임 수상 아서 밸포어(Arthur Balfour)가 이끄는 4명의 영국 대표단은 휴즈의 왼쪽에 자리 잡았다. 영국 참모는, 세부사항에 매우 민감한, 밸포어에게 일련의 몽투를 조심스럽게 전달했다. 이는 그가 주의를 기울이는 데 선호하는 방법이었다.[3]

유감스럽게도, 이 배열은 프랑스 수상 아리스티드 브리앙(Aristide Briand)을 미국대표단의 오른편의 모서리에 배정하게 되었다. 분개한 브리앙은 U자의 바닥에 "상석(table of honor)"을 만들어 달라고 요구했다. 휴즈는 그러한 좌석은 없다고 말하고는 외교적으로 모든 사람이 각각 왼쪽으로 한 자리 이동하자고 제안했다. 결과적으로 브리앙은 U의 바닥으로 이동해, 미국 대

표단과 이웃하게 되었다.[4)]

10시 30분에 침례교회 목사가 기도로 회의를 열었다. 하딩 대통령은 그 다음에 국민들의 의지와 영적인 내용이 혼합된 환영사를 했다. 관중들은 환호했고, 유럽인들의 점잖음을 흔들었다. 휴즈는 하딩의 손을 잡았고, 인근에 있던 다른 수석대표들도 그리했고, 관중들은 조용해졌다.[5)]

밸포어는 일어나서 공식적으로 휴즈를 회의 의장으로 추천했다. 장관 휴즈는 환영한다고 말하기 위해 일어섰다. 대표단과 청중들은 휴즈가 전통적인 순서의 인사와 일반적인 회의 의제나 일정들을 안내할 것을 기대했다. 그러면 진짜 회의는 다음 주에 시작될 것이었다.

그러나 휴즈는 환영사를 회의 협상을 위한 계기로 이용할 방법에 관해 생각을 했다. 그는 대중 여론이 미국 국내에서나 국제적으로도 외교에서 하나의 강력한 요인이 될 수 있는 방법을 이해했다. 대통령을 포함한 단지 9명만 휴즈가 무엇을 말할지 알고 있었다.[6)]

휴즈는 적절한 의례적 인사로 시작했다. 그는 이 회의는 군비축소 심의와 극동 아시아에 관한 논의라는 두 가지 사안을 다루기 위해 개최되었고, 이 두 사안은-동시에 심의되어야 하고, 또 지체하지 말아야 한다고 강조했다. 한 차례 박수가 일어났고, 청중 중의 일부는 장관이 그 포괄적 권고로 환영사를 마칠 것으로 예상했다.

그러나 휴즈는 군비축소를 다룬 헤이그에서의 실패한 노력을 짧게 검토하는 것으로 환영사를 계속 이어갔다. 그는 "역사상 가장 큰 전쟁"에서 얻은 쓴 "승리"에 대한 실망감을 뚜렷한 대조로 부각시켰다. 휴즈의 연설은 오늘의 "근본적 수요(vital necessity)"를 가리키면서 날카로워졌다. "군비 경쟁은 반드시 중지되어야 한다." 이제 청중들은 주의를 진짜로 기울였다.

휴즈는 회의를 위한 새로운 절차를 제안했다. 보고서는 충분하지 않을 것이다. 또한 포괄적인 결의들도 충분하지 않다. "힘과 책임은 당장 실행에 옮겨야 하는 실제적인 프로그램을" 만들 필요가 있다고 휴즈는 강조했다.

휴즈는 해군 군비에 집중할 것을 건의했다. 당시에는 전함(battleships)은, 특별한 전략적 무기였다[후기의 폭격기(bomber)와 미사일(missile)과 비슷한]. 전함 생산 경쟁을 중지하는 유일한 방법은 "바로 지금 중지하는 것"이라고 휴즈는 선언했다. 공정하도록, 희생은 기존 해군력에 비례적이어야 한다. 확정적이기 위해, 휴즈는 적어도 10년보다 짧지 않은 기간에, "해군 휴일(a naval holiday)"을 지정해, 주력함(capital ship) 건조를 중단하기를 제안했다.

청중들이 휴즈의 표제를 심사숙고하기도 전에, 그는 미국, 영국, 일본에 대해 구체적인 건의로 옮겨갔다. 프랑스와 이탈리아에도 나중에 적용이 되는 건의였다. 모든 당사국들은 주력함을 건조하는 각 국가별 계획을 포기해야 한다. 오래된 선박들도 폐기해야 한다. 당사국들은 기존의 해군력에 새로운 제약을 설정해야 한다. 그리고 당사국들은 주력함에 대한 (축소) 방법론을 다른 선박에도 적용해야 한다.

이 원칙들이 대담한 만큼이나, 휴즈는 충격적으로 더 구체적으로 들어갔다. 그는 미국이 건조하지 않은 군함의 명단을 말했고 또 폐기할 군함의 명단을 발표했다. 그는 주력함 30척을 목표로 했다. 총 톤수는 845,740톤에 달했다. 큰 소음이 회의장을 메웠다. 미국인의 쇼에 관해 "어두운 전망을 술술 풍기던" 회의적인 영국 기자조차도 크게 놀랐다. 청중들은 개회일은 휴즈의 미국의 대단한 구체적인 계획 선포로 마무리될 것으로 기대했다.

그러나 휴즈는 수사적 총구를 영국 해군(Royal Navy)과 일본 함대로 돌렸다. 밸포어(Balfore)는 봉투 위에 펜을 휘갈겨 적기에 바빴다. 휴즈는 영국에는 583,375톤을 일본에게는 448,928톤의 주력함을 설정해 주었다. 모두 합하면, 휴즈의 계획은 총 66척의 기존 선박을 포함해 건조 중인 미국, 영국, 일본의 주력함 총 1,878,043톤을 폐기하는 것이었다.

추가적으로 휴즈는 향후 10년 동안 주력함을 대체하지 않고 미국과 영국은 각각 최대 500,000톤, 일본은 최대 300,000톤으로 제약하기로 규정했다. 또 어느 군함도 35,000톤을 초과할 수 없다고 말했다. 회의는 다른 전함들, 잠수함, 항공모함에 대한 제약을 또한 수립해야 한다고 이어갔다. 장관은 "공세적 해전을 위한 준비는 여기서 중지될 것이다"라는 멘트로 해군 무장 통제 일괄 타결을 위한 회의의 환영사를 성대하게 마쳤다.[7)]

동시대인들은 "격려의 토네이도(a tornado of cheering)"라고 보고했다. 전임 국무장관 윌리엄 제닝스 브라운(William Jennings Bryan)은, 지금은 발코니에서 선 한 사람의 기자로, "눈물이 줄줄 흘러내렸다"고 말했다. 4반세기 후에, 편집장 윌리엄 알렌 화이트는 "워싱턴 군축회의는 내가 목격한 것 중 가장 강렬하게 극적인 순간을 제공했다"고 말했다.[8)]

모든 사람이 감동을 받은 건 아니었다. 한 영국 제독은 "붉어졌다가 다음에는 하얘졌고 그리고는 움직이지 않았다." 다른 이는 "'뱃속을 찔려' 화가 나 깨어난 볼독(buldog) 같은 호전적인 표정으로 앞으로 몸을 내밀었다." *맨체스터 가디언지*(Manchester Guardian)의 특파원은 그 순간을 다음과 같이 포착했다. 휴즈는 "전 세계 모든 해군 제독들이 수 세기 동안에 파괴해온" 것보다 더 많은 영국 전함을 가라앉혀버렸다.

충격파는 전세계로 퍼져 나갔다. 일본 특파원은 휴즈 연설문 전문을 단어당 1.50달러(오늘날의 금액으로는 단어 당 22.00달러)의 비용을 내고 송신했다. *뉴욕 타임즈*지는 13쪽을 그 기사에 할애했다. 링 라드너(Ring Lardner)는 관전평을 다음과 같이 표현했다. "나는 집에 갈 거야. 이건 엉터리 쇼다. 주인공이 제1막에서 악당을 죽이도록 설계했다."[10)]

휴즈는 하나의 외교적 위험을 무릅썼다. 통상적으로 정치인은 대게는 정보를 얻고 구상을 시험하는 초기 탐색 작업 후에 비공개로 조심스럽게 상대의 입장을 타진한다. 장관의 시초의 대담한 제안은 그의 교섭 지위를 잠식했을 수도 있었다. 휴즈는 개방외교에 대한 미국식 선호에다가 정확하고, 실제

적인 제의와 요구들을 바로 지적하는 방법을 아마도 결합했을 것이다.[11)]

국무장관은 의회와 대중 여론의 변화로 생기는 제약점들과 가능성을 기민하게 읽었다. 그는 또한 유럽 각국과 일본의 국민 여론과 정치적인 무드를 감지했다. 휴즈의 능수능란한 발표는 심각하고 즉각적인 반응들을 불러일으켰다. 그는 실체, 발표, 정치, 그리고 드라마의 회오리바람으로 자신의 외교적 추동력을 창조했다.

반응들과 결과들(Reactions and Results)

대표단들은 주말에 걸쳐서 미국 발표를 평가하고 자국 수도로부터 훈령을 받기 위해 땀을 흘렸다. 대중의 환호는 어떠한 직접적인 거부도 정치적으로 불가능하게 만든다는 점을 지도자들은 인식했다. 11월 15일 화요일, 밸포어는 미국 이니셔티브와 개막일은 "인간 문명에서 획기적인 사건 중의 하나"였다고 품위 있게 치켜세웠다. 영국은 휴즈의 계획을 "취지와 원칙에서" 수용하고 몇 가지는 예외로 두어야 할 필요가 있다고 인식했다. 영국 해군은 영국제국의 해로(sea-lane)를 지킴과 동시에 유럽에서 해상 재패권을 유지해야 하고, 조선기술의 지도력을 보존하기 위해, 영국은 활동적인 조선소들이 또한 필요하다고 말했다.[12)]

11월 18일에, 수상 로이드 조시(Lloyd George)는 정치적 기회를 인식한 후에 또 하나의 조치를 취했다. 영국 정부는 지난 8월에 막 승인한 4척의 신규 수퍼-후드급(Super-Hood) 전함의 건조를 중단하라는 명령을 내렸다. 이로써 절약된 1억6천만 달러는 런던이 미국에 진 전쟁부채의 이자 금액과 같았다. 스코틀랜드(Scotland)의 스캐퍼 플로(Scapa Flow) 깊은 수심 내에 독일 함대는 가라앉아 있어서, 만약 휴즈의 계획이 프랑스와 이탈리아에 확장될 수 있다면, 로이드 조지는 영국은 훨씬 더 적은 비용으로 유럽에서 해군 우

위를 유지할 수 있다고 결론을 내렸다.[13)]

해군 제독 겸 해군장관인 남작 카토 토모사부로(Kato Tomosaburo)는 일본의 입장을 밝혔다. 휴즈는 각 국가들에게 민간인 대표단을 보내고 군사 및 금융 전문가들은 기술자문관으로 보임해 달라고 요청했다. 그러나 평생 미국과의 협력을 옹호해온 일본수상 하라 타카하시(Hara Takahashi)는 카토에게 해군을 유지하되 비용이 덜 드는 방향으로 동경의 접근을 인도하라고 현명하게 지시했다. 카토는 받아들였으나, 얼마 지나지 않은 11월 4일 그 수상의 암살로 충격에 빠졌다.

신임 수상 다카하시 고레키요(Takahashi Korekiyo)는 하라의 전략을 지지했으나 정치적 힘과 기술이 부족했다. 카토 제독의 지위는 더욱 커지고 있었지만, 그는 조심스럽게 진행해야 했다. 카토는 직접적인 행동의 필요성에 공감하고 휴즈의 사례를 칭송하고 미국의 원칙을 받아들이면서 동시에 "몇 가지 수정"을 하는 밸포어의 경로를 따랐다. 그는 대안들의 개요를 도쿄에 전문으로 보내어 다른 이들이 미국 제안에 대해 반대안을 규명하도록 허용했다.[14)]

3개월 만에, 휴즈, 벨포어, 카토와 프랑스 및 이탈리아는 향후 10년 동안 주력함대의 규모를 제한하는 획기적인 조약에 합의했다. 최종적인 최대한계는 미국에는 19척(525,850톤), 영국제국에는 22척(580,450톤), 그리고 일본에게는 10척(301,320톤)으로 정해졌고 이는 휴즈의 제안에 가까운 것이었다. 3국은 각각의 총톤수는 원칙적으로 5-5-3의 톤수 비율로 대체함정을 확보하기로 합의했다. 프랑스와 이탈리아는 각각 주력함으로 1.75의 비율을 수용했다. 미국 상원은 이 5대 해상세력의 조약을 1922년 3월 29일에 74대 1로 비준했고, 투표에 참석하지 못한 21명의 상원의원들은 지지한다고 말했다.[15)]

워싱턴 회의(Washington Conference)는 8개의 다른 안보 및 군비통제조약들로 이어졌고, 이중 7개는 미국을 포함했다. 합의와 동반한 선언들은 잠수함 규칙, 독가스 사용 금지, 태평양안보협의, 중국 독립과 영토보전[개방(Open Door) 원칙 포함], 관세 부과의 중국 통제, 태평양횡단 해저케이블 권리, 산동반도를 중화민국에 돌려주는 중-일 합의를 포함한 다양한 범위의 주제들을 다루었다. 태평양에서의 공세적인 행동들과 쟁점들을 상의하기 위한 미국, 영국, 일본 그리고 프랑스 간의 4강 합의는 안보를 "보장하는" 약속을 두려워하는 상원의원들의 반대에 불을 지폈다. 실제로는, 그 조약은 미국의 주요 목표인 영-일 동맹을 종료하는 외교적 가리개를 제공했다. 상원의원 로지는 그 조약을 상정하면서, "논의할 4강 합의를 싸울 2강 합의"로 단지 대체"하는 것이라고 분명히 밝혔다. 그럼에도 불구하고, 상원은 그 조약을 62대 27로 비준했다(헌법상의 2/3 다수 요건에서 겨우 4표를 넘긴). 상원은 나머지 미국이 포함된 조약들을 단지 1명이 반대한 채로 비준했다.[16)]

윌슨에 대한 해독제(The Antidote to Wilson)

찰스 에반스 휴즈는 1920년 베르사유 평화 조약(Versailles Peace Treaty)을 물리친 상원의 미국 외교 정책을 충격적으로 전환시킨 선봉장이었다. 미국은 국제연맹(League of Nations)의 외부에 머물러 있었으나 긍정적인 대안을 제공해왔다. 미국은 군사적 동맹을 피하기를 지속했으나, 군비통제와 중국과 태평양에 대한 의무를 통합해 하나의 새로운 지역 안보 체제를 수립하는 데 앞장섰다.

휴즈의 외교는 의회와 미국의 성향에 대한 예리한 평가와 유럽과 아시아의 수요와 가능성에 대한 자신의 느낌을 통합했다. 그는 해군력과 동아시아의 주된 강국들 간의 외교 정책 관계 둘 다를 재배열하기 위한 미국 이니셔티브의 기회를 포착했다. 그는 대통령의 의향과 맞는 주요 상원의원들의 지지를 연결하고 적어도 미국 해군의 묵인을 받아내는 하나의 제안서를 설계했다. 그러고 나서 그는 공공외교, 사적 관계, 투지와 섬세한 주의력을 사용해서 특정한 결과들을 얻기 위해 쉬지 않고 밀어붙였다. 1921년 12월, *리터러리 다이제스트*(*Literary Digest*)는 *뉴욕 이브닝 포스트지*(*New York Evening Post*)의 워싱턴 특파원이 "윌슨은 하늘의 별로 가는 마차를 얻어 탔다. 대신 휴즈는 별을 얻어 타고 마차로 오기를 선택했다"고 한 관찰 기록에 주목했다.[17] 휴즈는 윌슨에 대한 해독제였다.

10년이 되기도 전에, 대공황(the Great Depression), 일본과 중국의 정치 변혁, 미국 외교 및 군사적 약속에서의 미흡한 점들은 워싱턴 회의의 정치-안보 틀을 흔들고 다음에는 부수었다. 휴즈의 작품은 일부 미국의 이익들의 수렴대를 만들었으나, 다른 분쟁들에는 다만 일시적으로 다리를 놓아주었을 뿐이었다. 효과적인 외교는 지속적인 재평가와 보강을 요구하고 때로는 방향전환을 요구한다. 수년 내에, 전쟁의 폭풍이 세계를 다시 감싸게 된다.[18]

1921년의 미국과 세계(The United States and the World in 1921)

휴즈와 워싱턴 회의의 이야기는 국제연맹(League of Nations, 1920. 1. 10~1946. 4. 20)을 태동한 베르사유 조약[Versailles Treaty (역자주: 1919. 6. 28)]을 비준하는 데 실패한 윌슨에 대한 반작용으로 시작했다. 1921년 3월에 시작된 신임 하딩(Harding) 행정부는 반감을 품은 국민들과 실제적 문제들의 긴 목록에 직면했다. 국제 관계에서 대통령을 누른 상원은 행정부보다 유리한 입장에서 압박하고 있었다. 하원에서는 공화당원들이 다수를 차지하고 있었으나 외교 문제에서는 아주 크게 분열되어 있었고, 특히 상원에서 그리했다.

1921년 3월, 런던의 *타임즈*(*Times*)지는 "파리 평화 중재(Paris Peace Settlement)의 어둠이 [미국의] 국제 관계를 덮어씌우고 있다." 4월에 *커런트*

오피니언(Current Opinion)지는 "우리 외교정책의 단계 중 어중간한 상태로 있지 않는 건 거의 없었다"고 토로했다. 영국 대사는 신임 하딩 정부는 공식적인 국제 접촉과 어떠한 "국제 협력에 대한 공개 언급"도 두려워했고, "미국인들은 모든 다른 국가들에 대해 신물이 나 있었다"라고 본국 정부에 보고했다. 비록 영국은 "두 번째 자리가 있다면" 거기에 비집고 들어갈 수 있었으나 미국인들은 미국 우선(America first)주의를 고수했고 두 번째에 아무도 두지 않았다"고 추가했다.[19]

어둠은 더 깊게 확장되었다. 전쟁의 잔혹성과 희생이 더 유망한 평화에 대한 기대를 흔들어 댔고, 희망은 아직 보이지 않았다. 법률적으로 미국은 아직도 독일과 오스트리아와는 전쟁 중이었다. 아무도 워싱턴이 국제연맹(League)이나 산하 위원회들과 어떤 관계를 가지고 있는지, 만약 있다면, 알지 못했다. 배상금과 부채 상환들은 마구 뒤엉켜 있었다. 미국은 태평양 해저케이블의 센터 소재 얍(Yap) 섬을 포함한 태평양 섬들에 관한 국제연맹의 위임통치나 메소포타미아(Mesopotamia) 부지들[현재의 이라크(Iraq)]에 대한 위임통치에 합의하지 못했다.

남으로는, 미국은 멕시코의 또 하나의 새로운 정부와는 아직 운영가능한 관계를 찾아내지 못했고, 중앙아메리카에서의 봉기들은 미국 기업과 재산을 위험에 빠뜨렸다. 태평양 건너, 중국에서의 일본의 행동들과 시베리아에서의 군대 주둔, 그리고 독일의 태평양 섬 점령은 아시아-태평양의 안보 및 경제 지형을 재구축하려 위협하고 있었다. 불신과 의심은 올라가고 있었다. 영국과 일본은 자신들의 안보 동맹을 갱신할 분위기가 무르익었다. 런던과 도쿄는 러시아와 독일을 상대하기 위해 1902년 합의를 1905년과 1911년에 각각 연장했다. 실제 그 두 국가는 이제는 미국을 위협할 주제가 안 되었다, 그래서 워싱턴은 일본과 영국이 미국을 견제하기를 원하는지 의심했다. 더욱이, 미국은 아직 러시아의 볼세비키(Bolshevik) 정부를 인정하지 않았고,

러시아의 광대한 영토는 혁명(revolution)과 반혁명(counterrevolution)으로 들끓었다.[20)]

강력한 상원의원들은 미국 외교 정책을 스스로 운영하려는 마음을 가지고 있었다. 펜실베이니아 공화당 상원의원 보이스 펜로스(Boies Penrose)는 신정부를 환영한다고 말하면서 "우리 외교 정책과 관련하여 길을 밝게 비추어 줄 의회의 입장에서, 특히 상원의 입장에서, 누가 국무장관인지는 중요하지 않다고 생각한다"고 밝혔다. 같은 정신으로, 국무부(State Department)와는 협의도 하지 않고 의회는 7월 2일 독일과의 전쟁을 종료하고 승전국의 모든 권리와 이점을 유지한다는 결의를 했다. 의회의 일방적인 선언은 미국의 권리를 보장하지도 독일과의 평화 관계를 수립할 수도 없었다. 두 국가는 여전히 조약이 필요했다.[21)]

휴즈는 하나의 창의적인 해법을 냈다. 그는 "상원에게는 신규로 독일에게는 이전 것으로 보이는" 조약문을 고안했다. 그는 의회의 합동 결의문에 사용된 언어를, 하나도 고치지 않고, 포함했고, 미국에게 가용한 권리와 특권을 규정하는 베르사유 조약의 해당 부분을 포함시켰다. 그 결과, 미국은 베르사유 조약의 모든 편익은 얻고, 책임은 아무것도 지지 않게 되었다. 독일은 8월 25일에 찬성했고 상원은 1921년 10월에 그 신규 조약을 비준했다.[22)]

1921년 국제정치에서 미국의 분리는 경제적 탁월함과는 대조가 되었다. 미국은 상대가 없는 자원, 강력한 산업역량, 숙련노동력을 누리고 있었다. 전쟁 동안, 미국은 30억 달러의 국제 채무를 90억 달러의 국제 채권으로 빠르게 바꾸었고 사적 신용도 보유하게 되었다. 그러나 1921년의 미국인들은 그리 긍정적으로 느끼지 않았다. 전후 급격한 물가하락(디플레이션, deflation)은 경기후퇴(recession)에 앞서 왔고 1920년 1월과 1921년 2월 사이에 실업자는 350만 명으로 증가했다. 기업 여건은 약해졌다. 농업은 1920

년대의 농업 불황(farm depression)으로 길게 빠져들기 시작했다. 하딩과 휴즈의 과제는 힘든 상황에서 의회와 국민들의 지원을 받아 미국 지도력을 확고히 하는 것이었다.[23]

1921년의 세계지도는 1914년의 설계와는 상당히 달랐다. 신생국가들이-일부는 오랜 유산과 적대감을 가진-지도를 물들였고, 국가적 및 인종적 경쟁들은 국경을 넘어 흘렀다. 오스트리아-헝가리, 러시아, 오토만 제국들은 사라졌다. 국경을 빼앗겨 무너진 독일은 하나의 새로운 공화국을 창설하려고 애쓰고 있었다.[24]

심지어 승전국들도 불확실해 보였다. 프랑스는 과거와 미래의 전쟁 공포증(shell-shock)을 앓고 있었다. 독일의 부활과 복수심은 앞으로 드러나 보였다. 러시아와의 이전 파트너십은 사라졌다. 런던과 워싱턴은 파리가 절실하게 원하는 안전보장(security guarantees)으로부터 뒤로 물러서 있었다. 프랑스의 우선순위는 대륙의 안보와 연합국 간의 부채 조정이었다. 심지어 여전히 프랑스는 그 제국의 엷어지는 전초기지에 인원을 배치하려고 애쓰고 있었다.[25]

영국의 제국은 1919년경에 정점에 도달했다. 런던은 아일랜드(Ireland)와 인도(India)에서의 독립운동에 시달리고 있었다. 이집트(Egypt), 아프가니스탄(Afghanistan), 그리고 중동(Middle East)은 해산된 군대를 혹사했다. 오스트레일리아, 캐나다, 뉴질랜드 영연방자치령(Dominion)들은 국제적 사안에서 큰 지분을 확보했다. 전후 슬럼프, 전시 생산의 평화 시 생산으로 전환, 실업, 삼킨 좌절, 막대한 부채는 주택문제, 사회불안, 석탄광부 파업, 예산 압박을 초래했다. 로이드 조지는 국내 정치에 집중하고 해외에서의 선택을 피하면서 하나의 새로운 중도 정당(center party)을 창설하려고 노력했다.[26]

세계 대전은 극동에서 제국들의 세력 균형을 파괴했다. 중국은 여전히 약했고 내부 분쟁으로 쪼개져 있었다. 일본제국은 견제받지 않았으나 또한 불확실했다. 일황실은 승계 문제에 직면해 있었다.[역자주: 40년 동안 보위를 지킨 메이지(Meiji, 明治) 천황은 1912년에 사망하고 그의 아들 Taishio가 大正천황이 되었으나 병으로 1921년에 그의 맏아들을 세자로 임명하고 사실상 은퇴를 함. 1926년 사망까지 비교적 자유로운 분위기를 조성한 Taisho Democracy(大正民主主義) 실시. 1926년 12월 8일에 아들 히로히토(Hirohito)가 황위를 승계하고 연호를 쇼와(Showa, 昭和)라 칭함. 1936년에 신격화되어 평민은 그를 쳐다볼 수 없게 됨] 도쿄는 힘이 기존의 알려진 그리고 안심시켜주던 런던에서 미지의 워싱턴과 뉴욕으로 넘어가는 걸 인식했다. 여러 측면에서 인구 6천만 명의 일본은 제3위의 세계 강국이었다. 그 영토는 대륙과 도서에 모두 걸쳐 있었다. 그러나 도쿄는 군사 예산이 정부의 지출 총액의 절반을 차지해 경제적으로 압박을 받고 있었다. 일부 일본전략가들과 정치지도자들은 장기적인 국력은 경제와 금융력에 달려있으므로 미국과 영국과의 협력이 필요하다고 주장했다.[27]

대전쟁의 끔찍한 총체는 개별 국가들의 정치보다는 더 멀리 어두운 그림자를 던졌다. 전쟁 재앙의 4년은 충격을 주고 사회의 도덕을 해체했다. 인류는 자신들의 가장 무서운 처절성을 드러냈다. 50여 종으로 추정되는 독가스의 살포는 1백만 명 이상을 죽이거나 장기간의 영향을 알 수도 없는 불구로 만들었다. 현대전은 유럽 전역의 광대한 영토들을 섬뜩한 황무지로 만들어 버렸다. 인간의 야만성에 맞불을 지피듯이, 1918~1920년의 스페인 독감(Spanish influenza)이 연이어 덮쳐 추정 인원 5천만~1억 명이 사망했다. 이는 당시 세계 인구의 3~5퍼센트에 해당했다.[28]

이 20세기 대재앙(apocalypse)은 그 흔적을 외교에도 남겼다. 현대전의 폐허는 세계 질서, 국가와 군대 경쟁, 정치적 국정운영기술(statecraft)에 관한 전통적인 교리의 신빙성을 무너뜨렸다.[29] 윌슨은 구 경비원(old guard)의 교체 필요성을 인식했으나, 그것을 지적하기 위해 시도하는 데에서 흔들리고 말았다.

1921년 해군들(Navies in 1921)

해군은 구질서(old order)의 강력한 심벌이었다. 마한(Mahan)은 유럽과 세계 지배를 위한 경쟁에서 주력함대를 위한 전략적 기반을 제공했다. 전쟁기의 혁신은 신기술 경쟁으로 확대되고 특히 잠수함과 비행기에서 그러했다. 유틀란트(Juteland) 반도와 다르다넬스(Dardanelles) 해협 전투에 평범한 성능으로 영국의 트라이던트(Trident, 삼지창잠수함) 명성이 손상되었다. 영국해군(Royal Navy)은 유-보트의 위험을 인식하는 데 오래 걸렸다. 넬슨(Nelson)의 전통의 계승자들은 창백한 얼굴로 질문을 받았고 다른 이들과의 논쟁의 소용돌이에서 길을 잃었다.[30]

유럽에 대한 영국의 전통적인 정책은 세력 균형을 이루는 것이었으나, 영국의 세계적 정책은 지역적 패권을 우선하거나 적어도 자국이 지배하는 제휴관계를 더 좋아했다. 영-일 동맹(Anglo-Japanese alliance)은, 예를 들면, 지난 20년 간 영국의 극동 정책을 위한 전략적 지지대였다.[31]

영국과 미국은 이제 북대서양에서 안전하게 작전할 수 있었다. 역사적으로 북대서양은 미국 해군의 주된 이익이었다. 최근 수년간 미국 해군은 영국 해군에게 동등하게 대우하라고 요구해왔다. 그러나 미국 해군 제독들은 이제는 자신들을 두-해양 해군의 지휘관으로 여긴다. 미국 해군의 전쟁계획부(War Plans Division)는 태평양을 바라보고 하와이(Hawaii), 괌(Guam), 필리핀(Philippines)에 새로운 함정들을 배치하고 무장할 필요를 아마도 고려했을 것이다. 1916년 미국 해군에 대한 막대한 투자 확대로 16척의 주력함을 건조할 작정을 하였으나 잠수함전에 대한 수요는 전함(battleship)보다는 구축함(destroyer)을 더 원했다. 미국 해군 제독들은 대전(Great War)의 교훈에 아직 합의하지 않았다. 그래서 이전의 전함 계획을 완수함으로써 타협했다. 윌슨 행정부에서 하딩 행정부로의 과도기에, 그러나, 의회는 이와는 다른 계획을

가지고 있음을 시사했다.[32)]

영국 해군(Royal Navy)은 미국과의 동등한 위치를 마지못해 수용은 했으나 대등함을 의미하지는 않았다. 영국 제국은 다른 군사구조가 필요했다. 해상패권(supremacy)은 런던에게는 신성 불가침적인 사안이었다. 미국은 믿을 수 없는 파트너로 보였다. 유럽 안보로부터 빠져나오면서, 태평양에서의 영국의 일본과의 제휴는 모든 영-미 세계 연합과 충돌한다고 미국은 분명하게 선언했다. 로이드 조지는 전후 해군 정책에 대한 힘든 결정을 연기하기를 선호했다. 1921년 6월 런던에서 열린 제국회의(Imperial Conference)는 약속을 연기하는 핑계를 쉽게 만들어 주었다.[33)]

대전(Great War)에 참가하여 얻은 일본의 경험과 교훈은 (일본)제국해군(Imperial Navy)에게는 아주 유용했다. 지난 20년간, 일본 함대는 중국(청, 중화민국), 러시아, 독일에 대항하여 성공적으로 작전을 했다. 해군과 전함은 일본의 국수주의(nationalism)와 국제정치 및 안보 체제에서 일본의 입지 상승에 걸맞았다. 일본 정부는 1915년과 1920년에 함대를 크게 늘려 103척의 신규 함정을 허가했고 여기에는 8척의 전함과 8척의 순양함(cruiser)이 포함되어 있었다.

일본은 미해군력의 상승을 인식했으나, 또한 잠수함과 항공기 등 기술 개발이 대규모 원정대에 비해 서부태평양(Western Pacific)에서 일본에게 우위를 줄 것으로 평가했다. 1918년 일본 제국해군은 미국을 “가상적국 제1호”로 분류했다. 지역 거점들을 무장하면 일본에게 확실한 작전을 위한 폭넓은 기반을 제공할 것으로 생각했다.

그럼에도 불구하고, 일본 정치 지도자들은, 하라(Hara) 수상의 촉구로 하나의 다른 매력적인 가능성을 인지했다. 하나의 국제협력정책으로, 도쿄는 전면적인 군사 경쟁을 하는 모든 무게를 감당하지 않고도 미국, 영국과 함께 “3강”이 될 수 있었다. 일본은 경제적 부담과 사회불안에 시달리고 있었다.

일본이 21세기에 보여주듯이. 경제 및 산업역량은 국가 복지와 지속 가능한 국제 영향력을 위해 전제조건이었다. 해군력만으로는 충분하지 않았다.[34]

도쿄의 일부 지도자들은 중국의 내부 세력다툼에 일본이 끌려 들어가는 위험을 인지했다. 중국 내정 불간섭 정책은 여전히 일본의 산업이 지리적 이점 덕분에 유복하게 경쟁할 수 있게 만들어주었다. 그러나 일본의 자제 정책은 단지 만리장성(Great Wall) 남쪽에만 적용되었다. 일본은 만주를-중국의 북부 지방-좀 더 탐욕스러운 눈으로 보고 있었다. 이 영토들은 자원과 산업 기지였고 아마도 일본의 급증하는 인구의 배출구였을 것이다.[35]

해군 무장 감축 운동(The Movement to Reduce Naval Arms)

윌슨의 14개 조항 중 두 번째는 항해의 자유(freedom of the seas)를 강조하고 네 번째는 군비축소를 촉구했다. 파리에서의 타협으로 윌슨의 항해의 자유의 원칙이 타결되었고, 로이드 조지(Lloyd George)의 영국 해군의 패권의 승리, 독일의 태평양 도서에 대한 하라(Hara)의 일본의 실질적 접수로 전쟁은 진정되었다.[36] 그러나 1920년 말에, 하딩이 당선된 후, 제네바에서 신생 국제연맹(League)은 군비축소 논의를 제안했다. 윌슨 대통령은 참가 초청을 거부했다.[37]

아이다호주이 상원의원 윌리엄 보라(William Borah)는, 국제연맹의 "타협할 수 없는" 반대자인, 강력하나 잠자고 있는 여론을 깨울 기회를 포착했다. 1920년 12월 14일 보라는 대통령에게 영국, 일본, 미국이 향후 5년간 군함 건조를 50퍼센트 감축하기로 교섭하라고 대통령에게 촉구하는 결의안을 제출했다. 상원의원은 3강의 정직성을 시험하기를 원했다. 그의 결의안은 의회, 미국 전역, 심지어는 국제적으로도 터져 나오는 지지를 불러일으켰다. 보라는 "평화의 천사"로 날아올랐다.

대형 미국 해군의 오래된 열렬한 지지자인 상원 다수당 지도자 로지(Lodge)는 보라의 결의안을 연기하고, 수정한 다음에 훨씬 약해진 결의안을 통과시켰다. 그러자 보라는 전함의 가치를 조사하고 6개월간 건조를 중지하는 것을 심의하는 두 번째 결의안을 제출했다. 보라는 5년만에 처음으로 해군 감축 사안을 대중 의제로 올리는 데 성공했다. 그는 불만에서 나오는 민심 이탈에서 흐르는 대중 감정의 원천을 이용했다. 보라의 새로운 명분은 신임 대통령의 선수를 쳤다. 대통령 당선자 하딩(Harding)의 요구에도 불구하고, 해군예산(Naval Appropriations)안은 하딩의 취임일 자정을 넘긴 토론 후에 사망했다. 상원은 기존의원 중 최초로 선출된 대통령의 지도력을 이렇게 거부했다.[38]

찰스 에반스 휴즈(Charles Evans Hughes)

괴팍한 국내 정치와 복잡해진 국제적 맥락에서, 1921년 3월 5일 *리터러리 다이제스트(Literary Digest)*지는 국무장관의 선임은 대통령의 가장 중요한 인선이라고 보고했다. 언론은 찰스 에반스 휴즈의 지명을 호의적으로 취급했다. 그러나 *뉴욕 타임즈(New York Times)*는 "만약 상원 공화당이 투표했다면, 휴즈는 모든 가능성에서 한 표도 얻지 못했을 것이다"라고 보도했다. "뉴욕 전임 주지사, 대법원판사, 대통령 후보였던 그는 정치적 매너가 따뜻하지도 상원의원들을 존중하지도 않을 사람이었다. 휴즈 전기의 편집장들은 신임 장관은 실제적 정치를 "혐오스러운" 그러나 "매력적인" 것으로 파악했다고 결정했다.[39]

휴즈의 법률 의식은 방대한 분량의 정보를 동화하고, 분류하고, 논리적으로 해석하고, 첨예한 논리와 정책을 개발할 능력을 보유했다. 대법원(Supreme Court)의 그의 동료 중의 한 명은 나중에 휴즈는 "치열한 사람"으로

"중요한 업무에 집중할 때에는 아무것도 방해하지 못했다"고 관찰했다. 동시에 휴즈는 일련의 다정한 개인적 관계를 가지고 있었고 유머 감각이 뛰어났다.[40)]

로버트 잭슨(Robert Jackson)은 휴즈의 가장 선명한 초상화를 제공했다. 수 년 후 FDR은 1939년 1월 1일 수명의 가까운 보좌관들과 누구를 대법원에 지명할 것인지를 심의하고 있었다. 휴즈는 수석재판관(chief justice)이었다. 잭슨은 지지층이나 지역에 호소력이 강한 인물보다는 강력한 인물, 펠릭스 프랭크퍼터(Felix Frankfuter)를 주장했다. "[휴즈는] 신처럼 생겼고 신같이 말한다"라고 잭슨은 말했다. 프랭크퍼터 이외의 다른 사람은 "회의에서 대법원장(Chief Justice) 휴즈를 대면해 자신의 입장을 고수할 수 없을 것이다." 그 때문에 FDR은 "나는 펠릭스가 그 일을 할 수 있는 유일한 인물이라고 생각한다"고 대답했다. 프랭크퍼터는 대법관이 되었다. 이 년 후, 사적인 평가에서, 프랭크퍼터는 휴즈는 "내 일생에서 만난 아주 몇 안 되는 큰 인물이다. 그는 3차원적이고 영향(impact)을 가지고 있다. 그의 외모는 상당한 기민한 통찰력과 유머를 감추고 있다… 결정된 판결은 그를 한 위대한 대법관으로 칭송할 것이고 나는 이를 조금도 의심하지 않는다"고 말했다.[41)]

휴즈는 국무장관의 역할을 법률적 용어로 규정했다. "나는 국민을 위한 변호인이다." 그는 "여론이 정한 범위 내에서 미국을 옹호하기 위해 행동하기로 결정했다" 장관이나 차관[undersecretary(당시는 제2인자 직위)]은 언론에 하루에 두 번 브리핑을 했다. 휴즈는 또한 "미국의 힘에 대한 정교한 감각과… 그 사용에 강제되는 제약"을 알고 있었다.[42)]

다른 성공적인 국무장관과 마찬가지로, 휴즈는 자신은 대통령의 옹호자이고 자문관인 점을 인식하고 있었다. 휴즈는 대통령을 거의 매일 만나 "부서에서 실행한, 알아낸, 혹은 제안된 중요한 것들"에 대해 대통령에게 자문을 했다. 심지어는 3개월에 걸친 워싱턴 회의(Washington Conference) 동안에

도, 휴즈는 하딩에게 매일 아침 그 전날의 사건들을 보고했다.[43]

베이커(Baker) 장관도 조지 H. W. 부시에게 비슷한 형태로 보고했다, 비록 그들은 오랜 우정과 신뢰를 누리기는 했지만. 베이커가 초기에 그는 대통령의 사람이라고 국무부에서 말했을 때 직원들은 그가 국무부를 백악관에 대변하지 않는다고 불평했으나 베이커는 그가 무엇을 하는지를 알고 있었다. 그 결과, 국무부는 더 많은 영향력을 행사했다. 특히 백악관과 국가안보위원회가 커진 후에, 효과적인 국무장관은 자신의 상사와 자주, 개인적이고 사적인 대화를 할 필요가 있다.

휴즈 자신의 해명은 그가 주도하면서도 대통령을 존경스럽게 다룬 방법을 설명해 준다. 휴즈는 대통령의 명분을 진전시킬 방안들을 찾았다. “나는 어렵다는 말을 하고 무엇을 해야 하는지를 묻기 위해 찾아가지 않았다. 대신에 사실을 담은 문서에 그가 당장 취할 수 있는 구체적인 방안들을 담아서 가지고 갔다.”[44] 그 대가로, 하딩은 휴즈에게 그가 성공하는 데 필요한 권한을 부여했다.

워싱턴 회의는 행동하는 휴즈의 하나의 두드러진 사례이다. 그는 보라 상원의원의 결의들, 예산적 현실, 국제적 기회의 수렴, 베르사유의 실망 이후 대담한 변화를 갈망하는 여론을 모두 연결했다. 그의 지도력은 극동아시아의 안보 체제를 재형성했고, 각국 해군 간의 경쟁을 재편했고, 영-일 동맹은 종료하면서 영국과는 유대를 건설하고, 외교업무에서 행정부의 압도적 우위(preeminence)를 재수립했다.

휴즈의 이니셔티브(Hughes's Initiative)

휴즈는 하딩 취임 초 수 주일 동안 하나의 군축회의를 추진해야 한다고 제시한 듯하다. 대통령은 장관에게 시기를 결정하라고 지시했다. 새로운 제

67차 의회에 대한 연설에서 하딩은 군축에 대한 문은 열지만 미국 혼자서는 움직이지 않을 것이라고 밝혔다. 그는 해군예산지출안을 승인해 달라고 의회를 압박했다. 보라(Borah)는 그 다음 날 해군 군축에 대한 하나의 새로운 결의안 제출로 대응하고 "죽음의 상인(merchants of death)"을 공격했다. 교회 조직들, 여성 단체들, 그리고 다른 지지자들이 청원서를 의회에 밀물처럼 보냈다. 보라의 의회 내 지지는 급격히 올라갔다.[45]

5월과 7월 사이에 행정부는 타협을 보았다. 해군을 위해 4억1천만 달러를 지정하여 1916년 군함 건조 프로그램 대부분을 살려 두었고 보라는 그의 결의안을 74대0으로 얻었다.[46]

행정부가 의회와의 교섭의 마지막 몇 주까지 작업을 진행하는 동안, 휴즈는 그의 외교적 공세에 대한 준비작업을 시작했다. 6월 23일, 영국 대사 오클랜드 게데스(Aukland Geddes)는 장관에게 런던은 일본과의 조약을 종료하기를 꺼린다고 설명했다. 휴즈는 폭발했다, 아마도 극적인 효과를 노렸을 것이다. 미국의 참전은 영국을 구하고 승리를 얻어주었는데 감히 영국이 일본과의 의무를 말할 수 있다니? 미국이 아니었다면, 카이저(독일)가 워싱턴에 말할 상대일 것이다. 만약 영국이 도쿄의 특별한 이익을 지원하기 위해 일본과의 동맹을 유지한다면, 일본의 군국주의 정당은 미국을 고립시키려 움직일 것이라고 휴즈는 주장했다. 그의 발언에 힘을 더 싣기 위해, 의회가 아일랜드 공화국(Irish Republic)을 인정하는 결의를 할지 모른다고 장관은 언급했다. 장관은 그 결의안이 통과할 것으로는 예상하지 않았으나, 영국의 적국들은 런던의 일본과의 동맹을 즉각 물고 늘어질 것이었다. 극동에서 미국과의 협력은, 반면에, 아일랜드(Ireland) 결의안에 대한 반대파들을 돕게 될 것이다.[47]

장관은 영-일 조약은 미국에서 인기가 매우 없고 그 조약의 지속은 국제적으로 다시 참여할 행정부의 노력에 엄청난 장애물이 될 것을 알고 있었다. 그는 강력한 메시지가 런던 대영제국회의(Imperial Conference)에서의 영국연방자치령 회의(Dominions meeting)에서도 들릴 것으로 짐작했다. 게데스(Geddes) 대사는 국무장관이 거의 미쳤다고 런던에 보고했다.

실제로, 휴즈는 워싱턴 회의(Washington Conference)를 위한 준비를 시작하려 움직이고 있었다. 어떻게 그가 그리했는지에 대한 복귀는 흔히 외교를 교란시키는 실책이나 실수를 드러내 주기 때문에 교훈적이다.

런던에서의 제국회의(Imperial Conference)에서, 오스트레일리아의 수상은 영-일 조약의 갱신을 원하는 영국에 가담했다. 캐나다 대표는 부분적으로는 미국의 적대감을 읽었기 때문에 단호하게 동의하지 않았다. 로이드 조지(Lloyd George)는 영연방 자치령 수상들에게 극동과 해군 문제 둘 다를 다루는 회의를 미국에 제시하자고 설득했다. 7월 5일 화요일 외무장관 커존경(Lord Curzon)은 서투른 미국 대사 조지 하비(George Harvey)에게 대통령은 그러한 회의를 소집하라고 제안했다. 조지 하비는 하딩의 친구이고 휴즈는 그의 대사 임명을 막으려고 애썼다. 그러나 하비는 워싱턴에 전문을 보내려 하지 않았다. 로이드 조지는 그 다음에 만약 미국, 일본, 그리고 중화민국이 호의적으로 반응한다면 그 다음 월요일에 하나의 회의에 관해 선언을 하기를 희망한다고 하원(House of Commons)에 말했다. 외무부(Foreign Office)는 그 말은 이들 국가들이 응답하도록 요청한 것은 실제로는 아니라고 황급히 설명했다.

7월 7일 목요일, 기자들은 휴즈에게 극동문제에 대한 영국주관회의에 관해 질문을 던졌다. 휴즈는 런던이 군비축소를 위한 자신의 계획을 가로채고 있다고 생각했다. 각국들이 군비축소에 관한 워싱턴 회의의 초청에 응할 것인가를 질의한 후, 휴즈는 런던, 파리, 도쿄와 로마에 8일 금요일 늦게까지 전문을 보내기 위해 하딩의 승인을 받으러 서둘렀다. 휴즈의 제안은 영국의 회의 제안에 관한 대사 하비의 미적거린 보고와 엇갈렸다. 한편,

워싱턴 주재 영국 대사 게데스(Geddes)는, 영-일 조약에 관해 휴즈에게서 엄청난 비난을 받은, 런던에 있는 미국 상대역이 로이드 조지(Lloyd George)와 커존(Curzon)을 잘못 인도하고 있는 것을 알고 경악했다. 게데스는 해명하기 위해 휴즈에게 달려갔다.

휴즈는 극동문제를 포함하기 위해 중화민국을 추가적인 참가자로 포함하기 위해 군축회의 확대를 제안하는 두 번째 메시지를 런던에 보냈다. 토요일에, 휴즈는 공식적인 대통령의 초청장을 발급하라는 하딩의 승인을 얻었다. 일요일에 로이드 조지는 합동 컨퍼런스의 아이디어를 "칭송"할 만하다고 칭찬했다. 그 소식을 들은 같은 날에, 휴즈는 국무부에 지시하여 대통령의 초청장을 보내고 언론에 알리라고 지시했다. 월요일에, 전세계는 하딩 대통령이 주관하는 하나의 중대한 회의 초빙을 알게 되었다.[48] 7월 말에, 모든 초청국들은 중국을 포함해서 오기로 했다. 벨기에, 네덜란드, 포르투갈은 동아시아 안보 토론에 참석하기를 원했고, 미국은 이들을 8월 11일에 추가했다.

영국의 기대(British Expectations)

이제 세계는 회의가 무엇에 관한 것일지를 결정해야 했다. 런던의 우선순위는 극동 사인들이었고 군축은 아니었다. 상원의원 보라와 로지 둘다, 서로 다른 입장에서, 군비축소 의제에 동아시아 정치의 판도라 박스(Pandora's Box)를 추가하는 데 반대했다. 영국은 런던이 "예비회담"을 주관하도록 허용해 달라고 휴즈를 강하게 압박했다. 로이드 조지는 하딩의 초청을 이차적인 사안으로 취급했다. 조지는 아일랜드 독립운동 지도자 에이먼 드발레라(Eamon DeValera)와 교섭을 시작하기로 막 합의한 직후였다. 가을에 와서, 워싱턴 회의가 소집될 때, 아일랜드인들과의 교섭은 거의 무너져 자

신의 정부의 존립을 위협하고 있었다.[49]

워싱턴의 최초의 국제회의에 대한 영국의 기대는 낮았고, 특히 휴즈가 미국을 지도하겠다는 런던의 제안을 거절한 후에 더욱 그러했고, 또 프랑스와 이탈리아를 초청하자 더욱 악화되었다. 그 당시는 워싱턴과 런던은 "특별한 관계"는 아직 아니었다. 실제로 워싱턴 회의가 그러한 연대를 건설하는 데 기여했다. 1920년에 오스틴 체임벌린(Austen Chamberlain)은 미국인 사촌들에 대한 견해를 모으기 위해 영국의 엘리트 여론지도자를 내각에 소환했다. 체임벌린은 "미국인들의 배타성(insularity), 무분별함(blindness), 이기적임(selfishness)을 비난하는 것은 소용없고 유해무익하다. 기꺼이 주지도 않을 생각을 해달라고 조르는 청혼자로 보이는 것은 우리의 자존감(dignity)과 맞지 않는다"고 영국의 여론을 요약했다. 더 너그럽게도, 회의가 열리자, *스펙테이터(Spectatorw)*지는 "미국이란 국가는 이중적인 성격을 가지고 있다. 미국인들은 이상주의자이면서도 동시에 세상에서 가장 실용적인 사람들이다. 그들은 에머슨(Emerson)과 에디슨(Edison) 사이를 왔다 갔다 한다."[50] (역자주: Ralph Waldo Emerson, 1803~1882, 미국의 이상주의 철학자, Thomas Alva Edison, 1847~1931, 전기발전, 통신, 녹음, 활동사진을 발명한 미국의 발명가 및 기업인.)

런던은 대표단을 이끌 고위급 관리를 파견해야 한다는 점을 인식하고 있었으나 아무도 그 임무를 맡으려 하지 않았다. 내각은 결국 결정할 때가 되었을 9월 말에 해외에 있던 밸포어 경(Lord Balfour)을 해외에 있다는 이유로 선택한 것으로 보인다. 그러나 밸포어는 탁월한 선택으로 드러났다. 그는 수상을 역임했고, 최초의 해군대신(Lord of the Admiralty)이었고, 외무장관을 역임했고 추밀원 의장(Lord President of the Council)을 지냈다. 그는 제국의 수호자이고 영-일 동맹을 경험한 미국의 친구였다. 제국방위위원회(Committee on Imperial Defense)가 교섭 중인 제안들에 합의를 하지 못할 때-서로 전혀 다른 견해들과 미국인의 계획에 대한 존경심의 부족으로-밸포어는 능숙하게 그 자신의 포괄적인 교섭 훈령을 제시했다. 그의 목표는 극동에서 현재의 상태(status quo)을 보존하고 영국이 다른 어느 강국과도 대등한 조건으로 해군 군비축소에 합의하는 것이었다.

일본의 준비(Japanese Preparations)

일본은 다른 주요 주자였다. 도쿄는 해군 군축 대화에는 열려 있었으나 극동 문제들에 관한 토론은 그리 환영하지 않았다. 일본은 과거 행동의 규탄을 피하거나 러시아 혹은 중국에서 자국의 지위에 대한 도전을 피하기를 원했다. 앵글로색슨인들과 중국인들이 합하여 일본을 고립시키려 할 수 있었다. 산업계는, 그러나 국방비를 낮추고 미국과 유럽과의 연대를 개선하는 기회를 환영했다. 자유당(Liberal)과 국제주의자들은 일본은 방어적으로 행동하는 대신에 자국의 목표와 포부를 솔직히 털어놓는 기회로 인식해야 한다고 목소리를 높였다.

워싱턴 주재 일본 대사 시데하라 키주로(Shidehara Kijuro)는 일본의 의구심을 설명했다. 그는 향후 10여 년 동안 도쿄의 국제관(international outlook)에 가장 영향력을 미친 인물이 되었다. 휴즈 장관은 회의의 목적은 대중의 비판을 촉발하려는 게 아니고, 평화를 증진시킬 "태평양과 극동에서 일반적 원칙들과 정책들에 관해 공동의 이해에 도달하는 것"이라고 시데하라를 안심시켰다. 휴즈는 이민과 아편 거래 등 특정한 사안들을 의제에 올리지 않기로 합의했다. 도쿄가 어쨌든 초청에 응할 것이라는 미국 대사관으로부터 보고를 받은 후에는, 휴즈는 (일본이 내건) 다른 제약들에 저항했다. 7월 23일, 일본은 당사국들 사이의 특정한 문제는 "신중하게 회피(scrupulously avoided)"될 것이라는 이해 하에 참석하기로 합의했다. 특히, 일본은 중국과의 양자 관계는 다른 외국의 간섭을 막기를 원했다. 테디 루스벨트와 마찬가지로, 휴즈는 하나의 세계 강국으로 도쿄가 책임 있게 행동해 주기를 격려했다. 경제적 기회의 추구는 군사적 모험보다는 더 유망했다.

수상 하라(Hara)는 변화하는 국제 조건들을 건설적으로 파악했고-또 국내 여론이 군비축소를 원하는 방향으로 변하는 것을 읽는 감각을 지녔다. 그러나 군부의 지원을 필요로 했다. 해군장관 카토(Kato) 제독은 각국의 함정 건조 계획을 검토하라고 지시했다. 만약 미국이 계속 새로이 함정을 건조하면 일본은 상대적으로 힘을 얻지 못할 것이다. 하라와 카토는 해군의 국가적 지원과 안보이익을 보증하고 민-군 관계를 개선하고, 비용을 줄이고, 일본 경제력의 장기적인 근원들에 더 많은 재원을 충당할 수 있는 기회로 인식했다. 동시에, 기민한 외교로 새로운 강대국으로 외국의 존경을 받아 일본의 국제적 위상이 강화될 수 있다고 생각했다. 카토 제독은 일본 내의 권력의 모래톱과 이익 사이로 배를 몰수 있는 지위와 비전을 보유한 유일한 인물이었음에 틀림이 없다.[52]

프랑스의 몰두와 중국 문제(French Preoccupations and Chinese Problems)

프랑스는 유럽 대륙 안보에 몰두하고 있었다. 독일의 산업기지와 인구는 프랑스의 장래를 위협할 유령으로 떠올랐다. 독일도 러시아도 어떠한 군비 제약도 받지 않았다. 파리는 국제연맹을 강화하기를 원했고 국제연맹의 역할을 뺏을 미국의 새로운 시도를 원하지 않았다. 이와 동등하게 중요한 점은, 무례한 미국인들은 영어를 그 회의의 공식 언어로 지정해, 외교 언어로 프랑스어의 지위를 무시했다. 워싱턴은 재빨리 프랑스어가 공동의 공식언어라고 명확히 해 주었다. 프랑스는 뚱하게 참석하겠다고 합의했다. 파리는 그 회의의 전망을 의심했으나 극동 주제들에 관해 기여하기를 원했다. 이탈리아는 지중해의 안정을 우려해 그 회의를 자국의 유럽 내에서의

강국의 지위를 증진하는 기회로 여겼다.[53]

중국은 다른 문제를 제기했다. 인구 4억 명을 관할하는 중앙정부는 10여 년간 갈라지고 있었다. 한 애국운동은, 남부의 국수주의자들(nationalist)에 의해 고무된, 1921년 1월에 정부를 베이징 바깥으로 밀어냈다. 4월에는, 군벌(warlord) 도당들이 싸움을 다시 시작했다. 협상을 중재할 중앙 권력이 없었다. 그럼에도 컬럼비아 법학대학(Columbia Law School)을 졸업한 워싱턴 주재 웰링턴 쿠(Wellington Koo) 대사는 중국의 주권과 외세 간섭을 종료하기 위해 노력했다. 국내의 소란은 중국 대표단 내의 분열을 가져와 쿠 대사와 다른 이들이 어떤 타협안도 수용하기 어렵게 만들었다.[54]

휴즈의 계획(Hughes;s Plan)

휴즈는 미국이 이 회의를 주관한다고 천명했다. 휴즈의 정치적 업무는 우선적으로 군비축소를 유지하는 것이었다. 런던은 극동문제를 독점할 것이고, 더욱이 예비회담 후 초기 입장문을 발표하게 될 수 있고, 그러면 나머지 본 회의가 이 입장문에 갇힐 수 있기 때문에 휴즈는 영국의 예비회의 요청을 기각했다.

구식 유럽외교는 휴즈를 감동시키지 못했다. 휴즈는 의제는 협의할 것이나 미국이 목표를 벗어나는 항복은 허락하지 않을 작정이었다. 게데스(Geddes) 대사가 그 회의에서 파나마 운하 통과요금을 올리기를 원하자, 휴즈는 그를 막았다. "두 정부 간의 우호적인 협력에 관해 저녁 테이블과 여러 기회에 주고받은 변함없는 감정과 다정한 표현들을 구체적인 무엇인가로 번역할 때가 되었다"고 휴즈는 말했다.[55]

휴즈는 극동아시아 사안들의 해결에는 국내 정치적 지지가 중요하다고 인식했다. 그는 영-일 조약을 종료할 필요가 있었다. 상원도 일본의 산둥

성(Shantung)과 시베리아(Siberia) 점령을 좋아하지 않았다. 미국은 중국에 대한 개방(Open Door) 원칙의 국제적인 인정을 추구하고 있었다. 그리고 휴즈는 국제연맹 규정 하에 있는 태평양 섬들에 대한 이익을 확보해야 했다. 이 모든 것들은 휴즈의 의제의 부분이었으나, 장관은 해군 군비축소의 무대를 꾸며야 한다는 점을 알고 있었다.

휴즈는 참석자들이 현안에 집중할 수 있도록 소규모 대표단을 보내라고 각국에 간청했다. 대표단은 소위원회를 도울 군사 전문가와 기술자문관들의 지원을 받을 수도 있다고 말했다. 장관은 워싱턴 회의가 견해를 교환하기보다는 결과를 달성하기를 원했다.[56)]

휴즈는 그가 쇼를 운영할 것이라는 점을 의심할 수 없게 했다. 그는 책임을 지기를 원했다. 그러나 미국은 이제 행동을 만들기 위해 주도권을 행사해야 했다.

장관은 힘과 성능에 대한 예리한 눈으로 미국 대표단원을 선정했다. 하딩의 동의를 얻어, 휴즈는 다수 공화당 지도자이고 외교관계위원회 위원장인 상원의원 로지(Lodge)와 그 위원회에서 소수 민주당 지도자인 상원의원 오스카 언더우드(Oscar Underwood)에게 요청했다. 이 둘을 선택함에 있어서, 상원과 야당에 대한 무관심으로 일관한 윌슨과는 아주 대조가 되었다. 네 번째 대표로 휴즈는 76세의 엘리후 루트(Elihu Root)에게 도와 달라고 요구했다. 루트는 전쟁장관, 국무장관, 그리고 뉴욕 출신 상원의원을 역임했다. 그는 미국의 걸출한 정치인으로 여겨지는 인물이고 가장 최근인 1907년 군축회담에 참가하기까지 했었다(9장에서 설명할). 루트의 국제주의를 혐오하는 "양립할 수 없는" 상원의원들 때문에 하딩은 망설였다. 그러나 휴즈는 주장했다.

그는 위험을 감수했다. 그의 3명의 동료들은 나름대로 충분한 근거가 있는 의견을 가진 강한 개인들이었다. 그러나 휴즈가 그들을 하나의 작은 그룹으로 용접해 붙일 수 있다면, 미국은 단호히 조치할 수 있을 것이었다. 장관은 무엇이 정치적으로 가능한 것인지에 관해 최선의 조언을 얻을 수 있게 될 것이었다. 그리고 어느 조약이든 비준할 최상의 상원 동맹들을 가지게 될 것이다.

휴즈는 해군에도 우군이 필요했다. 그는 해군 차관보 시어도어 루스벨트 주니어(Theodore Roosevelt Jr.)를 제독들을 돕도록 대표단에 포함시켰다. 휴즈는 해군 현역들과 아주 가깝게 일을 했고 해군의 계획들과 자료에 대한 자신의 질의에 대한 답변 자료의 상세한 부분에 대해서도 치밀하게 논의했다. 그러나 장관은 자신과 3명의 민간인 대표들이 정치-군사 전략에 대한 통제를 유지하도록 보장했다.57)

국무장관과 군비축소 교섭들

(The Secretary of State and Arms Control Negotiations)

군비축소 교섭을 이끄는 국무장관의 의무는 극심하게 어렵다. 가장 어려운 부분은 아마도 국방 관료들(그리고 그들의 전문가들)과 현역군인들에게서 교섭할 제안서와 목표들을 도출하는 것일 것이다. 또한 의회가 어깨너머로 내려 보고 있는 상황이다.

대사 리처드 버트(Richard Burt)는 모스크바에서 열린 소련(Soviet Union)과의 전략 무기 감축 회담 협상 START(Strategic Arms Reduction in Talks) 기간 동안 베이커(Baker) 장관에 관한 이야기를 전달했다. 1990년 소련 외무장관 에두아르트 셰바르드나제(Eduard Shevardnadze)의 입장이 약해져 있었다. 그는 백파이어 폭격기(Backfire bomber) 대수의 제한을 요구한 미국 안을 수용하도록 군부를 설득하는데 고전하고 있었다. 베이커는 합의된 미국 목표를 이미 달성했다. 그러나 그는 더 낮은 숫자를 계속 밀어붙였다. 회담 중 휴식

시간에, 베이커는 버트에게 "귀하는 내가 그를 너무 몰아붙인다고 생각하시지요?" "솔직히, 나는 그리 생각합니다. 장관께서는 이미 우리의 목표를 달성했고 셰바르드나제는 분명히 어려운 지경에 처해 있습니다"고 버트는 대답했다. "귀하는 왜 내가 그러는지 알고 싶지요?" 베이커는 물었다. "왜냐하면 나는 국방부의 개자식들(those son of beaches)에게 내가 그들이 예상한 것보다 더 잘할 수 있다는 것을 증명하기를 원합니다." 그리고 그는 실제로 그리했다.[58]

하나의 제안서 개발(Developing a Proposal)

휴즈 장관은 고위 제독들로 구성된 해군 대위원회(General Board)에게 군축 계획서를 요청했다. 휴즈는 현재의 해군력을 사정하고 감축계획을 심사할 하나의 "기준(yardstick)"을 요구했다. 해군위원회는 저항했다, 그들은 1916년 계획 하에 전함 건조를 완성하고 싶었다. 압박하자, 해군은 주력함의 총 톤수의 비율을 영국과 미국은 100, 일본, 프랑스, 이탈리아는 각 50을 제시했다. 10월에 가서야 위원회는 마침내 하나의 겸허하지만 예상치보다 불충분한 감축안을 내놓았다. 그래서 회의 시작 수 주일 전에도 휴즈는 여전히 하나의 제안서를 가지지 못했다.

미국 대표단의 첫 번째 준비회의 중 하나에서, 기민하고 경험 많은 루트는 의회가 해군의 함정 건조 프로그램과 필리핀의 요새화(fortification)에 자금을 계속 할당해 줄 가능성에 관해 질의했다. "상원의원 로지와 언더우드는 그럴 가능성은 없다고 단호하게 주장했다."

휴즈는 해군위원회와의 업무방식을 바꾸었다. 로버트 쿤츠[Robert Coontz(해군작전대장)], 루스벨트, 그리고 쿤츠의 보좌관 윌리엄 플랫(William Platt) 대위(나중에 해군소장)와 작업해 휴즈는 위원회에 보낼 질문을 만들고 계산을 요청했다. 만약 장래 건조를 "지금 중지"하기로 합의하는 경우 타국과의 상대적 우세를 평가하라고 요청했다. 그 결과는 영국과 미국이 각각 100이고 일본이 60이었다. 그리고 3개국이 각자의 건조 프로그램을 완성한다는 가정 하에 오는 1928년의 비율을 계산해 달라고 위원회에 요청했다. 영국은 106, 미국은 영웅적으로 가정해서 의회가 전액을 지속적으로 지급하면 100이 되고, 일본은 87이 될 것이라고 답변했다.

장관은 3명의 동료들과 12회의 장시간의 준비 회의를 통해 문제와 해군의 자료, 가능한 해법들을 이해했다. 휴즈의 계획에 합의하는 경우에 미국의 상대적 지위가 전액 지원 군비 경쟁보다 더 낫고 의회가 돈을 내야 하는 함정 건조 경쟁보다는 훨씬 더 낫다는 결론이 나왔다. 많은 해군 현역들이 합의했다. 대통령은 결재를 했다.

휴즈는 이제 그가 11월 12일에 선언한 자신의 계획에 대한 기본 핵심 항목들을 가졌다. 루스벨트와 프렛(Pratt) 대위는 휴즈의 발표 자료를 자체적으로 등사판(stencil)에 각인해 휴즈의 금고에 넣고 잠갔다. 그들은 휴즈의 연설 당일 아침에 그것을 인쇄할 예정이었다. 휴즈는 하나의 대담한 제안, 하나의 깜작 선언, 의회와 대중 여론에 대한 자신의 우수한 독해력을 바탕으로, 그리고 그의 외교적 공세를 활용하기 위해 조직한 회의를 이제 완전히 보유하게 되었다.59)

전함 교섭: 5강 조약(Negotiating over Battleships: The Five-Power Treaty)

휴즈의 대박(blockbuster) 제안과 이에 호의적인 영국과 일본의 선언이 드디어 다음 주에 나와 미국은 희망했던 것과 같이 실제적인 거래의 치열한 첫 단계를 진수했다. 수석대표들은 비공식적 운영위원회(steering committee)로 작동했다. 군축과 극동 및 태평양 사안으로 두 위원회를 운영했다. 각 위원회는 여러 소위원회와 작업반(working group)을 설치 운영했다. 휴즈는 매일 아침 대통령과 미국 대표단과 별도로 각각 회의를 했다. 매일 오후, 그는 기자회견을 열어 여론에 정보를 주었다. 그는 특정한 행동을 요구하는 민간 이익단체들이 필요했다. 휴즈는 가능해 보이는 것보다 위원회의 회의들을 더 많이 계속 주시했고 동시에 주요 주자들과는 사적으로 대화를 나누었다.60)

여러 사안들을 포함하는 다자협상에서는 특히, 단순한 외교 마찰이 과정을 꼼짝 못 하게 할 수 있다. 좌절은 쌓인다. 사람은 기존입장(그리고 직업적으로 안전한)을 변경할 이유를 찾을 필요가 있다. 해법을 고안하는 관계를 지속하여 맺고자 한다면, 참가자들은 또한 회의의 움직임과 문제의 해법에 대한 감을 잡을 필요가 있다.

일본의 전문가들은 미국과 10:7의 주력함 비율을 통해 하나의 안보 표준을 수립했었다. 휴즈는 10:6을 주장했다. 카토 제독은, 그러나, 이 문제를 피해 나가는 길을 느꼈다. 해군 장관은 밸포어(Balfour)에게 일본은 포모사[Formosa(타이완)], 펑후 군도(Pescardores), 아마미 오시마(Amami Oshima) 섬에 대한 해안방어를 포기할 것이므로, 미국의 괌, 필리핀, 하와이의 요새화를 막는 데 관심이 있다고 말했다. 그 다음에 밸포어는 이를 휴즈에게 말했다. 추가하여, 미국인들은 새 전함 무츠(Mutsu)호는 덜 완성되었다고 말하는 실수를 했다. 실제 무츠호는 이미 시험 운항에 돌입했다. 학생들로부터 동전 모으기를 포함한 국민 모금을 통해 자금을 충당했기 때문에, 도쿄는 무츠호를 해체할 수는 없었다. 카토는 복수의 변수들을 들고 나왔고 하나의 해법에 대한 더 많은 가능성을 만들어 냈다. 그는 오래된 함정을 해체해 미국의 목표 비율을 충족할 수 있다고 시사했다.

휴즈는 일본의 생각을 어느 정도 눈치채고 있었다. 왜냐하면 미국은 도쿄 케이블을 가로채고 해독해 왔기 때문이다. 처음에는, 휴즈는 비무장

(nonfortification)계획을 거부했다. 해군 사안을 25년간 압박해온 로지는 "귀하는 아무것도 포기하지 않고 있다. 의회는 막대한 금액을 괌과 필리핀을 무장하는 데 사용하는 데에 결코 합의하지 않을 것이다." 언더우드와 루트는 동의했다. 휴즈는 하와이는 "방어적" 장소로 예외로 했다. 실제로도, 의회는 1930년대 조약 제약이 만료되고 위험이 증가할 때에도 필리핀과 괌을 무장하지 않았다.

쿤츠(Coontz) 제독은 미국 전문가들이 무츠호를 미완성이라고 잘못 기재했다고 인정했다. 카토는 일본해군의 자존심을 포기할 수 없다고 말하고 60퍼센트 비율을 여전히 방어했다. 휴즈는 새로운 함정 건조를 피하기를 원했지만 동시에 일본과 현대화 상수(modernization constant)를 지키기 위해 미국은 두 척의 오래된 전함을 해체하고 두 척의 전함을 새로 건조할 필요가 있다는 점을 인정했다. 한편 영국은 조정하는 데 더 어려운 문제를 제기했다. 더 현대화된 미국과 일본의 전함들을 상쇄하기 위해 새로이 수퍼후드(Super-Hood)급 전함은 각각 49,000톤을 배수할 것이었다. 영국 제독들은 휴즈가 요구한 35,000톤 제약에 맞추어 재설계할 수 없다고 말했다. 휴즈는 밸포어를 압박했다. 군비제어회의가 새로운 거대한 전함을 건조하는 것을 대중들에게 어떻게 방어할 수 있는가? 해군 경쟁은 더 큰 선박으로 바뀌게 될 것이다. 흔들린 밸포어는 그의 제독들과 상의했다. 그들은 꿈쩍하지도 하지 않았다. 그러나 밸포어는 돌아와서는 휴즈에게 미국 제안은 "명백하게 정당"하다 그리고 "나는 휴즈가 말한 추가적인 지연을 피하는 중요성에 매우 감명을 받았다." 그는 영국의 새로운 전함을 35,000 영국 톤으로 제한하는 데 합의했다. 미국 톤으로 계산하면 37,000 톤이 된다.[61] 밸포어는 "휴즈에게서 무한대의 칭송"을 얻었고, 그 경험은 회의의 나머지 기간 동안 밀접한 둘 간의 업무상의 관계에 기여했다. 알렉산더 해밀턴이 오래 전에 말했듯이, 두 국가들은 영어로 생각한다. 20세기의 영-미 양자 간의

"특별한 관계"는 공정에 관한 공통의 자세와 추론된 주장과 중첩되는 이익과 관점에 기반하여 구축되었다.

12월 15일, 3강은 10:10:6의 비율과 10년간 해군 휴일, 단 무츠호를 상쇄하기 위해 각각 미국과 영국은 두 척의 전함 건조에 합의하고, "태평양 지역"에서 해군 기지 무장은 현상 유지로 묶어 두기로 합의했다. 아일랜드와의 협상 성공에 힘입어, 로이드 조지는 밸포어를 해군부(Admiralty)보다 더 지지했다.[62]

이제 휴즈는 프랑스와 이탈리아를 참여시켜야 했다. 로마는 비율 1.75에 즉시 합의했다. 그러나 파리는 열렬히 반대했다. 파리는 질투로 반대했다. 프랑스는 새로이 주력함을 건조하지 않고 있었고, 그래서 그 비율의 총 톤수는 현재의 프랑스 함대의 총 톤수를 능가했다. 그러나 프랑스는 대전에서의 우선적인 일들 때문에 해군에 투자하지 못했다. 파리는 새로 주력함들을 건조하든지 아니하든지 간에 일본보다는 더 높은 수준을 요구했다.

휴즈는 프랑스의 문제는 부분적으로는 다른 원인이 있음을 인식했다. 파리는 3강에서 추출된 것을 경멸했다. 미국 국무장관이 해군 군비 상한선을 프랑스에 지시한다는 생각에 프랑스는 숨이 막혔다. 프랑스를 이탈리아와 연계한다는 자체가 프랑스에게는 추가적인 모욕이었다. 프랑스는 해외 식민 제국으로 치면 영국 다음으로 큰 식민지를 가지고 있었다. 그러므로 파리는 이에 상응하는 함대를 보유할 권리를 가진다고 주장했다. 설상가상으로, 미국 내의 금주 조치(Prohibition) 와중에 프랑스 대표단이 안락을 위해 조심스럽게 가져온 와인과 샴페인이 사라졌다.

대전 동안 프랑스에서 용감한 군 복무로 포상을 받은 해군차관보 시어도어 루스벨트 주니어는 "감정적이고 눈을 크게 뜬" 프랑스 대표단이 쏟아 내는 분노의 연설에 직면했다.[63] 실제로 그들은 하딩과 휴즈를 반역자들이라고 말했다.

더욱 근본적으로는 프랑스로 돌아간 브리앙(Briand) 수상은 유럽의 불안정한 기운에 고민에 빠졌다. 그는 군축 회의론자였다. 12월 16일에 휴즈는 워싱턴의 프랑스 대표단의 수석대표를 건너뛰어서 브리앙과 직접 접촉했다. 휴즈는 "프랑스의 자세가 세계 해군의 군비축소의 무거운 짐을 줄이는 이 노력의 성패를 결정할 것"이라고 말했다. 미국 국민은 프랑스어 "아니오(non)"를 이해하지 못한다. 브리앙은 12월 18일에 답신을 보냈다. 프랑스는 "공격적인" 무기인 주력함에 제약을 가하는 것에 합의했다. 그러나 소형 함정은 "방어적"이기 때문에 감축을 승인할 수 없다고 말했다. 브리앙은 아마도 프랑스 의회가 합의할 수 있을 만큼 늘렸을 것이다.[64]

휴즈는 각국이 그 비율을 소형 순양함(cruise), 구축함(destroyer), 잠수함(submarine), 그리고 항공모함(aircraft)에도 또한 적용하기를 희망했다. 그러나 기술과 새로운 군사 전술은 구질서에 도전하고 있었다. 대표단들은 잠수함이 "공격적"인지 혹은 "방어적"인 무기인지 혹은 정찰을 위한 정찰함(scout)인지에 대해 합의하지 못했다. 항공모함은 여전히 실험적이었다. 대표단들은 총 톤수 제한, 각각의 항모의 배수 톤수, 8인치 포탄보다 큰 케리어 포(carrier gun)의 탑재 금지를 정하는 데는 성공했다. 루스벨트와 쿤츠 제독은 두 전투 순양함을 항모 *사라토가*(*Saratoga*)호와 *렉싱턴*(*Lexington*)호로 바꾸는 승인을 얻어냈다. 이 두 항모는 제2차 세계대전 초기에 핵심적인 역할을 수행했다.[65]

순양함과 구축함의 척수와 총 톤수를 제약하지 못해, 대표단들은 이들 선박들이 1만 톤을 넘지 못하게 하거나 8인치 포보다 더 큰 것은 싣지 못하도록 특정했다. 루트는 잠수함 전투에서 민간인들과 비전투요원들을 보호하는 규칙을 제안했고, 미국을 대전(Great War)으로 끌여 들어가게 한 억울한 사건들에 대한 국민들의 인식을 달랬다. 그는 또한 치명적인 가스 사용 금지를 강력히 요청했다. 해군 5강국은 두 규정을 포함한 별도의 조약에 서명

했다(그러나 모든 국가가 비준하지 않았고, 따라서 결코 발효되지 않았다).[66]

거의 회의 시작부터, 휴즈는 하나의 전문가 그룹을 발족시켜 해군 군비 축소 조약을 기초하는 임무를 부여했다. 그는 개인적으로 초안을 검토하고 연필로 표현(language)을 다듬었다. 모든 세부 조항들을 완성한 후, 주최 측은 영어와 프랑스어를 나란히 평행 세로단에 인쇄할 준비를 했다. 프랑스 대사는 경악했다. 미국인들은 영어 세로단을 왼쪽에 둘 작정이었고, 이는 또 하나의 "상석(place of honor)"을 의미했다. 프랑스는 서명하지 않을 거라고 위협했다. 상원의원 로지(Lodge)가 "장관님, 무슨 차이가 있습니까?"라고 말할 때(지칠 줄 모르는 협상자들까지도 균형감을 잃을 순간에 도달한다) 휴즈의 인내심은 한계에 도달했다. 2월 1일에 그 회의는 헌정관(Constitution Hall)에서 속개되어 새로운 5강의 해군 군비 조약(Five-Power Naval Armaments Treaty)을 치하했다.[67]

지역 안보 교섭: 4강 조약

(Negotiating Regional Security: The Four-Power Treaty)

휴즈는 태평양에서의 해군 군비축소의 궁극적인 성공은 지역 안보 긴장의 근원들을 극복하는 것이라고 이해했다. 상원 비준 작업에서의 토의는 아시아-태평양에서 미국의 입장을 개선하는 데 초점을 맞출 것이었다. 장관의 주된 외교 정책의 목표는 영-일 조약을 중단시키는 것이었다.

회의 개막 전 밸포어가 휴즈를 처음 만났을 때, 휴즈는 그 조약에 대해 이의를 제기했다. 벨포어는 일본의 민감함을 존중하고, 일본의 행동을 확인하고 오스트레일리아와 뉴질랜드(New Zealand)를 보호할 하나의 해법을 찾고 있다고 설명했다. 그는 사실상 3국 동맹을 결성하는 각서를 제시했다.

휴즈는 미국은 일본과의 우호적인 관계를 원한다고 벨포어를 안심시켰다. 미국의 목적은 일본이 군사적 팽창 대신 경제적 기회를 향해 움직이도록 지시하는 것이었다. 휴즈는 구동맹은 종료되어야 하고 전시에 당사국들을 어떤 방식으로든 묶을 그 동맹은 복원되지 않아야 한다고 주장했다. 영국과 일본이 하나의 새로운 외투 아래 구동맹을 유지한다는 의심을 피하기 위해 프랑스를 추가하라고 제시했다. 4강 배열은 상원에게도 또한 좋게 보일 것이다. 휴즈는 모든 새로운 합의는 "동맹(alliance)"이라는 단어를 피해야 한다고 추가했다.

장관은 그의 법률 보좌관들과 작업하여 하나의 짧고 단순한 초안을 이미 작성했다. 12월에 들어설 무렵, 런던과 도쿄가 미국의 접근법을 수용한 후, 휴즈는 영국과 일본의 제안서와 미국 초안을 놓고 앉아서 4개 항목의 하나의 짧은 조약을 작성했다. 이 조약은 향후 10년 간 태평양에서의 각자의 권리를 존중하자는 서약이었다. 그 내용에는 논란이 일어날 경우에, 당사국들은 회의를 소집할 수 있고, 침략이 생길 경우에, 당사국들은 서로 상의할 수 있고, 영국과 일본은 자신들의 양국 동맹을 끝낸다는 점을 포함했다. 새로운 조약은 제제나 군사력의 사용은 언급하지 않았다.

휴즈는 교묘하게 상원의원 로지가 12월 10일에 새로운 4강 조약을 그 국제 회의에서 발표하는 영광을 가지도록 제시했다. 의심이 많은 미국 하원은 미국이 무엇을 보장하도록 된 문장이 포함되었는지를 면밀히 조사했고 아무것도 발견하지 못했고, 다만 비밀스러운 것들을 상상했다. 휴즈가 작성자라는 것을 밝히기 전에는 일부 상원의원들은 영국과 일본의 기안자의 흔적이 보인다는 혐의를 제기하기도 했다. 그 조약은 "군대 투입은 없고, 동맹은 없고, [그리고] 모든 방어에 가입할 아무 의무도 지지 않는다"고 유보하기까지 해서 로지는 다수 2/3를 확보하기 위해 노력했다. 로지는 4강 합의의 2/3 다수결을 다른 조약 뭉치에 대해서도 설득했고 상원은 그 모든 조약들을 비준했다.[68]

미래를 위해 더 중요한 것은, 미국은 극동에서 영국의 20년 동안의 일본과의 제휴관계를 끝내고, 법률적은 아니지만, 실제적인 영-미 협력으로 대체하기 시작했다. 새로운 배열은 태평양에서 오스트레일리아, 캐나다, 뉴질랜드의 더 큰 공통의 이익을 계산하는 길을 열었다.

함께, 5강 조약과 4강 조약은 더 낮은 수준의 해군 군비지출로 태평양에서 안보 균형을 수립했다. 일본은 미국과 변화된 상황을 반영한 영국제국과의 연대를 만들어 내는 기회를 가졌다.

중국에 관한 교섭들(Negotiations Concerning China)

그럼에도 불구하고, 주요 국가들은 중국에 대해 근본적으로 다른 관점을 가지고 있었다. 일본은 중국의 천연자원을 지배하고, 그 시장을 독점하고, 서방 개입을 방지하기를 원했다. 도쿄는 특별히 만주(Manchuria)에서의 특권들과 대전쟁(Great War)과 1904~05년 러시아와의 초기 분쟁 후에 공정하게 확보했다고 믿는 권리들에 민감했다.

영국은 중국 내에서의 영향력이 서서히 사라지고 있음을 알았다. 런던은 과대하게 확장된 지위를 견고히 하기를 원했다. 영국은 위기 시에 유럽에서 파견된 영국 해군 함정을 지원할 수 있도록 싱가포르에 하나의 강력한 기지를 건설하기로 작정했다. 런던은 개방(Open Door) 접근을 편안하게 여겼다. 영국은 "중국을 재활치료(rehabilitate China)"해 중국이 자신의 독립을 보존하고 안정을 확보할 수 있기를 희망했다. 영국의 그러한 "개발" 정책은 다만 미국의 도움을 받아야 추구할 수 있었다.

미국은 중국 내에서 영향력을 보존하고 일본을 제약하기를 원했다. 존 헤이(John Hay)의 개방 원칙(Open Door principles)은 계속해 미국의 이익을 규정하였다. 그러나 미국은 얽힘을 걱정했다. 더구나 미국의 일본과의 무역은 중국과의 비즈니스를 능가했다. 테디 루스벨트의 시대와 같이, 워싱턴은 안보를 집행하기 위해 개입하지 않고 아시아에서 강대국들의 경쟁을 약화시키기를 희망했다.

1920년 초에 일본의 정치 지도자들은 국제 협력이 최소한의 무력으로 일본에게 안보와 경제적 목표를 달성할 효과적인 길을 제공할 수 있다는 점을 인식했다. 미국과의 교역은 중국과의 교역보다 더 빠르게 성장했다. 일본은 태평양에서 전략적 안보 균형을 달성하는 데 중국이 간섭하지 않기를 원했다. 도쿄는 만리장성 이남의 중국 내의 정치-군사적 사안에 얽힐 위험과 일본 상품에 대한 중국인들의 사용 거부(보이콧, boycott)의 비용을 또한 인식하고 있었다. 1915년 중화민국[역자주: 당시 대통령 위안 스카이(Yuan Shikai, 袁世凱)]에 대한 일본의 악명높은 "21개 조항 요구"는 역효과를 냈다. 그러나 도쿄에게 국제협력은 중국의 장래에 대한 개념을 워싱턴, 런던과 공유한다는 의미는 아니었다. 서방인들은 부와 영혼 구원을 위한 개방 접근으로 지역적 안정, 균형, 번영에 기여하는 하나의 독립적인 그리고 성장하는 중국을 원했다. 일본은 중국의 영토와 행정권 보전으로 이익을 볼 수 있었으나, 도쿄는 특별한 이익을 주장했다.

중국 대표단들은 완전한 주권, 국가의 자존심, 그리고 국제적인 존경을 회복하기를 원했다. 그러나 중국의 우방들은 기능하려고 애쓰는 중국 정부에 권한과 완전한 평등을 부여하기를 꺼려했다. 점증하는 중국의 "독단적인 국수주의(assertive nationalism)" 운동은 중국이 러시아의 약함을 이용하거나 혹은 "애국적 과시(patriotic grandstanding)"를 위해 무책임하게 행동하게 될까 우려했다.

워싱턴 회의(Washington Conference)는 중국에 관해 두 개의 조약과 9개의 선언을 생산했다. 루트와 휴즈는 미국의 개방 원칙을 국제적 합의에서 소중히 모시도록 9강 조약을 구축하는 데 앞장섰다. 그러나 강력한 표현에는 집행 도구들이 빠져 있었다. 그 조약은 기득권들을 언급하지 않은 채 중국에 대한 향후 정책을 위한 사실상의 지침을 제공했다. 일본은 그 원칙들을 서약이나 의무로 바꾸는 데 저항했다.

하나의 별도의 조약은 중국 중앙정부의 세원을 강화하기 위해 관세표(customs tariffs)를 정하는 권한을 중국에 부분적으로 돌려주었다. 다른 합의들은 중국의 우체국(post offices), 철도운영(railway practices), 외국군의 주둔, 라디오 주파수 할당, 중국 내에서 외국법의 법역 외의 적용을 연구하는 하나의 위원회(a commission to study the extraterritorial application of foreign laws in China)를 다루었다.[69)]

베르사유 조약(Versailles Treaty)은 도쿄에게 독일을 굴복시킨 전리품의 일부로 산둥 지방의 지배권을 부여했다. 이 점에 대한 윌슨(Wilson)의 양보는 베르사유 조약을 상원이 인준하지 않는 데 기여했다. 중국에서는, 1919년의 베르사유 조약에 대한 절망은 청년 국수주의자들의 애국운동인 5·4운동(May Fourth movement)을 촉발했다. 휴즈는 상원이 산둥에 대한 일본의 반전을 기대하고 있다는 점을 알고 있었다. 중국인들은 베르사유 조약에 근거하여 교섭하기를 거부했고, 워싱턴 회의에 논쟁거리를 주입하기를 원했다. 시데하라 대사는 휴즈에게 일본이 중국과 양자 간에 처리하는 조건이라면 하나의 만족할 만한 합의에 이를 수 있을 것이라고 귀띔을 했다.

중국 대표단은 아무 조건 없이 산둥을 완전히 회복시켜 달라고 우겼다. 미국과 영국이 마침내 중국을 설득하여 12월 1일 일본과 만나도록 설득한 후, 중국 대표단은 약속 날짜에 회담장에 나타나지 않았다. 일본과의 직접적인 교섭을 반대하는 일군의 중국 학생들은 화가 나서 매사추세츠 애비뉴(Massachusetts Avenue) 소재 중국 대표단 숙소의 욕실에 대표단을 가두었다. 두 명의 국무부 직원들이 학생들의 저지선을 뚫고 중국 대표단을 해방시켰다.

서른여섯 차례의 회의 후에, 미국과 영국의 도움으로, 일본은 산둥에 대한 중국의 완전한 주권을 회복시키는 데 합의했다. 일본은 군대를 철수시켰다. 중국은 일본에게 수년 간 금융채권(financial note)을 지급하는 조건으로 핵심적인 산둥 철도에 대한 통제권을 접수했다. 일본은 그 지방에 대한 경제적 영향력을 유지했으나, 중국은 상당한 이익을 확보했다. 양국은 1922년 2월 4일 휴즈와 밸포어의 입회 하에 그 조약에 서명했다.

일본은 만주에 대한 중국의 요구를 기꺼이 수용하려 하지 않았다. 도쿄는 아서항(Port Arthur)과 광동 지방(Kwangtung Province)에 관한 권리들을, 철도들을 포함해, 러-일 전쟁 후 포츠머스 조약으로 획득했다. 그 지역들은 일본을 위한 하나의 번창하는 산업기지가 되었다. 엘리후 루트는 "아서항은 일본에서 하나의 국가 상징물이 되어버렸고, 그 주제가 조금이라고 다루어진다면 회의에 남아 있을 수 없을 것이라고 일본 대표단이 암시했다"고 관찰했다. 하나 더 보탠다면 당시 영국은 홍콩(Hong Kong, 香港)과 카오룽(kowloon, 九龍)에 대한 권리를 양도할 의사가 없었다. 도쿄는 만주 3성은 일본과 조선이 중국과 러시아를 대항하는 자원이 풍부한 하나의 완충지대로 보고 있었다. 일본은 군대를 러시아에서 철수하고 중국인 근로자들의 역할을 확대할 것을 약속했다.[70] 그러나 도쿄는 만주에 대한 입장을 고수했다. 20세기의 두 가지 경우에 북동아시아 분쟁지대에서의 국제적 다툼은 대단히 파괴적인 전쟁을 일으킬 것이었다. 오늘날에도, 북한의 위협과 씨름하는 미국전략가들은 한국, 중국, 일본, 그리고 러시아와의 이 국경지방에서 서로 맞물리는 안보 위험을 인식할 필요가 있다.

역사가들은 워싱턴 회의가 중국을 위해 무엇을 성취했는지를 논쟁을 한다. 총체적으로, 중국을 지원하는 외국의 약속의 범위를 확대하고 침범을 이전보다 더 확대해 제약했다.[71] 그것들은 국민당 정부(Nationalist China)가 권력을 공고히 하고, 국가를 통일하고 경제를 개발할 근거를 제공했을 것이다. 그러한 성공은 더 강해진 중국 정부가 더 많은 균등을 요구하도록 만들었을 것이다. 그러나 프랑스는 중화민국에 주된 세원에 대한 더 많은 통제권을 줄 수 있었을 관세회의의 소집을 봉쇄했다. 외국 세력들은 중국의 빚을 통합하는 데 합의할 수 없었고 필수적인 신규 대출을 제공하는 데는 더욱 합의하지 못했다. 외교정책 전략가들은 불안한 국가들에 대한 경제 기반을 만들어 주는 데 흔히 어려움을 겪는다.

장제스(Chiang Kai-shek)의 국민당(Kuomintang) 정부가 1920년대 후반에 대부분의 중국을 장악할 무렵, 외부 여건들이 변했다. 시데하라(Shidehara)와 그의 일본 동료들의 국제 외교는 경제적 이익이나 중국과의 건설적인 관계를 생산하지도 못했다. 미국은 모든 일본인의 이민을 인종적인 이유로 금지하여 일본을 모욕했다. 장의 북방 원정(Northern Expedition)으로 만주에서 일본의 통치(Japan's hold)를 시험하게 자리를 잡게 되었다. 소련(Soviets)은 국민당과 중국 공산당 둘 다와 연대를 건설하고 있었고 이는 도쿄를 더 걱정하게 했다. 1929년 이후 세계 무역은 붕괴되었고 대공황이 아마도 일본의 국제주의자들의 운명을 봉인해 버렸다. 1931년, 일본 군국주의자들이 대담하게 만주를 점령해, 타협의 일본 외교를 끝내 버렸다. 워싱턴 회의에 근거한 외교, 안보, 경제 정책의 가정들은 무너져 내렸다.[72]

워싱턴 회의 체제 평가하기(Assessing the Washington Conference System)

워싱턴 회의는 1922년 2월 6일 휴회했다. 2월 11일에 휴즈와 시데하라는 국제연맹 규정에 의거해 일본이 통제하는 태평양 중간에 위치한 얍(Yap) 섬에 케이블과 무선전신과 인력을 위한 자유로운 접근을 보장해 주는 하나의 조약에 서명했다. 다른 조약은 이전 독일의 태평양 횡단 케이블을 미국, 영국, 일본, 중국, 프랑스와 이탈리아에 할당했다. 휴즈는 해군 군축에서 그의 모험을 동반하는 데 필요한 외교정책 주제들을 재빠르게 마무리 지었다.

찰스 에반스 휴즈와 미국은 군축을 지역 안보 체제로 보완하는 새로운 외교 유형을 통해 세계적인 지도력을 발휘했다. 워싱턴 회의는 불행하게 끝난 국제연맹에 대한 긍정적인 대안을 제공했다. 휴즈는 주요 강대국 그룹에 의존하고 제한된 숫자의 다른 관련 국가들로 보충했다. 장관은 얽히는 동맹들을 멀찌감치 비켜나갔다. 사실, 미국은 불리한 영-일 협약을 용케 종료했다.

그 교섭은 영-미 이해를 진전시켰다. 그 후의 같이 일하는 데 얻은 성공은 오만하고 믿을 수 없는 영국에 대한 미국인의 역사적인 의심을 가린다. 세기가 시작될 때, 독일과 영국은 둘 다 미국의 해양 이익을 무시했다. 하나의 대륙적 항해 국가로 미국은 오랫동안 해양의 자유를 대단히 귀하게 여겼다. 항해의 권리는 하나의 지정학적 이익이었다. 해양의 자유 방어는 유명한 외교적 전통이 되었다. 1921년경에, 독일의 해군 위협은 소멸되었다. 워싱턴 회의 후, 영국은 세계적인 해군 우위의 지위를 포기했다. 이 역사적 전환은 20세기에서 새로운 미-영 파트너십을 위한 하나의 기초를 제공했다. 영국은 보험 증권에 착수금을 지급하여 20세기 중반에 아주 크게 덕을 보았다.73)

역사가 아키라 이리예(Akira Iriye)는 워싱턴 회의를 극동에서 제국주의 시대(age of imperialism) 이후의 "경제외교정책(economic foreign policy)"의 신시대를 열었다고 회고했다. 새로운 미국 수도 체제는 제국외교의 붕괴 이후에 일본과 타국들에게 타협을 하고 이익을 증진하는 하나의 수단을 제공했다. 실제로 미국은 일본의 가장 큰 고객이 되었다. 그러나 도쿄에 대한 뉴욕의 영향력은 일본의 현대화의 초기 수십 년 동안 미친 이전의 런던의 금융력에 결코 상대가 되지 않았다. 미국 경제 전략은 미국의 시장을 일본 측에 개방하는 것을 유지하는 데에 달려있었다. 1930년 극심한 보호주의자 스무트-할리 관세법(Smoot-Hawley Tariff Act)은 그 가능성의 목을 졸랐다.

이리예(Iriye)는 소련(Soviet Union)과 독일의 배제와 중국의 불확실한 지위 때문에 워싱턴 체제가 리스크에 빠졌다고 지적했다. 워싱턴 회의 체제는 중국에 가능성을 제공했으나 완전무결한 주권에 대한 중국의 열망을 대응하기에는 충분히 유연하지 않았다. 1920년대의 국수주의자 운동(Nationalist movement)은 일본의 안보를 흔들었다. 서방에서의 경제적 재앙에 더하여 국제적인 금융과 무역의 붕괴로 일본의 중국에 대한 의심은, 제국의 안보와 경제자급을 주장하면서, 무력을 선호하게 했다. 일본 군국주의자들은 만주와 몽골의 점령을 중국과 서방의 상호 유익한 연대를 개발하려는 시데하라(Shidehara)의 정책보다 더 우선시했다. 워싱턴 체제에 대한 도쿄의 대안은 대동아공영권(Great East Asia Co-Prosperity Sphere)이 되었다.[74)]

어니스트 메이는 워싱턴 회의의 체제는 세계대전 후 지역 갈등에 대응하는 여러 단편적인 노력 중의 하나라고 보았다. 폴란드와 소련(Soviet Union)은 1921년 하나의 조약을 서명했는데 이는 새로운 볼셰비키(Bolshevik) 체제에 세력을 공고히 하는 공간을 마련해 주었다. 1923년의 로잔(Lausanne) 조약은 오토만 제국의 붕괴의 파장을 제한하려고 추진되었다. 1925년 로카르노(Locarno) 조약들은 유럽에서 지역 평화를 재수립하려고 노력했다. 해군군축조약(Naval Arms Limitation Treaty)은 유럽의 균형을 태평양으로 연결했다. 그러나, 이들 맞물리는 체제들은 취약한 것으로 드러났다. 그것들은, 여러 방법으로, 건강한 경제국가들에게 달려있었고, 대다수 국가들의 번영은 미국의 생산, 소비와 금융 엔진에서 기인하는 것으로 드러났다. 그 모터가 거꾸로 돌 때, 그 지역 체제들은 충격을 견딜 수 없었다.[75)] 우리 시대의 역사가들은 이와 유사하게 어떻게 2008~09 금융위기가 제2차 세계대전 후 만든 70년 된 체제의 계율을 흔들어 놓았는가를 곰곰이 생각한다.[76)]

워싱턴 회의는 대통령 외교를 제약하는 의회의 동향을 기민하게 읽은 휴즈(Hughes)에 의존했다. 의회는 해군을 건설하는데 돈을 지급할 의사가 없었다. 의회는 국제연맹을 거부했다. 그러나 의회는 대통령이 영-일 동맹을 종료해 중국 내의 일본의 외도를 제한하고 국제연맹이 규정한 미국의 이익을 보호하기를 원했다. 휴즈 장관은 하나의 능수능란한 패키지(package)를 조합해 가용한 자원으로 미국 이익을 증진했다. 그는 상원의원 로지와 언더우드를 뽑아서 그의 옆에 두고 해군과의 교섭을 지원하게 하고, 회의에 참가하게 하고, 조약 비준을 옹호하게 했다. 장관은 또한 여론을 자기편으로 유지했다. 그 결과 휴즈는 미국 외교 정책에서 대통령의 지도적 역할을 다시 수립했다.

워싱턴 회의는 미국 해군의 하드파워(hard power)를 제약했다. 그러나 미국은 그 조약에서 정한 상한선까지 함정을 건설한 적이 결코 없었다. 해군 군비 경쟁은 덜 규제된 함정급들로 이동했다. 제독들은 고정되고 요새화된 전진 기지들에 의존하기 위해 기술 및 전술적 대안들을 개발해야 했다. 체스터 니미츠(Chester Nimitz)는, 제2차 세계대전 중 태평양 함대를 지휘할, 무장하지 않는 문제를 주제로 1923년 해군대학 학위논문을 작성했다. 미국 해군은 또한 주력함정의 제약을 극복하기 위해 혁신을 해야 했다. 해군은 항모를 중심으로 전투 전술을 계획했다. 미국 해병(U.S. Marines)은 광대한 해양 영역에 걸친 믿을 만한 기지들의 부족을 보충하기 위해 수륙 양용 전술(amphibious warfare)을 계획했다.77)

휴즈는 1922년 12월 이느 날 연설에서 워싱턴 회의 외교에 관한 그 자신의 평가를 제공했다. 장관은 그의 업무의 뿌리를, 영국과의 관계 진전을 위한 평화전력의 한 측면인, 오대호(Great Lakes)에 군비를 제약하자는 알렉산더 해밀턴(Alexander Hamilton)의 제안서에 두었다. 그 다음에는 북아메리카에서 새로운 정치-안보 배열을 향한 경로에 대한 한 걸음으로 1817년의 러쉬-바고(Rush-Bagot) 합의를[역자주: 1812년 미-영 전쟁 후 1816년 당시 미국무장관 제임스 먼로(대행 국무장관 리처드 러쉬(Richard Rush)가 워싱턴 주재 영국 공사 찰스 바고(Sir Charles Bagot)에게 100톤 이하이고 18파운드 포 1문 미만을 장착한 함정을 온타리오(Ontario)호와 챔플레인(Champlain)호에는 각 1척, 엎퍼레이크(Upper Lakes)에는 각 2척을 제한배치하기로 제안해 1817년 4월 28일과 29일에 각서를 교환하고 1818년 4월 16일에 비준하고 1818년 4월 28일에 미 대통령이 선포함] 휴즈는 손으로 가리켰다.

최근 그의 노력에 대해, 휴즈는 "공통의 이익을 가진 문제를 다루는 하나의 소 국가 그룹"과 함께 일하는 중요성을 강조했다. 대표단들은 예비회의로 주제를 분리하는 대신에 군축과 극동 문제를 둘 다 다루는 하나의 단일한 회의에 초점을 맞추었다. 미국의 제안은 비례하는 희생을 제시하는 방법으로 인도했다. 그리고 대표단들은 "제한되고 실제적인 목표들"에 집중했다. 그는 사안들 사이의 상호의존성의 존재를 인식하고 있었다. 장관은 미국이 조약 조건에 의거 해군을 건설하기를 원했다. 미국 안보는 미국의 상대적인 군사력을 유지하는 걸 요구했다. 실용적인 휴즈는 거래를 타결하고 결과는 얻는 방법을 알고 있었다.[78)]

대통령 캘빈 쿨리지(Calvin Coolidge)와 허버트 후버(Herbert Hoover)는 1927년과 1930년에 각각 해군 군비 감축 배턴(baton)을 잡으려 노력했다. 그들은 그 비율을 다른 종류의 함정에도 확대 적용하고 1922년에 정한 10년 기간을 연장하기를 원했다. 그들의 외교는 정치, 세력, 정책 대신에 퍼센트 자체에 잘못 초점을 맞추었다. 1936년에 가서, 해군 군비축소와 안보의 실험은 좌초되었다.[79)]

역사가들은 수년 간 워싱턴 회의를 당시 경험을 반영하여 여러 해석을 조명해 왔다. 메이 교수는 1920년대 그 회의는 "위험을 감수하는 담대한 접근방법이 군축을 진전시키는 한 사례임"을 입증하는 것으로 설명했다. 1930년대에, 해군 장교들은, 전쟁 위험의 증가에 민감한, 군사력이 잠재적 위협을 대응하는 데 필요하다고 강조했다. 그들은 국내 정치, 예산 제약, 희망적 낙관론으로 제한이 결정되는 것에 반대하는 주장을 폈다. 1940년에, 펄 하버(Pearl Harbor) 공습이 있기 전, 해롤드(Harold)와 마가렛 스프라우트(Margaret Sprout)는 워싱턴 회의를 역사적으로 본격적으로 다룬 최초의 저서 *해상세력의 하나의 신질서를 향해(Toward a New Order of Sea Power)*라는 저술을 출판했다. 스프라우트 부부는 평화에 대한 휴즈의 선제적인 움직임(initiatives)와 군비 경쟁을 제한하는 그의 능력을 존경했으나, 군사적 세부사항, 검증, 그리고 집행을 위한 합의들에 면밀한 주의를 기울일 것을 경고했다.

군비 축소의 교훈(Arms Control Lessons)

냉전 초기에, 회의론자들은 워싱턴 회의를 핵무기를 통제하는 국제적 제도에 반대하는 하나의 경고 사례로 인용했다. 조금 후에 정치학자들은 핵 안정도에 기여할 규칙들을 제정하는 방향에 중점을 두고 무기류에 대한 의도하지 않은 기술적 효과를 조사했다.[80]

냉전 막바지에, 연구자들은 군축과 지역위험들에 대처하는 전략의 통합에 관한 교훈을 이끌어냈다.[81] 안보 전략가들은 기술적 핵 전문가들로부터 군비축소를 구조하기 위한 방안을 추구했다. 그들은 군비축소를 더 넓은 정치 및 안보 맥락에서 해석하기를 주장했다. 로저 딩먼(Roger Dingman)이 주지하듯이, 군비축소는 하나의 이벤트(event)가 아니고 하나의 과정(process)이 되어야 한다. 군축과 관련 조약들은 외교 도구 상자에 든 수단들이나, 그 도구들은 더 큰 청사진의 명분 내에서 다른 것들과 함께 사용되어야 한다.[82]

하드파워 옹호자들은 군축 제약을 싫어한다. 일부 미국인들은 세력의 수위(primacy, 首位)와 군사적 수단을, 특히 미국 군대가 다른 국가들을 압도할 때, 선호한다. 그러나 북동아시아(Northeast Asia)와 중동(Middle East) 지역에서 위험이 대두되는 와중에도 외교관들은 무력을 제어하거나 혹은 제거하는 업무로 지속적으로 돌아가야 했고 지금도 그러하다. 핵무기와 미사일의 확산을 제어하는 노력은 지역 안보 외교와 세력과 목적의 기저 역학의 결합을 요구한다. 그런 의미에서, 워싱턴 회의의 경험은 북한(North Korea)과 북동아시아, 이란, 광의의 중동, 남아시아와 동아시아에 대한 오늘날의 노력에 정보를 주어야 한다. 미국은 군축 노력을 배경에 깔린 안보 분쟁을 다루는 계획들에 연결시킬 필요가 있다. 미국 START 교섭 대표를 역임한 버트(Burt) 대사가 관찰하듯이, 군축 합의는 세력 균형을 바꾸지는 않으나, 더 낮은 그리고 더욱 안정적인 수준에서의 이해를 성문화할 수 있다.[83)]

마지막으로, 워싱턴 해군 회의(Washington Naval Conference)는 미국 해군의 해양의 수위(primacy)로 가는 긴 여정을 따라 검문소(checkpoint) 역할을 하는 장점이 있다. 미국은 초기 130년 동안 미국 외교의 많은 부분에 해양의 자유(freedom of the seas)를 포함했다. 그 뒤의 100년에 걸쳐, 해군은 미국의 외교 및 안보 정책의 주된 수단이 되었다. 하나의 해양세력으로 바다의 지배는 유럽, 아시아, 그리고 전략적인 세계 도처의 만들과 바다로 가는 핵심적인 통로를 보호해 준다. 장래 미국 외교는 세력을 투사하고 대양과 하늘과 우주에서의 상업을 보호하는 국가 역량을 보호하는 데 달려있을 것이다.

제9장

◆

엘리후 루트
Elihu Root

국제법(*International Law*)

미국과 국제사법재판소(The United States and the World Court)

1921년 9월 초 국무장관 찰스 에반스 휴즈(Charles Evans Hughes)와 전 장관 엘리후 루트(Elihu Root)가 워싱턴 회의에서 함께 일하기 전에, 그들은 또 하나의 공통 관심사인 하나의 새로운 상설 국제사법재판소(Permanent Court of International Justice) 즉 "세계재판소(World Court)"를 창설하는 것을 토의하기 위해 만났다.

6월에, 신생 국제연맹(League of Nations) 사무총장은 루트에게 새로운 세계재판소에 법관들을 추천해 달라고 요청하는 서신을 보내왔다. 루트는 세계재판소 설치에 깊게 헌신해 왔다.[1] 1907년 국무장관으로, 루트는 대표단을 이끌고 제2차 헤이그 회의(Second Hague Conference)에 참가해 1899년 제1차 헤이그 회의(First Hague Conference)에서 설립한 중재 체제를 강화하는 계획을 추진했다. 윌슨 대통령의 베르사유 조약(Versailles Treaty)에 대한 그의 주된 비평 중의 하나는 국제법을 개발하려는 대통령의 의향과 국제 사법기관의 창설에 대한 무관심이었다. 1919년에, 상원이 아직 베르사유 조약에 대해 조치를 취하지 않았기 때문에, 루트는 세계재판소의 틀을 짜는 국제위원회에 봉사하라는 초청을 거절했다. 그러나 1920년에, 상원이 그 조약을 거부한 후, 루트는 헤이그에서 9명의 다른 법률전문가들에 합류해 세

1. 프랭클린(Benjamin Franklin)이 추밀원 앞에서 침묵 속에 서서 멸시를 당하고 있다. 크리스티안 슈스레(Christian Schussele)의 유화 (제작 연도 미상).

2. 아이작 뉴턴의 흉상 옆에서 책을 읽는 런던 주재 프랭클린, 데이비드 마틴(David Martin)의 유화 (1767년 제작).

3. 신생공화국의 존티 나는 외교사절 프랭클린과 파리 여인들. 이 19세기 판화는 현실에 대한 이미지를 반영한다. 프랑스 궁정에서 프랭클린 접견, 1778년, 앤스턴 호헨스타인(Anston Hohenstein)의 판화 (제작 연도 미상).

4. 담비털 모자를 쓴 오지의 철학자 프랭클린, 존 트럼불(John Trumbull) 유화 (1788년). 그 모자는 닳은 정도보다 더 중요했다.

5. 영국과의 예비 평화협상의 미국 위원들, 벤자민 웨스트(Benjamin West)의 유화(1783년 제작). 왼쪽부터 존 제이(John Jay), 존 애덤스(John Adams), 벤자민 프랭클린(Benjamin Franklin), 헨리 로렌스(Henry Laurens), 윌리엄 템플 프랭클린(William Temple Franklin. 영국 측 위원들은 같이 앉아 자세를 취해 주기를 거부해 그림을 완성하지 못함.

6. 미국의 국력과 경제외교의 건축가. 알렉산더 해밀턴의 초상(Alexander Hamilton), 존 트럼불(John Trumbull) 유화 (1805년 제작).

7. 미래를 구매함. 1803년 프랑스에서 루이지애나 구입 100주년을 기념, 투르 드 툴스트럽(Thure de Thulstrup) 유화 (1904년제작).

8. 서부 사람이자 미래파 토머스 제퍼슨의 초상, 렘브란트 펠레(Rembrandt Peale) 유화 (1805년 제작).

9. 먼로주의의 탄생, 클라이드 오 들란드(Clyde O. Deland) 유화 (1912). 존 퀸시 애덤스는 지구의 왼쪽에 드러나지 않게 조용히 앉아있다.

10. 미국 현실주의자 존 퀸시 애덤스(John Quincy Adams), 필립 하스(Philip Haas)의 은판 사진 (1843년).

11. 라틴 아메리카와 아메리카 대륙 시스템을 구성한 헨리 클레이 사진 (1848년).

103 THE "SAN JACINTO" STOPPING THE "TRENT."

12. *샌 자신토(San Jacinto)*호가 트렌트*(Trent)*호를 저지하고-거의 제2차 전쟁을 벌이는 장면(1861년).

LOOK OUT FOR SQUALLS.

Jack Bull. "YOU DO WHAT'S RIGHT, MY SON, OR I'LL BLOW YOU OUT OF THE WATER."

13. 존 불(John Bull)은 연방정부(Uncle Sam)에게 "소나기를 조심해, 옳은 일을 하지 않으면, 귀하를 물 바깥으로 날려버릴 거야." 1981년 12월 7일자 펀치(Punch).

14. 한 번에 하나의 전쟁, 링컨과 그의 장관들 존 니콜레이(John Nicolay)와 존 헤이(John Hay). 알렉산더 가드너(Alexander Gardner)의 사진 (1863).

15. 실용주의적 유니언 주의자 윌리엄 수어드(William H. Seward), 메튜 브래디(Matthew Brady)의 사진 (1860~65년경). 수다를 떨거나 쫄 준비가 된 경계 태세를 갖춘 부리 모양 코와 날카로운 눈.

16. 존 헤이(John Hay)와 중국 개방정책문서, J. S. 푸헤(J. S. Pughe)의 다색 석판인쇄 (1899). (역자주: 미국대표가 "중국과의 무역조약문"을 들고 중국 지도 위에 서 있고, 그 주위에 독일, 이탈리아, 잉글랜드, 오스트리아, 러시아와 프랑스가 각각 큰 가위를 들고 지도를 자르려 준비하고 있다. 뒤에서는 가위를 갈고 있다)

17. 말의 남자, 존 헤이(John Hay)의 초상화, 존 싱어 사젠트(John Singer Sargent)의 유화 (1903).

18. 동아시아와 유럽에서 세력균형 제어. 시어도어 루스벨트(Theodore Roosevelt)와 러시아 및 일본 대표들이 포츠머스조약(Treaty of Portsmouth)에 서명 (1905년).

19. 미국 국민의 '이중 소원'의 균형 잡기, 윌리엄 제닝스 브라이언(William Jennings Bryan)과 시어도어 루스벨트(Theodore Roosevelt) 사이에 낀 우드로 윌슨의 만화, 롤린 커비(Rollin Kirby), 뉴욕월드(New York World) (1915).

20. 국제법 전통. 엘리후 루트(Elihu Root) (약 1902년).

(A cartoon in the New York *Evening Post*, January 20, 1921)

21. 대통령 하딩(Harding)이 휴즈(Hughes)나 루트(Root)를 국무장관으로 선정하는 것에 무게를 두고 있으므로, 상원은 외교정책을 실행할 것으로 예상한다. [뉴욕 이브닝 포스트(New York Evening Post) 1921년 1월 20일자에 실린 만화].

Photograph by Wide World Photos, Inc.

22. 해군 군비 통제와 동아시아 지역 안보. 워싱턴회의 (1921~22) 참가 미국대표 (왼쪽부터 오른쪽으로) 엘리후 루트(Elihu Root), 헨리 카보트 로지(Henry Cabot Lodge), 찰스 에반스 휴즈(Charles Evans Hughes), 오스카 언더우드(Oscar Underwood), 퍼싱(Pershing) 장군은 로지와 휴즈 사이에 두 번째 줄.

23. 워싱턴시 소재 워싱턴 해군 회의 (1921). 개최국은 U-자형 탁자를 특별히 고안해 실질적인 의견 교환을 장려했다. 프랑스 수상을 하단테이블에 앉히기 위해 대표들이 왼쪽으로 이동했기 때문에 찰스 에반스 휴즈는 중앙에서 약간 오른쪽에 앉았다.

24. 코델 헐(Cordell Hull)과 호혜 무역. 대통령 루스벨트(Roosevelt)가 1933년 런던경제회의에서 돌아온 헐과 대화하고 있다.

25. 1947년 3월 12일 대통령 트루먼이 그리스와 터키에 보낼 4억 달러 자금과 군사 고문단 파견을 요청하는 연설을 한다. 의회는 그의 용기에 기립 박수를 보냈으나 그의 제안은 그대로 수용하지 않았다.

26. 베를린 공수(1948~49) 작전 동안 RAD/C-47 수송기가 화물을 템펠호프(Tempelhof) 공항에 내리고 있다. 윌리엄 튜너(William Tunner) 장군이 베를린을 자유 도시로 살아남도록 병참작전을 완수했다.

27. 조지 마샬(George C. Marshall)과(왼쪽) 아서 반덴버그(Arthur Vandenberg) (1948년 2월 26일). 마샬은 상원의원 반던버그는 마샬플랜에 대해 "결코 완전한 인정을 받지 못했다" 그리고 반던버그의 "이름은 그 플랜에 포함되었어야 한다."

28. 윌리엄 엘 클레이턴이 1945년 7월 24일 포츠담 회의장에 도착한다. 1947~49년 신경제 및 동맹 체제의 가장 알려지지 않은 건축가.

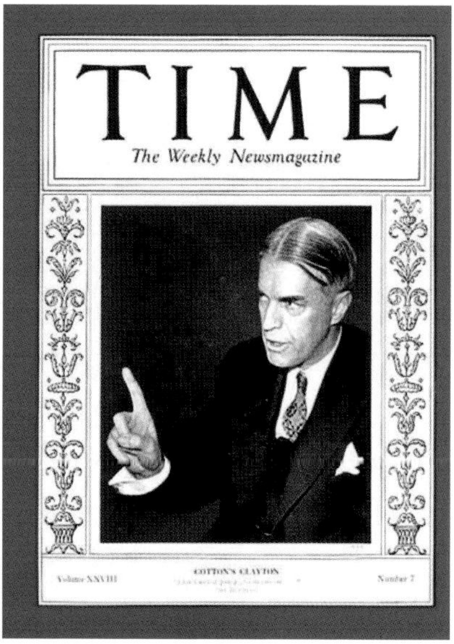

29. "면화계의 클레이턴." 윌리엄 클레이턴(William Clayton), *타임(Time)*지 표지 (1936년 8월 17일).

30. 미래 발명가, 베너바 부시(Vannevar Bush)와 차동분석기(differential analyzer) (1935년경).

31. “물리학 대장군” 베너바 부시(Vannevar Bush), 타임즈지 표지 (1944년 4월 3일).

32. 위기관리자 (대통령 존 에프 케네디)는 베를린을 하나의 자산으로 느낀다 (1963년 6월 26일).

33. 베트남: 패배로부터 배우다. 린든 존슨(LBJ)과 맥나마라(McNamara) (일자미상).

34. "세상을 바꾼 그 주" 닉슨(Nixon)이 마오(Mao)와 악수한다 (1972년 2월 21일).

35. 현실정치(Realpolitik)와 삼각외교. 1973년에 북경에서 헨리 키신저(Henry Kissinger)가 마오와 악수한다.

36. 개념 경쟁을 통해 냉전을 이기려는 전략을 제시하기 위해 레이건은 1982년 6월 8일 런던 소재 웨스트민스터 궁정(Palace of Westminster)의 왕립미술관(Royal Gallery)에서 영국의회(British Parliament)를 상대로 연설을 한다.

37. 1988년 5월 31일 붉은 광장에서 레이건과 고르바초프. 그 복고주의자는 그의 적장을 굴복시키기보다는 개종하려 노력했다.

38. 조지 H. W. 부시(George H.W. Bush), 제임스 베이커(James Baker)와 자문관들이 1989년 5월 나토(NATO) 정상회의 직후 메인 주 케네벙크포트(Kennebunkport, Maine)에 모였다. 저자는 오른쪽에서 두 번째.

39. 제임스 베이커(왼쪽)와 저자(1988년). 부시와 베이커는 특이한 유대감과 동반자 관계를 가졌다. 자제력을 동반해 집행된 실용적인 미국의 지도력은 역으로 더 강한 기운을 창조했다.

계재판소를 설계하는 지연된 회기에 참석했다. 루트는 미국은 나중에 세계재판소에 가입하기를 희망했다.[2)]

1921년 9월 루트가 휴즈와 마주 앉았을 때, 두 변호사-외교관들은 그들의 실용적인 정치적 판단이 하나의 국제법 체제를 건설하려는 그들의 목표를 지배하도록 결정했다. 루트는 이미 다가오는 해군 군비축소와 극동에 관한 회의에 휴즈의 대표단에 합류하기로 합의했다. 둘 다 상원의원들은 국제연맹과의 어떠한 인지된 협력을, 세계재판소에 재판관을 추천하는 것만을 포함한 협력조차도-당시 미국에서는 대체로 인기가 있었던-반대할 것을 알고 있었다. 새로운 행정부에 대한 불신은 미국이 다가오는 워싱턴 회의에서 교섭하게 될 모든 조약들에 대한 상원의 비준 전망을 어둡게 할 수 있었다.[3)] 그러므로 휴즈와의 회의 후, 루트는 그의 동료들을 설득해 재판관을 추천할 기회를 "마지못해" 기각했다.

1937년까지의 나머지 긴 여생 동안, 루트는 미국이 세계재판소에 가입할 수 있도록 문제를 해결하기 위해 노력했다. 그는 결코 성공하지 못했다. 그럼에도 불구하고, 루트의 세 동료들 중 한 명인 존 바셋 무어(John Bassett Moore)는 1921년에 세계재판소의 재판관이 되었다. 찰스 에반스 휴즈는 1928년에 무어를 승계했고, 1930년에 미국 대법원의 수석재판관이 되기 전 거의 2년간 봉직했다. 이전 국무장관이고 상원의원이었던 프랭크 켈로그(Frank Kellogg)는 휴즈의 뒤를 이어 1935년까지 세계재판소에 일했다. 미국은 결국 제2차 세계대전 후 새로운 국제연합(United Nations)의 부분으로 편입된 개정된 국제사법재판소에 가입하였다.

루트와 휴즈의 경험은 국제법과 미국 외교의 공경할 만하나 짜증 나게 하는 전통의 정수를 보여준다. 20세기 초 변호사이자 외교관들은 하나의 "국제관계에서 법률적-도덕적 접근"의 실패라는 험담을 조지 캐넌(George Kennan)으로부터 들을 만하지 않다. 왜냐면 그들은 국가의 힘을 사용할 줄

아는 실용적인 사람들이었기 때문이다. 이 변호사이자 외교관들은 구 유럽의 세력 균형과 세계 정치를 하나의 새로운 국제연맹을 통해 탈바꿈하려는 우드로 윌슨의 꿈 사이의 하나의 경로를 찾고 있었다.

19세기와 20세기의 법률가(lawyer) 국제주의자(internationalist)들은 역사는 진보의 단계들을 통해서 진화한다고 믿은 실용적 이상주의자(pragmatic idealist)들이었다. 그들은 주권국가들의 국제 질서 내에서 작동하기를 기대했다. 그들은 국제평화운동 같은 초국가적 연대들이 전통적인 질서를 대신할 것이라는 움직임에 회의적이었다. 그들은 확실히 공상가(utopian, 空想家)는 아니었다. 변호사이자 외교관들은 실제로 윌슨과 같은 제도주의자(institutionalist)들이었다. 그러나 법률가들은 미국이 국제 질서를 점진적으로 하나씩 개별적 경험을 통해 국제질서를 수정할 수 있다고 믿었다. 그것이 그들이 미국의 실험 역사를 해석하는 방법이었다.

미국의 국제법 전통(The American International Law Tradition)

건국 시작부터, 미국은 법률적으로 세계에 사례를 제기했다. 독립선언서의 서두는 “자연의 법과 자연의 신(the Laws of Nature and of Nature's God)”에 호소하고 “인류의 신념들에 대한 엄정한 존중(decent respect to the opinions of mankind)”함을 인정한다. 독립선언서의 사실의 증언들은 조지 3세 왕의 전제주의(despotism)에 대한 고발장이다.

미국의 건국 세대는 외국과 무역 관계에 관한 새로운 개념의 선봉이었다. 1758년 스위스 배심원 에메르 드 바텔(Emer de Vattel)은 국가 간의 중재를 국가의 “안위(safety)”를 포함하지 않는 분쟁을 해결하는 하나의 합리적인 수단으로 제안했다.[4] 미국 외교는 이 제안을 실제로 이용했다. 1786년, 영국인 제레미 벤덤(Jeremy Bentham)은 [“국가 간 국제(international)”란 용어를 발명한] 국가 사이의 분쟁을 해결하기 위한 상설 사법재판소(Permanent Court of Judicature)를 요청했다. 벤덤은 자유 통상, 군비축소, 식민지 해방을 또한 옹호했고-이 모든 사상을 신생 미국은 받아들였다.[5] "국가들의 법" 전통은, 유럽의 관행으로부터 진화해온, 초기 미국 외교 정책의 핵심적인 원소들이었던 중립 같은 개념들을 포함하고 있었다. 이들 국제 법률 원칙들은 최초의 "다자간 기준들"이 되었다.[6]

1824년 대니얼 웹스터(Daniel Webster)는 국가 사이의 엄청나게 확장된 연결들을 조사한 후에 "개인들이 사회의 법 내에 존재하듯이 국제법에 대해서도 분명한 이익을 가지고 있다"라고 선언했다. 웹스터는 나중에 자신을 따른 법률가이자 외교관들과 마찬가지로 국가 간의 관계에서 하나의 실용적인 그러나 아직은 상상의 길을 찾고 있었다. 한편 미국인들은 국가 간의 관계를 무법적인 무정부상태(anarchy)로 보고 거북해했다. 이 관점은 현실정치(realpolitik)의 개념에 나중에 연계된다. 다른 한편으로, 19세기 초 유럽에서 혁명적 명분의 폭력은 대중운동이 국가 체제와 개인적 자유를 파괴할지 모른다는 걱정을 미국인들에게 남겼다.[7]

빈틈없는 세력균형 정치의 달인일지라도 테디 루스벨트는 법의 지배에 기반한 하나의 국제 체제는 미국의 경험에서 자라난 결과물로 이해했다. 러-일 전쟁의 중재에 대한 공로로 1910년 노벨 평화상을 수상하게 되어 그 수락 연설에서 전임 대통령은 1899년 헤이그 회의는 "국가들을 위한 마그나 카르타(대헌장, Magna Carta Libertatum)[역자주, 1215년 6월 15일 존(John) 왕이 서명한 법으로 군주가 법의 지배를 받고 자유민(free men)이 보유한 자유(liberties)를 열거한 문서로 영-미 법학에서 사적권리의기본을 제공함] 틀을 짰다'고 선언했다. "나는 미국의 헌법은, 대법원의 설치와 주(state, 州) 들 사이나 다른 주들 간에 평화와 우호적 관계를 확보하는 데 채택된 방법들에서, 일종의 세계연방의 [목표에 대해 참고할] 어떤 귀중한 유사성을 제공한다"고 그는 추가했다.[8]

미국 외교의 실제적 경험은 국제법 발달에 기여했다. 1795년 제이 조약(Jay Treaty)은 불안정한 청구들을 해결한 최초의 국제 중재건을 수립했다. 1817년 러스-바고 조약(Russ-Bagot Treaty)은 오대호(Great Lakes)에서 해군 군비를 제한해 종국에는 1871년 워싱턴 조약(Washington Treaty)으로 미국-캐나다 국경에 대해 완전한 무장 해제로 이어졌다. 그 1871년 합의는 또한 *앨라배마(Alabama)*호에 의해 운반되던 미국화물의 파괴와 다른 남부연합(Confederate) 침입자들에 의한 피해로 영국에 대한 미국의 청구에 대해 중재를 제공했다. 제네바에서 중재재판을 받은 *앨라배마*호 청구의 건은 어느 분쟁국들이 아닌 제3국 재판관을 포함한 하나의 새로운 선례를 만들었다.9)

국제법과 국제 중재의 동력은 19세기 후반 미국 세력의 상승과 일치하여 속도가 붙었다. 1888년, 아마도 "제네바 정신"에 의해-미국은 *앨라배마*호 청구의 건에서 1,550만 달러를 받아내는 승리를 거두었다-감동을 받은 의회는 영국과 프랑스 간의 포괄적 중재 조약 교섭에 재정지원을 했다.10) 국무장관과 전 검찰총장 리처드 올니(Richard Olney)는 영국과의 중재 조약에 1897년 1월에 서명했다. 그러나 상원은 중재 건 별로 동의를 받도록 우겼고 올니의 조약을 사실상 거부했다. 이 경험은 각 중재 건을 사전에 승인하지 않고는 해당 중재를 인준하기를 거부한 상원이 긴 일련의 거부 목록 중 최초의 것이 되었다.11)

제1차 헤이그 회의(1899) [(The First Hague Conference 1899)]

국제법과 중재에 대한 관심은 지지자들을 더 많이 얻어갔다. 1898년 니콜라스 2세 차르(Czar Nicholas II)는 유럽, 아메리카 대륙, 그리고 아시아 국가들을 군축과 분쟁을 해결할 새로운 수단들을 논의하기 위한 평화회의에 초청했다. 차르의 움직임은 부분적으로는 오스트리아 평화학회장 베르타 폰 주트너(Bertha von Suttner)의 한 소설(역자주: 1889년 출판)에 의해 고무되었다. 주트너의 소설 *무기를 내려놓으세요*(*Lay Down Your Arms*)는 반세기 전 *톰 아저씨의 오두막*(*Uncle Tom's Cabin*)[역자주: 작가 해리엇 비처 스토(Harriet Beecher Stowe)가 1852년에 출간-노예제도 비판]만큼이나 세계 여론에 영향을 미쳤다. 슈트너는 전쟁의 낭비와 부당함에 대해 격노했고 그녀는 국제 중재(international arbitration)를 대안으로 제시했다. 1905년에 슈트너는 노벨평화상을 받은 최초의 여성이 되었다.12)

차르의 초청에 응한 26개국은 1899년 헤이그에 모여 실제적인 결과는 거의 도출하지 못했으나 어떻게 국제기구들이 평화와 문명화된 행동 규칙들에 기여할 수 있는가에 대한 매력적인 아이디어들을 심었다. 국가들은 전쟁 후에 조건들을 타결하기 위해 만나지 않고 있었다. 대신에, 그들은 전쟁 위험을 피하기 위해 국가 간 질서를 개선하기 위한 길들을 실험했다. 대표단들은 비-유럽인들을 포함했다. 그리고 그들은 비공식 그룹들에 합류했다.13)

제1차 헤이그 회의는 용케 상설중재재판소(Permanent Court of Arbitration)를 설치했다. 이는 법적 수단을 통해 국가의 분쟁을 해결하는 최초의 국제기구가 되었다. 그 신생 기구는 실제로는 약 1백 명의 유명인들이 하나의 명단이었다. 국가들은 자발적으로 그들에게 중재 패널에 봉사해 달라고 요청하는 데 합의할 수 있었다. 전 미국 대통령 벤자민 해리슨(Benjamin Harrison)은 그 위원들 중 한 명이었다.14)

미국의 중재 실험(The United States Experiments with Arbitration)

중재 재판소는 3년간 1건의 중재 요청도 받지 못했다. 그러나 1902년 테디 루스벨트(Teddy Roosevelt)는 새로운 메커니즘에 생기를 불어넣기로 결정했다. 그는 멕시코에 대한 오래된 금전적 청구서를 제출했다. 미국은 멕시코와의 전쟁에서 승리했다. 1903년 루스벨트는 더 큰 목표를 겨냥했다. 영국, 독일, 이탈리아는 빚을 받기 위한 노력으로 베네수엘라(Venezuela)를 포격했다. 테디 루스벨트는 이 4개국 모두를 설득해 봉쇄 대신에 중재에 의존하라고 설득했다. 최종 판결은 베네수엘라가 관세의 30퍼센트를 따로 확보해 외국에 진 빚을 갚고 3개 청구인들에게 우선 지급하라는 것이었다.[15]

그러나 테디 루스벨트의 국제중재에 대한 신념은 분명한 제약을 가지고 있었다. 1903년 루스벨트는 해안을 따라 가느다란 조각 모양의 영토에 대한 알래스카-캐나다 국경에 대한 분쟁을 중재하기로 마지못해 합의했다. 대통령은 런던이 체면을 건지도록 돕고 싶었다. 그러나 루스벨트는 또한 모든 당사자들에게 미국 입장이 승리해야 한다고 천명했다. 대통령은 미국 전쟁장관 루트(Root)를 3명의 "공정한(impartial)" 미국 "법률가(jurist)" 중의 한 명으로 임명했다. 영국 수석재판관(Lord Chief Justice)은 그의 두 명의 캐나다 동료들과의 관계를 깨고 미국 편을 들었다. 비록 그가 미국의 법적 주장에 진정으로 동의했다는 증거는 있지만.[16]

헤이그 회의의 절차에 근거하여, 국무장관 존 헤이는 1904년과 1905년 초기에 11개 국가들과 중재조약들을 교섭했다. 영-일 모델을 따라, 미국 조약들은 "핵심 이익, 독립, 혹은 두 체약국들의 명예"나 "제3자의 이익에 관련"된 것에 대한 예외를 포함했다. 실제로, 어느 국가든지 모든 사안을 (중재에서) 제외해 주는 이 조항들에 의존할 수 있었다. 그러나 미국 상원은, 예외가 적용되는지에 대한 판단을 보호하기를 원해, 각 중재 건 별로 승인하기를 우겼다. 테디 루스벨트(TR)는 "조약을 거짓으로 만들기"를 거부하고 그 조약에서 탈퇴했다.[17]

엘리후 루트(Elihu Root)

엘리후 루트는 1905년 7월에 국무장관으로 헤이(Hay)를 승계했다. 향후 30년 동안, 루트는 외교를 법률과 융합하기를 추구하는 미국인들을 위한 지도자이고 주된 문제 해결사로 봉사했다. 1986년 고전 *와이즈 맨(The Wise Men)*에서 저자 월터 아이작슨(Walter Isaacson)과 에반 토마스(Evan Thomas)는 "미국 세기의 건축가들"과 제2차 세계대전 후 미국 외교 정책 수립의 창립자들이 된 6명을 격찬했다. 아이작슨과 토마스는 엘리후 루트가 사실상 "그 선의 창시자"였다고 인정했다.18)

루트는 뉴욕주 북부 소재 해밀턴대학(Hamilton College)의 수학과 과학 교수의 아들로 1845년에 태어났고 해밀턴대학을 1864년에 졸업했다. 그의 선조들은 1775년 콩코드 다리(Concord Bridge)에서 영국군을 향해 민병들(minutemen)에게 발사를 명령한 외할아버지도 포함되어 있다. 군대가 17세의 허약한 소년의 모병을 금지한 후 내전(Civil War) 동안 잠시 뉴욕 민병대에 복무했다. 그는 법학사 학위를 뉴욕대학에서 1867년에 획득했다. 당시 그의 스승은 법학 교육의 새로운 사례 분석 방법을 개발 중인 지도자였다. 루트의 법률계의 명성은 한 법률 개혁 운동과 일치했다. 법학 교육은 법률 사무를 전문화하고 새로운 변호사협회(bar association)는 표준을 높일 것이었다. 루트는 뉴욕시 변호사협회와 미국 변호사협회 창설에 한 역할을 했다. 그는 미국 국제법학회의 초대 회장이 되었고 1924년까지 회장직을 유지했다. 후반에 가서 루트는 외교 관계 위원회(Council on Foreign Relations)와 카네기 국제평화기금(Carnegie Endowment for International Peace)의 공동 창시자가 되었다.

루트는 정치인이 아니라고 우겼으나 그는 혁신적인 정신을 양호통치(good governance, 良好統治)와 시민 복무(citizen service)에 적용했다. 해밀턴대학의

1879년 졸업식 연설에서 그는 졸업생들에게 "모든 다른 악을 허용하게 만드는 악은… 정부적 의무(governmental duty)에서 선량한 시민의 기권이고 정사에 무관심한 것이다"라고 말했다. 그는 그 자신의 조언을 따랐다. 그는 독실하게 존경하는 공화당원들의 본부인 조합연맹(Union League)에 가입했다. 그는 주일학교에서 가르쳤고 기독교청년회(Young Men's Christian Association, YMCA)에 참가했다. 1883년 대통령 체스터 아서(Chester Arthur)는, 뉴욕 정치의 친구인, 루트를 뉴욕남부지구(Southern District of New York) 연방검사(U.S. Attorney)로 임명했다(당시에는 파트타임 자리). 루트는 뉴욕주헌법회의(New York State Constitutional Convention)에 참석했다. 그가 권력을 정당조직(political machines)에서 평당원으로 옮기려고 노력했음에도 불구하고 정당 지도자들의 존경을 받았다. 루트가 두 개의 각료직을 역임한 후 상원의원 헨리 카보트 로지(Henry Cabot Lodge)는 루트는 "내가 아는 각료 누구보다 더 잘 의회를 관리했다"고 기록했다.[19)]

19세기 후반은 기업 재판 변호사(corporate trial lawyer)의 전성기였고 루트는 제일급 인사였다. 그의 전기작가이자 법학자인 필립 제섭은 "1980년대에 엘리후 루트보다 더 많은 사람들이 원한 현역 변호사는 없었다"고 기록했다. 루트의 수임료는 연간 5만 달러에서 11만 달러로 19세기 후반 미국에서는 믿기 어려운 금액이었다. 그는 보수적인 질서를 방어하고 대중인기영합주의자(populist)들의 정치적 충동을 반대했다. 그러나 그는 또한 개혁의 필요를 존중했다. 혹사당하는 자들의 소송을 도맡았다. 1903년 루트는 아프리카-미국인의 시민권, 참정권, 평등을 달성하기 위해 "실패한" 내전 후(post-Civil War) 13차, 14차, 15차 헌법수정조항들의 부활을 큰 소리로 요구했다. 그는 일본과 중국 이민자들에 대한 초치들을 반대했다. 그는 러시아와 모로코에서 유대인을 돕기 위해 노력했다. 그 명분이 개혁이든 자제이든 루트는 그 일들을 해내는 사람이었다.[20)]

루트는 젊은 인재를 발굴했고 격려했다. 미래 국무장관이고 전쟁장관인 헨리 스팀슨(Henry Stimson)은, 제2차 세계대전 후 "현자들"에 대한 스승인, 루트를 공경했다. 루트의 가장 유망한 젊은 시절의 동료는 23세의 테디 루스벨트였고, 루트는 1881년 뉴욕의회 위원 선거에 처음 나선 테디 루스벨트를 지원했다. 테디 루스벨트(Teddy Roosevelt)는 앤드류 카네기(Andrew Carnegie)에게 루트는 "내가 지금까지 만난 사람 중 가장 유능한 자"라고 서신을 보냈다. 루스벨트가 대통령직을 윌리엄 하워드 태프트(William Taft)에게 넘겨줄 때, 그는 후임자에게 "문제가 생길 때 늘 도움이 되는, 인기 많은 루트"에 의지하라고 충고했다.[21] 루트의 동시대인들은 그의 예리한 주장, 독창적인 문제 해결, 활력이 넘치는 유머, 타협의 귀재, 단호한 의무감을 존중했다. "모든 것보다도" 루트는 "옳은 길로 가자(let us be just)"고 결론지었다.[22]

전쟁장관이 된 한 법률가(A Lawyer as Secretary of War)

루트의 법률역량은 1899년 7월 그를 최초의 각료직인 전쟁장관이 되게 했다. 미국은 이제 막 쿠바와 필리핀에서 스페인 군대를 몰아냈었다. 루트에 의하면, 맥킨리(McKinley) 대통령의 한 보좌관이 당시로는 새로운 기기인 전화를 통해 대통령이 루트가 전쟁장관이 되길 원한다고 알려왔다. 루트는 전화 건 사람에게 대통령에 대한 깊은 감사를 전하고 이어서 "그 요청은 매우 터무니없다. 나는 전쟁에 대해 아무것도 모른다. 나는 군대에 관해 아무것도 모른다"고 했다. 잠시 후에, 통화자는 전화로 다시 "대통령 맥킨리는 군대에 대해 아는 사람을 찾는 게 아니다. 그는 이 스페인령 섬들의 정부를 관리할 법률가를 가져야 한다. 그리고 귀하는 그가 원하는 법률가이다"라고 설명했다. 54세의 나이에 루트는 워싱턴에서 공직을 시작했다.

루트의 당장의 임무는 쿠바(Cuba), 푸에르토리코(Puerto Rico)와 필리핀

(Philippines)을 어떻게 할 것인지를 생각해 내는 일이었다. 필리핀에서는 미군이 독립을 원하는 필리핀인들과 피 흘리는 전투를 여전히 벌이고 있었다. 루트가 그의 신임 보직을 맡을 준비를 할 무렵, 검찰총장 존 그리그스(John Griggs)에게 자신의 주된 업무는 "식민지 사안을 전문으로 하는 대통령 자문 그리그스와 루트 합동 법률회사"를 차리는 것과 같다고 서신을 보냈다.[24] 6개월 이내에, 루트는 미국의 식민지 정책을 고안했다. 신임 장관은 특히 영국의 것들을 포함해 여러 전례들을 조사했다. 그는 미국 법률 전통을 포함한 하나의 새로운 모형을 정했다. 루트는 외국 영토에서의 분쟁기간 동안이나 종식 후에 "국가 건설"을 실험한 미국의 전통을 처음으로 개척했다.

전쟁장관 자격으로 펴낸 1899년 연례 보고서에서, 루트는 미국의 처리 원칙을 다음과 같이 천명했다. "나는 가정한다… 우리가 주권을 가장 먼저 주장하는 사람들보다 국민의 이익을 위하고, 그들을 대상으로 하는 모든 법률 및 행정업무의 심의를 통제하는 것과 개인적 자유, 그들의 능력에 맞는 자치정부(self-government), 정의롭고 동등한 법률, 그리고 교육, 수익성 있는 산업, 문명의 개발을 위한 기회를 그들에게 최대한도로 주는 게 우리의 의심할 수 없는 의무이다."[25]

필리핀에서 법적 "국가건설작업"(Legal "State Building" in the Philippines)

루트는 필리핀인들(Filipinos)은 스스로 통치할 준비가 되어 있다고 믿지 않았다. 그는 잔인한 분쟁에서 무력으로 반란을 진압하는 정책을 지시했다. 그러나 루트는 미국 군대는 필리핀 도서들을 지배해야 한다는 생각은 거부했다. 그는 미국은 필리핀인들의 권리를 존중하면서 시, 부서, 그리고 중앙 수준에서 작동할 수 있는 하나의 민간인 정부를 제공할 필요가 있다고 결정했다. 민간 정부의 경험은, 루트는 시민의 원칙들을–권리와 함께 의무를–건설하여 필리핀이 궁극적인 독립을 준비하기를 기대했다. 동시에, 루트는 미국 대중은 식민지 행정부가 특정한 개인 권리들을, 미국의 권리장전을(역자주, 1791년 미국연방헌법 수정 제1조부터 제10조까지 10개 수정항을 칭하며 개인의 종교와 표현의 자유, 언론자유, 회합의 자유, 총기소지 자유 등을 포함) 대략적인 지침으로, 존중하기를 기대했다.

맥킨리 대통령은 연방 상고 재판관 윌리엄 하워드 테프트(William Howard Raft)를 필리핀의 미국 민간 위원회를 이끌도록 발탁했다. 루트는 대통령의 지시를 성안해 테프트와 그 위원회에 넘겼다. 대통령의 지시는 필리핀 정부의 목적은 미국의 관점이나 이론을 만족시키는 게 아니고 "필리핀인들의 행복, 평화와 번영을 위해" 만들어지고 운영되는 것이었다. 정부 조치들은 "필수불가결한 공정하고 효과적인 정부의 필요조건의 성취에 최대한도로 부합하도록 그들의 관습, 습관, 그리고 그들의 편견 조차에도 순응해야 한다." 실용적인 루트는 미국인들은 시민답게 통치하기 위해 지역민의 지원을 얻을 필요가 있다는 점을 인식했다. 법률가인 루트는 효과적인 자치 정부의 기초가 되는 기본권에 대해 필리핀인을 가르치기를 원했다.

필리핀 위원회는 끝에 가서는 배심재판(jury trial)과 무기 소지를 제외한 미국 권리장전에 있는 모든 것–언론과 출판의 자유(freedom of speech and the press), 정당한 법 절차(due process), 재산권보호(protection of property), 공개재판(public trial)–을 필리핀에 수출했다. 태프트, 루트와 그의 후임자들을 통해, 미국은 좋은 도로, 대중 위생, 무료 공교육, 개발 사업, 대응적 통치 등 "유인 정책(policy of attraction)"을 펼치도록 했으나 다만 제한된 대의 정부를 강조했다. 영어는 그 국가의 공통언어가 되었다. 1901년 미국 대법원이 필리핀 같은 "도서의(insular)" 소유를 결정한 후, 루트는 "가능한 가깝게 헌법이 그 깃발을 따라가도록 작성했다–그러나 그것으로 완전히 잡지는 못했다"

라고 간단히 요약했다.[26]

미국 의회와 국민들은, 그러나, 거북해하는 식민주의자들이었다. 1916년에 의회는 필리핀인들에게 독립을 약속했다. 1934년에 의회는 필리핀에게 10년에 걸쳐서 완전한 독립을 부여하기로 결정했으나 목표는 제2차 세계대전 때문에 1946년까지 미루어졌다. 필리핀인이 완전한 주권을 행사할 준비가 되어 있다고는 믿지 않은 루트와 테프트였으나 그들은 필리핀에 글을 읽고 쓰는 능력, 보건, 사회간접자본시설, 법률적 권리, 재판소들의 유산을 남겨주었다.[27]

쿠바(Cuba)

루트는 쿠바와는 다른 국제법적 문제에 직면했다. 의회 결의에 의해 미국은 쿠바의 독립을 확보하기로 약속했다. 루트는 미국은, 쿠바가 "질서를 유지하고 국제적인 의무를 이행할" 수 있는 하나의 대의정부(a representative government)를 수립할 수 있을 때까지, "쿠바 국민들을 위해 맡아서 행동을 하고 있다고 결론을 내렸다 루트의 계획은 헌법과 하나의 국가정부 구성을 위한 회의를 개최할 지방정부의 기초의원 선거(municipal elections)를 실시하는 것을 포함했다.

그러나 쿠바의 독립에는 문제가 있었다. 카리브해는 미국의 남쪽 옆구리이고 미국이 건설하기를 희망하는 지협(isthmus, 地峽) 운하로 가는 통로였다. 라틴 아메리카의 공화정부들은 국내 불안정과 외세, 특히 미지불 부채 청구를 하는 외국의 세력들에 의해 걸려들었다.

쿠바를 스페인에서 해방시킨 미국은 그 섬을 독립적으로 유지하기를 원했다. 외부방어선 내에 위치하는 하나의 외국이 될 것으로 인정했다. 미국은 외국의 침공을 방지하기 위해 개입할 필요가 있었을지 모른다. 루트는 미국정책은 법적 근거를 가질 필요가 있다고 느꼈다. 먼로 독트린(Monroe Doctrine)은 루트가 이해하기로는 미국 정책의 하나의 선언이지 국제법은 아니었다.

스페인과의 평화조약은 쿠바에 대한 주권을 미국에 넘겨주었다. 1901년에 가면, 의회는, 루트가 대부분 기초한 플랫 수정문(Platt Amendment)을 조건으로 쿠바에게 독립을 허용할 준비가 되어 있었다. 법적으로 안전하게 하기 위해, 미국은 쿠바에게 플랫 조문을 헌법에 포함하라고 요청했고 그 다음에 플랫 수정 권한을 신생의 다소 "독립적인 주권 정부"을 인정하는 1903년 미국-쿠바 조약에 포함했다.

플랫 수정문의 중심은 미국에게 "쿠바 독립 보전과 생명, 자유, 재산의 보호를 위한 하나의 적절한 정부의 유지를 위해 개입할 권한을" 부여했다. 루트의 실용적인 해법은 완전한 주권을 요구하는 쿠바인들에게는 의심할 나위 없이 모욕적이었다. 그러나 강대국들이 더 많은 영토를 점령하려 거칠게 밀어붙이고 독립을 허용하지 않던 당시에는 혁신적이었다.

루트는 1930년에 와서 "빌헬름 2세 황제(Kaiser Wilhelm the Second)의 성격에 관해 무언가를 알지 않고서는 플랫 수정문을 귀하는 이해할 수 없다"고 설명했다. 미국은 독일제국의 세계적 모험을 방심하지 않고 지켜보고 있었다. 워싱턴은 베를린이 카리브해에 거점을 확보하기를 원하지 않았다. 루트는 미국의 (개입)권한 부여는 절제되어야 하고 "긴박한 필요의 경우"나 "무정부 상태"에 한하여 사용되어야 한다고 주장했다. 루트가 1906년 남아메리카 긴 여정 중일 때, 하나의 폭력적인 반대운동이 쿠바 정부를 물러나게 했다. 루스벨트 대통령은 미국 군대가 질서를 회복하도록 명령했고 미국 군대는 1909년까지 주둔했다. 루트가 워싱턴에 돌아와서 그 사건을 알게 되었다. 그는 "중요한 것"을 담은 것 같이 팔짱을 끼고 사무실을 서성거리면서 "그들이 내 아기를 죽였다! 그들이 내 아기를 죽였다!"라고 불평했다.[28]

국무장관 루트(Root as Secretary of State)

1905년 헤이의 사망으로 루트는 국무장관이 되었을 때, 루스벨트는 세력 균형 중재 중이었다. 루스벨트는 탁월하고 때로는 절제하는 파트너였다. 그는 또한 라틴 아메리카를 미국의 지리적 이익으로 인식하고 있었고 과거 긴장을 극복하려고 작업하고 있었다. 특히 멕시코와 브라질과는. 루트는 라틴 아메리카로 3개월에 걸친 순방을 감행했고, 이는 국무장관으로서는 가장 긴 출장 기록이다. 지역에 대한 자신의 진실한 관심을 전달했고 윗사람인 체하는 자세를 피했다. 그는 "선한 이웃(Good Neighbor)"이란 문구를 새겼고 이 문구는 프랭클린 루스벨트(FDR)에 의해 나중에 다시 등장했다. 라틴 아메리카인들은 루트를 반구 동반자관계(hemispheric partnership)를 형성하려고 노력했던 헨리 클레이(Henry Clay) 그리고 나중의 제임스 블레인(James Blain)의 정신을 소유한 국무장관으로 기억한다.[29)]

국무장관 루트의 주된 관심사는 법률적 표준과 제도를 가진 세계 정치를 심는 것이었다. 그는 인간 본성을 이해했다. 그는 "외교는 주로 교섭과 그 과정에서 대체로 속임수로 이루어져 있다"라고 경험담을 말했다. 루트는 "이기심과 탐욕"과 세상의 다른 악들이 충돌의 기반을 만들어 낸다고 믿었다. "자기보호와 자기권리 주장… 존재를 위한 투쟁"은 국가 행위의 하나의 주된 동기였다. 그러나 이상들, 원칙들, 표준들을 향해 나갈 수 있는 "윤리적, 이타적인 [그리고] 측은한 정"을 그는 또한 믿었다.[30)]

국내권에서는, 루트는 인간의 나약함과 다툼은 규칙, 제도 그리고 인정된 불편부당(不偏不黨)한 사법절차들을 통해 누그러뜨려 지고 정돈이 점진적으로 되어왔다고 추론했다. 현대 외교의 과제는 중재(arbitration)에서 시작해서 사법적 기관(judicial body)들로 국제적 규칙들과 중재하는 기관을 수립하는 진화과정을 증진하는 것이라고 주장하고 있었다. 그는 국내적으로나 국제적으로 인내하면서 추진한다는 법과 사회에 대한 하나의 역사관을 가지고 있었다.

제2차 헤이그 회의(1907) [The Second Hague Conference (1907)]

1907년 제2차 헤이그 회의는 법적 경륜을 국제적으로 펼칠 하나의 기회를 제공했다. 루트는 그 회의가 의무적인 중재 대상이 되는 일련의 주제들을 열거하는 하나의 포괄적인 조약을 개발하기를 희망했다. 8년 전에 창설된 구 중재재판소(Court of Arbitration)는 국가들이 다툼을 중재하기로 합의할 때 임시 패널을 설치하도록 되어 있었다. 루트는 국가들이 특별히 규정한 사안들을 중재하도록 요구하기를 원했다.

루트는 하나의 상설 사법기구로 국제재판소 제도를 창설하기를 또한 원했다. 루트는 하나의 출현하는 국제법 원칙들에 근거한 판정 대신에 중재(arbitration)는 편리한 해법을 공들여 만들어낸다고 믿었다. 강한 법적 근거를 가진 국가들은 중재의 "타협"을 피하기 위해 사법기관을 통한 해결을 도모할 수 있다.

루트의 훈령은 "미국의 대법원이 다른 주 소속 시민들 사이에서 일어나는 의문들에 내리는 공정하고 사적으로 개입되지 않은 판단을 내리듯이, 이와 동일하게 하나의 재판소가 국가들 사이에서의 의문들에도 판정할 수 있는 재판소가 존재한다면… 국가들은 자국들의 논쟁거리를 그 결정에 복속시킬 준비를 더 많이 할 것이다." 새로운 재판소의 헌장은 관할할 다툼의 유형들을 규정할 것이다. 재판관들은, 제한된 인원수의, 상근이고 사법적 책임(judicial responsibility)을 지는 하나의 문화를 생성할 것이다. 요약하면, 루트는 1907년 회의는, 사례별 분쟁 조정을 넘어서, 상근 재판관들의 정기 회기를 가지는 하나의 새로운 국제 사법기관을 창설하기 위해 한 걸음 더 움직이기를 희망했다.

독일은 강제적인 중재를 착수하려는 루트의 계획을 막았다. 대표단들은 새 법정을 위한 재판관의 숫자를 선정하는 데에도 합의하지 못했다. 이것은 1920년에 신생 상설국제사법재판소(Permanent Court of International Justice)에 대해 결국 루트가 해결을 하도록 도운 문제였다.[31]

국제법에 대한 실용적 조치들과 북아메리카의 비전

(Practical Steps Toward International Law and a North American Vison)

루트는 실망하지 않았다 국제법에 관한 한, 그는 길게 보고 앞으로 나갈 실용적인 방법들을 탐색했다. 만약 미국이 하나의 새로운 중재 조약을 합의하기 위한 다자간 기구를 설득할 수 없다면, 국가별로는 가능할 수 있다고 생각했다. 1908~09년에 루트는, 국가 명예, 독립, 혹은 핵심 이익에 관한 사안을 제외한 사안에 대해 25개 중재 조약을 교섭했다. 루트는 10년 전에 존 헤이(John Hay)가 사용한 모형을 빌려왔다. 루트는 대통령 루스벨트(Roosevelt)를 설득해 사례별로 미리 승인을 받으라는 상원의 고집을 수용했다.[32]

루트는 국제법을 이용해 북아메리카와 반구적(hemispheric) 유대를 강화했다. 멕시코와 공동으로 코스타리카(Costa Rica), 과테말라(Guatemala), 온두라스(Honduras), 니카라과(Nicaragua), 살바도르(Salvador)를 설득해, 연속적인 기능을 가진 재판소인, 세계역사상 처음으로, 중앙아메리카재판소(Central American Court of Justice)를 창설했다.[33]

루트는 캐나다가 런던에 충실한 채로 남으면서도 미국을 더 가깝게 끌어들이는 길을 쉽게 만들기기를 원했다.[34] 그는 캐나다와 양국 간의 일련의 다툼들을-관세, 국경 통과, 수산, 철새-해결하기 위해 선의의 교섭(good faith negotiations)과 법 원칙(legal principles)을 사용했다. 가장 첨예한 주제는 뉴 잉글랜드인들(New Englanders)이 뉴펀드랜드(Newfoundland)의 어장에 대한 접근 권한을 둘러싼 다툼의 중재였다. 그 문제는 1783년 프랭클린(Franklin)의 파리 조약(Treaty of Paris)으로 거슬러 올라간다. 루트의 캐나다와의 더 큰 목표는 열매를 맺었다. 제1차 세계대전 동안, 캐나다는 자국의 공사를 워싱턴에 보내기 시작해 향후 한 세기 동안 양국 모두의 이익에 봉사하는 하나의 특별한 관계를 시작했다. 루트는 북아메리카는 가치 공유와 법의 지배(rule of law)를 존중하는 하나의 동반자가 되었다고 믿었다.[35]

국제법과 국가 명예(International Law and National Honor)

국무부를 떠난 후 루트는 뉴욕주 상원의원을 1909년부터 1915년까지 역임했다. 상원의원 재임 중 한 사건이 외교에서 국제법에 대한 루트의 헌신을 강조해 주었다. 1901년 헤이-폰세포테 조약(Hay-Pauncefote Treaty)은 미국에게 지협횡단 운하의 건설과 운영에 독점적인 권한을 부여하지만, 그 조약은 미국이 접근의 동등성을 보장하도록 강제하고 있었다. 1912년 의회(Congress)의 한 법은 연안 무역에 종사하는 미국 선박들에게는 통행료를 면제한다고 선포했다. 런던은 미국 선박에 대한 이 특혜적인 조치에 반대했다. 1913년에 상원의원 루트는 미국 정부는 통행료 면제를 철회하든지 혹은 국제 중재에 그 분쟁을 의뢰하라고 요구했다. 그는 "역겨운 위선(revolting hypocrisy)"에 도전했다. 루트의 주장의 핵심은 "크기만으로 한 국가를 위대하게 하지 않는다. 국가는 그 이상이 위대해야 하고, 관대해야 하고, 숭고해야 하고, 모든 옹졸함과 비열함을 경멸하고 거부해야 하고, 자국의 선언에 충실해야 하고, 조약의 신념을 지켜야 하고, 문명이 진정으로 위대하도록 문명의 임무에 충실해야 한다"였다.

일 년 후 상원이 통과요금 면제의 철회를 논의할 때, 루트는 민주주의는 상식 밖의 대중 감정 때문에 외교 사안들의 집행에는 하급이라는 알렉시 드 토크빌(Alexis de Tocqueville)의 관찰을 인용했다. 루트는 토크빌의 비난을 부정했으나 상원의 동료들을 시험했다. 당면한 문제는 통행료란 하나의 하찮은 문제가 아니라고 그들에게 말했다. 문제는 국가의 명예(national honor)이다. 루트는 미국 민주주의는 그 외교를 한 단계 높은 면에 올려놓아야 한다고 믿었다. "우리의 양심이 우리의 감시자가 되어야 한다."36)

회의론자들은 루트의 고결한 수사를 조롱했다. 그러나 염원(aspiration, 念願)은 미국 외교에서의 한 동력이 되었다. 의회는 통행료 면제를 철회했다. 다만 정치적 타협은 [면제]권한을 나중을 위해 유보했다. 수십 년 후 나는 존 맥케인(John McCain) 상원의원과의 한 회의에서 리처드 아미티지(Richard Armitage)는 어려운 약속에 대한 미국의 입장을 "위대한 국가는 자국의 말을 지킨다"고 요약했던 사실을 기억한다. "미국은 하나의 위대한 국가이다. 미국은 자국의 말을 지켜야 한다"라고 아미티지는 말했다.

쿠바와 필리핀에서, 루트는 미국의 이익을 위해 미국의 힘을 휘두를 의사가 있음을 과시했다. 그러나 그는 공정하게 행동할 것을 열망했다. 루트는 언젠가 가까운 법률 동료인 브라운 스코트(James Brown Scott)에게 "우리는 항상 조심해야 한다. 특히 우리보다 작은 국가들과의 관계에서, 만약 상황이 역전되었을 때에 우리가 기꺼이 수용하지 않을 해결안을 결코 제안하지 않아야 한다." 그의 자세는 투키디데스(Thucydides)의 멜로스(Melos)에 대한 아테네의 지침과는 아주 대조가 된다. "귀하는 우리가 아는 만큼 그 권리를 안다… 국력이 대등한 국가 간의 문제에서만 그러하다. [강국과 약소국 사이에는] 강국은 할 수 있는 것을 하는 반면에 약소국은 고통을 당해야 한다." 당시에는 루트는 그 자신의 원칙에 분명히 부족했다. 그러나 그것은 더 많은 국가들을 미국 편으로 끌어오고 국가의 명예를 높이기 위해 많은 미국 외교관들이 심각하게 비중을 두고 있다.37)

1913년 노벨위원회는 루트의 중재, 조약의 방어, 서반구의 평화에 대한 기여로 그에게 평화상을 수여했다. 그는 그의 친구 루스벨트 다음으로 그 영예를 안은 두 번째 미국인이 되었다. 노르웨이인들은 1914년 12월에 그의 연설을 듣기로 일정을 짰으나 한 대전(A Great War)이 이를 가로 막았다.[38]

제1차 세계대전과 국제법의 장래
(World War I and Future of International Law)

루트는 다른 사람들과 마찬가지로 1914년 전쟁 발발에 놀랐다. 시작부터 그는 독일을 비난했다. 그는 성년기 전체를 통해 카이저(kaiser)의 군국주의적 야망의 상승을 주의해 보고 있었다. 우연하게, 루트는 프로이센(Prussia)이 프랑스에 전쟁을 유발할 1870년에 그의 병든 동생과 함께 드레스덴(Dresden)에 있었다. 10만 명의 군중 가운데 우뚝 일어선 카이저, 오토 폰 비스마르크(Otto von Bismarck), 육군 원수 헬무트 폰 몰트케(Helmuth von Moltke)를 관찰했다. 루트는 프랑스가 이길 것이라는 허망한 희망을 가지고 그 자리를 떠났다.[39]

전쟁 및 국무장관 자격으로 루트는 독일의 호전성을 유럽, 모로코, 카리브해 그리고 아시아-태평양 등 전세계에서 접했다. 독일은 헤이그(The Hague)에서 루트의 국제법 비전에 막강한 반대자로 튀어나왔다. 1914년 8월 첫째 주에, 루트는 "진짜 이슈는… 독일 황제가 유럽에서 지배세력이 될 것인가이고 현재의 무대에서는 이 이슈는 무력으로만 해결될 수 있을 것이다"라고 결론을 내렸다. 독일 황제는 "한 거대하고, 파괴적이고, 참을성 없는 깡패…"였다. 중립 벨기에를 가로질러 돌격한 베를린 군대의 침공은 국제법에 대한 완전한 무시를 드러냈다.[40]

루스벨트(Roosevelt), 루트(Root), 로지(Lodge)와 태프트(Taft)는 모두 미국은

유럽 분쟁에 큰 지분이 걸려있다고 믿었다. 그러나 그들은 시점과 조치의 수단에 대해서는 서로 달랐다. 루트는 보편적인 징병(universal military service)을 포함한 더 큰 군사적 대비를 주장했다. 그러나 루트는 1916년 2월까지는 발언을 하지 않았고 1917년 2월까지는 전쟁 참가를 공개적으로 옹호하지 않았다. 성격상, 루트는 대통령의 정책에 반대하는 도전을 선도할 인물은 아니었다.[41]

전쟁 초기부터, 루트의 마음은 유럽에 하나의 새로운 질서를 다시 수립하는 것을 포함해 종국적인 해법에 있었다. 중재의 명분에 대해 루트의 동료 중의 한 명은 "유행은… 두 차례 헤이그 회의와 재앙을 방지하려는 그 노력들을 조롱하는 [것이고]… [그러나] 군국주의자들의 실패는 확실히 결정적이고 무한하게 더 끔찍해 왔다"[42]고 관찰했다.

1915년 미국 국제법 학회에서의 회장 연설에서 루트는 자신의 평가 결과를 말했다. 동맹(alliances), 우호조약(ententes), 세력 균형(balance of power)이란 유럽의 연주회는 궁극적으로 전쟁으로 이어졌다. 국가들의 독립과 개인의 자유에 부합하는 국제적인 법률 기관들이 반복되는 재난을 피하는 유일한 길로 보인다. 그러나 이 기관들은 강력한 대중 여론으로 지지되는 분명하고 간단한 규칙들에서 유일하게 나올 수 있는 강력한 제재(sanctions)를 필요로 한다. "이 전쟁이 끝나면… 문명세계(civilized world)는 우리가 국제법이라고 부르는 것이 단순한 예의의 규칙으로 남을지 혹은 훨씬 더 분명하고 필연적인 의무를 부과하는 하나의 진짜 법전이 될지 결정을 해야 할 것이다."[43]

1918년 무렵에 루트는 국제적인 제재에 대한 개념을 민법(civil law)과 형법(criminal law) 사이의 구분을 빌려서 확장했다. 국제법의 원칙들은 계약의 민사적인 생각이라고 루트는 설명했다. 위반은 당사자 간에만 문제가 된다. 그러나, 형법은 공동체(community)의 평화를 지키는 사안이다. 국가 간의 폭력적인 충돌은 국가들 공동체의 질서유지에 포함되기 때문에 모든 국가들의 우려사안으로 여겨져야 한다. 루트는 법적 체제의 진화적 성격을 지원하는 하나의 역사적 유사한 사건을 제공했다. "내가 소년이었을 때[내전(Civil War) 전] 독립선언문(Declaration of Independence)을 수많은 난센스(a lot of buncombe)로 되어 있다고 조롱하는 게 유행이었다." 그러나 그 선언문은 나중에 올 세대들이 하나의 새로운 법률적인 그리고 정부의 질서의 체계를 축조해 나갈 자유와 미국의 제도들의 원칙들을 만들었다. 루트의 법률적 논리는 만약 한 공동체가 올바른 법이론에 동의할 수 있다면, 그 다음에는 적절한 집행 기관들을 세우면, [법이론] 그것이 시간이 가면서 사회를 변형시킬 수 있다. "규칙-기반(rules-based)" 국제질서에 관한 미국인의 토론을 들을 때마다, 루트를 생각하세요.[44]

민주사회에서의 한 정치인으로, 루트는 미국의 국제법에 대한 약속은 국민의 지지를 필요로 한다는 점을 인식했다. 이 경고는 루트가 평화를 집행하는 하나의 연맹(a League to Enforce Peace, LEP)에 대한 견해에서 전임 대통령 태프트와 갈라서게 했다. 루트는 중재를 요청하는 LEP의 강령을, 조정위원회(Council of Conciliation)와 국제법을 조문으로 만드는 주기적인 회의를 환영했다. 그러나 규칙들을 무시하면서 전쟁에 나간 한 국가에 대항하여 무력을 사용하는 미국의 약속에 서명을 하지 않았다. 루트는 국민은 그러한 서약을 지지하지 않을 것으로 생각했다. 미국이 저버릴 약속은 아무 약속을 하지 않는 것보다 더 나쁘다. 미국의 발언은 신뢰가 있어야 하고, 루트는 미국인의 서약은 국가적 민주적 의지에 달려있다는 걸 알았다. 매력적이나 구현할 수 없는 꿈을 급하게 만들어 내기보다는 경험과 지속가능한 국민 지지를 축조하면서 실용적으로 진행해 나가는 게 더 낫다고 생각했다. 그 점에서, 루트와 윌슨은 둘 다 원대한 목표를 가진 국제주의자들이나 서로 달랐다.[45]

베르사유 조약과 하나의 "유보" 정책

(The Versailles Treaty and a Policy of "Reservations")

루트는 전후 윌슨의 파리에서의 외교적 솜씨에 근본적으로 동의하지 않았다. 그는 윌슨은 평화 조건들을 달성하려는 당장의 요구와 새로운 국제기관들을 건설하는 장기적인 도전을 하나로 연계하는 잘못을 저질렀다고 믿었다. 루트는 모든 중재(peacemaking)를 국제연맹(League of Nations)의 창설과는 분리한 채로 추진했을 것이다. 그것들을 융합함으로써 루트는 (상당한 지혜를 가지고) 새로운 국제연맹은 자신들의 세력의 영속을 유지하는 승자들의 하나의 도구가 되어 독일 및 다른 패자들로부터 적대감을 필연적으로 도발할 것이라고 생각했다. 더구나, 윌슨의 국제연맹은 준-입법기관으로 엄청난 권한들을 가지고 있어서, 루트는 윌슨이 교섭 동안에 상원과 심각하게 상의하지 않은 것에 놀랐다.

그럼에도 불구하고, 루트의 성격은 문제를 해결하려고 하지 단순히 문제들에 대해 불평을 늘어놓지 않았다. 루트의 공화당 동료들은, 특히 상원에서, 그들이 통합할 수 있는 하나의 프로그램을 제시할 그에게 기대를 걸었다. 1912년의 분열된 당의 경험은 여전히 그들의 마음에는 살아 있었고, 공화당원들은 1920년에 이기기 위해 함께 뭉칠 필요가 있었다.

처음에는 루트는 베르사유 조약에 대한 수정조문을 건의했다. 윌슨이 이를 거절한 후, 루트는 대통령이 합리적으로 수용할 수 있는 모양으로 유보(reservations)를 찾는 전략을 개발했다. 이들 유보들은 이해하기 힘든 조항들의 해석을 제공하고 문제의 규정들에 반대를 등록하게 해 준다. 특히, 루트는 대통령의 권한을 벗어난 윌슨을 상원과 미국 국민이 과거에 수용했던 혹은 미래에도 그러리라고 예상될 책임에 맞도록 수정하기를 원했다.

국제연맹의 제10조는 가장 어려운 문제를 제기했다. 그것은 회원국들이 영토보전과 모든 회원국들의 정치적인 독립을 보전하도록 약속했다. 루트는 그 약속은 "만약 영속적이 되면… 현재의 동맹들의 관점과 긴급사태에 따라 만들어진 세력과 영토의 분포를 항상 변하지 않게 보전하려는 시도가 될 것이다. 어쩔 수 없이 헛되게 될 것이다… 또한 해를 끼친다. 변화와 성장은 생명의 법이다, 그리고 어떤 세대도 국가들의 성장과 세력의 분포에 관한 그 의지를 차기 세대들에게 부과할 수 없다"고 보았다.

루트는 유럽의 전후 혼란 동안 안정의 필요를 인식했다. 미국은 복원사업에서 질서와 원조를 제공할 의무가 있다고 그는 믿었다. 그러므로, 루트는 제10조를 현재로서는 수용하나 5년 후에는 어느 회원국이든 철회하는 것을 허용하기로 했다. 윌슨은, 반대로, 제10조는 "양심에 구속하는 것이고 법으로는 아니다"라고 주장하여 흙탕물을 만들었다. 점진적이나 중대한 헌신에 집중하는 루트 입장에서는, 루트는 윌슨의 도덕과 법의 혼합은 국제법의 모든 사업을 침식할 수 있다고 걱정했다.[46]

프랑스는 하나의 특별한 문제를 제기했다. 더 많은 인구와 제조업 기반을 가진 독일은 위협으로 곧 닥쳐올 것으로 보였다. 파리는 러시아가 베를린을 동쪽에서 저지해 줄 것으로 기대할 수 없었다. 루트의 해법은 직접적이었다. "유럽 안보에 필요하면 우리는… 프랑스를… 지원해야 하고… 그 특정한 일을 하도록 분명히 합의를 하자, 그래서 미국의 모든 남녀는 우리가 취할 명예로운 의무를 이해할 것이다. 나는 그것을 찬성한다."[47]

루트의 유보는 조약과 국제연맹을 상원의 "타협불가한" 상원의원들로부터 보전하는 것을 목표로 했다. 제10조에 의한 미국의 자유를 보호하고 연맹에서 탈퇴하는 절차를 분명히 함에 추가하여, 그 유보는 먼로독트린을 보호했다. 루트는 대통령이 더 강한 국제 중재와 사법기구 설립에 박차를 가하도록 요구하는 결의안을 요청했다. 1920년 3월, 상원 다수당은 루트의 유보와 유사한 유보를 조건으로 그 조약을 인준했으나, 대통령 윌슨은 민

주당 상원의원들에게 그 의안 뭉치를 반대하라고 요청해, 1표 차이로 2/3 다수를 얻지 못했다.[48]

세계재판소와 대전 사이의 외교

(The World court and Diplomacy Between the Wars)

의연하게 루트는 미국의 국제법 전통을 다시 살리는 길을 가르쳐 주는 일련의 논문을 작성하고 연설을 지속했다. 그는 동맹의 세계와 국가 정부를 파괴할 무산노동자 프롤레타리아트 국제주의(proletariat internationalism) 사이의 하나의 통로를 탐색했다. 루트는 동맹을 약속한 정부들이 판단을 하지 않고 외곬으로 행동하기 때문에 구 동맹 모형에 대해 여전히 우려했다. 국제법적 기관들은, 반면에, 다툼을 감정적이 아니게 해결할 길을 제공한다. 특히, 루트는 세계는 3개의 상호지원적인 기관들이 필요하다고 믿었다. 하나는 분쟁이나 오해가 전쟁의 발발을 위협할 때 즉각 회의를 소집하게 하는 것이다. 둘은 재판에 회부될 수 없는 문제들을 제외하고 논란의 중재를 용이하게 하하는 것이다. 셋째는 국가 간의 법적 권리에 관한 의문을 판단할 수 있는 상설 재판소이어야 한다.[49]

루트와 휴즈가 행동을 미루고 있던 1920~21년에 셋째의 세계재판소(World Court) 설립에 대해 작업을 하고 있었다. 1923년 2월, 상원에서의 워싱턴 회의 조약들의 인준의 성공을 바탕으로, 휴즈와 루트는 대통령 하딩(Harding)에게 신설된 상설국제재판소(Permanent Court of International Justice)에 가입하라고 건의했다. 상설국제재판소는 국제연맹의 한 기관이기 때문에, 행정부 제안은 미국에게 국제연맹 회원국과 대등한 권리를 주는 4개항의 유보를 포함했다. 공화당과 민주당 대회는 1924년에 그 계획을 지지했으나, 허스트(Hearst) 언론에 의해 선동된 상원 반대자들은 인준을 연기했다.

1924년 12월에 대통령 캘빈 쿨리지(Calvin Coolidge)는 권고적 의견(advisory opinion)에 5번째의 유보를 추가해 상원에 다시 제출했다. 1926년 1월에 상원은 마침내 76대 17로 미국의 세계재판소에 가입을 비준했다. 그러나 또 한 가지 문제가 생겼다. 재판소의 다른 회원국들은 4개의 미국 유보조항을 수용했다, 그러나 5번째 유보의 표현은 미국이 권고적 의견에 대한 모든 요청을 거부(veto)할 수 있게 만들어져 있었고, 국제연맹은 아직 그 외 다른 국가가 그러한 권한을 가질 수 있는지를 결정하지 못하고 있었다. 그 사안은 레드 라인을 긋기에는 이상한 것이었다. 즉 권고적 의견들은 구속하지 않으므로 미국은 그것들을 자유로이 무시할 수 있을 것이기 때문이다. 대통령 쿨리지는, 그러나, 재판소는 5개 모든 유보조항을 질의 없이 수용해야 한다고 결정했고, 1926년 11월에 가입을 포기한다고 선언했다.

마지막 시도(The Final Try)

루트의 아내는 치명적인 병에 시달리고 그 자신의 건강도 나빠져 가고 있었다. 그러나 1929년 초 83세의 나이로 루트는 1920년 국제 상설재판소 헌장의 검토 노력의 일환으로 5번째 유보를 해결하기 위해 제네바로 한 번 더 떠나기로 합의했다. 그는 만약 대다수가 동의하지 않는 경우에 어떠한 부정적인 비난을 받지 않고, 미국이 가상적인 권고적 요청을 거부하고 재판소를 떠날 수 있게 해 주는 한 법률가의 공식을 창안했다. 한 전기작가는 "루트의 공식"은 1929년 여름 상원을 만족시켰을 것으로 믿지만 대통령 후버(Hoover)는 지지는 하지만 다른 우선적으로 다룰 일이 있었다. 1931년에 86세의 루트는 그 사안을 상원 외교관계위원회(Senator Foreign Relations Committee)에서 거의 3시간 동안 발표를 했다. 위원회는 여전히 비준하기를 망설였다. 프랭클린 루스벨트(Franklin Roosevelt)가 대통령이 되었을 때, 루트는 다시 시도했다. 그러나 세계는 1920년부터 상당히 변했다. 독일과 일본은 국제연맹에서 탈퇴했다. 아돌프 히틀러(Adolf Hitler)는 베르사유 조약을 찢어 버렸다. 휴즈의 해군 비무장 노력은 사라져 버렸다. 환멸을 느낀 미국 대중은 외국인들과는 아무것도 하기를 원하지 않았다. FDR은 상원에서 등장하는 반대 세력의 크기를 인식하지 못했다. 루트는 백악관에 힘을 실어주려고 호소했으나 너무 늦었다. 1935년 1월 29일에 상원은 52대 36으로 통과는 시켰으나 2/3에는 7표가 모자랐다.[50)]

루트는 1937년 92번째 생일날 죽었다. 그는 끝까지 앞을 보고 있었다. 루트의 마지막 법률의견은 MIT 학장 베네버 부시(Vannevar Bush)에게 1936년 12월에 보냈고 MIT의 미래 특허 정책에 관한 것이었다. (베네버 부시는, 12장에서 다루는데, 과학을 정책에 적용한 미국의 아버지였다.)51)

미국 외교의 한 원소인 국제법

(International Law as an Element of U.S. Diplomacy)

엘리후 루트는, 그의 동시대인들 일부와는 달리, 국제법의 한계를 인식했다. 모든 문제들이 중재될 수 없다는 점을 알고 있었다. 그는 제국 독일(Imperial Germany) 같은 위협적인 세력은 무력으로 저지되어야 한다는 점을 알고 있었다.[52)] 루트는 법은 외교의 단지 하나의 성분으로 보았고, 일본, 중국, 만주(Manchuria), 조선을 다룰 때, 영향권(sphere of influence)의 개념이 권한 행사를 압도했다. 그러나 루트는 국가 이익들은 단기 목표를 넘어서 멀리를 바라보는 계산을 필요로 함을 인식했다. 루트는 새로운 유형의 미국의 국제주의(internationalism)를 실험하는 미국의 경험에서 아이디어를 찾아냈다. 대전의 재난은 유럽의 세력 균형 동맹의 신빙성을 떨어뜨린 듯이 보였다. 윌슨의 국제연맹은 너무 벌려서 헌법적 권한들에 도전하고 외국 분쟁에 끊임없이 얽혀들게 만들었다. 국제법은, 반면에, 문명의 진전과 대중 여론과 함께 진화할 수 있었다.

1930년대에 세계질서의 붕괴로 국제법의 진보적 희망이 좌초했다. 나치 독일, 파시스트(fascist) 이탈리아, 제국 일본 그리고 공산주의자 소련은 폭력과 위험의 하나의 새로운 시대가 닥쳐옴을 예고했다.

제2차 세계대전 후, 승리한 동맹국들은 하나의 새로운 국제연합(연합국, United Nations)과 국제사법재판소(International Court of Justice)를 창설했다. 그러나 냉전(Cold War)이 그 둘의 개발을 얼려 버렸다. 제2차 세계대전 후 세대 중 주요 법률가-외교관들은 소비에트 블록과 대치하기 위해 세력 균형을 향해 방향을 틀었다. 그들은 법과 법률적 현실주의(legal realism)에 관한 미국 사고에서의 변화를 반영했다. 그럼에도 불구하고 자유를 방어하고, 동맹국들과 파트너들 사이의 경제와 정치적 규칙을 개발한 제2차 세계대전 후의 지도자들은 국제법과 기구들에게 새로운 기회들을 만들어 주었다.

루트의 유산에 대한 논의(Debating Root's Legacy)

루트가 미국 국제법학회를 공동 창립한 100년 후인 2006년에 그 학회는 "루트의 유산"을 논의하는 한 세션을 소집했다. 앤-마리 슬로터(Anne-Marie Slaughter) 교수는 루트의 경험은 "지속가능한 국제법 체제는 민주정체들의 공동체 내에서만 수립될 수 있다"고 주장했다. 앤서니 카티(Anthony Carty) 교수는 사실 루트는 민주정체는 국제법을 필요로 한다-법전화와 비정치적인 재판관들에 의한 의무적인 판정을 "자기 훈련의 한 형태로" 받아들이는 것을 포함해 믿었다고 대응했다. 조나단 자슬로프(Jonathan Zasloff) 교수는"루트의 국제법 질서에 대한 비전의 중심 문제는 어떤 종류의 강제력이 없이는, 법은 개발될 수 없다"는 것이라고 반격을 했다. 그 안보 없이는,

법에 대한 국제적 규칙을 건설하는 명분은 실패한다고 자슬로프는 자신의 입장을 유지했다.[53] 그 논쟁은 계속 되어간다.

법역사가인 자슬로프는 루트의 국제법에 대한 신념은 20세기 초의 주도적인 미국 법 사상가들을 특징 지운 고전적인 이념(ideology)에 뿌리를 두고 있다고 본다. 이 고전적 관점은 국내나 국제적이거나 간에 법은 강제적인 국가 권력(coercive state power)보다는 일반적인 관습(popular customs)과 사회 기준에서 그 효율성을 얻는다고 주장한다. 시간이 흐르면서, 사회들은 분쟁을 해결하는 합의에 의한 방법(mechanism)을 개발해 폭력에서 소송으로 이동해 왔다. 루트에게는 법은 중립적인 비정치적 질서의 근원으로 시간에 따라 진화할 수 있고 바뀌는 사회 그룹들의 수요를 충당한다고 생각했다고 자슬로프는 주장한다.

누구나 루트가 이 논리를 국제적으로 적용한 방법을 볼 수 있다. 그는 오해와 비합리성에서 생긴 국가 사이의 충돌은 점차적으로 제도들의 개발을 통한 법률적 과정으로 몰아넣을 수 있다고 생각했다. 그러나 루트는 다른 국가들이 법위반국에 적용한 제제를 규정하는 데 고심했다. 그는 대중 여론, 자기 이익의 인정 그리고 때로는 경제제제 혹은 무력이 법질서를 유지한다고 믿었다. 자슬로프는 이러한 열망은 루트와 그의 제자들이 세계 안정을 확보하는 전략적 약속을 만드는 문제를 회피하게 유도했다고 결론을 내렸다.[54]

자슬로프의 말은 일리가 있다. 그러나 루트는 미국 정치의 실제적 제약 내에서 일을 했다. 그는 중재를 통한 아시아와 유럽의 세력 균형을 유지하는 테디 루스벨트의 노력을 지원했다. 루트는 미국 의회와 국민들이 무력 사용을 포함하는 세력균형외교를 지지해 주지 않을 것으로 아마도 생각했던 것으로 보인다. 외국의 위협이 분명히 드러났을 때에는, 제1차 세계대전 같이, 루트는 군사적 행동에서 오그라들지 않았다. 그는 제1차 세계대전 후 프랑스에 대한 안보 보증을 지원했다. 그러나 그의 주된 관심은 여전히 국제법의 개발이었다. 그는 그에게 가용한 미국식 국제주의의 도구들과 염원을 이용했다.

미국 외교는 세력 정치에만 의존할 수 없고 또 그리해서도 안 된다. 유사한 목표와 가치, 국제법, 제도, 체제를 가진 국가들 사이에는 공통의 이익을 진전시킬 협력을 육성할 수 있다. 로버트 케어한(Robert Keohane)은 정보를 공유하고, 합동 조치의 비용을 낮추고, 제도적 역량을 키우고, 공통의 관점을 격려하고, 인센티브를 구조화하고, 분쟁을 중재하거나 해결하는 방법을 제시하는 체제(레짐, regime)에 관해 저술하는 분야에서는 지도자이다. 그러한 레짐은 제2차 세계대전 후 국제 교역, 투자, 금융의 토대를 제공했다. 그것들은 다른 활동들로 범위를 넓혀 나갔다. 몇 개 예를 들자면 보건, 환경, 해양, 법집행, 테러리즘(terrorism), 개발, 통신, 에너지, 수송 등이 있다.[55]

루트는 미국은 더 큰 목적을 가지고 탄생했다는 미국 외교의 또 하나의 전통을 역시 인식하고 있었다. 루트는 국가의 "양심," 자연권, 자유와 정의의 개념을 언급했다. 다음 세대들은 기본적인 자유와 인권을 말하고 다녔다. 조 니예(Joe Nye)는 "연성 권력(soft power)"이라는 용어를 미국의 신념과 염원의 인력(attractiveness)을 통해서 자세와 정치적 문화를 바꾼다는 개념에 적용했다.[56] 미국인들은 국가의 주관과 행동의 자유를 귀하게 여기며 의회는 국가의 특권을 자의적으로 제약하려는 모든 잘못된 관리를 강하게 질책할 것이다.[57] 동시에 미국인들은 "인류의 의견에 대해 온당한 존경을" 유지한다. 그리고 미국은 다른 국가 특히 민주적 가치를 위해 고군분투하는 이들을 돕는 데 자부심을 느낀다.

루트는 언젠가 "냉소적인 견유학파(犬儒學派, cynics)는 항상 근시안적이고 대체로 결정적인 사실들은 그들의 시력 바깥에 놓여 있다"고 말했다. 그는 "사람들은 실패하지 않는다, 다만 시도하기를 포기할 뿐"이라고 말했다고 인용된다. 미국 외교는 이 낙관적인 정신과 해밀턴의 차가운 계산을 혼합해 나가야 한다. 루트는 "나의 의무는 현재 존재하는 것들을 드러내 보이는 것이지 그것들이 당연히 어떻게 되어야 한다고는 생각하지 않았다."[58] 그 균형을 잡는 것은 실용주의의 과제이다.

제10장

◆

코델 헐
Cordell Hull

호혜무역(Reciprocal Trade)

무역과 외교정책(Trade and Foreign Policy)

코델 헐은 평생을 무역이 갈등, 심지어는 전쟁까지도 줄일 수 있고 무역은 미국에 번영과 외국 친구들을 가져다줄 수 있다는 한 큰 아이디어에 바쳤다. 자신의 회고록에서, 미국의 최장수 국무장관(11년 9개월)은 자신의 가장 장기적이고 필연적인 싸움을 복기했다. "당시 36세의 나는 의회에서의 첫 연설에서 관세를 낮추고 무역 규제를 줄이자고 호소했다. 1934년 내가 62세일 때 마침내 그것들을 줄이는 싸움에서 이겼다."[1] 헐의 가장 큰 업적은 1934년 호혜통상협정법(Reciprocal Trade Agreement Act)이었다.

헐은 처음에 근로자들을 위해 관세를 감해 생활비를 줄이고 기업연합(trusts)과 독점권(monopolies)을 공격했다. 더욱이, 만약 타국들이 미국인들에 판매하는 데 어려움을 겪으면, 그들은 미국 수출품을 구매하는 능력이 더 적어질 것이라고 주장했다.

"1916년은 나의 정치적 사고에서 하나의 중요한 시점이었다"고 헐은 설명했다. 그는 방해받지 않는 무역을 평화와 연관시키고 관세, 장애, 불공정 경쟁을 전쟁과 연관시키기 시작했다. 헐은 "많은 요인들이 포함되기는 하지만," 자유 무역은 모든 국가들의 생활수준을 높이고 다툼에 기름을 붓는 경제적 불만과 질투를 제거할 수 있다는 점을 인식했다.[2] 특히 1920년대와

30년대의 경제 붕괴를 목격한 후, 헐은 경제적 고통은 "독재자들에게 손 쉬운 먹이로 되는…" 사회로 만든다고 주장했다."[3)]

1936년 헐은 자랑스럽게 그의 외교 정책을 제퍼슨의 "다른 국가들과의 평화, 통상, 정직한 우의와 어느 국가와도 얽히는 동맹을 하지 않음" 정책과 일직선으로 선을 댔다.[4)] 휴즈와 루트와 마찬가지로 헐은 동맹에 의지하지 않는 국제질서에서의 미국의 역할을 추구했다. 그의 해법은 무역을 외교 정책과 연계시키는 미국의 전통을 다시 발견하는 것이었다.

헐은 경제 파워하우스로의 미국의 성장은 새로운 지도자의 책임을 감당하도록 요구된다고 이해했다. 1934년에, 헐은 세계대전 직후(Great War) 국제경제에 관한 대통령 윌슨의 경고를 회고했다. 윌슨은 그리고 헐도 미국이 유럽의 채권자가 되었다고 설명했다. 유럽인들은 새로운 사적 신용을 받든가, 금을 이전하든가 혹은 재화를 미국에 팔 수 있을 때에 그들의 부채를 갚을 수 있었다. 윌슨은 더 빌려주거나 금 지급은 둘 다 더 이상 가능하지 않다고 설명했다. 그러므로, 유럽인들이 자신들의 부채를 갚고 더 많이 미국 물건을 사기 위해서는, 미국인들은 수입관세를 낮출 필요가 있었다. 헐은 엄두도 못 낼 정도의 보호적인 관세는 오히려 우리 자신에게 되돌아올 대포가 되는 현상을 배웠다"라고 결론을 내렸다. 헐은 미국의 1930년대 국내 경제회복은 세계 통상의 복원을 동반하지 않고는 성공할 수 없다고 평이하게 설명했다. 미국은 외국들의 경제 실패의 대가를 어떻게 해서든 치를 것이었다.[5)]

코델 헐과 해군 전략가 알프레드 타이어 마한(Alfred Thayer Mahan)은 정책 동반자가 될 가능성은 없어 보인다. 그러나 둘 다 미국의 무역 정책은 외교 정책과 융합되어야 한다는 열렬한 신념을 공유했다. 그들은 미국이 통상을 확대함으로써 국가 영향력을 추가할 수 있다고 또한 이해했다. 그 교환은 양방향이어야 될 필요가 있었다. 두 사람은 보호주의는 경쟁적인 정신을 잃은 사회가 취하는 방어적인 철수라고 여겼다. 미국은 외국 항구와 바다에서의 고속도로에 대한 접근이 필요하지 식민지와 방어용 성벽이 필요하지 않다.

헌법과 정치(The constitution and Politics)

외국과 무역정책 간의 연결은 분명해 보인다. 그러나 두 차례의 미국의 시도들은 헌법과 국내 정치가 그 둘을 통합하기 어렵게 만들었기 때문에 각자의 길을 자주 가버렸다.

미국 헌법의 제1조는 "외국과의 통상을 규제할" 그리고 "세금(tax), 관세(duty), 부과금(impost), 소비세(excise)를 설치하고 징수하는" 권한을 의회에 부여했다. 제임스 메디슨이 어떻게 다양한 미국 이익들이 새로운 헌법 하에서 충돌할지를 철저하게 논의하여 해결방법을 설명하기 위해 페더럴리스트 10(Federalist 10) 기고문을 작성할 때, 그는 무역 정책을 하나의 예로 사용했다. 애초부터 의회는 무역에 관한 수많은 아주 치열한 국내 정치적 싸움을 벌였다. 그 충돌들은 여러 지역들과 생산자들의 경제적 편익과 비용을 반영했다. 대통령과 그의 각료들이 의회의 특권에 침범하면, 그들은 피투성이가 되어 나타났다.

무역 정책: 세입, 제한, 호혜
(Trade Policies: Revenue, Restriction, and Reciprocity)

미국 무역 정책의 포괄적인 최근 역사에서 더글러스 어윈(Douglas Irwin)은 미국의 경험을 의회의 주된 목표인 세수(revenue), 제한(restriction), 호혜(reciprocity)에 관한 세 가지 시대로 구분했다. 알렉산더 해밀톤은, 우리가 제

1장에서 보았듯이, 거의 전적으로 관세수익에 의존해 신정부에 자금을 대고 엄청난 부채에 대한 이자를 지급했다. 1792년에 신생 연방정부는 87퍼센트의 세수를 다만 이자를 지급하는 데 사용했다. 수입금은 현재의 경상비(current expenditures)와 이자를 1796년까지 대지를 못했다. 해밀턴은 그 청구서 대금을 결제하기 위해 무역을 유지할 중립정책을 옹호했다.[6]

해밀턴은 국내 제조를 증진하기를 원했으나 보호보다는 포상금(보조금)을 선호했다. 해밀턴은 관세는 소비자 가격을 올리고 비효율적인 절차들을 감추어 주고 밀수를 조장한다는 점을 인식했다고 어윈은 분석한다. 제러드 클래필드(Gerard Clarfield)는 "해밀턴 개념의 주요 단어는 *격려*(encouragement)이지 *보호*(protection)가 아니었다고 기술했다.[7]

1790년부터 1860년까지 관세는 연방정부 세입의 약 90퍼센트를 차지했다. 의회의 무역 정책은 지역들과 생산자들 사이의 싸움으로 결정된 국가 세입(그리고 부채)의 결과였다. 신생 제조업자들은 보호를 추구했고 농업인들은 일반적으로 더 낮은 가격과 더 많은 수출기회를 원했다. 세금을 매길 수 있는 수입품들에 대한 관세는 1800년대의 20퍼센트에서 1820년대에는 약 25퍼센트로 올랐고 1828년 관세법(Tariff Act)이 시행된 후에는 62퍼센트로 올라갔다. 이 혐오 관세(Tariff of Abominations)는, 이름이 말하듯이 정치적 특혜를 주는 절제되지 않은 선거 공작의 결과였다. 국가의 대부분의 사람들은 경악으로 반응했다. 사우스 케롤라이나주(South Carolina)는 분리 독립하겠다고 위협했다. 그 후 1833년 타협으로 관세를 낮추기로 해 1859년에는 평균 약 20퍼센트로 내려갔다.[8]

어윈의 다음 시대 구분은 내전(Civil War)기(역자주: 1861~65년)으로 가장 제한적인 무역정책을 실시한 시기였다. 북부는 전쟁 자금이 필요해 의회는 평균 관세를 약 50퍼센트로 올렸고, 그 세기 내내 그리 유지되었다. 남부주들의 분리독립과 그리고 장기간의 공화당의 정치적 지배는 북부의 산업들의 이익을 편들었다. 미국은 내전 동안 제대군인들에 대한 의무와 함께 엄청난 부채를 쌓아 올렸다. 1860~1913년 사이에, 관세는 여전히 정부 세입의 약 절반을 차지했다.[9]

미국은, 1850년대에 해군을 동원하여, 다른 국가의 시장을, 가장 유명하게는 일본을, 개방하도록 압박했다. 그러나 관세와 무역을 국제정책의 사안으로 보는 관점을 처음으로 부활시킨 불빛은 19세기 말에 등장한 것으로 보인다. 두 차례 국무장관을 역임한(역자주: 1881, 1889~1892) 제임스 블레인(James Blain)은, 라틴 아메리카 국가들은 원자재는 미국에 팔고 공산품은 유럽에서 사고 있음을 관찰했다. 블레인은 라틴 아메리카의 무역장벽을 호혜협정을 통해 낮추기를 원했다. 그리하기 위해서는, 그에게는 교섭을 통해 관세율을 조정할 유연성을 행정부에 부여해 줄 의회가 필요했다. 라틴 아메리카 국가들의 원자재 수출품의 약 90퍼센트는 관세 없이 미국으로 들어오고 있었기 때문에 1890년 맥킨리 관세법(McKinley Tariff)은 대통령에게 미국 수출업자에게 양보를 허용하지 않는 국가들의 관세에 대해 처벌하거나 보복적인 관세를 부과하는 권한을 부여했다. 1891~92년에 블레인은 10개 합의를 교섭했는데 그중 8개가 라틴아메리카 국가들과 한 것이었다. 민주당이 의회를 장악했을 때, 그들은 1894년 정책을 뒤집어 균일한 관세를 선호하는 타협안을 폐지했다. 화가 난 라틴 국가들은 미국 상품에 대해 더 높은 관세로 보복했다. 호혜는 좋은 출발을 하지 못했다.[10]

미국 무역정책은 외교 정책에 의도하거나 아니거나 간에 계속 부딪쳤다. 1876년에 미국은 하와이에 설탕 판매에 우대권을 주었다. 1890년에 맥킨리가 설탕에 대한 모든 관세를 제거하자, 하와이의 경제는 곤두박질쳤다. 그 섬들 내의 미국인 농장주들의 강력한 공동체가 하와이 군주를 전복하고 미국에 합병을 추진했다.

미국은 설탕 관세를 1894년에 다시 부과했고 하와이는 다시 우대권을 복원시켜 주었다. 이번에는 무관세로 혜택을 보던 쿠바 경제가 굴러떨어졌다. 그 혼란은 쿠바 반란을 부추겼고 이로 인해 스페인의 강력탄압을 유발했다. 이 사건은 1898년 스페인-미국 전쟁의 원인이 되었다.[11]

20세기에 들어오면서, 세계 경제는 주요 변환의 와중에 들어선 듯했다. 유럽의 제국들은 아시아와 아프리카로 확장했고, 미국인들은 원자재와 시장에서 차단될 걸 우려했다. 이 여건들은 존 헤이(John Hay)의 중국에 대한 개방정책(Open Door policy) 수립의 원인이 되었다. 독일과 프랑스는 다른 국가에 대해서는 무역 양해(trade concessions, 貿易諒解)를 제공했으나 미국에 대해서는 차별했다. 영국 제국은 우대에 관한 내부 체제를 가동하기 시작했다. 캐나다는 역사적으로 미국의 하나의 중요한 시장이었으나 1897년부터 런던에 비해 미국을 차별하기 시작했다.[12]

무역 정치는 국내에서도 마찬가지로 바뀌고 있었다. 전통적으로 미국 농업인들은-특히 목화, 곡물, 육류-수출업자들이었다. 그러나 20세기에 들어와서는 대형 제조업자들이 또한 순 수출업자들이 되었다. 앤드류 카네기(Andrew Carnegie)는 의회는 철과 강철에 대한 관세를 철폐해도 국내 생산을 해치지 않는다고 주장했다. 그러나 소규모 생산업자들은 동의하지 않았다. 그리고 공화당은 여전히 보호를 지지했다.[13]

그럼에도 불구하고, 대통령 맥킨리는-1890년이 관세법(Tariff Act)의 자랑스러운 저자인-상황이 변하고 있다는 신호를 보냈다. 그는 호혜에 대한 새로운 개념을 주장하기 시작했다. 1901년 9월 5일 버팔로에서 열린 범-아메리카 엑스포에서 행한 연설에서, 맥킨리는 경제적 "고립은 더 이상 가능하지도 바람직하지도 않다… 호혜 조약들은 시대 정신과 잘 어울리고, 보복 조치들은 그러하지 않다"고 선포했다. 일주일 후, 한 정신이상자가 대통령을 암살했다.[14]

테디 루스벨트나 윌리엄 태프트도 관세정책에 대해 특별한 관심을 기울이지 않았다. 당 위주 정치는 너무 위험했다. 테프트는 캐나다와 호혜협정을 시행하려 했으나 캐나다는 그 협정을 1911년 국민투표로 거부했다.

무역과 진보주의(Trade and Progressivism)

진보주의자(progressive)들은 무역 논쟁을 새로운 방향으로 밀어붙였다. 추문폭로 전문기자인 아이다 타벨(Ida Tarbell)은 근로자 가계에 높은 가격부담을 준다고 아우성쳤다. 그녀는 관세가 불공정한 세금 부담을 신발, 의류, 식품 그리고 석탄에 부과한다고 주장했다, 그녀의 다채로운 해설은 관세는 부패 정치와 특정 이익집단의 탐욕이라고 드러냈다. 다른 이들은 관세 왜곡이 독점기업들과 산업 집중을 증진한다고 대들었다.[15]

우드로 윌슨은 공정과 개혁 정부에 대한 진보주의자들의 요구와 민주당 남부인들의 고액 관세에 대한 오랜 반대를 결합했다. 관세와 독점금지는 1913년 신임 대통령의 우선순위의 맨 앞에 놓였다. 언더우드-시몬스 법안(Underwood-Simmons bill)은 과세가능 수입품들의 관세를 평균 40에서 27퍼센트로 깎았고 많은 제품을 무관세 목록으로 옮겼다. 향후에는 더 중요하게 주들이 소득세를 허가하는 헌법의 제16차 수정조항(Sixteenth Amendment)을 비준했다. 그것은 세입위원회(Ways and Means Committee)의 의장의 지시로, 테네시주 하원의원 코델 헐(Cordell Hull)은 관세법안에 연방정부 소득세 조항을 추가하는 조문안을 작성했다. 헐은 단상의 토론을 주재하기도 했다. 1913년, 관세는 연방정부 세입의 45퍼센트를 차지했다. 새로운 소득세로, 관세가 차지하는 비율은 1916년 총세입의 28퍼센트로 떨어졌다. 제1차 세계대전 후, 관세는 연방 세입의 5퍼센트 이하를 차지했다. 헐의 소득세 없이는, 미국은 제1차 세계대전의 비용을 지급하는 데 고전을 했을 것이다. 더욱이, 관세가 차지하는 더 낮은 세입 비율로, 미국은 감당할 수 없는 재정

비용 부담의 위험을 무릅쓰지 않고 관세를 내릴 가능성을 열었다.[16]

제1차 세계대전과 베르사유(World War I and Versailles)

세계대전은, 1세기 전의 나폴레옹 전쟁과 마찬가지로, 미국 무역-미국 경제적 영향력-과 해외 충돌에 대한 미국의 무역 간의 관계를 강조해 보여준다. 전쟁은 또한 미국의 국제 경제적 위치를 변화시켰다. 미국의 수출분량은 1914년과 1926년 사이에 거의 두 배로 증가했고 완제품의 판매는 거의 3배로 증가했다. 수입은 줄어들었다. 미국은 국제 채무국에서 엄청난 채권국으로 바뀌었다.[17]

두 번째 그리고 세 번째 윌슨의 1918년 14개 조항은 항해의 자유와 "모든 국가 사이에서, 가능한 한 많이, 모든 경제적 장애물을 제거하고 대등한 무역 조건을 수립하기"를 추구했다. 그럼에도 윌슨이 12월에 유럽으로 떠날 때, 그는 "경제 주제들에 관해서는 큰 관심이 없다"고 말했다. 또 "국제 무역 문제가 평화 회의(Peace Conference)에서 직접적으로 제기되리라고 생각하지 않는다"고 덧붙였다.[18] 헐은, 대조적으로, "하나의 상설 국제무역회의(a permanent international trade congress)"를 창설해 "공정하고 우호적인 무역 관계를 증진"하고 "경제 전쟁"의 위험을 피하자고 촉구했다.[19]

국제연맹에 대한 공화당 상원의원들과의 윌슨의 싸움은 관세정책으로 옮겨갔다. 상원의원 로지(Lodge)의 14개 유보조항 중 하나는 무역을 규제하는 의회의 권한을 공언했다. 1920년에는 평균 과세 가능한 물품에 대한 관세는 16퍼센트로 1792년 이후에 가장 낮았다.[20]

1920년대(The 1920s)

연방은행은 1920년에 돈을 조여 심각한 디플레이션(통화수축물가하락, deflation)과 경기침체(economic downturn)를 촉발했다. 신임 공화당 의회는 자신들의 단골 메뉴로 돌아섰다. 높은 관세. 1922년 그들의 관세의안은 130쪽에 달하고 더 높은 그리고 보호주의자의 비율을 복원시켰다. 그럼에도 불구하고, 그 입법행위는 장기적으로 성장할 혁신의 씨앗들을 심었다. 국무장관 찰스 에반스 휴즈와 협력하여, 의회는 대통령이 전문가들이 계산한 "생산비용"에 근거하여 그 율을 조정하도록 허용하는 하나의 유연한 관세 조항을 제정했다. 그 개념은 작동할 수 없는 것으로 드러났으나, 관세에 대한 권한을(1928년 대법원은 인정했다) 대통령에게 부여한 것은 하나의 중요한 선례가 되었다.[21]

이와 대등하게 중요한 것은 1922년 법이 *무조건적인*(unconditional) 최혜국(MFN, most favored nation)대우의 원칙을 지지했다는 점이다.[22] 미국은 MFN 의무를 조건적으로 적용해 오고 있었다. 하나의 조건적인 MFN은 MFN 상대방이 하나의 새로운 혜택을(비록 다른 형태일지라도) 부여하지 않으면 새로운 무역 양보를 주지 않았다, 이 절차는 차별과 예외로 가득한 복잡한 국가관세표를 만들어 내게 되었다.

무조건적 MFN 하에서는, 모든 상대방들은 추가적인 조치 없이 이익을 보게 되었다. 당시 미국은 많은 합의를 교섭하지 않고 있었기 때문에 그 변화를 거의 주목하지 않았다. 어쨌든, 의회는 관세를 내리지는 않고 올렸다. 코델 헐은, 그러나, 그 도구의 잠재적 능력을 인식하고 있었다. 무조건적인 MFN은 장벽을 낮출 뿐만 아니라 일대일 교섭에서 얻는 자유화 이익을 확대하여 하나의 국제 체제를 창설할 수 있을 것이었다.[23]

미국경제의 대부분은 1920년대에 호황이었으나, 농업인들은 고전했다.

농업 위주의 미드웨스트(Midwest)는 가격 지원을 요구했고, 지원을 얻지 못하자, 보호 관세 도입을 요구했다. 그러나, 미국 농업은, 순 수출업자, 세계적인 공급과 수요에 의해 결정되는 세계적 가격에 달려있었다. 미국 수출을 위한 국내 보호는 범세계적인 농산물 가격에 거의 영향을 미치지 못했다.

스무트-할리: 보호주의와 붕괴
(Smoot-Hawley: Protectionism and Breakdown)

그럼에도 불구하고, 농업인을 보호하려는 국내적 정치 압력은 의회가 약해진 국제경제에 가장 큰 펀치를 날리게 유도했다. 스무트-할리(Smoot-Hawley) 의안과 1930년 관세법(Tariff Act)이 그것들이다. 스무트-할리 법안은 개별 관세를 거의 3,300여 품목에 부과했다. 모두가 "오래된 그리고 최악의 유형의 결탁"의 광란에 가담했다. 1929년 10월 도산은 은행위기로 그리고 대불황(Depression)으로 퍼져 나갔고, 의회는 더 높은 보호막을 추가했다. 비록 1,028명의 경제학자들이 대통령 후버에게 그 의안을 거부하라고 촉구했으나, 그는 1930년 6월 17일에 서명을 어쨌든 해버렸다.[24]

지금에 와서 대다수의 경제학자들은 통화 및 금융 요인들이 대공황(Great Depression)의 깊이와 기간의 주된 원인들이라고 믿는다. 스무트-할리 의안은 문제를 더 악화시켰고 더 높은 관세와 보복의 파도를 작동시켰다.[25]

1932년에 평균 미국 관세는 59.1퍼센트로 최고에 달했다. 1929년과 1932년 사이에, 미국의 수출과 수입의 총액은 거의 70% 줄었고, 분량으로 따지면 수출은 49퍼센트, 수입은 40퍼센트가 줄었다.[26]

의회는 그 의안에 대한 외국 반응을 결코 심각하게 심의하지 않았다. 약 65개 외국 정부가 항의했으나, 유타주 상원의원 리드 스무트(Reed Smoot)와 그의 동료들은 "관세는 하나의 국내적 사안이다… 어느 외국도 간섭할 권리가 없다"라고 대들었다. 교수 어윈(Irwin)은 그의 논평 *의회기록(Congressional Record)*에서 토마토 관세에 관한 논의는 20쪽에 달하나 의회의 수작업(handiwork)의 국제효과에 대한 단어는 거의 발견되지 않았다고 지적했다.[27]

캐나다는 1929년에 미국 수출의 20퍼센트를 차지했으나 엄하게 보복했다. 1932년 2월 영국은 제국 경제 블록 내에서의 그간의 전통적인 자유무역체제를 철회했다. 1930년에 미국 수출의 70퍼센트는 영국에 무관세로 수출되었다. 그 숫자는 1931년 말에는 20퍼센트로 떨어졌다. 캐나다와 영국을 합해 미국 수출의 1/3 이상을 가져갔다.

다른 국가들은 우선권(preferences), 특별 허가(special licenses), 외환관리(exchange controls), 할당량(quotas), 심지어는 물물교환(barter)에 근거하여 경제블록을 형성했다. 독일은 남동 유럽으로 향했고 다음에는 경제자립국가(autarky)를 지향했다. 일본은 대동아공영권(Great East Asia Co-Prosperity Sphere)을 창설했다. 1929년에서 1933년 사이에 세계 교역량은 26퍼센트 떨어졌다. 1930년 말에도 세계 무역은 1929년 수준을 따라잡지 못했다.[28]

미국은 1940년과 50년대의 상당 기간을 1930년 관세법의 국제경제 쓰레기를 치우는 데 보냈다. 스무트-할리는 미국 대중에게 하나의 나쁜 입맛을 남겼으나, 미국 무역 정책은 1933년까지 표류하고 있었고 그때 코델 헐은 무역 역사를 재구성할 기회를 포착했다.

코델 헐의 정치 교육(Cordell Hull's Political Education)

헐은 국무장관직에 오르기까지는 긴 여정을 수행했다. 17세에 그는 말 한 필이 끄는 마차의 마부로 선거 유세를 하는 주지사를 태우고 일정을 시작했다.[29] 켄터키(Kentucky)주 경계 소재 동중부 테네시(Tennessee)에 거주한 헐 가족은 상대적으로 부유해 컴벌랜드 법학대학(Cumberland Law School)에서의 1년을 포함한 적절한 교육을 시킬 수 있었다. 그는 변호사를 개업했으나, 초기부터 그의 진정한 직업은 정치라고 일찍부터 결정했다. 그는 21세에 주의회 의원이 되어 두 번의 임기를 마치고 스페인-미국 전쟁에서 지원병을 지휘했다. 그는 행동을 본 적은 없지만 기병처럼 악담하는 걸 배워 그의 예의 바르고, 점잖고 다소 뻣뻣한 남부 신사의 태도에 익숙한 사람들을 나중에 놀라게 했다.

헐은 주 순회재판관으로 10개 군을 관할하게 되어 자신의 정치적 교육을 확장해 주었다. 헐의 정치적 멘토이고 낮은 관세를 선호한 하원의원이 1906년 은퇴해 헐에게 의회로 진출하는 길을 열어주었다. 그는 하원에서 1906년부터 1930년까지, 1920년 공화당의 압도적인 승리로 한번 패배를 제외하고 연임했다. 그는 짧은 공백기를 이용해 우군을 만들고 부지런한 민주당전국위원회(Democratic National Committee, DNC) 의장이라는 더 넓은 명성을 얻었다. 그는 강력한 세입위원회(Ways and Means Committee)로 1911년 이동했고 관세와 세금 사안들에 대해 전문지식을 쌓았다. 1930년에 헐은 상원의원이 되었다.

헐은 정치적 인내심을 배웠다. 그는 "무엇보다도 한 생존자였다"고 한 전기작가는 기록했다. 그는 그러한 인성은 앞으로 닥칠 시련에 필요했다.[30]

1920년대 초에, DNC를 주재하면서, 헐은 프랭클린 루스벨트(Franklin Roosevelt)에게 접근했다. 1920년 민주당 부통령 후보로서 FDR의 역할은 그의 영향력을 진전시켰다. 비록 FDR의 소아마비(1921)가 정치적 전망을 어둡게 하기는 했으나, 헐은 민주당(Democratic party)이 지역별 이해를 반영한 하나의 연합체라고 인식하고, FDR을 차기 지도자로 판단했다. 1926년부터, 이 두 전문 정치인들은 정기적으로 만나 관점을 서로 비교했다. FDR은 1928년 대통령 후보인 뉴욕 출신 앨 스미스(Al Smith)의 부통령 후보로 헐을

지명하는 것을 지지했다.[31]

FDR이 1932년에 대통령에 나설 때, 헐은 초기부터 그를 지지했다. 테네시주 출신 헐은 대대적으로 남부의 지원을 제공했고 상원에서 루스벨트의 사람으로 봉사했다. FDR의 유세 관리자인 제임스 팔리(James Farley)는 루스벨트에 대한 헐의 가치를 다음과 같이 요약했다. "대회 이전에, 우리에게 한 친구가 필요한 날에 헐보다 더 효율적이고 충실한 서비스를 제공하는 사람은 아무도 없었다." 헐은 엄청난 정치적 자본(political capital) 창고를 지었다.[32]

헐, 국무장관이 되다(Hull becomes Secretary of State)

루스벨트의 압도적 선거 승리 후에, 신임 대통령은 그의 정치 연합을 반영하는 내각을 구성해야 했다. 헐은 결코 FDR의 사적인 친구는 아니었으나 서로의 정치적 감각을 존경했다. 그리고 헐은 민주당의 이념적 중심 근처에 있었다.[33]

12년 동안 바깥에 있었고, 그 앞 8년 동안 윌슨의 고도로 개인화된 외교정책이 있었기 때문에, 민주당 마구간에는 국제전문지식이 결핍되었다. 헐의 의회와의 연대, 남부 지도자 지위, 정치적 충성도, 관세정책을 통한 외교 사안에 대한 친숙함은 그를 적절한 후보자로 만들었다. 헐은 그 자리를 원하기도 했다. 어쨌든, FDR의 우선순위는 국내에서 경제적 위기 해결이었다. 그리고 극도로 자신감 넘치는 신임 대통령은 아마도 그가 외교정책을 어쨌든 운영할 수 있다고 느꼈을 것이다.

헐은 국무장관이 되라는 제의에 바로 달려들지는 않았다. 사실 그는 거의 4주를 기다렸다. 헐은 건강 문제가 생겼다-그는 결핵(tuberculosis)에 걸렸다는 것을 방금 알게 되었다. 그러나 그의 망설임은 뉴딜 경제정책에 관한 의심과 일부 FDR의 "측근(Brain Truster)"의 멸시, 신임 대통령의 관세 사안에 관한 불확실성에서 나오고 있었던 듯하다. 헐의 경제철학은, 단체들(collectives), 조정자들(controls) 혹은 카르텔(cartels, 기업연합)이 아닌, 개인주의(individualism)를 강조하고, 특히 농업인과 소기업인들의 이익을 강조했다. FDR은 측근 중의 한 명인 레이몽 몰리(Raymond Moley) 교수를 국무차관으로 지명했다. 그리고 헐은 몰리가 그의 장관 유망주에 대항해 이미 책략을 꾸몄다는 사실을 알았다. 루스벨트의 개인적 보장을 받고 헐은 국무부에서의 정책을 새울 수 있었다. 그는 서명을 했다.[34]

헐은 FDR이 대안들을 열어 놓고 자신의 주변 사람들을 서슴없이 조정한다는 점을 힘들게 배웠다. 그는 대통령 다음으로 그 행정부에서 가장 인기 있는 사람으로 일반적으로 인정받고 있었다. 그는 행정부의 고위급 남부인이고 윌슨주의자이었고 의회에서 그의 관록은 남부 지역의 강력한 의장직을 부여했다. 그는 취약성을 만든 적을 파괴할 적절한 순간을 기다릴 줄 알았다.

1933년 런던 경제회의(The London Economic Conference of 1933)

헐의 최초의 외국 출장은 1933년 6월 런던 경제회의(London Economic Conference)였다. 영국 수상 렘지 멕도널드(Ramsey MacDonald)는 FDR을 그해 4월에 방문해 미국의 참가를 권유했다. 맥도널드는 경제적 신뢰를 복원하기를 원했다–부채, 통화 그리고 금융정책, 그리고 무역을 통해. 그러나 런던 회의는 하나의 재난으로 드러났다.

헐은 미국 대표단 수석대표였으나, 미국의 계획을 몰리(Moley)가 지배하려고 시도했다. 대표단원들은 개성들이 강하고, 이념적으로 분리되어 있었고, 개인적으로 논쟁을 즐기는 사람들의 이상한 혼합물이었다. 헐은 대표권한을 결코 행사하지 않았다. 그는 대통령이 관세 개혁안을 임시 회기 만료 전에 의회에 제출해 무역장벽을 깎아 내는 국제교섭을 제안할 수 있기를 희망했다. 헐이 런던으로 가는 도중에 대통령은 제안된 의안을 폐기했다.

헐에게는 무역에 관해 일반적으로 말하는 것 이외에는 아무 권한도 남아 있지 않았다. 심하게 사기가 저하된 장관은 거의 사임할 지경이었다. 행정부 내에서의 분쟁은 입법 순위보다 훨씬 더 심했다. 초기 뉴딜(New Deal)의 측근들은 윌슨주의적 국제주의자들과는 근본적으로 충돌했다. 레이몽 몰리, 렉스 터그웰(Rex Tugwell), 그외 다른 FDR 자문관들은 국내 생산을 줄여 가격을 올리려 전국산업부흥법(National Industrial Recovery Act)과 농업조정법(Agricultural Adjustment Act)을 설계했다. 그들은 생산 조정, 계획, 카르텔을 이용해 공급을 줄이기를 원했다. 수입은 자급자족 국가 경제 내의 조직화된 "공정 경쟁(fair competition)"을 위한 자신들의 계획을 약화시킬 것이다. 사실, 경제 문제의 원인은 긴축 금융 공급과 수요 부족이었지 과잉 생산이 아니었다. 그러나 뉴딜 주창자들(New Dealers)은 그들의 정치적인 돛에 바람을 안고 있었다.

상황을 더 악화시키게, 몰리는 런던에 통화안정(monetary stabilization)합의를 교섭해 그 회의를 "살리기" 위해 런던에 오기로 결정했다. 대서양을 건너는 6일 동안, 몰리는 헐을 언론에다 대고 포악하게 헐뜯었다. 그 다음에는 몰리는 헐을 무시하고 영국과 프랑스 대표들과 작업해 하나의 막연한 통화선언안을 만들었다-FDR은 이를 거부했다. 대통령은 금융회의 개념 전체를 맹비난하는 대중영합주의적 선언문을 발급했다. 그의 우선순위는, 대통령은 직설적으로 분명히 국내 경제적 질병을 고치는 것이라고 말했다. 회의는 격분으로 폭발했다. 맥도널드는 미국의 의사방해와 FDR의 속임수를 비난하면서 그 회의를 닫기를 원했다.

그 다음 해에 *커런트 히스토리(Current History)*지의 한 기사는 헐이 "런던에서 늘씬하게 얻어맞았다"고 보고했다. 그러나 장관은 3가지 성과를 가지고 돌아왔다. 그는 맥도널드의 정회 조치를 수 주간 보류시켜서 미국에 대한 적의의 일부를 소멸시켰다. 헐은 세계 관세를 줄이는 것에 관한 미국의 결의안을 회의록에 남기기도 했다. 가장 중요하게는, 몰리의 공개적인 저격은 헐이 대통령에게 사실상 최후통첩을 보내도록 유도했다. 여름이 끝날 무렵 몰리는 떠났다.[35]

무역 전략(Trade Strategies)

헐은 첫해에 무역-교섭 전략을 어떻게 설계해야 하는지에 관해 하나의 통찰력을 얻었다. 스무트-할리나 심지어 관세율을 직접적으로 깎는 것은 어리석다고 결정했다. 그의 회고록에서, 전임 장관은 처음에는 "관세 장벽을 내릴 어떠한 조치나 합의도, 그 합의가 다자간이든, 복수의 국가들에 의해 혹은 모든 국가들의 서명을 받든, 지역적이든, 소수의 국가들이든, 단지 2국가를 포함하는 양자 간이든지 간에" 좋다고 생각했었다고 회상했다. 그러나 런던 회의 전과 후에, 헐은 아무 국가도, 특히 미국은 가치 있는 다자간 거래를 수용하지 않을 것으로 결론을 내렸다. 그러므로 헐과 그의 동료들은 "무역장벽을 낮추는 차선의 방법-최혜국정책을 무조건적인 형태로 수용하는 양자간 합의-무차별 및 대등한 대우를 하는 정책을 의미하는-의 입법을 확보하기로 힘써야 한다는 데 합의했다."[36]

2001년 내가 미국 무역 대표가 되었을 때, 나는 헐의 경험을 상기했다. 많은 국가들이 세계무역기구(World Trade Organization)에서의 무역자유화의 하나의 새로운 라운드를 개시하는 노력을 막았다. 여러 정부들은 서비스와 기술 같은 분야에 대해-나중에 세계 경제에서 엄청나게 커지는-새로운 규칙을 고안하기를 꺼려했다. 헐의 정신을 본받아, 우리는 "경쟁적 자유화"-다자 간, 지역 간, 그리고 양자 간 교섭하는-전략을 결정했다. 일부 국가들이 준비가 되어 있지 않거나 원하지 않으면, 미국은 준비가 된 국가들과 우선 진행할 것이다. 우리는 양자 간 협정들을 이용해, 헐이 했듯이, 규칙들에 대한 국제적 지지를 축적해 나갔다. 그 규칙들은 그 다음에 지역적으로 그리고 심지어는 세계적인 거래에서 적용할 수 있게 될 것이었다.

1934년 호혜무역협정법(The Reciprocal Trade Agreements Act of 1934)

1933년 후반에 대통령 루스벨트는 무역 교섭을 허가하는 법률제정을 추진하기를 여전히 주저했다. 그러나 장관은 동료 각료들과 하원의원들을 주의 깊게 설득했다. 그는 단 3쪽의 의안 초안을 준비했다.

1934년 2월 28일, 대통령은 헐, 부통령, 주요 민주당 상원의원과 하원의원들, 농업장관과 헐의 초안을 심의한 소수 인력을 만났다. 제안서는 대담하고 간단했다. 그 안은 무역 합의를 통해 수입 관세를 스무트-할리 비율에서 50퍼센트까지 줄일(혹은 올릴) 권한을 대통령에게 부여하는 것이었다. 관세 감축은 무조건적인 MFN 조항을 포함한 미국 합의를 가진 모든 국가들에 적용될 것이었다. 그 합의는 의회의 승인을 요구하지 않았다.[37]

그 의안은 의회의 권한을 대통령에게 부여하는 방식으로 구조를 짜서, 행정부는 조약을 비준하는 상원의 역할을 우회했다. 더욱이, 새로운 권한은 시간에 의해 제약되지 않으므로, 의회는 단지 한 번만 투표를 하면 되었다. 이것은 한 번에 권한을 확보하는 것이었다.

FDR은 추진을 승인했다. 세입위원회의 민주당 의장이 그 안을 소개했고 빠르게 동의를 얻었다. 위원회는 단 5일 동안 17명의 증인의, 이 중 7명은 행정부 편, 의견을 들었다. 그 안을 본회의로 넘기는 과정에서, 의장은 하나의 중요한 수정을–신규 권한은 의회가 연장하지 않으면 3년 후에 소멸되도록–규정했다.[38] 뉴딜(New Deal)이 의회 권한을 국내 기관(domestic agency)으로 이전한 것과는 달리, 의회는 무역 정책에 관해 가까이 놓고 감독하기를 원했다. 그 다음 80년 동안, 대통령은 무역-교섭권을 유지하기 위해 의회와 싸움을 해야 했다. 시간이 가면서 의회는 제약, 절차들을 추가하기로 주장했고 결국에는 합의에 표결을 요구했다.

1934년 3월 29일에 하원은 호혜적 무역합의법(Reciprocal Trade Agreements Act, RTAA)을 274대111로 통과시켰다. 전임 공화당 국무장관 헨리 스팀슨은 전국적인 라디오 연설에서 그 안을 지지했다. 6월 4일에 RTAA는 상원을 57대33으로 통과했다.[39)]

어윈 교수는 미국 무역 정책에 관한 자신의 연구에서 "RTAA는 체제 변화(레짐체인지, regime change)를 연구하는 학자들의 관심을 오래 끌었다"고 말했다. 그는 "RTAA는 그 당시의 상황에 하나의 실용적인 대응이었다"[40)]고 분석했다. 그것은 무역 지원에 대한 정치를 순화시켰다. 무역 사안의 면목이 얼마나 높게 관세를 매기는 것에서 얼마나 장벽을 낮추는 가로 변환되었다. RTAA 당국에 대한 의회의 평가서는 이제는 소비자와 수출 이익들을 포함하고 있다. 추가적으로, 대통령은 국가 안보와 외교 정책 심의를 관세와 무역 정책에 감안할 역량을 가지게 되었다.

RTAA 집행을 위한 싸움(Fighting to Implement the RTAA)

장관 헐은 3년 내로 성과를 기록해야 했다. 3개월 내에, 국무부는 쿠바와의 무역 합의를 발표하고 11개의 다른 국가와도 교섭을 할 작정이라고 발표했다.[41)]

그러나 헐은 우선 몰리보다 더 훨씬 더 위험한 관료 한 명을 제쳐야 했었다. 헐이 그의 회고록에서 설명하듯이, "무역 합의 프로그램에 가장 큰 위협은 외국에서 오지 않고, 공화당도 아니고, 특정 제조업체나 농업인도 아니고, 루스벨트 행정부 자체로부터 왔다. 조지 피크(George N. Peek)라는 인물로부터."[42]

피크는 농업인들에 정치적 기반을 가지고 있었다. 그는 농업조정법의 최초의 행정관이 되었다. 그의 계획은 잉여농산물을 사서 해외에 떠넘겨 국내 가격을 올리는 것이었다. 농업장관 헨리 월리스(Henry Wallace)가 피크를 밀어낸 후, 루스벨트는 피크를 외국무역에 특별 보좌관으로 임명했다. 피크는 신생 수출입은행(Export-Import Bank)을 맡아 국무부 바깥에서 관료적 권한을 수립했다. 헐은 나중에 기록했다. "만약 루스벨트 대통령이 큰 망치로 미간을 친다면, 그는 이 임명보다 나를 더 놀라게 할 수는 없었다."[43]

피크는 고율의 관세, 할당, 외국환 거래 조정의 새로운 무역세계는 변하지 않는다고 가정했다. 그의 해답은 "조정되고 통합된 정부의 무역 기구(trading house)"를 통해 그가 지휘할 관리무역(managed trade)이었다. 외환 통제를 우회하기 위해, 피크는 양자적인 상품의 물물교환을 하려 했다. 그의 수출입 은행이 자금을 대고 또 판매에 보조금을 줄 수 있다고 생각했다.[44]

피크는 대등한 대우에 근거한 개방 국제 무역 체제를 다시 축조하려는 헐의 계획은 "일방적인 경제 무장 해제"로 여겼다. 피크는 경제 통제와 정부-주도(state-directed) 무역을 원했다. 헐은 정부는 무역흐름을 주도하는 걸 중지해야 사적 기업들과 농업인들이 가격과 품질에 근거하여 공개적으로 경쟁할 수 있다고 생각했다. 헐은 미국인과 외국인들이 번영할 수 있는 국제적인 규칙 체제를 개발하기로 노력했다. 피크는 정부들이 정한 조건에 근거하여 개별적인 합의를 타결하기를 원했다. 헐의 프로그램은 합의가 장벽을 낮춘 후 사적 당사자들이 기회를 포착하기 때문에 작동하는 데 시간이 걸린다. 피크는 루스벨트를 정치적으로 기쁘게 하는 단기간의 상품 판매 선언을 약속하는 이점을 가졌고, 대부분의 정치인들은 단기 흥행으로 살아간다.[45]

헐과 피크의 투쟁은 1934년부터 초기 1935년까지 미국 무역 정책을 지배해 국무부가 새로운 RTAA를 집행하지 못하게 했다. 헐은 그의 동료 각료들 사이에 지지를 쌓아 나갔다. 한편 피크는 최종 승부를 위해 공세를 시작했으나, 최선의 전장에 대한 그의 안목은 실패했다.

피크는 목화를 신생 독일의 나치(Nazi)체제의 와인과 거래하라고 압박했다. 독일은 경화(hard currency)를 사용하지 않고, 그들의 무역 정책을 자유화하지 않고, 미국 채권소유자에 대한 차별을 종료하지 않고 미국 상품을 획득하기를 원했다. 국무부는 미국 무역과 금융정책 간의 충돌을 지적했고 또 독일은 현금을 축적해 군수품을 구입하려 한다는 점을 지적했다. 피크는 어쨌든 1934년 11월에 베를린과의 거래를 선포했다. 독일은 목화의 달러 가격의 25퍼센트만 지급하고 나머지는 독일 마르크로 지급해 미국인들이 독일 상품을 구매하는 경우에만 사용할 수 있었다.

피크의 거래는 브라질을 또한 힘겹게 했다. 헐은 브라질이 영국과의 차별적 거래에서 빠져나와 미국 쪽으로 오도록 하는 합의를 교섭해왔다. 그러나 브라질은 목화의 주요 수출국이었다. 만약 미국이 차별적이고 양자적 물물교환을 시행하면, 브라질은 보복을 해야 하고 또 정치적인 무역 거래에 의존할 수밖에 없게 된다.

대통령 루스벨트는 피크의 독일과의 물물교환(barter)을 헐이 외유 중인 12월 12일에 승인했다. 헐의 보좌관은 장관에게 보고하는 동안 백악관이 그 결정을 대외적으로 공개하는 것을 유보하도록 하는 데 성공했다. 비록 국무부는 FDR의 결정은 불가역적인 것으로 생각했으나 병을 앓는 헐은 행동에 돌입했다. 그는 그 거래는 미국의 외교정책의 한 주춧돌이고 또 미국 농업인들을 위해 외국 시장을 여는 최선의 방법에 어떻게 모순이 되는지를 설명하는 열정적인 "개인적이고 대외비적인" 메시지를 보냈다. 독일은 부채를 취소해 버리고 미국인들에 대해 차별했다. 이 거래는 수출입은행이나 미국 농업인들에 손해를 끼치고 그 손해로 베를린은 돈을 절약해 "엄청난 무기"를 구매할 수 있다. 사실상, 그 거래는 독일 제품에 보조금을 지급하게 되어 미국 제품과 불공정하게 경쟁하도록 해 준다. 그리고 피크의 사업은 "히틀러 체제에 맹렬히 반대하는 미국 국민의 가장 큰 부분에서 극단적인 억울함을 촉발시킬 게 거의 확실하다"고 설명했다.

나는 FDR의 동료들 중에서 대통령을 능가하는 지렛대, 주장, 그리고 정치적 수완을 가진 사람은 거의 없었다고 본다. 헐은 그리했다. 루스벨트는 그의 승인을 취소했다.[46] 피크의 영향력은 약해졌다. 1935년 말에, 그는 떠났다.

무역합의 교섭하기(Negotiating Trade Agreements)

헐은 이제 그의 무역 합의들에 집중할 수 있었다. 그는 신속하게 그러나 주의하여, 항상 국내 정치 위험을 경계하면서 추진했다. 헐의 합의들은 국민들의 지지를 유지하면서 무역장벽을 낮추고 차별하지 않고 무조건적인 MFN의 수용 확대를 추구했다. 미국은 자유무역협정(free trade agreements)을 교섭하고 있지 않았다. 교섭자들은 2개 원칙을 고수했다. 첫째, 주요 공급자의 생산품에 대한 장벽을 낮추어 협정에 참여하지 않은 MFN 동반자들에게 돌아가는 혜택을 제한한다. 둘째, 국내에서 반대가 나오지 않을 상품에 집중하기로 노력한다. "[그의 프로그램]의 5퍼센트만이 경제적이고 나머지 95퍼센트는 대개 정치적이거나 심리적인 것이[었다]"라고 헐은 사적으로 인정했다.[47]

미국은 두 번째 합의를 브라질과 1935년 초에 체결했다. 미국의 망간 생산업자들은 반대했고, 헐은 정치적인 지지를 유지하는 걸 걱정했다.[48] 그러나 브라질과의 더 긴밀한 경제적 유대는 제2차 세계대전 동안 큰 이익을 주었다. 그 당시 브라질의 우의는 워싱턴이 아메리카 대륙 국가들의 지지, 유럽으로 가는 공중 가교(air bridge)의 기지, 그리고 브라질 전투부대를 확보하게 했다.

상원이 미국이 세계재판소에 가입하는 것을 1935년 초에 거부하자 헐의 자신감은 흔들렸다. 루스벨트와 헐은 벨기에(Belgium)와 룩셈부르크(Luxembourg)와의 협정에 대해 망설였지만 각자는 만약 상대가 책임을 진다면 그 합의를 수용할 수 있다고 결정했다. 결국에는 벨기에의 정치적 쇠퇴에 직면해, 국무부 정무차관(under secretary)은 헐이 외유 중이고 대통령이 부재 중일 때 서명했다.[49]

첫 번째 타결은 미국에 탄력을 주었다. 국무부는 미국과 자국의 조건들을 교섭하기를 시작하는 국가들에게 6개월 동안 무차별 MFN 대우를 제공하기로 결정했다. 1936년 말에는 미국은 아이티, 스웨덴, 콜롬비아, 캐나다, 온두라스, 네덜란드와 그 식민지들, 스위스, 니카라과, 과테말라, 프랑스와 그 식민지들, 핀란드, 코스타리카 순으로 협정을 맺었다.[50]

캐나다와의 합의는 특히 중요했다. 미국과 캐나다는 "세계에서 가장 큰 양-방향 무역 관계"를 가지고 있었다. 그러나 미국 수출은 1929년 10억 달러에서 1933년에는 2억1천만 달러로 곤두박질쳤다. 캐나다의 보수당(Conservatives)과 자유당(Liberals)은 정부 교체를 통해 지원했다. 윌리엄 리옹 멕켄지 킹(William Lyon Mackenzie King) 수상은 북아메리카 통합의 오랜 친구였고 하나의 개방적인 국제경제 체제를 창출하는 헐의 비전을 공유했다. 헐도 캐나다와의 협정이 런던과 영국제국을 그의 무역질서로 편입할 수 있을 것이라는 점을 알아보고 환영했다.[51]

캐나다와의 교섭이 마지막 단계에 이르렀을 때, 헐은 무대에서 오그라든 것처럼 보였다. 그는 아팠고 휴식이 필요했다. 그러나 정치적 위험 때문에 주저하기도 했다. 이때 FDR은 직접 양보 품목의 명단을 검토해 중요한 주들의 이익에 영향을 주는 몇 가지 품목을 삭제했다. 그러나 일단 움직일 준비가 되자, FDR은 열성적으로 추진했다. 1935년 11월 15일에 FDR은 백악관에서 수상 킹과 전 미국 각료가 증인으로 배석한 서명식에 노스캐롤라이나주(North Carolina)에 체류 중인 헐을 불렀다. 대통령은 그의 정치적 국무장관이 서명을 하고 책임을 지기를 원했다. 그 덕분에, 헐은 비판자들을 힘을 내어 반박했다. 북아메리카 동반자들 간의 양-방향 무역은 다시 급격히 높아졌다.

전운이 감돌다: 영국과 일본과의 무역
(War Looms: Trade with Britain and Japan)

헐의 최우선 순위는 이제 영국이 되었다. 영국은 하나의 중요한 경제였다. 1920년대에 영국은 캐나다와 함께 미국 수출의 2대 시장 중의 하나였다. 그러나 헐의 진짜 목적은 개방적 국제 무역이란 그의 틀에 런던의 동의를 얻는 것이었다. 헐은 "우리의 무역 합의 프로그램은 영국이 아치(arch)의 정점에 삽입될 때까지는 완성된 것으로 간주될 수 없다"고 나중에 기록했다. 수 세기 동안 영국은 처음에는 지구 전체를 두르는 식민지들과의 중상주의자(mercantilist)로 그 다음에는 자유무역자(free trader)로 세계 무역의 강자로 군림했다. 그러나 대공황은 런던이 파운드 블록(sterling bloc), 보호주의, 영연방 내 특혜관세(imperial preference), 심지어는 양자 간 균형과 물물교환에 근거한 체제의 지도자가 되었다. 대전쟁의 여파는 두 국가가 서로 좌절하게 했다. 전쟁부채는 여전히 출혈 상처였다. 1930년대 후반에서는, 미국인들에게 영국의 이미지는 미국의 부상을 못마땅해하고, 과거 제국 특권에 집착하고, 의무를 이행하지 않는 속물 경쟁자였다-파시스트에 우뚝 선 용기 있는 민주주의를 이끈 윈스턴 처칠(Winston Churchill)의 이미지가 아닌. 헐과 다른 이들은 영국의 보호주의가 스무트-할리에 대한 대응이고 미국의 것보다 덜 악성이라는 점을 편리하게 간과했다.52)

1936년부터 1938년 말까지 런던과 워싱턴은 무역을 두고 언쟁을 벌였다. 캐나다는 도움을 주려고 했고, 보호주의 오스트레일리아는 버티었다. 수상 네빌 채임벌린(Neville Chamberlain)과 외무장관 앤서니 이든(Anthony Eden)은 밀접한 무역 유대가 주는 외교 정책 편익을 볼 수 있었으나 재무부와 무역위원회는 경제적 현실에 고전하고 있었다. 영국은 영연방국가들에 양보할 게 제한되었고 보상해 줄 길은 거의 없어서 무역을 미국에 잃게 될 것이었다. 섬나라 영국은 전쟁의 구름을 보았고 제국의 통합을 유지하고 공급원들을 확보할 필요가 있었다. 런던은 워싱턴의 제한적인 중립 법(neutrality laws) 때문에 미국에 의존할 수 없었다. 헐은 "세상은 불타고 있다"고 인식했을 수도 있었으나, 뜻을 같이하는 국가들은 "실제적인 프로그램으로 뭉칠" 필요가 있었다. 그러나 미국은 정치적인 조건들이 아닌 상업적 교섭을 요구했다.53)

수상 체임벌린은 결국 하나의 합의는 "점점 더 우리와 함께 행동하게 미국 여론을 교육시킬 수 있다. 왜냐면 미국은 전체주의자들(totalitarians)에 겁을 먹을 것이라 걸 나는 확실히 느낀다. 이 시점에 이르면 그 합의는 베를린-로마 축(Berlin-Rome axis)에 대한 하나의 해답처럼 보일 것"이라고 결론을 내렸다. 그러나 1927~38년 미국 불황은 어려운 교섭을 복잡하게 했다. 1938년 9월 뮌헨합의(Munich Agreement)는 마지막 교착 상태를 깨뜨려 영국, 캐나다, 미국은 1938년 11월 17일에 하나의 소박한 합의서에 서명했다. 그 후 1년 이내에 영국은 전쟁에 끌려들었고 무역에 엄격한 통제를 채택하게 되었다. 1941년 후 영국에 대한 미국의 무역은 새로운 무기대여(Lend-Lease) 프로그램에 의거하게 되었다. 헐의 후임자들은 런던의 제국 특혜관세와 차별적 무역에 대해 나중에 다투어야 했다.54)

헐은 독재정부(dictatorship)들의 자연적인 반대자였다. 그의 정치적 성향은 독일과 이탈리아의 자급(autarkic) 경제 및 무역 정책에 대한 적의로 강화되었다. 그러나 그의 경제적 논리는 파시스트(fascist)의 진정한 동기들을 보지 못하게 했다. 헐은 "경제적 부흥"이 군국주의(militarism)보다는 무역을 통해 "만족"을 사람들에게 제공할 것이고 계속 믿었다.[55)]

일본은 더 복잡했다. 도쿄는 헐이 옹호하는 개방거래체제로부터 편익을 볼 수 있었다. 두 경제는 대체로 보완적이었다. 1935년 미국 대사 조셉 그루(Joseph Grew)는 일본의 팽창적 경향을 설명했다. 일본의 산업화, 인구과잉, 천연자원의 부족은 외부를 지향하게 했다. 그러나 세계 시장은 일본에 좁혀지고 있었다. 그루는 임상적으로 워싱턴은 "더 큰 시장과 기회를 제공"하든가 혹은 전쟁을 감행함으로써 극동에서 한 세대 동안 그 이익을 지킬 수 있다고 지적했다. 그루의 논리는 경제 확장이 군사적 공세에 대한 대안을 제공한다는 헐의 믿음에 호소했을 수 있었다. 그러나 헐은 일본의 저가의 수출품이-특히 섬유, 의류와 다른 소비재들-국내 가격을 올리려는 뉴딜(New Deal)의 노력을 엎을까 우려했다. 그는 국내 정치적 반응이 RTAA를 끝낼까 염려했다. 그래서 헐은 일본에게 수출에 "자발적인" 제한을 하라고 간청했다. 그는 행정부는 국제무역을 다시 열기 위해 "모든 가능한 수단을 다 하고" 있다고 주장했다. 일본은 다른 곳으로 시장을 찾아야 했다, 그리고 일본은 그러했다.[56)]

RTAA 갱신과 의회 정치(The Congressional Politics of Renewing the RTAA)

헐은 RTAA를 갱신하는 정치에 늘 눈을 두고 있었다. 1936년 기막힌 선거 승리로 들뜬 루스벨트는 의회가 교섭권한을 1937년에 영구적으로 만들기를 원했다. 헐은 의회가 줄을 매고 그 갱신을 계속 유지하기를 원할 것이라고 더 정확하게 의심했다. 그 프로그램에 대한 행정부의 이유는 경제적 회복을 촉진하는 것에서 평화에 대한 위협을 막는 것으로 또한 바꾸기 시작했다. 하원은 285대101 표차로 3년 갱신을 통과시켰다. 상원 대표는 잠재적으로 손상된 수정안을 막아야 했지만, 58대24로 그 안을 지지했다.[57]

1939년 말에, 헐은 자신의 무역 원칙들과 협정들은 "전쟁이 종료된 후 국가들이 경제를 자유의 선상에서 다시 건설할 수 있게 할 주춧돌로써 역할"을 해야 한다고 주장하고 있었다. 그는 "스무트-할리 금수조치의 자멸적인 경제 국수주의"를 공개적으로 비난했다. 루스벨트는 헐의 연설을 좋아했다. 오래 시달린 헐은 "1933년 이후 처음으로, 나는 대통령이 나의 무역협정들을 진짜로 지지해 준다고 느꼈다"[58]고 기록했다. 일부 미국 생산업자들은, 그러나, 갱신에 반대했다. 비록 RTAA에 대해 아는 소수의 사람들은 강하게 지지했으나, 의회 내의 정치적 반대는 증가했다. 하원은 1940년 갱신을 218-168로 통과시켰다. 향후 협정들의 상원인준(2/3 투표)을 요구하는 상원 수정안은 단지 3표로 패배했고 최종 상원통과는 단지 5표만 찬성했다.[59]

1940년 공화당 공약은 그것의 종료를 옹호하기보다는 행정부가 RTAA를 유영한 방법을 비난하는 방향으로 전환을 예고했다. 그럼에도 불구하고, 1943년 갱신 토의 동안, 성급한 수정안들은 RTAA 권한을 불능으로 만들려고 위협했다. 타협안으로 RTAA를 2년 간만 연장해, 의회가 전후 무역 배열을 적절한 시기에 반영할 수 있도록 주었다. 그럼에도 불구하고, 세입위원회(Ways and Means Committee)의 보고서는, 주된 권할권과 전문성을 가진, 10년 전의 입장에서 상당한 변화를 반영했다. "광범위한 의문은 특정한 관세율에 관한 것이 아니고, 우리가 의회로써 국가 전체의 주요이익에 최상으로 봉사할 하나의 정책을 수립하고 그러한 정책을 효과적으로 만들기 위한 하나의 실제적인 절차를 허가할 수 있는지의 여부이다"[60]라고 보고서는 지적하고 있다.

합의와 무역정책 원칙(Agreements and Trade Policy Principles)

헐은 미국이 제2차 세계대전에 참전하기 전과 후에 더 많은 무역 합의를 추진했다. 그는, 몇 국가에 대한 보충 합의와 함께, 터키, 베네수엘라, 아르헨티나, 페루, 우루과이, 멕시코, 이란, 그리고 아이슬란드를 명단에 추가했다. 헐은 28개국과 31개 합의를 타결했다. 1939년경 평균 세금부과가능 수입품에 대한 미국 관세는 스무트-할리(Smoot-Hawley) 이전 수준보다 조금 낮았다고 어윈(Irwin)은 시사했다. 미국 생산업자들에 대한 장벽을 낮추어, 합의한 국가들에 대한 수출은 1934~35년과 1938~39년 사이에 63퍼센트 증가했다(합의가 없는 국가들에 대한 수출은 단지 32퍼센트 증가했다). 어윈에 의하면, "미국은 세계 무역에서 그 지분을 다시 획득하는 데 진전을 이루는 것으로 보였다."[61]

더 중요하게는, 헐의 혁신은 미국 무역 정책에 대변혁을 일으켰다. 미래 대통령들은 외교와 경제정책 목표를 정렬할 수 있게 하나의 포괄적인 무역 정책을 개발할 옵션을 가지게 되었다. 헐의 새로운 접근에 대한 국내 정치 기반은 늘 불안정했다. 의회는 그 특권에 질투했다. 일부 의원들은 대통령이 국가 정책의 틀을 짜고 개별 국가들과, 지역들과 혹은 지구적으로 합의를 교섭하는 것을 허용하는 편익을 인식했다. 그러나 모든 의원들은 자신들의 정치는 지역적이고 그들의 경제적 이해도 지역적이라는 점을 알고 있었다.

스무트-할리는, 1930년 관세법은, 법규집에 불편하게 잠을 자고 있다. 대통령 트럼프는 자칭 "관세인(tariff man)"인 대통령 권한으로 무역장벽을 내리는 대신에 올릴 수 있음을 실제로 보여주었다.

헐을 평가하기(Assessing Hull)

미국이 제2차 세계대전에 더 가까이 다가갈 때, 헐은 FDR의 효과적인 동반자가 되지 않았다. 대통령은 미국 국민들이 그 위험을 각성하게 경고하는 그 자신의 방법을 찾았다. 무역에만 외골수인 헐은 목표를 놓쳤다. 전쟁 대통령으로, FDR은 외교 정책 전반을 통제했다. 헐은 한 주변부 인물로 보였다. 그는 지쳤다. "정치적 결집(line-up)이 경제적 결집의 뒤를 이었다"라고 헐은 보고 있었다. 미국은 헐의 무역 협정을 맺은 어느 국가와도 싸우지 않았고, 거의 대부분 추축국(Axis Powers, 樞軸國)에 대항하여 미국 편에 가담했다.[62]

전쟁 말기에, 그러나, 미국은 전후 세계 질서를 고안하는 도전에 직면하자, 헐은 한 작은 역할을 재개했다. 그는 재무장관 헨리 모겐소(Henry Morgenthau)의 독일 "전원화(pastoralize)" 계획에 반대했다. 헐은 새로운 국제연합(United Nations)에 대한 미국 기획에 기여했다. 그리고 전후 재건은 그의 무역 프로그램의 부활이나 혹은 확대에 달려있다는 점을 알고 있었다.[63]

때로는 헐은 이상주의적이고 단순했지만, 그는 또한 실제적이고 성공적이었다. 상원의원 폴 더글러스(Paul Douglas)는, 시카고대학(University of Chicago)에서 경제학을 가르쳤고 태평양에서 해병대로 참전한, 1972년에 다음과 같은 평가를 남겼다. "테네시 산골 출신의 기민하고 두메산골 촌뜨기 자유 무역주의자이고 민병대 중대장을 지낸 인사가 피츠버그와 월 스트리트의 고가의 보호주의자 변호사들과 로비스트들보다 유익한 목적을 위해 먼저 선수를 쳤다" 더글러스는 헐은 일부 뉴딜 주창자들(New Dealer)과 심지어 때로는 FDR을 앞질렀다고 추가할 수 있었다.[64]

헐의 후임자는 그의 유산의 중요성을 인식했다. 딘 에치슨은, 1945년 RTAA 갱신을 시작으로 헐의 업무를 앞으로 진행시킨, 헐의 국제무역 자유화는 제2차 세계대전 이후 수 십년 동안 "평화와 경제 개발에 전제 조건"이었다고 1969년 그의 회고록에 기록했다. "헐의 놀라운 성공은… 수백 년간의 미국 정책의 반전은, 그의 완고한 고집과 하원과 상원에서의 그의 위대한 권위 둘의 덕분이었다"[65]고 그는 기록했다. 다음 장에서 서술하지만, 헐의 수제자는 윌 클레이턴(Will Clayton)이었다. 1944년 12월에, 새로 임명된 클레이턴은 방금 은퇴한 헐에게 "내가 국무부 편지지에 서명하는 첫 편지는 귀하에게 보내는 것입니다…. 나는 귀하의 외교 정책을 아주 철저하게 나의 체제에 깊게 물들여 나는 그것을 위해 항상 일하고 투쟁할 것입니다"[66]라는 서신을 보냈다.

헐의 유산은 하나의 개방무역 체제를 위해 장벽을 낮추고 원칙을 수립하기 위해 무역협정을 교섭하는 의회의 권한을 대통령에게 위임한 것이었다. 더욱이 헐은 비록 다툼을 방지하는 무역의 힘을 과대평가할지라도, 미국의 무역 관계는 미국 외교 정책의 하나의 주요 원소임을 인식했다. 헐은 의회가 권한을 대통령에게 마지못해 넘긴 것을 또한 이해했다. 즉 미국 무역 교섭자들은 국제적으로 거래를 성사시키는 동시에 국내에서 주의 깊게 지역 이익을 위한 보호주의자 입김을 행사하는 정치적 연합들을 관리해야 한다는 점을 인식할 것이 요구되었다.

4부

미국 동맹의 새로운 질서

A New Order of American Alliances

제11장

미국 동맹체제의 구축자들

Architects of the American Alliance System

방향 전환(The Turn)

1947년부터 1949년까지의 3년에 걸쳐서 소수의 미국 정치인들은 미국과 세계와의 관계를 극적으로 바꾸는 걸 인도했다. 그들이 고안한 국제 경제와 안보체제는 오늘에까지 이르고 있다. 그렇게 함으로써, 이들 지도자들은 세계 전반에 걸친 문제들에 개입하고 그리고 심지어는 책임을 질 새로운 국가적 정신을 창출했다.

이 깜짝 놀랄 방향 전환은 전략적 기획의 산물은 아니었다. 그러나 그것은 실용적이고 대담하고 또 미국과 자유 세계에 대한 소련의 위협에 대한 대응이었다. 미국 관리들은 그리스와 터키의 안보, 유럽의 경제 및 정치 회복, 독일의 미래, 범대서양 안보 4가지 현안을 다루어야 했다. 5번째 과제는 "미국의회와 미국 국민의 지지를 어떻게 얻는 가의 문제로 저절로 등장했다.

1945년 평화를 얻기(1945: Wining the Peace)

제2차 세계대전은 광대한 대양이란 요새로 둘러싸인 미국인의 자신감을 흔들어 버렸다. 펄 하버(Pearl Harbor)에 대한 기습공격은, 연기 나는 전함의 선체 사진들과 함께 미국의 취약성에 대한 지울 수 없는 이미지를 남겼다. 전략 폭격기들은 전선에서 멀리 떨어진 후방에 있는 사람들을 위협할 수 있었다. 원자폭탄 폭발에서 나오는 버섯구름을 보여준 뉴스영화는 제어되지 않는 대대적인 파괴를 경고했다. 제2차 세계대전은 미국인 52만5천 명의 목숨을 앗아갔고 세계적으로는 약 5천만 명이 죽었다. 또 하나의 세계대전은 인간 존재 자체를 위협할 것으로 보였다.[1)]

미 육군 참모 총장 조지 마샬(George C. Marshall) 장군은 1945년에 전쟁장관에게 최종 보고서를 준비할 때, 그는 앞으로의 과제를 반영했다. "전쟁 역사상 이전의 해상 거리가 우리 방어에 한 핵심 요소인 마지막이었을 것이기 때문"이라고 마샬은 경고했다. 장군은 1940년에 다가오는 위험을 분석할 때, 수년 내에 버마(Burma) 정글에서나 태평양 환초에서 전투를 하리라고는 상상도 하지 못했다고 회상했다. 반구적(hemispheric) 안보는 더 이상 충분하지 않다. 우리는 이제 전 세계 평화를 염려한다"[2)]

마샬은 혼자가 아니었다. 미국의 장래 안보에 관해 연구하는 국제전문가들이 모인 부르킹스 연구소(Brookings Institution)에서 초기 냉전 전문 역사가인 멜 레플러(Mel Leffler) 교수도 지적했다. 마샬과 마찬가지로, 연구자들은 어느 세력이나 연합체가 유럽에서 아시아-태평양까지 광대한 유라시아 대륙을 통제하는 것을 막아야 할 필요에 대해 집중 연구했다. 그들은 미국에서 자원, 인구, 산업역량과 기술 등의 잠재력을 지리, 수송 그리고 핵심 위치들의 가치를 통합해 평가하는 지정학적 사고의 부상을 반영했다. 지도에서 가장 중요한 공간은 나치 독일과 제국 일본이 거의 대부분을 정복한 유라시아 대륙이었다.

합동참모본부(Joint Chief of Staff, JCS)의 군사 계획가들이 브루킹스(Brookings)의 논문을 일단 발견하자 기밀로 분류했다. 브루킹스 논문처럼, JCS는 미국은 대양을 가로질러 동반자들이 필요하다고 결론을 내렸다. "구세계(Old World) [유럽, 아시아, 아프리카]의 잠재력은 인력, 전쟁 수행 능력 측면에서

[서반구(Western Hemisphere)]의 것보다 엄청나게 더 크다"라고 결론을 내렸다. 미국은 유라시아의 "주변지역(rimlands)"에 대한 접근권과 친선국가들을 필요로 했다.3)

그러나 1945년 말에 미국인들은 그들의 아들과 딸들이 임무를 달성했다고 느꼈다. 미국인들은 집으로 돌아와야 한다. 미국에는 평화 시 대규모 군대를 유지한 전통이 없었다. 1945년 5월에 미국은 약 1,230만 명이 무장을 했으나, 1946년 중반에는 동원해제로 150만으로 줄었다.4) 1945년 10월에는 미국인의 겨우 약 7%만 외국 문제가 핵심적으로 미국에 중요하다고 생각했다.5)

FDR은 능수능란한 전쟁 지도자였으나 평화를 얻기 위해 막연한 계획을 가지고 있었을 뿐이었다. 많은 수완 좋은 정치인들처럼, 그는 유연성을 중요시하고 방책(courses of action)을 약속하는 데 신중하였다. 그는 자신의 개인적인 매력이 가장 어려운 것들을 극복해 줄 것으로 믿었다. 대통령은 "네 명의 경찰"이-미국(United States), 소련(Soviet Union), 영국(Great Britain), 중화민국(Republic of China)-각 지역에서 지도하여 전후의 세계적 협력 구도를 확보할 것으로 기대했던 듯하다. 신생 국제연합(United Nations, 연합국)은 아마도 국제적 집단적 행동을 위한 상징이기도 하고 수단일 수 있었다. FDR의 1945년 4월의 마지막 주(역자주: 1945년 4월 12에 사망)는 폴란드와 루마니아에서의 잔인한 소련의 행동으로 어두워졌으나, 대통령은 소련과의 전후 협력에 희망을 고수하고 있었다. 마샬과 드와이트 아이젠하워(Dwight Eisenhower)를 포함한 군 수뇌부들도 그러했다.

미국 지도자들은 스탈린과 소비에트(Soviet)의 잔인함과 비밀성을 알고 있었다. 그러나 그들은 1941년부터 1945년까지의 엄청난 규모의 전투들이 USSR(역자주: 1922 건국~1991년 소멸)을 완전히 파괴한 것을 또한 알고 있었다. 소비에트의 공군과 해군력은 하나가 아닌 두 개의 전선에서 대양들을 건너서 승리한 전쟁을 전개한 미국의 발꿈치에도 오지 못하였다. 어쨌든, FDR(과 아이젠하워)는 미군이 유럽에서 2년 내로 철수할 것으로 기대했고, 소비에트와 함께 작업을 하는 것이 전쟁으로 찢어진 대륙을 안정시키는 데 하나의 실제적인 필요조건이라고 생각했다.[6)]

해리 트루먼(Harry Truman)

루스벨트의 후임, 미주리 출신 대통령 해리 트루먼(Harry Truman)은 FDR의 전후 계획이 존재했다는 사실조차도 알고 있지 않았을 것이다. 지난 82일 간의 부통령 재임 기간 동안 트루먼은 겨우 2번 FDR과 회의를 했다.[7)]

트루먼은 1934년부터 보수적인 지역의 강렬한 뉴딜 민주당원(New Deal Democrat)으로 1934년부터 상원의원으로 일하고 있었다. 그의 거물 전기작가인 데이비드 맥컬로프(David McCullough)는 "태도, 배경, 언어, 나이, 동료의 선택에서 그는 열렬한 젊은 뉴딜러들과는 아무것도 닮지 않았다"고 기록했다. 트루먼은 역사서를 엄청나게 읽었고 풀뿌리 시민에서 시작해 의회의 관습까지 익힌 노련한 정치인이었다. 그는 친구들을 귀하게 여겼고 의회 내에서 적을 만들기를 피했다.[8)]

제1차 세계대전 동안, 트루먼은 프랑스에서 미국 야전 포병 부대의 대위로 복무했다. 캔자스시 소재 펜더가스트 정치학교(Pendergast political machine)에서 출발해, 잭슨 카운티의 재판장(행정보직)에서 보통 미국인들 단체들-매이슨(Masons), 이글(Eagle), 엘크(Elks), 재향군인회(American Legion), 그리고 해외전쟁 제대군인회(Veterans of Foreign Wars), 국제 지인 연맹(International Acquaintance League)-을 거쳐서 미국 상원에 1934년에 들어섰다. 그는 상원에서 군사위원회(Military Affairs Committee)와 세출위원회(Appropriations Committee)의 군사소위원회에 봉사했다. 제2차 세계대전 동안, 트루먼은 국가방위프로그램(National Defense Program)을 조사하는 상원 특별위원회를 주재했다.9)

그 "트루먼 위원회"는 트루먼에게 미국 군대의 엄청난 팽창에 대한 의장으로서 경험을 하게 했다. 그는 또한 군대의 많은 지도자들을 직접적으로 알게 되었다. 트루먼은 마샬 장군을 가장 예외로 인정했다. *캔자스시티 스타*(Kansas City Star)지와의 인터뷰에서 상원의원 트루먼은 FDR이 아직 살아 있을 때에도 그 장군을"최고의 살아있는 미국인"이라고 경의를 표했다고 말했다.10)

트루먼은 격변하는 경제 불황 동안 국가의 정신이 흔들리지 않게 압도하는 영웅적 인간성으로 미국이 세계 도처에서 승리하게 이끌고 전쟁 마지막 수주 간의 수난을 무난하게 통과했다. 많은 미국인들은 다른 지도자들을 기억하지 못한다. 해리 트투먼이 아니라면 아무도 그 공백을 채울 수 없다.

1945~46년의 미국(The United States in 1945-46)

1945년 말부터 1946년까지 신임 대통령은 세계 질서 재구축보다는 국내 전선에 집중했다. 1945년 8월 일본의 항복으로 트루먼은 즉각 영국, 소련, 프랑스에 대한 무기대여보조금(Lend-Lease aid)을 취소했다. 그는 미국을 위한 21개 진보적인 경제계획을 발표했다.11)

아무도 경제로부터 무엇을 기대할지 몰랐다. 세계 다른 부분과는 아주 달리, 미국 내의 공장들은-민주주의의 산업적 무기-완전 가동되고 있었다. 1945년 생산은 1939년의 두 배가 되었다. 근로자들의 소득은 또한 두 배로 늘었다. 실업률은 2퍼센트였다. 그러나 사람들은 제1차 세계대전 후 1920~21년의 폭락(slump)과 대공황(Great Depression)의 끔찍한 시기를 회상했다. 1945년 후반은 비할 데 없이 번창한 시기였으나, 국민들은 경착륙

(hard landing)을 예상했다.[12]

트루먼은 전쟁에서 평화로의 과도기의 경제 문제들로 압도당하고 있었다. 전시 제약과 지독한 1930년대의 미충족 수요들은 엄청난 요구를 해왔다. 부족분들, 특히 젊은 가족들의 주택 부족은, 인플레이션을 부추겼다. 노동파업은 불화 분위기를 조성했고, 근로 단절의 파도는 모든 부문으로 퍼져 나갔다. 어느 한 시점에서는 1백만 명 이상의 근로자들이 파업을 했다. 1946년 중간 선거에서 민주당의 전망은 가라앉았고 트루먼의 인기도 그러했다.[13]

"신 암흑대륙"(The New Dark Continent)

대서양 건너 유럽은 시달리고 있었다. 그 징후는 마지막 전투 전에도 분명히 드러났다. 전쟁차관보 존 맥클로이(John McCloy)는 1945년 4월 유럽에서 돌아와 "중부 유럽(Central Europe)에서 경제, 사회, 정치에 걸쳐 완전한 붕괴가 진행되고 있다. 그 범위는 로마 제국의 붕괴 당시로 돌아가지 않는 한 역사상 비교할 수 없는 정도"라고 보고했다. 붕괴는 경제를 넘어서 아주 크게 확대되었다. 당시 국무차관보 딘 에치슨(Dean Acheson)은 1944년 12월 그리스를 방문한 후 "해방된 국가들의 국민들은… 세상에서 가장 잘 타는 재료들이다… 그들은 폭력적이고 가만히 못 있는다"라고 경고했다. 그는 "소요(agitation)", "임의적이고 전체주의적 통제(arbitrary and absolutist control)"와 "정부 전복행위(overthrow of government)"의 만연을 예상했다.[14]

마샬 계획(Marshall Plan)의 고전적인 연구의 저자인 벤 스테일(Benn Steil)은 제1차 세계대전 후에는 국경들이 변할 때, 사람들은 그 자리에 대체로 머물렀다고 지적한다. 제2차 세계대전 후 유럽은 수천 만 명의 난민, 이전 노예 노동자들, 풀려난 전쟁포로, 해방되었으나 비탄에 빠진 유대인들이 서로 이동했다. 복수는 삶의 한 방식이었다. 대부분의 유럽은 '무법, 폭력, 심지어는 야만적"이었다. 처칠(Churchill)은 그것을 "하나의 돌무더기, 하나의 시신 안치소, 역병과 증오의 번식지"라고 불렀다. *뉴욕 타임즈(New York Times)*지는 유럽을 "신 암흑대륙(The New Dark Continent)"이라고 선언했다.[15)]

학습의 해(A year of Learning)

해리 트루먼은 그의 대통령 취임 후 초기 18개월을 "결정의 해(Year of Decisions)"라고 회상했다. 더 정확히는, 딘 에치슨은 1946년을 "학습의 해(a year of learning)"라고 불렀다. 1947~49년에 대통령 트루먼을 자문한 사람들은 충격적인 조건들, 외국 역량의 잔재물, 소비에트 조사 문건들을 파악하려고 노력했을 것이다. 그들은 최근 동맹을 맺은 영국과 프랑스, 그리고 최근에 적이 된 독일과 이탈리아, 그리고 나중에 적국이 될 (편의) 동맹국인 소련에 대한 전망을 더 잘 파악해야 했다. 비록 냉전이 나중에 유럽을 동과 서로 갈랐으나, 1945년의 미국인들은 하나의 유럽이 산산이 쪼개질지를 예견하지 못했다. 아시아는 혼란스러운 내전의 엄청난 소용돌이와 국수주의적 운동으로 가득했다. 미국인들은 또한 이란, 그리스, 그리고 터키 등 유라시아 국경 지역들을 평가해야 했다.

1947~49년 정치인들은 우드로 윌슨이 매력적인 비전을 가지고 있었으나 평화를 잃었다는 사실을 잘 알고 있었다. 1920년대와 30년대의 경제 붕괴를 목격한 자들은 코델 헐(Cordell Hull)과 같이 무역 장벽 없는 세상이 경제 및 정치적 회복을 생성한다는 점을 믿었다. 그러한 경제 체제에서, 미국 성공의 창의적 엔진인 사적 부문(private sector)은 정치-경제 정책의 도구가 되어야 한다고 보았다. 그들은 경제블록과 자급경제의 분열적인 정책을 피하기를 원했다. 마샬, 에치슨, 윌 클레이턴(Will Clayton)과 그들의 동료들은 경

제력과 군사력과 경제체제와 정치체제 간의 연계를 알고 있었다.

두 다른 근본적인 경험은 그들에게 영향을 주었다. 첫째 양보(유화책, appeasement)는 독재자들을 만족시키기 못한다. 둘째 성공적인 미국 외교정책은 의회와 국민의 지지를 필요로 한다.

윌 클레이턴(Will Clayton)

윌 클레이턴은 미국의 새로운 동맹 정책의 구축자들 중 가장 덜 알려진 인물이다. 그는 회고록을 쓰지 않았고 전기작가들도 냉전(Cold War)기를 지나면서 간과했다. 안보 전문 연구자들도 클레이턴이 구축한 새로운 체제의 경제적 토대보다는 정치-군사 사건들에 주력했다.

클레이턴의 메모와 발언들은 한 강력한 정책 옹호자, 효과적인 협상가, 정책 조치의 추진자가 된 성공적인 기업경영자의 스타일을 반영했다. 그의 발언들은 조지 캐넌(George Kennan)의 서정적이고 역사적이며 사색적인 설명들보다는 학자들에게 덜 매력적일 수 있다. 그러나 클레이의 아이디어들, 경제에 대한 실용적인 이해, 설득력과 결과를 얻는 수완은 주의를 받아 마땅하다.

1880년에 태어난 윌 클레이턴은 내전(Civil War)의 파괴를 여전히 극복해 가던 시기에 남부 소재 테네시주의 잭슨(Jackson)에서 성장했다. 그의 가족은 근근이 살아갔다. 클레이턴의 초등학교 교장은 13세의 아이를 카운티 서기에게 서류작업의 보조원으로 추천했다. 클레이턴은 그 일을 8학년부터 계속했고 속기와 타이핑을 옆에서 배웠다. 1895년부터 일과 여러 종류의 공부를 병행했다. 잭슨시는 운송 중심이었고 지역 상업의 중심이었다. 지역 기업인들은 클레이턴의 기술과 추진력을 인정했다. 한 목화 상인은 16세 소년을 뉴욕시로 데리고 갔고 거기서 클레이턴은 미국의 가장 큰 환

금작물(cash crop)거래의 달인이 되었다.16)

1904년경 클레이턴은 자신의 기업을 오클라호마시와 나중에는 휴스턴에 설립해 세계에서 가장 큰 면화 중개업자(brokerage)가 되었다. 클레이턴은 전 가치사슬(value chain)-농사부터 조면(ginnin, 씨앗분리, 繰綿), 방적(spinning, 실뽑기, 紡績), 등급부여(grading), 판매(marketing), 운송(transport)-을 유럽과 동아시아로 확장했다. 이 경험은 클레이턴에게 드문 실제적인 통찰력을 주었고 그는 1946년에 이를 "분업(division of labor)"이라고 불렀다. 그는 현대 경제는 자원과 생산에만 달려있는 게 아니고 재산권, 상업적 유대, 금융, 환율 그리고 생산자와 소비자를 활기찬 시장에서 통합해 주는 신뢰에 또한 달려있음을 이해했다.17)

1918년 클레이턴은 "연봉 1달러(dollar-a-year man)"로 목화배분을 지원하는 전쟁산업위원회에(자원봉사위원장으로) 봉사했다. 제1차 세계대전 후 클레이턴은 1947년에 자신에게 도움이 될 또 하나의 통찰력을 얻었다. 그는 유럽 상인들이 자신들의 미래에 대해 목소리를 내기를 원함을 알았다. 그래서 그는 유럽 전역에 걸쳐 대개 유럽인들이 주도하는 반자치적인(semiautonomous) 단위들의 네트워크를 조직했다. 동시에, 생산, 가공, 분배 사슬을 통해 효율을 가차 없이 압박했다. 1936년경, *타임(Time)*지는 클레이턴을 표지 기사로 싣고 그를 10억 달러 미국 산업을 주도하고 수천 만 명의 미국인의 생계를 지탱해 주는 "목화 왕"이라는 타이틀을 붙였다.18)

클레이턴은 1930년 스무트-할리 관세의 엄청난 피해를 목격할 수 있었다. 그는 FDR의 뉴딜(New Deal) 시장통제에 실망했고 그의 친구 코델 헐(Cordell Hull)의 호혜무역협정법(Reciprocal Trade Agreements Act)을 지지했다. 1940년부터 클레이턴은 나치 독일과의 공급 경쟁을 예상하여 라틴 아메리카 경제를 미국에 통합하려는 넬슨 록펠러(Nelson Rockfeller)의 노력을 지원했다. 제2차 세계대전의 역사는 대개 미국의 산업적 지배를 가정하지만, 클

레이턴은 성공을 위한 재료를 제공한 작전에서의 주요 인물이었다.[19]

1944년 국무장관 코델 헐의 사임 당시에, FDR은 클레이턴을 경제담당 국무차관보로 임명했다. 클레이턴은 헐의 무역사업과 실용적인 경제적 지혜를 새로운 국제경제체제의 재건과 축조 과제에 적용하는 데에 이상적인 인물이었다.[20] 클레이턴의 최우선과제는 새로 브레턴 우즈(Bretton Woods) 기관들(국제통화기금, International Monetary Fund, IMF)과 국제부흥개발은행(International Bank for Reconstruction and Development, IBRD 혹은 World Bank)의 의회 통과를 유도해내는 것이었다. 해리 덱스터 화이트(Harry Dexter White)는 재무장관 헨리 모겐소(Henry Morgenthau)의 보좌관으로 기관들의 헌장을 교섭하는 미국 대표단을 이끌었고 1944년 7월에 그 작업을 완성했다. 1945년 7월 31일에 대통령 트루먼이 브레턴 우즈 입법안에 서명을 할 무렵, 신임 대통령은 모겐소를 사임하게 했고 화이트의 영향력은 약해졌다. 미국 국제경제정책에 대한 주도적 역할은 클레이턴과 국무부로 이동되었다.[21]

벤 스테일(Benn Steil)은 대표직에서의 변화의 중요성을 강조했다. FDR의 재무정책은 "대공황과 제2차 세계대전에서 태어나, 경제 불안정이 통화전쟁, 무역전쟁, 그리고 궁극적으로 군사적 전쟁으로 간다는 믿음에 근거"했다. 클레이튼, 에치슨, 그리고 국무부 수뇌부는 그 평가를 공유했다. 그러나 모겐소와 화이트는 미국-소련의 정치적 협력, 경제 해체 후 "농업화된(pastoralized)" 독일, 영국제국의 안전한(영토) 반환, IMF의 약간의 (국제) 수지(balance of payments) 재정지원에 의해 지원되는 국제교역의 재수립을 가정했다. 이들 가정의 각각은 틀린 것으로 판명되었다. 스테일이 지적하듯이 "UN과 IMF는 평화와 안정을 제조하기보다는 유지하기 위해 창설되었다."[22] 국무부의 구축자들은 하나의 새로운 방법을 찾아내야 했다.

영국에 대한 융자(The Loan to Britain)

월 클레이턴이 1945년 8월 런던에 있을 때, 대통령 트루먼은 즉각적인 무기대여(Lend-Lease) 중단을 선언했다. 과도기에 대한 계획을 수립하던 클레이턴은 아무것도 미리 알지 못했다. 그는 국무장관 지미 번즈(Jimmy Byrnes)에게 강한 언어로 전화를 했다, "나는 사표를 던지고 싶다." 트루먼은 나중에 갑작스러운 중단은 그의 대통령 업무 중에서 "가장 나쁜" 결정이라고 회상했다.[23)]

영국은 미국의 정책입안자들과 전문가들이 생각하듯이 잠재적인 경제적 경쟁자이거나 동반자는 아니었다. 영국은 광대한 국부, 투자 이익, 수출을 잃었다. 신임 노동당 정부의 산업 국유화는 국내 투자 의욕을 꺾었다. 클레이턴은 미국이 개방국제경제체제를 건설하고 무역 블럭의 분열을 피하려 한다면 영국을 끌어들이는 게 필요했다.

클레이턴은 영국의 재정 단절 조건을 완화해 주었고 궁극적으로는 미국은 영국의 무기대여 빚을 대부분을 탕감해 주었다. 클레이턴은 케인즈(Keynes) 경과 함께 새로운 미국 융자금 37억5천만 달러(지금 돈으로 490억 달러)를 교섭했다. 제1차 세계대전 후 마음에 내키지 않는 부채 재조정을 상기한 클레이턴은 런던이 영국과 국제경제회복에 이익이 될 정책 변화에 영국이 합의하는 조건으로 더 후한 금융 조건들을 수반한 더 큰 융자금을 선호했다. 핵심적으로 그는 1947년 마샬 플랜(Marshall Plan)을 뒷받침하는 논리를 개발했다.[24)]

1946년에 클레이턴은 대부에 관해 의회의 승인을 받아야 했다. 경험은 마샬 플랜의 정치를 예상하게 했다. 초기 갤럽(Gallop) 여론조사는 영국에 대한 융자를 27퍼센트는 찬성하고 60퍼센트는 반대했다. 국무부는 1946년 2월과 4월 사이에 융자를 해 주기 위해 1백 번이 넘는 연설을 조직했다. 사설과 여론이 찬성 쪽으로 돌아섰다. 5월 10일에 상원은 46대24로 승인했다.

1946년 소련의 행동에 대한 불확실성의 부상은 재정 원조에 새로운 근거를 제공했다. 5월에, 매사추세츠(Massachusetts)주 공화당 하원의원 크리스티안 허터(Christian Herter)는 클레이턴과 뉴잉글랜드 대표들을 위한 만찬을 주관했다(허터는 나중에 대통령 아이젠하워의 두 번째 국무장관과 제1차 특별무역대표를 대통령 케네디 행정부에서 역임했다). 클레이턴은 만찬을 이용해 융자와 무역 관계를 지역구의 이익을 참조하여 설명했다. 그러나 그날 저녁의 토의는 소비에트의 팽창주의(expansionism)의 위험으로 흘러갔다, 수일 후 허터는 클레이턴에게 "융자 찬성에 대한 경제적 주장은, 곧 닥칠 러시아 문제 때문에 그 융자가 우리가 절실히 필요로 하는 우방국의 손을 잡아주는 데 유용하게 사용된다는 느낌보다 훨씬 덜 설득력이 있었다"고 서신을 보냈다. 클레이턴은 힌트를 얻었다. 논쟁이 여름으로 가자, 반-공산주의(anti-Communist) 주장은 더 커졌다. 1946년 7월 13일에 하원은 영국에 대한 융자금을 219대155로 승인했다. 그레고리 포세달(Gregory Fossedal)은 그의 저서 *우리의 전성기(Our Finest Hour)*에서 클레이턴과 마샬 플랜에 관해 다음과 같이 요약했다. "트루먼 독트린과 마샬 플랜의 핵심 아이디어-미국 원조를 경제 개혁을 성취하고 공산제국주의(communist imperialism)를 주저앉힐 둘 다의 지렛대로 사용함-는 의회와 미국 국민에서 첫 시험을 치렀다."[25]

장군 루시어스 클레이와 독일(General Lucius Clay and Germany)

독일 여건으로 초기 미국 계획들의 재평가가 필요하게 되었다. 군사 점령지침서 'JCS#1067'에 담긴 모겐소 계획(Moregenthau Plan)의 카르타고식 화평(Carthaginian peace)은(역자주: 패자에게 혹독한 화평조약) 독일 국민들을 굶겨 죽이고 있었다. 자신감 넘치고, 적극적이고 정치적으로 연줄이 든든한 독일

주둔 미군정 수반직을 수행하는 장군 루시어스 클레이(Lucius Clay)는, 부임 초기부터, 상부의 명령 조건을 바꾸려고 노력했다. 불가능할 경우에, 그는 지침서의 구멍을 창조적으로 이용해 독일을 위한 다른 경로를 세워나갔다.

클레이는 반-소비에트는 아니었다. 그의 가장 큰 좌절은 프랑스였다. 무엇보다 그는 친-독일인이고 현명한 미국인이었다. 그는 독일인들이 영양실조와 질병을 벗어나 가능한 한 빨리 그들의 국가를 재건할 수 있기를 원했다. 그는 독일인들이 자신들을 민주적으로 통치하고 "다시 세계 시민"이 되어 유럽 재건에 기여하기를 원했다. 클레이는 복수심에 불타는 미국 정책은-자립하는 독일 없이는-미국인들에게 괴물같이 많은 액수의 비용을 물리게 될 것이고 인식했다. 더구나, 보복적인 정책이 미국인들에 오랫동안 적합할 것이라고 믿지 않았다. 안보전략, 독일과 유럽에서의 경제적 현실, 그리고 건전한 도덕적 나침반이 클레이 장군의 대안적 정책을 이끌었다.[26]

클레이는 미국은 소련과 독일에서 협력할 수 있다고 믿었다. 그러나 클레이의 최우선 순위는 성공적인 독일이었다. 1946년 5월, 그는 미국 점령지역에서 배상금 전달을 중지했다. 그 조치는 모스크바보다는 파리를 향한 것이었다. 클레이는 독일이 승자에게 더 많은 생계 수단을 넘길 수 있기 전에 일단 스스로 생산하고 생존할 필요가 있었다.

클레이는 육군참모총장 마샬을 승계한 아이젠하워(Eisenhower) 장군에게 자신의 조치를 설명했다. 1년간 점령 후에 보니, 지역들은 물품, 사람, 아이디어의 자유로운 교환이 거의 없는 밀폐된 영토들이 되었다. 독일은 이제 4개의 작은 경제로 구성되어 있다(역자주: 독일이 1945년 5월 8일에 항복한 후 1945년 8월 포츠담회의에 의거 프랑스, 영국, 미국, 소련이 독일을 4개 점령지역으로 나누어 1952년까지 통치함)… 그중 한 단위도 자립이 가능하지 않다는 사실에도 불구하고… 경제적 통합은 자유무역을 통해서만 달성될 수 있다… 그리고 하나의 공통의 금융 정책이 대등하게 필수적이다. 경제적 마비가 수반되는 제어가 안

되는 인플레이션은 언제라도 생길 수 있다"고 보고했다.[27]

클레이는 운송, 통신, 식품과 농업, 산업, 외국과의 무역을 위한 공통의 정책을 시행할 것을 요구했다. 독일인의 시련은 민주주의를 목 조르고 미국의 목표들을 주저앉힐 감정을 고취시킬 것이라고 그는 경고했다. 클레이는 프랑스에게 배상금을 받지 말라고 지시할 수 있었으나, 그가 묘사한 상황들과 그가 요구한 조치들은 또한 독일에 대한 다른 소련 정책을 필요로 했다. 마샬은 1947년에 국무장관이 되자 즉각 독일에 대한 해법을 찾기 위해 모스크바에 6주간 체류했다. 그는 클레이의 분석보고서를 이용해 유럽의 장래에 관한 중요한 결론에 도달했다.[28]

비록 클레이는 독일에 집중했으나, 그의 평가는 자연적으로 하나의 유럽 정책으로 향했다. 전쟁 전에 독일의 루르(Ruhr) 지방은 유럽 전체 무연탄 생산의 40퍼센트를 공급했고, 독일 석탄의 약 1/3이 유럽의 산업생산과 전기생산에 공급되었다. 1946년 4월 독일의 석탄 생산은 전전 수준의 절반에도 이르지 못했고, 수출은 더 떨어졌다. 예상보다는 독일의 대부분의 공장들은 살아남았다. 그러나 부분적으로는 석탄 부족으로, 철강생산은 1938년 수준의 14퍼센트 정도였다. 미국인들은 유럽은 독일 없이 회복될 수 없고 독일은 새로운 정책 없이는 회복될 수 없다는 점을 인식하기 시작했다. 루르 지방의 주인인 영국은 부흥을 촉진하는 데 실패했다. 프랑스의 해법은 자르란트(Saarland)의 통제를 맡는 것이었다. 서부 유럽은 분열되어 불안정한 절반의 배급에 매달려 있었다.[29]

조지 캐넌과 소련(George Kennan and the Soviet Union)

"학습의 해"는 소비에트 유니언에 대한 미국 평가의 변경을 포함했다. 1946년 2월 9일, 스탈린(Stalin)은 "선거연설"을 볼쇼이 극장(Bolshoi Theater)

에서 했다. 미국 최고 소련학자(Sovietologist) 조지 캐넌(George Kennan)은 전혀 새로운 게 없다고 판단했다. 스탈린의 복잡하고 따분한 마르크스-레닌주의(Marxist-Leninist) 분석은 자본주의가 1914년과 1939년의 다툼을 일으켰다고 분석하고 필연적으로 또 그러할 것이라고 경고했다. 그러므로 소련(Soviet Union)은 자본주의의 난폭한 종말의 위험에 스스로 대비해야 한다고 주장했다. 캐넌은 요약문을 발표했다. 워싱턴은 더 알기를 원했다. 소비에트는 브레턴 우즈 체제를 거부했다. 소비에트는 간첩작전으로 미국과 캐나다에서 원자력 비밀을 훔치려 시도했다. 스탈린은 중동에서 이익을 위해 책략을 썼다. 국무부의 소비에트국은 케넌에게 "해석적 분석(interpretative analysis)"을 해 달라고 요청했다.

5천 자가 넘는 "긴 전문"에서 캐넌은 전에 말했든 점들을 반복했다. 러시아의 역사적인 그리고 지리적인 불안정은 이제는 마르크스-레닌주의 이념의 옷을 입고 더 큰 군사적 세력을 추구하고 자본주의 서방과 대결하고 있다. 비록 소련은 외교적 댄스에 참가할 수 있지만, 그들은 공산당과 다른 그룹들을 이용해 국가적 자신감을 파괴하고, 국가 방위 조치를 방해하고, 사회 및 산업적 불안을 증가시키고, 모든 형태의 분열을 촉진할 것이다." 요약하면, 캐넌은 소련에게 "항구적인 타협(modus vivendi)은 없다. 우리 사회의 내부 조화는 교란되고, 우리의 전통적인 삶의 방식은 파괴되고, 우리 국가의 내부 권위는 부서진다는 믿음에 광란적으로 전념한다"고 경고했다. 소련인들은 "이성의 논리에 흔들리지 않으나 힘의 논리에는 아주 민감"하다.

캐넌의 전문에 대한 셀 수 없이 많은 분석은 그 파장의 크기를 증거한다. 캐넌의 전기작가 존 루이스 개디스(John Lewis Gaddis)는 캐넌의 그 전문은 시민들을 일어나게 할 일종의 "도화선"으로 여겼다고 기록했다. "그것은 바로 적시에 워싱턴을 쳤다"고 모스크바에서 막 돌아온 대사 애버렐 해리먼(Averell Harriman)은 말했다. 캐넌의 분석은 혼란과 우려하는 상황을 얼버무리거나 주저하지 않고 확고하게 설명해주었다. 그는 대안을 제시하지는 않았다. 캐넌의 논리는 인색하지 않았다. 그는 통합하는 주제를 제공했다. 그러나 캐넌은 행동계획을 제공하지 않았다. 미국 관리들에게 특정한 문제들에 직면하여 할 일에 관해 골치 아픈 선택들이 여전히 남게 되었다. 캐넌의 분석을 추종하는 자들은-그리고 봉쇄 주의(doctrine of containment)에 대한 그의 정교한 사고-서로 미국이 실제로 무엇을 할 것인가에 관해 단호하게 주장할 것이다. 그게 1947~49년에 떠오른 외교 실무였다.[30]

트루먼과 소련(Truman and the Soviet Union)

대통령 트루먼은 소련 정책에 결론을 내려고 고심하고 있었다. 1946년 3월 미주리(Missouri)주 풀턴(Fulton)에서 윈스턴 처칠(Winston Churchill)은 그의 "철의 장막(Iron Curtain)"연설을 전달했다. 처칠은 그 연설을 사전에 대통령과 상의했고 대통령은 중대한 선언을 격려했다. 그러나 언론 사설들이 처칠의 모스크바에 대한 적의를 비난하자, 모호하게 대답했다. 언론이 대통령에게 의견을 강하게 물어오자 대통령은 "의견 없습니다(No comment)"라고 말했다. 트루먼의 고위 관리들은 열심히 캐넌의 전문을 소화하고 있는 동안, 대통령의 모순된 발언은 진짜 메시지 즉 미국은 아직 소련에 대한 정책이 없다는 것을 공표한 셈이 되었다.[31]

소련은, 그러나, 하나의 정책을-약자를 이용한다-가진 듯이 보였다. 처칠이 풀턴에서 연설을 하는 날 국무부는 모스크바에게 이란, 동유럽, 그리고 만주에서의 소련의 행동에 대한 설명을 요구하는 전문을 보냈다. 나치에 대한 승리 직후에 스탈린은 큰 지도 앞에 서서 코카서스 소재 소련의 남부 국경에 불만을 드러냈다. 그는 이란(Iran)과 터키(Turkey)를 가리켰다. 스탈린은 더 많은 영토와 석유 개발권을 원했다. 소련은 이란 북부에서 무장봉기를 후원했고 이란 군대가 그 반란을 진압하는 것을 봉쇄했다. 1946년 3월에 소련은 1942년 이란 및 영국과의 조약을 무시하고 이란에서 군대를 철수하지 않을 것이라고 선언했다. 붉은 군대(Red Army)는 테헤란에서 40마일도 안 되는 거리에 주둔했다.

워싱턴은 표면상으로는 사망한 터키 대사를 집으로 운구한다는 명분으로 전함 *미주리(USS Missouri)*호를 그 지역으로 파견한다는 신호를 보냈다. 이란 수상은 모스크바와 석유 합작 프로젝트를 꾸미고 있었다. 그러자 소련은 철군했다. 그러나 이란 의회는 그 석유 사업을 기각했고, 분리주의 당(separatist party)은 지역 선거를 요구했다. 국무장관 번스는 외유 중이어서 정무장관(Under Secretary) 에치슨이 트루먼의 승인을 받아서 이란인들에게 미국은 그들을 지원할 수 있다고 말했다, 그러나 이란은 주도권을 행사할 필요가 있었다. 이란이 권위를 재수립하기 전에 분쟁지역에서 선거를 치르는 것은 실수였던 것 같았다고 에치슨은 말했다. 이란 정부는 통제권을 다시 확보했고 분리주의 운동은 무너졌다.[32)]

소련의 확고부동함에 대한 캐넌의 자문 내용은 올바른 것으로 보였다. 그러나 트루먼의 국방자문관들은 미국 군대가 빠르게 동원해제 되고 있는 상황에서도, 소련의 허세를 걱정했고 소련에 대한 계산을 잘못했다. 합동참모본부(Joint Chief of Staff)는 긴급사태 대책을 조사했고 공군력과 필요한 기지들을 중점적으로 점검했다. 영국 본토와 중동에 위치한 영국군 기지들이 주로 계산에 포함됐다. 세 명의 참모총장들이 비공식적으로 영국과 대외비로 계획을 짜라고 승인했다.[33)]

1946년 8월 스탈린은 서방(the West)을 다시 한번 시험했다. 그는 터키(Turkey)에게 지중해로 가는 다르다넬스(Dardanelles)와 타 해협들에 대한 합동통제권을 내놓으라고 요구했다. 캐넌은 이들 해협들을 통한 해양 접근권을 포함한 안보 지형을 소유해야 한다고 수 세기 동안 믿어 온 러시아가 바로 소련이라고 지적했다. 1945년 얄타에서 루스벨트와 처칠은, 공식적인 합의 바깥에서, 터키의 권리를 지배하는 1936년 몽트뢰 협약(Montreaux Convention)을 재검토했다. 스탈린 자신이 그 협약을 다시 작성하고 있었고 심지어는 소련 기지를 거기에 두도록 요구했다.

8월 15일, 에치슨(Acheson)은 일군의 관리들을 대신해 대통령 대변인으로 일하고 있었다. 그는 터키와 그리스(Greece)에 대한 위협과 동지중해, 발칸반도와 수에즈 운하(Suez Canal)에 대한 전략적 함의를 강조했다. 그 일군의 관리들은 해협들에 대한 터키의 통제권에 대한 어떠한 침투도 거부하고 한편으로는 1936년 협약의 "타당한 비판"의 심의를 제시하는 외교 노트를 제안했다. 구두 메시지를 지원하기 위해 초대형항공모함 *루스벨트호(USS Franklin D. Roosevelt)*와 *미주리(Missouri)*호에 합류할 강력한 해군 기동 타격대를 파견하라고 건의했다. 주의 깊게 들은 후 트루먼은 그 노트와 명령을 준비하라고 지시했다.

아이젠하워(Eisenhower) 장군은 에치슨에게 이 조치들이 전쟁으로 이어질 수 있다는 점을 대통령에게 분명히 전달했는지에 관해 낮은 목소리로 물었다. 에치슨이 답하기 전에, 트루먼은 할 말이 있는지 장군에게 물었다. 에치슨은 아이크(Ike)의 질의를 대신 전달했다. 에치슨은 자신의 회고록에서 회상했듯이, 지도와 전쟁 역사(military history)를 좋아한 대통령은 중동, 지중해 지도를 꺼내 놓고 자문관들에게 그의 책상 주위로 오라고 했다. 트루먼은 "그 다음에 우리에게 그 지역의 전략적 중요성에 관한 간단한 강의를 한 후에 소련의 우세에 대항해 이를 막아 낼 준비의 범위에 관해 지시했다."[34]

트루먼은 솔직히 말하기를 좋아했다. 그러나 소련과의 분명한 대결을 결정하지는 아직 않았다. 정책을 입안하는 백악관의 체제는 혼란했다. 대통령은 국가안전보장위원회(National Security Council)나 결정의 틀을 짤 참모들을 가지지 못했다. 1947년 의회가 그러한 기구를 창설한 이후에도, 트루먼은 그것에 의지하지 않았다. 그의 개인적 스타일은-권한 위임과 과단성-그의 참모들의 자질과 그와의 관계에 크게 달려있었다.

1945~46년에 트루먼은 필요한 팀을 아직 꾸리지 못했다. 에치슨과 클레이턴은 강했고 국무부에서 존경을 받았으나 그들의 장관, 전임 상원의원, 지미 번즈(Jimmy Byrnes)는 대개 외유 중이었고 대통령의 신임을 잃었다. 장관은 동료 각료들, 자신의 부, 그리고 더욱 중요하게는 대통령과 거의 소통하지 않았다. 앞으로의 과제에 대응하기 위해 대통령은 탁월한 국무장관이 필요하다고 깨닫게 되었다. 그의 마음에 한 사람이 있었다. 조지 마샬 장군이었다.

좀 더 급하게 트루먼은 소련에 관해 생각하지 않을 수 없었다. 1946년 7월에 두 백악관 보좌관 클라크 클리포드(Clark Clifford)와 조지 엘세이(George Elsey)에게 자신이 만만하게 보이고 있다고 불평했다. 대통령은 그들에게 이전 합의들에 대한 소련의 준수 기록을 검토하라고 지시를 했다. 엘세이는 미-소 관계에 대한 평가로 그 사업을 확대했다. 엘세이와 클리포드는 부서간 검토를 이끌어 줄 일련의 의문들을 준비했고, 이는 미국의 가장 중요한 외교정책 주제를 재조사하는 첫 번째의 것이 되었다

그들은 "미국의 소련과의 관계(American Relations with the Soviet Union)"라는 작업을 완료했다. 그들은 얼버무리지 않았다. 거의 10만 자에 이르는 보고서는 캐넌의 역사적이고 개념적인 서술보다는 훨씬 더 경각심을 일으키고 불길하기 조차한 그림을 자세히 제시했다. 소련의 군사력과 준비는 어둡고 점차 커지는 그림자를 전 세계에 드리우고 있었다. 간첩활동과 체제전복은 세계 도처에서 발생했다. 위협이 더 크게 드러나자, 소련 행동의 대안적 평가는-소련의 약점과 주저함조차도 심의하겠다는-사라졌다.

역사가들은 그 클리포드-엘세이 보고서로부터 트루먼이 얻은 결론을 정확히 알 수 없다. 그러나 며칠 밤을 세워 그 보고서를 읽은 후, 대통령은 클

리포드를 다음 날 아침에 집으로 불렀다. 트루먼은 몇 부를 인쇄했냐고 물었다. 10부라고 클리포드는 답했다. 당장 그것들을 금고에 넣고 잠그라고 대통령은 지시했다. 트루먼은 그 보고서는 너무 "뜨거워" 만약 공개되는 날에는 동서 갈등을 평화적으로 해결하려는 그의 노력의 효과는 "극도로 불행스럽게" 될 것이라고 설명했다. 그 보고서는 트루먼이 퇴임 후 20년이 지나서 인터뷰에서 언급하기 전까지는 빛을 보지 못했다.[35]

1946년 선거(The 1946 Elections)

학습의 해는 또 하나의 교훈, 정치적인 교훈으로 끝이 났다. 약 한 세대 전인 대공황 이후 처음으로 공화당원들은 상원과 하원을 휩쓸었다. 그들은 하원을 246-188로 상원을 45-41로 장악했고 공화당원들은 주 지사직의 대부분을 획득했다. 뉴딜(New Deal)은 보따리를 쌌다. "우연한" 대통령 해리 트루먼에 대한 유권자들의 거부는 링컨 사후에 등장한 앤드류 존슨(Andrew Johnson)의 급격한 몰락을 회상해 주었다.

정치적 신임의 추락은 민주당에게는 충격이었다. 윌리엄 풀브라이트(J. William Fulbright)는, 외교 관계에 관심을 가진 로즈 장학생(Rhodes Scholar)이었고 유망한 젊은 아칸소(Arkansas)주 출신 상원의원, 지구적 위기 순간에 워싱턴의 붕괴를 걱정했다. 풀브라이트는 트루먼에게 외교정책의 주도적인 공화당 목소리인 미시간주의 아서 반덴버그(Arthur Vandenberg)를 국무장관에 임명하고, 그 다음에 사임하면, 반덴버그가 대통령이 된다고 제시했다. 트루먼은 플브라이트를 "반 똑똑이(Halfbright)"라고 말하면서 내쫓았다.[36]

에치슨은 자신의 회고록에 당시 내각은 선거 유세에서 돌아오는 FDR의 기차에서 대통령 루스벨트를 만나는 게 관례처럼 되어 있었다고 기록하고 있다. 트루먼이 유니언 역에 기차를 세웠을 때 플랫폼에는 그와 역장과 한 두 명의 기자만 서 있는 것을 목격한 에치슨은 경악했다. 대통령은 당시 에치슨의 표정을 결코 잊지 않았다.

트루먼은 에치슨을 데리고 백악관으로 갔다. 거기서 대통령은 공화당원들이 장악하기 전에 여러 자리에 대한 지명을 인준하는 의회를 재소집해 민주당 정신을 높이라는 건의를 기각했다. 에치슨은 그러한 당파적인 술책은 끔찍하게 보일 것이라고 주장했다. 더 나은 경로는 국민의 뜻을 인정하고 새로운 의회와의 완전한 협력을 약속하는 것이라고 에치슨은 설득했다. 대통령은 동의했다.[37]

1947년 1월 1일에 트루먼은 신임 상원외교위원회 의장 반덴버그와 하원의장 조 마틴(Joe Martin)에게 전화를 했다. 트루먼은 이 두 사람의 온기와 협력정신으로 고무되었다. 1947년은 이 세 사람과 미국 외교사의 결정적인 순간이었음이 나중에 드러났다.[38]

아서 반덴버그와 상원(Arthur Vandenberg and the Senate)

아서 반덴버그(Arthur Vandenberg)는 새로운 미국의 동맹 체제를 형성하는 데에 있어서 트루먼의 측근 동료들 어느 누구보다도 영향력이 있었음이 드러났다. 그의 행적은 의회 소속 개인들이 미국 외교정책의 틀을 짜는 데 역할을 할 수 있음을 보여주는 실례이고, 이 차원은 국가운영기술(statecraft)을 배우는 사람들이 흔히 간과한다.

반덴버그는 펄 하버(Pearl Harbor)에 대한 공격은 "모든 현실주의자들의 고립을 종료"시켰다고 선언한 상원의원으로 역사적 전설에 편입되었다. 그러나 전기작가 로렌스 캐플런(Lawrence Kaplan)이 설명하듯이 반덴버그는 지나고 보니 상원에서 트루먼의 우여곡절을 겪어 핵심 동맹이 되었다고 한 그의 기억을 기록했다. 상원의원은 정치적 정당의 지도자로 자신의 유권자들과 당 동료들에 대한 의무에 균형을 맞추고, FDR과 뉴딜 정책에 반대하고, 상원특권을 보호해야 했고, 개인적 야심과 자만을 가졌으며, 또 한 참혹한 전쟁 전, 중, 그리고 후기의 극적인 국제적 상황변화의 평가를 해야 했다. "양당주의적(bipartisan)" 외교정책의 귀감으로 알려진 이 사람은 정치적 함의나 혹은 의무로부터 멀찌감치 비켜나는 "초당파적(unpartisan)" 외교정책을 실제로는 선호했다.[39)]

트루먼과 클레이턴 같이 반덴버그는 가족의 역경이 자신을 성공하게 만든 중서부인(Midwesterner)이었다. 그는 1884년 트루먼보다 47일 먼저 태어났다. 반덴버그가 9세일 때, 1893년 공황이 미시간주 그랜드 래피즈(Grand Rapids) 소재 그의 부친의 마구와 가죽 사업을 망쳤다. 그의 "사업상의 자질(qualities of enterprise)"은 자수성가한 사람의 근성이 되었다. 트루먼과 마찬가지로, 미국의 20세기 운명에 기여하는 신나는 일에 빠져든 반덴버그는 독학한 역사가(historian)였다. 반덴버그는 대중 연설을 좋아했고 글쓰기를 즐겼다. 고등학교 졸업 학년에 향상심에 불타는 미래의 정치인은 1899년 헤이그 회의를 주제로 미시간주 연설 대회에서 은메달을 획득했다.[40)]

20세기에 들어와서, 그랜드 래피즈는 트루먼의 캔자스시티와 클레이턴의 잭슨과 마찬가지로 거래와 교통의 한 중심지였다. 하루에 40대의 열차가 화물창, 시장, 5만 명의 도시의 창고를 통과했다. 벌목된 소나무 통나무가 그랜드 리버(Grand River)에서 내려와 그랜드 래피즈를 미국의 "가구도시"로 만든 공장으로 속속 들어갔다.[41)]

반덴버그는 자신의 글솜씨를 팔아서 *그랜드 래피즈 헤럴드(Grand Rapids Herald)*지에 일자리를 얻었다. 반덴버그는 경찰의 매질에서 선거인단(Electoral College)에 이르는 온갖 사안을 폭넓게 정력적으로 다루는 기자로 입지를 굳혔다. 돈을 마련해 미시간 대학교(University of Michigan)에 1년간 다녔다. 1906년 지역 하원의원인 윌리엄 앨든 스미스(William Alden Smith)는 서부 미시간주에서 주도적인 공화당 언론인 *헤럴드*(Herald)지의 지배지분을 획득했다. 헤럴드의 편집장이 사망하자, 하원의원 스미스는 벤덴버그를 편집장과 총지배인으로 임명했다. 부상하는 스타는 이제 막 22세였다.[42]

20세기의 첫 10년 동안에는 지역 도시 신문은, 후세대에서 라디오 평론가, 지역 TV 뉴스 진행자, 소셜미디어 유명인처럼, 영향력 있는 여론 플랫폼을 제공했다. *헤럴드*지는 애독자들을 위한 연재만화와 야구 점수표 같은 현재 진행 중인 것들 이외에 지역, 주, 국가 그리고 심지어는 국제 사안들을 다루었다.

반덴버그는 언론기업인이자 투자가가 되었다. 공화당이 오른쪽으로 움직이자, 반덴버그의 절제는 중서부의 국수주의(nationalism)와 보수주의(conservatism)를 혼합했다. 1912년 선거에서 테디 루스벨트가 갑자기 당에서 빠져나갔을 때, 그의 아버지의 유언은 아서는 항상 공화당원일 것이라는 약속을 이끌어냈다. 반덴버그는 엘리후 루트와 찰스 에반스 휴즈를 마음에 들어 했다. 그는 윌슨의 국제연맹의 가능한 편익을 이해했으나, 헌법적 권한을 보호하기 위해 유보론자(reservationist)들의 편에 섰다.[43]

이러한 형성시기는 미국 외교에 대한 반덴버그의 미래 기여에 관해 암시를 해 준다. 그는 시대와 사건들을 통틀어 사유했다. 그는 전통을 존중했고 신성불가침한 헌법을 고수했다. 그는 변화에 대한 도전을 포함해 역사의 싹쓸이를 인정했으나 지역 기업과 지역 감성에 뿌리를 두는 미국과 그의 정치를 유지하기를 원했다.[44]

하원의원 스미스가 상원으로 옮겨가자, 반덴버그는 정치적 기회를 계속 보고 있었다. 1928년 초 미시간 주지사는 44세의 반덴버그를 사망한 상원의원의 자리에 지명했고 11월 선거에서 경쟁하여 이겼다. 그는 상원외교위원회에 1929년에 들어갔고 대통령 후버(Hoover) (그리고 엘리후 루트)의 세계 재판소(World Court) 가입 노력을 지지했다. 당시 가입은 실패했다. 그는

FDR 하에서 세계재판소에 대한 명분을, 비록 하나의 한정하는 수정안을 추가하기는 했으나, 유지했다. 그 명분은 나중에 노련한 상원의원의 전문영역이 되었고 나중에 투표를 계수하는 도구가 되었다.[45]

반덴버그는 태생적으로 조정자(conciliator)였다. 그는 비평가로 바깥에 서서 영향력을 행사하기를 선호했다. 많은 성공적인 입법자들과 마찬가지로, 반덴버그는 실제적인 인물이고 선지자는 아니었다. *뉴욕 타임즈(New York Times)*지의 제임스 레스턴(James Reston)은 "그는 행동으로 번역될 수 없는 것이라고 느낀 것들은 모두 무시하는 경향"이 있었다고 회고했다.[46]

반덴버그는 공개장소와 밀실 둘 다에서 효과적이었다. 그는 원기 왕성하고 다채로운 모습으로 강력하게 말했다. 반덴버그는 의원으로 일하면서, 대통령과 다수당에 대한 비판이 하나의 의무였던 소수당 내에서 정치적인 그의 위상을 유지하는 방법을 배웠다. 그는 산업이 중심인 주에서 민주당 독점에서 살아남은 유일한 공화당원으로 1934년 상원에 재선되었다.[47]

빠르게는 1936년 초부터 대통령 유망주로 거론되었다. 그러나 그 자신의 실용적인 정치적 본능과 노력을 조직하려는 의지의 부족은 반덴버그 자신을 억눌렀다. 그는 "지명" 받기를 기다렸다. 그러나 반덴버그는 "5달러" 짜리 말들을 많이 사용했고 라디오 목소리가 좋지 않았다. 상원의원은 헌법의 수호자가 되어 처음으로 1937년 대법원 권한을 침입한 FDR에 대항했고 그 다음에는 미국을 전쟁으로 끌고 가려는 대통령의 권한 행사에 저항했다.[48]

반덴버그는 상원의원 제럴드 니예(Gerald Nye)의 군수품조사(Munitions Inquiry)위원회에 참가했고 1930년 중립 법(Neutrality Act)의 지도자가 되었다. 그는 의무병역제도(Selective Service)와 무기대여(Lend-Lease)법을 반대했고 보호관세를 선호했다. 전쟁 시 부당이득자들에 대한 그의 공격은 미국이 세상을 무시할 있다는 믿음에서가 아니고 무기 제조, 자본가, 그리고 투기자들에 대한 중산층(Main Street) 적의에서 비롯되었다. 1940년에 그는 “고립은 이 축소된 세상에서 불가능하다”라고 기록했다, 그러나 절연은 완전히 실제적인 것으로 지속되었다. 그에게는 히틀러의 승리는 중대한 위험을 제기했다. 히틀러 사안은 그 위험에서 미국을 격리시키는 최선의 방안이 문제라고 그는 주장했다. 반덴버그는 무엇보다 잘도 빠져나가는 FDR이 대통령의 권한을 원형을 알아볼 수 없을 정도로 확대하고 있고 미국을 전쟁에 끌어들인다고 믿었다. 그는 대통령이 오만하게 대하는 소수당 대표 역할을 하는 데 지쳐 있었다. 벤덴버그는 선수가 되고 싶었으나 그렇지 못했다.[49]

전쟁 동안, 벤던버그는 외교관계위원회의 민주당 의장과 함께 긴밀하게 작업을 했다. 전에 상원의원을 지낸 헐 장관은 그 위원회를 존경으로 대우했고, 헐은 FDR의 측근과 전쟁 내각과는 아주 달랐다. 마샬 장군은 어려운 결정들을 반덴버그와 그의(공화당) 동료들에게 설명하는 노력을 기울인 얼마 안 되는 전시 지도자들 중의 하나였고, 반덴버그는 화답했고 기억했다.[50]

반덴버그는 공화당 구 고립주의자들과 1944년과 1948년에 공화당 대통령 후보가 된 뉴욕주지사 토머스 듀이(Thomas Dewey) 같은 영향력이 증가하는 국제주의자들 사이에 다리를 놓기를 원했다. 반덴버그는 또한 떠오르는 공화당 스타인 오하이오주 출신 상원의원 로버트 태프트(Robert Taft)의 개입을 관리했다. 사실, 반덴버그는 태프트와 비공식 동반자 관계를 만들어 반덴버그는 외교정책을 맡고 테프트는 국내 정책을 맡았다. 이 배열 없이는, 각각의 한계 때문에, 트루먼은 1947~49년의 핵심적인 공화당 지원을 결코 받을 수 없었을 것이다.[51]

전쟁이 벌어지는 동안, 의회는-특히 외교정책에 관해서는-최고 통수권자에 의해 그늘졌다. 대통령이 전후 세계의 모양에 대해 약속을 하기 시작하자, 민주당과 공화당 상원의원들은 자신들의 관심을 표명했다. 모든 사람들은 우드로 윌슨의 실패한 평화를 떠올렸다.

유엔 헌장의 교섭(Negotiating the United Nations Charter)

반덴버그는 신생 유엔(United Nations, 國際聯合, 聯合國)의 헌장(charter)을 준비하는 샌프란시스코 회의(1945년 4월 25~26일)에 미국 대표로 참가하여 그의 안을 공고히 했다. 행정부는 1919년 실패한 윌슨을 반복하지 않기를 원해 상원의원과 공화당원들을 포함했다. FDR은 그 회의가 시작되기 전 2주 전에 사망했다. 트루먼 대통령은 그 일정을 유지하기로 즉각 결정하고 헐의 후임 국무장관 에드워드 스테티니우스(Edward Stettinius)를 대표로 임명했다. FDR에 대한 완전한 좌절감으로 반덴버그는 "국가보다 더 필수불가결한" 사람은 없다는 생각을 좋아했다.

반덴버그는 신임 대통령이 상원의원 시절에 개인적인 친구는 아니나 전문적인 동료로 우호적으로 함께 일을 했다. 트루먼은 "반덴버그는 상원의 운영에 정통하고 결과를 얻는 방법을 알고 있었다"고 회상했다. 반덴버그는 트루먼은 소련에 대해 루스벨트보다 더 강경하고 특히 폴란드에 대해서도 그러할 것이라 짐작했다. 미시간은 폴란드계 주민의 인구가 상당했다.

스테티니우스는 외교관계위원회에서 반덴버그와 텍사스 출신 의장 톰 코널리(Tom Connally)와 함께 긴밀하게 일을 했다. 트루먼은 스테티니우스에게 상원의원들이 "각 단계"별로 동의하도록 주의하라고 말했다. 그리고 대통령은 둘 다에게 직접 자신에게 접근하도록 허용했다. 존 포스터 덜레스(John Foster Dulles)의 조력을 받는 반덴버그는 열심이었고 단호했다. 그는 지역준비위원회(Committee on Regional Arrangements)를 주재했다. 반덴버그는 정치, 옹호, 그리고 외교 문서 작성에서 두드러졌다. 그는 1944년 말 덤바톤 오크스 회의(Dumbarton Oaks Conference)의 모호한 선언문을 특정한 유엔 헌장 언어로 번역한 것에 그는 자랑스러워해 마땅하다. 그는 소련과 겨루었고 안전보장이사회(Security Council)와 총회(General Assembly) 등 각각의 기관들과 함께 일을 했다. 반덴버그는 지역안보합의들과 안전보장이사회의 중요한 역할을 조화시키는 핵심적인 역할을 했다. 그는 서구안보 그룹을 허용하기 위해 제51조[집단자위권(right of collective self-defense)에 관련된]의 타협적인 표현을 개발했고, 나중에 보니, 그 조항은 북동 대서양 조약(North Atlantic Treaty)의 공식을 마련해 주었다.

코널리(Connally)와 반덴버그 상원의원들은 유엔헌장(UN Charter)을 자신의 동료들에게 1945년 6월에 제출했다. 7월 28일에 상원은 그들이 스스로 만든 제품(유엔헌장)을 82대2로 비준했다. 윌슨의 실패는 역사 속으로 사라졌을 뿐만 아니라, 유엔은 상원에 한 사람의 제안자를 얻었다.[52]

1946년 동안, 반덴버그는 213일을 유엔과 런던, 파리, 그리고 뉴욕에서 열린 (4강) 외무장관회의(Council of Foreign Ministers)에 소비했다. 그는 소련에 양보한 국무장관 번스에 비판적이었으나 그가 강경노선을 취하자 그와 화해했다.[53] 상원에서 2월 27일 반덴버그는 "러시아가 지금 무엇을 하나"라는 제목의 연설을 했고, 그 연설은 소련에 대한 캐넌의 긴 전문보다 일반 국민의 생각에 더 크게 영향을 미쳤다.[54]

태프트와 결별한 후 반덴버그는 영국에 융자금을 지급하려는 클레이턴(Clayton)을 위해 17명의 공화당의원들의 지지를 얻는 데 성공했다. 11월에 반덴버그 상원의원은 "통합된 양당정치"에 대한 "오해의 여지가 없는 보증"으로 그의 생애에서 두 번째로 많은 득표로 재선에 성공했다. 공화당이 마침내 다수당이 되었고, 늘 시가(cigar)를 물고 있던 반덴버그는 상원외교관계위원회의 새로운 의장이 되었다.[55]

조지 마샬, 딘 에치슨, 그리고 국무부

(George Marshall, Dean Acheson, and the State Department)

대통령 트루먼은 새로운 시작을 개시할 준비가 되었다. 1946년 여름 동안, 막 극동 순방 시찰을 떠나려던 아이젠하워 장군에게 당시 중국에 있던 마셜 장군이 언젠가 국무장관으로 번즈(Byrnes)를 이을 생각인지를 문의하라고 요청했다. 마샬은 대통령이 원하는 어느 자리라도 봉사하겠다고 답했다. 대통령은 1947년 1월 7일에 마샬을 국무장관으로 지명했다. 마샬의 의회와의 명성과 당파심을 초월해 외교정책을 들어올릴 능력을 인정해, 트루먼은 마샬을 포커 게임을 하는 대통령에게 특별히 필요한 "경이로운 비장의 무기"가 될 것으로 고려했다.[57)]

마샬이 워싱턴으로 돌아온 후 반덴버그는 청문회나 다른 반대 없이 외교관계위원회를 통해 장군을 인준하려고 서둘렀다. 상원 규칙의 중지를 요청한 반덴버그는 신임 장관에 대한 상원 인준을 같은 날 받아냈다.

마샬이 유니온역(Union Station)에서 기차에서 내릴 때, 한 보좌관이 신임 장관에게 마샬의 정치적 계획들에 관한 반덴버그의 염려에 대한 한 기자의 제보를 적은 쪽지를 전달했다. 마샬은 짧은 발언을 하였고 질문을 받았다. 아무도 정치에 관해서는 질의하지 않았다. 마샬은 그 문제를 직접 제기했고 장관직은 비정치적이라고 선언했다. 그는 정치 사안에 관여하지 않을 것이고, 후보자가 될 수 없고, 결코 발탁되지 않을 것이라고 말했다. 마샬은 "명백하게 그리고 단호한 어조로 [그 주제를] 확정적으로" 종료시켰다.[58)]

신임 장관은 국무부를 운영하는 데 또한 단호했다. 그는 문서 흐름과 직접적인 소통을 조정하는 사무국(Secretariat)을 설치했다.[59)] 마샬은 정책기획참모(Policy Planning Staff)를 신설했다. 신임 장관은 "계선" 조직(line offices)들은-국무부에는 지역국들-일상 운영으로 바쁘다는 점을 이해하고 있었다.

"정책들은 자체 탄력을 획득하고 원인들이 종료될 때까지 진행된다"고 에치슨은 서술했다. 마샬은 소수의 참모들이 장관과 현 대통령의 비전을 먼 장래가 아닌 가까운 장래를 전망해 주기를 원했다. 즉 예상하고, 생각을 자극하고, 새로운 접근법을 고안하기를 원했다. 그는 국무부의 정보와 연구 기능을 한 국으로 모아서 평가 업무가 지역국들의 편견에서 벗어나 독립적이 되도록 또한 강화했다.[60)]

마샬 장관은 차관 에치슨에게 국무부를 사실상의 참모총장 형태로 운영하라고 지시했다. 마샬은 에치슨이 결정을 요하는 사안들에 대해 유일한 통로가 되고 각 사안별로 건의안을 넣어 보내기를 원했다. 에치슨은 너무 많은 집중의 약점을 알고 있었기에 장관에게 의사결정 과정 초기에 참모들이 그의 의견과 대통령의 지침을 반영할 수 있게 참가해 달라고 요청했다. 에치슨은 건의와 동시에 대안을 심의하라고 또한 제시했다. 마샬은 에치슨의 제안에 적응하려 노력했으나 좋아하지는 않았다. 마샬의 가장 오래 남아있는 금언 중의 하나는, 부분 책임자들 간의 긴 논쟁을 듣고 난 후에 한, "신사 여러분, 문제와 싸우지 말고, 결정을 하십시오"[61)]라고 한 말이다.

마샬의 임명과 그의 경영 스타일은 트루먼 자신의 지도력에 비추어 핵심적이었다. 대통령은 폭넓은 권한을 참모들에게 부여했다. 그러나 상반되는 견해를 일관성 있게 심의하거나 의사결정을 구조화하고 종합하는 체제를 갖추지 못했다. 트루먼은 단호했으나, 1945~46년에는 아무도 대통령에게 조직적으로 혹은 서로 연관된 문제들에 관해 주요 선택을 대통령에게 제시하지 않았다. 과정은 중요하다. 대통령의 주요 인사들도 마찬가지이다. 1947년 1월 대통령은 좀 더 응집력 있게 국무부를 이끌고, 새로운 외교, 안보, 국제경제 정책의 틀을 짜는 데 앞장서 줄 마샬 장관에 기댔다. 국방부는, 현역군인을 포함해, 대통령에게는 또 하나의 주요 목소리이고 수단이었다. 마샬은 이 국방부에서도 엄청난 존경을 받았다. 최종 주요 플레어

(player)는 의회였고 거기에는 반덴버그가 동반자였다.

벼랑 끝에 선 그리스와 터키(Greece and Turkey on the Precipice)

새 팀이 들어선 지 한 달 이내에 미국의 외교를 수십 년 간 규정한 4대 결정 중 첫 번째 문제에 봉착했다. 1947년 2월 21일 금요일, 영국대사의 개인 비서 인버채플(Inverchapel) 경이 "한 청색문서(a blue piece of paper)"를 마샬 장관에게 지연하지 말고 즉시 전달해 줄 수 있는가를 문의했다. 그는 런던에서 온 공식적인 메시지를 의미하는 표현을 사용하고 있었다. 마샬은 국무장관 자격의 첫 번째 연설을 하러 프린스턴(Princeton)으로 떠났다. 에치슨은 대사관이 그에게 한 사본을 바로 제공하라고 지시했고, 대사는 마샬을 대면해 월요일 아침에 제출하여 공식적으로 그의 지시를 완수했다.

영국은 그리스와 터키에 대한 2건의 문서를 전달했다. 비록 국무부는 일련의 두려운 현장 보고서를 받고 있었으나 에치슨은 그 문서들이 "놀라운 일(shocker)"이었다고 회상했다. 전문 통신은 경제적 혼란, 게릴라 준동, 붕괴 직전의 그리스 정부를 묘사했다.

런던에서 온 진짜 소식은 6주 이내에 영국은 그리스와 터키에 대한 원조를 중단하고 4천 명의 군대를 그리스에서 철수한다는 내용이었다. 영국은 유감스럽게도 워싱턴이 개입할 필요가 있다고 제시했다. 터키는 붕괴에 가까이 가지는 않았으나 자체 현대화 작업과 모스크바의 최근 위협에 대항하는 대군을 지탱할 자금을 댈 수 없었다.[62]

1946년 영국에 대한 무기대여 융자 중단을 다루었던 클레이턴은 영국의 경제적 현실에 놀라지 않았다. "세계 지도부의 고삐는 유능하나 매우 약한 영국에서 빠르게 빠져나갔다"라고 요약했다. 미국이나 혹은 러시아가 그것을 주어야 한다고 클레이턴은 경고했다. 만약 미국이 앞으로 나오면 전쟁을 방지할 것이고, 만약 러시아가 떠맡으면, 10년 이내에 전쟁이 날 것으로 클레이턴은 예상했다.[63]

에치슨은 트루먼과 마샬에게 전화로 영국 전문을 보고하고 팀에게는 2월 22~23일 주말에 "죽을힘을 다해 일을 하라"고 지시했다. 토요일에, 에치슨은 사실들을 평가하고, 서부 유럽에 대해 그리스와 터키의 독립의 중요성을 강도 높게 설명했다. 그는 육군과 해군 작전참모와 그 수행원들을 그 팀에 추가해 월요일까지 수요와 공급의 개요를 짜라고 지시했다.[64]

에치슨은 일요일에 집에서 최종 검토를 감독했다. 월요일 오전까지, 마샬은 문서를 읽고 오전 10시에 인버채플을 만날 준비를 했다. 장관은 에치슨에게 일련의 사안들에 대해 압박했다. 차관은 다만 예비적 판단을 제공할 수 있었다. 마샬은 일주일 후 독일의 운명을 논의할 소련, 영국, 프랑스 상대방들을 만나러 모스크바로 갈 예정이었다. 진정한 실제적인 결정들은 아주 촉박한 시간에 부분적인 정보로 내려져야 하는 게 흔하다.

그리스와 터키의 문제는 직접적으로 소련 때문은 아니었다. 그러나 유고슬라비아(Yugoslavia)의 티토(Tito)의 지원을 받는 그리스 공산주의자들이 그리스를 장악하고 소련과 연대할까 미국은 두려워했다. 국방부는 동지중해에 소련이 하나의 거점을 확보하면 터키를 포위하게 되고 중동의 석유와 다른 자원을 넘보고, 그 지역에 존재하는 미국의 전략 공군 기지를 위협하게 될 것을 우려했다. 성공하면 프랑스, 이탈리아와 기타 서부 유럽 국가 들에서 공산당들이 준동할 것이었다.

1947년 초에는 유럽 내의 공산당들은 그 후 수년에 비해서도 강력한 호소력을 가지고 있었다. 반감을 품은 유럽인들은 소련을 불굴의 나치 전쟁기계와의 사투에서 승리한 국가로 보았다. 적군(Red Army)은 대륙 대부분을 해방시켰다. 공산주의자들은 [일단 히틀러(Hitler)가 소련(USSR)을 공격하자] 레지스탕스 단체(resistance)로 치열하게 싸웠다. 대중은 구정치질서를 멸시

와 대공황 시절의 어두운 연합으로 보고 있었다. 공산당원 숫자는 유럽에서 치솟았다.[65]

트루먼 독트린 만들기(The Making of the Truman Doctrine)

클레이턴은 핵심 문제를 규명했다. 미국은 유럽에게 하나의 대안을 제시할 것인지의 여부를 결정할 필요가 있었다. 만약 그리한다면, 정치, 경제, 군사적 요인들의 혼합은 어떻게 되어야 하는가? 그리고, 의회와 미국 국민이 유럽과의 이 급격한 "얽힘"을 지지할 것인가?

대통령, 육군, 해군 장관들은 마샬의 접근과 건의에 찬성했다. 참모들이 그리스와 터키를 위한 패키지(package)를 마무리하느라 서두르는 중에, 일부는 남한(South Korea), 중화민국(Republic of China) 그리고 다른 취약국가들에 대한 지원 문제를 제기했다. 아이젠하워 장군은 의회에 자금을 요청할 하나의 광범위한 요구의 근거를 마련하기 위해 조사를 확대하기를 간청했다. 그러나 시간의 긴요성과 의회 때문에 그 사업은 당분간 그리스와 터키에 집중했다. 미국의 책무의 지리적 범위에 관한 문제는 아주 곧 그리고 앞으로 올 수년간 실제적인 선택 문제를 제기하게 되었다.[66]

트루먼과 마샬은 빠르게 움직였다. 2월 27일에 에치슨이 "청색 문서"사본을 받은 지 겨우 6일만에, 대통령은 8인의 의회 지도자를 백악관에 소집했다. 공화당과 민주당 각 4인. 전당대회에서의 미래의 정치적 자본을 쌓고 있던 반덴버그 의장은 대통령에게 상원의원 태프트가 실수로 누락되었다고 말했다.

마샬은 공식석상에서 그의 습관대로 하나의 문장을 읽었다. 그의 지문은 "유럽, 중동 그리고 아시아에 대한 소련의 지배를 확대할 일련의 위기 중 첫 번째"라고 경고했으나 그의 태도는 요지부동이었다. 일단 마샬은 생각을 정리하면, 그의 차분한 통제는 상황에 맞지 않았다.

공화당원들은 미국이 "영국을 위해 위험을 무릅쓰야"하는 이유를 문의했다. 새로 다수당이 된 공화당은 외국 원조금을 깎기로 작정했다. 새로운 계획들을 제안하는 행정부에 의회가 즐겨하는 질문을 던졌다: 이걸 하는데 비용이 얼마나 드나?

에치슨의 설명에 의하면, 그는 마샬에게 귀속말로 물었다. "이게 사적인 싸움인가 아니면 다른 누가 가담할 수 있나?" 마샬은 대통령에게 마치 에치슨이 말하듯이 문의했다. 에치슨은 그 사안을 재구성할 한 번의 기회를 가졌다고 알아차렸다. 차관은 상원의원 반덴버그와 코널리에 접근해 번스 장관과 함께 소련과 평화 합의를 교섭하기 위해 유럽을 방문한 사실을 알려주었다. 모스크바는 최근 18개월간 이란, 그리스, 독일을 에워싸는 데 전념했고 약한 국가들을 찾아 나선다고 그는 설명했다. 영국은 이제 끝났다. 이제 두 개의 강대세력들만 남았다. 로마(Rome)와 카르타고(Cartage) 간의 경쟁 이후 추종을 불허하는 하나의 분극화(polarization)가 일어났다.

만일 그리스가 붕괴하면, 이란과 그 동쪽, 소아시아(Asia Minor), 이집트와 아프리카, 유럽은 이탈리아와 프랑스 등 다른 국가들은 병든 사과처럼 떨어질 것이라고 에치슨은 주장했다. "소련은 역사상 최대의 도박을 최소 비용으로 벌이고 있다." 소련은 각각을 이길 필요가 없고, 심지어는 하나나 둘만 해도 엄청난 이득을 안겨준다. 이 경쟁은 민주주의(democracy)와 자유(liberty) 대 독재정부(dictatorship)와 전체주의(totalitarianism) 간의 이념적인 싸움이다. 그리스를 돕는 것은 영국을 돕거나 인도적인 지원이 아니다. 그 계획은 자유민과 미국 국가 안보를 지원하는 것이다. 미국은 대담하게 행동할 수 있고 혹은 아무것도 하지 않으면 잃을 수 있다.[67]

에치슨은 청중들을 살폈다. 역사를 공부하고 또 역사적인 큰 전쟁을 통과해 살아남은 사람으로, 전 대륙과 전 해양을 휩쓸고 다닌 육군과 해군의 배치도를 최근에 조사한 사람으로, 에치슨의 호소는 일종의 운명적인 느낌을 일깨웠다. 이들은 산전수전 다 겪은 실제적인 정치인들이었다. 그러나 그들은 자신들이 역사에 한 획을 그을 수 있다고 믿었기 때문에 그 정치적 소명을 따랐다. 이 시간은 자신들에게 중대한 순간이었다.

긴 침묵이 흐른 후, 반덴버그가 첫 번째로 일어났다. "대통령님" 그는 무겁게 입을 열었다. "의회와 국가에게 그것을 말하면 나는 귀하를 지원할 것이고 대부분의 의원들도 그리할 것이라고 믿습니다." 한 기록에 의하면, 반덴버그는 트루먼이 "미국을 몹시 무섭게 두려워하게 할 것"이라고 추가했다고 한다. 그 회의는 많은 추가적 논의 없이 마쳤다.68)

반덴버그는 그가 수년간 지속해서 사용하는 한 유형을 만들었다. 즉 지원을 약속하고 조건을 붙이고 나중에 수정하는 방법으로 최종안을 동료 상원의원들과 국민에게 가져갔다. 이게 미국 외교의 정치였다. 이제 트루먼은 자신의 대통령직에 대한 도전에 직면했다.

마샬은 3월 5일에 모스크바를 향해 떠났다. 에치슨은 그리스와 터키에 대한 경제 및 군사 원조 4억 달러(지금 돈으로는 약 46억 달러)에 대한 계획과 준비를 지휘했다. 그는 또한 3월 12일 의회에서 대통령이 할 연설 준비를 감독했다. 그리고 에치슨은 영국을 설득해 군대 철수를 연기하게 하고, 그리스 정부에게 원조 신청 서한을 작성하라고 요구했다. 에치슨은 또한 언론 브리핑을 준비했다.

트루먼은 반덴버그의 메시지를 들었다. 그는 "얼버무림… 망설임, 그리고 사실호도" 없이 말하기를 원했다. 캐넌은 강한 표현이 소련을 도발하지 않을까 염려했다. 그는 설득력 있는 분석을 연습한 후 취소했다. 클리포드(Clifford)는 처음 시도는 너무 약하다고 생각했다. 반면에 마샬은 "너무 많은 미사여구"를 보았다. 클레이턴은 대통령이 미국 국민들에게 충격을 주어 세계 지도력을 맡을 필요가 있다고 주장했다. 그리하기 위해서는, "대통령과 국무장관은 국민에게 사실과 진실만을 말할 필요가 있다." 에치슨은 주장을 "사실보다 더 선명하게" 만들 필요가 때로는 존재한다고 의회와 함께 인식했다.[69)]

트루먼 입장에서 그 상황을 보자. 에치슨이 영국에게서 쪽지를 받은 날(2월 21일)에, 대통령은 의회에 국제 구제 금융 3억5천만 달러를 요청해 공화당과 민주당 의원들 사이에 실망감이 표출되었다. 전임 대통령 후버는 유럽의 식품 수요를 조사하는 일정을 마치고 돌아와서 끔찍한 조건들을 보고했으나, 의회에게 구제금융을 서두르지 말고 "중지하고, 조사하고, 청문"하라고 건의했다. 신생 공화당 다수 의회는 예산 경제(budget economy)를 회복하도록 선출되었다. 3월 4일 상원은 대통령의 차기 예산에서 45억 달러를 깎았고, 하원은 60억 달러를 잘랐다. 대통령이 의회에서 연설하기 2일 전에 다수의 상원의원과 하원의원들이 대통령 사무실에서 만났다. 의원들은 에치슨에 말에 의하면, 반덴버그의 고무에도 불구하고, 행정부의 안에 대해 "차가운 무언의 접대"를 대통령에게 했다. 트루먼은 의회에 요청안을 제출하는 결정을 하는 데에 "완전히 기진맥진해" 있었다고 그의 딸에게 말했다. "나는 조지 워싱턴의 정신이 나에게 불리하게 적용될 것이라고 알고 있었다"라고 대통령은 나중에 회고했다.[70)]

트루먼은 1947년 3월 12일 오후 1시 정각에 하원 회의실에 빼곡하게 들어찬 청중들 앞에 섰다. 겨우 19분에 걸친 연설에서 대통령은 영구적인 유럽과의 얽힘과 미국 해안을 넘어서 폭넓은 자유의 명분의 추구를 향한 큰 첫 발걸음을 움직였다.[71)]

그는 그리스를 가난하고, 고통받고 소수 무장 공산주의자들 때문에 회복이 불가능한 하나의 실패한 국가로 묘사했다. 그는 그리스 정부의 요청을 보고했고 그들의 오류를 인정했다. 그리고 터키의 다른 필요와 중동 질서와의 관계를 설명했다. 목표는 "우리와 다른 국가들이 강압에서 자유로운 생활을 영위할 수 있는 조건들을 창출"하는 것이라고 트루먼은 설명했다.

그 다음에 트루먼은 각 국가는 이제 자유(freedom) 체제와 압제(oppression) 체제 사이에서 하나의 선택을 해야 하게 되었다고 이어갔다. "트루먼 독트린(Truman Doctrine)"이라고 알려진 수년간을 통해 울려 퍼질 문장에서 대통령은 "무장한 소수세력이나 외부 압력에 의한 예속적 시도에 대해 저항하는 자유민들을 지원하는 것이 미국의 정책이어야 한다고 나는 믿는다"라고 선언했다. 그 수단은 주로 "경제적이고 금융적"일 것이었다.

다음에 트루먼은 말로서 지도를 그려서 당면 과제의 지정학적 이해관계를 설명했다. 그는 4억 달러를 1948년 6월까지 달라고 요구하고 민간인과 군사인력을 배치할 수 있는 권한을 달라고 요청했다. 그는 이 "세계 평화와 자유를 위한 투자"와 미국이 제2차 세계대전을 치르는 데 사용한 3,410억 달러를 비교했다. 대통령은 "갑작스러운 사건들의 발생으로 위대한 책무가 우리에게 주어졌다." 그는 "의회는 이 책임을 정면으로 직면할 것이다"라고 신임을 보냈다.[72)]

의회는 대통령에게 기립박수를 보냈다. 그러나 "그것은 한 용감한 사람에 대한 찬사이지 만장일치로 그의 정책을 수용한 것은 아니었다"고 에치슨은 묘사했다.[73)]

학자들은 트루먼의 어록에 특히 독트린에 70년 간 노력을 부어 넣었다. 얄궂게도, 그들이 표적으로 한 문장은 국무부의 국가-전쟁-해군(State-War-Navy) 보고서 초안이었고, 백악관의 정치 코멘트가 아니었다. 비판자들은 그 이후 수십 년에 걸친 많은 미국의 참사를 특히 베트남 참사에 대해 트루먼의 요청으로 그 기원을 거슬러 올라갔다. 대담한 대통령의 언어는 자제를 주장하는 사람들에 대해 휘두르는 몽둥이가 될 수 있다. 그러나 그 비판은 너무 나갔다. 정치지도자들은 변하는 상황에서, 목표, 수단, 그리고 국민의 지지를 감안해 그들 자신의 실용적인 결정을 내려야 한다. 실제로, 트루면의 연설 후 후속으로 개최된 의회 청문회에서 에치슨과 클레이턴은 정책은 "각 사안별 상황"으로 판단되어야 한다는 점을 강조했다.[74]

트루먼은 소련을 그의 연설에서 언급하지 않았다. 그는 단 한 번 "공산주의자들(Communists)"이라고 참조하게 했다. 벤 스테일(Ben Stei)l은 미국 외교의 획기적인 전환은 트루먼의 연설로 유럽과 기타 세계와 미국의 새로운 얽힘의 핵심 원소로 경제 및 금융 원조에 의존하게 된 사실이라고 지적했다.[75] 알렉산더 해밀턴, 윌리엄 수어드, 존 헤이, 그리고 코델 헐은 개방 경제 외교와 미국 이익 사이의 핵심적인 연계성을 인식했다. 트루먼 연설의 가장 오래 지속되는 유산은 글로벌 리더십(지도력)은 미국 외교정책에 내재된다는 선언이다.[76]

반덴버그와 그리스 및 터키 원조(Vandenberg and Aid for Greece and Turkey)

경계하는 의회는 질문을 많이 던졌다. 그러나 상원의원 반덴버그는 "만약 우리가 대통령을 버리면… 앞으로 세계에 대한 어떠한 영향력도 행사할 수 없게 된다"고 경고하면서 압박했다.[77]

에치슨은 반덴버그의 의회적 기술을 칭송했다. "반덴버그의 술책 중의 하나는 공개적으로 자신의 바뀐 신념을 하나의 제안으로 만드는 것이었다…. 그 방법은 국민들의 의심과 회의 기간을 거친 다음에 비교적 사소한 결함을 찾아내서 거기에 집중해 해결하고, 적절한 때에 하나의 변화를 제안하고… 이는 늘 반덴버그 수정안이 되었다." 그 다음에 상원의원은 그의 추종자들에게 "하나의 진정한 원칙(독트린, doctrine)"을, "일종의 정치적 성변화(聖變化, transubstantiation)"를 제공할 수 있었다.[78]

반덴버그는 그의 상원 동료들을 초청해 질문을 제출했고, 그는 그 목록을 111개로 압축했고, 이에 행정부는 즉각 답을 보냈다. 유엔헌장을 잘 알고 있는 반덴버그가 평가하기로는, 여전히 남아있는 핵심 사안은 행정부가 "유엔을 무시하는 엄청난 실수"를 한다는 점이었다. 클레이턴이 최초로 경험했듯이, 현실은 유엔과 그 산하 구조 행정당국은 그 일을 앞서서 해나가는 능력이 없었다. 그러나 미국 국민들은 그리스 문제를 유엔에 넘기기를 아주 선호했다. 반덴버그는 유엔에게 원조의 필요성을 사정하는 역할을 주는 하나의 수정안을 기초했다. 에치슨은 양보했다. 그 조치는 상원의원 태프트가 이끄는 반대 세력을 약화시켰다. 상원은 그 안건을 4월 23일에 공화당 35명의 지지를 받아 67대23으로 통과시키고, 하원은 287대107로 통과시켰다. 5월 22일 대통령 트루먼은 이 법률안에 서명을 했다. 그 직후에 미국 외교를 전환하는 두 번째 발걸음을 옮겼다.[79]

실제로는, 그리스는 스탈린의 지정학적 혹은 발칸반도 목표물의 목록에서 높은 순위에 들지 않았다. 스탈린은 그리스 공산주의자들의 역량을 의심했고 미국이 지중해의 통신선을 보호할 것으로 예상했다. 트루먼의 터키에 대한 단호한 대응은 스탈린에게 그 지역에서 잘못 움직이면 미국과 영국의 공격을 받을 것으로 확신하게 했다. 모스크바에서 트루먼 원칙은 하나의 지역 대응 수단으로 보였고 심지어는 미국의 자본주의적 경쟁자인 영국에도 한방을 날리는 것처럼 보였다.[80]

1947년 모스크바 회의: 독일과 유럽의 운명

(The Moscow Conference of 1947: The Fate of Germany and Europe)

그러나 워싱턴은 아직 중부전선에서, 독일과 중부 및 동부 유럽의 완충지대, 소련의 권리를 주장하려는 스탈린의 각오를 알아채지 못했다. 1947년 3월 9일 트루먼이 의회 연설을 준비하느라 분주한 때에, 눈 덮인 모스크바에 착륙한 마샬 장관은 스탈린의 전략적 우선순위에 대한 차가운 교훈을 얻게 될 예정이었다.

3월 모스크바 4개 외상 회의에서의 근본적인 사안은 독일의 장래, 특히 그 배상금에 관한 것이었다. 미국과 소련은 제1차 세계대전 후의 경험에서 근본적으로 정반대의 교훈을 얻었다. 미국은 클레이(Clay) 장군의 촉구로 독일의 경제를 복원해 독일인의 생계를 원조하는 걸 피하기를 원했다. 더욱이, 억류되고 궁핍한 독일이 다시 보복주의(revanchist) 독일이 될 수도 있었다. 소련은 반대로, 자신들이 독일이 다시 강국이 되도록 허용하는 데 아주 위험한 가격을 지불했다고 믿었다. 소련은 나치의 파괴를 보복하기 위해 이제는 배상금을 받기를 원했고 소련이 다시 힘을 되찾을 동안 독일의 목을 발로 누르고 있기를 원했다.

클레이나 마샬 어느 누구도 소련과 단절하기를 원하지 않았다. 미국의 실용적인 건의는 독일이 스스로 자국민을 먹이고 4개 지역 전체를 경제적으로나 정치적으로 통합하고, 더 많이 생산해 배상금을 내기를 원했다. 받아들일 수 없는 경로는 미국 납세자들이 독일의 생계에 돈을 대고 소련(과 프랑스)이 독일의 생명선을 갉아먹는 것이었다. 그 경우에는, 미군은 미국의 독일 경제구역을 무한정으로 수비해야 한다. 그러한 결과를 방지하기 위해, 클레이는 지난 6월에 배상금 징수를 중지했고 영국과 함께 독일에 대한 "2국 통치지구"를 1947년 초에 통합했다.

마샬과 클레이는 유럽외교에서는 드문 속성인 미국의 낙관주의(optimism)를 대변했다. "나치의 지위와 영향력을 빼앗는 미미한 부정적인 과정으로는 결코 독일을 민주적으로 바꿀수 없다"라고 장관은 주장했다.[81] 소련은, 반면에, 독일이 민주적이거나 아니거나 간에 독일을 두려워했다.

5주에 걸친 43차례 4시간짜리 회의를 진행하는 동안 마샬은 러시아 외교에 대한 진수를 느꼈다. 외무장관 뱌체슬라프 몰로토프(Vyacheslav Molotov)는 그의 별명 "돌 엉덩이"를 정당화해 주었다. "외교에서는 귀하는 사람이 무슨 생각을 하는지 결코 알 수 없다. 그는 귀하에게 웃음을 보내고는 동시에 귀하의 배를 걷어찬다"라고 마샬은 회상했다. 마샬은 분명치 않음, 웅얼거리기, 신경 건드리기 등은 상대를 좌절하게 한다는 점을 발견했다. 마샬은 투지를 잃지 않기 위해 헤롤드 니콜슨(Harold Nicolson)의 책 *1815년 비엔나 총회(Congress of Vienna of 1815)*를 읽었다. 마샬은 차이와 문제를 해결하기 위해 모스크바에 왔으나 대신 지구력(endurance)과 인내심(patience)의 거친 심사를 받게 되었다.82)

마샬은 과단성 있는 스탈린을 3번의 전시 중 정상외교에서 관찰했다. 그는 스탈린에게 개인적인 면담을 요청했다. 그들은 1947년 4월 15일 밤에 만났다. 마샬은 무장해제, 배상금, 그리고 독일의 장래 경제 및 정치 구조 등 의제를 제시했고 4국 외상들은 아무 진전도 이루어 내지 못했다고 말했다. 90분 동안의 면담에서 스탈린은 아무것도 바꾸지 않았다. 소련에 봉사하게 엎어진 독일 전역에 대한 통제를 지속하기를 소련은 원했다. 스탈린은, 어떤 대가를 치르더라도, 독일이 자본주의적 미국과 또 영국과 연합할지도 모를 가능성을 피하고 있었다.

마샬은 이제 고집 센 몰로토프가 그의 주인의 명령을 단지 따르고 있음을 알아차렸다. 스탈린은 "타협안"을–독일 국민의 투표–제시했다–폴란드와 다른 동구권 국가들에 대한 소련 정부의 선거 조작의 관점에서 이 말을 듣는 순간 마샬의 등골이 서늘했다.83)

스탈린은 차분하게 늑대들의 머리를 끼적끼적 그리면서 자신은 마샬보다 더 낙관적이라고 제시했다. 이것들은 "다만 첫 번째의 작은 접전들이고… 사람들이 지쳐 나가떨어진 후에 가서야, 그들은 타협의 필요를 인식하게 된다… 인내를 가지는 것은 필요하다."

스탈린의 말은 긴급한 문제를–독일과 유럽 둘 다–이미 규명하고 실용적인 해법을 급하게 요구하는 한 미국 외교관을 주저앉히기에 확실한 코멘트였다. 마샬은 여전히 그 회의에서 뭔가를-아마도 오스트리아에 대한 합의-건질 희망을 가지고 있다고 보고했다. 그러나 몰로토프의 지속되는 저항은 스탈린이 변경하면 안 된다는 명령을 내린 것으로 마샬은 확신했다.

1945~46년의 13개월 동안, 마샬은 중국 국민당과 공산당 간에 타협할 수 없는 차이에 맞닥뜨리게 되었다. 그는 교섭의 비효과성을 인식하고 장카이섹(Chiang Kai-Shek)에 영향을 주거나 지원할 외부인의 제한된 역량에 관해 대담한 결론을 내렸다.[84] 이제 두 번째로, 마샬은 교섭 결과의 절충안들의 한계를 인식하게 되었다. 그는 귀국하고 있었다. 그러나 그는 유럽의 기저 상황을 바꾸기 위해 해야 할 일에 관해 매우 다른 결론에 도달했다.

유럽 "환자는 가라앉고 있다"(The European "Patient Is Sinking")

모스크바를 떠나기 전 마샬은 영국과 프랑스 대표를 만났다. 둘 다 유럽에서의 경제적 붕괴와 정치적 위험들을 묘사해 주었고 심지어는 내전의 위험이 도사리고 있다고 말했다. 둘 다 미국의 원조를 요청했다.

마샬의 통역사인 찰스 "칩" 볼런(Charles "Chip" Bohlen)은 "독일에서 벌어지고 있는 것들에 대한 스탈린의 겉보기 무관심은 마샬에 깊은 인상을 주었다. 스탈린은, 유럽을 보면서, 그 (나쁜) 상황들이 흘러가는 대로 내버려 두는 게 소련의 이익을 최대로 확장하는 최고의 방법이다… 공산주의자가 잘 해낼 일종의 기회로 보고 있었다. 워싱턴으로 돌아오는 내내, 마샬은 서부 유럽의 완전한 붕괴를 방지할 모종의 이니셔티브 발견의 중요성을 말했다"고 나중에 기록했다.[85]

마샬은 미국이 러시아와 교섭할 수 없다고 모스크바에서 드디어 결심했다고 나중에 말했다. 미국인들은 마샬 자신이 시도해 보기를 원했다고 생각했다. 경제회복계획은, 또한 마샬 플랜으로도 알려진, "모스크바 회의에서 얻은 환멸에서 파생"되었다고 말했다. 미국은 위태로운 문제들에 당면해 미국의 국제적 역할에 관한 두 번째 전환적인 결정을 향해 나아가고 있었다.[86]

마샬은 4월 27일 대통령을 만나 그의 느낌과 즉각적인 일련의 조치를 건의했다. 4월 28일 마샬은 라디오로 전국민을 상대로 연설을 했다. 그는 유럽의 해체를 묘사했다. 장관은 모스크바와의 단절을 요구하지는 않았으나 "환자는 가라앉고 있고 의사들은 고의적으로 방치하고 있는" 위험을 경고했다. 그는 새로운 접근법의 필요성을 미리 공개하고 있었다. "행동은 탈진할 타협을 기다릴 수 없다" 마샬은 양당의 통일된 지원을 요청하는 말로 연설을 마쳤다.[87]

캐넌의 문서(Kenna's Paper)

4월 29일에 마샬은 캐넌을 소환했다. 그는 국립 육군대학 소속 교수에서 정책기획부의 초대 국장으로 아직 이동 중이었고, 대면해서 대화하기는 처음이었다. 장관은 외교적 공세를 잡기를 원했다. 마샬은 캐넌에게 유럽의 장래에 대한 문제를 점검하고 마샬이 무엇을 해야 하는지에 관해 건의하라고 지시했다. 기한은 2주였다. 캐넌이 마샬에게 다른 지시가 있느냐고 물었을 때 장관은 그의 고전적인 "사소한 것들은 피하라"는 대답을 했다.[88]

캐넌은 3주 약간 넘어서 보고서를 완성했다. 최초의 그의 정책기획보고서로, 오늘날 관리들이 보면 놀랄 정도로 짧은, 가장 영향력이 큰 것이 되었다. 경제학 배경 지식이 거의 없는 상태에서, 캐넌은 클레이턴과 그의 참모들의 문서와 4월에 생산된 관계부처 보고서에 근거하여 내용을 도출했다. 그러나 그의 주된 기여는 문제를 규명하고 외교 전략의 골격을 제시한 점이었다. 그는 유럽의 문제는 "유럽 사회를 모든 전체주의적 운동의 착취에 취약하게 만드는 경제적 부적응과 그 경제적 부적응 자체를 러시아 공산주의가 현재 착취하고 있는 중"이라고 기록했다. 캐넌의 대상은 유럽 자체의 붕괴였지 공산주의가 아니었다. 새로운 계획은 "솔직하게 미국 국민에게 알려야" 한다. 목표는 유럽을 "자립하게" 만드는 데 있었다.

단기적으로는, 캐넌은 유럽 경제에서 구조적 병목을 극복하는 "효과적이고 극적인 조치"를 규명하는 일이고, 이와 대등하게 중요하기는, "희망과 자신감에 대한 하나의 촉매로 미국의 계획이 기능"하게 하는 일이라고 말했다. 장기 과제는 미국이 지원하는 적절한 "보호막(safeguard)"을 가진 원조를 받아 하나의 유럽인 자신들의 이니셔티브를 통해 유럽 경제를 재활시키는 일이다. 캐넌은 수십 년간 개발 계획을 괴롭혀온 하나의 주요 선결과제를–지역민이 개발사업을 소유해야 한다–인식했다. 이 상황에서, 캐넌은 그 소유권은, 개별 국가가 아닌 우호적인 일군의 유럽국가들이 집단적으로 소유해야 한다는 입장을 유지했다. 미국은 유럽인들이 자신들의 경제를 통합하라고 압박해야 한다. 현재로서는 분명한 아이디어이나 1947년 당시로는 하나의 새롭고 획기적인 생각이었다.

캐넌의 메모는 유럽을 규정하는 데에 관해 하나의 중요한 지리적 가정을 했다. 그는 결코 독일을 언급하지 않았으나 "라인 계곡(Rhine Valley)"이라는 참조를 통해 독일이 포함됨을 의미했다. 미국의 원조는 모든 유럽국가들을 대상으로 해야 한다. 그러나 "러시아 위성국가들은 제시된 조건들을 수용하기를 꺼림으로써 스스로를 배제하거나 혹은 그들 경제의 배타적인 방향을 포기하는 데 합의하는 방식으로" 받을 수 있다고 설명했다. 캐넌은 협력과 시장경제의 미국 원칙들에 근거한 유럽 부흥 프로그램에 소련은 가입하기보다는 스스로 고립을 택할 것이라는 도박을 했다.

캐넌은 보고서의 마지막 장에서 트루먼 독트린을 다시 작성하려고 애썼다. 그는 미국 국민이 다른 국가들에 대한 원조를 건전한 경제적 논리보다는 "공산주의 세력의 압력에 대응하여 방어적인 대응으로" 세계 문제를 접근할까 우려했다. 그는 그 독트린이 "공산주의자들이 성공적인 것으로 보이는 전 세계 어느 지역에나 경제 및 군사 원조를 주는 하나의 백지수표"가 될 것을 또한 두려워했다. 그의 첫 번째 관심은 방대한 금액을 해외에서 사용하기 위해 의회를 설득하는 실제적인 정치적 감각의 충격적인 결여를 지적했다. 그러나 캐넌의 두 번째 관심은 일단 반공주의의 불꽃이 타오르기 시작하면 다른 케이스들과 씨름해야 할 정책 입안자들에게 현명한 경고를 하는 일이었다.[89]

캐넌의 지적 사유가-대개 수려한 문장을 통해 표현된-마샬 플랜의 기원을 찾는 역사가들의 관심을 우선적으로 이끌었다. 그러나, 캐넌의 상관, 에치슨은 나중에 말하기를 마샬에게는 클레이턴(Clayton)의 아주 효과적인 메모와 발표가 캐넌의 주의 깊게 구성된 지침보다는 더 강력한 효과를 발휘했다고 기록했다.[90] 나는 둘 다 추진된 마샬의 결정에 기여했다고 짐작한다.

클레이턴의 경험(Clayton's Experience)

영국에 대한 융자와 1946년의 유럽 구제 작업에 대한 클레이턴의 경험은 대륙의 깊어 가는 위기에 관한 그의 느낌을 예리하게 해 주었다. 12월 말에 고기압이 북극권 상공을 뒤덮었다. 한랭전선이 남으로 내려와 북부 유럽에 정체하자, 눈폭풍이 북유럽 지역을 마비시켰다. 식품과 연료는 수송될 수 없었다. 생산은 중지되었다. 사람들은 굶거나 얼어서 죽을 지경이 되었다.

영국은 가장 타격이 컸다. 눈은 20피트까지 쌓였다. 눈 더미는 철도와 고속 차도를 막았다. 석탄 광산은 문을 닫았다. 전기는 나갔다. 앨런 블록(Alan Bullock)은 "영국에서 산업생산은 3주 동안 완전히 중지되었다-독일 폭격으로도 이런 적이 없었다"고 기록했다. 4개월 동안 런던에 대한 비용은 10억 달러로 추산되었고, 이 금액은 클레이턴과 케인즈(Keynes)가 5년간 영국을 지원하리라 예상한 금액의 1/3에 해당되었다.[91)]

1947년 초부터, 클레이턴은 유럽의 시련을 조사하기 위해 자신의 참모들과 매주 만나기 시작했다. 그는, 대륙 통합의 개념을 추진하면서, 지역 전체의 수요를 평가하는 최선의 방법을 물었다. 폴 니체(Paul Nitze)는 하나의 약식 측정법-유럽인들이 정산을 하기 위해 미국에 지급해야 할 금과 외환 총액, 즉 미국 지불 잉여금 개념-을 개발했다. 니체는 약 50억 달러가 매년 될 것으로 추정했고, 이 숫자는 수개월 동안에 하나의 대략적인 기준이 되었다.[92)]

클레이턴은 단지 원조 차원에서 생각하고 있지 않았다. 그의 목표는 유럽 경제의 엔진을 재가동시키고 그 기어를 성장하는 세계 경제에 맞물리게 하는 일이었다. 1945년 호혜무역협정법(Reciprocal Trade Agreements Act, RTAA)의 연장은, 클레이턴과 에치슨이 헐이 떠난 후에 수행한, 1948년에 만료될 것이었다. 클레이턴은 1947년 4월 제네바(Geneva)에서 개최될 다자간무역 교섭을 준비하고 있었다.[93)]

다수당이 된 신임 공화당의원들 중 일부는 제네바 회의를 연기하고 RTAA를 폐지하기를 원했다. 클레이턴은 미국의 이니셔티브가 국가 통제와 차별의 재등장으로 상업의 "옥죄기(strangulation)"를 막는 데 핵심적이라고 주장하면서 이들에게 반대했다. 이전에 RTAA를 반대했던 상원의원 반덴버그가 나서서 도왔다. 그는 5개의 절차적인 수정안을 제안했고, 그 대부분을 대통령은 행정명령으로 수용했다.[94)]

대통령이 의회에서 그리스와 터키에 대해 연설할 날이 채 일주일도 남기 전 3월 6일 베일러대학(Baylor University)에서 트루먼은 공격적인 무역 의제와 세계 무대에서의 미국 경제적 지도력을 국민들에게 발표했다. 그는

1947년의 "전환점"을 1920년의 것과 비교했다.[95] 클레이턴과 국무부가 트루먼의 베일러 연설의 초안을 작성했다. 그렉 포세달(Greg Fossedal)은 클레이턴이 추가하기로 고려했다가 취소한 한 흥미로운 문단을 찾아냈다. 그 추가적인 문장은 무역과 "미국의 안보와 번영"을 달성하기 위한 대담한 원조 프로그램 사이의 직접적인 연계를 이끌어냈다. 그는 니체의 지급 차액에 대한 아이디어를, 50억 달러의 잉여금을 참조해, 도입했다. 에치슨과 클레이턴은 행정부가 그리스와 터키에 대한 안건을 통과시키려 서두르는 이 시점에서 또 무역, 원조, 유럽경제회복 계획을 들이밀면 의회 내의 정치적 회로에 과잉 부하를 걸게 될 것으로 아마도 예상했을 것이다. 이들 정치인들은 매우 빨리 움직이고 있었고, 신임 장관은 모스크바로 방금 출발했다. 마샬 플랜의 진수는 아직 3개월이 남아 있었다.[96]

그럼에도 불구하고 현실적인 의사결정의 가닥들이 모아지고 있음을 알 수 있었다. 클라크 클리포드(Clark Clifford)는 1947년 1월과 4월 사이에 클레이턴이 대통령과 주기적으로 만나 유럽의 심해지는 경제위기에 관해 보고했다고 밝혔다. 트루먼의 회고록은 베일러 연설이 궁극적인 유럽 회복 프로그램에 관한 생각의 일부라고 지적했다. 트루먼의 그리스와 터키 원조 계획을 월터 리프먼(Walter Lippmann)과, 당시 외교 사안에 대해 미국의 가장 영향력 있는 칼럼니스트, *뉴욕 타임즈(New York Times)*와 *워싱턴 포스트(Washington Post)*지는 유럽 전체로 확장하라고 초기에 비판했다. 3월 하순에, 클레이턴과 니체에 의한 브리핑 후에, 유력한 기자들은 격려하는, 더 많이 경제전략을 그 작업에 포함할 것을 촉구하는, 보고를 했다.[97]

클레이턴이 3월 5일에 작성한 한 메모는 마샬 플랜의 기원에 대한 탁월한 통찰력을 제공한다. 우리는 클레이턴이 그 메모를 어떻게 사용하려 했는지를 알지 못한다. 그것은 마치 그가 분주한 사건들의 와중에 자신의 생각을 조직하려는 시도처럼 보인다. 기록에 의하면 클레이턴은 그 메모를 사용해 그의 동료들과 아마도 대통령에게 일관된 메시지를 전달하는 데 사용한 것으로 짐작이 된다. 에치슨은 클레이턴의 강력한 메시지는 그의 생각을 촉발하는 데 아주 중요했다고 인용했다.[98)]

클레이턴은 그 메모를 세계 상황과 위험을 요약한 목록으로 시작했다. 러시아는 세계 도처의 경제 및 정치적 붕괴를 이용해 "내부의 와해… 우리가 아직 대적할 방법을 배우지 못한 새로운 기술"을 구사하고 있다. 미국은 사라지는 영국으로부터 세계적 지도자의 역할을 맡을 필요가 있다. 그리스를 위한 프로그램은 "그 방법의 단지 한 부분이다." 클레이턴은 마샬의 모스크바 출장은 실망스러울 것으로 예상했다. 장관이 귀국한 후, 대통령과 마샬은 의회와 미국민에게 하나의 분명한 선언을 발표할 필요가 있었다. 거기에 클레이턴은 15개 항목을 열거했다. 그는 미국의 목적, 위협의 성격, 조치의 필요성과 유형을 제시했다. 클레이턴은 신생 세계은행(World Bank)이 도울 수 있으나 유엔은 그 위협에 대응할 역량이 없다는 점을 설명했다. 그는 두 개의 반대를 거론하면서 행정부와 의회의 합동 노력을 요구하고 50억 달러를 할당해 달라고 요청했다. 클레이턴의 메모는 마샬 플랜을 위한 경제 안보 주장의 한 요약처럼 보였다. 다음 두 달 동안, 클레이턴은 유럽을 순방해 최신의 정치 및 경제 상황을 정찰해 획기적인 건의안을 만들어 마샬을 도울 예정이었다.[99)]

새로운 무역 체제의 창설(Creating a New Trading System)

에치슨의 그리스와 터키 관련 의회의 업무를 도운 후 클레이턴은 4월 10일 유럽으로 떠났다. 그는 제네바에서 무역교섭을 개시하고 있었다. 대통령은 클레이턴에게, 유럽 회복 계획의 한 메커니즘이 될 가능성이 있는, 유엔 유럽경제위원회(UN Economic Commission for Europe, ECE) 제1차 회의에 참석하라고 또한 주문했다. 유럽 각국의 수도들을 방문하면서, 클레이턴은 현지 상황과 원조의 수요를 체험하게 되었다.

클레이턴은 도처에서 어려움을 보았다. 약한 통화, 줄어드는 생산, 식품 공급 부족은 "노동분업의 현대 체제"을 붕괴시키고 있었다. 정부가 이에 대응하지 못하자, 사람들은 물품을 비축하고, 농업인들은 식료품을 도시로 보내지 않고, 도둑들은 자유로이 돌아다녔다. 클레이턴은 553톤의 곡물을 신록의 농장을 가진 프랑스에 보내라고 요청했다. 5월 9일 세계은행은 프랑스의 철강산업을 현대화하고, 원자재를 구매하고, 수송체제를 바로잡기 위해 최초의 융자금 2억5천만 달러를 파리로 보냈다.[100] 클레이턴은 소련과 그 위성국들을 포함한 UNECE는 하나의 회복 계획으로 작동할 수 없다고 결론을 내렸다.

그 당시 워싱턴의 문제가 제네바에서의 클레이턴의 무역 이니셔티브를 위협했다, 제안된 관세무역일반협정(General Agreement on Tariffs and Trade)에 대한 교섭은 잘 시작되었다. 미국 노력에 힘입어, 헐의 호혜무역협정의 조문들을 바탕으로 새로운 다자간 규칙들을 많이 도출했다. 그 다음에 당사국들은 관세를 내리기 위해 발언들을 했다. 지도력과 신의를 과시하기 위해, 클레이턴은 미국의 제안을 먼저 내놓았다. 그러나 품목별 교섭은 교착상태에 빠지기 시작했다.[101]

새로운 공화당 의회는 양모 수입관세를 50퍼센트로 정하고 있었다. 양모 교역은-다른 소수의 상품들과 함께-새로운 다자간 협상의 운명을 결정할 것이었다. 오스트레일리아는 미국에 양모 수출을 많이 하고 있었고, 증가된 관세는 미국의 최근 우방이 걸어 나가게 하고, 영연방의 지도자인 영국도 철수하게 될 것이었다. 영국 시장에 대한 접근 없이는, 유럽인들은 철수할 것이다. 클레이턴은 대통령에게 더 높아진 양모 관세를 저지하라고 설득하기 위해 귀국하기로 작정했다.[102]

마샬 플랜 만들기(The Making of the Marshall Plan)

5월 19일 캐넌이 정책기획문서를 작성하고 있을 때, 클레이턴은 귀국해서 자신의 3월 5일의 첫 번째 노력을 보완하는 메모를 작성하기 시작했다. 에치슨은 5월 27일 클레이턴의 메모를 받았고 클레이턴과 캐넌은 함께 다음날 마샬을 만나 논의할 예정이었다. 에치슨은 "윌 클레이턴은 내가 말을 듣는 사람들 중에서 가장 강력하고 설득력 있는 옹호자들 중의 한 명이다. 이 두 가지 인성은 주제에 대한 통달과 깊은 신념에서 나온다"고 기록했다. 103)

클레이턴의 5월 27일 메모는 강력했다. 그는 미국인들이 이해하고 있는 유럽의 "물리적 파괴"와 "생산에 대한 경제적 혼란-산업의 국유화, 급진적인 토지 개혁, 오랜 교역 연대의 절단, 사망이나 자본 유실로 인한 사적 기업의 소멸"-사이의 중요한 구분에 주목했다. 그 결과 "우리는 전쟁으로 인한 유럽 경제의 파괴를 아주 너무 적게 평가하고 있다…."

"정치적 입장은 경제를 반영한다"라고 그는 계속했다. 사람들은 굶주리고 농업인들은 곡물을 시장에 파는 대신에 가축을 먹이는 동안 국가들은 위기에서 위기로 휘청거린다. "현대분업체제는 유럽에서는 거의 무너졌다."

그 다음에 클레이턴은 사실을 요구한 장관에게 자료를 제출했다. 그는 석탄, 곡물, 수송 서비스 같은 주요 구성분을 포함한 무역적자를 요약했다. "미국으로부터 추가적이고 즉각적이고 상당한 원조 없이는 경제적, 사회적인 그리고 정치적인 해체는 유럽을 압도할 것이다"라고 클레이턴은 계속 보고했다.

클레이턴은 매년 장려금으로-융자가 아니고-60에서 70억 달러어치의 상품을 3년간 주자고 요청했다. 그 장려금은 영국, 프랑스, 그리고 이탈리아가 준비하는 데 앞장서야 할, 유럽 계획을 지원해 주게 될 것이다. 유럽은 하나의 경제연합이 필요하고 오늘날과 같이 많은 수의 작은 "수밀(watertight)벽 칸막이로 나누어진" 경제는 필요 없다. 다른 국가들도, 특히 농업과 원자재 생산자들은, 기여할 수 있다. 그러나 그들은 또 하나의 유엔구제 행정당국(UN Relief Administration)을 피해야 했다. "미국이 이 쇼를 운영해야 한다"라는 멘트로 클레이턴은 마무리했다.[104]

에치슨에 의하면, 클레이턴은 5월 28일 마샬과의 회의에서 세부사항을 추가했다고 한다. 장관은 미국은 "뒤로 물러나 앉아 아무것도 안 할" 수는 없다고 결론을 내렸다. 그의 주된 관심은 유럽 전체를 다루는지 아니면 서방 국가들만 대상으로 할 것인지에 대한 선택이었다. 실무적인 제안은 모스크바의 방해에 유럽의 분할 책임을 묻는 것이었다. 캐넌은 모든 소련의 관심에 러시아 원자재의 공여를 요청하는 방식으로 대응하도록 제안했다.[105]

하버드에서의 마샬의 연설(Marshall's Speech at Harvard)

마샬은 6월 5일 하버드 대학교의 짧은 졸업식 연설을 이용해 그의 아이디어의 씨앗을 심기로 작정했다. 그는 10분만 말하기로 계획했다. 직설적으로 써 내려가는 스타일이 마샬의 연설과 잘 맞는 칩 볼런(Chip Bohlen)은 캐넌과 클레이턴의 메모를 중심으로 연설 초안을 작성했다. 마샬은 캐넌에게도 연설문을 작성해 달라고 지시했다고 기억했다. 장관은 두 개의 초안에 자신의 생각을 넣어 종합할 것이라고 말했다. 마샬은 6월 4일 보스턴으로 가면서 수정하고 있었다.[106] 클레이턴의 5월 27일자 메모(800자, 10개 주요 점)와 6월 5일의 마샬의 연설문(1,200자, 8개 주요 점)은 아주 흡사했다.[107]

트루먼은 국무부에서 유럽 원조 계획을 개발하는 업무를 알고 있었다. 그러나 마샬이 나중에 인정했던 일로, 경이로운 실수로 장관은 대통령에게 그의 연설 사전 초안을 결코 보여주지 않았다. 어쨌든 트루먼은 마샬 장관을 앞에 세워 둔 편익을 알고 있었다. "내 이름을 달고 [의사당]으로 가는 모든 것은 두 번 떨고 배를 뒤집어 죽을 것"이라고 트루먼은 클라크 클라포드(Clark Clifford)에게 말했다. 시작부터 대통령은 공화당 표에 의지하고 있었다.[108]

마샬은 하버드 연설이 큰 뉴스를 만들 것을 예상하지 않았을 수 있었다. 그의 연설은 청중에게는 심각했으나 감동을 주지는 못한 듯했다. 유럽의 역경을 강조하는 데서 장관은 대륙의 경제적 혼란과 "악순환을 깨고 자신감을 회복하는" 처방을 설명했다. 그는 국가들이 "유럽 전체를 하나"로 생각해야 할 필요에 집중해 클레이턴의 연합 추진을 시사했다.

마샬은 "우리의 정책은 어느 국가나 어느 원칙에 반대하기 위한 것이 아니고 굶주림, 빈곤, 자포자기와 혼란에 맞서는 행동을 지향합니다. 그 목적은 자유 제도(free institutions)가 존재할 수 있는 정치 및 사회적 여건들의 출현을 허용하는 작동하는 경제의 회복이 되어야 합니다"라고 선언했고 이는 유명한 두 문장이 되었다. 이 문장은 하나의 긍정적인 표현이었고 미국인의 신념에 뿌리를 두었다. 그러나 청중들은 회복을 방해하는 국가들은 도움을 받지 못할 것이고 미국은 인간의 비참함으로부터 이익을 추구하는 자들을 반대할 것이라는 마샬의 경고에 더 반응했다.

마샬은 캐넌과 클레이턴이 간청한 외교적 메시지로 그의 연설을 마무리했다. "그 주도권은… 반드시 유럽에서 나와야 합니다" 왜냐하면 "그것은 유럽인의 사업"이기 때문입니다. 마샬은 유럽인들이 그 계획을 소유하고 경제적으로 통합하고 자신들의 미래에 대해 책임을 지기를 원했다.[109]

미국 언론은 미국 외교사의 역사적 선언을 거의 알아채지 못했다. 그러나 에치슨은 건조한 연설을 실제적인 외교정책 이니셔티브로 바꾸는 방법을 알고 있었다. 워싱턴 주재 영국 특파원을 통해, 그는 그 연설문을 영국 외무장관 어니 베빈(Ernie Bevin)에게 미리 알려 주었다. 에치슨은 마샬이 미국 원조를 통한 경제회복을 위한 협력을 설계하는 제안을 하기 위해 유럽인들을 초청할 예정이라고 알려주었다. 베빈은 그 메시지를 알아차렸다. 그는 BBC와의 인터뷰에서 "그 소식은 죽어가는 사람에게 내려온 생명선 같았다, 절망이 지배하는 곳에 희망을 가져오는 것으로 보였다"라고 회고했다. 그는 국무부에 "주도권을 잡겠다"는 말을 전달하고 파리로 달려가 프랑스 정부와 작업을 시작했다. 모스크바에서, 소련도 주목했다. 미국은 그들을 놀라게 했다. 완전한 외교적 함의는 아직 거의 드러나지 않았다.[110]

실제로, 미국 계획은 미국인들에게도 모호해 보였다. 마샬이 하버드에서 연설한 지 6주 될 무렵에 캐넌은 "마샬 플랜? 우리는 아무 계획도 없다"고 불평했다.[111] 미국 관리들은 문제를 규명하고 규정했다. 그들은 엄청난 파장을 몰고 올 일반원칙들을 선포했다. 이제 그들이-대부분의 유럽인들-그 계획을 작동시키기 위한 실제적인 단계들을 생각해 내야 했다.

양모 관세와 관세무역일반협정

(Wool Tariffs and the General Agreement on Tariffs and Trade, GATT)

클레이턴은 지원하기 위해 유럽으로 다시 향했다. 그러나 떠나기 전에 그는 미국 무역 이니셔티브를 살려 두어야 했다. 5월에 하원은 양모 관세를 151대65로 통과시켰고, 하원은 가장 보호주의적인 의안을 대통령에게 막 보내려던 참이었다. 6월 19일 트루먼은 농업장관과 클레이턴에게 각각 15분씩 주장할 시간을 주었다. 농업장관은 제네바에서의 무역교섭 교착을 비웃고 1948년 선거에서 양모 생산 7개 주의 표를 잃을 수 있다고 대통령에게 경고했다. 클레이턴은 무역과 국제경제에서 미국의 장기적 이익과의 관련성을 설명하고 제네바에서의 성공을 위해 일할 기회를 간청했다. 그 다음 날, 대통령은 클레이턴에게 양모 의안을 거부한다고 말했고 또 양모 관세를 25퍼센트로 내리는 권한을 클레이턴에게 주기도 했다. 수년 후에 클레이턴은 대통령의 결정은 "내가 목격한 것 중에서 가장 위대한 정치적으로 용감한 행위였다"고 회고했다. 오스트레일리아인들은 수입 관세를 더 내리기를 원하며 불평을 했으나, 협상은 다시 움직이기 시작했다.[112]

1947년 여름, 클레이턴은 트루먼의 마샬 계획에 대한 유럽 대사로 근무하면서 제네바에서 GATT 교섭들을 타결하려고 일하고 있었다. 또 다시 영국은, 마샬 원조 약속과 클레이턴의 창의적인 과도 조치 제시에도 불구하고, 영연방무역우대조치(imperial trade preferences)를 제거하려는 어떤 노력에도 움직이지 않고 있었다. 영국은 스무트-할리(Smoot-Hawley)의 미국 보호주의를 채용하고 있었다. 일단 국가들이-이익그룹들을 포함해-개방무역체제 대신 다른 방안에 투자하면, 자유무역을 향해 그들을 되돌리는 비용은 정치적으로 매우 높을 수 있다. 8월의 한 시점에서 클레이턴은 다자간 무역체제에서 영국을 뺄 생각을 했다. 그러나 대통령에게는 1947년에 영국과는 다른 많은 우선적인 업무가 있었고, 미국은 영국의 영연방 우대조치에도 불구하고 GATT를 출발시키기로 합의했다.[113]

이 최초의 다자간 무역 회의에는 23개국이 참가해 무역 자유화에 대한 국제 협력이 가능함을 입증했다. 당사국들은 세계 무역의 약 절반을 차지하는 45개 품목에 대해 관세를 내렸다. 이 조치는 각국 경제들이 회복하려고 애쓰고 외환 통제(foreign exchange control)를 철폐하려는 중에도 세계무역을 촉진했다. 일부 의원들은 공짜 무역에 대해 불평했으나, 새로운 무역외교는 수십 년 동안 유례없는 경제성장을 미국과 전 세계에 불러일으켰다. 궁극적으로 소련을 압도한 미국 경제 엔진은 헐(Hull)과 클레이턴(Clayton)이 상상한 무역체제 덕분이었다.[114]

클레이턴에게는 GATT의 진수는 유럽 각국이 자체 마샬 플랜 사업계획서를 개발하는 행위를 촉구하는 그의 임무에 딱 들어맞았다. 그의 경제외교는 무역자유화, 유럽 내부의 "분업"의 회복, 유럽 경제 통합, 화폐 안정, 그리고 미국 원조를 연계시켰다. 영국 노동당(Labor Party) 정부는 시장통제의 계획경제를 원했다. 파리에서 클레이턴은 독일의 경제회복과 나머지 유럽과의 통합을 수용하도록 이해할 만하게 분개하고 두려워하는 프랑스인들을 설득했다.

소련이 마샬 계획에 반응하다(The Soviets Respond to Marshall's Proposal)

런던과 파리는, 그러나, 소련에 대한 접근에는 동의했다. 베빈(Bevin)과 프랑스 외무장관 조지 비돌트(George Bidault)는 몰로토프(Molotov)를 파리에 초청해 마샬 제안을 논의했다. 마르크스주의 원칙들에 함몰된 몰로토프는 미국은 또 하나의 자본주의의 위기에 직면하고 있다고 의심했다. 이 제안은 유럽경제를 지배하려는 미국의 제국주의적 공세라고 그는 생각했다. 소련은 다른 국가들과 한 묶음의 부분으로 원조를 신청할 의사를 밝혔으나, 결코 소련의 자원이나 요건을 외국인들이 평가하거나 워싱턴이 주도하는 협조사업에 가입하는 것을 허용하지 않았다.

소비에트 간첩들은 영국 정부와 워싱턴 주재 영국 대사관에도 침투했다. 소련 정보원은 여러 보고서를 종합해 스탈린에게 "긴급" 보고서를 보냈다. 스파이 대장들은 극악한 서방 계획이 동부 유럽에서의 소련의 통제를 공고히 하려는 노력을 봉쇄할 것이라고 주장했다. 자본주의자들이 독일을 자기네 편으로 끌어넣으려 획책하고 있고 현재 독일 생산활동에서 소련이 받을 배상금을 단절시키려 노력하고 있다고 소련을 파악했다.

스탈린은 새로 훈령을 보냈고 몰로토프는 "완전 비타협적"이 되었다고 베빈은 회고했다. 5차례 회합을 한 후 몰로토프는 걸어 나갔다. 애버렐 해리먼(Averell Harriman)은 몰로토프는 "가입해서 마샬 플랜을 죽일 수도 있었다"고 나중에 말했다. 그러나 캐넌이 짐작하듯이 소련은 "하나의 배열에 들어가면 철의 장막의 종말을 의미하므로 거부할 수밖에 없었다." 불행하게도, 소련은 위성국가들을 빼내갈 힘을 가지고 있었다. 경제위기에 대처하기 위한 마샬 플랜은 소련이 유럽을 분할하는 결정을 촉발해 향후 40여 년 동안의 안보 대결로 이어졌다.115)

새로운 유럽 탄생의 고통(The Birthing Pains of a New Europe)

1947년 7월 12일 16개국의 외무 및 무역장관들이 파리에 모여 미국 원조를 바탕으로 새로운 유럽 경제를 계획했다. 벤 스테일(Benn Steil)이 묘사하듯이, "프랑스 제국의 영광에 바쳐진 웅장한 회의실에서 유럽 최고의 외교관들이 모여서 이전의 영국 식민지에게 원조를 해달라고 애원하고 있었다."116) 자부심 강한 유럽 국가들은 마샬이 제안하기 전에는 심각하게 생각해본 적이 거의 없었던 유럽의 통합에 관한 아이디어들을 토론하기 시작했다.

그 후 두 달 동안, 하나의 새로운 유럽 탄생의 고통은 완전히 분명해졌다. 클레이턴은 회의를 본 궤도에 유지하려고 노력했다. 지불동맹, 관세동맹, 개방무역, 국가 계획경제보다는 시장에 더 많이 의존하는 정책을 계속 요구했다. 1947년 유럽 국가의 정부들은 이런 혁신(innovations)에 준비가 되어있지 않았다. 그러나 클레이턴의 아이디어들은 궁극적으로는 오늘날 유럽연합의 주춧돌이 되었다.

회의가 여름으로 늘어지자, 워싱턴은 걱정이 깊어졌다. 수 시간 또 수 시간 회의 후에, 드러나는 결과물들은 각 국가들이 워싱턴에 요청하는 원조 품목의 목록처럼 보였다. 외교에서 흔하게 일어나듯이, 각국 수도의 비판자들은 외교정책이 아닌, 해외 파견 자국 대표단에 집중해, 그들을 통제했고,

이는 워싱턴이 어찌할 수 없었다. 국무부는 클레이턴이 자기 생각을 너무 강하게 민다고 결정했다. 물론 워싱턴은 동시에 "미국으로부터의 "우호적인 원조"가 유럽을 한데 묶는 데 필요하다고도 결정했다.

캐넌은 유럽의 정치적 약체는 유럽이 대담하게 행동하는 것을 제한한다고 믿었다. 약체 유럽은, 미국에 더 많은 지렛대를 주기보다는, 다만 제한된 조치를 취할 수 있었다. 1947년 미국의 전략적 판단은 적을 더할 나위 없이 좋지 않게 하는 것이다. 워싱턴은 유럽의 경제회복과 더 개방된 무역의 탄력을 유지하는 게 필요했다. 미해결된 그리고 미해결의 난제들은 나중에 해결할 일이었다.

국무부는 유럽이 달성하기를 희망한 잘-조직된 계획 대신에 한 과정을 선택했다. 9월 22일에 유럽인들은 총 690페이지에 달하는 두 권의 보고서를 마샬 장관에게 전달했다. 유럽인들은 그 계획의 정치적 속성을 인식했다. 그들은 생산 목표를 약속하고 내부 금융안정을 맡기로 했다. 그들은 유럽 경제 협력 방향에 동의했다. "쇼핑 리스트(shopping list)"를 제출하기보다는, 국가들은 개별적으로 그리고 공동으로 구조적인 문제들에 대해 작업하기로 합의했다. 그들은 세계은행의 금융지원으로 보완하는 사적 투자의 필요성을 인식했다. 독일에 관한 부록은 충돌하는 의견을 반영했으나 적어도 나머지 유럽국가들은 자신들이 해결하고자 노력하는 퍼즐의 한 필수적인 부분이라는 데는 인식을 같이했다. 보고서 작성자들은 또한 그들의 노력은 지속될 것이고 추가적인 작업에 합의했고 진도를 점검할 하나의 조직을 창설하기로 합의했다.117)

현재의 유럽연합(European Union)의 실체는 마샬 플랜 사업에 의해 움직인 유럽의 정치적 전망의 부분으로 성장해온 것이다. 네덜란드 대표 에른스트 반 데르 뵈겔(Ernst van der Beugel)은 파리회의는 "많은 이들에게는… 전후 유럽 무대에서 자국 정부보다는 더 넓은 독립체에 대한 추가적인 충성심을

가지고, 주요 역할을 하게 되는… 초등학교로 사용되었다"고 나중에 관찰했다.[118]

미국인들은 유럽인들이 첫 번째 핵심적인 발걸음을 내딛어야 된다고 인식했다. 행정부는 의회에 무엇을 제출해야 할지를 결정할 것이고, 의회는 비용을 부담할지를 결정할 것이다. 그 후에 미국정부는 유럽인들과 공동으로 원조를 배달하는 조정기구를 개발하게 될 것이다. 그 중간 과정으로 행정부는 유럽인들과 그들의 희망을 살려 두기 위해 의회와 공동으로 작업할 필요가 있었다.

반덴버그와 마샬 플랜(Vandenberg and the Marshall Plan)

마샬 계획에 대한 행동은 이제 의회로 넘어갔다. 수년 후 마샬은 "반덴버그는, 우리가 실제로 그걸 실행할 무렵에는, 판을 휩쓸었다"고 수년 후에 회상했다. 그 상원의원의 지도력 없이는, "그 계획은 성공하지 못했을 것이다. 그는 그의 기념비적인 노력에 대한 온전한 공을 결코 인정받지 못했다… 그의 이름은 그 계획의 명칭에 동반되어야 한다"라고 회고했다. 마샬은 반덴버그를 동원하는 방법을 알았다. 일찍이 5월에, 마샬은 행정부는 수개월 내에 큰 조력을 필요로 할 것이라고 반덴버그에 설명했다. 그들은 백악관 건너편 블레어 하우스에서 일주일에 두 번 사적으로 만났다.[119]

반덴버그는 주의 깊게 비판자와 옹호자의 역할을 균형 잡아 회의론자들을 흔들었다. 그는 국무부의 예산과 통제에서 그 금융지원요청을 분리했다. 장관의 높은 명성에도 불구하고, 의회는 국무부가 미국인이 아닌 외국인을 대표한다고 의심했다. 대형 외국 원조 프로그램은 세계 전체 사회주의(socialism)에 대해 돈을 대는 뉴딜의 근로사업당국(New Deal WPA)처럼 보였다.[역자주: 근로사업당국, Work Progress(Projects) Administration(WPA)은 실직자들에게 실업 수당을 지급하는 대신 공항, 학교, 도로, 공원, 댐 건설 등 공공 토목 사업에 종사하게 하는 뉴딜 정책의 한 사업으로 1935년에서 1943년까지 시행됨]

반덴버그는 원조의 수요와 국내 영향에 대해 자문할 3개의 초당적 위원회를 지도급 인사로 임명하도록 대통령 트루먼을 설득했다. 그는 위원회 보고서 작성자들과 공동으로 자립(self-help) 주제를 강조하고 개선을 건의했다.[120]

반덴버그는 에치슨 후임으로 온 국무부 차관보 로버트 러벳(Robert Lovett)에게 의회 청문회에 나올 고위 증인을 포함해 기업계의 지원을 조직하라고 요청했다. 농업, 노동, 제대군인, 종교 단체들이 들어왔다.[121]

트루먼 행정부는 지원과 표를 얻기 위해 엄청난 노력을 조직했다. 국무부 장관은 전국적인 연설 순방에 나섰다. "내가 상원의원이나 대통령에 나서는 것만큼이나 열심히 일했다. 숙제를 성공시키는 것에 나는 자부심을 느낀다"라고 마샬은 회고했다. 어느 유세에서나 마찬가지로, 공개적인 지지 요청의 특성상 청중에 발언을 맞춘다. 소련과 공산주의의 확산에 대한 반대는 더 예리해졌다. 이제는 "굶주림, 가난, 자포자기, 혼란"에 국한된 위협이 더 이상 아니고, 독립적인 유럽국가들의 생존과 심지어는 미국인의 생활방식과 생존조차도 위협을 받을 수 있다. 이런 메시지는, 어떤 방식으로 짜여지든, 울려 퍼졌다. 메릴랜드(Maryland)주의 베데스다(Bethesda) 소재 보이 스카우트 232연맹(Troop) 소속 7개의 초등학생 보이스카우트(Cub Scout)는 마샬을 방문해 8명의 유럽 소년을 먹일 돈을 모금할 계획을 설명했다.[122]

최고의 찬성론자들은 의원들 스스로임이 드러났다. 1947년 8월과 11월에 2백 명이 넘는 의원들이 유럽을 방문했다. 가장 눈이 드러나는 사절단은 공화당 하원의원 크리스티안 허터(Christian Herter)가 이끈 것이었다, 허터는 윌 클레이턴(Wil Clayton)을 도와 영국에 대한 융자 건을 통과시켰다. 이제 막 선출된 리처드 닉슨(Richard Nixon)을 포함한 18명의 의원들은 45일간 유럽을 둘러보았고 883쪽의 보고서를 준비했다. 그들은 가라앉는 경제와 공산주의 영역의 확대 부상 둘 다를 목격했다.

1947년 11월에 가서는, 마샬 플랜은 강한 지지를 얻고 있었다. 행정부는 이전의 유럽을 가라앉지 않도록 하기 위한 여러 건의 요청들과 구분하기 위해 그것을 유럽부흥계획(European Recovery Plan, ERP)으로 이름을 지었다. 그러나 의회가 ERP를 심의하는 동안, 우선적으로 행정부는 프랑스 이탈리아, 오스트리아를 지탱하기 위한 임시변통한 건을 더 승인받아야 했다. 이 건은 시험 표결일 수 있었다. 상원의원 태프트(Taft)와 다른 이들이 총액을 줄이려 노력할 때, 반덴버그는 "20피트 물에 빠진 사람에게 15피트 밧줄을 던지고 있다"고 반격했다. 상원은 반덴버그와 트루먼을 83대6으로 지원했다. 5억2천2백만 달러의 최종 의안은(오늘날 금액으로는 60억1천만 달러) 12월 5일에 통과되었다. 행정부는 ERP 후속 법안을 12월 19일에 제출했다.[123]

1948년 1월 8일부터 2월 3일까지, 밴덴버그 의장은 상원외교관계위원회에서 95명의 증언을 들었고, 1,466쪽의 기록을 생산했다. 돈지갑의 힘을 가진 하원은 더 많은 증인으로부터 의견을 청취했다. 늘 동료들의 관심사에 귀를 기울이는 반덴버그는 표를 얻기 위해 사용할 해답을 유도하는 문제를 능숙하게 제시했다. 그는 훈련되지 않은 눈에는 애매하거나 남아도는 것으로 보이는 표현으로 다듬었다. 그러나 반덴버그는 동료에게 "그 단어들을 그냥 그대로 두어라, 나는… 무언가를 걱정하는 19명의 다른 상원의원들에게… "귀하의 문제는 이 법안의 그 구절로 해결됩니다"라고 말했다.[124] 그러나 모든 상원의원들이 중대하게 다룬 주 의제는 전쟁과 평화였다.

반덴버그는 3가지 카드를 사용했다. 첫째 의회는, 1941년 무기대여(Lend-Lease)원조로 미국이 영국으로부터 기지를 획득했듯이, 의회는 유럽에서 "보상(consideration)"을 추구할 수 있었다. 국무부는 전략적 원재료에 대한 접근과 더 긴밀한 군사적 협력에 대한 약속을 받아내야 했다.

둘째, 반덴버그는 수십억 달러짜리 사업을 운영할 "외교관"이 아닌 누군가가 필요했다. 그러나 마샬은 "두 명의 국무장관"을 허용하지 않을 것이다. 반덴버그는 하나의 독립적인 기관으로 국무부의 정책지침에 복속되는 경제협력국(Economic Cooperation Administration, ECA)이 그 사업을 관장하는 데 타협적으로 동의했다. 반덴버그는 그 책임자는, 태프트와 공화당원들을 안심시키는 조치로, 기업 출신이어야 한다고 주장했다. 반덴버그는 스투드베이커(Studebaker Corporation) 회사(역자주: 아이오와주 소재 자동차 제조 회사, 1852~1967 존속)의 대표이사 폴 호프만(Paul Hoffman)을 선임하도록 대통령을 또한 설득했다.

셋째, 반덴버그는 예산 편성을 해야 했다. 의회는 자신의 재정 권한에 대해 매우 보호적이었다. 1947년 연방정부지출 총액은 345억 달러였다. 마샬은 4년에 걸쳐 170억 달러를 요구했다. 반덴버그는 총액은 수용했으나, 의회가 복수의 분할 발급(tranche)의 과정을 수용할 가능성이 더 크다고 생각했다. 그는 차기 12개월에 걸쳐 53억 달러에 타협했다.[125]

1948년 3월 1일 반덴버그는 그의 동료들과 상원 회랑을 가득 채운 인사들 앞에 일어섰다. 반덴버그는 지금 상원외교관계위원회의 만장일치의 지원을 받는 한 의안을 들고 있다. 나이 든 신문 편집장은 손수 9천 자의 연설문을 쓰고, 다시 쓰고, 타이핑했다. 그는 노련한 상원 스타일의 강력한 웅변가였다.[126] 반덴버그는 미국의 이기심으로 분위기를 잡았다. "철의 장막은 침략이나 부전승으로 대서양 가장자리에 오면 절대 안 된다." 이 표결은 "향후 100년을 위한 역사적 전환점일 수 있다." (그는 적어도 70년에 대해서는 옳은 판단으로 드러났다.)[127]

벤 스테일에 의하면, 여론조사에서 80퍼센트의 미국인들은 마샬 플랜을 들어본 적이 있다고 나왔다. 찬성이 반대 의견을 57대18로 훨씬 더 많았다.[128] 현재 일어난 사건들은 최근 역사의 회상에 경고음을 울렸다. 2월과

3월 체코슬로바키아에서 일어난 소련의 직접적인 지시를 받은 쿠데타가 그 위험의 충격적인 증거를 제공했다. 10년 전에, 영국과 프랑스는 나치를 달래기 위한 허망한 노력의 일환으로 체코 독립을 희생시켰다. 스탈린은 용맹한 핀란드인들이 하나의 방위 조약에 복속하도록 압박하고 있었다.[129)]

1948년 3월 14일 자정 바로 지나서, 상원은 69대17로 1년간 53억 달러를 허가하는 안을 통과시켰다. 반덴버그는 태프트를 포함한 30명의 공화당원들을 동원했다. 대통령은 공산당이 상당한 공세를 펴고 있던 이탈리아에서 개최될 4월 중순 선거 이전에 하원이 조치해 달라고 압박했다.

4월 2일, 음성표결을 하는 상원과 함께 하원은 최종회의 보고서를 318대74로 통과시켰다. 대통령은 마샬 플랜에 1948년 4월 3일 법으로 서명했다.[130)] 마샬의 하버드 연설에서 ERP의안 통과에는 고난의 10개월이 소요되었다. 첫 번째 정치적 실적은 2주 후에 나타났다. 중도주의(centrist) 이탈리아 연합이 공산주의자들을 상당한 차이로 앞섰고 국민회의(Chamber of Deputies)에서 절대다수를 차지하기까지 했다.[131)]

급속한 사태 진전은 유럽과 나머지 세계에 대한 미국 외교정책의 150년 전통을 뒤집는 일련의 반응을 이끌어냈다. 그러나 더 많은 문제들이 곧 나타날 징조를 보였다. 두 달 내에, 하원의 공화당 세출위원회(House Appropriation Committee) 의장은 ECA 예산을 25퍼센트 깎았다. 그의 공화당 동료들을 결집시키기 위해 열심히 일한 반덴버그는, 상원 세출위원들에게 연설할 기회를 달라는 특이한 조치를 취했다. 그는 의회의 예양(comity)과 공화당의 통합 둘 다를 뒤집어 주요 국가 정책 결정의 "냉소적 역전(cynical reversal)"을 공격했다. 상원은 그 돈을 복원했고 양원협의회(conference committee)를 평정했다. 의회에서의 전투들은 대게 여러 번 다시 이겨야 한다.[132)]

벤 스테일(Benn Steil)은 미국은 결국 142억 달러(1952년 달러 기준)를 16개 마샬 플랜 국가들에게 1948년부터 1952년 사이에 공급했다. 오늘날의 가치로는, 4년 간의 마샬 원조는 1,380억 달러에 해당한다.(그 총액은 미국 GDP의 1.1퍼센트였다. 4년 동안 같은 비율로 보면 8,000억 달러 이상이 될 것이다.) 미국은 범대서양 동반자 관계를 얽어매기 위해 엄청난 투자를 했다.133)

1947~48년 반덴버그의 지도력은 공화당 대통령 지명을 받을 가능성을 잠식했다. 그는 존경은 받았으나, 트루먼과 마샬과의 제휴는 당파적 운동의 근거가 되지는 않았다. 어쨌든 의회 내의 정치인으로서 그의 임무는 아직 완결되지 않았다.

유럽에서 독일의 역할(The Role of Germany in Europe)

제2차 세계대전 후 세 번째 중대한 외교적 결정은 독일의 운명에 관한 것이었다. 1948년에 들어와서는, 독일 문제는 적국을 정복하는 것에서 통합되고 안전한 유럽의 주춧돌이 될 수 있는 잠재적인 동반자를 지원하는 것으로 바뀌었다. 독일은 냉전(Cold War) 동안 클라우제비츠(Clausewitz)식 전략 용어로는 *Schwerpunkt* 즉 중부 전선이 되었다. 이 자각은 대통령 조지 부시와 베이커 장관이 "하나의 자유 유럽 전체"를 만드는 데에 있어서 독일을 미국의 주된 파트너로 삼았던 1989~90년 미국의 정책을 인도했다. 지난 반세기 동안의 독일에 대한 미국 전략의 기원은 1948년 결정으로 거슬러 올라간다.134)

제3제국(Third Reich)의 잔해를 정리한 후 승전국들은 독일 산업역량의 약 80퍼센트는 온전하게 남아있음을 발견했다. 독일은, 전쟁 전보다 더 많은 기계 도구들, 대부분은 새 것인 재고를 가지고 있었다. 엄청난 폭격은 도시 주택과 주요 수송 시설을 파괴했다. 병목들을 수리하고, 원료를 들여오고, 작동하는 통화체제로 복귀하면, 독일은 자체 경제회복에 동력을 댈 수 있었고 유럽의 부흥에도 엄청나게 기여할 수 있었다.135)

미국은 독일이 유럽의 회복 계획의 부분이 될 것이라고 알고 있었다. 1947년 7월, 마샬이 하버드에서 연설한 한 달 이내에, 장관은 "독일은 효과적인 유럽 계획에 완전히 협력해야 하고, 유럽의 경제회복은 독일 생산력의 회복에 상당 부분 달려있다"라는 육군 및 해군장관들의 의견에 동의했다. 국무부와 전쟁 부서들은 독일에 있는 클레이 장군에게 새로운 훈령을 보냈다. "질서 잡히고 번영하는 유럽은 안정적이고 생산적인 독일의 기여를 요구한다." 독일을 농업화한다는 모겐소(Morgenthau) 계획은 오래전 기억이 되었다. 지금 계획은 식료품 공급을 확보하고, 독일 생산을 부추기고, 프랑스를 3거리권(a three-way zone)으로 들여오고, 유럽을 위한 미국의 회복 계획에 독일을 연결시키는 것이 되었다.[136]

그러나 독일의 잠재력은 또한 하나의 문제를 제기했다. 1947년 모스크바 회의에서 스탈린은 독일을 최우선적으로 홀딱 벗기겠다는 결심을 드러냈다. 마샬 플랜을 논의한 파리회의에서 독일의 경제지원과 독일 경제 지배력(Teutonic economic recovery)의 부활 간에 긴장이 드러났다. 독일 루르(Ruhr) 지역의 석탄 광산의 불안정은 가격 불확실성을 높였다. 근로자들이 충분한 식품을 차지하지 못하면, 그들은 석탄을 캘 수 없었다. 독일인들은 일하러 출근하지 않았다. 광부들이 일을 한다 해도, 살 물건이 거의 없었다.[137] 점령군대는 형편없는 기업경영자들이었다. 미국인들은 영국군이 노동당 정부의 사회주의를 독일 광산에 시험 적용하는 데 실망했다. 마샬과 클레이턴은 베빈에게 그들은 "영국의 루르 광산 경영은 병적인 문제라고 여겼다."[138]

진짜 문제는, 그러나 프랑스의 두려움이었다. 프랑스는 엄청난 분량의 석탄과 곡물을 미국에서 수입하고 있었다. 프랑스인들은 독일 석탄을 원했으나, 자신들을 위해 전량 사용하고 독일이 철강업과 화학산업을 복원하기를 바라지 않았다. 프랑스 경제회복과 유럽 통합의 아버지들인 비도

(Bidault), 장 모네(Jean Monnet), 그리고 로버트 슈만(Robert Schuman)에게는 왼쪽에서 공산주의자(Communist)들, 오른쪽에 드골 파(Gaullist)들의 공세로 정치적으로 운신할 여지가 거의 없었다. 프랑스는 원조 외에도 안전 보장을 필요로 함이 점점 분명해지고 있었다. 이제 프랑스는 독일 외에도 소련을 두려워했다. 미국 해군 제독 리처드 코놀리(Richard Conolly)가 1947년 말에 프랑스인 군대와의 토의를 "프랑스의 걱정거리는 안보이다"라고 요약했다. 그들은 "동편에 자리 잡은 거대한 지상군"을 보고 있었다. 만약 미국이 독일을 놓고 모스크바와의 전쟁에 돌입하면, 소련은 독일의 자원과 기술을 장악해 프랑스를 공격할 것이다.[139)]

그러나 파리는 선택해야 했다. 미국은 마샬 플랜 원조의 프랑스 지분은 독일과의 협력에 달려있을 수 있다는 "암시"를 보냈다. 1948년 3월 5일, 미국, 영국, 프랑스는 런던에서 대담한 성명서(communiqué)를 발표했다. 그 "런던 프로그램(London Program)"은 영-미 (점령)지역과 프랑스 (점령)지역의 경제 정책을 조정하고, 독일의 서부지역들을 마샬 플랜에 포함하고, 하나의 서부 독일 정부를 창설하는 것이었다.[140)]

같은 날, 워싱턴은 지난 수주 간에 걸친 "소련 입장의 미묘한 변화"를 경고하는 일급비밀 전문을 클레이 장군으로부터 접수했다. 그리고 클레이는 폭탄선언을 떨어뜨렸다. 소련은 전쟁을 일으키지 않을 것으로 생각했던 클레이 장군은 전쟁은 이제는 "극적으로 갑자기" 올 수 있다"고 말했다. 워싱턴의 반향은 너무 충격적이었다. 공군은 원자탄을 소련 가까이 이동할 시기를 점검했다. 조셉(Joseph)과 스튜어트 앨솝(Stuart Alsop)은 전후(post-war) 분위기는 "전전(pre-war) 분위기"로 얼어붙었다고 기록했다.[141)]

안보 리스크에 대한 경제적 대응으로 시작한 마샬 플랜은 이제는 군사적인 보완 요구를 촉발하고 있었다. 그러나 평화 시의 안보 동맹은 유럽에 대한 미국 정책에서의 하나의 진정한 혁명적인 사건이었다.[142)]

새로운 독일 마르크화와 베를린 봉쇄

(A New Deutschmark and the Berlin Blockade)

(역자주: 1948년) 3월과 4월에 서방세력들의 베를린 수송을 방해하기 시작하라고 스탈린은 군대에 명령했다. 그는 아직 완전 봉쇄는 원하지 않았다. 스탈린은 미국, 영국 그리고 프랑스를 갈라놓고 그들에게 겁을 주어 서부 독일을 창설을 위한 런던 프로그램(London Program)의 진행을 막으려 술책을 썼다.143)

독일에는 아직 작동하는 전후 화폐가 없었다. 소련은 최초의 점령 마르크화를 마구 인쇄해 그 화폐를 망쳤다. 클레이의 전문가들은 1946년에 새로운 도이치마르크(Deutschmark)를 창설하자고 건의했으나, 소련은 미국이 인쇄판을 통제하는 것에 동의하지 않았다. 1948년경, 서부 독일의 인플레이션은 한 달에 약 10퍼센트나 급속히 올라가 바이마르(Weimar) 독일의 붕괴를 연상시켰다. 화폐에 대한 이 다툼은 베를린과 42년에 걸친 독일 분단 위기를 촉발시켰다.

서방세력들은 새로운 독일 마르크화를, 아직은 베를린은 제외하고, 6월 20일에 도입한다고 선언했다. 소련은 도로 교통을 봉쇄하고 열차를 사찰하기 시작했다. 1948년 6월 24일이 임계일이 된 것으로 나중에 드러났다. 소련은 자신들의 오스트마르크(Ostmark)화를 도입했다. 소련은 철도, 도로, 수로 교통을 전면 봉쇄해 도시를 질식하기 시작했다. 대통령 트루먼은 공화당이 주지사 토머스 듀이(Thomas Dewey)를 11월 선거 후보로 지명했다는 소식과 함께 소련의 도전을 알게 되었다.

베를린 공수(The Berlin Airlift)

미국, 영국 그리고 프랑스인들에게는 베를린으로 가는 길이 하나 밖에 남아있지 않았다. 항공로. 미국은 물자를 비행기로 실어 나르기 시작했고, 대통령은 본격적인 공수(airlift)를 명령했지만 아무도 공수로 도시 수요를 감당할 수 있다고는 생각하지 않았다.144)

베를린 공수는 미국인들의 결의와 기술적 역량의 과시로 칭찬을 받았다. 현실은 미국인들과 그들의 동반자들은 불확실했고 심지어는 의심을 하고 있었다. 그들은 공수는 기껏해야 단기적인 처방이고 그 사이에 무엇을 할지를 찾아내야 했다. 클레이는 소련이 무장 호위로 도전하기를 원했다. 9월에 대통령은 핵공격을 포함한 여러 방안들을 검토했다. 미중앙정보부(CIA)는 서방세력이 베를린을 "장기적으로 지킬 수 없는 상황"이라는 결론에 도달했다.145)

스탈린은 더 많은 걸 원했다. 9월 1일의 서부 독일 의회 위원회의가-기독민주 연합(Christian Democratic Union) 출신 콘라드 아데나워(Konrad Adenauer)를 대통령으로 하는 64명의 대표로 구성-서부 독일의 새로운 헌법을 기초하기 시작할 회의 소집을 어긋나게 할 목적으로 스탈린은 베를린에서 서방세력을 밀어내기로 작정했다.

동부 독일과 서부 독일을 관장하는 두 세력은 두 가지 요인을 간과했다. 첫째, 베를린인들은 용감한 저항을 보여주었다. 3만 명 이상의 베를린 시민들이 브란덴부르크문(Brandenburg Gate) 가까이에서 소련을 맹렬히 비난하는 시 지도자들을 열렬히 칭송했다. 1961년과 1989년처럼, 당시 베를린 시민들은 그 자체로 하나의 정치적 세력이 되었다. 미국인들과 다른 서구 세력들은 자유의 최전선을 지키려는 베를린 시민들의 결연한 의지를 칭송했고 미국인들과 다른 서구 세력들은 그러한 용기를 지지하지 않는다면 그 대가를 치러야 한다는 점을 인식했다.

둘째로 간과한 것은 7월 하순에 공수 작전의 책임자가 된 윌리엄 터너(William Turner) 소장이었다. 그는 특이한 공군 장성이었다. 폭격기와 전투기의 전성기에, 터너는 수송과 병참 전술을 장악하는 데 전념했다. 그는 실용적인 문제 해결형 미국인의 전형이었다. 시간-동작 연구 결과를 채택하는 과학적 경영 기술에 근거하여, 장군은 이착륙 절차를 바꾸었다. 그는 7월의 일일 배달물량을 7월의 2,226톤에서 8월에는 3,800톤으로 그리고 9월에는 4,600톤으로 올렸다. 비행기들은 매 4분마다 착륙하고 하루 평균 1,500회 이상 날았다. 육상 직원들은 24시간 비행기를 정비했다. 프랑스는 테겔(Tegel)에 공항을 하나 더 만들어 착륙 역량을 확장했다.146)

트루먼은 터너(Tunner), 클레이, 그리고 베를린 시민들에 가는 투자를 두 배로 줄일 수 있는지의 여부를 결정해야 했다. 베를린 공수는 가용한 공군 편대의 절반을 이미 흡수하고 있었다. 공군참모총장 호이트 반덴버그(Hoyt Vandenberg)는 [상원의원 반덴버그가 웨스트 포인트(West Point) 육사 입학 추천을 한 자기 조카] 미국 공군력의 글로벌 전개에 위험이 왔다고 경고했다. 낮시간이 줄고, 악천후 발생 날짜가 증가하는 겨울이 와서 더 많은 석탄이 요구되었다. 트루먼은 해군 비행대에 평화적 공군 편대에 합류하고 오래된 비행기를 대체할 새 비행기를 구입하라고 명령했다. 영국은 자국 수송기들을 트루먼의 지휘하에 배속했다. 클레이는 베를린 시민들의 식품 배급을 하루 2,000칼로리로 늘렸다. 이는 미국인 평균 섭취량(3,300) 보다는 작으나 독일의 다른 곳보다는 많았다. 10월에 가서는, 서베를린 시민들의 84퍼센트가 미국인들이 항공으로 물자를 공급하는 것에 자신감을 가졌고 95퍼센트는 양키들이 주둔하기를 원했다.147)

1948년 선거에 임박하여, 트루먼의 두 명의 연설작가들은 트루먼이 평화의 사도임을 유권자들에게 보여주기를 원했다. 10월 초, 연설작가들은 스탈린에게 특별사절을 보내어 "거래(deal)" 가능성을 시험해 보라고 대통령을 설득했다. 트루먼은 베를린에 관해서는 협상을 하지 말고 두 국가 간의 "도덕적 관계"를 논의하기 위한 사절로 봉사해 줄 것을 대법원판사 프레드 빈슨(Fred Vinson)에게 요청했다. 파리 주재 마샬은 그 수작을 듣고서 그 생각의 어리석음에 격노했다. 미국은 베를린과 서부 독일에서 성공하고 있었다. 그리함으로써, 미국은 영국, 프랑스, 그리고 서방 다른 국가들의 신뢰를 쌓아가고 있었다. 스탈린은 동유럽을 포기할 수 없었다. 미국이 세력을 유지한다는 의지를 보여주는 경우에 한해 스탈린은 베를린에서 수그러들 것이었다. 마치 미국이 하나의 동맹외교의 새로운 시대로 들어가고 있는 것과 같이, 마샬은 동맹관리기술을 구현하고 있었다.

트루먼은 선거 포지셔닝(positioning)으로 흔들리고 있었다. 전기작가 맥컬로프(McCullough)에 의하면, 대통령은 마샬이 반대한 후에는 그 생각을 접었다. 조나손 대니얼스(Jonathon Daniels)는, 제1차 세계대전 때부터 트루먼의 친구이고 현재 대통령 연설작가이고 측근인, 그 임무는 재선할 마지막이고 최선의 기회라고 대통령에게 경고했다. 그러나 트루먼은 반대했다.[148]

재선과 새 국무장관(Reelection and a New Secretary of State)

1948년 11월 2일, 트루먼은 대통령 역사에서 가장 큰 정치적 반전 중의 하나를 거머쥐었다. 민주당은 상원과 하원의 통제권을 다시 확보했다. 마샬 장관은 선거 후에 물러날 것이라고 천명을 했다. 선거 며칠 후, 언론은 대통령이 반덴버그에게 마샬을 승계하라고 요청할 것이라는 소문을 퍼뜨렸다. 트루먼이 반덴버그를 염두에 두었는지는 우리는 모른다. 그 소문은 전 의장이고 이제는 다시 소수당 소속이 된 반덴버그에게는 유혹적이었을 것이다. 그러나 요청하기 전에 발표를 하는 트루먼의 스타일을 알고 있기 때문에, 반덴버그는 그 가능성을 하나의 성명으로 대체했다. 트루먼은 "아무것도 하지 않고, 무엇에도 유용하지 않은" 공화당 의회를 상대해 고전을 했었다. 상원에서 공화당과의 유대를 유지하기 위해, 대통령은 초당적 외교에 더 집중할 것이라고 반덴버그는 예상했다.[149)]

대통령은 딘 에치슨(Dean Acheson)에게 새 국무장관이 되라고 요청했다. 그 지명에는 소련 스파이로 의심받고 있던 앨저 히스(Alger Hiss)와의 친분으로 그늘이 드리워졌다. 반덴버그는 반공주의를 강조하는 데 사용할 문장을 구성해 에치슨에게 주었고-또 상원의원들의 표를 모아 주기로 했다.[150)]

에치슨은 어려운 결정에 곧 직면했다. 3월에, 터너 장군은 그의 공수 작전이 독일 겨울을 제칠 수 있음을 증명하고 있었다. 4월에 일일 평균 수송량은 7,850톤을 기록했다. 석탄 배달은 목표를 50퍼센트 상회했다. 압도적인 물류력(logistical power)의 과시로, 터너는 약 1,400대의 수송기를 동원해 24시간 동안 거의 매 1분마다 착륙하는 비행열차 방식으로 13,000톤의 석탄을 운반했다.[151)]

소련은 서방세력이 동유럽에 대한 석탄, 철강, 식품의 반대적 봉쇄(counter-blockade)의 압박을 느끼기 시작했다. 에치슨은 서방관할 지역을 통과해 소련 위성국들로 가는 모든 화물 수송을 금지하는 통상금지조치(embargo)를 확대했다.[152)]

소련은 무역과 통신에 대한 제한을 상호 간 종료할 가능성을 시사했으나, 새로운 독일연방공화국(Federal Republic of Germany)의 창건을 지연시키고 있었다. 에치슨은 굳게 버티었다. 3월 4일, 미국, 영국, 프랑스는 봉쇄를 3월 12일에 풀기로 소련과 합의했다. 서독에서 출발한 여객은 3월 12일 오전 5시 11분에 베를린에 도착했다. 베를린 시민들은 환호했다. 제3제국(Third Reich)의 수도였던 베를린은 이제는 자유의 도시(freedom's city)가 되었다.[153)]

에치슨과 독일 문제(Acheson and the German Question)

에치슨은 여전히 독일 문제를 해결해야 했다. 그는 독일에 대한 런던 프로그램 외교에 참여하지 않았다. 조지 캐넌은 독일에 대한 미국 정치에 관해 비판적 시각을 가지고 있었다. 그는 외국 군대를 철수해 군사 정부를 종료하고 독립적이고 중립적인 독일 정부를 수립하기를 제안하는 문서를 작성해 마샬에게 보냈다. 에치슨이 장관직을 계승한 후, 그는 "처음에는 캐넌의 주장에 강한 흥미를" 느꼈다. 그는 독일 문제를 결정하는 여행에서 돌아올 캐넌을 기다렸다고 신임 장관은 말했다.[154]

캐넌이 여행하는 동안, 클레이 장군을 비롯한 국무부, 국방부 그리고 합참의 캐넌의 반대자들은 바쁘게 움직였다. 에치슨은 영국, 프랑스 그리고 소련의 상대들과 5월 말에 만나기로 되어있었다.

5월 12일에 제임스 레스톤(James Reston)은 *뉴욕 타임즈(New York Times)*에 표지 기사를 실었다. 제목은 "제안에 의거, 3강국은 북부 항구로 철수하고, 프랑스는 육로로 퇴각한다." 영국과 프랑스는 기습을 당했고 놀랐다. 서독도 반대했다. 에치슨은 캐넌의 계획을 5월 18일 대외비 회견에서 취소했다. 역설적으로, 동독 주둔 소련군 장군도 캐넌의 계획을 거부했다. "독일인들은 우리를 싫어한다. 독일에 군을 주둔할 필요가 있다."[155]

외교관으로의 에치슨과 캐넌의 차이는 드러나고 있었다. 에치슨 사망 후, 캐넌은 에치슨이 "기본적으로 워싱턴의 법률가이지 외교관은 아니"라고 한탄했다. 벤 스테일은 날카롭게 캐넌의 불평을 설명한다. 캐넌과 마찬가지로 에치슨은 고결한 심성의 소유자이지만, 곰곰이 생각하거나 감정적이지 않고, 실용적이었다. 문제에 직면하면, 그는 만약 그 문제에 대해 아무것도 할 수 없다면, 그것을 *생각*하는 것을 중단하라고 그는 말했을 것이라고 그의 딸 메리는 회상했다. "무언가로 꾸려나가라!"[156]

캐넌을 비방하는 데에서는 초당적이었다. 그는 "상원의 의견에 영합하기보다는 주역들을 이해시키고 효과적인 관점을 가지도록 교육하도록 노력하는 게 더 낫다"고 욕했다. 그는 반덴버그와 그의 동료들은 "무언가 합리적인 일을 하도록 국무부에 의해 설득을 당할 때마다 매번 칭찬을" 받을 만하지 않다고 생각했다. 의회의 지지를 얻기 위해 노력하는 캐넌을 상상하기는 어렵다.157)

1949년 5월 8일 본(Bonn)의 의회위원회(Parliamentary Council)는 위협하지 않는 조건의 새로운 서부 독일 헌법을 위한 "기본법(Basic Law)"을 승인했다. 서방진영은 5월 12일 그 기본법을 수용했고 3국 점령지역에 속한 독일 주(German Länder)들은 신속하게 그 헌법을 비준해 5월 23일에 발효할 수 있었다.158)

반덴버그 결의안과 범대서양 안보
(The Vandenberg Resolution and Transatlantic Security)

에치슨과 반덴버그는 범대서양 안보 동맹의 창설, 궁극적인 "얽히는" 조약으로 한발 더 나아갔다. 트루먼 행정부가 유럽과 독일에 대한 계획을 추진하자, 지도급 인사들은 두 가지 추가적인 문제를 인식했다. 첫째, 서부 유럽 전체, 그리고 특히 프랑스는 독일 세력의 재등장을 억제할 안전 보장 없이는 독일의 복구와 재생을 지원할 수 없었다. 둘째, 독일 회복과 분할에 대한 소련의 적대적인 조치는 독일과 유럽 전체를 위협했다. 논리적으로는 미국의 유럽과의 군사 동맹을 찬성하나, 정치적 전통과 전쟁 권한을 양도하기를 꺼리는 의회는 그 계획을 반대했다.

영국, 프랑스, 베네룩스(Benelux) 국가들은 1948년 3월 17일 서부연합 방어기구(Western Union Defense Organization)를 창설하는 첫걸음을 내디뎠다. 그러나 신생 그룹의 임무는 "독일의 침공이 다시 생기는 경우에 상호 원조하는 조치를" 하기로 협력하는 것이었다.[159] 프라하에서의 1948년 쿠데타 이후, 마샬 장관은 베빈에 동의해 "대서양안보체제(an Atlantic security system)"에 관한 비밀 논의를 시작했다. 초기 구상은 소련이 공격할 경우 새로이 구성된 서부 유럽연합(Western Union)을 북아메리카 군대가 지원하는 것을 심의하는 것이었다. 3월 하순에, 미국, 영국, 캐나다는 "하나의 군사적 ERP(역자주: enterprise resource planning)의 가능성"에 관해 협의를 계획하기 시작했다. 대통령은 비공식적으로 의회와의 접촉을 허가했다.[160]

1948년 초, 반덴버그는 국무차관보 러벳(Lovett)을 저녁에 자기 집으로 초청해 칵테일 잔을 놓고 집중자유토론(brainstorming)을 했다. 러벳은 "전문 다발"을 들고 와서 세계정세를 점검했다. 그들은 유엔에서의 소련의 파괴주의(obstructionism)에 직면해 유럽에서 지역 안보 배열을 지원하는 문제를 숙고했다. 반덴버그는 동맹에 관한 논의가 마샬 플랜의 조치와 초기 자금 공급을 방해하지 않기를 원했다. 그러나 그는 유럽안보 배열을 위해, 특히 베를린 봉쇄와 새로운 서부 유럽 연합방어기구의 형성을 감안하여, 상원에 기초를 깔아 놓는 작업 착수가 필요하다는 점을 인식했다.[161]

반덴버그와 러벳은 자신들의 참모들을 불러 상원 결의안을 작성하게 했다. 숙련된 편집장이었던 반덴버그는 그 길이에 만족하지 않았다. 그는 손수 타이핑하고, 수정하여 한 쪽의 간결하나 요점이 드러난 문서를 작성했다. 그는 유엔헌장 작성, 이전의 지역 안보 협정문들의 사례, 서반구를 위한 1947년의 리우 조약(Rio Treaty)(역자주: Inter-American Treaty of Reciprocal Assistance) 체결에서의 자신의 경험을 참조했다. 그는 솜씨 좋게 헌법, 전쟁을 선포하는 의회 권한, 개별적으로나 집단적으로 자위권을 인정하는 유엔헌장 제51조를 존중했다. 벤던버그는 소련의 거부권이 미치지 못하는 범위에서, 유엔 내에서의 한 경로를 그려나갔다.

그는 “반덴버그 결의안”을 5월에 상원의 외교관계위원회에 상정했다. 그의 동료들은 3회의 긴 그리고 대외비 회의를 통해 6개 문단을 정밀 검토했다. 반덴버그는 마샬 플랜과 대조해 설명했다. 유럽의 자립(self-help)과 미국의 자체 이익(self-interest). 1919년과는 달리, 미국 군대의 전쟁 투입에 관한 의회의 헌법적 권리를 보존하는 데에 있어서 아무 의심이 없었다.

1948년 5월 19일에 그 위원회는 반덴버그 결의안을 만장일치로 승인했다. 상원의 임시 의장으로, 반덴버그는 상원 전원 표결 일자를 6월 11일로 잡았다. 반덴버그는 자신의 결의안이 주어진 유럽 상황에 비추어 “실제적인 미국의 협력”을 위한 계획이라고 설명했다. 위대한 3대 기관의 인준을 의식해, 그의 접근은 결코 “유엔헌장을 벗어나지 않고, 미국 헌법을 위반하지 않고, 의회의 마지막 권한을 넘보지 않는다”고 지적했다. 상원은 반덴버그의 결의안을 64대6으로 승인했다.[162]

의회와의 대결에서 좌절감을 통렬하게 기술한 회고록을 저술한 딘 에치슨은 반덴버그가 “상원의 권고(advice)와 동의(consent)”라는 헌법 구절에서 “권고(advice)”란 용어의 중요성을 인정했다고 그를 칭송했다. 에치슨은 “교섭하기 전에 권고를 주도록 상원을 움직여, 그는 조약의 비준에 동의하기 전에 상원이 책임을 수용하게 했다. 대등하게 중요한 점은, 그는 상원이 훌륭한 권고를 제시하도록 유도했다”는 점이라고 기록했다.[163]

북대서양 조약(The North Atlantic Treaty)

반덴버그의 결의안은 미국의 가장 오래된 외교적 전통 중의 하나에 도전하는 협상을 시작할 정치적인 권한을 마샬과 국무부에 주었다. 1948년의 나머지 기간 동안, 행정부는 유럽의 수요와 의회가 기꺼이 책임을 지고 경제 원조와 군사 원조에 대한 자금을 지급할 범위를 충족하는 집단적 방어에 대한 하나의 접근법을 찾느라 골몰했다.

미국 외교는 유럽 역사와 현재 정치 상황, 특히 프랑스를 민감하게 다루어야 했다. (프랑스에서) 슈만(Schuman)과 비도(Bidault)는 1948년 6월에 근소한 차이로 의회 선거에서 이겼고, 독일에 대한 프랑스의 입장은 안전보장에 달려있었다.164) 마샬은, 프랑스가 마샬의 원조를 받으려면 파리는 독일을 포함한 유럽 통합에 대한 미국의 계획을 수용해야 하는, 어려운 선택에 당면한 프랑스에게 쉬운 길을 열어주어야 했다. 미국인들은 배상금을 받고 독일 상품을 저가로 구매하고 독일 영토를 점령하려는 프랑스의 대안을 점차 제거해 나갔다. 제1차 세계대전 후에는 미국 군대는 귀향해 버렸다. 이번에는 워싱턴은 이전과는 다른 서부 유럽과 독일 정책을 빚어내기 위해서는 주둔하기로 작정했다.165)

에치슨이 마샬의 국무장관직을 승계한 1949년에, 에치슨은 북대서양조약에 관해 잠재적 동맹국들과 또 의회와의 2개의 협상을 시작했다. 이제는 소수당 대표가 된 반덴버그는 상원이 수용할 문건을 사정하는 업무에서 행정부를 안내할 가장 유능한 인물이 되었다.

그들은 어떤 국가들이 포함되고, 의무의 성격은 무엇이고, 어떤 조치가 대응을 촉발하고, 어떤 것이 자동적일지, 그리고 군사적 행동을 결정하는 의회의 역할은 무엇인지를 결정해야 했다. 반덴버그는 헌법에 대한 신의와 표결로 더 포괄적인 약속을 하게 될 상원의원들에 대한 신의를 지키는 동시에 소련을 억제하기 위한 특정한 공약의 필요성 사이의 균형을 추구했다고 에치슨은 나중에 기록했다.

반덴버그는 새로운 조치를 정당화하기 위해 이전 조치들을 참조하는 의회의 편리한 수단을 동원했다. 그는 "일국에 대한 공격을 전체에 대한 공격으로(an attack on one as an attack on all)" 취급한다는 구절을 최근에 비준한 아메리카를 위한 리우 조약(Rio Treaty)에서 인용했다. 그는 유엔헌장 제51조로부터 평화와 안보를 복원하기 위한 공동 및 수 개의 조치들을 참조했다. 에치슨은 두 단락을 추가했다-의회를 만족시키기 위한 것과 유럽국가들을 안심시키기 위한 것. 그 "조치들"은 "각국이 필요하다고 여기는 그러한 행동"을 포함해, 의회에 나중에 발언권을 가지도록 해 주고, 그 조치는 "무력 사용을 포함해" 유럽 동맹국들에게 미국의 진지함을 드러내 주었다. 반덴버그는 동맹 회원국들에게 장래의 부담을 공유하는 표식으로 "지속적이고 효과적인 자조"를 위한 원조를 제공한다는 약속을 추가했다. 가장 중요하게도, 반덴버그는 그의 동료 상원의원들에게, 그 조약은 전쟁에 나간다는 자동적인 약속은 아니라고 확인을 해 주었다.

1949년 4월 4일, 대통령이 마샬 플랜에 서명해 제도화한 지 1년 하고 1일이 되는 날, 유럽 10개 국가와 캐나다 외무장관이 북대서양 조약(North Atlantic Treaty)에 서명하러 애치슨 사무실에 모였다. 외교관계위원회가 청문을 개최할 때 반덴버그는 공화당의 지지를 넓히기 위해 위원회 소속이 아닌 두 명의 동료를 청문회와 증인심문에 참석하게 했다. 상원은 NATO 신규 회원국에 대한 승인을 한다는 조건을 명확히 하기 위해 에치슨과 협력했다. 상원은 북대서양조약을 1949년 7월 24일에 82-13으로 동의했다. 공화당은 반덴버그를 32대11로 지원했다.[166]

아무 분명한 역설적인 감정 없이, 국무부 백서는 그 조약은 "먼로 독트린의 반포 이후 미국 외교정책에서 가장 중요한 발걸음"으로 기술했다. 먼로 독트린은 존 퀸시 애덤스(John Quincy Adams)가 미국을 유럽의 티격태격 다툼에 참견하지 않도록 작성한 것이었다.[167] 더 정직하게는, 국무부의 존 힉커슨(John Hickerson)은, 새로운 범대서양 연대를 위해 지치지 않고 일해온, "나는 얽히는 동맹이 조지 워싱턴 이후 원죄보다 더 나쁜 것으로 여겨져 왔는지에 신경을 쓰지 않는다"라고 말했다.[168] 힉커슨은 제퍼슨의 문서를 워싱턴의 것으로 착각했지만, 미국은 하나의 현대적 문제를 다루기 위해 엄청난 역사적 걸음을 시작하고 있다는 점을 분명히 인식하고 있었다. 에치슨은 또 하나의 오랜 미국 독트린인 "중립주의"는 "자살의 지름길이다"라고 곧 선언하게 되었다.[169)]

반덴버그는 동맹에 대한 오래된 혐오증을 극복하기 위해 동맹이란 용어를 새로이 규정했다. 그는 "북대서양조약(North Atlantic Pact)은 역사적 유형에서의 '군사동맹'과는 근본적으로 완전히 다른 성격"이라고 말했다. 그 조약은 주로 외교적인 연대이고 군사동맹은 아니다. 그는 NATO 협정을 "지금까지 고안된 것 중 가장 강력한 전쟁 억제적" 조약이라고 불렀다. 이제는 늙고 병든 원로 상원의원은 아마도 젊은 동료가 반덴버그 결의안을 "공산주의자들이 괴롭히는 세상에서 자유에 대한 새로운 희망의 대헌장 마그나 카르타(Magna Carta)"라고 그에게 명예를 수여해 준 것을 가장 좋아했을 것이다.[170)]

1950년 초에 가서는 반덴버그의 외교에 대한 초당적 접근은 중국에서 공산당의 승리와 상원의원 조지프 맥카시(Joseph McCarthy)의 도전으로 무너져갔다. 1951년 4월 18일에 반덴버그는 암으로 사망했다. 그러나 반덴버그의 최종 정치적 후계자들 중의 한 명은 고립주의자 현역 의원을 경선에서 제친 그랜 래피즈(Grand Rapids) 출신 신임 하원의원이었다. 그는 제럴드 포드(Gerald Ford)였다.[171)]

NATO에 대한 진정한 시험은 유럽에서의 사건들과 인식을 통해서 왔다. *타임(Time)*지는 "유럽은 그 낫이 목에서 치워지기 전에는 완전히 회복될 수 없다"라고 미국의 입장을 포착했다. 벤 스테일(Benn Steil)은 프랑스 수상 앙리 큐유(Henri Queuille)가 프랑스로서는 "더 자유롭고 더 효과적인 경제를 유럽에 도입하기 위해 위험한 조치들을 취했고" 또 "프랑스인들이 인준하도록 권유하기 매우 어려운 독일에 대한 우호적인 입장을" 배양했다고 기록했다. 그러하지만, 프랑스도 잘 되었다. 마샬 플랜과 NATO는 제1차 세계대전 후 독일 빚에 대한 도스 계획(Daws Plan) [(역자주: 제1차 세계대전 종료 후 1919년 파리강화의에서 독일에게 청구할 배상금을 결정하지 못해 1923년에 약 315억 달러로 결정-독일의 지불불능으로 독일의 연례 상환금을 줄여주고, 독일 경제를 부흥시켜서 빚이 소진할 때까지 받아내기로 한 결정을 1924년 찰스 도스(Charles G. Daws) 주재 회담에서 확정함. 영국과 프랑스는 독일에서 배상금을 받아 미국에서 빌린 융자금을 갚음)]과 로카르노 조약(Locarno Treaty)(역자주: 1925년 제1차 세계대전 후 독일, 벨기에, 프랑스, 영국, 이탈리아 간에 영토 경계획정과 불가침을 약속한 조약)보다는 더 나은 조합을 제공했다. NATO의 초대 사무총장 이스메이(Ismay) 경은 나토의 목적은 "러시아인을 쫓아내고 미국인을 끌어들이고, 독일인을 누그러뜨리기 위함"이라고 간결하게 요약했다.[172)]

콘라드 아데나워는 그의 여생을 새로운 프랑스-독일 동반자 관계를 조성하는 데 헌신했다. 그러나 그는 미국 외교의 틀 안에서 작업해야 한다는 점을 인식하고 있었다. 새로운 범대서양 틀은 앞을 볼 수 있던 유럽인들-모네(Monnet), 슈만(Schuman), 그리고 나중에 자크 들로르(Jacques Delors)와 헬무트 콜(Helmut Kohl)-에게 유럽공동체에 대한 아이디어를 추진할 기회를 제공했고 마침내 오늘날의 유럽연합(European Union)이 되었다.[173)]

수 많은 문제들이 앞에 놓여 있었다. 새로운 나토 군대는 아이젠하워 장군이 지휘했는데 겨우 14개 사단이었고, 이 중 두 개 사단이 미국 군대였다. 소련 블록은 12배나 더 많은 군대를 보유했다. 베를린 사태는 아직 해결되지 않았다. 나토는 냉전이 종료될 때까지 핵 억제력과 조심스러운 동맹외교에 의존해야 했다.[174)]

제12장

◆

배너바 부시

Vannevar Bush

미래의 발명자(Inventor of the Future)

3가지 큰 아이디어(Three Big Ideas)

1945년 7월, 미국인들이 필수적인 전쟁에서 불확실한 평화로 돌아오고 있을 즈음, 배너바 부시 박사는 20세기 전반을 통한 국가 안보를 형성하는 3가지 아이디어를 추진했다. 그는 두 아이디어를 각각 다른 청중을 대상으로 하였지만, 미래에 대한 설계로 작성했다. 세 번째 아이디어는 뉴멕시코에서 생긴 엄청난 폭발에 관한 것이었다.

부시는 첫 번째 출판물, "과학, 끝없는 국경(Science, the Endless Frontier)"이란 제목을 달았다. 정부인쇄소(Government Printing Office)에서 출간한 건식위원회(dry committee) 보고서에 붙인 34쪽에 달하는 소개문이었다. 부시의 서문을 포함한 그 문서는 전쟁 시의 과학계-정부 간 협력에서 얻은 교훈들에 관한 작고한 대통령 루스벨트의 요청(부시의 건의로)에 대한 보고였다.[1)]

수년 후에 부시는 '1944년 말 FDR은 부시를 집무실로 불러서 "전쟁이 끝난 후에 과학계에는 무슨 일이 일어날 것인가?"라고 물었고, 부시는 "과학은 완전히 거꾸러질 것"이라고 답했고, 루스벨트는 "그것을 어찌할 것인가?"라고 물었고, 부시는 "즉시 중요한 조치를 취해야 한다"고 답했다고' 회상했다.[2)]

부시의 공개 문서는 큰 "무엇인가"의 시작이었다. 그의 제목은 미국인들의 원천적인 개척자 이미지를 불러들였다. 그는 과학의 "거의 탐색하지 않은 황무지"를 발견하기 위해 대학과 산업계와 제휴해 기초연구에 대한 평화 시의 정부에 대해 자금 지원을 요청했다. 한 세기를 넘게, 미국인들은 그들의 개척지를 지리적 관점에서 규정해 왔다. 많은 외교 전문가들에게, 지정학의 유행을 따라 외교적 관점을 대륙심장부, 정치 및 전략적 변경 지대(rimlands), 해양국가들에 집중해 훈련했다. 부시는 힘과 영향력에 관한 하나의 다른 관점을 제시했다. "과학적 진보는 하나의 국가로서 안보, 더 나은 건강, 더 많은 일자리, 더 높은 삶의 질, 우리의 문화적 진전을 위한 핵심적인 열쇠이다."[3)]

부시는 새로 국립연구재단(National Research Foundation, NRF)을 "탐색의 자유(freedom of inquiry)"를 보장하기 위해 연방정부 바깥의 독립기관으로 설치하기를 강력히 요청했다. NRF는 하나의 전문가 위원회와 작은 규모의 직원들로 운영하고 "의학과 자연과학분야 모두를 대상으로 대학과 연구기관들"에게 직접적으로 계약을 해주고 장려금을 지급하도록 요청했다.[4)]

부시의 요청으로 결국 국립과학재단(National Science Foundation)이 창설되었다. 더욱 중요하게는, 그의 국방-산업-학계의 네트워크 구축 시도와 전시 동안의 성공으로 미국에게 세계에서 상대가 없는 기술적 우위를 부여했다.

부시의 두 번째 출판물은 1945년 여름 *애틀랜틱*(Atlantic)지의 7월에 "우리가 생각하는 대로(As We May Think)"라는 제목으로 게재되었다. 부시는 개인에게 "수세대에 걸친 누적된 지식에 접근하고 명령"을 할 수 있는 미래의 기계 "미멕스(memex)"를 묘사했다. 조직화된 정부-민간 연구 개발 집합체에 대한 그의 생각과는 완전하게 다른 미멕스는 정보의 우주로 통하는 문을 여는 탁상 스크린을 통해 개인에게 권능을 부여하게 될 것이었다. 부시가 상상하는 기계는 기억에 대한 개인화된 도우미이고, 연구에 이르는 관문(gateway)이고 정신적 연합들의 "흔적"을 통해 생각을 자동화하는 데 도움을 주는 기기였다. 그는 또한 파일 공유와 하이퍼텍스트(hypertext) 링크로 나중에 알려진 것들을 상상하기도 했었다. 대형컴퓨터의 가능성을 생각하기 시작하던 당시에, 더 작은 것들을 상상도 하기 전에, 부시는 개인들에게 가용한 정보기술의 새로운 시대를 예상하고 있었다.[5)]

월터 아이작슨(Walter Isaacson)은 자신의 저서 *이노베이터(The Innovators)*에서 설명했듯이, 개인컴퓨터의 혁명적인 수 많은 창시자들은 그들의 개발 동기를 부시와 그의 출판물에서 찾는다. 1945년 전쟁이 끝나갈 무렵에, 더글러스 엥겔바트(Douglas Engelbart)는 해군 레이더 기술자로 필리핀에 배속되었다. 그는 레이테 섬(Leyte Island)에 소재한, 기둥을 세우고 짚으로 엮은 오두막 내의 한 적십자 도서관을 뒤지고 있었고 거기서 부시의 논문을 재인쇄한 삽화가 든 *라이프(Life)* 잡지를 발견했다. "그런 방식으로 사람들이 일하고 생각하게 하는 모든 개념이 나를 아주 흥분하게 했다"고 수년 후에도 기억했다. 1962년에 그는 "인간 지성의 증강(Augmenting Human Intellect)"이라는 논문에서 인간과 컴퓨터와의 공생 가능성을 설명했고 그 논문이 아주 크게 영향을 미쳤다. 그는 부시의 미멕스 기계가 그의 아이디어의 씨앗이 되었다고 부시에게 공을 돌렸다. 엥겔바트는 미멕스 기계에 대한 개요를 부시가 출판한 지 17년 후에 부시에게 팬 레터로 보내기도 했다. 국방부의 선행연구사업청(Advanced Research Projects Agency, 당시의 ARPA는 현재 DARPA로 개명)-그 재원충당은 부시 시도의 또 하나의 업적이다-의 리클라이더(J.C.R. Licklider)는 엥겔바트에게 스탠포드 연구소(Stanford Research Institute)에서 증강연구센터(Augmentation Research Center)를 개설하도록 장려금을 지급했다. 아이작슨이 결론 내리듯이, "그것은 사변적인 연구에 대한 정부 지원이 궁극적으로 수백 배의 실제적인 응용 건수를 생산해 내는 또 하나의 사례가 되었다."[6)]

부시는 4년 동안 제3의 아이디어를 개발했다. 1945년 7월 16일에 부시와 제임스 코넌트(James Conant) 박사-하버드대 총장, 유명한 화학자이고 맨해튼 프로젝트(Manhattan Project)의 부시의 대리였던-는 제로지점(Ground Zero)에서 10마일 떨어진 뉴멕시코(New Mexico)의 벙커에서 어두운 안경을 통해 모래밭 건너서 최초의 원자탄 폭발을 목격했다.[7] 1945년 7월은 원자력 시대의 새로운 달력의 첫 달이 되었다. 1942년 3월, 미국 군대는 여전히 태평양에 걸친 초기 일본군대의 맹공으로 휘청거리고 있었고 나치 독일이 유럽 전역에서 백전백승을 하고 있을 때, "현재 의견은 성공적인 사용이 가능한 것으로 모아지고 있고, 이것은 매우 중요하고 전쟁을 치르는 데 결정적이 될 수 있다. 만약 적국이 우리보다 먼저 성공한다면 그 결과는 상상을 초월할 정도로 심각할 것"이라고 대통령에게 서신을 보냈다. 1942는 8월에 부시는 A-폭탄(A-bomb)을 개발하는 긴급계획의 승인을 받았다.[8]

기술 혁신과 외교(Technological Innovation and Diplomacy)

과학자이고 발명가인 벤 프랭클린(Ben Franklin)은 신생국가의 새로운 유형의 외교관으로 그의 입지를 밝히기 위해 그의 계몽적 명성의 탁월함을 사용했다. 150년이 더 지나서, 과학자이고 발명가인 배너바 부시는 기술혁신이 새로운 유형의 군사 및 정치 세력을 만들어 낼 수 있음을 인식했다. MIT 총장이고 대통령 케네디(Kennedy)의 과학보좌관인 제롬 와이즈너(Jerome Wiesner)는 21세기에 "배너바 부시보다 과학과 기술의 성장에 더 큰 영향을 미친 사람은 없었다"고 관찰했다. *타임(Time)*지는, 1944년에 표지기사로 "물리학의 장군(General of Physics)"이라고 꼬리표를 붙였다.[9]

"미래주의자(the Futurist)"이고 과학의 후견인인 제퍼슨(Jefferson)은 탐사, 과학, 그리고 사상의 자유를 통합해 새로운 유형의 미국 사회와 세력을 창조해 내는 미국의 잠재력을 인식했다. 부시의 이야기는 20세기 미국 외교는 미국 사회의 힘, 특히 발명과 자유를 통합하는 국가 역량에 근거하여 세워졌다는 점을 강조해준다. 부시는 정부, 산업계, 자유롭고 독립적인 과학 공동체와 민간 기업가들의 보완적이나 서로 다른 역할을 인정했다. 기술 우위에 대한 냉전 당시 경쟁에서, 부시는 소련의 "정부-국가통제(governmental-statist)"를 무색하게 만든 혁신 모델을 창조했다.

21세기에, 부시가 주창한 미국의 "끝이 없는 변경" 탐색은 국제적 위상에 더욱 중요하게 되었다. 우리는 혁신 모형의 새로운 경쟁을 보게 될 것이고 이번에는 미국과 중국 사이에 일어나고 있다.10)

부시: 엔지니어, 발명가, 그리고 공기업가

(Bush: Engineer, Inventor, and Public Entrepreneur)

부시의 주된 전기작가 파스칼 재커리(G. Pascal Zachary)는 부시는 "지식은 완강한 현실과의 물리적 접촉에서 발생한다"고 생각한 실용주의자였다고 기록했다. 부시는 양키 고래잡이 선장 가족의 후예로 발명가의 모험심에 영감을 준 고래잡이꾼의 자기 신뢰, 카리스마가 있는 독재적인 리더십의 짭짤한 스타일을 소유했다.11)

부친의 네덜란드-미국계 친구의 이름을 딴 배너바(Vannevar)는 1890년에 태어났다. 그는 발명의 시대-가스동력 자동차, 비행기, 의료용 엑스레이 기기, 상업적 영화-와 전화통신, 축음기, 전기, 그리고 라디오 기술의 확장시대에 성장했다. 부시는 땜쟁이 정신에 수학에 강한 자신의 소질을 통합했다. 그는 손으로 물건을 만들기를 좋아했다. 수학자 노버트 위너(Nobert Wiener)는 부시를 "미국이 배출한 가장 위대한 기구 제작인 중 한 명이다-그는 뇌와 함께 손으로 생각한다"라고 나중에 묘사했다.12)

부시의 소질과 흥미는 엔지니어링으로 이끌었다. 재커리는 부시의 엔지니어에 대한 생각은 '실용적인 박식한 사람"을 의미했다. 부시는 엔지니어는 "일차적으로 물리학자나 기업가나 발명가가 아니고 이들 기술들과 지식을 습득해 새로운 장치를 개발하고 대규모로 적용하는 사람"으로 규정했다. 인간의 행동심리학을 배우는 잘못된 출발 후에, 부시는 사물 이외에도 사람을 부리는 법을 터득했다.[13)]

부시는 엔지니어링 사업에 대한 그의 열정에 걸맞는 도덕적 규율을 구축했다. 그는 유능한 인재들을 귀히 여겼다. 그는 사회가 전문가를 존중하기를 원했다. 동시에, 부시는 과학자들이 자신들의 자유와 독립이 보장될 수 있다면 민주 사회를 위해 봉사할 수 있다고 믿었다. 민주적 자유는 개성이 강한 독립적인 사람들에게 자리를 마련해 주고, 이 매버릭(maverick)들은 자유 사회에서의 진전에 불을 붙일 수 있다. 부시는 발명을 넘어 산업시대 관료들에게 이의를 제기하고, 촉구하고 북돋우어 줄 "공공부문 기업가정신(public entrepreneurship)"의 한 모형을 창조했다. 부시가 과학을 공공 목적에 결합하고자 노력할 때, 그는 과학정신과 공공부문의 임무 둘 다에 봉사하는 제도들을 창조하기 위해 투쟁했다.[14)]

부시는 언론에 호소하는 "총명함과 서민성"의 기발한 조합을 만들어 냈다. 그는 유수 학술지 외에도 대중잡지 포퓰러 메커닉스(Popular Mechanics)에도 기고했다. 또 에드워드 뭐로우(Edward R. Murrow)의 텔레비전 쇼에도 애국적 발명가로 출연하기도 했다. 정부에서는 그는 "일이 되게 하는" 능력을 드러내 보였다. "만약 내가 일을 해내는지 아닌지에 의심이 들면, 나는 일을 하고, 누가 나를 세게 치면, 나는 손을 뗀다"고 그는 말했다.[15)]

터프츠(Tufts)대학 2학년 때, 부시는 아픈 수학 교수를 대신해 강의를 했다. 부시는 과목 부담을 소화할 수 있다면 4년 만에 학사학위와 석사학위를 동시에 딸 수 있다는 점을 발견했다. 시간을 절약하기 위해, 부시는 해당 과목의 교과서를 공부했고 실제로 강의는 듣지 않은 채 최종 시험을 보았다.

1912년 마지막 날에, 부시가 졸업할 무렵에, 미국 정부는 그가 고안한 기계적 기록 장치와 어설픈 계산기를 통합한 조사 장치인 "프로필 추적기(profile tracer)"에 그의 최초의 특허를 수여했다. 부시에게 특허는 발명가와 미국 건국 시대의 창의적 정신의 연대를 의미했다. 실제로, 건국아버지들은 특허권리를 헌법에도 포함했다. 1930년에, 엘리후 루트(Elihu Root)는 자신의 마지막 법적 의견을 당시 MIT에서 학장을 하던 부시에게 보내 지적소유권에 관한 문제에 도움을 주었다.[16)]

부시는 MIT에서 전자공학 박사학위 논문을 일 년 이내에 완료했다. 그의 지도교수는 부시에게 이유는 설명하지 않고 "범위를 넓히라'고 요구했다. 부시는 학과장에게 항의했고 이겼다. 그는 과학자일 뿐만 아니라 용감한 권리옹호자였다.[17)]

부시는 터프츠대학에서 가르쳤고 산업적 연구를 통해 새로운 기술을 배우기 시작했다. 제1차 세계대전 중에, 부시는 독일 잠수함 유-보트를 감지하는 장치를 개발했으나 해군 관료체제에 의해 좌절되었다. 부시는 "싸우지 않을 방법"에 관한 그 교훈을 간직했다. 그는 또한 현대전은 무기와 군대의 경쟁 이상의 것이라는 점을 인식했다. 전쟁은 "하나의 거대한 엔지니어링 사업"이라고 부시의 스승인 터프츠대 총장은 선언했다.[18)]

부시는 산업적 임무와 자금을 수용하기 시작한 1919년에 MIT에 교수로 합류했다. 전기화(electrification) 사업은 미국 기업과 사회를 다시 만들고 있었다. 자동차, 제조방법들, 기계류가 대중의 상상을 사로잡았다. 부시는 라디오에 매료되어 레이시온(Raytheon)을 공동창업해 대량 판매 산업으로 라디오 제작을 변형시킨 새로운 진공관을 생산했다.[19)]

부시는 계속 발명했다. 그의 "미분 해석기(differential analyzer)"는 기계적으로 방정식을 풀었다. 그것은 아날로그 컴퓨터로 기어, 축, 모터에 의존하여 "추상적인 수학적 관계의 물리적 모형"을 만들어 냈다. 부시는 이 거창한 미분 해석기에 대해 결코 특허를 추구하지 않았고, 다른 이들이 개선하기를 권장했다. 제2차 세계대전 중에, 부시의 발명품은 포탄의 탄도 제원 표(ballistic table)를 개발하는 데 사용되었다.[20]

미국 내에서 기술 진전에 대한 믿음이 곤두박질치던 1932년에 MIT의 공대 학장 겸 부총장이 되었다. 대공황의 충격은 산업적 자본주의의 기반 자체를 흔들었다. 사람들은 일자리가 필요하지 기계가 아니라고 아우성쳤다. FDR의 뉴딜은 기업가적 개인주의(entrepreneurial individualism)가 아닌 경제적 집산주의(economic collectivism) 시대의 도래를 예고했다. 과학을 위한 자금은 말라버렸다.

부시는 계속 손보고, 발명하고, 특허를 받았고, 그 결과를 MIT에 넘겼다. 그의 관심은 전자에서 태양력으로, 더 효율 높은 가스 엔진으로, 벨 연구소(Bell Labs)를 위한 자동 다이얼 개념으로 옮겨갔다. 부시는 마이크로필름이거나 종이 문서 등 물질에서 대량의 정보를 자동적으로 회수하고 계산하는 데 특별히 매료되었다. 1930년대 중반에, 해군의 새로운 통신 보안 그룹의 요청으로, 부시는 그의 "비교기(Comparator)" 장치가 일본군 암호 해독을 자동화하는 걸 도울 수 있다고 설명했다. 1940~41년에 여러 차례 세련화 작업을 거친 후, 그 장치는 일본군 암호를 해독했다.[21]

기술과 전쟁(Technology and War)

파시즘이 군국주의(militarism)에 결합될 1930년대 무렵에, 부시는 방위준비에 관해 말하기 시작했다. 그는 미국 군대가 전쟁의 기술을 바꾸는 데 무관심한 것에 특히 염려했다.[22] 의회의 분위기는, 니예(Nye) 청문회(상원의원 반덴버그가 참여한)로 상징이 되는 미국을 제1차 대전으로 밀어 넣었다고 의심을 받는 "죽음의 상인들(merchants of death)"을 공격했다 미국 군대도 이보다 더 낫지 않았다. 그들은 과학자와 엔지니어들을 도우미 정도의 낮은 계급으로 취급했다.

부시는 두 명의 핵심적인 우군을 만났다. 하버드대 총장인 제임스 코넌트(James Conant) 박사는 "과학 정치인"으로 알려져 있었다. AT&T의 벨 연구소 소장인 프랭크 제윗(Frank Jewett)은 국가 지도급 산업연구시설을 이끌고 있었다. 제윗의 도움으로, 부시는 국립연구위원회의 엔지니어링 및 산업연구 분과의 위원장이 되었다. 1937년 12월에 부시는 이 그룹이 "역경과 비상시기"에 과학자들, 엔지니어들, 산업계와 군대 간의 연계를 구축하는 데 도움을 수 있다는 개념을 추진했다.[23)]

부시는 그 당시를 위한 하나의 혁명적 아이디어를 탐색하고 있었다. 미국은 하나의 과학정책을 가지고 있지 않았다. 연방정부는 농업과 기상과 같은 소수 분야의 공리적인 연구(utilitarian research)에 한정하여 지원하고 있었다. 과학자 집단들과 대학은 카네기나 록펠러 같은 큰 재단의 후원에 의존하고 있었고, 연방정부 후원에는 정치적 통제 등 그 대가가 수반될 것을 염려하고 있었다. 산업체 연구실들은 상업적 응용분야에 집중하고 있었다. 전통에 빠진 육군부와 해군부는 전쟁에서 잔혹한 실상을 직면한 후에 겨우 변화를 수용했다. 부시는 현대 전쟁의 기술들이 미국 체제가 수용할 수 있기도 전에 미국의 임의적인 과학적 연구에 대한 접근을 압도할 것을 우려했다. 미국이 전쟁에 더 가까이 다가가자, 부시는 자신의 주장을 담대하게 선언했다. "세상은 과학을 최대한으로 응용할 수 있는 방법을 알고 있는 자들에 의해 아마도 지배될 것이다는 점을 쿵 하고 충격적으로 인식하게 될 것이다."[24)]

1939년 1월 부시는 MIT를 떠나 새로운 플랫폼으로 이동했다. 그는 "미국 내에서 최상의 과학연구 후원자"인 카네기연구소(Carnegie Institution of Washington)의 총장이 되었다. 상당한 기부금, 연구예산, 실험실들, 그리고 관측소 이외에 카네기는 부시에게 워싱턴에서 존경받는 지위를 부여해 주었다. 부시에게 또한 FDR의 삼촌을 포함한 영향력이 큰 이사들에 대한 개인적인 접근을 가능하게 했다.[25]

부시는 곧 항공국가자문회의(National Advisory Committee for Aeronautics, NACA)의 위원으로 임명되었다. NACA는 독립적인 민간 전문가를 모을 하나의 정부 부서와 연구소의 가능한 모형을 제시했다. 현대 공군력의 드라마는 다르게 생각할 의지를 자극했다. 부시는 장군들과 일을 하는 방법을 배웠다. 운 좋게도 육군 항공대 지도자인 핸리 하프 아놀드(Henry "Hap" Arnold) 장군은 과학자들과 엔지니어들과의 협력을 환영했다. 부시는 의회에서 증언하는 첫 경험을 또한 했다. 엄청난 실패였으나 이를 통해 배웠다.[26]

부시는 "병사의 눈으로 세상을 보기"를 시도했다. 그는 군대가 자체의 문제들을 해결하는 걸 도왔고 이론 대신에 실행을 더 중시했다. 그는 도구와 장비를 이해하는 사람의 통상적인 언어로 해답을 제공했다. 과학-기술계 전반을 통한 부시의 비범한 영향력으로-고유한 지적 범위와 결합되어-그는 질문에 답하기 위해 즉각적으로 대학과 산업계의 자문을 구할 수 있게 했다.[27]

부시는 금색 장식용 수술에 겁을 먹지 않았다. 이와는 반대로, 고급 장교들은 새로운 기술들을 새로운 체제로 통합하는 상상력이 부족하다고 결론을 내렸다. 방공(防空, air defense)의 문제는 다른 비행기나 혹은 대공 화기로 하든지 간에 비행기를 쏘아 떨어뜨릴 더 나은 방법과 이음매가 없는 레이더로부터 얻은 정보를 결합하는 게 필요하다고 부시는 인식했다.[28] 1940년의 브리튼 전투(Battle of Britain)에서 영국의 승리는 그러한 체제에 의존했다.

1940년에 가서는, 부시는 군대에서 진척을 보이고 있었다. 그는 또한 전임 공화당 국무부 및 전쟁장관이었고 FDR이 전쟁부를 맡아 달라고 곧 요청할 헨리 스팀슨(Henry Stimson)의 환심을 샀다. 스팀슨은 기술에 매료되었다. 그러나 부시도 과학자들을 동원할 필요가 있었다. 국립과학원(National Academy of Sciences)은 군대의 요청에 답하는 데 늦어지고 있었다. 대학 생활은 자연적으로 전쟁을 위한 동원에 적응하지 못했다. 학계의 아무도 고위 정부 관리와 정부자금이 과학과 기술을 무기에 동원하는 데 사용될지 예상하지 못했다.29)

국방연구위원회의 창설(Creating a Defense Research Committee)

코넌트 박사는, 열렬한 국제주의자이고 영국과의 유대 촉진자인, 워싱턴에서 부시의 특유한 기술과 지위를 인식했다. 벨 연구소의 프랭크 제윗은, 국립학술원의 회장으로 최초로 선출된 산업계 인사로, 부시를 또한 칭송했다. 그들의 지원은 부시의 다음 단계 진입-하나의 공통임무를 위해 과학자들과 군대를 묶는 국가방위연구위원회[National Defense Research Committee (NDRC)]의 창설에 핵심적이었다.

부시는 돈과 최상위기관에서의 승인이란 두 원소가 여전히 빠져 있음을 인식했다. "귀하가 대통령의 날개 아래에서 조직하지 않는 한 아무것도 할 수 없다는 점을 나는 안다."30) 국방연구를 위한 하나의 완전히 새로운 조직을 창설하는 데는 대통령에게 달려갈 사람이 필요한 데 이에는 학위 지도교수에게 이의를 제기했던 사람이 필요했다.

1940년 5월에 부시는 카네기 이사 프레드릭 델라노(Fredric Delano)에게 대통령과의 면담을 주선해 달라고 요청했다. 델라노는 우수한 사절이었다. 대통령의 삼촌은 성공적인 기업인으로 폭넓은 관심, 우정, 자원 계획에 관한 경험으로 존경을 받고 있었다. 델라노는 백악관의 스티브 얼리(Steve Early)에게 기초연구를 현대적 전투에 NDRC를 통해 연계할 필요가 있다고 주장하는 1쪽 메모를 보냈다. 그 달의 서부 유럽 전반에 걸친 독일의 기습

공격은 사안의 중대성과 전투의 새로운 수단을 드러내 주었다. 미국이 생산하는 무기 분량을 늘린다 해도 질이 결정적이 될 것이라고 부시는 주장하고 있었다.

6월 초에 부시는 FDR의 측근 보좌관 해리 홉킨스(Harry Hopkins)에 연결되었다. 홉킨스는 부시가 선장의 기질을 가진 지식이 많고 업무에 집중하고 의지가 확고하다는 사실을 읽을 수 있었다. 부시는 "조정위원회는 대통령에게 책임을 지고 대학과 산업계 연구실을 접촉해 육군과 해군의 요청에 의거 연구를 수행하게 하는 자신의 계획을 묘사하는 하나의 간결한 메모"를 공유했다고 재커리는 그 회동을 서술했다. 홉킨스는 부시는 자격이 있고 미국 기술을 전쟁에 동원할 추진력을 가졌다고 인식했다. 그는 부시가 6월 12일에, 독일군이 파리를 점령하기 이틀 전, 대통령을 만나게 배열해 주었다.[31]

FDR은 유례없는 제3기 재선거 유세 중이었다. 그는 전쟁에 반대하는 의회, 경계하는 눈초리의 불안해하는 국민, 미국 군대의 힘을 건설할 필요 사이에서 곡예를 하고 있었다. 대통령은 궁지에 몰려 생존할 수 없을지도 모를 영국에 마음을 기울이는 중립에 균형을 잡고 있었다. 미국 군대의 우선순위는 발명보다는 생산인 것으로 보였고 FDR은 과학에 대한 배경이 없었고 또 기술을 하는 보좌관들도 없었다. 그럼에도 불구하고 대통령은 위기에 구질서를 흔들기를 원하는 즉흥적인 조치의 달인이었다.

홉킨스가 배석한 자리에서, 부시는 대통령에게 미국 기술을 육군과 해군의 현대적 임무에 투입하는 6개 개요를 적은 자신의 계획을 한쪽 분량의 문서로 제시했다. NDRC는 전쟁부, 해군부, 상업부와 학술원, 과학 및 기술협회 전문가들을 포함하고 이들은 급여 없이 봉사한다고 보고했다. 그 위원회는 교육, 과학 및 산업계 연구실에서 전투 장비들에 관한 연구를-산업적 개발이나 제조는 아니고-지원할 것이고, 연구는 군사활동을 대체하는 게 아니고 오히려 보완하고 도울 것이라고 말했다.

부시는 여러 질문에 답을 할 준비를 하고 있었다. 대신에, 15분이 채 안 되는 시간에 루스벨트는 몇 가지 대화를 한 후에 "O.K. FDR"이라고 부시의 문서에 서명을 했다. FDR과 부시 두 명의 서로 매우 다른 사람들은 놀라운 관계를 시작했다. 이틀 후 6월 14일 대통령은 배너바 부시가 새로운 NDRC의 의장이라고 공표했다.[32)]

부시는 FDR이 사업책임자를 자주 바꾸고 대통령의 권한 부여는 곧장 사라질 수도 있다는 점을 잘 알고 있었다. 카네기 총장직을 유지하면서, 부시는 코넌트(Conant), 제윗(Jewet), 1명의 칼텍(Caltech) 물리학자, 특허 담당관, 해군 연구담당 제독, 1명의 육군 준장을 채용했다. 그는 조지 마샬(George Marshall) 장군, 해롤드 스타크(Harold Stark) 제독, 육군 항공대 아놀드(Arnold) 장군을 만나 연구사업의 목록을 만들었다. 그리고 결과를 도출하기 위해 빠르게 움직였다.

부시의 새로운 무기는 정부와의 계약이었다. 그의 비전은 빠르고, 유연하고, 목표 지향적이었다. 그의 "계약에 의한 연방주의(federalism by contract)"는 관료조직을 만들지 않고 국가 연구 네트워크, 새로운 정부 연구실, 정부 고용인 신분으로 과학인력 고용을 가능하게 해주었고, 기존 업무와 시설 내의 연구자들을 변화시켰다. 부시는 기계 대신 하나의 새로운 통치모형(governance model)을 발명하고 있었다. 그의 체제는 정치로부터 차폐된 우수 전문가들에 의지하고 있었다. 그것은 표준 규칙, 공무원 관습, 군대의 지휘 사슬의 바깥에서 작동했다. 잠재적 다툼은 오늘날에는 받아들일 수 없는 것으로 간주될 것이었다. 사람들은 부시의 권력이 너무 확대되고 있다고 염려를 했을 수 있었다. 그러나 1940년에 FDR은 부시의 독특한 네트워크를 채택하기를 원했고 부시의 판단을 믿었다. 1941년 중반에 대통령은 NDRC를 대통령 소관의 "긴급재원(emergency funds)" 대신 의회 세출위원회에 의해 정규 예산 지원을 받는 과학연구개발청(Office of Scientific Research and Development, OSRD)으로 바꾸었다. FDR은 의학연구위원회(Committee on Medical Research)를 또한 추가했다.[33)]

부시는 군대와는 효과적으로 일해야 한다는 점을 알고 있었다. 그러나 그 과정은 기술적으로 미지의 장교들의 명령을 단순하게 맞추어 주는 게 아닌 창의적인 것이기를 원했다. 부시는 독립적이고 (심지어는 대통령의) 권한과 자금을 보유하는 장점을 가지고 있었다. 스팀슨은 또한 우군이었다. 그러나 부시는 해군연구소(Naval Research Laboratory)를 운영하는 제독의 관료적 공격을 막아 내야 했다. 그는 또한 OSRD(Office of Scientific Research and Development)의 연구 일정을 지속적으로 엄격히 감시해야 했다. 모든 사업에 대한 그의 요구는 "그게 이 전쟁을 이기는 데 도움이 되는가?" 였다.[34)]

OSRD는 결과물을 생성했다. 무선 근접 신관(radio-proximity fuse)을 개발해 포탄이 목표물에 가장 크게 피해를 줄 지점에서 폭발하는 걸 가능하게 했다. 이 발명은 전기적 혁신, 특이한 소형화, 견고함을 요구했다. 미국 군대만이 이 신관을 전투에서 사용했고 1944년 독일의 V-1 미사일에 대항하는 방어 수단으로 유효했다. OSRD의 공식적인 역사들은 근접신관을 전쟁 당시의 3개 혹은 4개의 가장 중요한 발명품 중의 하나로 기록했다.[35)] 영국의 발명들에 기초해, 부시는 자동목표물 추적 장치와 표면으로 부상한 잠수함(유-보트)을 식별할 군사적 수요를 포함한 다양한 목적을 위해 극초단파(마이크로웨이브) 역량을 혁신하는 하나의 중앙 레이더 연구소 설립을 MIT에 후원했다.

대서양 전쟁(The Battle of the Atlantic)

대서양 전쟁은 기술진전의 한 사이클이 전략과 전술에 통합되어 전투를 이길 수 있는 방법을 보여주는 하나의 우수한 사례이다. 1943년 초기 연합국들(Allies)은 매달 1백 척 이상의 보급함들을 독일의 유-보트 잠수함 무리에 잃고 있었다. 만약 미국이 대서양 고속도로를 확보하지 못하면, 나치(Nazies)는 미국 군대를 영국으로 운송하는 병력 수송 업무를 파괴할 수 있었다. 해군작전 대장 어니스트 킹(Ernest King) 제독은 호위함으로 수송선을 보호하는 방어적인 계획을 수립했다.

부시는 기술이 잠수함을 감지하는 하나의 공격적인 전략의 기회를 창조하고 바다와 하늘에서 잠수함 공격을 인도할 수 있다고 믿었다. 스팀슨은 대잠수함 작전을 시도하려 했으나 킹은 반대했다. 몹시 화가 난 부시는 제독에게 6쪽의 서신을 보내어 급속하게 진전하는 기술과 전술 전환을 통합하면 유-보트 전쟁을 과학적 전략과 군사적 전략 간의 사활을 건 싸움으로 만들 수 있을 것이라고 주장했다.

킹은 양보해 해군 소장 프란시스 로우(Francis Low)에게 하나의 시범 사업을 맡겼다. 1943년 5월 로우 제독은 제10함대를 지휘했다, 그 함대에는 선박은 한 척도 없었고 대신에 유-보트를 찾아, 추적하고 침몰할 정보, 통계 분석 그리고 새로운 조직적 수단들만 보유했다. 수색기들은 레이더를 사용해 표면으로 떠 오르는 잠수함을 확인했다. 되물림 고리를 이용하여 정찰기 조종사들은 자신들의 보고서에 담긴 자료에 타인들이 실제로 주목한다는 점을 알게 되었다. 그 자료는 운영분석[오퍼레이션즈 리서치(operations research)]이라고 불리는 하나의 새로운 유형의 통계 분석에 들어가는 원료였다. 비행요원들은 소소한 기술적 결함을 보고했고 곧 해결되었다. 제10함대는 유-보트를 발견할 확률을 높이는 수색유형을 고안했다. 동해안을 따라 설치된 초소들은 유-보트들이 자신들의 본부에 보고하는 고속 파열음으로 된 전문을 도청했다. IBM 자료 처리기계를 동원해, 민간인들은 목격(sighting), 수송, 가로채기, 공격에 관한 엄청난 분량의 정보를 매 24시간

수집 분석했다. 연합국들은 이 새로운 정보와 주문 제작된 해군 및 공군력을 동원해 대서양을 유-보트의 도륙 현장으로 만들었다. 1943년 4월과 5월에 연합국들은 독일 잠수함 45척을 가라앉혔다. 유-보트 선박과 승무원들의 대체 불가능한 손실에 직면해, 히틀러의 유-보트 지휘관 카를 되니츠(Karl Doenitz) 제독은 잠수함을 북대서양에서 철수했다. 되니츠는 나중에 독일은 유일한 공격형 해군 무기를 "우월한 전술이나 전략"이 아니고 "과학분야의 우월성" 때문에 잃었다고 불평했다. 부시는 적시에 과학-전략-전술의 상호 연계를 인식했다. 1943년 여름에 대서양은 연합국들의 병참 가교로 안전하게 되었다.[36]

의학과 미사일(Medicines and Missiles)

1945년의 "끝이 없는 국경" 보고서에서 부시는 부상과 질병에 대항하는 의학적 전쟁을 회상했다. 페니실린, 살충제, 더 나은 백신, 외과적 진전, 말라리아 예방기술은 군대 사망률을 급격하게 낮추었다. 그는 육군의 질병으로 인한 사망률은 제1차 세계대전의 1,000명당 14.1명에서 제2차 세계대전에서는 1,000명당 0.6명으로 낮아졌다고 지적했다.[37]

그러나 부시가 인정하듯이, 전시기록은 독일에 대한 미국의 기술적 경쟁력은 거의 형편없었음을 보여주었다. 독일의 V-1과 V-2 로켓은 탄도 미사일의 위력을 보여주었으나 미국은 아직 우선순위에 두지 않았다. 연합국들은 1944년 9월에 처음 발사된 V-2의 발사대들을 폭격하거나 짓밟는 작전 이외에는 맞설 효과적인 무기가 없었다. 만약 나치가 V-2를 일 년 일찍 가졌다면, 디-데이(D-Day)를 위해 영국에 구축한 아이젠하워(Eisenhower) 장군의 진지는 재앙으로 변했을 것이다. 독일 비행기 엔진도 미국 모형보다 더 나았고 일본의 어뢰도 대부분의 전쟁 기간 동안에 미제보다 더 나았다.[38]

원자탄 개발(Building the Atomic Bomb)

가장 위대한 모험은 원자 폭탄이었다. 알버트 아인슈타인과 다른 이민 온 물리학자들이 1939년에 한 경고를 듣고, FDR은 "우라늄 위원회(uranium committee)"를 창설했으나 그 활동은 지지부진했다. 1940~41년에 부시가 새로운 NDRC-OSRD가 수개월 이내에 실용적인 결과들을 생산할 수 있음을 과시하려 노력하고 있을 때, 처음에 핵분열 폭탄의 가능성은 멀고 또 모든 자금을 삼킬 것이라고 생각했다. 노벨 물리학 수상자인 어니스트 로렌스(Ernest Lawrence)는 부시에게 어쨌든 행동하라고 강하게 권유했다. 1941년 여름, 부시는 정치적 결정을 위한 접근법을 도식하기 시작했다. 영국 과학자들의 작업은 그 폭탄이 만들어질 수 있다는 확신을 부시에게 심어주었다. 엔리코 페르미(Enrico Fermi)는 기술적 자료가 든 메모를 보내어 부시가 물리학적 과제 이외에도 경제적 과제를 이해하는 데 도움을 주었다. 마지막으로 부시는 독일이 먼저 성공할 위험을 계산해야 했다. 부시가 회의적인 학술원 회장 제윗(Jewett)에게 설명할 때 그는 "평화 시라면 우리가 지금 말하는 것들은 거의 터무니없었을 것이다"라고 말했다. 과학적 연구와 엔지니어링 작업이 동시에 추진되어야 했었다.[39]

FDR의 제안에 따라, 부시는 원자탄에 관한 경쟁적으로 다투는 생각들을 논의하기 위해 부통령 헨리 월리스(Henry Wallace)를 만났다. 잡종 옥수수를 발명한 월리스는 내각에서 과학자의 기술적 지식을 보유한 유일한 인원이었다. 부시와 월리스는 1941년 9월 대통령을 만났다. 부시의 회고에 따르면, FDR은 폭탄 준비는 "모든 가능한 방법을 동원해 더 신속히 처리"해야 한다고 지시했으나 부시에게 "결정적인 조치를" 취하기 전에 대통령에게 보고하라고 말했다. 대통령과 월리스 이외에 부시는 스팀슨(Stimson), 마샬(Marshall)과 코넌트(Conant) 만을 포함했다. 그들은 원자탄을 만드는 일로 연결되는 "더 넓은 프로그램"이 새로운 조직을 필요로 한다는 데 동의했다. 자금에 대해서는 대통령은 최초로 "검은(black)" 혹은 비밀 무기 예산을 육군 공병대 예산에 숨겨서 만들기로 결정했다.[40]

부시는 핵업무는 코넌트(Conant)에게 관리하도록 위임했다. 부시는 코넌트와 함께, 1941년 12월 6일, 일본이 펄 하버(Pearl Harbor)를 공격하기 하루 전날, 육군이 그 사업을 수행하도록 결정했다. 그러나 부시는 여전히 대통령에 대한 연계의 책임은 자신이 담당했다. 1942년 3월 9일 그는 루스벨트에게 하나의 육군 사업으로 진행하라고 건의했다. 그는 1944년에 완성될 것으로 예측했다. 이틀 후 대통령은 부시에게 극비리에 추진하고 시간이 핵심이라고 말했다.

1942년 8월 부시는 원자력 사업을 예외적인 최우선적 프로그램으로 만들어야 한다고 주장했다. 9월에 대규모로 새로이 국방부(Pentagon) 건물을 축조한 직후의 레슬리 그로브스(Leslie Groves) 대령은 "맨해튼 엔지니어링 지구(Manhattan Engineering District)"사업의 책임자가 되었다. 부시는 3인 위원회의 대표가 되어 "이사회"의 역할을 했고 코넌트(Conant)는 나날의 업무를 처리했다.[41]

*위험과 생존(Danger and Survival)*이란 원자탄의 초기 50년에 대한 고전적인 연구서에서 맥조지 번디(McGeorge Bundy)는 부시는 미국 프로그램에서 "필수불가결한 인물"이었다고 결론을 내렸다. 부시는 과학, 엔지니어링, 그리고 FDR의 워싱턴을 이해했다. 부시는 또한 대통령과의 직접적인 관계를 가졌고 루스벨트의 신임을 받았다.[42]

부시는 원자력 연구의 목표에 대한 논의에 참가하지 않았다. 일부 과학자들은 부시를 정책적 함의를 이해하지 못하는 단순한 기술자로 치부했다. 어쨌든 전시의 기밀 유지는 논의의 기회를 제한했다. 부시와 코넌트는 엄청난 압력 하에서 어려운 일을 해냈다. 원자력에너지 위원회 역사가인 리처드 휼렛(Richard Hewlett)과 오스카 앤더슨 주니어(Oscar Anderson Jr.) 두 사람은 "스킬라(Scylla)와 카리브디스(Charybdis)[역자주: 그리스 신화 오딧세이(odyssey)에 나오는 한 장면으로 주인공 오디세우스(Odysseus)가 좁은 해협에서 한쪽에는 큰 입을 벌리고 삼키려는 괴물 스킬라가 큰 입에 침을 흘리며 삼키려 하고 큰 소용돌이 카리브디스에 휘감겨 들어갈 위험을 피해 항해하는 고난을 말함]의 비관주의와 치솟는 낙관주의 사이를 헤쳐 나가야 했다. 그들은 사실의 북극성(Pole Star)으로 방향을 정해야 했다."[43]

부시는 폭탄을 건조하는 것은 대통령이 해야 할 하나의 정치적 결정이라고 믿었다. 맥조지 번디가 나중에 기록하듯이, 미국 대통령들은 "핵 정책에 관한 최고 정치적 관리"로 "사적인 그리고 피할 수 없는 책임"을 진다. 그것은 오늘날에도 진실로 남아있다.[44]

부시는 원자력 정책의 국제적 합의에 대해 권고를 했다. 1944년 말에 부시와 코넌트는 무기 경쟁을 피할 원칙들을 스팀슨(Stimson)에게 제시했다. 그들은 미국의 이점은 일시적일 것이라는 것을 알았다. 그러나 FDR은 당면한 이 전쟁을 종료하기 위해 씨름을 하고 있었기에 장래 다툼이란 주제에 개입하기를 꺼리거나 개입할 여력이 없었던 것으로 보였다.[45]

과학의 장래와 세계적 경쟁(The Future of Science-and Global Competition)

승리의 전망이 1944년에는 밝아지자, 부시는 대통령과 미국에서의 과학의 미래와 국가 안보에 기여하는 기술의 미래라는 다른 과제를 우선적으로 다루었다. 부시의 전기작가 재커리에 의하면, 부시는 전후 두 개의 과제에 집중했다. 첫째 미국 군대는 기술을 이제 수용하고 있으나 그 입맛을 억제할 지적 자제력이 부족했다. 부시는 군대에 의한 중복사업들과 엄청난 비용과 낭비되는 노력들을 염려했다. 그가 전쟁 동안에 했던 것과 마찬가지로, 민간 기술자들이 군대와 함께 연구 의제들의 개발을 주도하기를 원했다.

둘째 부시는 국가가 향후 기술의 "종자(seed corn)"를 심는 기초연구에 투자하기를 원했다. 그는 과학적 실험은 즉각적인 공리 목적을 고려하지 않고 아이디어를 시험하기 위해 자유가 필요하다는 점을 이해했다. 군대나 산업계는 순수과학 연구를 지원할 인내나 예지력을 가지지 못했다.

부시의 계획들은 과학적 지식에서 시작해 엔지니어링 실행으로 번역되고 실용적인 생산품과 과정을 만들어 내는 하나의 선형적 혁신 모형을 반영했다. 아마도 현실에서는 이 진전의 단계들은 이론, 응용연구, 시험, 개선, 새로운 발견, 새로운 과정 및 도구들 사이의 되물림 고리들의 네트워크에 묻히는 걸 그는 아마도 알 수 있었을 것이다. 그러나 혁신의 우회적인 유형을 설명하는 데 그는 아마도 어려움을 겪었을 것이다. 부시는 전쟁의 압박은 새로운 지식 생산에 근본적으로 필요한 비현실적인 연구(blue sky research)와 실험을 밀어냈다. 부시는 기술을 중요하게 전제로 하는 하나의 새로운 국제적 세력 경쟁을 예상했고, 그는 미국이 혁신적 우위를 수립하기 위해 모든 부품들에 투자하기를 원했다.[46]

부시는 루스벨트의 이름으로 부시 자신에게 전달될 서신을 작성했다. 그는 대통령이 OSRD에 자체 경험이 주는 교훈을 평가하라고 요청하기를 원했다. 해리 홉킨스(Harry Hopkins)는 바른 조언을 했다. 그 서신을 두 쪽 분량으로 유지하고, 다른 이들과의 언쟁을 유발해 방향을 바꾸게 할 과거의 공을 주장하지 말고, 정부 사업을 요구하지 말고 아이디어만 제시하라고 말했다. FDR의 연설담당관 샘 로즈만(Sam Roseman)은 그 초안을 수정해 재작성했다.

1944년 11월 17일 4번째 임기를 확보한 직후, 대통령은 "그의" 편지를 부시에게 보냈다. 재커리가 주목하듯이, 그 편지는 미국 과학계 엘리트들에게는 "성서(Holy Writ)"가 되었다. 부시는 그 편지를 "끝이 없는 국경(Endless

Frontier)"이란 보고서의 앞면에 재수록했다.[47)]

그 편지는 4개 항목에 대한 부시의 건의를 요청하고 있었다. 부시는 전시 군사연구 결과의 민간용 "파생물(spinoffs)"을 제시했다. 그 다음에 "질병에 대한 과학의 전쟁"을 지속하는 방법을 건의하도록 되어 있었다. 다음은 사안의 본질에 관한 것이었다. 공적 및 사적 연구의 역할과 관계들을 감안해, "현재와 미래에서 공공 및 사적 기관들의 연구활동을 지원하기 위해 정부는 현재와 미래에 무엇을 할 수 있는가?" 마지막으로 부시는 "미국 젊은이 중 과학적 영재를 발견하고 개발하는 일"에 그의 의견을 개진해야 했다.[48)]

부시는 각 주제를 다루기 위해 위원회들을 구성했다. 부시는 그들의 업무를 지도했다. 다만 의학위원회는 독립적인 구성을 보이고 별개의 의학용 연구 재단을 설립해 주기를 요청했다.

부시는 그의 서두 발제문이 그 보고서를 완성시킬 수도 깰 수도 있다는 점을 인식했다. 그는 전시 기술들이 급속하게 개발되었고 생과 사를 결정하는 데 깜짝 놀라게 사용되어 대중의 상상력을 흔들어 두었다는 점을 이해했다. 곧이어 원자탄이 더 놀라운 충격과 경이를 추가할 것이었다. 기술이 일자리를 죽인다는 대불황기의 애도는 과학자들을 미래의 항해사로 인식해 존경으로 바뀌고 있었다.

"끝이 없는 국경": 하나의 새로운 통치 모형

("The Endless Frontier": A New Model of Governance)

부시는 1937년 동료 엔지니어들에게 한 연설에서 과학을 새로운 국경으로 삼는 아이디어를 시도해 보았다. 이제는 "과학, 끝이 없는 국경(Science, the Endless Frontier)"이란 용어를 의회에 의해 설립되고 대통령에게 책임을 지고 과학자들에 의해 운영되어 미국의 과학자본을 축적하는 국립연구재

단(National Research Foundation, NRF)을 위해 공개적으로 주장했다.[49)]

부시는 대담하게 "우리는 과학에 대한 국가 정책이 없다"고 말했다. 그는 그 하나를 창설할 뿐만 아니라 새로운 정부-민간 통치 모형을 고안했다. 부시는 "탐색의 자유와 건강한 경쟁적인 과학적 정신"을 고무하고 한편으로는 공공의 목적을 달성하는 접근 방안을 제안했다. NRF는 의학, 자연과학, 그리고 국가 방위에 대한 기초연구를 지원할 것이다. 또한 과학교육, 지식의 배포와 교환을 국제적으로도 지원할 것이다. 그리고 부시는 발명가들의 오랜 관심사인 특별 특허 정책을 추가하기도 했다.[50)]

부시의 제안은 남은 20세기와 그 이후에도 미국인을 괴롭힐 복잡한 사안들을 다루기를 추구했다. 부시는 하나의 과학 정책 그 이상을 제안하고 있었다. 혁신주의 시대(Progressive Era)는 사회에서 전문가들에 대한 의존을 권장했고 지식이 진척을 이끌어 낼 것으로 믿었다. 그 파고는 1920년대에 절정에 달했고 대불황(Depression)은 구시대의 질서와 믿음 모두를 공격했다. 제2차 세계대전은 기술에 대한 관심을 다시 불러일으켰고 미국의 할 수 있다는 정신(can-do spirit)을 부활시켰다. 추축국들(Axis powers)의 두려운 능력들에 대해 미국의 재무장, 발명, 그리고 산업적 실력은 적국을 압도했다. 그러나 또 하나의 모형이 존재했다. 자해적인 파괴와 히틀러의 침공으로 인한 피해에서 놀랍게 다시 살아난 소련은 무시무시한 위력을 과시했다.

이제 미국과 소련의 군대는 유라시아(Eurasia)와 세계 전역에 뻗어 있었다. 부시는 승리는-그리고 미국의 미래 힘은-정부 조직과 산업적 자원의 풍족함과 기술에 달려있다고 이해했다. 월터 밀리스(Walter Millis)가 수년 후에 주목하듯이, "중앙집중적 현대 국가는 비교할 상대가 없는 전쟁 도구로 발달했다."[51)]

그런데 어느 현대 국가 체제가 우월한 것으로 판명되는가? 부시는 과학자들과 전문지식이 그 답을 결정할 것이라고 예상했다. 그는 과학 작업의 핵심인 독립성과 창의성을 잃지 않는 상태에서 과학자들이 기여하고 정치 지도자들의 주요 자문관이 될 수 있는 방법을 찾기를 원했다. 그는 대형 기관들을 의심하고 관료 체제를 혐오하고 대중적 평범함의 둔함을 싫어했다. 그래서, 재커리(Zachary)의 말에 의하면, "떠오르는 최신과학기술전문가(technologist) 집단의 지적 자원과 안보에 집착하는 국가"를 연결해 주는 하나의 방법을 발명하려 애썼다.[52]

미국 언론은 1945년 7월 "끝이 없는 국경"이란 보고서의 출간을 대대적으로 환영했다.[53] 부시의 능숙한 작문은 대부분의 개인들에게 탐색과 변경들, 군사적 장점과 안보, 정부 활동주의(activism)와 민간 기업, 건강과 교육, 번영과 자유에 대한 기준을 제공했다. 그러나 그 칭찬은 그의 모험에서 높은 수위표(watermark)로 드러났다.

과학과 정책의 체제(Systems of Science and Policy)

군대는 대안에 준비가 되어 있었다. 기술전(technological warfare)에 대한 부시의 정신을 수용하고 일부 장교들은 명령하기보다는 민간 기술을 유인할 필요가 있다고도 인식하고 있었다. 육군항공대(Army Air Force)는 빠르게 과학적 해석 전문지식을 끌어들였다. 전쟁 후, 공군은 부시가 그 유용성에 비해 너무 비싸다고 생각한 분야인 로켓 공학을 추구하기를 원했다. 공군은 그 자신의 두뇌집단인 프로젝트 랜드(Project RAND, 연구 개발을 위한)를 후원했다. 1946년에 RAND는 지구 궤도를 돌 수 있는 위성을 진수할 로켓의 역량에 관한 미래를 내다보는 보고서를 발표했다. 위성의 스파이 행위와 과학적 가치에 추가해, 그 연구는 지구를 도는 유인 기구가 "원자탄의 폭발에 비교될 만한 인류의 상상력에 불을 지피고 엄청난 파급력을 아마도 생산해낼 것이다"라고 예상했다.[54]

해군은 선박 디자인, 엔진, 잠수함, 항공모함에서의 혁신은 미국의 우월한 엔지니어링 서비스를 보장한다고 주장했다. 그러나 육군은 맨해튼 프로젝트를 운영했고, 부시의 OSRD는 레이더의 최첨단이었다. 부시는 하나의 연구재단 설립에 대한 그의 아이디어에 정치인들이 찬성해 줄 것으로 기대하면서 OSRD의 폐쇄를 요청했으나 이에 자극을 받은 해군은 해군연구청(Office of Naval Research)을 창설했다.[55)]

1946년에 육군참모총장 아이젠하워(Eisenhower)는 "군사-산업-학계 단지"를 개발하기 위한 5개 원칙을 발급했다. 역설적이게도 그는 나중에 그 네트워크를 비난했다. 아이젠하워 장군은 무기 생산 단계 이외에도 기획단계에서도 민간인 지원을 요청했다. 그는 연구의 자유 보장의 수요를 인정했다. 연구개발(R&D) 책임은 조달, 구매, 배분과는 독립되어야 한다. 아이크(Ike)는 민간인들과 군인들에 의한 통합접근을 지시하기도 했고 또 "산업 및 기술적 자원을 위급 시에 군사적 구조의 *유기적 부분*(organic part)"으로 이용하는 것을 고려하라고 제시했다.[56)]

군사적 연구업무는 전후 예산의 현실에 직면했다. 하나의 연구 조직에 대한 부시의 개념은 자원과 지위를 두고 맹렬히 경쟁하는 군대의 다른 업무와는 경쟁할 수 없다는 데서 출발했다. 기술은 1939년 현역에서 졸업하여 1946년 군사적 우월성에 대한 실제적 상징으로 남았다.

1947년의 국가안전보장법(National Security Act)은 국가안전위원회(National Security Council)와 중앙정보부(Central Intelligence Agency)를 창설하고 연구개발위원회(Research and Development Board)가 신임 국방장관에게 자문을 하도록 규정했다. 부시는 초대 국방장관이 되기를 희망했으나, 트루먼은 그를 고려하지도 않았다. 부시는 대신에 국방부의 새로운 연구개발위원회 의장이 되었으나, 미약한 권한밖에 없었고 장관은 군사연구를 합리화하려는 부시의 노력을 방해했다.[57)]

부시는 완전히 다른 부문에서의 도전에 직면했다. 뉴딜러(New Dealer)들은 사회공학자(social engineer)들이었다. 전쟁은 대불황을 끝내주었으나 진보주의자들(Progressives)은 대량실업이 도래할까 두려워했다. 그들은 과학자들, 엔지니어들, 기획자들이 자신들의 기술을 파괴에서 경제 관리, 주택, 교육, 기아를 해결하는 사회적 과제에 돌려줄 것을 원했다. 부시는 이들 "공상적 박애주의자들(do-gooders)"은 연구를 정치, 국가통제(statist) 경제정책, 그리고 대중인기영합적(populist) 정책 유행으로 왜곡할 것이라고 생각했다. 그는 기초 및 응용연구 사이의 구분을 이해하지 못한다고 경고했다. 그들은 특허 인센티브를 잠식하기를 원했다. 그리고 자금 할당은 품질에 대한 전문가 판단보다는 지리적인 선심공세(favoritism)를 반영했다.

과학계의 정점에서의 5년이 지나, 부시는 과학계 내에서 경쟁자들을 만나게 되었다. 다른 고위 인물은 부시의 권위에 짜증을 내고 그가 준 모욕을 기억해 냈다. 그는 FDR의 허가를 받아 작동하는 강력한 전투마(hard charger)였다. FDR의 사망으로, 부시는 매우 다른 신임 대통령과의 관계를 정립해야 했었다.

더욱이, 대불황기에 발판을 마련하기에 투쟁해온 젊은 과학자들은 연방정부 자금을 위험한 사업이기보다는 하나의 생명선으로 쳐다보고 있었다. 만약 정부와 군대가 과학자들의 실험작업의 창의적인 정신을 기꺼이 수용한다는 것을 보여준다면, 이들 젊은 스타들은 전전(前戰)의 위계질서와 제약을 가하는 엘리트 질서로 돌아갈 이유가 없게 되었다.58)

부시는 정치적 실수를 했다. 전쟁의 긴급사태 이후에 새 대통령 취임 후 그 특권을 다시 주장했다. 웨스트 버지니아 출신의 뉴딜 진보주의자이고 트루먼의 친구인 상원의원 할리 킬고르(Harley Kilgore)는 모든 미국의 병폐를 해결하기 하는 데 과학적 연구를 이용할 희망과 소박한 관심을 가졌다. 그는 거대한 기업들과 카르텔이 사회 혁신을 방해한다고 생각했다. 킬고르는 국립과학재단(National Science Foundation, NSF)을 옹호했고 부시에게 도움을 요청했다. 부시와 일부 과학자들은 킬고르의 방향을 걱정했다. 그러나 상원의원의 전공은 과학이 아니라면 끈기였다.

부시는 아마도 1945년 여름에 킬고르와 타협을 할 수 있었을 것이나 그 상원의원을 우회하려고 시도했다. 당연하게도 법률의 제정 행위는 중단되었다. 킬고르와 부시는 1947년에 화해했고 의회는 과학재단에 관한 의안을 1947년에 통과시켰다. 트루먼은 NSF의 책임자를 대통령이 임명하는 권한의 부재를 들어 거부했다. 가장 근본적인 문제는 부시의 공격적인 전문가 옹호와 고위 정부 직위에 전문가를 기용하려는 시도에 대한 트루먼의 반감에서 비롯되었던 것으로 보인다.[59]

과학정책에 대한 저명한 학자이고 공공정책연구의 창시자 중의 한 명인 돈 프라이스(Don Price)는 "전문가들이 마지막 말을 하도록 두지 마라"는 트루먼의 자세를 회상했다. 트루먼은 "전문가들을 언제든지 이용하기를 원했으나 상위에 두는 것을 원하지 않았다." 국제정치문제가 더 기술적으로 복잡해져-군비축소, 환경, 경제, 에너지, 혹은 다른 여러 주제에서-트루먼과 부시로 대표되는 관점을 타협하는 과제는 정책 결정의 한 상수가 되었다.[60]

1950년에, 의회와 대통령은 과학재단에 대한 의안에 합의했다. 그것은 "끝이 없는 국경"이란 부시 제안서의 빛바랜 수정본이었다. 군사부문은 삭제되었고 의학부문도 그러했다. 코넌트의 전기작가인 제임스 허쉬버그(James Hershberg)는 "하나의 기구 하에 연방과학정책을 포괄하기보다는, 부시가 원래 의도했던 대로, NSF는 이미 붐비는 마당에 또 하나의 경쟁자를 추가할 뿐이었다"라고 기록했다. 부시와 코넌트는 군대는 연구안건을 이미 요청했다는 점에 동의했다. 미국 과학정책의 역사가인 브루스 스미스(Bruce Smith)는 부시와 킬고르가 NSF의 구조를 놓고 다투는 동안에 정부의 연구체제는 임무지향기관이 담당하는 아무도 원하지 않는 모형으로 발전했다

고 보았다.[61]

핵정책의 문제들(Questions of Nuclear Policy)

트루먼 행정부는 장래 미국 핵정책의 근거를 마련했다. 트루먼이 맨해튼 프로젝트에 대해 보고를 요구할 때 부시는 FDR 사망 후 처음으로 신임 대통령을 만났다. 루스벨트의 오랜 보좌관이었고 참모장의 직위에 총사령관의 직위를 가진 윌리엄 레이히(William Leahy) 제독이 배석했다. 부시가 원자탄의 과학적 원리를 설명한 후에, 레이히는 "우리가 해본 것 중에서 가장 어리석은 일이다. 그 폭탄은 절대로 터지지 않을 것이다. 나는 폭발물의 한 전문가로 말한다"라고 결론을 내렸다. 군인들의 기술에 관한 판단에 대한 부시의 편견은 이로써 더욱 굳어졌다.[62]

트루먼은 스팀슨(Stimson)에게 새 무기에 대한 자문을 집중적으로 받았다. 전쟁장관은 그 폭탄은 8월 1일까지는 일본에 대해 사용할 수 있다고 설명했다. 그는 A-폭탄은 문명을 지울 수 있다고 또한 경고했다. 핵 정책은 "외교 관계에서 하나의 주된 질문이" 되었다. 스팀슨의 건의를 받아들여, 트루먼은 스팀슨에게 원자력 정책 사안들을 심의할 소자문그룹을 운영하라고 권한을 부여했다. 스팀슨은 부시를 8인 경과위원회(Interim Committee)에 포함시켰다.

위원회는 일본에 대해 비효과적일 경고나 과시 없이 그 폭탄을 사용하도록 건의했다. 위원회는 소련과 많은 정보를 공유하기를 조심했다. 그로브스(Groves) 장군은 소련은 원자탄을 만드는 데 20년이 필요할 것이라고 추측했다. 부시는 3에서 4년이라고 예측했다.[63]

부시의 전기작가 재커리(Zachary)는 태평양 전쟁의 잔혹함으로 부시와 다른 이들은 폭탄의 끔찍한 파괴력을 알게 되었다. 도쿄를 화염탄으로 포격하는 것과 공습의 사망자 수를 비교해, 부시는 그 포탄은 인명을 구할 것이라고 예측했다. 재커리는 대량살상무기(weapons of mass destruction)의 미래 외교에 관해 부시의 예상에 영향을 미친 두 가지 다른 요소들을 지적한다. 제1차 세계대전에서 화학 무기사용이 제2차 대전에서의 억제로 이어짐을 부시는 관찰했다. 이와 마찬가지로 원자탄의 사용은 미래에 통제를 위한 요구로 이어질 것으로 가설을 세웠다. “억제는 아는 것의 두려움에서 오지, 모르는 것에서는 오지 않는다”라고 그는 말했다. 더욱이, 부시가 도입을 도운 무시무시한 무기의 새로운 시대에서, 그는 생물 무기를 더 걱정했다. 그는 생물작용제(biological agents)를 방어적인 예방책에 국한시켰다.[64]

부시는 인류를 전멸시킬 수 있는 음침하고 겁먹게 하는 새로운 무기의 땅에서의 경호 대장이 되었다. 거기에는 법도 심지어는 규범도 없다. 골칫덩이가 핵이든, 화학무기이든, 생물 작용제이든, 디지털이든지 간에, 미국 외교는 확산, 억제, 제약, 사찰, 시험, 탄력성, 대책, 방지, 선취 등에 대해 새로운 과제와 싸워나가야 한다.

1945년 9월, 세계가 원자 무기류의 엄청난 파괴적인 효과를 목격한 후, 트루먼은 원자탄 정보를 공유, 특별히 소련과의 공유에 관해 선별된 그룹에게 자문의견을 보내 달라고 요청했다. 부시는 국제적 통제의 가능성을 시험해 보자고 주장했다. 왜냐면 폭탄에 관한 지식은 장기적으로 비밀로 남아있지 않을 것이라는 점을 알고 있었기 때문이었다. 소련은 미국 외교와 관계없이 무기를 개발할 것이었다. 그러나 부시의 메모는 핵무기에 관해 군사 및 외교적 과제를 예고하고 있다는 점에서 흥미롭다.

부시는 핵무기 방어에는 방책이 거의 없다고 보았다. 산업과 사람들을 지하에 흩어서 생존 가능성을 높이는 비상한 조치 이외에는. 로켓트는 “가로채기” “매우 어렵게” 만들 것이다. 핵무기는 더 파괴적이 되고 덜 비싸질 것이다.[65]

그러나 부시는 "뽑아볼 수 없다면 총에 탄약이 들어있는지 아닌지를 어떻게 아는가"에 관한 의문을 제기했다. 군사 역사가 러셀 위글리(Russell Weigley)가 나중에 묘사하듯이, 그는 미국이 전통적인 전쟁과 국가운영(statecraft)의 목적을 달성하기 위해 원자탄을 사용할 수 있는지에 관한 문제를 제기하고 있었다. 미국 외교는 정치적 목적을 달성하기 위해 무력을 사용해 왔으나, 그 목표는 다른 국가들을 전멸시키는 것을 포함하지 않았다. 더욱이, 상호 소멸을 초래할 전투는 의미가 없을 것이었다.

부시의 관찰은 군사 및 외교 전략의 개념이 바뀌어야 함을 의미했다. 위글리는 억제 전략이 미국 정책에서 새로운 탁월성을 맡는 방법을 지적해 준다. 부시가 예상했듯이, 기술의 진전은 민간인들이 전통적인 군사 계획과 준비를 보완하는 역할을 맡게 되었다. 1950년대에 버나드 브로디(Bernard Brodie)와 젊은 헨리 키신저(Henry Kissinger) 같은 민간인들이 핵전략을 형성하는 데 지도적인 역할을 담당했다.[66]

기술, 안보, 그리고 민주주의(Technology, Security, and Democracy)

1948년에 정부를 떠난 후, 부시는 기술, 안보, 민주주의에 관한 그의 생각을 제시하기를 원했다. 1949년에 *현대적 무기와 자유인: 민주주의를 지키기 위한 과학의 역할론(Modern Arms and Free Men: A Discussion of the Role in Science for Preserving Democracy)*을 출판했다. 출간 시기는 절묘했다. 소련의 최초의 원자탄 시험에 관한 뉴스가 퉁겨져 나오고 있었다. 이번 달의 도서 클럽(Book of the Month Club)은 부시에게 최고 판매 부수 기록을 주었고, *라이프(Life)*지는 두 편의 긴 발췌문을 실었다.

부시의 저서는 냉전(Cold War) 초기의 높은 불안감과 "러시아의 원자탄 시험에 대한 광분에 대항해 미국의 진정한 우위는 개인적 자유와 개방 사회에 대한 약속"이라는 점을 상기시키려고 노력했다. 그의 "주된 결론" 중의 하나는 "민주적 절차 자체가 하나의 자산"이라는 점을 지적했다. 그러나 전시 동안의 통합 후에, 미국 사회의 분열은 다시 나타났다. 1950년 한국전쟁의 충격과, 한국에서의 작전의 좌절과 교착상태는 미국인들을 불행하게 했다. 1945년의 승전국의 우월감에 충만한 미국은 겨우 5년 후의 일에 준비가 안 되어있는 것으로 나타났다. 미국은 핵무기 이외에도 우수한 재래식 군대가 필요함을 또한 인식했다.67)

부시의 합리적인 계획하기와 인간 진전의 필연성의 중요함에 관한 그의 메시지는 내부 적을 쫓는 정치적인 탐색전에 의해 떠내려가 버렸다. 1953년 말, 반공 적색 공포(Red Scare)는 맨하튼 프로젝트의 과학담당 책임자 로버트 오펜하이머(Robert Oppenheimer)에게 달려들었다. 부시는 정치적 보수주의자였고 체제전복에 대항할 보안의 필요성을 이해하고 있었다. 그러나 수소폭탄제조에 반대했다는 이유로 마녀사냥을 해 오펜하이머에 대해 다른 원한을 갚는 것으로 보였다. 부시는 독립적인 심성의 연구자들과 정부와의 동반자 관계를 축조하려는 자신의 노력을 멕카시즘(McCarthyism)이 위협하고 있음을 인지했다.

1954년 4월 23일, 수소 폭탄을 반대한 정부의 음모를 공격하는 상원의원 멕카시의 면전에서, 오펜하이머의 비밀정보 취급허가를 심의하는, 원자력위원회의 대외비 청문회에서, 부시는 격노를 분출했다. 그는 자기 자신을 걸고 자유인이 강한 견해를 표현할 권리를-근본적인 필요-방어했다. 원자력위원회는 오펜하이머의 비밀정보 취급허가를 2-1로 어쨌든 박탈했다. 부시는 그의 방어취지를 유수한 *뉴욕 타임즈(New York Times)*지의 기명 논설에 공개했다.68)

대통령 드와이트 아이젠하워(Dwight Eisenhower)는 전후 여러 도전들에 대한 트루먼의 대응은 일관성과 단호함(a steady hand)이 결여되어 있었다고 생각했다. 부시와 마찬가지로, 아이크는 소련과 공산주의에 대항하는 세력의 쇠퇴기에 미국의 가치의 중요성을 인식했다. 아이젠하워는 과학적 전문지식을 또한 귀하게 여겼고, 최초의 과학 자문관을 대통령에게 붙였다. 1953년에서 1961년까지, 연방정부의 R&D 지원은(인플레이션을 보정한) 고정달러로 매년 14퍼센트 증가했다. 그러나 대통령 아이젠하워는 자신의 반대자들을 만났고 부시처럼 직설적인 저항을 통하지 않고 능숙한 "숨겨진 손"으로 자신의 정책을 운용했다.[69]

아이젠하워의 정치-군사 전략은 국가 재정 규율과 무력자제를 우선시했다. 국방 예산은 연방정부 지출의 70퍼센트에 이르렀다. 전임 장군이었던 대통령의 "새로운 전망(New Look)"이란 국방 태세는 핵무기를 이용한 "대량보복"을 지향했고, 이를 부시는 너무 위험하다고 생각했다.[70]

결국, 1962년의 베를린-쿠바 미사일 위기는-다음 장에서 논의할-미국과 소련에 충격을 주어 핵무기통제의 조치들을 심의하게 했다. 1960년대, 70년대, 그리고 80년대 동안, 핵 및 다른 무기 통제에 관한 교섭은 미국 외교에서 중요한 위치를 차지했다.

핵 및 미사일 외교는 미국 외교정책의 심장으로 남아있다. 오늘날 러시아, 중국, 북한, 이란, 파키스탄, 그 외 잠재적 핵 국가들이 대상이다. 주요 동맹국들과의 관계는 미국 억제 정책에 달려있다. 미국 외교는 디지털, 환경, 해양, 생물, 화학, 우주 등 모든 "끝이 없는 국경(Endless Frontier)"에 걸친 다른 기술적혁신들의 외교 정책적 도전을 또한 다루게 되었다. 1949년 의회는 수출통제법을 통과시켰고 이는 미국 기술을 해외로 이전하는 데 따른 안보위험에 관한 긴 논쟁의 시작으로 오늘날에도 연속되고 있다.[71] 중국과의 현재의 긴장은 부분적으로는 혁신에 대한 경쟁과 기술적 간첩행위와 절도에서 기인되고 있다.

과학과 기술정책(Science and Technology Policy)

과학과 기술의 민간 부문에서의 미국 외교는 안보 관련 연구나 혹은 국제 경제를 다루는 고위급의 주목을 거의 받지 못해왔다. 그러나 기후변화와 다른 환경 주제들에 관한 논의는 외교정책에서 이들 차원들이 그 중요성에서 성장할 것으로 시사된다. 부시는 과학에 대한 거대한 정부 투자를 고취했으나, 국가 기술 엘리트들이 이끌 지도 체제의 수립에는 성공하지 못했다. 부시는 인간을 달에 상륙시킨다는 케네디의 목표에 회의적이었다. 그는 생산적인 혁신보다는 모험(venture)이 더 장관으로 보일 것이라고 여겼다. 부시의 우선순위는 대체에너지원, 식품, 재료들이었다. 그렇기는 하지만, 원자탄의 연구와 개발에 대한 부시의 접근 방법은 다른 "거대 과학(big science)" 사업을 위한 한 모형이 되었다.[72)]

1960년대와 70연대에 연구는 정치화되고 이익단체에 의해 휘둘리게 되었다. JFK의 극적인 우주 프로그램은 LBJ의 전문가-주도 사회변화(expert-led social change)로, 닉슨(Nixon)의 암 치료제 탐색으로 이어졌다. 연구자금 지원은 의회의 선심물이 되었다. 기초연구에 대한 목표지향적 정부계약에 대한 부시의 구상은 퇴화해 관료적 계약 업무로 변했고, 새로운 무기 개발에 대해 비상하게 긴 개발 일정을 낳았고, 군수품 계약에 산업이 의존하게 했다. 더욱이, 기술 부풀리기와 베트남에서의 전문가들의 실패와 부진한 경제는 반발을 불러일으켰다. 환경주의자(environmentalist)들은 산업 성장의 비용과 과학자들의 좁은 관점에 도전했다. 과학 기관들은 책임지지 않는 특권과 권한을 가진 엘리트 요새이고 소수 집단과 여성에게는 개방하지 않는 것처럼 보였다.[73)]

다른 비판자들은 "끝이 없는 국경"에서 산업적 혁신에 주의를 기울이지 않았다고 부시를 의심했다. 과학과 정책 전공 학자인 하비 브룩스(Harvey

Brooks)는 "내재된 메시지는… 기술은 근본적으로 최첨단 과학의 응용이고, 정부가 주로 대학 내에 일류 과학 기관을 창립하고 유지한다면, 국가 안보, 경제 성장, 일자리 창출, 사회 복지에 대한 기술은 거의 자동적으로 생겨날 것…을 의미하고 있다"고 다시 해석했다.[74] 그러나 부흥된 유럽과 일본은 더 많은 경쟁을 만들어 냈다. 미국 기업들이 적응하는 데 실패하자, 미국의 상업적 기술은 흔들렸다. 경쟁력 우위를 되찾기 위해서, 미국 회사들은 실험, 시도, 되물림을 통한 끊임없는 개선의 고리에 연구 활동을 넣는 부시의 선형 모형을 수정했다.

개인용 컴퓨터 혁신(The Personal Computer Revolution)

70년이 더 지나서 돌이켜 보니, 부시의 1945년 7월 제3의 혁신-"과학, 끝이 없는 혁신"과 원자탄에 추가하여-은 특별한 주목을 받을만하다. 그의 "우리가 생각하는 대로"란 기고문은-그의 가상적 미멕스(memex) 기계와 함께-중앙집중적 체제의 경직화(ossification)에 반대하는 발명품들의 종자가 되었다. 처음에는 미국의 컴퓨터 혁명은 대형 조직들을 대상으로 하여 점점 더 큰 중앙처리장치(mainframe)를 생산했고 개인들을 대상으로 하지 않았다. 그러나 부시는 언제나 기계와 사람 사이의 간격을 좁히기를 원했다. 그는 정보 과잉 문제를 이해하고 있었다. 그는 개인들에 권한을 주는 탁상용의 정보를 수집하고, 기억하고, 처리하고, 기계와 사람을 서로 연결해 주는 탁상용 장비를 상상했다.

부시는 아날로그에서 디지털 세계로 결코 옮겨가지 못했다. 그는 렌치와 톱니가 있는 기계를 부호와 소프트웨어를 탑재한 장치보다 더 좋아했다. 개인용 컴퓨터의 발명자들은-더글러스 엥겔바트(Douglas Engelbart), 리클라이더(J.C.R. Licklider)와 시어도어 넬슨(Theodore Nelson)-부시의 아이디어를 수용했다. 그들은 자신들의 혁명적 아이디어를 원로 과학 정치인 부시에게서 근원을 찾음으로써 그 수용성을 증가시켰다. 부시의 박사과정 학생 프레드 터만(Fred Turman)은 나중에 스탠포드(Stanford) 대학의 공과대학장과 교무처장을 역임했고, 하나의 산업 단지를 만들었고 이는 나중에 실리콘 밸리(Silicon Valley)로 알려졌다. 부시의 비전은 자신이 보기에 꼼짝 못 하는 기성 질서에 대한 디지털 개척자들이 가진 대항문화적 기질 획득을 예견하기도 했다.[75]

발명정책과 국제 경쟁(Innovation Policy and Global Competition)

월터 아이작슨(Walter Issacson)은 그의 저서 *이노베이터(The Innovators)*에서 발명가들은 여러 세대를 관통해서 아이디어를 확장한다고 우리에게 알려주고 있다.[76] 장래 미국의 힘은-그리고 외교는-창의성, 협력, 학습, 인센티브, 기업가정신을 우대하는 과학-기술-경제 체제, 비선형 혁신 생태계를 촉진하는 데 달려있다. 지정학적인 그리고 지경제학적인 외교에 추가해 미국은 첨단 과학에 대한 국가 역량을 육성하는 조건들을 창조할 필요가 있다.

벤 프랭클린(Ben Franklin)은 느리게 선형적으로 진전하는 신사과학자와 독립적인 수단을 가진 발명가의 구식 모형을 대표한다. 20세기에 들어오면서, 토머스 에디슨(Thomas Edison)이나 라이트(Wright) 형제들 같은 발명가들은 정부 지원을 받은 "최초의 정부 고객"이 되었다. 정부 구매는 위험투자금(venture capital funds)이 없던 시대에 발명가들에게 크게 위험을 줄여주었다. 첫째, 그는 기술생주기(technology life cycle)의 초반에-기초연구에 대해서는 개념이 증명되거나 시제품화(prototyping)가 되기 전에 자금을 지급했고, 둘째, 그는 대학연구와의 연계를 수립했다. 오늘날 학자들은 이 대학-산업계-정부 연계 체제를 "지식 사회(Knowledge Society)"를 위한 혁신의 삼중나선

(Triple Helix) 개념이라고 말한다. 이것은 산업사회(Industrial Society)에서의 산업계-정부의 2성분과 대비된다.[77)]

냉전(Cold War)은 소련의 정부 주도 모형과 부시의 아이디어-그리고 삼중나선 체제-와의 경쟁이었다. USSR의 기업들은 재원을 자유로이 재-배정할 유연성을 가지지 못했다. 이 유연성은 조지프 슘페터(Joseph Schumpeter)가 기업가정신에서는 핵심이라고 규명한 것이다. 소련 대학들에는 생각의 패러다임을 바꾸는 연구를 위해 필수적인 학문의 자유가 결핍되어 있었다.

중국의 혁신모형은 대학연구와 산업 투자에-상당한 정도로-정부주도에 의존하고 있다. 일본은 수십 년 전에 이와 유사한 접근을 택했다. 정부주도 모형은 개발 전략으로 기술적으로 진전된 사회를 따라잡는 것을 지원한다. 국가들이 기술적 첨단에 이르게 되면, 그러나, 중앙 집중식 지시체제는 삼중나선의 자동 구성 역학(self-organizing dynamic)보다 불확실성과 변형에 적응하지 못할 수 있다.

미국 외교는 보완적인 국제 체제를 증진해야 한다. 그러한 체제와 네트워크들은 부시의 과학과 정책의 원칙들로 가득 채워져야 한다. 국가 간의 협력적 노력들은 과학적 연구에서 출발해야 하고 진행 평가를 권장해야 한다. 문제를 다루는 조치들은 중앙 집권적 국가 통제보다는 동기부여(인센티브), 시장, 초국가적 주자들에게 맡겨야 한다. 정책 체제들은 유연해야 하고 혁신의 여지를 남겨 두어야 한다.

나는 1991~1992년에 그러한 개념들을 1992년 유엔 기후변화협약(United Nations Framework Convention on Climate Change)을 교섭한 미국 대표단을 이끌던 당시에 채택했다. 이 협약을 채운 조금이라도 성공한 모든 노력들은, 2016년 파리합의(Paris Agreement)를 포함해, 이 실용적 전제에 의존했다. 그리고 1992 조약은 미국 상원이 비준한 지금까지 유일한 기후변화 관련 합의이다.[78)]

부시의 전기작가 재커리는 "부시는 예언자라고 결코 주장하지 않았다. 그는 실패에 대한 엔지니어의 관점을 가졌고 실패로부터 생기는 예상하지 못한 기회를 포착했다"고 보았다. 부시가 1974년 84세의 나이로 사망하자, *뉴욕 타임즈*지는 그를 "엔지니어의 전형이고 일을 끝낸 사람"[79]이라고 불렀다. 하비 브룩스(Harvey Brooks)가 결론적으로 말하듯이, 부시는 예외적으로 큰일을 해냈다, "제2차 세계대전 후 연구체제에 관해 놀라운 일은… 많은 논쟁이 있었으나… 그리고 과학계에서 경고의 외침도 있었으나 부시의 유명한 보고서에 담긴 "사회 계약" 제안서의 기본 개요는… 거의 그대로 남아있고 여전히 국민과 정치인들에 의해 광범위하게 수용되고 있다."[80] 부시는 영구적인 기술 변화를 이용하는 미국 외교의 과학적 대부이다.

제13장

◆

존 F. 케네디

John F. Kennedy

위기 관리자*(The Crisis Manager)*

1963년 6월: "나는 베를린 사람입니다"(June 1963: "Ich bin ein Berliner")

대통령 존 F. 케네디(John F. Kennedy)는 베를린에 와야 하는지 확신하지 못했다. 이번은 대통령 자격의 두 번째의 유럽 방문이었고, 국가안보 보좌관 맥조지 번디(McGeorge Bundy)는 대통령의 방문이 소련 수상 니키타 흐루쇼프(Nikita Khrushchev)의 심기를 거슬릴지 모른다고 염려해 왔다. 케네디는 프랑스 대통령 샤를르 드골(Charles de Gaulle)의 1962년 말 독일 순방과 비교될까 염려했다. 프랑스 대통령은 독일어로 서독인들이 미국보다는 프랑스에 더 의존해야 한다고 납득시키려 노력했다.[1)]

대통령 케네디는 1948년 베를린 공수 개시 15주년이 되는 1963년 6월 26일에 베를린에 도착했다. 당시 베를린 대사관에 근무한 젊은 미국 외교관 리처드 스마이저(Richard Smyser)는 대통령은 테겔(Tegel) 공항을 나오는 순간 그의 자동차 행렬을 완전히 에워싼 "압도적인 인파에 준비되지 않았다"고 회상했다. 모든 시민이 다 나온 듯했다. 베를린 사람들은 5에서 10줄로 섰다. 일부는 나무, 가로등 기둥, 교통신호등, 공사장 기중기 등 보일 수 있는 곳은 어디든지 올라섰다. 서베를린인들은 스스로 목이 쉬도록 환호했고, 꽃을 던지고, 젊은 미국 대통령을 만지려 손을 내밀었다. "케-네-디!"라고 소리쳤다. 처음으로, JFK는 베를린 시민들을 외교 사안이 아닌 인간적 관계로 보았다. 그리고 그는 베를린이 흥정에 사용될 하나의 칩이 아니고 하나의 도시이고 그 시민들임을 감지했다.[2)]

대통령은 연설 초고를 베를린 주재 미군 사령관 제임스 포크(James Polk) 소장에게 주면서, "귀하는 이게 소용이 될 것으로 보나?"고 물었다. 베를린 시민들에게 진부하고 판에 박힌 안전보장을 약속하는 연설문을 훑어본 후, 포크는 "대통령님, 이건 끔찍합니다"라고 답했다. "동의"한다고 케네디는 말했다.[3)]

대통령은 동베를린을 들여다보도록 최근에 쌓은 장벽(Wall)에서 잠시 머물렀다. 그는 동독 경찰의 감시를 피하면서 조심스럽게 손을 흔들고 있는 소수의 용감한 여자들을 제외하고는 동독 감시병들만 보았다. 그러나 이 순간적인 관찰은 동독과 서독 사이의 엄청난 삶의 차이를 드러냈다. 대통령은 엄숙해 보였다.[4)]

케네디는 시청(City Hall)에서 연설을 하기 전에 시장 빌리 브란트(Willy Brandt)의 사무실에 잠시 머물렀다. 그의 정치적 본능에 의거, 케네디는 대부분의 연설 카드를 버리고 재빠르게 새로 써 내려갔다. 대통령은 두 개의 짧은 문장을 독일어로 추가할 작정을 했다. 케네디는 다른 언어에 익숙하지 않았다. 그는 문장을 소리 나는 대로 빨간색으로 적었고 두 명의 통역사들과 함께 연습을 했다.[5)]

대통령이 6월의 그날에 연설할 때에, 나머지 카드들을 거의 훑어보지 않았다. 케네디는 학창시절에 고대 로마인들이 "나는 로마의 시민"이라고 선언하면서 자부심을 분명히 보여준 점을 상기했다. 광장에 운집한 약 반절의 백만 명 앞에 섰을 때, 대통령은 누구나 가장 자랑스럽게 뽐낼 수 있는 말은 베를린 시민권을 주장하는 것이라고 깨달았다. "*Ich bin ein Berliner*"라고 그는 소리쳤다. 관중들은 폭발했다. 그는 약속을 반복했고 더 나은 발음을 도와준 통역사에게 감사를 표했다. 독일인들은 환호성을 지르고 또 질렀고… 중단하지 않았다. 대중을 흥분하게 할 줄 아는 냉정한 남자는 감동을 받았으나 또한 독일인들의 감정에 의해 약간 흔들렸다. 케네디는 만약 그가 "장벽을 향해 행군하여 해체하자"고 소리쳤다면, 베를린 시민들을 그리했을 것이다.[6)]

그 후, 번디는 케네디에게 "귀하는 조금 멀리 나갔다고 나는 생각"한다고 케네디에게 말했다. 수년 후, 재클린 케네디(Jacqueline Kennedy)는 그녀의 남편의 가장 유명한 말이 외국어로 되었다는 점은 불공정하다고 농담 삼아 말했다.[7)]

그 방문은-그리고 그 연설은-대통령 케네디에게 중요한 영향을 미쳤다. 최초로, 그는 서베를린은 "유럽 전체에 걸친 투쟁에서 골칫거리 부채가 아닌 자산"임을 인식했다. 베를린은-그리고 베를린이 대표하는 자유-대서양 동맹의 중심부에 서 있었다. 독일과의 치열한 전쟁을 한 미국인들은 투키디데스(Thucydides)로부터 하나의 교훈을 찾아냈다. 그리스 역사가는 기원전 5세기에 우리는 "은혜를 받는 게 아니고 베풀면서 친구를 얻는다"고 말했다.[8)]

케네디의 연설 이틀 후 소련 지도자 니키타 흐루쇼프(Nikita Khrushchev)는 동베를린에 와서 동독 지도가 발터 울브리히트(Walter Ulbricht)의 70세 생일을 축하했다. 동베를린의 시청 앞에서 연설하면서, 흐루쇼프는 "*Ich liebe die Mauer*" 나는 장벽을 좋아한다고 외쳤다. 그러나 베를린 시민들은 벽을 좋아하지 않았다.[9)]

1961~63년 베를린 위기(The Berlin Crisis of 1961-63)

1961~1963년 베를린 위기는 어느 다른 사안보다 케네디의 대통령 임기를 지배했다. 그 위기는 케네디 대통령을 만들어 냈다. 베를린 위기는-나중에 쿠바 미사일 위기로 연결되는-핵 세력 간 전쟁의 직설적인 위협을 이

용해 국제 문제를 해결하도록 압박을 가한 최초의 시도였다. 흐루쇼프는 서방(the West)을 겁주기 위해 핵무기 위협을 휘두르는 지점으로 베를린을 선택했다. 케네디는 진정으로 핵전쟁의 위험을 두려워했다. 대통령의 오랜 보좌관 케네스 오도넬(Kenneth O'Donnel)은 케네디는 베를린에 "갇혔다"고 느끼고 있었다고 나중에 회고했다. 오도넬은 백악관 회의 중 캐비닛 테이블 위에 놓은 노란색 패드 위에 JFK가 여러 차례 "베를린"이라는 단어를 끄적인 것을 보았다고 나중에 말했다.[10]

케네디와 그의 팀은 출발을 잘하지 못했다. 그들의 초기 관심은 독일이 아니고 모스크바였다. 1914년 "교훈"을 반영해 "뉴 프론티어 주창자들(New Frontiersmen)"은 핵 대전쟁(Armageddon)으로 올라갈 오산에 대해 몹시 걱정했다. 미국의 전시 동안의 우군이었던 영국의 해롤드 맥밀란(Harold Macmillan) 수상도 이 견해를 밀어붙였다. 독일에 대항해 두 차례 세계 전쟁을 치른 후 영-미인들은 포위된 전시의 적국의 옛 수도를 방어하기 위해 자국을 핵 파괴 위험에 둘 수 있는지에 대해 질문을 했다.

1960년: 냉전 경쟁(1960: The Cold War Competition)

JFK는 용감하게 냉전 안보 사안에 대해 부통령 리처드 닉슨(Richard Nixon)에 대항하여 선거유세를 펼쳤다. 케네디나 닉슨 모두 다른 사안들에 대해 별로 시간을 쏟지 않았다. 존경받는 전임 장군이고 이제는 이임하는 대통령 아이젠하워의 외교정책 유산에 의문을 제기했다. 젊은 케네디는 신선한 행동주의의 메시지가 필요했다. 42세의 도전자는 미국은 세계적 사건들이 앞으로 내달릴 때 미국은 "8년의 마약에 취한 옅은 수면"에 빠졌다고 주장했다. 케네디는 "미국을 위한 조수가 고갈되기 시작했고… 공산주의 조수가 밀려들기 시작한 시대"라고 역사는 판단할 것이라고 경고했다.[11]

사건들은 케네디의 주장을 뒷받침하는 것으로 보였다. 모스크바는 스푸트니크(Sputnik) 위성을 궤도에 보냄으로 우주 경쟁의 첫 단계에서 워싱턴을 눌렀다. 미국은 기술적 우위에 대한 분명한 손실에 전율했다. 후보자 케네디는 미국이 먼저 발명한 핵무기의 우위를 잃었다고 잘못 제시하는 "미사일 격차"를 경고했다. 케네디의 친구였고 최근에 은퇴한 맥스웰 테일러(Maxwell Taylor) 장군은, 아이젠하워의 재정적 절약이 괴물 같은 소련군을 이길 사람, 물자, 현대적 역량을 군대에서 고갈시켰다고 경고했다. 대통령 아이젠하워는 반미 폭동으로 일본 방문을 취소했다[역자주: (Treaty of Mutual Cooperation and Security) 개정 통과에 대한 반대 폭동, 安保闘争]. 심지어는 미국 힘의 경제적 원천도 곧 무너질 것으로 보였다. MIT대학 교수 폴 사무엘슨(Paul Samuelson)은 널리 읽힌 그의 *경제학(Economics)* 교과서 1961년 판에서 소련의 성장은 "우리보다 상당히 빠르다"고 설명했다. 그는 미국 시장과 소련의 계획경제의 격차는 사라질 것으로 보이는 예상 그래프를 그 교과서에 실었다.12)

케네디는 빠르게 확장하는 지역인 제3세계에서의 경쟁에서도 미국이 실패하고 있다고 지적했다. 오래된 유럽 각국은 자국 식민지의 독립을 허락하고 있었다. 1960년 한 해에 18개국-아프리카 소재 16개국을 포함하여-이 유엔(United Nations)에 가입했다. (마르크스주의) 정권장악 투쟁(national liberation war)은 그 신파도를 저지하려는 체제에 대들었다. 부통령 닉슨의 라틴 아메리카(Latin America) 방문은 폭력을 유발했고, 미국은 자신의 반구에서도 뒤로 밀려나고 있다는 사실을 생생하게 보여주었다. 최근의 혁명은 쿠바를 공산주의로 변형시켰다. 월트 로스토(Walt Rostow) 같은 반공산주의 경제학 사상가들에 의해 인도된 할 수 있다는 케네디 사람들은 국가 건설과 대(對)반란용 두 가지의 목적으로 진취적인 일정을 그린 현대화 이론을 수용했다.13)

1960년 케네디는 민주당 전당대회에서 지명을 수락하면서, 미국인들에게 "새로운 변경(New Frontier)"을 향해 나가자고 구호를 외쳤다. 배너바 부시처럼, JFK는 과학의 첨단을 수용했고 우주 개발을 추가했다. 그는 미국의 혁명적 정신을 소생시켰고, 로스토를 따라서 "미국을 다시 움직이게 하는" 청사진을 그렸다.14)

위기 관리자들(Crisis Managers)

아이젠하워 시절의 안일함에 대비해, 케네디는 위기감을 부추겼다. 그는 새로운 정신을 요구했다. 그가 즐기는 단어는 "활력(vigor)"인 것으로 보인다. 그의 젊은 팀은 JFK의 국가적 조바심을 보이는 메시지를 보강했다. 신임 국방장관 로버트 맥나마라(Robert S. McNamara)는 "오판은… 아무것도 결정하지 않는 것보다" 더 낫다고 경고했다. 여러 해가 지난 후, 케네디 백악관 역사가인 아서 슐레진저 주니어(Arthur Schlesinger Jr.)는 "활동주의(activism)"는 "뉴 프론티어(New Frontier)를 괴롭힌 원죄"였다고 회상했다. 케네디 사람들은 "즉석 연주자들"이지 "기획자들은 아니다"라고 그는 말했다. 지난 50년 동안 대통령의 통치를 관찰해온 폴 니체(Paul Nitze)는 케네디 스타일은 "장기적인 목표들을 향해 일을 하기보다는 한 위기 다음 또 다른 위기에 대한 반응의 영속적인 상태"를 만들어 냈다고 평가했다. 기회를 잘 이용하는 "위기 관리"는 케네디 팀의 유명한 음어가 되었다고 역사가 토머스 페터슨(Thomas Paterson)은 슬퍼했다.15)

케네디의 근소한 차이의 선거 승리는 신임 대통령의 제한 없는 변화에 대한 열정을 꺾지는 못 했다. 그는 취임연설 전부를 미국의 세계적 영향력을 "최대위험 순간에 있는 자유를 방어할 미국의 신세대"가 주도하는 "혁명"에 할애했다. 케네디는 동과 서, 북과 남, 오두막과 마을까지, 바다 깊이까지 "자유의 생존과 성공을 보장하기 위해, 어떤 대가, 어떤 부담, 어떤 어려움을 당하더라도, 친구를 돕고 적을 반대하겠다"는 짧고 빠른 트럼펫으

로 과제를 공포했다.16)

오늘날까지도, 케네디의 말은 영감을 불러일으킨다. 나는 2005년 조지 W. 부시(George W. Bush)가 두 번째 취임식에서 내민 자유 의제(Freedom Agenda)에서 그 메아리를 듣는다. 미국 무역 대표로서, 국무부 차관 역할을 하게 될 나는 의사당 기둥 회랑 현관에 마련된 의자에 앉아 그의 연설을 들었고, 근본적 가치들이 스며든 외교정책의 소환에 감동을 했으나 앞으로의 과제에 대해 긴 숨을 쉬었다. 1961년 케네디의 요청은 전기적 전율을 일으키는 열광이었을 것이다. 국가적 낙관주의 와중에 JFK는 첫 임기를 생기와 새로운 팀으로 이제 막 시작하고 있었다. 그러나 임명직들이 수단, 목표, 그리고 방법들을 생각하고 있었는지에 대해 의문을 가진다. 내가 선호하는 활동주의적 외교는 수많은 질문과 실제적인 기획으로 편익을 보아왔다.

대통령 케네디는 적을 상대해 교섭할 때, 특히 "과학으로 고삐가 풀린 암흑 세력의 파괴"에 대항해 국민에게는 무력과 자유의 지원을 요청했다. 그는 "공포의 새로운 균형"이나 "힘의 새로운 균형" 둘 다를 희망하지 않았고 대신에 "강한 나라는 정의롭고, 약한 나라는 안전하고 평화는 보존되는 새로운 세상"의 법이 통하는 새로운 세계를 희망했다.17) 엘리후 루트는 웃었을 것이고, 우드로 윌슨은 박수를 치고, 테디 루스벨트는 회의적이면서도 부러워했을 것이다.

취임식 전날, 케네디는 대통령 아이젠하워를 만났다. 최상의 상태에서 미국의 평화적인 권력 승계는 인수준비를 포함해, 가치 있는 과거의 노력과 미래의 시도, 둘 다를 인정한다. 겉보기에 싹싹함의 달인인 아이젠하워는 그를 전쟁과 평화 시에 정상에 올려놓은 냉정한 계산을 새 팀에게 보여주었다. 그는 쿠바(Cuba), 베를린(Berlin), 그리고 라오스(Laos)를 포함해 세계 각지에서의 전쟁의 위험을 후임에게 경고했다. 활동주의자는 노련한 경험을 접했다. 곧 검찰총장이 될 JFK의 아우인 바비 케네디(Bobby Kennedy)는 아이크

(Ike)의 벼랑끝 핵외교에 대한 차분한 평가를 불안하게 보고 있었다.[18]

제1차 쿠바 위기(The First Crisis in Cuba)

대통령 케네디의 첫 번째 위기는 쿠바에서 터졌다. 쿠바의 전략적 중요성은 테디 루스벨트(Teddy Roosevelt)와 엘리후 루트(Elihu Root)도 잘 알고 있었다. 1959년 1월 1일 소련의 후원을 받은 피델 카스트로의 혁명이 승리하자, CIA는 즉각 반혁명 침공 계획을 준비했다. 아이젠하워는 제약과 조건을 부과하면서 준비를 재촉했고, 행동에 대한 결정은 그의 후임에게 미루었다. JFK는 그 계획에 대해 잘 알지 못했으나 시간과 아이젠하워와 닉슨의 무위에 대해 자신이 쏟아놓은 비난, 그리고 대담함의 선호로 쫓기고 있었다. 그래서 그는 행동개시를 명령했다.

1961년 4월 17일에, 쿠바 망명자들은 피그스만(Bay of Pigs)에 상륙하려 허둥댔다. 완전히 실패한 모험은 성공 확률이 원래 낮았다. 대통령과 측근 보좌관들은 자신들의 숙제를 하지 않았다. 대통령의 한 보좌관은 "백악관에 있던 아무도 약하게 보이기를 원하지 않았다." 끔찍한 뉴스가 쏟아 들어오자, CIA와 해군은 케네디에게 공습을 허가해 달라고 압박했다. 그는 미국인을 전쟁에 내보내 베를린을 포함한 다른 곳에서 위험을 높이기를 거부했다. 대통령은 책임을 지고 나중에 CIA의 지도자들을 해고했다.[19]

케네디는 교훈을 얻었다. 아이젠하워는 JFK가 고생할 때 공개적으로 그를 지지했다. 그러나 그리하기 전에 "대통령님, 그 계획을 승인하기 전에, 관련 사안들을 토의하기 위해 모두를 불러모아 찬반에 대해 숙지하고 난 후에 그 결정을 했습니까?"라고 질의했다. 케네디는 그러하지 않았다고 실토했다. 활동주의는 독창성을 요구하지만 조심스러운 참모 업무를 또한 요구한다.[20]

비엔나 위기(A Crisis in Vienna)

케네디의 두 번째 위기는 비엔나에서 일어났다. 대통령은, 비록 피그스만의 소동으로 소련이 미국의 약함을 인지하고 너무 많은 요구를 할 것을 염려는 하였으나, 흐루쇼프(Khrushchev)와 조기에 만나기를 원했다. JFK는, 많은 미국 지도자들과 마찬가지로, 서로 얼굴을 맞대는 경우에 한해서 그의 적수인 흐루쇼프가 이해할 합리적인 메시지를 전달할 수 있다고 생각했다. 실제로는 케네디와 흐루쇼프는 완전히 다른 의제를 가지고 있었고 소통하는 방법도 달랐다. 케네디는 핵전쟁의 위험을 합리적이나 확고한 의지로 전달해 축소하기를 원했다. 흐루쇼프는 서방 연합국들을 밀어내어 베를린 문제를 해결하기를 원했다. 그의 방법은 소련식으로 상대방을 구석에 몰아넣고, 괴롭히고 협박하는 것이었다. 흐루쇼프는 케네디가 양보한다면 관계를 개선할 용의가 있었다. 흐루쇼프는 케네디의 이면 채널 메시지를 약함의 징조로 받아들였다. 왜냐면 대통령 JFK는 공격적이고 호전적인 미국 진영을 직접적으로 상대할 수 없다고 판단했다. 나이든 공산주의자는 대통령은 젊고, 서툴고, 경험이 없고, 너무 약해서 쿠바에서 업무를 완수할 수 없었고, 압력에 굴복하기 쉬운 "짧은 바지를 입은 소년"이라고 생각했다.[21]

이번에는 케네디는 철저하게 준비를 했으나, 잘못된 조언을 받아들였다. 조지 케넌(George Kennan)은 흐루쇼프는 조심할 것이라고 말했다. 나중에 날카로운 자문을 한 루엘린 톰슨(Llewellyn Thompson) 모스크바 주재 대사는 흐루쇼프가 긍정적인 대면을 원했다고 말했다. CIA도 비슷하게 보고했다.[22] 특히 적과의 정상회담에 대해서는 대통령은 자신들의 메시지와 접근 방법 그리고 여러 유형의 행동에 대응하는 방법을 준비해야 한다. 최고에 오른 미국 정치인들은 대인관계와 직감을 확신한다. 미국인들이 미국과는 다른 정치 체제의 지도자들을 만날 때 여러 다양한 방식에 따라 대응할 필요가 있다.

6월 3일 비엔나 정상회담 시작부터, 흐루쇼프는 케네디를 압도했다. 로렌스 프리드먼(Lawrence Freedman)은 기록하기를 소련의 생각은 "정상회담은 냉전을 극복하는 수단이 아니고 싸우는 수단에 불과하다." 흐루쇼프는 이념적 논쟁을 시작했다. 케네디는 1914년 오산이 초래한 파괴적인 전쟁 역사를 들어서 (핵무기) 확산을 억지할 필요를 설명했다. 그러나 스탈린 시대 소련인들은 실수의 위험이나 난제를 해결하는 방법을 고안함으로써 정상에 오르지 않았다. 이러한 케네디의 품격이 1961년 당시 소련인들에게는 약함으로 비쳤다. 케네디는 흐루쇼프가 "길길이 뛰면서 오산! 오산! 오산! 귀하는 그 말을 집어서 냉장고에 묻어버려야 하고 결코 다시 사용하지 않아야 한다! 나는 그 말에 신물이 난다!"라고 소리쳤다고 보고했다.[23]

흐루쇼프는 원하는 것-베를린-을 알고 있었다, 그는 동독과 독립적으로 평화조약을 맺어 베를린에서의 연합국의 권리와 서부 베를린의 존재에 도전해 아이젠하워를 위협한 방법을 다시 사용했다. 베를린 공수 이후 늘, 베를린은 미국 근성의 상징이 되었다. 케네디는 단호하게 버티었다. 미국은 "누구의 묵인" 때문이 아니고 유럽 전역에서 싸웠기 때문에 베를린에 주둔한다고 케네디는 주장했다. 베를린을 버린 미국은 미국 국가 이익에 핵심적인 서부 유럽을 방어한다고 할 수 없었다. "우리는 그것을 받아들일 수 없다." 케네디는 하나의 중립적인 정부 내에서 경쟁 세력들을 수용할 수 있는 라오스와는 구분을 했다.[24]

흐루쇼프는 "새로운 더욱 참혹한 수단들이 출현하기 전에 지금 전쟁을 하자"고 응수해 케네디를 놀라게 했다. 물론 양국 대표단은 그 공세를 회의록에서 남기지 않았다. 흐루쇼프는 "평화 혹은 전쟁의 선택"은 미국에 달려 있다고 추가했다. 케네디는 "추운 겨울"[25]을 경고하고 회담을 마쳤다.

대통령은 자신이 선호한 논리 정연한 외교는 힘으로 뒷받침되는 용기의 기초 위에서만 쌓아 올릴 수 있을 것이란 점을 인식하기 시작했다. JFK는 흐루쇼프에게 자신의 결의를 분명하게 전달하지 못했을지 모른다고 우려했다. 귀국길에 런던에 들러 케네디는 맥밀란(Macmillan) 수상에게 그의 소감을 전달했다. 요령 있는 노련한 영국 정치인은 "대통령은 러시아 의장의 무자비성과 야만성에 완전히 눌렸다. 히틀러와 대화하려 시도했던 핼리팍스(Lord Halifax)나 네빌 체임벌린(Neville Chamberlain)의 사례가 생각이 났다"고 기록했다.[26] 젊은 대통령은 그의 동맹국들에 대한 신뢰의 위기에도 직면하고 있었다.

비엔나로 떠나기 전, 소련은 "6개월 이내에" 베를린을 넘기라고 요구하는 문서를 미국에 보냈다. 모스크바는 6월 10일에 최후통첩을 공개했다. 열을 받은 케네디는 이제 "다른 것을 생각할 수 없게" 되었다.[27]

베를린 위기 대응(Preparing for a Berlin Crisis)

대통령은 딘 에치슨을 소환해 베를린에 대한 비상 대책을 마련하도록 요청했다. 전임 국무장관은 초기 냉전 외교의 기본으로 돌아가서 연합국들과 함께 미국의 무력을 동원할 결의를 과시하고, 준비와 동시에 미국 국민을 겁주지 않았다. 에치슨은 의지의 시험이라고 예상했다. 그는 모스크바와의 교섭이 차이를 해결한다고는 생각하지 않았으나, 만약의 경우에 케네디는 신뢰할 만한 힘을 바탕으로 움직일 필요가 있다는 점을 알았다. 대통령의 일부 자문관들은 소련에 연락을 취하는 "정치적인" 원소의 결핍을 반대했고, 협상된 합의를 통해 흐루쇼프의 불만을 들어주는 방법을 취하기를 원했다.

대통령은 에치슨의 전제를 대부분을 수용했으나 움직일 여유를 남기기를 원했다. 그는 의지를 보이고, 수단을 강화하고 국민의 지지를 모으고, 한편으로는 돌아올 수 없는 지점을 넘어서는 대결을 피하기로 작정했다. 피그스만(Bay of Pigs)과 비엔나(Vienna)의 경험을 살려, 케네디는 주요 결정에 대한 통제권을 유지하고 교섭에 의한 완강한 저항을 결합하는 유연성을 보존했다.[28]

케네디는 미국인, 소련인, 세계인을 상대로 7월 25일 연설을 했다. 대통령은 "우리는 공산주의자들이 점진적으로나 무력으로 우리를 베를린에서 몰아내는 것을 허용할 수 없고 앞으로도 그러하다"고 분명히 선언했다. 그는 누가 침략자인지를 설명했다. "만약 전쟁이 시작되면, 베를린이 아닌 모스크바에서 시작된다." 미국 입장을 뒷받침하기 위해, 대통령은 6개의 신규 육군 사단, 비상 공수역량, 징병인원을 세 배로 증가하고 예비군을 동원하고 민방위 프로그램을 확대하는 권한을 요청했다. 방사성 낙진 피난소들을 준비함으로써 JFK는 핵 옵션까지 테이블 위에 올려놓았다. 대통령은 또한 여론을 확보했다. 갤럽 여론조사에 의하면, 85퍼센트의 미국인들이 베를린 전선을 지키기 위해 전쟁을 기꺼이 불사하겠다고 답했다. 의회는 압도적으로 군비 확장에 재정을 투입을 표결했다.[29]

케네디의 연설은 외교적 방안을 탐색할 의지와 힘을 통합했다. 그는 하나의 힌트를 포함하기도 했다. 케네디는 서베를린을, 1945년 구독일 수도의 전부를 포함한 4국 합의가 아닌, 미국의 핵심 이익이라고 언급했다. 서베를린은 대통령의 다른 연설문들이나 외교적 메시지에서 표어가 되었다. 이것은 연설 원고 작성자가 끼워 넣은 게 아니었다.[30]

케네디는 흐루쇼프가 그의 호전성에도 불구하고 약점이 숨겨져 있을 것으로 느꼈다. 동독의 생명의 핏줄은 베를린을 통해 존재하고 있었다. 소련의 위협은 그 문제를 악화시켰다. 7월에 3만 명의 동독인들이 서베를린 소재 막사로 도피해 왔다. 이 숫자는 소련이 1953년 강력히 탄압한 이래 가장 많은 월별 피난민 총인원 수였다. 울브리히트(Ulbricht)는 "개방 국경들이 유지된다면, 동독의 붕괴는 피할 수 없다"고 모스크바에 경고했다. 대통령들이 압박을 받을 때(그리고 보좌관들이 힘을 보이기 위해 나설 때), 대통령이 적의 좌절감을 심의하기 위해 멈추기는 어렵다. 케네디는 그리할 수 있었고 흐루쇼프의 문제를 조사하고 소련이 그 문제를 해결하는 데 사용할 하나의 구분을 제공할 수 있었다. 그리함으로써, 그러나 케네디는 자신이 완전히 이해하지 못하던 하나의 새로운 문제를 창조했다. 베를린 전체에 대한 미국 권리의 방어에서 후퇴하는 것으로 인식되면, 베를린, 서부 독일, 그리고 서방 동맹이 살아남을 수 있을 것이란 사기에 치명타를 가한 셈이 된다는 점을 마침내 이해했다.[31]

베를린 장벽(The Berlin Wall)

8월 13일 자정 직후, 소련 군대는 베를린을 둘러싸고, 동독 경찰이 지하철을 중지시키고 서부 독일 경계를 따라 가시철조망을 설치했다. 8월 19일에, 동독은 베를린을 분할하는 장벽을 쌓았고 이후 24년간이나 유지했다. 울브리히트는 서방 연합국들을 쥐어 짜내고 공중 통로를 막아서 베를린 시민들을, 동부와 서부를 통틀어, 도망가지 못하게 하기를 원했다. 장벽은 그의 대비책이었다. 흐루쇼프는 재빨리 움직여 동부 독일인들을 조용하게 하고 서방을 자극하지 않도록 하라고 주장했다.[32]

미국인들과 연합국들은 놀라고 불안해했다. 그들은 장벽을 심각하게 생각하지 않았고 그에 대해 대비하지 않았다. 베를린 시민들은 1953년에 했던 것처럼 항의 시위로 폭발할 수도 있었다. 소련과 동독은 베를린을 봉쇄하는 두 번째 조치를 취할 수 있었다. 워싱턴은 임박한 전쟁에 대한 생각을 경시하도록 누르는 신호를 보내기로 작정했다. JFK는 돛배를 타러 나갔고 그 이후에 온건한 선언문을 발표했다. 그는 그 선언문을 만들러 백악관으로 서둘러 돌아오지 않았다. 사적으로 오도넬(O'Donnell)에게 "장벽은 전쟁보다는 훨씬 더 낫다"고 말했다. 공공 이미지에 매우 잘 적응된 케네디는 소련과 동독인들이 끔찍하게 보일 것이라고 생각했다. 그들은 공산당 압제의 흉하고, 눈에 보이는 구체적인 기념물을 창조하고 있었다.

워싱턴의 차가운 반응은 베를린에서의 감정과는 대조가 되었다. 베를린 시민들과 다른 독일인들은 격분했다. 그들은 배신감을 느꼈다. 동부나 서부 베를린 시민들은 결코 그 장벽을 인정하지 않았다. 베를린 시민들은 죽음으로 저항했다. 베를린 시민들은 종국에는 그 장벽을 무너뜨렸다.33)

케네디 행정부 초기에, 에치슨은 모스크바가 아니고 독일에 집중하라고 케네디에게 경고했다. 에치슨은 미국이 독일 정부와 독일 국민에 집중해야 한다고 요청했다. 이 관점을 보강해, 당시 백악관을 자문하던 헨리 키신저(Henry Kissinger)는 모든 독일인의 자기결정권과 통일을 지원하라고 케네디에게 건의했다. 스마이저(Smyser)는 케네디 팀은 "외교를 모스크바와의 관계를 개선하는 데 사용하고 흐루쇼프의 위협을 막아내는 데 사용하기를 원"했고, 키신저는 "외교는 서방 동맹을 주로 강화하는 쪽에 집중해야 한다"고 믿었다고 분석했다.34)

연합국들은 나누어졌다. 맥밀란(Macmillan)은 베를린에 대해 타협 방향으로 움직였고, 드골(De Gaulle)은 케네디가 휘청거리는 것에 신경을 쓰지 않았고, 미국인을 믿을 수 없다는 점을 유럽인들은 독일인들에게 보여주기를 원했을 수 있었다. 그리고 아데나워는 동맹국들과의 단절을 경계하고 흐루쇼프가 다가오는 선거에 자신을 몰아내려는 음모를 꾸민다고 조심스럽게 발언했다.35)

노련한 전시 종군 기자이고 케네디의 친구인 에드워드 머로(Edward R. Murrow)는 우연히 8월 13일에 베를린에 있었다. 그는 동료에게 "대통령이 상황의 심각성을 이해하고 있는지 의심스럽다"고 말했다. 머로는 당시 미국 정보국(U.S. Information Agency)의 장이었고, JFK에게 정치적이고 외교적인 재난을 경고하는 전문을 보냈다. 그는 베를린 외에도 독일, 유럽, 그리고 그 밖의 지역에서도 동맹을 파괴할 수 있는 신뢰의 붕괴를 두려워했다. "여기서 파괴되고 있는 위험에 처한 것은 희망이라고 부르는 부패하기 쉬운 품질이다"라고 머로는 마무리했다.36)

서베를린에 대한 투자는 곤두박질해 내려갔다. 젊은이들은 떠나기 시작했다. 빌리 브란트(Willy Brandt) 시장은 대통령에게 "두 번째 행동"이 분명히 따라올 것이라고 경고하는 서신을 보냈다. "베를린은 빈민가(ghetto)처럼 되고, 자유의 피난처와 통일에 대한 희망의 상징으로의 기능을 읽고 나머지 자유 독일과의 연대가 단절될 것이다. 베를린으로 날아드는 대신에 우리는 베를린에서 탈출을 경험할 것이다." 케네디는 비판과 브란트의 서신에 적시한 정치적 위험에 짜증이 났으나 그 함의를 파악했다. 흐루쇼프는 서부 베를린을 고립시켰다. 그는 여전히 미국인을 밀어내기를 원했다. 케네디는 염려하기 시작했고 베를린 주재 미국 공관의 책임자의 말에 의하면 "소련은, 큰 살라미(salami) 조각을 먹고 성공적으로 소화한 후에… 남은 조각들을 욕심부려 잡아채려 할지도 모른다."37)

중견 종군기자로 독일을 방문하였고, 케네디의 친구인 마거리트 히긴스(Marguerite Higgins)는 대통령 집무실(Oval Office)에서 대통령에게 그녀의 우려를 전했다. JFK는 브란트 시장의 편지를 공유했고 그의 좌절감을 설명했다. 히긴스는 케네디에게 환영받지 못할지라도 정직한 조언이란 귀한 선물을 주었다. "나는 귀하가 서부 베를린 시민들을 팔아넘기려 한다는 의심이 커지고 있다는 사실을 솔직하게 말하지 않을 수 없다." 히긴스는 베를린 공수작전의 영웅인 은퇴한 장군 루시우스 클레이(Lucius Clay)에게 베를린으로 가 달라고 부탁하라고 케네디에게 간청했다. (그녀는 클레이가 그리할 의향이 있는지를 이미 타진했었다.) 히긴스는 부통령 린든 존슨(Lyndon Johnson)도 같이 보내라고 제안했다.38)

클레이 장군의 베를린 귀환(General Clay Returns to Berlin)

케네디는 클레이에게 대통령의 "사적 대표(Personal Representative)"로 베를린에 다시 가도록 요청했다. 클레이는 전임 대통령 아이젠하워의 가까운 친구이고 1952년에 아이크를 설득해 유럽에서 귀국해 대통령 선거에 나가라고 권유하는 데 핵심적인 역할을 했다. 의지가 강한 클레이는 독립적인 행동으로 정평이 나 있었다. 케네디는 그를 임명하는 정치적 위험을 감수했다. 케네디의 보좌관들은 클레이가 "또 한 명의 맥아더"-대통령 트루먼이 한국전쟁 동안에 반항을 이유로 해고해야 했던 고압적인 장군-가 될 것을 염려했다. 케네디의 사람들은 반복적으로 모스크바와의 대결은 핵전쟁으로 치달을 수 있다고 경고했다.[39]

클레이는 대통령을 존경으로 대했고 사적으로 대통령의 부담을 추가할 행동은 취하지 않겠다고 분명히 선을 그었다. 그러나 클레이는 베를린에 하나의 신선한 시각을 가져왔다. 스마이저(Smyser)가 기술하듯이, "클레이는 울브리히트(Ulbricht)가 그 장벽이 서부 베를린을 빵 둘러싸서 중립화하고 나중에는 접수하기를 원한다고 믿었다."[40] 클레이는 케네디의 생각을 바꾸기 위해 케네디의 보좌관들의 사고부터 바꾸기 시작했다.

클레이는 독일이 미국과 서방에 실망을 해 중립(neutrality)을 선택할지도 모른다고 믿었다. 그는 독일인들의 용기와 책무를 북돋우기를 원했다. 클레이는 동독인들과 구별되는 계산된 결의로 소련이 단념할 것이라고는 믿지 않았다. 클레이는 모스크바가 독일 공산주의자들을 확실하게 통제하기를 원했다. 동독인들은 소련과 베를린에 대한 미국의 통제권 둘 다에 도전하는 위험을 감수하고 있다고 생각했다.

클레이는 1,500명의 전투요원을 고속도로(Autobahn)로 즉각 투입하기를 건의했다. 국경이 봉쇄되고 나서 일주일이 채 안 된 8월 20일에 부통령 린든 존슨과 클레이는 서베를린에 도착해 보강인력을 환영했다. 초조한 케네디는 동독을 관통해 베를린으로 갈 때 매 20분마다 추적했다. 맥밀란 수상과 미국 군부의 반대에도 불구하고, 클레이는 고속도로에 호송대와 순찰대를 배치했다. 클레이는 또한 베를린 내의 구역 경계에 대한 순찰 실시를 주장했다.[41]

한 사람의 동독인이 고립 마을 스타인스투켄(Steinstücken)으로 도망치자 동독 경찰은 그를 잡겠다고 위협했다. 그 아주 작은 마을은 서부 베를린에 행정적으로 속해 있었으나 약 100미터 떨어져 있었다. 미국 육군은 군대를 그 집단 거주지로 보내라는 클레이의 요청을 무시했다. 클레이는 그의 개인용 헬기로 날아가서 1시간 남짓 마을 주민들을 안심시켰다. 돌아와서 클레이는 매주 헬기 방문을 요청해 미국의 존재감을 과시했고 피난민들을 실어 내왔다.[42]

클레이는 케네디가 사후에 인준하는 위험을 감수했다. 케네디는 사전에는 그 일을 허가하기 않았을 것은 거의 확실하다. 그러나 클레이는 하나의 목적을 가지고 위험을 계산했다. 그는 기본적인 미국의 권리의 침해에, 특히 동독에 의한, 도전하기를 원했다. 그는 괴롭힘에 신경을 쓰지 않았다. 클레이는 동독이 정찰에 대한 미국의 대응을 배제하는 소위 "단계적 확대 이론(에스컬레이션 이론, escalation theory)"의 제약에 구속되기를 거부했다고 말했다. 소극성(passivity)은 "이미 침식된 지위의 지속적인 침식"으로 이어질 것이라고 클레이는 믿었다. 대신에 그는 동독의 공세는 소련에게 위험을 초래할 것이라는 신호를 보내기로 선택했다. 미군 공병대가 동독이 세운 베를린 장벽을 해체할 방법을 발견하는 시험을 하기 위해, 그는 서베를린의 한적한 장소에서 그 장벽을 복제해 축조할 것을 명령했다. 미국의 유럽 주둔군 사령관이 클레이의 실습세트를 알게 되자, 클레이는 중지하고 그 장벽을 허물라고 지시했다. 그러나 소련정보부는 이미 사진을 찍어 모스크바

에 보냈다. 워싱턴은 아무것도 모르고 있었다.[43]

검문소 찰리에서 생긴 위기(The Crisis at Checkpoint Charlie)

베를린이란 체스판에서 클레이의 게임은 탱크를 검문소 찰리에 배치하는 것으로 결론이 났다. 미국 관리들은 신분증을 제시하지 않고 자동차로 베를린 전체를 돌아다닐 권리를 가졌다. 동독 경비병은 미국 관리들에 대해 관할권이 없었다. 동독의 울브리히트는 자신이 무기력한 미국을 으를 수 있다고 서베를린 시민들에게 보여주기를 원했다. 모스크바에 조회하지 않고, 동독인들은 모든 연합국 민간인들이 동베를린에 들어가려면 여권을 보여주어야 한다고 주장했다. 영국과 프랑스 관리들은 이에 따랐다. 클레이의 지시하에 미국인들은 무장 경호대를 추가하고 차량을 동독 경비대의 앞뒤로 몰았다. 동독인들이 저지하려 하자, 미국인들은 소련 장교의 임석을 요구해 누가 실제로 담당을 하고 있는지의 여부를 강조했다.

10월 25일, 두 명의 미국 군인이 민간인 복장으로 찰리 검문소에서 그 규칙을 시험했다. 이번에는, 신임 소련 정치자문관이 사적으로 나타나 미국인들은 동독의 규정을 준수해야 한다고 말했다. 울브리히트는 흐루쇼프가 자신을 지원하도록 강제했다.

클레이는 복수의 탱크를 가져와 미국 소대 병력이 검문소 안과 바깥에서 자동차를 호송하는 광경을 지켜보았고, 동독인들은 길 밖으로 뛰어나갔다. 1945년에 베를린에 진격하면서 싸웠던 은퇴한 늙은 소련 사령관이 동원되었다. 클레이 장군의 대항마였다. 그는 일부 미국 탱크들은 불도저 날을 탑재하고 있어서 내각 부서 건물들과 소련 대사관이 있는 동부 베를린의 심장부로 진입할 것 같은 예상을 했다. 10월 27일, 소련은 미국인이 동원한 탱크와 같은 숫자의 탱크를 몰고 왔다. 소련은 미국의 진입을 막고 또 동독인들을 감시하려는 두 가지 목적을 가졌다. 소련 집행관은 자신의 장교 중 한 명을 검문소를 통제하기 위해 남겼다. 비록 소련인들은 자신들의 휘장을 감추고 독일인으로 위장을 했으나 그들의 정체는 쉽게 드러났다.

클레이는 소련이 통제하고 있다고 파악하고 있었다. 한 미국 자동차가 다시 동독인들이 검문소에서 뛰어나와 밖으로 나가게 했다. 미국 탱크들이 동과 서의 분리선까지 진입하자, 소련 탱크는 마찬가지로 움직였다. 오후가 저녁으로 흐르자, 탐조등들이 불을 눈부시게 비치고 사진사들이 냉전 중의 일촉즉발의 미소 대치 상태를 기록했다. 클레이는 언론에 "동독인의 정지 조치(stoppage)의 허구는 이제 파괴되었다"고 말했다.

한편 워싱턴에서는 케네디의 보좌관들이 클레이가 물러서기를 원했다. 런던에서는 맥밀란이 클레이를 비난했다. 대통령은 결정하기 전에 노 장군에게 개인적으로 대화를 하기를 원했다. 10월 27일에 두 사람은 워싱턴 시간으로 오후 6:00시 베를린의 자정 무렵에 전화 통화를 했다. 대통령은 참모들에 둘러싸여, 의자에 등을 기대고 그의 발을 탁상 위에 올려놓아 자신이 아무 문제 없이 업무를 장악하고 있다는 것을 과시하고 있었다. 클레이는 울브리히트를 믿지 않는 소련이 통제하고 있으므로 그 연극은 통제되고 있다고 대통령을 안심시켰다. 대통령은 클레이이게 "기죽지 마십시오"라고 말했다. 클레이는 자신은 문제가 없다고 답하고 "우리는 워싱턴에 있는 사람들이 기죽지 않을까 걱정입니다"라고 보탰다. 대통령은 "내 주변에는 그런 사람들이 많은데, 나는 아니다"고 그를 안심시켰다. 사실, 케네디는 전적으로 클레이에게 의존하지는 않았다. 그의 동생 로버트는 그 탱크들을 되돌릴 비선 교섭을 시작했다. 10월 28일 베를린에서 오전 10시 30분에, 소련 탱크는 철수하기 시작했고, 미국 병기들도 반 시간 내에 철수했다.

클레이는 중요한 목표를 달성했다. 베를린 시민들의 사기는 벌떡 일어났다. 그들은 1963년 6월 케네디의 방문 때 쏟아진 미국에 대한 신뢰를 다시 획득하고 있었다. 대결 이후 미국 주둔군의 존재 목적은 더 커졌다. 피그스만(Bay of Pigs)의 실패와 비엔나에서의 혼란 후, 걱정을 하는 동맹국들을 포함해 세상은 미국의 군사적 결의를 보이는 사진들을 목격했다.

클레이는 제2차 세계대전 직후 독일에서의 첫 점령지 순방을 하는 동안에는 소련군 상대방을 존중했다. 그는 16년 동안 베를린에 대항해 싸운 소련군대는 자신들의 운명을 동독인들에 넘겨줄 의향이 없음을 읽었다. 흐루쇼프는 울브리히트를 나중에 제자리에 돌려놓았다. 만약 소련이 대결을 작정했다면, 직접 나섰을 것이다. 동독의 주권은 점령국들에게 도전할 만큼 확장될 수는 없었다.[44]

그러나 클레이는 백악관 참모들과의 전투에서 이기지 못한 사람이 치르는 대가를 워싱턴에서 치렀다. 케네디는 지고 싶지 않았거나 미국인들에게 그리 보이고 싶지 않았다. 그래서 그의 방식은 아니지만 아마도 클레이의 결과를 귀하게 여겼을 것이다. 대통령은, 여러 관점을 듣기를 원해서, 클레이와 계속 연락하고 있었다. 그러나 케네디의 주요 자문관들은 오해의 위험을 더 이상 원하지 않았다. 일부는 어리석게도 워싱턴 주재 소련인들에게 클레이를 헐뜯었다. 국무장관 딘 러스크(Dean Rusk)는 동베를린에서 무장호송대를 동반한 민간인 조사를 중지하라고 지시했다. 미국 민간인 관리들은 동베를린을 하루에 비무장 차량 1대를 제외하고는 여행할 수 없었다.[45]

클레이는 1962년 5월에 베를린을 떠났다. 그 무렵에는 위기감은 가라앉았고 장벽 건립 직후의 싸움을 중지되었다. 클레이는 제너럴 모터스와 몇 미국 기업들이 베를린에 사무실을 열고 투자를 격려하기까지 했다. 로버트 케네디가 방문했고, 클레이는 대통령이 다시 방문하도록 설득해 주도록 그에게 부탁했다. 클레이가 임무를 마치고 작별을 고할 때 70만 명의 베를린 시민들이 배웅을 나왔다. 그의 가슴은 베를린에 남아있고 필요하게 되면 언제든지 다시 돌아오겠다고 그는 답했다.[46]

베를린과 독일의 미래(The Future of Berlin and Germany)

취임 후 일 년도 안 되어, 케네디는 스스로 이면통로의 외교를 이용하고 핵 다툼에서는 "빠져나오는 길"을 유지하면서, 가정들에 질문을 던지고, 통제는 유지하면서 내부 토론을 격려하고, 국민 지지를 준비하고, 모스크바에 신호를 보내는 방법을 배웠다. 대통령은 소련도 에스컬레이션에 대해 조심하고 있다고 관찰했다. 케네디는 여전히 힘에 바탕한 교섭과 동맹국 정치를 안내하는 방법을 더 배워야 했다. 그는 경험이 필요했다-왜냐하면 흐루쇼프는 베를린을 끝내지 않았기 때문이다.47)

케네디의 팀은 베를린 냄비는 계속 끓을 것으로 알고 있었다. 동독이 장벽을 축조하였고 그 다음에 가을에 실력대결이 있은 후, 미국인들은 베를린에 대해 소련과 더 이상 교섭할 여지가 없었다. 미국인들은 이제 베를린 시민들의 신뢰가 허약함을 인식했다. 잘못된 신호는 즉각적인 탈출을 촉발해 베를린을 비우게 될 수 있었다. 행정부의 해법은 양 독일에 관한 사안들을 포함하도록 제안을 확장하고 전후 합의의 미완의 업무를 처리하는 것이었다.

유럽에서 냉전의 10년이 경과한 당시, 케네디와 그의 보좌관들은 새로운 현재의 상황을 교섭하기를 원했다. 동독의 주권, 독일 국경의 획정, 양 독일에 대한 핵무기 보유 금지, 연합국 간의 불가침 조약 등을 소련은 원했으나, 트루먼과 아이젠하워는 반대해 왔다. 그러나 러스크(Rusk)는 이것들을 소련에 양보하겠다는 제안을 했다. 그는 동독을 포함해 서부 베를린에 들어가는 수송을 통제할 국제적 출입허가기관 설치에 대한 아이디어까지 떠올렸다. 유럽인들과 특히 독일인들에겐, 이것들은 단지 사소한 것들이 아니었다. 미국은 두 독일 국가들의, 이 중 하나는 자유가 없는, 합법성을 양보하고 통일에 대한 개념을 포기하는 것이었다. 미국은 이미 가지고 있는 권리를 지키기 위해 주요 사항들을 내주는 제안을 하고 있었다. 소련 외무장관 안드레이 그로미코(Andrei Gromyko)가 무엇에든 동의할 염려는 미국인들이 너무 많이 양보하지 못하도록 하는 것이었다.[48]

케네디와 러스크는 입장을 계속 소련에 내어주고 있었다. 국무장관은 통합 서-동 독일 위원회를 포함한 양보 보따리에 몇 개를 더 보탠 "원칙서(principles paper)"를 준비했다. 베를린에서 근무한 스마이저(Smyser)는 이 제안을 한 상 가득 차려 놓고 흐루쇼프에게 선택권을 주는 "뷔페식 스모가스보드 외교(smorgasboard diplomacy)"라고 별명을 지었다. 선택을 더 매력적으로 만들기 위해 러스크는 소련의 문서와 토론에서 인용하기도 했다. 그는 비공식 초안을 독일과 프랑스와 공유하기 전에 소련에 넘겼다. 동맹국들은 "최종"안을 4월에 보게 되었다. 런던은 동정적이었다. 프랑스 관리들은 서부 독일과 동부 독일을 구분 짓는 자유 선거, 통일, 민주적 원칙들을 누락시킨 점을 지적하면서 매몰스럽게 반대했다. 프랑스는 워싱턴은 본(Bonn)으로부터 폭발적이고 위험한 반응을 촉발할 것이라고 경고했다, 그 제안은 미국 신생 독일연방공화국의 정치적 기반을 무시하는 것 이외에도 독일의 운명을 그들의 머리 위에서 교섭하는 시도를 포함했다. 드골 입장에서는 워싱턴이 아데나워를 파리 쪽으로 밀어붙이는 게, 프랑스가 독일에게는 유일하게 믿을 수 있는 우방이라는 점을 각인시킬 기회라고 흐뭇했을 수 있었다.

국무부는 서독에게 단지 24시간-나중에 48시간으로 늘려-내에 그 문서에 답하라고 요구했다. 아데나워(Adenauer)는 폭발했다. 그는 미국의 "원칙서"는 베를린, 서독, 유럽안보, 그리고 서방 동맹에서의 독일연방공화국의 회원 자격을 위협한다고 확신했다. 케네디의 젊은 팀은 독일을 중립화하고 동독을 소련의 통제하에 두려는 1950년대부터 이어온 소련의 아이디어를 자신들이 줍고 있다는 점을 알지 못했던 것으로 보였다. 노정객 독일 수상은 케네디 사람들이 독일인의 두뇌와 경험 그리고 더 나은 역사의식을 감안하기를 원했다. 그 원칙서는 독일 신문과 뉴욕타임즈지에 새어 나갔다.

아데나워는 그 누설을 부인했으나 케네디는 폭발했다. 미국 국민들의 반응은 케네디와 러스크의 소련에 대한 제안을 소멸시켜 버렸다. 미국인들은 동독 독재자와 소련의 겁주기에 항복할 아무 이유도 발견하지 못했다. 그들은 백악관에 검은 "체임벌린" 우산을-히틀러의 요구를 들어준 영국(그리고 케네디 부친)의 유화책을 상기시키는-빗발치게 보냈다.[49)]

소련의 부동성(immobility)에 당면해 케네디의 활동주의는 문제를 "해결"하기에 너무 안달하는 외교의 약점을 노출했다. 소련은 고집스럽게 앉아 있는 데 미국은 더 많은 것을 주려고 계속 시도하고 있어, 미국인들끼리 교섭을 하는 모양새였다. 훨씬 더 나쁘게는, 그 양보는 흐루쇼프의 경멸밖에는 얻은 게 없었다. 외골수의 소련 지도자는 베를린을 원했고 하나의 협상으로 유럽을 해결하기를 원하지는 않았다. 어니스트 메이(Earnest May)와 필립 젤리코(Philip Zelikow)는 케네디의 대화록에 근거해 베를린-쿠바 위기를 연구했고 "흐루쇼프는 계산보다는 본능적으로 더 많이 행동했다"고 분석했다.[50)] 소련 수상은 행정부가 확실하게 아니라고 말하기도 전에 타협안을 열광적으로 찾는 행태에서 부분적으로 케네디의 약점을 냄새 맡았다. 나는 여기서 이니시어티브는 시기가 중요하다는 점을 말하고 있다. 이 사건은 기다릴 시기-행동할 시기가 아닌-를 아는 게 역시 아주 중요하다는 점을 지적해 준다.

흐루쇼프의 계획(Khrushchev's Plan)

1962년 3월 흐루쇼프는 베를린이 비무장 자유 도시가 되어야 한다고 주장하는 사적 서신을 케네디에게 보냈다. 7월에 소련 수상은 베를린의 서방 주둔군을 유엔 경찰력으로 대체하고 그 경찰력은 독일 사안을 항구적으로 해결할 평화조약을 장래에 체결한 후에는 해체한다는 구체적인 제안서를 보내왔다. 서부 베를린은 서독에 아무 연계도 없이 자유 도시가 될 판이었다. 그 다음에는 나토와 바르샤바 조약(Warsaw Pact)은 중부 유럽에서 군대를 축소하고 불가침조약(nonaggression pact)을 맺는다. 흐루쇼프는 케네디를 소련에 초청해 서명식을 성대히 치를 수순이었다. 케네디는 그 제안을 거절하고 베를린에 미국 군대를 계속 주둔하는 조치는 미국의 하나의 핵심 이익이라고 반복했으나 대화의 문은 계속 열어 두려고 노력했다. JFK는 "실용적인" 조치들에 집중하고 서로 받을 수 없는 주제들을 피하자고 제안했다.[51]

9월 하순에, 흐루쇼프는 방침을 바꾸어 독일 문제를 11월 중순 미국의회 선거 후로 연기해 케네디를 돕겠다고 제안했다. 정규 외교는 잠시 중단되었다. 그러나 경고등은 반짝이고 있었다. 9월에 모스크바를 방문한 내무장관 스튜어트 우달(Stuart Udall)을 불렀다, 흐루쇼프는 미군에게 베를린을 떠나라고 요구했다. 그는 11월 선거 후까지는 기다린다고 말했다. 그러나 케네디는 "전쟁으로 가거나 평화조약에 서명을 하거나" 둘 중 하나를 선택하게 되었다. 이전과는 달리, 흐루쇼프는 "이제 우리는 귀하의 엉덩이를 걷어찰 수 있다"고 덧붙였다. 소련 수상은 미국이 행동해야 하는 곳으로 케네디를 빠뜨린다고 말했다. 경멸하면서, 그 늙은 공산주의자는 대통령은 "이해는 하지만 아직 용기를 가지지 못했다"라는 자세를 의도적으로 취했다. 아데나워와 드골에게는 "그들은 서둘러 현명해질 것이다. 왜냐면 오늘날의 전쟁은 파리에서도 프랑스에서도 반대를 의미한다." 흐루쇼프는 서독 대사에게도 비슷한 메시지를 전달해서 베를린을 하나의 자유 도시로 강제적으로 만들려고 준비 중이라고 시시했다. 통제자의 열정으로, 소련 지도자는 "케네디는 벼랑 끝으로 밀려나기를 기다리고 있다- 합의 혹은 전쟁? 물론 그는 전쟁을 원하지 않을 것이다. 그는 양보할 것이다." 동일 선상이나 약간 덜 직설적인 서베를린의 "뽑아내야 할 썩은 이빨"에 관한 메시지를 10월에 그로미코는 대통령에게 직접 보냈다.[52]

쿠바 미사일 위기(The Cuban Missile Crisis)

10월에 베를린에 대한 위협은 카리브해라는 특이한 장소에서 머리를 내밀었다. 한때는 쿠바 미사일 위기를 하나의 독립적인 사건으로 역사가들이 연구하기도 했지만, 이제는 많은 이들이 쿠바에 중거리 핵미사일을 설치하려는 계획의 목표는 아마도 베를린이 가장 중요했을 것으로 보고 있다.[53] 미국은 전통적으로 우선순위인 아메리카 대륙의 안보를, 미국의 남쪽 자락을 포함해, 북아메리카와 세계적으로 미국 세력을 전개하는 사이에 생긴 새로운 연계를 명심할 필요가 있다고 소련은 압박했다.

1962년 쿠바에 미사일을 설치하고 난 후 11월에 흐루쇼프는 베를린을 타결하려고 유엔(United Nations)에 오려고 계획했다. 일단 미사일의 존재를 공표하고 나서, 흐루쇼프는 베를린에 대한 그의 유엔 계획이 에스컬레이션을 피하는 "타협안"으로 입장을 취하기를 원했다. 소련은 쿠바를 방어하기 위해 핵미사일이 필요하지 않았다. 그들의 목표는 미국을 위협하고 케네디를 굴복시키는 것이었다. 추계 공세를 준비하면서, 소련은 동독을 관통하는 연료 파이프라인을 건설하고 대규모 군대를 서독 국경선에 배치했다. 소련은 부대 이동을 위장하려고도 안 했다. 대규모 군대 이동 쇼는 위협을 추가해 독일인과 다른 서방 동맹국들이 흐루쇼프의 말대로 "빨리 현명해지게" 강제했다.[54]

이 무렵, 대통령은 전략적 세력 균형에 대한 추가 정보를 얻었다. 1960년에 JFK는 미국은 소련과 "미사일 격차"의 모자라는 쪽에 있다고 주장했다. 1962년 10월에는 대통령은 미사일 격차는 존재하는 데 의심할 바 없이 실제로 미국이 훨씬 앞서 있다는 사실을 알게 되었다. 위성 이미지와 간첩들은 U-2 항공 사진들에 근거한 미국이 대륙 간 역량에서는 엄청나게 앞서 있다는 평가를 확인해 주었다. 소련은 이전에 예상했던 것보다 훨씬 적은 숫자의 대륙간탄도미사일(intercontinental ballistic missiles, ICBMs)을 가지고 있었고, 모스크바는 자신들이 배치한 제1세대 ICBM들이 문제를 가지고 있는 것을 알게 되었다. 숫자의 차이보다 더 중요한 것은, 미국 국가정보평가(U.S. National Intelligence Estimate) 당국은 미국의 "추가 타격(second strike)" 능력은 적어도 소련의 "선제 타격(striking first)" 만큼 광범위하다고 분석했다. 1962년 10월 대통령은 국방부 차관이 미국의 미사일, 전략 폭격기, 미사일 잠수함의 숫자와 미국에게 유리한 전략적 불균형을 추가해 건조하게 발표하도록 승인했다. 모스크바가 메시지를 입수하도록, 워싱턴은 나토 동맹국들에게 사진을 포함해 브리핑을 하도록 지시했고, 소련 정보 당국은 분명히 모스크바에 보고했을 것이다.55)

CIA가 쿠바에 있는 소련 미사일을 10월 중순에 발견했을 때, 모스크바의 움직임은 전략적 균형으로 변해 있음을 파악했다. 국가 정보평가 당국은 만약 소련이 성공적으로 핵무기를 배치한다면, 모스크바는 "베를린 같은 다른 전선에서 미국을 강하게 압박하기를 더 낮은 위험도로 아마도 평가했을 것이다." 수십 년 후 소련의 기록들을 연구한 메이와 젤리코는 흐루쇼프와 그의 동료들은 "쿠바에 많은 신경을 썼지만, 미국 침공을 억제한다는 생각은 미사일 배치에 관한 논의 중에 부수적으로만 언급되었다. 전략적 핵균형에 관한 계산이 더 중요하게 다루어 졌다. 베를린은 어디에나 존재했고 주된 관심사였다."56)

쿠바와 베를린(Cuba and Berlin)

1958년과 1961년에 흐루쇼프는 베를린에 대한 최후통첩에 대한 기일이 넘어가도록 방치했다. 동독은 모스크바가 더 강경한 가시를 보이기를 원했다. 1962년 3월 신임 소련 대사 아나톨리 도브리닌(Anatoly Dobrynin)은 워싱턴에 부임하기 전에 흐루쇼프 수상을 만났다. "독일과 베를린은 모든 것을 덮어 버렸다"라고 도브리닌은 회고했다. 흐루쇼프는 미국인들은 자신들의 핵억지력(nuclear deterrent)에 대해 "매우 건방져"서 지금이 "긴 팔을 짧게 잘라 줄 적기"라고 주장했다. 메이와 젤리코는 쿠바 위기에 대한 자신들의 도서에서 "우리는, [소련 주재 미국 대사] 톰슨과 런던의 전문가들과 함께, 1962년 베를린에 대한 흐루쇼프의 전략의 열쇠는 쿠바의 미사일이었다"고 결론을 냈다.[57]

대통령은 쿠바 미사일과 베를린 사이의 복수의 연결고리를 애초부터 인지하고 있었다. 미국 국민들에게 소련 미사일에 대해 경고하는 첫 번 연설에서, 대통령은 모스크바에게 베를린에 대항해 적대적인 조치를 취하지 말라고 경고했다. 10월 19일 케네디는 쿠바에 대한 공격은 소련이 서베를린을 장악할 빌미를 줄 것이라고 합참에 말했다. 그러나 미국이 행동하지 않으면 소련이 베를린에 대해 더 대담해질 것이다. 그는 "우리 문제는 단순히 쿠바가 아니고 또한 베를린이다. 그리고 유럽에 대한 베를린의 중요성을 인식하고, 우리에 대한 동맹국들의 중요성을 또한 인식하고 있다. 이런 점들이(쿠바 미사일이) 하나의 진퇴양난으로 만들고 있다"고 말했다. 로렌스 프리드먼(Lawrence Freedman)의 결론처럼, 케네디는 "쿠바를 베를린 위기의 연장으로 보았고, (소련의) 베를린에 대항하는 조치는 그가 어떤 조치를 취하든 거의 불가피한 결과가 초래될 것"이라고 보았다." 베를린 시민들은 즉각 쿠바 사건이 그들에게 의미하는 바를 파악했다. 그들은 JFK를 칭송했다. 베를린 시민들은 "케네디는 자기들의 전투를 그 자신의 것처럼 싸우고 있다"라고 알고 있었다.[58]

흐루쇼프의 미사일 철수를 강제한 케네디의 능숙한 외교에 관한 훌륭한 기록들이 존재한다.[59] 대통령은 미국이 군사적 우위를 누리고 있는 지역에까지 벌인 소련의 약점을 이용했다. 그는 충분한 군사력, 동맹국들과의 공동전선 구축, 국민들의 지지를 바탕으로 확고한 요구와 계산된 조치들을 그의 핵심 목표에 집중해 추진했다. 그는 "압력은 계속" 가하면서, 특히 핵무기로 확대되는 것을 흐루쇼프가 피할 시간과 기회를 주었다. "검역-봉쇄(quarantine-blockade)"는 미국에게는 행동을 약속하고 적국에게는 결과를 저울질해 보는 잠시 멈춤을 제공했다. 케네디는 흐루쇼프에게 피난용 도피 비상구를 주고 비공식 채널을 통해 양보를 제시했다. 비록 외무차관은 관심을 다른 데로 돌리기 위해 베를린을 공격할 것이라고 시사했으나, 흐루쇼프는 쿠바에서의 위험에 대해 베를린에서 대결을 추가할 아무 움직임도 보이지 않았다. 케네디는 클레이 장군에게 만약 소련이 봉쇄를 시작하면 베를린으로 출발하도록 요청했다.[60]

쿠바에서 결과적인 소련의 후퇴는 베를린 위기의 경로를 바꾸었다. 미국과 그 동맹국들은 공세적 움직임에 대해 확고한 대응의 위력을 보여주었다–이는 클레이 장군이 베를린에 적용하려고 노력했던 방법이었다. 흐루쇼프의 엄포는 이제 신뢰를 잃게 되었다. 베를린에서의 괴롭힘은 계속되었으나, 더 조심스러워졌고 덜 자신만만했다.[61]

냉전의 해빙(A Thaw in the Cold War)

마침내 힘을 가졌다는 명성을 얻은 케네디는 냉전의 긴장들을, 특히 핵전쟁의 위험을, 완화할 경로를 원하는 대로 추진할 수 있었다. 1963년 6월 워싱턴과 모스크바는 비상사태 동안 신속한 소통을 위해 핫라인(hotline)을 설치하기로 합의했다. 1963년 8월 미국과 소련은 부분핵실험금지조약(Limited Test Ban Treaty)에 서명해 대기 중 핵폭발을 금지했다. 이 합의는, 군사적으로는 중요하지 않으나, 어쨌든 군비 통제를 위한 최초의 미국-소련의 노력을 대표했다.[62]

냉전을 공부하는 학자들은 베를린과 쿠바 위기의 위험이 동-서 관계에서 하나의 새로운 경로의 출발점이 되었다고 믿는다. 1961~63년 경험에서 개발된 결의, 억제, 그리고 대화의 조합은 결국 1989~90년의 극적인 날들로 연결되었다. 베를린, 독일 그리고 유럽의 미래는 다음 시대 다음 세대들에 의해 결정될 것이었다. 서방 동맹국들의 전선은 엘베(Elbe), 라인(Rhine), 혹은 영국해협(English Channel)이 아니고 장벽이 되었다. 전 세계에서, 베를린과 베를린 시민들은 자유를 위해 버티고 있었다.[63]

1963년 6월 26일 베를린에 다시 돌아와, 케네디 대통령은 두 번째 연설, 좀 더 냉철한 정책 연설을 자유대학교(Free University)에서 전달했다. 그는 교섭의 중요성을 강조했다. 그는 독일 통일을 말했으나 인내가 필요하고, "빠르지도 쉽지도 않을" 것이고, "독일인들이 오늘날보다는 자신들의 더 진정한 이익을 알아차릴 필요가" 있다고 말했다.[64] 그로부터 27년 후 케네디는 옳았다는 게 증명되었다.

냉전에서 전선들 확보하기(Securing Frontiers in the Cold War)

우리는 이제 어떻게 냉전이 끝이 났는지를 알고 있다. 시간적으로 이만치 떨어져 있어서, 팽팽하고 시간을 장기적으로 끄는 교착상태의 두려움을 상상하기 어렵다. 1947~49년, 초기에는 조급한 반응으로, 대서양과 태평양에 걸치는 영토들에 대한 미국 안보를 묶어주는 하나의 동맹체제를 축조했다. 1950~53년의 한국전쟁의 폭력적인 교착상태는 새로운 외교의 고비용과 어려움을 보여주었다. 미국 대통령들은 수십 년 동안 널리 퍼진 전선들을 최선으로 방어하는 방법을 결정해야 했다. 드와이트 아이젠하워(Dwight Eisenhower)는 대공황, 제2차 세계대전, 유럽 위기의 위험, 한국전쟁 후의 경제회복과 정상으로의 회귀에 집중하라고 국민들에게 호소했다. 아이젠하워는 소련과의 싸움은 오래 끌 것으로 예상했다. 미국은 “일시적인 비상 상황이 아닌 장기적인 책임”에 당면하고 있었다. 미국은 승리하기 위해 참아야 했다. 그는 냉전을 벌이기 위해 제2막 무대에서 비밀 작전을 펼쳤고, 핵 우위를 휘둘러 핵심 이익들을 위한 전선을 보존했다. 그러나 아이젠하워는 새로운 전면적인 군사적 대결은 피했다. 그의 재임 8년 동안 한 명의 미국 군인도 교전 중 사망하지 않았다.[65]

존 F. 케네디(John F. Kennedy)는 아이젠하워와 마찬가지로 광범위한 미국 동맹체제를 물려받았고, 역사상 처음으로 방대한 미국 군대, 함대, 항공대를 지구 전체에 배치했다. 1963년 미국은 31개 국가에 275개의 주요 기지를 그리고 1백만 명이 넘는 군사 관련 인력이 해외에 주둔했다.[66] 아이젠하워와는 달리 케네디는 미국의 대부분의 지역에 터뜨려 황무지로 만들어 버릴 증가하는 숫자의 핵미사일로 무장한 소련과 대치했다. 케네디는 강력한 저지 방책과 양측에 의한 오산 방지책 둘 다를 시행하기를 원했던 것은 당연했다. 사고는 생긴다. 사람들은 신호를 놓치기도 한다. 전선에 투입된 전투요원들과 마찬가지로 각국 수도에 있는 지도자들은 과민 반응하거나 겁에 질려 어쩔 줄 모를 때가 있다.[67]

케네디 외교의 평가: 독일, 활동주의 그리고 위기 관리

(Assessing Kennedy's Diplomacy: Gerrmany, Activism, and Crisis Management)

케네디의 냉전 외교의 역사는 3가지 통찰력을 제공한다. 첫째, 케네디와 그의 보좌관들은 초기에 모스크바에 집중했고, 반면에 마샬과 특히 에치슨은 미국 동맹국들을 전략적 우선순위로 삼았다. 초기 냉전 전사들(Cold Warriors)은 소련과의 교섭은. 미국이 범대서양 연합을 경제, 정치, 그리고 군사적 동반자 관계-민주적 국민 여론과 민주적 목표에 의해 다년간에 걸친 몸부림을 거쳐 계속 지탱된-를 건설하기 전까지는 결실이 없거나 불가능했다고 분석했다.

케네디는 자신의 성급함 때문에 흐루쇼프와의 싼 흥정을 추진하게 되었다. 처음에 케네디는 베를린을 핵 긴장을 완화할 모든 외교적 시도를 방해하는 하나의 인질로 보았다. 에치슨과 클레이는 이와는 반대로 베를린과 서독에 대한 변함없는 지원은 냉전기에 미국 힘의 주춧돌이 되는 범대서양 동맹을 확보한다고 주장했다. 시간이 지나면서, 케네디는 그의 보좌관들과는 달리 베를린을 하나의 자산으로 공산주의의 실패를 극명하게 보여줄 자유의 생기가 넘치는 하나의 전초기지라고 인식하게 되었다. 베를린은 모든 미국인이 유럽의 안보를 기꺼이 지킨다는 의지를 상기시켰다. 분단된 도시 자체는 냉전의 운명을 결정하게 될 중부 유럽 소재 국가인 독일 연방공화국과의 정서적이고 실제적인 유대를 만들어 냈다.

아이러니하게도 이 전략적 관점의 차이는 1989~90년 냉전이 끝나 갈 무렵에 다시 나타냈다. 17장에서 다루게 되나, 대통령 조지 W. 부시(George H.W. Bush)는 나토(NATO) 내에서 그리고 유럽 공동체(European Community) 내에서 민주적 독일의 평화적 통일을 달성하려는 수상 헬무트 콜(Helmut Kohl)의 노선을 강하게 지지했다. 영국의 수상 마거릿 대처는 부분적으로는 미하일 고르바초프(Mikhail Gorbachev)를 곤경에 빠뜨리지 않기를 원했고, 또 통일된 독일의 세력을 두려워해 주저했다. 처음에는, 대통령 프랑스와 미테랑(Francois Mitterrand)도 통일 가능성을 좋아하지 않았다. 독일이 통일된 후, 대통령 빌 클린턴(Bill Clinton)의 러시아 담당 보좌관 스트로브 탤벗(Strobe Talbott)은 부시와 장관 베이커(Baker)는 "자신들의 동료 보수주의자 헬무트 콜(Helmut Kohl)을 지원하는 데만 주로 관심이 있어서 핵심적인 한 우방의 환심을 사는 데 머물렀다"고 비판했다. 탤벗은 "급속한 통일"의 파괴적인 결과는 고르바초프를 약화시켰다고 주장했다.[68] 당시에 탤벗은 동맹의 책무를 유지하고 민주적 독일을 범대서양 안보체제 내의 하나의 동반자로 확보하는 것보다 고르바초프를 돕는 것을 우위에 두었다.

미국은 독일과의 파트너십을 당연한 일로 결코 여겨서는 안 된다. 그 크기, 경제적 세력, 지리적 위치 때문에 과거와 마찬가지로 독일은 유럽의 장래에 결정적인 역할을 할 것이다. 수십 년의 냉전 동안 독일과의 특별한 관계를, 특히 마지막 장을 성공적으로 닫는 일을 통해서, 얻어 왔기 때문에, 워싱턴은 지속적인 단절의 결과를 무시하는 것은 어리석은 일이다.

케네디는 수십 년 후의 부시와 베이커와 같이-베를린 시민들과 독일의 중요성을 또한 인식했다. 베를린 시민들은 강력한 정치인들의 (체스판의) 졸이 되기를 거부했다. 1948~49년과 1961~62년에 베를린 시민들은 자유의 전선에서 독재자들을 거역했다. 그들을 포기했다면 계산할 수 없는 손실이 되었을 것이다. 1989~90년에 베를린 시민들과 다른 독일인들은, 동과 서에서, 통일외교를 점화했다. 미국과 연방공화국은 자신들의 탄력을 이용해 하나의 자유국가와 하나의 전체주의(totalitarian) 국가의 단순한 합병이 아니고 민주적인 인수를 추진했다.

둘째 통찰력은 JFK의 외교적 활동주의(activism)에 관한 것이다. 나는 대화 조건을 정하고 계산을 다시 형성하는 "공세"적이 되려는 케네디의 주도력을 찬양한다. 대부분 정부의 관료적 성향은, 미국의 큰 부서들을 포함해, 단순히 반응한다. 지도자들은 현 상태를 바꾸려 노력해야 하고 통상적인 접근방법을 다시 생각해 보아야 한다. 에치슨은 정책 기획의 역할을 규정하는 데서 이 점을 지적했다. 더구나, 케네디는 조심스럽게 미국 국민의 지원을 쌓으면서 민주적 지도력의 기술을 시연했다.

그럼에도 불구하고 케네디는 충동적인 활동주의나 제대로 심의하지 못한 조치들은 아주 위험하다는 점을 배웠다. 효과적인 활동주의자는 해당 사안의 역사, 기성 가정들에 대한 조사, 첫 움직임으로부터 흐를 것으로 보이는 단계들의 심의를 공부할 필요가 있다. 타인들이 그 문제를 보는 방법을 이해하는 것은 도움이 된다. 적을 상대할 때, 활동주의자들은 상대의 경험, 사고방식, 그리고 정치 문화까지도 알아야 한다. 케네디는 까불던 행동에서 선택을 조심스럽게 저울질하는 태도로 임기 중에 성장했다.

케네디의 능동적인 지성은 창의적으로 문제들을 해결하는 데 작동했다. 그는 자신을 위해 "출구(exit ramps)"를 유지하려 했고, 또 흐루쇼프가 실각되지 않고 물러설 길을 고려에 넣었다. 대부분의 국제 관계는 진행 중인 공존이 필요하므로, 고위급 외교와 협상은 대개 목표를 달성하면서 여전히 차기 회담의 여지를 남긴다. 미국은 상대를 아주 드물게 파괴할 수 있으나, 그런 경우에도-제2차 세계대전에서 독일과 일본 혹은 이라크, 아프가니스탄, 최근 리비아든지-미국 관리들은 잿더미에서 무엇이 일어날지 면밀히 주의해 보아야 한다.

활동주의적 교섭자로서, 케네디는 물러날 때를 배워야 했다. 그는 기꺼이 교섭할 것이기 때문에-그리고 창의적인 해법을 추진할 것이기 때문에-케네디는 하나의 움직일 수 없는 선을 긋고(회담장을) 자발적으로 떠날 수 있다는 점을 또한 보여주어야 했다. 힘이 이성을 억누르는 지역에서는 특히 중동에서, 실용주의는 힘의 과시를 필요로 한다. 실용주의자들은 해법을 찾으나, 때로는 시간이 무르익지 않기도 한다. 그때는 물러나 맥락을, 힘이든 자각이든, 다시 점검해야 한다.

셋째, 케네디 스타일은 너무 빨리 위기로 치닫는다. 그의 눈부시고 자신감에 차고 열정적인 성향은 위기관리에 의해 매료되거나 혹은 자극이 된다. 쿠바 위기가 정점을 벗어난 후 케네디 팀은 자축하는 내부 회고를 *새터데이 이브닝 포스트(Saturday Evening Post)*지에 기고했다. 특히 로버트 멕나마라(Robert McNamara)는 새로운 정치력에 관해 다음과 같이 요약했다. "전략이라는 그러한 것은 더 이상 없다, 다만 위기관리가 있었다"라고 강력한 국

방장관은 주문을 외웠다.[69]

위기별 관리는 당면한 문제들이 장기적이고 전략적인 이익들과 어떤 관계가 있는지를 고려하는 데 실패할 수 있다. 1963년 11월 21일, 대통령이 델라스(Dallas)로 유세차 떠나기 전에, 캄보디아로 떠난 국가안전보장회의(NSC) 소속 베트남 담당 마이클 포레스탈(Michael Forestal)과 통화했다. 케네디는 피곤해 보였고 혼자 중얼거렸다. "귀국하면 나를 만나세요. 왜냐하면 이제부터 남베트남에서 우리가 하려는 일에 대한 계획을 꾸미기 시작해야 합니다. 나는 어떻게 우리가 베트남에 들어오게 되었는지, 우리가 하고 있다고 생각하는 것과 우리가 이제 할 수 있는 것에 관해 완전하고 심층적인 분석을 시작하고 싶습니다. 나는 우리가 거기에 주둔해야 하는지 안 해야 되는지에 관해서도 생각하기를 원합니다." 활동주의자이고 할 수 있다는 대통령은 분석적이고 더 사려 깊은 정치인으로 나이가 들어가고 있었다. 케네디나 베트남에게는 시간이 남아있지 않았다. 포레스탈이 다음 날 밤 사이공에 도착했을 때, 그는 리 하비 오스왈드(Lee Harvey Oswald)가 케네디를 죽였다는 사실을 알았다. JFK는 베트남 위기를 미해결 상태로 남겼다.[70]

제14장

◆

린든 존슨
Lyndon Johnson

패배로부터 얻은 교훈(Learning from Defeat)

지원요청(Calling for Help)

1964년 5월 대통령 린든 존슨(LBJ)은 정치적 성공을 드러내고 있었다. 지난 11월 대통령 케네디 암살의 충격 후, 존슨은 능란하게 순고한 지도자의 의회 아젠다를 완수해 가는 국가 방향을 다시 잡았다. LBJ는 잃어버린 선장 대신 관리 책임을 유능하게 접수했다.

존슨은 1950년대 상원의 능수능란한 다수당 대표였다. 그는 워싱턴에서 힘의 지렛대를, 특히 의회에서, 조종하는 방법을 알고 있었다. 1964년 1월 그는 가난에 대한 전쟁을 외치면서 경제기회법(Economic Opportunity Act)을 통해 자신의 사회복지사업의 선봉을 가동하기 시작했다. 2월에 대통령은 JFK의 교착상태에 처한 세금법 통과를 지휘했다. 같은 달 하원은 엄청나게 큰 영향을 미치는 LBJ의 시민권리법을 통과하고 5월에는 대통령은 수완을 동원해 상원에서의 그 법안의 토론을 끝냈다. 6월 초에는, 존슨은 상원 역사상 처음을 시민권법 제정에 필리버스터(filibuster, 의사진행방해)를 극복했다. 이러한 일련의 성공으로 11월 스스로의 힘으로 대통령에 당선되었다. 그후 존슨은 일생의 과업-FDR의 미완성의 뉴딜(New Deal)과 트루먼의 곁길로 빠져버린 페어 딜(Fair Deal) 정책이 되었던 그레이트 소사어티(Great Society)의 창설을 추진했다. LBJ는 전쟁들이 민주당 전임자들의 국내적 꿈을 무산시켰다는 걸 알고 있었다.

그러나 1964년 5월, 베트남에서의 골칫거리 소식이 대통령의 입법 행렬을 중단시켰다. 프랑스 대통령 샤를르 드골(Charles de Gaulle)은 베트남과 남동아시아를 "중립화(neutralize)"하는 협상을 요청했다. 그러자 미국 외교 사안의 유명한 칼럼니스트인 월터 리프만(Walter Lippman)은 정치적 냄비를 흔들었다. 5월 21일 전임자로부터 물려받은 국가안보 보좌관 맥조지 번디(McGeorge Bundy)와 함께 5월 21일 시비조의 방문을 한 후, 리프만은 존슨 행정부의 베트남 정책을 비판했다. 미국은 "전쟁을 이길 혹은 종료할 믿을 만한 정책"을 가지고 있지 않다고 기록했다. "동굴의 끝에 빛이 없다." LBJ의 워싱턴 세력권 내에서 리프만의 의견은 중요했다.[1]

5월 24일, 대통령은 국가안보위원회(National Security Council)의 집행위원회(Executive Committee)와 만나 베트남(Vietnam), 라오스(Laos)와 캄보디아(Cambodia)를 다루었다. 국방장관 로버트 맥나마라(Robert McNamara)는 "상황은 지옥 같다. 우리는 계속 지고 있다"고 솔직하게 말했다. 신임 전쟁 각료는 "북베트남에 대항해 엄선되고 주의 깊게 계산된 군사력을" 투입해야 한다고 주장했다. 남은 문제는 행동을 지금 하든가 혹은 기다리든가 둘 중 하나였다.[2]

5월 25일 번디는 존슨에게 베트남에서 군대 투입을 증대하기 위한 하나의 제안서를 보냈다. 번디의 여러 아이디의 임의적인 혼합은 분석보다는 열정(fervor)을 더 많이 반영했다. 그는 국무장관 딘 러스크와 맥나마라가 이 문서에 동의했고, "이 특정한 문서가 보여주는 이상으로 이들 주제들에 대한 더 많은 사색이 있다"고 추가했다.[3] 국가안보 보좌관은 부주의하게 하나의 미국의 전쟁을 건의하고 있었다.

5월 27일 아침에, LBJ는 베트남을 토의하기 위해 3개의 짧은 전화를 걸었다. 첫 번째로, 대통령은 유엔대사 애들레이 스티븐슨(Adlai Stevenson)에게 걸었다. 왜냐면 스티븐슨이 전쟁을 확대하는 걸 반대하는 자문을 해 줄 것으로 알았기 때문이었다. 두 차례 대통령 선거에서 민주당의 기수이고 민주당의 자유주의 분파의 대변인인 스티븐슨은 대통령의 매파들의 관점을 막아줄 것으로 기대될 수 있었다. 다음으로 LBJ는 오랜 친구인 군사위원회(Armed Services Committee) 의장인 조지아 출신 상원의원 리처드 러셀(Richard Russel)에게 전화를 걸었다. 러셀은 베트남을 "내가 본 것 중 빌어먹을 최악의 난장판"이라고 생각했다. 그는 중국을 포함한 하나의 큰 전쟁으로 밀려들어갈까 우려했다. 미국 국민들은 군대를 보낼 준비가 되어 있지 않다고 상원의원은 경고했다. 러셀은 미국이 베트남에서 나오기를 원했으나 그 방법을 몰랐다. 1963년 11월에 대통령 고 딘 디엠(Ngo Dinh Diem)이 암살된 후 아무도 사이공(Saigon)을 완전히 책임지고 있지 않은 듯했다.

LBJ는 러셀에게 더 많은 군사적 칩을 테이블에 올려놓으라는 공화당원들과 자문관들의 압력을 받고 있다고 불평했다. 그는 조약 의무를 걱정했고 베트남을 잃으면 남동아시아 국가들이 공산주의에 넘어가는 "도미노 효과(Domino effect)"를 염려했다. 선택은 들어가느냐 아니면 나오느냐 둘 중의 하나라고 LBJ는 말했다. 동정과 지지를 얻기 위해, 대통령은 만약 베트남에서 빠져나온다면 자신은 탄핵이 될 것으로 추측했다. 존슨은 전 공화당 상원의원이고 1960년 닉슨의 러닝 메이트(running mate)이었던 사이공 주재 미국 대사 헨리 카보트 로지(Henry Cabot Lodge)를 꽉 잡고 있었다. 존슨은 그가 1964년에 대통령에 출마할 것으로 의심하고 있었다. 존슨과 러셀은 북베트남 폭격이 하노이의 의지를 깰 것으로는 믿지 않았다. 그리고 존슨은 여섯 명의 아버지이고 자신의 주차 요원인 선임하사 한 명을 베트남에 보내는 아이디어는 "나의 등을 서늘하게 하고… 나는 아직 그리할 배짱을 가지지 못했다. 그리고 나는 다른 탈출방법을 모른다"고 말했다.

대통령은 즉각 번디를 소환했다.

"나는 이것을 생각하느라 지난 밤에 깨어 있었다… 나는 도대체 무슨 일인지 모른다-내게는 또 하나의 한국으로 들어가는 것처럼 보인다. 그냥 정신이 나갈 정도로 무섭다. 일단 우리가 진입 결정을 한 후에는 거기를 무슨 수로 나올 것인지 알 수가 없다. 중국 공산주의자들이 들어올 것으로 생각한다. …싸울 가치가 있다고 생각이 그냥 들지 않고 또 우리가 빠져나올 수 있다고도 생각하지 않는다. 이것은 본 것 중에서는 가장 큰 빌어먹을 난리이다."

번디는 결정의 중대성을 인정했다. 두 사람은 누가 자문을 해 줄지를 두고 추측을 했다. 번디는 확장하는 방법을 대통령에게 설명했지, 어떻게 그리할 수 있는지 그 방법을 보고하지 않았다. LBJ는 리프만의 관점으로 돌아와 자신의 생각을 중지하고 칼럼니스트가 무엇을 건의할지를 숙고했다. 그날 늦게 번디는 베트남을 논의하기 위해 대통령이 리프먼(Lippmann), 맥나마라(McNamara), 그리고 국무차관 조지 볼(George Ball)을 대통령이 만나도록 배열했다.[4]

5월 27일 의견교환은 1964년과 1965년 초에 대통령 존슨과 그의 보좌관들이 토의한 주제들의 대부분을 요약했다. 이 시기는 베트남 갈등을 미국의 전쟁으로 바꾸려고 결정한 중요한 달들이었다. 그러나 역사가들은 존슨의 논의를, 심지어는 사적인 대화도, 액면가대로 수용하는 데에 주의해야 한다. 노회한 정치인의 대화는 늘 메시지를 보내고, 비위를 맞추고, 겉보기를 꾸미고, 나중에 사용하거나 또 정보를 그냥 캐기 위해 타인들이 발언을 찾아내도록 조종했다. 5월 27일 전화 통화에서, 존슨은 아마도 진지하게 의견을 요청했을 것이고, 대통령이 확전을 결정하는 경우에, 스티븐슨을 이용해 그의 자유주의 분파를 덮고 전쟁 내각을 대항하게 하고 러셀을 지원하도록 줄을 세웠을 것이다. 또 케네디 패거리의 대표인 번디를 밀어 전쟁을 선호하는 그의 보조관들의 의지를 시험해 보려 했을 것이다.[5]

LBJ

린든 존슨은 전쟁광은 아니었다. 그는 정치적인 의도도 없었고 전쟁 지도자가 될 필요도 못 느꼈다. 그는 결국에는 자신이 선택한 경로에 관해 낙관적이지도 않았다. JFK와는 달리 존슨은 외교 정책이 특별히 흥미롭다고 생각하지 않았다. 그는 가장 위대한 국내 대통령이 되고 싶어 했다. 그럼에도 불구하고, 북베트남을 대량 폭격하기 시작하는 주요 결정을 내렸고 미국 군대가 계속 확장되는 지상 전투에 끌려 들어가는 전투를 결정했다.[6]

조 캘리파노(Joe Califano)는 로버트 맥나마라의 집사를 지낸 후 LBJ 옆에서 낮 밤으로 4년간 국내 및 정치 정책 보좌관으로 일했다. 캘리파노의 존슨에 대한 관찰은 풍부하고 솔직하다.

"내가 가까이서 본 린든 존슨은 우군과 적군의 급소에 대해 기민하고 초자연적인 파악 본능을 가진 용감하고 잔인하고, 연민이 많으나 잔혹하고, 아주 똑똑하지만 화날 만큼 둔감했다. 그는 이타적이기도 옹졸하기도, 배려하기도 하고 무례하고, 관대하나 심통 사나운, 솔직하나 계산적으로 속이는-이 모든 걸 몇 분 이내에 보여준다….

일단 작정을 하면 성공하려는 결심은 그 길에 누가 있건 무엇이 있건 치거나 배반한다. 그는 그의 엄청난 에너지를… 하나의 사회적 혁명을 시작하고 그 주의의 누구든지 무엇이든지 조정하는데… 다른 이들처럼 우군이나 적군 모두에게 소진할 때까지 쏟아붓는다. 그는 사회적 약자들에 대한 새로운 희망을 주었듯이, 권모술수주의자(Machiavellian)란 단어에 새로운 의미를 부여했다."[7]

미국 정치의 정점에 오르기 위해서는, 대통령들은 좋거나 나쁘거나 비상한 자질을 가져야만 된다. 미국 외교가 실제로 만들어지는 방법을 이해하기 위해서는, 우리는 이 정치 지도자들의 행동을 그 당시의 맥락에서 파악할 필요가 있다. 베트남 전쟁은 그 대부분이 하나의 정치사였다.

전쟁을 결정하기(Deciding on War)

베트남 전쟁은 미국을 갈가리 찢어 놓았다. 5만8천 명보다 더 많은 미국인들의 이름이 베트남 기념비에 새겨졌다. 약 150만에서 300만 명의 베트남인이 죽었다. 전쟁의 상처는 개인들과 국가적 심리에 깊은 상처를 남겼다.[8]

역사가들은 1964~65년의 결정에 대한 평가를 포함해 그 전쟁에 관해 많은 분량을 저술했다.[9] 참사와 패배의 증언들은 미국 외교에 경고성 분석을 제공했다. 뒷생각은 실수에 대한 우리의 지각을 예리하게 해 준다. 수십 년에 걸쳐서, 남동아시아 국가들은 공산주의 침공에 도미노처럼 무너지지는 않았다. 비록 미국과의 유대는 종국에는 재구축되었으나, 독재적인 공산체제는 오늘날 베트남 전역을 지배하고 있다. 이웃 국가들의 성공을 관찰한 후, 하노이 정부는 경제를 시장과 사적 이니셔티브로 전환을 시켰다. 베트남의 역사적 원수인 중국을 대적하기 위해 하노이는 이전의 적인 미국과 제한적인 안보 유대를 추구하고 있다. 비용이 매우 많이 들고, 분열을 일으키고, 장기적이고 궁극적으로 실패한 베트남 전쟁을 벌인 미국의 결정을 젊은 세대들은 아마도 점점 더 이해하지 못하게 될 것이다.

어떻게 존슨, 맥나마라, 번디, 러스크, 맥스웰 테일러(Maxwell Taylor) 및 기타 인사들이 그렇게 참혹하게 잘못할 수 있는가? 이들은 총명하고 경험이 많은 인사들로 자신들이 당혹스러운 상황에서 합리적인 선택을 하고 있다고 생각했다. 그들은 그러하지 않았다. 왜?

1964~65년의 결정을 가장 잘 연구한 저서 *전쟁선택(Choosing War)*의 끝부분에서 프레드릭 로즈볼(Fredrik Logevall)은 언제 그리고 어떻게 충돌에서 철수하는가에 관한 결정들은 "내일의 정책결정자들 이외에도 역사가들에

게도 아주 중요"하다고 기록하고 있다. 냉전 후 외교를 고려하면서, 역사가 존 프래도스(John Prados)는 "중지할 시점을 찾는 것도 지혜이다… 불확실성 속에서 확대시키지 않고; 허세와 책략으로 지역 위기를 해소하고; 위기에서 발을 돌려 철수하는 전략들은 엄청난 가치를 지닐 수 있는 개념들이다"라고 주장했다.10)

아프가니스탄(Afghanistan)과 이라크(Iraq)에서의 긴 전쟁 후 세계 도처에서의 미국 개입 요청으로, 오늘날 개입 여부, 방법, 수단, 목표, 비용, 기간은 선택을 위해 중요하다. 이 사건은 심의해야 할 주제들-전쟁을 선택할 때 물어보아야 할 질문들을 제공하고 있다. 우리는 LBJ와 그의 자문관들이 가지지 못한 하나의 이점을 가지고 있다. 즉 미국 군대만으로는 국가의 외교 목표들을 달성하는 데 실패할 수 있다는 값비싼 교훈이 그것이다.

그 당시에 선택의 여지가 있었나?(Was There Really a Choice?)

베트남에서의 미국 전쟁 비판자들은 초기에, 이전 관리들을 포함해, 전쟁을 하느냐 마느냐에 관한 *실제적(real)* 선택은 없었다는 주장을 유지했다. 예를 들면, 레 겔브(Les Gelb)와 리처드 베츠(Richard Betts)는 경로는 이미 결정되어 있었다고 주장했다. 그들은, 관료적 가정들과 관행으로 보강되고 미국 여론의 "냉전 합의"로 지지된, 미국의 이전의 공약, 신뢰 상실에 대한 우려, 동일한 이념을 지지하고 대안적 관점을 심의하지 못한 주요 주체들을 그 원인으로 지적했다.11)

존슨 행정부의 전쟁 각료는 미국이 베트남에서 철수할 수 없다고 가정했다. 그럼에도 불구하고 존슨은 결정할 유연성을 가졌다고 로즈볼 교수는 믿는다. 저명한 지도자들과 위원회 의장들을 포함한 많은 숫자의 상원의원들이 빠져나오기를 원했다. 1965년 초, 존슨의 신임 부통령 허버트 험프리

(Hubert Humphrey)는 확대에 반대하는 정치적 주장을 담은 두 설득력 있는 문서를 보냈다. 주요 언론은 전쟁을 확장하는 데 반대하고 있었다. 국민들은 하나의 확정적인 견해를 가지지 못했다. 주요 동맹국들은 전쟁 확장을 반대했고 합류하기를 거부했다, 비록 오스트레일리아는 조치를 요구했고 지원을 약속했다. 비록 한국은 군대를 보냈으나 동아시아에서 미국 파트너들은 미온적이었다. 더 중요하게는 남베트남 지도력은 분열되어 있었고 전쟁에 피로한 베트남인들은 싸우기를 꺼렸다. 남베트남인들은 미국을 수상쩍게 보고 있었다. 미정보국 보고서는 하노이(Hanoi)의 결의, 사이공의 비관주의, 워싱턴이 입장을 바꿀 자체적인 변신의 낮은 가능성을 주목했다. 공화당과 일부 유력한 언론은 존슨의 후퇴를 욕할 것이고 이는 대통령의 인기를 상하게 했을 수 있었다. 하나의 공산주의의 성공은 미국이 예상할 수 없는 방법으로 확산될 수도 있지만, 유식한 이들은 도미노 효과를 최소화했다. 지역 조건들이 대개 지역적 결과를 결정한다. 요약하면, 존슨 같은 능란한 정치인은, 약하게 보이는 위험을 감수했다면, 전쟁 확대를 피할 수도 있었다.[12]

LBJ가 1968년에 재선을 추구하지 않을 것이라는 선언을 한 후, 부하들과 국가들의 생사 결정을 이해하는 대통령 아이젠하워는 일기에 "대통령은 자신과 전쟁 중이고 자신의 조치를 방어하려고 맹렬하게 노력하면서… 그리고 비용에 관계 없이 미국은 그 목표들을 추구하도록 촉구하면서도, 자신은 선출된 사무실의 책임에서 면제되고 싶어한다"고 존슨에 대해 평가했다.[13] 혹독하지만 믿을 만하다.

데이비드 핼버스탬(David Halberstam)의 1872년의 베스트 셀러 "*최상의 가장 똑똑한 사람(The Best and the Brightest)*"이라는 저서에서 다른 대중적인 논지를 제시한다. 1964년에 미국의 개입 확대를 주장한 *뉴욕 타임즈*지의 기자는 그의 저서에서 존슨의 영리하고 우쭐대는 보좌관들이 대통령을 "수

렁"으로 몰아넣었다고 주장했다. 핼버스탬의 이야기는 1970년 초기 반체제적(antiestablishment) 분위기에는 어울렸다. 그럼에도 불구하고 기록은 존슨은 자신이 고민의 핵심에 있었다고 밝히고 있다. 아주 실무적인 대통령은 자신이 무엇을 하고 있는지 그리고 어떻게 실패하고 있는지를 알고 있었다.14)

LBJ는 결정을 미룬다(LBJ Defers a Decision)

1964년 선거 전에 LBJ는 베트남에 대한 결정을 기피하기를 원했다. 1964년 5월 말 그의 전화와 회의들의 숨은 목적은 추가적인 조치는 취하지 않고 주의를 기울인다는 것을 과시하려는 것이었다.

1964년 2월 20일 초에 대통령은 국방장관에게 베트남에 관해 공개적으로 말하는 방법을 지시했다. 베트남의 자유에 대한 미국의 공약으로 시작하라고 맥나마라에게 말했다. 미국은 해병대를 보낼 수 있으나 미국 군대는 전쟁의 수렁에 곧 빠지게 될 것이다. 그런 다음 미국은 유화책을 취하고 철수할 수 있다고 설명하라고 LBJ는 계속했다. 그것을 하지 않을 것이다. 옳은 방안은 미국이 베트남인들을 교육시키고 조언을 제공해 베트남인들 스스로 방어하게 만드는 것이다. 그 방법은 미국이 그리스와 터키를 도와 공산주의의 확산을 막는 데 사용한 방법이었다. 그해 내내 LBJ는 그의 측근들에게 "현 상태 유지"를 지시했다. 1964년 3월 합참이 북베트남에 대한 공격과 봉쇄를 건의하자 대통령은 자신은 선거 결과가 나올 때까지 한 "관리인(trustee)"이라고 지적했다. 의회나 미국 어머니들이나 "우리와 함께 전쟁에 나갈" 준비가 되어있지 않았다. 국무부의 정책 기획국장과 나중에 LBJ의 충실한 국가안보 보좌관이 된 월트 로스토(Walt Rostow)는 존슨의 표현으로 "북베트남에서 작은 전쟁을 한다고 화를 내면서" 대통령은 로스토에게 입을 다물라고 했다. "대통령은 행정부의 입장을 몰랐다"고 존슨은 솔직하게 말했다. “그러므로 귀하는 알 수 없다”[15]

그 해가 지나가면서 남베트남의 조건들은 더 악화되고 대통령은 두 가지에 집중했다. 첫째, 그는 “꽁무니를 빼는” 그리고 “태평양을 포기한” 전쟁에 패한 최초의 대통령이 되고 싶지 않았다. 그는 맥나마라에게 “전쟁을 이길 군사적 계획을 줄 수 있는” 장군 한 명을 천거하라고 압박했다. LBJ는 움직일 준비가 되지 않았으나 “우리는 지고 있다”는 사실은 볼 수 있었다. 둘째, 그는 잠재적인 정치적 적수인 로지(Lodge) 대사를 선거 취약점을 만들지 않고 사이공에서 물러나게 하는 것이었다. 존슨에게는 아마도 베트남에서 정치-군사 작전을 수행할 총독, 루시우스 클레이가 독일과 베를린에서 한 것과 같은, 로지의 후임이 필요했다.[16]

통킹만 결의안(The Gulf of Tonkin Resolution)

8월 초 대통령은 그가 준비해온 기회를 포착했다. 북베트남 어뢰 함정이 미국 구축함을 공격했다(피해는 주지 않았다). 그 구축함은 남베트남군이 인근에서 비밀작전을 하는 동안 북베트남 해안 근처에서 전자 정찰을 하고 있었다. 대통령은 구축함과 해안 공격 간의 연계는 즉각적인 북베트남 공격을 촉발할 수 있음을 인식했다. 그럼에도 불구하고, LBJ는 그 지역에 대한 해군 정찰을 보강하라고 지시했다. 해군은 두 번째 밤 공격을 보고했다. 흐릿한 조건들은 실제로 무엇이 일어났는지에 관해 의심이 들기는 했다. 수년 후 맥나마라는 공격이 실제로 일어나지 않았다고 결정했고, 그 혼란은 불량한 시정과 음파 수심 측정 탓으로 돌렸다. 북베트남은 항상 그 두 번째 공격을 부인했다. 2005~6년에 미국 보안 당국은 여러 착오가 두 번째 공격 보고서의 오류에 기여했다는 내부 심의 문서를 공개했다.[17]

LBJ는 주의 깊게 조사할 생각이 없었다. 두 달 전에 상원에 시민권리 의안이 계류 중일 때, 번디는 북베트남에 대한 무력사용을 위한 의회 승인을 받으라고 건의했다. 그러나 그는 민감한 시기라고 말했다. 그때 존슨은 기다렸다. 이제는 그는 움직일 수 있었다.

8월 4일 아침, 이른바 두 번째 공격에 관한 소식을 듣기도 전에, 대통령은 번디에게 무력사용에 관한 결의안 초안을 준비하라고 지시했다. 번디가 그 조치에 관해 생각할 시간을 달라고 제안하자, LBJ는 "나는 귀하가 무슨 *생각*을 하는지 귀하에게 묻지 않았다. 나는 해야 할 일을 귀하에게 말했다"고 LBJ는 되받아쳤다. 대통령은 맥나마라에게 북베트남이 해상에서 또 한 차례의 기습을 시도할 경우 보복적 공격을 준비하라고 지시했다. 그는 맥나마라가 두 번의 공격을 지지할 것으로 알고 있었다. 오후 6시 15분 국가안보위원회 보고 회의 후, 대통령은 북베트남의 초계정 모항들과 석유 시설에 대해 64차례의 해군 비행기 출격을 지시했다. 6시 45분에 대통령은 의회 지도자들을 만나 입법부 승인을 요청했다. 오후 8시 01분 존슨이 준비하는 와중에 FBI는 미시시피에서 사라진 세 명의 시민권리 운동가들의 시신을 발견했다고 알렸다. LBJ는 연방수사국에 언론에 공개하기 전에 가족들에게 미리 알려주라고 요청한 것으로 생각했다. 오후 9시 02분 존슨은 의회 연락관에게 미국 폭격과 무력사용 승인 요청이 행정부의 반-빈곤 의안(antipoverty bill)에-현재 중요한 단계에 와 있는-미치는 영향을 점검했다. 오후 9시 15분 맥나마라는 대통령에게 미국 공격의 개시가 조금 연기된다고 알렸고, 존슨은 텔레비전 연설을 하기를 주저했다. 그러나 맥나마라는 미국 군사 행동에 관한 소식은 대통령이 직접 해야 한다고 지적했다. 오후 10시 06분 존슨은, 오는 대통령 선거에서 그의 적수가 되는, 베리 골드워터(Barry Goldwater)를 찾아 곧 전국에 전달할 연설문을 읽어 주었다. LBJ는 골드워터에게 해군 목표물을 자세히 설명해 그를 끌여들었다. 골드워터는 "늘 해왔던 대로, 미국인들이 함께 뭉칠 것이다"라고 대답했다. 대통령은 오후 11시 36분에 "우리는 전쟁의 확대를 추구하지 않는다"고 설명하는 텔레비전 연설을 했다. 8월 7일 상원은 존슨의 통킹만 결의안을 88대2로 통과시켰고 10명의 결석한 상원의원들은 공개적인 인준 의사를 보냈다. 하원은 416대0이었다.[18]

존슨은 11월 대선에서 하나의 정치 사안으로 베트남을 중립화했다. 그는 전투적으로 보이지 않고 단호하게 보였다. 더 많은 무력 행동을 요구하는 골드워터(Goldwater)의 요구는 공화당원들을 위험하게 보이게 만들었다. 선거 유세에서, 존슨은 "우리는 우리의 미국 아들들이 아시아 아들들을 위해… 7억 명의 인구에 개입하고 아시아 지상 전투에 구속되기 위해… 싸우기를 원하지 않는다." 번디는 대통령의 정치적인 수사는 행정부가 나중에 필요해 보이는 전쟁 행위를 취할 경우 그 자신을 배반할 수 있다는 점을 걱정했다.[19]

존슨은 대통령 취임 후 첫 11개월 동안에는 베트남을 하나의 국내정치 사안으로 아주 훌륭하게 관리했다. 그는 극적인 새로운 조치들을 피했다. 8월에 대통령은 그가 선택한다면 더 큰 싸움을 위한 전면적인 의회 권한을 얻었다. 11월에 존슨은 자신의 힘으로 압도적인 60퍼센트의 국민 투표를 얻었다. 그의 선거인단 코트자락(coattail)은 민주당에 압도적인 다수의 하원 의석을 안겨주었다. LBJ는 정치적 힘과 유연성을 획득했다. 그는 이제 둘 다를 가진 듯했다. 그러나 베트남은 여전히 "엉망"이었다.

무엇이 잘못되었나?(What Went Wrong?)

그 다음 6개월에 걸쳐, 대통령은, 그의 전쟁 담당 내각의 자문을 받아 치명적인 결정을 내렸다. 6개의 요인이 그들의 생각과 결과를 지배했다.

1. 최근 역사의 힘
2. 신뢰성
3. 대통령의 경험과 심리
4. 군사력에 대한 미국의 믿음
5. 무력과 외교의 통합
6. 자문관들의 실패

이들 요인들은 장래 미국 외교에 경고를 울려준다.

1. 최근 역사의 힘

중대한 사건들은, 대게는 제대로 비교되지 않은 채, 위험에 대한 경고와 성공의 지침이 되기도 한다. 장소의 이름들과 주장들은 과거 일을 정신적으로 속기로 기록한 참조물이다. 최근 역사에 대한 언급은 대게는 하나의 정치적 행위이고 현재의 문제를 이해하기 위해 과거를 효과적으로 사용하지 않는다.

베트남에 관한 결정을 하는 대부분의 미국인들은 1930년대 출생이었다. 그들에게는 "유화(appeasement)"와 "뮌헨(Munich)"은 자의한 인물의 야망을 채워준 잘못된, 희망에 의거한(wishful), 약한 합의를 의미했다. 그들은 1930년대 겉보기로는 중요하지 않고 멀리 떨어진 장소들에 대한 침공이 세계를 지배하려는 경쟁의 첫 움직임에 신호를 보내는 것을 보고 있었다. 그들은 유화책을 이용한 독재자들을 뒤집고 그 다음에 파멸시키기 위해 소집된 남자들이었다.[20]

미국의 젊은 지도자들이 제2차 세계대전에 성공하자마자 그들은 새로운 유형의 블록 간 그리고 심지어는 국가 간의 투쟁인 하나의 냉전(Cold War)에 직면했다. 공산주의는 1930년대의 파시즘보다 훨씬 더 위협적으로 보였다. 역사상 처음으로 미국은 동맹에 헌신했고 또 이끌었다. 교과서들은 안보 동반자 관계의 하나의 배열을 도표로 그렸다-북대서양조약기구, 남동아시아 조약기구(Southeast Asian Treaty Organization), 중앙조약기구(Central Treaty Organization)와 양자 간 동맹-모두가 미국과 만나는 도표들. 이들 안보기구들은 케넌(Kennan)의 강력하나 불분명한 봉쇄개념(idea of containment)을 적용한 워싱턴의 20년간에 걸친 노력의 결과물이다.

새로운 미국 동맹의 지도자들은 미국의 개입의 정도를 사례별로 심의했다. 케네디 사람들, 이제는 존슨의 사람들은 베를린, 독일, 그리고 한국 등 다른 곳의 분단된 지역에서의 위협에 맞섰다. 그들은 JFK의 남베트남에 대한 책무의 부분이었다. 즉 1963년에는 1만6천 명의 군대와 하루 약 1백만 달러의 비용 지급이었다. 후퇴란 개념은 이들 성공적인 지도자들에게는 낯설었다. 그들은 제1차 세계대전 후 "미국 요새"로 철수한 미국의 유혹과 그 철수로 인해 미국과 전 세계가 지불한 끔찍한 대가를 목격했다.

1954년에 대통령 아이젠하워는 봉쇄 독트린에 대한 당연한 귀결을 제시했다. 그는 도미노 이론을 베트남과 남동아시아에 적용했다. 공산주의자들은 남동아시아의 곡창지대와 자원을 점유하기를 원했다. 공산주의의 확장은 인근 군도국가(archipelago state)들을 위협해 공산주의 아시아에서 일본과 한국의 장래에 대한 의문을 제기했다. 그럼에도 불구하고 1964년 6월 CIA는 "도미노 이론 사망(Death of the Domino Theory)"으로 알려진 중요한 연구 결과를 생산했다. 정보국은 베트남의 함락은 미국의 위신과 신뢰성을 "크게" 떨어뜨릴 것이고 지역의 다른 국가들이 공산주의자들을 수용하려고 시도할 것이다. 그럼에도 불구하고 "우리는 남베트남과 라오스의 손실이 극동지역의 다른 국가들이, 캄보디아를 제외하고는, 빠르고 연속적으로 공산화될 것으로는 믿지 않는다"라고 적시했다. 번디는 CIA의 보고서는 알고 있었으나 그것에 의존하지는 않았다. 단기적으로 무엇을 해야 하는가에 대한 정책 토론은 최악의 시나리오의 두려움에 의해 대게 지배된다. 수년 후에, 번디는 "LBJ에게 도미노 이론은 실제로 국내정치의 한 사안이었다"고 회상했다. 아이젠하워 장군은 그 이론을 선포는 했으나 그 개념에 의거 군사적 조치를 취하지는 않았다. 번디에 의하면, "정치적 직위에 도전하는 모든 신중한 인물은 베트남을 놓자고 제안할 수는 없을 것"이었다.[21)]

LBJ에게는 모든 최근 역사는 정치적 역사였고 자신의 교훈을 끌어냈다. 어떤 대통령도 공산주의에 약하게 보이고는 정치적으로 살아남을 수 없었다. 그는 도리스 커언즈 굿윈(Doris Kearns Goodwin)에게 "해리 트루먼과 딘 에치슨은 공산주의자들이 중국을 차지한 날부터 그들의 유효성을 잃었다는 사실을 나는 안다. 중국의 상실은 조 멕카시(Joe McCarthy)의 부상에 큰 역할을 했다고 나는 믿는다. 그리고 이 모든 문제들은 다 합해도 베트남을 잃을 것에 비하면 닭똥에 불과하다는 걸 나는 알고 있다"고 말했다. 나중에 역사가들은 과거에 대한 존슨의 해석과는 달리할지도 모르지만, 그 당시에 그는 정치적 위험을 기꺼이 지려고 하지 않았다.[22)]

미국 의사결정자들은 한국 경험에서 생생한 참고물을 또한 가지고 있었다. 그러나 그것을 다른 방법으로 적용해 유추의 가변성(malleability)을 보여주었다. 한국은 인기가 없었고 교착상태의 전쟁이었다. 아이젠하워는 핵확산의 위협 때문에 1953년에 정전에 합의한 것으로 믿었다. LBJ는 중국의 개입을 우려했다. 번디는 미국 국민들이 3년간 기꺼이 한국에서 싸우는 데 집중했고, 3만5천 명의 미국 전투요원들의 손실로 "힘든 선택이었으나, 도덕과 정치 둘 다의 측면에서 반박의 여지가 없는 바른 것"이었다고 말했다. 1961년에, 이제는 더 이상 테이블에 참석하지 못하는 JFK는 한국과의 좀 더 핵심적인 비교를 제시했다. 케네디는 분명한 북한의 침략과 유엔 지원을 받은 한국과 베트남의 경우의 차이를 구분했다. 누구든지 한반도의 지리적 상황은 미국의 군사 역량과 궁극적인 방어 전략에 유리함을 또한 발

견했을 것이다.[23)]

존슨의 전쟁 내각은 제2차 세계대전의 군사적 승리와 베를린과 쿠바에서의 자신들의 성공적인 위기관리의 후광(afterglow)을 반영했다. 비록 제2차 세계대전 후 설문에서는 전략적 폭격의 효능에 의문을 제기했으나, 현대 미국 공군력은 아주 강력한 것으로 보였다. 공습은 분명하고 폭력적인 신호를 제공하므로 "강압 외교(coercive diplomacy)"의 부분으로 사용될 수 있었다. 또 공습은 1960년대 안보 연구의 하나의 뜨거운 주제였다. 워싱턴 전사들은 불확실성에 직면했고 "즉각적인 해결책"은 없었으나 존슨은 펄 하버(Pearl Harbor) 피습 후 아무도 승리에 도달하는 기간을 알지 못했다고 회상했다.[24)] 이들 인사들의 경험은 최선의 결과를 희망하고 기대했고, 그리고 확실히 미국이 질 것이라고는 분명히 가정하지 않았다. 아무도 베트남에서 음울한 프랑스의 경험을 경고나 지침으로 검토하지 않았다.

존슨 행정부는 역사를 더 뒤로 돌아보았으면 편익을 얻었을 수 있었을 것이다. 알프레드 마한(Alfred Mahan)은 해양 역사와 지리적 위치에 근거한 연구에서 미국의 하나의 태평양 전략의 윤곽을 보여주었다. 미국 안보 경계선은 서태평양의 도서들을 넘어서서는 안 된다. 제2차 세계대전 후, 일본은 그 해양 경계선의 한 쐐기돌이 되었다. 미국인들은 한국을 북동아시아에서 일본의 안보역사에 비추어, 테디 루스벨트가 러일전쟁을 중재할 때 미국이 알게 된, 하나의 대륙전초기지로 상상할 수 있었다. 마이클 그린(Michael Green)은 "미국의 태평양에서의 대전략(grand strategy)은 하나의 적대적인 패권(hostile hegemon)이 그 지역을 지배하는 것을 방지하는 것이다"라고 지적한다.

반면에, 베트남은, 마한이 경고한, 아시아에서 육상 전쟁의 관문처럼 보였다. 1961년에, 은퇴한 더글러스 맥아더(Douglas MacArthur) 장군이 워싱턴을 방문해 케네디 대통령과 베트남을 논의할 때, 로버트 케네디는 맥아더는 "아시아 대륙에서 싸우는 것은 어리석고 남동아시아의 미래는 외교적 테이블에서 결정되어야 한다"고 말했다고 회상했다.[25)]

존슨 행정부는 최근의 경제 역사를 또한 무시했다. 마샬 플랜은 경제 부흥이(알렉산더 해밀턴의 정신으로 그리고 1930년대에 대비해) 유럽 안보의 전제조건이라는 점을 인식했다. 1960년대에 일본의 경제적 성공은 아시아 다른 국가들에게 하나의 모형을 제공했다. 미국의 외교 정책은 일본에게 번영과 강국으로 나가는 하나의 비군사적 경로를 제공했다. 1962년 한 일본 경제학자는 일본의 경제 현대화의 사례는 하나의 지역적 성장 다이나믹을 촉발할 수 있다는 "하늘을 나는 거위 이론(flying geese theory)"을 예측했다. 한국과 남동아시아 국가들은 "동아시아 경제 기적"에 연료를 제공하는 수출-주도 성장을 향해 움직이기 시작했다.

상원의원 마이크 맨스필드(Mike Mansfield)는 지역적 경제 관점에서 아시아 각국의 국수주의가 미국의 전략적 이익으로 보완된다고 이해했다. 맨스필드는 중국의 패권에 대한 베트남의 저항을 예견했다. 1962년 중국과의 국경 분쟁으로 시달린 인도는 남동아시아의 경제 및 정치적 부상에 시간을 벌어주는 전략적 안보 목표를 지원할 수 있을 것이다. 베트남은 하노이 공산주의자 손에 넘어갈지도 모르지만, 더 큰 미국의 이익은 지역적이었다. 경제 개발-지역내 세력 균형에서의 경쟁국가들의 관리와 통합해-은 도미노 이론에 대한 하나의 전략적 대안을 제공했다. 테디 루스벨트(Teddy Roosevelt)는, 60여 년 전에 북동아시아에서 행한 것처럼, 이 논리를 파악했을 것이다. 그러나 존슨 행정부는 그런 역사를 파악하지 못했고 또 경제와 안보의 연계성을 알지 못했다.[26)]

2. 신뢰성

강대국들은 행동만큼이나 타국에 명성과 심리로 영향력을 행사한다. 광대한 체제들은 매일 감시하고 통제할 수 많은 사안들을 가지고 있다. 질서의 수호자들은 자신들의 약속과 위협을 행사할 의지를 배경으로 타국들의 자율규제에 의존할 필요가 있다. 키신저는 약속 준수의 중요성을 강력히 주장했다. "한 국가의 신뢰성은 인간의 인격 역할을 한다."[27]

미국 동맹체제는 신뢰성에 대한 일련의 질문을 촉발했다. 다른 국가들은 미국에 의지할 수 있는지에 관해 알기를 원했다. 미국은 상대국이 상호이익을 보장하는 위험과 비용을 지기를 원했다. 1964년 전화 통화에서 존슨은 조약 의무들을 언급했으나, 그는 또한 상대국이 기여할 바를 요청했었다. 수년 후 번디는 베트남에 대한 미국의 개입의 "주요한" 원칙은 미국은 "종이호랑이가 아니다"였다고 기록했다. 우리가 참가할 때에 우리에게 진정으로 아무 위험이 없다고 생각하지 않았다. 1966년 조지 캐넌(George Kennan) 같은 확전에 회의적인 사람들조차도 미국의 "신망(prestige)"은 베트남 개입 쪽으로 기울어져 있다고 여겼다.[28]

다른 한편으로는, 행동을 정당화하기 위해 사용된 "신뢰성(credibility)"이란 단어를 관리들이 들을 때는, 관리들은 안전한 해명을 요구하는 게 현명할 것이다. 신뢰성은 이성이 실패할 때에도 행동의 핑계가 될 수 있다. 신뢰성은 베트남에서 하나의 목발이 되었다.

국방차관보 존 맥노튼(John MacNaughton)은 1964년 9월에 신뢰성의 확장 논리를 설명했다. 그의 "선한 의사" 이론은 비관주의와 패배의 전망에 당면해서도 확전의 이유를 만들어 냈다. 실패조차도 "편을 기꺼이 들어준다는 미국의 의지를 과시하고 동맹국들의 미국에 대한 확신을 북돋워준다." 확전은 "미국은 "선한 의사"로 약속을 지키고, 힘을 들이고, 위험을 감수하고, 피를 흘리고 그리고 적군을 심하게 다치게 한다는 점을 과시"할 것이다.[29]

다른 이들은 맥노튼의 희생감수 주장을 채택했다. 1965년 번디는 결의를 보여주기 위해 무력 조치를 강하게 요구했다. 그는 성공 확률을 사정할 수 없었다. "실패하더라도, 그 정책은 가치가 있다. 최소한으로, 우리가 할 수 있는 모든 것을 하지 않았다는 도전을 줄일 것이고, 이 도전은 국내를 포함해 많은 국가 들에서 중요하다." 국제적 신뢰성이 국내 정치적 신뢰성으로 빠져들어가고 있었다. 3월에 가서는 번디는 더 직설적이 되었다. "문제는 미국 내 정치에서 어느 것이 나은가? 지금 '잃는다' 혹은 10만 명을 투입한 후에 '잃는다'. 잠정적인 해답은 후자이다."30)

확전을 반대하고 철수를 주장한 차관 조지 볼(George Ball)은 신뢰성에 관한 동료들의 주장을 꺾어야 했다. 손실을 줄일 때를 아는 것이 바닥이 안 보이는 수렁에 빠져드는 것보다는 더 많은 존경을 받는다고 정면으로 받아쳤다. 미국의 아시아 파트너들-일본, 타일랜드(Thailand)와 필리핀(Philippines)-은 더 깊은 미국의 개입을 열렬히 지지하지 않았다. 유럽 동맹국들은 그에 반대했다. 중립국가들은 하나의 정치적 해결과 미국의 철수를 환영할 것이었다. 소련과 중국은 만약 미국이 장기적이고 고비용의 그리고 뚜렷한 결과가 나지 않는 혹은 더 나쁘게는 패배로 이어지면 미국의 힘을 더 존경하지 않을 것이다. 남베트남 정부가 싸우고 베트남 국민들을 이끌고 나갈 응집성 있는 약속을 과시하는 것이 우선적으로 해야 하는 일이라고 볼은 강조했다. 볼의 주장은 사후에 보니 논리적이었으나, 존슨 자신의 신뢰성을 다룰 수는 없었다.31)

존슨은 모든 방안들을 그의 개인적 정치적 렌즈를 통해서 보았다. 단기적으로는, 패배와 공산주의의 승리를 인정하면 국내에서 대통령령의 입지가 흔들릴 것이었다. LBJ는 트루먼(Truman)의 중국 "상실"의 효과를 생생히 기억했다. 1950년대를 통해서 존슨은 "공산주의에 약하다"는 딱지가 얼마나 민주당과 동료들을 몰락시켰는지를 목격했다. 최소한도로, "뺑소니 친다(cutting and running)"는 비난은 미국 국내적 병폐를 극복하기 위한 LBJ의 투지와 꿈을 방해할 것이었다. 어느 대통령도 전쟁에 지지 않았다. 마이크 그린(Mike Green)이 지적하듯이, "완전한 패배가 하나의 가능한 시나리오로 제시된 선례는 없었다." 존슨에게는 베트남에서의 신뢰성은 정치적인 그리고 심지어는 개인적인 생존을 의미했다.[32]

3. 대통령의 경험과 심리

일부 역사가들은 베트남을 맥나마라의 전쟁이라고 여기지만 프레드 로즈볼이 지적하듯이, 존슨은 베트남 정책에 깊이 관여했다.[33] LBJ는 대통령직에 기민한 상원 다수당 지도자의 사고방식을 들고 왔다. 상원 지도자들은 하원 의장보다 훨씬 덜 직접적인 권한을 가진다. 상원의원들은 임기가 더 길고 또 상원의 규칙 때문에 독립적으로 행동할 더 많은 자유를 가지고 있다. 상원에서 효과적인 지도자는 지속적으로 바뀌는 연합을 모아야 한다. 지도자는 나머지 99명의 상원의원들의 관심, 강점, 약점을 알고 있어야 한다. 지도자의 기량은 설득이지 지시를 발급하는 게 아니다. 대게 교섭을 통한 지도자의 문제 해결 능력 보유 평판은 권력의 주요 근원이다.[34]

대통령으로 존슨은 그의 정책을 위해 연합을 지속적으로 구축해 나갔다. 그는 항상 표를 세었다. 그는 반대를 좋아하지 않았다. LBJ는 그의 보좌관들에게 선택 방안을 다듬을 토론을 권장하기보다는 내부 총의(consensus, 컨센서스)를 모으도록 촉구했다. 그는 그의 손을 벗어날 수도 있는 공개 토론을 불편하게 여겼다. 피그스만(Bay of Pigs) 사태 이후 케네디는 정보와 통찰력을 얻기 위해 토론을 했고 한편으로 보비 케네디와 다른 이들이 토의를 위해 모든 방안들을 공개하도록 했다. 1961년 말 JFK는 베트남에서의 확전을 주장하는 맥나마라(McNamara), 번디(Bundy), 러스크(Rusk), 테일러(Taylor)의 의견을 기각했다.

존슨의 심의는 무대 관리의 느낌이 있었다. 심의 내용은 사전에 조정되었고 한계를 미리 정해 두었다. 번디는 자신을 꿰뚫어 본 책을 저술한 고든 골드스타인(Gordon Goldstein)에게 서면 기록이나 LBJ의 대화 기록에만 의존해 의사결정을 추적하는 위험을 경고했다. "진짜 상황은 문서적인 기록만으로 파악될 수 없다고 번디는 자주 [골드스타인에게] 상기시켰다. 그는 '정치적 요점을 놓치는 일련의 문서들"을 경계하도록 [골드스타인에게] 경고했다."[35]

존슨은 국내외에 자신의 연합의 수완을 당면 사안들에 집중했다. LBJ의 수년간의 보좌역을 지낸 조지 리디(George Reedy)는 존슨은 "생각은 하지만 심사숙고하지 못하고, 목표 달성을 위해 기발한 책략을 고안하지만 그 목표의 타당성을 깊이 생각하지 않고, 한발 앞서기 게임을 벌여 그의 동료 인간을 앞지르지만 그 게임이 할 만한 가치가 없을지도 모른다는 점을 깨닫지 못한다."[36]

바쁜 대통령들은 "맥락"이나 복수의 인자들이 움직이는 복잡한 논의를 들을 시간이 없다. "장황"하거나 "너무 지적"인 것은 정치자문관에게는 정치적인 해고에 해당한다. 현실적인 자문관은 문제를 규명하고 해법을 제시하는 데 빠르게 요점에 도달해야 한다. 온화하고 즐거움을 주는 것도 도움이 된다. 그러나 쫓기는 백악관 환경은, 자신을 맨 처음에 대통령으로 만들어 준, 즉각적인 정치적 계산을 하는 유형에 과도하게 의존하는 위험을 안고 있다. 존슨은 그의 가장 큰 장점이 또한 취약점이라는 점을 인식하지 못했다.

한편, LBJ의 외교는 외국과의 정치적 흥정의 유형이 되어갔다. 존슨은 타국들의 정치적 동기들을 배우려 하지 않았다. 그는 익숙한 미국 모형들에 근거해 외국들을 계속 평가하였다. LBJ는 "외국인들은 내가 아는 사람들과는 같지 않다"고 진실을 꿰뚫는 농담을 한 적이 있다.[37]

존슨은 군사 전략을 결정하는 데 합의정치(consensus politics)를 사용했다. 1965년 7월, 대통령은 이면채널[사이공 주재 국방장관 대행 사이러스 밴스(Cyrus Vance)와 맥나마라(McNamara)를]을 통해 필요한 부대 숫자를 윌리엄 웨스트모

얼랜드(William Westmoreland) 장군과 흥정했다. 번디는 나중에 서면 기록을 검토한 역사가들이 대통령은 국무차관 조지 볼의 반대보다는 맥나마라의 확전 건의에 무게를 두고 있는 것으로 가정한 것을 불평했다. 사실 존슨은 "자신이 이미 맥나마라로 결정한 방안에 도달하는 방책을, 자문에 응한 모든 이들의 지각을 최대화할 방법으로, 시도하고 있었다.[38]

1964년 말에서 1965년 초 베트남에 관한 존슨의 중대한 결정들은 하나의 입법 꾸러미를 조합하는 술책처럼 보였다. 그는 자문관들, 장군들, 모을 수 있는 의회 의원들 가운데서 가장 저항이 적을 경로를 찾아냈다. 존슨은, 모든 정치인들이 강력하게 선호하는 방식인, 자신이 점진적으로 그리고 장래 유연성을 보존하는 방향으로 움직인다고 생각했다. 실제로, LBJ의 단기적 계산은 장기적 경로에 대한 미국의 약속을 더 깊게 했다. 대통령은 가능한 결과, 비용, 위험들이 새어 나가거나 1965년 그의 정치적 일정을 간섭하게 될 것을 염려해 심각하게 논의하는 걸 꺼렸다.[39]

일단 존슨은 베트남에서 패배를 모면하기 위해 군사적 해법이 필요하다고 결정한 후에 그는 외교정책 대신 정치적 문제에 대한 하나의 해답을 생산하기 위해 보좌관들과 작업을 했다. 11월 선거 전날 대통령은 NSC 작업반을 구성해 베트남에 대한 방안들을 "즉각적이고 집중적으로" 연구하도록 했다. 존슨은 전쟁을 이기거나 적어도 패배를 방지할 방법에 관한 합의(consensus)를 원했다. 그는 공중 폭격의 효과성을 의심했다. 작업반이 1964년 말 확전 안을 개발했으나, 대통령은 대사 테일러(합참의장에서 1964년 7월 남베트남 대사로 이동한)에게 웨스트모얼랜드 장군과 작업해 미육군 지상군의 공격을 건의하라고 요청했다. 테일러는 패배를 상상할 수 없었으나 대반란군을 상대하는 데 필요한 군인들의 숫자와 낮은 성공 전망을 두고 걱정을 했다. 그는 미국 지상군의 도입을 반대했다. 1965년 1월 번디와 맥나마라는 군사적으로 확대할 것인지 혹은 어떤 합의를 교섭할 것인지 LBJ의 결정을 촉구하기 위해 "삼거리(Fork in the Road)" 비망록을 LBJ에게 제출했다. 엄청난 분석 착오로 그들은 특정한 군사적 조치나 외교적 성과를 달성하는 방법을 다루지 않았다. 대통령 자신의 방법을 따라, 번디와 맥나마라는 하나의 정치적 계획을-군사적 전략이나 외교 정책 전략이 아닌-제시하고 있었다.

2월 베트콩(Viet Cong)은 플레이꾸(Pleiku) 소재 남베트남군의 한 본부를 기습해 미국인 9명을 죽이고 137명을 부상시켰다. 번디와 다른 이들은 보복으로 신속한 폭격을 주장했다. 존슨은, 완전히 알고 있었든지 아니든지 간에, 베트남 기지에서 미공군의 공격 준비를 완료해 두고 있었다. 머지않아 미군은 그 공군 기지들을 방어하기 위해 부대가 필요하다고 결정했다. 그들은 해병대를 불렀다. 머지않아 해병대는 방어선을 넘어 바깥의 지역에 대한 순찰이 필요하게 되었다. 순찰은 공격적인 지상 활동이 되었다. 해병대가 도착한 한 달 이내에, 국방부는 제173공정여단(173rd Airborne Brigade)을 투입했다.[40] 1965년 여름에 대통령의 주요 검토 대상은 군대 수준에-그리고 예비군이나 주방위군을 소집하는가에-집중되었다. 그는 여전히 군사적-외교적 전략을 가지지 못했다.

존슨은 이제 전쟁을 소유했다. 그는 갇혔다고 느꼈다. 존슨은 만약 나서지 않으면, 로버트 케네디(Robert Kennedy)가 그의 약함을 비판을 할 것이라고 의심했다.

존슨의 심리는 고귀한 목표를 포함했다. 그는 미국은, 구식민 세력들의 동기를 가지지 않은, 베트남에 선한 세력이라고 믿었다. 미국은 제국주의적 경제적 이점을 추구하지 않았다. 이와는 반대로, 만약 베트남이 평화롭게 살 수 있다면, 존슨은 뉴딜(New Deal)을 그들에게 줄 셈이었다. 1965년 4월 존스 홉킨스대학교(Johns Hopkins University)에서 행한 연설에서 대통령은 FDR의 테네시강 유역 개발공사(Tennessee Valley Authority)의 경험을 기반으로 메콩강(Mekong River)을 따라 식량, 물, 전기에 대한 계획을 포함해 북베트

남을 위한 존슨 방식의 개발 프로그램을 제시했다.[41]

대통령은 베트남이 그의 위대한 사회(Great Society)관련 입법에서 자신의 정치적 에너지를 돌릴까 봐 몸서리쳤다. 존슨은, 정치적 계산기인, 자신이 의회를 장악할 수 있는 기간은 약 2년이라고 추정했다. 의회는 1965년에 그의 획기적인 투표권과 의료보험(Medicare) 의안을 채택했다. 베트남에서의 철수 때문에 표나 대중의 지지를 잃을 여유가 없었다.

2008년 *외교역사(Diplomatic History)* 학술지는 베트남과 위대한 사회(Great Society) 간의 활발한 논쟁을 출간했다. 번디의 대리로 존슨을 위해 일을 했던 하버드 교수 프란시스 베이터(Francis Bator)가 언쟁을 시작했다. 베이터의 이론은 "표를 세는 방법을 알고 있는 존슨은 1965년 베트남에서 철수하면 위대한 사회는 없다는 점을 알고 있었다. 아마도 의회에서 사산되었을 것"이라고 표현했다. 유명한 학자들이 찬성과 반대 논지를 모두 제공했다.[42] 베이터가 옳든 그르든, 그 비용이 '위대한 사회'와 맞먹든지 간에, 미국 외교에 대한 함의는 대통령들은 국제적 조치들을 복잡한 국내 및 정치적 계산으로, 그리고 제도적인, 개인적 이익과 책임 간의 균형을, 최대한 효율적으로 조직해야 한다는 점이다.

존슨은 "총과 버터(guns and butter)"를 취했다. 그는 국민들을 전쟁에 대비하지 않도록 택했다. 그는 국가 자원이나 예비군 동원령을 내리지 않았다. 그는 심지어는 황금시간대에 자신의 목적을 설명하는 연설조차 하지 않았다. 워싱턴 정가의 힘의 달인인 대통령은 이전 정책의 점진적인 지속으로 전쟁을 합리화할 수 있다고 생각했다. 미국인들은 대통령과 군대를 둘러싸고 뭉칠 것이라고 판단했다. 그는 미국의 힘이 어쨌든 이길 것이라고 그릇되게 판단했다.[43] 존슨은 전쟁을 끝없이 질질 끌어 자신의 신뢰성의 붕괴에 대비했다.

4. 자체 군사력에 대한 미국의 믿음

미국인들은 공화국 초기부터 성공적인 군사 지도자들을 존경했다. 미국인들은 전쟁 승리를 또한 기대한다. 그러나 미국인들이 자신들의 군부를 항상 존경해온 것은 아니다. 제2차 세계대전의 승리는 미국 전사들에 대한 새로운 존경을 창출했다. 냉전(Cold War)은, 전 세계 곳곳에서 자유의 성곽을 지키는 전문적인 남녀로 구성된, 최초로 대규모 상설군대의 수요를 추가했다. 베트남 이후 전문성과 효율로 재건한 군대의 자기 비판적 노력은, 지원군에 기반한, 더 높은 명성을 획득해 왔다.

그러나 성공과 효율성은 군을 외교 정책에 사용할 유혹이 들게 할 수 있다. 민간 지도자들은 무력으로 성취할 수 있는 것을 과대평가할 수 있다. 1964~65년에 미국 전투부대를 투입하는 결정은 정치적 의지의 시금석이 되었다. 미국 전투 요원들의 존재 자체는 남베트남의 사기를 진작하고 미국 의지의 강도를 과시하는 것으로 가정했다.

미국 군대는 1941~45년의 벅찬 위험을 극복했다. 연이어 한국전쟁은 좌절감을 주는 교착생태로 드러났으나, 미국의 전쟁 기록은 회복력, 적응성, 대담성-그리고 대단히 파괴적인 화력을 보여주었다. 불만족스러운 결과는, 군사적 대응이 미흡할 때 늘 존재하는, 열의 없는 민간 지도자들에게 비난이 쏟아지는 중압감을 수반한다.

군인들은 그들이 이길 것으로 믿어야 한다. 그들은 적과 전장의 불확실성에 적응해야 할 것으로 알고 있다. 이런 자질들은, 수십 년에 걸친 개인적인 경험과 결합해, 1964~65년의 미국 군대를 불굴의 투지 심지어는 자만심까지 가득 채웠다. "아무도 묻지 않았다… 어떤 유형의 전쟁인지 어떤 종류의 손실을 예상해야 하는지. 1965년의 군대는 그런(비겁한?) 질문을 하지 않도록 거의 훈련되어 있었다"고 번디는 수년 후에 회상했다. 군사 지도자들은 목표, 수단, 비용, 심지어는 지리적 제약들을 엄밀하게 점검하지 않고 전쟁에 나가는 유일한 사람들이 아니었다. 번디의 비망록은 미국 지상군의 효과에 대한 많은 불확실성을 반영하고 있었다. 비록 대통령에게 여러 규모의 군대를 건의했지만, 군사적 목표를 설명하지 못할 때에는 그는 시도해 검증한다는 논리로 물러났다. 그는 단지 한국에서의 경우처럼 참전을 결정하면 미군이 이길 줄로 단순히 가정했다.[44]

1964~65년에 민간인들과 장군들 둘 다 소모 전략에 빠져들었다. 미군은 전투와 이동에 대비되어 있었으나 반란군 소탕작전에는 준비되어 있지 않았다. 압도적인 공군력은 적군을 파괴하고, 공급선을 무너뜨리고, 지도자들과 국민들의 전의를 상실하게 하도록 되어 있었다. 미국인들은 베트남 적군의 집요함은 존경했으나 베트남인들이 싸우고 참아 내리라는 점은 왠지 의심했다.

베트남 이후, 미국 장성들과 해군 제독들은 군사적 목표들과 목표를 달성하기 위한 수단에 질문을 할 가능성이 더 높아졌다. 그들은 군사적 성취가 외교정책 목표에 봉사하는 방법을 설명하도록 민간 지도자들을 격려했다. 미국의 군사력이 위압적이기는 하나 군사력만으로 많은 목표들을 달성할 수 없다는 점을 찾아서 지적했다.

전장에서 혁혁한 공을 세운 상승하는 장교 맥매스터(H.R. McMaster)는 합참(Joint Chief of Staff)이 대통령에게 자신들의 의견을 단도직입적으로 보고하지 않고 더 좁은 복무 태도에 사로잡혀 "임무태만(Dereliction of Duty)"을 했다고 그 합참을 고소했다.[45] 어떤 이는 북베트남에 대해 더 강력한 공격을 주장했던 합참은 틀리기는 했으나 의무를 태만히 하지 않았다고 반박할 수 있을 것이다. 군 통수권자(commander in chief)로 LBJ는 군사전략을 결정한다. 대통령 트럼프의 국가안보보좌관을 지낸 후, 맥매스터는 민간-군대 관계의 복잡성을 고위급 수준에서 더 잘 인지했을 것이다.

아이러니하게도, 베트남 후에 미군이 얻은 교훈과 그 전문성은 미국의 무력을 그 후의 많은 외교적 문제에 대한 잠재적인 해답처럼 보이게 만들었다. 대통령 로널드 레이건(Ronald Reagan)의 그레나다(Grenada) 전개, 특히 조지 H. W. 부시(George H. W. Bush)의 파나마(Panama)에 대한 결정과 쿠웨이트(Kuwait) 해방을 위한 투입은 미군의 효과성을 보여주었다. 그러나 이것들은 제한된 목표를 가진 제한된 작전들이었다. 1991년 이후 29년이란 세월은 지금 미국의 군사력을 미국 외교에 사용할지의 여부와 만약 사용한다면 외교에 기여하는 방법을 사정하는 어려움을 드러내고 있다.

5. 무력과 외교의 통합

벤 프랭클린은 사라토가(Saratoga)에서의 전쟁 승리를 이용해 프랑스를 미국의 최초의 동맹국이 되도록 합의하도록 밀어붙였다. 요크타운(Yorktown) 전투에서의 성공은 프랭클린이 영국과 평화를 교섭하도록 도와주었다. 토머스 제퍼슨(Thomas Jefferson)은 미국 민병대가 뉴올리언스(New Orleans)로 진군한다는 위협을 연출해 나폴레옹이 루이지애나를 팔도록 재촉했다. 반면에 링컨은 한 번에 한 개의 전쟁만을 원했기 때문에 *트렌트(Trent)*호 위기의 수습 방안을 교섭했다. 수어드(Seward)는 프랑스군 철수를 강제하는 지렛대로 멕시코 국경에 북부군을 배치했다. 테디 루스벨트(Teddy Roosevelt)는 대 백색함대(Great White Fleet)로 세계 일주를 하여 잠재적인 적국을 위협했다. 그는 경쟁 국가들과 심지어는 전쟁을 하고 있는 세력들 간의 외교적 해법을 중재하기도 했다. 테디 루스벨트(TR)는 무력의 한계를 인식했다. 1947~49년의 동맹국 축조자들은 미국 경제 세력을 결합해, 안전보장 약속으로 뒷받침되어, 서부 유럽을 안전한 회복의 길로 올려놓았다. 드와이트 아이젠하워(Dwight Eisenhower)는 핵억제력에 의지해 냉전(Cold War)기의 대략적인 균형을 수립했다. 그리고 존 케네디(John Kennedy)는 미군을 결집해 베를린과 쿠바에 관한 협상을 돕게 만들었다.

베트남에서는, 그러나, 존슨 행정부는 미국의 군사력이 외교적 해법의 수요를 대체할 수 있다고 스스로를 속였다. 미국은 군사적으로 전쟁을 이기거나 혹은, 최소한, 어떤 불분명한 결산을 달성하기 위해 나중의 교섭에 미국의 손을 강화하는 데 무역을 사용해야 할 것이었다.

1964~65년 이야기는 가장 중요한 배우를 막 뒤에 남겨 두었다. 주무 외교관인 국무장관 딘 러스크(Dean Rusk)는 합의를 위한 교섭이나 방안들을 만들어 내는 일에 관심을 두지 않았다. 그는 외교적 결과에 심각한 생각을 투입하기 전에 미군이 전쟁을 돌려놓아야 한다고 믿었다. 러스크는 트루먼의 국무장관과 국방장관 사이의 싸움이 그 행정부를 얼마나 약하게 했는지를 관찰했었다. 그는 팀플레이의 열성적인 신자였다. 더구나 그의 상관인 대통령은, 하노이(Hanoi)가 미국의 조건들을 받아들이지 않는 한, 외교를 피해야 할 약함의 신호로 여겼다. 번디의 두꺼운 비망록은 군사력의 사용방법이나 1964년 말과 1965년 초에 군사력을 사용하겠다는 위협을 협상의 지렛대로 사용할 수 있다는 점을 결코 심각하게 검토하지 않았다.[46]

미국인들은 전쟁 동안에는 정책 배턴(baton)을 전쟁부나 국방부에 넘기는 경향이 있다. 우드로 윌슨(Woodrow Wilson)은 1918년 휴전(Armistice)이 하나의 성공적인 평화로 이어질 수 있다는 내용을 심의를 하지도 않고 제1차 세계대전을 존 퍼싱(John Pershing) 장군에게 넘겼다. FDR은 제2차 세계대전 동안 국무부를 제치고 승리 후에 올 것에 대해서는 막연한 생각만 가지고 있었다. 트루먼(Truman)은, 슬프게도, 맥아더(MacArthur) 장군이 중국과의 경계인 압록강을 향해 진격하도록 버려두어 북경의 개입을 촉발해 전쟁을 2년 더 끌게 만들었다. 아무도 38도보다는 훨씬 더 이북이나 중국과의 국경선인 압록강보다 남쪽에 방어선을 그어 중국과의 하나의 작은 완충지대로 제대로 기능을 못하는 북한 체제를 남겨 둘 가능성을 검토하지 않았다.

외교적 협상들은 무력사용을 포함해 동기들에 달려있다. 키신저는 "미국 정치계의 일반적인 견해는 군사력과 외교를 구분하고 근본적으로는 분리된 행동의 단계로 본다. 군사적 조치는 가끔은 교섭의 조건을 만든다고 보여지지만, 일단 교섭이 시작되면, 그들은 자신들의 내부 논리에 의해 추진되는 것으로 보여진다"고 관찰했다. 외교 회의의 모형이라고 오랫동안 여겨져 온 1815년 비엔나 회의조차도 오래 유지되는 합의를 달성하기 위해서는 전쟁의 위협이 필요했다고 그는 설명했다.[47]

나는 제1차 걸프 전쟁(Gulf War) 동안 외교에서 전쟁으로 전환되는 것을 관찰했다. 사담 후세인의 쿠웨이트 침공에 대항해 34개국 연합을 모은 장관 베이커의 수완과 그리고 대통령 부시와의 베이커의 밀접한 우정에도 불구하고, 일단 군대를 결집해 깃발을 펼친 후에는, 수순을 밟아야 할 사안들에서 멀리하고 승리로 홱 틀어 버렸다.

1990~91년에는, 그러나, 대통령 부시는 이라크를 쿠웨이트에서 쫓아내는 하나의 제한적인 전쟁을 벌이기로 작정했다. 베이커는 연합의 승리를 구축하려 움직였고 이스라엘(Israel)과 아랍(Arab) 국가들 사이의 평화 과정을 개시해 안보 지형을 재형성했다. 그러나 노련한 외교 정책팀까지도 이라크와 지역 안보를 위해 무슨 결과가 나와야 하는지를 완전하게 심의하지 못했다. 실제로, 제1차 걸프 전쟁 후 국정운영(statecraft) 과제는 훨씬 더 확대되었다. 누군가가 인도 합참의장에게 1991년 걸프 전쟁에 얻은 결론이 무엇인가를 묻자, 그 장군은 '대량살상무기를 가지고 있지 않는 한 미국과 싸우지 마라"고 대답했다. 제1차 걸프전쟁에서 미국의 재래식 전력의 압도적인 성공은 잠재적인 적들이 자체적으로 대량살상무기를 획득하고 미사일을 보유할 관심을 확장했다. 승리는, 압도적인 것일지라도, 최선의 외교적 결과를 자동적으로 생산하지 않는다.

1964~65년에 베트남에 대한 미국 정책을 결정하는 데 있어서, 확전의 위협이, 불만족스러우나 수용가능한 합의를 생산할 수 있는지의 여부를 아

무도 분석하지 않았다. 1964년 10월에, 국무차관 조지 볼(George Ball)은 가능한 정치적 해법들의 개요를 소개했다. 처음에는 휴전, 그 다음에는 남쪽 사이공에서 하나의 불안한 지역적 합의를 하고, 그 다음에 국제회의를 개최하여 하나의 중립적인 남베트남을 환영하는 방안을 제시했다.[48]

빌 번디[Bill Bundy, 동아시아 담당 국무 차관보이고 맥(Mac)의 동생]는 대체로 볼의 베트남에 대한 전망과 지역적 함의 평가에 동의했다. 그러나 번디는 미국 확전은 미국의 입장을 강화해 줄 것으로 생각했다. 반대로, 일단 워싱턴이 전쟁을 장악하자, 미국은 철수의 유연성을 줄였고 승리하려는 하노이의 결의를 더 단단하게 만들었다.[49]

일찍부터 1963년과 1964년에, 하노이의 일부 인사들은 미국과의 확전을 피하기를 원했다. 북베트남은 싸움으로 영토가 줄어들지 않을 것이나 초래되는 대학살을 피하기를 원했다.[50] 1963년 12월에, 당중앙위원회(Party Central Committee)는 미지의 기간에 걸쳐 사이공 체제를 극복하기 위해 더 장기적인 "복잡한 형식들과 방법들"을 "한 걸음 한 걸음을 옮기는 단계적" 과정을 기꺼이 심의할 것이라고 내부에서 선언했다. 사이공 정부는, 최근 쿠데타들로 흔들려, 약하게 보였으나, 하노이는 미국과 전면전을 피하기를 원했다.

1964년 봄에 미국은 캐나다 사절에게 하노이에 메시지를 전해 달라고 요청했다. 캐나다 사절은 북베트남 수상을 두 번 만났다. 수상은 워싱턴을 위해 체면을 살리는 출구를 열 작업을 할 용의가 있다는 신호를 보냈다. 그러나 워싱턴은 합의에 관심이 없다는 하나의 최후통첩을 보냈다. 미국은 "강압 외교(coercive diplomacy)"는 확전 선언으로 위협했고 하노이는 남쪽에서의 인민해방전선(National Liberation Front)에 대한 지원을 중단하라고 요구했다. 아무도 군사적 위협을 이용해 미국의 철수를 교섭하려고 심의하지 않았다. 로즈볼(Logevall)은 1965년 1월부터 2월까지, 북베트남은 "대화를 할 용의가 있으며, 그 주된 목적은 다툼에서 미군 철수를 얻어내는 것이었다"고 회상했다. 1965년 2월에 미국이 체계적인 공습을 개시하자, 하노이는 그 입장을 더욱 굳혔다. 존슨은 하나의 정치적 문제를 해결하기 위해 전쟁을 확대했고, 그는 힘을 과시하면 하노이와의 미래 교섭에서 유리하게 될 것으로 판단했다. 그는 끔찍하게도 잘못 계산했다. 1965년 중반에, 대통령은 자문관들에게 "어떻게 우리가 탈출하지?"라고 문의했다. 더 많은 인력을 보내고 다음에 교섭하라고 보좌관들은 요청했다. 1965년 말에, 미국은 베트남에 지상군 18만 명을 유지했다. 아무도 군사력과 외교를 결합하는 방법을 심의하지 않았다.[51]

6 자문관들의 실패

대통령 존슨은 1964~65년의 핵심적인 결정을 내렸다. 그럼에도 불구하고, 그의 보좌관들은 대통령과 국가에 충성하지 못했다. 톰 위커(Tom Wicker)는 LBJ의 베트남 정책 자문관들을 요약했다. "대통령을 주위를 둘러보고 기술적으로 가능한지의 여부를 봅 맥나마라(Bob McNamara)에게 묻고, 지적으로 존경할 만한가의 여부를 맥조지 번디(McGeorge Bundy)에게 묻고, 역사적으로 필요한 가의 여부를 딘 러스크(Dean Rusk)에게 물었다."[52] 무엇이 빠졌나?

대통령 주위의 팀은 중요하다. 대부분의 자문관들은 대통령의 부담을 덜어주기를 원한다. 그들은 지원과 격려를 할 방안들을 찾는다. 이것들은 좋은 동기이지만, 백악관의 공기 여과기는 여전히 아첨(sycophancy)분위기를 청소해 내지 않았다. 아무도 대통령을 포함해 나쁜 소식을 듣기를 원하지 않았다. 웨스트 윙(West Wing)의 서두르고 안달하는 환경에서, 저항에 부딪히는 경로를 향해 대통령을 인도할 여유가 거의 없다. 환영받지 못하는 정보를 전달하는 사람은 대가를 치른다. 반대자들은 비판자들을 부정적이고, 약하고, 패배주의적이고 심지어는 불충하다고 낙인을 찍을 수 있다. 최소한으로 반대자들(naysayers)은 개인적 자본(personal capital)이 소진된다. 대통령에 동의하지 않는 보좌관들은 선거를 통해 당선된 대통령에 대한 존경 때문에 입을 다물 수 있다. [나는 대통령에게 어려운 메시지를 전달하기로 약속한 사람들이 일단 오벌 오피스(Oval Office)에 들어서면 실제로 의지를 접는 행동에 지속적으로 놀라고 있었다.] 실제적인 사안으로, 보좌관들은 자신들의 한 방(shots)을 선택해야 한다. 그런 후 대통령은 자신이 신뢰하는 동료나 친구와 상의한다. 만약 대통령이 되기 전의 삶이 훌륭한 판단력을 지닌 공정하고 식견이 풍부한 인재들로 들어차 있지 않다면, 백악관의 위기는 증가한다.

1964년 존슨의 보좌관들은 새로운 매우 다른 유형의 지도자와의 관계를 축조하려는 케네디 사람들이었다. 미국 대통령들은 아무도 서로 같지 않지만, 그들은 보좌관들을 필요로 한다. 너무 많이 기대하는 것일 수도 있지만 그러한 보좌관들은, 자신들의 권한을 극대화하기보다는, 대통령이 최선의 결정을 내리고 좋은 결과를 달성하도록 돕는 데 최고로 집중해야 한다. 수어드(Seward), 헤이(Hay), 루트(Root), 휴스(Hughes), 마샬(Marshall), 에치슨(Acheson), 슐츠(Shultz), 스코크로프트(Scowcroft), 베이커(Baker)는 모두 그러한 역할을 했다.

번디의 국가안보보좌관의 역할은 비서실장을 두지 않은 존슨에게는 특히 핵심적이었다.[53] 국가안보보좌관들과 참모장(chiefs of staff)들은 대통령을 자주 또 사적으로 만날 수 있는 소수이다. 그들은 분위기를 판단해 사안들을 제기할 시기를 사정하고 타인들을 포함하는 것을 제시할 수 있다. 그들은 대통령이 재고하도록 압박을 가할 최적의 위치에 있다. 베트남에 대해 번디는 LBJ의 편견에 맞추어 자문내역을 조정했다. 그는 불편한 결론들을 피했다. 수년 후 고든 골드스타인은 당시에 무슨 일이 일어났는지를 알아내려고 수 시간 동안 번디와 대화를 했고 번디는 "지배적인 합의에 특히, 대통령이 지지하는 의견에 도전하기를 꺼렸다"고 결론을 내렸다. 번디는 자신의 역할을 "큰 결정이 내려지는 것을 알고 그 실행을 지원하기 위해 일하는 참모"라고 생각했다. 그러나 번디가 어려운 질문을 강제하지 않는다면, 누가 그 일을 할 것으로 기대하나?"[54]

국가안보보좌관은 위의 5가지 주제 점검으로 시작할 수 있다. 즉 최근 역사에 대한 가정들의 점검, "신뢰성" 방어의 장점, 대통령 심리의 약점 상쇄, 미국 군사력의 효율성의 검토, 무력과 외교적 조치들의 동기화(synchronize) 주장. JFK는, 러스크와는 달리, 베를린 방어와 사이공 방어 사이의 전략적 차이를 구분할 수 있었다.[55] 번디는 결코 그 질문을 던지지 않았고, 마한(Mahan) 방식의 태평양에서의 미국의 해양 전략 평가를 제시하지 않았고 아시아 대륙에서 미국 안보의 핵심 이익의 제약들을 전혀 제시하지 않았다. 번디는 "베트남을 홀로 남겨 두는 방법과 1965년에 그냥 나와버리는 방법을 알지 못했기" 때문에 철수 방안을 아예 배제했다.[56] 테일러(Taylor) 장군도 미군 철수를 상상조차 할 수 없었다. 아이러니하게도, 테일러는 한국전을 경험하면서, "미국은, 적어도 핵무기 없이는, 아시아에서 지상전을 결코 벌여서는 안 된다"고 결론을 내린 적이 있었다.[57] 워싱턴과 사이공의 핵심 인사인 번디나 테일러 둘 다 비공산주의 남베트남을 보존하는 것이 핵심적인지 아닌지의 여부, 미국이 그 목표를 달성할 수 있을지의 여부, 시도하는 데 필요한 병력과 비용의 규모, 매력적이 아닐지라도 미국이 다른 대안을 추진할지의 여부와 방법에 대한 평가를 강제하지 않았다. 남베트남의 전망에 대한 맥나마라의 계산은 1964년 초에 벌써 절망적이었다. 그는 또한 베트남에서 중대한 미국 안보이익을 발견하지 못했다. 그의 매파성은 패배를 수용하지 않을 것이라고 천명한 대통령에 대한 충성심에서 나왔던 것으로 보인다.[58]

존슨의 보좌관들은 대통령의 가정에-공유하거나, 상상력이 부족하거나,

충성심에 묶여서-도전하지 못했다. 만약 대통령의 보좌관들이 달리 결정했다면, 그들은 4가지 기법을 사용해 그 과정을 비집어 열었을 수 있었다. 첫째, 국가안보보좌관은 그 논쟁을 넓힐 수 있었다. CIA는 경고를 지속적으로 발급했다. 1964년 6월, 예를 들면, 한 CIA 보고서는 남베트남의 형편없는 전망과 게릴라를 대적하는 사이공의 효력 없는 대응에 관한 경고를 발급했다. CIA는 "승리를 의심했고 일종의 타협적인 합의"을 촉구했다. 사이공 주재 미국 대사관은, 테일러 부관을 포함해 어두운 전망을 계속 내놓았다. 합참(Joint Chiefs)은 1964년 4월과 9월에 워 게임(war games)을 시행했고 두 번 다 북베트남에 대한 미국 폭격은 더 강경한 저항을 일으키고, 남쪽의 베트콩(Viet Kong)에 타격을 주지 못한다고 경고했다. 그리고 실제로 북베트남은 남쪽 게릴라들을 보강했다.59)

1964년 10월, 국무차관 조지 볼은 확전에 반대하고 합의에 이르는 경로를 제시하는 정곡을 찌르는 64쪽의 메모를 준비했다. 맥 번디는 그 문서를 존슨의 재선 유세 마지막 수주 동안에 대통령에게 보냈다고 나중에 주장했다. 그 수주 동안에 대통령은 긴 문서를 읽지 않았을 것이다. 번디와-그리고 대통령은-볼(Ball)을 모든 대안들을 검토했다는 흔적을 남겨 비판자들(과 아마도 장래의 역사가들)에게 보여주기 위한 한 명의 내부 "선의의 비판자"로 취급하는 듯했다.60) 국무차관보 빌 번디(Bill Bundy)는 볼에게 문서의 상당 부분에 동의한다고 응답을 했다. 만약 그의 동생 맥 번디(Mac Bundy)가 사용했다면 논의의 초점을 날카롭게 할 수 있었을 것이다. 1965년 2월, 대통령이 군사적 확전을 향해 핵심적인 조치들을 취하려 할 때, 신임 부통령 허버트 험프리(Hubert Humphrey)는 확전에 반대하는 두 건의 사려 깊은 내용을 담은 문서를 대통령에게 보냈다. 험프리는 그의 주장을 국제적 합의가 아닌 국내정치에 근거해 펼쳤다. 험프리는 "손실을 줄이는 것은 늘 어렵다"고 인정하고 또 1965년은 "정치적 위험이 가장 작은 해"라고 말했다. 그는 불확실한 국민적 지지와 닥쳐올 정치적 험로를 경고했다. 존슨은 베트남 정책에서 그의 부통령을 쫓아냈다.61) 번디는 국가안보보좌관으로 부통령을 상원 군사위원회(Armed Services Committee) 의장 리처드 러셀(Richard Russell) 상원의원, 외교관계위원회(Foreign Relations Committee) 의장 윌리엄 풀브라이트(William Fulbright), 다수당 지도자이고 오랜 아시아 통인 마이크 맨스필드(Mike Mansfield) 상원의원과 일을 하도록 동원할 수 있었다. 번디는 CIA 보고서를 상원의원들에게 제공해 LBJ에게 출구를 마련해 주도록 도움을 요청할 수 있었다. 그는 또한 맥나마라와 테일러의 의심을 끄집어낼 수 있었다.

둘째, 번디는 논의의 면을 쇄신할 필요가 있었다. 미국의 정치적 의지에 질문을 하는 대신에, 번디는 사이공의 의지, 목표에 대한 통합, 전쟁을 스스로 실행할 책무를 가지고 있는지를 물어보았어야 했다. 한국(South Korea)은 자신의 자유를 위해 싸웠다. 남베트남도 그럴 것인가?

셋째, 번디는 과정의 관리자로 논의의 실질적 범위를 추가할 수 있었다. 그는 확전 계획과 함께 가능한 합의와 외교적 접근을 작업하도록 지시할 수 있었다. 러스크가 비관적으로 남아있으면, 볼과 빌 번디는 베트남에 대한 지식을 가진 관리들을 보유한 영국, 캐나다, 프랑스 및 오스트레일리아 같은 일부 동맹국들의 견해를 조사할 수 있었다.

마지막으로, 맥 번디는 존슨에게 정치적인 동시에 정책적 선택과 같은 실제적인 방안들을 제시할 수 있었다. 존경받는 보수주의자 CIA 국장 존 맥콘(John McCone)은 전 대통령 아이젠하워와 주요 상원의원들에게 보고해 그들이 정치적으로 도울 수 있는 길을 준비하게 할 수 있었다. 대신에, 맥콘은 좌절해 1965년 4월에 사임했다. 존슨의 민주당 상원의원 친구들은 사이공의 실패를 전제로 한 정치적 출구 전력을 고안하도록 도울 수 있었다. 이 기간의 대부분 동안, 남베트남인들이 미국에게 떠나라고 요청하는 러셀의 아이디어는 추구해볼 만했다. 워싱턴은 사이공의 회전문 인사들은, 미국의 그늘이 자신들의 취약한 정치적 합법성을 어둡게 만들기 때문에, 대규모 미군의 존재를 염려했다. 테일러는, 성공적인 장군이고, 케네디의 친구이고, 현장의 책임자인. 철군에 대한 정치적, 군사적, 외교적 덮개를 제공해 줄 수 있었다. 맥나마라는 타이, 필리핀과 그 외 전선국가들의 경제를 진전시키고 안보적으로 보호하는 계획을 준비할 수 있었다. 맥 번디(Mac Bundy)는 닉슨과 키신저처럼, 워싱턴의 주의를 다른 데로 돌리는 어떤 새로운 외교적 이니셔티브를 행사할 수 있었다. 신중한 철군은-교섭 기간 동안 사이공이 결집할 수 있거나 아니하든-대통령이 '위대한 사회(Great Society)' 과제에 그의 정력을 집중할 수 있게 했을 것이다.

번디는 비공식적으로 그가 지휘하는 과정들을 통해 조각들을 모으는 일을 할 수 있었다. 재료들은 가용했다. 번디의 가장 큰 과제는 대통령에게 보좌관들이 그를 보호하기 위한 노력을 더 광범위하게 넓히도록 납득시키는 것이었다. 그 대신에 번디는 원을 긋고는 전제와 대안들에 관한 논의로 좁혔다. 그의 전략의 총합은 "군사력의 증강은 반란군의 승리를 뺏고 그 이후의 교착상태와 관련 비용은 베트남 공산주의자들이 자신들의 목표를 종국에는 굽히도록 강제할 것이다"였다. 그러나 이것은 하나의 단순한 가정에 불과했다.[62] LBJ의 선거 전인 1964년 10월에서 플레이꾸 피습 후 북베트남 폭격을 결정한 2월까지, 번디는 NSC 회의를 한 번도 조직하지 않았다. 그는 전쟁으로 가는 자동조타 장치를 가진 비행기의 조종석에 그냥 앉아 있었다.

실용주의 정치의 실패(A Failure of Pragmatic Politics)

1964~65년 대통령 존슨은 베트남에 관한 전략적 문제에 당면했다. 그는 미국의 봉쇄 독트린(doctrine of containment)-미국의 동맹국들의 새로운 네트워크로 가동된-이 워싱턴이 내부의 완강한 적들로부터 남베트남을 구

할 필요가 있는지의 여부를 판단할 필요가 있었다. 존슨은 이 문제를 하나의 정치적 문제로 취급했다. 그는 단기간에 자신의 국내 세력에 미치는 비용에 집중했다. LBJ는 외교 문제를 푸는 데 미국의 군사 역량을 과대평가했다. 그는 군사적 행동을 외교로 연결하지 못했다. 그는 베트남을 지역 전략으로 결코 조사하지 않았다. 이 말은 미국이 베트남과 그 지역에서 모든 위협과 개입을 배제해야 한다는 의미는 아니다. 실용적 외교는 하나의 기술이지 고정된 공식에 따라 작동하는 알고리즘이 아니다.

존슨의 주요 자문관들은, 회의적인 질문과 문제를 분리해 가정과 가능성을 점검하는 JFK 없이, JFK에게서 배운 임시변통적인 방법에 의지했다. 케네디는 냉정하게 계산할 수 있는 개인적 공정성을 달성했다. 국무장관 베이커도 이와 유사한 능력을 보유한 것으로 보였다. 이 인사들은 외향적으로 보였으나, 그들은 살피고 피도 눈물도 없이 행동했다. 베이커는 농담으로, 진정성의 기미보다도 더 강하게, "나는 내가 할 수 있는 만큼 절대적으로 길게 귀하에게 달라붙을 것이다는 점을 나는 귀하가 알기를 원한다"고, 말했다. 대조적으로, 모든 만남과 모든 문제는 LBJ에게는 뜨거웠고 개인적이었다.

존슨 보좌관들은 승리에 미치지 못하는 여러 결과들이 미국의 이익을 충족하는 방법에 대한 심의 없이 즉각적인 조작에 매달리게 만드는 위기관리 방법을 사용했다. 그들은 장기적인 목적들, 현실적인 목표들과 이들을 달성할 수단에 부수되는 불편한 의문들에 직면하는 대신에 그 문제에 대한 대응을 좁혔다. 그들은 지배하려는 대통령의 정치적 성향을 허용했다. 아이러니하게도 그리고 비참하게, 미국 대통령 중 가장 정치적인 존슨은 미국 국민이 단지 신뢰성을 위해 값비싼 전쟁을 포기할 것이라는 점을 인식하지 못했다. 존슨의 전쟁은 실용의 반대로 드러났다–그것은 무의미한 희생으로 서서히 빠져들었다.

제15장

◆

리처드 닉슨과 헨리 키신저

Richard Nixon and Henry Kissinger

미국식 현실정치(American Realpolitik)

세상을 바꾼 한 주일(The Week That Changed the World)

1972년 2월 17일 대통령 리처드 닉슨(Richard Nixon)은 앤드류스(Andrews) 공군기지를 떠나 최초로 중국으로의 긴 여정을 시작했다. 공군 1호기는 출발했으나, 그는 여전히 중국의 전설적인 공산주의 지도자 의장 마오쩌둥(Mao Tse-tung)을 만날 수 있을지의 여부를 알지 못했다.[1)]

열렬한 반공주의자 닉슨은 조심스럽게 준비했다. 여러 달 동안, 그는 역사적인 그의 여행에 관해 열변을 토했다. 그는 현직으로 중국을 방문하는 첫 번째 대통령이 될 것이었다. 이전 30년에 걸친 중국은 미국인에게 매력과 모순-함께 또 그리고 대항해 전쟁을 한-을 항상 불러일으켰다. 미국인들은 중국을 하나의 거대한 상업적 풍부함으로 또 희망 없는 경제적 가능성을 함께 보고 있었다. 그들은 중국인을 기독교와 현대화로 전환시키려 노력했으나 중국인들의 거절로 찔려버렸다. 마오의 공산주의자들이 하나의 혁명적인 체제를 채택한 후 이십 년 이상, 미국은 중국인민공화국(People's Republic of China)을 인정조차 거부해왔다. 닉슨은 자신의 모험을 "달에 가는 것과 유사"할 것이라고 언론에 말했다.[2)]

닉슨은 중국에 도착할 때 최상의 몸을 유지하기를 원했다. 그는 세기적 전환기의 전임자 윌리엄 맥킨리(William McKinley)의 유산인, 하와이(Hawaii)에서 쉬었고, 괌(Guam)에서 멈추었다. 대통령은 젓가락질을 연습했다. 괌에서 상하이(Shanghai)로 날아가 간단한 아침식사를 했다. 상당한 교섭 후에 미국인들은 마지못해 동의해, 중국인 항해사와 무선사가 비행기에 탑승해 공군 1호기를 베이징으로 안내했다.[3)]

닉슨은 중국 수도에 춥고 안개 자욱한 2월 21일 오전 11시 30분에 도착했다. 미국 저녁 TV뉴스 시각에 맞추었다. 닉슨은 계단을 혼자서 내려왔고 중국 수상 저우언라이(Chou En-lai, 周恩來)가 맞이했다. 닉슨은 저우에게 손을 내밀었다. 카메라는 셔터를 눌렀다. 일단 대통령과 수상이 자동차에 타고 시내로 이동할 때 저우는 "귀하의 악수는 세계에서 가장 넓은 해양을 건너서-25년 동안 아무 소식도 없다가 왔다"고 말했다. 두 사람은 역사적 상징성을 같이 인식했다. 1954년 베트남과 한국에 관한 제네바 회담(Geneva Conference)에서, 국무장관 포스터 덜레스(Foster Dulles)는 저우(Chou)가 내미는 손을 무시했다. 외교는 제스처를 통해 소통하고 상징성(symbolism)은 의미를 가진다. 1954년 저우는 미국에게 중요한 차이들에 관해 합의를 제안했으나, 덜레스는 그를 거부했다. 1972년에 와서 미국은 존 헤이(John Hay)의 정신을 따라 존중하면서 다시 중국의 문을 열었다.[4)]

중국은, 한편, 하나의 강대국에 조심스러운 인사를 보내고 있었다. 국가들은 대등하게 만난다. 공항에는 두 국가의 국기들이 나란히 걸렸다. 닉슨은 약 25명의 관리와 의장대로 구성된-일반 국민은 없이-환영단을 맞이했다. 공항 청사에는 제국주의자(imperialist)들과 자본주의자(capitalist)들을 맹렬히 비난하는 현수막이 걸려있었다. 환영식은 15분 걸렸고 수천 년의 역사를 세운 땅에 대한 간단한 예의였다. 저우(Chou)는 대통령을 따라오는 헨리 키신저에게 "아, 오랜 친구"라고 사적인 대화를 건넸다. 국가안보보좌관 키신저는 닉슨의 방문을 준비하기 위해 2차례의 상당 시간을 수상 저우언라이와 보냈다. 향후 수십 년 동안 "오랜 친구"는 상호 배려를 획득한 외국

인들에 대한 중국인의 인정으로 사용될 것이었다.[5)]

닉슨이 도착하자, 마오는 준비를 완료했다. 병석의 독재자(autocrat)는 수 개월만에 처음으로 면도를 하고 머리를 깎았다. 마오는 몸이 붙어서 새로운 의복과 신발을 신었다. 78세의 노혁명가(revolutionary)는 약한 심장, 고혈압, 폐에 물이 고였고, 다리가 부어 있었다. 중풍이 대화를 손상시켰다. 의장은 의사들을 신뢰하지 않았으나 미국 대통령을 존경으로 맞이할 수 있게 마침내 기초 치료를 받기로 합의했다. 마오의 의사들은 미국 선발대가 닉슨이 위급 시에 사용할 목적으로 보낸 산소 탱크와 호흡기를 끌어들였다. 중국인들은 마오의 침실에 그 장비를 숨겼다.[6)]

닉슨의 방문에 마오는 흥분했다. 공군 1호기가 접근하면서 마오는 진도 보고서를 받았다. 마오는 대통령을 바로 만나려 했으나, 저우는 닉슨은 우선 댜오위타이(Diaoyutai, 釣魚臺) 영빈관에 쉬어야 한다고 마오를 설득했다. 오후 2시 30분, 안달이 난 마오는 저우에게 닉슨을 자금성(Forbidden City, 紫禁城) 근처, 공산당 지도층이 살고 있던 한적한 곳에 위치한 중난하이(Zhongnanhai, 中南海) 소재 붉은 벽 건물로 데려오라고 요청했다. 중국의 마지막 제국에서 축조한, 사람들이 꺼리는 거리의 많은 건물들, 호수들, 숲들, 벽으로 둘러싸인, 공산당 본부 건물들에 들어온 외국인이나 중국인은 거의 없다. 저우는 의장의 소환을 키신저에게 전달했고, 이를 들은 키신저는 겉으로는 냉정하지만 속으로는 활력과 안도감을 가지게 되었다. 마오와의 만남은 세계와 중국인들에게 "위대한 조타수(Great Helmsman)"가 이 새로운 날을 환영했다는 신호가 될 것이었다.[7)]

닉슨이 마오의 서재에 들어서자, 비서가 중국의 의장을 서도록 부축했다. 주인은 대통령에게 발을 움직여 다가가 닉슨의 손을 따뜻하게 오랫동안 잡았다. 중국인 사진사들이-허가된 요원들만이-그 장면을 포착했다. 두 사람은 그 사진이 전 세계에 번쩍일 것을 알고 있었다.[8)]

중국식의 활 모양으로 배열된 의자들에 두 지도자들이 앉은 후, 닉슨은 국가들 사이의 관계와 국제적 맥락을 논의하려고 시도했다. 닉슨은 세계관들에 근거해 하나의 관계를 구축하려고 노력했다. 대통령은 "한 국가의 내부 정치 철학"이 아닌 미국과 세계를 향한 한 국가의 정책이 중요하다고 강조하고 있었다. 마오는 다른 국가들에 대한 자세한 사안들을, "모든 골치 아픈 문제들"을, 저우에게 미루었고, 자신은 "철학적 문제들을" 논의하고 싶어했다. 닉슨은 마오의 에세이들과 시를 언급하면서 마오의 환심을 샀다. 마오는 비록 그의 마오쩌둥 어록(Little Red Book)은 문화혁명(Cultural Revolution)기에 삶과 죽음의 교리로 통했으나, 자신의 난필을 묵살했다. 마오는 닉슨의 저서 *6대 위기(Six Crises)*는 "좋은 책"이라고 언급했다. 키신저는 마오의 업적을 하버드 학생들에게 읽도록 지시했다고 거들었다. 다음에는 양 지도자들은 국가안보보좌관을 놀렸다. 저우는 조용히 앉아 있었고 마오가 자기 비하적인 말을 할 때 웃기만 했다.[9]

마오는 간접적이고 유머러스한 말로 소련, 일본, 한국(South Korea), 그리고 특히 평생의 정적인 장제스(Chiang Kai-shek)의 전초기지인 타이완에 대해 짤막한 요점을 전달했다. 노(老) 공산주의자는 닉슨에 "한 표"를 던졌고 우파들을 좋아한다고 말했다. 닉슨은 미국에서는 "우파들은 좌파들이 말로만 할 수 있는 것을 할 수 있다"고 대응했고 키신저는 "좌파들은 친소련"이라고 맞장구를 쳤다.[10]

비록 통역하는 데 30분은 걸렸지만, 15분 일정의 수인사는 1시간으로 늘어났다. 저우는 시계를 계속 보고 있었고 마오는 오늘 충분히 다루었는지를 그에게 물었다. 마지막으로, 닉슨은 자신의 말을 지키는 사람임을 의장이 알기를 원한다고 말했다. 마오가 천천히 닉슨을 문으로 배웅하면서, 자신이 병중이라는 사실을 드러냈다.[11]

*중국에서의 닉슨(Nixon in China)*이라는 저서에서 저자 마가렛 맥밀란

(Margaret MacMillan)은 그 대화를" 기묘하게 결정적이 아닌… 닉슨은 장래 회담에 대한 기초를 깔고 있었고 마오는 두서가 없었다"고 드러냈다. 일부, 특히 키신저와 그의 기록원 윈스턴 로드(Winston Lord)는 나중에 마오의 수수께끼 같은 언급들에 많은 의미를 읽어냈다. 닉슨도 그 순간의 경이로움을 느꼈다. 많은 미국인들이 그 회의록을 읽고서 "많은 층으로 설계한 우화, 직접성과 숨겨진 의미"를 찾아냈다. 아마도 그럴 것이다. 마오는 타이완의 상황은 중국이 해결할 일로 미국이 간섭할 필요가 없다는 점을 우회적으로 말했다. "우리는 타이완 없이 당분간 살 수 있고 100년 후에 타이완이 중국에 와도 된다." 나중이란 의미의 과장 중 일부는 외교의 전환점에서 해당 역사적 인물의 만남을 극화한 데서 또 목격자들의 지위를 높이려는 의도였다고 나는 느낀다.[12)]

진짜 메시지는 만났다는 사실이다. 두 당사자들은 하나의 새로운 관계를 탐색하기 위해 뚜렷한 차이를 옆으로 밀어 둘 의향이 있었다. 미국은 마오를 개방 가능성을 인지하고 미국인들을 따뜻하게 받아 줄 전략가로 여겼다. 닉슨은 "기회가 왔을 때 그 날짜와 그 시각을 잡을" 수 있는 한 지도자에 대해 자신의 그림자를 보았다. 닉슨이 떠난 후 마오는 주치의에게 솔직 담백한 닉슨을 좋아했다고 말했다. 그는 "숲 언저리를 두들기지 않고, 하나를 말하고는 다른 것을 의미하는" 좌파(leftist)들과는 다르다고 말했다. 마오는 중국과의 개선된 관계들이 미국에 편익이 된다는 닉슨의 직접적인 평가를 존경했다. 1974년에 마오는 영국 수상 에드워드 히스(Edward Heath)에게 닉슨은 "자신의 위치를 알고, 자신이 원하는 것을 알고, 원하는 것을 획득할 정신력을 가지고 있었다"고 말했다. 그러나 마오는 키신저의 매력과 반짝이는 지성에 감동을 받지 않았다. 그는 키신저는 "그냥 우스운 작은 사람이고, 나를 보러 올 때는 매번 온몸의 신경이 곤두서 떨고 있었다"라고 말했다.[13)]

닉슨은 자신의 방문은 "세계를 바꾼 그 주일"이었다고 결론을 내렸다.[14)]

그는 옳았다. 실제로 그가 시작한 전환은 아직도 세계들 흔들고 있다. 세계 사람들이 태평양의 두 강대국이 함께 일할 수 있는가의 여부를 묻기를 지속하고 있다.

역사와 현실정치(History and Realpolitik)

양측은 서로 조심스럽게 접근했다. 각각은 *자신*이 세계의 중심이라고 가정했다. 중국은 마르크시즘(Marxism)과 국수주의(nationalism)의 융합으로 동력을 받는 회전하는 세계의 핵이라고 믿었다. 미국은 자유 세계의 지도자이고 세계적 자본주의의 대리인이었다. 합법적 질서의 서반구 보호자는 광범위한 변화를 촉구하는 동반구 반군과 철학과 관심사를 토의하기를 원했다.

더구나, 역사는 그들의 대담한 사업에 그늘을 드리웠다. 중국에 대한 미국의 매료는, 적어도 1784년의 로버트 모리스(Robert Morris)의 *중국 여제(Empress of China)호*[역자주: 3개 돛을 탑재한 360톤급의 사나포선(私拿捕船)]의 항해 당시로 거슬러 올라가는, 우정과 적의로 지난 두 세기 동안 왔다 갔다 했다. 중국은 자신의 오래된 문명을 귀하게 여겼다. 미국은 새로운 문명을 열심히 설명했다. 미국 상인들은 중국 시장의 문을 개방하는 꿈을 꾸었고 선교사들은 중국인의 영혼을 구제하려고 시도했다. 존 헤이(John Hay)와 테디 루스벨트(Teddy Roosevelt)는 식민 세력들에 의한 중국 분할에 저항했고, 찰스 에반스 휴즈(Charles Evans Hughes)는 중국이 자국의 주권을 지키도록 지원했다. 사실, 미국인들은 늘 중국을 온전하게 보존하면서 중국인들을 기독교, 상업, 혹은 공화주의자로 변신시키려 노력했다. 중국인들이 미국의 선의에 퇴짜를 놓을 때, 미국은 적의로 대응했다. 1972년에 두 국가는 이십 년 동안의 고립과 의심을 극복하려고 시도했다. 닉슨과 마오는, 둘 다 자신들의 경력 전반을 통해 정치적 위험을 관리해야 했던, 도박을 하고 있었다.15)

닉슨은 위험을 무릅쓰는 사람이었다. 그는 열렬한 반공주의자로 정치적 경력을 쌓았고 자신의 정치적 자본을 공산 중국(Red China)을 개방하는 데 사용하기로 결정했다. 그는 또한 대규모 지정학적 내기-역사적이기도 한-를 했다. 대통령은 제2차 세계대전 후 비상한 미국의 지배는 오래 유지될 수 없다고 믿었다. 장기적이고 고통스러운 베트남 전쟁 패배는 그런 길로의 이행에 시험을 추가했고, 새로운 고립주의를 낳아 미국을 안으로 움츠려들게 하는 큰 낭패를 닉슨은 걱정했다. 동시에 소련 세력은 확대되고 있는 듯이 보였다. 중국과의 관계 회복은, 다극체제의 새 시대를 열고, 거기서 기민한 미국 외교로 경쟁자들 사이를 누비면서 강대국들 간의 평화의 새로운 질서를 구축할 수 있을 것으로 닉슨은 계산했다. 아무도 중국의 잠재력을 완전히 이해하지 못했다. 닉슨의 이념적인 적국에 감행한 여행은 새로운 국제적 세력 균형을 타결할 미국의 선택지를 증가시켜 주었을 것이다.[16]

닉슨은 중국에서의 회담을 위해 준비한 노트에서 미국의 우월할 체제가 중국의 이념을 이길 것이라는 확신을 강조하는 것으로 작성했다. 닉슨은 1960년대 말의 미국 내의 혼란에도 불구하고 "우리의 체제는 이음매들에서 떨어져 나가지 않고 있다"는 점을 중국인들이 파악하기를 원했다. 그럼에도 불구하고 닉슨이나 키신저 둘 다 중국을 존중하는지 혹은 장래 미국 세력의 연장선에 의심 없이 두는지의 여부에 관한 자신들의 낙관적인 주장에 의존하지 않았다. 닉슨은 중국과의 하나의 새로운 접근 방식(modus operandi)을 모색하면서 미국의 제약점들을 언급했다. 어조와 근본적인 가정에서 닉슨의 현실정치와 로널드 레이건의 부흥운동(revivalism) 간의 차이는 아주 뚜렷하다. 나는 이를 다음 장에서 다룰 것이다.[17]

중국 전역에 걸쳐 수억 명과 싸워 정상에 오른 혁명가 마오는 모험적인 일생을 또한 추구했다. 키신저가 처음 중국을 방문한 날, 마오는 저우에게 자신이 애용하는 주제 "하늘 아래 모든 게 큰 혼돈에 빠져 있다"로 하나의 선언문을 발급하게 지시했다. 마오는 혼란의 세계는 역사적 변화를 생산한다고 믿었다. 그는 파괴적인 변화-대약진정책(Great Leap Forward)과 문화혁명(Cultural Revolution)을 포함해-를 통해 통치했다.[18)]

마오는 자신의 마르크스 이념을 중국의 실체와 맞추었다. 그는 중국의 위험한 고립, 내부 적들, 그리고 문화혁명 이후의 내부 쇠약을 인식했다. 1968년 체코슬로바키아(Czechoslovakia)에 대한 소련의 침공은, 레오니트 브레즈네프(Leonid Brezhnev)가 다루기 힘든 사회주의국가들에 개입하는 권리가 있다는 교리로 정당화한, 중국을 불안하게 했다. 1969년 여름 소-중 국경선에서의 군사적 충돌은 마오의 위험감을 더 예리하게 했다. 중국은 소련이 중국의 핵프로그램에 대한 외과적 타격을 가할 것이라는 소문조차 듣고 있었다. 마오는 과거 중국의 황제들처럼 중간 왕국(Middle Kingdom)을 둘러싼 먼 거리에 있는 소련은 물론이고 일본과 인도를 (중국에 유리하게) 서로 싸우게 할 수 있었다. 빈곤하게 된 중국은 경제적 도움이 필요했으나 그걸 요청할 수는 없었다.[19)]

강력한 지도자들은 이념의 일관성보다는 생존과 성공을 포획한다. 1969년 5월 의장 마오는 "세상의 인민들이여, 단결해 미국 침략군과 모든 그들의 개들을 물리치자(People of the World, Unite and Defeat the U.S Aggressors and All Their Running Dogs.)"라는 제목의 문서를 출판했다. 키신저가 관찰했듯이, 마오는 미국을 세계 평형의 한 부분으로 보았을 때, "자기 자신의 반-제국주의적 선언을 '빈 대포'라고 일축"했다. 미국은 러시아와는 다르다. 왜냐하면 "미국은 중국 영토를 점령한 적이 결코 없기 때문이다"라고 주치의에게 말했다.[20)]

키신저는 닉슨에게 중국외교는 원칙을 특정함으로써 시작된다고 알렸다. 일단 큰 그림의 원칙들이 명확하게 되면, 전술에 대해서는 유연할 수 있다. 중국 학자들도 나에게 같은 점을 지적해 왔다. 반면에, 미국인들은 아이디어에서 문제 해결까지 곧장 움직이는 습관이 있다. 미국인들은 중국의 취향이 너무 개념적이고, 시간 낭비적이거나 혹은 행동을 이끌어내는 어려운 작업을 우회할 것이라고 의심한다.[21]

개회식 후에, 닉슨은, 마오가 자신의 발표를 읽을 것으로 파악하고, 자신의 전략적 원칙들을 저우에게 제시하는 도전을 즐겼다. 대통령은 여러 번에 걸쳐 중국과의 관계를 정상화하려는 이유를 설명했다. 닉슨은 타이완에 대한 차이들은 성가신 문제임을 인식했으나, 그는 하나의 평화적 해결을 추구했다. 그는 미국은 진지하고, 믿을 수 있고, 인도나 물론 소련 등 공격적인 국가들에 대항해 필요한 균형추라는 점을 중국이 알기를 원했다. 닉슨은 일본은 군국주의로 다시 회귀하지 않을 것을 희망하지만 미군의 주둔은 그럴 가능성에 브레이크로 작동한다고 설명했다. 닉슨은 국내에서 자신이 직면하고 있는 반대세력-타이완을 지지하는 우파, 소련을 건들기를 원하지 않는 좌파, 현상유지와 결혼한 관료집단-을 또한 지적했다. 대통령은 아시아-태평양에서의 미국의 역할이 안정에 기여하고, 대결의 위험을 줄이고, 소련을 억누를 수 있는지를 설명하는 지정학적 설계를 그려주었다. 그는 원칙들에 대한 믿음과 중국에 대한 개방정책 때문에 정치적 위험을 감수할 것이라고 설명했다.[22]

닉슨과 키신저는 반복적으로 중국 지도자들에게 미국은 중국을 해치기 위해 소련과 결탁하지 않고, 다른 어느 국가와 공모하지도 않는다고 확인해 주었다. 미국의 약속을 보여주기 위해, 미국인들은 소-중 국경을 포함한 소련의 군사적 역량에 관한 고급비밀정보를 넘겨주었다. 만약 중국이 원한다면 더 상세한 정보를 제공하겠다고 키신저는 말했다. 중국인들은 요청했다. 그는 핵무기통제를 포함해 소련과의 대화 내용을 공유할 것이라고 말했다.

닉슨과 키신저는, 한편으로, 중국이 하노이를 압박해 베트남에서 합의에 이르도록 하기를 원했다. 미국인들은 도움을 받기 위해 직설적으로 협상을 할 수는 없다고 이해했다. 베트남에서 지속적인 유혈사태는 미국의 역할을 약화시키지만, 중국이 아시아 지역에서 미국의 긍정적인 역할을 감지하는 게 필요했다. 유사하게, 미·중 두 국가는 소련에 대항해 하나의 공동 전선을 투명스럽게 제시할 수 없을 것이었다. 대신에 그들의 관계는 모스크바에 불확실성을 심어 적대적인 소련 행동을 억지할 것이고 소련이 협력하도록 강제할 수 있다. 키신저의 용어로 "쌍관성(雙關性, ambiguity)"은 잠재력과 조작할 능력을 의미한다. 이것들이 현실정치(realpolitik)의 수단들이다. "[차이를 극복하는] 실제적인 사안은 중-미 화해의 결과로 해결될 일이지 그것을 향해 길을 닦는 것은 아니다"라고 키신저는 설명했다.[23)]

현실정치는 또한 위치 잡기, 겉모양, 커튼 뒤에 숨겨진 신분과 지위에서 나오는 힘의 제시에 관한 것이다. 닉슨의 중국 방문은 전략적 교화 이외에도 상징성을 통해서도 말했다. 대통령과 그의 참모들은 미디어, 몇 개의 채널이 여론을 형성하던 시대에, 특히 텔레비전의 위력을 이해했다. 닉슨은 중국을 반대하는 미국 유권자들을 극복하는 걸 돕기 위해 그 방문의 드라마와 미스터리로 국민들의 흥분을 유발할 필요가 있었다. 그는 사진들이 자신의 자리를 역사에 표시 나게 남긴다는 점을 또한 이해했다.

선전기술의 대가인 중국인들은 미국 언론의 상세한 기획에 경악했다. 백악관 선발대는 공군 1호기를 특정한 장소에 착륙하게 해 대통령이 트랩을 걸어 내려와 저우를 만나고 영접열에 서는 정경을 가장 잘 찍을 수 있는 각도에 배열해 아무것도 우연에 맡기지 않았다. 미국인들은 활주로를 측정하고 페인트를 칠해 두었다. 저우는 닉슨의 이미지 구축에 회의적이었다. "사람의 이미지는 그의 행동에 따라 나타난다… 우리는 어느 세계 지도자들도 자기연출로 이미지를 만들 수 있다고 믿지 않는다."[24)] 키신저는, 다른 문화의 관료(mandarin)인, "닉슨 백악관의 홍보팀의 편집광적인 집착"[25)]을 개탄하면서 저우가 느낀 좌절에 공감을 했었다. 그러나 이들 둘은 아무도 재선에 출마하지 않아도 되었다.

닉슨의 홍보(publicity)는 실제로 훨씬 더 큰 목적을 이루는 한 수단이었다. 키신저가 나중에 기록하듯이, 대통령의 "일차적 목적은 외교정책에서 미국의 주도권을 회복하는 것이었다." 현실정치의 두 대가는 "중국 지도자들보다 닉슨의 외교 스타일에 더 수용적인 일군의 대화 상대자들을 접할 수는 없었다."[26]

중국에 대한 키신저(Kissinger to China)

헨리 키신저는 대통령의 방문을 준비하기 위해 베이징을 두 번 방문했다. 두 국가는-공식 관계가 없고 의사 불통의 역사가 있는-대화를 열 의사가 있다는 점을 시사하는 데 어려움을 겪었다. 1971년 봄에 저우 수상은 대통령 방문에 대한 서곡으로 미국 사절에게 방문하라고 파키스탄을 통해서 초청장을 보냈다. 비록 저우는 타이완에서 미국 철수를 대화의 첫 번째 사안으로 강조했으나, 각 측은 자유롭게 "그것에 관련된 주된 사안"을 제기할 수 있다고 추가했다. 닉슨과 키신저는 베이징이 단순히 타이완에 관한 쟁점에 국한하지 않고 폭넓은 사안들에 관한 토의를 할 것을 제시하고 있다고 인식했다.[27]

중국은, 비록 왜 미국인들이 감추어야 한다고 주장하는 이유를 알지는 못했으나, 그 임무를 비밀에 붙이기로 합의했다. 닉슨은 복수의 동기를 가지고 있었다. 그는 드라마를 좋아했다. 그리고 대담한 기정 사실(fait accompli)은 국내에서 반대자들을 물리칠 것이다. 대통령과 키신저는 장애물을 설치할 수 있고, 뉴스를 누출시키고, 과정을 늦추게 할 가능성이 있는 자신들의 관료들을 또한 믿지 않았다. 언론의 추측은 운신의 폭을 줄이고 비판은 중국인들이 닉슨의 목표를 이해하기도 전에 발을 빼도록 촉발시킬 수 있었다. 중국은 대화가 시작된 후에 언론에 보고할 것을 제시했다.[28]

50년이 지난 지금에 와서는, 키신저의 임무의 불확실성을 상상하기 어렵다. 그는 중국인들은 완강한 교섭자들일 것으로 예상했다. 미국이 군대를 타이완에서 철수하라고 요구할 것에 대비해 준비했다. 그는 요약 보고서 이외에 추가로 여러 주제들에 관한 미국의 입장을 정리한 80쪽의 문서를 준비했다. 그러나 키신저는 높은 패들을 가지고 있다는 점을 알고 있었다. 중국인들은 하나의 강대국으로 인정해 주기를 원했고, 대통령 방문은 "화려한 증거"가 될 것이었다.[29]

키신저는 소수의 국무부 직원을 자신의 사무실에 파견을 받았으나, 그는 국무부와 국방부를 자신의 비밀 임무에서 배제했다. 그러나 닉슨과 키신저 둘 다 해군이 한 명의 속기사를 NSC 문서 작업을 지원하도록 파견한 것을 알지 못했고, 충실한 하사관은 NSC 문서 사본을 만들어 펜타곤(Pentagon) 상관들에게 전송했다.[30]

키신저는 7월 9일 정오 조금 지나서 베이징 소재 군사 공항에 도착했다. 중국인들은 키신저를 급히 댜오위타이 영빈관으로 데려갔고 거기서 저우(Chou)는 48시간 중 17시간의 대담을 시작했다. 공항에서 차로 이동 중에, 한 중국 관리는 델레스가 저우의 악수를 거절한 1954년 일을 상기시켰다. 이번에는 키신저가 그의 손을 저우에게 내밀었고, 나중에 공개하려고, 중국 카메라는 역사의 반전을 기록했다. 미국인들이 중국의 외교는 자존감을 귀하게 여기고 상호 존중을 기대한다는 점을 이제 확실히 알게 되었다.

두 사람은 자정 가까이 까지 대화했다. 중국인은 키신저에게 개방할 기회를 제공했다. 중국에 있는 손님에게(또 해외에 나갔을 때에는 주인들에게), 외교관은 대게 우선 상대방이 무엇을 제안할지 혹은 드러낼지, 가정할지, 혹은 증정할지를 듣기를 원한다. 이 경우에는 키신저는 전략적 무대를 설치하기를 원했다. 그는 "서로 골치 아픈 것들의 쇼핑 목록"을 피하기를 원했다.

키신저는 외교의 필수품을 다른 맥락에서 언젠가는 설명한 적이 있다. "내가 시도하려는 것에 관한 지식, 해당 주제에 관한 지식, 내가 상대하는 사람들의 역사 및 심리에 관한 지식, 그리고 중요한 인간관계… 내가 협상하고 있는 사람들과 중요한 인간관계를 가지는 것. 이것은 거친 모서리를 다듬어 준다, [비록 그들이] 달리 작정하지 않는 한 양보하지는 않지만."[31]

키신저는 저우와 중국을 좋게 말했다. 이틀 동안 두 사람은 서로 이끌렸다. 키신저는 저우의 지적 능력, 교묘함, 교활한 품위, 황홀하게 만드는 자제력을 발견했다. 저우는 이미 1972년에 역사 속의 인물이었고, 생존자였으므로, 키신저의 진정한 존경은 이해할 만하다. 그러나 미국 사절은 중대한 메시지를 가지고 있었다. 키신저는 중국 국가 자부심에 대한 존경을 표시함으로 시작했다. "우리는 대등한 입장에서 모였다"고 말했다. 중국의 "성과, 전통, 이념, 그리고 힘"은 아시아와 세계 전체에 영향을 주는 모든 사안들에 대해 대등한 역할을 할 자격을 부여했다. 그들은 우월한 이념을 논할 필요가 없었다. 역사가 결정할 것이었다. 저우는 대등한 자 사이에는 "모든 일들은 호혜적인 방식으로 이루어져야 한다"고 주장했고, 또 기본적인 것들에 대한 합의는 특정 문제들에 대한 일에 앞서 진행될 필요가 있다는 데 합의하기로 합의했다.[32]

키신저는 자신의 대통령의 세계관을 설명하기를 원했다. 그와 저우는 "상호 이해의 무형의 것들을 형성하는 데 수 시간을 함께 보냈다"고 나중에 기록했다. 닉슨은 전임 대통령들과는 달랐다고 키신저는 털어놓았다. 미국의 지배(dominance)는 "늘 어느 시점에서 세계의 모든 지점에서 모든 투쟁에" 미국을 끌어들이므로 "바람직하지 않다." 미국의 "선교사적 경향"은 고가이고 비핵심적인 명분들을 추구하도록 미국을 인도했다. 닉슨은 "과거의 꿈이 아닌 현재의 현실에" 근거해 행동하였다.[33]

키신저는 그의 염세적인 그러나 더 현명한 현실정치관을 공유했다. 그는 베트남에서의 화해와 타이완에서 미군 감축 이후를 내다보았다. 키신저는 이 지역에서 기류는 미국과 그 동맹국들에게 불리하게 불고 있다고 보았다. 그는 "우리는 기본적인 진화의 길을 방해하지 않을 것이다" 그리고 "역사를 중지시킬 조약을 제안하지 않고 있다"고 단언했다. 많은 문제들은 자연히 처리되거나 혹은 역사적 현실로 사라질 것으로 그는 요약했다.[34]

키신저는 강력한 미국은 중국이나 광범위한 평화에 대한 하나의 위협이 아니라는 점을 보여주려 노력했을 것으로 나는 짐작한다. 그는 상호 간의 불신이 크다는 점을 알고 있었다. 결국, 키신저는 여전히 대통령의 방문과 긍정적인 수용을 확보해야 했다. 그는 "단기간에 해결할 수 없는" 타이완과 베트남 두 문제를 일단 제쳐 두어야 했다.[35] 닉슨은 미국 힘을 더 낭비하지 않을 작정이라는 점을 시사해, 미국은 중요한 곳에 힘과 주의를 집중할 수 있다는 점을 들어 중국을 안심시키는 기초를 놓았다. 그럼에도 불구하고, 나는 키신저가 미국에 대해 운명론적인 어조를 입힌 것에 약간은 민망하다. 하나의 시들어가는 세력을 보여주는 데에 있어서 닉슨과 키신저의 수완에 너무 많이 의존하기보다는, 나는 현실정치(realpolitik)보다는 좀 더 현실주의(realisms)를 택할 것이다. 즉 미국 외교관들은, 허세를 부리지 않고, 미국의 회복력의 기록, 잠재 에너지와 역량, 경제적으로 그리고 기술적으로 자신을 새로 발명해낼 강력한 기량을 상기시킬 수 있다. 사실 계산된 어조는 실제적인 힘을 전달한다. 나는 미국의 메시지는 좋은 우방이든 무시무시한 적국이든 항상 같아야 한다고 믿는다.

저우의 근본적인 사안은 타이완이었다. 미국인들이 그 메시지를 확실하게 파악하도록 보장하기 위해, 저우(Chou)는 둘째 날에 타이완에서 해협을 건너 위치하는 성의 이름을 딴 인민대회당(Great Hall of the People)의 푸젠 실(Fujian Room)에서 만났다. 분명히 마오의 지시로, 저우는 혹독한 발언을 쏟아내 그의 손님들을 놀라게 한 다음 예의 바른 그의 스타일로 되돌아왔다. "하늘 아래 혼돈"이라고 저우는 마오의 경구를 택했다. 그는 타이완과 인도차이나에서 미국의 앞잡이들과 일본의 군국주의 두 개의 강대국에 관해 불평을 했다. 아마도 미국인들에게-그리고 자국민들에게-중국은 소련, 미국, 혹은 기타 어느 국가든지, 외세 침공 시에 "국민들의 전쟁(people's war)"을 내세우면서, 두려워하지 않는다는 점을 보여주려고 했다. 가장 중요하게, 타이완은 인민공화국(People's Republic)의 인정의 핵심이고 고립된 사안이 아니었다. 두 개의 중국이 있을 수 없었다. 닉슨은 이 사안을 다루든지 오지 않든지 결정해야 했다.[36]

키신저는 예의 바르게 밀어 올렸다. 그는 중국이 닉슨의 방문을 제시했다고 상기시키고 따라서 베이징은 방문 시기를 결정할 수 있다고 그의 주빈에게 말했다. 그러나 두 국가는 해결해야 할 많은 사안들을 가지고 있고, 한 번의 방문이 그리할 수 있다는 점을 시사할 것이라고 설득했다. 정상적인 관계들은 필연적으로 따라온다. 타이완의 미군 철수 계획은 미국이 이미 밝혔다고 키신저는 말했다. 심지어는 그 섬의 미국 방어는 하나의 역사적인 실수라고도 말했다. 그가 애용하는 공식에 의존해, "아마도 역사가 사건들을 처리할 수 있다"고 주장했다. 그는 타이완에 대한 베이징의 기대를 높였을 것이다. 특히 이후 거의 50년 동안을 생각해 보면.[37]

키신저는 자신이 "중국 공산당 예식(Chinese Communist liturgy)"이라고 묘사하는 것에 대한 차이를 놓고 대결을 피하려고 노력했다고 보고했다. 저우는 인도차이나, 일본, 한국, 인도와 파키스탄의 분쟁 그리고 소련의 경로 등 아시아 사안들에 관한 정해진 그러나 외교적인 논쟁으로 돌아왔다. 중국인들은 모스크바에 대항하는 데 미국의 지원을 간절히 바라지는 않는 듯했으나, 공통 이익에 대해서는 미묘히 언급했다. 미국의 최대 현안은 베트남에서 전쟁을 끝내는 것이라고 키신저는 말했다. 영광스러운 평화는-미국의 약속을 유지하는-미국의 신뢰성에 대한 명망이 베이징에 이득이 되기 때문에 중국의 이익이 된다고 설득하려 노력했다. 서로 엄청나게 다른 양 대국과 지도자들은 신뢰를 구축할 정보와 전망을 공유했다. 그들은 "상호 무시의 20년"에 다리를 놓아야 했다고 키신저는 나중에 말했다. 그들은 "일차 회담을 하나의 과정으로 바꿀 만큼 충분한 신뢰를 구축"했다.[38]

키신저의 구애는 미국 동맹국들에 대한 폄하를 포함했다. 워싱턴은 일본에 대해 "매우 순진해서(extremely naïve)" 군사적 위협이 될 수 있는 경제적 부흥을 쌓아 올렸다고 말했다. 키신저는 미국의 일본에 대한 연대는 도쿄의 잠재적 군국주의를 억제하기 위한 것으로 중국이 보기를 희망했으나, 저우는 미국의 동맹국들은 "자국민에 의해 역사의 무대에서 사라질 것"이라고 응답했다. 키신저는 또한 한국에 미군의 주둔의 이익을 부인했고, 그는 "저절로 해결될" 또 하나의 문제라고 말했다. 타이완에 대한 그의 신호는 미국의 신뢰성이 주된 사안이고 하나의 특정한 정치적 결과에 대한 선호가 아니었다.[39] 나는 원한에 찬 교환의 20년 후 유대를 건설하려는 키신저의 필요는 인정하지만, 이 경우에 그는 일본과 한국을 무시하듯 처리해 미국의 손을 약화시켰다. 유럽 현실정치의 전략가인 키신저는 아시아-태평양에서 해양 주변부를 확보해 이를 통해 워싱턴이 동맹과 시장 경제력에 대한 현실적인 인식으로 작동하는 미국의 마한식 전략(Mahanian strategy)을 간과했다.[40]

저우와 키신저 사이의 대화는 여전히 하나의 구체적인 결과-대통령 닉슨의 중국 방문-를 생산해야 했었다. 그 외교는 상징성에 중점을 두었기에, 4백자 선언문의 작문은 위대한 중요성을 담아야 했다. 중국은 닉슨이 관계 정상화를 위한 한 조치로 타이완 사안을 타결할 수 있도록 초청을 요청했다고 말하기를 원했다. 미국은 닉슨을 탄원자로 또 그러한 좁은 의제를 수용할 수 없었다. 중국 측은 부분적으로는 이미 잠자리에 든 마오와 협의를 해야 하고, 그날 저녁 북한(North Korea) 대표단을 영접해야 하는 저우의 임무로 키신저가 떠나야 할 한 시간 전까지 합의안을 지연시켰다. 유능한 작성자들은 결국 "대통령 닉슨이 중화인민공화국을 방문하려는 희망을 표현했음을 알고" 중국은 그를 초청해 관계정상화를 추구하고 양측의 관심 사안들에 의견을 교환한다. "대통령 닉슨은 기쁘게 그 초청을 수락했다"는 문구를 포함했다. 양측은 그 선언문을 7월 15일 저녁(미국 시간)에 공표했다. 키신저는 비행 중에, 성공을 의미하는 "유레카" 암호화된 단어를 대통령에게 보냈고, 닉슨에게 보고하려 캘리포니아로 분주히 갔다.[41]

7월 15일 대통령은 버뱅크(Burbank) 소재한 TV 스튜디오에서 합의서를 7분 연설의 부분으로 읽었다. 닉슨은 중국과의 새로운 관계는 "평화를 위한 여정이고, 다른 국가에 대한 것이 아니"라고 설명했다. 그러나 물론 그러했다. 모스크바는 미국의 현실정치의 새로운 "3각 외교"의 의미를 읽었다.[42]

키신저는 대통령에게 베이징에서의 대화를 담은 27쪽 분량의 보고서를 제출했다. "우리는 대통령과 마오 두 사람이 역사에서 페이지를 넘기도록 기초를 놓았다"라고 말해 유산을 염원하는 닉슨에게 호소했다. "엄청난 충격파가 세계로 퍼져 나가 하나의 혁명"을 만들 수 있다–만약 미국이 "이 과정을 통달하면". 그러나 키신저는 "환상"을 경계했다. 깊은 차이와 수년 간의 고립이 우리와 중국 사이에 아가리를 떡 벌이고 있다… 우리와 관계가 변하면 그들은 인정사정없는 적군이 될 것이다"라고 또한 경고했다. 키신저는 중국과의 정상화는 "소련을 극심한 공포로 몰아넣고" "일본을 흔들어" 미국의 "밧줄"을 풀고, "타이완에서 폭력적인 봉기를 촉발하고" 인도의 "이미 상당히 진행된 적의"를 높이게 될 것으로 예상했다. 그러나 키신저는 중·미 관계 회복에 관해 희망적이었다. 개념을 무시하고 "설득하기보다는… 꺾기 위해 집요한 고집으로 두들겨 패대는" 폭력배 같은 러시아인들과는 달리, 중국인들은 "핵심에 집중해, 욕설과 맞흥정을 피했다"고 키신저는 기

록했다.43)

닉슨과 키신저는 중국에 대한 하나의 조심스럽게 성형한 현실정치 정책의 상당한 잠재력을 느꼈다. 북베트남은 그들 동맹국들의 지원을 염려할 수 있었다. 소련은 닉슨과의 정상회담의 장애물들을 싹 치우고 워싱턴과의 관계 개선에 나서기를 원할 수 있었다. 미국 동맹국들조차도 미국의 지원은 당연한 것이 아니고 획득해야 된다는 점을 인식하게 될 것이었다. 미국 국민들은 백악관이 기민한 세계 지도력을 보유했다고 관찰할 것이었다. 그리고 유권자들은 전쟁 시의 대통령을 평화의 사도로 볼 수 있었다.

모든 미국인들이 반한 것은 아니었다. 캘리포니아 주지사 로널드 레이건은 닉슨의 러시아와 중국에 대한 데탕트(긴장완화, détente) 정책에 불만을 공개적으로 선언했다. 키신저는 보수적 지도자들을 만나 그들의 염려를 누그러뜨렸다. 닉슨은 의회, 베트남, 그리고 다른 국가들과의 실제적인 현실적 제약에 직면하고 있다고 주장했다. 대통령은, 아무것도 잃은 게 없다고 인정하고 솜씨 좋은 외교로 국내외에서 적들이 서로 싸우게 능숙하게 조정해 나가고 있었다. 비판자들은, 대신에, 왜 미국 대통령이 미국이 군사적인 그리고 아마도 경제적인 우월성을 되찾기 위한 것을 직접적으로 요구하지 않은 지 그 이유를 궁금해했다. 현실정치는 믿을 수 없고 그리고 아마도 팔아먹는 배신행위처럼 보였다. 70년대 말에 와서는, 데탕트(détente), 라프로치먼트(rapproachment, 화해), 리얼폴리티크(realpolitik)-모두 외국어 단어들-는 유행에서 사라졌다.44)

상하이 성명서(The Shanghai Communique)

키신저는 대통령 방문 끝에 발표할 공동 성명서(Communique)를 준비하기 위해 공개리에 베이징을 방문했다. 그는 5일 동안 저우와 세계적 사건들

과 역사를 논의하는 데 약 24시간을 보냈다.[45)]

성명서는 외교의 표준 수단이다. 참모들은 공통적으로 성명서 문안을 미리 교섭하고 때로는 주빈들이 해결해야 할 몇 가지 제한된 개수의 주요 차이점들을 규명한다. 성명서는 대개 선의와 목적을 포괄하는 일반 문장들과, 합의의 표현은 놀랍지 않게, 차이들에 관해서는 애매한 구절로 구성한다. 예리한 눈을 가진 독자들은 단어의 변화에 주의해서 문장들을 조사할 것이다. 때로는, 그 문서는 진정한 돌파구나 대담한 제안을 강조하기도 한다. 외견상으로는 상투적이고 심지어는 진부하기는 하지만, 성명서는 때로는 후속 작업의 틀을 제시하거나 차기 조치를 향한 경로의 출발점을 제공하기도 한다.

키신저는 중국 측에 단조롭고 긴 초안을 주었다. 마오는 그것을 싫어했다. 미국 측은 평화와 안전에 경의를 표하기를 원했다. 마오는 억압받는 이들을 위해 혁명을 요구했다. 돌격 명령을 받은 저우는 키신저에 대들었다. 현실에서 두 국가는 상당한 차이점을 가진다고 저우는 주장했다. 차이점들을 솔직하게 인정해야 한다. 키신저의 역사적 대작을 키선저에 불리하게 돌려서, 미국인들은 나폴레옹 전쟁 후 혁명을 억누르고 구질서를 유지하려는 메테르니히(Metternich)처럼 행동하고 있다고 저우는 말했다. 미국인들은 한때 혁명군들이었다고 저우는 상기시켰다. 그러므로 평화의 세대는, 낡은 경멸 받을 만한 체제가 아닌, 미래에 한 희망을 반영한 혼란에 기반을 두어야 한다는 점을 미국인들이 인정해야 한다고 저우는 주장했다. 중국 측은 자신들의 생각을 담은 성명서 안을 제시했다. 그들의 초안은 자신들의 혁명적 정서, 전반적인 접근 방법 그리고 주요 사안들에 대한 견해를 언급하고 미국에게 동일한 주제들에 대한 미국의 견해를 넣을 자리를 빈공간으로 남겨 두었다.

무대는 외교의 달인이 역사적 문서를 준비하게 마련되었다. 이 과정은 쉽게 빗나갈 수 있었다. 키신저는 놀라움을 삼킨 후 자신은 다른 구조와 접근 방법으로 군불을 데웠다고 나중에 설명했다. "나는 아주 새로운 접근 방법이 당혹스러운 문제를 해결할지 모른다고 생각하기 시작했다." 각 측은 국내 극렬 반대자들의 공격으로부터 자신들을 방어하는 선에서 공통의 장을 탐색할 수 있었다. 첫째 업무는 자극을 하지 않고 차이를 시사할 수 있도록 표현을 순화하는 일이었다. 대통령은 "미국 정책에 반대하는 가능한 한 날카롭게 서술된 문장들"을 포함한 문서를 공개하려고 1만2천 마일을 날아올 수는 없다고 키신저는 말했다.[46]

차이들에 대한 대화는 외교적 탐색에 대한 한 실험실이 되었다. 어느 시점에서, 키신저는 "중국 초안에 있는 공격적인 문구를 [저우가] 반대할지도 모르는 미국 초안에 있는 것과 바꾸자"고 제안하기도 했다고 키신저는 기억했다. 저우는 "이런 방법으로는 우리는 어디에도 도달할 수 없다"고 반대했다. "우리의 문구가 공격적이라는 이유를 귀하가 나에게 이해시킨다면, 나는 그것을 귀하에게 넘기겠다." 키신저는 저우가 선의가 아닌 장기적인 포석을 두고 행동을 하고 있었다고 설명했다. 중국은 "논쟁점에서 득점을 하는 것이 중국의 이익에 반할 수 있었기"에 신뢰를 쌓는 게 필요했다. 토론이 계속되자, 키신저는 일부 민감한 주제들에 대해서는, 특히 타이완에 대해, 닉슨이 특히 1972년 선거 이후에, 자신이 말할 수 있는 것보다 더 많은 것을 할 수 있을 것이라고 시사하기도 했다.[47]

긴장의 24시간 내에 저우와 키신저는 하나의 새로운 유형의 성명서를 기초했다. "절반 이상이 이념, 국제 사안들, 베트남, 타이완에 관한 양측의 상반되는 견해를 언급하는 데 할애되었다…. 묘하게도, 의견 불일치의 목록은 양측이 합의한 주제들에 더 많은 중요성을 부여했다"고 키신저는 말했다. 그들은 세계 각국 정부들은 그 성명서를 주의 깊게 조사할 것이라는 점을 알고 있었다. 미국과 중국은 "모든 국가들의 이익을 위해" 관계 정상화를 추진할 것이다. 중국과 미국은 "국제 무력 충돌의 위험을 감소"시킬 것이다. 어느 측도 지역 패권을 추구하지 않을 것이고 각 측은 상대방의 그러한 노력을 반대할 것이다. 어느 측도 제3자를 대신해 교섭하지 않고 다른 국가들을 대상으로 하는 조치를 다른 국가와 합의하지 않을 것이다. 역사가 키신저는 자신의 소행을 "1904년 영국과 프랑스 사이의 평화조약(Entente Cordial)-테디 루스벨트(TR)가 제1차 모로코 위기(Moroccan Crisis) 시에 보존하도록 도운-에 버금가는 아시아에서 소련의 확대를 막는 잠정적인 동맹"을 형성한다고 비교했다.[48]

타이완에 대한 표현을 두고 논쟁은 가장 어려운 것으로 나타났다. 1950년대의 "타이완 해협의 양쪽에 존재하는 모든 중국인들은 중국은 단 하나뿐이라고 여기는 사실을 미국은 인정한다. 미국은 그 입장에 도전을 하지 않는다"는 미국의 표현에 저우 수상은 감동했다고 키신저는 회상했다. 비록 공산주의자들은 무력사용 방안을 결코 포기하지는 않았으나, 베이징은 어느 정부가 "하나의 중국"을 통치해야 하는가의 문제를 해결하기 위해 무력을 사용하지 않는다고 선언했다고 미국은 이해했다. 성명서 초안 작성 작업은 아직 마무리되지 않았으나, 저우는 떠나는 키신저에게 작별인사를 처음으로 영어로 "대화의 즐거움을 위해 다시 돌아오라"고 말했다.[49]

실제로 2월에 닉슨이 방문하는 동안, 저우 수상, 키신저, 각 진영 참모들은 늦은 밤과 이른 아침 회의에서 성명서를 완성시켜야 했다. 그들은 마오의 혁명 요청과 무역과 교환, 인도와 파키스탄 간의 최근 전쟁, 타이완의 3가지 사안에 대한 차이를 여전히 해결해야 했다.[50]

기초자들은 혁명적 열정을 "중요한 변화와 대격변"으로 표현했다. 남아시아에 관한 정책에 대해서는 독립된 부문들에서 공유하는 문구를 포함해 공통적인 견해와 변이들을 사용했다. 무역과 교환에 대한 기준들은 후속 사건들에 비추어 아이러니하게 드러났다. 중국은 외국인들의 입국을 경계했고 무역과 관광에 거의 관심이 없었다. 키신저는 "정서적 대중 압력"은 긍정적인 표현을 필요로 했으나, 무역은 "극소적"이었고 교환은 "객관적인 현실을 바꾸지 않을 것"이라고 설명했다. 키신저가 인정하듯이, 경제에 대한 감각은 하나의 약점이었다. 닉슨과 키신저는 무역과 사적 기업가정신(private entrepreneurialism)을 통한 국제적 유대를 형성하는 미국의 전통을 잊었다.[51)]

놀랄 것 없이, 타이완에 대한 표현을 두고 논쟁은 가장 오래 끌었다. 키신저가 저우에게 솔직하게 말했듯이, "어려움은, 우리가 서로를 이해하지 못하는 게 아니고, 우리가 동의하지 않는다는 점이다." 중국은 미국이 군대를 철수하고 타이완이 베이징의 통치를 인정하는 날짜를 확정하기를 원했다. 닉슨은 "하나의 중국"과 미군의 점진적인 감축, 타이완에서 일본의 배제, 타이완 독립을 지지하지 않겠다고 구두로 약속을 했다. 최종안은 "하나의 중국(One China)"에 관해서는 키신저의 이전의 표현을 사용했고, "평화적 해결"에 대한 관심을 단언했고, "최종 목표인… 철군"을 하는 도중에" 무력과 설비를 "점진적으로 줄이기로 서약했다. 거의 50년 동안에, 미군은 이미 철수했으나, 타이완관계법(Taiwan Relations Act)은 미국이 지원을 하도록 약속하고 있어서 베이징은 여전히 타이완 문제를 해결하기를 기다리고 있다.[52)]

대통령의 일주일 간의 여정이 끝나갈 무렵, 키신저는 소위 성명서 최종안을 국무장관 윌리엄 로저스(William Rogers)와 국무부 전문가들과 공유했다. 지금 키신저는 자신이 비밀로 꼭꼭 숨긴 초안 작성 과정의 대가를 치르고 있었다. 국무부의 동아시아 담당자들은 우려 특히 타이완이 아닌 일본과 한국(South Korea)에 대한 미국의 방어 약속에 대한 기준에 관해 우려를 제기했다. 그들은 중국과 세계가 타이완 배제를 적대적 행위로 눈감아 주는 전환으로 해석할 수 있다고 두려워했다. 전문가들은 1950년에 국무장관 에치슨(Acheson)이 한국을 미국 방어선의 부분으로 언급하지 못해 그 직후에 북한(North Korea)이 침공했다는 점을 회상했다. 키신저는 자신의 회고록에, 국무부의 불만은 사소한 이간질이라고 여겼다. 키신저는 깊이 사죄하면서 중국 측에 다시 돌아가야 했다. 그들은 폭발했다. 중국 관리들은 자신들은 성명서가 꼭 필요하지는 않다고 말했다. 중국 교섭대표들은 마오에게 성명서에 대한 재가를 이미 받았다. 지금 와서 미국 측은 수정을 원할 뿐만 아니라, 그 수정은 타이완에 영향을 미치는 것이었다. 최종적으로, 양측은 타이완을 지목하지 않는 방향으로 일본과 한국에 대한 참조를 약화시키는 타협에 도달했다. 벌로써, 중국은 미국이 아시아-태평양에서 "패권(hegemony)"을 추구하지 않겠다는 미국의 도덕적 의무를 강조하는 말을 하나 더 요구했다.[53]

그러한 막장 드라마는 교섭 결과를 작성하는 데에 드문 일이 아니다. 그런 일이 일어나면, 지친 교섭자들은 주된 목표에 집중하고, 문제를 해결하는 데에 창의력을 유지하는 자제력을 견지할 필요가 있다. 다른 한편으로, 최종 순간의 이점을 추구하는 것으로 명성을 얻은 초안 작성자들은, 특히 제대로 된 설명 없이, 거래의 핵심인 신뢰를 잃는다.

중국과 미국은 2월 27일 일요일 저녁에 상하이에서 성명서를 발표했다. 대통령은 그 다음 날 중국을 떠났고, 키신저는 대통령을 수행한 기진맥진한 미국 기자단을 위해 프레스 컨퍼런스를 열었다. 그는 중국 상대방에게 미리 예상 질문에, 특히 타이완에, 대한 그의 답을 알려 주었다. (키신저는 특별히 기자들에게 질문을 제시했기 때문에 예상 질의에 대해 잘 알고 있었다.) 뉴스 주간은 확실히 국내에서 기록했다. 갤럽은 닉슨의 중국 방문을 국민의 98%가 알고 있다고 응답해 갤럽 사상 최고를 기록했다.[54]

그 후 수년 동안 키신저는 상하이 성명서에 관한 자신의 업적에 대한 응당한 칭찬을 받았다, 그의 문서들은 현실정치의 한 사례로 특별한 지위를 가진 대본으로 여겨졌다. 키신저는 성명서는 "향후 10년간 중·미 관계에 대해 지침을 제공했다"고 말했다. 일 년 이내에 양국이 사용한 이해의 표현은 "더 분명해지고 더 세계적"이 되었다고 스스로 점검했다. "중·미 관계는… 껄끄러운 적대감과 고립에서 현저한 위협(pre-eminent threat)에 대항하는 사실상(de facto) 동맹으로 옮아갔다. 키신저의 "동맹(alliance)"이란 단어의 사용은, 미국이 20세기 중반에 유럽과 나중에는 아시아에서 구축해온 안보, 경제, 정치적 동반자 관계보다는 미국이 반대해온 19세기식 사용에 훨씬 더 가까운 점을 주목하라. 미국의 20세기 중반의 파트너십은 느슨한 경제, 정치 및 연방 관계라는, 내전 후(post-Civil War)의 주들의 연합(union of states)에 대한 측면에 근거한, 수어드(Seward)의 개념과 더 가까울 것이다. 키신저의 중국과 사실상의 동맹은 "각국이 국가적 이익이 일치하는 경우에 상대를 기꺼이 지원하는 하나의 체제"의 부분이었다. 닉슨과 키신저의 "새로운 평화구조"는, 공유된 믿음이 아니고, 자기 이익의 계산에 의존했다.[55]

현실정치(Realpolitik)는 동맹을, 공통의 안보이익을 보강하는 경제 및 정치적 가치의 공유에 근거한 장기적인 동반자 관계가 아닌, 수단으로 본다. 미국 외교는 초기부터-앞 장에서 워싱턴, 해밀턴, 제퍼슨, 먼로, 그리고 존 퀸시 애덤스의 움직임에서 보듯이-현실정치의 요소들을 포함하고 있었다. 가끔은, 미국인들은 닉슨과 키신저가 했던 것처럼 유리한 술책을 즐긴다. 그러나 세계와의 관계에 관한 미국 사상의 다른 학파들은 지속적으로 이를 거부했다. 아이러니하게도 키신저의 국제적 평형의 재균형을 통해 질서를 잡으려는 키신저의 기호는 추가적인 미국의 정치 및 외교 전통에 대한 워싱턴의 수요 때문에 불안정한 것으로 입증되었다.

1969년의 미국과 세계(America and the World in 1969)

리처드 닉슨은 냉전기의 9명의 대통령 중 다섯 번째 대통령이었다. 그가 1969년 1월 취임했을 때, 미국과 소련은 히로시마 폭발의 1백만 배에 달하는 폭발력을 가진 3만7천 두의 핵무기를 마주 놓고 있었다. 닉슨은 소련이나 중국과의 전쟁은 "국가적 자살"에 해당된다는 점을 인식했다. 그는 강대국들 사이의 "큰"전쟁을 끝내려는 우드로 윌슨의 꿈을 실현하기를 염원했다. 닉슨은 "항구적인 평화"에 대한 하나의 구조를 유산으로 남기기를 원했다.[56]

그러나 리처드 닉슨은 취임 첫날부터 전쟁 대통령이었다. 백악관 비서실장 할데만(H. R. Haldeman)은 자신의 구술 역사에서 "닉슨 대통령직의 어떤 측면을 고려하든지 간에 베트남을 최우선 요소로 보는 걸 결코 망각하지 말라. 그것은 모든 것을, 모든 시기에, 모든 논의에, 모든 결정에, 모든 기회에, 그리고 모든 문제를 무색하게 했다"라고 말했다. 아이젠하워의 대역으로 봉사했던 닉슨(역자주: 대통령 아이젠하워의 부통령으로 1953~1961년 동안 근무)은 처음에는 베트남에서 전쟁을 재빠르게 끝내기 위해 한국에서의 일반적인 전략에 기반해 선을 그을 수 있을 것으로 생각했던 것 같았다. 그러나 신임 대통령은 북베트남의 적군, 소련과 중국의 관계, 남베트남인들의 의지 부족, 그리고 가장 중요하게는 미국 국민의 확전 의사(핵무기 위협보다는 훨씬 더 적은)를 잘못 읽었다. 그럼에도 불구하고, 닉슨은 미군 숫자를 빠르게 감축해야 한다는 점을 알았고 또 그리했다. 1969년 초반에 미국은 닉슨 총 재임기간 중의 총 전사자 숫자의 거의 절반을 잃었다.[57]

닉슨은 매우 분열된 국가를 이끌었다. 키신저가 회고하듯이, "미국 이상주의… 자신의 무기로 패배했다… 베트남에 대한 논쟁의 양쪽은 도덕적 절대성의 관점에서 자신들의 목표를 감지하고 있었고 그들 사이의 격차를 다리 놓아줄 수단을 결코 찾지를 못했다." 닉슨은 전쟁과 외교에서 가장 위험한 기동작전인 철수를 지휘해야 했었다. 미국 국민은 "전쟁을 끝내기를 원했고 미국은 굴복하지 않기를 또 원했다"라고 키신저는 말했다. 1970년에 미국이 캄보디아(Cambodia)를 침공한 후, "비결은… 한쪽에서는 크게 퇴각을 벌이고, 다른 쪽에서는 적절히 국내에서 응집력 있는 하나의 강대국으로 등장하는 것"이라고 키신저는 한 칼럼니스트에게 말했다.[58]

대통령은 베트남은 그 자체로도 참사이고 자신의 전략적 계획에도 장애물이었다고 인식했다. 베트남은 동-서 경쟁, 베이징과 모스크바 사이의 긴장을 이용하고, 이스라엘과 아랍국가들 간의 1967년 전쟁 이후의 불안정한 중동의 위험을 다루는데 집중할 미국의 능력을 제약했다. 닉슨은 베트남에 대한 좌절로 국민들이 새로운 고립주의와 소극성으로 내부적으로 움츠러들까 염려했다.[59]

미국이 뒤로 물러서자, 소련(Soviets)이 진격하는 것으로 보였다. 1960년대의 핵 및 미사일 부족을 극복한 모스크바는 비교 상대가 없는 핵무기를 축조하고 있었다. 소련해군(Red Navy)은 소함대를 추가해 유럽과 아시아로 가는 미국의 해상 통로를 위협했다. 체코슬로바키아(Czechoslovakia) 침공, 브레즈네프 교리(Brezhnev Doctrine)의 발동은 소련제국 유지와 버릇없는 공산체제들을 징계하려는 모스크바의 강철 같은 의지를 보여주었다. 소련은 중동 국가들에 무기를 쏟아부어 지중해와 세계 에너지 중심지(허브, hub)에 대한 모스크바의 영향력을 지원하기를 희망했다.

키신저는 모스크바에서의 위험한 조합을 감지했다. 스탈린 이후 "하나의 강한 의사결정 중심점"이 없기 때문에, 무디고 실수 많은 1970년대 지도자들은 자신들의 강력한 군대를 공격적이고 안정을 해치는 모험에 투입할 유혹을 느낄 수 있었다. 공산주의는 이념적 호소력을 잃었다. 일부 사회주의국가들은 국수적이고 독립적인 경향을 보이고 있었다. 모스크바는 통합을 강제하기 위해 폭력에 기꺼이 의지하려 했다.[60]

줄어가는 미국 군대는 펼쳐져 있었다. 1962년에서 1972년 사이에 워싱턴은 3천4백만 명에서 한국전쟁 이전 이후 가장 적은 숫자인 2천3백만 명으로 병력을 줄였다. 베트남 차출에 추가해 미국은 일본과 한국의 주둔 병력을 1/3로 줄이고 필리핀에서는 절반으로 줄였다. 닉슨의 1969년의 새로운 "독트린"은 동맹국들에게 자국 방어를 위해 인력을 제고하라고 요구했다. 새로운 핵 독트린은 더 이상 "우월성"이 아닌 "안정적인 억제"를 지원하는 "충분한 량"을 바뀌었다. 로버트 오스굿(Robert Osgood)과 나중에 마이클 그린(Michael Green)은 닉슨의 새로운 대전략은 "정치적 이탈이 없는 군사적 긴축(military retrenchment without political disengagement)"을 요구했다고 보았다.[61]

미국은 비용에 민감하게 되었다. 워싱턴은 1962년 이후 한 해를 제외하고는 매년 재정적자를 보고 있다. LBJ의 "총과 버터(guns and butter)" 정책은 경제를 압박해, 인플레이션을 증가시키고 미국 달러를 약화시켰다. 유럽과 일본은, 비록 군사적 동맹국들이나, 건전한 경제적 경쟁자들이 되었다. 중국을 방문할 즈음에는, 닉슨은 달러를 평가절하했고, 고정환율에 근거한 브레튼 우즈 체제(Bretton Woods system)를-20년 이상 미국 동맹체제를 보완해온-깨야 했었다. 이로 인해 인플레이션이 치솟고 무역과 투자 체제가 위험하게 되었다.

해밀턴은 미국 경제력을 창조하는 보완물로 현실적인 외교정책을 그렸다. 닉슨과 키신저는 자신들이 생각한 상대적인 미국의 경제력의 감퇴 추세에 적합하도록 국가 간 세력정치 체제를 재정렬하는 걸 목표로 했다.

닉슨과 키신저의 현실정치의 계율

(The Precepts of Nixon's and Kissinger's Realpolitik)

대통령 닉슨은, 케네디와 마찬가지로, 자신을 한 명의 외교정책 대통령이라고 스스로 생각했다. 현직에 있지 않을 때에는 그는 멀리 넓게 여행을 해 지도자들, 전문가들을 만났고 통찰력을 조사하고 최고 지위에 대한 두 번째 기회를 준비했다. 외교관들은 닉슨의 "엄청난 지적 호기심"을 회상했고 닉슨은 "방문했던 모든 권위자들의 외교 사안들에 최고로 정통했다"고 추가했다.[62)]

새로 당선된 대통령은 강대국들이 역사적 흔적을 남기는 방법에 관해 하나의 가정과 지적 준비작업을 결합했다. 닉슨은 키신저에게 "국가들은 위대한 아이디어가 있어야 하고 그러하지 않으면 위대하기를 멈춘다"라고 말했다. 미국은 "훨씬 더 나빠지는 강대국"이 되어갈 위험이 있다고 닉슨은 할데만(Haldeman)에게 설명했다. 닉슨의 정치적 본능은 베트남에서의 재앙의 장기적인 위험을 자신에게 경고했다. 대통령은 "그냥 혼란을 더 잘 관리하면 썩지"는 아니할 것이다. "해외에서의 우리의 책임을 다하는 데 위대하게 행동하는 한 우리는 하나의 위대한 국가로 남을 것"이라고 닉슨은 결론지었다.[63)]

닉슨은 시대의 흐름을 느꼈다. 그의 지도력 도전은 "역사에 넛지(nudge) 주기"였다. 그리하기 위해서는, 그는 "대담한 결정들"을 해야 하고 "위험을 감수하고, 신이 나야 하고" 심지어는 "전부를 걸어야" 했다. 특히 미국 민주주의에서, 그리고 주어진 국가적 고민을 감안해, 닉슨은 "국민을 열광시켜야" 한다고 생각했다. 미봉책은 결코 하지 못한다. "능력과 의지력"이 외교적 자산이 될 것이다. "뻔뻔함(audacity)"이 정치적 지원을 고취시킬 것이다. 역사를 통해 그러한 지도력의 대가는 고독과 구질서의 기존 후견인들에 의한 이해 부족이었다고 닉슨은 반추했다. 누군가는 반대자들에게 식탁을 뒤집어엎어야 했다.[64)]

1968년 초에 닉슨은 정치 전문 기자이고 중국 통인 시어도어 화이트(Theodore White)에게 "내가 대통령에 당선되면, 첫 번째 할 일은 공산 중국(Red China)과 접촉하는 일이다"라고 말했다. 다음 세대에서는, 아무도 중국과 함께 일하지 않고는 세계를 운영할 수 없을 것이다. 아마도 닉슨은 "러시아와 중국이 서로 다투게" 할 수 있다고 추측했을 것이다. 1968년 11월에 선거 후, 닉슨은 키신저를 만나 세계와 국가안보보좌관 자리를 논의했다. 새로 선출된 지도자는 그의 반추물 중 하나–중화인민공화국에 대한 정책을 점검할 필요–를 포함했다.

키신저는 존슨(Johnson) 행정부를 위해 정보를 수집하려 베트남의 현장에 대한 광범위한 여행을 두 차례 수행했다. 그러나 그는 배경과 전문이 소련과 핵무기를 전공하는 유럽전공 학자였다. 1969년 2월, 취임 직후, 새 대통령은 베이징에 접근하는 방법을 결정하라고 지시하는 메모를 키신저에게 보냈다. 키신저는 그의 군사 보좌관 알렉산더 헤이그(Alexander Haig)에게 "우리의 지도자는 현실을 떠났다. 그는 환상의 비행이 현실로 오도록 만들라고 나에게 지금 막 지시했다." 여름에, 할데만은 대통령이 실제로 제1차 임기 동안에 중국을 방문하기를 원한다는 점을 키신저에게 상기시켰다. "가망 없다"고 국가안보전문가는 응답했다.[65]

키신저는, 자신의 술책(maneuver), 쌍관성(ambiguity), 그리고 뉘앙스(nuance)에 대한 기질에 추가해, 그의 상관의 배짱에 대한 편견과 함께 일하는 법을 배웠다. 키신저는 자신이 공들여 쌓아 올릴 명시적이고 내포된 힘의 틀 내에서 한 "전략적 협상가"로 행동하기를 선호했다. 그는 닉슨의 본능은 항상 "운에 맡기자"였다. 그들의 현실정치 정책은 자신들의 충동들이 혼합되어 있었다.[66]

닉슨의 1969년 취임사는 겨우 8년 전 JFK의 자랑스럽게 알리는 연설에서 매우 다른 색조로 바뀌었다. 닉슨은 미국인들은 "대결의 시대" 대신에 "교섭의 시대"로 지원해 분열을 딛고 일어서라고 요청했다.[67]

그럼에도 불구하고, 담대한 지도자 닉슨은 상황을 단순히 수용하는 것보다는 더 많이 수용하기를 원했다. 대통령은 자신이 강대국들 사이에서 지속 가능한 새로운 세력 지도를 재구성할 수 있다고 믿었다. 그는 미국의 지배력 상실은 건설적일 수 있다고-미국 정치에서는 절대로 애용될 수 없는 생각-설명하려 노력했다. 키신저는 닉슨이 *타임*(*Time*)지와의 1972년 초에 한 대담 기사를 인용했다. "한 국가가 잠재적인 경쟁국들보다 무한대로 강력해지면 전쟁의 위험이 생긴다… 강력하고 건강한 미국, 유럽, 소련, 중국, 일본이 존재하면, 각자가 상대를 균형 잡고… 균형을 이루면[만들면], 세상은 더 안전하고 더 낫게 될 것이라고 나는 생각한다."[68]

닉슨의 세력 균형에 대한 요구는 키신저의 복잡성에 대한 설명보다는 더 낙관적인 권위를 가졌다. 대통령은 미국은 선의 세력이라고 믿었으나, 키신저는 그 점을 결코 부정하지는 않았으나, 국제 관계에서 도덕적 권리에 관해서는 회의적이었다. 키신저는 그 차이를 이해했고, 대통령은 "하나의 이상적인 미국을 위한 지속가능한 역할"을 제시하는 윌슨(Wilson)식 수사에 의존했다고 언급했다. 닉슨은 윌슨의 "국제주의와 미국의 불가피성에 대한 믿음"에 의존하기를 원했다. "윌슨주의와 리얼폴리틱(Realpolitik, 현실정치)은 결합이 된다"고 키신저는 나중에 기록했다.[69]

키신저의 접근방법은 닉슨과 궤를 같이 했으나 약간의 차이가 있었다. 그의 학위논문과 최초의 저서, *회복된 세계*(*A World Restored*)는 유럽에서 힘의 균형은 침공에 대한 하나의 보호 장치였다는 생각을 보급한다. 반면에 미국인들은 동맹을 위협하는 유럽을 다툼의 전조로 보았다. 키신저는 19세기 유럽의 연주회(Concert of Europe)는 안정을 추구하지 완성을 추구하지 않았다는 점에 주목했다. 마찰과 책동은 유동적이고 변하는 힘의 평형의 필요한 성분들이었다. 민첩한 외교도 마찬가지이다. 그는 가끔은 일반통념에 반대하는 대담한 행동의 필요성을 인식하고 있었다. 과제는, 키신저에 의하면, 지속적인 변화의 와중에 안정을 추구하는 것이었다. 체제는 기성질서를 전복할 수 있는 혁명을 피해야 한다. 키신저의 중요한 전기작가인 니얼 퍼거슨(Niall Ferguson)은 책 제목을 *이상주의자*(*The Idealist*)라고 도발적으로 붙

였다. 부분적으로 키신저는 국제 사회에서 대단히 파괴적인 와해를 피하기를 원했기 때문이다.[70)]

닉슨과 키신저는 둘 다 사안들과 국가들 사이의 연계를 파악했다. 이는 위기관리가 전략을 대체하던 맥나마라(McNamara)의 허풍으로부터 멀리 떨어져 나왔음을 의미했다. 두 사람은 다른 이들이 개별적인 문제로 보던 정책의 점들을 연결했다. 실제로 일부 사람들은 국지적 갈등을 강대국의 동-서 체스판에 놓인 졸들의 책동으로 주로 보는 닉슨과 키신저의 성향을 비판했다. 키신저는 그의 통합적인 관점을 "현실의 이음매 없는 망(seamless web of reality)"이라고 불렀다. 이 망 내에서 세력들은 갈등과 관계를 동시에 가질 가능성이 크다.[71)]

1968년에, 키신저는 미국의 입장을 한 에세이에서 평가했다. "40년대와 50년대에는, 우리는 해결책을 제공했다, 60년대 후반과 70년대에서 우리의 역할은 타국들의 주도권을 육성할 하나의 구조에 기여하는 것이어야 할 것이다. 타국들은 부담을 분담해야 한다. 정치인들은 서로 중복되는 관계들 사이의 연계들을 파악할 필요가 있다고 키신저는 평가했다. "거의 지속적인 쇠퇴의 10년" 후에, 키신저는 미국은 "자본을 까먹고" 있었고 이전의 지배력을 회복할 수 없다고 믿었다. 1969년 후반에, 마샬 플랜 시대의 "우리의 특정한 예지력(vision)이 다 소모되었다"고 언론에 말했다. 더 자신감을 가진 타국들이 더 큰 역할을 하고 있었다. "공산주의는 한 덩어리가 더 이상 아니다." 우리는 "일방적으로 미국식이 아닐 수 있는 근거 위에 국제 관계들을 구축하는 걸 도울 문제에 직면했다"고 키신저는 말했다.[72)]

키신저의 역사에 대한 교훈에 따르면, 다극체제로의 천이는, 미국이 그 천이를 이해하고 관리할 수 있다면, 미국과 세계에 더 좋을 것이다. 견제세력(counterweight)들이 "가끔씩 등장하는 울뚝불뚝 이를 징계할 것이고… 관념과 "최종 해법"에 대한 우리의 기호를 수정해 줄 것이다." 미국 외교는

"창의성의 하나의 새로운 시대"를 형성하기 위해 "책동, 독창성과 상상"에 의존할 수 있을 것이라고 보았다.[73)]

키신저의 주장과 합리화는 수년간 연구해서 추론한 미국 외교정책 전통에 대한 자신의 반대에 부분적으로 근거하고 있다. 이 교수 출신 공무원은 "미국 전통(American folklore)"이라고 판단하는 것과 싸웠다. 키신저는 미국이 도덕적 원칙과 정의로 세상과의 상호작용을 잘못 가득 채웠다고 생각했다. 그 전설은 미국 유연성을 제약했고, 미국 관리들은 세력을 계산하는 대신에 법치주의(legalism)를 적용했다고 그는 보았다. 그들은 구조와 평형 대신에 임시변통의 기술적 해법을 추구했다. 그들은 획책하는 대신에 감상적이었다. 키신저는 미국 예외주의의 신화들이 봉쇄를 하나의 엄격한 신학이나 오해를 위한 정신병적 탐색으로 굳혔다고 판단했다.[74)]

키신저는 세계의 복잡성에 관해 미국인들을 교육시키기를 원했다. 그의 주된 출발점은 유럽 역사였다. 그는 미국의 외교 전통을 형성해온 복수의 줄기로 된 사상과 경험을 엄청나게 단순화하고 심지어는 풍자해 조롱(parody)하기도 했다. 키신저는 회복을 위한 미국의 역량을, 새로운 유형의 우월성과 지도력을, 부분적으로 미국의 경제 전통을 파악하지 못했기 때문에, 과소평가했다. 그러나 키신저는 놀랍지 않게도 과장을 포함한 하나의 중요한 주장을 틀에 넣고 있었다. 그의 현실정치(realpolitik) 아이디어들은 미국의 외교적 신전(diplomatic pantheon)에 기여했다.[75)]

키신저는 세상은 야만적인 장소일 수 있다고 경고했다. 제2차 세계대전 후 미국의 노력은 친밀감, 협력 그리고 심지어는 법률로 통치되는 상당한 면적의 세계 지역을 형성했다. 그러나 교전은 세상에서 일탈 행위가 아니다. 키신저는 안보와 안정은 대수롭지 않은 당연한 것으로 여겨서는 안 된다고 상기했다. 더구나 동맹과 적군 간의 교섭은 "양보를 거래하는" 것이라고 키신저는 주장했다. 다만 "환상적인 교섭(fantasy negotiations)"에서 미국인

들은 상대방이 전부 양보하는 걸 발견할 것이다.[76)]

닉슨과 키신저의 공동 전기의 저자인 로버트 댈릭(Robert Dallek)은 키신저는 "정의나 추상적인 도덕적 선보다 질서를 우위에 두는 마음을 결코 바꾸지 않았다"고 분석했다. 닉슨의 인식에 관한 키신저의 말들은 그에게도 역시 해당된다. "평화와 조화는 사물의 자연적 질서가 아니고 바짝 경계하는 노력에 의해서만 안정이 유일하게 보존될 수 있는 재앙적인 세상에서 일시적인 오아시스일 뿐이다." 닉슨의 중국 방문에서 돌아와서, 키신저는 "우리는 완전한 힘의 우위를 포기했다…. 우리는 모든 국가가 역사를 통해 거쳐온 그 위치에 서 있다. 우리는 살아남기 위해 지혜와 판단을 필요로 하고, 가정된 도덕적 우월성과 압도적인 생산 역량에 더 이상 의존할 수 없다"고 말했다.[77)]

삼각 외교(Triangular Diplomacy)

닉슨의 중국 개방은 두 강대국의 교착을 미국이 3인조의 정점을 차지하려는 "삼각 외교"로 바꾸었다. 키신저가 자신의 저서 *외교* (Diplomacy)에서 "중국이 소련을 미국보다 더 두려워하는 한, 중국은 자기 이익을 위해 미국과 협력할 것이다"라고 설명했다. 닉슨은 "미국은 중국과 소련 사이의 다툼에 어느 편에 명확하게 설 아무 의향이 없었다. 미국의 협상력은 미국이 어느 한쪽에 서는 것보다 양대 공산국에 더 가까울 때 가장 커진다"고 판단했다.[78)]

키신저의 역사적 출발점은 유럽의 현실정치였다. 그는 유럽 다극성에 대한 비스마르크(Bismarck)의 접근 방법을 검토하는 1968년 에세이에서 그 논리를 설명했다. "만약 프로이센(Prussia)이 경쟁국들 중 어느 하나에 더 가까워져서, 자국을 위해 하나의 극대치의 대안을 만들어 낼 수 있다면, 최고 입찰자에게 협력의사를 매도하기 위해 인위적 고립을 이용할 수 있을 것이다."[79]

삼각 외교는 "기민성"을 요구한다고 키신저는 말했다. "우리는 어쨌건 우리 자신의 근육을 구부리지 않았다. 그러나 유도와 같이, 적은 체중을 이용해 상대방을 원하는 방향으로 내 꽂는다." 그는 모스크바를 짜증 나게 만드는 조치를 베이징과 함께 도모해 협상할 기회를 만들어 내는 "중국 카드"에 대한 단순한 참조를 기각했다. "우리의 관점은… 삼각관계 자체가 각자에 대한 압력의 한 형태이다." 워싱턴은 각 측에 자신이 다른 측에 하고 있는 행동을 알려준다. "그 자체가 압력을 생성하지만, 우리는 아무 위협도 가하지 않았다"라고 말했다. 그 개방성은 각국의 미국에 대한 신뢰성을 높여주고 워싱턴이 모스크바에 대한 데탕트(détente, 긴장완화)를 중국과는 관계 회복(rapprochement)을 추구한다. 닉슨과 키신저는 두 공산세력들, 각자 독립적으로는 중요한, 둘 다 합해 중요한 "구조적 개선(structural improvement)"을 원했다. 이 구조적 개선은 다른 분쟁에서 제3자에게 하나의 자산으로 작용할 수 있다. 삼각 외교의 다면적 성질이 "외교정책의 핵심은 정확히 장기적인 목표를 추구하는 미묘한 차이 뉘앙스(nuance)를 축적하는 능력이다"라는 수수께끼 같은 키신저의 선언을 이해하는 데 도움이 될 것이다.[80]

외교적 기교보다 더 구체적으로 기여하기 위해서는, 닉슨과 키신저의 현실정치의 "뉘앙스"와 "쌍관성"은 전략적 목표들에 봉사해야 한다. 첫째, 그들은 핵전쟁을 방지하기를 원했다. 둘째, 행정부는 "소련의 팽창을 [억제]하고 냉전(Cold War) 갈등을 미국에 이익이 되도록 관리"하기를 원했다. 그리고 셋째, 닉슨은 강대국들 사이에 더 안정적인 "평화 구조(structure of peace)"를 건설하려 했다.[81]

"세계의 현황" 보고서: 현실정치에서의 교육

(The "State of the World" Reports: An Education in Realpolitik)

닉슨과 키신저는 외교를 집행하면서도 미국인들에게 현실정치에 대해 교육을 시키려 시도했다. 그들은 정치적인 지지보다 더 많은 것을 원했다. 그들의 계획은 나쁜 역사적 습관을 타파하고 왜 미국인들은 외교정책에 대해 다르게 생각할 필요가 있는지를 가르치는 것이었다.

매년 대통령 닉슨은 의회에 "미국 외교정책 연례보고서(Annual Reports on United States Foreign Policy)"를 보냈다. 이것은 대통령의 연두교서 연설을 보완하는 "세계 현황(State of the World)"이라고 알려진 보고서이다. 키신저와 국가안보위원회 직원들은 이 긴 문서를 준비했다. "그 당시를 연구한 사람에게는 그 보고서는 닉슨 시대의 외교정책의 최선의 로드맵을 구성"했다고 키신저는 나중에 기록했다. 그는 "많은 기자들과 외국 지도자들"은, "나날의… 외교적 대화"의 "뉴스"에 집중하는 습관 때문에, 그 보고서에 실린 개념과 힌트를 간과한다는 점을 개탄했다. 1970년 2월의 첫 번째 보고서가 최선의 것이었다.[82]

키신저는 그 보고서의 "기본 주제"를 "미국 외교정책은… 국가 이익의 분석에 맞추어 조정하고, 미국은 법 원칙의 해석보다는 정치적 명분을 보증하는 데 집중할 것"이라고 요약했다.[83] 실제로 첫 번째 보고서는 1970년 현실정치의 훈련이었다. 그것은 "국제관계에서 전후 기간(postwar period)"의 종말을 선언했다. 그 보고서는 "내구성 있는 평화를 위한 체제"의 구성분들을 열거했다. "닉슨 독트린(Nixon Doctrine)"은 "동반자관계(partnership)"의 상호 의무를 제시하는 주춧돌이었다. 행정부는 초기 냉전 "약속들"을 일련의 미국의 의무에서 동맹국들과 우방국들이 서로를 위해 책임을 규정하고 해석하는 방법을 논의하는 것으로 재규정하기를 원했다. 하나의 주된 메시지는 "우리의 이익이, 그 반대가 아니고, 우리의 약속을 형성해야 한다." 이 구절은 단조롭게 보이지만, 베트남에서 약속이 이익 계산을 압도한 LBJ의 실수와의 차이를 숙고해보라. 응집력 있는 외교정책 보고서, 지역적, 경제적, 과학적 정책의 논의를 하나의 전체 전략으로 연계하려는-출판의 발상 자체는 위기관리의 JFK 스타일과의 근본적인 결별을 의미했다. 닉슨의 전략에 내포된 메시지 중의 하나는 "더 이상 베트남은 없다"였다. [84]

현실정치와 미국의 경험(Realpolitik and the American Experience)

대통령과 국가안보보좌관은 과거의 미국 외교정책에 대한 자신들의 도전을 자랑거리로 여겼다. 그들은 외부인들이었다. 마가렛 맥밀란(Margaret MacMillan)이 관찰했듯이 "역사심리학(psycho-history)이 못마땅한 역사가들도 리처드 닉슨에게 저항할 수 없는 유혹을 느낀다."[85] 미국 외교에 대변혁을 일으키려는 그 두 사람의 계획은 기성체제에 대한 불신 때문이었다. 미국을 베트남 진창에 밀어 넣은 진보적 열정(liberal enthusiasm)을 거부했다. 그들의 전기작가 댈릭은 "둘 다, 거의 망설이지 않고, 세계 사안들을 재조정하는 원대한 꿈을 가진 이기적인 인물들"이었다고 분석했다. 그러한 묘사는 역사적으로 많은 대통령들이나 지도자들에게 적용될 수도 있을 것이다. 그럼에도 불구하고, 전략을 바꾸는 닉슨과 키신저의 대담성은 백악관의 손에 (외교를) 장악하려는 자신들의 희망을 보강해 주었다. 다른 전기작가 월터 아이작슨(Walter Isaacson)은 "둘 다 비밀을 선호했고, 성과를 타인과 공유하기를 싫어했고, 자신들을 "독불장군"이라는 하나의 낭만적인 관점을 가졌다고 기록했다. 둘 다 역사적 인정을 받기를 염원했고 비판에는 안전하지 못했다.[86]

이들 특징들은 특히 대통령에 대해서는 취약성의 씨앗이 되었다. 그것들은 유럽의 현실정치를 미국 외교 전통의 현장으로 이식하는 데에서 국민의 신뢰를 약화시켰다. 그럼에도 불구하고, 그것은 뿌리를 내렸다. 키신저는 자기 비하, 걸출함, 매력, 놀라운 지속성을 전개했고 비판에 대응하는 많은 훌륭한 책들을 저술했다. 처칠처럼, 키신저는 그가 역사를 쓸 것이므로 역사에서 성공하기를 예상했다.

키신저는 단 한 명의 미국 대통령 테디 루스벨트(Teddy Roosevelt)를 외교정책 모형으로 인정했다. 그는 테디 루스벨트(TR)는 닉슨처럼 "안정을 생산하기 위해 세력 균형을 찾아보았고, 세계적 평형에 핵심적인 하나의 강한 미국을 고려했다"고 적었다.[87] 나는 루스벨트가 아시아와 유럽에서 균형의 필요를 인정하고 균형을 복원하는 중재에서 보인 그의 수완을 앞장에서 복기했다. TR은 또한 광역의 북아메리카 지역에서 미국의 힘을 최대화하기를 원했고, 아메리카 대륙은 힘을 투시하는 국가의 기반이었다. 그러나 TR은, 존 퀸시 애덤스(John Quincy Adams)와 같이, 외교정책 현실주의(realism)를 미국의 공화정의 목적에 대한 믿음과 국민적 명예심과 혼합했다. TR은 상황이 허용할 때에는 국제적으로 법치를 증진하는 길을 기꺼이 찾아 나섰다. 그의 현실주의와 세력균형 외교는 미국의 경험과 사상들의 더 진한 합금(amalgam)의 결과물이었다.

더욱이, 키신저는 TR을 제외한 닉슨의 20세기 전임자들 중 아무도 "미국 이상주의를 많은 인자 중의 하나, 혹은 고정된 종착역을 가진 특정한 임무에 반해 지속적인 개입 조건으로 미래를 다루지" 않았다고 도를 넘어 기술했다.[88] 트루먼, 아이젠하워, 그리고 케네디는 그러한 사례들을 제공한다. FDR은 세력정치의 긴요성을 인정했다. 제2차 세계대전 후 미국 동맹의 신시대를 열기 전에도, 1920년대와 30년대에, 실용적인 정치인들은 국내정치적 제약 내에서 전체에 영향을 주는 미국의 국제적 지도력을 제공하는 작업을 했었다.

평가(Assessment)

닉슨의 중국 방문 일정 끝에 상하이혁명위원회(Shanghai Revolutionary Committee)는 대통령이 상하이 공업전시장(Shanghai Industrial Exhibition)을 방문하도록 배열했다. 그는 확대경으로 하나의 작은 상아 물품에 마오의 시가 새겨진 것을 보았다. 저우 수상은 수일 전에 닉슨에게 유명한 시구절을 설명해 주었다. 매화꽃은, 떨어지기 직전에, 최고의 아름다움에 도달한다. 이와 마찬가지로, 대사건의 발기인들은 살아서 그 영광을 볼 수 없을지도 모른다. 미국과 중국이 복원된 연대의 "성취를 귀하는 볼 수 없을지도 모른다"고 경험 많은 수상은 말했다. 키신저는 코웃음을 쳤다. 2년이 채 지나지 않아, 닉슨은 불명예로 사임했다.[89]

미국인들은 중국에 대한 개방은-모스크바에 대한 새로운 지렛대와 함께-미국이 명예롭게 베트남에서 철수하는 데 도움을 줄 것으로 희망했다. 중국은, 일단 미군이 베트남을 떠나면 마음대로 할 수 있으니, 하노이에게 남베트남 대통령이 하나의 잠정적인 연립정부에 참가하도록 허용해 주기를 요청했다. 북베트남은 닉슨의 방문을 베이징의 우선 순위의 신호로 보았다. 그들은 "배반"을 이유로 베이징을 비난했다. 중국은 북베트남을 안심시키기 위해 무기 공급을 더 증가시킨 것으로 보인다(여전히 논쟁의 주제이다). 소련은 또한 중국과 경쟁적으로 북베트남 공산주의자 동지들을 지원했다. 그럼에도 불구하고, 닉슨이 대단히 파괴적인 공습으로 북베트남의 대대적인 공세를 중지시켰을 때, 베이징이나 모스크바 둘 다 아무 대가를 치르지 않았다. 그리고 미국 내의 반응은 1970년 캄보디아 침공 후만큼 폭발적이지 않았다. 워싱턴의 일차적 문제들은 북베트남의 군사력, 베트남 전국을 장악하려는 하노이의 결의, 저항하는 데 무능한 사이공이었다. 삼각 외교는 베트남과 미국 내의 지상에서의 사실들을 극복하지 못했다. 마이클 그린이 적절히 요약하듯이, “[닉슨 정책]의 뻔한 철군과 예측 불가능한 무력사용” 사이의 모순은 국내정치 전선에서 지탱이 불가능했다.[90)]

리얼폴리티크(Realpolitik)의 주된 목표는 소련이었다. 그 효과는 엇갈린다. 키신저의 일차 베이징 방문은 모스크바를 움직여 닉슨-브레즈네프(Nixon-Brezhnev) 정상회담의 장애물을 제거해, 닉슨이 중국을 다녀온 후 1972년 5월에 모스크바에서 열렸다. 닉슨과 브레즈네프는 SALT I 핵무기 통제 합의서에 서명했고 유럽에서 대결을 줄이는 방법에 합의했다. 브레즈네프는 중국을 두려워했으나, 그의 눈과 관심은 서쪽에 집중되어 있었다. 소련 경제는 침체하기 시작했고, 모스크바는 서방에서 곡식, 장비, 소비재를 들여와, 좀 더 정규적인 교역 연대와 같이-소련인들의 생활수준을 높여줄 것을 희망했다. 브레즈네프는 부상하는 서독세력에 관해 또한 염려했다. 소련은 동독을 포함한 유럽에서 2차 대전 후 국경들에 관해 공개된 문제들을 해결하기를 원했다. 모스크바의 지도적인 미국전문가 게오르기 아르바토프(Georgy Arbatov)는 베를린에 대한 긴장 해소와 동독을 확보해야 할 소련의 필요는 삼각 외교보다 합의 조건에 도달할 더 중요한 동기들이었다고 회상했다.[91)]

키신저는 베를린과 독일에서의 기회를 재빨리 움켜잡았다. 미국은 이제 하나의 서독 우군, 이전에서 베를린 시장이었던 수상 빌리 브란트(Willy Brandt)를 가졌다. 그는 동독, 동유럽 그리고 모스크바와 하나의 새로운 “동방외교(Ostpolitik)”를 통해 긴장을 완화하기를 원했다. 미국의 현실정치는 영악한 동맹국들에게 기회를 제공했다. 1971년에, 서방 동맹국들은 마침내 베를린에 대한 소련과 동독과 합의에 도달했고 그 합의는 1989~90년까지 지속되었다.[92)]

백악관은 더 많은 소련의 협력을 촉발할 사안들에 연계할 의향을 밝혔다. 거친 미국의 언사에도 불구하고, 닉슨은 전통적인 의제에 지장을 줄 모스크바와의 대결에서 뒤로 물러섰다. 소련은 세계 도처에 지속적으로 파고들었고 미국과 그 동맹국들에 대항해 공개적인 맹비난을 줄이지 않았다. 닉슨은 정치인처럼 보이고, 정상회담에 참석하고, 핵무기를 통제하고, 평화의 사도처럼 보이는 국내 정치적 편익을 잃기를 원하지 않았다. 현실정치의 드라마는, 한 때는, 국내에서 비판자들을 반박할 수 있었다. 수년 후에 로널드 레이건은 소련에 대해 전혀 다른 방법을 추구했다.93)

태평양의 미국 동맹국들은 현실정치와 중국에 대한 개방에 적응하기에 더욱 힘이 들었다. 경제적 경쟁과 다툼은 전략적 전환의 긴장을 악화시켰다. 일본 경제는 미국 내 생산업자들에게 도전했다. 구 브레턴 우즈(Bretton Woods) 통화 환율은 쓸모가 없게 되었다. 닉슨은, 키신저가 전통적인 외교 정책에 불어넣은 수완과 뉘앙스 없이, 현실정치의 대담성을 경제적 배열에 적용했다. 닉슨은 전 텍사스 주지사 존 코널리(John Connally)에게 국제 경제를 주도하도록 재무장관을 맡겼다. LBJ의 제자인 코널리는 경제적 현실정치를 "외국인들은 우리를 망치 놓고 있다… 우리의 임무는 먼저 그들을 조이는 것이다"라고 말했다.94)

중국에 대한 재개방은 그 자체로서 하나의 성과이다. 댈릭은 키신저는 "중국과의 친선을 개발하는 것은 영국 다음의 일로" 보았다고 기록했다. 키신저는 마오와 저우와의 대화와 중국인들이 자신에게 부여해준 주목에 매료되었다. 중국의 크기, 역사, 잠재력과 중·미 관계의 널뛰기를 감안하면 키신저의 관심은 이해할 만하다. 그럼에도 불구하고, 상하이 성명서에서 예견한 관계의 정상화는 닉슨의 사임과 마오의 사망으로 중지되었다. 양측은 연락 사무소를 열었고 미래 대통령 조지 W. 부시(George H. W. Bush)가 베이징에 파견되었다. 대통령 지미 카터(Jimmy Carter)는 1979년 중국을 인정하는 절차를 완료했고 타이완과의 공식적인 외교 관계를 단절했다. 의회는, 카터의 방법에 분노한, 그 섬에 대한 새로운 유형의 관계와 안보를 보장해

주는 타이완관계법(Taiwan Relations Act)을 1979년에 통과시켰다.[95]

현실정치는 키신저의 용어에 의하면 "무형의 것들"을 계산에 넣은 하나의 외교적 성과로 선정되었다. 닉슨은 미국의 주도권을 되찾았다. 실제로 그는 "닉슨만이 중국을 갈 수 있었다"는 지속하는 경구를 얻었다. 대통령은 자신의 중국 방문을 달에 가는 것과 자주 비교했다. 사실 1969년의 성공적인 달 착륙과 1972년 닉슨의 중국 방문 둘 다 곤란에 빠진 미국이 혁신하고 새로운, 심지어는 예상하지 못한 기회들을 창조해 낼 수 있다는 점을 상징했다.[96]

닉슨은 국민 여론을 재구성하는 데에 있어서 사진의 위력을 이해했다. 키신저는, 미국 전역의 도시에서 일련의 "심장부" 연설을 포함해, 행정부의 외교정책을 설명하는 연설을 했다. 그는 자유의 방어, 평화의 추구, 인도적 목적들, 대통령의 유연성에 대한 의회의 구속들을 사려 깊게 토의했다. 그러나 현실정치를 미국 외교에 접목하는 어려움을 키신저의 저서에서 찾을 수 있다. "문제는 우리가 복잡성을 직면할 용기가 있는가의 여부와 쌍관성(ambiguity)을 다룰 내부 확신이 있는가의 여부이다." "구조(structure)"와 "뉘앙스(nuance)"에 대한 설명은 하나의 큰 목적에 봉사하는 미국인의 역사의식과는 경쟁이 되지 않았다.[97]

로버트 댈릭(Robert Dallek)은 수사를 빼 버리고 닉슨과 키신저는 봉쇄의 하나의 현실적 적응으로 그리고 억제의 한 보완방법으로 데탕트(détente)를 사용했다고 분석했다. 닉슨과 키신저는 미국 외교정책이 고전하고 있을 때 핵전쟁이나 소련의 큰 승리를 방지했다고 평가했다.[98]

키신저는 국무장관으로 현실정치에서 얻은 통찰력을 집요한 교섭과 통합해 외교 걸작을 빚었다. 그는 1973년 이스라엘과 이웃의 많은 아랍국가들과의 전쟁 후 중동에서의 안보 관계를 재배열해, 효과적으로 소련의 경쟁을 그 지역에서 몰아냈다. 장관은 이집트와 이스라엘 사이의 지속적인 휴전을 가져와 하나의 역사적 평화조약의 토대를 놓았다. 키신저는 아랍국가들에게 성공적인 교섭은 모스크바가 아닌 워싱턴에 달려있음을 입증했다. 그리고 OPEC 석유 수출금지를 종료하도록 압박했고 에너지 안보에 대한 미국 외교의 접근방법을 고쳤다.[99]

1976년 주지사 로널드 레이건(Ronald Reagan)이 대통령 제럴드 포드(Gerald Ford)와 공화당 후보 지명 경쟁을 할 때, 레이건은 데탕트 대신에 "우월성(superiority)"을 요구했다. "우리가 두 번째 국가인 세상은 위험하고, 치명적이 아닐지라도, 차선이라는 증거는 쌓이고 있다". 데탕트는 공격적인 소련의 미사일과 군사력을 아시아와 아프리카에서 막아 내지 못했다. 모스크바의 수사도 새로운 세력 균형을 수용한다는 신호를 보내지도 않았다. 소련(Soviet Union)은 믿지 못할 파트너처럼 보였고 미국인들은 데탕트 정책이 서방의 방어와 결의를 약화시킨 것이 아닌가 하고 의심했다.[100]

미국 경제력을 높이거나 혹은 경제를 체스판에 새로운 조각으로 추가할 유용성을 인식하지도, 심지어는 새로운 판을 깔 생각도, 닉슨과 키신저는 하지 않았다. 따라서 그들은 미국 쇠퇴를 능숙하게 관리하는 것으로 보기만 했다. 해밀턴(Hamilton), 링컨(Lincoln), 수어드(Seward), 헐(Hull), 클레이튼(Clayton), 배너바 부시(Vannevar Bush)의 생각들은 그들을 도울 수 있었다.

키신저는 그가 하나의 지속적인 외교정책 합의를 구축하지 못한 좌절감을 나중에 토로했다. 좌와 우측의 비판자들이 지정학(geopolitics)과 교섭(negotiations)보다는 이념(ideologies)과 인권(human rights)을 증진하는 것을 키신저는 가슴 아프게 지켜보았다. 스티븐 세스타노비치(Stephen Sestanovich)는 "키신저는 신중한 중도주의(centrism)와 미국의 무책임인 극단들(extremes) 사이의 하나의 경쟁으로 역사를 보았다"고 관찰했다. 그런데, 키신저의 취약성은 장관 자신이 "그 중도를 자기 쪽에 유지"할 능력을 가지지 못함에서 비롯되었다고 세스타노비치는 분석했다. 권력 정점에서 8년을 보낸 후,

키신저의 약점은 반대자들, 실수, 질투, 정직한 차이들의 누적으로 나타났다.[101] 닉슨과 키신저의 현실정치는 다른 미국 외교 전통에서 유래되는 아이디어들의 보완적 혼합을 또한 필요로 했었다.

제16장

◆

로널드 레이건
Ronald Reagan

복고주의자(*The Revivalist)*

웨스트민스터 방문(The Journey to Westminster)

대통령 로널드 레이건(Ronald Reagan)은 런던의 웨스트민스터 궁전(Palace of Wester Minster)의 왕립 미술관(Royal Gallery)에 1982년 6월 8일 정오 무렵에 도착했다. 더운 여름 그날 일찍 대통령은 윈저 대공원(Windsor Great Park)을 여왕 엘리자베스 2세(Queen Elizabeth II)와 말을 타고 둘러보았다. 레이건은 원래 의사당(Parliament)의 웨스트민스터 홀(Westminster Hall)에서 연설하기를 희망했으나, 노동당과 다른 이들이 대통령이 거기 들어오지 못하게 막고 있었다. 레이건은 (장소 때문에) 모욕에도 불구하고 대통령이 연설을 하기를 개인적으로 강력히 원하는 수상 마거릿 대처(Margaret Thatcher)의 소원에 응했다.[1)]

왕립미술관(Royal Gallery)에는 영국의 전사(戰士) 왕들과 여왕들을 기념하는 눈길을 끄는 조각상들, 스테인드 글라스(stained glass) 창문들, 나폴레옹 전쟁 당시의 트라팔가(Trafalgar)와 워털루(Waterloo)에서의 승리 장면을 그린 거대한 두 개의 그림이 있었다. 1940년 뒹케르게(Dunkirk, 역자주: 프랑스 북부의 항구도시, 제2차 세계대전 당시에 영국과 프랑스군이 후퇴한 곳)에서 대담한 영국군이 철수하는 데 사용한 부두에서 취한 나무 한 토막은 제2차 세계대전 동안 복무 중에 숨진 408명의 상원의원들을 기념하는 유리 기념비 앞에 놓여 있었다.

그 장소는 그 순간에 적합했다. 왜냐하면 바로 그날 여왕의 군대는 멀리 포클랜드(Falklands) 제도에서 아르헨티나(Argentina)의 침략자들부터 그 섬들을 다시 탈환하는 담대한 작전을 마무리하고 있었기 때문이다.[2)]

그러나 웨스트민스터에서의 레이건의 메시지는 제왕적이지도 군사적이지도 않았다. 대신에 대통령은 민주주의와 평화를 승격시키기를 원했다. 그의 참모들은 다른 역사적 연계성 때문에 웨스트민스터 지구에 소재한 그 장소를 환영했다. 1946년 윈스턴 처칠은 미주리(Missouri)주 풀턴(Fulton) 소재 웨스트민스터대학(Westminster College)에서 "철의 장막(Iron Curtain)"이란 연설을 통해 냉전(Cold War)의 시작을 알렸다. 거의 40년 후, 레이건은 처칠의 상속인들에게 영국의 웨스트민스터에서 냉전이 어떻게 종료되어야 하는가의 방법을 말하기를 원했다.[3)]

레이건은 대통령이 된 후 처음으로 10일간의 유럽 순방 중 영국에 착륙했다. 그는 이미 바티칸에서 폴란드 출신 교황 존 폴(John Paul)을 만났고 베르사유(Versailles)에서 어려운 G-7 경제 정상회담을 했다.[4)] 실제로, 이 연설의 준비는 훨씬 더 전에 시작되었다. 이는 수십 년간의 냉전 기간 내내 레이건이 자유(liberty)와 자유 시장(free market)의 힘에 수년간 개인적으로 헌신했을 뿐만 아니라 미국 외교사의 첫째 날로 거슬러 올라간다. 이 책의 머리에서, 1774년 웨스트민스터에서 멀지 않은 화이트홀(Whitehall)에서 추밀원(Privy Council)의 조롱을 참아낸 벤 프랭클린(Ben Franklin) 경험에서 어떻게 한 자랑스러운 영국인을 한 애국적인 미국인으로 바꾸었는지를 연계했다. 대통령 레이건은 연설 시작 부분에서 프랭클린의 적수 조지 3세 왕(His Royal Majesty King George III)을 언급했으나, "지난 일은 잊어버리라(let bygones be bygones)"는 수상 마거릿 대처의 조언을 수행했다고 말했다.[5)]

레이건의 웨스트민스터에서의 순간은 그리 좋지 않았다. 1982년 초는 냉전의 낮은 지점 같았다. 프랑스에서 열린 G-7 경제 정상 회의는 1977

년에서 1982년 사이에 거의 성장하지 못한 세계 경제의 비탄을 반영했다. 1981년 8월에 시작된 미국 경기 부진은 1982년 11월까지도 바닥을 보이지 않았다. 경제 병폐는 서방 세계 정부들에 대한 국민 지지를 약화시켰다. 나쁜 시기와 시큰둥한 무드는 국가적 결단력을 흔들어 왜 서방이 냉전(Cold War)을 벌이기 위해 고생을 해야 하는지의 이유를 묻도록 국민들을 촉발했다. G-7 정상회담은, 소련-유럽 연결 석유와 가스 파이프라인 건설에 참가하는 기업들을 제제하려는 미국의 계획에 관한 미국과 유럽 동맹국들 간의, 특히 영국과 까다로운 토론을 포함했다. 미국인들은 폴란드에서 공산주의자들의 강력한 탄압 때문에 그 파이프라인을 차단하기를 원했다.[6]

유럽과 미국에서 대규모 군중들이 모여 평화와 군비 경쟁을 중지하기 위한 "핵동결(nuclear freeze)"을 외쳤다. 레이건은 최근 소련의 수 많은 핵무기들의 도입에 대항하기 위해 중거리 퍼싱(Pershing) 및 순항 미사일(cruise missile)의 배치를 위해 유럽과 미국 국내 지원을 유지해야 했다. 미국과 NATO 동맹국들은 소련을 설득해 소련의 무기를 줄이기 위해 미사일을 증강하는 "이중 트랙(dual track)" 외교를 펼치는 데 합의했다. 레이건 행정부는 모든 미사일을 삭제하기를 원했다. 그 목표를 모든 군비 축소 회담 귀재들이 회의적으로 봤었다. 유럽 국민들은 미국 미사일 도입에 항의했고, 나토 국가들의 정부는 자신들의 약속을 지키기 위해 허우적거리고 있었다.[7]

대통령은 염려에서 적대적으로 의심하는 미국인, 유럽인 그리고 소련인들의 3가지 청중을 향해 말하고 있었다. 불경기는 레이건의 국방비 대규모 증액에 대한 국민적 지지를 위협했다. 미국인들과 유럽인들은 레이건이 전쟁을 할 위험을 두려워했다. 비판자들은 늙은 대통령은 외교정책의 복잡성을 파악하지 못하는 한 유리된 배우라고 생각했다. NSC 직원인 리처드 파이프스(Richard Pipes)는 영국 엘리트는 레이건을 "한 단순한 얼간이"로 여긴다고 파악했다. 소련은 워싱턴의 결의를 깨고, 미국을 유럽에서 분리하고,

미국 미사일의 도착을 중지시키려고 모든 기회를 노리고 있었다.[8)]

런던의 *타임즈(Times)*지는 대통령의 방문은 "수년 내에 미국 대통령에 의해 추진된 가장 중요한 여정의 하나"라고 경고했다. 레이건은 그 관심을 이해했다. 그는 "우리 유럽의 여러 동맹국들, 핵동결 운동으로 양손이 가득 찬, 또 핵 6연발 권총을 성급하게 뽑아 최후의 심판일을 가져오는 카우보이로 선동 정치가들이 나를 묘사하는 국가의 국민들에게" 연설을 해야 한다는 점을 그는 알고 있었다고 나중에 전형적인 명료한 스타일로 기록했다.[9)]

거의 모든 노동당 의원들은 레이건의 연설을 보이콧했다 그럼에도 불구하고 대통령은 적절한 장소로 덕을 보았다. 긴 의복과 가발을 쓴 하원의장과 대법관(lord chancellor)이 그 옆에 섰다. 진홍색 제복과 미늘창을 가진 5명의 런던탑 경비병(Beefeater)들이 그의 뒤에 섰다. BBC는 연설을 생중계했고 미국에는 아침 뉴스 시간에 그리했다. 마거릿 대처는 대통령이 노트 없이 자유롭게 말하는 데 감동했다. 수상은 연단 근처의 투명한 장애물이, 보안 방패가 아니고, 텔레프롬프터[teleprompter(영국에서 발명된 기구)] 스크린이었다는 사실을 알지 못했다. (그녀는 곧 적응했고 레이건은 그녀에게 텔레프롬프터를 하나 주었다.) 레이건의 연설은 베를린에서 JFK의 즉흥 연설과는 달랐다. 대통령은 계획을 했고, 다시 작성했고 상당한 공을 들여 편집했다.[10)]

웨스트민스터에서의 연설(The Speech at Westminster)

레이건은 여행 보고서로 말문을 열어 "국내에서… 귀하의 집에서"와 "민주주의의 신전"으로 이어 갔다. 그의 두 주제 중 하나는 자유 제도에 관한 영·미 양국 공통의 헌신이었다. 그는 자유의 집들을 하나의 "끔찍한 회색 상처"의 베를린 장벽과 대조했다. 그는 "유럽 문명의 중심지"인 폴란드에서 핍박에 저항하는 솔리데리티(Solidarity, 결속)운동에 경의를 표했다.

대통령은 전체주의와 "조금도 연약한 꽃이 아닌" 민주주의를 대조해 당시의 처칠(Churchill)의 낙관적인 도전을 상기했다. 그는 세계적 핵전쟁과 멸종까지도 갈 수 있는 중대한 위협을 인정했다. 대통령은 핵 군비를 단순히 통제하는 것이 아니고, 핵 군비를 감소하는 교섭을 통해 평화를 추구할 것이라고 약속했다.

레이건은 민주주의와 평화의 두 주제를 가장 위험한 무기로 가지고 국내 및 국제적으로 인간 자유를 위협하는 국가 독재 정부에 경고하는 것으로 연결했다. 그는 "소련 러시아가 전쟁을 원"한다고는 믿지 않았으나, 대신에 "전쟁의 열매와 소련의 세력과 교리의 무한정한 확장"을 갈망한다고 보았다. 이 "전환기"에 서방국가들의 "임무"는 "평화와 동시에 자유를 보존"하는 것이라고 주장했다.

레이건은 처칠과 마찬가지로 하나의 비전을 제시했다. 그는 카를 마르크스(Karl Marx)의 혁명적 변증법을 확 뒤집었다. "마르크스-레닌주의의 본부인 소련"은 위기에 봉착했다. 역사는 "인간의 자유와 존엄"을 부정한 자들에게 등을 돌린다. 소련은 자국민을 먹일 수 없다. 세계의 난민들은 공산주의에서 도망치고 있다. 전체주의자(totalitarian)들은 "지성과 의지의 반란"에 직면했다. 그리고 자유는 정치적 힘보다 더 많은 것을 제공한다. 미국, 영국 그리고 프랑스에서 "신경제학파들"은 임의적인 국가권력과 집단주의(collectivism)를 거부하고 더 나은 삶을 영위하도록 "인간의 충동"을 풀어주고 있었다고 레이건은 관찰했다.

대통령은 영국이 "개인의 자유, 대의 정체, 신 아래 법의 지배란 위대한 문명의 개념"에 기여했다고 그의 주빈을 치켜세웠다. 레이건은 이 개념들은 이제는 보편적으로 호소력을 가진다고 주장했다. 그는 대서양을 건너와 그의 청중들에게서 멀리 떨어진 중앙아메리카에 관해 언급했다. 청중들과 연결하기 위해, 대통령은 그가 애용하는 방법을 사용했다. 그는 여성과 노인들이 투표를 하기 위해 목숨을 거는 이야기를 들려주었다. 그 다음에 그 보다 더 먼 남대서양에서 무장 침공에 대항해 "단순한 부동산을 위해"서가 아니고 "명분을 위해 싸우는" 영국의 전투요원들을 칭송해 유대를 강화했다.

민주주의의 꽃은, 연약하지는 않지만, "배양"할 필요가 있다고 레이건은 설명했다. 민주주의의 친구들은 한 전체주의 국가가 핵무기를 보유했다고 손을 놓고 비켜서 있어서는 안 된다. 결국, 소련 의장 레오니트 브레즈네프(Leonid Brezhnev)는 "개념과 체제의 경쟁은 계속되어야 한다"고 강조했고 "신념의 경쟁은 "긴장의 이완과 평화에 완전히 일치"한다고 보았다. 대통령의 이념 공세는 주변에서 독재자들에게 단지 촉구하지만은 않았다." "소련조차도 억압에 대한 폭발이라는 현실에 면역이 되지 않는다. 레이건은 "변화의 속도를 강제하는 데에 대해서는 조심해야" 할 필요가 있다는 점을 알고 있다고 청중들을 안심시키고, "순간적인 변신"을 기대하지는 않는다고 설명했다. 그럼에도 불구하고, 민주주의 국가들은 "우리의 궁극적인 목표들을 선언"해야 한다고 주장했다.

대통령은 그의 원칙적인 요청에 구체적인 단계를 추가했다. 그는 정치적 기반, 공공 및 사적 부문, 유럽위원회(Council of Europe)를 통해, "민주주의의 자유 언론, 조합, 정당, 대학들 등 공공기반시설을 육성하기"를 원했다.[11)]

레이건은 자본주의에 대한 공산주의의 승리라는 레온 트로츠키(Leon Trotsky)의 마르크스 기도문을 "자유와 민주주의의 행진은… 마르크스-레닌주의를 역사의 잿더미에 남길 것이다"라고 예언하면서 뒤집었다. 나토의 군사적 강도와 핵무기를 축소하고 제거하는 대담한 제안은 전제조건이라고 대통령은 안심시켰다. 그러나 "궁극적인 결정요인은 의지와 개념의 시험이고 정신적 결심의 시험일 것"이라고 말했다.

레이건은 영-미 청중 특히 영국인들의 결의를 위해 하나의 역사적인 찬송가로 연설을 마감했다. 영국인들은 가장 어두운 시간에 악을 극복하기 위한 희망에 집결하는 것을 알고 있었다. "자치 정부의 발생지(cradle of self-government)"이고 "의회의 어머니(Mother of Parliament)"인 영국인들은 민주주의 자체의 정신적 힘을 이해했다. 이 세대의 영국인들은 "위기"의 순간에, 적들의 침공에 직면해 물러서지 않을 것을 레이건은 알고 있었다고 말했다.

대통령은 청중들이 예상한 것보다는 훨씬 더 분명한 안목을 가지고 있었음이 입증되었다. 하나의 측면에서는 그는 실수했다. 레이건은 "내가 여기서 제시하는 업무는 우리 자신의 세대보다 더 오래갈 것이다"라고 주장했다. 사실, 냉전은 10년 이내에 평화롭게 종료되었다. 장기적인 미국 외교 관점에서, 레이건의 자유와 민주주의를 불어넣는 도전은 어느 한 세대보다 더 오래 지속될 것이다.

새로운 메시지와 정책(A New Message and Policy)

레이건은 그의 보좌관 리처드 앨런에게 냉전에 대한 자신의 접근은 간단하고 직접적이라고 말했다. "우리는 이기고 그들은 진다"라고 말한 적이 있었다. 1981년 첫 번째 언론 보고에서, 레이건은 "데탕트는 일방통행 길"이었다. 왜냐하면 소련은 "어떤 범죄라도, 거짓말하고, 속일 권리"을 유부해 "그들의 명분을 확장"했다고 평가했다. 대통령 임기 1차 연도에는 레이건은 미국이 냉전을 어떻게 이길 것인가의 방법을 설명하지 않았다. 1982년 5월, 레이건은 자신의 모교인 유레카대학(Eureka College)에서 한 연설에서, 국가안보결정문서(National Security Decision Document, NSDD) 32에 포함한 자신의 행정부가 최근에 짠 전략의 원칙들을 공개했다. 유레카 연설의 핵심 주제는 "힘을 통한 평화"였다. 레이건은 브레즈네프와 대화를 원했으나 균형, 기술 통제, 진정한 군비 감축, 지역 갈등에서 바뀐 역할을 복원한 군비 증강의 한 부분으로 한정하기를 원했다. 브레즈네프의 명시적인 답변은 레

이건의 관심을 끌지 못했다.[13)]

웨스트민스터 연설에서, 대통령은 연설비서관 토니 돌란(Tony Dolan)과 복수의 편집자들과 함께 냉전 전략의 완전한 비전을 마련했다. 그들은 NSC 직원 톰 리드(Tom Reed)와 리처드 파이프스(Richard Pipes)로부터 아이디어를 추출했다. 레이건은 자신의 생각을 전달하기 위해 초안에 공을 들였다. 로버트 로랜드(Robert Rowland)와 존 존스(John Jones)의 연설에 관한 훌륭한 책은 대통령이 웨스터민스터 연설문 중 적어도 59개 단락 중 33.5개 단락을 작성했거나 편집했다고 결론을 내렸다.[14)] 돌란은 대통령의 기여는 더 크다고 파악했다. 왜냐하면 돌란과 동료 연설작가들은 대통령 자신의 30여 년 이상에 걸친 그의 "관용어와 생각(idiom and ideas)"에서 발췌했기 때문이었다. 기자이고 나중에 전기작가로 정치인 레이건의 캘리포니아 초기를 다룬 루 캐넌(Lou Cannon)은 "레이건의 메시지는 돌란(Dolan)이 걸음마를 배울 때와 거의 같았고 레이건은 3×5인치 카드에 그의 연설을 적고 있었다"고 회상했다. 레이건은 "잿더미" 표현을 추가했으나 이념적 원칙들과 국가적 경쟁을 구분하려 노력했다. 이념적 갈등이 전쟁으로 이어질 필요는 없다고 또한 강조했다. 레이건은 소련을 못마땅하게 여겼으나 동시에 하나의 핵 재앙으로 이어질 수 있는 어떠한 실수도 피하기를 원했다. 캐넌(Cannon)은 레이건의 웨스트민스터 연설은 "소련을 다루는 레이건의 품질보증 마크인 원칙과 실용주의의 혼합"을 드러내고 있다고 나중에 기록했다.[15)]

레이건의 백악관은, 특히 첫 번째 임기 동안에, 정책을 형성하는 연설에 대해 엄청난 전투를 목격했다. 작가들은 모서리를 날카롭게 하기를 자주 원했으나, 상급자들은 무서운 표현은 피하려 애썼다. 주목할 만한 레이건 전기작가인 스티븐 헤이워드(Steven Hayward)는 돌란(Dolan)의 초안이 소련을 "악의 제국(evil empire)"으로 표현했으나 소통비서관 데이비드 게르겐(David Gergen)이 대통령이 보기 전에 잘라냈다. 그러나 돌란은 다시 시도했고, 그

다음 해에는 성공했다고 회상했다.16)

비록 많은 조력을 받았으나, 웨스트민스터의 연설은 틀림없이 레이건의 작품이었다. 닉슨과 키신저의 데탕트는 쫓겨나갔다. 대통령은 냉전 역사가 존 개디스(John Gaddis)의 "예견할 수 있는 미래에는, 세상은 지금과 같다"라는 발언을 수용하지 않을 것이었다. 데탕트를 통해 봉쇄라는 표어 즉, 안정성, 상호 억제, 공존, 장기적 지속 가능성이란 단어들은 변혁적 민주적 변화(transformational democratic change), 무기의 상당한 감축이나 파기, 역학적 변경, 십자군과 승리라는 새로운 단어로 치환되었다.17)

대통령은 자신의 새로운 목표들을 향해 일할 새로운 유형의 외교를 원했다. 그는, 대통령 지미 카터(Jimmy Carter)가 시작한 인권에 대한 투쟁을 포함해, 아이디어에 대한 토론을 포함하는 경쟁 범위를 확대했다. 타협하기보다는, 레이건은 소련이 민주적 정치 원칙을 수용하기를 원했다. 대통령은 그냥 "이기기"를 원하지 않았고 그의 이념으로 적이 개종하기를 원했다.18)

레이건은 자유의 검은 양날을 가지고 있었다. 정치적 자유는 하나의 도덕적 이점을 제공했다. 경제적 자유는 개념을 전진시킬 힘을 제공했다. 웨스트민스터 연설은 냉전이 "군사적 기량의 경쟁만큼이나 이념과 경제의 경쟁"이라는 레이건의 믿음을 요약했다고 캐넌(Cannon)은 나중에 기록했다 개디스 교수는 "소련은 그 이념적 매력을 잃었고, 이전에 가졌던 경제력을 잃고 있었고, 초강대국으로의 생존이 더 이상 당연한 일이 될 수 없을 것이다. 해체를 왜 안 서둘러?"라고 레이건은 감지하고 있었다.19)

반응들(Reactions)

레이건의 연설에 대한 초기 반응은 뜨겁지 않았다. 대통령의 연설은 칭송을 받았으나 대부분의 학자들은 미국 지도자에 대한 자신들의 이미지를 따라가는 것 같았다. 영국 언론은 대단하다고 생각하지 않았다. 레이건의 어조는 "강경한 태도"로 보였다. 그의 관점은 "지나치게 단순화되었다." 수사를 좋아하는 사람들까지도, 런던의 보수주의 *타임즈*(Times)지 같은, 특정한 제안들의 결여에 의문을 제기했다. 그 연설은 세계를 불태우는 위기와는 "무관"한 듯이 보였다. 좌파 언론들은 최대한 좋게 보아 "평범"하고 "기억에 남지 않는다"라고 평했다.[20]

대부분의 미국 뉴스는 언론의 선입견에 줄을 섰다. *뉴욕 타임즈*(New York Times) 표지는 "대통령은 민주주의를 위한 세계 십자군을 강력히 요청했다: 1950년대의 취향 재생하다"라고 선언했다. 배우-대통령은 "국정운영기술(statecraft)보다는 더 많이 연출기법(stagecraft)"을 성취했다. 가혹한 비판자들은 대통령은 "무모한", "적대적인" 그리고 "투박"하다고 생각했다. TV 해설자들은 "빈티지 레이건" "케케묵은"에서 "순진"하다고 다양하게 평했다. 레이건을 가장 잘 아는 국민 기자 루 캐넌(Lou Cannon)은 레이건은 "무기가 아니고 이념 전쟁에 돌입했다"고 인정한 외로운 목소리였다. 그러나 캐넌은 "레이건은 자신과 논쟁을 하고 있는 듯이 보였다"고 또한 생각했다. 수년 후에 전개될 것을 미리 짐작한 아주 흥미로운 통찰력이었다. 회의적인 냉전 전사들은 레이건은 모스크바의 군사적 역량을 잘 모르고 군비를 제한하는 데 너무 앞서 나가고 있다고 생각했다.[21]

수상 대처는 "훌륭한 연설"을 "하나의 승리"로 안아 들였다. 그녀가 그리 찬양하던 전달자보다 더 많이 반응했다. 개념의 힘을 이해하는 신념의 정치인인 수상은 링컨이 게티즈버그(Gettysburg) 연설에서 언급한 "미완의 업무(unfinished work)"와 레이건이 지금 막 웨스트민스터에서 알린 "미완의 업무" 사이의 연결을 끌어냈다. 대처는 아이젠하워 장군의 관찰 "하나의 진실이 우리가 생각하는 것과 행하는 모든 것을 지배해야 한다. 자유에 사는 모든 이들의 단결이 유일한 확실한 방어이다"를 회상했다. [22]

레이건은 모스크바에도 청중을 가지고 있었다. 소련 관리들은 폭발했다. 타스(TASS) 통신과 *이즈베스티야*(*Izvestiya*)지는 냉혹한 심지어는 모욕적인 반응을 내보냈다. 존 개디스(John Gaddis)의 말로는, "이전 어떤 대통령도 이와 같이 말을 한 적은 없었고 그 효과는 모스크바를 매우 불안하게 하고 있었다." 레이건은 미소를 흘리며 "그래 우리가 신경을 건드렸지"라고 말했다. 그는 소련인들에게 말하려 노력했고 그들의 주의를 끌었다고 생각했다. 대통령은 변화를 바라는 그들의 심정을 느꼈다. 레이건이 대통령으로 1988년 러시아를 마지막 방문한 후, 존 패트릭 디긴스(John Patrick Diggins)는 러시아인들이 얼마나 레이건을 존경하고 심지어는 신뢰하기까지 하는 것을 볼 수 있었다. "레이건이 공산주의를 더 많이 비판할수록, 더 많은 러시아인들이 그의 말을 경청했다."[23]

레이건의 대통령직에 대한 초기 분석과 역사들은 뉴스 범위의 유형을 따랐다. 대부분은 웨스트민스터 연설을 무시했다. 역사가들은 연설과 정책과의 연계를 이해하기를 어려워했다. 특히 수사가 실제적인 처방에 얇을 경우에 더욱 그러했다. 신문방송학과 교수들인 로랜드(Rowland)와 존스(Jones)는 레이건의 영국의회에서 "한 사람의 길어지는 그림자"와 웨스트민스터 연설이 시간이 가면서 "길어지는 그림자" 사이의 흥미로운 비유를 제공했다. 떨어져서 보면, 누구나 레이건은 그의 "[성공적인] 냉전 전략 전부"를 웨스트민스터에서 수사적 차원을 포함해 드러냈다는 것을 알 수 있었다. 그의 말은 "소련은 미국에 겁을 줄 수 없고 군비 경쟁에서 미국을 이길 수 없다는 점을 소련과 자유세계 둘 다에게 보여"주었다. 그 연설은 평화와 민주주의 "이중적인" 목표를 달성할 "레이건 비전에 대한 완전한 로드맵"을 제공했다. 캐넌도 그리 생각했다. 레이건은 자신이 하고 있는 일을 알고 있었다. 그는 1989년에 웨스트민스터는 "대통령 자격으로 행한 연설 중에서 가장 중요한 것 중의 하나"였다고 공개했다. 전임 대통령은 미국과 동맹국들을 단결시키는 이상의 것을 했다고 믿었다. "나는 우리의 정직성이 소련인들이 자신들의 약점과 불확실한 미래에 감연히 맞서기를 도왔다."[24)]

연설과 정책(Speeches and Policy)

H. W. 브랜즈(H.W. Brands)는 레이건의 일대기를 "연설"로 시작한다. 1964년 LBJ에 대항해 나온 상원의원 배리 골드워터의 운이 다한 대통령 선거 유세가 마감되는 무렵, 공화당원들은 전직 배우이고 TV 호스트였던 로널드 레이건에게 수백 명의 지지자들 앞에서 전국 텔레비전으로 중계되는 30분짜리 연설을 하라고 요청했다. 느린 어조로 시작해서 본래의 속도로 말을 이어갔다. 끝에 가서, 이 정치 신인은 미국 전역의 거실에서 시청하던 청중들을 열광시켰다. LBJ는 골드워터를 압도적으로 이겼으나, 레이건은 새로운 정치적 고지들로 올라갔다. 그 이후부터 항구적으로, 레이건의 지지자들은 크게 깨우쳐 주는 경외심을 갖게 해주는 어조의 "연설"을 이야기했다. 전기 말미에, 브랜즈(Brands) 교수는 "레이건보다 자신의 연설에 개인적 주의를 기울이는 대통령은 거의 없었다"고 말했다.[25)]

레이건은 소통, 개념, 정치를 혼합하는 기술을 1940년대 말에서 50년대 동안에 완전히 익혔다. 영상배우협회(Screen Actors Guild)의 한 조합장으로 공산주의를 선과 악 사이의 영원한 전투의 부분으로 보았다. 민주주의는 빛과 자유 세력의 가장 강력한 무기라고 그는 주장했다. 그는 결코 공산주의를 금하는 것을 좋아하지 않았다. 레이건은 민주주의는 냉전을 이길 수 있고, 독재국가(tyranny)를 단순히 피할 수 있을 뿐만 아니라, 실제로, 만약 미국과 동맹국들이 결심을 굳게 지키면, 소련은 결국 자유 사회의 우월성을 인정하고 자신들의 악마 같은 체제를 수정할 것이라고 믿었다.[26)]

대통령을 하기 전 20년 동안, 레이건은 미국의 정치와 정책문제들을 쓰고 기록했다. 1954년에서 1962년까지, 그는 미국 전역의 제너럴 일렉트릭(General Electric)의 135개 공장 직원들에게 강연을 했다. 캘리포니아 주지사를 지낸(1967~75) 후 그는 5분 라디오 해설을 일주일에 5일 하기로 동의했다. 약 5천만 명의 사람들이 매일 이 방송을 들었다. 전직 주지사는 영상 시청자들이 그에게 싫증을 낼 것이라 생각해서 일주일 2회 TV 해설 기회는 사양했다. 라디오에서는 유일한 수단은 그의 목소리이고 유일한 메시지는 그의 말이었다. 그는 원고를 직접 작성했다. 레이건의 경호 직원은 레이건은 "비행기에서, 목장으로 가는 자동차 안에서, 주말 집에서, "늘 끊임없이 작성하고 있었다"고 회상했다. 연설을 위해, 그는 하나의 카드 시스템과 속기 방법을 개발해 자신의 발언이 자연스럽게 흐르도록 만들었고 청중들과 쉽게 연결할 수 있었다.27) 수년 후에, 대통령의 많은 국가안보보좌관들 중의 한 사람인 버드 맥팔레인(Bud McFarlane)은 당시 국무장관 조지 슐츠(George Shultz)에게 "거의 아는 게 없는" 레이건이 "그렇게 많이 성취할 수 있는" 방법이 무엇인지 모르겠다고 토로했다. 그 해답은 레이건은 초점과 신념을 결합하는 데서 오는 것으로 보인다. 레이건의 작문은 둘 다를 연마했다. 그 다음에 그는 자신의 메시지를 청중들에게 시험하고, 또 하고, 그리고 또 했다.28)

레이건은 낙관적이었다. 그는 보통사람들을 돋보이게 했다. 그는 자유시장과 개인의 자유에 호소해 지지되는 "이상주의적인 국수주의"를 신봉했다. 대통령이 되기 전의 어조는 반항적이었으나 고무적으로 반대 진영의 지도자에는 맞는 것이었다. 그러나 그의 목소리는 여전히 부드러웠다.29)

1975년에서 1979년 사이 레이건의 일부 라디오 해설의 건조한 제목은 나중에 대통령으로 그의 정책에 주춧돌이 되었다는 감을 제공한다. "두 세계", "공산주의, 그 질병", "미국의 힘" 그리고 "평화". 그는 러시아 사람이 아닌 거짓 이념을 적으로 간주했다. 그는 러시아인들도 미국인들과 같다고 생각했으나 전체주의 정부의 희생물이라고 믿었다. 레이건에게는, 닉슨과 키신저와는 달리, 평화는 대등한 세력들 사이의 균형의 산물이 아니었다. 두 정치 체제는 상반(相反, antithetical)되기 때문에, 선택은 "권력 장악과 굴종(power dominance and submission)" 둘 중 하나라고 보았다.30)

레이건이 대통령이 된 후, 세상은 그를 "위대한 의사소통자"로 알게 되었다. 고인이 된 리처드 다만(Richard Darman)은 부비서실장으로 대통령의 문서를 수발할 때 레이건은 사실 "위대한 편집자"라고 나에게 말한 적이 있었다. 조지 슐츠는 대통령의 "구어(spoken word)에 대한 강력한 흥미와 애착"을 기억했다. 슐츠는 연설문 초안을 레이건과 공유한 경험을 회상했다. 레이건은 초안이 "완전 만족스럽다"고 말했다. 잠시 후, 대통령은 "내가 그 연설을 한다면, 그것은 다르게 될 것"이라고 추가했다. 슐츠가 압박하자, 레이건은 슐츠의 연설문은 읽어지도록 작성한 것이고, 반면에 그는 "사람에게 말하는 대로… 그게 차이다." 슐츠가 이해하도록 돕기 위해, 레이건은 임의로 페이지를 넘겨, 4개 혹은 5개를 편집했고 여백에 탈자 기호를 추가해 "이야기"란 단어를 적어 넣었다. 슐츠는 레이건 편집자가 전혀 다른 어조를 만들어 내는 것을 목격할 수 있었다. 레이건 대통령은 자신의 청중을 건드리는 방법을 알고 있었다.31)

레이건은 단순히 줄을 읽어 내리는 숙련된 배우는 아니었다. 브랜즈(H. R. Brands)는 "그가 말할 때 그의 수사적 힘은 그가 말하는 미국과 미국인들의 경이로운 모든 일들에 대한 전적인 믿음에 기초하고 있었다." 슐츠는 해당 사안을 가슴 깊은 곳, 그 핵심을 발견하고, 신념의 깊이로 다루는 대통령의 능력을 소통자로서의 레이건의 힘이라고 추적했다.32)

레이건의 사고는 개념과 상상을 강조했다. 전기작가 헤이워드(Hayward)는 레이건은 추정을 통하는 게 아니고 발견을 통해서 통찰력을 형성했다고 파악했다. 브랜즈는 대통령은 "아이디어맨이었고, 큰 원칙의 조달업자"라고 말했다. 그러한 원칙들은 레이건의 냉전 국정운영을 고무했고 국내 정책을 지도했다. 대통령은 상세한 것들은 다른 이들에게 맡겼다.[33]

레이건은 그의 메시지를 이야기, 일화, 유머를 통해서 더 재미있게 만들었다. 그의 말은 청취자들의 마음에 기억할 만한 "말로 된 그림"을 그려주었다. 그의 설명은 "일화를 통한 분석"을 제공했다. 그리고 대통령은 "유머의 무장 해제 능력"을 통해 어려운 순간들을 완화시켰다.[34]

결합해, 레이건의 연설과 스타일은 정책 방향을 정하고 지원을 동원하는 달인으로 그들 만들었다. FDR의 자서전도 저술한 브랜즈(Brands)는 확신, 초점, 유머를 결합한 루스벨트 이래 가장 설득력이 강한 정치적 연설가"라고 결론을 내렸다. 그러한 기술에 추가해, 레이건은 매력적이나 자주 과소평가된 정치 지도자였다. 루 캐넌은 1960년대 중반 레이건 반대자들이 정치를 막 시작한 전직 배우를 얼마나 하찮게 생각했는지를 회상했다. 1965년 레이건을 만난 후, 캐넌은 "그리 자신감 있고 친절한 사람에게 왜 적대적인지를 나는 이해할 수 없었다"고 말했다.[35]

정책 기조(Policy Fundamentals)

1980년 대통령 유세 중 어느 조용한 순간에, 똑똑한 정치 전략가 스튜어트 스펜서는 레이건에게 대통령이 되려고 원하는 이유를 물었다. "냉전을 종료하기 위해"라고 후보자는 답했다. "어떻게?"라고 스펜서가 물었다. "확실하지는 않지만, 분명이 길이 있을 것이다"라고 레이전은 장담했다. 데탕트(Détente)의 건축가는 데탕트는 균형과 봉쇄를 결합한 미묘한 외교를 필요로 했다. 1970년에 소련은 계속 팽창했다. 대통령 카터는 데탕트로 대치를 막는 데 고생을 하고 있었다. 레이건은 이 미묘함과 복잡성을 멀리했다. 대통령이 되기 전에, 그는 한 친구에게 "우리가 가진 많은 문제들에 대한 복잡한 답을 탐색하는 이유는, 실제로는, 분명하고 간단한 해답을 피하기 위한 노력이다. 왜냐면 그 답은 간단하지만 어렵기 때문이다"라고 설명을 했다.36)

대통령 레이건은 소련의 기반을 약화시키고 동시에 관계를 개선하기를 원했다. 그는 자유롭게 번영할 수 있게 두면, 미국 경제는 기술 경쟁을 이길 수 있고 약한 소련 경제는 따라올 수 없다고 생각했다. 그러면, 소련군은 동유럽에서 철수하고, 이들 국가의 시민들은 독립적인 경로를 선택할 수 있게 될 것이다. 미국 지도자들이 모스크바와의 협력을 과시한다면 대규모 군비 구축을 지원할 것이다. 궁극적으로 레이건은 공산주의를 제거하고 핵무기를 폐기하기를 원했다. 그 길을 가다 보면, 대통령의 목표들은 서로 충돌하는 것으로 보기도 하지만, 늘 낙관적인 레이건은 절충에 관심이 없었다. 제임스 그레함 윌슨(James Graham Wilson)은 냉전의 종료에 관한 그의 연구에서 레이건의 정책 기조에 관한 접근은 정책을 즉각 처리해온 국무장관 조지 슐츠(George Shultz)의 지원에 크게 의존했다고 설명했다. 제임스 베이커(James Baker)는 전반부에 국내 경제 정책에서 유사한 역할을 했고 두 번째 임기 동안 세금 정책과 국제 경제에서 그러한 역할을 했다.37)

1981년 미국의 전망은 암울했다. 1975년 *타임(Time)*지는"자본주의는 생존할 수 있는가?"라고 물었고 여건들은 그 이후 더 악화되었다. 기름값 충격과 스태그플레이션(역자주: 경제 불황 중에도 가격을 오르는 현상)으로 실업률과 인플레이션은 높았다. 베트남에서의 대실패는 아프가니스탄, 이란, 중앙아메리카에서의 실패로 이어졌다. CIA보고서는 미국인들이 자신들의 제도를 불신하고 도덕적 목적조차 흔들이고 있음을 드러냈다. 소련은 상승하는 것처럼 보였다. 닉슨과 키신저의 SALT 조약 후 모스크바는 지상 발사 및 해상 발사 ICBM을 미국보다 4배 더 구축했다. 소련은 새로운 중거리 로켓 SS-20을 유럽에 설치해 나토 동맹국들의 기를 죽였다. 1981년 12월, 폴란드 공산당 군대는 연대 운동(Solidarity movement)을 진압해, 자신의 제국에 대한 장악을 느슨하게 할 의사가 없음을 보여주었다. 심지어는 제3세계의 약한 개발도상국들이 하나의 국제 경제 질서를 구성하는 일련의 경제적 요구로 미국을 대적해 왔다. 사회참여 지식인들이 즐겨 다루는 주제는-마지막은 아니지만-"미국의 퇴조(America's decline)"였다.[38]

레이건은 우선 미국의 자신감을 다시 세워야 했다. "[그의] 성공의 열쇠는, 루스벨트와 마찬가지로, 미국인들이 자신들의 국가에 대한 믿음을 복원하는 능력이었다." 레이건 공식은 간단했다. 정치적 자유와 경제적 자유는 동지였다. 정치 및 경제적 자유는 함께 개인, 국가의 창의성, 에너지, 그리고 산업 잠재력의 고삐를 풀어주었다. 올바른 정책을 가지면 미국 경제는 "세상의 위대한 기적 중의 하나"가 될 것이라고 선언했다. 그는 정보 시대의 기술은 전 세계를 "깊숙이 전환"시킨다는 감을 또한 잡고 있었다. "자유시장, 낮은 세율, 자유 무역"은 "인류의 장래 자유를 성취하기 위한 싸움에서 우리가 반드시 전개해야 하는 평화의 무기"이다. 경제적 힘은 또한 평화와 뒤엉켜 있다고 밝혔다. 1982년에 대통령은 "내 평생에 4개의 전쟁을 알고 있다. 우리가 너무 강했기에 일어난 전쟁은 그중 아무것도 없었다."[39]

레이건은 미국 정신을 재생하고 미국을 바른 경로에 올려놓기 위해 5대 정책기조를 제시했다. 웨스트민스터 연설을 포함해 대통령의 연설은 국민들을 명분에 결집하도록 격려했고 그의 정책 목표들을 설명해 주었다.

첫째, 대통령은 미국의 경제적 잠재력을 풀어주어야 한다. 1978년 12월 한 연설에서, 레이건은 "성공적인 전략은 정치적, 경제적, 군사적 그리고 심리적인 조치들을 포함"할 필요가 있다고 설명했다. "너무 자주 우리는 순전히 군사적 측면에만 집중한다"고 그는 덧붙였다. 알렉산더 해밀턴은 기뻐했을 것이다. 1981년 1월에, 백악관 비서실장 제임스 베이커는 신임 대통령에게 "1백일 계획은 3가지 우선적 업무를… 그것들은… 경제회복, 경제회복, 그리고 경제회복이다." 그 수단을 세금과 (정부지출) 축소, 탈규제, 인플

레이션을 잠재우는 금융정책이었다.[40]

둘째, 레이건은 미국 군사력을 키우기를 원했다. 그는 미국은 군비 경쟁을 감당할 수 있으나 소련은 그리할 수 없다고 믿었다. 더구나 미국의 신무기류는 기술적 우위를 이용할 것이다. 역사상 규모가 가장 큰 레이건의 평화시의 군비 확장은 질과 양을 둘 다 강조했다. 대통령 카터 시절부터 실제로는 증가하기 시작해 1985년에는 1980년의 두 배가 되었다. 전략적 조건에서, 레이건은 무력을 "외교 무대에서 국력을 효과적으로 만드는 시멘트"로 보았다.[41]

셋째, 군사력의 고지에서 작용하면서 대통령은 가장 위험한 무기의 감축을 교섭하려고 노력했다. 그는 특히 핵무기를 없애 버리길 원했다. 레이건은 군비 경쟁은 냉전의 징후이고, 그 원인은 아니라고 믿었고 무기 교섭 자체만으로 충돌을 끝내거나 양자 관계를 개선시킨다고 기대하지 않았다. 찰스 에반스 휴즈가 해군 군비 감축을 동아시아의 안보 정치에 연결하려고 노력한 바와 같이, 레이건은 냉전(Cold War)의 더 큰 맥락에서 핵 및 미사일 무기 경쟁을 놓고 보기를 원했다. 그러나 휴즈와는 달리, 예산적 지렛대를 더 많이 가지고 있었다. "만약 소련이 군비 경쟁을 원한다면" 소련은 "등골이 부서질 것"이라고 대통령은 1983년에 말했다. 레이건은 미국이 SALT 거래 이후 소련에 뒤진 것으로 믿었다. 그는 교섭해 줄이기 위해 쌓아 올렸다. 교섭자들은 대게 자신들의 협상전략을 숨기지만, 레이건은 그의 계획을 심하게 드러내, 자신이 진지하다는 점을, 반대자와 지지자들 모두에게 설득했다.[42]

대통령은 핵무기를 특히 혐오스럽게 보았다. 그는 전면적인 핵전쟁에 대한 단일 통합 작전 계획(Single Integrated Operational Plan, SIOP)에 대한 펜타곤(Pentagon)의 1983년 보고를 듣고 걱정했다. 그는 "상호 확증 파괴(mutually assured destruction, MAD)"의 억제 논리는 매우 혼란스럽다고 보았고, 그는 그

손아귀에서 도망치려고 노력했다. 배치와 교섭의 이중 트랙으로 미국과 소련의 모든 중거리 미사일을 폐기하려는 행정부의 초기 제안서는 레이건의 논리에 맞았다. 일부 후기 분석가들은 그 제안서는 핵무기를 폐기하려는 레이건의 다음 조치의 씨앗이 되었다고 믿는다. 상호 제로 원칙을 고수해, 대통령은 중거리미사일(intermediate-range missiles)을 대폭 줄이기는 하지만 완전히 폐기하지는 않는 초기 비공식 노력을 기각했다.43)

레이건의 4번째 정책기조는, 웨스트민스터 연설의 핵심에 들어있는 개념인, 자유와 민주주의를 증진하고 소련 공산주의를 하나의 체제로 인정하지 않는 것이었다. 이 정책에 대한 행정부의 표현은 진화했다. 처음에는, 대통령은 공산주의의 실패를 공격하는 수단으로 민주화를 기치로 들었다. 그 비판과 경제적 자유와 개방 사회에 대한 요구를 통합했다. 그의 첫 임기에서 이 경쟁의 일환으로, 레이건은, 진화적인 정치 개혁을 허용할 가능성이 있는 우호적인 독재국가들과 절대로 포기하지 않을 공산전체주의국가(Communist totalitarian)들 사이의 진 커크패트릭(Jean Kirkpatrick)식의 구분을 수용했다.44)

두 번째 임기에는, 레이건은 슐츠의 격려로 민주화 정책을 확장해 커크패트릭의 범주를 넘어섰다. 1986년 초에, 그는 미국인들은 "좌나 우의 모든 형태의 독재자들을 반대한다"고 말했다. 미국은 필리핀, 한국, 칠레, 그리고 남아프리카에서 권위주의 지도자들의 지지에서 서서히 멀어지고 대신에 "민주적 이행" 중인 국가들에게 완화정책을 추진했다.45)

다섯째, 레이건은 미국인들은 핵무기에 대해 "보험정책"이 필요하다고 믿었다. 비록 MAD(Mutually assured destruction)와 핵무기를 폐지하는 꿈을 달성하려고 투쟁하고 있으나, 실제적인 레이건은 일부 보호를 원했다. 그는 그의 전략방위구상(Strategic Defense Initiative, SDI)이 궁극적으로 제공해 줄 방패의 형태에 대해 알지 못했다.46) 미사일에 대한 궁극적인 방어의 전망만으로도 소련이 미국의 기술적 우위를 따라잡는 데 드는 비용을 두려워하게 될 것이라고 가끔씩 레이건은 인식했다. 그러나 대통령은 또한 미국의 발명의 결과를 모스크바와 공유했다. 핵무기에 대한 기술적 해법을 찾으려는 원칙에 대한 대통령의 신념은 아주 강해서, 소련과의 전략적 핵무기를 폐기하는 교환 조건으로도, SDI의 현장시험을 제약할 생각을 하지 못했다. 조지 슐츠는 SDI는 고르바초프가 큰 양보를 하도록 만드는 "협상카드(bargaining chip)"라고 회상했다. 그러나 미국은 SDI 칩(chip)을 결코 팔아 치울 수는 없었을 것이다. SDI는 하나의 위협과 하나의 인센티브로 남아 있어야 했다. 레이건은 미국의 독창성이 미국 안보를 위한 하나의 핵심적인 방패를 생산할 것이라는 희망을 결코 포기하지 않을 것이었다.[47]

대통령은 자신의 역할은 이 정책 기조를 확실히 붙잡고 있는 것이라고 믿었다. 그는 다른 누구보다도 더 잘 그것들을 분명히 표현할 수 있었다. 그는 원칙들을 역사적이거나 현재의 이야기를 통해서 증진했다. 그는 아무것도 양보하지 않으면서 자신의 원칙들에 근거해 협상하는 방법을 알았다. 브랜즈(H. W. Brands)는 레이건의 위대한 힘은 집중하는 능력이라고 썼다. 대통령의 메시지는 비록 세부사항들은 다양했지만 결코 변하지 않았다.[48]

레이건은 직접 일을 하는 경영자는 아니었다. 그의 메시지와 정책 기조들은 토론과 내부 충돌의 상당한 여지를 남겼다. 그는 자신의 지침을 명확히 하기 위해 개입하는 일이 거의 없었다. 대통령은 그 충돌을 해결하도록 타인들에게 넘겼다. 대통령은 여러 관점을 들어서 편익을 얻었을 것이라고 주장할 수는 있었다. 그러나 진행 중인 내부 갈등들은 실책이나 모순의 위험을 증가시켰고 한 위기에서 다음 위기로 비틀거렸다.[49]

보완적인 슐츠(The Complementary Shultz)

국무장관 조지 슐츠는 자신의 회고록의 제목을 "혼란과 승리(Turmoil and Triumph)"라고 지었다.[50] 레이건 행정부 내에서 일어난 소동의 사례들은 첫 번째 단어를 확실히 보장해 준다, 그리고 슐츠와 미국에 대한 결과들은 두 번째 단어를 정당화한다. 제임스 그래함 윌슨(James Graham Wilson)은 비범한 레이건-슐츠의 동반자 관계가 왜 장관이 레이건 외교의 귀중한 보완적 역할을 했는지를 상세히 제시해 주고 있다. 슐츠는 나중에 관찰했다. 레이건은 "더 나은 미래를 향해 당대의 견고한 생각을 돌파하는 능력, 미국 내에 가장 깊숙하게 뿌리 박힌 가치들과 염원들을 즉흥적으로 자연적으로 분명히 표현하는 능력, 압력, 비판, 혹은 차질에 무관하게 자신의 비전을 지키려는 준비 태세"를 가지고 있었다고 슐츠는 관찰했다.[51]

효과적인 국무장관은, 슐츠가 그러했던 것처럼, 자신의 상관을 지원하면서 지시를 이행하기 위해서, 대통령을 이해할 필요가 있다. 그 지원은 대통령의 약점을 기술적으로 상쇄하는 것을 당연히 포함해야 한다. 슐츠는 레이건을 존경했다. 두 사람은 이념과 유머를 공유했다. 장관은 대통령의 신임을 얻었다. 견고한 슐츠는 비판자들의 주먹을 흡수했고 탄력 있는 슐츠는 다시 튀어 올랐다. 가장 중요한 것은 장관은 레이건이 상대와 직접 마주해 원칙을 실제에 투입하려는 충동을 인식하고 격려했다는 점이다.[52]

슐츠는 대통령은 "교섭을 즐겼고 그와 나는 노동관계 분야에서 공통 경험에서 끌어낸 이야기들을 교환했다"고 나중에 회상했다. 장관은 1982년에 취임했을 때 그의 친구, 헬무트 슈미트(Helmut Schmidt) 당시 서독 수상(chancellor)의 "상황은 위험하다. 인간적인 접촉이 없다"는 논평에 아주 충격을 받았다. 슐츠는 대통령이 고위 소련 인사를 만나고 궁극적으로는 교섭할 수 있는 맥락을 창조하기로 다짐을 했다. 레이건은 고르바초프

(Gorbachev)와 5차례 정상회담을 했다. 이는 냉전 동안 강대국 지도자들로서는 가장 빈번한 만남이었다.[53)]

슐츠는 미국의 자유기업엔진에 관한 레이건의 낙관주의를 공유했다. MIT에서 산업경제학 박사학위를 받은 장관은 정보시대(information age)의 시장 변환에 대해 관심이 있었다. 그는 모든 경제는 바른 정책으로 변할 역량을 보유한다고 믿었다. 여기에는 소련(Soviet Union)도 포함되었다. 고르바초프가 페레스트로이카(perestroika)[역자주: 고르바초프가 시장경제를 격려하고, 공장 관리를 중앙통제에서 분리하고, 공산당과 정부를 민주화해 소련 경제를 재생하겠다는 구조조정(restructuring) 정책으로 1985년부터 1991년까지 시행]로 소련의 경제구조조정 시험을 시작할 때, 슐츠는 소련 지도자들에게 세계 경제와 왜 소련이 더 뒤로 처진 이유를 설명하고, 고치기 위해 필요한 것들에 대해 개인 교습을 제공했다. 그는 합리적인 조언과 함께 미국의 자신감을 보여주었다. 한 동료는 슐츠의 교습을 "심리전(psychological warfare)"이라고 불렀다.[54)]

슐츠는 미국의 이익과 가치를 반영한 의제들에 관해 소련과 넓은 기반의 접촉을 선호했다. 이 접근법은 국방장관 캐스퍼 와인버거(Casper Weinberger), 국가안보위원회 고문 빌 클라크(Bill Clark), CIA 국장 윌리엄 케이시(William Casey)와 충돌했다. 그들은 대면 접촉은 미국의 장점을 포기하도록 낭만적인 레이건을 촉발할지 모른다고 그릇되게 걱정했다. 국방 매파(강경파, hawks)들은 긴장 완화가 의회와 국민 대중의 자발적인 군사적 투자의지를 약화시킬지 모른다고 또한 우려했다.

슐츠의 소련과의 접촉은 닉슨, 키신저 그리고 레이건의 초대 국무장관 알렉산더 헤이그가 선호하던 연결을 떨어뜨렸다. 1984년 초, 슐츠는 인권(human rights), 지역 충돌(regional conflict), 군비축소(arms control), 양자관계(bilateral ties)의 4부문 내에서 운신할 역량을 확보했다. 그는 또한 국무부와 국가안보위원회(NSC) 간의 핵심적인 지지를 NSC 직원 리처드 파아프스(Richard Pipes)의 후임으로 외교관이고 소련전문가인 잭 매트록크(Jack Matlock)를 임명함으로써 확보했다. 더욱 중요하게는, 그는 대통령 부인 낸시 레이건(Nancy Reagan)을 자기편으로 가지고 있었다.[55]

슐츠는 경제적 렌즈를 통해 더 장기적인 전략을 보고 있었다. 이는 경제적 자유, 무역, 그리고 협력이라는 레이건의 기본적인 믿음과 일치했다. 두 사람은 북아메리카의 중요성을 같이 인식했다. 1979년 후반 대통령 선거유세를 개시하면서, "우리 자체의 미래 안보의 열쇠는 멕시코와 캐나다가 현재보다 더 강대한 국가들이 되는 데에 놓여 있을지 모른다… 이제 우리의 가장 가까운 이웃들을 외국인들로 보는 생각을 중지할 시점이 되었다"는 입장을 견지했다. 역사적인 미국-캐나다 자유무역협정(US-Canada FTA)에 대한 교섭이 1987년에 허우적거리자, 나는 슐츠가 당시 재무장관 베이커에게 개입해 교섭을 도맡으라고 요청했고, 베이커는 그 FTA를 1988년에 타결했다.[56]

수사적 외교(Rhetorical Diplomacy)

슐츠가 1983년 레이건과 관계를 쌓고 있을 무렵, 대통령은 계속해서 연설로 대소련 외교를 형성하고 있었다. 3월 8일 대통령은 전국선교협회(National Association of Evangelicals)에서 연설하던 중 종결지점에서 소련을 "악의 제국(evil empire)"이라고 고발하는 기회를 포착했다. 플로리다주 올랜도(Orlando, Florida)의 청중들과 청취자들은 낙태수술, 공립학교에서의 기도, 십계명(Ten Commandments)에서 군비축소로 회전축이 바뀌는 것을 듣고 아마도 놀랐을 것이다. 그러나 교회가 핵동결운동(nuclear freeze movement)을 수용하는 것에 레이건은 마음이 상했다. 강대국들은 도덕적으로 대등하고, 양측은 둘 다 "똑같이 잘못"이기 때문에 핵 동결이 하나의 평화적인 해법이라는 결론을 고발하기를 원했다. 그는 동결이라는 관념은 "하나의 매우 위험한 사기"라고 설명했다. 웨스트민스터에서 사용한 주제를 가지고 연설을 마치면서, 레이건은 세계적 투쟁은, 폭탄과 로켓이 아니고, 도덕적 의지와 믿음에 대한 하나의 시험이라고 경고했다.

대통령은 "악의 제국"이란 구절을 "해칠 의도를 품고(with malice aforethought)"라는 의미로 사용했다고 나중에 주장했다. 올랜도에서의 연설은 "국내용"이었기 때문에, 백악관 참모들은 국무부와 NSC의 검토를 포함하지 않았다. 한때 무시당한 토니 돌란(Tony Dolan)은 "악의 제국" 문구를 다시 넣었다. 데이비드 게르겐(David Gergen)은 1982년에는 그 문구를 지워버렸으나, 대통령이 폭탄을 포함하기를 원하는 것을 알게 되자 물러섰다. 슐츠는 그 표현을 사용할 대통령의 계획을 알지 못했고 "주의 깊은 혹은 체계적인 과정을 통해 계획되거나 개발되지 않았다"고 나중에 회상했다. 장관은 대통령이 손을 소련에 쑥 내미는 것을 차단하려는 행정부 내의 인사들에 대항하는 소전투에서 졌다고 느꼈다. 슐츠는 대통령이 자신의 주장을 소련에게 직접적으로 제시하라고 대통령을 격려했다.57)

3월 23일 대통령은 그리했다-그러나 예상하지 못한 방식으로. 핵동결(nuclear freeze)운동의 정치적 가속도에 여전히 실망한 레이건은 텔레비전에서 전 국민을 상대로 말을 했다. 그는 국민들에게 군비 확충을 지원하도록 의회에 접촉해 달라고 요청했다. 그리고 한발 더 나아가, 레이건은 맨하튼 프로젝트(Manhattan Project, Vannevar Bush가 지원해 만든)에 대한 국가적 투입을 상기했다. "자유로운 사람들이 자신들의 안보가, 소련의 공격을 억제하기 위한 즉각적인 미국의 보복위협에 의지하지 않고, 소련의 전략 탄도 미사일이 미국 영토나 우방국 영토에 도달하기 전에 가로막아 파괴할 수 있다는 지식으로 안전하게 살 수 있다면 어떨까요?" 대통령은 과학집단에게 복수하기보다는 방어하는 장치를 발명하라고 강력히 요청했다. 그는 전략방

위구상[Strategic Defense Initiative(SDI)]을 막 진수했다.[58)]

슐츠는 레이건의 핵동결과 강대국들의 도덕적 등가(等價, equivalency)에 반대하는 레이건의 수사적 외교-그리고 미사일 방어-에는 여전히 레이건의 개인적 외교의 여지가 남아 있다고 인식했다. 1983년 4월 6일, 대통령은 그의 일기장에 "일부 NSC 직원들은 너무 강성이고 어떤 접근 방식도 소련에 대해서는 생각하지 않는다. 나는 강성파이고 결코 요구를 들어주지 않을 것이나 만약 소련이 자유 세계와 잘 지내기를 원하는지의 여부를 행동으로 보여준다면 더 나은 세상이 존재한다는 점을 그들이 볼 수 있게 나는 시도하기를 원한다"고 기록했다.[59)]

1984년 1월 레이건은 또 다른 신호를 보내기 위해 연설할 준비를 마쳤다. 1983년 말 긴장은 위험하게 높아졌다. 소련은 제네바에서 군비축소 교섭장에서 걸어 나가버렸다. 소련은 잘못하여 소련 영공에 들어간 한국 민간 항공기를 격추했다. 나토 훈련은 선제적 미국 핵공격에 대한 모스크바의 높은 염려를 자극했던 것으로 보였다. 레이건은 모든 이의 위기감을 증가시킨 높아지는 소련의 두려움에 관한 말을 들었다. 언론은 조지 오웰(George Orwell)의 소설 *1984*의 반이상향(反理想鄕, dystopia)의 세계를 비교하곤 했다

한편, 나토는 중거리 미사일을 성공적으로 배치하고 있었다. 미국 군사력 증강은 예정대로 잘 진행되고 있었고, 추가적인 지원은 평화 신호를 보내는 데 의존하고 있었다. 재빠른 카리브해 소재 그레나다(Grenada)에 대한 미군 침공은 쿠바 전초 기지의 위협을 제거하고 미국 의과대학생들을 석방시켰다. 이들은 고마워했다. 레이건의 인기는 올라갔다. 1984년도는 선거의 해이기도 했다. 레이건, 낸시, 그리고 그의 정치적 자문관들은 무력 이외에도 평화에 대한 대통령의 결의를 강조하기를 원했다.[60)]

1월 16일, 대통령은 백악관의 동쪽 집무실(East Room)에서 "미·소 관계에

대해 미국과 다른 국가들에게" 텔레비전으로 중계되는 연설을 했다. 레이건은 소련 선전(propaganda)을 자신의 목소리로 대적해야 한다고 믿었다. 대통령은 유럽군축회의를 다음날 스톡홀름에서 개최하는 것을 자신의 낚시바늘로 사용했고, 그는 아침에 연설해 유럽인들이 낮 동안에 시청할 수 있도록 배열했다. 레이건은 미국의 쇠락을 막고, 경제를 회복하고, 방위를 재건하고, 동맹을 공고히 하고, 민주적 가치를 방어하기를 증진시키는 데 성공했다고 선포했다. 이 모든 것은 억제력을 강화했다. 억제는 세상을 더 안전하게는 만드나 충분하지는 않았다. 대통령은 평화를 위해 소련과 중요하고 건설적인 대화를 원했다. 그는 지역 충돌에서 상호 이익, 군비축소, 더 나은 "말이 아닌 행동 위에 쌓아 올린" 작업 관계를 탐색하자고 제안했다. 후자는 "개별 시민들의 권리"를 포함했다. 그는 남은 대통령 임기 동안의 미·소 관계에 테를 두르는 4-대 부문의 의제를 복선으로 깔고 있었다.[61]

대통령은 좋아하는 기법으로 연설을 마무리했다. 그는 가상의 "이반(Ivan)과 아냐(Anya)"를 "짐(Jim)과 샐리(Sally)"에게 소개를 했다. 그는 그들의 생활, 가족, 일자리, 관심사, 두려움, 희망의 유사성을 탐색했다. 레이건은 "정부 구조와 철학에서의 차이"를 넘어서 평화에 대한 공통의 이익을 추구하기를 원했다. 그는 비록 소련 정부를 공격하지만 소련 사람들을 존중하고 있는 자신의 태도를 보여주고 있었다.[62]

레이건은 소련 상대방을 만나기를 오랫동안 원했다. 그는 개인적인 편지를 고르바초프 이전의 세 명의 소련 지도자들에게-레오니트 브레즈네프(Leonid Brezhnev)(역자주: 1982. 10. 14 사망), 유리 안드로포프(Yuri Andropov)(역자주: 1984. 2. 9 사망), 콘스탄틴 체르넨코(Constantin Chernenko)(역자주: 1985. 3. 10 사망)-보냈다. 그는 그들의 무신경한 답신에 실망을 거듭하고 있었지만. "그들이 내 앞에서 계속 죽는다면" 그는 진전을 할 수 없다고 농담을 하곤 했다. 1985년 초 고르바초프(Gorbachev)(역자주: 1985. 3.11~1991. 12. 24-5 재임)의 등장은 그 역학을 바꾸었다. 레이건은 자신보다 젊은 소련 대통령과 관계를 만들어 나가고 있을 때에도, 미국 대통령의 수사적 외교는 미국 전략의 틀을 계속 짜나갔다. 1987년 6월 레이건은 베를린의 브란덴부르크문(Brandenburg Gate) 앞에 서서 "고르바초프, 이 벽을 허무세요"라고 선언했다. 대통령의 국무장관, 국가안보보좌관, 최고위 백악관 참모들은 격렬하게 그만하라고 주장했다. 그들은 대통령이 바보처럼 보이고, 서독 수상 헬무트 콜(Helmut Kohl)을 당혹하게 하고, 고르바초프를 화나게 하고 동독인들에게 거짓 희망을 불러일으킬까 염려했다. 대통령은 백악관 부비서실장 켄 더버스타인(Ken Duberstein)에게 "그냥 머문다"고 말했다. 레이건은 고르바초프에게 소련 지도자가 개혁에 전념할 수 있는지를 입증하라고 재촉하고 있었다. 대통령의 베를린 연설은 이전에 웨스트민스터에서 설계한 전략을 계속 이어 나갔다. 일회성 문구는 아니었다. 대통령은 국민들에 대한 텔레비전 연설에서 그 문구를 반복했고, 공화당 상원의원들에게 사용했고, "포로 국가들(Captive Nations, 역자주, 공산주의 정부 하의 국가들, 특히 소련 치하 국가들)" 회의에서도 사용했고, 자신의 임기를 마칠 때까지 14번 이상 같은 요구를 반복했다. 동독은 그 장벽을 보강했으나, 미국 정보국은 모스크바가 동베를린 정부에게 장벽을 통한 이동 제약을 완화하라고 촉구했다는 보고서를 입수했다.[63]

1988년 5월 소련에 대한 마지막 공식 방문 동안에도, 그는 스티븐 세스타노비치(Stephen Sestanovich)에 의하면 "자극적이면 오히려 붙임성"이 있었다. 레이건은 이념적 공세를 계속 유지했다. 고르바초프의 모교인 모스크바 국립대학(Moscow State University)에서 그의 연설은 러시아 청중에 맞춘 웨스트민스터 주제로 돌아왔다. 레닌의 대형 조각상 밑에 서서, 그는 혁명을 환영했으나 1917년의 것은 아니었다. 대통령은 "기술적이거나 정보 혁명"을 "사상의 자유(freedom of thought), 정보의 자유(freedom of information), 통신의 자유(freedom of communication)"로 연결했다. 그는 기업가들이, 정부의 기획자들이 아니고, 미래의 개척자들이라고 예측했다.

대통령은 세계 도처의 민주주의 운동을 조사해 모스크바 학생들에게 합류하라고 격려했다. 러시아인들은 교회, 법정, 조합 강당, 입법부, 그리고 시장에서 서명할 수 있을 것이다. 그는 "귀하의 땅의 진정으로 위대한 심장과 영혼에 말"하고 있었다.

레이건의 모스크바 연설은 군비 축소에 대한 미·소 관계 진전을 찬양했다. 그러나 1982년 당시 그는 군비를 "내면의 음악-꾸미지 않은 진실의 저항할 수 없는 힘"인 더 높은 대의(大義, cause)로 바꾸기를 원했다. 그리고 그는 "미국인들은 늘 오랜 원수들을 친구로 만들어 [만들려고 노력해] 왔다"고 추가했다. 미국의 쇠퇴론(declinism)을 묵살해온 이 복고주의자(revivalist)는 자신의 지금까지의 적까지 바꿀 때까지 멈추지 않을 것이다.[64]

그러나 개인 외교관인 레이건은 상대방에 대해 맞추어 일을 했다. 소련은 "악의 제국"이란 욕설을 5년 동안 분하게 여겼다. 소련은 공산주의의 비-도덕성에 대한 레이건의 줄기찬 공격에 대해 대들었다. 모스크바 정상회담 수 주 전에, 고르바초프와 대사 아나톨리 도브리닌(Anatoly Dobrynin)은 대통령에게 소련 지도자를 난처하게 만들지 말라고 강력히 요청했다. 한 미국 기자가 붉은 광장(Red Square)에서 고르바초프 옆에 서 있는 레이건에게 여전히 소련을 악의 제국이라고 여기는지의 여부를 묻자, 레이건은 머뭇거렸다. 그리고 그는 "아니오"라고 말했다. 그 이유를 묻자, 대통령은 "나는 다른 시대 다른 시간에 관해 이야기하고 있었다"고 피해 나갔다.[65]

레이건 협상가(Reagan the Negotiato)

역사가나 레이건 외교의 분석가들은, 대통령의 연설은 예지력이 있었으나, 연설문 자체에 의존하기에는 불편했다. 그들은 연설메시지를 특정 정책적 조치들에 연결시키려 노력했다. 특히 미국의 소련 정책에서 빠진 고리는 레이건 자신의 외교이고 특히 협상가로서의 그의 능력이었다.[66]

조지 슐츠는 레이건 지도력의 이 차원을 이해했다. 대통령은 적들과의 거리를 좁히기를 원했다. 레이건은 "나는 오랫동안 다른 사람의 눈을 통해 보는 세상을 상상하는 배우의 감정이입 기법을 사용해 나의 청중들이 나의 눈으로 그것을 보게 하려고 노력했다"라고 경험담을 말했다. 그는 고르바초프의 염려를 이해하려고 노력했다. 레이건은 개인적 따뜻함을 또한 물씬 풍겼다. 그러나 레이건의 감정이입, 이해, 친절조차도 그를 양보하게 인도하지 않았다. 그는 마지못해 수용하거나 심지어는 타협하지 않았다. 그는 적들을 쭉 압박하기를 원했다. 특히 소련에 대해서, 레이건은 "차액 등분(split-the-difference)"식 수용을 거부했다. "우리는 서두르지 않는다"고 그는 국가안보팀에게 상기시켰다.[67]

슐츠는 소련 대사 도브리닌(Dobrynin)을 백악관에 초청해 두 시간 정도 레이건과 대화를 하도록 하는 방식으로 개인적인 접촉을 시작했다. 도브리닌은 워싱턴에서 20년간 근무했고 재미있고 부드러운 인물이었다. 대통령은 모스크바 소재 미국 대사관 지하에서 살고 있는 7인의 오순절 기독교인(Pentecostal Christian)들을 안전하게 나가도록 허가해 주고 또 궁극적으로 소련에서 안전하게 출국하도록 허가해 줄 것을 소련 대사에게 요청했다. 만약 모스크바가 동의한다면 레이건은 큰 문제를 만들지 않을 것이라고 말했다. 도브리닌은 총서기(General Secretary) 안드로포프(Andropov)를 압박해야 했지만 소련은 오순절 교인들을 4개월 내에 조용히 이스라엘로 가도록 허가했다. 레이건은 곡물 수출을 조용하게 인가했고 양측은 신뢰를 쌓기 시작했다.[68]

그로부터 일 년도 더 지나, 1984년 3월 5일에-"악의 제국"과 "SDI" 연설 후, 그리고 안드로포프 사망 후-레이건은 보좌관들에게 새로운 크레믈린

(Kremlin) 지도자 콘스탄틴 체르넨코(Konstantin Chernenko)를 만나기를 원한다고 말했다. 병중의 체르넨코는–일 년 이내에 사망하는–대통령의 접근에 느리게 대응해 왔다. 그럼에도 레이건은 빳빳하게 목을 세운, 교조적이고 오래 살아남은 소련 외무장관 안드레이 그로미코(Andrei Gromyko)를 1984년 9월에 만났다. 낙관적인 대통령은 소련을 여전히 포섭할 수 있다고 믿으면서 부자연스러운 격식을 떠났다. 레이건의 압도적인 11월 재선거 후에 모스크바는 핵무기를 폐지하는 궁극적인 목표를 가진 군비 축소 협상에 돌아오기로 합의했다.69)

1985년 3월 11일 고르바초프가 죽은 체르넨코를 승계한 날에 대통령은 정상회담을 제의했다. 이번에는 소련지도자는 앞으로 나갈 준비가 되어있었다. 7월에 고르바초프는 그로미코를 상징적인 자리의 상석으로 쫓아 보내고 개방적이고 똑똑한 그루지아(Gruziya, Georgia) 공화국의 당 서기 예두아르트 셰바르드나제(Eduard Shevardnadze)를 외무장관으로 임명해 "새로운 생각"을 개발하도록 했다. 레이건과 고르바초프는 스위스 제네바에서 1985년 11월에 만나기로 합의했다.70)

레이건은 NSC 직원들이 "소련 101"(역자주: 대학 1학년 과정의 과목의 개론)이라고 부르는 것을 시작했다. 잭 매트록은 소련의 역사와 러시아인들의 심리에 관한 8에서 10쪽 분량으로 21개 문서를 준비했다. 그는 러시아인들을 인간으로 보고, 러시아인들의 자부심과 불안정 상태를 설명하고, 사람들의 삶이 마르크스-레닌주의(Marxist-Leninist) 이념으로 인도된다는 인상을 순화시켰다. 이해심 많은 레이건은 러시아인의 속성을 열심히 배웠다. 그의 "수업"을 제정 러시아에 관한 인기 역사물의 저자인 수잰 매시(Suzanne Massie)의 개인 교습으로 보충했다. 매시는 "러시아 혼"에 대해 말했고 그녀는 소련인(Soviet man)이 20세기 간섭에도 살아남아 있다고 믿었다. 레이건은 그 차이를 좋아했다. 그는 러시아인들을 소련의 압제에서 해방시키기를 원했다.71)

대통령은 그 수업에서 추출해 고르바초프를 평가한 4쪽 분량을 받아 적게 했다. 그는 상대방의 목적과 제약을 요약했다. 레이건은 또한 그의 메시지에 집중했다. 만약 그 두 국가가 군비 축소에 합의하지 못하면, "군비 경쟁 이외에는 다른 대안이 없었다." 그는 "우리가 당신들이 그 경쟁에서 이기게 둘 길은 없다"고 분명히 고르바초프에게 말했다. 대통령은 민주주의에는 공공적 제약들이 수반되지만 그 한계까지 밀어붙이면 냉전에서 그의 조건대로 이긴다는 점을 알고 있었다.72)

초강대국 정상회담의 상징성 와중에서, 두 지도자들은 전략적 무기, SDI, 군비 증강, 지역 충돌, 인권에 대해서 언쟁을 벌였다. 때로는 대통령은 회담장에 있지 않은 청중들에게 말하는 듯이 보였다. 고르바초프는 논쟁에 영향을 받지 않는 듯이 보이는 자신감 있는 단언들에 대해 절망감을 드러냈다. 그는 레이건을 한 마리의 "정치적 공룡"이라고 생각했다. 소련인들은 과도하게 보임이 없이 실무에 착수해 고르바초프가 지적인 우위를 점령하고 밀어붙이는 역할을 맡고 싶어했다. 고르바초프는 신념을 부드럽게 그러나 거리는 두고 또 확고한 태도로 그냥 반복해 버리는 레이건에게 화를 낸 유일한 교섭 상대는 아니었다.73)

레이건은 다른 차원에서 작동하는 것처럼 보였고 그는 더 낙관적이 되어 귀국했다. 그는 핵심 요점들을 전달했고 상대방을 궁극적으로는 설득할 것이라고 느꼈다. 그의 외교는 타협에 이르는 자신의 길을 추론하는 데 의존하지 않았다. 레이건의 방법은 신뢰를 쌓는 데 의존했고 그는 시작했다고 생각했다. "고르바초프는 엄격했고 공산주의가 자본주의보다 낫다는 확신을 가지고 있었으나 근 5년 만에 나는 마침내 내가 대화할 수 있는 소련 지도자를 만났다"고 레이건은 나중에 말했다. 레이건은 고르바초프를 1986년에 미국으로 초청해 둘 사이의 대화를 이어 나갔고, 소련 지도자는 1987년에 레이건을 소련으로 초청하는 상호 방문을 제안했다.74)

레이건은 제네바 회담 후, 대부분의 보좌관들이 동의하지 않았지만, 진전을 느꼈다. 이제 대통령은, 동료들을 같이 당기면서, 소련과 일하는 길을 이끌고 있었다. 제네바 회담 두 달 후 소련이 대화에서 고지를 점령하려고 2000년까지 핵무기를 폐지하자고 제안하자, 미국 관리들은 선전용이라고 옆으로 밀치기를 원했다. 레이건은 달랐다. 그는 미국은 그 목표를 수용하고 상세한 내용을 작업하라고 촉구했다, "왜 세기말까지 기다리나?"라고 그는 슐츠를 놀렸다.75)

그러나 운명과 다른 결정들이 스스로의 경로를 정했다. 4월에, 체르노빌 핵발전소가 폭발했고, 소련 관료체제는 핵 낙진에 어리석고 실패한 은폐를 추가했다. 고르바초프는 당혹했고 또 흔들렸다. 유가 급락이 소련 재정에 부정적인 충격을 크게 미쳤다. 레이건은 대화를 환영하면서 압력을 계속 가했다. 미국은 카터가 서명은 했으나 결코 비준하지 않은 SALT II 조약을 철회했다. 워싱턴은 미국에서 거대한 MX 로켓과 유럽에서 중거리 미사일을 계속해 배치했다. 레이건은 더 많은 핵실험을 승인했고 SDI에 대한 믿음을 계속 지켰다. 1985년 후반에 대통령은 "우리는 평화를 *원한다.* 그들에게는 평화가 *필요하다*"고 국가안보위원회(National Security Council)에 자신의 강철 같은 결의를 비쳤다.76)

1986년이 경과하는 동안, 소련의 능력은 증가하고 있고, 그들의 의향은 여전히 위협적이라고 CIA는 평가했다. 장관 와인버거(Weinberger)와 CIA 국장 빌 케이시(Bill Casey)는 재정적자 규율이 제약을 가하기 때문에 의회가 방위비를 증가시켜 주도록 쿡 찌르기 위해, CIA의 분석적 경고에 추가해 비관적인 북소리를 추가했다.77)

5월에 슐츠는 미-소 관계의 증가하는 교착상태의 고삐를 부수라고 대통령을 압박했다. 그는 만약 미국이 현상 유지를 고수하면 좋은 미국 동맹국들인 영국과 서독에 대해 정치적인 위험이 생긴다는 점을 지적했다. 그해 여름, 프랑스 대통령 프랑스와 미테랑(Francois Mitterrand)은 고르바초프에게 레이건과 계속 시도해 보라고 권장했다. 프랑스 지도자는 레이건의 상식과 직관을 존중했다. 그 미국인은 "하나의 자동기기가 아니고 한 사람의 인간"이라고 말했다. 9월에 고르바초프는 미리 많은 준비도 하지 않고 회담을 제의했다. 그들은 10월에 아이슬란드(Iceland)의 레이캬비크(Reykjavik)에서 만났다.[78)]

극적인 레이캬비크 회담은 나중에 집중적인 점검과 분석의 주제였다.[79)] 낮과 밤은 레이건이 협상가임을 전형적으로 드러내 주었다. 고르바초프는 세계여론이 자신의 대담하고 새로운 방향을 지지하고 있다는 감을 가지고 도착했다. 그는 상상하지 못한 군비 감축 양보와 주도권으로 레이건을 유혹하고 시험하기로 작정했다. 고르바초프는 레이건이 동의하지 않을 것으로 생각했으나 어쨌든 더 젊은 소련 지도자는 의제를 정하고, 국제적 선의를 얻은 후에 미국 대통령과 역사적인 군비감축 의제를 준비하려 했을 것이다. 그러나 고르바초프는 빈손으로, 그의 양보안은 테이블 위에 올려놓은 채, 아이슬란드를 떠났다. 그는 언론에 "우리는 우리 제안을 철회하지 않고 있다"고 말했다. 머지않아, 소련이 양보한 지점은 후속 협상의 근거가 되었다. 슐츠가 나중에 관찰하듯이 "우리는 소련의 바닥을 보았다."

레이건은 모든 미소의 중거리 미사일을 폐기하려는 고르바초프의 의지를 획득했다. 대통령은 전략적 공격용 무기를 절반으로 축소하고, 모든 탄도미사일을 폐지하고 그 다음에 모든 전략적 무기를 버리고 그리고는 모든 핵무기를 폐기하는 수순으로 움직였다. 그러나 그는 모든 핵무기가 파기된 후 핵무기의 재도입을 막기 위한 "보험증권"으로 SDI를 시험할 자유는 포기하기를 거부했다. 대통령은 반복적으로 SDI를 순전히 방어적인 "방독면(gas mask)"과 비교했다.

나는 고르바초프에 대한 레이건의 주장이 다른 강한 이익을 제시하고 있었다고 여긴다. 그는 전략 미사일에 대한 방어의 약속을 절대 버리지 않을 것이라고 미국민들에 약속했다. 가장 성공적인 대통령들은 약속을 저버릴 때 자신과 미국민과의 유대를 깨트리게 된다는 직관적인 감을 가지고 있다. 레이건은 SDI의 포기는 "나를 국내에서 확실하게 헤칠" 것이라고 고르바초프에게 말했다. 그는 소련인들에게 SDI를 실험실 바깥에서 시험하는 것을 허용하는 "한 마디"의 "개인적 호의"를 베풀라고 요청했다. 고르바초프는 그 점은 한 단어가 아니고 한 원칙이라고 응수했다. 순간적으로 레이건은 머뭇거렸다. 그는 "내가 그른가?"라고 슐츠에게 쪽지를 보냈다. 슐츠는 "아니오, 귀하는 옳습니다"라고 귓속말로 답해 주었다.

고르바초프가 정치국(Politburo)에 레이캬비크 회담을 보고할 때: 그는 여전히 마치 자신과 소련이 이념적이고 세계적인 선전전에서 이기고 있다는 듯이 말했다. 계급의 적과 그 대표단 개인들과의 투쟁을 설명했다. 그 개인들은 "극한 원시주의(primitivism)를 보이는 동굴인(caveman)의 세계관에 갇혀 있어서 지적으로 발기부전"인 자들이었다. 그러나 총서기는 더 큰 문제는 소련 체제를 미국이 오도하고 있다고 결론을 내렸다. "미국이 군비 경쟁을 통해 경제적으로 우리를 기진맥진하게 하고, 나와 전체 소비에트 지도력에 장애물을 설치해 경제 및 사회 문제를 해결하려는 우리의 계획을 약화시켜 국민 불만을 촉발하려 한다"고 보았다. 그는 미국의회 방문단에게 레이건 행정부는 "소련이 궁지에 몰려 있고 쥐어짤 수 있다고 믿는다". 미행정부는 "우리가 물에 빠지길 기다리고" 있다고 설명했다.[80] 그는 옳았다.

고르바초프의 지적 오만은 레이건의 단순하고 강력한 확신의 바위 위에서 부서졌다. 고르바초프는 레이건의 웨스트민스터 연설을 심각하게 취했어야 했었다. 대통령은 토의하고 설득하기를 원했고 그는 고르바초프의 염려를 기꺼이 심의하려고 했다. 그러나 레이건은 또한 미국은 훨씬 더 강력한 지렛대를 가지고 있는 것을 알고서는 그의 기본 원칙들을 타협하지 않았다. 더구나 레이건은 소련을 쥐어짜 러시아인들을 자유롭게 하는 걸 지원했고 동시에 소비에트 체제의 실패에 조명을 비추었다.

동시에 완고한 미국지도자는 핵무기를 감축하고 심지어는 폐지하려는 의도를 가진 낭만적인-일부는 선견지명이 있는-인사였다. 레이건의 가장 가까운 동지인 마거릿 대처(Margaret Thatcher)는 미국의 핵 억제력은 소련의 우세한 재래식 군사력에 비추어 유럽방어와 범대서양 안보에 핵심이라고 확실하게 레이건에게 상기시켰다. 어떻게 레이건의 미국과 소련의 핵무기 폐기가 작동했는지를 이해하기는 어렵다. 다른 국가들은 여전히 핵미사일을 가지고 있었을 것이고 더 많은 국가들이 핵무기를 개발했을 것이다. 이 이슈보다 세계를 바꾼 레이건의 이니셔티브를 상징하는 것은 없다.[81]

고르바초프의 핵무기 폐지의 열망은 레이캬비크 테이블 위에 남겨진 항목들을, 협상을 타결하고 미국의 부담을 줄이기 위해, 레이건으로 하여금, 분리하게 했다. 1987년 초 소련은 START 협상이 진행 중임에도 중거리 미사일 폐기 추진에 동의했다. 그해 내내 모스크바는 아시아에서 일련의 다른 요구사항, 일종의 단거리 미사일, 그리고 SDI 연구에 대한 형식적인 제약을 양보했다. 미국은 아프가니스탄(Afghanistan)에서의 소련 철수와 니카라과(Nicaragua)에 대한 모스크바의 군사 지원 제거를 포함한 지역 갈등에 대해 압박했다. 마침내, 소련은 START와 SDI 사이의 연계를 포기해 장관 베이커가 1991년에 START 협상을 마무리할 수 있었다.[82]

1987년 12월 워싱턴에서 열린 제3차 레이건-고르바초프 정상회담에서 두 지도자는 미국과 소련의 모든 급의 미사일을 제거하는 중거리 핵전력 조약(ntermediate-Range Nuclear Forces, INF Treaty)에 서명했다. 레이건은 다음으로 START(전략무기감축협정, Strategic Arms Reduction Treaty)의 50% 감축에 집중했다. 고르바초프는 SDI를 두고 다투는 데서는 물러섰으나 미국이 아이슬란드(Iceland)에서 고려했던 하나의 가능성인 ABM 조약(대탄도미사일조약,

Anti-Ballistic Missile Treaty)에서 철수하지 않는다고 미국이 약속하도록 추진했다. 그러나 미국은 버티었다, 레이건은 SDI를 아무튼 제약하지 않을 것이었다. 고르바초프는 레이건의 베를린 연설에 불평했고, 대통령은 그 힐책을 하나의 가벼운 논쟁의 부분으로 처리했다. 고르바초프는 대중의 환호를, 특히 워싱턴에서, 받았다. 레이건은 미소를 지으며 모든 정책 칩들을 테이블 위에 올려놓았고 더 밀어붙였고 자신의 이념적 근거는 고수했다.[83)]

이 유형은 레이건이 1988년 5월 모스크바 방문을 통해서도 계속되었다. 이때 레이건은 모스크바 국립대학에서 연설을 했다. 양쪽 다 레이건의 대통령 임기 말 군비감축 협상에 큰 진전을 기대하지는 않았다. 그럼에도 불구하고, 레이건의 여행은, 1973년 닉슨-브레즈네프 정상회담 이후, 15년 만에 처음으로 소련에 대한 대통령 방문이었다. 고르바초프는 그의 국내 국외 변신에 대해 국민적 지지를 확보하려 노력하고 있었다. 5월 29일 1대 1 첫 회기에서 고르바초프는 국가의 대등성, 내정 불간섭, 사회경제적 체제를 선택할 국가의 자유를 언급하는 공동의 정치적 선언문을 제안했다. 놀랍게도, 고르바초프는 소련의 대등한 지위와 합법성에 대한 미국의 승인을 추구했다. 레이건은 읽어 보겠다고 말했다. 그 다음에 인권 사례들의 목록을 꺼냈다. 좌절한 고르바초프는 가난과 인종차별로 시달리는 미국을 돕기를 원한다고 말했다. 그러자 레이건은 종교 자유로 넘어갔고, 고르바초프가 소련에서 이 종교의 자유를 지키지 않는 점을 당연히 알고 있으므로 당황스러움을 피하기 위해 사적으로 문제를 제기하고 있다고 말했다. 방문 마지막, 최종 총회에서, 고르바초프는 밀어붙이고 회유해 그의 정치적 선언문을 받아 내려고 했다. 레이건은 동정은 했으나 아니라고 말했다. 협상가 레이건은 전쟁을 방지하기 위해, 심지어는 핵무기를 폐기하기 위해 부지런히 일했으나, 이념 경쟁에서는 결코 참지 않았다.[84)]

스티븐 세스타노비치는 레이건의 "고르바초프에 대한 진실한 우정은,

그 이후에 역사가들을 혼란에 빠뜨린 것과 마찬가지로, 동료 보수주의자들이 그의 전략의 특성을 오해하게 했다. 레이건의 "붙임성은 그의 포부의 범위를 가렸다." 그러나 레이건의 경쟁적 성향을 공유한 고르바초프는 이해했다. 소련은 따라올 수 없었다. 레이캬비크 이후 고르바초프의 자신감과는 대조적으로, 1987년 말에 가서는 고르바초프는 정치국 동료들에게 "우리는 선택의 여지가 없다, 우리는… 한계점에 이르렀다"고 말했다.[85]

레이건의 외교: 힘의 우세에서 벌이는 개념의 전투

(Reagan's Diplomacy: The Battle of Ideas from a Position of Strength)

대통령 레이건은 냉전을 이념의 전투로 벌였다. 고르바초프와 러시아인들에 대한 공감은 결코 승리를 향한 그의 이념적 비전 추구를 다른 데로 돌리지 못했다. 존 개디스는 레이건의 "복잡함 너머의 단순함을 보는 능력"을 찬양했다. 대통령은 "심리적 교착상태"를… 소련의 약점을 이용하고 서구의 강점을 확고히 주장해" 깰 수 있었다. "그가 애용한 무기는 대중 연설이었다." 레이건은 무력의 중요성을 인식하고 있었으나 아주 조심하여 사용했다. 그는 소련과의 직접적인 무력 충돌을 피했다. 대신에 대통령은 군비증강을 그의 수사적 공세의 부분으로 사용했다.[86]

정책 보좌관으로 오래 일한 마틴 앤더슨(Martin Anderson)은 레이건이, "결코 완전하게 잘 표현되지 않은" 그러나 "간단하고… 우아하고 그리고 꽤 급진적인" "거대 전략"을 가졌다는 주장을 유지했다. 레이건은 핵전쟁을 이길 수 없다고 믿었다. MAD 억제는 비도덕적이었다. 그는 상당한 규모 감축을 통해 군비 통제를 추진했다. 소련은 "악의 제국"으로 신뢰할 수 없었다. 그리고 미국의 시장경제는 소련의 중앙계획 경제보다 훨씬 더 강력했다. 레이건은 소련인들이 핵전쟁을 이길 수 없고 혁신은 자신들의 이익이라고 소련인들을 설득하면서 핵전쟁을 방지하고 있었다. "레이건은 확신하고 있었다"고 앤더슨은 결론을 내렸다 "소련인들이 자신들의 이익을 위해 행동할 것이고, 소련인들은 해야 된다면 올바른 일을 항상 할 것이다. 요령은 무엇이 자신들에게 최선의 이익인지를 인식하게 하는 것이고, 그 외에는 다른 대안이 없다는 것을 분명하게 소련인들에게 보여주는 것이었다"[87)]

레이건은 자신의 계획을 적어 내려갔다. "전면적인 경주에서 우리 체제는 더 강하고, 결국 절망적인 이유로 그 경주를 결국 포기한다. 그러면 평화를 믿는 한 고상한 나라가 우정의 손을 내밀어 우리 둘을 위한 여유가 세상에는 있다고 말한다." 최종 "승리"는 이전의 적을 전향하도록 돕는 것이다. "우리가 소련 내부 억압에 집중할수록… 소련 사회는 그 잔인성과 비밀성을 점진적을 잃어갈 기회가 더 많아진다. 그 다음에 소련인들이 우리의 억제력을 두려워하고 또한 자신들이 국내에서 그리고 해외에서 반대하는 모든 이들을 날려 버리기를 더 이상 원하지 않기 때문에 평화가 보장될 수 있다."[88)]

존 디긴스(John Diggins)는 레이건을 "현 상태에 참지 못하는 한 정치적인 낭만적 인사"라고 여겼다. 그러나 그는 낭만적이기보다는 더 큰 인물이었다. 레이건의 이념은 실제적인 소련의 약점을, 특히 민주주의와 시장경계의 부재를, 직접 목표로 했다. 브랜즈(H. W. Brands)는 "레이건의 정치 행위는 유연한 실용주의였다"고 결론을 내렸다. 국무장관 슐츠는 주된 해외 정책 반대자들을 만나서 교섭해 실제적 결과를 낼 기회를 도출하는 레이건의 성향을 격려했다. 백악관 비서실장이었고 나중에 재무장관이 된 베이커도 경제 사안에 대해 이와 유사한 역할을 했다. 기민한 정치적 감각과 교섭 기술을 갖춘 이 두 사람은 레이건의 비범한 능력을 알아차리고 그의 이 역량을 최대한으로 보완하는 방법을 파악했다. 그들 둘 다 레이건의 기본 원칙들을 존경했고 그들이 대통령을 대신해 교섭할 때 언제 그리고 어떻게 대통령과 협의할 줄을 알았다.[89)]

레이건은 역사의식을 가졌고 미국 이야기에서 그의 위치를 알았다. 그의 연설을 다시 읽으면서, 나는 미국 경험의 장구한 흐름 내에서 어떻게 레이건이 자신의 아이디어를 조망하고 그리고 설명했는지에 대해 강한 감동을 받았다. 아이디어들은 영감을 주고 있다. 그의 담화는 마치 할아버지에게 듣는 것 같은 소박하고 유머러스한 느낌을 청취자들이 받게 한다.

나는 신념에 대한 레이건의 헌신과 맹렬한 비판과 어두운 시절에도 불구하고 뚜렷한 차이조차 앙심으로 빠져들지 않게 하는 그의 품위에 강한 감동을 받는다. 나는 그의 낙관주의가 항상 미국 외교의 한 부분이 되기를 희망한다. 레이건의 강점들을 위험한 갈등과 붕괴로 이어질 가능성이 더 적은 방법들로 연결한 방법들이 있을 필요가 있다.

레이건의 성공은 역사적이었다.[90] 누구도 나폴레옹이 그의 장군들 중에서 가장 존경한 "행운"을 레이건이 자신의 소질로 가졌다고 느낀다. 그의 외교가 다른 시간에 다른 장소에서도 유사한 성과를 올렸을 것인지는 나는 확신이 서지 않는다. 심지어는 레이건 시대에서도 대통령은 그의 수사가 무시되고 행정부 개입을 낭패로 끝낸 광역의 중동에서는 크게 흔들렸다. 레이건은 일상업무를 훤히 꿰고 있던 조지 슐츠, 제임스 베이커, 그리고 하워드 베이커 같은 최고 수준의 인재들을 필요로 했다. 지나치게 열성적이고 맹목적인 NSC 직원들이 이란과 니카라과에서 비밀작전을 벌일 때-그리고 NSC 자문관들과 백악관의 비서실장이 법과 상식 내에서 감독하는 데 실패할 때-이란 반군 사건(Iran-Contra scandal)은 레이건과 그의 대통령직 수행 자체를 거의 압도해 버렸다.

미래에 대한 정책으로 보면, 레이건의 외교정책은 내가 찾아낸 외교 전통과 잘 맞는다. 미국 정책은 지도자들이 당대의 문제들을 실용적으로 접근하더라도 미국의 건국 이념들을 항상 고수해야 한다. 레이건은 북아메리카의 비전에 헌신했다. 경제적 힘의 핵심 기반과 무역과 미국의 이익과 자유 이념의 연결고리를 그는 인식했다. 그는 동맹국들과의 양방향 연대를 존중했다. 레이건은 자신의 정책이 국민적 지지에 근거하고 있으므로 의회와 함께 일할 필요를 인식했다. 그리고 그는 세계에서 미국의 더 큰 존재 목적을 믿었다.

5부

마지막 그리고 시작

An End And A Beginning

제17장

◆

조지 H. W. 부시

George H. W. Bush

***동맹의 지도자**(Alliance Leader)*

동맹 지도력에 관한 교훈(A Lesson About Alliance Leadership)

1989년 5월 29일 저녁 늦게, 브뤼셀(Brussels)에서 열린 조지 H. W. 부시(George H.W. Bush) 대통령의 최초 나토 정상회의 동안, 나는 나토(NATO) 성명서를 기초하는 외무장관들 사이의 토론을 국무장관 베이커의 뒤에서 지켜보고 있었다. 그날은 잘 시작되었다. 겨우 일주일 전에, 대통령 부시는 나토 동맹국들에게, 유럽의 심장부에 맞서 싸우는 군대를 감축하고 양측의 군대 규모를 균등하게 만드는 하나의 담대한 계획을 제안했다. 부시의 계획은 레이건의 핵무기 감축 의제보다 더 나갔다. 4개월 전에 취임한 당시 부통령은 유럽을 진정으로 분리하고 있는 지상군을 철수하고 감축하도록 고르바초프에게 도전하기를 원했었다.

부시의 제안은 부수적으로 독일과의 관계에 이익을 가져왔다. 1987년 INF 조약을 통해 중거리 미사일 제거로 유럽에는 다만 단거리 핵 전력(short-range nuclear forces, SNF)만 남았다. 나토 관리들은 이 미사일을 현대화하기를 원했다. 그러나 독일 정치지도자 폴커 루헤(Volker Rühe)는 "미사일 사거리가 짧을수록 독일에게는 더 치명적"이라고 빈정댔다. 그러므로, 독일인들은 SNF 감축을 논의하고 새로운 미사일 도입을 연기하기를 원했다.

마거릿 대처(Margaret Thatcher)는 독일인들은 모든 SNF 미사일을 제거하기를 원한다고 의심했다. 그리되면, 유럽은 효과적으로 비핵화될 것이다. 소련은 엄청나게 우세한 재래식 전력을 여전히 가지고 있고, 나토 전략은 소련을 억제하는 핵무기에 의존했었다. 대처와 다른 동맹국 지도자들은 만약 미국의 핵 억제력이 유럽과 분리되면, 언젠가 미국인들은 왜 유럽을 방어하기 위해 핵전쟁의 위험을 무릅써야 하는지 의아해할 것이라고 경고했다.

부시의 제안은 핵 억제력의 수요를 줄였다. 만약 소련 주도 바르샤바 조약이 재래식 전력에서 강력한 장점을 더 이상 가지지 않는다면, 실제로, 만약 양측이 균등하게 된다면, 그 다음에는 나토는 핵 방어를 그전만큼 강조하지 않을 수 있다. 여하튼 미국은 일부 SNF를 유지하기를 원했다.

부시, 베이커, 대통령 국가안보보좌관 브렌트 스코크로프트(Brent Scowcroft)는 동맹국 독일이 정치적 전선에 서 있음을 인식했다. 고르바초프(Gorbachev)는 냉전(Cold War)을 종료할 희망을 키우고 있었다. 미국인들은 독일이 나토를 장애물로 인식하기를 원하지 않았다. 부시는-경쟁심이 강한-역동적인 소련 지도자에 비해 해롭게 비교되기를 싫어했다. 부시의 제안은 냉전의 중부 전선에서 말을 행동에 일치하도록 고르바초프에게 도전했다.

5월 29일 오후 나의 업무는 다른 15개 나토 회원국들의 대표들과 나토 선언서를 교섭하는 것이었다. 초저녁에, 우리는 초안을 외무장관들에게 넘기고 나는 기뻤다. 그 초안 선언서는 대통령의 계획을 환영하고 포함했다. 우리는 SNF 표현에 합의하지는 않았으나, 미국은 3개의 대괄호 내의 후보 문장 중 어느 것에도 안심할 것이었다. 더구나, 다른 참가자들보다 훨씬 젊은 신참으로 달걀형 나토 회의 탁자에서, 나는 우리의 목표를 원만히 달성할 수 있었다. 대신에, 영국의 나토 대사이고 수상 마거릿 대처의 보좌관이었던 마이클 알렉산더 경(Sir Michael Alexander)은 많은 사람들을 화나게 만들었다. 알렉산더는 나의 바로 오른쪽에 앉았다. 나는 그룹이 문서를 작성해 나갈 때 그가 당기는 화기를 알고 있었다.

미해결 문장에 대한 장관들의 논의는 저녁을 지나 이른 아침까지 늘어졌다. 나는 점점 괴로워졌다. 알렉산더는 영국 외무장관 제프리 하우(Geoffrey Howe)의 뒤에 앉아 있다가 주기적으로 일어나 하우의 귀에 속삭였다. 하우는 그러면 하나의 지엽적으로 보이는 것에 반대를 제기했다. 하우는 불안해 보였다. 그는 대처와 의견 차이가 있는 것으로 알려져 있었고 그는 이제 알렉산더의 지시를 따르고 있었다.

내가 가장 놀란 것은 베이커가 영국이 발언을 할 때마다 매번 영국 편을 드는 것이었다. 나는 내 상관이 다른 동맹국들의 선의를 아무 목적도 없이 허투루 써 버린다고 생각했다. 미국은 하우의 요구에 가담할 필요는 없었다. 나는 베이커에게 하우의 불만에 계속 동의하는 이유를 물었다.

베이커의 대답은 동맹 지도력에서 하나의 교훈이었다. 그는 "나는 마거릿 대처가 로널드 레이건을 수년간 그녀의 작은 손가락으로 둘러싸는 것을 지켜보고 있었다. 오늘 저녁 늦게 또는 내일 아침 일찍 언젠가 나의 친구 조지 부시는 그 혹은 그녀 중 누가 동맹을 운영하고 있는지를 결정해야 할 것이다. 그 순간이 오면, 나는 그가 '마거릿, 짐(Jim)은 모든 단계에서 제프리(Geoffrey) 편에 섰다. 우리는 이제 결정해야 한다. 그리고 나는… 결정한다" 라고 가능한 한 쉽게 말할 수 있게 만들기를 원한다.

나는 그 방에서의 교섭에 관해서만 생각하고 있었으나 베이커는 앞서서 다른 단계를 계획하고 있었다. 내가 그와 대화한 후 얼마 지나지 않아, 베이커는 독일인들이 앉아 있는 테이블 건너편으로 걸음을 옮겼다. 외무장관 한스-디트리히 겐셔(Hans-Dietrich Genscher)가-민첩하고 경험 많은 자유민주당(Free Democratic Party)의 대표이고 수상 콜(Kohl)의 연정 파트너인-일어서서 베이커 쪽으로 걸어왔다. 나머지 테이블에서의 전화통화는 조용해졌다. 미국과 독일은 그 방에서 무게의 중심이었다.

겐셔는 베이커를 경계하면서 눈을 가늘게 뜨고 보았다. 베이커는 다정한 어조로, "한스-디트리히, 나는 제프리가 궁지에 물렸다고 생각한다. 우리는 그를 도와주어야 한다." 겐셔의 미소는 활짝 펴졌고 그는 재빠르게 웃으면서 "아, 예, 그 무서운 여인!"이라고 대답했다. 노련한 정치인이고 외교관인 겐셔는 베이커가 그의 적이 아니라는 점을 알아차렸다. 겐셔는 베이커가 한꺼번에 여러 차원에서 교섭하고 있다고 파악했다.

정부 수반들은 장관들의 작품을 다음날 5월 30일에 승인했다. 새로운 SNF 교섭을 허용하는 표현은 나토와 바르샤바 조약이 합의한 재래식 전력 감축을 개시한 이후까지 연기되었다. 더구나 SNF 교섭은 미국 목표에 맞추어 부분적인 감축을 추구할 예정이었다. 브뤼셀에 모인 정부 수반들과 유럽 전역의 사람들은 부시가 위험한 시기에 동맹의 지도자라는 점을 인식했다. 대통령은 독일로 건너가 콜 수상의 고향인 라이란트-팔츠(Rheinland-Pfalz)주를 방문해 역사적인 연설을 했다. 그의 주제는 미국과 유럽은 "지도력의 동반자"가 되어야 한다"였다. 그의 비전은 "하나의 유럽 전체와 자유"였다.[1)]

어떻게 부시가 나토 정상회담을 위한 제안서를 준비했고-그리고 나서 그 제안서에 근거해 1989년까지 구축해 나간 방법에 관한 이야기는 냉전을 종료하는 미국 동맹국들에 대한 그의 접근방법을 설명해 준다.

부시와 베이커(Bush and Baker)

배경, 외모, 기질, 그리고 개인적인 스타일을 보면 대통령 부시는 타고난 동맹 지도자였다. 그의 가족은 그에게 의무감, 국가와 덜 운이 좋은 사람들에 대한 봉사 정신을 가득 채웠다. 그가 19세 생일 며칠 전 최연소 미국 해군 비행기 조종사가 된 이후 로널드 레이건의 충실한 부통령 시절을 통해 미국의 세계적 지도력의 시대를 경험했다. 그는 외교 정책에 대해 아주 박식했고 흥미가 있었으나 그는 분석만큼이나 본능을 따라 움직였다. 1988년 공화당 전당대회에서 대통령 후보 수락 연설에서 설명하듯이, 부시의 생의 여정은 수용하고 성취하는 임무의 연속이었다.[2]

조지 부시는 진정한 신사로 진실한 개인적 품위는 그를 수많은 정치지도자들과는 달리 구별했다. 그는 공감하고, 정중하고 또 따뜻했다. 부시는 신중이라는 단어를 애용했을 정도로 또한 “신중”했고 또 조심했다. 대중 시장 민주주의 정치(mass market democratic politics)에서 그의 품성은 정치적으로 해롭게도 때로는 작용했다. 그러나 부시는 지독하게 경쟁적이기도 했다. 그는 쉬지 않았다. 그는 보트 경주나 “스피드 골프”나 사람들을 찾아내거나, 목표를 달성하거나 간에 행동을 추구했다. 자부심 강한 이 인사는 정중함을 앞세우고 작동했다. 여러 가까운 측근들은 “귀하가 그리 똑똑하다면, 어떻게 대통령이 된 사람은 나인가?”라는 그의 말을 들었다.[3]

부통령으로의 8년은(역자주: 1981~89), 대통령 레이건을 대신한 여러 마일의 세계 방문을 포함해, 신임 대통령에게 엄청난 국제 네트워크를 제공했다. 그는 CIA 국장, 유엔 대사, 완전한 외교적 인정을 하기 전의 중국 주재 미국 대표로 봉사했다. 미국 부통령은, 그러나, 필연적으로 대역이고 기껏해야 제2인자로 담당자는 아니다. 선거로, 대통령 부시는 자신의 지도력 스타일을 자신의 국가와 자신이 이끄는 동맹국을 위해 수립해야 했었다.

대통령 부시의 관리방식(stewardship)은 자신의 교육과 개인적 태도를 반영했다. 그는 레이건이 능숙하게 사용한 연설을 하는 데는 덜 편안했다. 부시는 다른 지도자들에게 많은 전화나 개인적 노트를 통해 직접적이고, 비공식적으로 접근했다. 대통령은 주의를 기울여 다른 지도자들의 환심을 샀다. 그는 많은 질문은 던졌다. 그는 그들의 의견을 구했다. 나는 1989년 12월 중순 셍 마틴(St,. Martin)섬에서 대통령 부시와 대통령 프랑스와 미테랑의 1대1 회의에서 기록 담당이었던 적을 회상한다. 베를린 장벽이 막 열렸고, 독일과 유럽의 미래에 대해 엄청난 질문들이 어렴풋이 몰려오고 있었다. 부시는 대처와는 버뮤다(Bermuda)에서 그리고 미테랑과는 생 마틴에서 독립적인 회담을 배열해 개인적으로 가까이 두고 이들을 미국이 원하는 방향으로 옆구리를 찌르고(nudge) 있었다. 유럽에서의 긴급 사건을 논의하기 위한 미테랑과의 소수인들의 회합 후, 부시는 프랑스 대통령과 1대1 회담을 추가했다. 부시는 미테랑의 중동에 대한 지식에 평을 하면서 대화를 열고 프랑스 지도자의 관점을 물었다. 약 45분 지나서, 프랑스 대통령은 마무리를 했고, 나의 손은 빠른 글쓰기로 굳어졌다. 부시는 단지 몇 마디 칭송과 동의의 말로 참견했을 뿐이었다. 우리가 일어나서 떠날 때, 나는 왜 대통령이 미국 입장을 개진하지 않았는지 의아했다. 나의 직속상관 장관 베이커는 그의 주장을 넣을 구멍을 분명히 발견했을 것이었다. 내가 즐거운 마음으로 걸어 나가는 미테랑을 볼 때에, 나는 부시의 스타일을 인정했다. 우리는 독일, 나토, 유럽, 그리고 소련에 대해 우선 사항들을 이미 정해 놓고 있었다. 대통령은 1대1 대담을 통해 그의 동료의 중요성을 부각시키기를 원했다. 미테랑은 본국으로 날아가면서 미국 대통령의 배려, 관심, 그리고 존경의 표시에 의해 힘을 얻었을 것이다. 부시도 또한 그의 동반자의 중동에 대한 시각 중 몇 가지 중요한 점들을 수집해 두었을 것이다.

대통령 부시와 장관 베이커는 비범한 그러나 복잡한 유대를 공유했다. 토머스 제퍼슨과 제임스 메디슨이 각각 대통령과 국무장관으로 재능을 통합해 그러한 생산적인 관계를 창조한 이래로, 비록 두 쌍은 다른 기질을 반영했으나, 처음이었다. 부시-베이커 우정은 수십 년 동안의 개인적 성과와 슬픔, 우정과 경쟁, 공통 이익과 차이로 점철되면서 성장했다. 때로는, 그들의 기본적인 신뢰, 존경, 그리고 서로에 대한 보호는 형과 아우처럼 보이게 만들었다. 그들은 이야기, 유머, 그리고 강렬하나 자제된 성공 추구를 공유했다. 각자는 자신감이 있었으나 거만하지 않았고, 각자로부터 최선을 이

끌어내는 방법을 알았다. 부시는 대통령으로 주인공이고 공개된 장소에서는 베이커는 늘 그의 친구를 그리고 대통령 사무실을 존경으로 대우했다. 때로는 베이커는 부시의 판단과 행동에 절망감을 사적으로 보이기는 했다. 그러나 그 후에는 베이커는 업무에 집중했다. 그는 법률가-자문관이었고, 정치적 통찰력, 전략과 상세에 대한 달인이고. 상대가 없는 교섭기술을 가졌고 업무를 완수하는 추진력을 보유했다. 그들은 행동의 사람들이었고 그들의 통합은 강력하지만 자제력을 동반한 강함이 여백에 더 많이 서리는 기운을 창조하는 실제적인 지도력을 제공한다는 점을 알고 있었다.

새 팀은 부시의 취임 후 수일 만에 그들의 동반자 관계의 성질을 소통할 기회를 가졌다. 헨리 키신저는 대통령 당선인에게 미-소 비밀 통로를 배열하는 것을 자신이 고르바초프에게 말할 수 있다고 제시했다. 전 국무장관은 1월에 미리 정해진 회의를 위해 모스크바로 떠났다. 미국 외교 정책에서 현자로 통하는 키신저는 유럽에서 새로운 동-서 정치 체제를 개발할 필요성을 공개적으로 출판했다. 부시는 키신저의 확장 활동에 동의했다. 모스크바에서, 키신저는 고르바초프에게, 부시의 국가안보보좌관 브렌트 스코크로프트(Brent Scowcroft)가 부시와 미국정부를 대신해 말할 수 있을 것이라고 제시했다. 흥미를 느낀 고르바초프는 키신저의 상대였던 전 미국 주재 대사 아나톨리 도브리닌(Anatoly Dobrynin)에게 단단히 소련 채널을 유지하라고 제안했다. 키신저는 1월 21일 즉각 백악관에 서면으로 보고했다. 이틀 후 고르바초프는 신임 대통령에게 축하 전화를 했다. 그러나 대통령은 미-소 연락책은 제임스 베이커(James Baker)라고 설명했다. 베이커는 우선 미국의 나토 동맹국들과 협의했을 것이다. 대통령은 베이커가 슐츠가 즐긴 소련 외무장관 셰바르드나제(Shevardnadze)와 업무 유대를 긴밀히 수립하기를 희망했다. "짐 베이커는 나와 아주 가깝다"고 부시는 강조했다.[4]

1989년 1월의 세계(The World in January 1989)

1989년 1월, 유라시아의 서쪽과 동쪽 경계 지대는 둘 다 유동적이고 그 사이의 광대한 공간은 소련에 의해 주로 지배되었고 불확실성으로 소용돌이치고 있었다. 키신저는 자신의 역사적 시각을 반영해, 제국이 통제를 포기했을 때 소련은 안과 바깥으로 무력을 풀어 놓아 버릴 수 있다고 경고했다.[5] 1989년 초 정치인들은 앞을 내다보고 있었으나, 무엇이 올 것인지에 대해서는 거의 아무도 예상하지 못했다. 자연히, 일부는 그들이 알고 있던 기반에 더 강하게 달라붙었다.

1988년 12월, 고르바초프는 뉴욕 유엔본부에서 그의 군비축소 염원에 대해 연설했다. 레이건과의 시간이 끝나고 대통령 당선인 신분의 부시를 만나서, 소련 지도자는 교섭을 더 빠른 속도로 진행하자고 재촉하기를 원했다. 비록 레이건은 역사적 핵 협정을 완성하기를 원했으나, START 협상은 SDI에 대한 미해결 연계에 추가해 기술적으로 복잡한 사안들-특히 순항미사일과 폭격기들에 대해-때문에 수렁에 빠져 있었다. 화학무기 대화는 검증이라는 복잡한 문제에 봉착하고 있었다. 그리고 새로운 유럽의 재래식 전력(Conventional Forces in Europe, CFE) 대화는 23개 나토와 바르샤바 조약 회원국들 대표들의 여러 주제에서의 토의가 비틀대고 있었다.

공적 인물로, 고르바초프는 흥분되어 있었고 불안정했다. 유럽인들은 그의 대담한 조치와 활기찬 인간성에 감동을 받았다. 유럽 지도자들은 소련의 정치적 주도권을 칭송했으나 무엇이 풀려 날 것인지, 그가 성공할 것인지, 그들은 무엇을 해야 하는지에 관해 궁금해했다. 미국 정치인들은 경계했다. 장관지명 베이커의 인준 전에, 나는 상원의원을 예방하는 그를 수행한 적이 있었다. 비록 진보적 민주당원들도 레이건의 낭만주의가 은퇴하는 대통령이 고르바초프를 너무 전면적으로 수용해 줄까 경계를 하고 있었다. 부시 행정부는 미국의 입장을 조심스럽게 계산할 필요가 있다고 그들은 권했다. 1989년 4월 국가정보판단(National Intelligence Estimate, NIE)자료는 그 경계의 전형적이다. NIE는 소련(USSR)은 "서방의 주된 적"으로 당분간 남게 될 것이라고 결론을 내렸다.[6] 정보 전문가들은 고르바초프의 움직임을 경쟁의 성질을 바꾸어 정치 및 경제적 주제들에 집중하려는 조치로 해석했다. 새로운 전술은 NATO 회원국들의 응집력을 약화시키고 군사적 결의를 갉아먹고, 대중적 동정심을 유발해 모스크바에 양보할 가능성을 높일 것이라고 추측했다.

서방은 다른 위험에 또한 직면했다. 고르바초프의 개혁은 소련의 경제를 강화해 유럽을 위협하고 지배하려는 소련의 계획을 바꾸지 않고 고급 기술에 대한 접근을 용이하게 할지도 몰랐다. 또 고르바초프는 실각하고 강성파 인사로 대체될 수도 있었다. 과거에 모스크바의 철권(iron grip)이 느슨하게 풀어지면, 소비에트 블록 전체에서 더 많은 자유를 달라는 봉기가 일어났고 소련은 무자비하게 탄압해 버렸다.

동유럽은 가장 큰 위험을 가지고 있었다. 폴란드의 솔리데리티(Solidarity) 운동은 더 많은 개방을 계속 요구하고 1981년 공산군대의 진압 이후에도 심지어는 합법화를 요구했다. 헝가리(Hungary)에서 사회주의노동당(Socialist Workers' Party) 정부는 시장과 심지어는 정치적 개혁을 시험하고 있었다. 다른 바르샤바 조약 국가들의 반대자들은 정보공개 글라스노스트(glasnost, 개방)를 요구했다. 그러나 동 베를린(East Berlin)과 프라하(Prague)의 경직된 공산주의 지도자들은 고르바초프와 자국민 둘 다에 대해 저항했다. 폴란드, 헝가리, 체코슬로바키아에서 냉전 초기에 자유화를 향한 소박한 운동은 참혹하게 끝이 났었다.

서부 유럽은 그 자체의 의제를 가지고 있었다. 워싱턴은 범대서양 동반자 관계와 세계 경제를 위한 유럽의 더 깊숙한 정치, 경제 그리고 금융통합의 함의를 이해하려고 노력하고 있었다. 유럽공동체(European Community)는 1986년에 단일 유럽법(Single European Act)에 서명했고, 유럽공동체 대통령 자크 들로(Jacques Delors)는 유럽 통화체제(European Monetary System)에 의해 지원되는 하나의 단일 시장을 창조해 궁극적으로는 유럽금융동맹(European Monetary Union)을 만들려는 EC92 계획을 추진하고 있었다. 미국은 유럽인들이 더 깊은 내부 통합으로 미국에 대한 외부 무역장벽을 더 높일까 봐 우려했다. 농업에 대한 두둑한 EC 보조금(subsidies), 수출입할당제(quotas), 규제(regulations)는 이미 미국 농업인과 목축업자들을 실망시키고 있었다. 미국 농업은 공개 무역과 보호주의에 저항하는 미국의 노력에 대한 핵심적인 지원을 제공했다. 1986년에 레이건 행정부는 GATT 내에 세계무역을 교섭하는 우루과이 라운드(Uruguay Round)를 새로이 진수했다. GATT는 코델 헐(Cordell Hull)의 원칙들을 포함한 국제기구이다. 워싱턴은 EC92는 우루과이 라운드와 국제 무역을 뒤엎을까 두려워했다.

고르바초프와 유럽이 대부분의 머리기사를 장악했으나, 나머지 세계도 변화로 흔들리고 있었다. 1980년대를 통해, 라틴 아메리카 여러 국가들은 부채 위기(debt crisis)로 고생하고 있었고 새로운 재정 지원 묶음의 대가로 경제 개혁을 시행하느라 허우적거리고 있었다. 1988년, 멕시코는 부분 부채 면제(debt forgiveness)를 워싱턴의 도움으로 교섭하는 최초의 국가가 되었다. 다른 라틴 국가들도 그 문을 곧 두드리게 되었다. 미국과 캐나다는 역사적인 자유무역협정(free trade agreement, FTA)을 1988년 말에 승인했다. 멕시코와 다른 국가들은 미국과의 자유무역이 투자를 유치하고, 빚을 갚고, 라틴 국가들을 지원해 동아시아 국가들과 그리고 곧 동유럽과 경쟁할 성장전략을 촉진할 수 있을지의 여부를 추측하기 시작했다.

태평양 건너서, 남동아시아는 일본, 한국, 타이완, 홍콩(Hong Kong), 싱가포르(Singapore)의 동아시아 기적을 공부했다. 수출주도 성장은 아주 매력적으로 보였다-선진 경제 시장들이 개방된 채로 유지되면 지역 관리들은 환율과 내부 개혁을 해나갈 수 있을 것이었다. 그러나 일본과 한국의 무역보호주의와 무역흑자는 동아시아 성장이 의존하는 교역체제에 대한 미국 국민의 지원을 위협했다.

하나의 새로운 훨씬 더 큰 용이 중국에서 깨어나고 있었다. 덩샤오핑(Deng Xiaoping)이 중국을 세계에 개방한 10년 후, 젊은 중국인들은 그들의 개혁 속도를 증가하기를 원했다. 소득은 개선되고 있었으나, 인플레이션은 급격하게 올라갔다. 부패는 도처에서 설쳤다. 고르바초프는 구공산주의 통제에 도전했다. 중국에서 새로운 세대는 정치적인 개혁을 요구했고-그리고 일부 고위 공산주의자 관리들은, 덩의 후속인물이나 덩 자신은 아닌, 그런 움직임에 동정적이었다.

신임 부시 행정부가 변신 혹은 혁명의 파노라마를 조사하자, 지도상에서 가장 많은 주목을 받는 곳이 서독으로 드러났다. 마샬 플랜 시절 이후 서부 유럽의 부흥과 통합에 대한 미국의 전략은 독일연방공화국(Federal Republic of Germany, FRG)과의 협력에 달려있었다. 베를린에서의 반복적인 위기는 냉혹한 인간적 용어로 독일 자유에 대한 미국의 헌신을 상징했다. NATO의 임무는 FRG와 동맹 통합 사령부의 부분으로 움직이는 독일 연방군대(Bundeswehr) 둘 다에 대한 방어에 의존하고 있었다. 서부 독일은 카를 폰 클라우제비츠(Carl von Clausewitz)의 전략 용어로는 냉전을 끝낼 정치적 중심(Schwerpunkt)이었다.

고르바초프의 서곡들은 서독인들에게 특별한 호소력을 가졌다. 그의 서방에 대한 개방은 분리된 유럽 전체에 걸친 긴장을 완화하려는 본(Bonn)의 동방정책(Ostpolitik)의 지혜를 확인해 주는 듯했다. 많은 독일인들은 더 활발한 정치 및 경제적 유대들이 양측의 두려움을 줄여줄 것으로 희망했다. 역사적으로, 독일인들은 스스로를 동과 서 양쪽을 보는 하나의 중부 유럽 국가(Central European country)로 여겼다. 냉전 동안, 독일인들은 서쪽으로 자신들의 운명을 가두었다. 일부 독일인들은 이제는 동쪽과의 관계를 다시 균형 잡기를 원했다. 독일인들은 잔인한 전쟁 이후에도 러시아에 끌렸다. 이민, 제국, 비즈니스의 연대와 그리고 제2차 대전에 대한 죄책감이 있었다. 고르바초프는 그들을 매료시켰다. 독일인들은 고르바초프의 개방이 동독에 대한 숨 막히는 통제를 느슨하게 해 주어 동료 독일인들, 대게는 가족들, 이 더 나은 삶을 살 수 있을 것으로 감히 희망했다.

나토와 바르샤바 조약 기구 사이에 전쟁이 일어나는 경우에, 서부 및 동부 독일은 폭발해 핵 잿더미로 변할 가능성이 아주 높았다. 그리고 수상 콜(Kohl)과 외무장관 겐셔(Genscher)의 집권 연합은 1990년 말에 선거를 앞두고 있었다.

부시의 의제(Bush's Agenda)

시작부터, 대통령 부시는 동맹 대통령이기로 작정했다. 그의 접근 방식은 그의 개인적 스타일과 경험에 적합했다. 정치, 안보, 그리고 경제 지형에 대한 지식의 해독은 또한 고르바초프를 대하기 전에 국제 정치 기반을 견고히 해야 한다고 설득하고 있었다. 부시는 상대방으로부터 직접 듣기를 원했고 개인적 유대를 쌓아서 단기간 통보로 그들을 소집할 수 있게 해 줄 것이었다.

대통령이 자신의 측근들과의 대화, 특히 베이커(Baker)와 스코크로프트(Scowcroft)는 그의 경향을 더욱 강화해 주었다. 베이커는 백악관 비서실장으로 다음에는 재무장관으로 많은 동맹국 지도자들과 함께 일을 했다. 스코크로프트의 국가안보경력은 동맹관리를 강조했고, 그의 개인적 스타일은 인색했지만 협의적이었다. 신임 국방장관 리차드 체니(Richard Cheney)는 대통령 제럴드 포드(Gerald Ford) 당시 업무에서 동맹 네트워크를 또한 잘 알고 있었고, 안보 사안에 관심이 많았고 동맹국과 합동 작전을 하는 미국 군대의 냉전 문화에 익숙했다. 대통령 유세 동안, 부시는 그의 신임 국무장관이 즉각적으로 15개 모든 나토 동맹국들을 방문할 것이라고 약속했다. 베이커는 그와 대통령이 1989년 2월 10일 오타와를 방문하는 것을 기점으로 동맹국 순방을 시작했다. 베이커는 15개 동맹국의 대통령, 수상, 장관들을 8일 만에 모두 만났다.

수상 브라이언 멀루니(Brian Mulroney), 외무장관 조 클라크(Joe Clark), 멀루니의 비서실장 데렉 버니(Derek Burney)와의 오타와 회의는 대통령 부시의 초기 생각을 강화해 주었다. 좋은 친구 멀루니는 평이한 말로 회담을 했다. 고르바초프는 동맹국의 정치적 뒷마당에서 대중들의 상상력을 붙잡았고, 대통령은 아마도 동유럽 여행으로 주도권을 쥘 필요가 있었다. 미국은 "또 다른 [고르바초프]의 움직임에 단순히 반응하는 것처럼 보이지 말고, 공세를 취하고, 동맹을 구"하기 위해 동맹국들과 협의를 해야 했다. 아마도 동유럽 "그의 마당에 진입"해. 신중한 부시는 하나의 혁명을 출발시키고 싶지는 않았다. 그는 소련 탱크들이 부다페스트(Budapest)와 바르샤바(Warsaw) 시내를 굴러다니는 걸 보고 싶지 않았다. 그럼에도 불구하고, 미국은 인권, 자유, 민주주의에 대해 지원한다는 신호를 보낼 수 있었다. 미국은 동방의 좀 더 개방된 체제들과 건설적인 협력 관계를 탐색할 수 있었다.

동유럽을 넘어서 동맹 우선순위에 관해 물었을 때, 부시는 3가지를 열거했다. 그는 동맹을 특히 독일을 주목하면서 견고히 할 필요가 있었다, 그는 군비축소 주도권을 포함해 소련에 접근할 것이다. 그리고 미국은 EC92가 보호주의로 돌지 않도록 EC와 협력할 필요가 있었다. (EC92를 통한 경제 통합을 완성하는 해가 그의 재선 년도이기도 해서 대통령은 염려하고 있었다는 점을 나는 회상한다.)7)

부시는 고르바초프와 경쟁하고 있었다. 그러나 그는 자신의 조건대로 그렇게 할 것이었다. 대통령은 베이커가 동맹국들과 숙제를 다하고, 우방 사이의 차이점을 도출하고 나토를 통해 일치하여 움직일 역량을 확보한 후에 즉각 움직일 작정을 했다. 미국은 서독을 자기편에 두어야 했다. 부시는 고르바초프와 경쟁하기 위해서는 주도권을 필요로 했다. 그의 조치는 동부 유럽, 군사적 대결, 그리고 심지어 소련 체제 자체에 대해서도 정책을 바꿀 고르바초프의 진정함과 의지를 시험해야 했다. 스코크로프트, 그의 대리인 봅 게이츠(Bob Gates)와 체니(Cheney)는 부시보다 더 조심했다. 그들은 고르바초프가 다음에 무엇을 할지-또 그가 성공할지의 여부-를 보기를 기다리는 편이었다. 베이커는, 대조적으로, 공세로 나가고 싶은 대통령 친구의 욕망을 읽었다. 베이커의 방법은 작전과 교섭에 대한 맥락의 틀을 짜는 것이었다. 베이커는 일을 끝내고 싶었다. 행정부는 고르바초프가 생존할지의 여부를 알지 못했지만(그리고 실제 베이커는 의심을 했었다), 고르바초프가 존재하는 한 베이커는 미국이 "바스켓에 물건들을 추가"하기 위해 움직여야 한다고 생각했다.[8)]

백악관은 대통령의 의제를 증진하기 위해 서부 및 동부 유럽을 여행하는 계획들을 그렸다. 그러나 한 사건이 개입했고 기회를 마련해 주었다. 일본의 히로히토(Hirohito) 천황(역자주: 裕仁, 1926~1989 재임)이 1989년 1월 7일에 사망했고 도쿄는 2월 24일 장례식을 예정했다. 대통령은, 젊은 해군 비행기 조종사로 일본에 대항해 싸운, 일본의 논쟁적인 전시 지도자의 장례식에 참석해 하나의 핵심적인 태평양 동맹에 존중을 보여주기로 작정했다. 더구나 그 여행은 부시에게 베이징에 대한 짧은 "실무 방문"을 할 기회를 주었다. 중국에서의 회의는 전 미국 연락사무소에 대한 귀향이고 고르바초프가 베이징을 방문하기 전에 중국과 협의하는 계기가 또한 될 것이었다.

대통령이 덩(Deng)을 만날 때(나는 배석할 수 있었다), 부시는 활발하고 왜소한 최고위자에게 소련에 대해 물었다. 덩은 누에와 뽕나무 잎 이야기로 이해할 수 없는 대답을 했다. 덩이 팔을 올리자, 손가락이 뻗어 나왔다. 그는 중국은 뽕나무 잎과 같다고 설명했다 러시아는 중국의 땅들을, 누에가 잎의 가장자리를 걸신들린 듯이 먹어 치우듯 여러 세기에 걸쳐서 조금씩 먹어 치웠다. 그는 손가락 사이의 공간을 가르쳤다. 중국이 그 잎을 원래 크기로 완전히 복원하기 전에는, 중국은 배고픈 이웃 소련에 대해 결코 안심할 수 없다고 덩은 결론을 내렸다.[9)]

베이커의 매력(Baker on Point)

부시는 미국 동맹국들로 시작해 그의 의제를 추진하는 데 베이커에게 의존했다. 2월 초 나토 수도들을 통한 사방치기(hopscotch)는, 베이커가 그의 회고록에서 다룬 바와 마찬가지로, 여러 가지 실제적 목적에 봉사했다. 베이커는 개인적 접촉이 미래의 교섭에 도움이 된다는 점을 인식했다. 그는 상대방의 입장을 직접적으로 그리고 사적으로 들을 필요가 있었다. 베이커는, 작은 국가들은, "미국이 자신들과 심각하게 협의를 하고 있다고 느낀다면", 더 미국 입장을 지지할 경향이 있다고 생각했기 때문에, 각각의 수도를 방문했다. 실제로, 네덜란드의 외무장관 한스 반 덴 브록크(Hans van den Brock)는 얽히고설킨 SNF(short-range nuclear forces) 문제에 관한 베이커의 마음에 한 종자를 심어 주었다. 그는 독일의 정치적 민감성을 군비축소계획과 현대화를 결합해 다룰 수 있을 것이라고 제안을 했다. 마지막으로, 베이커는 그의 친구대통령은 정보평가서를 열심히 읽지만 개인적 접촉에서 얻은 통찰력에 더 큰 무게를 둔다는 점을 알고 있었다.[10)]

민첩한 외교관들은 외부 네트워크를 사용해 내부 논쟁에 영향을 미친다. (대통령과 의회 관계에서도 진실이다.) 외부인의 관점이나 조치들을 적기에 참조하면, 특히 강력한 외부인인 경우에, 정부 내의 논의를 때로는 기울일 수 있다. 좋은 정보는 힘의 근원일 수 있다.

베이커는 개인적인 정보를 담은 한쪽 분량의 "석간 노트(Night Note)"를 보내 매일 저녁 대통령의 관심에 입력했다. 매일 밤, 특히 여행을 할 때, 데니스 로스(Dennis Ross) 기획국장이나 나는 그날 회의를 개인적인 취향을 담아 1쪽 보고서 초안을 작성했다. 대통령은 그 다음 날 아침에 CIA 보고서와 함께 그것들을 받았다. 국내에 있을 때에도, 나는 국무부의 담당 비서관과 함께 오전이나 오후 사건들에 관한 몇 단락을 작성해 석간 노트 준비에 투입했다.[11] 공보차관 마가렛 투트윌러(Margaret Tutwiler)는 멀린 피츠워터(Marlin Fitzwater)와 백악관 홍보사무실과 늘 접촉하고 있었다. 그녀는 부시의 1980년 선거 유세부터 부시와 베이커와 함께 함께 일하고 있었다.

베이커가 유럽에서 돌아온 직후에, 다시 대통령과 함께 아시아로 향했다. 그 다음에 비엔나에 들러 유럽의 안보와 협력에 관한 35개국 위원회의 회의에 참석했고 처음으로 셰바르드나제(Shevardnadze)를 만났다. 상기 회의의 총회에서, 미국은 독일에서 마지막 남은 화학무기를 제할 것이라고 약속하고, 모든 화학무기를 금지하는 조약에 대한 미국의 지지를 재확인했고, 그리고 오스트레일리아(Australia)와의 사업에 민간 산업을 끌어들인다고 선언했다. 그러나 베이커는 양자 간 회담에서 주된 인상을 이끌어냈다. 폴란드와 헝가리 외무장관들은 급진적인, 심지어는 혁명적이까지 한 운동과 정치적 변화를 말했다. 둘 다 소련이 지원하는 듯하다고 말했다. 동유럽인들은 미국의 부재를 원하지 않았다. 폴란드와 헝가리의 개혁자들은 반발 위험이 있다고 인식하고 있으며, 자신들이 움직이고 민주적인 획득물을 견고히 하는 데 미국의 도움이 필요하다고 말했다.[12]

셰바르드나제는 베이커를 미 대사관저에서 3월 9일 만났다. 케네디가 흐루쇼프(Khrushchev)를 1961년에 맞이한 비엔나의 바로 그 장소였다. 그러나 어조는 근 30년 전보다는 완전히 달랐다. 셰바르드나제는 재래식 군비

축소의 급속한 진행을 원했다. 소련은 탱크, 무장 개인 수송기, 대포를 줄일 용의가 있다는 신호를 보냈다. 그들은 미국인들의 비행기, 헬리콥터, 병력 숫자를 교섭하기를 원했다. 베이커와의 1대1 대담에서 세바르드나제의 가장 중요한 메시지는 군비 감축을 넘어 더 크게 나갔다. 그는 페레스트로이카(perestroika)(역자주: 소련의 개혁정책)를 설명하려고 했다. 그는 베이커가 소련 내부에서 "혁명(revolution)"의 내부 역학, 사회, 탄력을 겨우 받기 시작한 혁명을 이해하기를 원했다. 셰바르드나제는 소련의 "새로운 정치적 사고"는 소련을 서방의 "믿을 만한 동반자"로 만들어 줄 것이라고 믿었다. 베이커는 대통령은 페레스트로이카를 지지한다고 강조했다. 셰바르드나제는 소련 내의 변신을 상세하게 베이커와 차기 회담에서 논의하기를 원한다고 말했다. 고르바초프와 셰바르드나제는 급격한 변화로 쏜살같이 달려가고 있다는 점을 인식하지 않고는 이 대화를 듣고 셰바르드나제를 만나기는 불가능했다.[13]

베이커는 그 다음 날 3월 8일 대통령과의 주기적인 일주일 두 차례 비공식 회동에서 대통령 부시를 만났다. 베이커는 동부 유럽에서의 사건들이 가속되고 있다고 전달했다. 미국은 개혁자들을 경제적으로 지원하고 정치 자유화를 가속시킬 계획들이 필요했다. 그는 부시에게 폴란드와 헝가리를 곧 방문하라고 요청했다.

비록 그는 셰바르드나제의 긴급 요청을 전달했으나, 베이커는 소련에 대한 계획을 가지고 있지 않았음을 감지했다. 그들은 찾으려 애쓰고 또 서두르고 있었다. 미국은 "새로운 정치적 사고" 같은 막연한 개념에 본질을 제공할 기회를 가지고 있었을 수 있었다. 미국 이니셔티브는 소련과 동유럽인들의 행동에 방향을 제시할 수 있었다. 한편으로는, 주저하는 미국은, 비록 모스크바가 자신들이 서두른 활동들의 함의에 대해 불확실하지만, 소련이 의제를 정하도록 할 수 있었다. 부시는 자신의 계획을 곧장 가질 필요가

있었다.[14)]

우연하게도 스코크로프트가 수일 전에 "조기에 그리고 극적인 제안서"에 반대하는 경고를 담은 메모를 대통령에게 보냈다. NSC 자문관은 수 주 전에 부서합동 "전략 검토" 위원회를 가동했다. 기본 구상은 대통령이 어떻게 자신의 각인을 정책에 새기는지를 심의하기 위해 새행정부는 뒤로 물러나자는 것이었다. 베이커는 그 작업은 "전략적"이지도 중대한 "검토"도 아니라고 생각했다. 관료들과 유임자들은 과거 입장을 재진술할 가능성이 아주 높고, 기껏해야 약간의 수정을 할 것이다. 부시의 신임들의 대부분은 상원에서 아직 인준을 받지 못했다. 베이커 팀은 그 과정에서 산출되는 문서들이 행동의 자유를 제약하지 않도록 보장하는 감시만 하고 있었다. NSC 직원 중 좀 창의적인 사람들은 그 작업이 "막연하고 초점이 없는" 재탕이라고 인식했다. 베이커는 나중에 그것을 "곤죽(mush)"이라고 불렀다.[15)]

고르바초프와 소련은 대통령 고위 자문관들 사이에 다른 반응들을 촉발했다. 부시는 페레스트로이카가 소련이 경쟁을 강화할 "숨 고르기"인지 혹은 1968년 체코슬로바키아(Czechoslovakia) 개혁자들처럼 "인간적인 얼굴을 한 사회주의(socialism)"로의 근본적인 변신인지의 여부를 토론하던 소련 전문가들에게 자문을 구했다. 베이커는 그 논쟁은 "학문적 신학"이라고 분석했다. 1989년 봄에, 양쪽 주장은 강점과 약점을 모두 가지고 있었다. "나에게 중요한 것은 이 두 개의 다른 가능성 앞에서, 위험은 줄이면서 외교적 이득을 극대화하기 위해, 우리가 취할 수 있는 행동들이 무엇인지를 찾는 것"이라고 말했다. 베이커는 행동주의(activism)를 주장했다. 그는 고르바초프의 성공은 소련 내의 요인들에 압도적으로 의존한다는 점을 생각했다. 베이커는 고르바초프가 성공하기를 원했으나, 미국의 노력은 "가장자리에"만 영향을 미칠 수 있다고 예상했다. 국제적으로는, 그러나, 미국은 소련이 직면할 어려운 선택들—긍정적인 동기와 부정적인 동기들–의 틀을 짜는 데 도울 수는 있었다. 미국은 소련이 상호 이익이 되는 방향으로 움직이도록 격려할 수도 있을 수 있었다.

동맹국들과 소련을 이끌기 위해, 미국은 그 맥락을 재빨리 형성할 필요가 있었다. "국제정치에서는 국내 정치와 마찬가지로, 가만히 앉아 있는 목표물은 대개 가장 손쉬운 먹잇감"이라고 베이커는 설명했다. 대조적으로, 스코크로포트와 체니는 "현상유지 플러스(status quo plus)"로 시간을 기다리고 고르바초프가 양보를 해 오기를 기다리는 쪽으로 기울어져 있었다. 그들의 접근법은 고르바초프가 동맹을 분열시킬 위험을 가지고 있었고 극적인 변화를 수용하도록 소련에 도전할 기회를 상실할 위험이 컸다.16)

외교 활동가들은, 그러나, 한 번에 한 사안을 다루는 사치를 즐긴다. 3월 2일과 3일에, 비엔나로 떠나기 전에, 베이커는 하원과 상원의 공화당과 민주당 의원들에게 반군 저항에 대한 지원으로 군사적이 아닌 인도적 원조를 제공하기 위해 의회에 요청한 안건의 부분으로 니카라과(Nicaragua) 소재 산디니스타(Sandinista)(역자주: 니카리과의 반미·반독재 무장혁명단체)들에 대한 처리 계획을 발표했다. 기존 원조액은 3월 말에는 바닥이 날 것이었다. 베이커의 접근법은 코스타리카(Costa Rica)가 소집한 중남미 지도자들에 의해 개발되었다. 그는 소련이 마나과(Managua)에 대한 군사지원을 중지하라고 압력을 넣으면서 동시에 니카라과에게는 자유선거를 실시하라고 압박하기를 원했다. 비엔나에서 베이커는 셰바르드나제에게 그렇게 하라고 요청했다

베이커는 자신의 의회와의 관계를 이용해 대통령에게 조기 승리를 줄 수 있을지 모른다고 나에게 들리게 혼잣말로 심각하게 생각했다. 부시는 야당이 통제하는 상하 양원 하에서 선출되었다. 많은 민주당 의원들은 베이커와 부시를 좋아하고 더 중요하게는 신뢰했다. 그럼에도 불구하고, 니카라과에 대한 협상을 타결하는 데 3월 상원과 하원, 민주당과 공화당을 오가는 대단히 힘든 외교를 하는 데 22일이 걸렸다.17)

1989년 3월 30일, 부시, 베이커와 소수의 동료들은 유럽에서의 사건들에 관해 비공식적으로 모여 난상토론을 했다. 스코크로프트는 소련군을 중부 및 동부 유럽에서 물러나게 비트는 제안서를 시험했다. 훌륭한 국가안보좌관으로 그는 주도권을 잡을 수 있는 제안서에 대한 대통령의 관심을 인식했을 가능성이 또한 컸다. 스코크로프트는 중부 유럽에서 소련과 미국의 모든 군대의 철수를 제시했다. 베이커는 탱크를 없애는 아이디어를 시도했다. 국방부와 합참은 충격에 빠졌다. 부시의 고위팀은 대담하고 심지어는 급진적인 생각들을 탐색하고 있었다. 4월 내내, 미국인과 유럽인들은 범대서양 안보에 관한 의견 교환을 위해, 대서양을 날아서 건너다녔다. 부시와 베이커가 상상했던 것처럼, 이것은 중요한 협의 과정이었다.[18]

베이커는 대통령이 유럽 순방과 나토 정상회담을 하기 전에 한 번 더 중요한 출장을 갔다. 5월 10일에 베이커는 처음으로 모스크바로 날아가 소련을 방문했다. 그는, 장관 체니가 고르바초프는 "궁극적으로 실패"할 것이라고 최근에 언급했음에서도 불구하고, 미국은 고르바초프와 셰바르드나제의 개혁 노력을 지지한다고 말해 안심시킬 필요가 있었다. 베이커는 강한 언론의 관심에도 불구하고, 군비축소에 대한 주목을 줄이기를 또한 원했다. 그는 지역 사안들(중앙아메리카와 아프가니스탄을 포함해), 비확산, 반테러, 환경 등 초국경적 주제들에 더 집중하기를 요청했다. 그는 무기체제의 숫자들을 넘어서 멀리 보는 안보 대화를 원했다.

베이커와 셰바르드나제 간의 의견 교환은 동부 유럽에 대한 소련의 관점에 대한 그의 이해를 깊게 했다. 그는 제네바에서 START 교섭을 재개하기로 또한 합의했다. 신임 미국 대표 리처드 버트(Richard Burt)는 서독대사를 역임했고, 전략적 비중을 이해하는 한 명의 똑똑하고 정력적인 문제해결사로 정평이 나 있었다.

셰바르드나제 아파트에서 그의 부인과의 저녁식사에서, 베이커는 셰바르드나제의 공화국 그루지아에 대한 강한 유대감과 소련 내에서 공화국들(역자주: 당시 15개로 주로 인종기준으로 형성됨) 간의 균열에 대한 더 예리한 감을 획득했다. 4월 초에, 소련군은 그루지아(Georgia)의 트빌리시(Tbilisi)의 봉기를 무력으로 진압해 20명의 데모대를 사망하게 했다. 셰바르드나제 부인은 소련인보다는 훨씬 더 그루지아 인으로 말했다.

베이커의 고르바초프와의 크렘린(Kremlin)에서의 대담은 다른 분야의 통찰력을 제공했다. 고르바초프는 방안을 거닐면서 에너지를 분출해 참을성 없는 지휘관이란 감을 베이커는 느꼈다. 그는 서방언론을 알고 있다고 분명히 말했고, 또 어떻게 작동할지를 안다고 시사했다. 소련 지도자는 페레스트로이카를 뒷받침하는 동력과 두 세력은 건설적인 관계를 향해 진전할 필요가 있다는 그의 신념에 아무 의심이 없기를 원했다. 고르바초프는 정기 회의를 원했다. 그는 START(역자주: Strategic Arms Reduction Treaty)와 CFE(역자주: Conventional Armed Forces in Europe) 교섭에서 시간을 낭비하지 말고 결과를 얻도록 밀어붙였다.

회담 말미에, 고르바초프는 소련은 동유럽에서 500개의 전술핵무기를 철수할 것이라고 선언했다. 만약 미국이 기꺼이 대응해 온다면, 소련은 모든 전술핵무기를 동유럽에서 1991년까지 철수할 수 있다고 말했다. 그는 장난스럽게 “유럽에 있는 우리는” 이것을 “시급한 문제”로 느낀다고 말했다. 고르바초프는 SNF에 대한 NATO 논의를 알고 있었다. 소련이 자신들의 단거리 미사일을 현대화해 미국 발사대보다 1,400대88로 수적으로 우세하다는 점도 이미 알고 있었다. 베이커는 재래식무기와 미사일 불균형에 관해 숫자로 반박을 하면서, 고르바초프가 하고 있는 것의 “정치적 호소력”을 이해한다고 추가했다. 베이커가 크렘린을 떠나 NATO 동맹국들에게 설명하기 위해 브뤼셀로 날아갈 무렵 소련은 고르바초프의 제안서를 언론에 공개했다. 언론은 소련의 놀라움을 크게 부각시켰다.[19]

베이커는 소련에 놀아나지 않았다. 대신 자제해 고르바초프의 이익 추구의 움직임의 냉엄한 현실을 수용했고 중요한 결론을 끌어냈다. 대통령은 나토(NATO) 정상회담을 위한 대담한 제안서를 이 주일 이내에 만들어야 했다. 6월에 고르바초프는 유럽을 방문할 것이고 베이커에게 전달한 것과 유사하게 부시를 놀라게 할게 뻔했다. 만약 대통령이 나토를 창의적으로 통솔하지 못하면, 그는 "고르바초프에게 외교적으로 관심을 빼앗기게 되는 위험"을 안게 된다고 베이커는 나중에 기록했다. 베이커는 하나의 정치적인 평가를 또한 보관했다. 고르바초프는 해외 대중들 앞에서 공연을 할 수 있었으나, 그의 국내 청중들은 덜 열광적인 것으로 보였다. 최선의 민주적 지도자들은 난관에 봉착했을 때 탄력성을 확보하기 위해 국내에서 기반을 굳힌다고 베이커는 알고 있었다.[20]

부시의 계획(Bush's Plan)

SNF 사안들은 독일 정치 무대에서 곪아 터지고 있었고, 성공적인 나토 정상회담 가능성을 추가적으로 위협하고 있었다. 나토 국방장관들은 지난 4월 SNF 현대화 사업에 대한 결정을 1990년 후로 미루기로 합의했다. 그러나 독일 정치계는 더 많은 것을 요구했다. 연립정부는 동-서 SNF 교섭을 당장 원했다고 본(Bonn)에서 언론으로 새어 나갔다. 부시는 나토에서 하나의 해법을 만들 유연성을 보전하지 않고 독일의 고정된 입장을 공개해 버린 것에 대해 불쾌감을 콜(Kohl)에게 전달했다. 대처는 진짜로 분개했다. 콜은 연립정부의 복잡성을 변호했다. 두 번째 전화에서 콜은 부시에게 사절을 보내라고 요청했다. 베이커의 모스크바 방문 후, 밥 게이츠, 스코크로프트의 대리와 나는 본으로 우회해 우리가 SNF에 대해 상호 이해에 도달할 수 있는지를 알아보았다. 우리는 좋은 논의를 했으나 아무 좋은 결과를 내지 못했다. 베이커가 돌아온 며칠 후, 대통령은 어떻게 소련을 "견제를 넘어서(Beyond Containment)" 움직일 것인가에 대해 텍사스 농업기상 대학교(Texas A&M University)에서 연설을 했다. 언론은 그 연설에는 특정한 제안이 결여되었다고 비판을 했다.[21)]

부시는 월말에 열릴 NATO 정상회담이 잠재적인 붕괴에 직면할 수 있다는 점을 파악했다. 그의 조바심은, 베이커가 틀림없이 보강한, 대통령이 장관 체니와 국방부를 압박해 유럽에서 재래식 무력을 축소할 중대한 계획을 세우도록 했다. 베이커와 스코크로프트는 유럽에서 육군의 사안은 현대화 사업과 SNF 무기 교섭 문제를 통합해야 한다고 인식하고 있었다. 중부와 동유럽에서 붉은 군대의 대규모 철수는 민주화와 독립을 밀어붙이는 개혁자들에게 오해의 여지가 없는 정치적 신호를 보냈을 것이다. 더구나 차기 소련 지도자는 축소와 철수를 쉽게 뒤집을 수 없을 것이다. 더 작아진 재래식 무력은 고르바초프가 참담한 군사 예산을 더 낮추고 소련 사회의 군사화를 줄이는 데 도움이 될 것이다. 미국인들도 또한 대규모 미국 군대의 존재와 동원작전은, 특히 독일에서 민간인들과의 긴장으로 이어졌음을 파악하고 있었다. 더 작은 미군의 지상 주둔이 더 지속 가능할 것이다. 큰 외교적 전제는 CFE 교섭이 군사적 지경을 바꿀 때까지 동맹국들이 SNF 현대화 사업과 교섭을 연기할 수 있다는 생각이었다.[22)]

많은 훌륭한 외교 전략과 마찬가지로, 베이커-스코크로포트 아이디어는 내용과 투입을 강조하는 실제적인 단계들로 뒷받침되어질 필요가 있다. 첫째, 미국은 CFE 교섭이 결과를 곧 생산할 수 있다는 점을 과시해야 했다. 둘째, 미국은 거래의 형태를 규정하는 극적인 CFE 제안서가 필요했다. 비밀스러운 재래식무기통제에 경험이 있는 NSC 직원인 로버트 블랙윌(Robert Blackwill)과 필립 젤리코(Philip Zelikow)는 이미 제안서를 만들고 있었다.[23)]

부시는 나토의 강점인 전투기와 헬리콥터 외에도, 탱크, 대포, 장갑차량에서 동등함(낮은 수준에서)을 교섭하기로 작정했다. 대통령은 유럽에서 병력은 27만5천 명으로 공통 상한선을 제안했다. 미국은 현재 32만 명의 배치를 약 15퍼센트 감축하고, 소련은 동유럽 주둔 병력의 절반보다 더 많은 인원을 본국으로 돌려보내게 될 것이다. 미국은 6개월에서 1년의 교섭을 거쳐 1992년이나 1993년에는 완전 감축을 이행하는 신속한 조치를 또한 요구했다.

장관 체니와 국방부는 강하게 반발했다. 그들은 이 제안은 다른 나토 수도들을 놀라게 할 것이라고 주장했다. 체니는 그 효과는 동맹을 견고하게 하는 게 아니고 "갈라놓을" 것이라고 두려워했다. 그러나 체니는 베이커와 스코크로프트와 좋은 친구였고 대통령을 존경했다. 팀은 차이를 조용하게 효과적으로 해소했다. 한편, 합참의장 윌리엄 크로우(William Crowe)는 홍보용(PR moves)이라고 생각해 강력히 저항했다. 부시는 듣고서 그의 반대를 기각했다. "나는 이것이 되기를 원한다. 왜 이것이 될 수 없는지 말하지 마라. 될 수 있는 방법을 말해 달라"고 말했다.[24)]

1989년 5월 중반에 부시는 대담한 계획을 가졌다. 그러나 그는 나토 지도자들의 동의를 빠르게 얻어야 했다. 그들은 점진적인 외교에 익숙했다. 대통령은 부국무장관 레리 이글버거(Larry Eagleburger)와 NSC 부대표 밥 게이츠(Bob Gates)를 주요 국가들에 보내 미국 구상을 설명했다. 그들이 대통령 대신에 말을 한다고 유럽인들이 알 수 있게 보증하기 위해, 부시는 미리 개인적으로 그 지도자들에게 전화를 했다. 콜은 매우 기뻤다. 메인(Maine)에서 부시를 방문했던 미테랑(Mitterrand)은 승인했다. 대처는 화가 났고 그리고 사절들이 확실하게 그녀의 불만을 알게 했다. 로마를 포함해 브뤼셀(Brussels)로 가는 길에, 대통령은 그의 계획을 홍보하기를 지속했다. 대부분의 동맹국들은 만족했고 대통령은 안심이 되었다.[25)]

이것들은 내가 5월 29일 NATO 성명서에 대한 나의 일과 그날 밤 베이커의 책략과 교섭에 관련된 사건들이다. 우리는 65페이지 길이의 문단들을 오전 2시경에 완성했다. 정부 수반들의 만찬 동안 수상 대처는 SNF 미사일을 교섭하지 말라고 대통령을 압박했다. "우리는 이것을 포기하지 않아야 한다"고 그녀는 부시에게 상기시켰다. "양보하지 않을 거지요?"라고 그녀는 추가했다. 긴 야간 회기 중 두 차례 베이커는 대통령에게 그 상황을 보고했다. 베이커는 완벽했을 수 있으나 그는 자신의 상관이 거래가 이루어질 때 서명할 준비가 되도록 확실하게 했다.

5월 30일 아침에, 지도자들이 성명서를 통과시키려 모였을 때, 대처(Thatcher)는 열성적으로 말했다. 부시는 그녀가 미국에 동의하는 것처럼 보이기를 원하는 동기에 의해 움직인다고 생각했다. 베이커는 거래를 공들여 만들었고 대통령이 만족하도록 조치했고 대처의 대변인들이 교섭에서 마지막 한 방울까지도 짜냈다고 보고하도록 만들었다.26)

고르바초프와 셰바르드나제는 나토 제안에 긍정적으로 반응했다. 나토와 바르샤바 조약기구는 당장 CFE 교섭의 기본 구조를 해결했다. 당사자들은 그 조약을 다음 해에 서명했다. 그것은 역사상 가장 광범위하고 지대한 영향을 가져올 군비감축합의였다. SNF 사안은 사라져버렸고, 1989~90년에 올 사건들로 묻혀버렸다.

당시와 그 후에도 논객들은 레이건의 핵무기 교섭에서 부시의 재래식 무력 감축으로 우선순위가 바뀐 것에 거의 주목하지 않았다. (베이커는 복잡한 START 세부사항을 또한 작업을 했고 양측은 1991년 7월에 START 조약에 서명했다.) 그러나 냉전을 종식시키려는 부시-베이커 논리는 미-소 대치의 "중부 전선"에 집중되었다. 붉은 군대는 중부 및 동부 유럽을 점령하고 통제하고 있었다. 유럽의 분할은 냉전의 핵심이었다. 냉전을 종식시키기 위해, 미국과 나토 동맹국들은 그 위반을 치료해야 했었다. 전략에서 자연스러운 다음 조치는 동유럽-그리고 심지어는 동독-땅으로 이어질 것이었다.

나토 정상회담 후 대통령의 본(Bonn)과 마인츠(Mainz) 방문은 그에게 전략적 주제를 설명하고 다가올 수개월 동안 귀중하게 사용될 개인적 유대를 강화할 기회를 제공했다.[27] 수상 콜은 대통령을 라인 강(Rhine) 크루즈 선에서 맞이했고 6월 지역 선거에서 중요한 자신의 출신 주로 안내했다. 마인츠에서 부시의 연설은 냉전을 종식시키는 그의 방법을, 스코크로프트가 나중에 기록한, "독일 엑센트"로 설명했다. 대통령은 역사의 분할을 극복해 "하나의 유럽과 자유"를 달성하는 제안을 제시했다. 부시는 동부 유럽에서 등장하는 자유 운동을 안아 들었다. 또 군비를 축소하는 나토의 최근 결정적인 조치들을 강조했다. 부시는 유럽 통합의 중요성을 인식했고 환경 파괴를 반대했다. 그는 고르바초프의 정보공개(glasnost)를 지원했다. 이 모든 도전에 직면해, 범대서양 대통령은 독일인들이 미국의 "지도력의 동반자"가 되어 달라고 촉구했다. 일부 독일인들은 환영했으나 다른 이들은 두드러지는 것에 경계를 했다. 어쨌건 대통령은 독일인들이 수평선 저 너머에서 막 등장하는 핵심적인 사안들에 관해 협력할 의사를 준비하고 있었다.[28]

미국은, 한 달 전에 유럽인들이 시대에 뒤쳐졌다고 여긴, 모든 동맹국들에게 크게 생각하라고 촉구했다. 실제로, 5월 중순에, 대통령 부시는 독일 통일의 개념을 환영하는 인터뷰를 했다. 그의 서곡은 독일인들이, 상황이 허락하면, 자신들의 꿈을 추구하도록 풀어주었다. 스코크로프트의 회고록은 우리들 중의 일부가 마인츠 연설에 통일을 넣었으나 그는 나중에 삭제했다고 밝혔다. 우리는 "독일 전부와 모든 동유럽인들의 자기 결정(self-determination)"에 관한 구절을 유지하는 데 성공했다. 그해 말에 "통일(unification)"이라는 단어는 재투입될 것이었다.[29]

부시, 동쪽으로 가다(Bush Moves East)

대통령 부시는 5월에 동맹국들을 공고히 한 후, 동부 유럽에서 고르바초프의 "마지막 지역"에 대해 경쟁할 준비가 되었다. 부시는 오래된 철의 장막의 뒤에서 급속하고 깜짝 놀랄 사건들이 연속되는 것에 매료되었다. 부통령으로 폴란드를 1987년에 그리고 헝가리를 1983년에 방문했다. 대통령이 한 페이지에 손으로 동유럽 국가들의 우선순위 목록을 적어서 과도기에 베이커에게 주던 장면을 나는 회상했다.

1989년 초, 동유럽은 유동적이었다. 폴란드에서 3월과 4월 원탁 협상들은 의회 선거를 6월에 시행하기로 합의했다. 솔리데리티 당이 압도적으로 이겼다. 그러나 과도기 배열은 의회에 공산당을 위해 의석을 남겨두었다. 정부는 혼란했으나 여전히 명목적으로는 보이치에흐 야루젤스키(Wojciech Jaruzelski) 장군이 지배하고 있었다. 헝가리에서 역시 6월에 헝가리의 집권 사회노동당(Socialist Workers' Party)의 개혁파들이 다당제와 1990년 3월 자유 선거로 움직이고 있었다. 헝가리 정부는 또한 오스트리아(Austria) 국경의 가시철조망을 제거하기 시작했고, 무심코 1989년 여름에 동독인들이 탈출하는 밸브가 된 것을 열고 있었다.[30]

부시는 폴란드와 헝가리의 주요 주자들을 만나기를 열렬히 원했다. 모스크바에서 5월에 베이커는 대통령이 파리 G7 경제정상회의 전에 이 두 국가들을 방문할 계획이라고 셰바르드나제에게 설명했다. 셰바르드나제는 그 여행을 격려하면서, 동방과 서방의 일상적인 접촉이 건설적일 것이라고 말했다. 대통령의 성공적인 나토 업무 추진 직후인 6월 3~4일 밤에, 중국 공산당은 톈안먼(天安門) 광장에서 탱크로 반대자들에 대한 진압을 과시했다. 고르바초프는 "중국 해법(Chinese solution)"을 비난하기를 거부했다. 부시는 외줄타기를 하고 있었다. 동유럽에서 자유를 향한 운동을 격려하면서도 민주주의와 자유를 향한 운동을 되돌리거나 혹은 으스러뜨리기를 원하는 세력들을 촉발할지도 모를 조치들은 피했다.[31]

대통령은 7월 9일 더운 저녁 늦게 바르샤바(Warsaw)에 도착했다. 그 다음 날 아침 일찍 나는 장관 베이커가 묵고 있던 국가 영빈관으로 갔다. 작은 대기실에서 베이커를 기다리는 중, 나는 벽에 붙은 흥미로운 사실을 드러내는 그림을 보았다. 한 창을 든 폴란드 기병이 러시아 코사크인(Russian Cossack)을 뒤쫓고 있었다. 공식 정부 건물에 관심을 부르는 미술품으로 보였다.

폴란드에서, 부시는 그 국가의 정치과정과 경제 수요에 관한 상징적인 사건들을 배치했다. 그는 무명용사의 묘와 제2차 세계대전 중 폴란드계 유대인들의 기념비에 헌화했다. 대통령은 야루젤스키(Jaruzelski)와 레흐 바웬사(Lech Walesa)를 만났다. 그는 솔리데리티(Solidarity), 공산주의자(Communist), 카톨릭(Catholic) 인사들과 오찬을 같이 했다. 그리고 새로운 국회 의사당 세임(Sejm)에서 연설했다. 부시는 듣고, 역사적 순간에 대한 지원을 약속하고, 절제된 어조로 과도기에 대해 실제적인 조언을 제공했다. 대통령은 폴란드의 경제 문제는 무겁고 또 증가하는 부채는 바로 앞에 닥친 경제 구조 조정에 어두운 그림자를 드리우고 있다는 점을 알고 있었다. 대통령의 주된 역할은, 이제는 경제 동맹의 지도자로, G-7, IMF, World Bank와 특히 유럽공동체와 함께 폴란드를 수년간 지탱해 줄 과정에 대한 상당한 지원을 조직하는 일이 될 것이었다.[32]

그 다음 날 대통령은 솔리데리티의 탄생지인 항구도시 그단스크(Gdansk) 주변에 소재한 레흐 바웬사(Lech Walesa)의 검소한 집을 방문했다. 그런 다음에 부시는 조선소로 연설하기 위해 나갔다. 이것은 폴란드에서 대통령의 유일한 대규모 대중적 행사였다. 그는 군중들이 과도하게 반응할 장소는 원하지 않았다. 백악관은 바웬사와 솔리데리티가 고향 마을을 휴일에 관리할 수 있을 것으로 짐작했다. 나는 열성적이고 감정적인 그러나 질서 정연한 사람들의 무리에 깜짝 놀란 적이 있었음을 회상했다. 사람들은 어디든지 넘쳐났다-심지어는 높이 치솟은 깃발로 장식한 조선소 크레인에도 올라갔다. 약 25만 명이 참석했다. 바웬사는 "오 마이 갓, 오 마이 갓"이라고 영어로 반복했다. 신중한 부시도 감정으로 충격을 받은 것을 나는 볼 수 있었다. 부시는 폴란드의 운명과 꿈을 말하고 폴란드인의 용기와 자부심을 말했다. 그는 "군중들은 무엇이든지 환호했을 것"이라고 소박하게 나중에 회고했다.[33]

7월 11일, 부시는 부다페스트(Budapest)에 내렸다. 천둥이 그의 착륙을 지연시켰고 대통령이 코수스(Kossuth) 광장에 도달할 즈음에 군중들은 비에 흠뻑 젖은 채로 서 있었으나 여전히 기백이 넘쳤다. 그들은 헝가리 대통령이 15분 동안 대충 서두 연설을 하는 동안 더 많은 비를 맞으면서 참을성 있게 기다렸다. 부시는 우산을 던지고는 마이크로폰으로 다가가 연설 카드를 버리고 몇 마디 말을 했다. (잃어버린 연설을 복원한 후, 나는 처음에는 세계가 그의 완전한 메시지를 듣지 못해 우울했으나 부시는 그 순간을 더 잘 이해했다. 그가 말하듯이, 그래서 그는 대통령인 이유이다.) 부시의 간단한 연설은 JFK의 베를린 장벽에서 영감을 준 연설만큼 올라가지는 않았으나 군중들은 대통령과 그가 대표하는 모든 것을 사랑했다. 연단 근처에서 비에 젖은 나이 많은 한 여자가 추워 보이자, 부시는 본능적으로 우의를 벗어 단을 내려와 그 레인코트로 그 할머니를 감쌌다. 군중들은 그 행위를 인준하는 환호성을 터트렸다. 그 순간이 지나자, 신사답게 부시는 그 코트는 한 비밀경호요원의 것이라고 회상했고, 부시는 사과하고 그 남자에게 새 코트를 주었다.[34]

그 다음 날 대통령은 공산주의 개혁자들과 야당 인사들을 만났고 카를 마르크스 대학(Karl Marx University)에서 사려 깊은 연설을 했다. 그는 교환,

무역 공개, 평화봉사단(Peace Corps), 그리고 등장하는 민간 부문을 촉진하기 위한 기업펀드를 약속했다. 헝가리는 폴란드인보다는 자유경제의 기본에 대해 더 잘 파악하고 있는 듯했다. (저녁 만찬에서, 나는 카를 마르크스 대학에 근무하는 헝가리 교수에게 자유시장에 관해 어떻게 알게 되었는가를 물었다. 그는 농업경제를 수년 전에 공부했는데 그의 교과서들은 미국 중서부의 토지 지원을 받는 랜드 그랜트 대학(U.S. land-grant university)에서 출판한 것이었다.35)

대통령은 파리로 이동해 미테랑이 주관하는 경제 정상회의에 참석했다. 제200회 바스티유 혁명기념일(Bastille Day)에, 미테랑은, 국가의 기념비적인 승리의 이름들을 운반하는 고속 장갑차들을 포함한 거창한 군사 퍼레이드를 벌였다. 역사의식을 가진 주인으로, 미테랑은 프랑스의 세계적 영향력을 축하하기를 원했다. 그는 아프리카와 다른 이전 식민지들에서 지도자들을 초청해 새로운 개발 의제를 부추기기를 목표했다.

백악관은 부시가 미테랑이 동부 유럽에 대한 G-7 의제에 다시 집중하는 조건으로 퍼레이드에 참가하기로 동의했다. 부시는 폴란드와 헝가리에서의 개인적 경험을 가지고 도착했다. 미국과 서독은 동부 유럽에서의 사건들에 건설적인 대응을 위해 범대서양 국가들을 압박했다. G-7은, 폴란드의 부채 대부분이 유럽은행에서 빚을 지고 있으므로, 폴란드 부채 상환을 완화시키고 일정 조정을 하기로 합의했다. 마샬 플랜 후 40년이 경과한 지금, 미국인들은 서부 유럽인들이 동부 유럽에 대한 개혁의 비용을 지급하기를 원했다. 전임 재무장관으로 금융지원과 시장 개혁을 조합하는 특별한 시각을 가진 베이커는 이 둘을 조정할 어떤 조직이 필요하다고 인식했다. 원조와 부채 계획을 구조적 경제 변화와 연계시키기 위한 회의에서 합의를 교환하기 위해, 베이커는 유럽공동체에 의해 조직되는 "G-24"를 위한 하나의 계획서를 작성했다. 이 작업은 또한 새로운 유럽부흥개발은행(European

Bank of Reconstruction and Development)의 탄생으로 이어졌다. 유럽의 역할은 미테랑의 지원을 얻었다. 새 과정은 거시경제, 제도, 그리고 민간 부문 개혁에서 IMF와 World Bank와 함께 긴밀히 작업할 것이었다.

브렌트 스코크로프트(Brent Scowcroft)가 자신의 회고록에서 회상하듯이, 미국 언론은 협의보다는 더 많은 대통령 주도권을 원했다. 나는 비판자들이 전략적 포인트를 알아채지 못했다고 생각한 것이 기억난다. 미국은 "하나의 자유 유럽 전체(Europe whole and free)"를 위해 더 많은 책임을 질 국가들이 통합된 서부 유럽을 원했다. 미국외교는 미국 목표를 달성하면서 달러를 절약할 뿐만 아니라 EC 주도 과정이 자연적으로 중부 및 동유럽을 포함하는 "더 넓은" 유럽공동체[European Community, 곧 유럽연합(European Union)이 되는]로 가는 길을 열게 될 것이었다. 우리가 새로운 민주정체가 되기를 희망하는 국가들을 돕는 것에 추가해, 만약 동부 국가들이 유럽공동체에 가입한다면 그들은 강한 미국-유럽공동체를 위한 목소리가 될 가능성이 크기 때문이다. 미국은 사실 효과적인 동맹과 연합 지도력을-안보, 정치, 그리고 경제적인 주제들에서-공통 목표들을 달성하고 새로운 배열을 구축하기 위해 책임과 비용을 공유하는-과시하고 있었다.[36]

파리를 떠나기 전, 부시는 미테랑과 엘리제 궁(Élysée Palace)에서 비공식 대화를 가졌다. 부시는 동유럽을 이야기했다. 그는 고르바초프에 대한 미테랑의 견해를 듣기를 원했다. 프랑스 지도자는 고르바초프의 방향 감각, 산적한 문제들, 두려움과 피로를 전달해 주었다. 부시는 고르바초프를 만날 시간이 된 것 같다고 시사했다. 미테랑은 부시를 격려했다. 미국과 소련이 군비감축협상을 타결하지 않았더라도, 그들은 대화할 필요가 있었다. 고르바초프는 "불안해"하고 있다고 미테랑은 말했다. 소련 지도자는 부시와 개인적인 관계를 구축하기를 원했다. 미테랑은 동부 유럽에 대해 모스크바로부터 확실한 한계를 여전히 기대하고 있었다. 그러나 페레스트로이카가 실패하기를 그냥 기다리는 것은 일을 더 어렵게 할 것이었다.

부시는 파리 소재 미국 대사관으로 돌아와서 베이커와 마주 앉았고 스코크로프트는 정원 테라스에 나가 있었다. 대통령은 그의 친구들에게 고르바초프를 만나고 싶다고 말했다. 그 다음 단계는 12월 폭풍이 이는 바다 한가운데 말타(Malta)에서의 정상회담이 될 것이었다.[37]

동맹의 지도자(An Alliance Leader)

냉전 말기 부시 대통령에 대한 통상적인 역사가들의 생각은 새 행정부는 1989년의 대부분을 부시가 무엇을 할지 심의하기 위해 "쉬고" 있었다고 보고 있다. 이 해석에 따르면, 베를린 장벽(Berlin Wall)의 개방이 행동을 강제하고 말타(Malta) 정상회담이 외교 눈발을 촉발하기까지 신중한 부시는 기다리고 있었다고 보았다.[38]

내 이야기가 보여주듯이, 멈춤에 대한 믿음은 심각하게 잘못된 것이다. 그 오해는 부시의 동맹 외교에 대한 통찰력을 모호하게 덮어 버리기 때문에 밝히는 게 중요하다. 부시는 레이건으로부터 방향을 전환했으나 동–서 외교에서 브레이크를 밟지는 않았다. 부시는 고르바초프와 만나기 전에 우선 동맹국들과의 유대를 강화하려고 작정했다. 대통령은, 특히 그가 물려받은 SNF 갈등을 극복해, 서독과의 배열을 강화해야 했었다. 그리하기 위해, 부시는 미국–독일 파트너십을 제안했고 이 제안은 1989년 말에는 아주 귀한 것으로 입증이 되었다.

부시는 나토를 그의 협의 스타일로 그러나 때로는 대담한 지도력으로 통합할 필요가 또한 있었다. 그의 CFE 제안은, 특히 SNF 논쟁의 재빠른 처리를 결합했을 때, 그러했다.

대통령의 서부 유럽과의 파트너십은 유럽공동체의 더 깊은 통합을 환영하는 데로 확대되었고, 제약보다는, 세계무역의 확대로까지 확장되었다. 부시는 경제적으로 더 강한 EC가 동부 유럽에 대한 지원을 위한 자석이고 또 근원이 될 것이라는 점을 또한 인식했다.

대통령 부시는 1989년 초반을 신중하게 동부 유럽의 변신에 박차를 가하는 데 사용했다. 그는 고르바초프를 위협하지는 않으려고 노력하면서 그와 경쟁하고 있었다. 부시는, 거래보다는 사건들의 계기를 쌓는, 외교적 지렛대를 획득했다. 그는 곧 다가올 날들에 도움이 될 관계를 확보하고 있었다. 국내 전선에서는, 베이커와 래리 이글버거(Larry Eagleburger)는 중부 및 동부 유럽 국가들에 대한 일련의 새로운 원조 프로그램을 인가하는 입법 묶음을 조직했다. 의회는 이 동부 유럽 민주주의 지원 법[Support for East European Democracy(SEED) Act]을 11월에 통과시켰다.[39]

대통령의 초기 6개월 동안의 꽉 들어찬 일정이 정지하고 있었다는 생각이 거짓임을 보여준다. 일본과 중국에 대한 중요한 방문과 니카라과와 중앙아메리카에 대한 베이커의 조약 성과를 또한 추가해야 할 필요가 있다. 특히 새로이 최고위직 관리의 임명과 인준에 걸린 시간을 감안하면, 소수의 새 행정부 요원들이 7월까지 아주 많은 일들을 성취했다고 볼 수 있다.

철의 장막이 깨어져 열릴 때, 그리고 베를린 장벽을 통과하는 문들이 활짝 열릴 때, 대통령은 그의 동맹 지도력의 전략을 고수했다. 그는 초점을 독일에 유지했고 통일 독일을 나토 내에서 그리고 통합된 유럽 연합 내에서 확보하는 데 집중했다. 러시아 전문가들은 "러시아 문제"를 곰곰이 생각하지만, 부시는 "독일 문제"를 우선적으로 다루는 데 주의를 기울였다. 하나의 통일된 민주 독일의 미래는 서부, 중부, 그리고 동유럽에 대해 기본적이었고 또 범대서양 연대에서도 그러했다. 러시아에 대한 효과적인 정책은 미-유럽 배열을 요구했다. 부시는 1947~49년의 동맹 체제의 미국 창업자들의 전략적 논리를 물려받았고 개인적으로 체험했다.

일부 논객들은 부시가 고르바초프를 "살리기" 위해 더 많이 할 수 있었지 않은가, 콜과 독일 통일 지원을 우선적인 업무로 강조했다고 질문하나 이 질문들은 잘못 이해한 데서 나온 것이다.[40] 부시의 세계관에는, 동맹국들에 대한 미국의 약속은-그리고 특히 서부 독일에 대해-모스크바보다 우선되었다. 미국은 독일과 다른 동맹들에게 수년에 걸쳐서 약속을 했을 뿐만 아니라 미국의 이익은 유럽에서 민주적 동맹들과의 동반자 관계를 보존하므로 더 잘 제공될 수 있을 것이었다. 그들이 소련, 동부 유럽과 함께, 그리고 세계 경제로 미국을 도울 것이다. 미국의 유럽 동반자 관계는 다가올 도전을 다루는 자유 세계의 건축물의 주춧돌이 또한 될 수 있을 것이다.

미행정부가 나토와 서부 유럽 혹은 소련을 정책 우선순위로 만들어야 하는가에 관한 질문은 새로운 게 아니었다. 나는 어떻게 JFK가 그의 보좌관들의 성향을 물리치고 서베를린, 서독을 핵심 장소로 인식했고, NATO가 모스크바와 함께 새로운 콘도미니엄을 찾는 것을 유예한 이유를 연계했다. 이것들은 범대서양 동맹들의 힘과 자유 사회의 연대 둘 다에 근거한 미국 힘의 전제에 대한 현실적인 평가(realistic assessment)로 현실정치(realpolitik)와는 아주 다르다.

자유를 북돋우는 미국의 역할에 대한 부시의 믿음은 그의 유럽-우선 전략을 또한 형성했다. 1988년 말과 1989년 초에, 키신저와 다른 이들은 유럽에 대한 새로운 동-서 정치적 안보구조에 대해 고위급의 조용한 교섭을 추측했다. 비판자들이 "새로운 얄타(new Yalta)"를 의심한 후에, 시험적인 풍선은 바로 오므라들었다.[41] 부시는 "하나의 자유 유럽(Europe whole and free)"을 원했지 두 경쟁자들이 다시 방역선(cordon sanitaire)을 설치하는 재배열된 세력균형은 아니었다.

부시와 베이커는 고르바초프가 성공하기를 원했다. 그러나 그들은 내부 정치 및 경제적 개혁의 도전을 인식하는 현실적인 사람들이었다. 그들은 고르바초프의 성공은 소련 지도자 자신의 선택에 주로 달려있다고 인식했다. 그들은 고르바초프가 그리고리 야브린스키(Grigory Yavlinksy)의 "500일 계획(500 Day Plan)" 같은 성공확률이 높은 포괄적인 구조조정을 수용하기를 권장했다. 그러나 고르바초프는 그가 해야 하는 경제 개혁에서 계속 뒤로 물러섰다. 고르바초프의 참변은-베이커가 외교정책에서 모스크바의 "신사고"를 평가할 때 느낀-소련의 마지막 지도자는 자신이 좋아하지 않는 것을 알았고 달성하려는 것에 대해 막연한 비전을 가졌으나, 그 사이 공간에 채워야 할 내용을 가지지 않았다.[42]

하나의 새로운 세계 질서(A New World Order?)

1991년 1월 13일, 미국과 연합군을 제1차 걸프 전쟁에 투입하는 명령을 내리기 전날 밤, 조지 부시는 자신의 일기장에 고민을 적었다. 그는 물러설지 "혹은 앞으로 나갈지… 하나의 새로운 세계 질서를 수립하는 걸 돕기[위해]"를 결정해야 했다. 세계 질서에 대한 그의 추측은 아마도 그 주제에 매혹된 키신저의 통로를 거쳐 브렌트 스코크로프트와의 대화에서 나왔을 것이다.[43]

부시는 개념들에 관한 지적 논쟁을 거북하게 느꼈다. 그러한 논쟁은 너무 이론적이거나 혹은 지적인 거만이라고 아마도 생각했을 수 있다. 대통령은 자신의 역할은 협의, 조사, 경험, 본능 그리고 국가에 대한 의무감을 기반으로 결정하는 것이라 여겼다. 그는 다른 사람들을-주로 베이커를 포함해 스코크로프트, 체니, 콜린 파월(Colin Powell) 장군, 그리고 그들을 지원하는 팀들을 이끌고 이들에게서 최선을 뽑아낼 수 있는 방법을 안다고 믿었다.

그럼에도 불구하고, 동맹지도자 부시는 냉전의 평화스러운 종식 이후 변하는 세계 질서에서 미국의 역할을 향한 그의 길을 작업해 나갔다. 걸프 전쟁(Gulf War) 연합의 부시-베이커 외교는 대통령의 지도력의 방법의 또 하나의 다른 예를 제공했다. 쿠웨이트(Kuwait)를 해방한 후 전쟁을 종식한 부시는 무력 사용의 자제력과 연합군의 임무 조건을 고수하는 그의 결의를 강조해 보여주었다. 비슷하게, 이스라엘과 아랍국들 간의 대면 평화 회담을 소집한 베이커의 주도력은 성공의 가속도와 "일을 해내는" 능력을 이용하는 활동가의 야심의 전형이다.[44]

멕시코와 캐나다와의 북아메리카 자유무역 협정(North American Free Trade Agreement, NAFTA)을 교섭하려는 부시의 결정은 세계 질서에 또 하나의 성분을 추가했다. 대통령은 NFTA를 경제 및 외교정책 벤처(venture) 사업으로 여겼다. 그는 미국과 그 이웃들을 경제적으로 강하게 하기를 원했고, 그리함으로써 대륙에서 정치적 동반자 관계를 깊게 하려고 했다. 더 큰 북미대륙 내에서 작동하는 더 경쟁적인 미국은 더 큰 세계적 영향력을 가지게 될 것이었다.

유럽위원회 위원장 들로르(Delors)에게 EC92 통합을 더 개방된 세계 경제 내에 맞추라고 촉구했던 것처럼, 부시는 NAFTA를 GATT의 우루과이 라운드에 연계하기를 원했다. 미국은 NAFTA 장래를 이용해 세계 각지의 경제들에게, 특히 EC를 향해 GATT 협상을 타결하라고 촉구했다. 부시는 무역자유화에서 경쟁을 실천하고 있었다. 그의 행정부 말기에, 부시의 농업 관련 교섭자들은 농장 보조금과 접근에 관한 얽힌 사안들에 대한 합의에 도달했다. 대통령 클린턴(Clinton)은 부시 행정부의 업무를 받아서 1994년 116개 다른 경제들과 합의에 도달했고, 하나의 새로운 세계무역기구(World Trade Organization, WTO)를 출범시키기로 합의했다.

베이커는 1989년 아시아-태평양경제협력(Asia-Pacific Economic Cooperation) 그룹 설치를 도왔다. 재무장관으로 그는 급속히 성장하는 아시아-태평양 지역의 중요성을 인식했다. 그는 G-7에서 경제 조정을 시험했고 아시아-태평양 재무장관 그룹을 구상했다. 냉전이 끝나갈 무렵, 베이커는 미국의 양자 안보 동맹을 보완하기 위해 범태평양 무역 및 투자의 경제 네트워크 구축을 추진했다. 그는 미국인들의 눈을 동아시아의 경제 및 정치적 잠재력에 돌리는 한편 범태평양 유대를 증진하는 것을 목표로 했다. 이어서 대통령 클린턴은 각료급 회의를 정상회의로 승격시켰다.

부시와 베이커는 미국의 정치, 경제, 그리고 안보 연대를 위해 한 조각 한 조각 모아 하나의 새로운 냉전 후 건축물을 지어 나갔다. 더 통합된 북아메리카는 유럽, 동아시아, 그리고 페르시아만과의 복수의 연결을 가질 것이었다. 이 정치적인 그리고 경제적인 토대 위에서 작업해, 미국은 러시아, 중국, 인도, 라틴 아메리카, 그리고 언젠가는 아프리카와의 관계를 깊게 하기를 추구할 것이다. 미국은 유엔 체제, 지역 기구들, 다자 경제 제도들과 함께 기본 안보를 유지하고, 기회를 확대하고, 책임과 비용을 공유해 나갈 것이다. 대통령은 국제적인 그룹들과 제도들에 이양하기보다는 이들을 이용해 미국의 힘을 확장했다. 부시는 미국이, 계급적인 단극 혹은 세력균형이 아니고, 교차하는 네트워크들의 한 핵이 되는 세계 질서를 마음에 두고 있었다. 부시의 지도력 스타일 하에서, 미국은 협의적이고 조심하는 그리고 동시에 활동적이고 기민하게 될 것이었다.

1990~91년의 짧은 미국 경기 후퇴는 부시의 국내 지지를 붕괴시켰다. 세금을 올리지 않겠다는 1988년 약속을 깬 후 자신의 당에서 지지를 잃었다. 그는 지출을 규율하는 예산 타결에 도달하고 걸프 전쟁에서 미국의 지위를 통합하기 위해 세금을 올렸다.

1992년 8월 중순 베이커는 백악관 비서실장으로 돌아왔고 나는 부실장으로 따라 들어왔다. 우리는 부시의 외교 정책 성공이 국내적으로는 역효과를 낳는다는 메시지를 발견했다. 만약 대통령이 세계를 지도할 수 있다면, 왜 그는 국민을 돌보지 않는가?라고 사람들은 불평했다. 나는 대통령을 위해 제2기 경제계획을 준비했다. 그의 "미국 회복 아젠다(Agenda for American Renewal)"는 해외 거주 미국시민들을 위해 시장을 개방하는 협상으로 변화에 적응하는 것을 돕는 프로그램들과 결합했다. 그 목표는 부시의 믿을만한 지도력을 보완적인 제안과 결합해 미국인들이 혼란에 적응하도록 돕는 것이었다. 45)

부시가 그 메시지를 내부화했는지는 나는 확실하지 않다. 우리는 별로 시간이 없었다. 40년의 냉전 후, 공화당 대통령의 12년-그리고 불황 걱정에-미국인들은 변화를 원했다.

미국외교는 또한 바뀐다. 그러나 부시의 후임자들은 안정적이고 성공적인 방향을 제공하는 데 고심하고 있다.

제18장

◆

미국 외교의 5대 전통

Five Traditions of American Diplomacy

교리를 찾아서(Searching for Doctrines)

1993년 8월 18일 대통령 클린턴의 국가안보보좌관 토니 레이크(Tony Lake)는 하나의 문제에 관해 난상토론을 하기 위해 웨스트 윙(West Wing) 사무실에 하나의 작은 그룹을 소집했다. 클린턴의 외교 정책은 시작부터 난항이었고, 레이크는 냉전 종료 후 전반을 커버하는 하나의 조건을 찾고 있었다. 그는 봉쇄 독트린의 후속개념으로 "케넌 스윕스테이크(Kennan Sweepstakes, 독점내기)"라고 알려진 것을 진수했다. 제레미 로스너(Jeremy Rosner)는 레이크와 함께 "확장(enlargement)" 개념을 포함한 "대전략(grand strategy)" 문서를 작성하기 시작했다. 9월 21일, 레이크는 존스 홉킨스(Johns Hopkins) 국제관계대학원(School of Advanced International Studies, SAIS)에서 "봉쇄에서 확장으로"라는 제목의 연설에서 그 개념을 시도했다. 새로운 미국 전략은 "세계 시장민주주의적 자유공동체"의 확장이라고 설명했다. 대통령은 일주일 후 그의 유엔 총회 연설에서 "민주주주의 확장"을 언급했다. 이 문구는 결코 수용되지 않은 것으로 보인다. 클린턴의 두 번째 임기에서, 그는 미국은 "필수불가결한 국가"라는 개념을 추가했다.[1)]

2001년 9월 11일 피습(역자주: 2001년 9월 11일, 19명의 알 카에다 소속 무장괴한이 4대의 비행기를 납치했고, 2대는 뉴욕 소재 세계무역센터 쌍둥이 빌딩에 자살충돌을 해 빌

딩을 무너뜨렸고, 1대는 워싱턴 D.C. 교외 미국방부 건물에 자살충돌했고 나머지 1대는 펜실베이니아주 생크스빌 노지에 충돌했다. 이 기습으로 약 3천 명이 사망하고 2만5천 명이 부상했다.) 후, 대통령 조지 W. 부시(George W. Bush)는 "테러에 대한 세계 전쟁(Global War on Terror)"을 선언해 그의 두 번째 임기의 "자유 의제(Freedom Agenda)"로 보완했다. 대통령 버락 오바마(Barack Obama)는 재정긴축을 반영해 "어리석은 짓을 하지 마라"와 "역사의 원호(arc of history)"에 관한 의존으로 돌렸다. 대통령 도널드 트럼프는 "미국 제1주의(America First)"를 다시 살렸다. 학자들은 "대전략(grand strategy)"이란 새로운 연구들을 시작해 냉전 후 도전들에 대응했다.[2] 그들은 패권(hegemony), 으뜸(primacy), 역외균형전략(offshore balancing), 현실주의[realism, 고전(classical), 신(neo), 그리고 민주적 변종들을 포함해], 자유 민주적인 국제주의(liberal internationalism), 다자주의(multilateralism), 그리고 많은 다른 것을 포함한 개념들을 논의했다.

나의 이야기는 미국 외교에 관해 다른 접근이 더 유용하다는 점을 시사한다. 국제관계와 독트린에 관한 개념들은 논쟁의 틀을 짜는 데는 도움이 되지만, 무엇을 해야 할지에 관해 정책입안자들에게 지침을 제공하지 않는다. 미국 외교의 실용적인 현역들은 문제들을 당대의 맥락에서 해결해야 했었다. 그들은 전략적 기준점-지리, 경제, 세력, 그리고 정치에 관한-을 심의했으나 유연성, 적응성 그리고 가능한 것을 시도하기를 우선시했다. 실제로 독트린적 별명은-중립, 얽히지 않는 동맹, 도미노 이론, 심지어는 봉쇄-유용하기보다는 때로는 제약이 되고 혹은 오해를 불렀다. 더구나, 장관 베이커가 그의 회고록에서 회상했듯이 "거의 모든 성취는 그 성공 내에 장래 문제의 씨앗들을 가지고 있었다."[3] 한 시대의 지침적 교리(doctrine)는 다음에 무엇을 할지를 창의적으로 생각하는 데 방해물일 수 있다.

미국 경험에 비추어, 나는 전략을 형성하는데 심의할 5개 전통을 규명했다. 이들을 함께 취하면, 세계에서 미국의 역할에 관한 사고의 틀을 제공해

준다.

북아메리카 기반(The North American Base)

지정학적 전략가들은, 심지어는 미국인들인데도, 유라시아에 선점되어 심장부와 주변부에 대한 논의를 유럽과 동아시아에 집중한다. 더 최근에는, 전략가들은 중동, 페르시아만, 남 및 남동아시아를 통해 유라시아 접속점들에 대해 논의를 하고 있다. 그들은 인도의 부상을 고려에 넣는다. 중국의 일대일로(Belt and Road, 一帶一路) 사업의 전망은 유라시아의 내지 통로를 다시 열고 중국 영향력을 증가시킬지도 모르므로 그들의 주의를 사로잡고 있다.

지정학적 사상가들은 북아메리카를 유라시아의 먼 변방에 위치한 한 지역으로 본다. 같은 방식으로 전략가들은 남아메리카와 아프리카를 자원의 근원으로 그리고 아프리카에 대해서는 인구 증가와 이민의 추진체로 점점 더 집중해 보고 있다.

미국 외교 전통은, 반면에, 북아메리카에서 시작한다. 미국은 영국, 프랑스, 스페인, 그리고 러시아 제국과, 원주민들을 포함해, 전쟁을 하고 교섭을 해서 본거지 대륙을 지배하게 되었다. 나중에 와서 미국은 캐나다와 멕시코와 영토를 놓고 경쟁했고, 미국은 카리브 분지(Caribbean basin)를 미국의 바다로 만들기를 원했다.

그러한 지배는 미리 정해진 것이 아니었다. 유럽, 동 및 중부 아시아, 중동 혹은 남아메리카 어느 다른 국가도 패권을 달성한 적이 없다. 미국의 영토 경계는 지리적 장벽으로 정해지지 않았다. 예를 들면, 1846~48년 미-멕시코 전쟁 후 대통령 제임스 포크(James Polk)는 북멕시코와 바하 캘리포니아(Baja California)에서 더 많은 땅을 확보하기를 원했다. 멕시코시티(Mexico City)에 주재한 그의 교섭자 니콜라스 트리스트(Nicholas Trist)는, 미국이 멕시코의 굴욕을 제한해 나중에 관계를 복원할 수 있는 선에서 평화조약을 타결 짓기 위해 대통령의 요청을 무시했다. 유사하게, 잠시 동안, 브리티시 컬럼비아(British Columbia) 사람들은 수어드(Seward)의 격려로, 미국에 가입해 알래스카(Alaska)와 북서부 주들을 연결할 것을 심의했었다.4)

20세기에 들어와 미국의 국경선은 정리된 것으로 보였으나 이웃들과는 관계는 그러하지 않았다. 멕시코 혁명(Mexican Revolution)은 약한 인접 국가들도, 강한 국가들 못지않게, 안보 위험을 제기할 수 있음을 보여주었다. 미국은 1916년에 멕시코와의 전쟁으로 방향을 틀었다. 1917년 독일은 멕시코가 미국 남서부를 정복하는 데 협력을 제공했고, 이는 유럽인들이 미국 본토에 대해 여전히 위협할 수 있음을 보여주었다.

그 이후 수십 년 동안, 미국인들은 주의를 더 멀리 돌렸다. 그럼에도 FDR의 선린외교정책(Good Neighbor Policy)은 미국 남부 주변부를 나치(Nazi) 모험군으로부터 막아 내는 데 도움이 되었다. 코델 헐(Cordell Hull)과 윌 클레이턴(Will Clayton)은 무역과 물품 구입을 통해 남아메리카에서 독일의 영향력을 물리쳤다.

냉전 동안, 쿠바에서 소련 미사일 설치 예상은 미국에 가장 위험한 핵 대결을 느닷없이 불러일으켰다. 쿠바는 공산주의 반란을 중 및 남아메리카에서 지원했다. 오늘, 베네수엘라(Venezuela)의 독재체제(authoritarian regime)는 카리브 분지를 건너서 안보를 위협하고 있다.

카리브해의 국가들은 초국경적 위협들에, 특히 조직범죄와 마약 불법거래에 직면해 있다. 범죄 단체들은 다국적 테러 집단들과 연결되어 있다. 클린턴과 조지 W. 부시(George W. Bush) 행정부는 지난 수년간 의회와 밀접하게 작업해 컬럼비아 민주주의를 구조하는데 도움을 줄 컬럼비아 계획(Plan Columbia)을 지원해 왔다. 오늘날 미국의 주요 외교 정책 과제 중의 하나는 과테말라(Guatemala), 온두라스(Honduras), 엘 살바도르(El Salvador) 등 중부 아메리카의 소국들 내의 폭력, 범죄, 부패, 약한 정부, 그리고 경제적 허약 때문에 이들 국가에서 이탈민들이 발생해 미국으로 이민과 정치적 망명을 추구하는 물결에 대한 대응이다.

부시 행정부는 멕시코가 역사적인 정치 및 경제적 변신에 직면한 점을 인식해 1991~92년 NAFTA를 교섭했다. 집권 PRI(역자주: Partido Revolucionario Institucional)당은 수십 년 집권했고, 20세기 동안에 협동조합국가(corporatist state)를 만들었다. 멕시코 사회의 모든 기관들은-조합, 언론, 기업, 대학, 학교, 재판소, 경찰, 군대-PRI가 통제하는 하나의 계급 내에 맞추어지고 궁극적으로는 멕시코 대통령이 지배했다. 그러나 1980년에, 구정치 구조는 무너지기 시작했고, 멕시코의 장래 문제가 제기되었다. 부패와 폭력 네트워크와 범죄는 구질서에 스며들어 어떤 새로운 움직임도 감염시킬 태세였다.

대통령 카를로스 살리나(Carlos Salinas)는 멕시코는 변하는 세계 경제에서 경쟁해야 한다는 점을 이해했으나, 투자자들은 중부 및 동유럽의 새로운 시장 경제를 바라보고 있었다. 멕시코는 부채 위기와 석유 생산 감소와 가격 하락으로 비틀거리게 방치되고 있었다.

NAFTA는 항상 하나의 무역 합의 이상이었다. 그것은 미국과 캐나다가 멕시코의 민주화, 시민사회의 개방, 경제적 성장을 지원할 수 있는 틀을 제공했다. 부시 행정부는 NAFTA를 이민, 노동력, 환경, 경제 및 외교 정책 등 많은 사안들을 통해 더 깊은 협력을 위한 주춧돌로 보았다. 수어드(Seward)가 19세기에 예견했던 것과 똑 같이, 미국의 "중력"은 멕시코를 미국의 민주주의, 제도, 시민사회로 더 가깝게 끌어당길 수 있을 것이다.

북아메리카의 잠재적인 무역 연대는 3개국 모두를 도울 수 있을 것이다. 아주 오래 전에, 코델 헐(Cordell Hull)은 캐나다를 미국의 가장 중요한 교역 유대로 인식했었다. 캐나다와의 거래는 세계무역 체제를 복원하는 그의 계획의 심장부에 있었다. 1988년에 미국과 캐나다는 포괄적인 현대적 FTA를 완성했다. 개혁 중인 멕시코는 대륙 경제에 한 쌍을 만들 수 있을 것이다. 멕시코인의 소득이 오르면, 멕시코인들은 미국과 캐나다에서 더 많이 구입하고 더 많이 공급할 것이다. 3개 경제 모두가 더 깊은 통합으로 세계적으로 더 강한 경쟁자들이 될 것이다.

역사적 이유로, 미국, 캐나다, 멕시코는 자국의 독립과 주권에 대해 각자 매우 보호적이다. 그러므로, NAFTA는 국가의 민감성을 존중한 경제통합의 한 모형을 창조했다. NAFTA의 접근은 "공유된 주권(shared sovereignty)"에 대한 유럽연합의 것과는 대조적이다. 나는 결과적인 변화를 직접 체험했다. 캐나다와 미국은 20세기에는 안보 동맹이었으나 미-캐나다 FTA와 그 다음의 NAFA를 통해 더 깊은 경제 통합은 두 사회를 더 가깝게 끌어당겼다. 1980년대 내내 멕시코 외교 정책은 미국 입장에 반대함으로 국가적 독립을 자주 강조했었다. 내가 2001년 미국 무역대표가 되었을 무렵에는, 세계무역 사안들에서 나의 가장 가까운 동반자들은 캐나다와 멕시코 동료들이었다. 다른 경제정책, 외교정책, 정보, 그리고 환경 주제들에 대한 협력은 엄청나게 깊어졌다.

21세기에, 미국은 북아메리카를 그 자신의 대륙 기반으로 삼아야 한다. 더 강한 기반은 미국이 자신의 힘을 세계적으로 뻗는 데 도움이 될 것이다. 우리의 비전은 인구 5억 명의 3개 민주주의이어야 한다. 서로 연결되고 매우 경쟁적인 제조업, 농업, 서비스업, 자원 개발, 기술, 그리고 혁신을 육성하는 하나의 통합된 사회기반시설(infrastructure), 인적 자본(human capital) 투자를 통해 번영하고 공유되는, 더 숙달되고 교육받은 노동력(다른 시민권을 존중하면서), 에너지 자급과 수출까지 가능한, 공기, 물, 토지, 생물다양성, 야생 및 회유성 생물종들의 하나의 공통의 자연 자원, 국제 경제 및 외교 정책에서 동반자 관계를 가진, 모든 종류의 지역적 위협에 대한 긴밀한 안보 협력, 그리고 나머지 세계를 다룰 때 우리 자신의 반구에 대한 과제에 우선 집중하는 것이 우리의 비전이다.

이러한 속성과 크기를 가진 북아메리카 세력은 중국과 인도에 충분히 필적할 만하다. 멕시코와 캐나다는 오늘날 지역주제들-중앙아메리카와 베네수엘라의 불안정, 이민, 자연재해, 기후변화, 북극 등-을 대면하는 자연적인 동반자들이어야 한다.

지난 200년 동안, 북아메리카에 대한 미국 우선주의의 성격은 변해왔으나 북아메리카는 우리의 직접적인 이웃으로 남을 것이다. 미국의 세계 외교는 건강하고 친근한 이웃을 가지는 데에 달려있다.

무역, 초국경주의, 기술(Trade, Transnationalism, and Technology)

독립의 가장 초기부터, 미국인들은 무역을 자유의 표현으로 여겼다. 건국자들은 무역에 대한 새로운 규칙은 달라진 국제 체제를 만들 수 있다고 생각했다. 그들은 무역을 하나의 경제적 효율로만 유일하게 보지 않았다. 결국, 미국 혁명은 무역에 대한 런던의 통제와 세금에 대항한 항의시위에서 일어났다. 런던과 다른 제국 중심들은 정복을 통해 무역을 확장했고, 제국적 독점을 통해 우세를 유지했다. 미국인들은 배타적인 배열을 통해 자신들의 부를 소유하려는 유럽인들의 시도를 끝내기를 원했다.[5]

1776년에 의회는 무역을 의제 중 맨 앞에 놓았다. 존 애덤스(John Adams)는 상업적 합의서의 하나의 견본인 "1776년 조약 계획(Treaty Plan of 1776)"을 기초하는 책임을 맡았다. 애덤스의 모형은 중상주의(mercantilism)를 공격했다. 그의 주된 원칙은 "내국민 대우(national treatment)"로 최혜국(most favored nation, MFN) 인정보다 훨씬 더 대담한 요구였다. 내국인 대우로, "미국 상인과 선박은 [화물은 아닐지라도] 외국에서 자국의 상인과 선박과 동등한 지위를 받는다."[6] 1778년에, 프랭클린(Franklin)은 프랑스와의 교섭에서 그 모형 합의를 적용해 미국의 첫 두 개 조약 중 하나를 수립했다. 그들은 1776년에 출판된 애덤 스미스의 국부론(The Wealth of Nation)의 영향을 받았다. 스미스는 모든 당사자는 교역에서 이익을 얻는다. 상업은 제로-합(zero-sum) 거래가 아니다. 벤 프랭클린(Ben Franklin)은 1781년에 "무역을 방해물에서 완전히 해방시켜 두는 게 모든 국가들에게 최선이라고 가정하는 현대적 [견해]를 채택하는 데 기울어지는 나를 발견한다"고 말했다. 토머스 제퍼슨(Thomas Jefferson)은 "상업이 완전한 자유로운 상태에서 세계 전체가 이익을 볼 것이라고 생각한다"라고 기록했다. 그는 무역 제한은 공공이 아닌 사익을 제공한다는 입장을 유지했다.[7]

스미스의 자유무역 이론은 국가 방위, 특정 상황, 호혜적 대우를 달성하기 위한 보복을 하는 경우는 예외로 인정했다. 실제적인 사안으로, 미국은 세수를 걷기 위해 관세를 요구했고, 미국인들은 식민지 우대와 차별을 제거하는 데 주력했다.

미국인들은 또한 더 큰 목표를 지향했다. 그들은 국제 정치와 경제 질서를 바꾸기를 원했다. 1785년 존 애덤스는 연합의회(Confederation Congress)에 참가하는 외무장관 존 제이(John Jay)에게 보내는 서신에서 이 동기를 명시적으로 선언했다. 애덤스는 "세계 상업체제(Commercial System of the World)에서 하나의 *개혁*(*Reformation*), 일종의 *개신교*(*프로테스탄티즘, Protestantism*)"를 원한다고 선언했다.[8] 미국의 계획은 독립된 국가들이 자신들이 선택하는 무역을 할 자유로 제국주의적 중상주의를 대체할 것이다.

1785년은 애덤스와 제퍼슨에게는 새로운 미국식 무역 조약들을 교섭하기 위한 2년 임무 수행 기간이었다. 그러나 연합(Confederation)의 헌법 하에서 그들은 교섭할 지렛대가 없었다. 외국 무역을 규제할 필요가 헌법(Constitution)을 기초하기 위한 주된 그리고 강력한 자극이 되었다고 제임스 메디슨은 나중에 말했다.[9]

일단 새로운 헌법이 비준되자, 해밀턴은 무역 규제와 관세 수입을 이용해 그의 새로운 경제 체제에 생명을 불어넣었다. 나중의 보호주의 옹호자들과는 달리, 해밀턴은 높은, 보호적인 관세를 싫어했다. 그는 새로운 제조 산업을 촉진하기 위해 포상금(보조금)을 혹은 약간의 추가적인 관세를 하나의 제한된 기간에 부여하기를 즐겼다.[10)]

건국자들은 무역은 신생 국가의 주된 외교정책이라고 예상했다.[11)] 미국은 국제적 연대를 격려했고 시작부터 민간 당사자들의 참여를 권장했다. 공정한 무역체제는 계약, 사유재산의 존중, 신용장(letters of credit), 법치주의(rule of law)를 요구했다.

제퍼슨은 미국 무역의 힘을 외교정책에서 무기로 사용할 수 있다고 잘못 믿었다. 1807~9년 나폴레옹 전쟁 동안 영국과 프랑스의 미국 선박과 선원들의 나포에 좌절해 모든 미국 해상 수출을 금지했다. 그 정책은 미국인들을 유럽인들보다 더 해쳤다. 두 세기에 걸쳐, 미국은 적을 약화시키거나 적어도 전쟁 이외에 불만을 표시하는 신호로 무역이나 더 최근에는 금융제재를 계속 시험하고 있다.[12)]

무역에 대한 미국의 관심은 해군의 개발을 권장했다. 지중해에서 미국 상선에 대한 바르바리(Barbary) 해적의 공격은 대통령 워싱턴(Washington)과 대통령 애덤스(Adams)가 중구축함(heavy frigate) 6척을 주문하게 했다. 제퍼슨은 해적에게 공물을 바치기보다는 전함을 지중해에 배치했다.[13)] 해군은, 대신에 새로운 시장을 여는데-가장 유명하게는 일본을-조력했다. 잠재적으로 거대한 중국과의 교역의 꿈은 미국 상인들을 끌어들이고 그 다음에는 선교사, 교육자, 의사, 간호사, 풍운아, 기술자, 광부, 철도 건축가, 모든 유형의 모험가 등 일련의 다른 국제적 주자들을 또한 끌어들였다. 헤이(Hay)의 개방 도어(Open Door) 정책은 애덤스의 1776년 조약 계획과 같은 개념만큼이나 미국적이었다.

윌슨은 제1차 세계대전에서 교역할 미국의 권리를 방어하기 위해 중립(neutrality)을 주장했다. 전쟁 후에, 미국 관리들은 독일의 배상금, 미국에 대한 부채, 미국에 수출해 달러를 벌 채무국의 능력 사이의 연계성을 인식하게 되었다. 그러나 국내 정치는 하나의 포괄적인 해법의 개발을 막았다. 찰스 도즈(Charles Dawes)와 오웬 영(Owen Young)은 부채와 배상금 지불기일을 재조정해 임시방편으로 메꾸었다.[14] 대공황기(Great Depression)의 보호주의는 국내 경기 회복을 마비시켰고 유럽에서 국가 사회주의(national socialism)의 자급경제(autarkic economics)와 일본의 대동아공영권(Great East Asia Co-Prosperity Sphere)에 대한 지지를 만들어 냈다. 미국인들은 경제와 안보 사이의 연계성에 관한 뼈아픈 교훈을 얻어야 했다.

헐(Hull)의 무역합의는, 의회의 지원을(잠정적으로) 받은, 국제 무역 체제 부활의 긴 과정의 시작이었다. 헐의 합의의 핵심 원칙-무차별, 무조건적인 최혜국(MFN, Most Favored Nation)대우, 관세의 양적 장벽 대체-은 GATT의 기본이 되었고 나중에는 WTO의 것이 되었다.

제2차 세계대전 후 클레이턴(Clayton)은 1, 2차 세계대전 사이의 수십 년 동안의 경제 실패에서 얻은 교훈을, 그리고 헐의 원칙을 종합해, 회복, 성장, 그리고 개발의 국제 경제 체제를 창조했다. 마샬(Marshall), 클레이턴, 그리고 에치슨(Acheson)의 경제 디자인은 새로운 미국 동맹 질서를 보완했다.

동아시아에서, 제2차 세계대전 후 개방무역체제는 일본이 경제를 회복하고 1920년대에 고려했으나 버린 민주적 안정성의 길을 추구하는 게 가능하도록 만들었다. 한국(South Korea), 타이완(Taiwan), 그리고 남동아시아 경제들은 일본과 비슷한 수출-주도 성장의 길을 따라갔다.

미국의 민간 주도권과 독립적인 실험들에 대한 의존 경향은 기술 혁신을 위해 격려하는 환경을 창조했다. 배너바 부시(Vannevar Bush)는 제2차 세계대전 중 미국의 기술적 우위에서 얻은 교훈을 전후 시대에 적용했다. 그는 대학이 기업들과 연합해 과학과 기술의 끝이 없는 전선을 탐색하도록 진행 중인 연방정부의 기초과학에 대한 투자를 돌리도록 요청했다. 그의 3중 나선(Triple Helix) 모형은 미국의 민간 부문의 혁신에 의존했다. 미국의 과학문화와 초국경적 체제는 소련의 국가적 계획의 폐쇄모형보다는 훨씬 더 우세한 것으로 입증되었다.

여러 시점에서-대게는 충격 와중에서-미국은 억지로 국제 무역, 금융, 그리고 기술 체제를 수용했다. 제2차 세계대전 후, 미국 달러는 주된 준비통화(reserve currency)로 작동했다. 1970년대에, 미국은 고정환율의 브레튼우즈(Bretton Woods) 체제를 폐기했고, 그 대신에 변동(때로는 고정된) 환율제도를 개시했다. 1970년대의 OPEC의 부상은 에너지 안보에 대한 접근을 시험하게 강요했다. 아주 최근에는 기술적, 시장, 그리고 환경적 혁신들이 다시 에너지와 환경 정치를 변화시켰다.

미국은 개발을 원조하는-대게는 단속적으로-경제 체제로 개조했다. 미국과 다른 선진국들은 개발도상 경제들에 무역 특혜를 제공했다. 미국과 다른 국제금융센터들 소재 은행들은 산유국들에서 나온 오일달러(petrodollar)의 대규모 차입으로 인한 채무와 교환율 위기에 처한 개도국들에게 쏟아 주었다. 미국 및 다른 국가의 재무장관들은 공공 다자간금융기구들에게-특히 IMF와 World Bank-이들 경제 붕괴들을 관리하도록 지원하라고 요청했다.

수십 년에 걸쳐, 워싱턴은 무역, 투자, 혹은 기술을 위한 새로운 길을 고안해 이끌었다. 제조물품들을 주로 다루던 이전 무역형태는 농업, 서비스, 지적재산보호, 투자, 그리고 분쟁조정으로 확대되었다. 양자간 FTA와 지역합의들을 이용해, 미국은 반부패, 투명성, 국경통과절차, 정보기술표준, 환경, 핵심 노동 기준들을 보여주었다. 오늘날 국제경제는 데이터의 사용, 사생활, 보안, 저장, 이동에 관한 규칙들을 고안해야 한다.

미국 경제가 국제 무역과 경제의 변화에 적응하느라 애쓸 때, 개방에 대한 국민들과 당시 의회의 지원은 점점 작아졌다. 환율변동과 조작은 많은 산업에서 근로자들에게 고통을 초래했다. 일부 개도국들은 강력한 경쟁적 위협으로 변했다. 미국인들은 호혜성의 결여를 불평했다. 미국 프로그램은 변화에 적응하는데 뒤처진 사람들을 돕는다.

미국은 자국의 세계적 연계성을 재평가하고 있는 중이다. 역사적으로, 미국의 개방성-물자, 인원, 아이디어에 대한-은 미국을 유리하게 했다. 경쟁은 미국이 실수를 인정하고 고치게 강제한다. 그러나 변화의 속도나 다른 두려움이 미국을 뒤로 물러서게 이끄는 시기들이 있다.

오늘날 세계화와 파편화의 힘이 서로 다른 쪽으로 당겨서 정치적 긴장을 만들어 내고 있다. 안보, 기술, 질병, 인간 이동, 환경, 금융 및 정보 흐름에 대한 도전은 감소하기보다는 증가할 가능성이 높다. 동시에 사람들은 안도감을 필요로 한다. 미국 삼중나선과 과학과 기술의 기업가적 모형은 중국의 국가주도체제로부터 오는 도전에 직면하고 있다. 미국인들은 어떤 유형의 국제 무역, 기술, 경제 체제를 원하는지를 다시 선택할 필요가 있다. 1776년 정신은 자유, 개혁, 혁신, 그리고 기회를 찾았다. 과거 70년 동안의 유연한 디자인도 그러했다. 물려받은 경제 및 안보 체제의 붕괴나 절연은 대가가 크고 위험한 것으로 드러날 것이다.

동맹과 질서(Alliances and Order)

150여 년 동안, 미국은 동맹정치를 유럽 제국들, 중상주의, 그리고 전쟁과 연계했다. 신생 미국은 독립과 국가와 국민 사이의 관계를 재정리하는 현대적 방법을 탐색하는 자유를 귀하게 여겼다. 미국의 강한 주권의식은 타국의 안보를 약속하는 것을-특히 장기간-못하게 했다.

1947~49년 미국은 선명하게 바꾸었다. 미국은 이전 모든 동맹들이 빛을 잃게 만드는 하나의 동맹 네트워크의 지도자가 되었다. 그리함으로써, 미국은 동맹의 의미를 다시 작성했고 실제적인 적용을 통해 개념을 지속적으로 수정했다.

유럽과 캐나다와는 미국은-NATO에 의해-심지어는 하나의 통합된 군사 지휘권으로, 지원을 받는 하나의 지역 정치적 안보 동맹을 구축했다. 미국의 안전 보장은 핵 억제력을 가진 군사적 방어를 지원할 의지를 포함했다. 미국은 다른 지역 동맹-SEATO[South East Asian Treaty Organization, 동남아시아조약기구)(역자주: 1954~1977)]와 CENTO[(Central Treaty Organization), 중동 반공 군사동맹(역자주: 1955~1979)]를 지원했으나 NATO와 같은 정치 및 군사적 상호관계는 없었다.

아시아-태평양에서 미국 동맹 정책은 자전거 바큇살의 형태-상대방이 미국 방어를 하러 올 의무가 없는 동아시아 국가들과 워싱턴 사이의 일련의 양자 방위 약속-를 취했다. 미국은 이 조약들을 이용해 한국(South Korea), 타이완(Taiwan), 그리고 일본(Japan)을 방어하는 동시에 제약하고 있다. 중국인민공화국(People's Republic of China)을 1978년(1979년 1월 1일 자로) 인정한 후, 미국은 타이완과의 동맹을 단절했으나 의회는 타이완 관계법(Taiwan Relations Act)을 통해 방어약속을 대체했다. 오스트레일리아(Australia)와 뉴질랜드(New Zealand)와 함께 미국은 상호 안보 유대를 수립했다.

서반구에서, 1947년 리우 조약(Rio Treaty)은-북대서양 동맹(North Atlantic Alliance)에 대한 전례를 제공한-하나의 안보 기구 없이 느슨한 이해로 진화되었다.

미국은 주로 중동(Middle East)과 페르시아만(Persian Gulf) 내에서 일련의 내포된 안보약속을 만들었다. 예를 들면, 이스라엘(Israel)은 필요한 조치를 자의적으로 취하는 자국을 방어할 완전한 자유를 지니지만, 미국이 그 존재를 보호해 줄 것을 기대한다. 여러 아랍국가들은 미국 기지를 유치하고 있고, 미국군대와 공동 작업을 하고, 정보를 교환하고, 미국의 보호를 기대한다.

냉전(Cold War) 동안, 이들 동맹국들과 동반자 관계는 미국에게 유라시아(Eurasia) 주변부에 접속할 지점을 제공했다. 냉전 후, 미국은 자신의 동맹들 여럿을 평화의 민주 지대의 동료로 기대했다. 미국은 NATO를 확대해 중부 및 동부 유럽의 새로운 민주국가들을 포함했다. 미국은 냉전 후 위협들에 대항해 싸우는 연합군의 부분으로 군대를 포함한 지원을 요청했다. 9/11 피습 후, 나토 동맹국들과 다른 파트너들은 아프가니스탄(Afghanistan)에서 싸우는 미군에 합류했다. 군사적 상호 운용, 훈련, 계획, 정보 사용, 병참 공유는 미군에게 귀중한 자산이 되었다. 동맹국들과 파트너들은 미국에 귀중한 기지와 미국의 세계적 위치잡이를 위해 항구를 제공했다.

거의 모든 동맹국들과 파트너들은 미국이 구축하고, 자금을 대고, 확장한 국제 시장 경제에 참가했다. 미국 경제는 해밀턴(Hamilton)과 수어드(Seward)가 여러 해 전에 희망했던 것처럼, 하나의 자기적인 인력으로 작동했다. 미국은 복잡한 경제 상호작용 그물망을 통해 파트너들에게 더 가까이 다가갔다. 미국과 동맹들은 에너지, 해로와 항공로 그리고 안보에 관한 보장을 포함하는 그 체제를 보존하는 이익을 공유했다.

냉전 후 30년에는 바뀌는 관점과 가정들이 미국 주도 동맹 네트워크를 완화했다. 경제적 경쟁이, 새로운 것은 아니지만, 협력을 긴장시켰다. 동맹들은 사이버 공격 같은 변화하는 위협과 위험에 대한 서로 다른 정도의 자각에 당면했다. 국내 정치들로 일부 동맹국들이 미국의 지도력과 요구를 수용하기 어렵게 한다. 미국에 대한 직설적인 위협을 인정하지 않는 국가에 대해, 정치 체제가 다르거나 우의와 신뢰성의 고르지 못한 기록을 가진 국가들을 보호하기를 미국인들은 주저할 수 있다. 워싱턴은 동맹국들이 그 부담을 더 균등하게 지기를 원한다. 이 긴장은 새로운 것은 아니다. 50년 전의 닉슨 독트린은 지역적 안보 책임을 증가하라고 동맹들에게 요청했다.

미국은 이 동맹체제에 대한 약속을 장래에 결정해야 한다. 미국의 주목과 격려가 없이는, 동맹 협의의 과정과 관습, 타협, 그리고 협력은 흐트러지기 시작할 것이다. 미국 주도 체제는 비범한 속성: 신뢰에 근거해 왔다. 미국은 동맹국에게 어려운 요구를 압박하고 말다툼을 할 수 있으나, 다른 국가들은 궁극적으로 미국의 선의와 자체 이익의 혼합물에 의존하게 된다.

만약 미국이 자국의 동맹 질서를 버리면, 미국은 하나의 강력한 안보 및 경제 세력으로 남을 것이다. 그러나 그 정치적 역할은-그리고 그 영향력의 성질은-엄청나게 바뀔 것이다. 세계 질서는 1900년의 강대국(Great Power) 경쟁과 거의 같을 것이다. 미국, 중국 그리고 인도가 주요 대국으로 경제, 군사, 그리고 정치적 영향력을 휘두를 것이다. 유럽연합은 경제세력으로는 끼어들고 아마도 정치적인 위치에서도 그러할 것이나, 오늘날 유럽 군대는 제한된 범위를 가지고 있고, 약한 정치 통합이 하나의 전략적 관점을 구축하는 것을 막고 있다. EU 탈퇴 후의 영국은 하나의 의문 부호이다. 러시아는, 지리, 사이버, 에너지 그리고 군사역량으로 하나의 인자가 될 수 있다. 일본은 영향력을 가질 수 있으나 그 장래 전략은 미국과 중국과의 관계에 크게 달려 있다.

그러한 하나의 다극체제(multipolar system)가 연합 균형을 통해 안보 안전성을 추구할 수 있을 것이다. 경제 및 다른 관계들이 더 거래적일 가능성이 있고 합의된 규칙을 덜 지키게 될 것이다. 중간이나 작은 크기의 국가들은 더 큰 국가의 영향권에 아마도 더 가까이 끌려갈 것이다. 이들 세력들은 지역패권의 이익에 주로 도움이 되는 경제적 배열을 강요할 것이다.

동맹국 네트워크 없이는, 미국은 미국의 초기 150년 동안 증진시켜온 유형의 국제적 배열로 돌아가게 될 것이다. 무역, 금융, 그리고 기술 혁신의 연대가 크게 등장하게 될 것이다. 위험에서 자유로운 하나의 강한 북아메리카 기지는 중요하게 될 것이다. 미국은 (중남미) 공화국들 사이에서 동반자 관계를 추구할지도 모른다. 테디 루스벨트(Teddy Roosevelt)와 같이 올바른 기술을 지닌 미국 지도자들은 다른 지역에서의 중재 역할을 할 수 있을 것이다. 닉슨(Nixon)과 키신저(Kissinger)의 현실정치(realpolitik) 방법들이 능란한 대통령의 손에서 다시 살아날 수 있다.

미국 동맹 네트워크가 없는 하나의 새로운 국제 질서에 적응하는 것은 미국 외교에 주요한 과제를 던지게 된다. 어떤 대통령이나 의회도 무지로 그 체제를 폐기해서는 안 된다. 미국인들은 자신들의 동맹과 경제적 네트워크의 역사적인 중요성과 존재 이유를 이해할 필요가 있다.

가장 현명한 길은 미국이 동맹질서에 맞추고 개선하는 것일 것이다. 미국은 냉전 후에 동맹을-그리고 국제 경제 기구들과 무역 체제의 역할을-수정했다. 미국은 안보 약속 비용을 줄일 수 있으나 지킬 수 없거나 지키지 않을 약속을 해서는 안 된다.

유럽과 아시아-태평양의 미국의 주요 동맹국들은, 특히 워싱턴이 조지 W. 부시(George H. W. Bush)가 보여준 동맹 지도력의 기량을 기억한다면, 미국 외교를 보완할 수 있다. 미국은, 시간을 두고서, 그 무게를 새로운 북미 동반자 관계와 동맹에 추가해야 한다. 워싱턴은 내가 윤곽을 제시한 인도와 아시아, 라틴 아메리카 그리고 아프리카와 함께 영향력-동맹 외에-의 새로운 네트워크를 구축하는 사례를 참조할 수 있다. 미국은 경제 및 기술적 연대를 강조하고, 공화국들 간의 유대, 관련 군비축소를 포함한 지역적 안보 배열, 분쟁을 해결하고 시의적절하게 중재하는 데 도움을 주는 법적 기구들을 강조해야 한다. 낡은 유럽식 현실주의(realism)는-혹은 현실정치(realpolitik)- 미국 국정운영 기술 전통 내에 거북하게 들어오게 된다. 그러나 하나의 실용적인 미국식 현실주의는-공화정체(republican)와 존 퀸시 애덤스(John Quincy Adams)의 힘의 원칙 둘 다에서 끌어낸-오늘의 상황을 다루기 위해 갱신되어-미래 세계 질서에 대해 하나의 매력적인 기여를 제공할 수 있을 것이다.

국민과 의회의 지원(Public and Congressional Support)

미국 외교는 정치나 전략가들의 계획이 아닌 국민 여론의 재판소에 달려있다. 가장 성공적인 미국 정치인들은 국민의 뜻을 읽고 또 형성할 수 있어야 한다.

프랭클린(Franklin)은 대륙의회(Continental Congress)에 정치적 우군을 유지해 프랑스에서 자신의 효과성을 강화했다. 그는 공화정의 진실성(republican bona fides)을 강조해 국내에서 정치적 청중의 신뢰를 유지했고, 공화정 이념으로 유럽에서 계몽주의(Enlightenment) 청중들을 설득했다. 프랭클린은 프랑스의 금융 및 군사 원조를 얻고 독립을 얻기 위해 썩 우세한 거래를 타결하기 위해 힘의 정치에 대한 실제적인 자신의 감에 의존했다.

해밀턴(Hamilton)은 새로운 미국을 위해 경제 기반을 수립하기 위해 의회에서는 핵심적인 표를 얻었으나 국민적 정서가 영국과의 화해를 가로막았다.

제퍼슨(Jefferson)은 루이지애나 매입을 위해 국민적 정서를 이용하고 방향을 바꾸었다. 나폴레옹의 대표들은 영국이나 미국이 뉴올리언스를 점령할지 모른다고 판단했고, 군대를 모집하는 의회의 행동들은 나폴레옹의 시선을 잡았다. 하나의 대륙 값어치를 하는 부동산을 교섭하는 시간을 확보하기 위해, 제퍼슨은 서방인들이 신뢰하는 신사인 먼로(Monroe)를 파리로 보냈다.

제퍼슨의 정신적 후배인 매디슨(Madison)은 하나의 평화적 타결 대신 전쟁에 대한 국민 여론을 움직였다. 그의 1812년 전쟁 선포는 중립 권리에 대한 영국의 위반과 해상 범죄를 강조했다. 그러나 매디슨의 지지자들은 국경에서 아메리카 원주민들을 분쇄하고 캐나다를 포획하기를 원하던 "주전론자(主戰論者, War Hawks) 매파"들이었다. "매디슨의 전쟁(Mr. Madison's war)"은 뉴 잉글랜드(New England)와 뉴욕(New York)의 정치적 지지 결여, 미흡한 군사 준비, 약한 재정으로 불리했다. 해밀턴의 국가 은행 법안은 만료되었고 의회는 효과적인 군대를 조직하려는 해밀턴의 계획들을 보류했다. 미국은 간신히 무승부를 이루고 전전 상태로 복원하는 평화조약을 체결했다. 미국인들은 대륙을 지배할 운명이라고 믿었으나, 그들의 수단이 염원과는 제대로 배열되지 않았다.

존 퀸시 애덤스(John Quincy Adams)는 미국 내에서 민주주의 체인점(democratic franchise)을 확장하는 정치를 이해하지 못했다. 그의 정치적 원수인 앤드류 잭슨 장군과는 달리, 애덤스는 대중 감화력이 없었다. 애덤스는 한때 정적이었고 나중에 동료가 된 헨리 클레이(Henry Clay)처럼 의회 표를 계산하지도 못했다. 그럼에도 불구하고, 독립적인 미국 행동에 대한 애덤스의 외교적 신념은 국민들의 태도에 맞았다. 그는 유럽 정치인들을 북과 심지어 남아메리카에서 몰아내고, 동시에 미국의 확장하는 자유를 보존하기를 원한 국민들의 정서를 이해했다. 그는 공화당 자부심의 깃발을 흔들었다. 동시에 애덤스는 미국 수평선 너머 위협을 떠맡을 유혹을 피하기 위해 유럽의 다툼에서 가까이 가지 않기를 원했다. 애덤스의 호소는 미국인들의 마음을 사로잡았다. 그들은 자신들의 확장주의적 추진력으로 뚜렷한 아메리카 반구를 보호하려는 그의 생각과 유럽의 안보에 미국이 개입하는 것에 대한 혐오감을 심는 유럽에 대한 자신의 경고를 결합했다.

대통령 폴크(Polk)의 대륙 확장의 대담한 계획들은 노예제 주들을 추가하는 북부인들의 증가하는 두려움과 충돌했다. 존 퀸시 애덤스와 일리노이(Illinois)주 출신 한 하원의원 에이브러햄 링컨(Abraham Lincoln)은 1846~48년 미-멕시코 전쟁을 반대했다.

*트렌트(Trent)*호 사건에서, 링컨(Lincoln)과 수어드(Seward)는 영국과의 전쟁과 국민적 분노 사이를 항해해 나갔다. 그들은 한 번에 하나의 전쟁을 치른다는 실용적인 길을 선택했고, 해상 권리에 대한 초기 미국 원칙들에서 따온 국민 설명문을 고안했다. 수어드는 외교적 메시지와 언론을 사용해 그의 주장을 개진했다. 그는 행동을 요청하는 초기 대중적 요구는 시간이 가면 열의를 잃는다는 점을 알고 있었다. 기민한 정치인은 국제적으로 움직일 시각에 대한 감각과 국내에서 지지를 요구한 적절한 순간에 대한 감을 필요로 한다.

링컨과 수어드는 미국은 해외 대중 여론을 형성할 수 있음을 알게 되었다. 그들은 자신들의 계산에 국제 대중 여론 외교를 포함하기 시작했다. 그들은 영국에서 변하는 민주주의적 정치와 반노예 제도적인 태도를 환영했다.

존 헤이(John Hay)는 영국의 도움으로 개방정책(Open Door) 주도권을 고안했으나, 그 소유권에 미국 도장을 찍기 원했다. 그는 미국 여론은 해외 국가, 인종 혹은 종교에 연계되어 있음을 인식했다.

테디 루스벨트(Teddy Roosevelt)가 아시아와 유럽 내의 다툼을 중재할 때조차, 미국 개입에 관한 국민편견과 의회의 경계에 대해 주시하고 있었다. 반-일본 및 반-중국 적대감과 폭력은 그를 곤란하게 했다. 러시아의 유대인 집단 학살(pogrom) 만행은 그를 화나게 했다. 그는 모로코 중재는 상원의 비판을 피하기 위해 막후에서 시행했다. 그러나 루스벨트는 결코 단순히 대중적 제약에 복종하지 않았고, 그는 국민을 교육시키고, 대백색함대(Great White Fleet)를 미국인들의 위대함을 부르는 하나의 세계적 요청으로 보았다.

우드로 윌슨(Woodrow Wilson)은 여론에 민감함을 드러냈다. 스트레스 가득한 3년 동안, 그는 서로 충돌하는 오래된 미국인들의 믿음을 조화시키기 위해 일했다. 그는 해상에서 중립국의 권리를 방어하면서 유럽 전쟁에서 벗어나 있어야 했다. 1916년 선거에서 윌슨의 인기는 미국을 전쟁에 개입하지 않도록 유지하는데 달려있었다. 그는 미국의 전쟁 가능성을 대비하기 위해 그의 평생 가장 큰 정치적 전투를 벌여야 했다.

윌슨이 최종적으로 전쟁을 결정할 때, 그는 미국의 외교 전통을 따라 대의(cause)를 결집시켰다. 그는 국제정치의 규칙을 다시 작성하기 위해 하나의 의제로 중립을 재규정했다. 그는 먼로 독트린의 개념을 세계에 적용하고 있다고 말했다. 윌슨은 여전히 구식 동맹을 거부했고 새로운 유형의 집단 안보의 창설을 약속했다. 처음에는, 윌슨의 비전은 국내외에서 극도로 인기 있었다.

윌슨의 희망은 전통적인 해외 안보 필수 요건과 헌법적 특권에 대한 상원의 강한 감을 견뎌낼 수 없었다. 윌슨은 베르사유 조약(Versailles Treaty)과 국제연맹(League of Nations)의 상원 비준을 아마도 얻을 수 있었을지 모른다. 그는, 몇 년 후에 찰스 에반스 휴즈(Charles Evans Hughes)가 했던 것처럼, 그의 대표단에 상원의원들을 포함해야 하던가 혹은 적어도 그의 공화당 반대자들에게 영향력을 미칠 수 있는 인사들을 추가했어야 했다.

루트(Root)의 의구심은 윌슨에게 조약을 비준하고 국제연맹에 참가할 하나의 경로를 제공했다. 윌슨은 대신에 자신의 주장을-자신이 이전에 성공한 적이 있는-미국 국민에게 들고 나가는 경로를 선택했다. 이번에는, 윌슨은 비틀거렸고 결국 실패했다. 마지막 핵심 투표에서, 윌슨은 민주당원들에게 타협 유보를 거부하라고 촉구하여 그 길을 막았다.

휴즈(Hughes)가 1921년 국무장관이 되었을 때, 그는 외교 정책에서 대통령의 지도력을 재수립해야 한다고 인식했다. 한 대통령을 주저앉힌 상원은 향후 외교 정책을 모두 통제하기를 원했다. 휴즈는 그 의제를 다시 제자리에 놓기 위해 해군 군비축소를 위한 대중적 계기를 이용했다. 그는 동아시아에서 안보 배열을 교섭하는 데 국민의 관심과 국가의 이익을 통합하는 하나의 전략을 개발했다. 성공확률을 높이기 위해-조약들의 상원 비준을 포함해-휴즈는 양 당의 주요 상원의원들과 동맹을 맺었다. 그는 상원 표를 얻는 데 필요한 요건들을 이해했다.

휴즈의 가까운 동료 루트(Root)도 장기적 비전과 단기적 정치 수요를 통합하는 방법을 이해했다. 루트와 휴즈는 기교 있는 협상가들로 국내 및 국제 청중들을 동시에 다루었다. 루트는 법적 체제-규칙과 분쟁 해결의 평화적 수단들-는 점진적으로 개발된다고 믿었다. 그는 방향 감각과 인내심을 가졌다. 루트는 작은 성취로 경험과 자신감을 쌓고 동시에 국민 지지를 넓힌다는 방식을 이해했다. 그는 완벽이 선한 사람들의 적이 되는 것을 허용하지 않았다. 그러나 국민 그리고 특히 미국 주권에 대한 상원의 민감성은 미국의 국제적 법률 제약에 약속을 하는 것을 제한했고 지금도 그러하다.

헐(Hull)은 물물교환과 관리무역을 옹호하는 행정부 내의 반대자들을 물리치기 위해 FDR 민주당 연합에서의 자신의 지위와 의회 인맥을 이용했다. 장관은 무역장벽을 낮추고 더 많은 공개된 무역체제를 뒷받침할 원칙들을 수립하는 교섭을 개시할 권한을 의회로부터 획득했다. 그러나 헐과 그의 우군들은 보호주의자들의 이익을 막아내거나 타협을 해야 했다. 의회의 무역과 유권자 경제 이익에 대한 헌법적 권한은 늘 미국 정책을 자유무역에서 뒤로 끌어당겼다. 수년 후 대통령의 교섭 권한을 확대하는 투표는 강한 정치적 추진력을 요구했다. 미국 무역 교섭자들은 수출업자들의 지원을 동원해야 하고 보호주의파들의 유착을 피해야 한다. 때로는, 마샬(Marshall)과 클레이턴(Clayton) 같은 지도자들은 무역이 미국의 경제, 재정, 안보 목표에 더 크게 기여한다고 성공적으로 설명했다.

프랭클린 루스벨트(Franklin Roosevelt)는 공황에 빠진 미국이 제2차 세계대전을 준비하게 하는 엄청난 정치적 업무에 직면했다. 제1차 세계대전의 결과에 실망한 국민들은 (제2차 대전) 참전을 거부하는 움직임을 일으켰다. 1937년 FDR의 격리연설(Quarantine Speech)은 평화를 사랑하는 국가들과 함께 침략자들과 "노상강도 국가들(bandit countries)"에 대항하는 방법을 생각해 보자고 미국인들을 채근하기 위해 노력했다. 그러나 루스벨트는 자신의 의중에 무엇을 가졌는지를 설명할 수 없었을 때, 미국은 외국의 재난에 임의적으로 끌려다닐 것이라고 국민들은 두려워했다. FDR은 중립 선언, 우방에 대한 물자 공급과 금융지원, 적들에 대한 경제제재의 좀 더 친숙한 결합으로 후퇴했다. 일본의 펄 하버(Pearl Harbor)에 대한 기습, 어리석은 독일의 미국에 대한 선전포고는 미국의 손을 강제했다.15)

전쟁에서 승리한 후, 트루먼(Truman), 마샬(Marshall), 에치슨(Acheson), 클레이턴(Clayton) 그리고 러벳(Lovett)은 1947~49년의 새로운 동맹질서에 대한 지원을 동원해야 했었다. 트루먼 행정부는 상원의원 반덴버그(Vandenberg)의 지도력과 수완에 기댔다. 반덴버그는 의회연합을 모을 때 특히 공화당 의원들의 지원을 얻어야 한다는 과제를 인식했다. 40여 년의 냉전 경로 동안, 반덴버그의 사례는 양 당에서 소수의 승계자들을 고무했다. 미국은 의회의원들과 대통령과 짜고 루트, 휴즈, 베이커(Baker) 같은 의회 연합을 규합하는 방법을 아는 인사들 없이는 성공적인 외교정책을 지탱할 가능성이 없다.

아이젠하워(Eisenhower)는 미국 국민들은 초기 냉전의 높은 정치적인 그리고 정서적인 박자를 유지할 수 없을 것이라고 걱정했다. 그는 국가 경제력의 중요성에 관한 해밀턴의 원칙으로 돌아왔다. 아이젠하워는 우선순위를 설정하기 위해 하나의 계획연습으로 "솔라리엄(Solarium, 일광욕실)" 사업을 시행했다. 그는 예상하지 못한 사건들의 필연적인 침범에 대해 대응을 체계화하는 국가 안보 과정을 조직했다.

케네디(Kennedy)는 아이젠하워의 방법은 미국인들을 너무 안일하게 만든다고 여겼다. 그는 국민들이 더 큰 도전을 감당하도록 영감을 불러넣기를 시도했다. 케네디가 베를린과 쿠바에서 위기에 봉착했을 때, 그는 자신의 입장을 지지하도록 주의 깊게 국민들을 동원했다. JFK가 핵 재앙의 위험에 대해 점차 불안해지자, 그는 이 지구종말적 무기들의 통제에 관해, 핵실험을 제한하는 것으로 시작해, 국민들에게 말하기 시작했다.

존슨(Johnson)은 자신이 베트남에서 공산주의자들에 대항하는 전쟁을 포기하면 국민들이 그를 거부할까 염려했기 때문에 대통령직을 잃었다. 미국이 후퇴하거나 심지어는 패배를 수용하는 게 현명하다고 미국인들에 설명하는 과제를 LBJ는 결코 대면하지 않았다. 대신에 그는 전쟁을 확대했고 하나의 협의 평화를 희망했다.

닉슨(Nixon)과 키신저(Kissinger)는 유혈적이고 고가이고 궁극적으로 실패한 모험에서 미국을 해방시키는 비참한 업무를 맡았다. 닉슨은 그 경험이 미국인들을 세계 도처의 책임에서 철수하게 유도할까 염려했다. 그와 키신저는 책략과 균형의 현실정치(realpolitik) 정책으로 전환했다. 그 정책이 부상당한 미국이 적들을 대응하도록 원위치로 되돌리고 동시에 노골적인 힘의 정치의 필요성에 관해 미국인들을 교육시키기를 희망했다.

미국인들은 닉슨과 키신저의 성과를 칭송했고 그들의 외교적 기술을 존중했다. 그러나 이미 LBJ에게 대들었던 의회는 닉슨에 대한 신뢰를 잃었다. 국민들은 현실정치에 대해 점점 참을 수 없게 되었다. 일부는 미국의 가치와의 분리를 반대했고, 다른 이들은 소련과의 긴장완화(détente, 데탕트) 협상을 거부했고, 많은 이들은 미국이 다극세계에서 여러 국가들 중 단지 하나라는 개념 자체를 좋아하지 않았다. 닉슨과 키신저는 그들의 외교 전략에 대한 국민 지지를 구축하려 애를 썼으나 성공하지 못했다.

지미 카터(Jimmy Carter)는 미국 외교 정책에 인권을 처방해 다시 제시했으나 세계 도처에서 일어난 일련의 봉기들에 적응하는 데 힘들어했다. 스태그플레이션과 에너지 위기는 미국 쇠퇴감을 추가했다.

레이건(Reagan)은 미국인들에게 현재의 어려움을 딛고 일어설 수 있다고 말했다. 그는 용감한 과거를 회상하고 더 나은 미래를 약속하면서 국민들을 돋보이게 했다. 그는 경제 회복과 군사력 재생을 통합할 수 있다고 믿었다. 이 새로운 기반 위에, 레이건은 자유와 민주주의 깃발을 소련과의 이념 경쟁 전쟁터에 높이 올렸다. 동시에, 레이건은 소련과의 직접적인 군사적 대결을 피했다. 그는 군사적 대결의 계산할 수 없는 위험들을 이해했고 어느 국가도 핵전쟁을 이길 수 없다고 반복해서 선언했다.

조지 H. W. 부시는(George H. W. Bush) 미국 부활의 정서로 그리고 미국의 다양한 힘을 이용해 유럽에서 냉전의 마지막 무대를 종료하는 단계에서 북동대서양 동맹을 이끌었다. 그는, 유엔 안전보장이사회(UN Security Council)에 의해 권한이 부여된, 유례없는 연합군을 조직해 냉전 이후 첫 번째 큰 침략을 뒤집었다. 그는 미국을 위해 냉전 후 구조를 건설하기 시작했다. 그의 국민들은 부시의 외교 정책 수완을 칭송했다. 그러나 국민들은 국내 우선 업무에, 특히 경제 불황에 대통령이 집중하기를 원했다. 그리고 국민들은 부시를 사무실에서 내보냈다.

제2차 세계대전과 그 이후의 냉전(Cold War)의 재앙이 없이는, 미국은, 세계 도처에서 군사력을 배치해, 세계를 지도할 발걸음을 결코 내디디지 않았을 것이다. 유럽과 아시아의 대대적인 파괴는 미국의 금융과 제조 우세를 견인했다. 동시에 파시즘과 그 이후 공산주의에 맞서게 됨은 미국을 자유세계의 지도자로 위치시켰다.

냉전 이후, 관찰자들은 미국이 계속 이끌어 나갈 수 있을지 의심을 했다. 사실 미국-주도 동맹은 폭넓은 범위의 도전에 적응하기 시작했다. 2001년 9월 11일 피습 사건은 미국인들을 충격에 빠뜨렸다. 머지않아, 불만스럽고 비용이 많이 드는 전쟁들은-하나의 고통스러운 금융 및 경제 위기와 결합되어-많은 미국인들이 세계에서 후퇴하도록 촉진했다.

미국은 동맹의 심장부와 미국이 만든 경제 네트워크에 머물러 있다. 이들 동맹들과 네트워크는 닳아서 얇아지고 있다. 그것들은, 약해진 형태일지라도, 자기 이익과 제도적 탄력의 조합으로 계속 작동해 나갈 것이다. 오늘날 미국인들은 제2차 세계대전 전에 살아있었던 사람보다는 미국이 전 세계와 상호 더 연결되어 있음을 인식하고 있다. 많은 이들은 자신의 미국을 자랑스럽게 여기고 하나의 긍정적인 역할을 지속해야 한다고 믿는다. 미국의 향후 국제 개입의 모양은 정치적 지도부와 사건들에 달려있을 것이다.

미국의 목적(America's Purpose)

시작부터, 미국인들은 국가는 더 큰 목적을 위해 생겨났다고 상상했다. 국가 기원에 관한 이야기는 대의명분(신의 섭리, providential cause)이라는 감에 기여했다. 초기 미국인들이 잘 알고 있었던 모세와 유대인들의 성경 이야기와 같이, 이주자들은 새로운 땅으로 위험한 여행을 감행했다. 뒤이어 온 사람들은 그들이 하나의 신세계(New World)를 건설하고 있다고 믿었다.

13개 미국 식민지들은 대의 정체(代議政體, representative government)의 유산을 자유와 독립의 명분으로 확장했다. 18세기 말에 가서는, 미국인들은 자신들을 계몽주의(Enlightenment)의 실제적 구현자들로 보았다. 혁명과 독립 후, 미국 시민들은 자신들이 자치-정부(self-government)의 한 시험에 참가하고 있다고 이해했다.

미국의 목적은 국가의 영토, 인구, 그리고 경제력을 확장하는 이상으로 퍼져 나갔다. 미국은 이념을 지켜야 하고, 남자와 여자에 의해 실천해야 당연하다고 여겼다. 국가의 힘이 성장하면서, 그리고 사람들의 생각이 변하고, 미국의 국가 목적 또한 변했다.

첫째, 신생 공화국(Republic)은 제국의 세계에서 일단 살아남아야 했다. 군주국(monarchy. 왕국)들은 자유와 자치 정부(self-government)에 대한 미국의 혁명적 믿음이 왕들의 신적 질서(divine order)를 위협할 것이라고 두려워했다. 혁명적 공화주의가 프랑스에서 불붙고 라틴 아메리카로 튀자, 그 불꽃은 미국 내에서 분파주의(factionalism)를 점화했다.

이 어려움에 처해, 미국의 초기 지도자들은 하나의 실제적인 타협안을 만들어 냈다. 존 퀸시 애덤스의 말로는 미국인들은 모든 이들의 "자유의 지지자"들이지만, "미국 내에서만 옹호자"들이라고 선언했다. 미국은 내부 분열 위험을 제한하기 위해 중립(neutrality)을 수용했다. 미국은 미국 시험을 어둡게 할 수 있는 외국들의 다툼을 피했다. 미국은 확장하는 방법의 역사적 선택–동등한 공화정체 정부를 가진 주(state)들을 추가하는 방식–을 또한 시도하였다. 그러나 그 확장은 남부 주들의 노예제도의 확장과 원주민(Native Americans)들의 몰살, 추방, 혹은 흡수라는 치명적 타협을 포함했다.

미국 헌법 질서는 시민에서 나와 제한된 권력을 가진 정부로 흘러간다는 점을 가정한다. 합법성과 권위가 정상에서 국가의 권력으로 흐르는 유럽 체제와는 달리, 미국인들은 개인 및 공동체 주도권에 의지했다. 새로운 미국 정부는 미국인들의 평화적 추구를 위해 외국이 문을 여는 걸 돕기를 시도했다. 새로운 미국 외교는 상인들, 선장들, 선교사들, 기술자들, 행운아들이 새로운 국제질서를 창조하기를 이끌도록 기대했다.

일부 미국인들은 외국 영토에서 공화정체를 더 따뜻하게 맞이하기를 원했다. 헨리 클레이(Henry Clay)는 미국 혁명기의 벤 프랭클린(Ben Franklin)과 라틴 아메리카의 신생 공화국들의 사절들을 비교했다. 최소한도로, 클레이는 상업을 통해 동료 공화국들을 수용하기를 원했다. 그는 동료 공화국들이 새로운 중립적 권리를 존중하는 독립국가들 사이의 국제 질서를 개발하는 동반자들이 될 것을 희망했다. 그러나 종교, 인종, 문화의 분리는 그 반구에 걸친 "미국 체제(American System)"를 향한 움직임에 제동을 걸었다.

링컨(Lincoln)은 자신의 게티즈버그 연설(Gettysburg Address)에서 미국 내전(U.S. Civil War)의 세계적 함의를 설명했다. 내전은 "자유로 잉태된" 그리고 "모든 사람은 평등하게 창조되었다는 명제에 전념하는" 미국이나 어떤 국가가 "오래 갈 수 있는지"를 시험했다. 미국인들은 동시대의 중국의 태평천국 반란(역자주: 1851~1864, 실업과 굶주림에 시달린 평민들이 神政국가를 목표로 난징을 수도로 한 때 청국 영토의 1/3을 차지함. 청국군이 프랑스 및 영국군과 합동으로 진압)이나 독일 통일 전쟁과는 전혀 다른 명분을 위해 내전을 벌였다.

하나의 공화정 연합은 스테이트(state)들 사이의 연방(confederation)의 한 모형을 제공할 수 있었다. 1867년에 캐나다는 프로빈스(province)들의 연방(a confederation of provinces)을 형성했다. 멕시코 연합국(United Mexican States, 멕시코의 정식 명칭)은 소유권을 주장하는 한 유럽인을 추방해 자신들이 독립을 다시 쟁취했다. 미국(United States)은 영토를 구입해 유니언(Union)을 확장했다. 미국의 아이디어들과 경제력은 유대를 추구하는 다른 독립 국가들의 자석이 되었다.

한 공화국이 혈연이나 인종이 아닌 아이디어들에 기반해 하나의 국수주의(nationalism)를 수립할 수 있는 방법을 미국은 보여주었다고 믿는다. 제1차 세계대전은 제국들의 파괴에서 일어날 세계 질서의 유형이 무엇일 것인가라는 질문을 강제했다. 윌슨(Wilson)은 "민주주의가 안전한 세계를 만들기"를 원했다. 미국은 아직 다른 국가들이 민주정체가 되라고 압박을 하지 않고 있었으나, 민주주의를 선택한 사람들을 보호하기를 원했다.

미국인들은 법의 지배(rule of law)가 민주주의를 위한 전제조건이고 또 민주주의의 동반자라고 믿었다. 미국은 국제법을 존중하기를 격려하고 법적 체제를 창조하기 위한 실제적 모험들을 시험하기를 추구했다. 시간이 지나면서, 국제 인권을 위한 운동을 촉진하기 위한 국제법에 대한 존중과 합하여 개인의 권리를 지지한다.

제2차 세계대전에서 FDR은 평화는 획득되어질 것이라는 희망을 주는 비전을 제시했다. 1941년 영-미 대서양 헌장(Anglo-American Atlantic Charter of 1941)은 안보, 무역, 자치정부, 자유, 평화 구조에 대한 원칙들을 선언했다. FDR의 4대 자유(Four Freedoms)는 언론과 신앙의 자유와 빈곤과 공포에서의 자유를 포함했다.

전쟁 후 미국은 완파된 적들을 민주주의로, 그리고 미국의 힘으로 안전 보장을 복구해 주었고 미국이 주도하는 새로운 경제 질서로 부유하게 되었다. 미국은, 때로는 단속적으로, 반식민지적 기원으로 돌아와 구 제국들에서 출현하는 독립적인 국가들의 주권을 지원했다. 미국은 안보, 무역, 개발 기회의 공공재(public goods)를 제공했다. 초국경적 속성 덕분에 미국은 문화, 네트워크, 기술, 아이디어를 통해서 연성권력을 또한 공급했다.

냉전 동안, 미국은 이기심, 계산, 그리고 이상주의의 혼합물로 스스로 맡은 역할로 자유 세계의 지도자가 되었다. 냉전 후, 미국인들은 서로 다른 목적에 끌렸다.

일부 국가들은 미국이 가정한 역할에 반대했고, 다른 국가들은 그냥 내버려두기를 원했다. 일부 미국인들은 후퇴해 국내에 집중하고, 부담을 덜고, 국가적 자부심(hubris)을 버렸다. 하나의 새로운 운동은 국제주의(internationalism)와 초국적주의(transnationalism)는 미국의 국수주의(nationalism)와 충돌한다고 주장했다. 미국인들은 자신들의 국가적 행위의 자유를 부과하는 데 오랫동안 민감했다.

그럼에도 불구하고, 미국인들은 결코 국수주의와 국제주의를 정반대로 보지 않았다. 미국의 건국세대는 자신들의 공화국이 세계에서 더 큰 목적을 제공한다고 가정했다. 쉬지 않는 미국인들은 자신들이 새롭고 더 나은 국제질서를 촉진할 수 있다고 믿었다. 미국이 지배적인 세력을 즐기던 때에도, 미국은 현상유지에 안주하지 않았다. 미국은 자신이 건설을 도운 국제 체제에 지속적으로 도전해 왔다. 미국의 경험은 역동성을 환영하기 위해 실제적으로 적응하는 역량을 반영한다.

좁게 규정된 미국 국수주의는 미국 외교에 영감을 불어넣지 못할 것이다. 국수주의는 미국의 진정한 힘의 성장을 방해할 것이다. 미국은 유엔 국가 목록에 단순히 등재되는 그런 나라로 존재하지 못한다. 미국 외교의 가장 깊숙한 전통은 미국의 아이디어를 발전시키는 것이었다.

후기(Afterword)

◆

전통에서 현재로

From Traditions to Today

네 명의 대통령들(Four Presidents)

역사가들은 겨우 지난 25년 동안의 대통령들을 이제 면밀히 조사하기 시작했다. 정치적 전투들은 역대 대통령들의 외교정책의 해석을 여전히 지배하고 있다.

빌 클린턴(Bill Clinton)이든 조지 부시(George Bush)든, 성공적인 주지사들이 외교정책 전문 대통령들이 되기를 기대할 수 없다. 그러나 사건들이 변한 세계 질서 내에서 이 둘이 새로운 미국의 역할을 규정하도록 강요했다. 아이러니하게도, 두 번 임기를 마친 대통령들인 이 둘은 한 번 임기를 마친 조지 H. W. 부시(George H.W. Bush)가 그려 놓은 체제 내에서 일을 했다. 대부분의 역사가들이 조지 H. W. 부시를 냉전의 마지막 장을 조심스럽게 다룬 간사로 다루지만, 사실 부시는 또한 북아메리카의 변신, 무역, 동맹, 핵무기감축, 그리고 심지어는 기후변화까지 준비를 했다. 더 통합된 유럽연합, 중부 및 동부 유럽, 러시아, 페르시아만 그리고 중동, 아메리카 대륙, 중국, 일본, 아시아-태평양의 급성장하는 경제들과 지역 분쟁지대-소말리아에서 북한까지-에 대한 초기 노력은 그의 두 명의 후임자들의 외교 지형을 형성했다. 그의 예산 거래는 클린턴의 묶음과 근 20년 동안의 강한 경제 성장의 시사회였다. 최근의 열띤 정파적 논쟁은 그 반대이나, 나는 역사가들은 두 명의 부시와 클린턴의 외교는, 특히 후임자들에 비할 때, 많은 공통점이 있다.

버락 오바마(Barack Obama)는 조지 H. W. 부시(George H. W. Bush)의 외교를 존중한다고 말했으나, 그는 덜 적극적인 축소-부시의 지도력과 신중한 동맹 지도력에 비해-를 향해 방향을 잡았다. 이라크(Iraq)와 아프가니스탄에서의 긴 전쟁 후, 그리고 세계 금융위기의 불확실성 속에서, 오바마의 조심과 국가적 자기 비판(self-criticism)에 대한 역량은 이해할 만했다. 그의 회의론은 러시아, 이란, 그리고 쿠바와 같은 구 적국에 손을 내밀게 했다. 그러나 오바마는 외교적 조정과 재디자인한 미국의 역할을 결합하는 데 편안하지 못했다. 그는 세상에서 하나의 특별한 미국의 목적에 대한 개념에 결코 열중하지 않았다.

우연히, 나는 대통령 오바마가 처음으로 주요 외국 지도자들 그룹과 만나는 자리를 같이 했다. 영국 수상 고든 브라운(Gordon Brown)은 2009년 4월 초 런던에서 G-20 정상들을 소집했다. 브라운은 여전히 확장되고 있던 금융위기에 대해 세계 주요 경제들의 하나의 집단 대응을 조직하려고 노력하고 있었다.[1] 정상회의는 정부수반과 IMF, UN, 그리고 세계은행의 지도자들만 참석하는 실무 만찬으로 개회되었다. 브라운은 오바마에게 개시하라고 요청했다. 대통령은 망설이고 산만했다. 그는 미리 통지를 받은 듯하였지만, 오바마의 지능과 대화기술을 알기에, 나는 대통령이 그 기회를 이용해 과제를 규정하고, 미국이 무엇을 할 것인지를 설명해 신뢰를 구축하고, 혹은 적어도 브라운의 열성적인 노력을 강하게 공개적으로 지지할 것으로 희망했다. 그럼에도 불구하고, 새로 선출된 오바마는 미국에 대해 불만이 많은 상당한 크기의 자부심을 가진 외국 지도자들 사이를 헤쳐나가야 한다는 점을 나는 인식했다. 식사가 종료될 때에, 나는 대통령을 격려했다. 오바마는 토의를 시작하고 싶지 않았다고 대답했으나 브라운은 그에게 미국이 시작을 해야 한다고 말했다. 나는 "대통령님, 귀하는 진정으로 먼저 말을 해야 했다. 다른 이들은 귀하가 판을 짜기를 기다리고 있을 것"이라고 단언했다. 대통령 오바마는 나를 항상 점잖게 대우했고, 나는 그가 그 이후의 국제경제 사안들을 세련되게 그리고 효과적으로 다루는 것을 지켜보았다. 그는 해외에서 인기가 있었으나, 부시와 클린턴의 지도력과는 상당한 차이를 인정하더라도 그의 천성이 자신감이 부족했다.

역사가들은 오바마의 외교적 입조심을 도널드 트럼프(Donald Trump)의 직설적인 반전의 전조로 결국 보게 될 것이다. 트럼프는 과거와의 단절-미국 주도 동맹의 질서, 무역, 그리고 경제 네트워크를 포함해-을 강조했다. 트럼프는 진행 중인 동반자 관계의 외교보다는 업무적인 거래를 우선한다.

나는 과거 수십 년에 걸친 미국 정책을 5대 전통의 렌즈를 통해 일별하는 것으로 이 책을 마무리하고자 한다.

북아메리카(North America)

조지 H. W. 부시는 NAFTA 교섭을 완료했으나, 빌 클린턴은 그 합의를 가로질러야 했다. 그렇게 하기 위해서 초당적 정치적 지지를 조직했다. 클린턴은 1994년 금융위기와 그 민주적 전환을 통해 멕시코를 지원했다. 클린턴은 미주정상회의(Summit of the America)를 시작했고-완전히 민주적인 반구의 비전으로-미주자유무역지역[Free Trade Area of the Americas(역자주: 북·중·남미 및 카리브해 국가 대상)]을 위한 교섭을 시작했다. 대통령의 말은 자신의 실제적인 정책 조치들보다 앞섰으나, 클린턴은 반구적 비전의 열렬한 지지자였다.

조지 W. 부시(George W. Bush)의 첫 번째 해외여행은 멕시코였다. 그는 양 북아메리카 파트너들과 함께 국경협조를 개선하고 무역 연대를 깊게 하기 위해 일했다. 그의 두 번째 임기에서, 전쟁에 몰두 중임에도 불구하고, 부시는 북아메리카의 안보 및 번영 동반자 관계(Security and Prosperity Partnership)

를 진수해 지역 정부와 기업그룹들을 수송, 금융서비스, 환경, 정보 공유를 위한 국가 사업들에 연결을 시켜주었다. 대통령은 부분적으로는 멕시코와 함께, 중앙아메리카의 무역, 개발, 그리고 민주주의를 지원했다. 부시는 이 민개혁안을 통과시키기 위해 의회를 압박했으나 소용이 없었고 분열적인 장기적 결과를 낳았다.[2)]

버락 오바마는, 비록 선린 연대는 유지했으나, 북아메리카의 전략적 잠재력을 결코 인정하지 않았다. NAFTA는 대통령이 속한 당에서 정치적으로 인기가 없어서, 행정부는 NAFTA를 언급하지 않았고 공개하기를 포기했다. 일방만 주장하는 토론에서 이기기는 어렵다. 오바마의 임명자들은 3자 제도적 연대를 구축하려는 부시의 사업을 축소했다. 그러나, 멕시코의 대통령 펠리페 칼데론(Felipe Calderon)이 조직범죄와 마약 네트워크를 표적으로 하자-그리고 재판소와 경찰을 개혁하려고 하자-오바마는 조용하게 중요한 원조를 제공했다. 부통령 조 바이든(Joe Biden)은 중앙아메리카의 국가 붕괴와 범죄자들의 정부 포획을 저지하는 노력을 이끌었다. 그러나 미국의 경기 회복이 강화되자, 미국에 들어오는 불법이민자와 정치적 망명자의 폭주는 지역 관계를 지배했다.

도널드 트럼프(Donald Trump)는 멕시코와의 장벽을 세워 정치적 문제로 만들었다. 그는 멕시코와 중앙아메리카인들을 위험한 사람들이고 미국에 위협이 된다고 지적했다. 행정부는 건강한 멕시코 경제를 북미 자산이라고 보지 않았다. 그럼에도 불구하고, 더 깊은 대륙 통합의 25년이 지나, 3개 사회는 트럼프의 NAFTA 종료와 멕시코 대통령 안드레스 마뉴엘 로페즈 오브라도르(Andréas Manuel López Obrador)의 과거 반대를 버티어 내는 회복력 강한 연대를 구축해왔다. 재교섭한 미국-캐나다-멕시코 합의(U.S.-Mexico-Canada Agreement, USMCA)는 대부분의 NAFTA를 그대로 두었고, 몇 가지를 현대화했고, 몇 개의 제한을 추가했고, 노동과 환경 조항을 포함했다. 유감스럽게도, USMCA는 연장하지 않으면 16년 후에 종료될 것이다. 미국인들은 하나의 건강하고 강한 자기 대륙(home continent)이 미국 외교 정책에 최선의 기반을 제공한다는 점을 새로 배워야 할 필요가 있다.

무역, 초국경주의, 기술(Trade, Transnationalism, and Technology)

1992년 11월, 조지 H. W. 부시(George H. W. Bush)의 선거 패배 후, 부시 행정부는 세계 GATT 무역 교섭에서 유럽위원회(European Commission)와 농업 부문에 핵심적인 합의에 도달했다. 클린턴 행정부는 그 배턴을 받아 1994년에 우루과이 라운드(Uruguay Round)에서 100개 이상의 경제권들과 완성해 GATT를 새로운 세계무역기구(World Trade Organization, WTO)로 변신시켰다. 클린턴은 1993년 NAFTA의 통로를 영리하게 이용했고, 최초의 아시아-태평양 협력기구 정상회의를 소집해 미국은, 만약 유럽이나 다른 국가들이 세계 협상에서 방해하는 경우, 아-태 지역 무역자유화를 추구할 것이라는 점을 시사했다.

이들 무역 성과들은 세계 경제를 확장하려는 클린턴-레이크(Clinton-Lake)의 비전을 지원했다. 1990년대 말, 정보기술의 진전은 더 개방된 무역과 자본 시장과 결합되어 더 큰 세계화의 기회와 위험의 원동력이 되었다.

그러나 클린턴은 특히 자신의 당에서 무역에 대한 정치적 저항에 직면해 초기 탄력성을 줄였다. 그의 팀은 일본의 보호주의를 극복하고 그 다음에는 중국을 새로운 WTO에 데려오는 데 집중했다. 1990년대 말, 클린턴의 재무팀은 동아시아, 라틴 아메리카, 그리고 러시아 등 신흥시장(emerging market)의 금융구제에 나섰다. 의회는 대통령에게 부여한 무역 교섭권한의 연장을 반대했고 클린턴의 새로운 WTO 무역 교섭 회의는 시에틀(Seattle) 회의장을 습격한 반세계화 데모 와중에서 붕괴되었다.

2001년, 조지 W. 부시(George W. Bush)는 나에게 무역 의제에 새로운 활력을 넣으라고 지시했다. 9월 11일 피습 이후에도, 대통령은 개방 무역과 경제 자유가 자신의 표현으로 "고립주의(isolationism), 보호주의(protectionism), 그리고 본토주의(nativism)"3)를 막는 자신의 노력을 보완할 것이라고 강조했다. 그의 행정부는 교섭할 의회 권한을 다시 획득해 경쟁적인 자유화, 세계 전체, 지역, 그리고 개별 국가들을 상대로 하나의 전략을 추구했다. 부시는 17개 국가와 자유무역합의를 완성했고, 중국과 타이완의 WTO 가입을 완료하고, 아프리카 성장 및 기회법(African Growth and Opportunity Act) (서명은 대통령 클린턴이 한)을 확장했고, 새로운 지구적 및 범태평양 무역 합의 교섭을 개시했다(완성하지는 못함).

오바마는 클린턴과 부시와 대조적으로, 첫 임기 중에는 무역에서 뒤로 물러섰다. FDR과 헐(Hull)과 달리, 무역 개방을 충격적인 불황 이후 세계 경제 회복과 연계시키지 못했다. 대신에 오바마의 첫 무역 대표는 합의를 교섭한다는 개념 자체를 묵살했다. 금융위기가 세계 금융 대출 체제를 흔들자, 연방준비은행은 조용하게 다른 시장을 안정시키기 위해 달러 교환 합의(dollar swap agreement)를 이용했다. 이는 유로존(Eurozone)에서조차 미국 달러의 중요성을 냉철히 상기시켜주는 사건이었다. 세계은행(World Bank) 총재로서, 나는 WTO 수장인 친구 파스칼 래미(Pascal Lamy)와 함께 금융규제당국과 은행이 개도국에 대한 무역금융을 막지 말라고 작업을 했다.

2013년에 시작해, 오바마의 새로운 무역팀은 부시의 범태평양동반자관계(Trans-Pacific Partnership, TPP)를, 11개의 다른 경제군을 가진 지역 확대 합의(이중 6개는 이는 미국과 FTA 합의 체결함)로 증진했다. 2015년에, 공화당 의회는 표결을 위한 길을 닦아 두었으나, 행정부는 시간 내에 협상타결을 할 수 없었다.

트럼프는 TPP에서 탈퇴했다. 그는 보호주의자이고 "관세 사나이(a tariff

man)"라고 자랑스럽게 선포했다. 트럼프에게는, 무역보호주의와 이민에 대한 적대감은 과거 정책과 단절한다는 자신의 정치적 기반의 신호들이었다. 트럼프는 미국 무역 적자를 줄일 수 있다고 생각했다. 그는 서비스, 기술, 데이터 같은 첨단 부문을 위한 국제 규칙의 틀을 짜는 데는 신경을 쓰지 않았다. 허버트 후버(Herbert Hoover) 이래 어느 대통령도 진심으로 보호주의를 수용하지 않았다. 트럼프의 교역 조건들은 코델 헐(Cordell Hull)의 전략보다는 1930년대의 조지 피크(George Peek)의 관리무역에 더 가깝다.

동맹과 질서(Alliances and Order)

독일 통일을 위한 교섭 중, 조지 H. W. 부시는 NATO를 냉전 후 역할에서 중부 및 동유럽을 포함한 범대서양 안보의 역할로 바꾸기 시작했다. 클린턴과 조지 W. 부시는 동쪽으로 새로운 회원국을 추가했다. 유럽인들이 유고슬라비아 붕괴 후 이어진 유혈전쟁을 종식시키지 못할 때, 클린턴 행정부는 나토의 공군력을 이용해 말썽부리는 평화를 교섭하도록 강제했다. 프랑스는 나토의 군대에 다시 가입했다. 9월 11일 피습 후, 나토는 처음으로 집단방어 대응에 관한 제5조[반덴버그(Vandenberg)의 작품]를 적용해 아프가니스탄에서 싸우는 미국을 지원했다,

그럼에도 불구하고 나토의 응집력과 목적성은 약해졌다. 미국이 그루지아(Georgia)와 우크라이나(Ukraine)가 회원국이 될 길을 열자, 러시아는 그들의 영토를 장악했다. 프랑스, 독일, 그리고 다른 국가들은 조지 W. 부시의 이라크에 대한 공격에 저항해 쓴 감정들을 만들어 냈다. 유럽인들은 방위비를 삭감했고, 나중에 러시아에 대한 되살아난 불안으로 즉각 다시 생각하기는 했다. 나토는 러시아의 혼성전략(hybrid tactics) 혹은 사이버공격(cyberattack) 같은 새로운 위협에 대해 서서히 준비하고 있었다. 나토의 동부

전선, 특히 발틱(Baltic) 국가들에 대한 러시아의 협박에 대응하는 방법을 심의해야 한다. 터키(Turkey)의 관심은 미래 지향적인 유럽-대서양 연대(Euro-Atlantic ties)보다는 과거 오토만(Ottoman) 영토에 점차 집중되고 있다.

NATO 동맹국들 사이의 논쟁은 새로운 게 아니다. 과거에는, 그러나, 워싱턴이 수용하는 방법을 고안하는 책임을 맡았다. 반면에 트럼프는 나토를 이중적 가치를 가진 실체로 보고 있다. 그는 유럽을 경제적 경쟁자로 주로 본다. 그는 민주적인 지도자들보다는 독재적 지도자들과 더 잘 어울리는 듯하다.

소련(USSR)의 분리와 제국 후 국가로의 전환은 필연적으로 위험을 제기했다. 클린턴, 부시, 그리고 오바마는 각각 러시아와의 건설적인 관계를 구축하려 노력했으나, 모스크바는 존중을 받지 못한다고 느꼈다. 러시아는 하급이 아닌 대등한 지위를 원했다. 푸틴(Putin)은 러시아의 힘을 모아-핵무기, 에너지, 사이버, 그리고 특수 군병력-러시아를 동과 서 사이에서 움직이는 전통적인 유라시아 세력의 역할로 원위치를 복귀시켰다. 대서양과 태평양 동맹 연대가 약해지고 민주주의에 대한 신뢰가 흔들릴 때 러시아는 이익을 본다. 푸틴은 강대국 조작 외교를 선호한다, 세상은 2000년보다는 1900년과 더 비슷하다. 그러나 1900년에서와 같이 러시아의 지도력 전환은 불확실하다.

미국의 냉전 후 대통령들은 러시아의 핵무기가 특이한 과제를 던진다고 인식하고 있었다. 그들은 도난당한 혹은 팔려나간 핵물질의 위협을 제약하기 위해 노력했고 더 작은 비축무기들을 교섭했다. 미-러 핵 외교는 핵확산을 방지하기 위한 협력의 기반을 제공했다. 가장 최근의 미-러 핵무기감축 조약은 2021년에 만료되고 트럼프 행정부는 그 연장에 관심이 없다.

부시 부자, 클린턴, 오바마는 미국 태평양 동맹들을 서로 지원하는 네트워크로 전환하기 위해 노력했다. 그렇게하기 위해서, 일본의 역할과 관계를 확장할 필요가 있었다. 조지 W. 부시는 정보 연대를 깊게 했다. 클린턴, 부시, 오바마는 도쿄가 미군과 함께 더 많은 상호 책임을 맡으라고 격려했다. 일본이 오스트레일리아, 인도, 그리고 아세안 국가들과 연대를 구축하고 있는 중에 도쿄와 서울은 과거 반감을 아직 해결하지 못하고 있다. 핵을 가진 북한은, 불안정한 체제로, 양자를 위태롭게 한다. 이 책에 쓴 이야기들은 북동아시아 문제가 훨씬 더 멀리 퍼져 나갈 수 있음을 경고한다. 트럼프의 미국 동맹 의무에 대한 회의론과 보호주의는, 특히 중국 세력이 이 지역에 그늘을 드리우고 있는 현재에, 아시아인들에게 걱정거리를 추가하고 있다. 우리는 미국의 불확실한 동반자들이 조용하게 미국-주도 질서의 대안을 준비하고 있을 것이라는 점에 놀라서는 안 된다. 그 대안들은 중국을 수용하는 것에서 자신의 핵 억제력을 개발하는 것으로까지 확장될 수 있다.

조지 W. 부시는 하나의 합법적인 핵 세력으로 인도(India)를 수용하는 주요 전략적 조치를 취했다. 수십 년 동안, 미국 정책은 파키스탄(Pakistan)과의 충돌 프리즘을 통해 인도를 보았다. 부시는 인도를 하나의 유라시아와 세계적 외교에서까지 잠정적 동반자-안보, 경제, 그리고 외교에서-로 생각했다. 그는 파키스탄과의 관계를 "분리했다." 오바마의 "아프-팍(Af-Pak, 역자주: Afghanistan-Pakistan)" 외교는 이전의 인도-팍(Indo-Pak) 논리를 재생할 위험이 있었으나, 그의 행정부는 결국은 부시의 전략으로 돌아왔다. 인도는, 중국과의 관계를 통하는 것을 포함해, 경제개발에 이해할 만하게 집중하고 있다. 트럼프의 좁은 사고방식은 인도에 더 높은 관세를 부과하게 했고 파키스탄과의 중재를 제시해 델리(Delhi)를 화나게 했다.

2020년 관점에서, 중국의 부상은 세계 질서에 가장 중요한 변화를 제기했다. 조지 H. W. 부시는 1989년(천안문) 강제진압 이후 중국과의 관계 유지를 위해 노력했다. 인권 조건을 부과하는 데 실패한 후, 클린턴은 중국을 세계 경제에 편입시키고 다른 분야에서 협력을 고무하는 오래된 미국의 노력을 재개했다. 클린턴 팀은 일본과의 더 강력한 동맹을 통해, 다자간 관계의 망, 서태평양 미 해군력의 존재를 통해 중국 행동을 형성하기를 희망했다.

2005년에, 내가 부국무장관으로 봉직할 때, 나는 중국이, WTO, IMF, World Bank와 유엔 안전보장이사회와 오존 고갈로부터 핵무기에 이르는 약속에 가입한, 국제 체제에 통합하는 데 취한 조치들을 인정하는 연설을 했다. 중국은 미국-주도 국제 질서로부터 엄청난 편익을 취했다. 나는 중국에게 국제 체제의 "회원"에서 "책임 있는 투자자"가 되기를 요청했다.[4]

그 연설은 부시 행정부가 2005년 중국과 시작했던 전략적 대화의 업무를 반영했다. 우리는 더 장기적인 관점들-일부는 상세하게-을 지금 순간의 의제를 넘어서 다루었다. 내가 국무부를 떠나고 난 후, 재무장관 행크 폴슨(Hank Paulson)이 전략적 경제 대화를 진수했고, 1기 오바마 팀은 고위급 경제 및 외교 교환을 시행했으나, 오바마 정부는 전략적 대화에서 일련의 사안 목록을 통해 일하는 것으로 바꾸었다. 오바마 2기에서, 그 과정은 시들어갔고, 미국은, 대통령 시진핑(Xi Jinping)이 새로운 방향을 그려나갈 때, 중국 내의 개발에 대한 접촉점을 잃었다. 인식의 차이와-그리고 좌절은-커져갔다.

트럼프는, 교섭을 촉진하기 위해 관세를 사용하고 경제적 연대를 분리하는 정책으로 대중국 무역 적자에 집중했다. 미국은, 동맹국들과 한 팀이 되지 않고, 혼자서 진행했다. 두 최강국들이 협력하고, 경쟁하고, 혹은 지역이나 세계 질서를 다투는 방법론에 대한 전략적 대화가 없다.

중동과 페르시안만(Persian Gulf)에서, 클린턴은 베이커의 이스라엘-아랍 평화 교섭을 추진해 일부 성공을 거두었다, 그러나 클린턴은 이스라엘과 팔레스타인(Palestine) 간의 의심과 차이에 다리를 놓을 수 없었다. 조지 W. 부시는 처음에는 물러났으나, 그도 2-국 해법에 도달했다. 좌절한 오바마는, 아랍국가들 내에서 봉기들이 일어나 구체제를 소용돌이 속에 빠뜨린 후, 철수했다.

클린턴은 사담 후세인(Saddam Hussein)의 회생과 제제 우회로 고군분투했다. 1990년 대량살상무기(weapons of mass destruction)를 사용하는 테러리스트(terrorist)들에 관한 두려움이 성장했다. 9월 11일 충격 후, 부시는 사담이 그러한 무기를 개발하는 위험을 감수할 수 없다고 결정했다. 대통령은 대량 살상을 초래하는 피격에 관해 일련의 빈발하는 끔찍한 경고에 직면했다. 시간이 갈수록, 미국 본토에 대한 더 많은 공격의 두려움의 강도는 다시 상상하기 어렵다. 대통령은 도도한 조류에 자발적으로 맞서 이라크의 무기 프로그램에 관한 불확실성을 주의 깊게 설명해 줄 정보 보좌관들이 필요했다. 1964~65년에, LBJ의 가까운 보좌진들 중 아무도 확전에 대한 하나의 심각한 대안으로 철수를 생각해 내지 못했다. 2002~03년에, 부시의 주요 참모들 중 아무도 선제공격보다 억제에 의존해야 한다는 주장을 펼치지 못했다. 아무도 제재가 사담을 위축시키면 무슨 일이 일어나는지 또 사담이 대량살상무기를 획득했는지를 알지 못했다. 대통령 부시는 그의 대통령직 내내 전쟁을 벌였고, 전쟁은 늘 가장 예측 불가하고 국정운영에서 불안정한 요소들이다.

초기 전투와 아프가니스탄과 이라크 체제의 붕괴 후, 부시의 보좌관들은 무엇이 이어질 것인가에 두 가지 생각이 있었던 것으로 보인다. 미흡한 계획은 분명한 방향의 결핍으로 나타난다. 하나의 그룹은 국가 건설을 멀리하고 빨리 떠나기를 원했다, 다른 하나는 아프간인들과 이라크인들이 민주국가를 건설하도록 함께 일하기를 추구했다. 내가 국무부로 2005년 초기에 옮길 무렵, 이 논쟁은 여전히 반향이 남아 있었다. 2기 임기 동안, 대통령은 그의 자유의제(Freedom Agenda)를 배가했다. 부시는 부대 증강과 대반란군 진압 계획으로, 부족별 지도자들과 협력해, 파벌 폭력과 알 카에다의 목조르기(chokehold)에 대항해, 이라크에서의 정치-군사 전략을 수정했다.

오바마는 이라크와 아프가니스탄 두 곳에서 철수하기를 원했다. 그는 미국은 너무 나갔고, 특히 금융위기 와중에서 그리했다고 생각했다. 오바마는, 그의 민주당 반대자들과는 달리 시작부터 이라크 전쟁을 반대했다. 그는 미국 국민은 높은 인명과 금융 비용이 드는 장기 전쟁에 지쳐 있다는 점을 알았다. 트럼프의 수사는 호전적이지만, 그도 해외 개입과 군사 행동을 피하기를 원했다.

오바마와 트럼프는 그러나 이란에 대해서는 달랐다. 오바마는 이란의 핵탈주의 위험을 제한하는 거래를 교섭했고-찰스 에반스 휴즈와는 달리-오바마는 전략적 무기 통제 목표를 지역 안보 전략과 연계하지 않았다. 대신에, 제재를 낮추면 더 많이 협력하는 행동이 나올 것으로 희망했다. 트럼프는 이 약점을 맹렬히 비난했다. 트럼프는 오바마의 거래를 유지하고 동맹국들과 함께 이란의 미사일과 모험주의를 제약하도록 압박할 수도 있었다. 그러나 트럼프의 정치적 원칙은 그의 전임자들과 단절하는 것이었다. 트럼프의 접근방법은 사우디 아라비아(Saudi Arabia)와 페르시안 걸프(Persian Gulf) 지역의 작은 국가들과 더 밀접한 연대를 필요로 했다. 그 결과, 조지 H. W. 부시가 쿠웨이트를 해방한 후 25년 이상, 미국은 공식적인 동맹 연대 없이도 그 지역 안보 질서에 깊숙이 얽어매어져 있다.

냉전 종료 이래로, 지정학적인 그리고 경제 분야를 넘어서서는 미국의 참여는 간헐적이었다. 조지 H. W. 부시는 기후변화 조약을, 국가적 행동계획과 과학적 되물림 고리를 요청하는 체제 합의를, 교섭하고 비준했다. 그 체제는 계속적으로 오늘날의 유엔 노력의 기초를 제공한다.[5] 클린턴은 1997년 교토기후의정서에 동의함으로써 도를 넘는 조치를 취했고 이는 선진국들에게만 적용되는 중앙 집중적인 의무 모델을 수립했다. 상원은 95대 0으로 인정하지 않았다.[6] 조지 W. 부시는 2기 임기에 탄소 배출과 흡수는 대형 선진국과 개도국 경제들의 무리들 사이에 주로 달려있다는 점을 인식했으나, 어떤 것을 성취하기에는 너무 늦었다. 2015년에 오바마는 조지 H. W. 부시의 체제로 돌아와서 파리(Paris)에서 국가별 정치적 약속에 합의했다. 트럼프는 그 합의에서 철수했다.

조지 W. 부시는 특히 사하라 이남의 아프리카(sub-Saharan Africa)에서 세계인의 보건을 보호하기 위한 혁신적인 체제를 강조했다. 대통령의 에이즈 구제 긴급 행동 계획(Emergency Plan for AIDS Relief)은 하나의 특정한 질병을 물리치는 가장 큰 국제적 보건 이니셔티브가 되었다. 그리고 부시의 말라리아 계획은 세상에서 가장 심신을 쇠약시키는 질병 중의 하나인 말라리아(malaria)를 대적하는 세계적 노력을 급속히 증가시켰다.

과학, 보건, 그리고 기술은 협력적 행동을 권장하고 위협에 대응할 다른 새로운 국제 체제를 필요로 할 것이다. 인플루엔자와 SARS 같은 감염성 질환은 부시가 선도한 유형의 이니셔티브와 예방책을 요구할 것이다. 사이버 안보-그리고 심지어는 사이버 전쟁-는 또한 장래에 나타날 것이다. 잠재적 다툼을 다루는 "규칙"은, 배너바 부시(Vannevar Bush)가 어떻게 원자탄이 외교와 전쟁 방식을 바꿀지에 대해 처음 생각했을 때와 똑같이, 어두컴컴하다.

현재 미국의 업무적 외교는, 일회성 거래를 하는데 지렛대를 증가시키기 위해 위협과 불확실성을 사용하는, 준비가 안 된 상태로 미국을 남겨둔다.

국민 및 의회 지원(Public and Congressional Support)

조지 H. W. 부시가 1991년 3월 제1차 걸프전쟁에서 34개국 연합군을 지휘해 승리한 후, 그의 국민 지지율은 89퍼센트로 치솟았다-이는 트루먼의 1945년 유럽 승리일 V-E Day(역자주: Victory in Europe Day)보다 높고 아이젠하워, 케네디, 존슨, 닉슨, 포드, 카터, 레이건의 최고치보다 더 높았다.[7] 그러나 미국 경제는 1990년 10월에 내려가기 시작했고, 그 불황은 1991

년 중반까지 계속되었고 1992년에 고통스럽게 서서히 회복되기 시작했다. 부분적으로 전쟁에 돌입하는 상태에서 예산 위기를 피하기 위해, 부시는 그의 선거 유세 약속을 위반해 세금을 올렸다. 1992년 초, 패트릭 뷰캐넌(Patrick Buchanan)은 예선에서 고립주의자 "미국 우선(America First)" 메시지를 들고나와, 대통령의 취약점을 드러내, 부시에 도전했다. 로스 페로(Ross Perot)는 인기영합적 불만으로 뛰어들었다. 빌 클린턴은 "중요한 건 경제야, 바보"라는 슬로건으로 43퍼센트의 일반 투표를 얻었다.

클린턴의 외교정책은 처음에는 소말리아(Somalia), 아이티(Haiti), 르완다(Rwanda), 그리고 발칸지역(Balkans)에서 후퇴로 비틀거렸다. 미국의 이익이 전략적이기보다는 더 인도적인 곳에서의 군사 개입을 미국민이 지원할지의 여부에 대해 클린턴은 불확실했던 듯하다. 그러나 클린턴은 부시가 구축한 예산 타결을 이루었고, 의회에서 NAFTA를 그리고 새로운 WTO 합의를 통과시켰고, 1990년대를 통해 강한 경제로 번영했다. 비록 1994년에 의회 통제권을 잃었으나, 주요 공화당원들의 지지를 얻어 NATO 확장, 발칸지역, 중동 그리고 북아일랜드에서 평화 중재자로의 역할을 수행했다. 90년대 행정부의 세계 금융위기의 불 끄기는-의회를 통한 대규모 자금 투입 없이-주로 IMF와 World Bank의 자금에 거의 전적으로 의지했다. 클린턴은 유례없이 강했던 미국 힘의 파도를 탔다. 비판자들은 클린턴은 미국의 장기적 이익을 위해 국제체제를 재규정할 드문 기회를 허투루 썼다고 주장한다.

조지 W. 부시는 전쟁 대통령이었다. 그러나 그는 혼란스러운 적들에 대항하는 새로운 유형의 전쟁을 벌여야 했다. 처음에 미국인들은 대통령을 중심으로 결집했다. 그러나 승리나 혹은 성공조차 규정하기 힘들어지자, 부시에 대한 지지는 썰물처럼 빠져나갔다. 대통령은 장기적인 전쟁을 벌이고 있음을 알았고, 장기전은 민주주의에 도전했다. 그는 미국은 이슬람(Islam)

을 하나의 평화적인 종교로 존중한다고 강조했다. 부시는 미국의 국제주의자적 전통들-북아메리카, 이민, 무역, 인도적 구제, 그리고 국제 경제-에 대한 믿음을 유지하기 위해 노력했다. 우드로 윌슨(Woodrow Wilson)처럼, 그는 민주주의에 안전한 세계를 만들기를 원했다. 비용이 많이 드는 현실이 그의 염원에 못 미칠 때, 부시에 대한 국민들의 실망감은 깊어졌다. 미국 국민들은 전쟁에 피로했으나, 세계 금융위기와 경제 위기가 2008년에 올 때까지는 세계 도처의 책무를 버리지는 않았다.

오바마는 그 붕괴를 막아야 했다. 그는 국내와 국외에서 미국의 오만이 문제를 만들었다는 도전의 분노에 직면했다. 정치적 분열은 깊어졌다. 기질적으로, 오바마는 희망 가득 찬 정치 운동의 지도자이지 입법 교섭자는 아니었다. 미국 경제 회복은 비참하게 느렸다. 미국의 역사적 동반자인 유럽연합(European Union)은 자체 통화권의 약점을 극복하느라 고전하고 있었으나 더 이상 미국의 조언을 수용하지 않았다. 2기 임기에서 오바마는 자신이 물려받은 경제 의제 대신 사회 정의를 다루는 데 시간을 보냈다. 오바마나 부시 모두 이민에 대한 타협점을 만들어 내지 못했다.

2016년경, 미국 국민들은 21세기 실망의 연속에 지치고 좌절했던 듯하였다. 긴 전쟁, 금융 붕괴, 느린 회복, 많은 외국인들의 불평, 그리고 국경 통제권의 상실은 미국 자체, 세계는 차치하고, 자기 집안의 관리 역량에 대한 미국인들의 신뢰는 깎여 나갔다. 다시 돌려치고, 타인을 비난하고 하나의 새로운 방향을 실험할 때가 무르익었다.

미국의 목적(America's Purpose)

부시와 클린턴은 미국은 찰스 톰슨(Charles Thomson)이 1782년에 예고한 "신 미국 시대(New America Year)"에 도달하는 무엇을 향해 계속 움직여야 한다고 믿었다. 오바마는 국민 환멸을 반영해 더욱 소심해졌고 덜 야심적이었다. 트럼프는 예측 불가하고 무계획적이다. 그는 미국의 힘을 이용해 거래를 할 수 있다고 믿는다, 내가 이 책을 저술하기는 하지만, 그의 거래 성립이 무엇을 달성하려는지 분명하지 않다. 트럼프는 개인적 정치를 믿었고, 제도와 더 큰 목적에 봉사하는 관계를 구축하지 않는다.

나는 미래 세계 질서를 형성할 미국의 역량이 트럼프나 그의 비판자들이 믿는 것보다 더 크다고 생각한다. 알렉산더 해밀턴(Alexander Hamilton)은 미국 금융 체제와 경제의 잠재력을 이해했다. 제퍼슨과 존 퀸시 애덤스는 대륙 미국이 제공하는 상대가 없는 이점을 인식했다. 수어드, 레이건, 부시 부자, 클린턴은 북아메리카는 더 넓은 기반을 구축하는 기회를 제공한다고 감지했다. 링컨은 공화정 연합(republican Union)이 미국 해안 넘어서 훨씬 멀리 미치는 자치정부에 대한 진행 중인 실험을 대표한다는 점을 알고 있었다.

1920년대와 30년대에, 미국인들은 바깥 세계에 대해 환멸을 느꼈다. 국민들은, 세계의 가장 파괴적인 전쟁을 통해, 미국은 세계로부터 물러날 수 없다는 점을 배웠다. 1970년대, 미국인들은 자신들의 전망에 대해 불확실했다. 닉슨과 키신저는 미국이 그냥 "집으로 돌아"올 수 없다는 걸 알고, 세계 전체를 대상으로 한 조정, 균형잡기와 극적인 외교적 개입의 책략을 꾸몄다. 그러나 그들은 미국이 쇠락할 것이라는 예상을 수용했다. 그들은 배너바 부시가 육성한 혁신 역량과 레이건이 가능하다고 믿은 부흥을 과소평가했다.

향후 미국 대통령들은 이 모든 경험들에서 교훈을 얻을 수 있다. 그들은 테디 루스벨트의 중재와 세력 균형잡기의 수완을 회상할 수 있다. 그들은 윌슨의 포부의 호소를 존경할 필요가 있다. 그리고 그들은 동맹 체제와 1947~49년에 처음 수립한 경제관계의 편익과 상호 책무를 이해해야 한다. 국가의 외교정책을 고안하는 데 추가해, 대통령들은 세계에서 미국의 역할에 대하여 국민들을 교육시킬 필요가 있다.

나는 미국의 지도자들과 시민들이 이들 과제들을 실용적으로-작동하는 것을 시도하는-지속적으로 추구할 것으로 기대한다. 토크빌(Tocqueville)이 거의 2백 년 전에 관찰했듯이, "미국의 위대성은 다른 국가들보다 더 계몽되어 있다는 점이 아니고, 자신들의 잘못을 수정할 역량에 있다."[8]

감사의 말(Acknowledgments)

나의 아내, 쉐리(Sherry)는 미국외교사를 우리가 처음 만난 46년 전부터 나와 함께 공부하고, 조사하고, 저술했다. 편집장이고 저자이고, 자문관이고, 동반자인 그녀는 내가 지금까지 줄 수 있는 것보다 더 많은 존중과 인정을 받을 만하다. 감사드린다.

데니얼 챠르델(Daniel Chardell)은 하버드에서 역사학 박사학위를 준비하면서, 능숙하게 그리고 부지런하게 연구, 근원, 편집, 주석, 자문, 활기로 3년간 지원했다. 그의 향후 학문, 학술적 수월성, 그리고 "응용 역사학(applied history)"에 대한 관심을 나는 예의 주시할 것이다.

브레야나 레만(Breyana Lehman)은 타이핑과 재작업으로 이 책의 출판을 가능하게 했고, 부른즈위크 그룹(Brunswick Group)의 워싱턴 사무소를 무난하게 운영하면서도, 믿을 수 없을 만한 정성과 정확도로 늘 지원해 주었다. 그녀의 책임감은 나를 놀라게 했고 나의 감사는 충심이다. 이 저술 업무의 초기 단계에 새라다 스트라스모어(Sharada Strasmore)와 비비안 트랜(Vivian Tran)이 또한 도왔다.

나는 예외적으로 셀 수 없는 방법으로 나를 격려해준 그래함 앨리슨(Graham Allison)에게 감사를 드린다. 그는 저작을 후원했고 그 후 옆구리를 쿡 찔러 힌트를 주었고, 질문을 했고, 초안을 검토했고, 조언의 메모를 보냈고, 하버드에서 나의 초안을 읽고 의견을 내는 교수와 대학원생 세미나를 조직했다. 그래함을 아는 누구든지 비범한 그의 에너지와 열정을 인정한다. 나는 그 둘의 속성으로 크게 편익을 보았다. "응용 역사학(applied history)"의 기여에 박차를 가하려는 그의 모험은 과거를 미래 도전에 연계하려는 연구자들과 현직 외교관들의 새로운 세대를 이끌고 있다.

내 책을 위한 그래함의 세미나는 헌신적인 교수, 선임 연구원들, 성장하는 학자들의 모임의 관대함과 인내에 의존했다. 이 모든 이들이 각 장의 초안을 정성스레 읽어 주었고 사려 깊은 충고를 제공했다. 특히 안네 카랄레카스[Anne Karalekas 곧 로버트 러벳(Robert Lovett)의 자서전을 출판할], 프레드 로즈볼(Fred Lodgevall), 에레즈 마넬라(Erez Manela), 조 니에(Joe Nye), 메간 오설리번(Meaghan O'Sullivan) 그리고 안 웨스태드(Arne Westad)에 많은 빚을 졌다. 또한 미래 그래함의 동료들-야코브 페이진(Yakov Feygin), 줄리안 게비르츠(Julian Gewirtz), 아르준 카푸르(Arjun Kapur), 제이슨 켈리(Jason Kelly), 브랜던 멘도자(Brandon Mendoza), 아루프 무카르지(Aroop Mukharji), 타미오 파르도(Tamio Pardo), 벤자민 로드(Benjamin Rhode), 칼더 월튼(Calder Walton), 저스틴 위노커(Justin Winokur)는 탁월한 통찰력과 비판을 제공했다. 귀중한 시모네 오핸론(Simone O'Hanlon)은 방대한 업무를 본 궤도에 유지했다.

우수한 외교사가 중의 한 사람이고 이전 동료였던 필립 젤리코(Philip Zelikow)는 시작부터 이 저술 사업의 한 기둥이었다. 필은 원전을 찾아 주었다. 그는 초안을 읽어주었고, 우리는 우리 업무에 관해 긴 대화를 즐겼다. 필은 버지니아대학에서 역사적 전문성에 걸쳐서 내가 처음 개념들을 시험할 수 있게 교수 세미나를 조직했다. 이 책에 사용한 주석들은 필 자신의 출판물의 엄청난 범위를 드러내고 있다. 나는 이 천재적인 그리고 호기심에 찬 학자에게서 더 많은 것들이 나올 것이라고 추가하는 기쁨을 만끽한다.

나는 또한 존스 홉킨스대학(Johns Hopkins University)의 니체 국제관계대학원(Nitze School for Advanced International Studies, SAIS)에 신세를 졌다. 학장 발리 나스르(Vali Nasr)와 엘리엇 코헌(Eliot Cohen)은 친절하게 나에게 SAIS의 메이슨(Mason) 도서관을 제공해 주었다. 소장 쉴라 탈히머(Sheila Thalhimer), 조시 맥도널드(Josh McDonald)와 그의 동료들은 우리가 책이나 다른 문헌을 찾아 나설 때 일관되게 선의로 도와주었다. 그들은 내가 수년 후에 서지조사 기술을 배울 때에 아주 참을성 있게 지켜 주었다. SAIS는 또한 신설 헨리 키신저 국제관계연구소(Henry Kissinger Center for Global Affairs)의 사무실을 유치했고 교수이자 소장인 프랭크 개빈(Frank Gavin)이 인도하고 있다. 프랭크는 학자들과 만찬을 준비해 나의 저술 계획을 토의하게 해 주었고, 화상회의를 열어 여러 대학의 교수들과 대학원생들로 이루어진 협력단과 장별 토론을 해 주었다. 프랭크가 학자들이 정책 논쟁에 참여하도록 격려한 조치들은 이 책의 전제에 딱 들어맞았다.

나는 위대하고 영감을 주는 역사가인 예일대학 교수 존 루이스 개디스(John Lewis Gaddis)에게 감사를 드린다. 그는 시간을 내어 이 책의 요약을 읽고 의견을 주었다.

MIT의 존 더치(John Deutch)는 국제기술정책을 포함하기를 촉구해 배너바 부시와 외교정책 내에서 과학과 혁신 체제의 핵심적인 역할에 관한 한 장을 넣었다. 나는 이 차원의 힘과 외교는 중요성이 더욱 커질 뿐이라고 믿는다.

20년 전에, 내가 미국외교사에 관한 책을 쓰겠다는 생각을 가졌을 때, 어니스트 메이(Earnest May)는–그때에도 그리고 아마도 이 분야의 영원한 원로인–현명하게도 국무부 바깥을 보라고 나에게 일러주었다. 메이는 또한 이미 상당한 업적을 내고 있던 박사학위 후보생 알렉시스 엘비온(Alexis Albion)을 조수로 붙여 주었다. 알렉시스는 탁월한 역사가로, 그녀가 나에게 모아

준 일차 자료들의 유용성을 수년 후에 깨닫게 되었다. 다행스럽게도, 나는 월드뱅크에서 동료로 알렉시스의 기술로 다시 편익을 보았다.

1990년대 후반에 내가 이 책을 저술하는 긴 여정을 시작할 때 마린 스트렘키(Marin Stremecki)와 스미스-리차드슨(Smith-Richardson) 재단은 학술비를 지원했다 12년 혹은 그 이상의 공직으로 저술작업은 중단이 되었다. 나는 마린과 스미스-리차드슨에게 그들의 예외적인 인내에 수 없이 감사를 드릴 수밖에 없다. 나는 또한 감사와 사과를 로버트 갈루치(Robert Gallucci)에게 드린다. 당시 그는 조지타운 외교관 학교의 학장이었고 내가 그의 도서관 계좌로 많은 도서들을 오래 빌리는 걸 허락해 주었다.

내가 연구를 각 장으로 옮기자, 많은 친구들이 초안에 의견을 주고 의문에 해답을 주어 도와주었다. 리처드 버트(Richard Burt), 브루스 퍼거(Bruce Ferguson), 제프 가튼(Jeff Garten), 고든 골드스타인(Gordon Goldstein), 찰스 파월 경(Lord Charles Powell), 크리스 슈뢰더(Chris Schroeder). 그리고 대사 마이클 타울리(Michael Thawley)와 텍사스대학의 교수 윌 임보든(Will Imboden)은 나를 초청해 3개 장을 역사와 국정운영기술(History and Statecraft)에 관한 클레멘츠 센터 세미나(Clements Center Seminar)에 초청해 주었다. 거기서 나는 영감을 주는 연구원들과의 대화를 즐겼다. 등 현(Dung Huynh)과 박재한(Jaehan Park)은 다른 장들도 읽어 주었고 후속 노트는 윌의 노트와 함께 글을 다듬는 데 유용하게 사용되었다. 슬프게도, 수년간 친구이고 동료였고 내가 시작할 때 용기를 주었던 매트 니에마이어(Matt Niemeyer)는 이제 여기에 없어서 완성된 작품을 보지 못하게 되었다. 매트는 자서전들과 대화체 역사서들을 읽어 주길 즐겼다. 나는 저술을 하는 동안 독자로서 그를 늘 상기했다.

나는 트웰브(Twelve)의 숀 데스몬드(Sean Desmond)와 수완이 좋은 팀-밥 카스틸로(Bob Castillo), 레이철 캠뷰리(Rachel Kambury), 교열편집자 마크 스티븐 롱(Steven Long)-이 최선의 안내, 편집 방향, 그리고 세부사항 주의를 제공해 새로운 작가를 기꺼이 지원해 준 것에 감사드린다. 나에게 책 출판 사업을 제안하는 방법을 알려주고 나에게 숀과 트웰브를 소개해 준 중개상 겸 애서가인 앤드류 와일리(Andrew Wylie)에게 감사를 드린다.

이 책은 나의 개인적인 평가와 역사를 통합한 것이기 때문에, 미국 정부 내에서든, 월드 뱅크에서든 혹은 다른 국가들의 경험을 통해, 내가 외교, 외교정책, 경제정책, 개발, 관료적인 국내 및 국제 정치를 배우는 계기를 마련해 준 지도자들과 동료들에게 많은 빚을 졌다. 그들 이름의 일부는 본문이나 주석에 등장하지만, 실제로 더 많은 이들이 내 마음에 살아있다.

특히, 제임스 베이커 3세(James A. Baker III)에 대한 나의 존경과 빚은 책 전체를 관통한다. 장관 베이커와 함께 일할 수 있었던 것은, 그가 행동하는 것을 지켜보고, 역사적 사건에 그의 팀의 부분으로 참가한 것은, 큰 행운이었다. 내가 아이디어를 낼 때마다, 베이커는 항상 개선해 주었다.

이 저술의 속성은, 서문에서 소개했듯이, 240여 년에 걸친 사건들을 조사 연구한 진정한 학자들의 수 세대에 걸친 발견들에 의존하고 있다. 나는 여러 관점을 비교하려고 노력하고, 도움이 될만한 일차 문헌을 추가했다. 나는 또한 나의 통찰과 판단에 추가해 다른 이들의 작품을 추가했다. 그러나 이 도서는 여러, 여러 많은 다른 사람들의 연구에 바탕을 두었다.

내가 많은 사람들의 배움의 역사 탐구 정신을 인식하는 최선의 방법은 세리(Sherry)와 나의 최초의 외교사 교수 제임스 필드 주니어(James A. Field Jr.)에게 감사하는 것이다. 필드의 글은 여전히 빛나고 그의 학문은 세월의 시험에도 여전하다. 그러나 그는 또한 정확한 디테일의 대가인 선생으로, 교수 필드는 역사를 살아있게 했고 학생들이 가정을 의심하게 밀었고, 원전을 캐는 방법을 가르쳐 주었고 건조한 위트로 모든 경험에 빛을 비추었다.

여전히 많은 이들이 여러 방법을 도왔으나, 최종 작품에 대한 책임은 오로지 나의 것이다.

미주(Endnotes)

서문: 미국의 최초의 외교관(America's First Diplomat))

1. R. M. Bache, "Franklin's Ceremonial Coat," *Pennsylvania Magazine of History and Biography* 23 (1899), 444-52, 450. Walter Isaacson, *Benjamin Franklin: An American Life* (New York: Simon & Schuster, 2003), 345, 552.
2. Edmund Burke, "Edmund Burke, Esq., Letter to the Marquis of Rockingham," 1774년 2월 2일, *Letters of Edmund Burke: A Selection*, ed. Harold J. Laski (London: Humphrey Milford, Oxford University Press, 1922), 180. Lord Edmond Fitzmaurice, *Life of William, Earl of Shelburne*, vol. 1, *1737-1776* (London: Macmillan and Co., 1912). "Extract of a Letter from London, [19 February 1774]," in *The Papers of Benjamin Franklin*, vol. 21, *January 1, 1774- March 22, 1775*, ed. William B. Wilcox (New Haven: Yale University Press, 1978), 112.
3. Isaacson, *Franklin*, 347; Don Cook, *The Long Fuse* (New York: Atlantic Monthly Press, 1995), 286-88; Stacy Schiff, *A Great Improvisation: Franklin, France, and the Birth of America* (New York: Henry Holt, 2005), 128- 33 (42시간 배달은 더 의심이 감).
4. "Franklin's 'Hints' or Terms for a Durable Union [between 4 and 6 December 1774]," *Papers of Benjamin Franklin*, vol. 21, 365-68.
5. Schiff, *Great Improvisation*, 409.
6. Gordon S. Wood, *The Americanization of Benjamin Franklin* (New York: Penguin, 2004), 195, 277에서 Franklin이 Robert R. Livingston에게 보낸 서한 인용, 원전 이하 참조 Doc. 1426, "To Robert R. Livingston," July 22, 1783, *The Writings of Benjamin Franklin*, vol. 9, *1783- 1788*, ed. Albert Henry Smyth (New York: Macmillan Company, 1907),62.
7. Schiff, *Great Improvisation*, 294.
8. 둘 다 Schiff, *Great Improvisation*, 324, 338 (강조는 원문임).
9. Richard B. Morris, *The Peacemakers: The Great Powers and American Independence* (New York: Harper & Row, 1965), 386- 87.
10. Schiff, *Great Improvisation*, 412.
11. Schiff, *Great Improvisation*, 295에서 인용. 원전은 Franklin to Morris, March 7, 1782, *The Revolutionary Diplomatic Correspondence of the United States*, vol. 5, ed. Francis Wharton (Washington,DC: Government Printing Office, 1889), 228 참조.
12. Morris, *Peacemakers*, 438-39, 548. 원전 참조 Franklin to Laurens, May 25, 1782, *The Works of Benjamin Franklin*, vol. 9, ed. Jared Sparks (Boston: Hilliard, Gray, and Co., 1840), 290- 291 참고.
13. 파리에서 프랭클린의 교섭에 대한 논의는 Schiff, *Great Improvisation*; Morris, *Peacemakers*, 192-99, 248-313, 334-85; Isaacson, *Benjamin Franklin*, 324-429; Wood, *Americanization of Benjamin Franklin*, 169-200; Cook, *Long Fuse*, 360-73; Gerald Stourzh, *Benjamin Franklin and American Foreign Policy* (Chicago: University of Chicago Press, 1969), 123-79. 영-미 교섭과 미국의 차원들과 "운"을 경시한 유럽의 세력 균형에 대해 Andrew Stockley, *Britain and France at the Birth of America: The European Powers and the Peace Negotiations of 1782-1783* (University of Exeter Press, 2001), 5-73.
14. Henry Kissinger, *Diplomacy* (New York: Simon & Schuster, 1994), 36.
15. George F. Kennan, *American Diplomacy*, 60th ann. rev. & exp. ed. (Chicago: University of Chicago Press, 2012), 99- 102, 109.
16. Walter McDougall, *Promised Land, Crusader State: The American Encounter with the World Since 1776* (Boston: Houghton Mifflin, 1997).
17. William Appleman Williams, *The Tragedy of American Diplomacy*, 50th ann. ed. (New York: W. W. Norton & Co., 2009 [c1959]).
18. John Lewis Gaddis, *The United States and the Origins of the Cold War, 1941-1947* (New York: Columbia University Press, 1972), vii; 같은 책, "The Emerging Post-Revisionist Synthesis on the Origins of the Cold War," *Diplomatic*

History 7, no. 3 (July 1983), 175.

19. 미드Mead 가 규명한 4대 미국 외교 학파, 무역과 경제번영을 통한 안보를 주장하는 해밀턴파 Hamiltonians, 해외 민주주의 확장을 통한 안보를 주장하는 윌슨파Wilsonians, 국내에서 민주주의를 지키고 해외 개입에 회의적인 제퍼슨파Jeffersonians, 국가의 물리적 안보 관리인으로 외교를 주장하는 잭슨파Jacksonians. Walter Russell Mead, *Special Providence: American Foreign Policy and How It Changed the World* (New York: Alfred A. Knopf, 2001) 참조.

20. David Milne, *Worldmaking: The Art and Science of American Diplomacy* (New York: Farrar, Straus and Giroux, 2015).

21. Jennifer Ratner-Rosenhagen, *The Ideas That Made America: A Brief History* (New York: Oxford University Press, 2019), 103-8; William James, *Pragmatism: A New Name for Some Old Ways of Thinking: Popular Lectures on Philosophy* (Cambridge, MA: Riverside Press, 1907) 참조.

22. 미국외교의 포괄적인 사료편찬은 Jerald Combs, *American Diplomatic History: Two Centuries of Changing Interpretations* (Berkeley: University of California Press, 1983).

23. Henry Kissinger, *A World Restored: Europe After Napoleon* (New York: Grosset & Dunlap, 1964), 331.

24. Ernest R. May and Richard E. Neustadt, *Thinking in Time: The Uses of History for Decision-Makers* (New York: Free Press, 1986), 263.

25. Fredrik Logevall, "Why Did We Stop Teaching Political History?" *New York Times*, August 29, 2016. 논쟁의 내용은 Daniel Bessner and Fredrik Logevall, "Recentering the United States in the Historiography of American Foreign Relations," *Texas National Security Review* 3, no. 2 (Spring 2020), https://protect -us .mimecast .com /s /rV4AC 5yw1y fWv4DJ FzAOSh ?domain =tnsr.org /; Hal Brands and Francis J. Gavin, "The Historical Profession is Committing Slow-Motion Suicide," 2018년 12월 10일, *War on the Rocks*, https://warontherocks.com/2018/12/the-historical-profession-is-committing-slow-motion-suicide/.

26. James A. Field Jr., *America and the Mediterranean World, 1776-1882* (Princeton: Princeton University Press, 1969) 3, 4.

1부 새로운 미국시대: 대륙영토, 금융력, 중립적 독립, 공화주의 연합

제1장 알렉산더 해밀턴: 미 국력의 설계자(Alexander Hamilton: Architect of American Power)

1. G. W. Parke Custis, *Recollections and Private Memoirs of Washington* (New York: Derby & Jackson, 1860), 349. Forrest McDonald questions Custis's account in *Alexander Hamilton: A Biography* (New York: Norton, 1982), 128. Charles Rappleye, *Robert Morris: Financier of the American Revolution* (New York: Simon & Schuster, 2010), 454. Morris의 이력은 Ron Chernow, *Alexander Hamilton* (New York: Penguin Press, 2004), 155. Hamilton이 George Washington의 보좌관 근무에 대해 Willard Sterne Randall, *Alexander Hamilton: A Life* (New York: HarperCollins, 2003), 122.

2. Rappleye, *Robert Morris*, 454.

3. 서신원문은 "From Alexander Hamilton to Robert Morris, [30 April 1781]," *The Papers of Alexander Hamilton*, vol. 2, *1779- 1781*, ed. Harold C. Syrett (New York: Columbia University Press, 1961), 604-35; "From Alexander Hamilton to James Duane, [3 September 1780]," 같은 책, 400- 418; "From Alexander Hamilton to-, [December-March 1779-1780]," 같은 책, 236-51. Hamilton 제안서에 대해 Chernow, *Alexander Hamilton*, 156; Randall, *Alexander Hamilton*, 231; McDonald, *Alexander Hamilton*, 40. 480).

4. 서신원문은 "From Alexander Hamilton to Lieutenant Colonel John Laurens, [12 September 1780]," *Papers of Alexander Hamilton*, vol. 2, 426-28. Randall, *Alexander Hamilton*, 231 참조.

5. "From Alexander Hamilton to Robert Morris, [30 April 1781]," *Papers of Alexander Hamilton*, vol. 2, 604- 35.

6. Chernow, *Alexander Hamilton*, 138.

7. 특히*Federalist* numbers 11- 36. *The Papers of Alexander Hamilton*, vol. 4, *January 1787-May 1788*, ed. Harold C. Syrett (New York: Columbia University Press, 1962), 339-490. Hamilton의 *Federalist* 기고문 기여는 Chernow, *Alexander Hamilton*, 254-55.

8. McDonald, *Alexander Hamilton*, 156-61. Pitts에 대해 John Lamberton Harper, *American Machiavelli: Alexander*

Hamilton and the Origins of U.S. Foreign Policy (New York: Cambridge University Press, 2004), 271.

9. 원문은 "Eulogy on Nathanael Greene, [4 July 1789]," *The Papers of Alexander Hamilton*, vol. 5, *June 1788-November 1789*, ed. Harold C. Syrett (New York: Columbia University Press, 1962), 345- 59. Harper, *American Machiavelli*, 145.
10. McDonald, *Alexander Hamilton*, 35 (강조는 원문).
11. McDonald, *Alexander Hamilton*, 135.
12. "From Alexander Hamilton to Robert Morris, [30 April 1781]," *Papers of Alexander Hamilton*, vol. 2, 604-35. Hamilton의 재정 예지력에 대해 McDonald, *Alexander Hamilton*, 143- 210; Chernow, *Alexander Hamilton*, 291-304; Randall, *Alexander Hamilton*, 373- 403; Harper, *American Machiavelli*, 46- 48.
13. McDonald, *Alexander Hamilton*, 164.
14. Thomas Jefferson's papers 편집인 Julian P. Boyd, *Number 7: Alexander Hamilton's Secret Attempts to Control American Foreign Policy* (Princeton, NJ: Princeton University Press, 1964). Boyd의 엄격한 평가에 대해 Harper, *American Machiavelli*, 74-75; Chernow, *Alexander Hamilton*, 393- 95.
15. Chernow, *Alexander Hamilton*, 295.
16. Harper, *American Machiavelli*의 결론 부분 특히 273, 275.
17. Chernow, *Alexander Hamilton*, 393.
18. 나중에 Hamilton은 1791년 후반에 온 초대 영국 공사 George Hammond와도 유사한 대화를 나누었다. "Conversation with George Beckwith," October 1789, *Papers of Alexander Hamilton*, vol. 5, 482- 90. Chernow, *Alexander Hamilton*, 294-95, 394; Harper, *American Machiavelli*, 49-50, 75-82, 93- 96.
19. Harper, *American Machiavelli*, 49, 156.
20. 원본은"Remarks on the Treaty of Amity Commerce and Navigation Lately Made Between the United States and Great Britain [9-11 July 1795]," *The Papers of Alexander Hamilton*, vol. 18, *January 1795- July 1795*, ed. Harold C. Syrett (New York: Columbia University Press, 1973), 404- 54. Chernow, *Alexander Hamilton*, 392, 460, 461; Harper, *American Machiavelli*, 158 참조.
21. "친영국 편향의 평화"에 대해 Harper, *American Machiavelli*, 273. 과거 프랑스와의 조약의 "죄수prison"에 대해 같은 책, 104. 외세 회피에 대해 같은 책, 84. 원문은 "Enclosure: Answers to Questions Proposed by the President of the United States to the Secretary of the Treasury [15 September 1790]," *The Papers of Alexander Hamilton*, vol. 7, *September 1790-January 1791*, ed. Harold C. Syrett (New York: Columbia University Press, 1963), 37- 57.
22. Harper, *American Machiavelli*, 169. For "impassioned pragmatism," Chernow, *Alexander Hamilton*, 442.
23. 군대 창설에 대해 Harper, *American Machiavelli*, 231-37; Chernow, *Alexander Hamilton*, 556- 57. 스페인에 대한 Hamilton의 설계는 Chernow, *Alexander Hamilton*, 566-68.
24. 후기 세대들이 Washington의 지혜를 잊지 않도록 수년간 의회는 Washington의 탄생일에 그 연설문을 크게 낭독했다. Chernow, *Alexander Hamilton*, 505-9. 또한 Harper, *American Machiavelli*, 177. 그 연설의 영향에 대해 Felix Gilbert, *To the Farewell Address: Ideas of Early American Foreign Policy* (Princeton, NJ: Princeton University Press, 1961).
25. Harper, *American Machiavelli*, 83, 165. 원문은 "The Defence No. V [5 August 1795]," *The Papers of Alexander Hamilton*, vol. 19, *July 1795- December 1795*, ed. Harold C. Syrett (New York: Columbia University Press, 1973), 88- 97.
26. 서신 원문은 "From Alexander Hamilton to Oliver Wolcott, Junior, 6 June [1797]," *The Papers of Alexander Hamilton*, vol. 21, *April 1797- July 1798*, ed. Harold C. Syrett (New York: Columbia University Press, 1974), 98-101; "From Alexander Hamilton to William Loughton Smith, 5 April 1797," 같은 책, 20-21. Chernow, *Alexander Hamilton*, 546-47 참조.
27. Harper, *American Machiavelli*, 79, 181. 원문은 "To George Washington from Alexander Hamilton, 15- 22 July 1790," *The Papers of George Washington*, vol. 6, *1 July 1790- 30 November 1790*, ed. Mark A. Mastromarino (Charlottesville, VA: University Press of Virginia, 1996), 78-83; "From Alexander Hamilton to George Washington [5 November 1796]," *The Papers of Alexander Hamilton*, vol. 20, *January 1796-March 1797*, ed. Harold C. Syrett (New York: Columbia University Press, 1974), 374-75. "candor, goodwill, and good sense"에 대해 McDonald, *Alexander Hamilton*, 269.
28. James Thomas Flexner, *The Young Hamilton: A Biography* (Boston: Little, Brown, 1978), 449.

29. Harper, *American Machiavelli*, 56.
30. Hamilton과 Talleyrand에 대해 Allan McLane Hamilton and Willard Sterne Randall, *The Intimate Life of Alexander Hamilton* (New York: Skyhorse Publishing, 2016), 75, 195; Chernow, *Alexander Hamilton*, 465-66, 548-49.
31. Charles Maurice de Talleyrand-Perigord, *Memoirs of the Prince de Talleyrand*, vol. 1, ed. Duc de Broglie, trans. Raphael Ledos de Beaufort (London: Griffith Farran Okeden and Welsh, 1891), 185.

제2장 토머스 제퍼슨: 미래파(Thomas Jefferson: The Futurist)

1. 제퍼슨의 주화에 대한 문건, *The Papers of Thomas Jefferson*, vol. 7, *2 March 1784-25 February 1785*, ed. Julian P. Boyd (Princeton, NJ: Princeton University Press, 1953), 150- 203. 의회는 제퍼슨의 십진법 체제를 1785년에 채택에 대해 Willard Sterne Randall, *Thomas Jefferson: A Life* (New York: Henry Holt and Company, 1993), 361. 31개 보고서에 대해 Dumas Malone, *Thomas Jefferson: The Virginian* (Charlottesville, VA: University of Virginia Press, 1948), 411.
2. Randall, *Thomas Jefferson*, 362.
3. 서부영토에 대한 임시정부를 위한 계획을 준비한 위원회 보고서에 대해 *The Papers of Thomas Jefferson*, vol. 6, *21 May 1781-March 1784*, ed. Julian P. Boyd (Princeton, NJ: Princeton University Press, 1962), 603- 12.
4. Randall, *Thomas Jefferson*, 362; Malone, *Jefferson the Virginian*, 412-13; Noble E. Cunningham Jr., *In Pursuit of Reason: The Life of Thomas Jefferson* (Baton Rouge, LA: Louisiana State University Press, 1987), 85- 86; Jon Meacham, *Thomas Jefferson: The Art of Power* (New York: Random House, 2012), 173; John Ferling, *Jefferson and Hamilton: The Rivalry That Forged a Nation* (New York: Bloomsbury Press, 2013), 148- 49.
5. 1786년 6월 22일 DéMeunier 원고에 대한 제퍼슨의 관찰에 대해 *The Papers of Thomas Jefferson*, vol. 10, *22 June-31 December 1786*, ed. Julian P. Boyd (Princeton, NJ: Princeton University Press, 1954), 58.
6. Joseph Ellis, *His Excellency: George Washington* (New York: Alfred A. Knopf, 2004), 212. 원문에 대해 "Enclosure, 15 June 1789," in *The Papers of George Washington: Presidential Series*, vol. 2, *1 April 1789- 015 June 1789*, ed. Dorothy Twohig (Charlottesville, VA: University Press of Virginia, 1987), 490- 95. 연합국 조항들 Articles of Confederation에 의한 서부 영토를 위한 하나의 정책 개발과 시행의 투쟁에 대해 George William Van Cleve, *We Have Not a Government* (Chicago: University of Chicago Press, 2017), 639-60.
7. David Hendrickson, *Peace Pact: The Lost World of the American Founding* (Lawrence, KS: University Press of Kansas, 2003); 같은 책, *Union, Nation, or Empire: The American Debate over International Relations* (Lawrence, KS: University Press of Kansas, 2009); Elizabeth Cobbs Hoffman, *American Umpire* (Cambridge, MA: Harvard University Press, 2013).
8. Charles A. *Jefferson's Great Gamble: The Remarkable Story of Jefferson, Napoleon and the Men Behind the Louisiana Purchase* (Naperville, IL: Sourcebooks, 2003), 5.
9. Cerami, *Jefferson's Great Gamble*, 11, 40; Alexander De Conde, *This Affair of Louisiana* (New York: Charles Scribner's Sons, 1976), 27, 28, 95, 105.
10. Napoleon은 실제로 Bonaparte 라고 불리고 있었을 것이다. 왜냐하면 아직 황제는 아니었기 때문이다. 역사에서 흔하게 사용한 이름을 여기에도 사용했다. De Conde, *This Affair of Louisiana*, 86, 87, 91, 92; Jon Kukla, *A Wilderness So Immense: The Louisiana Purchase and the Destiny of America* (New York: Knopf, 2003), 204.
11. Cerami, *Jefferson's Great Gamble*, 32- 33, 35- 36.
12. Cerami, *Jefferson's Great Gamble*, 37, 41, 42; De Conde, *This Affair of Louisiana*, 91, 107, 111; Kukla, *Wilderness So Immense*, 216, 225-26.
13. Cerami, *Jefferson's Great Gamble*, 24, 32; De Conde, *This Affair of Louisiana*, 98.
14. De Conde, *This Affair of Louisiana*, 73, 113; 같은 책, *Jefferson's Great Gamble*, 57.
15. 세인트 도미니크Sainte Dominique는 1804년까지 Hispaniola 섬의 서부 지역 이름으로 그 이후에 Haiti공화국이 됨. 스페인은 동부 지역을 지배했고 오늘날 도미니크 공화국Dominican Republic이 됨. 이 두 국가는 후속 장에서 역할을 함. De Conde, *This Affair of Louisiana*, 98-102; Cerami, *Jefferson's Great Gamble*, 45-54.
16. De Conde, *This Affair of Louisiana*, 99-103. 삐에르 글레지즈Piero Gleijeses는 도 꽁데De Conde의 아이티에 대한 미국 원조를 문제 삼았으나, 그는 미국 상인들이 아이티 반군들과 거래했다고 인정함. Piero Gleijeses, "Napoleon, Jefferson,

and the Louisiana Purchase," *International History Review* 39, no. 2 (2017), 241-42.

17. De Conde, *This Affair of Louisiana*, 102-4; Cerami, *Jefferson's Great Gamble*, 43, 68-69.
18. De Conde, *This Affair of Louisiana*, 113, 116-17; Cerami, *Jefferson's Great Gamble*, 57- 59, 66.
19. 리빙스턴Livingston의 상상은 더 넓었다. 그는 나중에 로버트 풀턴Robert Fulton의 증기선 실험에 돈을 댔고, 항해의 새 시대를 열었다. 그리고 1809년에 양羊에 관한 에세이를 출판했다. "Essay on Sheep." Kukla, *Wilderness So Immense*, 235-38.
20. 리빙스턴과 그의 외교 스타일에 대한 논의는 *Jefferson's Great Gamble*, 74-90; Kukla,*Wilderness So Immense*, 239-45. 리빙스턴의 시각은 또한 프랭크 브레처Frank Brecher에 Frank Brecher, *Negotiating the Louisiana Purchase: Robert Livingston's Mission to France, 1801-1804* (Jefferson, NC: McFarland & Co., 2006). 브레처는 나폴레옹에게 식민지에 관해 리빙스턴이 보낸 메모의 영어 번역본을 또한 포함한다.
21. De Conde, *This Affair of Louisiana*, 112; Cerami, *Jefferson's Great Gamble*, 118.
22. Cerami,, *Jefferson's Great Gamble*, 118-19; De Conde, *This Affair of Louisiana*, 117.
23. 마침내, 사업가 중 한명인 엘뤼테르 이레네Eleuthère Irénée는 성공적인 화약을 생산하는 기업을 창립했다.
24. Cerami, *Jefferson's Great Gamble*, 134-40, De Conde, *This Affair of Louisiana*, 114-15, 130.
25. Cerami, *Jefferson's Great Gamble*, 139.
26. Cerami, *Jefferson's Great Gamble*, 142-
27. Edward Channing, *The Jeffersonian System, 1801-1811* (New York: Cooper Square, 1968), 60-72; De Conde, *This Affair of Louisiana*, 119- 22; Cerami, *Jefferson's Great Gamble*, 123- 25. 43.
28. De Conde, *This Affair of Louisiana*, 121- 22.
29. De Conde, *This Affair of Louisiana*, 124.
30. De Conde, *This Affair of Louisiana*, 127- 29, 132- 34; 전게서, *Jefferson's Great Gamble*, 124-27.
31. 먼로는 1794-1796년 동안 워싱턴 대통령의 공사로 혁명 프랑스 정부에 공사로 파견되었다. 그는 영국과 프랑스 사이에서 중립을 유지하도록 되어 있었으나, 먼로의 선언문들은 프랑스 편향적이었음. 미국이 영국과 제이 조약Jay Treaty을 체결한 후, 프랑스와의 관계는 안 좋아져서 워싱턴은 먼로를 파리로부터 소환했다. 그 후 먼로는 1799년에 버지니아주 지사로 선출되었다.
32. 원본은 "From Thomas Jefferson to Thomas Mann Randolph, 17 January 1803," in *The Papers of Thomas Jefferson*, vol. 39, *13 November 1802-March 1803*, ed. Barbara B. Oberg (Princeton: Princeton University Press, 2012), 341. 참조, De Conde, *This Affair of Louisiana*, 135.
33. 영국과의 가능한 동맹에 대해Cerami, *Jefferson's Great Gamble*, 144, 165. Robert W. Tucker 와 David C. Hendrickson는 *Empire of Liberty* (New York: Oxford University Press, 1990), 110- 16에서 제퍼슨이 영국과의 동맹을 심각히 고려한 적이 있는지에 대해 회의적임을 밝히고 있다. 영국 대리공사의 건의에 대해서는 De Conde, *This Affair of Louisiana*, 135.
34. "From Thomas Jefferson to the Senate and the House of Representatives, 18 January 1803"는 *Papers of Thomas Jefferson*, vol. 39, 350- 354에 있음. De Conde, *This Affair of Louisiana*, 136- 37. 루이스Lewis와 클라크Clark 탐험에 대한 개관은 Stephen E. Ambrose, *Undaunted Courage: Meriwether Lewis, Thomas Jefferson, and the Opening of the American West* (New York: Simon & Schuster, 1996).
35. De Conde, *This Affair of Louisiana*, 136; Tucker and Hendrickson, *Empire of Liberty*, 117-22.
36. Cerami, *Jefferson's Great Gamble*, 181; De Conde, *This Affair of Louisiana*, 136. 정부 지출에 대해서는 U.S. Bureau of the Census, *The Statistical History of the United States, from Colonial Times to the Present* (New York: Basic Books, 1976), 1115. (9백4십만 달러 중 4백4십만 달러는 공공부채에 대한 이자였음.)
37. De Conde, *This Affair of Louisiana*, 151.
38. Cerami, *Jefferson's Great Gamble*, 123
39. De Conde, *This Affair of Louisiana*, 141.
40. Cerami, *Jefferson's Great Gamble*, 126- 28; De Conde, *This Affair of Louisiana*, 140, 157; Kukla, *Wilderness So Immense*, 267-68.
41. De Conde, *This Affair of Louisiana*, 142.
42. De Conde, *This Affair of Louisiana*, 153- 54.
43. 프랑스 역사가는 마리 조셉 루이 아돌프 티에르Marie Joseph Louis Adolphe Thiers였다. De Conde, *This Affair of Louisiana*의 제9장 특히 157- 58 참조.

44. De Conde, *This Affair of Louisiana*, 162-64; Cerami, *Jefferson's Great Gamble*, 92- 94, 163-64; 리빙스턴의 영향력에 관해 Kukla, *Wilderness So Immense*, 255- 56. 마봐Marbois는 나폴레옹과의 대화 기록의 근원이다.
45. Cerami, *Jefferson's Great Gamble*, 165-66; De Conde, *This Affair of Louisiana*, 163.
46. De Conde, *This Affair of Louisiana*의 프랑스에 대한 구두 약속 (95) 과 기록 (105).
47. De Conde, *This Affair of Louisiana*, 164-65.
48. 프랑스는 플로리다스Floridas를 획득하기를 원했으나 스페인은 걸프 해안Gulf Coast에서의 중요성 때문에 거절했다. De Conde, *This Affair of Louisiana*, 169.
49. Cerami, *Jefferson's Great Gamble*, 180.
50. 먼로의 결정에 대한 논의는Cerami, *Jefferson's Great Gamble*, 192- 200 참조.
51.가격흥정에 대해 Cerami, *Jefferson's Great Gamble*, 202-5; De Conde, *This Affair of Louisiana*, 167-172. 규모에 대해 *Jefferson's Great Gamble*, 258; Monticello, "The Louisiana Purchase,"https://www.monticello.org/thomas-jefferson/louisiana-lewis-clark/the-louisiana-purchase/.
52.헌법적합성에 관한 주장에 대한 논의는 De Conde, *This Affair of Louisiana*, 178, 180- 85; Cerami, *Jefferson's Great Gamble*, 208- 12 참조.
53. De Conde, *This Affair of Louisiana*, 191에서 인용.
54. Cerami, *Jefferson's Great Gamble*, 214- 15.
55. Cerami, *Jefferson's Great Gamble*, 223, 239.
56. 수상 헨리 에딩턴Henry Addington 은 나중에 바링스Barings 가 지급을 중지하도록 요청했으나 홉Hope은 바링스의 조용한 지원을 계속 받았다. De Conde, *This Affair of Louisiana*, 172, 173; Andrew Roberts, *Napoleon* (New York: Viking, 2014), 325-26.
57. De Conde, *This Affair of Louisiana*, 124. 더 최근의 역사 검토에서, 글레제즈Gleijeses는 제퍼슨은"역할이 없었다"고 결론을 내렸다. Gleijeses, "Napoleon, Jefferson, and the Louisiana Purchase,"237. 나는 이 결론은 인내, 맥락조성, 조심스러운 위협 사용, 외교에서의 시기의 역할을 과소평가해 나온 것으로 생각한다. 연방주의자들Federalists은 즉각적인 군사행동을 요구했고(아마도 해밀턴에게 호소했을 것이다), 다른 가능성은 겸양과 무행동으로 대통령이 대응한 것일 수 있다.
58. Tucker and Hendrickson, *Empire of Liberty*, 125.
59. Cobbs Hoffman, *American Umpire*, 90.
60. Henry Adams, *History of the United States of America During the First Administration of Thomas Jefferson*, vol. 2 (New York: Charles Scribner's Sons, 1921), 48-49.

제3장 존 퀸시 애덤스와 헨리 클레이: 미국적 현실주의와 미국 체제
(John Quincy Adams and Henry Clay: American Realism and the American System)

1. Ernest May, *The Making of the Monroe Doctrine* (Cambridge, MA: Belknap Press of Harvard University Press, 1975), 1.
2. James Traub, *John Quincy Adams: Militant Spirit* (New York: Basic Books, 2016), 203; Samuel Flagg Bemis, *John Quincy Adams and the Foundations of American Foreign Policy* (Westport, CT: Greenwood Press, 1949), 231.
3. Kissinger, *World Restored*.
4. 캐닝Canning의 제안서를 둘러싼 상황은 May, *Making of the Monroe Doctrine*, 1-4; Dexter Perkins, *A History of the Monroe Doctrine* (Boston: Little, Brown, 1955), 36-38; Jay Sexton, *The Monroe Doctrine: Empire and Nation in Nineteenth-Century America* (New York: Hill and Wang, 2011), 49- 51.
5. 해군전력 비교는 May, *Making of the Monroe Doctrine*, 4.
6. 국제적인 비교는 May, *Making of the Monroe Doctrine*, 11.
7. May, *Making of the Monroe Doctrine*, 6. 원문은 "Mr. Rush to Mr. John Quincy Adams," August 23, 1823, no. 323, *The Clayton-Bulwer Treaty and the Monroe Doctrine: A Letter from the Secretary of State to the Minister of the United States at London* (Washington, DC: Government Printing Office, 1882), 36.
8. 캐닝Canning의 각료 조정 책략에 대해서는 May, *Making of the Monroe Doctrine*, 122-28.
9. May, *Making of the Monroe Doctrine*, 190-91.

10. Alexander와 러시아에 대해 May, *Making of the Monroe Doctrine*, 66-85. 북아메리카에서 칙령과 러시아에 대해 같은 책 79-80. 인구 규모에 대해, 같은 책, 66. 지리적 참조에 대해 Traub, *John Quincy Adams*, 276-77.
11. JQA와 de Tuyll 공작의 대화에 대해 May, *Making of the Monroe Doctrine*, 194-96; Traub, *John Quincy Adams*, 276-77.
12. 그리스에 대한 미국 여론과 언론에 대해 May, *Making of the Monroe Doctrine*, 9-10.
13. 먼로의 배경에 대해 May, *Making of the Monroe Doctrine*, 12- 24. 먼로 전기 Harry Ammon, *James Monroe: The Quest for National Identity* (New York: McGraw-Hill, 1971).
14. 먼로 원칙들에 대해 May, *Making of the Monroe Doctrine*, 21. 먼로 인용문 원전은 Monroe to Thomas Jefferson, January 11, 1807, *The Writings of James Monroe*, vol. 5, *1807-1816*, ed. Stanislaus Murray Hamilton (New York: G. P. Putnam's Sons, 1901), 2.
15. JQA에 대해 Traub, *John Quincy Adams* 전기. 또 Samuel Flagg Bemisd의 두 기념비적 연구물, *John Quincy Adams and the Foundations of American Foreign Policy*(New York: Knopf, 1950)와 *John Quincy Adams and the Union*(New York: Knopf, 1956). 일기문 인용은 JQA, *Memoirs of John Quincy Adams*, vol. 4, ed. Charles Francis Adams (Philadelphia: J. B. Lippincott & Co., 1875), 388.
16. Bemis, *John Quincy Adams and the Foundations of American Foreign Policy*, 243에서 인용.
17. Traub, *John Quincy Adams*, 69, 78에서 인용.
18. Perkins, *Monroe Doctrine*, 29에서 인용. 원전은 JQA, *Memoirs of John Quincy Adams*, vol. 4, 438.
19. 스트래트포드 캐닝Stratford Canning은 주미 영국 공사이고 외무장관 조지 캐닝George Canning의 조카이다.
20. Traub, *John Quincy Adams*, 261-62에서 인용. 원전은 JQA, *Memoirs of John Quincy Adams*, vol. 5, ed. Charles Francis Adams (Philadelphia: J. B. Lippincott & Co., 1875), 252.
21. Traub, *John Quincy Adams*, 229.
22. Traub, *John Quincy Adams*, 231.
23. Traub, *John Quincy Adams*, 261.
24. JQA, *The Writings of John Quincy Adams*, vol. 7, *1820- 1823*, ed. Worthington Chauncey Ford (New York: Macmillan Company, 1917), 469.
25. JQA의 상업외교에 대해 Traub, *John Quincy Adams*, 261; Norman Graebner, "John Quincy Adams," *American Statesmen: Secretaries of State from John Jay to Colin Powell*, ed. Edward S. Mihalkanin (Westport, CT: Greenwood Press, 2004), 23.
26. Traub, *John Quincy Adams*, 239.
27. May, *Making of the Monroe Doctrine*, x, xi, 35- 36. 다른 관점은 Traub, *John Quincy Adams*, 270.
28. 영국의 협박에 대해Traub, *John Quincy Adams*, 261. 겸양과 거만에 대해 Perkins, *Monroe Doctrine*, 39. JQA는 May, *Making of the Monroe Doctrine*, 28에서 인용. JQA 발언의 원본은 JQA, *The Writings of John Quincy Adams*, vol. 1, *1779- 1796*, ed. Worthington Chauncey Ford (New York: Macmillan Company, 1913), 478.
29. May, *Making of the Monroe Doctrine*, 28에서 인용. 원전은 JQA, *The Writings of John Quincy Adams*, vol. 3, *1801-1810*, ed. Worthington Chauncey Ford (New York: Macmillan Company, 1914), 300. Charles Edel's *Nation Builder* uses a grand strategy framework to relate Adams's life and service. See Edel, *Nation Builder: John Quincy Adams and the Grand Strategy of the Republic* (Cambridge, MA: Harvard University Press, 2014).
30. 7월 4일 연설에 대해 Traub, *John Quincy Adams*, 256- 59. 연설 원문은 JQA, *An Address Delivered at the Request of a Committee of the Citizens of Washington; on the Occasion of Reading the Declaration of Independence on the Fourth of July, 1821* (Washington, DC: Davis and Force, 1821).
31. 클레이에 대해 Robert V. Remini, *Henry Clay: Statesman for the Union* (New York: W. W. Norton, 1991); David S. 와 Jeanne T. Heidler, *Henry Clay: The Essential American* (New York: Random House, 2010). May, *Making of the Monroe Doctrine*, 50- 57. Remini, *Henry Clay*, 155. 원문은 *Annals of Congress*, 15th Congress, 1st Session, 401-4에서 인용.
32. Traub, *John Quincy Adams*, 250에서 인용. 원전은 Louisa Catherine Adams, *A Traveled First Lady: Writings of Louisa Catherine Adams*, ed. Margaret A. Hogan and C. James Taylor (Cambridge, MA: Belknap Press of Harvard University Press, 2014), 252.
33. 클레이의 정치적 전략에 대해 May, *Making of the Monroe Doctrine*, 173-81.
34. 클레이의 연설은 Remini, *Henry Clay*, 174- 75. 연설문 원문은 Henry Clay, *The Life, Correspondence, and Speeches*

of Henry Clay, vol. 5, ed. Calvin Colton (New York: A. S. Barnes & Co., 1857), 243.

35. Lexington에서 클레이 연설문은 May, *Making of the Monroe Doctrine*, 180. 연설문 원문은 Henry Clay, *The Life, Correspondence, and Speeches of Henry Clay*, vol. 1, ed. Calvin Colton (New York: A. S. Barnes & Co., 1857), 241.
36. Traub, *John Quincy Adams*, 258-59.
37. May, *Making of the Monroe Doctrine*, 191, 197.
38. JQA의 de Tuyll 과의 대화는 May, *Making of the Monroe Doctrine*, 196, 199; Traub, *John Quincy Adams*, 276-77, 279; Perkins, *Monroe Doctrine*, 40.
39. 각료 회의 토론은 May, *Making of the Monroe Doctrine*, 198-200; Traub, *John Quincy Adams*, 279-80; Perkins, *Monroe Doctrine*, 41-42.
40. May, *Making of the Monroe Doctrine*, 200-208; Traub, *John Quincy Adams*, 280-81.
41. May, *Making of the Monroe Doctrine*, 204, 208-10.
42. May, *Making of the Monroe Doctrine*, 210.
43. 먼로의 초안과 논쟁은 May, *Making of the Monroe Doctrine*, 211-18; Perkins, *Monroe Doctrine*, 43-44; Traub, *John Quincy Adams*, 281- 82.
44. 워트Wirt에 대해 May, *Making of the Monroe Doctrine*, 220-21; Traub, *John Quincy Adams*, 285; Sexton, *Monroe Doctrine*, 61.
45. 먼로 메시지의 길이와 맥락은 Sexton, *Monroe Doctrine*, 47-48. 본문 중 덜 주목받은 시작과 끝부분 문단들은 같은 책, 53-62. "개방외교open diplomacy"는 Perkins, *Monroe Doctrine*, 62. On JQA's anticolonialism, see Traub, *John Quincy Adams*, 285.
46. May, *Making of the Monroe Doctrine*, 219-28. 먼로가 제퍼슨에게 보낸 편지는 Monroe to Jefferson, December 4, 1823, *The Writings of James Monroe*, vol. 6, *1817- 1823*, ed. Stanislaus Murray Hamilton (New York: G. P. Putnam's Sons, 1903), 342-45.
47. 캐닝의 반응은 May, *Making of the Monroe Doctrine*, 240-44; Sexton, *Monroe Doctrine*, 65-66.
48 Perkins, *Monroe Doctrine*, 56-57에서 인용.
49. Perkins, *Monroe Doctrine*, 57-58.
50. Remini, *Henry Clay*, 221-22에서 인용. 원전은 JQA, *Memoirs of John Quincy Adams*, vol. 6, ed. Charles Francis Adams (Philadelphia: J. B. Lippincott & Co., 1875), 224.
51. Cobbs Hoffman, *American Umpire*, 105; Perkins, *Monroe Doctrine*, 4, 387- 89.
52. Traub, *John Quincy Adams*, 286.
53. Traub, *John Quincy Adams*, 286.
54. Root and Hughes in *The Monroe Doctrine: Its Modern Significance*, ed. Donald Marquand Dozer (New York: Knopf, 1965), 51, 87.
55. Ammon, *James Monroe*, 491.
56. Sexton, *Monroe Doctrine*, 61.
57. 볼리바Bolivar에 대해 Kinley Brauer, "Henry Clay," in Mihalkanin, *American Statesmen*, 129. 파나마의회Panama Congress의 미국 초대는 Remini, *Henry Clay*, 285; Perkins, *Monroe Doctrine*, 71; Sexton, *Monroe Doctrine*, 74; Heidler and Heidler, *Henry Clay*, 194; Traub, *John Quincy Adams*, 342.
58. 클레이Clay의 지시에 대해 Remini, *Henry Clay*, 297-300. 지시 원문은 Clay to Richard C. Andersen Jr. and John Sargeant, May 8, 1826, in *The Papers of Henry Clay*, vol. 5, ed. James F. Hopkins and Mary W. M. Hargreaves (Lexington, KY: University Press of Kentucky, 1984), 313-344.
59. Remini, *Henry Clay*, 297-300.
60. Remini, *Henry Clay*, 287-97. On the popularity of the Panama Congress, see Traub, *John Quincy Adams*, 345; Sexton, *Monroe Doctrine*, 75-80; Heidler and Heidler, *Henry Clay*, 195.
61. Remini, *Henry Clay*, 300-301.
62. Traub, *John Quincy Adams*, 259-60.
63. 애덤스의 "Grand Strategy of the Republic"에 대해 Edel, *Nation Builder*, especially at 2, 4, 8, 61, 62.

제4장 에이브러햄 링컨과 윌리엄 수어드: 실용적 연방주의자들
(Abraham Lincoln and William Seward: Pragmatic Unionists)

1. Kevin Peraino, *Lincoln in the World: The Making of a Statesman and the Dawn of American Power* (New York: Crown Publishers, 2013), 66- 68; Dean Mahin, *One War at a Time: The International Dimensions of the American Civil War* (Washington, DC: Brassey's, 1999), 7; Walter Stahr, *Seward: Lincoln's Indispensable Man* (New York: Simon & Schuster, 2012), 269- 73; Glyndon Van Deusen, *William Henry Seward* (New York: Oxford University Press, 1967), 282-84 (원문 강조).
2. Peraino, *Lincoln in the World*, 116- 17.
3. 특히 가장 중요하게 Peraino, *Lincoln in the World*; Mahin, *One War at a Time*; Howard Jones, *Blue and Gray Diplomacy: A History of Union and Confederate Foreign Relations* (Chapel Hill, NC: University of North Carolina Press, 2010).
4. Stahr에 의하면 링컨이 말한 "한 번에 하나의 전쟁"의 "최선의 증거"는 1861년 12월 28일 출간된 *Norfolk (MA) County Journal*에서 링컨은 "never spoke a wiser word than when he said 'one war at a time.'" 더욱이 1865년 4월 29일 *New York Times*에서 Seward의 정책은 "the President's famous motto: 'one war at a time.'" *Seward*, 323, 618- 619fn81. Stahr은 Mahin이 자신의 저서 *One War at a Time*을 언급하지 않았으나, Mahin은 Lincoln이 문장 "one trouble at a time"을 Mexico (233)에 대해 인용함.
5. 유동적인 국제 질서에 대한 관점은 D. P. Crook, *Diplomacy During the American Civil War* (New York: Wiley, 1975), 2-11, 185; Peraino, *Lincoln in the World*, 7, 65, 69, 174; Norman Graebner, "Northern Diplomacy and European Neutrality," in *Why the North Won the Civil War*, ed. David Herbert Donald (Baton Rouge, LA: Louisiana State University Press, 1960), 55- 56.
6. "scramble for America"와 Palmerston에 대해 Crook, *Diplomacy*, 2-3. 원문은 Lord Palmerston to Lord Clarendon, December 31, 1857, Kenneth Bourne, *The Foreign Policy of Victorian England, 1830-1902* (Oxford: Clarendon, 1970), 334. 경제 자료는 Crook, *Diplomacy*, 8-12, 109; Amanda Foreman, *A World on Fire: An Epic History of Two Nations Divided (London: Allen Lane, 2010), 9,64; Mahin, One War at a Time, 83- 87.*
7. Crook, *Diplomacy, 8.*
8. Confederate 관점은 "King Cotton," Crook, Diplomacy, 8-16. 수출금지embargo의 함의는 Mahin, *One War at a Time, 21.*
9. *Foreman, World on Fire, 26-27.*
10. Doris Kearns Goodwin, *Team of Rivals: The Political Genius of Abraham Lincoln* (New York: Simon & Schuster, 2005).
11. Russell에 대해 John Taylor, *William Henry Seward: Lincoln's Right Hand* (Washington, DC: Potomac Books, 1991), 144-45. Seward에 대한 물리적 묘사는 Van Deusen, *Seward, 225*. See also Stahr, *Seward, 213*.
12. Mahin, *One War at a Time*, 258.
13. Peraino, *Lincoln in the World*, 71, 75, 101; George Herring, *From Colony to Superpower: U.S. Foreign Relations since 1776* (New York: Oxford University Press, 2008), 255.
14. Buchanan 행정부에 대해 Peraino, *Lincoln in the World*, 96-97. Seward의 3가지 지적에 대해 Van Deusen, *Seward*, 293.
15. 영국의 태도, Cornwallis 비교와 런던의 *Times* 인용에 대해 Mahin, *One War at a Time*, 24-25.
16. 봉쇄 결정에 대해Peraino, *Lincoln in the World*, 114-15, 121(Lincoln 인용 포함); Mahin, *One War at a Time*, 44- 45; Crook, *Diplomacy*, 27-29.
17. 영국의 중립 선언에 대해 Crook, *Diplomacy*, 32-37; Mahin, *One War at a Time*, 42- 49; Peraino, *Lincoln in the World*, 114-15 (Seward 인용); Stahr, *Seward*, 292- 95; Van Deusen, *Seward*; Graebner, "Northern Diplomacy," 60.
18. U.S. 반응에 대해Mahin, *One War at a Time*, 46-51; Crook, *Diplomacy*, 40; Stahr, *Seward*, 291; Peraino, *Lincoln in the World*, 114-15; Van Deusen, *Seward*, 301; Graebner, "Northern Diplomacy," 61.
19. *Trent* 호 사건에 대해 Norman Ferris, *The Trent Affair: A Diplomatic Crisis* (Knoxville, TN: University of Tennessee Press, 1977); Mahin, *One War at a Time*, 58; Stahr, *Seward*, 307; Crook, *Diplomacy*, 43; Jones, *Blue and Gray Diplomacy*, 83.
20. 남부연합Confederate 사절들이 우편담당 영국 장교에게 자신들의 서류를 보관해 남부연합 국장에게 전달해 달라고

요청했고 또 그들은 전달했다고 Mason의 딸이 1906년에 밝혔다. 비록 50년 후에 알려졌으나 이 서류는 여왕이 선언한 금지 품목이었다. Mahin, *One War at a Time*, 60.

21. "white elephants"에 대해 Mahin, *One War at a Time*, 62; Peraino, *Lincoln in the World*, 125.
22. "999 out of 1,000"에 대해 Peraino, *Lincoln in the World*, 125.
23. Palmerston 인용은 Peraino, *Lincoln in the World*, 129.
24. Palmerston 인용은 Peraino, *Lincoln in the World*, 129.
25. Palmerston 인용은 Peraino, *Lincoln in the World*, 137.
26. Foreman, *World on Fire*, 181-82, 188; Stahr, *Seward*, 313-14.
27. 그 이야기는 아마도 수어드Seward를 놀리기 위해 만든 악의적 농담에 근거했을 것이지만, 서투른 행동은 하나의 예언으로 받아들여졌다. 수어드는 한때 캐나다 프로빈스province들이 "탁월한 주state들"이 될 것이라고 공작을 한 적이 있었다.
28. Stahr, *Seward*, 316-17.
29. Peraino, *Lincoln in the World*, 162-63; Foreman, *World on Fire*, 190.
30. Stahr, *Seward*, 312.
31. Mahin, *One War at a Time*, 75.
32. Stahr, *Seward*, 316.
33. Peraino, *Lincoln in the World*, 157.
34. Seward의 제안서에 대해 Mr. Seward to Lord Lyons, December 26, 1861, *The Works of William H. Seward*, vol. 5, ed. George Baker (Boston: Houghton, Mifflin and Company, 1884), 295-311.
35. Peraino, *Lincoln in the World*, 161; Stahr, *Seward*, 320-21.
36. Mahin, *One War at a Time*, 81.
37. Peraino, *Lincoln in the World*, 159-60.
38. 노예무역조약에 대해 Peraino, *Lincoln in the World*, 168- 69. 쿠바로 수송된 노예 자료에 대해 Stahr, *Seward*, 337-38. Haiti와 Liberia 국가 인정은 같은 책 335-36.
39. 면화 시장은 Mahin, *One War at a Time*, 86-94; Crook, *Diplomacy*, 72-79. 프랑스 외교장관은 Mahin, *One War at a Time*, 96-97; Graebner, "Northern Diplomacy," 68; Crook, *Diplomacy*, 81. Commons 논쟁은 같은 책, 83- 84. Russia에 대해 Stahr, *Seward*, 347-52. Poland에 대해 같은 책 364-65. 영국과 프랑스 섬유에 대해 Peraino, *Lincoln in the World*, 204-5.
40. Seward의 지침서에 대해 Mahin, *One War at a Time*, 126.
41. 영국의 반응은 Crook, *Diplomacy*, 95-97. "비열한 반란servile insurrection," 인도 반란Indian Mutiny,과 "쓰레기trash"는 Mahin, *One War at a Time*, 131-33.
42. 1995년에 내가 조직한 Aspen 세미나에서 유명한 영국 군사 역사가 Sir Michael Howard은 U.S. Civil War에 유럽인들이 개입한 사례를 들어 선의의 미국인들은 교전국들이 전투를 중지하도록 노력하는 결과를 조심스럽게 저울질해야 한다고 경고했다. 때로는 평화는 한 쪽이 이기거나, 양 당사자가 더 이상 죽이는 것이 헛되다는 점을 결정할 때를 요구한다. Michael Howard, "Managing Conflict: Lessons from the Past," in *Managing Conflict in the Post-Cold War World: The Role of Intervention*, Aspen Institute (Queenstown, MD: Aspen Institute, 1996), 3.
43. Crook, *Diplomacy*, 91-93; Mahin, *One War at a Time*, 130.
44. Crook, *Diplomacy*, 93-105; Mahin, *One War at a Time*, 133-38.
45. 대중 집회에 대해 Crook, *Diplomacy*, 123. 링컨의 서신과 U.S. 지불에 대해 Peraino, *Lincoln in the World*, 216-17. 영국 지원과 Manchester에 보낸 서신, *World on Fire*, 394-95.
46. Foreman, *World on Fire*, 319.
47. Kori Schake, *Safe Passage: The Transition from British to American Hegemony* (Cambridge, MA: Harvard University Press, 2017), 84-117. Lord Chancellor 인용은 Foreman, *World on Fire*, 212.
48. Crook, *Diplomacy*, 167; Mahin, *One War at a Time*, 142-60, 174; 상선 대merchant fleet 상실에 대해 Rodney P. Carlisle, *Civil War and Reconstruction* (New York: Facts on File, 2008), 174.
49. *Alabama* 호 중재에 대해 Mahin, *One War at a Time*, 286.
50. Mexico에 대해 Crook, *Diplomacy*, 155; Mahin, *One War at a Time*, 106.
51. 국제 관계 모형에서 연방Union의 중요성에 대해 David Hendrickson, *Union, Nation, or Empire: The American Debate over International Relations, 1789-1941* (Lawrence, KS: University Press of Kansas, 2009).

52. Seward 인용은 Peraino, *Lincoln in the World*, 70-71. 아시아 무역에 대해 Stahr, *Seward*, 502.
53. Stahr, *Seward*, 453-54.
54. 가난한 러시아 공사는 새로운 외교 수단이 된 국제전신을, 상원이 휴원 하기 전에 St. Petersburg의 승인을 빨리 받기 위해, 사용한 비용이 $9,000 이상이 나오자 충격을 받았다. Stahr, *Seward*, 482-91, 전보 비용은 485.
55. Stahr, *Seward*, 497-500.
56. Seward는 내전 동안 중국에 미국 사절로 파견되었던 Anson Burlingame과 함께 조약을 기초했다. Burlingame은 청 제국을 위해 교섭하기 위해 사임했다. 그가 수어드와 교섭한 새로운 조약은 미국 내에서 중국인 근로자들에 대한 차별을 금지하고 중국 이민자들이 미국 시민이 될 수 있게 했다. 제7조는 미국이 미국 정부 통제 하의 모든 교육 기관에 중국인을 환영하도록 허용했고, 학생과 지식인들의 중-미 교류를 시작하게 한 그 흥미로운 혁신은 오늘날에도 지속되고 있다. 비록 미국은 나중에 특히 이민 개방에 대해서는 일부 조약의 조문들을 번복했으나, 주권과 최혜국무역 조문은 그 세기 말에 미리 John Hay의 "Open Door" policy에 이미 선을 보였다. 아시아 전략가로서의 수어드와 "Far West"에 대해서 Michael Green, *By More Than Providence: Grand Strategy and American Power in the Asia Pacific Since 1783* (New York: Columbia University Press, 2017), 56-61, 77. Midway와 의회에 대한 Navy report는 Stahr, *Seward*, 494. Hawaii에 대해 같은 책, 500. 미-중 조약 조문들은 John Pomfret, *The Beautiful Country and the Middle Kingdom: America and China, 1776 to the Present* (New York: Henry Holt and Company, 2016), 65.
57. President Grant는 나중에 Dominican Republic을 병합했으나 상원이 그 조약을 거부했다. Stahr, *Seward*, 494-96, 519- 20.
58. Panama에 대해 Stahr, *Seward*, 523-24. Greenland와 Iceland에 대해 같은 책, 516.
59. Lincoln 인용은 Peraino, *Lincoln in the World*, 2.
60. Lincoln 인용은 Mahin, *One War at a Time*, 216.
61. Licoln의연설은 Peraino, *Lincoln in the World*, 279, 282. Abraham Lincoln, "Response to a Serenade," November 10, 1864, *The Collected Works of Abraham Lincoln*, vol. 8, ed. Roy P. Basler (New Brunswick, NJ: Rutgers University Press, 1953), 101; 같은 책에서"Second Inaugural Address of Abraham Lincoln,"March 4, 1865, The Avalon Project: Documents in Law, History, and Diplomacy, Yale University, http://avalon.law.yale.edu/19th_century/lincoln2.asp.
62. Fulbright 인용은 Peraino, *Lincoln in the World*, 299.

2부 미국과 세계 질서

제5장 존 헤이: 개방정책(John Hay: The Open Door)

1. John Taliaferro, *All the Great Prizes: The Life of John Hay, from Lincoln to Roosevelt* (New York: Simon & Schuster, 2013), 359-60.
2. Taliaferro, *All the Great Prizes*, 362-66; Green, *By More Than Providence*, 94-95; Pomfret, *Beautiful Country*, 106; Robert W. Merry, *President McKinley: Architect of the American Century* (New York: Simon & Schuster, 2017), 417.
3. Taliaferro, *All the Great Prizes*, 330. 원문 서신은 Hay to Roosevelt, July 27, 1898, *The Life and Letters of John Hay*, vol. 2, ed. William Roscoe Thayer (Boston: Houghton Mifflin Company, 1915), 337.
4. Howard K. Beale, *Theodore Roosevelt and the Rise of America to World Power* (New York: Collier Books, 1962), 38. Mr. Dooley의 배경에 대해 Warren Zimmermann, *First Great Triumph: How Five Americans Made Their Country a World Power* (New York: Farrar, Straus and Giroux, 2002), 352.
5. Beale, *Theodore Roosevelt*, 226-29. Brooks Adams, *America's Economic Supremacy*(New York: Macmillan Company, 1900).
6. Mahan의 관점에 대해 Green, *By More Than Providence*, 80-85. See Alfred Thayer Mahan, *The Influence of Sea Power Upon History, 1660-1783* (Boston: Little, Brown and Company, 1890). "debated and debatable,"에 대해 같은 책 *The Problem of Asia and Its Effect upon International Policies* (Boston: Little, Brown, 1900). Mahan의 관세와 "도덕적 영향"에 대해 "The United States Looking Outward," *Atlantic Monthly*, vol. 66 (December 1890), 816-24. 이 논문은 나중에 *The Interest of America in Sea Power, Present and Future* (Boston: Little, Brown and Company, 1897)의 제1장으로 수정 채택함.
7. Beale, *Theodore Roosevelt*, 226-29. Mahan, *Problem of Asia*.

8. Eugene Trani, *The Treaty of Portsmouth: An Adventure in American Diplomacy* (Lexington, KY: University of Kentucky Press, 1969), 24-25.
9. Beale, *Theodore Roosevelt*, 31-32.
10. Hollington K. Tong, "China's Conditions at the Peace Conference," *Millard's Review of the Far East* 4, no.9(April 27, 1918), 305. 이 선언문의 변이들이 널리 인용된다. Parker Thomas Moon, *Imperialism and World Politics* (New York: Macmillan Company, 1926), 321.
11. Zimmermann, *First Great Triumph*, 446에서 인용. 원문은 Hay to Paul Dana, March 16, 1899, in *Life and Letters of John Hay*, vol. 2, 241.
12. Thomas Pakenham, *The Scramble for Africa: 1876-1912* (New York: Random House, 1991).
13. S. C. M. Paine, *The Sino-Japanese War of 1894-1895: Perceptions, Power, and Primacy* (Cambridge: Cambridge University Press, 2002), 2.
14. Japan의 습득에 대해 Merry, *McKinley*, 415.
15. 중국의 19세기자료에 대해 Merry, *McKinley*, 414-15.
16. Merry, *McKinley*, 416에서 인용.
17. *Empress of China*, 초기U.S. 무역 및 "Jackal Diplomacy"에 관해 Green, *By More Than Providence*, 22, 24. 더 넓게는 Arthur Power Dudden, *The American Pacific: From the Old China Trade to the Present* (New York: Oxford University Press, 1992); Foster Rhea Dulles, *The Old China Trade* (Cambridge, MA: Riverside, 1930); 같은 책 *China and America: The Story of Their Relations Since 1784* (Princeton: Princeton University Press, 1946), 1-17.
18. 미-중 무역에 대해 Zimmermann, *First Great Triumph*, 446; Taliaferro, *All the Great Prizes*, 354. 면화와 다른 수출품, 홍콩에 대해 Pomfret, *Beautiful Country*, 106. 아세아에 대한 미국 수출 증가는 Merry, *McKinley*, 414.
19. 선교사에 대해Green, By *More Than Providence*, 93. Pearl S. Buck은 선교사 부모 밑에서 중국에서 자랐고 노벨 문학상을 받은 미국 최초의 여성이었다. (1938년). 그녀의 소설 대지Good Earth는 1931-32년 베스트셀러로 1932년에 Pulitzer Prize를 받았고, Hollywood는 나중에 그 이야기를 영화로 제작해 수백만 명이 보았다.
20. Green, *By More Than Providence*, 80; Zimmermann, *First Great Triumph*, 7.
21. 미국은 군주 국가들의 왕의 대사들을 예우해 1893년까지 대사 대신 공사를 해외에 보냈다. Zimmermann, *First Great Triumph*, 50.
22. Taliaferro, *All the Great Prizes*, 335. 원문은 *Life and Letters of John Hay*, vol.2, 181에서 인용.
23. Taliaferro, *All the Great Prizes*, 336.
24. Zimmermann, *First Great Triumph*, 82.
25. 전화, 전기, 그리고 국무부의 규모에 대해 Taliaferro, *All the Great Prizes*, 335-36.
26. Philadelphia에서 태어나 France에서 성장한 Rockhill은 프랑스 육군사관학교 Saint-Cyr를 졸업하고 Algeria에서 2년간 프랑스 외인부대 장교로 근무했다. 불교에 대한 관심으로 Sanskrit, Chinese, Tibet어를 공부했다. 베이징 소재 미국 공관에 임명된 이 용감한 외교관은 중국에서 2개의 길로 히말라야로 갔다. 그는 또한 St. Petersburg와 Constantinople에서 근무했고 New Mexico에서 목장을 경영했다. 6피트 4인치의 키에 붉은색 머리와 화려한 수염을 가진 Rockhill은 State Department 별명 "Big Chief"에 잘 맞았다. Rockhill의 배경에 대해 Pomfret, *Beautiful Country*, 105-7; Taliaferro, *All the Great Prizes*, 326; Green, *By More Than Providence*, 94. 또Paul Varg, *Open Door Diplomat: The Life of W. W. Rockhill* (Urbana, IL: University of Illinois Press, 1952); Peter Stanley, "The Making of an American Sinologist: William W. Rockhill and the Open Door," *Perspectives in American History* 11 (January 1977), 419- 62.
27. Rockhill의 임명에 대해 Taliaferro, *All the Great Prizes*, 349.
28. Pomfret, *Beautiful Country*, 107-8.
29. Taliaferro, *All the Great Prizes*, 357; Merry, *McKinley*, 416-17. 원문은 Hay to Paul Dana, March 16, 1899, in *Life and Letters of John Hay*, vol. 2, 241.
30. Taliaferro, *All the Great Prizes*, 357-58; Merry, *McKinley*, 417.
31. Taliaferro, *All the Great Prizes*, 358. Schurman 인용은 "Dr. Schurman Talks of China: How to Insure the Integrity of That Empire Is the Great Question in the Orient," *New York Times*, August 16, 1899, 7.
32. Taliaferro, *All the Great Prizes*, 359.
33.Boxer Rebellion과 두 번째 Open Door 문서, 앞 구절의 모든 정보와 인용은 Taliaferro, *All the Great Prizes*, 376-85;

Pomfret, *Beautiful Country*, 108-13 (Rockhill 인용); Merry, *McKinley*, 419- 28. Hay외교의 상세한 연구와 Open Door 노트가 형성될 당시의 국내 및 국제 정세는 Betty Talbert, "The Evolution of John Hay's China Policy" (PhD diss., University of North Carolina, 1974).

34. 합의에 대해 Taliaferro, *All the Great Prizes*, 385-89 (Hay가 McKinley에게 군대를 제자리에 주둔시키라고 권유한 것 포함); Pomfret, *Beautiful Country*, 114-16, 122- 24 (배상금을 교육과 칭화대에 투입한 것을 포함); Merry, *McKinley*, 428-30 (McKinley의 중국에 대한 우정 인용과 군대를 철수하지 말라고 권유하는 Hay 포함).
35. Rockhill의 경제 의제에 대해, 오늘날과 같이 중국인 배제와 "황화yellow peril" 중국인 시위와 TR 인용은 Pomfret, *Beautiful Country*, 115-19.
36. Taliaferro, *All the Great Prizes*, 386-87; Pomfret, *Beautiful Country*, 120에서 인용. 원문은 Hay to Alvey A. Adee, 1900년 9월 14일, Alfred L. P. Dennis, *Adventures in American Diplomacy, 1896-1906* (New York: E. P. Dutton & Company, 1928), 258.
37. Root 인용은 Pomfret, *Beautiful Country*, 111.
38. Green, *By More Than Providence*, 107; Alfred Thayer Mahan, *The Interest of America in International Conditions* (Boston: Little, Brown, 1910), 178-83.
39. Roosevelt가 Taft에게 보낸 서신은 A. Whitney Griswold, *The Far Eastern Policy of the United States* (New York: Harcourt, Brace and Company, 1938), 132.
40. 8장 참고. Open Door 문서 합의와 나중의 미국 외교에서의 역할은 Green, *By More Than Providence*, 95, 121, 139, 149.
41. Kennan, *American Diplomacy*, 39.
42. Williams, *Tragedy of American Diplomacy*, 50.
43. 미국의 대중국 수출 비율은 *By More Than Providence*, 103.
44. Adam Tooze, *The Deluge: The Great War, America, and the Remaking of the Global Order, 1916-1931* (New York: Viking, 2014), 15-16.

제6장 시어도오 루스벨트: 세력균형(Theodore Roosevelt: Balance of Power)

1. Tyler Dennett, *Roosevelt and the Russo-Japanese War: A Critical Study of American Policy in Eastern Asia in 1902-5* (Garden City, NY: Doubleday, Page & Company, 1925), 150; John Albert White, *The Diplomacy of the Russo-Japanese War* (Princeton, NJ: Princeton University Press, 1964), 148-50.
2. Raymond A. Esthus, *Double Eagle and Rising Sun: The Russians and Japanese at Portsmouth in 1905* (Durham, NC: Duke University Press, 1988), 1.
3. Raymond A. Esthus, *Theodore Roosevelt and the International Rivalries* (Waltham, MA: Ginn-Blaisdell, 1970), 25 (여기시부터 *TR*); Trani, *Treaty of Portsmouth*, 27-29.
4. 영-일 동맹에 대해 Esthus, *TR*, 26. 조선 "중립지대neutral zone"에 대해서는 같은 책 27. 조선 왕은 일본이 왕비를 죽인 후 러시아 공사관으로 도망감. Seung-Young Kim, "Russo-Japanese Rivalry Over Korean Buffer at the Beginning of the 20th Century and Its Implications" *Diplomacy and Statecraft* 16, no. 4 (December 2005), 619-50 참조.
5. Trani, *Treaty of Portsmouth*, 7, 8.
6. Beale, *Theodore Roosevelt*, 177-81; Trani, *Treaty of Portsmouth*, 8-9, 15; Esthus, *TR*, 26.
7. Esthus, *TR*, 26에서 인용. 원문은 TR to Cecil Spring-Rice, March 19, 1904, *The Letters of Theodore Roosevelt*, vol. 4, ed. Elting E. Morison (Cambridge, MA: Harvard University Press,1951), 760.
8. "two thousand years"에 대해 John Milton Cooper, *The Warrior and the Priest: Woodrow Wilson and Theodore Roosevelt* (Cambridge, MA: Belknap Press of Harvard University Press, 1983), 34; "퇴행성 물질주의degenerative materialism"에 대해 같은 책, 36; John Blum, "Theodore Roosevelt: The Years of Decision," *Letters of Theodore Roosevelt*, vol. 2, ed. Elting E. Morison (Cambridge, MA: Harvard University Press, 1951), 1491.
9. H. W. Brands, "Theodore Roosevelt: America's First Strategic Thinker," *Artists of Power: Theodore Roosevelt, Woodrow Wilson, and Their Enduring Impact on U.S. Foreign Policy*, eds. William N. Tilchin and Charles E. Neu (Westport, CT: Praeger Security International, 2006), 39. 원문은TR to Cecil Spring- Rice, August 13, 1897, *Letters of Theodore Roosevelt*, vol. 1, ed. Elting E. Morison (Cambridge, MA: Harvard University Press, 1951), 644- 49.

10. Beale, *Theodore Roosevelt*, 240-41; Trani, *Treaty of Portsmouth*, 39, 48-49.
11. TR to Cecil Spring-Rice, March 19, 1904, *Letters of Theodore Roosevelt*, vol. 4, 759-61. 또 Trani, *Treaty of Portsmouth*, 33.
12. Esthus, *Double Eagle*, 16; Trani, *Treaty of Portsmouth*, 31-34.
13. Beale, *Theodore Roosevelt*, 234, 243; Esthus, *Double Eagle*, 16.
14. Green, *By More Than Providence*, 98.
15. 병중의 John Hay는1905. 7.1 사망한다. 대통령은 그 이후 국정운영의 유일한 항해사가 되었다.
16. Trani, *Treaty of Portsmouth*, 41-43; Beale, *Theodore Roosevelt*, 245-46.
17. Trani, *Treaty of Portsmouth*, 46-47.
18. 일본의 관점에 대해 Esthus, *Double Eagle*, 18-20
19. Trani, *Treaty of Portsmouth*, 51-52. Mukden (여진어) [한자어. 奉天 (현 沈阳] 전쟁과 그 이후에 대해서 Esthus, *Double Eagle*, 24-25.
20. Trani, *Treaty of Portsmouth*, 25.
21. Beale, *Theodore Roosevelt*, 246에서 인용; Trani, *Treaty of Portsmouth*, 53. 원문은TR to Hay, April 2, 1905, *Letters of Theodore Roosevelt*, vol. 4, 1158.
22. Trani, *Treaty of Portsmouth*, 54-55; Esthus, *Double Eagle*, 29-36.
23. 그 전투와 TR의 반응에 대해 Esthus, *Double Eagle,* 37-38. 일본 전투 깃발에 대해 Trani, *Treaty of Portsmouth*, 56.
24. Esthus, *Double Eagle,* 40-41; Beale, *Theodore Roosevelt*, 245-46. 원문은 Tower to Roosevelt, June 9, 1905, in Tyler Dennett, *Roosevelt and the Russo-Japanese War* (New York: Doubleday, Page & Company, 1928), 218- 19.
25. Esthus, *Double Eagle*, 40-42; Beale, *Theodore Roosevelt*, 246-248; Trani, *Treaty of Portsmouth*, 56-58.
26. Esthus, *Double Eagle*, 44-46; Beale, *Theodore Roosevelt*, 250-51; Trani, *Treaty of Portsmouth*, 59-60.
27. Esthus, *Double Eagle*, 46.
28. TR이Henry Cabot Lodge에게 1906년 6월 16일에 보낸 서신은 *Letters of Theodore Roosevelt*, vol. 4, 1230, 1232. 러시아의 "부패"는 Esthus, *Double Eagle*, 47; "거짓말하기"는 Trani, *Treaty of Portsmouth*, 65에서 인용.
29. TR to Henry Cabot Lodge, June 16, 1906, *Letters of Theodore Roosevelt*, vol. 4, 1230. Trani, *Treaty of Portsmouth*, 63 참조.
30. 일본의 훈령에 대해 Esthus, *Double Eagle*, 58-59.
31. 러시아 원문에서 Nicholas에 대한 인용은 Esthus, *Double Eagle*, 63 (fn22 and fn23).
32. Esthus, *Double Eagle*, 57에서 인용. 원문은TR to Whitelaw Reid, June 30, 1905, in *Letters of Theodore Roosevelt*, vol. 4, 1258.
33. Witte의 관점에 대한 탁월한 기록은 Francis W. Wcislo, *Tales of Imperial Russia: The Life and Times of Sergei Witte, 1849-1915* (New York: Oxford University Press, 2011), 특히 179- 214.
34. Esthus, *Double Eagle*, 72에서 인용. TR to William Howard Taft, July 29, 1905, *Letters of Theodore Roosevelt*, vol. 4, 1290.
35. Witte의 러시아어 회고록에 대해Trani, *Treaty of Portsmouth*, 16. Witte의 전략에 대해 Wcislo, *Tales of Imperial Russia*.
36. 철도railroad에 관해 Esthus, *Double Eagle*, 77.
37. 일본의 요구에 대해 Esthus, *Double Eagle*, 82-83.
38. Witte와 러시아 대응에 대해 Esthus, *Double Eagle*, 84-91; Trani, *Treaty of Portsmouth*, 130-33; Beale, *Theodore Roosevelt*, 256-58.
39. 8월 15일부터 회담 종료까지의 교섭에 대해 Esthus, *Double Eagle*, 101-67. 일본 언론 인용은 같은 책 167. 또한 Trani, *Treaty of Portsmouth*, 136-55 참조.
40. TR이 William Howard Taft에게 1905년 4월 20일에 보낸 서신은 *Letters of Theodore Roosevelt*, vol. 4, 1162.
41. TR이 Cecil Arthur Spring-Rice에게 1905년 5월 14일에 보낸 서신은 *Letters of Theodore Roosevelt*, vol. 4, 1178.
42. Morocco와알헤시라스Algeciras에 대해 Serge Ricard, "Foreign Policy Making in the White House: Rooseveltian-Style Personal Diplomacy," Tilchin and Neu, *Artists of Power*, 17-22; Eugene Anderson, *The First Moroccan Crisis, 1904-1906* (Chicago: University of Chicago Press, 1930); Beale, *Theodore Roosevelt*, 306- 334. Sternberg의 실수에 대해 Ricard, "Foreign Policy Making in the White House," 30fn59; Beale, *Theodore Roosevelt*, 378- 80. TR이

프랑스의 수용을 확보했다는 주장에 대한 역사가들의 의심에 대해서는 Ricard, "Foreign Policy Making," 20 (Beale 해석에 대한 그의 이견).

43. Xu Qiyu, *Fragile Rise: Grand Strategy and the Fate of Imperial Germany, 1871-1914* (Cambridge, MA: The MIT Press, 2017), 173-85; A. J. P. Taylor, *The Struggle for Mastery in Europe* (New York: Oxford University Press, 1954), 441; Winston Churchill, *The World Crisis: 1911- 1918*, 축약 수정본 (New York: Free Press, 2005), 19.
44. Trani, *Treaty of Portsmouth*, 2.
45. Trani, *Treaty of Portsmouth*, 156-57.
46. Beale, *Theodore Roosevelt*, 333에서 인용.
47. Roosevelt 외교의 제자인 William Tilchin는 TR의 "Big Stick" 외교정책의 5대 핵심 원칙을 규명했다. 해군을 통해 표현하는 군사력에 추가해, 루스벨트는 "타국에 대해 공정하게 행동하고" 절대로 엄포를 놓지 않고, "강하게 칠 준비를 한 후에 강하게 치고" 그리고 "패배한 적의 체면을 살려 명예를 지키게 해준다." William N. Tilchin, "Setting the Foundation: Theodore Roosevelt and the Construction of an Anglo-American Special Relationship," Tilchin and Neu, *Artists of Power*, 63fn19.
48. Cooper, *Warrior*, 65.
49. 비교하면 Japan은 13척의 대등한 전함을 1907년에 건조하고 있었다. 미국 전함에 대해서는 Herring, *From Colony to Superpower*, 349. For number of Japanese battleships, Green, *By More Than Providence*, 101 참조.
50. Cooper, *Warrior*, 112에서 인용. 원문은 Theodore Roosevelt, *An Autobiography* (New York: Charles Scribner's Sons, 1920), 549.

제7장 우드로 윌슨: 해외로 나간 정치학자(Woodrow Wilson: The Political Scientist Abroad)

1. 윌슨의 의회 연설 전문은 "President Wilson's Declaration of War Message to Congress, April 2, 1917,"Records of the United States Senate, Record Group 46, National Archives. Tumulty 회상록은 J. P. Tumulty, *Woodrow Wilson As I Know Him* (Garden City, NY: Doubleday, Page & Company, 1921), 256- 59. 1917. 4. 2에 대해서는 Robert Ferrell, *Woodrow Wilson and World War I, 1917- 1921* (New York: Harper & Row, 1985), 1- 3; A. Scott Berg, *Wilson* (New York: G. P. Putnam's Sons, 2013), 433-38; John Milton Cooper, *Woodrow Wilson: A Biography* (New York: Alfred A. Knopf, 2009), 385- 88. Wilson의 수동태 사용에 대한 Cooper의 관찰은 "Making a Case for Wilson," *Reconsidering Woodrow Wilson: Progressivism, Internationalism, War, and Peace* ed. John Milton Cooper (Washington, DC: Woodrow Wilson Center Press; Baltimore, MD: Johns Hopkins University Press, 2008), 21. Worms에서 열린 의회 Diet of Worms에 대해Cooper, *Warrior*, 321- 23. Trygve Throntveit, *Power Without Victory: Woodrow Wilson and the American Internationalist Experiment* (Chicago: University of Chicago Press, 2017), 217- 18.
2. Berg, *Wilson*, 393; Tooze, *Deluge*, 44.
3. 미국인구와 이민 비율에 대해 Ferrell, *Woodrow Wilson*, 3.
4. 미육군의 규모와 탄약에 대해 Ferrell, *Woodrow Wilson*, 14.
5. Cooper, *Wilson*, 395; Throntveit, *Power Without Victory*, 244.
6. Wilson의 반응적, 전술적 접근은 특히 John A. Thompson, "More Tactics Than Strategy: Woodrow Wilson and World War I, 1914-1919," Tilchin and Neu, *Artists of Power*, 95-115.
7. Thompson, "More Tactics Than Strategy," 115 주석 55에서 인용. 원문은 Wilson to Edith Galt, August 18, 1915, in *The Papers of Woodrow Wilson*, vol. 34, ed. Arthur S. Link (Princeton, NJ: Princeton University Press, 1980), 241.
8. Philip Zelikow, "The Curious End of Neutrality," 미공개 문서 (2018년 12월), 37n62에서 인용. 원문은 1916년 10월 3일자"An Interview by Ida Minerva Tarbell", *The Papers of Woodrow Wilson*, vol. 38, ed. Arthur S. Link (Princeton, NJ: Princeton University Press, 1982), 327-28.
9. 이 해석에 대해 Thompson, "More Tactics Than Strategy." 외교를 조정하는 중간에서의 Wilson의 실패에 대해 Cooper, *Warrior*, 296-97.
10. "Irony of fate"는 예로 Arthur S. Link, *Wilson the Diplomatist: A Look at His Major Foreign Policies* (Baltimore, MD: Johns Hopkins University Press, 1957), 5; John Milton Cooper, "Whose League of Nations? Theodore Roosevelt, Woodrow Wilson, and World Order," Tilchin and Neu, *Artists of Power*, 163-64에서 많이 인용됨. Wilson의 취임사는 1913년 3월 4일 자 "An Inaugural Address," *The Papers of Woodrow Wilson*, vol. 27, ed. Arthur

S. Link (Princeton, NJ: Princeton University Press, 1978). 또 Berg, *Wilson*, 427.

11. Wilson 행정부는 미리 입법프로그램을 준비했고, 이렇게 준비한 최초의 대통령이었다. Wilson의 국내적 성과는 Cooper, "Making a Case for Wilson," 10-13. Wilson의 아프리카계 미국인들에 대한 기록은 심각하게 뒷걸음질했다.
12. Wilson의 의회와의 역할은 Cooper, "Making a Case for Wilson," 17-18. 국내와 국제 정치에서 세력 균형 비교는 Lloyd Ambrosius, *Wilsonianism: Woodrow Wilson and His Legacy in American Foreign Relations* (New York: Palgrave Macmillan, 2002), 27-28.
13. 멕시코에서 "얻은 교훈"에 대해 Cooper, "Making a Case for Wilson,"13-14. "깊은 혁명profound revolution" 과 프랑스 혁명French Revolution의 비교는 같은 책 23n4. "a profound revolution"에 대한 윌슨의 선언문은 *The Papers of Woodrow Wilson*, vol. 50, ed. Arthur S. Link (Princeton, NJ: Princeton University Press, 1985), 748.
14. 그의 아내의 머리맡에 대해서는 Berg, *Wilson*, 334. 그의 친구에 대해 같은 책, 336.
15. 첫 번째 중립에 대한 전통적인 반응에 대해 Lloyd E. Ambrosius, *Wilsonian Statecraft: Theory and Practice of Liberal Internationalism During World War I*(Denver, CO: Rowman & Littlefield Publishers, 1991), 35-36; Cooper, *Warrior*, 272-73; 같은 책 *Wilson*, 263 인용과 국내 갈등 참조. 원문은 Wilson, "Message to Congress," 63rd Congress, 2nd Session, Senate Doc. 566 (Washington, DC: Government Printing Office, 1914), 3-4.
16. 그의 처남에 대해Cooper, *Warrior*, 274-75.
17. Berg, *Wilson*, 338. Wilson의 "군사국가a military nation"에 대한 걱정에 대한 인용은 Thompson, "More Tactics Than Strategy," 98. 원문은 1914년 8월 30일 자 "From the Diary of Colonel House," *The Papers of Woodrow Wilson*, vol. 30, ed. Arthur S. Link (Princeton, NJ: Princeton University Press, 1979), 462.
18. 윌슨이 9월경 처음으로 공개적으로 그러한 기구를 지원하기 2년 전에 Roosevelt는 "정의로운 평화를 위한 효율인 세계연맹"을 요구하는 기고문을 작성했다. 그러나 안전보장연맹a league to safeguard security에 대한 루스벨트의 신념은 일관되지는 않았다. TR의 견해에 대해 Cooper, *Warrior*, 276-80. "전투적 이상주의militant idealism" 위의 책 327.
19. 경제 효과에 대해 Cooper, *Wilson*, 263-64; Berg, *Wilson*, 340- 41, NYSE 포함.
20. 선박구매 비용에 대해 Cooper, *Wilson*, 270; Berg, *Wilson*, 341-42.
21. 윌슨의 인용에 대해Cooper, *Warrior*, 274.
22. 영국 봉쇄를 다루는 데에 있어서 Page에게 윌슨이 한 코멘트에 대해 Thompson, "More Tactics Than Strategy," 107. 봉쇄에 대한 영국의 책략에 대해 Arthur S. Link, *Woodrow Wilson: Revolution, War, and Peace* (Arlington Heights, IL: AHM Publishing Corp., 1979), 32-35와 Cooper, *Wilson*, 265- 66.
23. Cooper, *Wilson*, 264-65; Berg, *Wilson*, 243.
24. Cooper, *Wilson*, 269, 273.
25. Berg, *Wilson*, 350-51. House의 논점은 1862년 말 영국 전쟁장관 Sir George Cornewall Lewis가 수상 Palmerston에게 한 말과 비슷하다.
26. 인터뷰에 대해Ambrosius, *Wilsonian Statecraft*, 37; Cooper, *Warrior*, 275; Berg, *Wilson*, 350-51; Cooper, *Wilson*, 275-76.
27. Cooper, *Warrior*, 293-94; Cooper, *Wilson*, 267, 276-277; Berg, *Wilson*, 353-54.
28. 독일 잠수함 U-boat 자료는 Cooper, *Wilson*, 275.
29. Wilson-Bryan 논쟁에 대해 Cooper, *Wilson*, 277-78.
30. 윌슨의"America first" 모토를 1915년 4월에 처음 사용한 의미에 대해 Cooper, *Wilson*, 278. 1916년 6월에 그 용어에 대한 추가 논의는 Berg, *Wilson*.
31. Berg 출신 Edith Galt의 배경은 *Wilson*, 355-58.
32. 당시 미국인들은 5월 7일을 후세대의 1941년 12월 7일(역자주: Pearl Harbor 피습)이나 2001년 9월 11(역자주: 세계 무역 센터 피습)을 상기하듯이 기억했다. 1920년대에 기자 Mark Sullivan이 국민들을 대상으로 그 재앙적 사건이 일어난 날 언제, 어디서 알게 되었고 그것에 대해 생각한 것과 느낀 것을 면담해 발견한 내용을 모아서 인기 책자 *Our Times*를 저술했다. Mark Sullivan에 대해 Cooper, *Wilson*, 285; and idem. *Warrior*, 288-89. Sullivan의 *Our Times*는 1926과 1935 사이에 6판을 출판했다. Mark Sullivan, *Our Times: The United States, 1900-1925* (New York: C. Scribner's Sons, 1926-35).
33. TR 과House 인용은 Berg, *Wilson*, 362-63. 원문은 Theodore Roosevelt, "Murder on the High Seas," May 9, 1915; House to Wilson, May 9, 1915, *The Intimate Papers of Colonel House*, vol. 1, ed. Charles Seymour (Boston: Houghton Mifflin Company, 1926), 434.
34. 독일 광고에 대해 Berg, *Wilson*, 363.

35. 신문 편집자들의 "여론poll"에 대해 Cooper, *Wilson*, 285.
36. Cooper, *Wilson*, 286. 원문은 Wilson to W. J. Bryan, June 7, 1915, *The Papers of Woodrow Wilson*, vol. 33, ed. Arthur S. Link (Princeton, NJ: Princeton University Press, 1980), 349.
37. WW의 외교적 조치들에 대해 Cooper, *Wilson*, 286-89.
38. Bryan 인용에 대해 Berg, *Wilson*, 368. Bryan의 사임에 대해 Cooper, *Wilson*, 290-94.
39. 두 명의 고위 민주당 하원의원의 메시지에 대해 Cooper, *Wilson*, 291.
40. Lansing에대해 Eugene Trani, "Robert Lansing (1864-1928)," Mihalkanin, *American Statesmen*, 314-24. WW의 결정은 Cooper, *Wilson*, 294-95.
41. 해군과 육군에 대한 지시와 최초 제안서에 대해 Cooper, *Wilson*, 297-98.
42. *Arabic*호 사건은Cooper, *Wilson*, 300-301, 303-4; Berg, *Wilson*, 369.
43. "국가안전national safety"과 "국가 위신national dignity"에 대한 참조는 Cooper, *Wilson*, 308-9; Berg, *Wilson*, 386- 89.
44. "루스벨트와 거의 같다"는 인용은 Cooper, *Warrior*, 299. 의회 결의안 패배에 대해 Cooper, *Wilson*, 312-14.
45. 육군-해군 예산안에 대해 Cooper, *Wilson*, 310-12.
46. House-Grey Memorandum에 대해Cooper, *Wilson*, 315-18; Berg, *Wilson*, 385. Ambrosius의 *Wilsonian Statecraft*은 House의 훈령, 접근 방법, 어떻게 훈련을 능가했고, 그로 인한 결과를 잘 기술하고 있다. House의 "특징적인 기만"에 대해서는 Cooper, *Warrior*, 293-94. *Sussex*호 사건에 추가해, United States은 1916년 Mexico와 전쟁을 시작했다. Pancho Villa가 3월 9일 New Mexico 주 국경 도시 Columbus를 공격한 후, 대통령은 John Pershing 장군을 지휘관으로 해 징벌 원정대를 Mexico에 파견했다. 결국 양국은 중재위원회 설치에 합의했다. 1916년 민주당 선거 유세 문건에는 "그는 전쟁을 막았다He kept us out of war"가 들어있었는데 선거유세 문건에는 유럽보다는 멕시코를 더 자주 언급하고 있었다. Cooper, *Wilson*, 319-22.
47. *Sussex* 호 위기에 대해 Cooper, *Wilson*, 323-25; Berg, *Wilson*, 395- 96; Ambrosius, *Wilsonian Statecraft*, 68- 70.
48. WW의 인용에 대해 Cooper, *Wilson*, 326. 원문은 "President on Defenses: In Speech to Anti-Militarists He Says Force Must Back Up Opinion," *New York Times*, 1916년 5월 9일자, 1.
49. LEP와 현충일Decoration Day의 연설, WW 인용, 14개 항목의 국제 연맹과 민주당 정강 연계에 대해 Cooper, *Wilson*, 326-28; 같은 책 *Warrior*, 301-2; Ambrosius, *Wilsonian Statecraft*, 71-73.
50. C. E. Hughes의 배경, 공화당 분열, 유세에 대해 Cooper, *Wilson*, 336-38, 346-47; "Animated Feather Duster"와 "Whiskered Wilson"에 대해 338; North Dakota 농업인에 대해 347. 더 많은 Hughes의 배경에 대해서는 8장.
51. 영국과의 갈등과 WW 인용은 Cooper, *Wilson*, 342-43; Berg, *Wilson*, 418.
52. "평화peace, 준비preparedness, 그리고 진보주의progressivism"에 대해서는 Cooper, *Wilson*, 334.
53. 선거 결과와 주요 주들에 대한 정보는 Cooper, *Wilson*, 358-59.
54. Wilson의 서한은 Ray Stannard Baker, *Woodrow Wilson: Life and Letters*, vol. 6, *Facing War: 1915-1917* (New York: Charles Scribner's, 1937), 365. "평화 공세peace offensive"에 대해서는 Cooper, *Wilson*, 363- 65; Berg, *Wilson*, 417-20, Ambrosius, *Wilsonian Statecraft*, 75- 77, Zelikow, "Curious End of Neutrality," 40n88.
55. 예, Link, *Wilson the Diplomatist*, 60, 73-83; 같은 책 *Woodrow Wilson: Revolution, War, and Peace*, 58-59; Ambrosius, *Wilsonian Statecraft*, 77-79.
56. Zelikow, "Curious End of Neutrality."
57. Zelikow, "Curious End of Neutrality," 10.
58. Zelikow, "Curious End of Neutrality," 20-32. 특히 같은 책 28fns47-48.
59. 훈령을 넘어 나간 Bernstorff에 대해 Zelikow, "Curious End of Neutrality," 30-31과 55fn104. Belgium의 주권과 중립에 대해 같은 책 26-27 와 50. 베를린 주재 미 대사관의 메시지에 대해 같은 책 67-68fns131- 32. 다른 학자들은 벨기에 대한 독일의 다른 계획을 다루었다. 예, Link는 독일은 벨기에를 "속국vassal"으로 유지하기를 원했다. 답신에 대해 같은 책 31fn54.
60. Zelikow의타협적 해결방안을 찾을 영국의 의지에 대해 Zelikow, "Curious End of Neutrality," 37-47. 특히"Memorandum by Lord Lansdowne Respecting Peace Settlement"는 같은 책 45-47fns83-84에서 인용.
61. Zelikow, "Curious End of Neutrality," 48, 31fn54.
62. Keynes 인용은 Zelikow, "Curious End of Neutrality," 9, 12, 15, 43fn77; 연준Federal Reserve의 조치에 대해서는 Cooper, *Wilson*, 364.
63. 약화된 노트와 랜싱Lansing에 대해 Zelikow, "Curious End of Neutrality," 65-67; Cooper, *Wilson*, 365-66; Berg, *Wilson*,

418-20.

64. House-Bernstorff와 Bernstorff의인용은 Zelikow, "Curious End of Neutrality," 67. Lloyd George에 대해서는 같은 책 68-69.

65. Wilson의 "Peace Without Victory" 연설과 인용 및 테디 루스벨트의 반응은 Cooper, *Warrior*, 312-15; Ambrosius, *Wilsonian Statecraft*, 80-81; Cooper, *Wilson*, 369-73; Berg, *Wilson*, 421- 23; Zelikow, 영국의 "거의 무관심"에 대해" "Curious End of Neutrality," 69. "Peace Without Victory" 전문은 Wilson, "An Address to the Senate," January 22, 1917, *The Papers of Woodrow Wilson*, vol. 40, ed. Arthur S. Link (Princeton, NJ: Princeton University Press, 1983), 533-39.

66. Bethmann의 인용과 주독 미대사에 대해 Zelikow, "Curious End of Neutrality," 69와 fn139. 독일 군사력 평가에 대해 Cooper, *Wilson*, 373; Zelikow, "Curious End of Neutrality," 69.

67. "황인종yellow races"과 의회연설에 대해 Cooper, *Wilson*, 375-76; Ambrosius, *Wilsonian Statecraft*, 83.

68. Zimmermann전문에 대해Cooper, *Wilson*, 378; Ambrosius, *Wilsonian Statecraft*, 84-85.

69. 토론을 종료하는 규칙 변경을 윌슨이 상원에 요구하자 상원은 토론 종료 절차를 만들었다. filibuster (와 신규 토론종료cloture 규칙)에 대해 Cooper, *Wilson*, 378-80.

70. 두 번째 취임사, 전쟁을 향한 조치들, 질병, 인터뷰 인용은 Cooper, *Wilson*, 380-83.

71. 국제 질서에서 중립의 역할과 중립에 대한"구"개념의 "신"개념으로의 변화에 대해 Hendrickson, *Union, Nation or Empire*, 306-8; Brooke Blower, "From Isolationism to Neutrality: A New Framework for Understanding American Political Culture, 1919- 1941," *Diplomatic History* 38, no. 2 (2014).

72. Hendrickson, *Union, Nation, or Empire*, 306-8.

73. Sigmund Freud and William C. Bullitt, *Thomas Woodrow Wilson, Twenty-Eighth President of the United States: A Psychological Study* (Boston: Houghton, Mifflin, 1966).

74. 예, Ambrosius, *Wilsonianism*; Tony Smith, *America's Mission: The United States and the Worldwide Struggle for Democracy in the Twentieth Century* (Princeton: Princeton University Press, 1994), xv.

75. Cooper, "Making a Case for Wilson," 21.

76. Arthur Link, "The Higher Realism of Woodrow Wilson," *Journal of Presbyterian History* 41, no. 1 (March 1963), 1-13; Ernest May, *The World War and American Isolation: 1914-1917* (Cambridge, MA: Harvard University Press, 1959), 437; Francis Gavin, "The Wilsonian Legacy in the Twentieth Century," *Orbis* 41, no. 4 (Autumn 1997), 632; David Halberstam, *The Best and the Brightest* (New York: Random House, 1972), 56. More broadly, Martin Walker, "Woodrow Wilson and the Cold War: 'Tear Down This Wall, Mr. Gorbachev,' " in Cooper, *Reconsidering Woodrow Wilson*, 279, 282.

77. WW는 자신을 "실용주의자pragmatist (주10 참조)"라고 생각하지 않았으나, 이하 참조 Trygve Throntveit, *Power Without Victory: Woodrow Wilson and the American Internationalist Experiment* (Chicago: University of Chicago Press, 2017); 'Common Counsel': Woodrow Wilson's Pragmatic Progressivism, Cooper, *Reconsidering Woodrow Wilson*, 25.

78. Kissinger, *Diplomacy*, 55; Thomas J. Knock, "Kennan Versus Wilson"; Kennan, "Comments," John Milton Cooper Jr., and Charles E. Neu, eds., *The Wilson Era: Essays in Honor of Arthur S. Link* (Arlington Heights, IL: Harlan Davidson, 1991), 330.

79. McDougall, *Promised Land, Crusader State*, 146.

80. Ambrosius, *Wilsonian Statecraft*, xii-xvi (xv and xvi에서 인용).

81. Walker, "Woodrow Wilson and the Cold War," 296.

82. 역시 이 통찰은 Thompson's essay, "More Tactics Than Strategy," 95-110로부터 구함.

83. Zelikow는"Curious End of Neutrality," 2, 34-37에서 Wilson의 외교정책과 미국정부의 인원부족을 비판했다. (런던과 베를린에 비해서도).

84. Zelikow, "Curious End of Neutrality," 2.

85. Keynes의 관찰은 Cooper, *Wilson*, 373.

86. Walker, "Woodrow Wilson and the Cold War," 296. Root가 고안한 유보를 포함한 Versailles Treaty의 상원비준 수정안은 제9장.

3부 양 대전 사이의 국제주의자들

제8장 찰스 에반스 휴즈: 군비통제와 워싱턴 회의
(Charles Evans Hughes: Arms Control and the Washington Conference)

1. Roger Dingman, *Power in the Pacific: The Origins of Naval Arms Limitation, 1914-1922* (Chicago, IL: University of Chicago Press, 1976), 196. 원문은 *London Times*, November 12, 1921. 개회사의 다른 기술은 *The Washington Conference, 1921-22: Naval Rivalry, East Asian Stability and the Road to Pearl Harbor*, ed. Erik Goldstein (Newbury Park, UK: F. Cass, 1994), 26-28; Margot Louria, *Triumph and Downfall: America's Pursuit of Peace and Prosperity, 1921- 1933* (Westport, CT: Greenwood Press, 2001), 47-49; Merlo Pusey, *Charles Evans Hughes*, vol. 2 (New York: Macmillan, 1951), 466-73; Tooze, *Deluge*, 396-97.
2. Curzon의 제안에 대해Louria, *Triumph*, 41. For H. G. Wells, 같은 책 48. 원문은 H. G. Wells, *Washington and the Riddle of Peace* (New York: Macmillan, 1922), 68.
3. Goldstein, *Washington Conference*, 27.
4. Pusey, *Hughes*, 467.
5. Pusey, *Hughes*, 467. Harding의 연설은 Warren G. Harding, "Address of the President of the United States at the Opening of the Conference on Limitation of Armament at Washington, November 12, 1921" (Washington, DC: Government Printing Office, 1921).
6. Hughes 연설의 비밀에 대해 Pusey, *Hughes*, 464-65.
7. 연설전문은 Charles Evans Hughes, *Address of Charles E. Hughes, Secretary of State of the United States and American Commissioner to the Conference on Limitation of Armament, on Assuming the Duties of Presiding Officer at the Conference, Washington, D.C., November 12, 1921* (Washington, DC: Government Printing Office, 1921). 연설의 맥락과 청중의 대응은 Pusey, *Hughes*, 467-71; Louria, *Triumph*, 48-49; Dingman, *Power in the Pacific*, 197.
8. Pusey, *Hughes*, 471-72; William Allen White, *Autobiography* (New York: Macmillan, 1946), 600.
9. British 제독과 *Manchester Guardian*에 대해 Pusey, *Hughes*, 470-71. 원문은 H. W. Nevinson, *Manchester Guardian Weekly*, November 18, 1921, 384. 영국의 반응에 대한 Roosevelt의 일기에 적은 관찰과 영국 반응에 대해 Goldstein, *Washington Conference*, 27-28.
10. 일본의 전보 비용과 Ring Lardner에 대해 Pusey, *Hughes*, 472, 473. *NYT* 기사는 Dingman, *Power in the Pacific*, 197.
11. Hughes의 리스크 평가에 대해 Pusey, *Hughes*, 464.
12. Balfour의인용과 영국 평가의 배경에 대해 Dingman, *Power in the Pacific*, 198-99. 더 포괄적으로 Dingman은 영국, 일본, 그리고 미국과의 관료적 정치논쟁을 다루었다.
13. 무시무시한 독일전투 함대 Götterdämmerung 은 영국과 싸우지 않았다. Kaiser의 장교들은 해체 운명의 패배한 전함들을 스코틀랜드로 이동시키던 중, 자체적으로 침수해 Scapa Flow의 바닥에 가라앉혔다. Britain의 서시와 구조활동에 대해 Tooze, *Deluge*, 398; Dingman, *Power in the Pacific*, 200.
14. 일본의 선언과 논쟁에 대해 Dingman, *Power in the Pacific*, 201-3; Tooze, *Deluge*, 398- 99.
15. Washington Naval Treaty, Appendix 1, Emily Goldman, *Sunken Treaties: Naval Arms Control Between the Wars* (University Park, PA: Pennsylvania State University Press, 1994), 274. 상원의 비준과 투표에 대해 Charles Evans Hughes, *The Autobiographical Notes of Charles Evans Hughes*, ed. David J. Danelski and Joseph S. Tulchin (Cambridge, MA: Harvard University Press, 1973), 245. 모든 투표에 대해 Goldstein, *Washington Conference*, 133.
16. 조약문과 선언문은 Goldman, *Sunken Treaties*의 273쪽부터. 조약 목록은 Richard Morris, ed., *Encyclopedia of American History*, bicentennial ed. (New York: Harper & Row, 1976), 379; 주15 참조. Lodge은 Pusey, *Hughes*, 499에서 인용.
17. "How Hughes Measures Up with the 'Veteran Diplomats,'" *Literary Digest* 71, no. 12 (December 17, 1921), 38-39에서Harold Phelps Stokes 인용.
18. Washington Conference의 성과와 약점 평가는 Goldstein, *Washington Conference*, 134-37.
19. Pusey, *Hughes*, 411에 인용된 런던의 *Times*의 원문은 *Times* (London), March 3, 1921. *Current Opinion* 평가에 대해 *Current Opinion* 70 (April 1921), 440-443. Hughes에 인용된 영국 대사와 인용은 *Autobiographical Notes*, 214-15.
20. Louria, *Triumph*, 19; *World's Work* 41 (April 1921), 529-530; Hughes, *Autobiographical Notes*,209 (1924년의

Hughes의 논평을 인용).

21. Penrose 인용은 *Literary Digest* 68 (March 5, 1921), 12.

22. Pusey, *Hughes*, 441-42.

23. Hughes 채무-채권자료는 *Autobiographical Notes*, 253; 미국 경제 역량은 Louria, *Triumph*, 3; 불황에 대해 Goldstein, *Washington Conference*, 126; 1920-21년의 경제 자료는 Dingman, *Power in the Pacific*, 146.

24. Louria, *Triumph*, 9-10.

25. France의 입장에 대해 Goldstein, *Washington Conference*, 192부터; 프랑스의 우선순위는 Tooze, *Deluge*, 401.

26. 영국과 Lloyd George의 정치는 Goldstein, *Washington Conference*, 4-6와 29, 도미노는 61; Dingman, *Power in the Pacific*, 112 (105-21)와 162-63.

27. 일본에 대해 Louria, *Triumph*, 38-40; Goldman, *Sunken Treaties*, 35- 36, 59- 68; Tooze, *Deluge*, 399. 예산의 거의 절반을 군대에 할당에 대해 Pusey, *Hughes*, 454; Louria, *Triumph*, 138.

28. 독가스에 대해 Louria, *Triumph*, 12-33. 스페인 독감에 대해 Niall P. A. S. Johnson and Juergen
Mueller, "Updating the Accounts: Global Mortality of the 1918-1920 'Spanish' Influenza," *Bulletin of the History of Medicine* 76, no. 1 (Spring 2002).

29. 전통외교 부정에 대해 Louria, *Triumph*, 10.

30. "변색된 삼지창trident tarnished"과 영국 내부 논쟁은 Dingman, *Power in the Pacific*, 17-33.

31. 영국의 세계 및 지역 정책은 Goldstein, *Washington Conference*, 39.

32. Dingman, *Power in the Pacific*, 97-104; War Plan Orange에 대해 Green, *By More Than Providence*, 131-36.

33. Dingman, *Power in the Pacific*, 116-21. 균등equality하지 않은 동등성parity은 Goldstein, *Washington Conference*, 277.

34. Dingman, *Power in the Pacific*, 48-63 ("아마도 제1의 적"은 60), 1920년대의 건설 프로그램에 대해서는 122-23. Tooze, *Deluge*, 399와 Thomas H. Buckley, *The United States and the Washington Conference, 1921-1922* (Knoxville, TN: University of Tennessee, 1970), 59.

35. 만주에 대한 일본의 관점은 Louria, *Triumph*, 60-61; Goldman, *Sunken Treaties*, 63.

36. Paris 조약의 결과에 대해 Dingman, *Power in the Pacific*, 88.

37. Dingman, *Power in the Pacific*, 143.

38. Dingman, *Power in the Pacific*, 143-46.

39. *Literary Digest* 68 (March 5, 1921), 12에 *New York Times* 인용 포함; 편집장들의 인용은 Hughes, *Autobiographical Notes*, xvii.

40. 묘사 일부는 Louria, *Triumph*, 17. 인용문과 유머러스한 측면은 Hughes, *Autobiographical Notes*, xii.

41. Jackson-Frankfurter 와 Frankfurter 인용문은 Hughes, *Autobiographical Notes*, xxviii and xxix.

42. 장관은 행정에도 깊은 관심을 가졌다. 그는 1924년 Rogers Act 제정을 도와 국무부를 구조조정하고 외교공무를 현대적으로 개편했다. 인용문에 대해 Hughes, *Autobiographical Notes*, xxii, xxiv, xxv 그리고 Rogers Act는 203에; 언론 브리핑은 Louria, *Triumph*, 19 그리고 Rogers Act는 83에; Hughes의 행정능력과 Rogers Act에 대해 Dexter Perkins, *Charles Evans Hughes and American Democratic Statesmanship* (Boston: Little, Brown, 1956), 96.

43. Hughes, *Autobiographical Notes*, 201-2.

44. Hughes, *Autobiographical Notes*, 199.

45. Hughes의 제안은 Pusey, *Hughes*, 455, *New York Times*,1921년 5월 4일자; Harding-Borah ("상인의 죽음 merchants of death" 은 150)에 대해 Dingman, *Power in the Pacific*, 148-51; Louria, *Triumph*, 25-27.

46. Louria, *Triumph*, 26; Pusey, *Hughes*, 455.

47. Geddes 회의에 대해 Dingman, *Power in the Pacific*, 149-50; Louria, *Triumph*, 34-35; Tooze, *Deluge*, 395.

48. Dingman, *Power in the Pacific*, 152 (on invites) and 169-71 (제국회의); Pusey, *Hughes*, 455-58; Hughes, *Autobiographical Notes*, 242-43; Louria, *Triumph*, 35-36; Goldstein, *Washington Conference*, 15-17.

49. Borah와 Lodge, "판도라Pandora 박스"에 대해 Dingman, *Power in the Pacific*, 153, 예비 회의에 대해 154, Ireland에 대해 172와 176; Louria, *Triumph*, 37-41; Pusey, *Hughes*, 457-59.

50. Chamberlain과 *Spectator*에 대해 Goldstein, *Washington Conference*, 19. "The Washington Conference," 인용은 *Spectator*, November 19, 1921, 657-58.

51. Balfour 임명, 기획, 그리고 지시들은 Goldstein, *Washington Conference*, 21-26; Dingman, *Power in the Pacific*, 173-77.

52. 일본에 대해, Kato제독의 역할 포함해, Dingman, *Power in the Pacific*, 178-95; Hughes의Shidehara에 대한 보증과

참가하기로 한 일본의 동의에 대해 Louria, *Triumph*, 40; 일본이 수용할 것이라는 Hughes에 대한 보증은 Pusey, *Hughes*, 459.

53. Goldstein, *Washington Conference*, 192-200; 프랑스어를 포함하기로 한 것은 Louria, *Triumph*, 41.
54. Goldstein, *Washington Conference*, 249-65; 중국의 곤경에 대해 Tooze, *Deluge*, 402-7.
55. 유럽외교에 대한 불만과 Geddes와의 대화는 Pusey, *Hughes*, 457-58, 1921년 9월 20일의 "Memorandum by the Secretary of State of a Conversation with the British Ambassador (Geddes)" 인용은 *Foreign Relations of the United States*, 1921, vol. 1, Doc. 88 (hereafter *FRUS*).
56. Hughes의 회의 조직에 대해 Louria, *Triumph*, 41-42.
57. 미국 대표단에 대해 Louria, *Triumph*, 42, 46; Hughes, *Autobiographical Notes*, 240, 247; Harding의 Root에 대한 의심은 Pusey, *Hughes*, 459-60.
58. 저자의 대사Richard Burt와의 2019년 9월 15일자 인터뷰.
59. Hughes의 미국 제안서 개발에 대해 Hughes, *Autobiographical Notes*, 241-46, 인용문은 Philip C. Jessup, *Elihu Root*, vol. 2 (New York: Dodd, Mead & Company, 1938), 해군 군비 확장과 무장에 대한 미래 예산 할당에 대한 상원의 관점은 449, "야드 자yardstick" 고안은 Louria, *Triumph*, 43-47, 해군과의 작업은 Pusey, *Hughes*, 460-65.
60. 회의 조직, 언론 브리핑, 의장직 수행은 Pusey, *Hughes*, 474-75.
61. 미·영 간의 계산 차이는 공급율, 탄약, 연료를 톤수에 포함하는지의 여부, 영국 해군의 장래 혁신의 취약성에 대한 영국의 염려에 관련되었다. 미국은 35,000 legend tons을 37,000 U.S. tons으로 환산함. "Memorandum by the Secretary to the British Empire Delegation of a Conversation at the Department of State, December 15, 1921," *FRUS*, 1922, vol. 1 (Washington, DC: U.S. Government Printing Office, 1938), 122-25.
62. Kato의 제안서, 무장, 전함 숫자 조정에 대한 Balfour-Hughes 협력은 Pusey, *Hughes*, 476-81. 비율에 대한 일본의 입장은 Dingman, *Power in the Pacific*, 187-95, 조약 교섭과 통신 감청은 201-7. 무장에 대해 Hughes, *Autobiographical Notes*, 246- 47. Goldman, *Sunken Treaties*, 121-30.
63. Roosevelt는 1944년 D-Day 공격개시일에 Utah Beach로 프랑스로 돌아왔다. 그는 1944년 7월 12일에 심장마비로 프랑스에서 사망했다.
64. 프랑스의 논리, 모독감, 루스벨트와의 대화, 와인과 샴페인의 분실, Briand의 결정은 Louria, *Triumph*, 53-55; Pusey, *Hughes*, 481-84. 프랑스 내부 논쟁은 Goldstein, *Washington Conference*, 200-212.
65. *Saratoga*호와 *Lexington*호 구제를 포함, 다른 선박에 대해 Pusey, *Hughes*, 484-86.
66. 전쟁에서 잠수함 및 독가스 사용에 관한 조약은 Goldman, *Sunken Treaties*.
67. Hughes의 조약 기초작업 감독 및 프랑스어 및 영어 본문에 대해 Pusey, *Hughes*, 468, 488.
68. Hughes의 "동맹alliance"무익을 포함한 초안 작성과 4강 조약Four-Power Pact에 대해, Lodge의 조약 발표 및 상원의 유보에 대해 Louria, *Triumph*, 57-58. 영국제국에 대한 고려는 Goldstein, *Washington Conference*, 74-78.
69. 회의장에서 중국의 지위에 대해 Goldstein, *Washington Conference*, 249-65, 약함의 효과, "rehabilitation"에 대한 영국의 희망, 일본의 이익, China의 10원칙, 9강조약Nine Power Treaty과 기타 관세, 우편, 등은 Goldstein, *Washington Conference*, 67 for the "Singapore strategy"; Pusey, *Hughes*, 501-3, 미국 Open Door, 만주, 철도, 세관, 라디오 주파수 포함 U.S. Open Door 정책 연계는 Louria, *Triumph*, 57-62. Tooze는 *Deluge*, 402- 6에서 영국의 "애국적 돌출행위patriotic grandstanding"와 과거보다 중국에 더 큰 개입을 시도하나 "기회를 상실lost opportunity"한 점을 잘 설명했다. Wunsz King, *China at the Washington Conference, 1921- 1922* (New York: St. John's University Press, 1963), 38-39 또한 참조. 9강 조약Nine-Power Treaty에서의 3대 원칙에 대해서는 Goldman, *Sunken Treaties*, 9, 충돌하는 이익 사이에 "다리놓기bridging"는 132- 37.
70. 산둥山東 과 만주에 대한 중-일 양자 교섭에 대한 미-영 중재는 Pusey, *Hughes*, 503-6, 미국 국민 입장, 일본을 압박하는 Hughes, 중국 학생들의 외교관 엄습 포위, 36회 회의 등은 Louria, *Triumph*, 59-62, 특히 포츠머스Portsmouth 조약 하의 권리, 만주, 산둥 철수에 관한 일본의 입장이 잘 나와 있다.
71. 주69와 주70에서 언급한 원문 참조, 특히 Tooze, *Deluge*; Goldman, *Sunken Treaties*; David Armstrong, "China's Place in the New Pacific Order," Goldstein, *Washington Conference*, 264쪽의 역사가들의 관점의 참조문헌을 참조.
72. Akira Iriye, *After Imperialism: The Search for a New Order in the Far East, 1921-1931* (Cambridge, MA: Harvard University Press, 1965).
73. 영-미 긴장, "믿을 수 없는perfidious" 영국, 영국의 "보험정책insurance policy"은 Goldstein, *Washington Conference*, 30, 127-28.
74. Iriye, *After Imperialism*, 3 "경제외교정책economic foreign policy"에 대해 Iriye, *After Imperialism*, 3, 일본의 대미

수출과 자본 흐름에 대해 같은 책 9와 26쪽. New York City가 London의 초기 영향력에 미치지 못한 데 대해 Tooze, *Deluge*, 401.

75. Ernest May, Goldstein에 전송한, *Washington Conference*.
76. 인상적인 초기 노력에 대해 Adam Tooze, *Crashed: How a Decade of Financial Crises Changed the World* (New York: Viking, 2018).
77. 3억5천만 달러의 해군 예산에 대해 Goldstein, *Washington Conference*; 무장 관련fortifications 지출에 대해 Hughes, *Autobiographical Notes*, 246-47; 새로운 해군 전술에 대해 Goldstein, *Washington Conference*, 149; Green, *By More Than Providence*, 141-43, Nimitz thesis는 같은 책 141쪽; USN 기동대 배치에 대해 Tooze, *Deluge*, 401.
78. Hughes의 American Historical Association 모임에서의 연설 "Some Aspects of Our Foreign Policy" 은 *Annual Report of the American Historical Association for the Year 1922*, vol. 1 (Washington, DC: Government Printing Office, 1926), 251-269.
79. "신성불가침 비율sacred ratios"에 대해서는 Goldstein, *Washington Conference*, 136쪽, 추후의 회의에 대해서는 같은 책 137-44쪽.
80. Washington Conference에 대한 해석 변화에 대해서는 Goldstein, *Washington Conference* 저서의 May의 서문을 참조; Harold and Margaret Sprout, *Toward a New Order of Sea Power: American Naval Policy and the World Scene, 1918-1922* (Princeton: Princeton University Press, 1940). Goldstein의 essays는 폭넓은 국제 관점을 제공한다. Goldman, *Sunken Treaties*, 3-32는 군비감축 관점에서, Washington Conference의 경험을 이용해 Cold War의 "군비축소 통설의 [파괴]"를 검토한다.
81. Goldman, *Sunken Treaties*, 3-8.
82. "과정process"에 대해 Dingman, *Power in the Pacific*, xii; "한 통제기관one instrument"으로의 조약에 대해 Green, *By More Than Providence*, 137.
83. Ambassador Burt (2019년 9월 5일)에 대한 저자의 인터뷰. 북동 아시아에 대한 지역안보-군비통제접근방안의 한 사례는 Robert B. Zoellick, "How to Negotiate with Kim Jong Un," *Wall Street Journal*, February 24, 2019, A17 [역자주: 2019년 미-북한 간 베트남 정상회담 직전에 투고한 글로 (i)한반도에서 전쟁의 위험을 상기, 북한군의 규모와 기습능력은 너무 크므로 축소해 북과 남이 작은 규모로 대등하게 유지해야한다. (ii)북과 남은 신뢰 구축의 일환으로 인도적 목적 사업(이산가족상보, 스포츠, 개인간 유대)을 통해 북한 사회를 개방하도록 하고, 북한의 개인 삶의 질을 높이고 시장을 개혁하고 노예 노동을 금지하도록 한다. (iii)동북 아시아에서 한반도는 중-일 전쟁(1894-95)과 러-일 전쟁(1904-05)의 강대국 간의 전쟁터였다. 장기적인 평화를 위해 남.북한은 미국을 포함한 인접국들과 함께 단거리 미사일의 개수와 유형들을 축소해 나가야 한다. 북한은 피랍 일본인들을 석방해야 한다. 유럽이 1980년대에 했던 군사 사항 통지, 투명성, 사찰 같은 검증된 조치들을 이용해 군사 사항 통지, 투명성, 사찰 같은 검증된 조치들을 이용해 a "confidence and security-building" regime을 구축해야 한다. (iv)남한과 미국은 평양에게 베트남식 개방을 촉구해야 한다. 미국, 남한 및 타국들은 제재를 지속하면서도 인도적 지원을 해야 한다. (v)모든 당사국들은 핵무기와 미사일 위험을 다루어야 한다.]

제9장 엘리후 루트: 국제법(Elihu Root: International Law)

1. 정부들은 1899년 Hague Conference에서 상설중재재판소Permanent Court of Arbitration Governments를 창설했다. 1900년에 상원이 비준한 조약에 의해 미국 대통령들은 4명의 중재위원후보를 지명했다. 그러므로, 연맹의 사무총장은 Root 와 국무부의 3인에게 편지를 보냈다. 그러나 1920년 국제 연맹 가입의 상원 부결 후, 국무부는 국제연맹의 편지를 무시했다. 사실, Root와 그의 동료들에게 보낸 편지들은 국무부의 "배달불능우편물"함에 답이 없는 채 쌓였다. Root는 8월에 없어진 편지들에 대해 파악을 했고 Hughes 에게 유실된 우편물을 찾으라는 서신을 보냈다. Hughes는 국제연맹의 초청장을 발견해 보냈다. 다음에 Root와 3인의 위원들은 무엇을 할 것인지를 찾아 내야 했었다. Root는 워싱턴 소재 장관 Hughes를 방문하기로 결정했다. 편지들에 대해서는 Jessup, *Root*, vol. 2, 425-26; Richard Leopold, *Elihu Root and the Conservative Tradition* (Boston: Little, Brown, 1954), 155-56; Pusey, *Hughes*, 595-97.
2. 1919-20년의 Root와 World Court에 대해 Jessup, *Root*, vol. 2, 418-22; Leopold, *Root*, 143-44.
3. World Court에 대해 Perkins, *Charles Evans Hughes*, 89.
4. de Vattel에 대해 Cobbs Hoffman, *American Umpire*, 181. 원문은 Emer de Vattel, *The Law of Nations: Or, Principles of the Law of Nature, Applied to the Conduct and Affairs of Nations and Sovereigns*, trans. Joseph Chitty

(Philadelphia: T. & J. W. Johnson, 1844), 277.

5. Bentham에 대해 Cobbs Hoffman, *American Umpire*, 181-82. 원문은 Bentham의 "Plan for a Universal and Perpetual Peace," *The Works of Jeremy Bentham*, vol. 2, ed. John Bowring (Edinburgh: William Tait, 1839), 546-60.
6. "mother of multilateral norms"로서의 국가들의 법law of nations에 대해 Hendrickson, *Union, Nation, or Empire*, 9.
7. Webster와 미국 정책에서 국제 관계에 대한 아이디어는 Hendrickson, *Union, Nation, or Empire*, 9. 원문은 Daniel Webster, "The Revolution in Greece," *The Speeches and Orations of Daniel Webster* (Boston: Little, Brown and Company, 1914), 66.
8. TR은 Cobbs Hoffman, *American Umpire*, 198-99; Hendrickson, *Union, Nation, or Empire*, 295- 96. 원문은 Theodore Roosevelt, "International Peace," *Advocate of Peace* 72, no. 6 (June 1910), 146-47.
9. 1861년에 영국을 거의 전쟁 선포로 몰아넣은 *Trent*호 사건에 대한 논쟁에서 국제법과-국가 명예-의 역할에 대해서는 제4장 참조. *Alabama*호 청구소송과 최초의 외국인 재판관들에 대해 Cobbs Hoffman, *American Umpire*, 135. 약 10여 년 후, 미국은 Alaska 물개에 대한 캐나다의 사냥권을 인정한 Paris 재판소의 결정을 수용했다. 같은 책 184.
10. Cobbs Hoffman, *American Umpire*, 184; Arthur C. F. Beales, *The History of Peace: A Short Account of the Organised Movements for International Peace* (London: G. Bell, 1931), 190-91.
11. Olney의 조약들에 대해 Leopold, *Root*, 57.
12. Suttner, czar에 대한 영향력을 포함해, *Uncle Tom's Cabin*과의 유사성, Nobel Prize에 대해 Cobbs Hoffman, *American Umpire*, 186- 87. 원문은 Bertha von Suttner, *Lay Down Your Arms: The Autobiography of Martha von Tilling*, trans. T. Holmes (London: Longmans, Green & Co., 1894).
13. Cobbs Hoffman, *American Umpire*, 187-89.
14. Root와 중재에 대한 First Hague Conference 작업은 Jessup, *Root*, vol. 2, 75-79. Benjamin Harrison에 대해Cobbs Hoffman, *American Umpire*, 189.
15. Cobbs Hoffman, *American Umpire*, 190.
16. Alaskan 국경선 위원회에 대해서, Lord Alverstone의 판정 포함, Jessup, *Elihu Root*, vol. 1 (New York: Dodd, Mead, 1938), 389-401; Zimmermann, *First Great Triumph*, 451-52.
17. Hay의 중재 조약들, 예외조항 상원 유보 조항에 대해 Jessup, *Root*, vol. 2, 79-80.
18. Walter Isaacson and Evan Thomas, *The Wise Men: Six Friends and the World They Made: Acheson, Bohlen, Harriman, Kennan, Lovett, McCloy* (New York: Simon & Schuster, 1986), 28.
19. Root의 초년에 대해 Jessup, *Root*, vol. 1; Zimmermann, *First Great Triumph*, 123-48; Leopold, *Root*, 172-189. Grandfather at Concord Bridge는 Jessup, *Root*, vol. 1, 3. Zimmermann의 Bar Associations 소개는 *First Great Triumph*, 128. Hamilton Commencement 연설은 같은 책 134. 법률 훈련, "scientific" 사례 방법들, Root의 고전적 법률적 이념에 대해 Jonathan Zasloff, "Law and the Shaping of American Foreign Policy," *NYU Law Review* 78 (2003), 239. Lodge 인용은 Jessup, *Root*, vol. 1, 453.
20. 인용과 소득에 대해 Jessup, *Root*, vol. 1, 183. post-Civil War 수성과 약자underdog의 방어에 대해 Zimmermann, *First Great Triumph*, 144 와 488.
21. TR(테디 루스벨트) 인용은 Jessup, *Root*, vol. 1, 453; Leopold, *Root*, 72.
22. "Above all things" 인용은 Zimmermann, *First Great Triumph*, 146. 원문은 1904년 12월 22일 Root, "The Monroe Doctrine: Address at the Ninety-Ninth Annual Banquet of the New England Society of New York" Elihu Root, *Miscellaneous Addresses*, ed. Robert Bacon and James Brown Scott (Cambridge, MA: Harvard University Press, 1917), 272.
23. Jessup, *Root*, vol. 1, 215, 인용은 Elihu Root, *Addresses on Government and Citizenship*, ed. Robert Bacon and James Brown Scott (Cambridge, MA: Harvard University Press, 1916), 503-4. Root는 일개 식민지 행정관 이상으로 드러났다. 스캔들과 최근 전쟁에서 생긴 내부 싸움은 육군을 파괴했다. 육군의 조직은 국경 경찰 역할에 적합했지 현대전에는 맞지 않았다. 독일의 성공적인 체제를 연구한 장교들의 건의로는 오래된 독립 사무실independent bureaus 배열 대신에 일선과 참모 보직 순환을 하는 참모장 구조a chief of staff structure로 바꾸었다. 그는 War College를 새로 만들어 특별 복무 기술, 기획, 전략을 가르치는 군사교육체제의 초석을 놓았다. Root는 또한 주 민병대들state militias을 국가 예비군으로 구축하는 과정을 시작했다. World War I 이후, 전쟁 장관 Root의 가장 성취가 많은 후임자 중의 한 사람인 Newton Baker는 Great War에서 광대하게 팽창된 미국 육군의 성공은 Root의 구조조정 덕분이라고 말했다. Jessup, *Root*, vol. 1, 240.

24. Jessup, *Root*, vol. 1, 219에서 인용.

25. Jessup, *Root*, vol. 1, 346-48, *Annual Report of the Secretary of War*, pt. 1, vol. 1 (Washington, DC: Government Printing Office, 1899), 24에서 인용.

26. Philippines에 대한 Root의 정책은 Jessup, *Root*, vol. 1, 329-71, Taft에 대한 훈령, 위원회와 필리핀인들의 권리포함; Zasloff, "Law and the Shaping of American Foreign Policy," 291-99; Zimmermann, *First Great Triumph*, 386-95 와 403-17. Jessup, *Root*, vol. 1, 348에서 인용, Arthur Wallace Dunn, *From Harrison to Harding: A Personal Narrative, Covering a Third of a Century, 1888-1921*, vol. 1 (New York: G. P. Putnam's Sons, 1922), 257.

27. 325 파운드 체중과 더위와 습기에도 불구하고 Taft는 직접 군도 곳곳을 방문해 여건을 조사했다. 세심한 Root는 Taft에게 병 후 증상을 문의했고, Taft는 회복되어 말을 타고 산을 넘는 긴 여정을 할 수 있었다고 대답했다. Root는 즉시 전보를 보내어 "Fine. How's the horse?"라고 되물었다. Jessup, *Root*, vol. 1, 363에서 인용.

28. Platt Amendment은 또한 Cuba 가 해군 기지를 매각하든가 임대할 것을 규정했다. 이에 따라, Cuba 동쪽 끝의 Guantanamo Bay 소재 해군 기지를 미국은 종료일이 없이 임대하는 권리를 확보했다. Root의 사려 깊은 법률적 작업의 효과는 현재에도 진행 중이다. James Brown Scott, "Elihu Root: An Appreciation," *Proceedings of the American Society of International Law at Its Annual Meeting (1921-1969)*, vol. 31, April 29-May 1, 1937 (Washington, DC: American Society of International Law, 1937), 4-6. 또한 Zasloff, "Law and the Shaping of American Foreign Policy," 288-90 참조. Kaiser에 대한 인용은 Jessup, *Root*, vol. 1, 314. Guantanamo.에 대해서는 같은 책 326.

29. 2001년 내가 U.S. trade representative로 일할 때 Brazil 외무장관 Celso Lafer은 우리가 구축할 연대를 Root의 말로 표현했다. 외교는 전임자들의 업무를 바탕으로 건축된다. Zimmermann, *First Great Triumph*, 473 ("Good Neighbor"포함); "Good Neighbor"에 대해서는 Jessup, *Root*, vol. 1, 563 "Good Neighbor"; Root와 Latin America에 대해서는 Leopold, *Root*, 63- 67.

30. Zasloff, "Law and the Shaping of American Foreign Policy," 305-8, Elihu Root를 인용, "The Hague Peace Conferences, Address in Opening the National Arbitration and Peace Congress, in the City of New York (April 15, 1907)," Elihu Root, *Addresses on International Subjects*, ed. Robert Bacon and James Brown Scott (Cambridge, MA: Harvard University Press, 1916), 130-31.

31. Second Hague Conference에 대해 Jessup, *Root*, vol. 2, 67-82(훈령 인용은 75-76); Leopold, *Root*, 54-57; Scott, "Elihu Root," 9, 33.

32. Jessup, *Root*, vol. 2, 79-81, 267.

33. Central American Court는 Wilson Administration이 약화시킨 1917년까지 존재했다. Jessup, *Root*, vol. 1, 500-514; Scott, "Elihu Root," 10- 11(인용과 first international court에 대한 지속된 기능 설명을 포함해). 내가 President George W. Bush 하에 U.S. trade representative로 일할 때, 나는 5개 중앙아메리카와 도미니칸 공화국과 자유무역협정을 교섭해 경제 통합과 개발을 지원했다. 오늘날, 중앙아메리카는 통치, 반부패, 반조직범죄와 마약 밀매를 막기 위해 미국 정부의 지원이 필요하다.

34. 앞을 내다보고 Root는 Washington 소재Pan American Union 건물 (오늘 날에는 Organization of American States 본부 건물)에 캐나다 문장과 타 아메리카 대륙의 공화국들의 문장을 포함했다. Jessup, *Root*, vol. 2, 99.

35. Newfoundland 중재를 포함한 Canada와의 동반자관계에 대해 Jessup, *Root*, vol. 2, 83-99 와 284.

36. Scott, "Elihu Root," 25-30에서 49 Cong. Rec. 1822-1824 (1913)와 51 Cong. Rec. 8955 (1914)의 인용.

37. Scott, "Elihu Root," 8; Robert B. Strassler, ed., *The Landmark Thucydides: A Comprehensive Guide to the Peloponnesian War* (New York: Free Press, 1996), 351-53.

38. Jessup, *Root*, vol. 2, 374-76. 기여 목록은 Leopold, *Root*, 53.

39. 그의 1870 경험과 독일 비난에 대해 Jessup, *Root*, vol. 2, 310-12; Dresden에 대해 Zimmermann, *First Great Triumph*, 129.

40. 인용 포함 Jessup, *Root*, vol. 2, 313.

41. Leopold, *Root*, 98.

42. 새로운 정치 질서에 대해 Jessup, *Root*, vol. 2, 313. Oscar Straus는 Cobbs Hoffman, *American Umpire*, 197에 인용됨. 원문은 Oscar Straus, "Rebuilding the Foundations of International Peace," *New York Times Current History*, vol. 4 (New York: New York Times Company, 1917), 908.

43. Elihu Root, "The Outlook for International Law," Presidential Address at the Ninth Annual Meeting of the American Society of International Law, Washington, December 28, 1915, *Addresses on International Subjects*, 393-94.

44. Scott, "Elihu Root," 13-14, "Minutes of the Meeting of the Executive Council: April 27, 1918"을 인용, *Proceedings of the American Society of International Law at the Meetings of Its Executive Council*, vol. 12/13, 1918년 4월 27일과 1919년 4월 17일 (Washington, DC: American Society of International Law, 1919), 17-18.
45. Jessup, *Root*, vol. 2, 376; Leopold, *Root*, 129-30.
46. Leopold, *Root*, 122-27, 133-43 유보정책 개발은 138; Jessup, *Root*, vol. 2, 383-409 Article X 인용은 392-93, Europe에 대한 의무와 5년 임기는 393; Zasloff, "Law and the Shaping of American Foreign Policy," 342-56 국제법 비판은 342- 45, Wilson인용은 353, Thomas J. Knock, *To End All Wars: Woodrow Wilson and the Quest for a New World Order* (Princeton: Princeton University Press, 1992), 259에서 인용.
47. France에 대해 Jessup, *Root*, vol. 2, 401-2(인용 포함); Zasloff, "Law and the Shaping of American Foreign Policy,"356-61.
48. Leopold, *Root*, 141-43; Jessup, *Root*, vol. 2, 407-8.
49. Elihu Root, "The 'Great War'and International Law," Presidential Address at the Fifteenth Annual Meeting of the American Society of International Law, April 27, 1921, *Advocate of Peace Through Justice* 83, no. 6 (June 1921), 225-30; 같은 책 "Steps Toward Preserving Peace," *Foreign Affairs* 3, no. 3 (April 1925), 351- 57; 1925년 10월 3일 세계 의원 연맹Interparliamentary Union 23차 총회 제출 보고서 "The Codification of International Law," *American Journal of International Law* 19, no. 4 (October 1925), 675-84.
50. World Court 의정서에 대한 상원 비준을 얻기 위한 Root의 노력에 대해 Jessup, *Root*, vol. 2, 428-44; Leopold, *Root*, 162-68.
51. Root의 Vannevar Bush에 대한 견해는 Jessup, *Root*, vol. 2, 472-73, Root가 1936년 12월 22일 Vannevar Bush 학장을 인용, 1937년 8월 16일에 Bush가 Jessup에게 말 한 내용 포함함.
52. 이에 관해Root는 Taft-Knox Arbitration treaties에서 벗어났다; Taft는 중재가 1812, 1846, 1898년 전쟁을 방지했을 것으로 보았다; Kellogg- Briand "Peace Pact"는 Hendrickson, *Union, Nation, or Empire*, 296.
53. Charles N. Brower et al., "The Legacy of Elihu Root," *Proceedings of the Annual Meeting (American Society of International Law)*, vol. 100, March 29-April 1, 2006 (Washington, DC: American Society of International Law, 2006), 203-16.
54. Zasloff, "Law and the Shaping of American Foreign Policy."
55. 한 세기 동안의 국제법에서의 변하는 지적 운동에 대한 분류와 묘사는 Robert Keohane, *After Hegemony: Cooperation and Discord in the World Political Economy* (Princeton: Princeton University Press, 1984)와 Joseph Nye, *Power and Interdependence: World Politics in Transition* (Boston: Little, Brown, 1977). 또 Richard Steinberg and Jonathan Zasloff, "Power and International Law," *American Journal of International Law* 100, no. 1 (January 2006), 64-87. Steinberg와 Zasloff는 나의 견해를 "hybrid between realism and rationalist institutionalism" (76)로 아마도 간주했을 것이다.
56. 예, Joseph Nye, "Soft Power," *Foreign Policy*, no. 80 (Autumn 1990), 153-71; 같은 책 *Soft Power: The Means to Success in World Politics* (New York: Public Affairs, 2004).
57. 국제법의 편익이 제한적이란 견해에 대해 Jack Goldsmith와 Eric Posner, *The Limits of International Law* (New York: Oxford University Press, 2005). 국가 주권의 보호적 견해에 대해 John Bolton, "Should We Take Global Governance Seriously?" *Chicago Journal of International Law*, vol. 1, no. 2 (2000).
58. Cobbs Hoffman, *American Umpire*, 218, *Conference on the Limitation of Armament*, Washington, November 12, 1912-February 6, 1922 (Washington, DC: U.S. Government Printing Office, 1922), 268. Hamilton은"Legacy of Elihu Root," 216에 인용됨. 원문은 "From Alexander Hamilton to Robert Morris," August 13, 1782, *The Papers of Alexander Hamilton*, vol. 3, *1782-1786*, ed. Harold C. Syrett (New York: Columbia University Press, 1962), 132-43.

제10장 코델 헐: 호혜무역(Cordell Hull: Reciprocal Trade)

1. Cordell Hull, *The Memoirs of Cordell Hull*, vol. 1 (New York: Macmillan Company, 1948), 352.
2. Hull, *Memoirs*, 81.
3. Hull, *Memoirs*, 364.
4. Cordell Hull, "The World Waits," September 15, 1936, *Vital Speeches of the Day* 2, no. 26 (October 1, 1936), 794-7.

5. Cordell Hull, "International Trade," November 1, 1934, *Vital Speeches of the Day* 1, no. 4 (November 19, 1934), 107-11.
6. 1792년 자료에 대해 Douglas Irwin, *Clashing over Commerce: A History of U.S. Trade Policy* (Chicago: University of Chicago Press, 2017), 79.
7. Irwin, *Clashing over Commerce*, 86, Gerard Clarfield, "Protecting the Frontiers: Defense Policy and the Tariff Question in the First Washington Administration"을 인용, *William and Mary Quarterly* 32, no. 3 (July 1975), 443-64(원전 강조).
8. 자료에 대해 Irwin, *Clashing over Commerce*, 7, 154.
9. Irwin, *Clashing over Commerce*, 7-8.
10. Irwin, *Clashing over Commerce*, 303-5.
11. Irwin, *Clashing over Commerce*, 297.
12. Irwin, *Clashing over Commerce*, 306.
13. Irwin, *Clashing over Commerce*, 316.
14. Irwin, *Clashing over Commerce*, 309-10. McKinley의 Pan-American Exposition 에서의 연설은 William McKinley, *Last Speech of William McKinley, Delivered at the Pan-American Exposition at Buffalo, September 5, 1901* (Washington, DC: Government Printing Office, 1904).
15. Irwin, *Clashing over Commerce*, 312-14.
16. Irwin, *Clashing over Commerce*, 338-39. Hull의 역할은 Hull, *Memoirs*, 80-81; Michael Butler, *Cautious Visionary: Cordell Hull and Trade Reform, 1933-1937* (Kent, OH: Kent State University Press, 1998), 3.
17. 세계 제조업 산출 중 미국이 차지하는 비율은 1913년의 36%에서 1926-29년에는 42%로 증가했다. 제조업 자료에 대해 Irwin, *Clashing over Commerce*, 340, 344.
18. 인용은 Irwin, *Clashing over Commerce*, 344-45, William Diamond, *The Economic Thought of Woodrow Wilson* (Baltimore: Johns Hopkins University Press, 1943), 183. Wilson의 Fourteen Points는 "President Woodrow Wilson's Fourteen Points,"January 8, 1918, Avalon Project, Yale University, http://avalon.law.yale.edu/20th_century/wilson14.asp.
19. Hull, *Memoirs*, 82.
20. 경기 후퇴의 일부는 일부 상품에 대해 (가격의 백분율이 아니고) 특정관세분량 기준으로 의회가 부과한 탓이기도 하다; 전시 인플레이션으로 이들 특정 관세는 수입품의 더 높은 가격의 백분율만큼 줄었다. Irwin, *Clashing over Commerce*, 346-47. Lodge의 유보에 대해서는"Senator Henry Cabot Lodge's Personal Copy of His 'Reservations'of the Treaty of Versailles" (1919), Records Relating to Treaties with Foreign Countries, 1789-2000, Record Group 46: Records of the U.S. Senate, 1789-2015, National Archives Catalog, https://catalog.archives.gov/id/5678178.
21. Irwin, *Clashing over Commerce*, 356-59.
22. MFN 개념은, 1713년 양자적 Treaties of Utrecht에서 시작되었다, 한 국가가 무역 특권을 다른 국가에 제공하면, 그 국가는 최혜국most favored nations으로 인정하는 다른 모든 국가들에게 동일한 편익을 제공하는 조치를 말한다. Franklin의 1778년 프랑스와의 Treaty of Amity and Commerce은 MFN 조항을 포함했다. Cobbs Hoffman, *American Umpire*, 92.
23. Irwin, *Clashing over Commerce*, 365.
24. Smoot-Hawley와 3,300개 제품에 대해 Irwin, *Clashing over Commerce*, 371-410; 173 pages at 425; "logrolling" 인용은 Hull 이 기초한 House Democratic Minority Report 375쪽, H.R. Rep. No. 7-71 (1929), 11을 인용; 같은 책 386쪽의 1,028명의 경제학자들.
25. 1930년 이래 의회는 결코 다시 관세 전반을 처방하는 조치를 취하지 않았다. 실제로, 1930년 Tariff Act는 법규집에 남아 있으나, 실제 율은 의회가 대통령에게 부여한 당국과의 수십 년간의 교섭을 통해 낮아졌다. Irwin, *Clashing over Commerce*, 397. 예, Milton Friedman and Anna J. Schwartz, *A Monetary History of the United States* (Princeton: Princeton University Press, 1963); Price Fishback, "U.S. Monetary and Fiscal Policy in the 1930s," *The Great Depression of the 1930s: Lessons for Today*, eds. Nicholas Crafts and Peter Fearon (New York: Oxford University Press, 2013).
26. 자료는 Irwin, *Clashing over Commerce*, 390, 394.
27. Irwin, *Clashing over Commerce*, 401. Smoot의 인용은 71 Cong. Rec. 3537-3575 (1929) (인용 자체는 3548쪽).
28. Irwin, *Clashing over Commerce*, 401-8.

29. William Hard, "Mr. Hull Persists," *Current History* 40 (April 1934), 14-19.
30. Hull의 배경에 대해 Butler, *Cautious Visionary*, 1-14; "a survivor"의 인용은 Irwin F. Gellman, *Secret Affairs: Franklin Roosevelt, Cordell Hull, and Sumner Welles* (Baltimore, MD: Johns Hopkins University Press, 1995), 23-29, 31; Hull, *Memoirs*; Donald Drummond, "Cordell Hull," *An Uncertain Tradition: American Secretaries of State in the Twentieth Century*, ed. Norman Graebner (New York: McGraw-Hill, 1961), 184.
31. Butler, *Cautious Visionary*, 4-5.
32. Farley 인용은 Butler, *Cautious Visionary*, 6, Frank Freidel의 James A. Farley와의 인터뷰는 Frank Freidel Interview File, Franklin D. Roosevelt Presidential Library, Hyde Park, New York.
33. Gellman, *Secret Affairs*, 29, 31.
34. TB에 대해 Gellman, *Secret Affairs*, 32; 지연과 Moley에 대해 Butler, *Cautious Visionary*, 19-20.
35. London 회의에 대해 Butler, *Cautious Visionary*, 28-81; Gellman, *Secret Affairs*, 38-41; Hard, "Mr. Hull Persists," 16.
36. Hull, *Memoirs*, 356, 358.
37. Hull, *Memoirs*, 357-61.
38. Irwin, *Clashing Over Commerce*, 425-26.
39. Butler, *Cautious Visionary*, 95-96.
40. Irwin, *Clashing over Commerce*, 431.
41. Irwin, *Clashing over Commerce*, 433.
42. Hull, *Memoirs*, 370.
43. Julius Pratt, *Cordell Hull, 1933-44*, vol. 12, *The American Secretaries of State and Their Diplomacy*, eds. Samuel Flagg Bemis and Robert H. Ferrell (New York: Cooper Square, 1964), 117-19. Hull 인용은 Hull, *Memoirs*, 370.
44. Butler, *Cautious Visionary*, 100-101, "trading house" 인용은 Peek at 101.
45. Butler, *Cautious Visionary*, 97-120; "일방적 경제적 군비축소unilateral economic disarmament"에 대해서는 Pratt, *Hull*, 117.
46. Butler, *Cautious Visionary*, 97-120; FDR에 대한 노트 인용은 Hull, *Memoirs*, 371-74.
47. Pratt, *Hull*, 115; Irwin, *Clashing over Commerce*, 447, Stewart Patrick 인용은 *Best Laid Plans: The Origins of American Multilateralism and the Dawn of the Cold War* (Lanham, MD: Rowman & Littlefield, 2009), 124.
48. 망간에 대해 Pratt, *Hull*, 120; Butler, *Cautious Visionary*, 123.
49. Butler, *Cautious Visionary*, 124-26.
50. 1938년까지의 합의 목록은 Butler, *Cautious Visionary*, 127, 183.
51. 캐나다에 대해Butler, *Cautious Visionary*, 130-36.
52. 영국에 대해Butler, *Cautious Visionary*, 129, 137-55. Hull 인용은 Hull, *Memoirs*, 519-20.
53. Butler, *Cautious Visionary*, 137-55. Hull 인용은 "Memorandum of Conversation, by the Assistant Secretary of State (Sayre)," November 16, 1937, *FRUS*, 1937, The British Commonwealth, Europe, Near East and Africa, vol. 2, Document 58.
54. Chamberlin 인용은 Irwin, *Clashing over Commerce*, 438, 439, citing Arthur W. Schatz, "The Anglo-American Trade Agreement and Cordell Hull's Search for Peace, 1936-1938," *Journal of American History* 55, no. 1 (June 1970), 100. Munich 연계는 Pratt, *Hull*, 128, 294-300; Whitney H. Shepardson and William Scroggs, *The United States in World Affairs, 1938* (New York: Harper & Brothers, 1938), 190-99.
55. 독일과 이탈리아에 대해 Butler, *Cautious Visionary*, 155-58 (인용은 158).
56. 일본에 대해 Butler, *Cautious Visionary*, 159-61, "The Ambassador in Japan (Grew) to the Secretary of State,"February 6, 1935, *FRUS*, 1935, Far East, vol. 3, 833에서 인용.
57. Butler, *Cautious Visionary*, 171-74 (선거), 179-80; Irwin, *Clashing over Commerce*, 443-46.
58. Hull, *Memoirs*, 746-47.
59. Gallup 여론 조사는 Irwin, *Clashing over Commerce*, 448, 개정과 표결은 449.
60. 공화당 전당대회는 Irwin, *Clashing over Commerce*, 450, 1943 표결은 452-54, 세입보고서Ways and Means Report는 454 세입위원회 보고서(Ways and Means Report), H.R. Rep. No. 403-78 (1948), 10에서 인용.
61.합의목록은 Irwin, *Clashing over Commerce*, 440, 자료와 인용은 같은 책 439, 441.
62. 인용은 Hull, *Memoirs*, 365. Hull의 제한적인 역할은 Drummond, "Cordell Hull," 184, 196-203.
63. 전후 계획과 UN 창설은 Drummond, "Cordell Hull," 203, 206-8.

64. Irwin, *Clashing over Commerce*, 26, citing Paul Douglas, *In the Fullness of Time: The Memoirs of Paul H. Douglas* (New York: Harcourt Brace Jovanovich, 1972), 476.
65. Irwin, *Clashing over Commerce*, 422-23, citing Dean Acheson, *Present at the Creation: My Years in the State Department* (New York: W. W. Norton, 1969), 9-10.
66. Clayton 인용은 Irwin, *Clashing over Commerce*, 464, citing Gregory A. Fossedal, *Our Finest Hour: Will Clayton, the Marshall Plan, and the Triumph of Democracy* (Stanford, CA: Hoover Institution Press, 1993), 136.

4부 미국 동맹의 새로운 질서

제11장 미국 동맹 체제의 구축자들(Architects of the American Alliance System)

1. 1대 5천만에 대해 Melvyn P. Leffler, *A Preponderance of Power: National Security, the Truman Administration, and the Cold War* (Stanford, CA: Stanford University Press, 1992); 2 대 522,000에 대해 Benn Steil, *The Marshall Plan: Dawn of the Cold War* (New York: Simon & Schuster, 2018).
2. Forrest C. Pogue, *George Marshall*, vol. 4, *Statesman, 1945-1959* (New York: Viking Press, 1987), 159, George C. Marshall, *The Winning of the War in Europe and the Pacific: Biennial Report of the Chief of Staff of the United States Army, July 1, 1943 to June 30, 1945, to the Secretary of War* (Washington, DC: War Department, 1945), 118을 인용.
3. Leffler, *Preponderance of Power*, 11, JCS 1769/1을 인용, "United States Assistance to Other Countries from the Standpoint of National Security," April 29, 1947.
4. R. Alton Lee, "The Army 'Mutiny'of 1946," *Journal of American History* 53, no. 3 (December 1966), 557; Joseph T. Glatthaar, *The American Military: A Concise History* (New York: Oxford University Press, 2018), 89.
5. Leffler, *Preponderance of Power*, 106.
6. Leffler, *Preponderance of Power*, 25.
7. Lawrence Haas, *Harry and Arthur: Truman, Vandenberg, and the Partnership That Created the Free World* (Lincoln, NE: Potomac Books, 2016), 50.
8. David McCullough, *Truman* (New York: Simon & Schuster, 1992), 219.
9. McCullough, *Truman*, 191, 258.
10. Alexander De Conde, "George Catlett Marshall," in Graebner, *Uncertain Tradition*, 247.
11. Steil, *Marshall Plan*, 20.
12. McCullough, *Truman*, 469.
13. McCullough, *Truman*, 470, 480-81, 492-93; Leffler, *Preponderance of Power*, 44, 46.
14. Steil, *Marshall Plan*, 18-19; Leffler, *Preponderance of Power*, 63, 1945년 4월 26일에 John J. McCloy가 대통령에게 보낸 메모 인용; "Assistant Secretary of State (Acheson) to Mr. Harry L. Hopkins, Special Assistant to President Roosevelt," December 26, 1944, *FRUS*, General: Political and Economic Matters, vol. 2, Doc. 438.
15. Steil, *Marshall Plan*, 15-17에서 인용.
16. Fossedal, *Our Finest Hour*, 16-25.
17. Fossedal, *Our Finest Hour*, 26-36.
18. Fossedal, *Our Finest Hour*, 12, 25, 36-38; Steil, *Marshall Plan*, 51.
19. Fossedal, *Our Finest Hour*, 무역에 대해 60-61 그리고 구매에 대해 65- 82.
20. Fossedal, *Our Finest Hour*, 108-9. 1946년 President Truman은 Clayton을 차관under secretary으로 승진시킴.
21. Benn Steil, *The Battle of Bretton Woods: John Maynard Keynes, Harry Dexter White, and the Making of a New World Order* (Princeton: Princeton University Press, 2013), 255-60; Fossedal, *Our Finest Hour*, 137- 45.
22. Steil, *Bretton Woods*, 11.
23. Fossedal, *Our Finest Hour*, 182-83.
24. Fossedal, *Our Finest Hour*, 184-91. 영국은 최종 분할 상환금을 2006년에 납부했다. Finlo Rohrer, "What's a Little Debt Between Friends?" BBC News, May 10, 2006, http://news.bbc.co.uk/2/hi/uk_news/maga zine/4757181.stm.
25. Fossedal, *Our Finest Hour*, 192-99 (그의 인용은 198).
26. Jean Edward Smith, *Lucius D. Clay: An American Life* (New York: Henry Holt, 1990), 356 부터, Clay 인용은 356.

27. Smith, *Clay*, 350-52.
28. Smith, *Clay*, 352.
29. Leffler, *Preponderance of Power*, 116-21.
30. Kennan과 Long Telegram에 대해 John Lewis Gaddis, *George F. Kennan: An American Life* (New York: Penguin Press, 2011), 216-28; Steil, *Marshall Plan*, 28-31; Pogue, *Marshall*, 155-56; Leffler, *Preponderance of Power*, 108-10. Long Telegram의 원문은 "Telegram, George Kennan to George Marshall," February 22, 1946, Wilson Center Digital Archive, https://digitalarchive.wilsoncen ter.org/document/116178.pdf.
31. McCullough, *Truman*, 486-90.
32. Dean Acheson, *Present at the Creation: My Years in the State Department* (New York: W. W. Norton, 1969), 197-98; Leffler, *Preponderance of Power*, 110-11; Steil, *Marshall Plan*, 23-25.
33. Leffler, *Preponderance of Power*, 110-14; Steil, *Marshall Plan*, 24.
34. Acheson, *Present at the Creation*, 195-96.
35. Leffler, *Preponderance of Power*, 130-38(스토리 포함); McCullough, *Truman*, 543-45; 20년에 대한 기준에 대해 Haas, *Harry and Arthur*, 115.
36. McCullough, *Truman*, 523.
37. Acheson, *Present at the Creation*, 200.
38. McCullough, *Truman*, 530.
39. Lawrence Kaplan, *The Conversion of Senator Arthur H. Vandenberg: From Isolation to International Engagement* (Lexington, KY: University Press of Kentucky, 2015), 87 (Vandenberg의 문서 인용) 과 169.
40. 47일에 대해 Haas, *Harry and Arthur*, 2; Kaplan, *Conversion*, 1-3 ("qualities of enterprise"에 대한 1948년 James Reston 인용); and Hendrik Meijer, *Arthur Vandenberg: The Man in the Middle of the American Century* (Chicago: University of Chicago Press, 2017), 4-6, 70, 119.
41. Meijer, *Vandenberg*, 4.
42. Meijer, *Vandenberg*, 6-9; Kaplan, *Conversion*, 2-4.
43. Kaplan, *Conversion*, 3-4, 8, 11-14; Meijer, *Vandenberg*, 16.
44. Vandenberg는 Alexander Hamilton은 국수주의nationalism, 보수주의conservativism, 진보주의progressivism의 우수한 혼합체를 대표한다고 믿었다. 운동권 편집장이고 민완작가인 그는 1920년대에 두 권의 Hamilton 전기를 썼다. 1926년 G.P. Putnam's Sons은Vandenberg's United States의 서사 역사서, *The Trail of a Tradition*을 출간했다. Kaplan, *Conversion*, 17-19.
45. Kaplan, *Conversion*, 21-23, 25-27.
46. Reston 인용은 Haas, *Harry and Arthur*, 26.
47. Vandenberg는 "편승hitch-hiked" 과 "새로운 고난New Ordeal"을 처음 사용했고 "하찮은 일로 법석대다fiddle faddle"란 용어를 유행시켰나. Meijer, *Vandenberg*, 70, 119; Kaplan, *Conversion*, 30-34.
48. Kaplan, *Conversion*, 35-39; Haas, *Harry and Arthur*, 22.
49. Kaplan, *Conversion*, 42, 66, 74.
50. Kaplan, *Conversion*, Hull에 대해 87, Marshall에 대해 90.
51. Kaplan, *Conversion*, 97-98.
52. Kaplan, *Conversion*, 125-45; Truman 인용은 Haas, *Harry and Arthur*, 23, "필수 인간indispensable man"에 대해서는 35-36, Truman의 "모든 행동" 지시에 대해 60.
53. Kaplan, *Conversion*, 145-50.
54. Haas, *Harry and Arthur*, 101.
55. Kaplan, *Conversion*, 160-61, 164, 167.
56. Acheson, *Present at the Creation*, 192-93.
57. Truman 인용은 Mark A. Stoler, *George C. Marshall: Soldier-Statesman of the American Century* (Boston: Twayne Publishers, 1989), 154.
58. Pogue, *Marshall*, 144-45.
59. 지난 50년 동안에 근무한 국무부State Department직원들은 그러한 기능 없이 누구나 어떻게 여러 다양한 관점과 조치에 대한 요구가 관리되고 평가될 수 있었는지 의아해할 것이다. 미국 외교정책은 의회에 의해 지정된 많은 숫자의 활동과

관심사를 포함했고, 국무부의 금방이라도 무너질 것 같은 조직은 더 확장되었다. 현대의 장관들은 사무국이 그들을 위해 일하게 하고 외교 관리들의 뻗어 나가는 네트워크를 요구하는 외교 업무Foreign Service를 단순히 "쌓지" 않도록 하는 방법을 결정해야 한다. Acheson, *Present at the Creation*, 213-15; Pogue, *Marshall*, 146-51.

60. Acheson은, 처음에는 정책기획팀과 일한 제1차관 under secretary이었다가 나중에는 장관이 되었기에, 왜 정책기획역할 Policy Planning role이 수행하기에 아주 어려운가를 실감나게 설명했다. 기획팀장들은 부서의 관성에 실망한 장관의 운영의 팔이 되어가든가 혹은 모든 분야와 모든 국가에 대한 분석을 모은 "백과전서파"가 되어 도움을 줄 수 없기 쉽다. 나는 3번째 위험을 추가한다. 특히 지적 응집력을 과시하나 실제적 결정에는 아무 효과가 없는 공개 보고서를 작성하는 학자들이 기획책임자가 된 경우. 역사가들은 어느 문서가 의사결정자들에게 실제로 중요했는지를 사정할 필요가 있다. Acheson, *Present at the Creation*, 214-15. 유럽에서의 봉기와 국제체제에 대해, 장관 Bake는 Marshall의 발명품인 정책기획참모실Policy Planning Staff과 비서국Executive Secretariat을 총괄하라고 나에게 요청했다. 나는 행정적 의무로 시달리지 않고 "현상황here and now"에서 "미래future"와 통합하는 걸 돕는 임무를 맡았다. Baker 장관의 정책기획국의 장이고 나의 동료이자 친구인 Dennis Ross는 Marshall이 그 부서를 만든 정신으로 새로운 정책 사고를 재촉하기를 훌륭하게 해냈다.
61. Pogue, *Marshall*, 147-48 (Acheson과의 인터뷰 인용). 나는 여러 집행부의 역할에 대한 Marshall의 지혜를 자주 상기했다. 여러 요인들, 좌절, 불확실성의 사례들은 본 이후의 나의 생각은 "내가 다루어야 할 문제는 무엇입니까? 그리고 귀하는 무엇을 건의합니까?"였다. Pogue, *Marshall*, 148; Acheson, *Present at the Creation*, 216.
62. Acheson, *Present at the Creation*, 217-18; Pogue, *Marshall*, 161-63; Steil, *Marshall Plan*, 22, 32-34; Leffler, *Preponderance of Power*, 142-44; McCullough, *Truman*, 541-42.
63. Leffler, *Preponderance of Power*, 143; Steil, *Marshall Plan*, 51. 원문은 "Memorandum on the Creation of a National Council of Defense,"William Clayton, *Selected Papers of Will Clayton*, ed. Frederick J. Dobney (Baltimore: Johns Hopkins Press, 1971), 198-99.
64. 주 62 참조. "Work like hell" 인용은 Steil, *Marshall Plan*, 32.
65. Leffler, *Preponderance of Power*, 7.
66. Steil, *Marshall Plan*, 33.
67. Acheson, *Present at the Creation*, 219; Steil, *Marshall Plan*, 35-36; Pogue, *Marshall*, 164-65; Kaplan, *Conversion*, 184-85.
68. Acheson, *Present at the Creation*, 219; Steil, *Marshall Plan*, 36.
69. Acheson, *Present at the Creation*, 221-22; Steil, *Marshall Plan*, 37-41; Clayton에 대해 Fossedal, *Our Finest Hour*, 209.
70. Acheson, *Present at the Creation*, 221-22; Steil, *Marshall Plan*, 39, 43.
71. Steil, *Marshall Plan*, 43.
72. "Special Message to the Congress on Greece and Turkey: The Truman Doctrine," March 12, 1947, *Public Papers of the Presidents of the United States: Harry S. Truman, 1947*, vol. 3 (Washington, DC: Government Printing Office, 1963), 176-80.
73. Acheson, *Present at the Creation*, 223.
74. 원전은 Pogue, *Marshall*, 167; Acheson, *Present at the Creation*, 225; Fossedal, *Our Finest Hour*, 208.
75. Steil, *Marshall Plan*, 89-91.
76. Haas, *Harry and Arthur*, 152-53.
77. Leffler, *Preponderance of Power*, 146.
78. Acheson, *Present at the Creation*, 223.
79. Kaplan, *Conversion*, 184-91; Acheson, *Present at the Creation*, 223-25; Steil, *Marshall Plan*, 49 (미국 국민의 UN 선호에 대해).
80. Steil, *Marshall Plan*, 46-48.
81. Steil, *Marshall Plan*, 60.
82. Pogue, *Marshall*, 177 (43회 미팅); Stoler, *Marshall*, 161 ("돌 엉덩이stone ass"); De Conde, "Marshall," 252 ("외교에서…"); *Congress of Vienna* book에 대해 Steil, *Marshall Plan*, 71 on *Congress of Vienna* book.
83. Steil, *Marshall Plan*, 82.
84. 중국에서 Marshall의 노력에 대한 해석은 Daniel Kurtz-Phelan, *The China Mission: George Marshall's Unfinished War, 1945-1947* (New York: W. W. Norton and Company, 2018).

85. Pogue, *Marshall*, 194-96, Charles E. Bohlen을 인용, *Witness to History, 1929-1969* (New York: W. W. Norton, 1973), 263.
86. Pogue, *Marshall*, at 196; 인용은 Steil, *Marshall Plan*, 85. 원문은 "Editorial Note," *FRUS*, 1947, British Commonwealth; Europe, vol. 3, Doc. 133.
87. Steil, *Marshall Plan*, 86.
88. Gaddis, *Kennan*, 265.
89. Gaddis, *Kennan*, 266-67.
90. 외교 관행과 지지의 편의상 나는 다차원적인 Clayton을 선호한다. 그는 현장관찰과 실제적이고 경제적인 해석을 통합했다. 더욱이, 그의 팀의 지문들은 어디서나 등장한다. Acheson, *Present at the Creation*, 231.
91. Fossedal, *Our Finest Hour*, 203, citing Alan Bullock, *Ernest Bevin: Foreign Secretary, 1945-1951* (New York:W. W. Norton, 1983), 361; McCullough, *Truman*, 540.
92. Fossedal, *Our Finest Hour*, 215.
93. Irwin, *Clashing over Commerce*, 475-77; Fossedal, *Our Finest Hour*, 201-2.
94. Irwin, *Clashing over Commerce*, 477.
95. Fossedal, *Our Finest Hour*, 213.
96. Fossedal, *Our Finest Hour*, 213-14.
97. Fossedal, *Our Finest Hour*, 210, 211, and 213, citing Joseph M. Jones, *The Fifteen Weeks* (New York: Viking, 1955), 226-28.
98. Acheson, *Present at the Creation*, 227.
99. Acheson, *Present at the Creation*, 227.
100. Fossedal, *Our Finest Hour*, 222-26; World Bank 대출에 대해서는 Leffler, *Preponderance of Power*, 157.
101. Irwin, *Clashing over Commerce*, 48.
102. Fossedal, *Our Finest Hour*, 222-25; Irwin, *Clashing over Commerce*, 478-82.
103. Acheson, *Present at the Creation*, 231.
104. "Memorandum by the Under Secretary of State for Economic Affairs (Clayton),"*FRUS*, 1947, British Commonwealth; Europe, vol. 3, Doc. 136.
105. Acheson, *Present at the Creation*, 231.
106. Steil, *Marshall Plan*, 110.
107. Fossedal, *Our Finest Hour*, 228-29, "May 27 and June 5: A Comparison of William Clayton's Memorandum and George Marshall's Speech" 인용, 1989년 12월 20일 Alexis de Tocqueville Institution은 Ross J. Pritchard, "William L. Clayton" (PhD diss., Fletcher School of Law and Diplomacy, 1955), 296-98에서 발췌.
108. Steil, *Marshall Plan*, 111.
109. Marshall의 연설은 "The Marshall Plan Speech," June 5, 1947, George C. Marshall Foundation, https://www.marshallfoundation.org/marshall/the-marshall-plan/marshall-plan-speech/.
110. Isaacson and Thomas, *Wise Men*, 413; Steil, *Marshall Plan*, 111-15.
111. Fossedal, *Our Finest Hour*, 235.
112. Irwin, *Clashing over Commerce*, 481, William Clayton을 인용, "GATT, the Marshall Plan, and OECD," *Political Science Quarterly* 78, no. 4 (December 1963), 499.
113. Fossedal, *Our Finest Hour*, 248-51.
114. Irwin, *Clashing over Commerce*, 483-89.
115. Steil, *Marshall Plan*, 123-31, "자본주의의 위기"는 123, "소련 스파이"는 127, Stalin의 새 훈령은 127-28, Kennan인용은 109, Kennan의 1953년 2월 19일자 Harry B. Price에 대한 인터뷰는 Folder: "January- June, 1953,"Box 1, Oral History Interview File, Price Papers, Truman Library.
116. Steil, *Marshall Plan*, 147.
117. Steil, *Marshall Plan*, 147-75, Kennan은 169-71.
118. Steil, *Marshall Plan*, 174, Ernst Hans van der Beugel 인용, *From Marshall Aid to Atlantic Partnership: European Integration as a Concern of American Foreign Policy* (New York: Elsevier, 1966), 72.
119. Pogue, *Marshall*, 238, 저자의 1956년 11월 19일 Marshall 상대 인터뷰 인용; Steil, *Marshall Plan*, 249, 1952년

10월 30일 Marshall의 Price 상대 인터뷰, Harry B. Price, *The Marshall Plan and Its Meaning* (Ithaca, NY: Cornell University Press, 1955), 65; Kaplan, *Conversion*, 194; Vandenberg에 대해 Haas, *Harry and Arthur*, 174.

120. Steil, *Marshall Plan*, 194-97.

121. 행정부는 의회의 소수 민주당에도 주의를 또한 기울여야 했다. 한 당의 대통령이 야당이 의회 다수당과 일을 함께 할 때, 소수당의 행정부의 우인들은 무시당한다고 쉽게 느낄 수 있다. Acheson은 Harvard 연설 직전에 민주당 상원의원들과의 회의 후 이 위험을 Marshall에게 경고했다. Kaplan, *Conversion*, 198; Steil, *Marshall Plan*, 200. "Memorandum by the Under Secretary of State (Acheson) to the Secretary of State," May 28, 1947, *FRUS*, British Commonwealth; Europe, vol. 3, Doc. 137.

122. McCullough, *Truman*, 565; Stoler, *Marshall*, 165, Larry I. Bland, ed. *George C. Marshall Interviews and Reminiscences for Forrest C. Pogue*, 3rd ed., Tape 18, 1956년 11월 19일 녹음 (Lexington, VA: George C. Marshall Foundation, 1996), 527; Steil, *Marshall Plan*, 189; Cub Scouts에 대해 Pogue, *Marshall*, 247 for Cub Scouts.

123. Steil, *Marshall Plan*, 213, 222; Kaplan, *Conversion*, 198.

124. Kaplan, *Conversion*, 200; Steil, *Marshall Plan*, 230; Vandenberg인용은 Meijer, *Vandenberg*, 308.

125. Kaplan, *Conversion*, 200; Steil, *Marshall Plan*, 226, 260; $34.5십억 불 예산은 Haas, *Harry and Arthur*, 160.

126. Steil, *Marshall Plan*, 247, Francis Wilcox와 Thorsten Kalijarvi 인용, 1952년 8월 8일 Harry B. Price와의 인터뷰, Folder: "August-December 1952," Box 1, Oral History Interview File, Price Papers, Truman Library.

127. Steil, *Marshall Plan*, 248, 94 Cong. Rec. 1915-20 (1948) 인용.

128. Steil, *Marshall Plan*, 249, Gallup poll, March 3, 1948 인용.

129. Steil, *Marshall Plan*, 250.

130. Steil, *Marshall Plan*, 258-61.

131. Steil, *Marshall Plan*, 261.

132. Kaplan, *Conversion*, 201; Pogue, *Marshall*, 253-54.

133. Steil, *Marshall Plan*, 342, 액수 포함.

134. Steil, *Marshall Plan*, Cold War 종식을 통한 독일에 관한 이 점을 또한 지적은 356.

135. Steil, *Marshall Plan*, 81, 357.

136. Leffler, *Preponderance of Power*, 156, 1947년7월 3일 Meeting of the Secretaries of State, War, and Navy 인용, Patterson Papers, Safe File, Box 3, National Archives; Department of State, *A Decade of American Foreign Policy: Basic Documents, 1941-1949*, rev. ed. (Washington, DC: U.S. Government Printing Office, 1985), 331.

137. Leffler, *Preponderance of Power*, 151-55.

138."Memorandum of Conversation, by the Under Secretary of State for Economic Affairs (Clayton),"June 20, 1947, *FRUS*, 1947, Council of Foreign Ministers; Germany and Austria, vol. 2, Doc. 374.

139. Leffler, *Preponderance of Power*, 187, 197-98, 211-15 (Conolly 인용은 202).

140. Steil, *Marshall Plan*, 249, "The Ambassador in the United Kingdom (Douglas) to the Secretary of State," 1948년 3월 1일 인용, *FRUS*, 1948, Germany and Austria, vol. 2, Doc. 72.

141. McCullough, *Truman*, 603.

142. Steil, *Marshall Plan*, 252.

143. Steil, *Marshall Plan*, 253-55.

144. Steil, *Marshall Plan*, 269-74; McCullough, *Truman*, 630; Smith, *Clay*, 462-93.

145. Steil, *Marshall Plan*, 286, CIA 8-48, 1948년 8월 19일 인용, Folder: "NSC Meeting 18," Box 178, National Security Council—Meetings File, Subject File, President's Secretary's Files, Truman Papers, Truman Library.

146. Steil, *Marshall Plan*, 292, 302; McCullough, *Truman*, 647.

147. McCullough, *Truman*, 648; Steil, *Marshall Plan*, 293, 302.

148. McCullough, *Truman*, 685-87.

149. Meijer, *Vandenberg*, 333-34; Steil, *Marshall Plan*, 301-2.

150. Haas, *Harry and Arthur*, 254-55.

151. Steil, *Marshall Plan*, 324.

152. Steil, *Marshall Plan*, 312.

153. Steil, *Marshall Plan*, 324.

154. Gaddis, *Kennan*, 329-30; Steil, *Marshall Plan*, 326.
155. Gaddis, *Kennan*, 349; Steil, *Marshall Plan*, 327-28.
156. Kennan 인용은 Gaddis, *Kennan*, 339; Steil, *Marshall Plan*, 328, Gaddis 인용, *Kennan*, 369-70.
157. Pogue, *Marshall*, 323; 인용에 대해Gaddis, *Kennan*, 321.
158. 기초자들은 만약의 사태에 대한 2개의 특별 조항을 포함했다. Article 23조는 독일의 다른 부분들이 Basic Law와 새로운 Federal Republic of Germany를 수용하도록 권한을 부여했다. 이 조문에 사용된 Saarland는 프랑스가 군사 지배를 종료한 1957년에 FRG에 합류했다. Article 146는 하나의 통일된 독일의 새로운 헌법을 교섭하기 위한 국민회의를 구성할 "모든 독일인들"의 선거를 예상했다. 1989-90년에, Berlin Wall이 개방된 후, 미국 동료들과 나는, 서부독일 파트너들도, 이 40년 묵은 조항들을 찾아냈다. 우리는 독일 통일은 서부독일 정부 체제와 동시에 FRG가 수년간에 축적해온 국제적 의무가 보존되는 Article 23을 통해 독일의 통일이 이루어져야 한다는 점에 합의했다. 5개 동부 Länder와 Berlin은 독일 통일은 합병이 아니고 인수일 것이었다. Acheson 장관은 실제 우리보다 훨씬 더 앞서갔다. 1949년 5월에, 그는 미국은 어떤 일이 있어도 "하나의 서부 독일 정부의 수립을 해나갈 것이다. 어느 통일도 Bonn 헌법에 근거해 해야 한다"라고 직설적으로 말했다. 1990년 독일 통일에 대한 합의는, Baker장관이 서독인들에게 사적으로 요청한 대로, Article 23를 제거했다. Philip Zelikow and Condoleezza Rice, *Germany Unified and Europe Transformed: A Study in Statecraft* (Cambridge, MA: Harvard University Press, 1995), 201-2, 230- 31; Steil, *Marshall Plan*, 330. (역자주: 서독은 1949년 5월 23일에서 1990년 10월 3일까지 존재했다.)
159. Steil, *Marshall Plan*, 251. 40년도 더 지나서, 유럽인들이 NATO 내에 하나의 유럽그룹을 창설하려고 논의할 때, 나는 (독일과 이탈리아가 1954년에 회원국이 된 후 이름을 바꾼) Western European Union이 그 역할을 할 수 있을 것인지의 여부를 한 독일 동료에게 물었다. "절대로 안 된다"라고 그는 대답했다. WEU는 독일을 반대한다고 그는 지적했고, 그것의 존재를 마지못해 수용했다. 국가들의 국제기구에 대한 초기의 정신적 연대들은 긴 시간 동안 외교적 유용성에 해독을 준다.
160. Steil, *Marshall Plan*, 250, 253; Leffler, *Preponderance of Power*, 218.
161. 1947년 말, 소련은 거부권을 행사해 약 12차례 조치를 막았다. Haas, *Harry and Arthur*, 193, 230; Pogue, *Marshall*, 323; Meijer, *Vandenberg*, 312-18.
162. Meijer, *Vandenberg*, 313-17.
163. Acheson, *Present at the Creation*, 266.
164. Leffler, *Preponderance of Power*, 215.
165. Steil, *Marshall Plan*, 356.
166. Acheson, *Present at the Creation*, 276-86; Haas, *Harry and Arthur*, 257-73; Meijer, *Vandenberg*, 337.
167. Kaplan, *Conversion*, 224.
168. Steil, *Marshall Plan*, 320.
169. Leffler, *Preponderance of Power*, 17, Acheson의 1951년 2월 16일 Acheson 증언 인용, U.S. Senate, Committee on Armed Services and Committee on Foreign Relations, *Assignment of Ground Forces of the United States to Duty in the European Area*, 82nd Cong., 1st sess., 1951, 78.
170. Haas, *Harry and Arthur*, 267-73; Kaplan, *Conversion*, 219- 26 (North Atlantic Pact 인용은 225, 원문 강조); Steil, *Marshall Plan*, 319 ("greatest war deterrent"인용); "Magna Carta"에 대해 Meijer, *Vandenberg*, 343 for "
171. Haas, *Harry and Arthur*, 276-77; Gerald Ford에 대해 Meijer, *Vandenberg*, 334.
172. 인용은 Steil, *Marshall Plan*, 320-21.
173. Steil, *Marshall Plan*, 320-21; Meijer, *Vandenberg*, 343.
174. Steil, *Marshall Plan*, 320-21; Meijer, *Vandenberg*, 343.

제12장 배너바 부시: 미래 발명자(Vannevar Bush: Inventor of the Future)

1. Vannevar Bush, "Science, the Endless Frontier: A Report to the President by Vannevar Bush, Director of the Office of Scientific Research and Development, July 1945" (Washington, DC: United States Government Printing Office, 1945). 인용은 주로 1960년 본에서 "Science, the Endless Frontier: A Report to the President on a Program for Postwar Scientific Research" (Washington, DC: National Science Foundation, 1960).
2. G. Pascal Zachary, *Endless Frontier: Vannevar Bush, Engineer of the American Century* (New York: The Free Press,

1997), 218에서 인용. 원문은 "At 80, Scientist Bush Looks Back at Eventful Years," *Boston Globe*, September 20, 1970 (Boston Globe Library).

3. Bush, "Science," 2.
4. Bush, "Science," 9, 12.
5. Walter Isaacson, *The Innovators* (New York: Simon & Schuster, 2014), 263-64; Zachary, *Endless Frontier*, 261-75.
6. Isaacson, *Innovators*, 272-76.
7. Zachary, *Endless Frontier*, 279.
8. Bush 인용은 Zachary, *Endless Frontier*, 197.
9. Isaacson, *Innovators*, 217, 219; Zachary, *Endless Frontier*, 4. Jerome B. Wiesner, "Vannevar Bush,"National Academy of the Sciences of the United States of America, *Biographical Memoirs*, vol. 50 (Washington, DC: National Academy of Sciences, 1979), 89.
10. Bruce L. R. Smith, *American Science Policy Since World War II* (Washington, DC: Brookings Institution, 1990), 3-6은 Bush를 과학정책 개발의 더 큰 맥락에 놓는다. Smith는 3단계로 분류하고, Bush의 작업이 1단계에 핵심적이었다고 본다.
11. Zachary, *Endless Frontier*, 8, 23; Isaacson, *Innovators*, 218.
12. Zachary, *Endless Frontier*, 8, 21-22. 원 Wiener인용은 Norbert Wiener, *I Am a Mathematician: The Later Life of a Prodigy* (Cambridge, MA: MIT Press, 1964), 112.
13. Zachary, *Endless Frontier*, 4 (인용)과 28 (인력조직).
14. Zachary, *Endless Frontier*, 8 (moral code) and 149 (Eugene Lewis의 구절 "공기업가public entrepreneur").
15. 내가 미국 무역 대표였을 때, 여러 가지들을 조정하는 소규모 기업 대행사를 이끌었다. 동료에 대한 나의 지침은 "누군가가 아니라고 말할 때까지 계속 눌러라. 그리고 그때 가서 무엇을 할 것인가를 우리는 찾으면 된다." Zachary, *Endless Frontier*, 4, 5, 90 (Bush 인용은 5).
16. Zachary, *Endless Frontier*, 23-28.
17. Zachary, *Endless Frontier*, 31-32.
18. See Zachary, *Endless Frontier*, Bush와 Bumpus 인용은 38.
19. See Zachary, *Endless Frontier*, 40 (MIT) and 44-45 (Raytheon).
20. See Zachary, *Endless Frontier*, 52 (인용) and 270 (WWII 사용).
21. Zachary, *Endless Frontier*, 77, 270-71.
22. Zachary, *Endless Frontier*, 80.
23. Zachary, *Endless Frontier*, 79, 81-82 (인용).
24. See Zachary, *Endless Frontier*, 89, 420 (Bush의 Eric Hodgins에게 보낸 서신 인용); 초기 미국 경험은 Smith, *American Science Policy*, 17-28.
25. Zachary, *Endless Frontier*, 83.
26. Zachary, *Endless Frontier*, 99 (Congress) and 102 (Arnold).
27. Zachary, *Endless Frontier*, 97 (인용).
28. Zachary, *Endless Frontier*, 96-97.
29. Zachary, *Endless Frontier*, 104-5.
30. 인용은 Zachary, *Endless Frontier*, 108.
31. Zachary, *Endless Frontier*, 110-11.
32. Zachary, *Endless Frontier*, 112.
33. Zachary, *Endless Frontier*, 114, 115 ("계약에 의한 연방주의federalism by contract"), 129 (OSRD).
34. Zachary, *Endless Frontier*, 124-28, 131 (인용, 원문 강조).
35. Zachary, *Endless Frontier*, 123, 174 (OSRD의 역사가에 대해).
36. Zachary, *Endless Frontier*, 168-70 (Bush 인용), 171 (Doentiz), 173.
37. Bush, "Endless Frontier," 5.
38. Zachary, *Endless Frontier*, 177-78.
39. Zachary, *Endless Frontier*, 190-96, Bush 인용은 198.
40. Zachary, *Endless Frontier*, 197, 인용 포함.

41. Zachary, *Endless Frontier*, 198-202.
42. McGeorge Bundy, *Danger and Survival* (New York: Random House, 1988) 39-51, 69-70, 105-7 ("indispensable"은 39).
43. Zachary, *Endless Frontier*, 209; Richard G. Hewlett and Oscar E. Anderson Jr., *A History of the United States Atomic Energy Commission*, vol. 1, *The New World, 1939-1946* (University Park, PA: Pennsylvania Statec University Press, 1962), 52.
44. Zachary, *Endless Frontier*, 208; Bundy, *Danger and Survival*, 46.
45. Zachary, *Endless Frontier*, 201-17.
46. Zachary, *Endless Frontier*, 218-19.
47. Zachary, *Endless Frontier*, 219-20.
48. FDR의1944년 11월 17일자 서신은 Bush, "Endless Frontier," 3-4.
49. Zachary, *Endless Frontier*, 222-23.
50. Bush, "Endless Frontier," 12 ("탐구의 자유freedom of inquiry"), 38 (특허정책).
51. Zachary, *Endless Frontier*, 225; Walter Millis, *Arms and Men: A Study in American Military History* (New York: Putnam, 1956), 302.
52. Zachary, *Endless Frontier*, 8.
53. 보고서에 대한 언론 반응은 Zachary, *Endless Frontier*, 257-59. 예를 들면 *Washington Post*는 그 보고서를 "thorough, careful plan for putting the needed push of the Federal Government behind our scientific progress and yet keeping our science independent of Government control."이라고 칭찬함. Marquis Childs, "Washington Calling: 'Science, the Endless Frontier,'" 1945년 7월 20일자 *Washington Post*, 8. 54. "Preliminary Design of an Experimental World-Circling Spaceship" (May 2, 1946), 2, RAND Corporation, https://www.rand.org/content/dam/rand/pubs/special_memoranda/2006/SM11827part1.pdf.
55. Zachary, *Endless Frontier*, 231.
56. Zachary, *Endless Frontier*, 315. National Security Agency, "Scientific and Technological Resources as Military Assets,"General Eisenhower 1946년 4월 30일 메모, https://www.nsa.gov/Portals/70/documents/news-features/declassified-documents/friedman-documents/reports-research/FOLDER_065/41701309074063.pdf (원문 강조).
57. Zachary, *Endless Frontier*, 334-35.
58. Zachary, *Endless Frontier*, 231-35.
59. Zachary, *Endless Frontier*, 232, 254, 332-33; Smith, *American Science Policy*, 52.
60. Zachary, *Endless Frontier*, 333.
61. Zachary, *Endless Frontier*, 369; James G. Hershberg, *James B. Conant: Harvard to Hiroshima and the Making of the Nuclear Age* (Stanford, CA: Stanford University Press, 1993), 560; Smith, *American Science Policy*, 48-49. Smith에 의하면, 1960년 대 중반 NSF 투자액수는 연방 R&D 예산의 2%보다 더 적었고 기초 연구비의 15% 미만을 차지했나 (51).
62. Leahy 인용은 Zachary, *Endless Frontier*, 242. 원문은 Harry S. Truman, *Memoirs by Harry S. Truman*, vol. 1, *Year of Decisions* (New York: Signet Books, 1965), 21.
63. Zachary, *Endless Frontier*, 242-44.
64. Zachary, *Endless Frontier*, 244-45.
65. Zachary, *Endless Frontier*, 292-94.
66. Russell Frank Weigley, *The American Way of War: A History of United States Military Strategy and Policy* (Bloomington, IN: Indiana University Press, 1977), 365-68; Zachary, *Endless Frontier*, 340.
67. Zachary, *Endless Frontier*, 361; Vannevar Bush, *Modern Arms and Free Men: A Discussion of the Role of Science in Preserving Democracy* (New York: Simon & Schuster, 1949), 2-3.
68. Zachary, *Endless Frontier*, 354-55; Oppenheimer 일화는 같은 책 374-77. 1954년 6월 13일 *NYT* 기명 칼럼 Vannevar Bush, "If We Alienate Our Scientists," *New York Times*. 69. Smith, *American Science Policy*, 38-39.
70. Zachary, *Endless Frontier*, 367, 70퍼센트 포함.
71. 기술수출 통제에 대해Smith, *American Science Policy*, 69-70.
72. Zachary, *Endless Frontier*, 383 (Bush의관심사), 390-91 (우주 로켓), 407 ("대형 과학big science" 모형).
73. Zachary, *Endless Frontier*, 390-91, 395-96; Smith, *American Science Policy*, 71-72.

74. Zachary, *Endless Frontier*, 396; Smith, *American Science Policy*, 85; Harvey Brooks, "What Is the National Science Agenda, and How Did It Come About?" *American Scientist*, September-October 1987, 513.
75. Isaacson, *Innovators*, 156 (Terman connection), 263-64 (컴퓨터 개발), 474-75 (개발자들 간의 연계).
76. Isaacson, *Innovators*, 480.
77. "삼중나선Triple Helix" 개념에 대해 "The Triple Helix Concept," Triple Helix Research Group, Stanford University, https://triplehelix.stanford.edu/3helix_concept. 혁신의 역사적 및 경쟁적 모형들에 대한 생각에 대해, 저자는 기술자, 기업가 그리고 교육자인 Bruce W. Ferguson의 제안에 따랐다.
78. 미국은 유엔기후변화협약United Nations Framework Convention on Climate Change을 1992년 상원의 자문과 동의를 얻어 비준했다. 기후변화에 대한 체제 개발은 Robert O. Keohane and David G. Victor, "The Regime Complex for Climate Change," *Perspectives on Politics* 9, no. 1 (March 2011).
79. 인용은 Zachary, *Endless Frontier*, 401-8. 원문은 1974년 6월 30일자 *New York Times* "Dr. Vannevar Bush Is Dead at 84."
80. Smith, *American Science Policy*, 109; Harvey Brooks, "The Changing Structure of the U.S. Research System: A Historical Perspective on the Current Situation and Future Issues and Prospects," Harvey Brooks and Roland W. Schmitt, *Current Science and Technology Policy Issues, Two Perspectives: Papers Presented at a Science Policy Seminar Series Organized by the Graduate Program in Science, Technology, and Public Policy, School of International Affairs, George Washington University* (Washington, DC: George Washington University, 1985), 17- 18.

제13장 존 F. 케네디: 위기 관리자(John F. Kennedy: The Crisis Manager)

1. W. R. Smyser, *Kennedy and the Berlin Wall: "A Hell of a Lot Better Than a War"* (Lanham, MD: Rowman & Littlefield Publishers, 2009), 3-4. 또 일별 사건 기록에 대해 Frederick Kempe, *Berlin 1961: Kennedy, Khrushchev, and the Most Dangerous Place on Earth* (New York: G. P. Putnam's Sons, 2011). 2. Smyser, *Kennedy*, 4-5, 218-19, 221.
3. Smyser, *Kennedy*, 1-2.
4. Smyser, *Kennedy*, 4.
5. Smyser, *Kennedy*, 5, 221.
6. Smyser, *Kennedy*, 221-24. Smyser는 왜 JFK가 "*Berliner*." 대신에 "*ein Berliner*"라고 말 했는지의 이유를 또한 설명한다. 수년간 Kennedy가 자신을 하나의 jelly doughnut이라고 말했다는 신화가 잘못 퍼져 나갔다. 실제 두 명의 통역관이 "*Berliner*"을 별도로 사용하면 Kennedy가 Berlin에서 태어난 것이 되므로 "*ein Berliner*"을 사용하도록 요구했다. 그들은 아무도 대통령을 하나의 doughnut로 보지 않을 것이라고 추측했다. Thomas Paterson, *Kennedy's Quest for Victory: American Foreign Policy, 1961-1963* (New York: Oxford University Press, 1989), 54.
7. Smyser, *Kennedy*, 5 (Mrs. Kennedy), 226 (Bundy).
8. Smyser, *Kennedy*, 228. See Thucydides, *Peloponnesian War*, Greek Texts & Translations, University of Chicago, http://perseus.uchicago.edu/perseus-cgi/citequery3.pl?dbname=GreekFeb2011&getid=1&query=Thuc.%202.41.1.
9. Smyser, *Kennedy*, 232.
10. Smyser, *Kennedy*, xiii, 81. 또한 Kenneth P. O'Donnell and David F. Powers with Joe McCarthy, *"Johnny, We Hardly Knew Ye": Memories of John Fitzgerald Kennedy* (New York: Pocket Books, 1973), 354.
11. Stephen Sestanovich, *Maximalist: America in the World from Truman to Obama* (New York: Vintage Books, 2014), 94 (including quotes). 또한 Ernest May and Philip Zelikow, *The Kennedy Tapes: Inside the White House During the Cuban Missile Crisis* 발췌본. (New York: W. W. Norton, 2002), xxxviii.
12. Campbell Craig and Fredrik Logevall, *America's Cold War: The Politics of Insecurity* (Cambridge, MA: Belknap Press of Harvard University Press, 2012), 178; Maxwell Taylor, *The Uncertain Trumpet* (New York: Harper, 1960); Paul A. Samuelson, *Economics: An Introductory Analysis*, 5th ed. (New York: McGraw- Hill, 1961), 829- 30.
13. Lawrence Freedman, *Kennedy's Wars: Berlin, Cuba, Laos, and Vietnam* (New York: Oxford University Press, 2000), 27-31; Sestanovich, *Maximalist*, 103; David Milne, *America's Rasputin: Walt Rostow and the Vietnam War* (New York: Hill and Wang, 2008), 74; Craig and Logevall, *America's Cold War*, 224. 현대화 이론에 대해, 특히 중요한 것은 Michael Latham, *Modernization as Ideology: American Social Science and "Nation Building" in the Kennedy Era* (Chapel Hill, NC: University of North Carolina Press, 2006); 같은 책, *The Right Kind of Revolution:*

Modernization, Development, and U.S. Foreign Policy from the Cold War to the Present (Ithaca, NY: Cornell University Press, 2011); David Ekbladh, *The Great American Mission: Modernization and the Construction of an American World Order* (Princeton: Princeton University Press, 2010).

14. Milne, *America's Rasputin*, 70.
15. "vigor"에 대해 Sestanovich, *Maximalist*, 95-96; "crisis" 분위기에 대해Freedman, *Kennedy's Wars*, 9; McNamara 인용은 Deborah Shapley, *Promise and Power: The Life and Times of Robert McNamara* (Boston: Little, Brown and Company, 1993), 103에서; Arthur Schlesinger Jr., "A Biographer's Perspective," *The Kennedy Presidency: Seventeen Intimate Perspectives of John F. Kennedy*,ed. Kenneth W. Thompson (Lanham, MD: University Press of America, 1985), 22- 23; Paul Nitze, *From Hiroshima to Glasnost: At the Center of Decision—A Memoir* (New York: Grove Weidenfeld, 1989), 251-52; Paterson, *Kennedy's Quest for Victory*, 7,8.
16. John F. Kennedy, "Inaugural Address of John F. Kennedy,"January 20, 1961, Avalon Project, Yale University, http://avalon.law.yale.edu/20th_century/kennedy.asp.
17. Kennedy, "Inaugural Address."
18. May and Zelikow, *Kennedy Tapes*, xl.
19. Bay of Pigs에 대해Freedman, *Kennedy's Wars*, 123-46; May and Zelikow, *Kennedy Tapes*, xl-xlii; Sestanovich, *Maximalist*, 87-88, 97; Paterson, *Kennedy's Quest for Victory*, 14-15. Kennedy 보좌관 인용은 Hugh Sidey, *John F. Kennedy, President* (New York: Atheneum, 1964), 127에서.
20. May and Zelikow, *Kennedy Tapes*, xliv.
21. May and Zelikow, *Kennedy Tapes*, xlv-xlvi; Freedman, *Kennedy's Wars*, 54-56; Smyser, *Kennedy*, 57-72, 202.
22. May and Zelikow, *Kennedy Tapes*, xlv-xlvi; Freedman, *Kennedy's Wars*, 51, 54-57; Smyser, *Kennedy*, 57- 64.
23. Freedman, *Kennedy's Wars*, 56; Smyser, *Kennedy*, 65. Kennedy의 Khrushchev와의 회합에 대해 O'Donnell and Powers, *"Johnny,"* 195.
24. Sestanovich, *Maximalist*, 98-99; May and Zelikow, *Kennedy Tapes*, xlvi; Freedman, *Kennedy's Wars*, 56- 57.
25. Freedman, *Kennedy's Wars*, 57. 기록이 아마도 되지 않았을 대화에 대해 Smyser, *Kennedy*, 71- 72.
26. May and Zelikow, *Kennedy Tapes*, xlvi.
27. Freedman, *Kennedy's Wars*, 64; Honoré Marc Catudal, *Kennedy and the Berlin Wall Crisis: A Case Study in U.S. Decision Making* (Berlin: Berlin-Verlag, 1980), 150; Arthur M. Schlesinger Jr., *A Thousand Days: John F. Kennedy in the White House* (Boston: Houghton Mifflin, 1965), 352.
28. Acheson의 제안서와 JFK의 선택은 Freedman, *Kennedy's Wars*, 68-71.
29. JFK의 연설과 여론에 대해 Freedman, *Kennedy's Wars*, 71; May and Zelikow, *Kennedy Tapes*, xlvii. JFK의 제안에 대해Sestanovich, *Maximalist*, 99-100. JFK 연설 원문은 "Radio and Television Report to the American People on the Berlin Crisis," July 25, 1961, *John F. Kennedy: Containing the Public Messages, Speeches, and Statements of the President, January 20 to December 31, 1961* (Washington, DC: Government Printing Office, 1962), 533-540.
30. May and Zelikow, *Kennedy Tapes*, xlvii; Freedman, *Kennedy's Wars*, 71.
31. Freedman, *Kennedy's Wars*, 72 (피난민 인원수) 와 75 (Khrushchev의 문제를 인식).
32. 장벽 축조의 자세한 기록은 Kempe, *Berlin 1961*, 324-71; Freedman, *Kennedy's Wars*, 73-75.
33. Kempe, *Berlin 1961*, 341- 42, 359-60, 371-80; Freedman, *Kennedy's Wars*, 76-77; Smyser, *Kennedy*, 104- 6.
34. Smyser, *Kennedy*, 35-38.
35. See Freedman, *Kennedy's Wars*, Adenauer에 대해 77; Macmillan, de Gaulle, Adenauer에 대해 Smyser, *Kennedy*, 43-52.
36. Smyser, *Kennedy*, 115-16; Peter Wyden, *Wall* (New York: Simon & Schuster, 1989), 166. Murrow의 평가에 대해 "Telegram from the Mission at Berlin to the Department of State," 1961년 8월 16일, *FRUS*, 1961-1963, vol. 14, Berlin Crisis, 1961-1962, Doc. 114.
37. Freedman, *Kennedy's Wars*, 77; Kempe, *Berlin 1961*, 376-80. Brandt가 1961년 8월 16일 JFK에게 보낸 서신은 "Telegram from the Mission at Berlin to the Department of State," *FRUS*, 1961-1963, vol. 14, Doc. 117. Berlin에서 미국의 임무는 "Telegram from the Mission at Berlin to the Department of State," 1961년 8월 16일, *FRUS*, 1961-1963, vol. 14, Doc. 115.
38. Smyser, *Kennedy*, 114-16.

39. Smyser, *Kennedy*, 114-16, 125-27.
40. Smyser, *Kennedy*, 128.
41. Smyser, *Kennedy*, 117-23, 129- 31; Kempe, *Berlin 1961*, 378-80, 383-90.
42. Smyser, *Kennedy*, 131-32.
43. Freedman, *Kennedy's Wars*, 89-91.
44. Smyser, *Kennedy*, 135- 41; Kempe, *Berlin 1961*, 448-81; Freedman, *Kennedy's Wars*, 90-91.
45. Smyser, *Kennedy*, 145, 163- 64.
46. Smyser, *Kennedy*, 165-66.
47. 이들 주요 점들은 Sestanovich, *Maximalist*, 107, 110.
48. Smyser, *Kennedy*, 172-76; Freedman, *Kennedy's Wars*, 112-16.
49. Smyser, *Kennedy*, 177-182 ("smorgasbord"는 178, "Chamberlain"의 우산은 181).
50. May and Zelikow, *Kennedy Tapes*, 417.
51. May and Zelikow, *Kennedy Tapes*, li; Smyser, *Kennedy*, 187-88.
52. Smyser, *Kennedy*, 189-90. Udall의 Khrushchev와의 대화 원문은 "Memorandum of Conversation Between Secretary of the Interior Udall and Chairman Khrushchev," *FRUS*, 1961- 1963, vol. 15, Berlin Crisis, 1962-1963, Doc. 112. Khrushchev와 서독대사 Hans Kroll에 대해 Aleksandr Fursenko and Timothy Naftali, *Khrushchev's Cold War: The Inside Story of an American Adversary* (New York: W. W. Norton & Company, 2006), 458. "썩은 이빨rotten tooth"에 대해 "Memorandum of Conversation," *FRUS*, 1961-1963, vol. 15, Berlin Crisis, 1962-1963, Doc. 135.
53. Cuban Missile Crisis 위기에 대한 문헌은 방대하다. 아주 중요한 것은 Michael Dobbs, *One Minute to Midnight: Kennedy, Khrushchev, and Castro on the Brink of Nuclear War* (New York: Knopf, 2008); Aleksandr Fursenko and Timothy Naftali, *"One Hell of a Gamble": Khrushchev, Castro, and Kennedy, 1958- 1964* (New York: W. W. Norton & Company, 1997); Mark J. White, *Missiles in Cuba* (Chicago: Ivan R. Dee, 1997); Max Frankel, *High Noon in the Cold War: Kennedy, Khrushchev, and the Cuban Missile Crisis* (New York: Ballantine Books, 2005); Sheldon M. Stern, *The Week the World Stood Still: Inside the Secret Cuban Missile Crisis* (Stanford, CA: Stanford University Press, 2007); Don Munton and David A. Welch, *The Cuban Missile Crisis: A Concise History* (New York: Oxford University Press, 2007); James G. Hershberg, "The Cuban Missile Crisis," *The Cambridge History of the Cold War*, vol. 2, eds. Melvyn P. Leffler and Odd Arne Westad (New York: Cambridge University Press, 2010). 베를린-쿠바 연계는 JFK의 녹음테이프와 소련 원전에 대한 최근 연구에 근거한 *Kennedy Tapes*에서 May와 Zelikow가 밝혀냈다. Freedman은 또한 전략적 균형과 베를린과의 연관성을 *Kennedy's Wars*의 172-73에서 지적했다. Berlin-Cuba connection의 증가하는 인식은 Graham Allison의 고전의 제1판과 제2판 사이의 차이에서도 확연히 드러난다. Graham Allison, *Essence of Decision: Explaining the Cuban Missile Crisis* (Boston, MA: Little, Brown, 1971); Graham Allison and Philip Zelikow, *Essence of Decision: Explaining the Cuban Missile Crisis* (New York: Longman, 1999).
54. "Berlin in Khrushchev's Cuba Plans"에 대해 Smyser, *Kennedy*, 192-95, 독일에서의 파이프라인과 군용기에 대해 May and Zelikow, *Kennedy Tapes*, 427.
55. 미사일 격차에 대해 the NIE, Deputy Secretary Roswell Gilpatri의 발표는 Freedman, *Kennedy's Wars*, 82-83. 정보에 상세한 내용은 May and Zelikow, *Kennedy Tapes*, xlviii-xlix.
56. Freedman, *Kennedy's Wars*, 172; May and Zelikow, *Kennedy Tapes*, 416. NIE원전은 "SNIE 11-19-62: Major Consequences of Certain US Courses of Action on Cuba," October 20, 1962, in *CIA Documents on the Cuban Missile Crisis, 1962*, ed. Mary S. McAuliffe (Washington, DC: History Staff, Central Intelligence Agency, 1992), 215.
57. May and Zelikow, *Kennedy Tapes*, 426-27, 429; Anatoly Dobrynin, *In Confidence: Moscow's Ambassador to America's Six Cold War Presidents* (New York: Times Books, 1995), 65, 54.
58. Smyser, *Kennedy*, 197 (Kennedy의 연설)과 197-200(베를린 시민의 반응); Freedman, *Kennedy's Wars*, 173(합참Joint Chiefs) and 189(인용, 원문 강조).
59. 특히 Dobbs, *One Minute to Midnight*; Fursenko and Naftali, *"One Hell of a Gamble"*; May and Zelikow, *Kennedy Tapes*; Allison and Zelikow, *Essence of Decision*.
60. May and Zelikow, *Kennedy Tapes*, 305; Sestanovich, *Maximalist*, 97; Smyser, *Kennedy*, 197-98.
61. "미사일 위기의 종료는 베를린 위기가 종료되었던 이유를 당시는 미국인들은 잘 알지 못했 던 이유" 라고 내린 May와

Zelikow의 결론에 대해서는 May and Zelikow, *Kennedy Tapes*, 410. 베를린에 대한 영향에 대해 Smyser, *Kennedy*, 201. Clay의 흥미로운 사적 평가는 같은 책 203-4.
62. Craig and Logevall, *America's Cold War*, 212-13; Sestanovich, *Maximalist*, 111.
63. Smyser, *Kennedy*, xv.
64. Smyser, *Kennedy*, 227.
65. Sestanovich, *Maximalist*, 84. Eisenhower 인용은 Robert A. Divine, *The Sputnik Challenge: Eisenhower's Response to the Soviet Satellite* (New York: Oxford University Press, 1993), 17에서.
66. Paterson, *Kennedy's Quest for Victory*, 5.
67. Craig and Logevall, *America's Cold War*, 211.
68. Michael Beschloss and Strobe Talbott, *At the Highest Levels: The Inside Story of the End of the Cold War*(Boston: Little, Brown, 1993), 470.
69. Sestanovich, *Maximalist*, 111. *Saturday Morning Post* 원문은 Stewart Alsop and Charles Bartlett, "In Time of Crisis," *Saturday Evening Post*, December 18, 1962, 15-20.
70. Gordon Goldstein, *Lessons in Disaster: McGeorge Bundy and the Path to War in Vietnam* (New York: Times Books, 2008), 239. 역사가들은 Kennedy가 베트남에서 전쟁을 확대했는지 출구 전략을 고안했는지의 여부를 놓고 오랫동안 씨름을 해 왔다. 우리는 결코 알지 못할 것이다. Goldstein은 그의 평가를 229-48에서 하고 있다. Kennedy와 Vietnam 전문 역사가 Fredrik Logevall은 여러 사려 깊은 평가서를 작성했다. 예, "Kennedy and What Might Have Been," *The Vietnam War: An Intimate History*, ed. Geoffrey C. Ward (New York: Alfred A. Knopf, 2017), Logevall의 초기 에세이 개정본 "Vietnam and the Question of What Might Have Been" *Kennedy: The New Frontier Revisited*, ed. Mark J. White (London: Palgrave Macmillan, 1998).

제14장 린든 존슨: 패배로부터 얻은 교훈(Lyndon Johnson: Learning from Defeat)

1. Fredrik Logevall, *Choosing War: The Lost Chance for Peace and the Escalation of War in Vietnam* (Berkeley, CA: University of California Press, 1999), 109, 142; Goldstein, *Lessons in Disaster*, 111-112.
2. Michael Beschloss, *Taking Charge: The Johnson White House Tapes, 1963-1964* (New York: Simon & Schuster, 1997), 362. "the situation is going to hell"의 원문은 Charles Mohr, "Johnson Directs Taylor to Press Vietnam on War," *New York Times*, December 2, 1964. 전쟁내각에 대해서는 "Draft Memorandum from the President's Special Assistant for National Security Affairs (Bundy) to the President," May 25, 1964, *FRUS*, 1964-1968, vol. 1, Vietnam, 1964, Doc. 173.
3. Goldstein, *Lessons in Disaster*, 113-114. 원문은 "Draft Memorandum," May 25, 1964.
4. 모든인용은 Beschloss, *Taking Charge*, 362-73; Goldstein, *Lessons in Disaster*, 115. Bundy의 역할은 같은 책 5, 231-34. Eisenhower는 처음으로 1954년 4월 7일 Indochina에 대한 한 언론 회의에서 도미노 이론이라고 나중에 알려진 것을 분명히 정리해 발표를 했다: "[Y]ou have broader considerations that might follow what you would call the 'falling domino' principle. You have a row of dominoes set up, you knock over the first one, and what will happen to the last one is the certainty that it will go over very quickly. So you could have a beginning of a disintegration that would have the most profound influences." Editorial Note, *FRUS*, 1952-1954, Indochina, vol. 8, Part 1, Document 716.
5. For LBJ's possible motives, see Beschloss, *Taking Charge*, 369-370.
6. Logevall, *Choosing War*, 392.
7. Joseph A. Califano Jr., *The Triumph and Tragedy of Lyndon Johnson: The White House Years* (New York: Simon & Schuster, 1991), 10.
8. Logevall, *Choosing War*, 335.
9. 특히 Leslie H. Gelb and Richard K. Betts, *The Irony of Vietnam: The System Worked* (Washington, DC: Brookings Institution Press, 1979); George C. Herring, *America's Longest War: The United States and Vietnam, 1950-1975*, 5th ed. (New York: McGraw-Hill, 2013); Stanley Karnow, *Vietnam: A History* (New York: Viking, 1983); Larry Berman, *Lyndon Johnson's War: The Road to Stalemate in Vietnam* (New York: W. W. Norton, 1989); idem., *Planning a Tragedy: The Americanization of the War in Vietnam* (New York: W. W. Norton, 1982); David E. Kaiser, *American Tragedy: Kennedy, Johnson, and the Origins of the Vietnam War* (Cambridge, MA: Belknap Press of Harvard

University Press, 2000); Max Hastings, *Vietnam: An Epic Tragedy, 1945-1975* (New York: Harper, 2018).

10. Logevall, *Choosing War*, 404-5. 또 John Prados, *The Hidden History of the Vietnam War* (Chicago: Ivan R. Dee, 1995). Larry Berman의 *Planning a Tragedy*는 이 장에서 언급한 강력한 분석자료를 제공한다.
11. Gelb and Betts, *Irony of Vietnam*.
12. Logevall, *Choosing War*, xvi-xxi.
13. Berman, *Planning a Tragedy*, 153에서 인용.
14. David Halberstam, *The Best and the Brightest* (New York: Random House, 1972). Halberstam에 대해 Logevall, *Choosing War*, 288, 377. "진창 이론quagmire thesis"에 대해 Craig and Logevall, *America's Cold War*, 236. Bundy와 Halberstam에대해 Goldstein, *Lessons in Disaster*, 149.
15. Beschloss, *Taking Charge*, 248-50 (McNamara), 262-63 (Bundy, "현상유지status quo"), 266-67 (JCS에 대한 Bundy의 견해), 265-66 (Rostow, 원문 강조).
16. Beschloss, *Taking Charge*, 337-38 (McNamara의 군사계획), 401 (Lodge와 Clay), 410-11 ("꽁무니 빼기turn tail").
17. Robert J. Hanyok, "Skunks, Bogies, Silent Hounds, and the Flying Fish: The Gulf of Tonkin Mystery, 2-4 August 1964," *Cryptologic Quarterly* (2001), National Security Agency, https://www.nsa.gov/Portals/70 /documents/news-features/declassified-documents/gulf-of-tonkin/articles/release-1/rel1_skunks bogies.pdf. 이 사건에 대해 공개된 다른 문서들은 National Security Agency, "Gulf of Tonkin," https://www.nsa.gov/news-features/declassified-documents/gulf-of-tonkin/.
18. Gulf of Tonkin과 전화 대화는 Beschloss, *Taking Charge*, 493-504. 해결, 사건, 표결은 Goldstein, *Lessons in Disaster*, 116, 126-28 (LBJ 인용은 126, 원전 강조). 또 Logevall, *Choosing War*, 196-205. More broadly, see Edwin Moise, *Tonkin Gulf and the Escalation of the Vietnam War* (Chapel Hill, NC: University of North Carolina Press, 1996).
19. Goldstein, *Lessons in Disaster*, 129-30.
20. May and Zelikow, *Kennedy Tapes*, xvii-xviii.
21. "Death of the Domino Theory"에 대한 메모는 "Memorandum from the Board of National Estimates to the Director of Central Intelligence (McCone)," June 9, 1964, *FRUS*, 1964-1968, vol. 1, Doc. 209. Bundy인용은 Goldstein, *Lessons in Disaster*, 139-40. 최악의 경우의 시나리오의 신뢰성은 Craig and Logevall, *America's Cold War*, 278. 그러나 일부 수정론자들은 베트남 전쟁은 다른 취약한 아시아 국가들이 "정치, 경제, 군사적 역량을 강화하는데" 필요한 시간을 벌어 주기 위해 필요했다고 주장한다. 이 관점은 Singapore의 초대 수상 Lee Kuan Yew가 공유했다. *By More Than Providence*, 317. 또 Michael Lind, *Vietnam, the Necessary War: A Reinterpretation of America's Most Disastrous Military Conflict* (New York: Free Press, 1999).
22. Doris Kearns Goodwin, *Lyndon Johnson and the American Dream* (New York: Harper and Row, 1976), 252-53. 국제주의internationalism에 대한 지지 상실을 염려한 LBJ에 대해서는 Lyndon Baines Johnson, *The Vantage Point: Perspectives of the Presidency, 1963-1969* (New York: Holt, Rinehart and Winston, 1971), 151-52. 또한 Green, *By More Than Providence*, 509을 보라.
23. Logevall, *Choosing War*, 386. Bundy 인용은 Goldstein, *Lessons in Disaster*, 137-38.
24. Michael Beschloss, *Presidents of War: The Epic Story, from 1807 to Modern Times* (New York: Crown, 2018), 537-38.
25. Green, *By More Than Providence*, 322. On Mahan, see chapter 5. MacArthur quoted in Goldstein, *Lessons in Disaster*, 235.
26. 지역적 관점, 일본, "flying geese," 인도, Mike Mansfield에 대해서는 Green, *By More Than Providence*, 318-19.
27. Jeffrey Goldberg, "World Chaos and World Order: Conversations with Henry Kissinger," *Atlantic* 2016년 11월 10일자 https://www.theatlantic.com/international/archive/2016/11/kissinger-order-and-chaos/506876/. 또 James Sebenius et al., *Kissinger the Negotiator: Lessons from Dealmaking at the Highest Level* (New York: Harper, 2018), 80-81.
28. Bundy 인용은 Goldstein, *Lessons in Disaster*, 166-67 (원문 강조). Kennan에 대해 Green, *By More Than Providence*, 313.
29. Logevall, *Choosing War*, 272.
30. Bundy 인용은 Goldstein, *Lessons in Disaster*, 158, 167.
31. Logevall, *Choosing War*, 244-45. 나(저자)는 국무부, 미국 무역 대표부, 세계은행 동료들에게 진짜 위험은 초기 실수가 아니고, 그 실수를 인정하고 고치지 않은 데 있다고 늘 말했다.

32. Logevall, *Choosing War*, 388, 391-95; Green, *By More Than Providence*, 309; Berman, *Planning a Tragedy*, 146.
33. Logevall, *Choosing War*, 297-98.
34. Bundy가LBJ를 "Senate- Leader -of-a - Commander-in-Chief."라고 말한 것을 포함해 Goldstein, *Lessons in Disaster*, 207 참조.
35. "연출기법stagecraft"에 대해 Goldstein, *Lessons in Disaster*, 28, 208.
36. Reedy quoted in Logevall, *Choosing War*, 78-79. 원문은 George E. Reedy, *Lyndon B. Johnson: A Memoir* (New York: Andrews and McMeel, 1982), 25.
37. Logevall, *Choosing War*, 75, 79. 대조적으로, 장관 Baker는 그의 정치적 안테나와 기술을 다른 정치 체제에 속한 지도자들의 동기를 파악하는 데 적용했다. 이를 그의 회고록 *The Politics of Diplomacy*에서 정치적 통찰력과 외교를 융합을 보여주었다. (국제적인 정치 기술은 서문 설명 참조).
38. Goldstein, *Lessons in Disaster*, 208, 219 (원문 강조).
39. Goldstein, *Lessons in Disaster*, 182.
40. Logevall, *Choosing War*, 255-56; Goldstein, *Lessons in Disaster*, 150-53; Berman, *Planning a Tragedy*, 36, 53. Berman 기록은 1965년 여름 지상군 확대 결정에 집중되어 있다.
41. Goldstein, *Lessons in Disaster*, 169-70; Berman, *Planning a Tragedy*, 8.
42. Francis M. Bator, "No Good Choices: LBJ and the Vietnam/Great Society Connection," *Diplomatic History* 32, no. 3 (June 2008), 309. For the roundtable on Bator's article, see ibid., 341-70.
43. Berman, *Planning a Tragedy*, 146; Bundy는 Vietnam War를 공개적으로 토론하기를 원했으나 이 점에 대해 대통령과의 분리는 Goldstein, *Lessons in Disaster*, 192-98. 존슨은 확전을 공개적으로 토의하지 않은 이유를 직설적으로 설명했다: "You mean that if your mother-in-law … has only one eye, and it happens to be right in the middle of her forehead, then the best place for her is in the livin' room with all the company!"
44. Bundy 인용은 Goldstein, *Lessons in Disaster*, 179, 182 (원문 강조); Berman, *Planning a Tragedy*, 91.
45. H. R. McMaster, *Dereliction of Duty: Lyndon Johnson, Robert McNamara, the Joint Chiefs of Staff, and the Lies That Led to Vietnam* (New York: HarperCollins, 1997).
46. Logevall, *Choosing War*, 118, 336; Berman, *Planning a Tragedy*, 22.
47. Sebenius, *Kissinger the Negotiator*, 105.
48. Logevall, *Choosing War*, 243-46.
49. Logevall, *Choosing War*, 206, 247-48.
50. Hanoi 수뇌부에서는 우선순위에 대한 논쟁이 있었다. Pierre Asselin, *Hanoi's Road to the Vietnam War, 1954-1965* (Berkeley, CA: University of California Press, 2013). 또 Lien-Hang T. Nguyen, *Hanoi's War: An International History of the War for Peace in Vietnam* (Chapel Hill, NC: University of North Carolina Press, 2012).
51. Logevall, *Choosing War*, 155-66 (Hanoi 심사숙고, Canada 사절), 366 (인용), 373 (180,000 명 부대). LBJ의 의문은 Goldstein, *Lessons in Disaster*, 177-78.
52. Wicker 인용은 Logevall, *Choosing War*, 390.
53. Eisenhower는 비서실장a chief of staff을 임명하기 시작했다. JFK 와 LBJ는 이를 폐지했다. Nixon 은 그 역할을 되살렸다. Carter는 한동안 비서실장 없이 운영하려고 노력했다. 다른 대통령들은 비서실장을 임명했고, 비서실장의 역할과 책임은 서로 아주 달랐다. Chris Whipple, *The Gatekeepers: How the White House Chiefs of Staff Define Every Presidency* (New York: Crown, 2017).
54. Goldstein, *Lessons in Disaster*, 183.
55. Logevall, *Choosing War*, 37.
56. Goldstein, *Lessons in Disaster*, 19.
57. Logevall, *Choosing War*, 165. On Taylor, see Berman, *Planning a Tragedy*, 36.
58. Logevall, *Choosing War*, 127-28. Robert S. McNamara, *In Retrospect: The Tragedy and Lessons of Vietnam* (New York: Random House, 1995).
59. Logevall, *Choosing War*, 165-66, 242; Goldstein, *Lessons in Disaster*, 141.
60. Logevall, *Choosing War*, 243-46; Ball의 memo를 전달하는 Bundy에 대해서는 Goldstein, *Lessons in Disaster*, 131-32; 어떻게 그리고 왜 LBJ가 "devil's advocate" 표지를 사용했는지에 대해서는 Berman, *Planning a Tragedy*, 46.
61. Logevall, *Choosing War*, 346, 351; 원래의 Humphrey memo는 Craig and Logevall, *America's Cold War*, 238.

부통령 Humphrey가 대통령 Johnson에게 1965년 2월 17일 보낸 Memorandum은 *FRUS*, 1964-1968, vol. 2, Vietnam, January-June 1965, Doc. 134.

62. Goldstein, *Lessons in Disaster*, 179.

제15장 리처드 닉슨과 헨리 키신저: 미국식 현실정치(Richard Nixon and Henry Kissinger: American Realpolitik)

1. Margaret MacMillan, *Nixon in China: The Week That Changed the World* (Toronto: Penguin Canada, 2007), 7-8.
2. MacMillan, *Nixon in China*, 20. "like going to the moon"에 대해 1972년 1월 3일자 *Time* "An Interview with the President: 'The Jury Is Out,'" U.S.- China 관계의 가장 최근의 재해석은 Pomfret, *Beautiful Country*.
3. MacMillan, *Nixon in China*, 22. 비행기에 합류한 중국인 항해사, 무선사, 통역사와 그 외 중국 관리들에 대해서는 "Nixon in China Itinerary, Feb. 17-28, 1972,"USC U.S.- China Institute, https://china.usc.edu/nixon-china-itinerary-feb-17-28-1972.
4. MacMillan, *Nixon in China*, 33, 111.
5. MacMillan, *Nixon in China*, 23-25.
6. MacMillan, *Nixon in China*, 67.
7. MacMillan, *Nixon in China*, 23, 66, 70-71.
8. MacMillan, *Nixon in China*, 72; Robert Dallek, *Nixon and Kissinger: Partners in Power* (New York: Harper-Collins, 2007), 363.
9. MacMillan, *Nixon in China*, 73-75; Dallek, *Nixon and Kissinger*, 363-64.
10. MacMillan, *Nixon in China*, 74-75; Dallek, *Nixon and Kissinger*, 364.
11. MacMillan, *Nixon in China*, 75.
12. MacMillan, *Nixon in China*, 76-77; Dallek, *Nixon and Kissinger*, 364; Kissinger, *Diplomacy*, 327.
13. Dallek, *Nixon and Kissinger*, 364; MacMillan, *Nixon in China*, 72-76. "seize the hour"에 대해 Richard Nixon, *RN: The Memoirs of Richard Nixon* (New York: Grosset & Dunlap, 1978), 563. "no beating around the bush"에 대해 Li Zhisui, *The Private Life of Chairman Mao*, trans. Tai Hung-Chao (New York: Random House, 1994), 565. Mao의 Nixon과 Kissinger에 대한 생각은 Edward Heath, *The Course of My Life: My Autobiography* (London: Hodder & Stoughton, 1998), 495.
14. MacMillan, *Nixon in China*, 6, Nixon, *RN*, 580을 인용.
15. Pomfret, *Beautiful Country*, for a history of ties; MacMillan, *Nixon in China*, 96-108; Sebenius, *Kissinger the Negotiator*, 191; Kissinger, *Diplomacy*, 719.
16. MacMillan, *Nixon in China*, 9.
17. Sestanovich, *Maximalist*, 180, Nixon, *RN*, 580 인용. 접근법 비교에 대해 Joseph S. Nye, "Between Complacency and Hysteria," *China-US Focus*, January 18, 2019, https://www.chinausfocus.com/foreign-policy/between-complacency-and-hysteria.
18. MacMillan, *Nixon in China*, 191, Chen Jian 인용, *Mao's China and the Cold War* (Chapel Hill, NC: University of North Carolina Press, 2001), 267.
19. Pomfret, *Beautiful Country*, 444-46, 450-51; MacMillan, *Nixon in China*, 115; Kissinger, *Diplomacy*, 730.
20. Sebenius, *Kissinger the Negotiator*, xxv; Kissinger, *Diplomacy*, 728; Pomfret, *Beautiful Country*, 445.
21. MacMillan, *Nixon in China*, 229; Fudan University复旦大学의 Wu Xinbo吴心伯 교수가 이 점을 저자에게 지적해 주었다.
22. MacMillan, *Nixon in China*, 229-31.
23. Kissinger, *Diplomacy*, 723.
24. MacMillan, *Nixon in China*, 150-52. (인용은 152), 1972년 1월 7일 "Memorandum of Conversation", National Security Archive, Electronic Briefing Book No. 70, "Negotiating U.S.- Chinese Rapprochement," Doc. 25, 4.
25. Dallek, *Nixon and Kissinger*, 329.
26. Kissinger, *Diplomacy*, 726, 인용은 730.
27. Nixon은 키신저에게 알려주기 전에 누가 미국의 개척자가 되어야 하는지에 대해 그의 국가안보보좌관을 가지고 장난을 조금 했다. "Oh hell fire, I know that… [n]obody else can really handle it." Dallek, *Nixon and Kissinger*, 288-90; MacMillan, *Nixon in China*, 178-80; Pomfret, *Beautiful Country*, 452-54.

28. Dallek, *Nixon and Kissinger*, 290.
29. MacMillan, *Nixon in China*, 185-86; Pomfret, *Beautiful Country*, 452-54; Dallek, *Nixon and Kissinger*, 292-293.
30. MacMillan, *Nixon in China*, 186.
31. 인용은 Dallek, *Nixon and Kissinger*, 150-51.
32. 인용은 Dallek, *Nixon and Kissinger*, 295.
33. Henry Kissinger, *White House Years* (Boston: Little, Brown and Company, 1979), 746; 인용은 Sestanovich, *Maximalist*, 177-78, *FRUS*, 1969-1976, vol. 17, China, 1969-1972, Doc. 139.
34. 인용은 Sestanovich, *Maximalist*, 178, 1971년 7월 9일자 "Memorandum of Conversation", *FRUS*, 1969-1976, vol. 17, China, 1969-1972, Doc. 139.
35. Sebenius, *Kissinger the Negotiator*, 192.
36. MacMillan, *Nixon in China*, 184, 191-92; Dallek, *Nixon and Kissinger*, 295-97; Pomfret, *Beautiful Country*, 454-55.
37. Pomfret, *Beautiful Country*, 454-55은 Kissinger가 Taiwan을 어디까지 이동시켰는지를 보여준다. 또한 Mac-Millan, *Nixon in China*, 192-93을 보라; Sestanovich, *Maximalist*, 178. 38. Dallek, *Nixon and Kissinger*, 295-97, Kissinger을 인용, *White House Years*, 745-46; Sebenius, *Kissinger the Negotiator*, 192, Henry Kissinger를 인용, *On China* (New York: Penguin Press, 2011), 247-48. 39. Sestanovich, *Maximalist*, 178.
40. 극비의 미국의 중국에 대한 개방조치는 도쿄를 충격에 빠뜨리게 되어있었다. 일본은 워싱턴의 의사를 존중해 중국에 대한 접근을 유보하고 있었다. 그 다음 달에는, 닉슨은 브레튼 우즈Bretton Woods 통화체제의 달러의 금환 본위제gold-exchange standard를 폐지하고 수입품에 10% 세금을 부과해 도쿄를 충격에 또 빠뜨렸다. 때로는 미국은 동맹국과 큰 차이를 관리해야 한다. 그리고 일본의 무역보호주의는 미국의 불만족을 정당화했다. 그러나 Nixon과 Kissinger는 하나의 정치 및 안보 동반자로서 일본의 가치를 계산하지 못했다. 더욱이, Tokyo의 "commercial power" 전략은 미국이 권장해 왔고, 하룻밤에 바꿀 수 없었다. Nixon의 경제조치에 대해 John Farrell, *Richard Nixon: The Life* (New York: Doubleday, 2017), 444-48.
41. MacMillan, *Nixon in China*, 194-98; Dallek, *Nixon and Kissinger*, 298, 300.
42. Farrell, *Nixon*, 442.
43. Dallek, *Nixon and Kissinger*, 293; MacMillan, *Nixon in China*, 196; Kissinger, *Diplomacy*, 727.
44. Reagan을 포함한 반응들은 Dallek, *Nixon and Kissinger*, 303-4.
45. MacMillan, *Nixon in China*, 205-10.
46. MacMillan, *Nixon in China*, 208-9; Sebenius, *Kissinger the Negotiator*, 174-75. "the very novelty of the approach"에 대해 Kissinger, *White House Years*, 782. "sharpest possible formulations"에 대해서는 1971년 10월 24일자 "Memorandum of Conversation," *FRUS*, 1969-1976, vol. E-13, Documents on China, 1969-1972, Doc. 52.
47.인용은 Kissinger, *Diplomacy*, 727-28; MacMillan, 타이완에 대해 *Nixon in China*, 209, 296.
48. Kissinger, *Diplomacy*, 728. 성명서 전문 "Shanghai Communique"은 MacMillan, *Nixon in China*, 330-34. 전문은 또한 1972년 2월 27일 "Joint Statement Following Discussions with Leaders of the People's Republic of China", *FRUS*, 1969-1976, vol. 17, China, 1969-1972, Doc. 203.
49. MacMillan, *Nixon in China*, 210, 253; Dallek, *Nixon and Kissinger*, 333.
50. MacMillan, *Nixon in China*, 293.
51. MacMillan, *Nixon in China*, 295. "important changes and great upheavals"은 Shanghai Communique. 2018년, 중국은 America의 최대 교역상대로 재화와 서비스에 대한 쌍방 교환 총액은 7,370억 불이었다; 미국이 높은 장벽을 올리고 중국의 보복으로, 캐나다와 멕시코는 상위 지위를 되찾았다. 미국인의 중국 방문은 일 년에 약 2백만 명이고 미국은 약 3백만 명의 중국인을 유치한다. 공산당 간부와 기업인의 자녀를 포함해 약 363,000명의 중국인이 미국에서 공부한다. Office of the United States Trade Representative, "The People's Republic of China: U.S.- China Trade Facts," https://ustr .gov/countries-regions/china-mongolia-taiwan/peoples-republic-china; U.S. Department of Commerce, "Fast Facts: United States Travel and Tourism Industry, 2018," https://travel.trade.gov/outreachpages/download_data_table/Fast_Facts_2018.pdf. 한 보고서에 의하면, "2013년 이래로 미국인의 [중국] 국내관광은 연간 약 2백1십만 명으로 유지된다." 2016년 2월2일 보고서는 2019년 5월 14일 개정되었다. "Is China Attracting Foreign Visitors?"China-Power, Center for Strategic and International Studies, https://chinapower.csis.org/tourism/. Institute of International Education에 의하면 2017-18 학년도에 미국 체류 중국인 학생은 363,300명 이상이었다. Institute of International Education, "International Student Totals by Place of Origin, 2012/13-2017/18," *Open Doors Report*

on International Educational Exchange, https://www.iie.org/Research-and-Insights/Open-Doors/Data/International-Students/Places-of-Origin.

52. MacMillan, *Nixon in China*, 252-53과 Shanghai Communique. "the trouble is that we disagree"에 대해 1971년 10월 26일자 "Memorandum of Conversation," *FRUS*, 1969-1976, vol. E-13, Documents on China, 1969-1972, Doc. 55. Taiwan에 대해 Shanghai Communique.
53. MacMillan, *Nixon in China*, 300-303.
54. MacMillan, *Nixon in China*, 305-6, 312 (Gallup 여론 포함), Rosemary Foot 인용, *The Practice of Power: American Relations with China Since 1949* (Oxford: Clarendon Press, 1995), 107.
55. Kissinger, *Diplomacy*, 728-29 (인용에 대해, 원문 강조).
56. Farrell, *Nixon*, 350 (Cold War의 9명 중 5번째 대통령); Sebenius, *Kissinger the Negotiator*, xxv and Farrell, *Nixon*, 347 (on nuclear); Dallek, *Nixon and Kissinger*, 285와 인용에 대해 MacMillan, *Nixon in China*, 14.
57. Farrell, *Nixon*, 359, 361-63 Haldeman, Eisenhower 유사점과 사상자들.
58. Kissinger, *Diplomacy*, 697 인용 포함; 마지막 인용은 Dallek, *Nixon and Kissinger*, 210.
59. Dallek, *Nixon and Kissinger*, 84; MacMillan, *Nixon in China*, 121.
60. Dallek, *Nixon and Kissinger*, 270.
61. Sestanovich, *Maximalist*, 168-69 (군사자료); Osgood 인용(원문 강조)은 Green, *By More Than Providence*, 337.
62. Dallek, *Nixon and Kissinger*, 99; MacMillan, *Nixon in China*, 12-13 (인용). 아시아를 오래 여행한 후, 닉슨은 1967년 10월에 "Asia After Viet Nam"이란 제목으로 *Foreign Affairs* 지에 기고했다." 그 다음 수년 동안, 이 기고문이 중국에 대한 대통령의 미래 시그널이라고 인용했다. "Taking the long view, we simply cannot afford to leave China forever outside the family of nations, there to nurture its fantasies, cherish its hates and threaten its neighbors." 그러나 Michael Green은 그 부분은 더 광범위한 지역에서 진화하는 국수주의와 다극 성 내에 중국을 위치시켰다고 상기시켰다. Nixon은 United States에게-일본과 인도와 남동 아시아의 고려를 포함해-더 장기적인 전략이 필요하다고 말했다. 이 전략은 다극 성, 미국 이익, 그리고 미국 동맹국들을 꼭 들어맞게 해야 한다. Mao(毛)는 그 기고문을 읽었고 Chou(周)와 공유했다. Richard Nixon, "Asia after Viet Nam," *Foreign Affairs* 46, no. 1(October 1967); Kissinger, *Diplomacy*, 721; Green, *By More Than Providence*, 326-27; Mao가 읽은 사실은 Farrell, *Nixon*, 437.
63. 처음 두 인용은 MacMillan, *Nixon in China*, 14; 다음 두 인용은 Sestanovich, *Maximalist*, 169, 192.
64. MacMillan, *Nixon in China*, 10, 12; Sestanovich, *Maximalist*, 169, 173; 모든 인용은 Green, *By More Than Providence*, 346.
65. Green, *By More Than Providence*, 327, 347; Farrell, *Nixon*, 437-38 (White 포함); MacMillan, *Nixon in China*, 51-52, 58; Niall Ferguson, *Kissinger*, vol. 1, *1923-1968: The Idealist* (New York: Penguin Press, 2015), 특히 HAK의 베트남 방문은 637-56. Kissinger는 1969년 Soviet-Chinese 군사적 충돌은 Beijing의 생각을 바꾸었고 Nixon이 대담하게 접근할 기회를 제공했다고 키신저는 지적했다.
66. Sebenius, *Kissinger the Negotiator*, 71(전략적 교섭자); Sestanovich, *Maximalist*, 170 ("marbles").
67. Dallek, *Nixon and Kissinger*, 94, 285; Craig and Logevall, *America's Cold War*, 253. 첫 번째 취임사는 Richard Nixon, "First Inaugural Address of Richard Milhous Nixon," Avalon Project, Yale University, https://avalon.law.yale.edu/20th_century/nixon1.asp.
68. 인용은 Kissinger, *Diplomacy*, 705.
69. MacMillan, *Nixon in China*, 49 (RN-HK 차이에 대해); 인용은 Kissinger, *Diplomacy*, 705-7.
70. Kissinger, *A World Restored*; Ferguson, *Kissinger*; MacMillan, *Nixon in China*, 49-51.
71. MacMillan, *Nixon in China*, 122 (종합, "seamless web"); Kissinger, *Diplomacy*, 719, 여기서 그는 외교를 체스에 비유했다: "[T]he more squares a player dominates, the greater his options and the more constrained become those of his opponent. Similarly, in diplomacy, the more options one side has, the fewer will be available to the other side and the more careful it will have to be in pursuing its objectives."
72. 1968 에세이에 대해 MacMillan, *Nixon in China*, 49. "Central Issues of American Foreign Policy"란 제목의 에세이 전문은 "Essay by Henry A. Kissinger," *FRUS*, 1969-1976, vol. 1, Foundations of Foreign Policy, 1969-1972, Doc. 4. Sestanovich, *Maximalist*, 170, Henry Kissinger를 인용, *The Necessity for Choice* (New York: Harper & Bros., 1961), 6. Green, *By More Than Providence*, 324. 원문은 "White House Background Press Briefing by the President's Assistant for National Security Affairs(Kissinger)," December 18, 1969, *FRUS*, 1969-1976, vol. 1,

Foundations of Foreign Policy, 1969-1972, Doc. 47.

73. Sestanovich, *Maximalist*, 170, "Essay by Henry A. Kissinger," *FRUS*, Doc. 4; Kissinger, *White House Years*, 66.

74. "민속folklore"과 감성에 대해 MacMillan, *Nixon in China*, 49; Dallek, *Nixon and Kissinger*, 71; Kissinger, *Diplomacy*, 676, 709-10; Sebenius, *Kissinger the Negotiator*, 82-84(신학과 정신질환적).

75. MacMillan, *Nixon in China*, 49-50; Dallek, *Nixon and Kissinger*, 71; Kissinger, *Diplomacy*, 683.

76. MacMillan, *Nixon in China*, 49; Kissinger, *Diplomacy*, 742, 744.

77. 시작과 끝에서 인용은 Dallek, *Nixon and Kissinger*, 46, 370; 그의 인용은 Kissinger, *Diplomacy*, 705.

78. 삼각외교에 대해 Sebenius, *Kissinger the Negotiator*, 165; Kissinger, *Diplomacy*, 729(원전 강조).

79. Sebenius, *Kissinger the Negotiator*, 167, Henry Kissinger를 인용, "The White Revolutionary: Reflections on Bismarck," *Daedalus* 97, no. 3 (Summer 1968), 912-13.

80. Sebenius, *Kissinger the Negotiator*, 167, 178, 179, Kissinger 인용, *White House Years*, 764-75; Kissinger, "Transcript of the American Secretaries of State Project: Henry A. Kissinger," R. 2014년 11월 6일 Nicholas Burns, Robert Mnookin, James K. Sebenius와의 인터뷰; Kissinger, *Diplomacy*, 741.

81. Sebenius, *Kissinger the Negotiator*, xiv, xv.

82. Kissinger, *Diplomacy*, 711.

83. Kissinger, *Diplomacy*, 711.

84. 모든 인용은 "U.S. Foreign Policy for the 1970s: A New Strategy for Peace" 제목의 보고서에서, 1970년 2월 18일 자 "Report by President Nixon to the Congress" 수록, *FRUS*, 1969-1976, vol. 1, Foundations of Foreign Policy, 1969-1972, Doc. 60.

85. MacMillan, *Nixon in China*, 15.

86. Dallek, *Nixon and Kissinger*, 81, 111; Walter Isaacson, *Kissinger: A Biography* (New York: Simon & Schuster, 1992), 209; Green, *By More Than Providence*, 325 ("intrigue and manipulation").

87. Kissinger, *Diplomacy*, 705, 712.

88. MacMillan, *Nixon in China*, 304-5.

89. MacMillan, *Nixon in China*, 261.

90. MacMillan, *Nixon in China*, 264; Sebenius, *Kissinger the Negotiator*, 134-35. MacMillan과 Sebenius은 각각 264와 135쪽에서 북Vietnam에 대한 중국의 지원에 대해 다른 생각을 한다. Green, *By More Than Providence*, 330 (Vietnam에 대한 모순, 원문 강조).

91. MacMillan, *Nixon in China*, 313; Dallek, *Nixon and Kissinger*, 375; Sebenius, *Kissinger the Negotiator*, 137, 141 (Arbatov 포함).

92. Dallek, *Nixon and Kissinger*, 287; Sebenius, *Kissinger the Negotiator*, 136-41.

93. Sestanovich, *Maximalist*, 171, 182-83.

94. Sestanovich, *Maximalist*, 169-70; Green, *By More Than Providence*, 342 (Connally 인용).

95. China-Britain에 대해 Dallek, *Nixon and Kissinger*, 467 on China-Britain; Taiwan Relations Act에 대해 Green, *By More Than Providence*, 372.

96. Sestanovich, *Maximalist*, 175.

97. Sestanovich, *Maximalist*, 199. 이 "The Moral Foundations of Foreign Policy"제목의 연설은 Kissinger가 Bloomington, Minnesota에서 한 것이다. 연설문은 1975년 7월 15일자"Address by Secretary of State Kissinger", *FRUS*, 1969-1976, vol. 39, Foundations of Foreign Policy, 1973-1976, Doc. 59.

98. Dallek, *Nixon and Kissinger*, 305, 618.

99. Dallek, *Nixon and Kissinger*, 536; Craig and Logevall, *America's Cold War*, 280.

100. Sestanovich, *Maximalist*, 203 (Reagan quote); Dallek, *Nixon and Kissinger*, 617 (unreliable partner).

101. Kissinger, *Diplomacy*, 742-47; Sestanovich, *Maximalist*, 207.

제16장 로널드 레이건: 복고주의자(Ronald Reagan: The Revivalist)

1. Robert C. Rowland and John M. Jones, *Reagan at Westminster: Foreshadowing the End of the Cold War* (College Station, TX: Texas A&M University Press, 2010), 63; Charles Moore, *Margaret Thatcher: The Authorized*

Biography, vol. 1, *From Grantham to the Falklands* (New York: Alfred A. Knopf, 2013), 580. 연설전문은 Ronald Reagan, "Address to Members of the British Parliament,"1982년, 6월 8일, Ronald Reagan Presidential Library & Museum (hereafter Reagan Library), https://www.reaganlibrary.gov/research /speeches/60882a.
2. "The Royal Gallery,"United Kingdom Parliament, https://www.parliament.uk/about/living-heritage/building/palace/architecture/palace-s-interiors/royal-gallery/.
3. Steven Hayward, *The Age of Reagan*, vol. 2, *The Conservative Counterrevolution, 1980-1989* (New York: Crown Forum, 2009), 254.
4. H. W. Brands, *Reagan: The Life*(New York: Anchor Books, 2015), 444; Rowland and Jones, *Reagan at Westminster*, 54.
5. Reagan, "Address to Members of the British Parliament."
6. James Graham Wilson, *The Triumph of Improvisation: Gorbachev's Adaptability, Reagan's Engagement, and the End of the Cold War* (Ithaca, NY: Cornell University Press, 2014), 38-41; Kiron Skinner et al., *Reagan: A Life in Letters* (New York: Free Press, 2003), 293; Moore, *Thatcher*, 576-78.
7. Rowland and Jones, *Reagan at Westminster*, 56-58.
8. "triple audience"에 대해 Richard J. Cattani, "Reagan's European Agenda: Money, Guns, and Image," *Christian Science Monitor*, June 3, 1982, 1; Rowland and Jones, *Reagan at Westminster*, 56-60.
9. Rowland and Jones, *Reagan at Westminster*, 59.
10. Rowland and Jones, *Reagan at Westminster*, 63-64; Hayward, *Age of Reagan*, 256; teleprompter에 대해 Moore, *Thatcher*, 581; Lord Charles Powell와의 대화, Thatcher의 외교정책보좌관, RR의 MT에 대한 선물.
11. 1983년 Congress는 Reagan의 비전을 추구하기 위해 하나의 새로운 National Endowment for Democracy 정책을 추진했고, U.S. Agency for International Development는 democracy-building을 그 임무에 추가했다. Rowland and Jones, *Reagan at Westminster*, 16-17, 104-5.
12. 모든 인용은 Reagan, "Address to Members of the British Parliament."
13. "We win …"은 Richard Allen이 인용, "Richard Allen Oral History,"Presidential Oral Histories, Miller Center of Public Affairs, University of Virginia, May 28, 2002, https://millercenter.org/the- presidency/presidential-oral-histories/richard-allen-oral-history-assistant-president-national. RR의 첫번째 대통령 언론 회의는 Editorial Note, *FRUS*, 1981-1988, vol. 3, Soviet Union, January 1981-January 1983, Document 7. NSDD 32에 대해서는 "U.S. National Security Strategy," 1982년 5월 20일, Reagan Library, https://www.reaganlibrary.gov/sites/default/files/archives/reference/scanned-nsdds/nsdd32.pdf. Eureka College에서 행한 "Address at Commencement Exercises at Eureka College, Eureka, Illinois," 1982년 5월 9일 연설전문은, Ronald Reagan Presidential Foundation & Institute, https://www.reaganlibrary.gov/archives/speech/address-commencement-exercises-eureka-college-eureka-illinois Brands, *Reagan*, 254, 278-79; Hal Brands, *Making the Unipolar Moment: U.S. Foreign Policy and the Rise of the Post-Cold War Order* (Ithaca: Cornell University Press, 2016), 72; Sestanovich, *Maximalist*, 222, 224; Wilson, *Triumph of Improvisation*, 9.
14. Rowland and Jones, *Reagan at Westminster*, 49.
15. Rowland and Jones, *Reagan at Westminster*, 45-53; Lou Cannon, *President Reagan: The Role of a Lifetime* (New York: Simon & Schuster, 1991), 317; Lou Cannon and Carl M. Cannon, *Reagan's Disciple: George W. Bush's Troubled Quest for a Presidential Legacy* (New York: Public Affairs, 2008), 324.
16. Hayward, *Age of Reagan*, 288.
17. Rowland and Jones, *Reagan at Westminster*, 86; John Lewis Gaddis, *The Cold War: A New History* (New York: Penguin Press, 2005), 198; 용어 교체에 대해 Sestanovich, *Maximalist*, 241.
18. Sestanovich, *Maximalist*, 228, 240; Rowland and Jones, *Reagan at Westminster*, 34; Kiron Skinner, Serhiy Kudelia, Bruce Bueno de Mesquita, and Condoleezza Rice, "The Strategy of Campaigning," *Hoover Digest*, no. 1 (2008), 101.
19. Rowland and Jones, *Reagan at Westminster*, 35, 75, 87; Cannon and Cannon, *Reagan's Disciple*, 31; Gaddis, *Cold War*, 198.
20. 초기 언론 반응에 대해 Rowland and Jones, *Reagan at Westminster*, 89-102. "Hard line" 인용은 Richard Reeves, *President Reagan: The Triumph of Imagination* (New York: Simon & Schuster, 2005), 110. "oversimplified"에 대해서는 Steven Rattner, "Britons Reassured by Reagan's Visit," *New York Times*, 1982년 6월 12일자 A17면. "irrelevant"에 대해서는 Lou Cannon, "Soviets Assail Reagan's European Trip; President Gained His Major Goal,"

Washington Post, 1982년 6월 13일자 A1면. "mediocre"에 대해 Leslie Plommer, "Reagan Appeals to Brezhnev for Exchange of Views on TV," *Globe and Mail*, June 9, 1982, n.p. "unmemorable"에 대해 Nancy Banks-Smith, "Speech Day," *Guardian*, 1982년 6월 9일 9면.

21. *New York Times* 머리기사는 Hayward, *Age of Reagan*, 256. "more stagecraft than statecraft"에 대해서는 Tom Morganthau, Thomas M. DeFrank, John Walcott, "The Upstaged Summit," *Newsweek*, 1982년 6월 21일 34면. "reckless," "hostile," "crude"에 대해 Richard Cohen, "Leadership," *Washington Post*, 1982년 6월 13일 B1면; "Getting to Know Reagan," *Christian Science Monitor*, 1982년 6월 9일 24면; John F. Burns, "Soviet Says Crusade by Reagan May Risk Global Catastrophe," *New York Time* 1982년 6월 10자 A17면. TV 해설자들 인용은 Reeves, *President Reagan*, 109. On Cannon, see Rowland and Jones, *Reagan at Westminster*, 100; Lou Cannon, "President Calls for 'Crusade'; Reagan Proposes Plan to Counter Soviet Challenge," *Washington Post*, 1982년 6월 9일 A1면.
22. Rowland and Jones, *Reagan at Westminster*, 89; Thatcher의 Eisenhower에 대한 친필 메모에 대해 Moore, *Thatcher*, 581.
23. Rowland and Jones, *Reagan at Westminster*, 97-99, Soviet press, Reagan, Diggins 포함; Kiron Skinner, ed., *Turning Points in Ending the Cold War* (Stanford, CA: Hoover Institution Press, 2008), 97; John Lewis Gaddis, *Strategies of Containment: A Critical Appraisal of American National Security Policy During the Cold War*, 수정 및 확장본. (New York: Oxford University Press, 2005), 356.
24. Rowland and Jones, *Reagan at Westminster*, 15, 101, 103-4; Ronald Reagan, *Speaking My Mind: Selected Speeches* (New York: Simon & Schuster, 1989), 107, 108.
25. Brands, *Reagan*, 1, 741; Rowland and Jones, *Reagan at Westminster*, 30-31. Reagan의 대통령 임기 말에, Michael Mandelbaum와 Strobe Talbott란 두 명의 비판자들은 Reagan의 방법을 Council on Foreign Relations에 설명했다. 대통령이 미세조정한 연설 발표를 마치 정책인 양 꾸몄다고 지적했다. Michael Mandelbaum and Strobe Talbott, *Reagan and Gorbachev* (New York: Vintage Books, 1987), 129.
26. Rowland and Jones, *Reagan at Westminster*, 26-29.
27. 그는 또한 신문 칼럼을 기고했으나 주로 전 보좌관 Peter Hannaford에 의존해 기고문을 작성했다. Brands, *Making the Unipolar Moment*, 71; Brands, *Reagan*, 186-87; Kiron Skinner et al., eds., *Reagan, in His Own Hand: The Writings of Ronald Reagan That Reveal His Revolutionary Vision for America* (New York: Touchstone, 2002), xiv-xxi.
28. George Shultz, Skinner, *Reagan, in His Own Hand*의 서문, MacFarlane에 대해 x; Brands, *Reagan*, 734.
29. Cannon, *President Reagan*, 26; Brands, *Reagan*, 734 (칭찬); Rowland and Jones, *Reagan at Westminster*, 30 (주제들).
30. Skinner, *Reagan, in His Own Hand*, 특히 4-14.
31. Rowland and Jones, *Reagan at Westminster*, 38; Shultz에 대해 Skinner, *Reagan, in His Own Hand*, ix.
32. Brands, *Reagan*, 734; Shultz에 대해Skinner, *Reagan, in His Own Hand*, ix.
33. Hayward, *Age of Reagan*, 3-4; Brands, *Reagan*, 137.
34. Hayward, *Age of Reagan*, 3; Brands, *Reagan*, 12, 725.
35. Brands, *Reagan*, 734; Cannon, *President Reagan*, 12.
36. Spencer story에 대해 Wilson, *Triumph of Improvisation*, 9; 데탕트와 Carter에 대해 Brands, *Making the Unipolar Moment*, 25, 36; Skinner, *Life in Letters*, 396 for RR.
37. 네 가지 사항은 Skinner, *Life in Letters*, 396; Wilson, *Triumph of Improvisation*, 5.
38. Brands, *Making the Unipolar Moment*, 22-29, 53; "Can Capitalism Survive?" *Time*, 1975년 7월 14일자, 52-63.
39. FDR 인용은 Brands, *Reagan*, 734; 경제에 대해Ronald Reagan, *An American Life* (New York: Simon & Schuster, 1990), 205; 같은 책, "Address to a Joint Session of Parliament in Ottawa, Canada," 1987년 4월 6일, *Public Papers of the Presidents of the United States:* 자유시장에 대해 *Ronald Reagan, 1987년 1월 1일에서 7월 31일까지* (Washington, DC: U.S. Government Printing Office, 1989), 339; 4개 전쟁에 대해 Skinner, *Life in Letters*, 391. 또 Brands, *Making the Unipolar Moment*, 175-76; Wilson, *Triumph of Improvisation*, 14, 26.
40. Skinner, *Life in Letters*, 372; 같은 책, 확실한 에너지와 신용에 대해 *Reagan, in His Own Hand*, 9, 25; Baker에 대해 Wilson, *Triumph of Improvisation*, 10.
41. 여러 RR의 군비 확충 조치들이 있었음을 주목하라. Gaddis, *Cold War*, 225; Sestanovich, *Maximalist*, 224, 240; Wilson, *Triumph of Improvisation*, 18; Brands, *Making the Unipolar Moment*, 73, Reagan을 Edward Langley에

인용, 1980년 1월 15일, Box 3, Ronald Reagan Subject Collection, Hoover Institution.

42. 증상으로의 무력에 대해 Skinner, *Reagan, in His Own Hand*, 24; Brands, *Making the Unipolar Moment*, 78 for "break their backs," citing NSC Meeting, November 30, 1983, Box 91303, Executive Secretariat File, Reagan Library; Skinner, *Life in Letters*, 398; SALT와교섭으로 줄이기 위해 확충에 대해 Brands, *Reagan*, 413.

43. SIOP story는 Craig and Logevall, *America's Cold War*, 330; Sestanovich, *Maximalist*, 224, 226, 234.

44. 인권에 대해 Brands, *Making the Unipolar Moment*, 39-53; 진화에 대해 Sestanovich, *Maximalist*, 231- 33; Wilson, *Triumph of Improvisation*, 21, 63-64. Reagan 전기를 쓰고 있던 Will Inboden은 Reagan은 소련의 공산주의 체제의 자체 합법성에 도전해 소련을 약화시키기를 추구했다고 나에게 강조했다.

45. Brands, *Making the Unipolar Moment*, 41; Sestanovich, *Maximalist*, 231-33. RR의 연설문 전문은 "Text of the Reagan Message to Congress on Foreign Policy," *New York Times*, 1986년 3월 15일 4면.

46. 1979년에 Cheyenne Mountain 소재 NORAD의 본부를 방문해 전략 전쟁strategic warfare을 논의한 후, Reagan의 친구이자 자문관인 Martin Anderson은 방어 체제의 부재는, 기술부족이 아니고, 새로운 전략적 사고의 미달에서 비롯될 수 있다고 그를 설득했다. 1982년, 미국 수소폭탄의 설계자인 Edward Teller는 핵동결nuclear freeze을 위한 동력을 막기 위한 방안의 부분으로, 미사일 방어를 탐색할 것을 강력히 요청했다. 대통령은 합동참모본부와 1983년 초에 그 아이디어를 놓고 난상토론brainstorming을 했고 다음에 그의 SDI 구상을 1983년 3월 23일 연설로 공개했다. Wilson, *Triumph of Improvisation*, 71-73; Hayward, *Age of Reagan*, 291-98.

47. Wilson, *Triumph of Improvisation*, 4, 70-71, 72-73 (방패의 보장과 불확실성); Brands, *Making the Unipolar Moment*, 78 (Soviets 비용); Shultz 와 "bargaining chip"에 대해 Brands, *Reagan*, 608-9.

48. Brands, *Reagan*, 270.

49. Wilson, *Triumph of Improvisation*, 5; Sestanovich, *Maximalist*, 242.

50. George Shultz, *Turmoil and Triumph: My Years as Secretary of State* (New York: Scribner's, 1993).

51. See Wilson, *Triumph of Improvisation*, 2, 5, 6; Brands, *Making the Unipolar Moment*, 71; Shultz, *Turmoil and Triumph*, 263.

52. Wilson, *Triumph of Improvisation*, 5-6.

53. Shultz, foreword in Skinner, *Turning Points*, xx.

54. Wilson, *Triumph of Improvisation*, 6, 63; Sestanovich, *Maximalist*, 238 ("심리전쟁psychological warfare").

55. Wilson, *Triumph of Improvisation*, 64, 65, 75; Hayward, *Age of Reagan*, 448.

56. North America에 대한 RR은 Skinner, *Life in Letters*, 509.

57. Ronald Reagan, "Remarks at the Annual Convention of the National Association of Evangelicals in Orlando, Florida," 1983년 3월 8일, Reagan Library, https://www.reaganlibrary.gov/research/speeches/30883b. "malice aforethought," Sestanovich, *Maximalist*, 222. 그러나 Wilson은 그 문구가 RR의 눈을 잡지 못했음을 알아차렸다. Wilson, *Triumph of Improvisation*, 71. 연설 참모에 대해 Hayward, *Age of Reagan*, 288-91. 또 Shultz, *Turmoil and Triumph*, 267.

58. Ronald Reagan, "Address to the Nation on Defense and National Security," 1983년 3월 23일 Reagan Library, https://www.reaganlibrary.gov/research/speeches/32383d. SDI 개념의 근원과 연설은 Wilson, *Triumph of Improvisation*, 71-73; Hayward, *Age of Reagan*, 291-98. Shultz는 대통령의 이니셔티브를 단지 얼마 전에 알았고 전략적 독트린과 미국의 핵 억제에서의 동맹의 신뢰를 "불안정하게 하는" 공격에 반대했다. Shultz의 반응에 대해 Hayward, *Age of Reagan*, 295.

59. Ronald Reagan, *The Reagan Diaries*, vol. 1, ed. Douglas Brinkley (New York: HarperCollins, 2009), 212 (원문 강조); Wilson, *Triumph of Improvisation*, 74.

60. Wilson, *Triumph of Improvisation*, 76-78; Brands, *Making the Unipolar Moment*, 69, 88-96; Hayward, *Age of Reagan*, 343 (*1984*년에).

61. Ronald Reagan, "Address to the Nation and Other Countries on United States-Soviet Relations," 1984년 1월 16일, Reagan Library, https://www.reaganlibrary.gov/research/speeches/11684a; Skinner, *Turning Points*, 34-37; Hayward, *Age of Reagan*, 346-47.

62. Reagan, "Address to the Nation and Other Countries on United States-Soviet Relations"; Hayward, *Age of Reagan*, 346-47.

63. 1987년 6월 12일의 Ronald Reagan(RR), "Remarks on East-West Relations at the Brandenburg Gate in West

Berlin,", Reagan Library, https://www.reaganlibrary.gov/research/speeches/061287d 참조; RR 인용은 Sestanovich, *Maximalist*, 227; RR이 만나기를 원한 사람은 Wilson, *Triumph of Improvisation*, 85; 참모들 논쟁과 RR 결정은 Hayward, Age of Reagan, 1– 2 그 문구의 재사용은 593–94; 전략에 대해서는 Rowland and Jones, *Reagan at Westminster*, 116. 그럼에도 불구하고 소련 외무장관 Eduard Shevardnadze를 1988년 9월23일에 만났을 때, 대통령은 베를린에서 한 연설을 상기해 "Berlin Wall 완전히 허물어진다고 제안한 것은 아마도 비현실적"이라고 인정했다. 그는 소련의 독일 분단에 대한 감정의 강도를 인정했다. 그리고 레이건은 베를린과 독일의 양 부분이 함께 일하는 것을 허용하는 초기 제안서를 되풀이했다. 1988년 9월 23일자 FRUS, 1981– 1988, vol. 6, Soviet Union, October 1986–1989, Doc. 177.의 "Memorandum of Conversation" 참조

64. Reagan, "Remarks and a Question-and-Answer Session with the Students and Faculty at Moscow State University," 1988년 5월 31일, Reagan Library, https://www.reaganlibrary.gov/research/speeches/053188b; Sestanovich, *Maximalist*, 239-40 (인용포함); Hayward, *Age of Reagan*, 606 (Lenin의 급습); Rowland and Jones, *Reagan at Westminster*, 116.
65. Sestanovich, *Maximalist*, 222; RR의 인용은 Hayward, *Age of Reagan*, 606.
66. 예, Mandelbaum and Talbott, *Reagan and Gorbachev*, 129.
67. Sestanovich, *Maximalist*, 222-23; Reagan, *American Life*, 595; James Mann, *The Rebellion of Ronald Reagan: A History of the End of the Cold War* (New York: Viking, 2009), 260.
68. 그 회의에 대해 Wilson, *Triumph of Improvisation*, 69-70; 오순절파[Pentecostals]에 대해 Hayward, *Age of Reagan*, 285-86 for more info on the Pentecostals.
69. Wilson, *Triumph of Improvisation*, 85-87.
70. Wilson, *Triumph of Improvisation*, 89, 92-93.
71. Wilson, *Triumph of Improvisation*, 81, 97-98.
72. Hayward, *Age of Reagan*, 449; Brands, *Reagan*, 505; Sestanovich, *Maximalist*, 241.
73. Wilson, *Triumph of Improvisation*, 108-9; Brands, *Reagan*, 510-18.
74. Wilson, *Triumph of Improvisation*, 104; Brands, *Reagan*, 518; Reagan, *American Life*, 641.
75. Sestanovich, *Maximalist*, 234.
76. Brands, *Reagan*, 522-23; Brands, *Making the Unipolar Moment*, 105, NSC Meeting을 인용, 1985년 9월 20일, Box 91303, NSC Meetings, Executive Secretariat File, Reagan Library (원문 강조).
77. Wilson, *Triumph of Improvisation*, 106-7.
78. Wilson, *Triumph of Improvisation*, 110-11, Mitterrand 인용 포함. Mitterrand 인용은 Anatoly Chernyaev, *My Six Years with Gorbachev*, trans. Robert English and Elizabeth Tucker (University Park, PA: Pennsylvania State University Press, 2000 [1993]), 76.
79. 예, Kenneth L. Adelman, *Reagan at Reykjavik: Forty-Eight Hours That Ended the Cold War* (New York: Broadside Books, 2014); Sidney D. Drell and George P. Shultz, eds., *Implications of the Reykjavik Summit on Its Twentieth Anniversary: Conference Report* (Stanford, CA: Hoover Institution Press, 2007). The Reykjavik Summit은 주로 Jack F. Matlock, *Reagan and Gorbachev: How the Cold War Ended* (New York: Random House, 2004); John Lewis Gaddis, *The United States and the End of the Cold War: Implications, Reconsiderations, Provocations* (New York: Oxford University Press, 1992); Raymond L. Garthoff, *The Great Transition: American-Soviet Relations and the End of the Cold War* (Washington, DC: Brookings Institution, 1994).
80. Brands, *Reagan*, 577-610, 606 포함 (제안의 철회 없이), 599 (보험), 600-603 (미국에 대한 약속 및 최종시도), 와 610 (정치국[Politburo]에 대한 Gorbachev의 첫 번째 인용). "Russian Transcript of Reagan- Gorbachev Summit in Reykjavik," 1986년 10월 12일 (오후), FBIS-USR-93-121, 1993년 9월 20일 National Security Archive, Electronic Briefing Book No. 203, Document 16. "in a corner"와 "waiting for us to drown" 은 Matlock, *Reagan and Gorbachev*, 260. At 341fn10, Matlock은 이들 인용은 그 회의에서 자신이 작성한 노트에 근거했다.
81. Thatcher의 반응은 Brands, *Reagan*, 674-75.
82. Soviet 양보는 Wilson, *Triumph of Improvisation*, 123, 130; Sestanovich, *Maximalist*, 238.
83. Brands, *Reagan*, 680-85; Wilson, *Triumph of Improvisation*, 135-38.
84. Hayward, *Age of Reagan*, 606-7.
85. Sestanovich, *Maximalist*, 240; Gorbachev 인용은 Chernyaev, *My Six Years with Gorbachev*, 84.

86. Rowland and Jones, *Reagan at Westminster*, 115, 118; Gaddis, *Cold War*, 233.
87. Rowland and Jones, *Reagan at Westminster*, 116-17; Martin Anderson, *Revolution* (San Diego: Harcourt Brace Jovanovich, 1988), 72-75.
88. Brands, *Making the Unipolar Moment*, 73-74, Reagan은, "Are Liberals Really Liberal?" 1963년경, Skinner, *Reagan, in His Own Hand*, 442; Reagan, "Soviet Workers," 일자미상, Box 8, Ronald Reagan Subject Collection, Hoover Institution.
89. Diggins에 대해 Rowland and Jones, *Reagan at Westminster*, 124; 그의 인용은 Brands, *Reagan*, 735.
90. Reagan의 성과와 "현실주의자 realist"로서의 유산에 대한 좀 더 비판적인 평가는 Norman A. Graebner, Richard Dean Burns, and Joseph M. Siracusa, *Reagan, Bush, Gorbachev: Revisiting the End of the Cold War* (Westport, CT: Praeger Security International, 2008), 특히 105-13(비용과 데탕트detente로의 회귀) 와 137-46 (양극성에 대한 잘못된 집착, 냉전의 종료를 촉발한 요인들, 잘못 적용된 교훈들)

5부 마지막 그리고 시작

제17장 조지 H. W. 부시: 동맹의 지도자(George H. W. Bush: Alliance Leader)

1. NATO communique는 "NATO Summit: 'A Comprehensive Concept of Arms Control and Disarmament': Report Adopted by the Heads of State and Government of the North Atlantic Council, Brussels, May 30, 1989," *American Foreign Policy: Current Documents, 1989*, Nancy L. Golden and Sherrill Brown Wells (Washington, DC: Department of State, 1990), 283-292. 대통령 Bush의 Mainz 연설은 "A Europe Whole and Free: Remarks to the Citizens in Mainz, President George Bush," 1989년 5월31일, U.S. Diplomatic Mission to Germany, https://usa.usembassy.de/etexts/ga6-890531.htm. Baker 장관의 NATO 교섭 기록은 James A. Baker, *The Politics of Diplomacy: Revolution, War, and Peace, 1989-1992* (New York: G. P. Putnam's Sons, 1995), 92-96. 또 George Bush and Brent Scowcroft, *A World Transformed* (New York: Knopf, 1998), 79-83.
2. George Bush, "Address Accepting the Presidential Nomination at the Republican National Convention in New Orleans," 1988년 8월 18일, The American Presidency Project, UC Santa Barbara, https://www.presidency.ucsb.edu/node/268235.
3. Baker의 두 번째 회고록에서 한 장의 제목을 "If You're So Smart, Jimmy, How Come I'm Vice President and You're Not?"라고 달았다. James A. Baker III with Steve Fiffer, *"Work Hard, Study . . . and Keep Out of Politics!" Adventures and Lessons from an Unexpected Public Life* (New York: G. P. Putnam's Sons, 2006).
4. Philip Zelikow and Condoleezza Rice, *To Build a Better World: Choices to End the Cold War and Create a Global Commonwealth* (New York: Twelve, 2019), 109- 11. Henry Kissinger, "A Memo to the Next President," *Newsweek*, 1988년 9월 19일자 34면; "The Challenge of a 'European Home,'" *Washington Post*, 1988년 12월 4일, L. Bush and Scowcroft, *World Transformed*, 26-28.
5. Kissinger, "Challenge of a 'European Home.'"
6. NIE 11-4-89, "Soviet Policy Toward the West: The Gorbachev Challenge," 1989년 4월, *At Cold War's End: U.S. Intelligence on the Soviet Union and Eastern Europe, 1989-1991*, ed. Benjamin B. Fischer (Washington, DC: Central Intelligence Agency, Center for the Study of Intelligence, 1999), 227-54에 재수록.
7. Bush의 Ottawa회의는 Zelikow and Rice, *Better World*, 113-14; Bush and Scowcroft, *World Transformed*, 62-63; Baker, *Politics of Diplomacy*, 86; Brian Mulroney, *Memoirs, 1939-1993* (Toronto: McClelland & Stewart, 2007), 651.
8. 주요NSC 직원들은-Bob Blackwill, Phil Zelikow, 와Arnie Kanter를 포함해-Scowcroft장군보다 더 진보적이었으나, Scowcroft장군은 자신들의 입장을 개진하도록 허가했다. 내부 논쟁에 대한 더 완전한 기록은 Zelikow and Rice, *Better World*, 108-11, 117-19, 172-73.
9. 일본과 중국에 대한 여행, Deng鄧小平과의 대화 포함은 Bush and Scowcroft, *World Transformed*, 91-96.
10. Baker, *Politics of Diplomacy*, 85-90.
11. 장관과 국무부는 자신들의 생각이 Oval Office로 정규적으로 흐르도록 할 필요가 있다. Charles Evans Hughes는 수개월에 걸친 Washington Naval Conference 중에 유사한 기법-일일 아침 회의-을 이용해 대통령 Harding에게 보고했음을 상기해 보라. Hughes는 대규모 백악관 직원들과 NSC 참모들을 설치하기 전에도 대통령의 시간, 읽기와

주목을 "안내guide" 하기 위해 그러한 주의를 기울였다.

12. Baker의 화학무기에 대한 제안을 포함한 Vienna 연설문은 "Our Purpose is to Improve the Security of Europe," *American Foreign Policy: Current Documents*, 269-74. 회의들에 대해서는 Baker, *Politics of Diplomacy*, 63-67.
13. Baker, *Politics of Diplomacy*, 63-67.
14. Baker, *Politics of Diplomacy*, 67-68.
15. Scowcroft 노트와 내부 검토는 Zelikow and Rice, *Better World*, 119-20; Baker, *Politics of Diplomacy*, 68.
16. Baker, *Politics of Diplomacy*, 68-70.
17. 우리의 전략을 수립한 미주담당 차관보 Bernie Aronson의 확인을 기다리는 동안, 나(저자)는 의회 그룹들과의 대화를 이끌고 있었다. 표를 가진 민주당과의 교섭을 해야 하므로 공화당 의원들의 좌절을 나는 회상한다. 민주당 의원들 중 약 1/3은 동정적이어서 공화당 의원들과 합해 다수를 이룰 수 있었으나, 민주당원들은 당 간부회의 입장을 단단히 지키고 있었다. 양쪽의 의원들은, 특히 그들의 참모들은, 묵은 그리고 치열한 대결에서 상대를 이기는 데에 더 관심이 많았다. Baker에 대한 양쪽의 신뢰와 존경이 없이는-그리고 언제 말을 하고, 타협적인 아이디어를 채택하고, 언제 버틸지에 대한 그의 감각 없이는-우리는 결코 합의에 도달하지 못했을 것이다. 행정부는 그 다음에 다른 중앙아메리카인들, 미주기구Organization of American States, 유엔, 유럽인들, 소련인들, 민주주의를 위한 국가기금 National Endowment for Democracy, 그리고 산디니스타Sandinistas가 충분한 감시자들의 감독하에 공정한 선거를 치루 도록 전임 대통령 지미 카터의 압력을 동원했다. 1990년 2월 26일, 야당 지도자 Violeta Chamorro는 Daniel Ortega와 Sandinistas를 민주적 선거에서 꺾었다. Baker, *Politics of Diplomacy*, 47-60. 유감스럽게도, Ortega의 반대파들은 내부 싸움, 부패, Ortega의 보안군에 대한 지속적인 공작으로, Ortega는 2006년 재선에 성공해, 내가 부장관deputy secretary으로 국무부에 돌아온 2007년에 대통령에 복귀했다. 내가 이 책을 쓰는 동안에, Ortega와 그의 아내 Rosario Murillo (부통령)의 권력남용에 좌절한 국민들은 다시 봉기했다.
18. Bush and Scowcroft, *World Transformed*, 43-45; Zelikow and Rice, *Better World*, 136-37.
19. Baker, *Politics of Diplomacy*, 70-83. 장관 Cheney의 Gorbachev에 대한 발언, Baker는 대통령에 전화했고, 대통령은 Scowcroft 에게 백악관은 Cheney의 발언에 거리를 두라고 지시했다. Baker는 그것이 "영역"을 두고 심각하게 다툰 유일한 사건이라고 말했다. 그의 메시지의 핵심은 외교 사안에 대한 메시지를 절제할 수 없는 행정부는 그 자신의 외교를 해친다는 점이었다.
20. Baker, *Politics of Diplomacy*, 83.
21. Bush and Scowcroft, *World Transformed*, 67-71; Baker, *Politics of Diplomacy*, 92. Texas A&M 연설은 *American Foreign Policy: Current Documents*, 363-66.
22. Bush and Scowcroft, *World Transformed*, 73-74; Baker, *Politics of Diplomacy*, 93.
23. Zelikow and Rice, *Better World*, 137-38.
24. 대통령은 자신이 선도한 조치에 대한 정치적 대가를 혼자서 치렀다. Colin Powell의 의장직을 승계한 제독 Crowe이 불만의 온상이었다. 1992년 당시 후보자 Bill Clinton이 경험 많은 Bush에 대항해 안보자격증이 필요할 때, Crowe는 Clinton을 지지하고 적극적으로 그를 후원했다. Crowe는 1993년에 주영 대사로 클린턴 후보 지지에 대한 보상을 받았다. Zelikow and Rice, *Better World*, 137-38; Bush and Scowcroft, *World Transformed*, 73-74, 79-81; Baker, *Politics of Diplomacy*, 93-94.
25. Zelikow and Rice, *Better World*, 138-39.
26. Bush and Scowcroft, *World Transformed*, 82-83; Baker, *Politics of Diplomacy*, 95-96; NATO communique에 대해 "A Comprehensive Concept of Arms Control and Disarmament."
27. 내가 Bonn에 있을 때 외교장관 Genscher의 참모장인 Frank Elbe가 나와 수인사a get-to-know-you chat를 원했다. Elbe는 NATO 정상회의에서 나와 Baker의 상호작용을 Genscher와 지켜보았고 나를 만나려고 작정했다고 나중에 나에게 말했다. 우리의 동반자관계와 우정은 곧 닥칠 독일 통일에 대한 교섭에서 유용한 것으로 드러났다.
28. Bush and Scowcroft, *World Transformed*, 83; Bush, "A Europe Whole and Free."
29. Bush의 통일에 대한 언급은 Arnaud de Borchgrave, "Bush Would Love Reunited Germany," *Washington Times*, 1989년 5월 16일 A1면; 연설에 대해서는 Bush and Scowcroft, *World Transformed*, 83.
30. Bush and Scowcroft, *World Transformed*, 112-16; Zelikow and Rice, *Better World*, 126-28, 151-52.
31. Baker, *Politics of Diplomacy*, 75-76.
32. Bush and Scowcroft, *World Transformed*, 112-23.
33. Bush and Scowcroft, *World Transformed*, 121-22.

34. Bush and Scowcroft, *World Transformed*, 124-28.
35. Bush and Scowcroft, *World Transformed*, 125-26.
36. Bush and Scowcroft, *World Transformed*, 128-29; Zelikow and Rice, *Better World*, 151-53, 162-66. G-7 summit에 대해 "Declaration on East-West Relations," 1989년 7월 15일, Munk School of Global Affairs & Public Policy, Trinity College, University of Toronto, http://www.g8.utoronto.ca/summit/1989paris/east .html.
37. Zelikow and Rice, *Better World*, 152-53; Bush and Scowcroft, *World Transformed*, 129.
38. 이른바 pause에 대한 역사적 해석은 Zelikow and Rice, *Better World*, 451fn33. 초기 자료는 Beschloss and Talbott, *At the Highest Levels*, 28-29, 41, 60, 165, 469. 그 견해는 동정적인 설명을 포함해 수십 년 동안 지속되었다. Jeffrey Engel, *When the World Seemed New: George H. W. Bush and the End of the Cold War* (New York: Houghton Mifflin Harcourt, 2017), 86-99, "The Pause"에 관한 한 장을 포함함. Gorbachev와 소련인들의 프리즘을 통해 Cold War의 종식에 초점을 맞춘 저자들은 늘 이 좁은 견해를 늘 가지고 있었다. Jack F. Matlock, *Autopsy on an Empire: The American Ambassador's Account of the Collapse of the Soviet Union* (New York: Random House, 1995), 182-90, 195-200 ("Washington Fumbles") 그리고 더 자세한 전기는 William Taubman, *Gorbachev: His Life and Times* (New York: W. W. Norton & Company, 2017), 465, 467-74(비록 독일과 유럽은 여전히 분할되어 있었으나 냉전은 끝났다는 견해를 포함).
39. Zelikow and Rice, *Better World*, 328-31, 482fn40.
40. See, e.g., Taubman, *Gorbachev*, 469-73; Beschloss and Talbott, *At the Highest Levels*, 470.
41. See Zelikow and Rice, *Better World*, 108-9, "New Yalta"와 "Yalta II"까지의 자료는 448fn6.
42. Baker의 Bush 행정부의 USSR에 대한 접근의 효과에 대한 회고적(2011) 언급은 Zelikow and Rice, *Better World*, 451fn33: "[W]e gave Gorbachev a little bit of grief because he couldn't figure out exactly what we were doing, but by May it was over. [He could see what the United States was doing.] After my meeting with Shevardnadze . . . in Vienna, and that may have been in March [March 7] . . . from about that time on [the United States was moving]... So do I think it cost the country anything? Absolutely not."
43. Jon Meacham, *Destiny and Power: The American Odyssey of George Herbert Walker Bush* (New York: Random House, 2015), 456. Dr. Kissinger의 "world order" 에 대한 지속적인 관심은 그의 *World Order* (New York: Penguin Books, 2014).
44. Baker는 이 문구를 늘 사용했다. 그에게는 "getting things done"은 행동하는 자와 말만하는 자를 구분하는 표현이었다.
45. George H. W. Bush, "Agenda for American Renewal" (Bush-Quayle'92 General Committee, 1992).

제18장 미국외교 5대 전통(Five Traditions of American Diplomacy)

1. Lake의 SAIS에서의 연설은 "From Containment to Enlargement: Remarks of Anthony Lake, Assistant to the President for National Security Affairs," 1993년 9월21일, https://www.mtholyoke.edu/acad/intrel/lakedoc.html. Clinton의 UN General Assembly연설은 "Address by President Bill Clinton to the UN General Assembly," 1993년 9월 27일, U.S. Department of State, https://2009-2017.state.gov/p/io/potusunga/207375.htm. "Kennan Sweepstakes"와 "democratic enlargement"에 대해 Douglas Brinkley, "Democratic Enlargement: The Clinton Doctrine," *Foreign Policy* (Spring 1997), 111-27. Derek Chollet and James Goldgeier, *America Between the Wars: From 11/9 to 9/11: The Misunderstood Years Between the Fall of the Berlin Wall and the Start of the War on Terror* (New York: Public Affairs, 2008), 제3장 특히 65-71.
2. grand strategy에 대해, 예, Hal Brands, *What Good Is Grand Strategy? Power and Purpose in American Statecraft from Harry S. Truman to George W. Bush* (Ithaca: Cornell University Press, 2014); 같은 책 *American Grand Strategy in the Age of Trump* (Washington, DC: Brookings Institution Press, 2018); John Lewis Gaddis, *On Grand Strategy* (New York: Penguin Press, 2018); Nina Silove, "Beyond the Buzzword: The Three Meanings of 'Grand Strategy,'" *International Security* 27 (2018).
3. Baker, *Politics of Diplomacy*, 84.
4. Robert Merry, *A Country of Vast Designs: James K. Polk, the Mexican War, and the Conquest of the American Continent* (New York: Simon & Schuster, 2009), 361, 386, 408-10, 424-26.
5. Hendrickson, *Peace Pact*, 166-67, 174.

6. Irwin, *Clashing over Commerce*, 617. 또 Gregg Lint, "John Adams on the Drafting of the Treaty Plan of 1776," *Diplomatic History* 2, no. 3 (July 1978); Gerard Clarfield, "John Adams: The Marketplace, and American Foreign Policy," *New England Quarterly* 52, no. 3 (1979년 9월).
7. Irwin, *Clashing over Commerce*, 68-69, "From Benjamin Franklin to John Adams, 19 May 1781" *Papers of Benjamin Franklin*, vol. 35, *May 1 Through October 31, 1781*, ed. Barbara B. Oberg (New Haven: Yale University Press, 1999), 83을 인용; "From Thomas Jefferson to John Adams, 31 July 1785," *Papers of Thomas Jefferson*, vol. 8, *25 February to 31 October 1785*, ed. Julian P. Boyd (Princeton: Princeton University Press, 1953), 332. 또 Thomas Jefferson, *Notes on the State of Virginia*, ed. William Peden (Chapel Hill, NC: University of North Carolina Press, 1955 [1785]), 176.
8. Hendrickson, *Peace Pact*, 174, "From John Adams to John Jay, 10 August 1785," *The Adams Papers: Papers of John Adams*, vol. 17, *April-November 1785*, eds. Gregg L. Lint et al. (Cambridge, MA: Harvard University Press, 2014), 321 (원문 강조) 인용.
9. Irwin, *Clashing over Commerce*, 51-52, 62.
10. Irwin, *Clashing over Commerce*, 86, "The Continentalist No. V [18 April 1782]," *The Papers of Alexander Hamilton*, vol. 3, *1782-1786*, ed. Harold C. Syrett (New York: Columbia University Press, 1962), 78-79 인용; "The Federalist No. 35, [5 January 1788]," *The Papers of Alexander Hamilton*, vol. 4, *January 1787-May 1788*, ed. Harold C. Syrett (New York: Columbia University Press, 1962), 477; "Alexander Hamilton's Final Version of the Report on the Subject of Manufactures, [5 December 1791]," *The Papers of Alexander Hamilton*, vol. 10, *December 1791-January 1792*, ed. Harold C. Syrett (New York: Columbia University Press, 1966), 301.제10장의 논의 참조.
11. 많은 개도국과 더 작은 국가들에게는 무역관계는 미국과의 외교 관계에서 최우선 과제이다. 나는 국무장관 Colin Powell과 Hillary Clinton이 대부분의 동료 외무장관들이 외교회의에서 무역 주제에 집중하는 것을 보고 놀랐다고 나에게 말을 해준 것을 회상했다.
12. Jefferson의 수출금지Embargo조치에 대해 Irwin, *Clashing over Commerce*, 101-13.
13. Ian W. Toll, *Six Frigates: The Epic History of the Founding of the U.S. Navy* (New York: W. W. Norton & Company, 2006).
14. 1920년대 U.S. 부채, 배상금, 금융 및 무역 정책에 대해 Melvyn P. Leffler, *Safeguarding Democratic Capitalism: U.S. Foreign Policy and National Security, 1920-2015* (Princeton, NJ: Princeton University Press, 2017), 제1장에서 제3장까지.
15. the Quarantine Speech 연서에 대해 Robert Dallek, *Franklin D. Roosevelt: A Political Life* (New York: Viking, 2017), 289-91.

후기: 전통에서 현재로(Afterword. From Traditions to Today)

1. 예리한 경제사가인 Brown은 Cordell Hull이 참석한 1933년 London Economic Conference of 1933는 참담하게 실패해 대공황기Great Depression의 국제 경제의 붕괴에 기여했다고 회상했다.
2. 자신의 회고록에서 대통령 Bush는 Social Security immigration reform을 주요 사업을 추진했어야 했다고 말했다. George W. Bush, *Decision Points* (New York: Crown Publishers, 2010), 306.
3. Bush, *Decision Points*, 306.
4. China에 대한 나의 과제는-그리고 U.S. 외교는 Beijing의 행동을 부추기는 중국인들이 참여를 넘어가야-단순히 형식이 아닌 규범에 주목하는-했다. United States, China,와 다른 많은 국가들은 보호주의 반대, 대량살상무기 폐기, 테러리즘 방지에 공통의 이익을 가지고 있다, 에너지 안보, 기후변화, 질병, 환율정책, 경제 성장, 개발, 북한, 중앙아시아, 페르시아만Persian Gulf에서의 위험을 포함한 지역 안보에 협력할 필요가 있다. 타이완에 대한 차이는 평화적으로 관리될 필요가 있다. Ronald Reagan이 보여주었듯이, 중국과 상호 책임과 갈등 관리에 대해 함께 일을 할지라도 미국은 그 가치와 그리고 자유를 드높일 수 있다.
5. United Nations Framework Convention on Climate Change 전문은 https://unfccc.int/resource/docs/convkp/conveng.pdf. Bush의 Clean Air Act 개정문은 또한 산성비를 막았고 1989년에 발효한 Montreal Protocol에 따라 오존 고갈을 방지했다.

6. 1997년 개도국들에게 배출 감축 요구를 하지 못한 모든 기후 합의에 대한 인준을 거부한 Byrd-Hagel Resolution의안을 상원은 95-0으로 통과시켰다. 그 결의안은 다음해 Kyoto Protocol의 비준을 막았다. 상원의 표결에 대해 https://www.congress.gov/bill/105th-congress/senate-resolution/98.
7. Meacham, *Destiny and Power*, 466.
8. Edward Luce, *Time to Start Thinking: America in the Age of Descent* (New York: Atlantic Monthly Press, 2012), 3에서 인용. Alexis de Tocqueville의 두 권으로 된 *Democracy in America* (프랑스어 원문은 *De La Democratie en Amerique*)의 여러 번역본이 있다, 첫 권은 1835년에 출판되었다. 다른 흔한 영어 번역본에는 "The great privilege of the Americans does not simply consist in their being more enlightened than others, but in their being able to repair the faults they may commit." de Tocqueville, *Democracy in America*, vol. 1, trans. Henry Reeve (New York: J. & H. G. Langley, 1841), 250.

사진 저작권 및 출처(photo Credits and Sources)

1: Benjamin Franklin Historical Society. **2, 8**: White House Historical Association. **3, 14, 15, 16, 20, 23**: Libraryof Congress. 4: Yale University Art Gallery. **5**: Winterthur Museum, Garden & Library. **6**: New York City Public Design Commission, City Hall Portrait Commission. **7, 11**: Wikimeda Commons. **9, 24, 25, 27, 36**: Getty Images. **10**: Metropolitan Museum of Art. **12**: British Library. 13: Amanda Foreman, *World on Fire: An Epic History of Two Nations Divided* (London: Allen Lane, 2010). **17**: Brown University Portrait Collection. **18**: Encyclopedia Britannica. **19**: John Milton Cooper, *The Warrior and the Priest: Woodrow Wilson and Theodore Roosevelt* (Cambridge, MA: Belknap Press of Harvard University Press, 1983). **21, 22**: Philip C. Jessup, Elihu Root, vol. 2 (New York: Dodd, Mead & Company, 1938). **26**: National Museum of Naval Aviation. 28: Truman Library. **29, 31**: Time magazine. **30**: MIT Museum. **32**: *Globe and Mail. 33: American Public Media*. **34**: *National Geographic*. **35**: AFP/Getty Images. **37**: Reagan Library. **38, 39**: Robert B. Zoellick.

색인(Index)

약어

FDR=Franklin Delano Roosevelt, **JFK**=John F. Kennedy, LBJ=Lydon Baines Johnson, TR=Theodore Roosevelt, JQA=John Qunicy Adams

저자

로버트 B. 죌릭(Robert B. Zoellick)은 국무부의 부장관(Deputy Secretary), 차관(Under Secretary) 그리고 참사관(Counselor), 대사와 미국무역대표, 재무장관 고문, 백악관 부실장(Deputy Chief of Staff), 세계은행(World Bank) 총재를 역임했다. 그의 경험은 냉전 중, 종료단계, 그리고 21세기의 초기 10년의 기간에 걸쳐 여섯 명의 대통령과 일을 했다. 죌릭은 현재는 하버드 대학교의 케네디 정부 대학원(Kennedy School of Government)의 과학과 국제사안에 관한 벨퍼 센터(Belfer Center for Science and International Affairs)에서 연구위원으로, "응용역사(Applied History)" 사업을 진행하고 있다.

역자

홍기훈

서울대학교를 졸업하고 미국 알래스카대학교에서 박사학위를 받았다.

번역서로 David Bederman의 《일반인을 위한 국제법 입문(International Law Frameworks: Concepts and Insights)》, John Kay의 《시장의 진실-왜 일부 국가만 부유하고 나머지 국가는 가난한가(The Truth of Markets: Why some nations are rich but most remain poor)》, Ryan Avant의 《닫힌 도시를 열어라(The Gated City)》 등 다수가 있다.

세계 속의 미국
미국 외교와 대외정책의 역사

초판 1쇄 인쇄 2021년 5월 15일
1쇄 발행 2021년 5월 20일

지은이 | 로버트 B. 죌릭
옮긴이 | 홍기훈

펴낸곳 | 북앤피플
대 표 | 김진술
펴낸이 | 김혜숙
디자인 | 박원섭
마케팅 | 박광규

등 록 | 제2016-000006호(2012. 4. 13)
주 소 | 서울시 송파구 성내천로37길 37, 112-302
전 화 | 02-2277-0220
팩 스 | 02-2277-0280
이메일 | jujucc@naver.com

ISBN 978-89-97871-50-6 03340